Manual de Biossegurança

Manual de Biossegurança

Mario Hiroyuki Hirata
Jorge Mancini Filho
Rosario Dominguez Crespo Hirata

3ª edição
atualizada e ampliada

Manole

Editor gestor Walter Luiz Coutinho
Editoras Eliane Usui, Juliana Waku
Produção editorial Juliana Waku

Capa: Aline Shinzato da Silva
Ilustrações: Joaquim Procópio de Araújo Neto, Rafael Zemantauskas, Sirio Braz Cançado
Editoração eletrônica: José Luis Guijarro, Lara Editorial

Dados Internacionais de Catalogação na Publicação (CIP)
(Câmara Brasileira do Livro, SP, Brasil)

Hirata, Mario Hiroyuki
Manual de biossegurança / editores Mario Hiroyuki Hirata, Jorge Mancini Filho, Rosario Dominguez Crespo Hirata. – 3. ed. atual. e ampl. – Barueri, SP : Manole, 2017.

Bibliografia.
ISBN 978-85-204-4781-9

1. Biossegurança - organismo geneticamente modificado, descartes laboratoriais. 2. Laboratórios de pesquisa - Medidas de segurança - Manuais, guias, etc. I. Hirata, Mario Hiroyuki. II. Mancini Filho, Jorge. III. Hirata, Rosario Dominguez Crespo. IV. Título.

16-07381 CDD-542.10289

Índices para catálogo sistemático:
1. Laboratórios de pesquisa : Biossegurança : Serviços de saúde 542.10289

1ª edição – 2002
2ª edição – 2012; reimpressão revisada e atualizada – 2014
3ª edição – 2017 atualizada e ampliada

Editora Manole Ltda.
Av. Ceci, 672 – Tamboré
06460-120 – Barueri – SP – Brasil
Tel.: (11) 4196-6000 – Fax: (11) 4196-6021
www.manole.com.br
info@manole.com.br

Impresso no Brasil
Printed in Brazil

Dedicatória

A Deus...

Aos nossos familiares por condicionarem a paz e a felicidade de tê-los por perto.

A verdadeira ciência é sempre inspirada pela biossegurança.

Hirata, MH

Sobre os editores

Mario Hiroyuki Hirata

Professor Titular e Presidente da Comissão Interna de Biossegurança da Faculdade de Ciências Farmacêuticas da Universidade de São Paulo (FCF-USP). Farmacêutico-Bioquímico pela Universidade Federal de Alfenas (UNIFAL). Mestre e Doutor pela FCF-USP. Pós-doutorado em Biologia Molecular, no Center for Drug Evaluation and Research (CDER), Food and Drug Administration (FDA), Bethesda, Estados Unidos.

Jorge Mancini Filho

Professor Titular sênior da Faculdade de Ciências Farmacêuticas da Universidade de São Paulo (FCF-USP). Ex-Diretor (gestão 2009-2012) da Faculdade de Ciências Farmacêuticas da Universidade de São Paulo (FCF-USP).

Rosario Dominguez Crespo Hirata

Professora Titular da Faculdade de Ciências Farmacêuticas da Universidade de São Paulo (FCF-USP). Farmacêutica-Bioquímica, Mestre e Doutora pela FCF-USP. Pós-doutorado em Biologia Molecular, no Center for Drug Evaluation and Research (CDER), Food and Drug Administration (FDA), Bethesda, Estados Unidos.

Sobre os colaboradores

Adalberto Pessoa Junior

Professor Titular da Faculdade de Ciências Farmacêuticas da Universidade de São Paulo (FCF-USP). Pós-doutorado em Engenharia Química no Massachusetts Institute of Technology (MIT), Estados Unidos. Engenheiro de Alimentos. Mestre e Doutor em Tecnologia Bioquímico-Farmacêutica pela FCF-USP.

Alda Graciele Claudio dos Santos Almeida

Doutoranda e Mestre em Ciências pela Escola de Enfermagem da Universidade de São Paulo (EE-USP). Enfermeira pela Universidade Federal de Alagoas (UFAL).

Alfredo Tenuta Filho

Professor Associado (aposentado) do Departamento de Alimentos e Nutrição Experimental da Faculdade de Ciências Farmacêuticas da Universidade de São Paulo (FCF-USP). Mestre e Doutor em Ciência dos Alimentos pela FCF-USP. Farmacêutico-Bioquímico pela Universidade Estadual Paulista Julio de Mesquita Filho (Unesp).

Amaro de Castro Lira Neto

Pesquisador do Instituto Agronômico de Pernambuco (IPA). Biólogo, Mestre em Genética e Doutor em Ciências Biológicas pela Universidade Federal de Pernambuco (UFPE).

Bronislaw Polakiewicz

Professor Doutor da Faculdade de Ciências Farmacêuticas da Universidade de São Paulo (FCF-USP). Farmacêutico-Bioquímico. Mestre e Doutor em Tecnologia Bioquímico-Farmacêutica pela FCF-USP.

Camila Maríngolo Ribeiro

Mestranda em Biociências e Biotecnologia Aplicadas à Farmácia da Faculdade de Ciências Farmacêuticas de Araraquara da Universidade Estadual Paulista Júlio de Mesquita Filho (FCFAr-Unesp). Farmacêutica-Bioquímica pela FCFAr-Unesp.

Carlos Henrique de Mesquita

Professor Doutor. Instituto de Pesquisas Energéticas e Nucleares (IPEN). Pesquisador (aposentado) da Comissão Nacional de Energia Nuclear (CNEN).

Caroline Lopes Ciofi-Silva

Doutoranda pela Escola de Enfermagem da Universidade de São Paulo (EE-USP). Enfermeira e Mestre em Enfermagem pela Escola de Enfermagem de Ribeirão Preto da USP (EERP-USP).

Célia Colli

Professora Doutora do Departamento de Alimentos e Nutrição Experimental da Faculdade de Ciências Farmacêuticas da Universidade de São Paulo (FCF-USP).

Cristina Moreno Fajardo

Técnica do Laboratório de Biologia Molecular Aplicada ao Diagnóstico da Faculdade de Ciências Farmacêuticas da Universidade de São Paulo (FCF-USP). Química pela Faculdade de São Bernardo do Campo (FASB).

Cristina Northfleet de Albuquerque

Professora Doutora e Presidente da Comissão Interna de Prevenção de Acidentes (CIPA) da Faculdade de Ciências Farmacêuticas da Universidade de São Paulo (FCF-USP). Farmacêutica-Bioquímica e Mestre pela Universidade Federal do Rio Grande do Sul (UFRGS). Doutora em Química Biológica pela Université Toulouse III Paul Sabatier (UPS), França.

Dalva Assunção Portari Mancini

Pesquisadora Científica VI do Instituto Butantan. Farmacêutica-Bioquímica. Mestre em Saúde Pública. Especialização em Virologia pela Universidade da California-Davis, Estados Unidos.

Débora Leite Campos

Mestranda em Biociências e Biotecnologia Aplicadas à Farmácia da Faculdade de Ciências Farmacêuticas de Araraquara da Universidade Estadual Paulista Júlio de Mesquita Filho (FCFAr-Unesp). Farmacêutica Bioquímica pela FCFAr-Unesp.

Dirce Akamine

Presidente do Grupo EMEDE. Farmacêutica-Bioquímica e Mestrado pela Universidade de São Paulo. Especialista em Terapia Nutricional pela Sociedade Brasileira de Nutrição Parenteral e Enteral (SBNPE). Ex-presidente da Sociedade Brasileira de Controle de Contaminação (SBCC). Ex-Presidente do Comité de Farmácia da Federación Latino Americana de Terapia Nutricional Nutrición Clínica y Metabolismo (FELANPE). Membro da Academia Brasileira de Farmácia, da American Society for Parenteral and Enteral Nutrition (ASPEN), European Society for Parenteral and Enteral Nutrition (ESPEN), American Society of Health-System Pharmacists (ASHP), The Parenteral Drug Association (PDA), Sociedade Brasileira de Farmácia Hospitalar e Serviços de Saúde (SBRAFH), SBNPE, SBCC e FELANPE.

Ederson Akio Kido

Professor Associado do Departamento de Genética da Universidade Federal de Pernambuco (UFPE). Engenheiro Agrônomo, Mestre em Genética e Melhoramento de Plantas e Doutor em Energia Nuclear na Agricultura pela Escola Superior de Agricultura Luiz de Queiroz da Universidade de São Paulo (ESALQ-USP).

Eduardo Pinheiro Amaral

Mestre e Doutor em Imunologia pelo Instituto de Ciências Biomédicas da Universidade de São Paulo (ICB-USP). Biólogo pela Universidade Estadual do Norte Fluminense Darci Ribeiro (UENF).

Elsa Masae Mamizuka

Professora Doutora e Membro da Comissão Interna de Biossegurança da Faculdade de Ciências Farmacêuticas da Universidade de São Paulo (FCF-USP). Farmacêutica-Bioquímica e Mestre pela FCF-USP. Doutora pela Universidade Federal de São Paulo (Unifesp). Pós-doutorado na Osaka City University (OCU) e na Utendo University (UNDJUN), Japão.

Fernando Henrique Lojudice

Pós-doutorando do Instituto de Química da Universidade de São Paulo (IQ-USP). Doutor em Bioquímica pelo IQ-USP. Biólogo pelo Instituto de Biociências da Universidade de São Paulo (IB-USP).

Fernando Rogério Pavan

Professor Assistente Doutor do Departamento de Ciências Biológicas da Faculdade de Ciências Farmacêuticas de Araraquara da Universidade Estadual Paulista Júlio de Mesquita Filho (FCFAr-Unesp). Mestre e Doutor em Biociências e Biotecnologia Aplicadas à Farmácia da Universidade Estadual Paulista Júlio de Mesquita Filho (Unesp). Biomédico pelo Centro Universitário Barão de Mauá (CUBM).

Fernando Salvador Moreno

Professor Titular da Faculdade de Ciências Farmacêuticas da Universidade de São Paulo (FCF-USP). Médico pela Faculdade de Medicina de Ribeirão Preto da Universidade de São Paulo (FMRP-USP). Doutor em Medicina Interna pela Universitat Düsseldorf, Alemanha Pós-doutorado na University of Toronto, Canadá.

Flávia de Moura Prates Ong

Chefe da Seção de Experimentação do Biotério de Produção e Experimentação da Faculdade de Ciências Farmacêuticas (FCF-USP) e Instituto de Química (IQ-USP) da Universidade de São Paulo.

Flavio Finardi Filho

Professor Associado do Departamento de Alimentos e Nutrição Experimental da Faculdade de Ciências Farmacêuticas da Universidade de São Paulo (FCF-USP)

Francisco Gorgonio da Nóbrega

Professor Titular aposentado do Instituto de Ciências Biomédicas da Universidade de São Paulo (ICB-USP). Pós-doutor em Genética Molecular pela Columbia University, New York, Estados Unidos. Doutor em Bioquímica pelo Instituto de Química da Universidade de São Paulo (IQ-USP). Médico pela Faculdade de Medicina da Universidade de São Paulo (FMUSP).

Gisele Medeiros Bastos

Coordenadora do Laboratório de Investigação Molecular em Cardiologia do Instituto Dante Pazzanese de Cardiologia de São Paulo. Doutora e Pós-doutora em Farmácia (Análises Clínicas) pela Faculdade de Ciências Farmacêuticas da Universidade de São Paulo (FCF-USP). Farmacêutica e Mestre em Ciências Farmacêuticas pela Universidade Federal do Ceará (UFC).

Helena Strelow Thurow

Pós-doutoranda da Faculdade de Ciências Farmacêuticas da Universidade de São Paulo (FCF-USP). Pós-doutora em Epidemiologia e Biotecnologia pela Universidade Federal de Pelotas (UFPEL) . Doutora em Biotecnologia pela Universidade Federal de Pelotas (UFPEL). Mestre pela Pontifícia Universidade Católica do Rio Grande do Sul (PUCRS). Bióloga pela Universidade Católica de Pelotas (UCPEL).

Iracema Ioco Kikuchi Umeda

Chefe do Serviço de Fisioterapia do Instituto Dante Pazzanese de Cardiologia. Doutora em Ciências pela Faculdade de Saúde Pública da Universidade de São Paulo (FSP-USP). Mestre em Saúde Pública pela FSP-USP. Graduação em Fisioterapia pela Pontifícia Universidade Católica de Campinas.

Jéssica Bassani Borges

Analista de Ciências Moleculares Júnior do Instituto Dante Pazzanese de Cardiologia (IDPC). Doutoranda em Farmácia (Análises Clínicas) da Faculdade de Ciências Farmacêuticas da Universidade de São Paulo (FCF-USP).

Joás Lucas da Silva

Pesquisador convidado do Department of Laboratory Medicine Clinical Center, National Institutes of Health (NIH), Estados Unidos. Pós-doutorado na Faculdade de Ciências Farmacêuticas da Universidade de São Paulo (FCF-USP). Doutor em Farmácia (Análises Clínicas) pela Faculdade de Ciências Farmacêuticas da Universidade de São Paulo (FCF-USP). Biomédico e Mestre em Biotecnologia de Produtos Bioativos – Universidade Federal de Pernambuco (UFPE).

José Abrahão Neto

Professor Doutor da Faculdade de Ciências Farmacêuticas da Universidade de São Paulo (FCF-USP). Doutor em Bioquímica pelo Instituto de Química da Universidade de São Paulo (IQ-USP). Farmacêutico-Bioquímico e Mestre em Tecnologia Bioquímico-Farmacêutica pela FCF-USP.

José Galeote Molero Leme de Oliveira

Técnico de Laboratório do Biotério de Produção e Experimentação da Faculdade de Ciências Farmacêuticas (FCF-USP) e Instituto de Química (IQ-USP) da Universidade de São Paulo. Biólogo e Especialista em Biologia Molecular Aplicada.

Juliana Andréa de Oliveira Georges

Pesquisadora da Bio Cell – Terapia com células-tronco, Mato Grosso. Mestrado em Produção e Gestão Agroindustrial e Doutorado em Saúde e Desenvolvimento. Pós-doutora na Universidade Católica Dom Bosco (UCDB).

Juliana de Freitas Germano

Pós-doutoranda da Universidade Cruzeiro do Sul (Unicsul). Doutora pela Faculdade de Ciências Farmacêuticas da Universidade de São Paulo (FCF-USP). Farmacêutica-Bioquímica pela Universidade Estadual de Londrina (UEL).

Kazuko Uchikawa Graziano

Professora Titular Sênior do Departamento de Enfermagem Médico-Cirúrgica da Escola de Enfermagem da Universidade de São Paulo (EE-USP). Enfermeira, Mestre e Doutora em Enfermagem pela EE-USP. Representante da EE-USP nas Câmaras Técnicas da Agência Nacional de Vigilância Sanitária (ANVISA) do Ministério da Saúde.

Leila dos Santos Macedo

Presidente da Associação Nacional de Biossegurança (ANBio). Pesquisadora Titular da Fundação Oswaldo Cruz (Fiocruz). Química e Doutora em Microbiologia e Imunologia pela Universidade Federal do Rio de Janeiro (UFRJ). Pós-doutorado em Análise de Risco de OGMs no Centro de Engenharia Genética e Biotecnologia, Trieste, Itália.

Ligia Bicudo de Almeida-Muradian

Professora Associada do Departamento de Alimentos e Nutrição Experimental da Faculdade de Ciências Farmacêuticas da Universidade de São Paulo (FCF-USP).Farmacêutica-Bioquímica, Mestre e Doutora pela FCF-USP. Pós-doutorado na Swiss Bee Research Centre, ALP, Suíça.

Luciene Fagundes Lauer Macedo

Técnica de Laboratório do Departamento de Alimentos e Nutrição Experimental da Faculdade de Ciências Farmacêuticas da Universidade de São Paulo (FCF-USP). Farmacêutica-Bioquímica e Mestre em Ciência dos Alimentos pela FCF-USP.

Luiz Fernando de Oliveira Moderno

Coordenador do Serviço de Fisioterapia do Complexo Hospitalar Edmundo Vasconcelos. Professor de cursos de pós-graduação da Universidade Anhanguera. Mestre em Bioética pelo Centro Universitário São Camilo. Fisioterapeuta e Educador Físico pela Escola de Educação Física de São Carlos. Bacharel em Direito pela Universidade Paulista.

Luziane do Carmo Andrade Guinski Chaguri

Pesquisadora Científica IV do Laboratório de Bioquímica e Biofísica e Responsável Técnica (RT) pelo Biotério de Anfíbios do Laboratório de Biologia Celular do Instituto Butantan.

Lygia da Veiga Pereira

Professora Titular e Chefe do Laboratório Nacional de Células-Tronco Embrionárias do Instituto de Biociências da Universidade de São Paulo (IB-USP). Bacharel em Física e Doutorado em Genética Molecular Humana.

Marcia Almeida de Melo

Professora Adjunta da Universidade de Campina Grande (UFCG). Médica Veterinária pela Universidade Federal Rural de Pernambuco (UFRPE). Mestre em Medicina Veterinária Preventiva pela Universidade Federal de Minas Gerais (UFMG). Doutora em Biologia Parasitária pela Fundação Oswaldo Cruz (Fiocruz).

Mari Cleide Sogayar

Professora Titular Sênior do Departamento de Clínica Médica da Faculdade de Medicina da Universidade de São Paulo (FMUSP) e do Instituto de Química da Universidade de São Paulo (IQ-USP). Pós-doutorado no Dana Farber Cancer Institute, Harvard Medical School, Estados Unidos. Doutora em Bioquímica pelo IQ-USP. Mestre em Ciências Biológicas pela University of California San Diego (UCSD). Bióloga pelo Instituto de Biociências da Universidade de São Paulo (IB-USP).

Mario Hiroyuki Hirata

Professor Titular e Presidente da Comissão Interna de Biossegurança da Faculdade de Ciências Farmacêuticas da Universidade de São Paulo (FCF-USP). Farmacêutico-Bioquímico pela Universidade Federal de Alfenas (UNIFAL) Mestre e Doutor pela FCF-USP. Pós-doutorado em Biologia Molecular, no Center for Drug Evaluation and Research (CDER), Food and Drug Administration (FDA), Bethesda, Estados Unidos.

Marlene Teixeira De-Souza

Professora Associada do Departamento de Biologia Celular do Instituto de Ciências Biológicas da Universidade de Brasília (UnB). Farmacêutica pela Universidade de Juiz de Fora (UFJF). Mestre em Biotecnologia pelo Imperial College da University of London, Reino Unido. Doutora em Biologia Molecular pela UnB.

Marluce da Cunha Mantovani

Especialista de Laboratório do Grupo de Terapia Celular e Molecular (NUCEL/NETCEM) da Faculdade de Medicina da Universidade de São Paulo (FMUSP). Doutoranda em Ciências Médicas do Departamento de Clínica Médica da FMUSP. Mestre em Bioquímica pelo Instituto de Química. MBA em Gestão em Saúde e Controle de Infecção pela Faculdade Instituto Nacional de Ensino Superior e Pesquisa (Inesp). Biomédica pela Universidade de Mogi das Cruzes (UMC).

Nádia Araci Bou-Chacra

Professora Associada do Departamento de Farmácia da Faculdade de Ciências Farmacêuticas da Universidade de São Paulo (FCF-USP). Membro do Núcleo de Apoio a Pesquisa em Nanotecnologia e Nanociências (NAP-NN). Membro do sistema SisNANO do Ministério da Ciência, Tecnologia e Inovação, Brasil. Farmacêutica-Bioquímica, Mestre e Doutora pela FCF-USP.

Nicole Ramirez Rojas

Mestranda do Programa de Ciência dos Alimentos da Faculdade de Ciências Farmacêuticas da Universidade de São Paulo (FCF-USP). Bioquímica pela Universidad Autonoma Gabriel René Moreno (UAGRM), Bolívia.

Patricia Busko di Vitta

Chefe do Serviço de Gestão Ambiental e Resíduos do Instituto de Química da Universidade de São Paulo (IQ-USP). Química e Doutora em Química Orgânica pelo IQ-USP.

Paula Comune Pennacchi

Pós-doutoranda do Departamento de Análises Clínicas e Toxicológicas da Faculdade de Ciências Farmacêuticas da Universidade de São Paulo (FCF-USP). Doutora em Farmácia (Análises Clínicas) pela FCF-USP. Bióloga e Mestre pela Universidade Federal de Alfenas (Unifal).

Paulo Paes de Andrade

Professor Associado do Departamento de Genética da Universidade Federal de Pernambuco (UFPE). Físico, Mestre e Doutor em Biofísica pela Universidade Federal do Rio de Janeiro (UFRJ). Pós-Doutor em Imunologia e Biologia Molecular pela Universidade de Erlangen-Nurenberg, Alemanha.

Priscila Robertina dos Santos Donado

Doutoranda do Programa de Ciência dos Alimentos da Faculdade de Ciências Farmacêuticas da Universidade de São Paulo (FCF-USP). Engenheira Agrônoma e Mestre em Ciência e Tecnologia de Alimentos pela Escola Superior de Agronomia Luiz de Queiroz da Universidade de São Paulo (ESALQ-USP).

Renata Spalutto Fontes

Chefe da Seção de Produção do Biotério de Produção e Experimentação da Faculdade de Ciências Farmacêuticas (FCF-USP) e Instituto de Química (IQ-USP) da Universidade de São Paulo.

Renato Heidor

Especialista de laboratório da Faculdade de Ciências Farmacêuticas da Universidade de São Paulo (FCF-USP). Farmacêutico-Bioquímico pela FCF-USP. Mestre e Doutor em Ciência dos Alimentos pela FCF-USP.

Ricardo Pinheiro de Souza Oliveira

Professor Doutor e Presidente da Comissão de Segurança Química e Biológica da Faculdade de Ciências Farmacêuticas da Universidade de São Paulo (FCF-USP). Doutor pela FCF-USP e pela Universitá Degli Studi di Genova, Itália. Engenheiro Agrônomo e Mestre pela Universidade de São Paulo.

Rosario Dominguez Crespo Hirata

Professora Titular da Faculdade de Ciências Farmacêuticas da Universidade de São Paulo (FCF-USP). Farmacêutica-Bioquímica, Mestre e Doutora pela FCF-USP. Pós-doutorado em Biologia Molecular, no Center for Drug Evaluation and Research (CDER), Food and Drug Administration (FDA), Bethesda, Estados Unidos.

Silvânia Meiry Peris Neves

Zootecnista e Responsável pelo Biotério de Produção e Experimentação da Faculdade de Ciências Farmacêuticas (FCF-USP) e Instituto de Química (IQ-USP) da Universidade de São Paulo.

Silvia Cardoso Tratnik

Graduanda do curso de Farmácia-Bioquímica da Faculdade de Ciências Farmacêuticas da Universidade de São Paulo (FCF-USP).

Silvya Stuchi Maria-Engler

Professora Associada do Departamento de Análises Clínicas e Toxicológicas da Faculdade de Ciências Farmacêuticas da Universidade de São Paulo (FCF-USP). Mestre e Doutora em Biologia Funcional e Molecular pela Universidade Estadual de Campinas (Unicamp). Bióloga pela Universidade Estadual Paulista (Unesp).

Telma Mary Kaneko

Professora Doutora do Departamento de Farmácia da Faculdade de Ciências Farmacêuticas da Universidade de São Paulo (FCF-USP). Vice-Coordenadora do Laboratório de Controle de Medicamentos, Cosméticos, Domissanitários, Produtos Afins e as Respectivas Matérias-primas (Confar) da FCF-USP. Farmacêutica-Bioquímica, Mestre e Doutora pela FCF-USP.

Terezinha de Jesus Andreoli Pinto

Professora Titular do Departamento de Farmácia da Faculdade de Ciências Farmacêuticas da Universidade de São Paulo (FCF-USP). Diretora da FCF-USP (2012-2016). Coordenadora do Laboratório de Controle de Medicamentos, Cosméticos, Domissanitários, Produtos Afins e as Respectivas Matérias-primas (Confar) da FCF-USP. Coordenadora do Comitê Técnico Temático de Correlatos e membro do Conselho Deliberativo da Farmacopeia Brasileira. Membro da Academia Nacional de Farmácia . Membro do Conselho Consultivo da United States Pharmacopeia Farmacêutica-Bioquímica. Mestre e Doutora pela FCF-USP.

Thomas Prates Ong

Professor Doutor II da Faculdade de Ciências Farmacêuticas da Universidade de São Paulo (FCF-USP). Farmacêutico-Bioquímico e Doutor em Ciência dos Alimentos pela FCF-USP. Pós-doutorado na FCF-USP e na University of Cambridge, Reino Unido.

Vladi Olga Consiglieri

Professora Doutora da Faculdade de Ciências Farmacêuticas da Universidade de São Paulo (FCF-USP). Farmacêutica-Bioquímica pela FCF-USP. Especialista em Fármacos e Medicamentos. Mestre e Doutora em Produção e Controle Farmacêuticos pela FCF-USP.

Yara Maria Lima Mardegan

Assistente Técnica de Direção da Faculdade de Ciências Farmacêuticas da Universidade de São Paulo (FCF-USP). Membro da Comissão de Biossegurança da FCF-USP.

Sumário

Apresentação

A Comissão Interna de Biossegurança da Faculdade de Ciências Farmacêuticas da Universidade de São Paulo (CIBio-FCFUSP) foi instaurada em 17 de janeiro de 1997, pela Portaria GS 0096/97 durante a Gestão da Diretoria pelos Professores Seizi Oga e Jorge Mancini Filho.

Em 1998, a CIBio-FCFUSP recebeu do Comitê Técnico Nacional de Biossegurança (CTNBio) o certificado de qualidade em Biossegurança sob o número 0090/98 (CQB-0090/98).

Os membros indicados para atuar na CIBio-FCFUSP foram: Prof. Mario Hiroyuki Hirata, Profa. Elsa Masae Mamizuka, Prof. Fernando S. Moreno, Profa. Maria Tereza Destro e a bioterista Silvania M. P. Neves. Estes profissionais elaboraram um pequeno manual para divulgar e promover ações de biossegurança aos profissionais e alunos da instituição. Esse guia de biossegurança foi utilizado para orientação e treinamento de alunos, técnicos e professores de laboratórios de pesquisa que requeriam credenciamento para manuseio de organismos geneticamente modificados (OGM). Inicialmente foram credenciados três laboratórios, dois do Departamento de Alimentos e um do Departamento de Análises Clínicas e Toxicológicas.

Para o cumprimento da legislação vigente e pela grande procura por diversos profissionais, a CIBio organizou um evento técnico-científico para divulgar o tema e possibilitar uma discussão mais ampla. Assim, em 2000, foi promovido o I Encontro de Biossegurança em Instituições de Ensino e Pesquisa. Neste evento, foram distribuídas graciosamente algumas centenas de exemplares do guia de biossegurança da CIBio-FCFUSP que se esgotou em seguida.

A partir desse acontecimento e pelo estímulo constante da Diretoria da FCFUSP foi proposta a publicação do livro *Manual de Biossegurança*, cujos capítulos foram elaborados por vários professores da instituição e outros pesquisadores convidados. Com esforço, determinação e perseverança desses colegas, no ano de 2002, foi lançado o primeiro *Manual de Biossegurança* pela Editora Manole. A obra foi constituída de 16 capítulos com temas sobre biossegurança em laboratórios; equipamentos de proteção; manuseio e descarte de agentes químicos, biológicos, físicos, medicamentos e OGM; riscos ocupacionais e câncer; biossegurança em biotérios, biotecnologia e centros de tecnologia celular; e aspectos regulatórios e de gestão da qualidade.

Os avanços das pesquisas e atividades que envolvem OGM foram acompanhados de mudanças na legislação vigente. No contexto amplo da Biossegurança, novas portarias e normas foram promulgadas pelo Ministério da Ciência e Tecnologia e Inovação e pelo Ministério da Saúde. Isso levou os pesquisadores e profissionais a ajustar os procedimentos técnicos e operacionais para o cumprimento das normativas federais, estaduais e municipais.

O cumprimento da nova Lei de Biossegurança n. 11.105, de 24 de março de 2005, gerou a necessidade de seguir referências fidedignas para contextualizar os relatórios das CIBios solicitados pelo CTNBio. Dessa forma, houve grande procura pela nossa obra (primeira edição), que se tornou uma referência nacional em biossegurança.

Em 2012, foi publicada a 2ª edição do *Manual de Biossegurança,* que foi ampliada em seis capítulos e contou com vários colaboradores externos a FCFUSP. Tornou-se uma obra mais abrangente com temas de biossegurança em laboratórios de biologia molecular e de virologia, nanotecnologia, plantas geneticamente modificadas, meio ambiente e bioproteção.

Os eventos de biossegurança da FCFUSP são promovidos regularmente, na última semana de novembro de cada ano, e contam com mais de 400 participantes. Nos últimos 2 anos, o evento incluiu na programação o curso Biossegurança organizado pela CIBio-FCFUSP e pelo Centro de Informação em Biossegurança (CIB).

A dinâmica nos processos tecnológicos gerou a necessidade de atualização da segunda edição do livro, que nos levou à 3ª edição do *Manual de Biossegurança*, lançado durante o XVI Encontro de Biossegurança em Instituições de Ensino e Pesquisa da FCFUSP.

Esta obra contém 30 capítulos elaborados por 60 colaboradores de diversas áreas do conhecimento. É produto de muito estudo, pesquisa, dedicação e perseverança, e traduz a experiência proveniente da execução diária de procedimentos experimentais, laboratoriais e de atividades produtivas. Sem dúvida, toda esta dedicação necessitou de empreendedorismo, autoestima, proatividade, raciocínio e muita discussão. É fruto também da preocupação com a excelência do ensino, da pesquisa e da atividade de extensão, visando à difusão e ao compartilhamento do conhecimento científico e prático para atingir o maior número possível de pesquisadores, professores, alunos e profissionais.

A premissa da obra é difundir conceitos de biossegurança no sentido amplo (humana, animal e vegetal), estimular a conscientização e a responsabilidade sobre a segurança, em diferentes ambientes de trabalho, assim como promover a uniformização de procedimentos de segurança para garantir a qualidade dos resultados de pesquisas e atividades, assim como a saúde dos operadores.

Nesta edição do *Manual de Biossegurança*, foram incluídos oito capítulos que abordam procedimentos em laboratórios com diferentes níveis de biossegurança e trabalho de contenção com microrganismos geneticamente modificados, biossegurança em animais de experimentação, métodos alternativos, biossegurança em genômica, segurança na atuação em enfermagem e fisioterapia e um relato histórico sobre segurança do trabalho.

Esta obra visa contribuir para a atualização do conhecimento e estímulo à educação continuada, na área de biossegurança, pela difusão de práticas seguras em atividades de pesquisa e ensino, no ambiente de trabalho e na atuação profissional.

Prof. Mario Hiroyuki Hirata
Profa. Rosario D. C. Hirata

Prefácio à 3ª edição

Antes de abordar especificamente questões sobre biossegurança, vale fazer uma reflexão geral sobre a relevância da inovação nos dias atuais. A capacidade de inovar assume papel central na definição do sucesso ou insucesso de empresas, instituições ou nações. Inovar é gerar, produzir e explorar de modo sustentável e seguro novas ideias e conceitos. A inovação é demandada em todas as áreas do conhecimento e ramos de atividade, para garantir diferencial estratégico à indústria, à construção civil, aos transportes, à segurança, à agricultura, à saúde e à educação, por exemplo.

A sustentabilidade vem se tornando o principal objetivo da inovação em praticamente todos os ramos de atividade. Produzir conhecimentos e inovações que contribuam para a sustentabilidade de nossas atividades é o maior desafio contemporâneo em escalas nacional e global. A sustentabilidade não deve ser apenas o objetivo do trabalho, mas deve impregnar o dia a dia das instituições, sobretudo daquelas que integram ensino, pesquisa e extensão.

Também vivemos um momento sem precedentes em termos de capacidade de produzir informações e conhecimento. Os avanços ligados à manipulação da matéria em escala atômica ou molecular (nanotecnologia), aos genes (genética e biotecnologia), aos *bits* (tecnologias de informação) e aos neurônios (ciências cognitivas), chamadas tecnologias convergentes ou NBIC, tornam-se progressivamente mais rápidos e capazes de contribuir para o nosso conhecimento e influenciar nossas atividades.

A produção de novas tecnologias é mais rápida a cada dia e a avaliação de sua utilidade e segurança se torna mais complexa, onerosa e extensa no tempo. Para decidir sobre a utilidade e segurança de novas tecnologias, as informações não podem mais ser tratadas individualmente, sendo necessário construir redes de informações multidisciplinares, abrangentes, redundantes, interligadas e, sobretudo, confiáveis do ponto de vista técnico e científico. As redes de informações de alta qualidade nascem nas redes de laboratórios, que precisam ter procedimentos padronizados e seguros, para que não haja riscos à saúde e ao ambiente.

Por outro lado, não há inovação sem formação de recursos humanos e não há formação de recursos humanos sem o amparo em textos de referência, fundamentais nos dias atuais em que há uma profusão de informações sobre praticamente tudo. As obras de referência, produzidas por autores e editores experientes devem ter como missão ir além da informação e trazer ao leitor o conhecimento disponível no tema. A construção do conhecimento envolve a seleção e o descarte de informações. Por isso deve ser conduzido por pessoas e instituições qualificadas e imparciais que tenham por objetivo único contribuir para o desenvolvimento econômico e social sustentável.

Neste cenário, o *Manual de Biossegurança*, composto por trinta capítulos desenvolvidos por profissionais de distinta qualificação e reconhecimento, constitui obra de referência para estudantes, professores e pesquisadores em suas atividades laboratoriais.

Os capítulos abrangem desde aspectos gerais como equipamentos de proteção, gerenciamento de riscos, descarte de produtos a temas bastante específicos como biossegurança em nanotecnologia, em biotérios, na indústria, em plantas, em biologia molecular, na pesquisa com animais, na pesquisa com organismos geneticamente modificados, na enfermagem e na fisioterapia. O manual também traz capítulos que tratam de laboratórios com níveis 1, 2 e 3 de biossegurança.

A obra é fundamental para os que iniciam carreira fundamentada em atividades laboratoriais e, também, para os que querem aprimorar seu conhecimento e atuar com um nível maior de biossegurança, minimizando riscos para a saúde e para o ambiente.

Prof. Dr. Edivaldo Domingues Velini
Professor Titular
Faculdade de Ciências Agronômicas,
Universidade Estadual Paulista (Unesp) – Botucatu
Presidente da Comissão Técnica Nacional
de Biossegurança (CTNBio)
Ministério da Ciência,
Tecnologia e Inovação (MCTI)

Prefácios da 2ª edição

O Brasil vivencia neste século um desenvolvimento econômico e social sem precedentes: a elevada produção agroindustrial, o aumento das exportações, o investimento no setor produtivo, a redução do risco Brasil etc. Todos estes índices econômicos foram alcançados ao mesmo tempo em que alcançamos importantes melhorias nos índices sociais, como a redução da pobreza, o aumento da escolaridade média, o reforço ao ensino superior e o aumento da esperança de vida. Esse desenvolvimento veio acompanhado da adoção de novas tecnologias, entre elas a biotecnologia. Trouxe consigo, também, uma grande ampliação dos serviços médico-hospitalares e uma preocupação crescente com o meio ambiente. Por fim, setores tradicionais que envolvem riscos biológicos diversos ganharam renovado impulso, ampliando significativamente as preocupações com a biossegurança, dentro e fora do ambiente de trabalho. Concomitantemente, a pesquisa básica e de desenvolvimento foi muito fortalecida nas universidades e centros de pesquisa no país, com ênfase no crescimento das áreas de ciências biológicas, agrárias, ambientais e de saúde, o que ampliou o leque de riscos biológicos possíveis e contribuiu para o aumento na preocupação global sobre biossegurança no país.

Dessa forma, tanto o setor privado quanto o de geração de conhecimentos terão, nesta nova edição do *Manual de biossegurança*, uma rica fonte de informações para consulta frequente. A nova edição traz novos capítulos, que ampliam a visão e os procedimentos de biossegurança para além dos temas anteriormente abordados, incluindo agora os temas, tanto modernos quanto polêmicos, da terapia celular, do impacto dos organismos geneticamente modificados (OGM) no ambiente, da nanotecnologia e das terapias baseadas em células-tronco. Mais uma vez, os editores acertaram no alvo e brindaram os brasileiros com uma importante obra em biossegurança.

Edilson Paiva
Presidente da Comissão Técnica
Nacional de Biossegurança (CTNBio)
entre 2010 e 2012

Com o aumento da complexidade de procedimentos em atividades técnicas que exigem cuidados especiais a fim de evitar danos a operadores e circunstantes, bem como ao ambiente e às populações em geral, a Biossegurança torna-se uma disciplina cada vez mais presente e necessária.

Embora a palavra *biossegurança* seja usada pelo leigo quase como sinônimo das atividades ligadas a organismos geneticamente modificados, tendo, inclusive, a comissão que analisa esses organismos o nome de Comissão Técnica de Biossegurança, o termo é aplicável a todas as atividades humanas, laboratoriais ou industriais que envolvam risco, seja na segurança alimentar ou na manipulação de microrganismos, células em cultivo, substâncias químicas, substâncias tóxicas, explosivos, entre outras.

O risco é função da probabilidade de ocorrência de efeito adverso, bem como da severidade desse efeito. Não há atividade alguma em que o risco seja zero. Por isso, a adoção de medidas preventivas que minimizem a incerteza faz-se necessária a fim de identificar, medir e mitigar os riscos. Disso decorre a extrema importância desta obra que amplia e renova a edição anterior, contendo abordagens mais abrangentes e tratadas em maior profundidade.

O leitor, ao compulsá-la, verá que seus autores não desprezaram setor algum das atividades humanas que possam, em maior ou menor grau, envolver riscos. Os capítulos se sucedem informando o leitor sobre a simbologia de aviso dos diversos tipos de risco, os equipamentos de proteção individual e coletiva, a classificação de risco de microrganismos e níveis de biossegurança correspondentes e a importância dos aerossóis na disseminação de microrganismos. Discutem-se ainda a melhor forma de manusear produtos químicos e radiativos, as formas de descarte e as leis que regulamentam esses assuntos. Há capítulos sobre segurança alimentar de organismos geneticamente modificados e uma exaustiva discussão dos riscos associados à preparação de medicamentos, correlatos e cosméticos e a toxicologia e a farmacologia envolvidas, bem como a legislação pertinente. Ainda, há dois capítulos, um com reflexões sobre as razões das objeções contra as plantas geneticamente modificadas e o outro de memórias sobre a evolução dos conceitos de biossegurança e biosseguridade desde a conferência de Asilomar até os dias de hoje.

Com o Brasil mais presente no mundo das atividades modernas, um Manual de Biossegurança com a qualidade deste será fundamental para indústrias químicas e farmacêuticas, como guia para o emprego de boas práticas de fabricação e adoção de programas de qualidade total, bem como para a sistematização de riscos ocupacionais mormente aqueles referentes à toxicologia ocupacional. Empresas, universidades e institutos que lidam com animais de laboratório e biotérios aqui encontram um balizamento sobre o assunto. O manual não esqueceu de introduzir um capítulo sobre a biossegurança e o meio ambiente em face da aplicação da Lei n. 11.105/2005 e de toda a legislação hierarquicamente inferior dela decorrente. Finalmente, este verdadeiro tratado de biossegurança discute áreas específicas como os cuidados com a tecnologia de manipulação de células, inclusive células-tronco, a terapia celular, os fatores de indução de câncer, a manipulação de vírus, a nanotecnologia e a biologia molecular.

Enfim, esta é uma obra completa que deve ser compulsada por laboratórios de universidades, institutos e empresas, laboratórios clínicos, laboratórios de pesquisa, indústrias químicas e farmacêuticas, biotérios e por todos aqueles, enfim, que militam na vasta área da Biotecnologia e das disciplinas que a constituem, como a Química, a Biologia e a Microbiologia.

Walter Colli
Presidente da Comissão Técnica
Nacional de Biossegurança (CTNBio)
entre 2006 e 2009

Prefácio da 1ª edição

É natural que a reflexão sobre segurança em laboratório surja na Faculdade de Ciências Farmacêuticas da Universidade de São Paulo, FCF-USP. A vocação histórica desta Faculdade sintetiza a preocupação criativa sobre a manipulação de produtos com o objetivo de manter a saúde, prevenir e colaborar com a cura das doenças. Mais do que um manual de procedimentos, este livro inclui detalhada análise sobre prevenção, análise de risco, comportamento e procedimentos em situações de emergência, bem como manuseio e descarte de produtos químicos e biológicos, incluindo os geneticamente modificados. A separação em capítulos que tratam de problemas específicos favorece e simplifica o seu uso em situações laboratoriais muito diferentes e mostra a interdisciplinaridade que caracteriza a FCF-USP.

O trabalho de coordenação deste volume se relaciona diretamente com uma atividade acadêmica onde a ética não constitui somente um discurso, mas se constrói no cotidiano do fazer científico. Ao criar e transmitir uma preocupação com a segurança e o respeito pelo ambiente, os alunos da FCF-USP também se formam como cidadãos. Este livro estende esta atitude e os procedimentos que a sustentam para toda a comunidade. Esta reflexão coletiva de docentes e funcionários da FCF-USP é um importante objeto cultural que exemplifica, na prática, uma concepção de Universidade Pública que, a partir de operações sobre o conhecimento, contribui para a construção de uma sociedade mais consciente e, por decorrência, mais justa. A USP mostra, mais uma vez, que a sua inserção na sociedade brasileira se faz a partir da fronteira do conhecimento. As propostas de procedimentos e políticas descritas neste volume, se adotadas, devem certamente contribuir para o bem-estar de todos.

Hernan Chaimovich
Pró-Reitor de Pesquisa da USP
entre 1997 e 2001

Agradecimentos

À Universidade de São Paulo (USP), pela oportunidade de fazer parte desta conceituada Instituição de ensino, em nome dos Gestores da Reitoria, Vice-Reitoria e as Pró-Reitorias de Graduação , Pós-Graduação, Pesquisa e Extensão.

À Faculdade de Ciências Farmacêuticas da Universidade de São Paulo (FCF-USP), pela acolhida e pelo apoio constante na carreira como docente, pesquisador e dando oportunidade de prestar serviços à comunidade paulista.

À Fundação FIPFARMA que tem nos apoiado e à CIBio da FCF-USP de forma constante, em nome do Conselho Superior Curador.

Aos imortais e saudosos Mestres Alexandre La Rocca Rossi (in memoriam), Bruno Strufaldi (*in memoriam*), Gunter Roxter (*in memoriam*), Durval Mazzei Nogueira (*in memoriam*) e Paulo Suyoshi Minami (*in memoriam*).

À UNIFAL, acolhida na graduação em Farmácia e Bioquímica, em especial ao Professor Titular Afranio Caiafra de Mesquita, grande exemplo de amor humano.

Ao Instituto Dante Pazzanese de Cardiologia, pela acolhida generosa para propiciar a pesquisa em seres humanos, em nome de toda a Diretoria.

À Fundação Adib Jatene, pelo apoio constante nas nossas atividades de pesquisa e prestação de assistência à saúde da comunidade que necessita de diagnóstico molecular.

À minha fiel digna e incansável companheira Rosario, que em todos os momentos tem apoiado minha jornada tecnicocientífica e familiar.

Aos meu filhos Thiago e Felipe, fruto de muito amor entre dois seres.

Aos colegas de trabalho do Departamento de Análises Clínicas e Toxicológicas e da FCF-USP, pelo apoio constante e companheirismo de quase quatro décadas.

Aos querido alunos que são motivos de incentivo constante para seguirmos a difícil caminhada de ensinar, orientar e direcionar profissionalmente.

À minha incansável Cristina Fajardo, companheira e gestora excepcional do LBMAD, pela dedicação, amor ao trabalho e fidelidade.

Aos meus incansáveis colegas de trabalho do Instituto Dante Pazzanese de Cardiologia, Gisele M. Bastos, Hui-Tzu Lin Wang, Adriana Garofalo, Jessica B. Borges, Ana Cristina e os queridos alunos de Pós-Graduação Thais, Elizangela, Aecio, Magda Elizabeth,

Aos colegas médicos cujo companheirismo nos mantém com ânimo de usar a ciência em benefício dos pacientes: Profa. Dra. Amanda de Sousa Rego, Prof. Dr. Jose Eduardo Sousa, Dr. Marcelo F. Sampaio, Dra. Lara Reinel de Castro, Dra. Neire N. F. Araujo, Dr. Ibraim Masciarelli, Dr. Pedro Farsky, Dr. Marcelo Bertolami, Dr. Andre Faluti, Dr. Alexandre Abzaid, Dr. Dalmo A. Moreira e Dr. Ribamar Costa.

Aos colegas das CIBios da FCF-USP e do Instituto Dante Pazzanese de Cardiologia.

Aos funcionários da FCF-USP pelo apoio constante nas ações de biossegurança, especialmente na área acadêmica, administrativa e financeira.

Aos órgãos de Fomento pelo Apoio constante, Fundação de Amparo à Pesquisa do Estado de São Paulo (FAPESP), Conselho Nacional de Desenvolvimento Científico e Tecnológico (CNPq), Coordenação de Aperfeiçoamento de Pessoal de Nível Superior (CAPES) e outros orgãos, inclusive internacionais.

À Amarylis Manole pela constância na publicação de obras literárias.

Prof. Mario Hiroyuki Hirata

capítulo 1

O laboratório de ensino e pesquisa e seus riscos

Mario Hiroyuki Hirata

INTRODUÇÃO

A universidade sempre mantém os códigos de conduta e de ética como uma de suas bases principais, tanto filosóficas quanto morais e religiosas. A ética tem como base, entre vários princípios, o não prejuízo ao próximo. Considerando o local de trabalho, isso se traduz em garantir a segurança e a saúde aos trabalhadores[1]. Segundo a Organização Internacional do Trabalho (OIT) e a Organização Mundial da Saúde (OMS), são entendidas como lesões e doenças em ambiente de trabalho aquelas que são formalmente registradas. Considerando o número de pessoas que trabalham de maneira informal, deve haver bem mais ocorrências de que se tem conhecimento por meio das estatísticas mundiais.

As instituições devem ter um plano de ação global, seguindo cinco objetivos principais:

1. Elaborar e implementar instrumentos de políticas e normas para a saúde dos trabalhadores.
2. Proteger e promover a saúde no ambiente de trabalho.
3. Promover o desempenho e o acesso aos serviços de saúde ocupacional.
4. Fornecer e divulgar evidências, objetivando a ação e a prática.
5. Incorporar a saúde dos trabalhadores em outras políticas[1].

Para cumprir estes objetivos, as instituições contam com as atividades e ações da Comissão Interna de Prevenção de Acidentes (Cipa) e das comissões de biossegurança no sentido amplo da palavra. Dessa forma, essas duas comissões têm papel fundamental na guarda da conduta ética relacionada à definição da política e da prática efetiva da melhoria da saúde no local de trabalho. Entretanto, no meio acadêmico, isso não tem sido uma prática habitual na maioria das universidades, principalmente federais e estaduais, as quais têm as comissões legalmente constituídas, mas são consideradas um ônus, de tal forma que o incentivo a seus membros é baixo para alcançar o sucesso esperado pelos gestores. Além disso, os investimentos e os recursos são limitados, o que dificulta ainda mais o trabalho dessas comissões. Por outro lado, por exigência legal, as instituições privadas, incluindo as de ensino, parecem ter mais investimentos e atuação mais efetiva na gestão da biossegurança.

Os dados publicados têm mostrado que as empresas que promovem e seguem os preceitos de biossegurança de forma adequada têm sido mais bem-sucedidas e competitivas, apresentando maiores taxas de manutenção dos funcionários. Há que se considerar que os custos de prevenção são menores que os custos de acidentes, os quais resultam em consequências mais onerosas das violações legais, refletindo a falta de investimentos na saúde do trabalhador, importante patrimônio da empresa. O que se observa no meio público é a falta de estímulo pelo trabalho em razão de más condições de trabalho, baixo investimento em segurança do trabalho e gestão inadequada dos recursos, não seguindo os preceitos de garantia da saúde do trabalhador.

Na última década, o sistema de ensino tem sofrido mudanças significativas nos projetos pedagógicos e didáticos, assim como a dinâmica da pesquisa tem evoluído significativamente nos aspectos tecnológico, temporal e de recursos humanos. Com o advento da nova era da comunicação pelo sistema de tempo real, a biossegurança deve ser adaptada às necessidades de prevenção de novos riscos em termos práticos. A consequência da geração de dados em grande escala, tanto pela pesquisa como pelo ensino, culminou na necessidade de trabalho que depende de processamento por sistemas computacionais, mudando o perfil de instrumentação e atividades com base na tecnologia de informação. Em consequência, a exposição a riscos ergométricos e o impacto de fatores psicológicos têm aumentado, como a angústia pelo trabalho não terminado pela maior demanda de tempo e o uso de horário de trabalho irregular para o cumprimento das tarefas, o que torna o controle complexo e de difícil gerenciamento.

No campo da exposição a produtos biológicos, também se observam a mudança no perfil dos agentes infecciosos, que cada vez mais se tornam resistentes ao tratamento quimioterápico, e a necessidade de reclassificação de risco, que deve ser realizada de forma dinâmica e proporcional à evolução das diversas espécies em relação ao risco. Portanto, o ensino e a pesquisa têm a responsabilidade de estar à frente dessas demandas e sem dúvida colaborar com o estabelecimento de novas diretrizes da biossegurança. Por essa razão, os profissionais dessas áreas são sempre as equipes que exercem funções fronteiriças, seja como professor, seja como cientista ou técnico, entre outros profissionais de apoio, que necessitam ter criatividade, flexibilidade, mente aberta e alto poder de improvisação e cuidado. Na prática, eles criam, estabelecem metas, gerenciam, executam, concluem e, finalmente, modificam as condutas para melhores condições de saúde da equipe que levam adiante também a evolução na qualificação profissional. Têm em suas atividades a verdadeira arte de induzir novos raciocínios, estabelecer mudanças em paradigmas e abrir a mente para algo maior e melhor para a saúde da humanidade.

Considerando um profissional que exerce suas atividades em um laboratório de aula prática, por exemplo, é bem fácil deduzir que a organização deve ser muito bem estabelecida, planejada e descrita de forma clara, com detalhes para um principiante nesses procedimentos. Os materiais a serem utilizados devem ser muito bem identificados e ter organização cronológica bem estabelecida, para o claro entendimento, com informações específicas, proporcionando sucesso à meta da aula. Desse modo, as características dos laboratórios de ensino e pesquisa se diferenciam de outros, em razão, principalmente, da variabilidade de seus frequentadores, além da diversidade de procedimentos que devem ser executados por esse contingente de pensadores, seja formado por iniciantes, seja por juniores ou seniores, como manuseio de produtos químicos (solventes orgânicos, tóxicos, abrasivos, irritantes, inflamáveis, voláteis, cáusticos, entre outros), microrganismos, células de eucariotos, células transfectadas com plasmídeos virais, fagos e seus derivados, metazoários, artrópodes, com risco de infectividade e morbidade, animais de pequeno e médio porte e plantas que levam à exposição e ao risco de contaminação e acidentes. Incluem também as amostras biológicas de origem desconhecida. Atualmente, em virtude dos laboratórios de pesquisa estarem envolvidos significativamente com organismos geneticamente modificados (OGM) como modelos experimentais, também se tornam complexos em relação à contenção, ao manuseio e ao descarte. Portanto, os cuidados a serem tomados pelos usuários e o gerenciamento pelos administradores devem ser muito rigorosos.

Sem dúvida, a biossegurança não pode, nesse caso, restringir-se aos cuidados com os OGM, que merecem atenção ainda maior, mas deve apresentar uma abordagem mais ampla da segurança geral, tanto para os alunos como para os professores e os funcionários técnicos ou administrativos, por estarem todos envolvidos no trabalho universitário de ensino e pesquisa, além da prestação de serviços. Assim, o termo *biossegurança* deve ser adotado como a ciência voltada para o controle e a minimização de riscos advindos da prática de diferentes tecnologias, seja em laboratórios, seja em biotérios ou no meio ambiente.

O fundamento básico da biossegurança é assegurar o avanço dos processos tecnológicos e proteger a saúde humana, animal e o meio ambiente (Ministério do Meio Ambiente). Em função desta atividade dinâmica, um fator importante causa preocupação: o pouco investimento dos pesquisadores na educação continuada e nas pesquisas e as poucas publicações em biossegurança, assim como a ausência de discussão de temas relevantes em fóruns nas universidades, como a contaminação ambiental e o estresse do trabalho na sociedade contemporânea.

As universidades públicas brasileiras foram estabelecidas com infraestrutura física de décadas atrás, ou seja, sem uma preocupação significativa com a segurança ao trabalhador, se comparada ao exigido atualmente. Isso pode facilmente ser observado em relação à segurança em caso de incêndio, acesso à pessoa com limitação física, saídas de emergência, entre outras infraestruturas físicas básicas exigidas atualmente na construção civil. Algumas universidades buscaram correções, estabelecendo setores que orientam as melhorias a serem realizadas por reformas demandadas pela instalação de novos equipamentos e para melhorar as condições de trabalho.

A Universidade de São Paulo (USP), por exemplo, estabeleceu uma Superintendência do Espaço Físico

(SEF), que tem como responsabilidade a organização e a sistematização de todas as atividades relacionadas ao espaço físico dos campi da universidade (Resolução GR 4.946, de 13/08/2002). A SEF tem como atribuição garantir uso e expansão física harmônicos da universidade, preservando o patrimônio existente e proporcionando melhor suporte para suas atividades-fim. Suas competências estão relacionadas ao planejamento de intervenções físicas em edifícios e territórios dos campi de novas edificações, suas ampliações ou reformas de vulto, assim como estudos e propostas de redes de infraestrutura dos sistemas: viário, elétrico, hidráulicos, de informação, ambiental e outros, de acordo com os diferentes órgãos da USP. A SEF conta com as seguintes áreas: Divisão de Planejamento, Divisão de Projetos, Divisão de Fiscalização de Obras, Divisão Administrativo-Financeira e Escritórios Regionais. Portanto, são atividades da SEF:

- Elaborar planos executivos anuais e quadrienais de obras.
- Elaborar planos diretores e estudos de viabilidade física de empreendimentos.
- Elaborar anteprojetos, projetos executivos e material técnico para licitação de obras.
- Elaborar pareceres e laudos técnicos sobre terrenos e edificações.
- Elaborar licitações e contratos.
- Fiscalizar as obras e a gestão dos contratos.
- Cadastrar plantas, áreas, índices de ocupação.
- Avaliar e aprovar projetos externos.
- Emitir e acompanhar os termos de compromisso.

Dessa forma, para qualquer construção para fins didáticos e de pesquisa de cada área específica, é necessário obter informações e especificações adequadas. Para isso, recomenda-se consultar um especialista e averiguar as exigências legais e atuais, seguindo as normas de segurança estrutural (construção civil), de hidráulica (sistema centralizado de manutenção), elétrica (distribuição adequada da cabine da eletricidade, aterramento adequado, para-raios, e previsão de consumo energético, isolamento para evitar corrosão por produtos químicos estabelecendo sistema externo de distribuição elétrica (*shaft*) e destacadamente o de biossegurança (iluminação, circulação, rota de fuga, incêndio, distribuição física de equipamentos, lava-olhos e chuveiros, hidrantes, extintores, detector de fumaça, cabine de segurança química e biológica, sistema de armazenamento de produtos perigosos (externo ao local de permanência dos trabalhadores, como almoxarifados centrais), sistemas de iluminação e ventilação, sinalização adequada, mapa de risco adequado e acesso aos deficientes físicos, entre outros.

Uma das dificuldades comuns encontradas relaciona-se ao deslocamento de equipamentos de grandes dimensões, pela ausência de rampas de descarga e de elevadores de maior dimensão, além de portas corta-fogo com abertura facilitada, salas de aula sem isolamento acústico, laboratório sem área de contenção em caso de acidente. Cabe aos gestores das empresas o planejamento adequado, desde a concepção do projeto até o estabelecimento de todas as etapas, propondo a educação continuada e preocupando-se com a saúde como um único universo. Acredita-se que a integração do setor administrativo com as áreas técnicas específicas traga benefícios a todos os envolvidos, pois o alvo de todo o trabalho de prevenção está dirigido tanto para a segurança de núcleos menores quanto maiores, como laboratórios, departamentos, unidades, universidades, municípios, estados e federações.

A infraestrutura física bem planejada e construída condiciona trabalho mais organizado e de forma adequada e previne a exposição indevida a agentes considerados de risco à saúde, certamente reduzindo intercorrências e acidentes ocupacionais. Esses procedimentos no campo da pesquisa experimental são denominados boas práticas de laboratório (BPL).

As práticas de biossegurança baseiam-se na necessidade de proteção do operador, de seus auxiliares e da comunidade local, bem como do local de trabalho, dos instrumentos e equipamentos e do meio ambiente, contra riscos que possam prejudicar a saúde[2]. O manuseio com biossegurança de produtos químicos, que prejudicam a saúde, e dos organismos considerados contaminantes é regido por leis federais, estaduais e municipais. Como exemplo, cita-se a Comissão Nacional de Energia Nuclear (CNEN), que regula o manuseio de radioisótopos, a Comissão Técnica Nacional de Biossegurança (CTNBio), que normatiza o manuseio de OGM, e a Agência Nacional de Vigilância Sanitária (Anvisa), que normatiza o manuseio de agentes infecciosos de alta periculosidade, como os vírus da hepatite B (HBV), da hepatite C (HCV), da imunodeficiência humana (HIV) e ebola, assim como as bactérias resistentes ao tratamento quimioterápico por falta de uso racional de antibióticos, entre outros. Os órgãos internacionais também se preocupam com o risco de exposição a esses agentes, por isso se empenham em estabelecer normativas e diretrizes sobre manuseio de agentes de risco e mecanismos de proteção à saúde humana, animal e ambiental, além de oferecer treinamentos de forma contínua. Os agentes químicos associados com terrorismo e drogas que causam dependência ou que podem afetar a segurança nacional também são controlados pelos órgãos federais e requerem licenças especiais para seu manuseio, armazenamento e transporte.

A identificação correta é uma forma importante de prevenir o manuseio inadequado de agentes infecciosos, substâncias químicas perigosas e OGM. Existem normas bem estabelecidas de rótulo, transporte e armazenamento para todas as substâncias químicas, medicamentos, agentes infecciosos e materiais biológicos, assim como para as fontes potenciais de contaminação[3]. A necessidade e o hábito de ler o rótulo de todo material de trabalho, assim como a constante utilização de equipamento de proteção individual e coletiva, adequado para cada procedimento, são as principais formas de prevenir acidentes e se proteger, e sem dúvida o treinamento sistemático é primordial e muito importante.

O correto armazenamento de solventes, reagentes e vidrarias, utilizando locais bem definidos e adequadamente identificados com simbologia preconizada, minimiza os riscos de acidentes de trabalho[4,5].

Sem dúvida, o controle de descarte de produtos considerados agressores ao meio ambiente deve ser cuidadosamente monitorado, para preservar o meio ambiente em que se vive[6], assim como evitar o descarte inadequado de materiais passíveis de reciclagem, adotando a coleta seletiva, o que possibilita economia e proteção ambiental para o bem-estar da população.

O laboratório de ensino, pesquisa ou biotecnologia é um local de constante aprendizado, tanto para o professor como para os alunos. Estar em harmonia com o ambiente de trabalho é imprescindível. O objetivo deste capítulo é abordar as principais necessidades para uma boa interação entre o trabalho e as ferramentas de ensino, de forma harmoniosa, agradável e sem intercorrências, promovendo resultados necessários para poder contribuir com a formação acadêmico-científica e profissional.

Serão tratados, de forma bem concisa, os principais riscos, que serão mais bem discutidos em capítulos subsequentes. Para fins didáticos, serão abordados os riscos nos laboratórios de ensino, de pesquisa e de biotecnologia das classes de risco físico, biológico, químico, ergonômico, psicológico e de acidentes.

RISCOS FÍSICOS

Referem-se a riscos provocados por algum tipo de energia. Os riscos físicos podem ser enumerados dependendo dos equipamentos de manuseio do operador ou do ambiente em que se encontra no laboratório. Podem ser citados: calor, frio, ruídos, vibrações, radiações não ionizantes e ionizantes e pressões anormais.

Equipamentos que geram calor ou chamas

Estufas, muflas, banhos de água, bico de gás, lâmpada infravermelha, manta aquecedora, agitadores magnéticos com aquecimento, termociclador, incubadora elétrica, forno de micro-ondas, esterilizador de alça ou agulha de platina e autoclaves são os principais equipamentos geradores de calor (Figura 1). Sua instalação deve ser feita em local ventilado e longe de material inflamável, volátil e de equipamentos termossensíveis. Os geradores de calor muito elevado, como a mufla, têm de ser cuidadosamente instalados em suportes termorresistentes ou em balcões com resistência térmica (jamais em balcão de madeira). As incubadoras não devem ser instaladas em local próximo a refrigeradores.

Ao lidar com equipamentos geradores de calor, o operador deve se proteger com luvas adequadas e avental. Nesse caso, recomenda-se o uso de luvas térmicas ou pelo menos luvas de pano resistentes ou revestidas com material isolante ao calor. O manuseio de destiladores com substâncias voláteis (destiladores de solventes) ou perigosas deve ser feito dentro de capelas de segurança química, e, para substâncias voláteis, é preciso utilizar máscaras com filtros adequados. Cumpre lembrar que as capelas precisam estar adequadamente instaladas com filtros de retenção para não poluir o ar atmosférico local. Esses equipamentos podem, quando inadequadamente operados, causar acidentes de proporções consideráveis, como queimaduras graves, explosões e até incêndios.

Um equipamento bastante comum no laboratório é o agitador magnético com manta de aquecimento. Por ser portátil, os acidentes de queimadura nas mãos são frequentes. Após a utilização, o operador desloca o equipamento para outro local com as mãos sem proteção, muitas vezes provocando queimaduras graves, que poderiam ser evitadas com o hábito de usar luvas de pano resistentes ao calor ou revestidas com material isolante.

Figura 1. Autoclave instalada em sala exclusiva com espaço e ventilação adequados.

Equipamentos de baixa temperatura

Determinados experimentos devem ser realizados dentro de câmaras frias. Quando o operador necessitar executar tais tarefas por um período prolongado, recomenda-se a utilização de proteção adequada ao frio. Aconselha-se o uso de um agasalho térmico com capuz.

Ao operar congeladores de temperatura ultrabaixa (–70 a –80°C), o operador deve usar aventais térmicos e máscaras, além de proteger as mãos com luvas térmicas (Figura 2). Às pessoas de cabelos longos, recomenda-se prendê-los, pois podem aderir em locais ultrafrios. No Brasil, em virtude do calor constante, aconselha-se evitar a abertura constante e prolongada de congeladores, uma vez que ocorrerá queda acentuada da temperatura, havendo, para sua estabilização, gasto demasiado de energia elétrica. No caso do congelador com proteção para queda de energia por meio de refrigeração com CO_2 líquido, cuja temperatura aproximada é de –160°C, deve-se tomar muito cuidado na reposição do conteúdo desses frascos (torpedos com sistema de pesca do líquido) e no manuseio de botijões térmicos a vácuo que armazenam outro gás congelante, o nitrogênio líquido. Frascos que contêm nitrogênio líquido e gelo seco, quando inadequadamente manipulados ou transportados, também provocam acidentes bastante graves, como queimaduras. O operador, no primeiro caso, deve se proteger com avental, óculos e luvas térmicas, além de sapatos de borracha de cano alto com isolamento térmico. O transporte desse material tem de ser realizado em frascos adequados com fechamento por válvula de escape de gases. No caso do gelo seco, deve-se trabalhar com luvas de couro forradas – iguais às de proteção térmica para o calor. Ao manusear gelo seco com acetona ou etanol, observar previamente a resistência do material no qual se encontra acondicionado, para evitar acidentes. O isopor, por exemplo, é muito solúvel em acetona e clorofórmio; portanto, ao pretender congelar uma amostra utilizando gelo seco, nunca se deve acondicioná-la em isopor para colocar acetona ou clorofórmio.

Material radioativo

Laboratórios que manipulam elementos radioativos devem ser construídos conforme recomendações da CNEN. O material radioativo tem de ser manipulado segundo as fontes de radiação. Nos laboratórios de pesquisa, é mais frequente a utilização de fontes não seladas, ao passo que, nos locais de tratamento radioterápico, as fontes são seladas.

As fontes não seladas mais comuns são emissores de radiações beta e gama. Os emissores de radiação beta mais utilizados no laboratório de pesquisa e ensino são ^{32}P, ^{33}P, ^{35}S, ^{3}H, ^{14}C e ^{51}Cr, e os emissores beta e gama são ^{131}I e ^{125}I.

Ao manipular material radioativo, o principal cuidado a ser tomado deve ser, inicialmente, procurar o responsável (ou solicitar ao seu superior hierárquico, na sua unidade de proteção radiológica). Para adquirir material radioativo, o fornecedor solicitará um número de licença. O operador de radioisótopos deve realizar cursos de treinamento em proteção radiológica. É preciso verificar se o laboratório ou a unidade têm um programa de controle de exposição radiológica e solicitar sua inclusão nele. Deve-se procurar conhecer as normas da CNEN (CNEN-NE-3.01); Diretrizes Básicas de Radioproteção, de julho de 1988, Resolução CNEN n. 12/88.

Em caso de acidentes com contaminação radiológica, comunicar à Cipa e procurar um médico do trabalho para orientação adequada. Apesar de a maioria dos

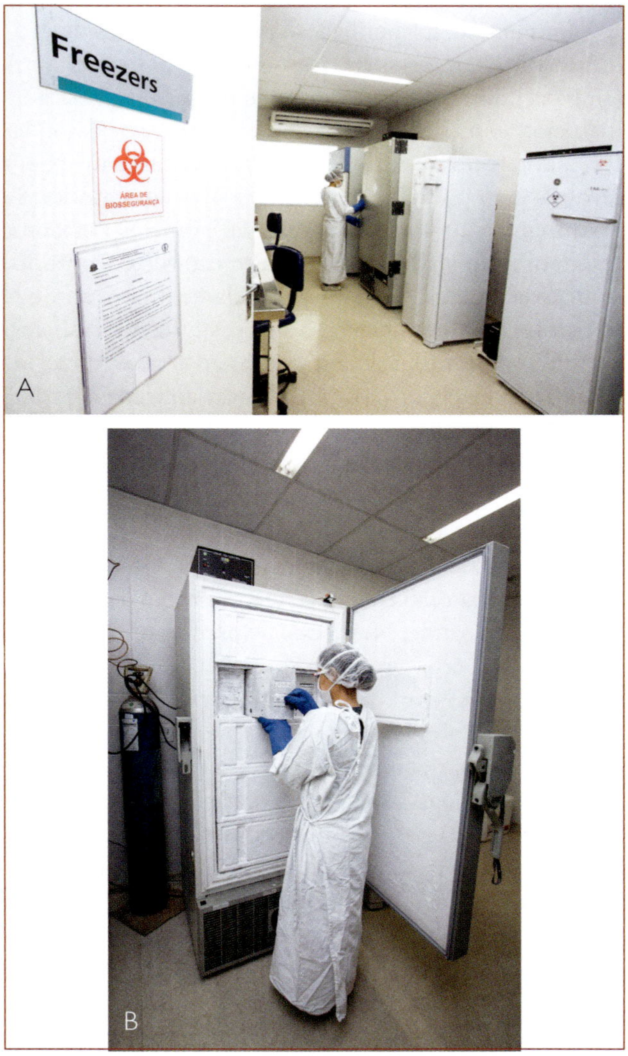

Figura 2. Sala de congeladores. Entrada com sinalização e informações sobre OGM (A) e operador com uso de EPI (B).

trabalhos de pesquisa utilizar quantidades bem baixas de material radioativo, deve ser considerado o efeito cumulativo da exposição em longo prazo.

Os equipamentos de raios X comumente utilizados em radiografias são bastante usados em hospitais, clínicas e centros de diagnóstico. As precauções devem ser rigorosas em relação ao operador e ao tempo de exposição. Em razão da alta periculosidade que o trabalho apresenta, o tempo de exposição desses profissionais tem de ser o mais limitado possível. O técnico em raios X precisa sempre controlar sua exposição por meio de medidores, que devem ser adquiridos em órgãos competentes. Além disso, o exame hematológico periódico deve ser um procedimento rotineiro para o controle da exposição ocupacional e o bem-estar de tais profissionais.

Os cuidados detalhados estão abordados no Capítulo 6, "Biossegurança no uso de radioisótopos".

Pressões anormais

É fundamental a utilização de equipamento de proteção contra as pressurizações ou despressurizações. A falta das devidas precauções pode causar invalidez permanente, como surdez, ou levar à morte por embolia. Em laboratórios regulares, esse tipo de ambiente é bem raro, cabendo mais especificamente para laboratórios de oceanografia, biologia marinha, entre outros. Portanto, esse tema não será abordado neste capítulo. Contudo, se houver necessidade, recomenda-se a consulta das normas regulamentadoras do Ministério do Trabalho (http://www.mtb.gov.br), algumas das quais estão indicadas no Capítulo 10, "Legislação aplicada à gestão de biossegurança em laboratórios de ensino e pesquisa".

Umidade

Em caso de locais de trabalho muito úmidos, deve-se utilizar proteção contínua, em razão do grande risco que trazem à saúde. Nesse caso, é preciso utilizar roupa impermeável, com proteção contra umidade. O risco é a contaminação com bactérias e fungos, que podem ter facilidade de sobreviver nesses ambientes. O tempo de trabalho em tais condições deve ser bastante limitado, e devem ser utilizadas máscaras do tipo bico de pato no manuseio de microrganismos transmissíveis por via aérea, como os fungos. Na dúvida, para as devidas precauções, consultar as normas com o representante da Cipa.

Ruídos e vibrações

Em local onde são instalados muitos equipamentos com emissão de ruídos, os operadores, ou as pessoas que trabalham no mesmo ambiente, devem fazer uso de protetores auriculares. Os equipamentos que podem emitir ruídos de forma anormal são trituradores, centrífugas, ultracentrífugas, ultrassom, autoclave, congelador ultrafrio, bombas de autovácuo, determinados condicionadores de ar, capela de fluxo laminar ou capela química, entre outros. Legislações específicas regulamentam e determinam os limites permissíveis em unidade de decibéis. A norma NBR n. 10.152 da ABNT estabelece um limite de 60 decibéis para uma condição adequada de trabalho. Também estão estabelecidos os limites de ruído e o tempo diário de tolerância na Norma Regulamentadora n. 15, Anexos 1 e 2 da Portaria n. 3.214, de 08 de julho de 1978.

Radiação não ionizante

Refere-se às radiações a que os profissionais são submetidos nos vários ambientes de trabalho, como luz natural, infravermelho, ultravioleta (UV), entre outras. Essa abordagem inclui, além dos riscos, as condições mínimas de trabalho. O ambiente de trabalho deve estar com intensidade de luz apropriada para manter o conforto visual. A adequação da iluminação deve ser realizada por profissionais especializados. Quanto a esse aspecto, consideram-se ainda as radiações que podem causar algum tipo de dano à saúde, como queimaduras, lesões oculares distintas, entre outras.

Radiação ultravioleta

Este tipo de radiação é extremamente danoso para a retina dos olhos. O manuseio de transiluminadores com radiação UV deve ser prevenido por meio da utilização obrigatória de barreiras faciais e óculos de proteção que retêm essa radiação. É muito comum o uso apenas dos óculos de proteção, sem a máscara, na operação de transiluminadores de UV; no entanto, deve-se tomar cuidado, pois a exposição a esse tipo de radiação por tempo prolongado e de forma cumulativa pode causar queimadura ou câncer de pele.

Os biologistas moleculares, ao manipularem material genético para clonagem, removem da agarose os fragmentos de ácidos nucleicos separados por eletroforese, e neste procedimento há exposição à luz UV. Nesse caso, recomenda-se a utilização de protetor da face, em vez de apenas óculos de proteção para os olhos. A exposição diária e frequente por tempo mais prolongado sob radiação UV provoca queimadura de pele e, se for constante, poderá causar câncer.

Os dentistas têm utilizado radiação UV para reduzir o tempo de polimerização de alguns tipos de resinas utilizadas em restaurações odontológicas. O uso de óculos de proteção tanto para o operador como para o paciente é fundamental, entretanto, não é comum.

Radiação infravermelha

Apesar de ser utilizada como meio terapêutico, a exposição excessiva à radiação infravermelha provoca desidratação e queimadura. Os operadores de solventes que secam seus preparados com esse tipo radiação devem se proteger com máscara facial.

Raios *laser*

Este tipo de raio está sendo cada vez mais utilizado na área médica para procedimentos cirúrgicos e terapêuticos e em pesquisas para equipamentos de medições mais complexas. O uso de proteção é fundamental; apesar de os feixes de raios *laser* serem bem direcionados, acidentes podem ocorrer e causar danos irreparáveis, se não forem prevenidos adequadamente.

Ondas de rádio

Profissionais que operam equipamentos que geram ondas de rádio devem estar atentos aos danos auditivos e oculares. Exames periódicos devem ser feitos, como prevenção de uma eventual suscetibilidade individual e, consequentemente, uma lesão mais grave.

Campos elétricos

Profissionais que operam com frequência em locais de altos campos magnéticos estão submetidos constantemente a riscos muito elevados tanto de queimaduras como de outros danos ainda desconhecidos. Não há estudos bem definidos quanto aos danos causados pelos campos magnéticos de alta tensão que passam pelas residências, mas um acompanhamento periódico seria recomendado a essas pessoas. Indivíduos com marca-passos podem ter sérios problemas de interferência, os quais podem causar problemas de gravidade irreparável.

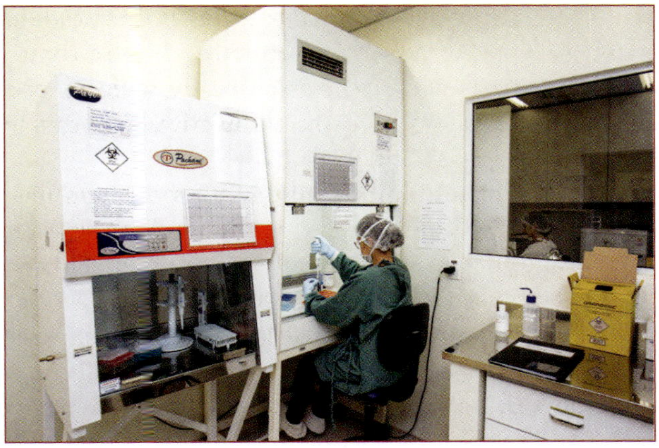

Figura 3. Infraestrutura física, EPC e EPI adequados para manuseio de OGM. Laboratório com isolamento para evitar escape de OGM, sala com parede lavável, piso impermeável com cantos arredondados. EPC: cabine de segurança biológica de classe 2. EPI: máscara cirúrgica, gorro, propé de pano, dois pares de luvas cirúrgicas de látex e avental devidamente identificado.

RISCOS BIOLÓGICOS NO AMBIENTE DE TRABALHO LABORATORIAL

Os materiais biológicos abrangem amostras provenientes de seres vivos como plantas, animais, bactérias, leveduras, fungos, parasitas (protozoários e metazoários), amostras biológicas provenientes de animais e de seres humanos (sangue, urina, escarro, secreções, derrames cavitários, peças cirúrgicas, biópsias, entre outras). Incluem-se também os OGM, nos quais os cuidados são mais relevantes por estarem albergando genes com características diferenciadas, que serão abordados no Capítulo 7.

Riscos e biossegurança na utilização de tecnologia de DNA recombinante

As pesquisas mais contemporâneas definitivamente apresentam rapidez, maior produtividade, multidisciplinaridade, autossustentabilidade, menor risco aos pesquisadores e preocupação com a proteção ao meio ambiente. O fundamento da aplicação das recombinações de DNA contempla a maioria das exigências seguidas pelas pesquisas atuais.

A combinação do material genético de diferentes fontes, que cria OGM, que, eventualmente, nunca existiram até então, tem sido tema de preocupação, sobretudo pela possibilidade de serem disseminados no meio ambiente e, consequentemente, gerarem riscos eventuais à natureza. Os biologistas moleculares preocupados com os riscos se reuniram para discutir esse tema em 1975[7].

Passadas mais de cinco décadas de pesquisas e discussões constantes, pode-se observar que a tecnologia de DNA recombinante ou engenharia genética pode ser conduzida de forma segura, desde que os operadores sejam apropriadamente treinados e as condições de instalações físicas estejam adequadamente preparadas e controladas[8]. O uso de equipamento de proteção coletiva e individual é de extrema importância, assegurando a proteção do operador (Figura 3).

A primeira utilização dessa técnica foi com a finalidade de produzir uma proteína recombinante (a insulina) em abundância, utilizando uma bactéria que recebeu um gene estranho ao seu genoma, com a finalidade de avaliar sua atividade biológica. Com a evolução metodológica, teve aplicabilidade ampliada nos diversos segmentos da ciência, incluindo, no sequenciamento dos genomas, eucariotos e procariotos. O avanço foi vertical em toda a área da ciência, em virtude dessa tecnologia, e sem dúvida foram criados processos biosseguros para manipulação gênica, dando segurança e tranquilidade aos pesquisadores que executam os estudos e, consequentemente, à sociedade, pela geração de mais conhecimentos. Os impactos no conhecimento da biologia, da medicina e das ciências farmacêuticas foram tão significativos, que transcenderam os possíveis efeitos indesejáveis, observados pelos benefícios gerados para a própria saúde humana e a economia do país. Cumpre ressaltar que, em nenhum momento, houve dissociação entre a segurança do pesquisador e da população com a preservação ambiental, o que pode ser comprovado de forma bem definida por meio da criação dos Ministérios de Ciência e Tecnologia, Saúde, Meio Ambiente e de legislação específica. Os benefícios podem ser observados em toda a ciência biológica e na saúde, além das melhorias nas ciências exatas e tecnológicas. Uma grande abertura na produção de medicamentos recombinantes, terapia gênica e celular gera dimensões incalculáveis em termos de benefícios humanos e também na alta sustentabilidade. Modelos de animais geneticamente modificados, como os transgênicos (expressam um gene heterólogo) e os *knockout* (com genes deletados), possibilitaram mimetizar a fisiopatologia de várias doenças que até então não eram conhecidas. Outros potenciais em uso hoje são as plantas transgênicas, que resistem às pragas, possibilitando cultivos de alimentos e outros insumos para melhoria da saúde populacional, somados à alternativa socioeconômica de um país de extensão continental e seu potencial recurso de um celeiro mundial no fornecimento de alimentos.

O desenvolvimento de procedimentos de segurança ocorreu paralelamente. Novos sistemas de gerenciamento, cursos de treinamentos específicos, literatura especializada e, sobretudo, o desenvolvimento de equipamentos de segurança, tanto individual como coletiva, tiveram salto qualitativo e quantitativo na qualidade e aplicabilidade. Na área de recursos humanos, criou-se legislação específica para gerenciamento e educação continuada dos cientistas. Portanto, qualquer temor pode ser minimizado pelos resultados de melhoria da qualidade de trabalho, maior conforto aos operadores, maior segurança ao meio ambiente, equipamentos mais eficazes na minimização de contaminação ambiental e maior controle de qualidade nos insumos. A disponibilização das tecnologias derivadas desses processos proporcionou um crescimento autossustentável.

Biossegurança na manipulação de OGM

Sistemas de expressão biológica

Os sistemas mais comuns de expressão biológica incluem os vetores plasmidiais e virais e as células hospedeiras procariotas e eucariotas.

Os sistemas mais comuns e de baixa complexidade em termos de segurança biológica sempre combinam um vetor plasmidial muito bem estabelecido, cuja célula hospedeira é uma bactéria muito bem caracterizada, como *Escherichia coli*, K12 e DH5, entre outras comercialmente disponíveis. Esses sistemas podem ser facilmente conduzidos em laboratórios de segurança biológica nível 1, ou seja, um local sem muitos equipamentos onerosos, com uso de proteção individual bem comum nos laboratórios de ensino e pesquisa (ver Capítulo 3, "Equipamentos de proteção individual e coletiva").

Os sistemas com vetores virais comumente utilizados na transferência de genes para outras células nos sistemas eucariotos, como hospedeiras, podem exigir laboratórios mais restritivos, dependendo do tipo de vetor utilizado, mesmo que potencialmente não infectante[8]. Esses vetores virais, como o adenovírus, podem ser utilizados para transfectar células mamíferas. São deficientes de certos genes replicativos e geralmente expandidos em linhagens celulares que complementam suas deficiências.

A contenção e a manipulação desse material no laboratório requerem controle rigoroso, pois ele pode estar contaminado com vírus competentes replicativos, gerados por eventos de recombinação espontânea raros nas linhagens de células de expansão ou derivar de uma purificação insuficiente. Esse material deve ser manipulado em laboratório de segurança biológica, assim como o adenovírus do qual foi derivado[9].

Os critérios de escolha devem ser bem discutidos e estabelecidos antes da definição do sistema. Para tal, recomendam-se as seguintes considerações de segurança aos operadores e ao ambiente onde serão executados tais estudos:

- Verificar se o sistema de expressão deriva de organismos patogênicos, pela possibilidade de aumentar a virulência do OGM.
- A sequência do DNA a ser inserido não deve ser muito bem caracterizada, por exemplo, construção de biblioteca de um microrganismo patogênico.
- Produtos gênicos recombinantes com potencial atividade farmacológica, produtos gênicos que codificam toxinas, citocinas, hormônios, reguladores de expressão gênica, fatores de virulência e amplificadores, sequências de oncogenes e de resistência a antibióticos e alérgenos.

Animais transgênicos (carreando genes estranhos ao seu genoma) e *knockout* (genes deletados ou bloqueados)

A contenção, a manipulação e o descarte de animais geneticamente modificados devem seguir o rigor correspondente aos cuidados exigidos dos genes inseridos (para os transgênicos). Por outro lado, animais *knockout* geralmente não apresentam risco biológico em sua manipulação, exceto se a mistura que pode ocorrer contaminar os animais selvagens em caso de possível fuga de sua área de contenção, que deve ser rigorosamente controlada.

Os animais transgênicos, que incluem os que expressam receptores para viroses, normalmente não infectam aquelas espécies. Se tais animais escapam do laboratório de contenção e transmitem a transgene para os animais selvagens, um animal reservatório para aquele vírus em particular teoricamente pode ser gerado. Essa possibilidade tem sido discutida, e todo o cuidado tem sido recomendado para não causar reaparecimento de viroses supostamente erradicadas.

Plantas transgênicas

Plantas transgênicas que expressam genes que conferem tolerância a herbicidas ou resistência a insetos são consideradas tema de controvérsia em muitos países. Na verdade, tem se discutido a respeito da segurança alimentar com relação a essas plantas e às consequências de seu cultivo em longo prazo.

Plantas transgênicas que expressam genes de origem de microrganismos, animais ou humanos, são utilizadas para desenvolver produtos medicinais e nutrientes. O risco de acesso deve ser determinado pelo nível de segurança para produção dessas plantas e será abordado nos Capítulos 17 e 18.

É importante considerar que o processo de biossegurança com OGM é dinâmico, pois muda com o desenvolvimento tecnológico e o progresso científico. Não se pode deixar de ter os benefícios oferecidos pela tecnologia de DNA recombinante e retroceder no avanço da humanidade em razão de conceitos puramente ideológicos e que não permitem discussão científica[10].

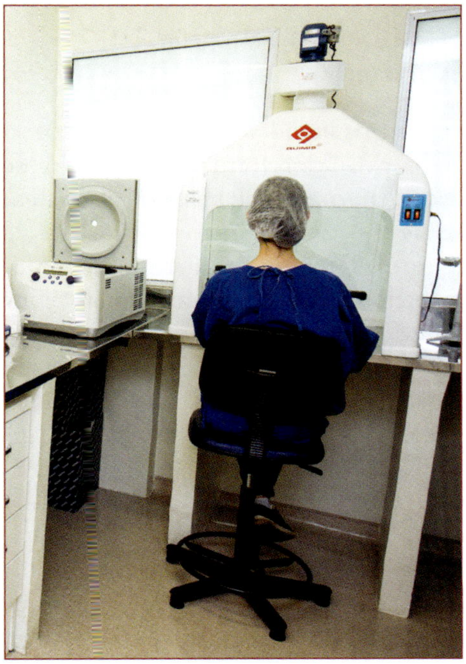

Figura 4. Manuseio de solventes voláteis (etanol e isopropanol), em cabine de segurança química, para extração de ácidos nucleicos. Salienta-se o uso de avental de algodão, luvas de isopreno e cabine de segurança em material resistente aos solventes de uso corrente.

RISCOS QUÍMICOS

A classificação de substâncias químicas, gases, líquidos ou sólidos também deve ser conhecida pelos operadores. Os solventes podem ser classificados em: combustíveis, explosivos, irritantes, voláteis, cáusticos, corrosivos e tóxicos[5]. Eles devem ser manuseados de forma adequada em locais que permitam ao operador a segurança pessoal e do meio ambiente (Figura 4). Cuidados devem ser tomados para o descarte adequado dessas substâncias. Este grupo de risco é muito importante, pois os acidentes de laboratório com substâncias químicas são os mais comuns e bastante perigosos. No momento do manuseio e da preparação das soluções, devem ser tomados os cuidados apropriados para evitar riscos. A obediência às normas de segurança é fundamental para evitar acidentes de trabalho.

Os riscos químicos podem ser classificados por grau de periculosidade, como: contaminantes do ar, substâncias tóxicas, explosivas, irritantes e nocivas, oxidantes, corrosivas, líquidos voláteis, inflamáveis e sólidos.

Contaminantes do ar

Devem-se considerar contaminantes do ar: poeiras; fumaça de diferentes origens, incluindo as de cigarro; aerossóis; neblinas; gases asfixiantes e irritantes e vapores.

Como atividades geradoras de aerossóis, podem ser citados o manuseio de centrífugas, ultracentrífugas, incubadoras orbitais, liofilizadores, evaporadores, homogeneizadores, misturadores, moedores de substâncias sólidas, líquidos e gases comprimidos e perigosos. Esses equipamentos, quando utilizados com substâncias contaminantes, devem ser hermeticamente fechados. Por exemplo, a centrífuga que se utiliza para amostra contendo bactérias deve ter tampas no rotor e os tubos utilizados devem ter tampas rosqueadas (Figura 5).

Substâncias tóxicas e altamente tóxicas

Deve-se evitar o contato com substâncias tóxicas que podem causar graves danos à saúde, principalmente aquelas que podem trazer consequências fatais. Deve-se tomar especial cuidado com as substâncias que possuem atividade teratogênica e cancerígena e levam ao risco de alterações genéticas irreversíveis. O brometo de etídio é um exemplo de substância mutagênica muito utilizada nos laboratórios de pesquisa com ácidos nucleicos. Seu manuseio deve ser feito com luvas, e seu descarte deve ser realizado apenas após inativação. Atualmente, substitui-se o brometo de etídio por outros intercalantes de ácidos nucleicos, como o produto Sybrgreen®.

Substâncias explosivas

Em ambientes com essas substâncias, é preciso evitar choques, produção de faíscas, fogo e ação de calor. Muitos produtos químicos são explosivos, como as nitroglicerinas. Outro cuidado é o conhecimento de amostras que produzem substâncias explosivas. Esses compostos geralmente são controlados pelo Ministério do Exército e requerem autorização especial para sua obtenção, como o ácido perclórico e o ácido nítrico.

Substâncias irritantes e nocivas

Deve-se evitar o contato de substâncias químicas irritantes, como hidróxido de amônia, ácido nítrico, acrilamida, ácido clorídico fumegante, entre outros, com o corpo humano, além de evitar a inalação de seus vapores. Tais agentes químicos são possíveis causadores de danos à saúde em caso de exposição a uma concentração acima da tolerada quando do manuseio inadequado, por falta de EPI ou EPC.

Existem certas substâncias, como a acrilamida, das quais não é possível descartar totalmente sua ação cancerígena e a alteração genética ou teratogênica. O manuseio dessas substâncias requer utilização de proteção do sistema respiratório, contato com as mãos e a pele por

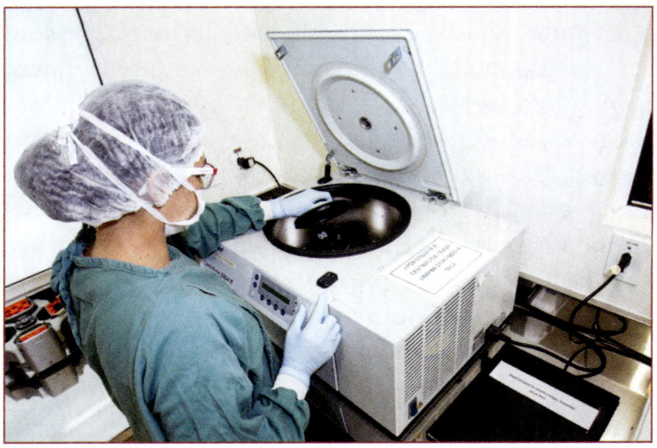

Figura 5. Centrífuga refrigerada utilizada para manuseio de amostras biológicas de origem humana e rotor com tampa de rosca para evitar emissão de aerossóis na câmara de centrifugação.

meio da utilização de luvas e manuseio em uma cabine de segurança química.

Substâncias oxidantes

Deve-se evitar qualquer contato com substâncias combustíveis, por perigo de inflamação. Os incêndios podem ser favorecidos, e sua extinção pode ser dificultada (p. ex., peróxidos e outros). Um exemplo clássico é o manuseio inadequado de H_2O_2, que pode causar queimaduras graves. É recomendado o uso de luvas de nitrila, avental de algodão e máscara facial, além de propipetador e manipulação em cabine de segurança química.

Substâncias corrosivas

Evitar contato com os olhos, a pele e a roupa com medidas protetoras especiais. Não inalar vapores. Utilizar luvas de proteção com avental de manga comprida, de material impermeável e resistente a esses compostos (p. ex., ácido nítrico, ácido sulfúrico, ácido fosfórico, entre outros). É importante observar que esses produtos devem ser manipulados com equipamentos específicos para transferência de um frasco para outro; nunca verter utilizando o próprio frasco, que pode danificar o rótulo da embalagem, tornando difícil a identificação em virtude da ação corrosiva. A paramentação deve ser feita com avental e luva de nitrila, calçado de borracha fechado, máscara química e óculos de proteção.

Líquidos voláteis

Manipular os líquidos voláteis, como os solventes orgânicos (p. ex., o clorofórmio, que é muito prejudicial à saúde), éter etílico, etanol, metanol, acetonitrila, entre outros, e alguns ácidos (nítrico, clorídrico e sulfúrico) ou bases fortes (amônio) requer muito cuidado, evitando-se sua inalação. Deve-se manipular tais produtos sempre em cabine de segurança química de ar forçado ou exaustão (Figura 4) e com proteção adequada, usando máscara de proteção do sistema respiratório e luvas de isopreno.

Substâncias inflamáveis

É necessário manipular as substâncias inflamáveis longe de chamas ou emissores de calor e centelhas. Quando os produtos forem voláteis, operar com proteção adequada e em cabine de segurança química de ar forçado ou exaustão com lâmpada antiexplosão e que não contenha tomada ou interruptores, que podem provocar faíscas ao ligar ou desligar. Essas substâncias devem ser adequadamente identificadas. Em geral, os fabricantes apresentam, nos rótulos, uma instrução sobre manuseio correto, com identificação pertinente. O éter é um bom exemplo, não devendo ser acondicionado em geladeira comum, pois pode provocar uma explosão, em virtude da presença da lâmpada e do interruptor, que podem gerar centelha nos momentos de fechamento ou abertura.

Metanol, clorofórmio e acetona, entre outros, são substâncias inflamáveis e extremamente voláteis, o que torna necessário manuseá-las em cabines de segurança química com ventilação e lâmpadas antexplosão lacradas com interruptor externo. O acondicionamento deve ser feito em frascos herméticos e em locais ventilados.

A prevenção deve ocorrer nos seguintes aspectos:

- Na fricção: fósforo branco, vermelho e amarelo, persulfato de fósforo.
- Na exposição ao ar: boro, carvão vegetal, ferro pirofosfórico, fósforo branco, vermelho e amarelo, hidratos, sódio e potássio metálico, nitrito de cálcio, pó de zinco.
- Na absorção de umidade: cálcio, carbonato de alumínio, hidratos, magnésio finamente dividido, óxido de cálcio, peróxido de bário, pó de alumínio, pó de zinco, potássio, selênio, sódio, sulfeto de ferro.
- Na absorção de pequena quantidade de calor: carvão vegetal, dinitrobenzol, nitrato de celulose, piroxilina, pó de zircônio.

Sólidos

Substâncias corrosivas

É importante evitar o contato desses compostos com o corpo humano, uma vez que podem causar efeitos teratogênico e cancerígeno. Ao manusear esses compostos, é preciso se proteger com luvas resistentes (de isopreno ou borracha), máscaras químicas com filtros específicos para cada composto químico e óculos fechados. A escolha desses materiais de proteção individual é fundamental, pois eles podem sofrer fácil deterioração durante o uso ou manuseio, perdendo sua função protetora. O hidróxido de sódio e potássio é um exemplo de sólido corrosivo. Deve-se utilizar espátula de polipropileno ou plástico para manipulá-lo, e a solução preparada a partir desses compostos também deve ser acondicionada em plástico ou polipropileno.

Figura 6. Setor de processamento de dados de laboratório de pesquisa, com computadores em rede e acesso a bancos de dados para análise de bioinformática e de estatística. Observa-se ausência do uso de avental ou outro tipo de EPI de laboratório, além de iluminação e ventilação adequados e mesas com altura recomendada para escritórios.

Substâncias cancerígenas

Devem ser tomados os mesmos cuidados citados para os líquidos cancerígenos.

Utilizar proteção adequada para seu manuseio (ver Capítulo 9, "Biossegurança e câncer").

RISCOS ERGONÔMICOS

Os riscos ergonômicos são menos considerados quando se projetam laboratórios de ensino, pesquisa e biotecnologia. Os projetos de distribuição física para locais que podem ser passíveis de riscos ergonômicos, como escritórios de processamento de dados (Figura 6), devem ser orientados por profissionais qualificados para a área.

Em geral, devem se preocupar com distâncias em relação à altura dos balcões, cadeiras, prateleiras, gaveteiros, capelas, circulação e obstrução de áreas de trabalho. Para os usuários de computadores e aqueles que atuam sentados, é importante se preocupar com a altura dos teclados desses equipamentos e com a posição de monitores e vídeos, para evitar distensões de músculos e lesões em tendões, principalmente das mãos. É bastante comum trabalhos de movimentos repetitivos em alguns setores, como a secretaria, em que se utilizam teclados para digitação, ou pipetas automáticas em laboratórios. Tais operadores são candidatos a sofrer de tendinites, que muitas vezes necessitam ser corrigidas por intervenção cirúrgica. Esses movimentos devem ser evitados, utilizando-se estudos ergonômicos por especialistas, a fim de impedir lesões decorrentes, e o trabalho deve ser diversificado, evitando um prolongado trabalho repetitivo. Essa responsabilidade cabe aos responsáveis pelo gerenciamento do trabalho desses funcionários.

O termo criado para esse tipo de doença ergonômica era lesões causadas por esforços repetitivos (LER) (Resoluções da Secretaria Estadual de Saúde de São Paulo ns. 180 e 197, de 1992); atualmente, denomina-se doenças osteomusculares relacionadas com o trabalho (DORT)[11]. Este termo inclui as manifestações ergonômicas e psicossociais.

As manifestações comuns das lesões podem ser facilmente identificadas por calor localizado, choques, dores, dormências, formigamentos, fisgadas, inchaços, pele avermelhada e perda de força muscular. As bursites e a síndrome de canal cubital podem ser provocadas por apoio do cotovelo em balcões e mesas; a síndrome do desfiladeiro torácico pode ser causada por trabalhos manuais curvados, como no ato de consertar carros, lavar vidrarias em pias baixas, apoiar o telefone sobre o ombro e o ouvido, pintar paredes e rodapés, trabalhar em laboratório sentado em bancos altos com balcões baixos, entre outros. A síndrome do túnel do carpo e a tenossinovite de extensores dos dedos podem ser ocasionadas pelo trabalho contínuo de digitar, fazer montagens em indústrias, empacotar, operar *mouse* de computador, entre outras atividades. A tendinite da porção longa do bíceps e a tendinite do supraespinhal podem ser manifestações comuns em carregadores de peso (pesos sobre os ombros) e em jogadores de voleibol.

Mais informações sobre esses casos podem ser obtidas junto à Cipa, no Serviço Especializado em Engenharia de Segurança e em Medicina do Trabalho (SESMT) da sua instituição ou na literatura[12].

RISCOS DE ACIDENTES

Equipamentos de vidro

Quando se trabalha com equipamentos de vidro, é preciso observar a resistência mecânica (espessura do vidro), a resistência química e o calor. Deve-se evitar o armazenamento de álcali em vidros, pois provocam erosão. Utilizar apenas vidros de borossilicato, resistentes ao calor, para aquecimentos ou reações que liberam calor. Nunca levar um frasco de vidro à chama direta, recomendando-se manta elétrica ou tela de amianto quando for utilizar bico de Bunsen. Ao aquecer, nunca fechar hermeticamente o frasco de vidro. Vidros que contêm substâncias inflamáveis têm de ser aquecidos em banho de água, jamais em mantas ou em chama. Utilizar sempre luvas com isolamento térmico adequado.

Ao empregar material de vidro em sistema de autovácuo, não usar vidraria de parede fina; aconselha-se o frasco de Kitazato. Tomar precauções ao usar manômetro para controle do vácuo e proteger o frasco em tela de arame ou caixa fechada para evitar estilhaços em caso de implosão, principalmente na utilização de frascos de grande dimensão.

A utilização de rolhas em frascos de vidro deve seguir as seguintes recomendações:

- Avaliar com cuidado o tamanho da rolha com o orifício de vidro a ser tampado.
- Utilizar lubrificante, como silicone, vaselina, ou mesmo água, caso não seja permitido o uso de tais lubrificantes.
- Proteger as mãos com luvas que não permitam perfuração.
- Proteger os olhos com óculos de proteção.
- Nunca utilizar partes do corpo como apoio para a introdução da rolha.
- Jamais utilizar frasco de vidro com fratura e trincas nas bordas em que a rolha será introduzida.
- Avaliar a fragilidade do material com relação ao uso repetido, que torna o vidro mais frágil.

A lavagem de material como a vidraria é uma tarefa que ocasiona acidentes, em virtude da utilização de detergente. Portanto, sempre se deve usar material amortecedor nos locais de lavagem e colocar, na superfície da pia, material de borracha/espuma, assim como protetores de torneira com silicone. As luvas devem ser de material antiderrapante. Evitar o uso de solução sulfocrômica, por ser altamente perigosa e causar contaminação no meio ambiente (em total desuso na atualidade); no comércio, estão disponíveis detergentes adequados, como o Extran® (ácido, neutro ou alcalino), para remoção de resíduos químicos ou biológicos.

O descarte de material de vidro deve ser realizado de forma adequada; quando quebrar, descartar como material perfurocortante em caixas de papelão/plástico resistentes.

Os dessecadores, as pipetas de vidro e os frascos de grande volume são os causadores de acidentes mais comuns. Os cuidados devem ser maiores nesses casos, pois são instrumentos bastante utilizados na prática laboratorial.

Equipamentos e instrumentos perfurocortantes

É preciso proteger as mãos com luvas adequadas e tomar os devidos cuidados no manuseio de equipamentos e instrumentos perfurocortantes, nunca voltando o instrumento contra o próprio corpo. Deve-se apoiá-los adequadamente em superfície firme antes de utilizá-los ou prendê-los em equipamentos adequados para cada tipo de uso. Esses equipamentos incluem furadores de rolha, lancetas, agulhas, tesouras, entre outros.

Profissionais que atuam em coleta e obtenção de amostras de sangue e líquidos biológicos em laboratórios clínicos, hospitais, postos de saúde e prontos-socorros que utilizam seringas e agulhas por sistemas de coletas a vácuo devem descartar o material perfurocortante em coletores rígidos de papelão (Figura 7), de acordo com diretrizes do Centers for Disease Control and Prevention (CDC) dos Estados Unidos e da Associação Brasileira de Normas Técnicas (ABNT) e seguir as normas vigentes da Anvisa.

Coleta e manuseio de amostras de sangue e outros fluidos biológicos nos laboratórios de pesquisa e clínico

A biossegurança é um importante aspecto a ser considerado ao entrar em contato com o paciente ou sua amostra biológica. Os cuidados universais, segundo o CDC dos Estados Unidos, devem ser mandatórios para a segurança ocupacional e a administração da saúde[3]. O propósito é proteger a saúde dos trabalhadores desse segmento, evitando que eles contraiam doenças de pacientes, no local de trabalho ou pelos materiais biológicos provenientes deles. As principais recomendações são:

- Usar gorro, avental, luvas, proteção para os olhos, máscara facial e outros acessórios ao manipular fluidos biológicos.
- Quando o trabalhador da área de saúde estiver com lesão de pele, utilizar luvas de látex duplas e aventais impermeáveis que protejam o sítio lesado, além de curativo aplicado no local quando houver necessidade do manuseio direto dos pacientes.
- Os equipamentos de proteção para ressuscitação via boca a boca, em casos de emergência, devem estar localizados em locais estratégicos e de fácil acesso. O dispositivo da boca tem de ser individualizado para cada pessoa, sendo preferidos os frascos de ressuscitação. A saliva é considerada material contagioso.

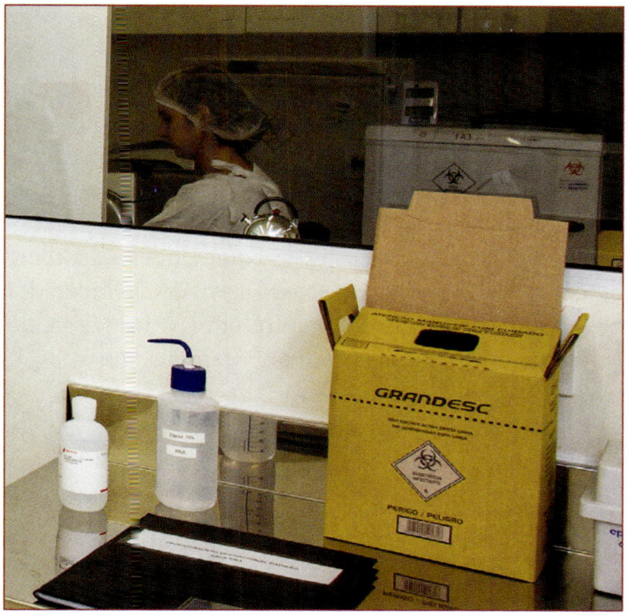

Figura 7. Recipiente rígido para descarte de perfurocortantes, devidamente identificado com o símbolo de risco biológico.

- Descartar os materiais pontiagudos e perfurocortantes em frascos rígidos adequados.
- Não remover, dobrar ou reencapar agulhas colocadas no suporte ou seringas.
- Remover imediatamente luvas ou qualquer dispositivo de segurança que esteja inadequado (furado, rasgado, quebrado ou trincado).
- Todo material de descarte proveniente de pacientes deve ser colocado em lixo rotulado como perigoso.
- Todas as amostras biológicas têm de ser transportadas em embalagens à prova de vazamento.
- Comer, beber, usar cosméticos e manipular lentes de contato são terminantemente proibidos em área de cuidados ou contato com pacientes.
- É preciso considerar que todos os pacientes são portadores de HBV, HCV e HIV.
- Se o trabalhador da área de saúde sofrer um acidente com amostras de sangue de paciente ou qualquer fluido biológico proveniente de pacientes, como furar o dedo com agulha com sangue, é obrigatório realizar testes de HIV, HCV e HBV no paciente e no acidentado e, na recomendação atual, tomar o coquetel para tratamento farmacoterapêutico contra HIV.

Equipamentos que utilizam gases comprimidos

Espectrofotômetros de absorção atômica e fotometria de emissão, cromatógrafos líquidos e a gás, espectrômetros de massa, ressonância magnética (RM), aparelhos de perfusão e de secagem, entre outros equipamentos que utilizam gases comprimidos, devem ser adequada e cuidadosamente manipulados. O manuseio e a instalação têm de seguir as normas e os cuidados, de acordo com as recomendações vigentes, para evitar acidentes. Os cilindros que contêm os gases devem ter instruções específicas de manuseio, como explicado a seguir.

Cuidados com cilindros de gases comprimidos inertes e combustível

O manuseio e a instalação de cada tipo de gás comprimido devem seguir as instruções recomendadas de forma específica.

- De maneira geral, os cilindros de gases devem ser acondicionados fora do laboratório, em locais especialmente projetados, protegidos do calor e da umidade, firmemente presos, longe de condicionadores de ar, com ventilação adequada para evitar seu acúmulo, em caso de vazamento. Se necessário, instalar ventilação forçada, com acionamento isento de faísca ou aquecimento. É obrigatório o uso de identificação e de reguladores de pressão externa e interna. Esses reguladores são específicos para cada tipo de gás comprimido. Os revendedores desses gases orientam as especificações de forma adequada.

- Por ocasião do recebimento dos cilindros de gases comprimidos, os seguintes cuidados devem ser tomados: teste de vazamento, teste de identificação dos cilindros – estes devem estar identificados adequadamente (ver Quadro 1) –, local de armazenamento, identificação com data de recebimento, presença de proteção do registro (capacete do cilindro) e lacre. Nunca se deve remover lacres, identificação ou qualquer etiqueta anexa no cilindro.
- O transporte e a movimentação do cilindro têm de ser realizados por pessoal treinado, pois a queda de um cilindro pode acarretar danos incalculáveis; devem-se evitar choques mecânicos de cilindros e entre estes.
- Ao utilizar o cilindro, é necessário solicitar orientação de uso e regulagem das válvulas para a pressão adequada. Deve-se verificar bem as identificações e se o gás que está sendo instalado é o desejado. Após a instalação, é importante certificar-se de que não exista vazamento. Não se pode permitir que se fume em locais onde se acondiciona o cilindro. É preciso utilizar sinalização bem visível nesses locais.
- Nunca usar lubrificantes ou qualquer agente químico na válvula dos cilindros; jamais transferir gases entre cilindros, nem os movimentar sem a adequada proteção pessoal, como o capacete colocado nos cilindros, luvas e carrinho de transporte. Nunca apertar demais as válvulas ou conexões; em caso de pequeno vazamento, desatarraxar e vedar utilizando Teflon®, após limpeza adequada. É importante sempre fechar a válvula do cilindro quando não estiver em uso. Utilizar as ferramentas adequadas para manuseio de válvulas e conexões.
- O vazamento deve ser verificado por meio de espuma de sabão neutro ou com produtos fornecidos pelas empresas.

Os gases inflamáveis e tóxicos precisam ser cuidadosamente identificados por cores, como indicado no Quadro 1.

Grupo de risco dos gases

- Grupo I – não inflamáveis, não corrosivos e de baixa toxicidade: ar comprimido, argônio, dióxido de carbono, hélio, neônio, nitrogênio e oxigênio.
- Grupo II – inflamáveis, não corrosivos e de baixa toxicidade: acetileno, butano, cloreto de metila, hidrogênio, metano, propano, gás natural e etano.
- Grupo III – inflamáveis corrosivos e tóxicos: sulfeto de hidrogênio, monóxido de carbono, brometo de metila, dimetilamina, óxido de etileno e cloreto de metila.
- Grupo IV – tóxicos e/ou corrosivos e não inflamáveis: amônia, cloro, flúor, tetracloreto de boro, brometo de hidrogênio, cloreto de hidrogênio, dióxido de enxofre e fluoreto de hidrogênio.
- Grupo V – espontaneamente inflamável: silano.
- Grupo VI – muito venenosos: arsina, cloreto de nitrosila, fosfina, óxido nítrico, cianogênio, dióxido de nitrogênio, fosfogênio e seleneto de hidrogênio.

Quadro 1. **Cores de identificação de cilindros de alguns gases**

Cilindros de gases	Cor
Oxigênio	Preta ou verde
Nitrogênio	Cinza
Acetileno	Bordô
Acetileno para absorção atômica	Bordô com faixa amarela
Ar comprimido	Amarela
Gás carbônico	Alumínio

Os riscos físicos também podem estar relacionados com o manuseio de emissores de radiação em ambientes úmidos, com ruído e com pressões diferenciadas.

EQUIPAMENTOS COM ENGRENAGEM E DE SISTEMA DE TRITURAÇÃO

Os equipamentos com engrenagem e sistema de trituração requerem cuidados especiais. O operador nunca deve estar com aventais desabotoados e de mangas compridas soltas. Se os cabelos forem longos, têm de estar sempre presos. Utilizar equipamento de proteção individual de forma adequada e certificar-se dos cuidados no manuseio desses equipamentos, seguindo com rigor os manuais de instrução para cada tipo de equipamento[13]. O manuseio inadequado é descrito frequentemente em acidentes graves, causando mutilações com invalidez parcial ou total. Esses equipamentos também emitem ruídos que devem ser monitorados. O operador não deve estar em trabalho contínuo (8 horas/dia) no ambiente com ruído acima de 60 decibéis.

EQUIPAMENTOS DE EMISSÃO DE ULTRASSOM

A utilização de ultrassom para limpar vidraria ou desgaseificar solventes utilizados em cromatografia líquida é uma prática bastante comum nos laboratórios de ensino e pesquisa. A proteção auditiva é fundamental no manuseio desses equipamentos, que devem ser instalados com abafador de ruído. Em geral, este é constituído de uma caixa com dupla parede, devidamente forrada com isolante, como lã de vidro, isopor ou espuma, com uma porta de vidro à prova de som, que precisa ser vedada. Ao manipular esses equipamentos, deve-se evitar abrir o compartimento emissor de ultrassom, se ligado. Nunca introduzir as mãos no compartimento em que o ultrassom é emitido, pois provoca danos graves. É preciso ler atentamente as instruções de uso do equipamento antes de manipulá-lo.

Os equipamentos de micro-ondas são bastante utilizados em laboratórios para esterilizar meios de cultura ou para fundir gel de ágar ou de agarose para confeccionar suporte de eletroforese. Deve-se tomar muito cuidado, pois, nesses casos, o operador, a fim de evitar evaporação, fecha hermeticamente o frasco que contém o tampão e o ágar. Nesse caso, recomenda-se ligar o equipamento com tempo de funcionamento curto e repetido em vez de um tempo maior e constante, evitando a fervura da água em único tempo, o que causará explosão por aumento brusco da pressão interna do frasco. Para evitar a explosão, deve-se ligar o equipamento de micro-ondas em tempos de 20 a 30 segundos por várias vezes, até obter o resultado esperado, mas de forma segura.

As vantagens desse procedimento é que, além de poder homogeneizar o gel nos intervalos da repetição de ligar, não perderá por evaporação a água ou o tampão colocado na mistura.

No caso de preparar o gel de agarose para a separação de fragmentos de DNA em eletroforese submersa, evitar a colocação de brometo de etídio no suporte de agarose por este ser extremamente mutagênico, evitando, assim, contaminar o tampão de corrida com essa substância cancerígena. O ideal é corar o gel após a corrida eletroforética. O gel corado, após análise, deve seguir o procedimento de descarte após ser neutralizado de forma adequada, como descrito no Capítulo 5, "Biossegurança e a gestão de produtos químicos".

ESTRESSE OCUPACIONAL

Esforço de trabalho

Atualmente, é considerado o ambiente psicossocial de trabalho diretamente relacionado com a cultura organizacional, atitudes, crenças, valores e práticas cotidianas da instituição, que afetam o bem-estar mental e físico dos trabalhadores. As causas que podem levar ao estresse são denominadas, por alguns autores, como estressores do ambiente de trabalho.

No trabalho cotidiano, há alguns fatores estressores comuns que, às vezes, são imperceptíveis no dia a dia. São eles: falta de organização observada por problemas com demandas de trabalho, obrigatoriedade do cumprimento de prazos, com deficiência na percepção do volume de trabalho, na flexibilidade das decisões, sem reconhecimento e recompensa adequados pela produtividade, falta de efetividade no apoio a supervisores, falta de clareza e deficiências na comunicação. A cultura organizacional observada por falta de políticas, normas e procedimento relacionados a dignidade e respeito, assédio e intimidação geral (deficiência cognitiva, doença infectocontagiosa), discriminação étnica, religiosa, de gênero e até de idade e condições socioeconômicas[14]. Outro aspecto importante é o estilo de gestão com estabelecimento de metas e controle de produção, sem considerar interação, comunicação recíproca, retorno construtivo e respeitoso. Também se observa a falta de apoio entre a vida profissional e a vida familiar; o medo da perda de emprego gerado por fusões, aquisições, reorganizações ou em razão de mudanças no mercado de trabalho e na variação econômica.

Vários estudos demostraram que os fatores estressores causam fadiga de vários níveis, que levam a alterações do controle neural que ativam o eixo hipotálamo-hipófise-adrenal, que consequentemente levam a hipertensão arterial, doenças cardiovasculares, entre outras alterações funcionais, causando efeitos ainda pouco estudados.

Risco por falta de treinamento sistemático e contínuo

Finalmente, para uma universidade que se fundamenta na pesquisa, no ensino e na extensão, sem dúvida a inovação, o avanço tecnológico e a atualização na área de biossegurança devem ser garantidos de forma soberana, fronteiriça e inquestionável. Nesse quesito, é preciso manter-se sempre alerta e ter representatividade exemplar. As discussões constantes para o aprimoramento de ideias ocorrem em fóruns de discussão sobre avanços científicos e estratégias regulatórias, como observado na Figura 8, pois os centros de pesquisa devem estar em constante atualização em relação a normas, diretrizes e práticas seguras para atuação nos laboratórios de investigação, a fim de seguir garantindo a saúde humana, animal e ambiental.

CONSIDERAÇÕES FINAIS

O grande desafio da ciência da biossegurança sob o ponto de vista técnico-científico e educacional é o compromisso com a educação continuada, assim como o treinamento em campo no dia a dia dos trabalhadores, que sempre lidam com riscos em sua atuação profissional. As universidades têm responsabilidade fundamental nessa missão educadora e na preparação de profissionais competentes e conscientes que transmitem seu conhecimento para a população em geral, contribuindo para a melhoria das condições de vida de todos.

Figura 8. XIV Simpósio de Biossegurança e Descarte de Produtos Químicos Perigosos em Instituições de Ensino e Pesquisa. I Simpósio de Segurança Química e Biológica realizado pela FCF/USP, em 2015. Participação de numerosos professores e pesquisadores de várias instituições do Brasil, demonstrando a importância da atualização constante em biossegurança.

REFERÊNCIAS BIBLIOGRÁFICAS

1. Organização Mundial da Saúde (OMS). Ambientes de trabalho saudáveis: um modelo para ação para empregadores, trabalhadores, formuladores de política e profissionais. OMS; tradução do Serviço Social da Indústria. – Brasília: Sesi/DN, 2010. Disponível em: <http://www.who.int/occupational_health/ambientes_de_trabalho.pdf>. Acesso em: 09 abr. 2016.
2. Kimman TG, Smit E, Klein MR. Evidence-based biosafety: a review of the principles and effectiveness of microbiological containment measures. Clin Microbiol Reviews. 2008;21(3):403-25.
3. Fleming D, Richaardson JH, Tullis JJ, Vesley D. Laboratory safety: principles and practices. 2. ed. Washington: ASM Press; 1995.
4. Teixeira P, Valle S. Biossegurança. Uma abordagem multidisciplinar. Rio de Janeiro: Fiocruz; 1998.
5. Carvalho PR. Boas práticas químicas em biossegurança. Rio de Janeiro: Interciência; 1999.
6. Torreira RP. Manual de segurança industrial. Fortaleza: Margus Publicações; 1999.
7. Berg P, Baltimore D, Brenner S, Roblin III RO, Singer MF. Asilomar conference on recombinant DNA molecules. Science. 1975;188:991-4.
8. European Council. Council Directive 98/81/EC of 26 October 1998 amending Directive 90/219/EEC on the contained use of genetically modified microorganisms. Official Journal. 1998;L330:13-31.
9. O'Malley BW Jr, Li D, Buckner A, Duan L, Woo SL, Pardoll DM. Limitations of adenovirus-mediated interleukin-2 gene therapy for oral cancer. Laryngoscope. 1999;109:389-95.
10. World Health Organization (WHO). Maintenance and distribution of transgenic mice susceptible to human viruses: memorandum from a WHO meeting. Bull World Health Org. 1993;71:497-502.
11. Cardela B. Segurança no trabalho e prevenção de acidentes – uma abordagem holística. São Paulo: Atlas; 1999.
12. Campos A. Cipa – Comissão Interna de Prevenção a Acidentes: uma nova abordagem. 2. ed. São Paulo: Senac; 2000.
13. Hambleton P, Melling J, Salusbury TT. Biosafety in industrial biotechnology. Glasgow: Blackie Academic & Professional; 1994.
14. Mastrangelo G, Perticaroli S, Camipo G, Priolo G, Leva A, de Merich D, et al. Working and health conditions and preventive measures in a random sample of 5000 workers in the Veneto Region examined by telephone interview. Med Lav. 2008;99 Suppl 1:9-30.

capítulo 2

Biossegurança em laboratórios

Rosario Dominguez Crespo Hirata

INTRODUÇÃO

A segurança ocupacional e ambiental é um aspecto essencial das boas práticas de laboratório destinado às atividade farmacêuticas, sejam elas de pesquisa, ensino, análise de medicamentos, insumos e alimentos, diagnóstico laboratorial, análise toxicológica, entre outras.

A prevenção ou a redução do risco ocupacional por exposição a diversos agentes, presentes no ambiente de laboratório, podem ser alcançadas pelo uso de práticas seguras nas atividades laboratoriais e de outras medidas que visam preservar a saúde e o meio ambiente.

Neste capítulo, serão abordados aspectos importantes sobre a biossegurança nas atividades laboratoriais, como organização das atividades, práticas seguras e medidas de controle, organização estrutural e operacional, avaliação dos riscos ambientais, entre outros.

ORGANIZAÇÃO DAS ATIVIDADES NO LABORATÓRIO

A organização das atividades no laboratório é um aspecto fundamental para a segurança do pesquisador ou analista e para a garantia da qualidade de resultados analíticos confiáveis. A falta de organização pode gerar situações de risco no ambiente de trabalho e causar danos às instalações prediais. As situações de risco predispõem à ocorrência de acidentes que podem resultar em afastamento temporário ou definitivo do analista ou pesquisador. Portanto, é fundamental que qualquer atividade laboratorial seja previamente planejada e executada em ambiente seguro[1].

No ambiente de laboratório, é preciso considerar as condições de trabalho e os fatores que oferecem risco ao analista, como instalações, espaços de circulação, manuseio e locais de armazenamento de substâncias perigosas, condições operacionais dos equipamentos, bancadas, equipamentos de proteção, entre outros[1-3].

Um experimento ou qualquer outra atividade laboratorial exige um planejamento prévio e um roteiro para execução adequada e segura do trabalho e orientação para descarte dos resíduos gerados. O planejamento e a organização são essenciais para detectar dificuldades que possam prejudicar a realização das atividades ou expor o analista a riscos ocupacionais. No Quadro 1, estão descritas algumas orientações que auxiliam na organização e no planejamento das atividades laboratoriais.

PRÁTICAS SEGURAS NO LABORATÓRIO

As práticas seguras no laboratório são um conjunto de procedimentos que visam reduzir a exposição dos analistas a riscos no ambiente de trabalho. Essas práticas compreendem a ordem e a limpeza dos materiais, a separação e a limpeza das áreas de trabalho, o manuseio adequado de equipamentos elétricos, substâncias químicas, materiais biológicos e radioativos, o uso adequado de equipamentos de proteção e segurança, entre outras[1,2,4].

Quadro 1. Orientações para planejamento e organização das atividades laboratoriais

Atividades	Orientações
Manuseio de equipamentos e instrumentos	Verificar a disponibilidade e o funcionamento do equipamento; agendar a data e o horário de uso para os equipamentos de multiusuários; ter disponível o protocolo de uso e limpeza do equipamento; ter disponível o manual do equipamento e o nome do responsável para solucionar dúvidas de operação ou para as situações de emergência.
Manuseio de vidraria e outros materiais	Verificar o estado de limpeza, a presença de trincas e rachaduras, a resistência térmica, a resistência química e a compatibilidade com solventes e outros reagentes. Observar a necessidade de tratamento prévio (esterilização, descontaminação química ou biológica).
Preparo de reagentes e soluções	Preparar antecipadamente os volumes necessários, observando as condições de armazenamento, a estabilidade e o prazo de validade. Observar se o reagente/solução deve ser preparado apenas no momento do uso. Seguir os procedimentos adequados de manuseio e armazenamento dos produtos químicos, observando a compatibilidade entre os mesmos.
Condições de segurança	Observar a necessidade do uso de equipamentos de proteção individual (EPI), tais como: óculos de segurança, máscaras, aventais, luvas e outros. Observar a necessidade do uso de equipamentos de proteção coletiva (EPC), como capela de segurança química para a manipulação de substâncias químicas tóxicas, cabine de segurança biológica para a manipulação de materiais biológicos, entre outros.
Sinalização das áreas de trabalho	Observar os sinais universais de indicação de risco químico, biológico, físico ou outro. As atividades de alto risco devem ser realizadas, em área restrita e bem sinalizada. Os analistas e os visitantes autorizados devem ser informados sobre os riscos a que possam estar expostos. A sinalização dos equipamentos de combate a incêndio (extintores e hidrantes), das saídas de emergência e das rotas de fuga para situações de emergência também deve ser indicada nos ambientes laboratoriais e nos corredores de acesso.
Tempo de execução	O tempo necessário para a execução da atividade laboratorial deve ser estimado, pois experimentos realizados por períodos longos e sem planejamento predispõem a acidentes.
Procedimentos operacionais	Elaborar e/ou ter disponíveis procedimentos escritos para realizar as atividades laboratoriais. Protocolos escritos e fluxogramas auxiliam a otimização do trabalho e reduzem o tempo de execução e o risco de acidentes.
Práticas seguras	As recomendações de práticas seguras de laboratório devem ser conhecidas e cumpridas para evitar acidentes e reduzir a exposição aos riscos ambientais.
Registro das atividades	Os reagentes, materiais, equipamentos, resultados e sua intepretação devem ser registrados para assegurar a rastreabilidade dos procedimentos experimentais e dos dados obtidos em cada fase do processo.

A limpeza das áreas do laboratório (bancadas, pisos, equipamentos, instrumentos e demais superfícies) deve ser realizada regular e imediatamente após o término de uma atividade. Essa tarefa é essencial para reduzir os riscos de contaminação acidental.

A desinfecção do ambiente é empregada antes e após a atividade laboratorial para prevenir contaminação com materiais ou produtos biológicos que ofereçam risco. Em algumas situações, é necessário um tratamento físico do ambiente, como o uso da radiação ultravioleta. Nesse caso, cuidados devem ser tomados para evitar exposição a esse tipo de radiação.

A descontaminação e a limpeza de vidrarias, materiais, equipamentos e superfícies devem ser realizadas regularmente e de forma imediata após o derramamento de produtos químicos, radioativos ou biológicos.

O manuseio e o transporte de vidrarias e de outros materiais devem ser realizados de forma segura. As vidrarias maiores devem ser colocadas na parte posterior e à direita na bancada. Para o transporte das vidrarias e frascos, deve-se utilizar um suporte firme, evitando quedas e derramamentos. As vidrarias mal posicionadas ou transportadas podem causar acidentes e, se contiverem produtos tóxicos, os derramamentos podem gerar situações de emergência com consequências desastrosas. Outros materiais (como tubos de ensaio, estantes, placas, tubos de microcentrífuga e outros) devem ser posicionados à frente da bancada, à esquerda do equipamento a ser utilizado, para oferecer mais conforto ao analista. Os fatores ergonômicos (posição do analista, instrumento e materiais) devem ser considerados no planejamento e na execução das atividades laboratoriais.

Os equipamentos têm de ser posicionados na parte direita anterior das bancadas, evitando-se que os cabos elétricos atravessem a área de trabalho. Os fios dos cabos elétricos devem estar bem protegidos e com voltagem identificada (110 V/220 V) para evitar curtos ou outras situações de risco. Não devem ser utilizadas extensões elétricas para ligar equipamentos, pois elas podem afetar a estabilidade da energia ou gerar sobrecarga elétrica criando uma situação de emergência. Cabe ressaltar que cabos e fios soltos podem causar acidentes graves, principalmente nas áreas de circulação de pessoas. De acordo com a Norma Regulamentadora n. 12 do Ministério do Trabalho e Emprego (MTE), que trata da segurança no trabalho em máquinas e equipamentos, as áreas de circulação e os espaços em torno de equipamentos precisam ser dimensionados de modo que os analistas possam movimentar-se com segurança[5].

O manuseio e o armazenamento adequados de produtos químicos são necessários para evitar riscos, como queimaduras, explosões, incêndio e fumaça tóxica. Portanto, o conhecimento das propriedades das substâncias químicas em uso e os procedimentos de manuseio adequados reduzem as situações de risco ocupacional. Os frascos de produtos químicos devem ser manuseados e transportados com cuidado e, para o transporte de um recipiente pesado ou de vários recipientes, deve ser utilizado um carrinho[2]. Frascos de vidro com produtos químicos têm de ser transportados em recipientes de plástico ou borracha que os protejam de vazamento e, quando quebrados, contenham o derramamento. Os materiais para contenção de derramamento de produtos químicos devem estar disponíveis em locais estratégicos. O manuseio de produtos químicos voláteis (solventes), metais, ácidos e bases fortes tem de ser realizado em capela de segurança química. As substâncias inflamáveis devem ser manuseadas com extremo cuidado, evitando proximidade de equipamentos e fontes geradoras de calor. O uso de equipamento de proteção individual (EPI), como óculos de proteção, máscara facial, luvas, aventais e outros durante o manuseio de produtos químicos é obrigatório.

Todos os produtos químicos e frascos com soluções e reagentes devem ser adequadamente identificados, com a indicação do produto, as condições de armazenamento, o prazo de validade e a toxicidade do produto. Na Figura 1, podem ser observados alguns símbolos utilizados para indicação da classe de produto químico.

O laboratório deve ter disponível a Ficha de Informações sobre Segurança de Produtos Químicos (FISPQ), que contém informações sobre os riscos e os cuidados no manuseio do produto químico e também a conduta adequada em situações de emergência[4,6]. As FISPQ devem ser acessíveis como parte de um manual de segurança ou operações. (Ver detalhes no Capítulo 5 – "Biossegurança e a gestão de produtos químicos".)

No laboratório, devem ser mantidas pequenas quantidades de produtos químicos, a fim de reduzir o risco de acidentes. Produtos químicos em grandes quantidades têm de ser armazenados de forma bem organizada, de acordo com a compatibilidade química, e em locais específicos, de acesso restrito e administrados por pessoal qualificado[2,4].

Os resíduos de produtos químicos devem ser acondicionados em recipientes adequados, em condições seguras, e encaminhados ao serviço de descarte de resíduos da instituição para o destino final. É preciso tomar cuidado no manuseio e no transporte de resíduos de produtos químicos de modo a preservar a saúde e o meio ambiente[3,6]. Com a finalidade de reduzir a exposição do pessoal e o impacto ambiental, devem ser adotados procedimentos que visem a minimizar a geração de resíduos químicos e outros resíduos laboratoriais[7].

Os materiais biológicos têm de ser manuseados de forma segura e em cabine de segurança biológica, de acordo com o nível do risco ambiental. Cuidados especiais devem ser tomados para prevenir o risco de exposição a culturas de microrganismos, tecidos e amostras biológicas contaminados, provocados por acidentes ou instrumentos perfurocortantes[4,6,8,9]. Os materiais biológicos devem ser embalados adequadamente para o transporte a fim de evitar derramamento acidental e as embalagens devem ser identificadas com o símbolo de resíduo infectante (Figura 2). Os resíduos de materiais biológicos devem ser descontaminados antes de serem descartados como resíduos da classe A[6,9]. (Ver detalhes

Figura 1. Símbolos de identificação de classes de produtos químicos e riscos.

Figura 2. Símbolo de identificação de material biológico infectante.

no Capítulo 4 – "Gerenciamento de risco e descarte de produtos biológicos".)

Procedimentos e precauções específicos devem ser seguidos no manuseio de materiais ou equipamentos que emitam radiação ionizante ou não ionizante. Os locais de armazenamento e as áreas de trabalho com materiais radioativos (radiação ionizante) precisam ser identificados com o símbolo específico, apresentado na Figura 3. O pessoal do laboratório deve estar capacitado a manusear os materiais que contêm radioisótopos, seguindo os procedimentos de aquisição, manuseio, descontaminação e descarte de radioisótopos[4,6]. (Ver detalhes no Capítulo 6 – "Biossegurança no uso de radioisótopos".)

O uso de EPI e EPC é fundamental para a prática das atividades laboratoriais de forma a assegurar a saúde do pessoal e minimizar a possibilidade de acidentes. Tais equipamentos devem estar disponíveis no laboratório para executar procedimentos específicos que exijam seu uso. (Ver detalhes no Capítulo 3 – "Equipamentos de proteção individual e coletiva".)

Figura 3. Símbolo de identificação de material radioativo.

As atividades administrativas, assim como os cálculos e a análise de resultados, devem ser realizadas em local separado da área de trabalho, para evitar contaminação e derramamento sobre manuais e livros de anotações e também reduzir a exposição dos analistas e demais trabalhadores a riscos desnecessários.

O pessoal de apoio, responsável pela limpeza geral e pela lavagem de vidraria e materiais do laboratório, deve ser orientado sobre os cuidados na execução de suas tarefas. É preciso informar sobre os riscos ambientais a que pode estar exposto. Devem ser dadas orientações sobre o descarte adequado de resíduos biológicos, vidros quebrados e outros resíduos do laboratório. O pessoal de apoio não deve manusear frascos vazios que contenham substâncias químicas, pois estes têm de sofrer um tratamento de limpeza, depositados em locais próprios e protegidos para que não sejam utilizados para outras finalidades.

Os uniformes, aventais e outras vestimentas de trabalho precisam ser compatíveis com o tipo de atividade a ser executada. As atividades laboratoriais exigem o uso de calça comprida, calçado baixo, fechado e confortável, e avental de mangas compridas. O uso de lentes de contato, maquiagem e adornos deve ser evitado.

Para transferências de líquidos devem ser utilizados dispositivos automáticos de pipetagem, para evitar a ingestão acidental de líquidos corrosivos e tóxicos que podem causar queimaduras graves e provocar a morte.

A ingestão de alimentos e bebidas e o uso de cosméticos, adornos, cabelos e barba soltos são proibidos para evitar sua contaminação com produtos do laboratório e risco de acidentes durante a operação de equipamentos.

Os ouvidos devem estar desobstruídos de qualquer tipo de equipamento sonoro, pois os analistas precisam estar atentos a qualquer ruído estranho, principalmente os emitidos pelos equipamentos em operação.

A higienização das mãos deve ser feita com frequência durante o dia de trabalho, antes e após o contato com produtos químicos, radioativos ou biológicos, após a retirada das luvas, e antes de comer ou beber.

MEDIDAS DE CONTROLE E PROTEÇÃO

Outro aspecto a ser considerado na segurança das atividades laboratoriais é o conjunto de medidas de controle e proteção contra os riscos ambientais, como de proteção coletiva e individual, de organização do trabalho e de higiene e conforto.

As medidas de proteção coletiva visam garantir a proteção do pessoal e do ambiente do laboratório. Algumas medidas de proteção coletiva para atividades laboratoriais estão indicadas no Quadro 2.

As medidas de proteção individual, pelo emprego de EPI, são controles possíveis da exposição a agentes de risco ambiental que, se adequadamente utilizados, protegem a saúde e a integridade física do pessoal de laboratório. A Norma Regulamentadora n. 6 do MTE[13] determina o cumprimento das exigências legais para uso de EPI. Cabe lembrar que o uso desse tipo de equipamento possibilita apenas reduzir a probabilidade de risco à saúde e ao meio ambiente, pois o agente perigoso continua presente. Portanto, as medidas de proteção individual devem ser indicadas para situações em que há manuseio direto de agentes químicos, biológicos, radioativos ou de outra natureza, e em situações específicas que são indicadas no Quadro 2.

As medidas organizacionais têm a finalidade de proporcionar ambientes mais cooperativos e motivadores, evitando sacrifícios desnecessários do pessoal de laboratório. Algumas medidas de organização dos processos e atividades laboratoriais são indicadas no Quadro 2.

As medidas de higiene e conforto também são indispensáveis na execução de atividades laboratoriais, principalmente quando há manuseio de produtos perigosos à saúde. As condições sanitárias e de conforto nos locais de trabalho estão definidas na Norma Regulamentadora n. 24 do MTE[14]. Essas medidas estabelecem a higiene pessoal, que previne doenças ocupacionais e evita a transmissão de doenças contagiosas, e a disponibilidade de banheiros, lavatórios, vestiários, armários, bebedouros, refeitório e áreas de lazer.

ORGANIZAÇÃO ESTRUTURAL E OPERACIONAL DO LABORATÓRIO

O ambiente de laboratório deve ser adequadamente projetado e dimensionado de modo a oferecer condições confortáveis e seguras de trabalho. As áreas de trabalho de maior risco (manuseio de produtos químicos e biológicos) têm de ser separadas das de menor risco (área administrativa). O ambiente de laboratório também deve oferecer boas condições de iluminação, ventilação, temperatura, umidade, circulação e outras que permitam a realização do trabalho de forma confortável e produtiva[1,14-16].

A organização estrutural e funcional do laboratório deve ainda prever o mobiliário, as comunicações, o tratamento acústico, as linhas de serviços (gás, água, vácuo, ar comprimido, vapor, eletricidade, esgotamento sanitário), as barreiras de controle e de contenção, os equipamentos de combate a incêndio, entre outras instalações. Na elaboração do projeto físico é preciso cumprir as exigências legais vigentes quanto às especificações da arquitetura e dos padrões de segurança para laboratório, como espaço físico, construção resistente ao fogo com isolamento de algumas áreas, número e local das saídas de emergência, largura dos corredores, alarme de proteção automático contra incêndio, iluminação de segurança, abastecimento e drenagem de água[14-16].

O projeto de construção (edificação) e das instalações do laboratório deve-se basear na abrangência de atividades a serem realizadas, nos materiais e nos produtos empregados, no espaço físico e no dimensionamento necessário para a execução das atividades e nas condições de segurança do pessoal de laboratório e do meio ambiente. No planejamento, é preciso considerar a necessidade de redimensionamento futuro, decorrente de aperfeiçoamento ou substituição dos métodos empregados e de ampliação ou separação das áreas de trabalho[2,16].

Quanto à distribuição e ao espaço físico das áreas de trabalho no laboratório, devem ser examinados os

Quadro 2 Principais medidas de proteção no laboratório[10-12]

Proteção coletiva	Proteção individual	Medidas organizacionais
Substituição de matérias-primas e insumos por produtos menos prejudiciais à saúde.	Sempre que as medidas de proteção coletivas forem inviáveis ou não oferecerem completa proteção contra os riscos de acidentes de trabalho e/ou doenças ocupacionais.	Mudança do método de trabalho, tornando o procedimento mais flexível e ajustado à capacidade do analista.
Alteração no processo laboratorial empregando novas tecnologias que minimizem as situações de risco e o impacto ambiental.	Enquanto as medidas de proteção coletiva estiverem sendo providenciadas e implementadas.	Reestruturação organizacional, adequando o ritmo de trabalho à capacidade do analista.
Isolamento da fonte de risco, como o isolamento acústico de equipamentos geradores de ruído.	Em situações de emergência.	Participação do pessoal de laboratório na organização do trabalho para favorecer a integração e melhorar a cooperação no ambiente de trabalho.
Instalação de sistemas de ventilação, de exaustão ou insuflamento que evitem a dispersão de contaminantes no ambiente, diluam as concentrações de poluentes e ofereçam conforto térmico.	Em procedimentos de curta duracão.	Redução do tempo de exposição do pessoal de laboratório aos riscos, pelo estabelecimento de rodízio ou pela redução da jornada de trabalho.

aspectos operacionais de cada tipo de atividade, as vias de acesso, o fluxo das atividades, a circulação e o número de laboratoristas nas áreas a serem definidas. O estudo das vias de acesso tem de considerar o transporte de materiais, reagentes, equipamentos ou amostras e o deslocamento do pessoal entre as diversas áreas do laboratório. Deve levar em conta também o fluxograma das atividades, permitindo o acesso a áreas de maior risco apenas a pessoas autorizadas, conforme estabelecido no organograma funcional do laboratório. Adicionalmente, quanto mais bem distribuído for o espaço destinado a atividades específicas, mais fácil será o acondicionamento do ambiente e das barreiras de controle e de contenção[8,15].

No projeto arquitetônico, devem ser considerados: a) localização da edificação; b) dimensionamento, com projeções para automação e serviços em expansão; e c) organização espacial e funcional, que deve contemplar o fluxograma das atividades e o programa de necessidades[8].

O fluxograma é preparado com base nas rotas de transporte de materiais, amostras, animais e resíduos, na circulação do pessoal de laboratório e de apoio e no isolamento de áreas específicas. O programa de necessidades é elaborado para cada unidade de espaço, de acordo com as atividades desenvolvidas, os equipamentos, as áreas úteis correspondentes, o grau de flexibilidade desejado, as relações funcionais e as condições ambientais.

No projeto de construção, é preciso considerar várias características estruturais específicas, como espaço e circulação, sobrecargas, paredes, teto e pisos, portas, janelas, mobiliário, barreiras de controle, comunicações, tratamento acústico, ventilação e exaustão, barreiras de controle, linhas de serviços, higiene pessoal e equipamentos de segurança e a prevenção de incêndio. Devem também ser examinados os níveis de contenção física, para garantir a segurança biológica e a sinalização adequada do ambiente de laboratório. No Quadro 3, são listadas algumas características da planta física e das instalações a serem previstas no planejamento do projeto de construção do laboratório[15,16].

No laboratório, a delimitação de áreas e a identificação de equipamentos de segurança e condutos de líquidos e gases são feitas pelo emprego de diferentes cores, as quais permitem a sinalização de segurança no ambiente de trabalho. Na Figura 4, estão descritas as cores adotadas para a delimitação das áreas no laboratório, segundo a Norma Regulamentadora n. 26 do MTE[18].

As áreas do ambiente de laboratório devem ser adequadamente sinalizadas de forma a facilitar a orientação dos usuários, advertir quanto aos riscos existentes e restringir o acesso de pessoas não autorizadas. Os riscos ocupacionais devem ser conhecidos e identificados por símbolos específicos, como representados nas Figuras 1 a 3.

No Quadro 4, estão descritas as principais classes de riscos ocupacionais, as quais o pessoal de laboratório pode estar exposto (físicos, químicos e biológicos)[4,21]. Também são indicados os riscos ergonômicos (postura inadequada, ritmo intenso e períodos prolongados de trabalho, situação de estresse e outros)[22], os quais podem causar desgaste físico e mental, instabilidade emocional e depressão. Os riscos de acidentes também têm de ser avaliados, pois podem gerar lesões temporárias, definitivas e até morte. Os riscos ocupacionais podem

Quadro 3. Características da planta física e das instalações do laboratório

Característica	Detalhamento
Espaço e circulação	O espaço deve ser adequado para a execução do trabalho, a limpeza e a manutenção. Os corredores devem ser largos para permitir a circulação. O espaço e as instalações devem ser adequados e seguros para o manuseio de solventes, material radioativo e gases comprimidos (Norma Regulamentadora n. 8 do MTE[17]).
Iluminação	A iluminação deve ser adequada com distribuição das lâmpadas de acordo com a disposição de janelas, bancadas, equipamentos e cores do ambiente (teto, paredes e piso). A iluminação inadequada reduz a capacidade visual, causa lesão do aparelho visual, fadiga e diminuição da produtividade do pessoal de laboratório e risco de acidentes. Para áreas que requerem maior nível de iluminação utilizar dispositivos auxiliares diretamente sobre a superfície de trabalho.
Paredes, teto e pisos	As paredes devem ser lisas, fáceis de limpar, impermeáveis aos líquidos e resistentes aos produtos químicos e aos desinfetantes. O piso não deve ser escorregadio. O piso e o teto devem ter vedação contínua, de forma a evitar que os contaminantes se infiltrem em áreas de difícil acesso.
Portas	Devem ter largura suficiente para permitir a passagem de equipamentos; de preferência, adotar portas duplas. As portas devem abrir para fora do laboratório e ter visores.
Janelas	Devem ser altas para evitar a incidência direta da luz natural e possibilitar a instalação de bancadas.
Mobiliário e revestimento	Devem ser impermeáveis à água e resistentes a desinfetantes, produtos químicos e calor moderado. O mobiliário deve ser projetado de modo a permitir a postura adequada (ergonomia) do pessoal do laboratório e de acordo com a flexibilidade desejada para as atividades.

(continua)

Quadro 3. Características da planta física e das instalações do laboratório ***(continuação)***

Característica	Detalhamento
Linhas de serviços	Devem ser projetadas para o suprimento de energia, água (comum e desionizada), gases (carbônico, oxigênio, hidrogênio, nitrogênio e outros), ar comprimido e esgotamento sanitário. É conveniente utilizar sistema de cores para identificar as tubulações e facilitar a manutenção (Norma Regulamentadora n. 26 do MTE[18]). A rede de energia elétrica deve ser dimensionada com capacidade 25 a 30% maior, prevendo ampliações e futuras expansões dos circuitos (Norma Regulamentadora n. 10 do MTE[19]). As tomadas devem seguir o padrão internacional (110V/220V) e sua localização deve evitar que o derramamento acidental de um líquido possa provocar curto-circuito. Os equipamentos devem ser instalados com base no estudo prévio da distribuição de carga elétrica, para evitar sobrecargas. Fontes de energia elétrica de emergência (geradores) para equipamentos específicos e sistemas de iluminação de emergência devem também ser contemplados no projeto elétrico[19]. O sistema de esgotamento sanitário deve prever a instalação de uma estação de tratamento de efluentes.
Ventilação e exaustão	Sistemas de renovação constante do ar e eliminação de gases e vapores perigosos devem garantir a qualidade do ar ambiente. É preciso avaliar a taxa de renovação, pressão e filtração do ar e o controle da temperatura interna e umidade relativa. No dimensionamento, considerar a área a ser ventilada, a vazão das capelas, das coifas e de outros sistemas de exaustão, os equipamentos geradores de calor (estufas, chapas aquecidas, mantas aquecedoras), o isolamento entre o sistema de ventilação e de exaustão. Os condutos de exaustão devem ser vedados para evitar vazamentos de substâncias explosivas, tóxicas, ou corrosivas ou mesmo microrganismos patogênicos. Nos laboratórios que manuseiam agentes patogênicos de nível 3 e 4, é obrigatório um sistema de pressão negativa, para impedir o vazamento do ar contaminado. (Ver níveis de contenção física no Quadro 5.)
Sobrecargas	A sobrecarga deve ser avaliada de acordo com o peso dos equipamentos a serem instalados.
Sistemas de comunicação	Os serviços de telefonia, áudio e vídeo são restritos às áreas administrativas e escritórios e devem ser planejados para não interferirem nas atividades laboratoriais. Nas áreas confinadas (câmara fria, cultura de células, laboratório NB3 ou NB4 e outras), deve ser adotado um sistema de intercomunicação. Os sistemas de comunicação podem ser necessários para avaliação e monitoramento das condições de abastecimento de energia dos sistemas de ventilação, refrigeração, detecção e alarme de incêndio, entre outras.
Tratamento acústico	Os equipamentos utilizados em laboratórios geralmente não produzem alto nível de ruído, mas requerem monitoramento. O nível de ruído pode ser diminuído pela instalação de barreiras acústicas e da redução das áreas das superfícies com vibração. Os materiais acústicos empregados nas áreas do laboratório devem ser revestidos de fácil limpeza.
Barreiras de controle	São usadas para controlar as condições ambientais das áreas fechadas e restritas e reduzir a probabilidade de contaminação, como barreiras do tipo vestiário com sistemas de dupla porta, câmaras pressurizadas e outros. Também se aplicam para o isolamento de áreas limpas em laboratórios de pesquisa biológica, hospitais, indústrias farmacêuticas, de alimentos e produtos diagnósticos.
Higiene pessoal e equipamentos de segurança	Devem ser instalados equipamentos como lavatórios para higienização das mãos e chuveiros de emergência e lava-olhos, além de pias para lavagem e descontaminação de materiais. Devem ser previstos instalações sanitárias e vestiários externos ao ambiente de laboratório.
Prevenção de incêndio	Devem ser projetados corredores largos e indicação das saídas de emergência para evacuação rápida, portas à prova de fogo, instalações fixas (hidrantes) de extinção de incêndio, sistemas de alarme e sinalização de segurança de unidades móveis (extintores) de combate a incêndio. Aparelhos de proteção respiratória devem estar disponíveis. Os extintores devem atender os padrões estabelecidos pela Norma Regulamentadora n. 23 do MTE[20].
Área de armazenamento	Devem ser previstas áreas externas ao laboratório para o armazenamento de produtos químicos, cilindros de gases e outros materiais e produtos perigosos. Os locais de armazenamento de solventes devem ser equipados com *plugs* e lâmpadas antiexplosão, além de portas contra fogo (Norma Regulamentadora n. 10 do MTE[19]). Os produtos químicos devem ser armazenados de acordo com as suas compatibilidades químicas.

Figura 4. Descrição de cores adotadas para delimitar áreas do laboratório.

ser indicados por cores que facilitam a sua identificação no laboratório.

O ambiente de laboratório onde se manipulam materiais biológicos deve ser adequadamente construído e organizado, além de ter mecanismos de contenção específicos de acordo com a classe de risco biológico. Nos laboratórios em que são manuseados agentes infecciosos, devem ser atendidos os requisitos de segurança específicos, denominados níveis de contenção física (Quadro 5), que são classificados de acordo com o grau de risco biológico[4,6,15,23].

A Norma Regulamentadora n. 32 do MTE estabeleceu as diretrizes básicas para a implantação de medidas de proteção à segurança e à saúde dos trabalhadores dos serviços de saúde, bem como daqueles que exercem atividades de promoção e assistência à saúde em geral[24].

Programa de segurança

O laboratório deve ter um projeto e um programa de segurança, ambos descritos no Manual de Segurança. O projeto de segurança do laboratório deve contemplar diversos requisitos estruturais, dimensionados de modo a reduzir os riscos no ambiente de trabalho (Quadro 6)[8,20]. O programa de segurança deve possibi-

Quadro 4. Classificação dos principais riscos ocupacionais

Riscos físicos	Ruído	Vibrações	Radiações ionizantes e não ionizantes	Temperaturas extremas	Umidade
Riscos químicos	Poeiras, fumos, neblinas, névoas	Gases e vapores	Explosivos, inflamáveis	Corrosivos, irritantes	Tóxicos, cancerígenos
Riscos biológicos	Vírus, bactérias	Protozoários	Parasitas	Insetos	Oragnismos geneticamente modificados (OGM)
Riscos ergonômicos	Esforço físico ou carga de peso excessivos	Produtividade ou ritmo de trabalho excessivos	Postura inadequada	Jornada de trabalho prolongada	Monotonia, repetitividade
Riscos de acidentes	Arranjo físico e iluminação inadequados	Equipamentos inadequados, defeituosos ou sem proteção	Sobrecarga na eletricidade	Risco de incêndio ou explosão	Armazenamento de materiais inadequado

Quadro 5. Níveis de contenção física para risco biológico

Nível	Aplicações
1	Manuseio de microrganismos do grupo de risco 1. São exigidos bom planejamento espacial e funcional e adoção de práticas seguras de laboratório.
2	Manuseio de agentes do grupo de risco 2. É necessária maior proteção da equipe de laboratório devido à exposição ocasional e inesperada de microrganismos pertencentes a grupos de riscos mais elevados.
3	Manuseio de agentes do grupo de risco 3. O laboratório requer desenho e construção especializados, com controle restrito nas fases de construção, inspeção, operação e manutenção. A equipe de laboratório deve receber um treinamento específico quanto aos procedimentos de segurança na manipulação desses agentes. O acesso a essa área tem de ser restrito a pessoal autorizado.
4	É o mais alto nível de contenção. O laboratório de nível 4 precisa ser instalado em área isolada e funcionalmente independente de outras áreas. Esse tipo de laboratório requer barreiras de contenção e equipamentos especiais de segurança biológica, área de suporte laboratorial e um sistema de ventilação específico..

Quadro 6. Projeto, Programa e Manual de Segurança do Laboratório

Requisitos do Projeto	Requisitos do Programa	Itens do Manual de Segurança
Previsão de corredores suficientemente largos para a passagem do pessoal e o transporte de materiais ou equipamentos	Planejamento e execução do Programa de Prevenção de Riscos Ambientais (PPRA)[27]	Medidas gerais de segurança Medidas de controle e proteção
Disponibilidade de extintores e outros dispositivos de combate a incêndio	Planos de contenção quando ocorrem situações de emergência (derramamentos, vazamentos, contaminações, explosões e outros)	Medidas para uso, manutenção e controle ambiental de EPC e equipamentos de segurança
Previsão de rotas de fuga que permitam fácil evacuação da área em caso de incêndio	Planos de emergência para enfrentar situações críticas, como falta de energia elétrica, água, incêndio e inundações	Procedimentos para armazenamento, identificação, manuseio e transporte de produtos químicos, biológicos e radioativos
Sinalização adequada das áreas de risco e das rotas de fuga	Sistema de registro dos testes de segurança e desempenho dos equipamentos	Procedimentos para descarte e controle ambiental dos produtos químicos, biológicos e radioativos
Disponibilidade de sistema de geração elétrica de emergência	Manutenção preventiva de equipamentos e instrumentos	Procedimentos para uso, manutenção e descarte de EPI
	Disponibilidade e uso adequado de equipamentos de proteção	Procedimentos para situações de emergência
	Organização e realização de programas de treinamento	Instruções para acompanhamento médico e vacinação
	Treinamento de combate a incêndio e em situações de emergência	Programas de treinamento e educação continuada em segurança
		Sistema de avaliação do programa de segurança, que pode ser informal (administrativo) ou formal (inspeções e auditorias)

litar a avaliação dos riscos ambientais, a adequação das condições de trabalho e a adoção de práticas seguras de laboratório e o treinamento para ações adequadas em situações de emergência, em cumprimento das normas de segurança vigentes[8]. Os requisitos básicos do programa de segurança estão indicados no Quadro 6.

O programa de segurança do laboratório deve estabelecer o Plano de Segurança Química, que trata da exposição ocupacional a riscos químicos, e o Plano de Segurança Biológica, que aborda a exposição ocupacional a microrganismos e outros agentes de risco biológico. Segundo a Occupational Safety and Health Administration (OSHA), o Coordenador de Segurança é responsável pelos planos de segurança[25,26]. Esse profissional prepara e atualiza os manuais que contêm as políticas de procedimentos de segurança, mantém os registros de treinamento e educação continuada, além dos registros de exposição a materiais perigosos. É também responsável por garantir que os dispositivos de proteção estejam disponíveis e sejam utilizados adequada e regularmente e que o laboratório funcione como um ambiente de trabalho seguro[3].

Os programas de segurança devem enfatizar o uso de práticas operacionais seguras, equipamentos de proteção e sistemas de contenção adequados, infraestrutura física bem delineada, políticas e procedimentos de controle para redução do risco ocupacional não intencional e adoção de medidas para evitar a contaminação ambiental externa.

Instituições internacionais, como o Center for Disease Control and Prevention (CDC, Estados Unidos), têm proposto o plano de bioproteção, além do plano de biossegurança, para proteção contra o possível uso de produtos biológicos, químicos e radioativos como agentes de terrorismo. Várias diretrizes e recomendações sobre bioproteção têm sido propostas para evitar que os produtos perigosos possam causar lesão intencional ao pessoal de laboratório[23,28-33]. No Quadro 7, estão descritos alguns aspectos do plano de bioproteção do laboratório.

AVALIAÇÃO E REPRESENTAÇÃO DE RISCOS AMBIENTAIS

A avaliação dos riscos ambientais é utilizada para reduzir o risco de manuseio de materiais e fornecer proteção ao pessoal de laboratório e ao meio ambiente. Essa análise deve basear-se na informação válida sobre a periculosidade ou a patogenicidade dos agentes de riscos específicos[2,9]. A avaliação de riscos ambientais é útil para estabelecer o nível de biossegurança do laboratório, as práticas e os procedimentos seguros e as medidas de contenção física e biológicas[12,23], como apresentado na Figura 5.

Quadro 7. Plano de bioproteção do laboratório

Item	Descrição
Bioproteção física	Instalações, mecanismos de contenção, controle de acesso, sistemas de monitoramento interno e externo – câmeras, alarmes e outros
Bioproteção do pessoal	Credenciais, verificação da identidade, entrevistas, treinamentos, avaliação de saúde física e mental e outras medidas
Bioproteção dos produtos perigosos	Controle de recebimento, uso e armazenamento dos produtos perigosos por meio de um sistema de registros, relatórios e auditorias
Bioproteção no transporte dos produtos perigosos	O laboratório de nível 4 de biossegurança precisa ser instalado em área isolada e funcionalmente independente de outras áreas. Esse tipo de laboratório requer barreiras de contenção e equipamentos especiais de segurança biológica, área de suporte laboratorial e um sistema de ventilação específico
Bioproteção da informação	Acesso ao sistema computacional
Planos de emergência	Planos de ação e condutas em situações de emergência
Registros	Incidentes, lesões não intencionais e violações das normas internas

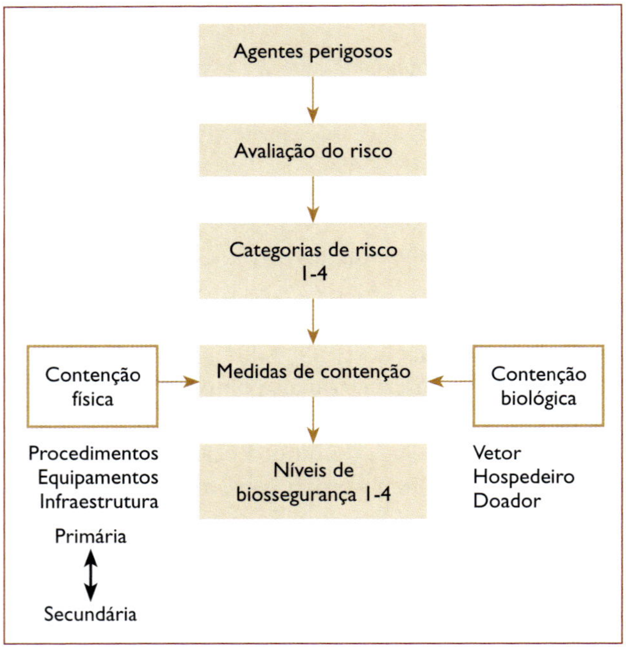

Figura 5. Contribuição da avaliação de riscos ambientais nas medidas de biossegurança do laboratório.

A avaliação e a representação de riscos ambientais podem ser realizadas pelo Mapeamento de Riscos Ambientais, uma técnica empregada para levantar o maior número possível de informações sobre os riscos existentes nos ambientes do laboratório. Foi desenvolvido na Itália, em 1960, para auxiliar na investigação e no controle dos riscos ambientais, contando com a participação do pessoal nas ações de planejamento e controle da saúde no ambiente de trabalho[10].

O mapeamento de riscos permite fazer um diagnóstico da situação de segurança e saúde ocupacional nos laboratórios, com a finalidade de estabelecer medidas preventivas.

O Mapeamento de Riscos Ambientais e a apresentação na forma gráfica (mapa) são atribuições da Comissão Interna de Prevenção de Acidentes (CIPA) e estão previstas na Norma Regulamentadora n. 5 do MTE[34]. O Mapa de Riscos fornece dados importantes que devem ser considerados no planejamento e na execução do PPRA, previsto na Norma Regulamentadora n. 9 do MTE[27].

O objetivo principal do mapeamento de riscos é conscientizar e minimizar os riscos aos quais o pessoal de laboratório está exposto. Os objetivos específicos são:

- Reunir as informações necessárias para estabelecer o diagnóstico da situação de segurança e saúde no ambiente laboratorial;
- Possibilitar, durante sua elaboração, a troca e a divulgação de informações entre o pessoal de laboratório;
- Estimular sua participação nas atividades de prevenção.

O mapa de riscos é construído tendo como base a planta baixa ou croqui do(s) laboratório(s). Os riscos são caracterizados graficamente por cores e círculos padronizados, que informam o tipo e a gravidade do risco em um ambiente definido[8,10]. Os círculos são desenhados na planta baixa ou croqui do ambiente mapeado e têm de ser colocados nos locais em que se encontram os riscos (Figura 6). Durante sua elaboração, deve-se contar com a participação dos laboratoristas e outros trabalhadores da instituição, e com a assessoria do Serviço Especializado em Engenharia de Segurança e em Medicina do Trabalho (SESMT), de acordo com a Norma Regulamentadora n. 4 do MTE[35]. As principais etapas do mapeamento de riscos e itens do relatório de análise de riscos são apresentados nos Quadros 8 e 9,

Quadro 8. Etapas do mapeamento de riscos

Etapa	Descrição	
1	Conhecer o processo e os procedimentos do laboratório	Examinar os quatro elementos fundamentais: humano (o pessoal de laboratório), processo (as atividades desenvolvidas), material (os instrumentos e materiais utilizados) e ambiente (o laboratório)
2	Identificar os riscos ambientais existentes no local	Identificar os riscos existentes, utilizando um roteiro de abordagem e a classificação de riscos (Quadro 4). Para cada elemento dos grupos de agentes de riscos ocupacionais, avaliar os efeitos e danos à saúde do trabalhador
3	Estabelecer as medidas de controle existentes e sua eficácia	Estabelecer as medidas preventivas de proteção coletiva, organização das atividades de laboratório, proteção individual e higiene e conforto
4	Identificar os indicadores de saúde	Identificar os indicadores de saúde, representados por queixas mais frequentes, acidentes de trabalho, doenças ocupacionais diagnosticadas e faltas/ausências ao trabalho
5	Avaliar o levantamento de riscos ambientais	O levantamento de riscos ambientais consiste na medição e no registro dos riscos ambientais. Na sua avaliação, é preciso observar os agentes que foram monitorados, os métodos empregados para detectar cada agente, os equipamentos utilizados para quantificar os agentes, as tabelas com os resultados das medições feitas, os setores e os pontos em que foram ultrapassados os limites de tolerância e a observância ou não das medidas de controle propostas[12]
6	Elaborar o relatório de riscos e o Mapa de Riscos	Fazer um relatório de análise dos riscos encontrados e elaborar o Mapa de Riscos sobre a planta baixa ou croqui do laboratório, indicando os tipos de risco por meio de círculos

Quadro 9. Relatório de análise de riscos de um laboratório de pesquisa

Grupo de risco	Fontes	Sintomas	Doenças ocupacionais / Acidentes
1. Físico			
Ruído	Equipamentos	Irritação e mal-estar	Perda da audição
Calor	Equipamentos		
Luz UV	Lâmpadas UV	Queimaduras	Câncer de pele
2. Riscos químicos			
Sólidos	Sais, meios de cultura	Irritação nos olhos e nas vias aéreas	Doenças inflamatórias, degenerativas e câncer
Líquidos	Solventes e soluções		
Vapores	Reagentes corrosivos	Queimaduras	Perda da visão
3. Riscos biológicos			
Amostras biológicas	Sala de extração Geladeiras	Febre, cefaleia, dor muscular	Infecções (vírus, bactérias)
4. Riscos ergonômicos			
Posturas de trabalho	Bancadas, banquetas	Dores musculares	Problemas na coluna
5. Riscos de acidentes			
Chama	Bico de Bunsen	Queimaduras	Incêndio
Iluminação	Laboratório	Esforço visual	Fadiga visual
Espaços inadequados	Laboratório e bancadas	Cansaço físico	Quebra de frascos com produtos tóxicos
Eletricidade	Campo elétrico	Choque	Morte

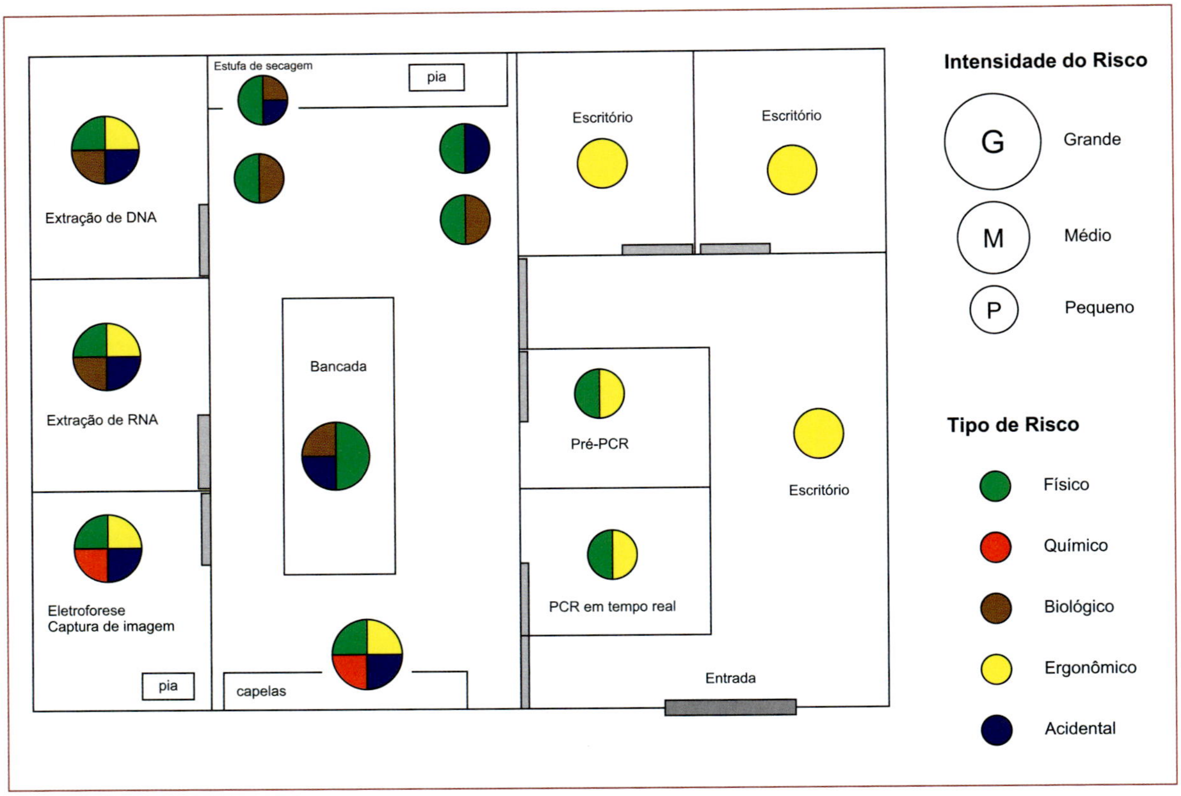

Figura 6. Representação de Mapa de Risco de um laboratório de pesquisa.

respectivamente. O mapa de riscos deve ser apreciado e aprovado pela CIPA, e afixado na entrada do laboratório, de forma claramente visível e de fácil acesso.

PROCEDIMENTOS DE EMERGÊNCIA

Todo laboratório deve definir e estabelecer medidas de segurança de acordo com o risco que produzam os agentes utilizados. Os laboratórios que manuseiam agentes patogênicos devem ter um plano de medidas de contenção para executar nos acidentes de laboratório. Estes devem ser notificados ao Departamento de Pessoal e à CIPA que também notificará o SESMT[34,35]. No Quadro 10, são apresentadas algumas recomendações sobre os procedimentos de segurança a serem adotados nas situações de emergência.

TREINAMENTO EM SEGURANÇA DE LABORATÓRIO

A segurança em ambientes de laboratório deve ser objeto de ensino e treinamento profissional permanente, a fim de que a equipe do laboratório e de apoio esteja sempre consciente dos riscos aos quais estão expostos e da importância das medidas de segurança.

A capacitação profissional em segurança é um aspecto importante da prevenção de riscos nas atividades de pesquisa e ensino, pois muitos acidentes são causados pela inexperiência e pela falta de treinamento específico. São necessários, portanto, o planejamento e a implementação de cursos de treinamento para a preparação de profissionais na área de segurança em laboratórios, que enfatizem a relevância das práticas seguras neste ambiente. No Brasil, a preocupação quanto à segurança ocupacional e patrimonial tem levado várias instituições de ensino e pesquisa a investir em treinamento do pessoal técnico, na elaboração de manuais e na implementação de normas, visando à busca de ambientes de trabalho mais seguros[36-39].

A falta da implementação efetiva de um programa de segurança no trabalho expõe os profissionais de laboratório a um ambiente desconfortável, atmosfera contaminada, sem equipamento de proteção e sem o apoio dos supervisores, no caso de estudantes, estagiários e funcionários. A falta de gestão em segurança do trabalho, de instalações adequadas e treinamento do pessoal gera um ambiente de alto risco para o analista e para as instalações prediais, colocando em perigo outros profissionais que não têm relação direta com o trabalho desenvolvido.

Para que as normas de segurança em laboratórios sejam seguidas, é necessário organizar um programa de treinamento inicial e de educação continuada em segurança. Tal programa deve ser assessorado pela equipe do SESMT e abranger os diversos aspectos de segurança do pessoal e do meio ambiente, de acordo com os itens comentados no Quadro 11.

Quadro 10. **Procedimentos de segurança em situações de emergência**

Situação de emergência	Procedimentos de segurança
Derramamento de material biológico	No caso de acidente ou derramamento de produto biológico, deve-se evacuar o local se houver a possibilidade de formação de aerossóis. Após 30 minutos, conter o produto derramado com material com boa capacidade de absorção; aplicar um desinfetante no local do derramamento por tempo previamente definido e, em seguida, limpar adequadamente o local. Neste procedimento, também devem ser empregados EPI adequados.
Quebra de frascos contendo material biológico	Os recipientes quebrados devem ser cobertos com um pano embebido em desinfetante. Após 10 minutos, no mímino, os pedaços quebrados e o pano devem ser recolhidos com uma pá e deve-se esfregar o chão com um desinfetante. O material quebrado deve ser colocado em lixo "contaminado" e esterilizado em autoclave. A vassoura e a pá também devem ser colocadas em recipiente próprio e esterilizadas em autoclave ou mergulhadas em desinfetante por 24 horas. Devem ser usadas luvas descartáveis para realizar essa tarefa. Os cultivos derramados devem ser cobertos com um pano embebido em desinfetante por, pelo menos, 10 minutos e recolhidos com outros panos que devem ser colocados em lixo "contaminado". Quando os formulários de pedidos de análise ou quaisquer outros documentos são contaminados, deve-se copiar a informação em outro formulário e descartar o original no lixo "contaminado".
Inoculação acidental, cortes e lesões	Retirar a roupa de proteção, lavar as mãos e a parte lesada, aplicar um desinfetante cutâneo e dirigir-se ao serviço de saúde, onde informará ao médico do trabalho (SESMT) sobre a causa da lesão e o agente envolvido e registrar o acidente.
Derramamento de produtos químicos	A área do acidente deve ser imediatamente isolada e o responsável pela segurança deve ser comunicado. O laboratorista deve proteger-se com EPI (máscaras respiratórias, luvas, óculos de proteção e outros) e desligar o suprimento de energia elétrica, combater o fogo (se houver) e permitir a ventilação e/ou exaustão do ambiente. A contenção do produto químico deve ser realizada o mais rápido possível, empregando materiais absorventes ou areia seca. Materiais incompatíveis com o produto químico derramado não devem ser utilizados (p. ex., pano e papel para conter o derramamento de ácido sulfúrico ou solução sulfocrômica). Recolher e descartar o produto adsorvido e limpar o local do derramamento, mantendo o ambiente bem ventilado.
Ingestão acidental de material perigoso	Transferir a pessoa afetada para o serviço de saúde, depois de retirar a roupa de proteção. Informar imediatamente ao médico sobre o agente ingerido e registrar o acidente junto ao SESMT[36].
Emissão de aerossol potencialmente perigoso	Todos devem evacuar a área afetada. Informar imediatamente o responsável pelo laboratório e o técnico de segurança. Ninguém deve entrar no local durante uma hora, até que se depositem as partículas mais pesadas. Deixar indicada a proibição de entrada no local. Após uma hora, descontaminar o local. As pessoas afetadas devem consultar um médico.
Quebra de tubos durante a centrifugação	Interromper a operação e manter a centrífuga fechada por, pelo menos, 30 minutos. Remover e descartar os fragmentos de vidro em condições seguras. Descontaminar a centrífuga, rotor e caçapas com desinfetante adequado.
Contato elétrico acidental	Causa perda da consciência e parada respiratória. Deve ser interrompido o contato elétrico e iniciar a manobra de ressuscitação cardiorrespiratória (RCR).
Equipamento de emergência	Maleta de primeiros socorros, roupa de proteção completa, sistema de respiração autônoma (para ambiente com pouco oxigênio), máscara facial e de proteção respiratória com filtros adequados para reter partículas e produtos químicos, material para desinfecção e desinfetantes, material para conter derramamento, material para sinalizar e delimitar a área.
Serviço de emergência	Os números de telefone de emergência (bombeiros, polícia e serviço de saúde) devem ser colocados em local bem visível, próximo aos telefones.

Quadro 11. Programa de treinamento sobre segurança

1	Segurança geral	Fontes de infecção, riscos ambientais (químicos, biológicos, físicos e outros), direitos e deveres dos analistas com relação às medidas de segurança
2	Procedimentos preparatórios	Acesso aos laboratórios, higiene pessoal, roupas e equipamentos de proteção
3	Procedimentos experimentais	Emprego de pipetas mecânicas e outros dispositivos de pipetagem, redução da formação de aerossóis, uso adequado de cabines de segurança biológica e capelas de segurança química, uso adequado de autoclaves e materiais de esterilização
4	Procedimentos de emergência	Primeiros socorros, quebras e derramamentos, descontaminação do local, acidentes, combate a incêndio e evacuação do ambiente
5	Manutenção geral do laboratório	Transporte e armazenamento de materiais e produtos perigosos (biológicos, químicos, gases, radioativos e outros), manuseio adequado dos animais de laboratório, eliminação de artrópodes, roedores e outras pragas
6	Métodos de proteção	Uso de EPI e EPC, eliminação de resíduos de laboratório (esterilização, neutralização, recuperação e incineração), métodos de descontaminação, higiene pessoal

CONSIDERAÇÕES FINAIS

A atividade laboratorial tem um importante componente de risco à saúde dos usuários e ao meio ambiente. A redução da exposição ao risco depende de planejamento e organização das atividades, conhecimento de agentes e situações de risco, medidas de controle e proteção, práticas e procedimentos seguros, e capacitação dos usuários.

Esta deve ser uma preocupação constante de responsáveis e usuários de laboratórios de ensino, pesquisa e serviços

REFERÊNCIAS BIBLIOGRÁFICAS

1. Hirata RDC. Biossegurança em laboratórios. In: Hirata MH, Hirata RDC, Mancini Filho J. Manual de biossegurança. 2.ed. Barueri: Manole; 2012. p. 13-27.
2. Carvalho PR. Boas práticas químicas em biossegurança. 2. ed. Rio de Janeiro: Interciência. 2013.
3. Word Health Organization (WHO). Manual of basic techniques for a health laboratory. 2. ed. Geneva: WHO Library, 2003. Disponivel em: http://apps.who.int/medicinedocs/documents/s16537e/s16537e.pdf. Acessivel em: 12/11/2015.
4. Word Health Organization (WHO). Laboratory biosafety manual. 3. ed. Genebra: WHO Library; 2004. Disponível em: http://www.who.int/csr/resources/publications/biosafety/en/Biosafety7.pdf. Acesso em: 12/11/2015.
5. Norma Regulamentadora n. 12 (NR-12). Máquinas e Equipamentos, Ministério do Trabalho e Emprego. Disponível em: http://portal.mte.gov.br/images/Documentos/SST/NR/NR12/NR12.pdf. Acesso em: 12/11/2015.
6. Agência Nacional de Vigilância Sanitária (Anvisa). Regulamento Técnico para o Gerenciamento de Resíduos de Serviços de Saúde. RDC n. 306, de 7/12/2004. Disponível em: http://bvsms.saude.gov.br/bvs/saudelegis/anvisa/2004/res0306_07_12_2004.html. Acesso em: 12/11/2015.
7. Rau EH, Alaimo RJ, Ashbrook PC, Austin SM, Borenstein N, Evans MR, et al. Minimization and management of wastes from biomedical research. Environ Health Perspect. 2000;108(Suppl 6):953-77.
8. Teixeira P, Valle S. Biossegurança: uma abordagem multidisciplinar. 2. ed. Rio de Janeiro: Fiocruz; 2010, 440 pgs.
9. Centers for Disease Control and Prevention and National Institutes of Health (CDC/NIH). Chosewood LC, Wilson DE, editors. Biosafety in microbiological and biomedical laboratories. 5th ed. Washington, DC: U.S. Government Printing Office; 2009. Disponível em: http://www.cdc.gov/biosafety/publications/bmbl5/BMBL.pdf. Acesso em: 12/11/2015.
10. Campos AAM. Cipa – Comissão Interna de Prevenção de Acidentes: uma nova abordagem. 23. ed. São Paulo: Senac; 2015.
11. Brasil. Ministério da Saúde. Diretrizes gerais para o trabalho em contenção com material biológico. Brasília/DF: Ministério da Saúde; 2004. Disponível em: http://www.anvisa.gov.br/reblas/diretrizes.pdf. Acesso em: 12/11/2015.
12. Kimman TG, Smit E, Klein MR. Evidence-based biosafety: a review of the principles and effectiveness of microbiological containment measures. Clin Microbiol Rev. 2008;21:403-25.
13. Norma Regulamentadora n. 6 (NR-6). Equipamento de proteção individual – EPI. Ministério do Trabalho e Emprego. Disponível em: http://portal.mte.gov.br/images/Documentos/SST/NR/NR6.pdf. Acesso em: 12/11/2015.
14. Norma Regulamentadora n. 24 (NR-24). Condições sanitárias e de conforto nos locais de trabalho. Ministério do Trabalho e Emprego. Disponível em: http://portal.mte.gov.br/images/Documentos/SST/NR/NR24.pdf. Acesso em: 12/11/2015.
15. Fundação Nacional de Saúde (Funasa). Projetos físicos de laboratórios de saúde pública. Brasília: Fundação Nacional de Saúde; 2007 (1a. reimpressão). Disponivel em: http://www.funasa.gov.br/site/wp-content/uploads/2012/05/eng_labSaude2.pdf. Acesso em: 12/11/2015.

16. Alados JC, Alcaraz MJ, Aller AI, Miranda C, Pérez JL, Romero PA. Designing a clinical microbiology laboratory. Enferm Infecc Microbiol Clin. 2010;28:453-60.
17. Norma Regulamentadora n. 8 (NR-8). Edificações, Ministério do Trabalho e Emprego. Disponível em: http://portal.mte.gov.br/images/Documentos/SST/NR/NR8.pdf. Acesso em 12/11/2015.
18. Norma Regulamentadora n. 26 (NR-26). Sinalização de Segurança, Ministério do Trabalho e Emprego. Disponível em: http://portal.mte.gov.br/images/Documentos/SST/NR/NR26.pdf. Acesso em: 12/11/2015.
19. Norma Regulamentadora n. 10 (NR-10). Instalações e Serviços em Eletricidade, Ministério do Trabalho e Emprego. Disponível em: http://www.mte.gov.br/legislacao/normas_regulamentadoras/default.asp. Acesso em: 12/11/2015.
20. Norma Regulamentadora n. 23 (NR-23). Proteção contra Incêndios, Ministério do Trabalho e Emprego. Disponível em: http://portal.mte.gov.br/images/Documentos/SST/NR/NR23.pdf. Acesso em: 12/11/2015.
21. Vecchio D, Sasco AJ, Cann CI. Occupational risk in health care and research. Am J Ind Med. 2003;43:369-97.
22. Norma Regulamentadora n. 17 (NR-17). Ergonomia, Ministério do Trabalho e Emprego. Disponível em: http://portal.mte.gov.br/images/Documentos/SST/NR/NR17.pdf. Acesso em: 12/11/2015.
23. Zaki AN. Biosafety and biosecurity measures: management of biosafety level 3 facilities. Int J Antimicrob Agents. 2010;36(Suppl 1):S70-4.
24. Norma Regulamentadora n. 32 (NR-32). Segurança e Saúde no Trabalho em Serviços de Saúde, Ministério do Trabalho e Emprego. Disponível em: http://portal.mte.gov.br/images/Documentos/SST/NR/NR32.pdf. Acesso em: 12/11/2015.
25. Occupational Safety And Health Administration (OSHA). Occupational exposures to hazardous chemicals in laboratories: final rule, Federal Register 29 CFR Part 1910.1450. 1990;55(21):300-35.
26. Occupational Safety And Health Administration (OSHA). Occupational exposures to blood-borne pathogens: final rule, Federal Register 29 CFR Part 1910.1030. 1991;(235):64003-812.
27. Norma Regulamentadora n. 9 (NR-9). Programa de Prevenção de Riscos Ambientais. Ministério do Trabalho e Emprego. Disponível em: http://portal.mte.gov.br/images/Documentos/SST/NR/NR9.pdf. Acesso em: 15/11/2015.
28. Occupational Safety And Health Administration (OSHA). Model Plans and Programs for the OSHA Bloodborne Pathogens and Hazard Communications Standards. 2003. Disponivel em: https://www.osha.gov/Publications/osha3186.pdf. Acesso em 12/11/2015.
29. Centers for Disease Control and Prevention (CDC). Laboratory security and emergency response guidance for laboratories working with select agents. MMWR. 2002;51:1-8. Disponível em: http://www.cdc.gov/mmwr/preview/mmwrhtml/rr5119a1.htm. Acesso em12/11/2015.
30. Carr K, Henchal EA, Wilhelmsen C, Carr B. Implementation of biosurety systems in a Department of Defense medical research laboratory. Biosecur Bioterror. 2004; 2:7-16.
31. Pastel RH, Demmin G, Severson G, Torres-Cruz R, Trevino J, Kelly J, et al. Clinical laboratories, the select agent program, and biological surety (biosurety). Clin Lab Med. 2006;26:299-312.
32. Word Health Organization (WHO). Laboratory biosecurity guidance: Biorisk managment, Genebra: WHO Library; 2006. Disponível em: http://www.who.int/csr/resources/publications/biosafety/WHO_CDS_EPR_2006_6.pdf. Acesso em: 15/11/2015.
33. Dickmann P, Sheeley H, Lightfoot N. Biosafety and biosecurity: a relative risk-based framework for safer, more secure, and sustainable laboratory capacity building. Front Public Health. 2015;3:241.
34. Norma Regulamentadora n. 5 (NR-5). Comissão Interna de Prevenção de Acidentes (CIPA), Ministério do Trabalho e Emprego. Disponível em: http://portal.mte.gov.br/images/Documentos/SST/NR/NR5.pdf. Acesso em: 15/11/2015.
35. Norma Regulamentadora n. 4 (NR- 4). Serviços Especializados em Engenharia de Segurança e em Medicina do Trabalho (SESMT), Ministério do Trabalho e Emprego. Disponível em http://portal.mte.gov.br/images/Documentos/SST/NR/NR4.pdf. Acesso em: 15/11/2015.
36. Araujo EM, Vasconcelos SD. Biossegurança em laboratórios universitários: um estudo de caso na Universidade Federal de Pernambuco. Rev Bras Saúde Ocup. [online]. 2004;29(110):33-40.
37. Antunes HM, Cardoso LO, Antunes RPG, Gonçalves SP, Oliveira H. Biossegurança e ensino de medicina na niversidade Federal de Juiz de Fora, (MG). Rev Bras Educ Méd. 2010;34(3):335-45.
38. Pena PMM, Aquino CF, Castanheira DD, Brandi IV, Cangussu ASR, Macedo Sobrinho E, et al. Biossegurança: uma revisão. Arq Inst Biol. 2010;77(3):555-65. Disponivel em: http://www.biologico.sp.gov.br/docs/arq/v77_3/penna.pdf. Acesso em: 12/11/2015.
39. Sanguioni LA, Pereira DSB, Voguel FSF, Botton SA.Princípios de biossegurança aplicados aos laboratórios de ensino universitário de microbiologia e parasitologia. Cienc Rural [online]. 2013;43(1):91-9.

capítulo 3

Equipamentos de proteção individual e coletiva

Ligia Bicudo de Almeida-Muradian

INTRODUÇÃO

Este capítulo tem como objetivo auxiliar o leitor na escolha adequada dos equipamentos de proteção individual (EPI) e coletiva (EPC) para o uso no laboratório de análises físico-químicas, assim como prover informações acerca do manuseio e do descarte de microrganismos e de organismos geneticamente modificados (OGM).

Os laboratórios são essenciais em universidades, institutos de pesquisa, centros diagnósticos e setores de desenvolvimento e controle de qualidade em indústrias. Todos compartilham do mesmo problema: o manuseio de materiais que podem oferecer risco à saúde e ao meio ambiente. As substâncias ou os organismos manuseados e os tipos de equipamentos operados podem resultar em acidentes, como intoxicações, envenenamentos, queimaduras térmicas e químicas, contaminação por agentes biológicos, incêndios, explosões e outros. Esses acidentes podem ser evitados ou minimizados pelo uso de EPI e EPC de forma correta[1].

O funcionamento dos EPC deve ser verificado periodicamente. Um sistema de ventilação central com deficiência de exaustão, por exemplo, pode comprometer seriamente o ambiente do laboratório no qual são manuseados produtos químicos perigosos, expondo os laboratoristas a risco de saúde[2].

Devem ser selecionados EPI de boa qualidade que possuam certificados de aprovação do Ministério do Trabalho e Emprego (MTE)[3]. Esses equipamentos destinam-se a proteger o laboratorista nas operações que oferecem riscos de exposição a produtos químicos ou biológicos perigosos e situações de acidentes com perfurocortantes. Os EPI são considerados dispositivos de uso individual destinados a proteger a integridade física e a saúde do trabalhador[4]. Eles devem proporcionar o mínimo de desconforto sem tirar a liberdade de movimento do analista[5].

Em âmbito internacional, a Occupational Safety and Health Administration (OSHA) define os EPI que devem ser utilizados para olhos, cabeça e extremidades, as roupas de proteção, os dispositivos de respiração e outros[6,7]. Nos Estados Unidos, além da OSHA, várias instituições estabelecem normas relativas à obrigatoriedade e ao uso de EPI. A American Society of Testing Material (ASTM) expede normas sobre os testes a que devem ser submetidos os EPI. O American National Standard Institute (ANSI) elabora normas pertinentes a projeto, desempenho e uso dos EPI[7-9].

Segundo a Lei n. 6.514, de 22 de dezembro 1977[10], toda empresa é obrigada a fornecer aos seus funcionários, gratuitamente, EPI que se encontre em perfeito estado de conservação segundo as necessidades de trabalho e o risco inerente.

De acordo com a Norma Regulamentadora n. 6 do MTE[11], os empregados são obrigados a usar os EPI e responsabilizar-se pela guarda e pela conservação desses equipamentos.

É obrigatória a utilização de EPI na execução de qualquer atividade que envolva o manuseio de reagentes químicos e soluções, o translado e o transporte de materiais perigosos e também a circulação em áreas externas, consideradas de risco.

A Lei n. 8.974, de 5 de janeiro de 1995[12], estabeleceu as normas de segurança para o manuseio de OGM[13]. A Lei n. 11.105, de 24 de março de 2005[14], revogou a Lei n. 8.974, regulamentou os incisos II, IV e V do § 1° do art. 225 da Constituição Federal, e estabeleceu normas de segurança e mecanismos de fiscalização de atividades que envolvam OGM e seus derivados. Esse mesmo documento instituiu o Conselho Nacional de Biossegurança (CNBS) e reestruturou a Comissão Técnica Nacional de Biossegurança (CTNBio)[15], dispondo sobre a Política Nacional de Biossegurança (PNB).

Os EPI são classificados de acordo com a parte do corpo que protegem: cabeça, tronco, membros superiores e inferiores[4].

EPI PROTETORES PARA A CABEÇA

Entre os EPI usados para proteger a cabeça, podemos destacar: capacetes de segurança, protetores faciais, óculos de segurança, protetores respiratórios e protetores auriculares.

Capacetes de segurança

Segundo o ANSI, os capacetes são dispositivos rígidos usados para proteger a cabeça e as partes adjacentes contra impactos, partículas desprendidas, agentes perfurantes, choque elétrico ou qualquer combinação desses efeitos[2,4,6].

Protetores faciais

Os protetores ou as máscaras faciais protegem a face contra riscos de impactos (partículas sólidas, quentes ou frias), produtos químicos (poeiras, líquidos e vapores) e radiações (raios infravermelho e ultravioleta). Oferecem uma proteção adicional à face do operador sem necessitar do uso de óculos de segurança. Proporcionam melhor proteção, pois, além dos olhos, amparam toda a face contra os respingos de substâncias potencialmente corrosivas e tóxicas, como fenol, álcalis (hidróxido de sódio e potássio) e ácidos. Protegem também contra o risco de penetração de materiais estranhos, a emissão de fagulhas de vidro, a ocorrência de refluxos de reagentes químicos e as culturas de microrganismos e outros materiais biológicos.

Os protetores faciais estão disponíveis em plástico, na forma de propionatos, acetatos e policarbonatos simples ou revestidos com metais para a absorção de radiação ultravioleta (UV)[1,2,4,5,16].

A Figura 1 ilustra o uso de protetor facial com proteção à radiação UV. Na Figura 2, é mostrado o uso de protetor facial para proteção contra respingos de nitrogênio líquido.

Figura 1. Exemplo do uso do protetor facial com proteção à radiação UV.

Figura 2. Exemplo do uso do protetor facial para respingos de nitrogênio líquido.

Óculos de segurança

Os óculos de proteção ou de segurança protegem os olhos contra riscos de impactos, produtos químicos ou radiações (Figura 3). Precisam ser de boa qualidade, a fim de proporcionar ao usuário visão transparente, sem distorções e opacidade. Para atividades que envolvam o uso de radiação ultravioleta, é necessária, além dos óculos especiais, a proteção de toda a face[2,4,5,16].

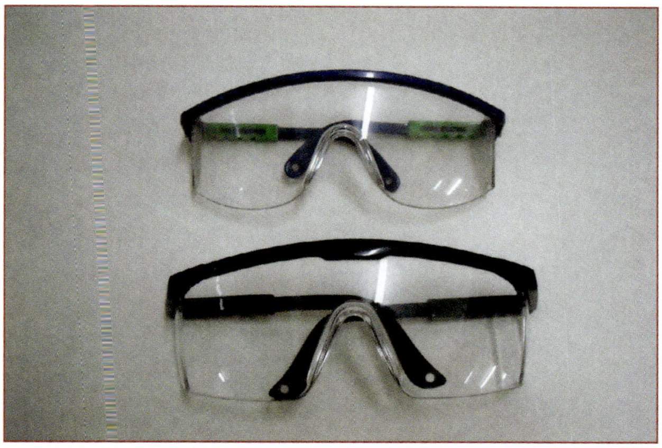

Figura 3. Exemplo de óculos de segurança.

Figura 5. Exemplo do uso da máscara com filtro para vapores orgânicos.

Quadro 1. Filtros para proteção respiratória	
Cor do filtro	**Indicação de uso**
Branco	Gases e ácidos
Amarelo	Vapores orgânicos e gases ácidos
Verde	Amônia
Marrom	Vapores orgânicos, gases ácidos e amônia
Vermelho	Universal (gases industriais, monóxido de carbono, fumo e fumaças)
Branco com listras verdes	Vapores de ácido clorídrico
Branco com listras amarelas	Cloro
Azul	Monóxido de carbono

Protetores respiratórios

Os protetores ou as máscaras respiratórias contêm filtros que protegem o aparelho respiratório. Os filtros podem ser (a) mecânicos para proteção contra partículas suspensas no ar (Figura 4); (b) químicos, que protegem contra gases e vapores orgânicos (Figura 5); e (c) combinados (mecânicos e químicos).

Os protetores químicos são utilizados no manuseio de gases irritantes como cloreto de hidrogênio, dióxido de enxofre, amônia e formaldeído, que produzem inflamação ao entrarem em contato com os tecidos. Também se deve usar esse tipo de protetor respiratório no caso de gases anestésicos, como éter e grande parte de solventes orgânicos.

Os filtros dos protetores respiratórios têm indicação de uso representada por cores, como descrito no Quadro 1[2,4,,16].

Existem dois tipos de máscaras respiratórias para uso em condições de concentrações diferentes da substância química perigosa: semifacial e de proteção total. As semifaciais são recomendadas para concentração dos vapores tóxicos inferior a dez vezes o limite de exposição, e devem ser acompanhadas do uso de óculos de proteção (Figura 5). As máscaras respiratórias de proteção total da face são utilizadas para ambientes em que a concentração pode atingir até cinquenta vezes o limite de exposição (Figura 6). As máscaras de proteção total da face são utilizadas com sistema de ar autônomo (Figura 7) em situações de emergência[2,5].

Quando a atividade laboratorial envolver reações a altas temperaturas, com risco de rompimento da vidraria ou explosões, o protetor respiratório deve ter resistência química e seu visor deve proteger contra impactos e respingos. Situações como essas podem ocorrer em processos de síntese química e outros.

As máscaras semifaciais descartáveis são bem mais leves e confortáveis que as reutilizáveis (Figura 8). As descartáveis têm a vantagem de dispensar a limpeza diária e a manutenção. Elas podem ter válvula para exalação de ar, para que não fiquem saturadas de umidade proveniente da respiração. Os tipos mais simples destinam-se exclusivamente a reter poeiras[2,5].

Figura 4. Exemplo do uso da máscara descartável com proteção contra partículas suspensas no ar.

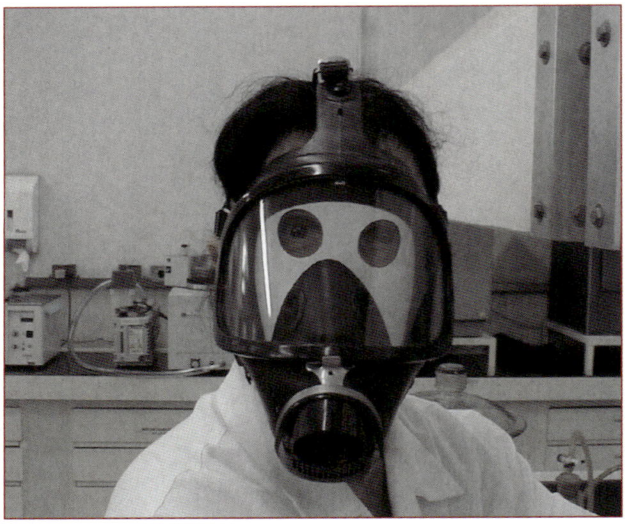

Figura 6. Exemplo do uso da máscara de proteção total da face.

Figura 7. Exemplo do uso da máscara de proteção total da face com sistema de ar autônomo.

Proteção auricular

A proteção auricular visa proteger os ouvidos contra níveis elevados de ruído, que são regidos pela NBR n. 10.152[17], da Associação Brasileira de Normas Técnicas (ABNT), que estabelece limite de 60 decibéis para uma condição de conforto durante a jornada de trabalho. Um exemplo seria o uso de capelas mal projetadas em que o sistema de exaustão provoca um nível de ruído acima do normal, frequentemente em virtude de problemas com dimensões de dutos que provocam uma velocidade de ar excessiva. Os protetores auriculares podem ser do tipo concha, com protetores externos ou de inserção, e/ou descartáveis[2,4,5].

Em relação às normas internacionais, o nível de ruído permitido pela OSHA é de 85 decibéis por um período de oito horas[7].

PROTETORES PARA O TRONCO

O EPI mais comum em laboratórios é o avental. Ele protege as roupas contra borrifos químicos ou biológicos e ainda fornece proteção adicional ao corpo[1].

Os aventais devem ser o menos inflamável possível, pois sempre existe o risco de incêndio em um laboratório. Materiais que contenham a mistura poliéster-algodão são inflamáveis e derretem sobre a pele quando em contato com uma fonte de calor ou algum agente corrosivo. A melhor opção são aventais de algodão puro, material pouco reativo a produtos químicos e menos inflamável. Eles devem, de preferência, cobrir completamente as vestimentas, ser desprovidos de bolso e ter mangas compridas[1].

Os protetores para o tronco são utilizados quando há risco de projeção de partículas, calor radiante, chamas, respingos de produtos químicos e outros tipos de risco[2,4,5,16].

No Quadro 2, são apresentados os tipos de aventais utilizados em diferentes condições.

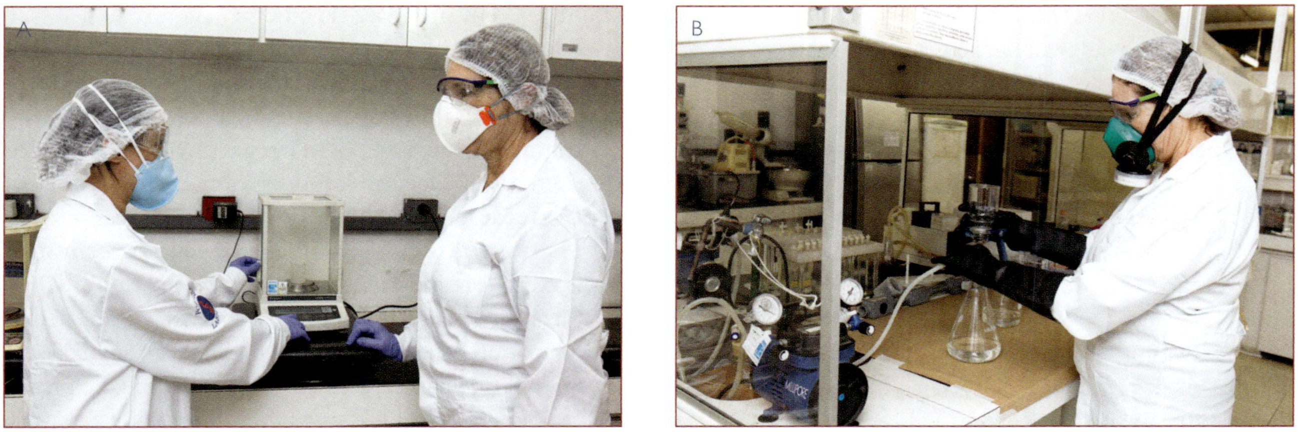

Figura 8. Máscaras semifaciais descartáveis (A) e reutilizável (B).

Quadro 2. Tipos de aventais usados em laboratório

Tipos de aventais	Finalidade
Cloreto de polivinila (PVC)	Quando há riscos de respingos de produtos químicos
Kevler	Utilizados em locais em que o calor é excessivo, como em alguns trabalhos de laboratório
Borracha	Protegem o corpo durante o manuseio de grandes volumes de soluções ou quando o trabalho a ser executado é reconhecidamente perigoso. Para o pessoal responsável por lavagem e limpeza de vidrarias e equipamentos, os aventais são de uso obrigatório

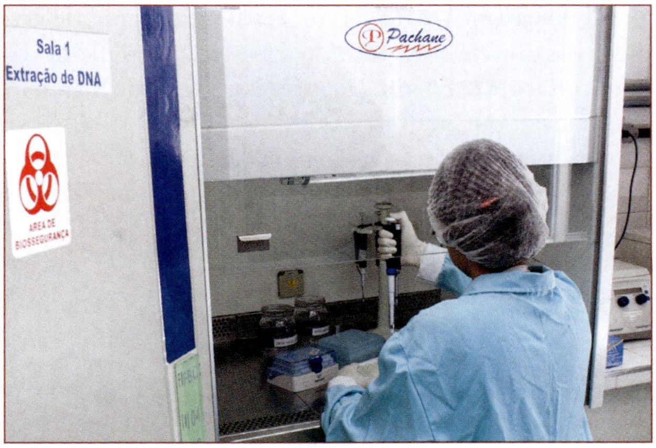

Figura 9. Exemplo do uso de luvas de procedimento em laboratório de pesquisa para trabalho em cabine de segurança biológica de nível 2 (NB-2).

PROTEÇÃO DOS MEMBROS SUPERIORES

Os EPI utilizados para a proteção dos membros superiores (mãos e braços) protegem contra riscos biológicos, queimaduras químicas, calor ou frio excessivo, mordidas, cortes, choques elétricos e outros riscos físicos. Nesses casos, devem ser utilizadas luvas, mangas e cremes protetores[1,4,6].

Luvas

As luvas também fornecem elevado grau de proteção contra dermatites, pois a exposição repetida a pequenas concentrações de inúmeros compostos químicos eventualmente cria reações adversas na pele dos operadores. Uma das principais fontes de acidentes em laboratórios são as operações manuais, que muitas vezes resultam em sérios acidentes com ferimentos em operadores[2,5].

As principais operações que requerem o uso de luvas de proteção são:

- Manuseio de solventes e reagentes químicos.
- Manuseio de culturas microbianas e subprodutos.
- Operação com vidrarias.
- Montagem de equipamentos.
- Manuseio de produtos químicos.
- Operações com fornos e muflas.
- Operações criogênicas.
- Manuseio de materiais biológicos (sangue, tecidos infectados e outros).
- Operação com animais.
- Manuseio de ferramentas e lâminas metálicas[1,2,5].

As luvas de procedimento são frequentemente utilizadas em laboratórios de ensino, pesquisa e serviços, para proteção contra produtos biológicos[1], como mostrado na Figura 9.

As luvas de proteção precisam ser de material resistente, ter baixa permeabilidade e boa flexibilidade, além de compatíveis com as substâncias que serão manuseadas. Para os trabalhos que geram calor, recomenda-se o uso de luvas de pano resistentes ou revestidas de material isolante ao calor. Materiais de luvas recomendados para o manuseio de substâncias químicas são: borracha natural, neoprene, cloreto de polivinila (PVC), acetato de polivinila (PVA) e borracha butadieno. A escolha deve ser feita conforme o tipo de substância química a ser utilizada[1,2,5].

Para o manuseio a altas temperaturas, estão proibidas as luvas de amianto, que podem causar asbestose (uma doença pulmonar muito grave). Os materiais alternativos ao amianto seriam do tipo Zetex ou Kevlar, que é constituído por fibras de aramida associadas a fibras de grafatex, formando um tecido atóxico que resiste a altas temperaturas de até 800°C[1] (Figura 10).

No Quadro 3, são apresentados os principais tipos de luva, de acordo com o material de confecção e as finalidades de uso[1,4,5].

PROTEÇÃO DOS MEMBROS INFERIORES

A proteção dos membros inferiores (pés e pernas) é essencial durante as atividades em laboratórios ou em outras situações que oferecem risco aos trabalhadores. Pés desprotegidos (sandálias) ou pouco protegidos (sapatos de pano) acarretam problemas sérios e podem gerar situações perigosas. O sapato deve ser compatível com o tipo de atividade desenvolvida.

As botas de segurança protegem os pés e as pernas de impactos, perfurações, queimaduras, choques, substâncias químicas, calor e frio, perigos elétricos, impactos de objetos pesados e outras condições de risco de acidente. Elas podem ter o cano alto, chegando até a altura dos joelhos, e devem ser resistentes à ação de ácidos e bases fortes, permitindo a proteção dos membros inferiores contra borrifos desses reagentes e de materiais que causem queimaduras[1,2,5,16].

As botas de borracha são indicadas para quem trabalha em áreas úmidas e em serviço de limpeza, como a área de lavagem de materiais laboratoriais (Figura 11). Em

Quadro 3. Tipos de luvas e finalidades de uso

Tipo	Finalidade de uso
Couro	Material natural, com tratamento especial, adquire alta resistência mecânica. É ideal para operações de montagem, manutenções e manuseio de equipamentos
Borracha natural	Material com boa elasticidade e boa resistência a sais, álcalis, ácidos e cetonas. É muito utilizada em laboratórios clínicos, indústrias farmacêuticas e alimentícias. Apresenta boa resistência aos solventes normalmente manipulados nos laboratórios
Borracha nitrílica	Material sintético de alta resistência à abrasão e boa resistência aos agentes químicos. É empregada em laboratórios químicos e clínicos
PVC	Material sintético resistente a álcool e ácidos, mas com baixa resistência a solventes orgânicos. É recomendada para trabalhos com líquidos ou produtos químicos que exijam melhor aderência no manuseio, na lavagem de material, no manuseio de ácidos, óleos etc. É utilizada no processamento de alimentos e na manufatura de produtos farmacêuticos
Borracha neoprene	Material sintético com boa resistência a óleos minerais, ácidos, álcalis, álcoois e solventes orgânicos. Como exemplo, podemos citar o manuseio de ácidos em laboratórios físico-químicos

algumas situações emergenciais, como o derramamento de líquidos ou qualquer material perigoso, é importante que o responsável pela tarefa de limpeza esteja com os pés devidamente protegidos. Outro exemplo é o uso de calçado fechado para proteger o operador de respingos durante o manuseio de nitrogênio líquido (Figura 2).

EQUIPAMENTOS DE PROTEÇÃO COLETIVA

Os EPC são equipamentos de uso no laboratório que, quando bem especificados para as finalidades a que se destinam, permitem executar operações em condições de salubridade para o operador e as demais pessoas no laboratório. São utilizados, portanto, para minimizar a exposição dos trabalhadores aos riscos e, em caso de acidentes, reduzir suas consequências. Tais equipamentos permitem ainda eliminar ou reduzir o uso de alguns EPI[2,5,18,19].

As cabines de segurança química são os melhores exemplos desses equipamentos, podendo ser de uso geral, do tipo *walk in* ou com sistema de lavagem de gases. Elas têm por finalidade retirar do ambiente do laboratório os gases tóxicos e/ou corrosivos. Também são utilizadas cabines de segurança biológica (CSB) para o manuseio de produtos biológicos.

Cabine de segurança química de uso geral

A cabine de segurança química de uso geral é um EPC indispensável em qualquer laboratório (Figura 12). Elas devem obedecer a critérios de construção, levando-se em conta o tipo de trabalho e a quantidade de operadores que as usarão. A velocidade de exaustão da cabine de segurança química é um item importantíssimo e deve ser verificada periodicamente, utilizando-se um anemômetro. Podem ser usadas para os diversos

Figura 10. Exemplo do uso de luvas de proteção para operação com mufla.

Figura 11. Uso das botas de borracha no serviço de lavagem de material de laboratório.

Figura 12. Exemplo de cabine de segurança química.

tipos de análise que incluam o manuseio de substâncias químicas e/ou particuladas, devendo a velocidade do ar no interior da capela ser de 0,5 m/s, com a janela da cabine totalmente aberta.

A cabine de segurança química de uso geral deve ter uma construção robusta com revestimento interno resistente aos produtos com os quais se vai operar. Deve possuir janelas em número e tamanho adequados ao número de operadores e ao tipo de operação a que se destina. Deve ser dotada de sistema de exaustão com potência suficiente para promover a exaustão dos gases leves que, rapidamente, ocupam as camadas superiores e dos gases pesados (enxofre e alguns solventes) que tendem a permanecer nas partes baixas da cabine. O nível de ruído não pode exceder a 70 decibéis e deve possuir iluminação adequada (mínimo de 300 lux).

A cabine de segurança química deve ter equipamentos elétricos e interruptores à prova de explosão, quando for utilizada para manuseio de produtos inflamáveis e/ou explosivos. A vazão da cabine deve ser de 40 m^3/min[1,5,20].

Cabine de segurança química tipo *walk in*

A cabine do tipo *walk in* é uma cabine de segurança química especial sem bancada tradicional, com sua base rebaixada até quase o nível do piso. Dessa forma, o operador pode entrar na cabine e efetuar, por exemplo, a montagem de aparelhagens de grandes dimensões[5,20].

Cabine de segurança química com sistema de lavagem de gases

A cabine de segurança química com sistema de lavagem de gases é especialmente projetada para a atividade que envolve o manuseio de substâncias químicas voláteis e que formam produtos de reação explosivos ou corrosivos. A cabine é acoplada a um sistema de lavagem de gases, que retém os produtos químicos voláteis, para que, posteriormente, sejam descartados de forma adequada. Ela é empregada no manuseio de ácido nítrico e ácido perclórico.

Esse tipo de cabine deve ser revestido internamente com aço inoxidável e possuir sistema hidráulico para lavagem e diluição dos gases gerados, promovendo a dissolução ou a remoção de vapores dos ácidos, evitando, assim, o contato com os dutos e a dispersão na atmosfera.

Alguns cuidados precisam ser tomados na operação dessas cabines, como a verificação diária dos sistemas de exaustão e iluminação. As paredes da capela têm de ser lavadas após cada dia de uso. A cabine de segurança deve ser conservada sempre limpa e vazia quando não estiver em uso. Ao utilizá-la, todos os materiais desnecessários à execução da análise têm de ser retirados. Durante a análise, as janelas devem estar com a menor abertura possível e quaisquer respingos de ácidos precisam ser lavados. Após o término da análise, deve-se remover todo o material, lavando-o, e manter a exaustão ligada e as torneiras de lavagem parcialmente abertas por, no mínimo, três minutos. Após esse período, abrir totalmente as torneiras, mantendo a exaustão por mais três minutos, com posterior desligamento do exaustor e fechamento das torneiras[5,20].

Cabine de segurança biológica

A maioria das cabines de segurança biológica (CSB) é utilizada no manuseio de produtos biológicos, como culturas de microrganismos e amostras biológicas.

As CSB são o principal EPC utilizado para proteger contra aerossóis que contêm agentes infecciosos, para limitar a exposição do laboratorista e do ambiente, e ainda, para proteger o experimento de contaminações originadas do ar. São também cabines especiais destinadas a trabalhos com produtos biológicos em condições absolutamente estéreis e trabalhos com ausência de partículas em suspensão no ar.

A CSB é um sistema eletromecânico no qual a massa de ar é ultrafiltrada, por meio de filtros de ar particulado de alta eficiência, do inglês *high efficiency particulate air* (HEPA). A massa de ar se move em sentido unidirecional, a baixas velocidades, criando um ambiente estéril e removendo a contaminação gerada no ambiente. O ar é aspirado do ambiente pelos pré-filtros, passando depois por um sistema de filtros, que proporciona um elevado grau de pureza na área de trabalho, a qual fica continuamente limpa por um fluxo de ar que remove eventuais contaminações. O fluxo de ar limpo remove também partículas originadas da área de trabalho. Dentro da área de trabalho, é gerada uma pressão, evitando que contaminações externas tenham acesso a essa área[1].

As CSB podem ter fluxo horizontal ou vertical, em que o ar passa por um sistema de filtros de alta eficiência, com remoção de até 99,9% de partículas com tamanho de 0,3 µ, aerossóis, pó tóxico e bactérias, garantindo a pureza do ar[5,20].

CSB com fluxo horizontal

É usada para trabalhar com produtos estéreis não patogênicos. Pela trajetória do fluxo de ar, o ar ambiental não entra em contato com as amostras e o operador recebe o fluxo de ar já filtrado, que vem de dentro da cabine, impulsionado na direção horizontal[5,20].

CSB com fluxo de ar vertical

Destina-se a trabalhos com amostras ou produtos patogênicos, em que há necessidade de absoluta segurança para o operador. Nesse sistema, o ar já filtrado (HEPA), livre de partículas ou microrganismos de até 0,2 µm de diâmetro, atinge a amostra na direção vertical, sendo aspirado para dentro da cabine e, depois, passando por uma nova filtração antes de sair para o ambiente. Nesse tipo de cabine, a cortina frontal de ar cria uma barreira que isola o interior da área externa. Este tipo de cabine é utilizado para: o manuseio de amostras biológicas, cultura de células, tecidos, microrganismos, o preparo de soluções parenterais, o fracionamento de sangue, entre outros procedimentos[1,5,20].

Existem três classes de cabine de segurança biológica (I, II e III). As cabines classes I e II oferecem significativo nível de proteção, tanto do pessoal do laboratório como do ambiente, quando usadas em conjunto com as boas práticas microbiológicas[21].

As CSB classe I podem apresentar-se com a janela frontal totalmente aberta, ou ainda possuir um painel frontal munido de luvas de borracha de cano longo, introduzindo e removendo os materiais pela abertura do painel. O ar flui pelo espaço de trabalho e atravessa um sistema de filtros HEPA, que sai para um duto que se comunica com o sistema de exaustão do prédio. A proteção das cabines classe I pode estar comprometida no caso de movimento súbito das mãos, abertura e fechamento brusco de portas ou movimentos rápidos de pessoas em frente à cabine. Quando a cabine não oferecer a proteção necessária às mãos e aos braços, torna-se necessário o uso de luvas de cano longo e aventais de manga comprida pelo operador.

As CSB classe II utilizam fluxo de ar laminar com uma abertura frontal para o acesso à área de trabalho e para a introdução e a remoção de materiais (Figura 13). Uma cortina de ar impede que as contaminações originadas do ar ambiental tenham acesso à área de trabalho. São utilizadas para o manuseio de agentes de risco biológico de nível de biossegurança 2 (NB-2).

As CSB da classe III são usadas em situações em que haja alto grau de risco, necessitando-se de cabines com pressão negativa e cujo trabalho deve ser realizado por meio de aberturas com luvas de borracha, garantindo um perfeito isolamento do material manipulado. Essas cabines são totalmente fechadas, isolando completamente o operador do material utilizado por ele, e são construídas à prova de vazamento de ar (Figura 14). As operações são realizadas com luvas que o operador utiliza no manuseio do material. Durante o uso, a cabine é mantida sob pressão negativa e tanto o ar que entra como o que sai são filtrados. Os materiais entram e saem por uma entrada asséptica. A proteção desse tipo de cabine pode ser comprometida no caso de perfura-

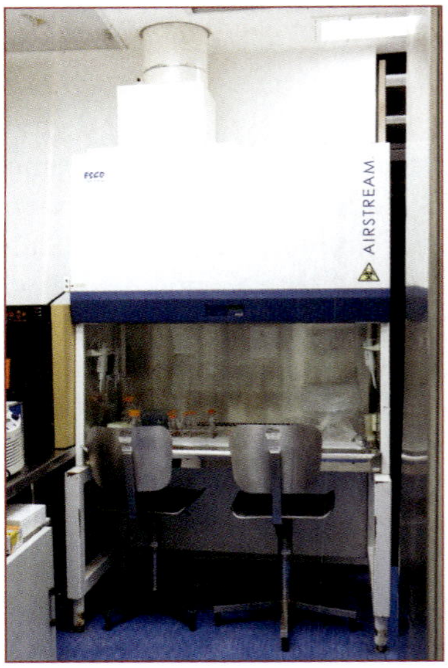

Figura 13. Exemplo de cabine de segurança biológica classe II. Para o trabalho em nível de biossegurança 2 (NB-2).

Figura 14. Exemplo de cabine de segurança biológica nível 3 (NB-3).

ção das luvas, com o favorecimento para condições de pressão positiva.

Sistema de exaustão de gases

Os sistemas de exaustão de gases se destinam a captar os vapores, as névoas, os fumos e os pós. Eles podem estar localizados em cima de pias, cubas, equipamentos ou bancadas inteiras[5,22] (Figura 15).

Gabinete para radioisótopos

O gabinete para manuseio de radioisótopos é construído em chapa de aço inoxidável com lençol de chumbo para proteção contra a radiação. O dreno e o sifão são conectados a reservatórios para a coleta de rejeitos radioativos, que precisam de tratamento especial[16].

Figura 15. Exemplo de sistema de exaustão de gases em laboratório.

EPI PARA ORGANISMOS GENETICAMENTE MODIFICADOS

Segundo a Instrução Normativa n. 7[22], que determina as normas para o trabalho em contenção com microrganismos que podem ser ou não OGM, são definidos quatro níveis de risco biológico (níveis de biossegurança).

Para o nível de biossegurança 1 (NB-1), ou seja, trabalho que envolve agentes com menor grau de risco para o pessoal do laboratório e para o meio ambiente, é recomendado o uso de dispositivo mecânico para pipetagem, e o uso de EPI, como avental, luvas de procedimento e outros.

Para o nível de biossegurança 2 (NB-2), que envolve agentes de risco moderado para as pessoas e para o meio ambiente, indica-se o uso de CSB (Figura 16) e o emprego de roupas apropriadas, como aventais, gorros e máscaras.

Figura 16. Exemplo do uso da cabine de segurança biológica nível 2 (NB-2) para extração de RNA de amostras biológicas.

Para o nível de biossegurança 3 (NB-3), aplicável aos locais nos quais são manuseados agentes infecciosos de classe de risco 3, que possam causar doenças sérias e potencialmente letais, como resultado de exposição por inalação, aconselha-se que todos os procedimentos que envolvam a manipulação de materiais infecciosos sejam conduzidos dentro de CSB classe III ou em laboratórios com infraestrutura NB-3 e os laboratórios usem EPI específicos, como vestimenta protetora completa e máscaras faciais apropriadas ou respiradores.

Para o nível de biossegurança 4 (NB-4), que envolve o manuseio de microrganismos classificados como classe de risco 4 ou organismo receptor, parenteral ou doador com potencial patogênico desconhecido, recomenda-se o uso de roupa protetora completa e descartável. O manuseio de agentes de classe de risco 4, conduzido em laboratórios, deve ser realizado em CSB classe II ou III, com vestimenta de proteção completa, dentro da área de compressão positiva, ventilada por sistema de suporte de vida. O sistema deve prever alarmes e tanques de respiração de emergência.

Os pipetadores mecânicos e automáticos são obrigatórios para a redução de riscos de infecção e contaminação dos laboratoristas, sendo necessárias técnicas seguras para pipetagem. Riscos adicionais de exposição aos aerossóis são criados pelo gotejamento de líquido da pipeta na superfície de trabalho, pela agitação causada por sucção e sopros alternados e pelos sopros em placas de Petri. O borbulhamento e a formação de espumas ocorrem em conexão com a pipetagem, ocasionando borrifos e aerossóis.

EQUIPAMENTOS DE SEGURANÇA

Os equipamentos de segurança imprescindíveis a todos os laboratórios são os chuveiros de emergência e o lavador de olhos (Figura 17). Eles devem ser instalados

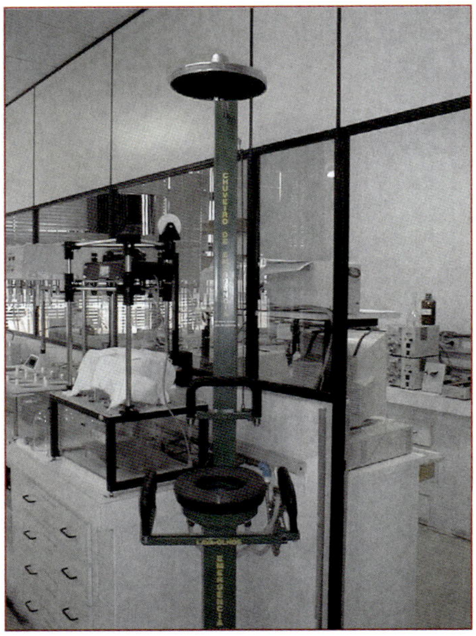

Figura 17. Exemplo de chuveiro de emergência e lava--olhos.

em locais estratégicos para permitir fácil e rápido acesso de qualquer ponto do laboratório e seguir a norma ANSI Z-358.1-2009[23]. Recomenda-se fazer um teste de funcionamento pelo menos uma vez por semana[5,20,22].

Os chuveiros de emergência têm um formato especial para fornecer uma ducha de água com um grande ângulo de abertura, com a finalidade de atingir totalmente a pessoa que se acidentou com espirros de líquidos corrosivos e/ou inflamáveis. Eles devem ter uma alça de acionamento ao alcance de operadores de estatura baixa. Tanto o chuveiro quanto a área adjacente terão de estar desimpedidos e prontos para utilização a qualquer momento[5,20,24].

Os lavadores de olhos devem ter o dispositivo de fácil acionamento e suficientemente grande, porque o acidentado estará com a visão impedida, total ou parcialmente. O jato de água precisa ser filtrado para evitar que partículas sólidas saiam com a água. O acionamento pode ser realizado mecanicamente, com a mão ou o pé. Nesses equipamentos, em geral, é utilizada uma pressão de 30 psi. Uma pressão de água que exceda 80 psi poderá danificar o tecido sensível da vista, devendo, no caso de ser excedida tal pressão, ser utilizado um redutor. Há também um lava-olhos de acionamento por raios infravermelho, que tem a vantagem de eliminar a contaminação que pode acontecer nos outros sistemas[1,6,20,24].

EQUIPAMENTOS DE PROTEÇÃO CONTRA INCÊNDIOS

Incêndio é um processo no qual se desenvolve uma reação de combustão, a qual para se iniciar e propagar necessita de três componentes: energia ou calor, combustível e comburente. Comburente é o elemento ativador do fogo e o comburente natural do ambiente é o oxigênio do ar. Combustível é o elemento que serve de campo de propagação do fogo, compreendendo praticamente todos os materiais que nos cercam. Madeira, tecidos e produtos químicos inflamáveis, como os solventes, são exemplos de combustíveis[1,4,5].

Um equipamento de proteção contra incêndio útil é a manta corta-fogo. Ela é usada quando o incêndio se estende às roupas do operador. A extinção do fogo ocorre por abafamento. As mantas devem ser de tecidos não combustíveis e estar em local de fácil acesso[5,20,24].

Todo laboratório deve ter, por escrito, um plano de emergência para combate a incêndios e as instruções para evacuação do prédio. Pequenos incêndios em bancadas são emergências comuns e, na maioria das vezes, podem ser extintos pelas pessoas que trabalham no próprio laboratório. Porém, em uma situação de incêndio, deve-se pedir ajuda ao grupo responsável pelo combate ao fogo, ao mesmo tempo em que se tenta extingui-lo. Qualquer incêndio, mesmo pequeno, pode alastrar-se com uma rapidez inesperada. É preciso lembrar que o incêndio acontece onde a prevenção é falha e o ideal é realizar um bom trabalho de prevenção contra incêndio, evitando-se, assim, o começo do fogo[1,4].

As medidas imediatas que devem ser tomadas consistem no uso de mantas contra fogo ou de extintores adequados, sempre se lembrando da possibilidade de evacuar o prédio. Todos os funcionários do laboratório devem conhecer o plano de combate ao fogo e de evacuações de emergência, assim como passar por treinamento pelo menos duas vezes ao ano[1].

Os equipamentos de segurança requerem verificações regulares para assegurar que estejam em locais apropriados e funcionem adequadamente[1].

Classificação dos incêndios

Os incêndios são classificados de acordo com as características de seus combustíveis. Somente com o conhecimento da natureza do material que está queimando é possível descobrir o melhor método para uma extinção rápida e segura[1,4].

Classe A

São os incêndios com implicação de materiais sólidos inflamáveis, de fácil combustão, com a propriedade de queimarem em superfície e profundidade e de deixarem resíduos. São alguns exemplos: madeira, papelão, papéis, tecidos etc. Nesses casos, deve-se usar um agente extintor que tenha poder de penetração, eliminando o calor existente. Recomenda-se utilizar água e espuma para combater o fogo. Se ele estiver no início, podem-se utilizar pó químico seco ou gás carbônico.

Classe B

São os incêndios que acontecem nos materiais gasosos e líquidos inflamáveis, produtos que queimam somente na superfície e não deixam resíduos, como vernizes e líquidos inflamáveis (álcoois, cetonas e derivados do petróleo). O controle pode ser feito por abafamento, gás carbônico, pó químico e espuma.

Classe C

São os incêndios que ocorrem nos materiais energizados, pelos quais passa corrente elétrica. Acontecem em equipamentos elétricos energizados, como motores, transformadores, quadros de distribuição etc. Para o controle desse tipo de incêndio, recomendam-se os extintores que não conduzem corrente elétrica, como o de gás carbônico e o de pó químico seco. É importante que não se utilize qualquer extintor à base de água, pois ela é condutora de eletricidade e coloca em risco a vida do operador. Com a corrente desligada, o combate a esse tipo de incêndio é realizado como se fosse da classe A ou B.

Classe D

São os incêndios que ocorrem nos elementos que se inflamam espontaneamente (pirofóricos), como magnésio, zircônio, titânio, pó de alumínio, urânio etc. Os agentes extintores que atuam nesses materiais são agentes especiais, que isolam do ar o metal combustível, interrompendo a combustão como areia e limalha de ferro. Pode-se, também, combater esse tipo de incêndio por abafamento com pó químico especial.

Métodos de extinção do fogo

Resfriamento

Quando se reduz o calor gerado pela combustão. É um dos métodos mais eficientes de extinção de incêndio, pois ocorre a diminuição da temperatura até o ponto em que não ocorra desprendimento de gases ou vapores quentes. A água é um dos mais eficientes agentes de resfriamento[4].

Isolamento

Quando se isola o material (combustível) que poderia ser atingido pelo fogo, evitando a sua propagação para outras áreas.

Abafamento

Quando se retira o comburente (oxigênio), abaixando os níveis de oxigenação da combustão. Quando a porcentagem é limitada ou reduzida a 15%, o fogo deixa de existir. O oxigênio é encontrado na atmosfera na proporção de 21%. Para utilzação deste método, podem ser utilizados extintores portáteis, carretas, hidrantes e dispositivos especiais (Figura 18). Os extintores devem estar visíveis e bem localizados, livres de qualquer obstáculo que possa dificultar o acesso até eles (desobstruídos), e devidamente sinalizados[4].

Para prevenir ou extinguir um incêndio, devemos utilizar os extintores de incêndio portáteis, que são os aparelhos de mais fácil e rápida utilização. Eles podem atuar por resfriamento (extintores de água) ou eliminação do oxigênio de contato com o combustível (extintores de CO_2 ou espuma)[4,5].

Figura 18. Exemplo de extintor de incêndio e hidrante.

Principais tipos de extintores de incêndio

Extintor de água pressurizada

Age por resfriamento e é indicado para incêndios da classe A, por penetrar nas profundidades do material, resfriando-o. Não pode ser utilizado em líquidos inflamáveis e equipamentos elétricos. Tem a desvantagem, em alguns casos, de danificar o material que atinge. Nesse extintor, a água é acondicionada em cilindro metálico, o qual possui um gatilho para controle do jato, bem como um dispositivo para dirigi-lo e um manômetro que indica a pressão em que se encontra o líquido em seu interior. O extintor deve ser inspecionado a cada seis meses, para verificar a pressão indicada no manômetro.

Modo de usar:

- Levar sempre o extintor ao local do fogo.
- Manter o extintor a uma distância segura do local do fogo.
- Retirar a trava de segurança, apertar a alavanca e empunhar a mangueira.
- Dirigir o jato para a base das chamas.
- Soltar a alavanca para estancar o jato.

Extintor de espuma química

Age tanto por resfriamento (indicado para incêndios da classe A) quanto por abafamento (indicado para incêndios da classe B). Não pode ser utilizado em incêndios da classe C (equipamentos energizados) e tem a desvantagem de danificar o material que atinge. Sua carga é composta de bicarbonato de sódio (agente estabilizador) misturado com água, no cilindro externo, e sulfato de alumínio dissolvido em água, no cilindro interno.

Modo de usar:

- Levar o extintor até o local do fogo, sem o inverter.
- Inverter o extintor somente quando chegar ao local do fogo, e direcionar a válvula para a base das chamas.

A espuma flutua na maioria dos combustíveis líquidos; por isso, quando se tratar de recipiente com líquido inflamável ou combustível, dirigir o jato contra um anteparo. Assim, a espuma vai chocar-se contra ele, escorrer e flutuar sobre o líquido em chamas, abafando-o. O jato disparado só estanca quando esgotada a carga.

Este tipo de extintor, embora esteja em desuso no mercado, ainda pode ser encontrado, porém é considerado obsoleto e de baixa eficiência, tendo sido substituído pelo extintor de espuma mecânica.

Extintor de pó químico seco

Atua por abafamento e sua ação consiste na formação de uma nuvem sobre a superfície em chamas, reduzindo a porcentagem de oxigênio disponível. É carregado com bicarbonato de sódio e monofosfato de amônia. É indicado para as três classes de incêndio, embora sejam mais eficientes nas classes B (líquidos inflamáveis) e C (equipamentos elétricos energizados). É corrosivo, ou seja, danifica o material que atinge, não devendo ser empregado em aparelhos elétricos delicados (computadores). Por ser tóxico, tem de ser evitado em locais fechados. Esse extintor pode ser de pressão injetada ou pressurização interna.

Modo de usar:

- Levar o extintor ao local do fogo.
- Se o extintor for do tipo pressurizado, retirar o pino de segurança.
- Se for do tipo pressão injetada, abrir primeiramente o cilindro lateral que contém a pressão a ser injetada, segurando a mangueira com a válvula acionada, para evitar seu entupimento e um possível acidente.
- Apertar o gatilho e dirigir o pó, procurando cobrir o fogo, principalmente se for da classe B.

Extintor de espuma mecânica

Age tanto por resfriamento (indicado para incêndios da classe A – materiais sólidos inflamáveis) como por abafamento (sugerido para incêndios da classe B – líquidos inflamáveis). Forma uma película aquosa sobre a superfície, impedindo a reignição. Não deve ser utilizado em incêndios da classe C (equipamentos energizados). Sua carga é composta por água, gás (N_2 ou CO_2) e filme aquoso formador de espuma (AFFF). Este extintor pode ser de pressão injetada ou pressurização interna.

Modo de usar:

- Levar o extintor ao local do fogo.
- Se o extintor for do tipo pressurizado internamente, soltar a trava e apertar a alavanca da válvula superior para controlar a saída do jato.
- Se for do tipo pressão injetada, abrir primeiramente o cilindro lateral que contém a pressão a ser injetada, segurando a mangueira para evitar um possível acidente.
- Apertar o gatilho e dirigir a espuma, procurando cobrir o fogo.

Extintor de CO_2

Age por abafamento, expelindo CO_2 e reduzindo a concentração de oxigênio do ar. O CO_2 é mais pesado que o ar (por isso desce sobre as chamas). É inodoro, incolor e não conduz eletricidade. Recobre o material em chamas com uma camada gasosa, isolando o oxigênio e extinguindo o incêndio por abafamento. É indicado para os incêndios da classe B (líquidos inflamáveis) ou da classe C (equipamentos elétricos energizados), podendo ser usado nos da classe A com ação positiva. Tem a vantagem de nunca estragar o material que atinge, podendo ser empregado em aparelhos delicados (computadores), sem danificá-los. O extintor de CO_2 não deve ser usado em material leve e solto, pois a pressão pode espalhar o material em chamas, facilitando a propagação do fogo. Também não deve ser instalado em ambientes em que a temperatura possa atingir mais de 50°C, pois sua válvula de segurança poderá romper-se, permitindo a saída de gás. Em recintos pequenos e fechados, pode acontecer a reação do CO_2 com o oxigênio, tornando o ambiente asfixiante.

Modo de usar:

- Tirar o pino de segurança, quebrando o arame do selo do lacre.
- Retirar o esguicho (difusor) do seu suporte, empunhando-o com uma das mãos na manopla.
- Com o extintor posicionado, acionar a válvula com uma mão e, com a outra, dirigir o jato para a base do fogo, movimentando o difusor.

Extintor de carreta

É um extintor de grande volume. Para facilitar seu transporte, é operado por dois elementos.

No Quadro 4, são apresentados os tipos e usos dos extintores para cada classe de fogo.

Hidrante

Dispositivo existente em redes hidráulicas, que facilita o combate ao fogo. É composto por um reservatório (elevado ou subterrâneo) e um conjunto de canalização, mangueira e abrigo (Figura 18).

Dispositivos especiais (*sprinklers*)

São também conhecidos como chuveiros *sprinklers*. Esse sistema consiste na distribuição de encanamentos ligados a um encanamento central, do qual saem ramificações de tubos cujos diâmetros diminuem à medida que se afastam da linha principal. Nessas ramificações, são instalados bicos, que são peças dotadas de dispositivo sensível à elevação de temperatura e destinadas a aspergir água sobre a área incendiada, quando acionada pelo aumento da temperatura ambiente[4].

Fontes causadoras de incêndios em laboratórios

Várias podem ser as causas de incêndio em laboratórios, algumas das quais são elencadas a seguir[1,4,5]:

- Equipamentos elétricos mal conservados, mal operados ou conectados em rede elétrica errada.
- Sobrecarga da rede elétrica por conectar vários aparelhos em uma única tomada ou usar aparelho de alto consumo de energia em locais em que a fiação não suporte a amperagem.
- Operação indevida com líquidos inflamáveis.
- Vazamentos de gases inflamáveis dos cilindros de gás ou nas tubulações.
- Estocagem de líquidos inflamáveis e voláteis em refrigeradores domésticos (cujo sistema elétrico de partida produza faíscas).

Cuidados para evitar incêndios em laboratórios

Para prevenir a ocorrência de incêndios em laboratórios podem ser tomados alguns cuidados e medidas, indicados a seguir:

- Não aquecer líquidos inflamáveis utilizando bico de Bunsen.
- Aquecer os líquidos inflamáveis em banho de água ou em balões com mantas aquecedoras em perfeito estado de conservação.
- Antes de acender o bico de Bunsen, assegurar-se de que não há vazamento de gás, e colocar os recipientes que contêm líquidos inflamáveis a uma distância de três metros no mínimo.
- Não conectar vários aparelhos na mesma tomada.
- Verificar se a fiação está adequada para suportar alta demanda elétrica de equipamentos como fornos, muflas, estufas, chapas aquecedoras e outros instrumentos.

Quadro 4. Orientação para uso adequado dos extintores de incêndio

	Classes de fogo		
	A	B	C
Tipo de extintor	Materiais sólidos	Líquidos, gases inflamáveis	Equipamentos elétricos
Espuma	Adequado	Adequado	Inadequado
Água pressurizada	Adequado	Inadequado	Inadequado
Pó químico "BC"	Inadequado	Adequado	Adequado
Pó químico "ABC"	Adequado	Adequado	Adequado
CO_2 (dióxido de carbono)	Inadequado	Adequado	Adequado

- Armazenar líquidos inflamáveis somente em refrigeradores à prova de explosão; refrigeradores comuns são inadequados e oferecem risco de explosão.
- Realizar trabalhos com líquidos inflamáveis voláteis em cabines de segurança química com sistema elétrico à prova de explosão.
- Em salas de recuperação de solventes muito voláteis, nunca usar sistema de gás, devendo os equipamentos e as tomadas elétricas ser à prova de explosão[5].

CONSIDERAÇÕES FINAIS

Neste capítulo, são apresentados os principais EPI e EPC para o uso nos diversos tipos de laboratórios, com a finalidade de orientar o leitor na escolha e no uso adequado desses equipamentos e garantir a saúde humana e do meio ambiente.

Em relação aos EPI, são apresentados protetores para a cabeça (capacetes de segurança, óculos de segurança e protetores faciais, respiratórios e auriculares), o tronco (aventais), os membros superiores (luvas) e os membros inferiores (botas), incluindo os utilizados no manuseio de OGM.

Dentre os EPC são destacadas as cabines de segurança química de uso geral, tipo *walk in* e com sistema de lavagem de gases. Também são apresentadas as classes e os usos das cabines de segurança biológica.

São também descritos os equipamentos de segurança (chuveiro e lava-olhos) para situações de acidentes em laboratório e os equipamentos de proteção contra incêndios, incluindo classes, métodos e equipamentos de extinção de incêndio e procedimentos de prevenção.

REFERÊNCIAS BIBLIOGRÁFICAS

1. Profiqua. Boas práticas para laboratório: segurança. São Paulo: Profiqua/SBCTA, 1995.
2. Almeida LB. Equipamentos de proteção individual e coletiva. In: Hirata M, Hitrata RDC e Mancini Filho J (Org.). Manual de Biossegurança. 2ed. São Paulo: Manole, 2012, p. 29-42.
3. Teixeira P, Valle S. Biossegurança: uma abordagem multidisciplinar. 2ed. Rio de Janeiro: Fio-cruz; 2012.
4. Comissão Interna de Prevenção de Acidentes (CIPA). Faculdade de Ciências Farmacêuticas, Universidade de São Paulo. Manual de treinamento. São Paulo: FCF/USP; 1992.
5. Isolab. Segurança em laboratórios. São Paulo: FCF/USP; 1998.
6. Torreira RP. Manual de segurança industrial. São Paulo: Margus Publicações; 1999.
7. Occupational Safery & Health Administration. Disponível em: http://www.osha.gov. Acesso: 12/04/2016.
8. American Society of Testing Materials. Disponível em: http://www.astm.org. Acesso: 12/04/2016.
9. American National Standard Institute. Disponível em: http://www.ansi.org. Acesso: 12/04/2016.
10. Brasil. Lei n. 6.514, de 22 de dezembro de 1977. Seção IV, art. 166. Diário Oficial da União, Brasília (23/12/1977).
11. Brasil. Ministério do Trabalho e Emprego. Equipamento de proteção individual. Norma Regu-lamentadora n. 6 (NR-6, 2011) da Portaria n. 3.214, de 8 junho 1978. Disponível em: http://www.camara.gov.br/sileg/integras/839945.pdf. Acesso: 12/04/2016.
12. Brasil. Lei n. 8.974, de 5 de janeiro de 1995. Diário Oficial da União, Brasília (6/1/1995). Dis-ponível em: http://www2.camara.leg.br/legin/fed/lei/1995/lei-8974-5-janeiro-1995-348748-norma-pl.html. Acesso: 12/04/2016.
13. Ministério da Ciência e Tecnologia. Cadernos de biossegurança: legislação. Brasília: 2002. Disponível em: http://www.prp.ufla.br/wp-content/uploads/2011/08/cibio_volume1.pdf. Acesso: 12/04/2016.
14. Brasil. Lei n. 11.105, de 24 de março de 2005. Diário Oficial da União, Brasília (28/3/2005). Disponível em: http://www.planalto.gov.br/ccivil_03/_ato2004-2006/2005/lei/l11105.htm. Acesso: 12/04/2016.
15. Comissão Técnica Nacional de Bioseguranca (CTN-Bio). Disponível em: http://ctnbio.mcti.gov.br. Acesso: 12/04/2016.
16. Carvalho PR. Boas práticas químicas em biossegurança. Rio de Janeiro: Interciência, 1999. p. 16-26.
17. Associação Brasileira de Normas Técnicas. Níveis de ruído para conforto acústico. NBR n. 10152:1987. Disponível em: http://www.prefeitura.sp.gov.br/cidade/secretarias/upload/esportes/norma%20abnt%2010152.pdf. Acesso: 12/04/2016.
18. Crane JT, Richmond JY. Design of biomedical laboratory facilities. In: Fleming DO, Hunt DL, editors. Biological safety principles and practices. 4. ed. Washington, DC: ASM Press; 2006. DOI: 10.1128/9781555815899.
19. Cardella B. Segurança no trabalho e prevenção de acidentes: uma abordagem holística. São Paulo: Atlas; 1999.
20. Comissão Interna de Prevenção de Acidentes (CIPA). Faculdade de Ciências Farmacêuticas, Universidade de São Paulo. Curso de segurança em laboratório. São Paulo: FCF/USP; 2000.
21. 21. Grist NR. Manual de biossegurança para o laboratório. São Paulo: Livraria Santos. 1995.
22. Brasil. Instrução Normativa n. 7. Diário Oficial da União, Brasília (6/6/1997). Disponível em: http://www.prp.ufla.br/wp-content/uploads/2011/08/cibio_volume1.pdf. Acesso: 12/04/2016.
23. American National Standards Institute. Norma ANSI/ISEA Z-358.1-2009.
24. Azevedo JC, Cipa, USP, FCF. Manual de segurança em laboratório. São Paulo: FCF/USP; 2001.

capítulo 4

Gerenciamento de risco e descarte de produtos biológicos

Elsa Masae Mamizuka
Mario Hiroyuki Hirata

INTRODUÇÃO

O gerenciamento de risco e o descarte de produtos biológicos envolvem diretamente a biossegurança, ou seja, a condição de segurança alcançada por um conjunto de ações destinadas a prevenir, controlar, reduzir ou eliminar riscos inerentes às atividades que possam comprometer a saúde humana, animal, vegetal e o ambiente. A avaliação de risco incorpora ações que objetivam o reconhecimento ou a identificação dos agentes biológicos e a probabilidade do dano proveniente deles, no caso, resíduos biológicos contaminados com microrganismos que, por suas características de maior virulência ou concentração, podem apresentar risco de infecção.

Na Portaria n. 178, de 4 de fevereiro de 2009, instituiu-se, no âmbito da Comissão de Biossegurança em Saúde do Ministério da Saúde (CBS/MS), um grupo de trabalho (GT) para avaliação de agentes biológicos e sua classificação, editando uma lista que foi aprovada pela Portaria n. 1.608, de 5 de julho de 2007[1]. A coordenação do GT foi realizada pela Secretaria de Ciência, Tecnologia e Insumos Estratégicos (SCTIE), com representantes da Secretaria de Vigilância em Saúde (SVS), da Agência Nacional de Vigilância Sanitária (Anvisa), da Fundação Oswaldo Cruz (Fiocruz) e por especialistas das áreas de bacteriologia, virologia, micologia e parasitologia.

Há necessidade de se fazer uma avaliação cuidadosa dos agentes infecciosos para classificá-los e manuseá-los de forma segura, utilizando equipamentos de proteção individual (EPI) e coletiva (EPC). Portanto, os locais de trabalho devem ser classificados de acordo com o nível de segurança, com os respectivos instrumentos e ambientes de trabalho apropriados em termos de segurança biológica. O descarte desse material biológico também deve ser realizado de forma adequada, evitando-se contaminação local e do meio ambiente. As normas de segurança devem ser rigorosamente seguidas para propiciar melhor saúde a todos os envolvidos (Norma Regulamentadora (NR) n. 32. A orientação correta poderá ser obtida em manuais de biossegurança ou com a comissão de biossegurança[2-3].

Segundo Pike[4], cerca de 18% dos trabalhadores podem sofrer algum tipo de contaminação no ambiente de trabalho por agentes infecciosos. Entre eles, 25% ocorrem por inoculação percutânea, 27% por aerossóis e derramamento, 16% por acidentes com vidrarias e objetos cortantes, 13% por aspiração por instrumentos e 13,5% por acidentes com animais, lesões e contato com ectoparasitos. Em laboratórios que manipulam animais e trabalham com amostras clínicas, é necessário considerá-los fontes de contaminação muito importante. As principais fontes de contaminação no local de trabalho podem estar relacionadas à inalação de aerossóis, uma vez que todos os procedimentos microbiológicos são potenciais formadores de partículas em suspensão. Atividades laboratoriais rotineiras, como pipetagem, uso de agitadores de tubos, centrífugas e sonicadores, abertura de frasco com microrganismos liofilizados e quebra de frasco contendo cultura microbiana ativa, são as principais fontes de aerossóis[5]. Portanto, este capítulo tratará sobre temas relativos à classificação de nível de biossegurança e dos respectivos riscos biológicos, nível de contenção e gerenciamento de descarte de resíduos biológicos.

CLASSIFICAÇÃO DE NÍVEL DE BIOSSEGURANÇA

Para o manuseio dos microrganismos pertencentes a cada uma das quatro classes de risco, devem ser atendidos alguns requisitos de segurança, conforme o nível de contenção necessário. Estes níveis de contenção são denominados níveis de biossegurança.

Os níveis são designados em ordem crescente, pelo grau de proteção proporcionado ao pessoal do laboratório, ao meio ambiente e à comunidade. Estas designações baseiam-se em um conjunto de características de concepção, estruturas de confinamento, equipamento, práticas e normas operacionais necessárias para trabalhar com agentes de diversos grupos de risco.

O nível de biossegurança 1 (NB-1) é de contenção laboratorial, que se aplica aos laboratórios de ensino básico, onde são manipulados os microrganismos pertencentes à classe de risco 1 (laboratório de base). Não é requerida nenhuma característica especial, além de um planejamento espacial adequado, que seja funcional, e com a adoção de boas práticas laboratoriais. Exemplos: bactérias ou fungos empregados como complementos alimentares ou bebidas.

O nível de biossegurança 2 (NB-2) diz respeito ao laboratório em contenção no qual são manuseados microrganismos da classe de risco 2 (de confinamento). Aplica-se aos laboratórios clínicos ou hospitalares de níveis primários de diagnóstico, sendo necessário, além da adoção das boas práticas, o uso de barreiras físicas primárias (cabine de segurança biológica e EPI) e secundárias (desenho e organização do laboratório). Exemplos: microrganismos provenientes da microbiota humana ou de animais.

O nível de biossegurança 3 (NB-3) é destinado ao trabalho com microrganismos de fácil transmissão da classe de risco 3 ou para manuseio de grandes volumes e altas quantidades de microrganismos da classe de risco 2 (de alto confinamento). Para este nível de contenção, são requeridos, além dos itens mencionados no nível 2, desenho e construção laboratoriais especiais. Deve ser mantido controle rigoroso de operação, inspeção e manutenção das instalações e equipamentos, e o pessoal técnico deve receber treinamento específico sobre procedimentos de segurança para o manuseio adequado e seguro desta classe de microrganismos. Exemplo: bacilo da tuberculose.

O nível de biossegurança 4 (NB-4), ou laboratório de contenção máxima, destina-se ao manuseio de microrganismos da classe de risco 4 (de confinamento máximo), no qual há o mais alto nível de contenção, que necessitam de uma unidade geográfica e funcionalmente independente de outras áreas. Esses laboratórios requerem, além dos requisitos físicos e operacionais dos níveis de contenção 1, 2 e 3, barreiras de contenção (instalações, desenho equipamentos de proteção) e procedimentos especiais de segurança. Exemplo: vírus ebola.

RISCOS BIOLÓGICOS

Os riscos biológicos são decorrentes da exposição aos agentes dos reinos animal e vegetal e de microrganismos ou de seus subprodutos. Entre os agentes de risco biológico, é possível citar como mais importantes: bactérias, fungos, rickétsias, vírus, protozoários, metazoários e príons. Tais agentes podem estar presentes sob diversas formas que oferecem risco biológico, como aerossóis, poeira, alimentos, instrumentos de laboratório, água, culturas celulares, amostras biológicas (sangue, urina, escarro, secreções), entre outros[1].

Classificação de microrganismos infecciosos por grupo de risco

- Grupo de risco 1 (nenhum ou baixo risco individual e coletivo): microrganismo com muito baixa probabilidade de causar doença no homem ou em animais.
- Grupo de risco 2 (risco individual moderado, risco coletivo baixo): agente patogênico que pode causar uma doença no homem ou em animais, mas que é improvável que constitua um perigo grave ao pessoal dos laboratórios, à comunidade, aos animais ou ao ambiente. A exposição a agentes infecciosos no laboratório pode causar uma infecção grave, mas existe um tratamento eficaz, além de medidas de prevenção, e o risco de propagação de infecção é limitado.
- Grupo de risco 3 (alto risco individual, baixo risco coletivo): agente patogênico que geralmente causa uma doença grave no homem ou no animal, mas que não se propaga habitualmente de uma pessoa a outra. Existe um tratamento eficaz, bem como medidas de prevenção.
- Grupo de risco 4 (alto risco individual e coletivo): agente patogênico que geralmente causa uma doença grave no homem ou no animal e que pode ser transmitido facilmente de uma pessoa para outra, direta ou indiretamente. Nem sempre estão disponíveis tratamento eficaz ou medidas de prevenção.

TRANSMISSÃO DE AGENTES INFECCIOSOS ATRAVÉS DO AMBIENTE

As infecções associadas ao ambiente de laboratório podem ser transmitidas direta ou indiretamente ao pessoal do laboratório, por meio de fontes ambientais (p. ex., o ar, os materiais contaminados, os instrumentos de laboratório e os aerossóis formados durante o processamento de amostras biológicas). Felizmente, as infecções associadas ao ambiente laboratorial são raras, porque há uma série de requisitos necessários para impedir que essa transmissão ocorra. Este evento é denominado cadeia de infecção, em geral determinado por: presença de patógeno de virulência suficiente, dose infectante elevada do patógeno e um mecanismo de transmissão do patógeno a partir do ambiente para o hospedeiro, ou seja, a existência de uma porta de entrada correta para um hospedeiro suscetível.

Para que a transmissão de uma fonte ambiental seja bem-sucedida, todos os requisitos da cadeia de infecção devem estar presentes. A ausência de qualquer elemento impede a transmissão. Além disso, os agentes patogênicos em questão devem superar estresses ambientais para manter sua viabilidade, virulência e capacidade de iniciar a infecção no hospedeiro. Os agentes patogênicos muitas vezes estão em níveis elevados no ambiente laboratorial, porém o processo de limpeza convencional muitas vezes é suficiente para evitar que ocorra a transmissão mediada pelo ambiente. No entanto, é prática geral em laboratórios utilizar métodos de esterilização para a remoção da transmissão em potencial de agentes infecciosos.

A exposição dos indivíduos e do meio ambiente a substâncias prejudiciais geradas por atividades de ensino, pesquisa e biotecnológicas tem sido uma grande preocupação. Diversos estudos têm mostrado que a maior discussão gerada está em torno da exposição a aerossóis, pois sua inalação é a via mais comum para atingir o organismo e o meio ambiente, por se disseminar com maior facilidade. É importante salientar que não só os trabalhadores diretamente envolvidos estão expostos, mas também todo o entorno. Estudos realizados por Harper[5] mostram que 27% das centrífugas seladas não apresentam barreira eficiente para conter aerossóis gerados por experimentos de acidentes propositais utilizando esporos de *Bacillus subtilis* como marcador. Outros estudos foram realizados em ambientes com a presença de equipamentos como fermentadores, mostrando falhas de muitos sistemas de segurança adotados com a utilização de espumas, filtros e outros materiais.

Uma análise bem conduzida sempre deve ser implementada para avaliar todos os aspectos, considerando-se o tamanho, a forma, a concentração e a densidade das partículas, para efetiva atuação e para prevenir a exposição desnecessária. A importância do controle de exposição está em conhecer o risco gerado em cada ambiente. Portanto, um bom procedimento de coleta é fundamental para implementar estratégia adequada de controle e prevenção de riscos[6].

Obtenção de amostras de aerossóis bacterianos

A amostra deve ser representativa em relação ao local de coleta. Para isso, deve-se priorizar a minimização de perdas pelo sistema de coleta para uma medida de exposição eficiente. Vários fatores devem ser considerados na obtenção de amostras. Um deles é a movimentação do ar no local a ser avaliado, considerando a exaustão por sistemas centrais ou calor gerado pelos equipamentos ou sistemas envolvidos nos processos biotecnológicos. Em locais com ventilação acentuada, o prejuízo é considerável. Para minimizar os erros, são necessárias múltiplas coletas, com direcionamento do sistema de coleta em vários sentidos onde circula o ar[7,8].

As amostras sempre devem ser obtidas em condições semelhantes ao ambiente, ou seja, em condições isocinéticas e isoaxiais. Se a velocidade de sucção for maior que a dinâmica de movimento do ar local, provocará um resultado com eficiência maior que 100%, que não reflete a realidade. Na Figura 1, são apresentados esquemas de obtenção de amostras ambientais e podem-se observar as condições de coleta em várias situações.

Métodos de amostragem de ar ambiente

Os coletores mostram ser adequados para a obtenção de partículas de poeira. No entanto, para aerossóis bacterianos, os sistemas devem ser devidamente adaptados para tal finalidade. Forças estáticas, forças deformantes e o efeito dessecante têm sido a principal causa de interferências na obtenção de amostras[9]. Observou-se também, em coletas realizadas em sistemas líquidos, que os microrganismos viáveis recuperados dependem de vários fatores, como condições de umidade dos aerossóis e a constituição do fluido coletor. As condições de reidratação podem danificar a membrana celular, impedindo a entrada de nutrientes[10].

As coletas também podem ser realizadas em sistemas com meios sólidos, que possibilitam leituras diretas após a incubação, observando as colônias na superfície do meio. Em todos os sistemas, é importante a seleção dos nutrientes a serem colocados, que podem influenciar significativamente na recuperação das bactérias. Não é preciso salientar a necessidade de colocar todos os componentes essenciais para a recuperação das células, permitindo sua multiplicação para a formação das colônias. Em alguns casos, é possível colher amostras em meios seletivos. Ou seja, utilizam-se meios que pré-selecionam a bactéria que se quer isolar. Um exemplo comum é a presença de coliforme, que pode ser selecionado utilizando-se meios com sais biliares. No entanto, ao comparar com uma coleta realizada com ágar enriquecido, a recuperação foi maior, mostrando modificação na sensibilidade do meio utilizado para coliformes

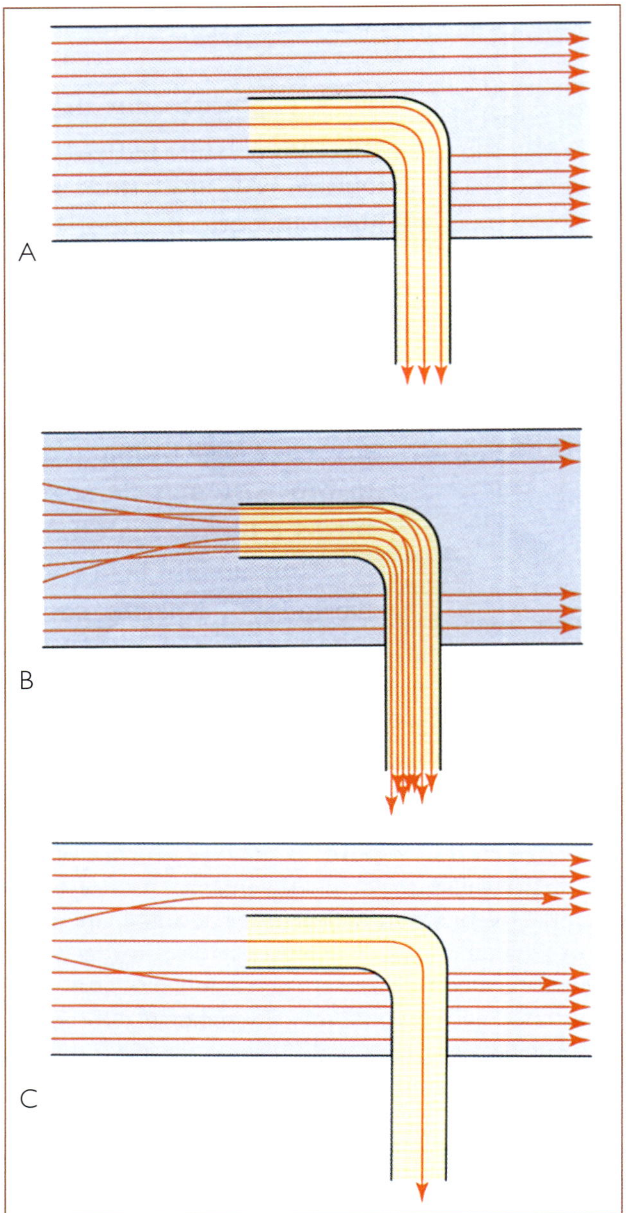

Figura 1. Esquema ilustrativo de obtenção de amostras ambientais em condições isocinéticas (A) e com maior (B) e menor (C) velocidade de sucção.

em relação ao meio seletivo com os sais biliares, quando coletados por meio de partícula de aerossóis. Portanto, a escolha dos sistemas e dos meios de amostragem do ar é de extrema importância. Recomenda-se que se façam em vários meios de cultura e em coletas múltiplas, além do controle de qualidade, que pode ser realizado com bactérias radioativamente marcadas.

Instrumentos de amostragem de ar

Uma grande variedade de instrumentos pode ser encontrada para amostragem do ar para análise de microrganismos, que estão entre os seguintes sistemas: coletores inerciais, filtros e precipitantes (eletrostático e térmico)[11]. Precipitantes são instrumentos complexos e volumosos e pouco utilizados. Os coletores inerciais que obtêm amostras de partículas que se movem pela gravidade ou sobre influência de uma bomba são os mais utilizados, portanto, são rapidamente discutidos neste capítulo. A seguir, são descritos vários tipos de coletores inerciais conhecidos.

- Placas coletoras por sedimentação: tipo de coletor que visa à exposição de placas de meio de cultivo ao ar ambiente por período determinado, após o qual é avaliado o crescimento de microrganismos, de forma a detectar mudanças na qualidade do ar (Figura 1). Este método é recomendado para áreas limpas, como a de produção nas indústrias farmacêuticas.
- Coletor de May: sistema eficiente para coleta de partículas do ar, desenvolvido por Harper e May[5,12]. Trata-se de um sistema mais eficiente que possibilita estudar o tamanho das partículas com mais detalhes. O coletor de May tem três compartimentos: o primeiro recolhe as partículas maiores, o segundo, as partículas intermediárias, e o terceiro, as menores (Figura 2). É aspergida uma suspensão aquosa de partículas que contêm esporos de *Bacillus* spp.
- Coletor de Andersen: coletor de impacto com peneiras de multiestágio[13] (Figura 3), semelhante ao coletor de May. Apresenta a desvantagem quando existe grande densidade de bactérias, o que não acontece com o coletor de May, cuja colheita é feita em meio líquido e permite diluir a suspensão de bactérias de acordo a densidade necessária.

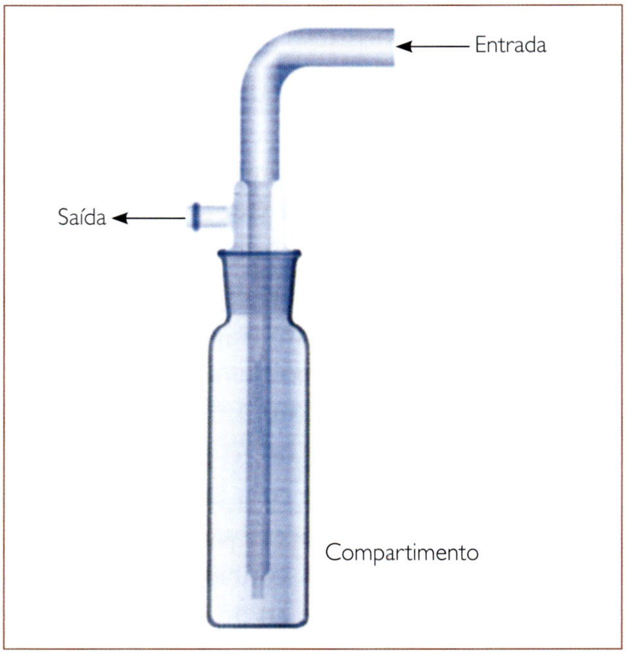

Figura 2. Esquema do coletor de May.

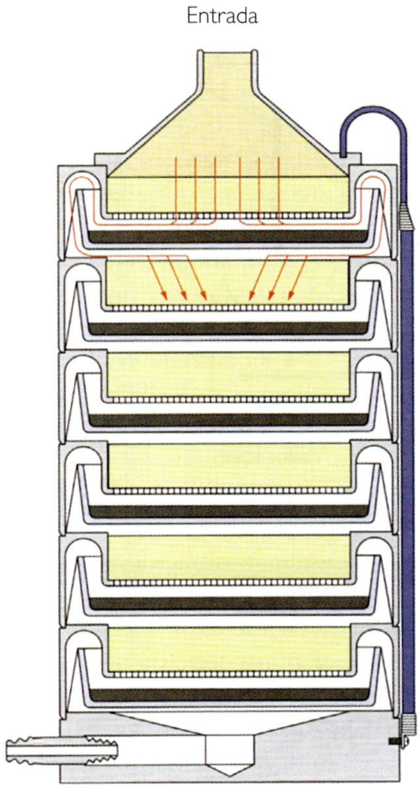

Figura 3. Esquema representativo do coletor proposto por Andersen.

- Coletor por impacto em cascata: coletor de ar com um sistema com concepção simples, mas versátil e robusto, para obtenção e determinação de tamanho de aerossóis microbianos (Figura 4). A amostra é colhida em lâmina de microscópio, que pode ser utilizada para coloração específica ou transportada para semear em meios de cultura e identificação[9].
- Coletor de fenda por impacto: o coletor de fenda[1] é largamente utilizado para quantificar o conteúdo de microrganismos no ar de salas limpas na área de produção de indústrias farmacêuticas. O dispositivo também é utilizado para testar a integridade dos filtros de ar de alta eficiência (HEPA), de cabines de segurança biológica (CSB) e salas de contenção.
- Coletor centrífugo: este dispositivo, desenvolvido por Errington e Powell[8], pode coletar de 75 a 350 L de ar por minuto. O sistema também é portátil e permite coletar amostras de diversos ambientes com variedade de bactérias, que possibilita identificação mediante a escolha dos meios de cultivo.
- Coletor por filtração: é o sistema mais simples para obter microrganismos do ar. A amostra é filtrada em membranas filtrantes, medindo-se a densidade de microrganismos em relação ao tempo de coleta. Os filtros podem ser de gelatina, celulose ou

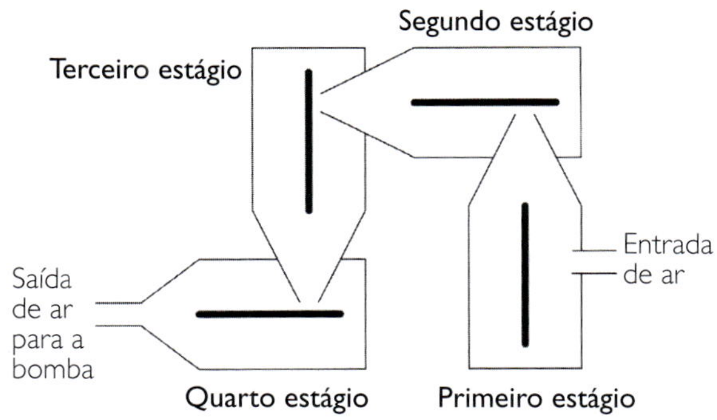

Figura 4. Esquema de um coletor por impacto em cascata.

náilon, que contém poros cilíndricos uniformes. A amostra filtrada pode ser cultivada em muitos tipos de meio, podendo identificar qualquer tipo de microrganismo. Os sistemas portáteis são hoje os mais recomendados, por serem de fácil manuseio e permitirem fácil deslocamento, além de poderem ser utilizados para o controle de qualidade de CSB.

PRINCIPAIS AGENTES INFECCIOSOS: FORMA DE TRANSMISSÃO E PREVENÇÃO

Os principais agentes que podem causar infecção aos trabalhadores de laboratório de ensino e pesquisa, assim como em indústrias que manipulam organismos vivos para a produção de medicamentos ou insumos, são apresentados a seguir, de forma sucinta.

Risco de infecção por agentes bacterianos

O manuseio de agentes infecciosos no laboratório sempre é um fator de risco para o operador, principalmente os que trabalham com cultivo em grande escala para produção de vacinas ou antígenos para uso em diagnóstico[14]. É importante observar as precauções referentes a cada agente e o risco em seu manuseio para que o trabalho seja executado dentro das normas de segurança requeridas. É possível classificar as fontes de infecção no laboratório em dois tipos: 1) manuseio de um agente conhecido para o qual se sabem as medidas de precaução; e 2) manuseio de agentes desconhecidos, particularmente quando se introduzem no laboratório agentes novos inesperados cujas medidas de proteção adequada não estão bem estabelecidas.

É necessário estabelecer, para qualquer tipo de fonte de risco, as precauções a serem tomadas, independentemente da classificação de risco, ao trabalhar com amostras que tenham potencial risco biológico. Um dos grandes problemas encontrados no manuseio de agentes infecciosos é a displicência com que se manipula a amostra biológica, em virtude do excesso de confiança em uma rotina de conhecimento sedimentado. Uma forma de evitar o risco é a utilização de EPC de forma rotineira e uma política de educação continuada preestabelecida para ser seguida rigorosamente. No laboratório de ensino e pesquisa, é comum a rotatividade de alunos, estagiários e técnicos. Portanto, coletâneas de técnicas e procedimentos de segurança devem estar disponíveis aos usuários, além de serem periodicamente atualizadas e relembradas por meio de treinamentos contínuos oferecidos[15].

O propósito deste capítulo não é descrever o procedimento de segurança para cada agente etiológico, mas fornecer informações sobre algumas doenças causadas por agentes infecciosos, apontar situações de risco e dar orientações para o seu manuseio seguro, que, sem dúvida, beneficiarão os profissionais que trabalham com agentes infecciosos e ajudarão a prevenir seus principais meios de transmissão.

Bacillus anthracis

As formas clínicas mais comuns de infecção por *Bacillus anthracis* são: cutânea, pulmonar e gastrintestinal. Portanto, as precauções estão relacionadas com a utilização de EPI, como luvas e aventais de manga comprida e máscara facial com barreira adequada para aerossóis bacterianos e EPC, como uma CSB. Além disso, os resíduos biológicos devem ser dispostos em sacos que permitam esterilização por autoclave, dentro do próprio laboratório, para prevenir a contaminação.

A possibilidade de ocorrência de acidentes está associada ao manuseio de perfurocortantes e à utilização inadequada de equipamentos geradores de aerossóis, como centrífuga com rotor sem tampa protetora, agitadores, incubadoras orbitais, e no descarte de materiais utilizados, como placas, tubos e frascos de cultivo, entre outros.

Na ocorrência de acidente com *B. anthracis*, deve-se aguardar um período de incubação de 2 a 7 dias. A lesão inicia-se com pápula, que evolui para vesícula central, que pode se romper, dando início a uma úlcera, que a seguir formará uma escara. O tecido circunvizinho é edematoso e pode desenvolver vesículas secundárias. Ocorre uma alta frequência de septicemia (5 a 20%) em indivíduos que não tratam a lesão. O tratamento é efetivo com antibioticoterapia.

Outra forma possível de acidente é a inalação de partículas com o *B. anthracis* gerado durante a centrifugação. As partículas que carreiam o agente atingem os pulmões e o linfonodo mediastinal com septicemia secundária. Clinicamente, manifesta-se por febre moderada, como em uma gripe comum. Após 2 a 4 dias, o segundo estágio ocorre com toxicidade causando dispneia, cianose e sudorese profunda. Mesmo com terapia, a morte pode ocorrer 24 horas após os sintomas terem aparecido.

A forma gastrintestinal de antraz é rara e manifesta-se com forte alteração abdominal, febre e septicemia. Ocorre em geral por ingestão de carne crua ou malpassada de animais infectados. Pode acometer o pessoal de laboratório, em geral por acidente, principalmente ao lidar com carcaças de animais portadores dessa doença.

A ocorrência da infecção por antraz no laboratório é rara, sobretudo com o advento da vacina. Alguns casos são citados sobre pessoas envolvidas em necropsias, mas não relacionadas aos procedimentos laboratoriais propriamente ditos.

O tratamento efetivo é obtido nos casos de antraz cutâneo. Porém, nos casos de inalação, apenas a prevenção com vacina associada à antibioticoterapia tem tido sucesso. Penicilinas, tetraciclinas, eritromicina, ciprofloxacina ou antibiótico de largo espectro têm sido utilizados em afecções de pele.

Recomenda-se o manuseio de cultura de *B. anthracis* em laboratório com NB-3 e EPC do tipo CSB classe B2, EPI para proteção das vias aéreas, olhos e boca, além do uso de luvas resistentes (azul) e avental totalmente fechado. Recomenda-se também o uso de centrífugas com rotores com compartimentos fechados por sistema de tampas rosqueadas com proteção hermética.

Borrelia spp.

O agente infeccioso é a *Borrelia recurrentis*, causadora de febre recorrente epidêmica e que é transmitida de animais para o homem pelo piolho. A infecção é causada por *Borrelia hermsii*, transmitida por carrapatos *Orithodorso hermsii*. Nos Estados Unidos, ocorre somente a forma endêmica. *Borrelia* spp. são espiroquetas que podem sobreviver em sangue refrigerado por muitos meses. A proteção imunológica não é efetiva graças à sua capacidade de mudança de produção de variantes de antígenos. O sistema imune pode reagir com eficácia por 3 a 10 episódios de recorrências, tornando-se insensível a esses anticorpos. Em casos fatais, foram encontrados *Borrelia* spp. em baço, fígado e outros órgãos, assim como no liquor nos casos de evolução para meningites. A manifestação clínica se apresenta como friagem, febre, mialgia, artralgia e dor de cabeça.

A doença de Lyme é transmitida por animais que foram infectados por picadas de ixodes, um tipo de carrapato. É causada por *Borrelia burgdorferi*. A manifestação clínica se dá por lesões de pele acompanhadas de febre semelhante à gripe, que varia de leve a grave. A seguir, ocorrem artralgia e artrite. A espiroqueta está presente no sangue, no liquor e na lesão da pele. Esta se inicia em três dias a quatro semanas após a picada. Apresenta aspecto eritematoso, plano. A evolução clínica é a disseminação da bacteremia para todo o organismo, sendo o estágio seguinte representado por manifestações neurológicas, artrite e meningite com febre, além de lesão cardíaca. O tratamento, feito à base de tetraciclina, doxiciclina, amoxicilina ou penicilina G quando ocorre o aparecimento da lesão da pele, pode ser eficaz; no entanto, 50% dos casos podem ter manifestações de artrite. O tratamento efetivo nas síndromes com artrite teria duração de 30 dias, com penicilina e probenicida.

Recomenda-se o manuseio de culturas de *Borrelia* spp. em laboratórios com NB-2 e uso de EPC e EPI recomendados pela legislação atual.

Leptospira interrogans

A ingestão de água ou alimento contaminado com *Leptospira interrogans* causa inúmeros sintomas clínicos, que variam de meningite asséptica com dor de cabeça, febre e icterícia (em 5 a 10%) até lesões hemorrágicas. A *L. interrogans*, representada por 250 sorotipos, é a causa de zoonoses bacterianas transmitidas por suínos, carneiros, ratos, camundongos e cachorros, assim como por águas contaminadas por fezes e urina desses animais. O período de incubação varia de 1 a 2 semanas ou mais. É cosmopolita e causa febres recorrentes, meningites, nefrites e hepatites.

É uma infecção bastante comum no laboratório de pesquisa em virtude do manuseio de animais que transmitem essa doença. Os trabalhos experimentais que utilizam ratos, camundongos, cobaias e coelhos podem causar acidentes por arranhões e mordidas, assim como por acidentes com agulhas, outros perfurocortantes e utensílios de laboratório contaminados com seus materiais biológicos. O tratamento preventivo por vacinas ainda não está disponível, mas a antibioticoterapia por penicilina e tetraciclinas reduz significativamente o quadro clínico.

Recomenda-se o manuseio de culturas de *L. interrogans* em laboratório com NB-2 e uso de EPC e EPI recomendados pela legislação atual.

Staphylococcus spp.

Os estafilococos são bactérias piogênicas altamente adaptáveis, que apresentam várias espécies, principalmente o *Staphylococcus aureus*, que é o mais patogênico, com via de entrada pela pele lesada ou mucosas, sobretudo de pessoal do laboratório e profissionais que atuam na área de assistência à saúde. Os estafilococos podem causar síndrome de choque tóxico, a qual envolve septicemia e pneumonia em um terço das vítimas.

O estafilococo piogênico está presente na pele normal ou em tecidos lesados. O *S. saprophyticus*, ao contrário, encontra-se mais relacionado à infecção do trato urinário. O *S. aureus* pode causar lesões bastante sérias, como a osteomielite e a endocardite em casos de bacteremias. Além disso, produz toxinas e enzimas, incluindo as coagulases associadas à sua patogenia.

Os estafilococos sobrevivem às condições ambientais de forma resistente, podendo causar intoxicações alimentares. As bactérias podem ser carreadas por contato manual, secreções de pessoas contaminadas ou portadores nasais.

A enterotoxina estafilocócica (SE)[16] é um grupo de toxinas intimamente relacionadas à proteína extracelular, de 23 a 29 kD de peso molecular, produzidas por conjuntos distintos de genes encontrados em uma ampla variedade de linhagens de *S. aureus*. A SE pertence a uma grande família de exotoxinas pirogênicas homólogas de estafilococos, estreptococos e micoplasmas, capazes de causar uma série de doenças no homem, por meio de amplificação patológica do receptor de células T normais em resposta a citocinas, em razão da liberação de linfocinas, na presença de imunossupressão e choque séptico.

A SE é altamente tóxica por via intravenosa e por exposição inalatória. Estima-se que a inalação de menos de 1 ng/kg de SE pode incapacitar mais de 50% das pessoas expostas e que a dose letal mediana (DL50) da inalação nos seres humanos pode ser tão baixa quanto 20 ng/kg de SE. Há relatos de que a exposição de membrana mucosa à SE causou sintomas gastrintestinais incapacitantes, conjuntivite e inflamação cutânea localizada[16].

Embora a febre seja rara após a ingestão de SE, sua inalação provoca febre e dificuldade respiratória acentuada. Além disso, a inalação de SE causa uma doença grave e incapacitante de início rápido (3 a 4 horas), com duração de 3 a 4 dias, caracterizada por febre alta, dor de cabeça e tosse seca. A deglutição de pequena quantidade de SE durante uma exposição desse tipo também pode resultar em sintomas gástricos. Já ingestão acidental, inoculação parenteral e gotículas de aerossóis, ou ainda a exposição da mucosa, são considerados riscos primários de SE para animais de laboratório e pessoal do biotério. As toxinas da SE são proteínas monoméricas, relativamente estáveis, facilmente solúveis em água e resistentes à degradação proteolítica e a flutuações de temperatura. A estabilidade físico-química da SE sugere que devem ser tomados cuidados adicionais pelos funcionários do laboratório, para evitar exposição às toxinas residuais, que podem persistir no meio ambiente.

As toxinas SE ativas podem estar presentes em amostras clínicas, fluidos de lesão, secreções respiratórias ou tecidos de animais de experimentação infectados. Devem ser tomados cuidados adicionais durante a necropsia desses animais ou no manejo de amostras clínicas como fezes, porque essas toxinas podem manter atividade tóxica ao longo do trato digestivo. A intoxicação por SE poderá ocorrer como resultado de autoexposição acidental, tanto das mucosas, como pelo contato das mãos contaminadas no rosto e nos olhos.

As mãos devem ser lavadas com frequência, com cuidado para descontaminação rigorosa do laboratório, quando se trabalha com SE. Dependendo da avaliação de risco da operação laboratorial, o uso de máscara descartável pode ser necessário para evitar ingestão acidental.

São indicados uso de instalações com NB-3 e práticas com equipamentos de contenção, para atividades com elevado potencial para produção de aerossol ou gotículas de água, que envolvem o uso de grandes quantidades de SE. Recomenda-se o manuseio de enterotoxina e de *S. aureus* em NB-2. Quando se manipulam cepas desconhecidas ou resistentes a antibióticos, é aconselhável o manejo em laboratório com NB-3.

Streptococcus spp.

Estreptococos são bactérias que podem ser facilmente carreadas pelas mãos e pela boca e transmitidas por aerossóis e por alimentos contaminados. Cerca de 20% das crianças em idade escolar carreiam essa bactéria em suas faringes sem ter nenhuma manifestação clínica. Os estreptococos do grupo A se ligam à pele e podem causar infecções ao epitélio por uma adesina denominada ácido lipoteicoico.

O *Streptococcus pneumoniae* produz infecções localizadas ou sistêmicas, principalmente em crianças, caracterizadas por uma resposta inflamatória aguda. Os pneumococos são responsáveis por cerca de 1,5 milhão de casos de pneumonia por ano nos Estados Unidos, sobretudo entre os que estão acima dos 40 e abaixo de 5 anos de idade. Estão descritos 84 sorotipos. O ser humano é o reservatório do *S. pneumoniae*. A colonização ocorre na nasofaringe de indivíduos que o carreiam como portadores sadios. O microrganismo se dissemina de pessoa a pessoa, sendo os pacientes com anemia falciforme, tumores linfáticos, alcoolistas, esplenectomizados ou infectados pelo vírus da imunodeficiência humana (HIV) os mais suscetíveis a infecções mais graves.

Recomenda-se o manuseio de *S. pneumoniae* em laboratório com NB-2. Na presença de cepas desconhecidas ou que apresentem resistência a antibiótico, aconselha-se o manejo em laboratório com NB-3.

Bactérias entéricas que causam diarreia

Diarreia é uma das doenças mais comuns em crianças de países subdesenvolvidos ou em desenvolvimento, como o Brasil. Cerca de 5 milhões de crianças morrem a cada ano por infecção intestinal e desidratação associadas à malnutrição. As bactérias entéricas ou presentes em amostras de fezes podem contaminar facilmente quando manipuladas de forma inadequada.

As principais bactérias que causam diarreia são as das famílias *Enterobacteriaceae* e *Vibrionaceae* e membros do gênero *Campylobacter*.

Na família *Vibrionaceae*, estão incluídos os gêneros Vibrio (Vibrio patogênico, como as espécies *cholerae*, *vulnificus*, *alginolyticus*, *mimicus*, *parahemolyticus* etc.). Uma diarreia grave pode ser causada pelo *Vibrio cholerae*, provocando a morte por levar a rápida desidratação e desequilíbrio eletrolítico grave.

A família *Enterobacteriaceae* contém os gêneros *Escherichia* (EPEC, EIEC, EHEC, ETEC, ECAAg), *Shiguella*, *Salmonella* e *Yersinia*. As salmoneloses (*S. typhi*) e as shigueloses, assim como infecção por *E. coli* enteropatogênicas, foram citadas apenas em acidentes com manuseio desses agentes infecciosos nos laboratórios, ou em indivíduos que se alimentam nos laboratórios, fumam, pipetam com a boca (práticas totalmente proibidas hoje) ou trabalham com altas densidades bacterianas sem os devidos cuidados. Recomenda-se o manuseio em laboratório com NB-2 e o uso de EPI e EPC recomendados pela legislação atual.

Mycobacterium tuberculosis

A *Mycobacterium tuberculosis* é transmitida de forma mais comum de pessoa a pessoa por aerossóis ou mais casualmente por ingestão e via percutânea. É uma bactéria intracelular que se multiplica nos macrófagos. A tuberculose pode ser primária ou secundária. A primária é mais limitada, sendo a secundária recrudescente de uma tuberculose primária.

Profissionais que atuam nos serviços de coleta de material clínico (escarro) ou no atendimento direto aos pacientes em serviços de saúde (ambulatórios, hospitais, clínicas, farmácias, consultórios e outros) estão expostos à contaminação por *M. tuberculosis*[17,18], se não tomarem os devidos cuidados e não se protegerem com EPI adequados[19].

Recomenda-se o manuseio de culturas de *M. tuberculosis* em laboratórios com NB-3, independentemente de serem isolados clínicos multirresistentes aos quimioterápicos ou não, e uso de máscaras de proteção filtrante, assim como uma fonte de ar filtrado 22 µm, em um sistema autônomo 10, avental hermeticamente fechado e impermeável. A área de serviço deve ser descontaminada com agentes químicos, como formaldeído ou glutaraldeído, após manuseio na CSB ou no local de trabalho. Amostras, culturas e resíduos contendo *M. tuberculosis* devem ser autoclavados em um tempo maior (mínimo 60 minutos) em relação às outras bactérias de parede celular menos resistente. Atualmente, substitui-se o sistema de desinfecção, descontaminação e esterilização dessa natureza pelo uso de peróxido de hidrogênio e plasma de peróxido de hidrogênio, respectivamente, que é inerte ao meio ambiente e não tóxico após decomposição em água e oxigênio[9].

Micobactérias não tuberculosas

No passado, os isolados de micobactérias identificadas como não sendo *M. tuberculosis* eram denominados micobactérias atípicas. Atualmente, elas são denominadas micobactérias não tuberculosas (MNT), consideradas patógenos oportunistas em seres humanos, mas nenhuma é considerada transmissível. Conhecem-se mais de 100 espécies de MNT, as quais são amplamente distribuídas no meio ambiente e nos animais. São comuns em fontes de água potável, provavelmente como resultado da formação de biofilmes.

Aproximadamente 25 espécies de MNT são associadas a infecções em seres humanos. Outras espécies estão associadas a infecções em pessoas imunocomprometidas, especialmente nas infectadas pelo HIV.

As MNT são classificadas tanto como de crescimento lento quanto de crescimento rápido. Estas são frequentemente isoladas de amostras clínicas, mas nem sempre podem ser associadas com a doença. Ainda não foi demonstrada a transmissão de pessoa a pessoa. As infecções pulmonares são presumivelmente o resultado da inalação de bacilos em aerossol, provavelmente a partir da superfície da água contaminada. A fonte de infecções por *M. avium* em pessoas imunocomprometidas ainda não foi estabelecida. Recomenda-se o manuseio de culturas de MNT em laboratório com NB-2 e uso de EPC e EPI recomendados pela legislação atual.

Rickétsias

Os profissionais que manuseiam culturas com alta densidade microbiana ou animais infectados podem estar expostos a infecção por rickétsias. Recomenda-se trabalhar em laboratório com NB-2 e uso de EPC e EPI recomendados pela legislação atual.

Risco de infecção por fungos

As infecções fúngicas têm assumido grande importância pelo aumento da incidência em pessoas com comprometimento imunológico e em pacientes neutropênicos, como os portadores de câncer e os transplantados. Cerca de mil das 100 mil espécies de fungos descritas têm sido associadas com doenças em humanos, e cerca de cem são capazes de causar infecção em pessoas saudáveis. As infecções micóticas podem ser classificadas em três grandes grupos: superficial, subcutânea e sistêmica.

As micoses superficiais incluem um número de doenças comuns, mas limitadas à pele, às unhas e ao couro cabeludo. A infecção mais comum é a dermatofitose. Estas são das poucas que contaminam por contato direto ou indireto com humanos e animais.

A infecção subcutânea é um grupo de doença crônica que afeta a derme, o tecido subcutâneo e os ossos. Tais infecções, que incluem a cromoblastomicose e a esporotricose, são provocadas por traumas com inoculação de organismos saprófitas do meio ambiente.

As infecções fúngicas sistêmicas são um grupo de doenças que, apesar de acometerem os pulmões, podem se disseminar por diversos outros órgãos. Os organismos que causam infecções sistêmicas podem ser divididos em dois grupos: patógenos e oportunistas. Entre os fungos patogênicos, encontram-se *Blastomyces dematitidis*, *Coccidioides immitis* e *Histoplasma capsulatum*. No grupo de fungos oportunistas, o *Aspergillus fumigatus* pode causar infecção em indivíduos muito debilitados ou imunocomprometidos.

Recomenda-se trabalhar com esses fungos em laboratório com NB-2. Em caso de manuseio de culturas de fungos que podem causar infecções graves e letais e incorrer em acidentes com grande número de células, aconselha-se operar em laboratório com NB-3 e uso de EPC e EPI recomendados pela legislação atual.

Risco de contaminação por protozoários e helmintos

A contaminação por protozoários e helmintos depende de muitos fatores, como o tipo de parasita, o estágio de seu ciclo de vida, a espécie de material biológico (clínico, culturas, animais infectados ou vetores infectados) que os contém e também a natureza do manuseio dos indivíduos, além das condições de saúde do manipulador. Alguns tipos de parasita podem ser adquiridos por diferentes meios de contágio, como os que infectam tecidos, sangue e intestino.

Protozoários teciduais e sanguíneos

Leishmania spp.

A *Leishmania* pode ser infectante na fase amastigota e promastigota em casos de acidente por agulha contaminada e tem contato com locais de ferimentos expostos em qualquer área do corpo, além de manipuladores de vetores infectados. Para evitar esse tipo de acidente, deve-se proteger todo o corpo, vestindo aventais longos, com mangas compridas e punhos fechados, com fechamento traseiro, semelhante aos utilizados por médicos-cirurgiões, além de óculos de proteção e luvas de procedimento resistentes e de boa procedência.

Os acidentes com agulhas podem ser evitados por manuseio cuidadoso, descarte sem reencapar e em recipiente adequado. Ao se acidentar, deve-se procurar médico especialista para o devido acompanhamento. O diagnóstico é simples se realizado por profissionais da área. No caso de leishmaniose cutânea, procede-se à análise de material biológico, obtido por escarificação da lesão ou biópsia – por microscopia ótica, após coloração específica. Pode-se, ainda, fazer cultura ou inoculação em animais de laboratório. Tanto em caso de leishmaniose visceral quanto na leishmaniose mucocutânea, recomendam-se sorologia, biópsia e cultura. Nos casos de biópsias, o exame histológico com o parasita confirma a infecção.

Recomenda-se o manuseio de amostras e culturas de *Leishmania* spp. em laboratório com NB-2 e uso de EPC e EPI recomendados pela legislação atual.

Plasmodium spp.

A malária é uma doença caracterizada pela infecção por *Plasmodium*, que pode ser adquirido da mesma maneira que a leishmaniose – a saber, por acidente com agulhas contaminadas e exposição de ferimento a material contaminado e ao vetor. A fase infectante é a intraeritrocitária, sob a forma de esporozoíta. Os sintomas clínicos são febre, fadiga, anemia e calafrios. O diagnóstico pode ser feito pela pesquisa em extensão de sangue periférico em pico febril, cultura e inoculação em animais de laboratório.

A prevenção do contágio é a mesma citada para os acidentes com material que contém o parasita vivo. Recomenda-se o manuseio de amostras e culturas de *Plasmodium* spp. em laboratório com NB-2 e uso de EPC e EPI recomendados pela legislação atual.

Toxoplasma spp.

A toxoplasmose pode ser adquirida no laboratório de forma semelhante à leishmaniose e à malária, assomando-se a infecção pelas mucosas. *Toxoplasma gondii* possui três formas infectantes em seu ciclo de vida: oocisto, bradizoítos contidos em cistos e taquizoítos. Os meios de se prevenir contra o contágio seriam os mesmos dos parasitas já descritos, ou seja, usar luvas, aventais fechados e máscaras, além de manipular adequadamente as agulhas contaminadas. O diagnóstico é feito por sorologia, com presença de IgM, inoculação em animais de laboratório e cultura de tecidos. Os sintomas podem passar despercebidos em muitos pacientes, mas podem se manifestar sob a forma de febre, adenopatia e, às vezes, erupções.

Recomenda-se o manuseio de amostras e culturas de *T. gondii* em laboratório com NB-2 e uso de EPC e EPI recomendados pela legislação atual.

Trypanosoma cruzi

A doença de Chagas é adquirida no laboratório por acidentes com agulhas, ferimentos expostos, acidentes com vetores contaminados com *Trypanosoma cruzi* e pela mucosa. As precauções são semelhantes às já mencionadas. Os sintomas mais comuns são rubor no local da inoculação, erupção e necrose, febre, fadiga, adenopatia e mudança no eletrocardiograma. O diagnóstico sorológico também é efetivo, com presença de IgM nos casos de infecção recente.

Recomenda-se o manuseio de amostras e culturas de *T. cruzi* em laboratório com NB-2 e uso de EPC e EPI recomendados pela legislação atual.

Protozoários intestinais

Criptosporidium spp.

A criptosporidiose é causada pelo *Criptosporidium* spp. É adquirida por via oral ou transmucosa, e a fase evolutiva infectante é oocítica e esporozoíta. O uso de luva, máscara e protetor ocular e a proteção das mucosas podem prevenir a contaminação por esse parasita. A higienização adequada das mãos também é uma maneira de evitar a contaminação. Os sintomas mais comuns são diarreia e dor abdominal. O diagnóstico é realizado com pesquisa do parasita pela concentração das fezes por técnicas específicas e coloração específica. O imunodiagnóstico para pesquisa de antígeno nas fezes também tem sido utilizado, mas ainda é de difícil identificação laboratorial. Recomenda-se o manuseio de amostras e culturas de *Crisptosporidium* spp. em laboratório com NB-2 e uso de EPC e EPI recomendados pela legislação atual.

Giardia lamblia

A giardíase e a amebíase também podem ser adquiridas por cistos presentes nas amostras, e a via de entrada é a oral. Os cuidados de higiene, como lavar as mãos e usar luvas e máscaras, são a melhor maneira de evitar contágio. Os sintomas são dores abdominais, diarreia e fezes sanguinolentas. No caso da giardíase, acrescentam-se náuseas e flatulência. O diagnóstico laboratorial é realizado pelo protoparasitológico de fezes, utilizando as técnicas de concentração de cistos. A pesquisa positiva indica contaminação. Recomenda-se o manuseio de amostras e culturas de *Giardia lamblia* em laboratório com NB-2 e uso de EPC e EPI recomendados pela legislação atual.

Helmintos intestinais

A contaminação profissional por *Ascaris lumbricoides*, *Enterobius vermiculares*, *Trichinella*, *Trichuris*, *Taenia solium*, *Hyminolepis nana* e *Strongyloides stercolaris* deve-se à ingestão oral de ovos ou larvas ou ao contato com a pele, no caso das larvas de alguns parasitas. Portanto, o uso de máscara facial e da luva, assim como a higienização adequada das mãos após o manuseio, praticamente isentarão o manipulador de contaminação por esses parasitas. O diagnóstico da maioria dessas parasitoses é realizado com pesquisa de ovos e/ou larvas nas fezes, com exceção da pesquisa de *Trichinella*, que seria por biópsia de músculo e sorologia, e também da cisticercose, que seria por tomografia computadorizada do cérebro e sorologia. No caso do *Enterobius*, recomenda-se, além do exame das fezes, colher amostra de raspado anal utilizando uma fita adesiva.

Os sintomas clínicos variam para cada parasita. No caso de *Trichinella*, dor abdominal e muscular; a contaminação por *Trichuris* se apresenta por meio dor abdominal, assim como no caso da *Hymenolepis nana*, em que também ocorre diarreia. A esquistossomose causa dermatite, febre, hepatoesplenomegalia e adenopatia. A enterobiose tem como sintoma característico prurido anal. A ascaridíase manifesta-se por tosse, febre, pneumonia, diarreia ou constipação, dependendo do indivíduo. Sintomas semelhantes são encontrados na infecção por *Strongyloides stercolaris*. Na presença de qualquer sintoma descrito após contato com esses patógenos, é preciso procurar um médico imediatamente para o início do tratamento.

Recomenda-se o manuseio de amostras em laboratório com NB-2 e uso de EPC e EPI recomendados pela legislação atual.

Risco de infecção por vírus

As infecções mais frequentes estão relacionadas à contaminação com vírus transmitidos por via aérea. O trabalho em locais com altas densidades de vírus pode ser uma fonte importante de contaminação.

Na área de saúde, é possível a contaminação por acidente com agulhas e material perfurocortante com vírus das hepatites B (HBV) e C (HCV) e, em alguns casos, com HIV, embora a contaminação por acidentes na maioria dos casos seja pouco frequente, sobretudo com o advento da utilização de materiais totalmente descartáveis e tubos de coletas e seringas de polipropileno ou plástico de alta resistência.

Historicamente, a hepatite viral tem sido relatada como uma das infecções mais comuns adquiridas nos laboratórios da área de saúde pública[1]. Entre as hepatites virais, cinco são as mais comumente adquiridas no laboratório, a saber: hepatites A, B, C, D e E.

As hepatites B, C e D são transmitidas por contaminação por material biológico, principalmente sangue; as hepatites A e E são adquiridas por via oral. A maior precaução deve ser tomada em relação às hepatites B, C e E, pois levam à doença crônica, muitas vezes à cirrose e até ao câncer.

Os cuidados básicos ao trabalhar com amostras de sangue, fezes e urina de pacientes com suspeita de hepatite e outras doenças altamente perigosas são os comentados anteriormente, como usar avental com manga comprida e elástico no punho, luvas resistentes e em duplicata, máscaras, gorro, óculos de proteção. Tomar cuidado ao manusear materiais perfurocortantes e descartá-los em recipiente adequado. Não reencapar agulhas, bisturis e outros materiais perfurocortantes. Utilizar centrífugas com proteção contra a formação de aerossóis e usar CSB ao manusear amostras suspeitas. Trocar qualquer EPI em caso de contato direto com material suspeito. Descartar os resíduos com os devidos cuidados de segurança em sacos para esterilização em autoclave, devidamente identificados. Imediatamente, submeter à esterilização. Trabalhar em laboratório com NB-2 e uso de EPC e EPI recomendados pela legislação atual.

EQUIPAMENTOS DE CONTENÇÃO DE PRODUTOS BIOLÓGICOS INFECTANTES

Cabines de segurança biológica

As CSB foram concebidas para proteger o operador, o ambiente laboratorial e o material de trabalho da exposição a aerossóis e salpicos resultantes do manuseamento de materiais que contêm agentes infecciosos, como culturas primárias, estoques e amostras para diagnóstico[5]. Qualquer atividade que liberar energia em um material líquido ou pastoso, como agitar, verter, misturar ou deitar líquido em uma superfície ou em outro líquido, produz partículas de aerossol. Outras atividades laboratoriais, como semear em estrias em uma placa de ágar ou inocular culturas de células em frascos com pipetas, utilizar uma pipeta com vários canais para inocular suspensões líquidas de agentes infecciosos em placas de microculturas, homogeneizar e turbilhonar material infeccioso, centrifugar líquidos infecciosos ou trabalhar com animais, podem gerar aerossóis infecciosos. Partículas de aerossóis inferiores a 5 μm de diâmetro e gotículas entre 5 e 100 μm de diâmetro não são visíveis a olho nu. O pessoal de laboratório nem sempre percebe que essas partículas são geradas e podem ser inaladas ou contaminar materiais na superfície de trabalho.

As CSB, quando devidamente utilizadas, têm-se revelado altamente eficazes na redução de infecções adquiridas em laboratório e contaminações cruzadas de culturas, em decorrência da exposição a aerossóis. As CSB também protegem o ambiente. Entretanto, a concepção básica das CSB sofreu diversas alterações. A principal foi a adição de um filtro de ar tipo HEPA ao sistema de exaustão. O filtro HEPA retém 99,97% das partículas de 0,3 μm de diâmetro e 99.99% das partículas maiores ou menores pequenas. Isto permite que o filtro HEPA retenha efetivamente todos os agentes infecciosos conhecidos e que só ar isento de micróbios seja expelido da CSB. A segunda alteração foi dirigir o ar do filtro para a superfície de trabalho, protegendo de contaminação os materiais que aí se encontram. Esta característica é frequentemente designada proteção do produto. Estes conceitos básicos levaram à criação de três tipos de CSB, descritos a seguir. É importante ressaltar que as cabines de fluxo de ar horizontal ou vertical (equipamentos de ar limpo) não são CSB e não devem ser utilizadas como tal.

Cabine de segurança biológica classe I

O ar da sala é aspirado através da abertura frontal na CSB, a uma velocidade mínima de 0,38 m/s, passa por cima da superfície de trabalho e é expelido pelo canal de escape. O fluxo de ar varre as partículas de aerossol que podem ser geradas na superfície de trabalho para longe do operador e as envia para o canal de escape. A abertura frontal permite igualmente que os braços do operador cheguem à superfície de trabalho dentro da CSB, enquanto ele observa o processo através de um painel de vidro. Este pode ser completamente levantado, permitindo o acesso à superfície de trabalho para a limpeza ou outros fins.

O ar da CSB é expelido através de um filtro HEPA: para o laboratório e depois para o exterior do edifício através de seu exaustor; para o exterior através do exaustor do edifício; diretamente para o exterior. O filtro HEPA pode estar colocado na conduta do exaustor do CSB ou no exaustor do edifício. Algumas CSB da classe I estão equipadas com um exaustor de ventoinha, enquanto outras dependem da ventoinha do exaustor do edifício. Têm a vantagem de fornecer proteção pessoal e ambiental. Contudo, dado que o ar aspirado da sala e que varre a superfície de trabalho não é esterilizado, não se assegura proteção total do produto contra contaminação.

Cabine de segurança biológica classe II

A CSB da classe II foi concebida para fornecer proteção pessoal, mas também para proteger os materiais na superfície de trabalho do ar contaminado da sala. As CSB da classe II têm quatro tipos (A1, A2, B1 e B2) e distinguem-se das CSB da classe I pelo fato de só permitirem o fluxo de ar esterilizado (filtro HEPA) sobre a superfície de trabalho. A CSB da classe II pode ser utilizada para trabalhar com agentes infecciosos dos grupos de risco 2 e 3.

Na CSB classe II tipo A1, uma ventoinha interna aspira o ar do laboratório (abastecimento de ar) pela abertura frontal e o envia para CSB através da grelha de entrada. A velocidade de entrada deste ar deve ser, no mínimo, de 0,38 m/s na abertura da frente. O ar passa então por um filtro HEPA de abastecimento, antes de ser insuflado para a superfície de trabalho. À medida que o fluxo de ar desce, a cerca de 6 a 18 cm da superfície de trabalho, divide-se em duas correntes secundárias: metade do fluxo de ar passa através da grelha frontal do exaustor e a outra metade através da grelha posterior. As partículas de aerossol geradas na superfície de trabalho são imediatamente capturadas neste fluxo de ar descendente e enviadas para as grelhas (posterior ou anterior) do exaustor, assegurando, assim, alto nível de proteção do produto. O ar é então expelido por meio de um ducto traseiro no espaço entre os filtros de abastecimento e do exaustor, localizados na parte superior da CSB. Em virtude do tamanho desses filtros, cerca de 70% do ar é reenviado através do filtro HEPA de abastecimento para a zona de trabalho; os 30% restantes passam pelo filtro do exaustor para a sala ou para o exterior. O ar do exaustor da CSB – classe IIA1 pode ser reenviado para o laboratório ou expelido para o exterior do edifício através de uma conexão a um ducto próprio do equipamento ou através do exaustor do edifício.

A CSB classe II tipo A2 tem caraterísticas muito semelhantes à do tipo A1. A velocidade de entrada é um pouco maior que no tipo A1, calibrada em 0,50 m/s, e pode ter exaustão externa utilizando um adaptador; com exaustão externa, pode ser utilizada em operações que envolvam pequenas quantidades de produtos químicos voláteis.

As CSB classes IIB1 e IIB2 são variantes da classe II tipo A1. Cada variante permite utilizar as CSB para fins específicos em razão de diversas características: velocidade de entrada do ar pela abertura frontal; volume de ar recirculado pela superfície de trabalho e expelido da CSB; sistema de ventilação, que determina se o ar da CSB é expelido para a sala, para o exterior através de um sistema próprio, ou para o sistema de ventilação do edifício.

Cabine de segurança biológica classe III

A CSB classe III fornece o nível mais elevado de proteção pessoal e é utilizada para os agentes do grupo de risco 4. Não pode apresentar nenhum vazamento, pois é selada (testada à prova de gás). O ar fornecido é filtrado por HEPA, e o ar expelido passa por dois filtros HEPA. O fluxo de ar é mantido por um sistema de ventilação próprio, fora da CSB, que mantém seu interior sob pressão negativa com acesso à superfície de trabalho e tem luvas de borracha de grande resistência colocadas na parte frontal da CSB. A CSB classe III deve possuir uma caixa de passagem anexa que possa ser esterilizada e equipada com um exaustor de filtro HEPA. A CSB pode ser conectada a uma autoclave de duas portas, apropriada para descontaminar todos os materiais manuseados na CSB a serem descartados. Deve-se restringir ao máximo a utilização do espaço interno com material a ser usado no trabalho, como estantes com muitos tubos, caixas de luvas e demais materiais, para ampliar a superfície de trabalho. As CSB de classe III são apropriadas para trabalhar em laboratórios com NB-3 e NB-4.

Escolha da cabine de segurança biológica

A escolha da CSB depende, em primeiro lugar, do tipo de proteção necessária: proteção do produto; proteção pessoal contra microrganismos dos grupos de risco 1 a 4; proteção pessoal contra exposição a produtos químicos tóxicos voláteis ou uma combinação destes tipos de proteção. Produtos químicos tóxicos voláteis não devem ser utilizados em CSB que reenviam o ar usado para o laboratório (como a CSB classe I), que não estão conectadas ao exaustor do edifício, ou das classes IIA1 e IIA2. As CSB classe IIB1 são aceitáveis para trabalhos com quantidades diminutas de produtos químicos voláteis. Quando estiver previsto trabalhar com quantidades maiores de químicos voláteis, é necessário utilizar uma CSB classe IIB2, também conhecida como CSB de exaustão máxima.

Utilização de cabines de segurança biológica em laboratório

A velocidade do fluxo de ar através da abertura frontal para dentro da CSB é de aproximadamente 0,45 m/s. A esta velocidade, a integridade do fluxo é frágil e pode ser facilmente desintegrada por correntes de ar causadas por pessoas que passam perto da CSB, janelas abertas, registros do fornecimento de ar e pelo abrir e fechar de portas.

A solução ideal seria instalar a CSB em um local afastado da circulação das pessoas e de correntes de ar que a perturbem. Sempre que possível, deve prever-se um espaço livre de cerca de 30 cm nas traseiras e em cada lado da CSB, permitindo acesso fácil para a manutenção do aparelho. Pode ser igualmente necessário um espaço livre, de cerca de 30 a 35 cm acima da CSB, para a medição exata da velocidade do ar através do filtro exaustor e para a mudança do filtro.

Operadores de cabines de segurança biológica

Se as CSB não forem utilizadas de forma apropriada, a proteção que fornecem pode ficar muito reduzida. Os operadores das CSB têm de ser muito cuidadosos ao introduzir e retirar os braços da cabine, a fim de manter a integridade do fluxo de ar proveniente da abertura frontal. É preciso introduzir e retirar os braços lentamente, de modo perpendicular à abertura frontal.

O manuseio dos materiais dentro da CSB só deve começar 1 minuto depois de introduzir as mãos e os braços, para que o ambiente no interior se estabilize e o fluxo de ar passe pela superfície das mãos e dos braços do operador. É igualmente necessário minimizar os movimentos de entrada e saída da CSB, introduzindo previamente todos os materiais necessários, antes de iniciar o manuseio.

Colocação do material na cabine de segurança biológica

A grelha frontal, na entrada das CSB classe II, não pode estar bloqueada com papel, equipamento ou outros materiais. A superfície do material a ser colocado dentro da CSB deve ser descontaminada com álcool a 70%. O trabalho pode ser efetuado sobre toalhas absorventes embebidas em desinfetante, a fim de capturar borrifos e salpicos.

Todo o material deve ser colocado no fundo da CSB, sem bloquear a grelha traseira. O equipamento gerador de aerossóis (agitadores de tubos, centrifugas) deve ser colocado no fundo da CSB. Artigos volumosos, como sacos de descarte biológico, bandejas de pipetas descartáveis e frascos de sucção, devem ser colocados em uma das partes laterais do interior da CSB.

O trabalho em si deve fluir ao longo da superfície de trabalho, da área limpa para a área contaminada. O saco de descarte de material contaminado e a bandeja de pipetas a serem esterilizados em autoclave não devem ser colocados no exterior da CSB. A frequência dos movimentos "para dentro e para fora" que implica a utilização desses recipientes perturba a integridade da barreira de ar na CSB e compromete tanto a proteção pessoal como a do produto manipulado.

Descontaminação da cabine de segurança biológica

Todos os artigos na CSB, incluindo os equipamentos, devem ser descontaminados e retirados da CSB no final das operações, dado que os meios de cultura residuais podem permitir a proliferação de microrganismos. As superfícies internas das CSB devem ser descontaminadas antes e depois de cada utilização. As superfícies de trabalho e as paredes interiores devem ser esfregadas com um desinfetante que mate qualquer microrganismo que se encontre na CSB.

Ao final do dia de trabalho, a descontaminação da superfície deve incluir a fricção geral da superfície de trabalho, das partes laterais e do fundo e do interior do vidro. Deve se utilizar uma solução de hipoclorito de cálcio ou álcool a 70%, se eficaz para os organismos visados. É necessário esfregar uma segunda vez com água esterilizada, quando for empregado um desinfetante corrosivo, como o hipoclorito de cálcio.

É aconselhável que a CSB continue a funcionar durante a descontaminação. Caso tenha sido desligada, deve voltar a ser ligada e funcionar durante 5 minutos para purgar o ar interior.

A CSB precisa ser descontaminada antes da mudança de filtros ou quando o equipamento mudar de localização. O método de descontaminação mais comum é a fumigação com gás de formaldeído, feita por um profissional qualificado.

EPI para uso na cabine de segurança biológica

Devem ser utilizados EPI sempre que se utilizar uma CSB. Aventais de laboratório são aceitáveis para os trabalhos em condições de NB-1 e NB-2. Aventais com fechamento posterior e frente sólida fornecem melhor proteção e devem ser utilizados nos NB-3 e NB-4 (exceto nos laboratórios onde a pressurização é obrigatória). As luvas devem cobrir os punhos do avental e não ficar debaixo das mangas. Podem ser utilizadas mangas elásticas para proteger os pulsos do operador. Para certos procedimentos, podem ser necessárias máscaras e óculos de proteção.

Funcionamento e manutenção da cabine de segurança biológica

A maior parte das CSB é concebida para trabalhar 24 horas por dia, e os investigadores acham que o funcionamento contínuo ajuda a controlar os níveis de pó e partículas no laboratório. As CSB classes IIA1 e IIA2 com exaustor para a sala ou conectadas a exaustores próprios, por ligações de dedal, podem ser desligadas quando não utilizadas. Por outro lado, as CSB classes IIB1 e B2, que possuem instalações de condutos rígidos, precisam manter um fluxo de ar ininterrupto, para ajudar a manter o equilíbrio do ar do laboratório. As CSB devem ser ligadas pelo menos 5 minutos antes do início das atividades e permanecer ligadas 5 minutos após seu término, a fim de exaurir completamente o volume total de ar, isto é, dar tempo para que o ar contaminado seja expelido do interior da CSB. Todas as reparações em uma CSB devem ser efetuadas por um técnico qualificado. Qualquer defeito no funcionamento deve ser assinalado e reparado antes de voltar a utilizar a cabine.

Lâmpadas ultravioleta

As lâmpadas UV devem ser limpas todas as semanas, para retirar o pó e a sujidade que podem bloquear a eficácia germicida dos raios. A intensidade da radiação UV deve ser verificada quando a certificação da CSB for validada, a fim de assegurar a emissão de luz apropriada. É necessário desligar as lâmpadas UV quando a CSB estiver sendo utilizada, para proteger os olhos e a pele de exposição.

Chamas vivas

Deve-se evitar o uso de chamas vivas no ambiente quase isento de micróbios criado dentro da CSB. As chamas perturbam os padrões do fluxo de ar e podem ser perigosas quando se utilizam substâncias inflamáveis voláteis. Para esterilizar alças bacteriológicas, existem minifornos elétricos, preferíveis à chama viva.

Derramamentos

Uma cópia dos procedimentos necessários em caso de derramamento de material biológico de risco deve estar afixada no laboratório, e todo o pessoal deve ler e compreender os procedimentos.

Se ocorrer um derramamento de material perigoso dentro de uma CSB, a limpeza deve ser iniciada imediatamente, com a cabine em funcionamento. Deve-se utilizar um desinfetante eficaz e aplicá-lo de forma a minimizar a produção de aerossóis. Todo o material que entrar em contato com o produto derramado deve ser desinfetado e/ou esterilizado em autoclave.

Certificação da cabine de segurança biológica

O funcionamento e a integridade operacional das CSB devem ser certificados conforme as normas nacionais e internacionais, quando da instalação, e depois periodicamente, por técnicos qualificados, de acordo com as instruções do fabricante. A avaliação da eficácia do confinamento das CSB deve incluir testes sobre a integridade da CSB, fugas nos filtros HEPA, perfil de velocidade do fluxo de descida, velocidade aparente, pressão negativa/taxa de ventilação, modelo de fumaça para verificar o fluxo de ar no interior da cabine, alarmes e interconexões. Também podem ser feitos testes opcionais para fugas de eletricidade, intensidade de iluminação, intensidade da radiação UV, nível de ruído e vibração. Para efetuar estes testes, são necessários formação, aptidão e equipamento especiais, sendo, por isso, imprescindível que sejam feitos por um profissional qualificado.

Alarmes da cabine de segurança biológica

As CSB podem ser equipadas com um ou dois tipos de alarme. Alarmes no painel de observação só existem nas CSB com painel de correr. O alarme é acionado quando o operador não coloca o painel na posição apropriada, situação esta que pode ser corrigida ao colocá-lo na posição correta. Alarmes no fluxo de ar indicam que há uma deficiência no fluxo normal de ar da CSB; isto significa que há um perigo imediato para o operador ou para o produto. Quando o alarme se ativar, o trabalho deve ser imediatamente interrompido e o supervisor do laboratório deve ser informado. O manual de instruções do fabricante deve fornecer mais informações. A capacitação na utilização das CSB deve abranger esse aspecto.

LIMPEZA, ESTERILIZAÇÃO, DESINFECÇÃO E DESCONTAMINAÇÃO

Para a implementação de um programa de biossegurança laboratorial, é importante compreender os princípios de descontaminação, limpeza, esterilização e desinfecção. Um local de trabalho adequadamente limpo e organizado reduz os riscos biológicos aos manipuladores. A utilização correta dos produtos de limpeza para cada finalidade é um bom início para evitar os riscos biológicos. A seguir, são descritas as definições de limpeza, esterilização, desinfecção, assepsia, desinfecção e higienização[20,21].

Limpeza

A limpeza é um passo crucial para tornar os instrumentos inócuos e descontaminados. A limpeza manual enérgica com água corrente e sabão líquido ou detergente elimina material biológico como sangue, secreções orgânicas e resíduos teciduais. Os instrumentos devem ser limpos, o quanto antes, depois do uso. Quando se deixa material biológico, este pode atuar como um meio propício para a proliferação de microrganismos residuais, protegendo-os dos efeitos da desinfecção e esterilização.

A limpeza manual minuciosa dos instrumentos com água e detergente para eliminar todo o material orgânico, depois da descontaminação na solução de cloro a 0,5% durante 10 minutos, é crítica antes da esterilização ou desinfecção com alto nível. Deve-se usar uma escova para esfregar os instrumentos e remover a matéria orgânica. Os instrumentos devem ser limpos, o quanto antes, depois do uso, para que o material orgânico não seque e fique aderido aos instrumentos, criando um meio propício para a proliferação de microrganismos. Para lavar os instrumentos, devem ser utilizados EPI adequados, como luvas, óculos de proteção, avental e outros. Deve-se prestar atenção especial aos instrumentos com dentes (p. ex., saca-bocados de biópsia), articulações e parafusos (p. ex., espéculos vaginais), que podem ter material biológico aderido. Depois da limpeza, os instrumentos devem ser enxaguados para eliminação dos resíduos detergentes.

Esterilização

A esterilização é definida como o processo de destruição de todos os microrganismos em um instrumento mediante a exposição a agentes físicos ou químicos. O processo elimina todas as formas de vida microbiana, inclusive os esporos bacterianos. Na prática, considera-se que a esterilidade foi obtida se a probabilidade de um microrganismo sobreviver é menor que 1 em 1 milhão. O processo de esterilização é fundamental para a reutilização inócua dos instrumentos usados na atenção clínica. Quando não existe equipamento de esterilização disponível ou o instrumento não pode ser esterilizado, usa-se a esterilização química (desinfecção de alto nível). A regulamentação de descarte de resíduos biológicos de laboratório é frequentemente realizada por um procedimento de esterilização em que o material a ser esterilizado é exposto, durante 20 minutos, a temperaturas de 121°C a uma pressão de 106 kPa (15 lb/pol^2). As instruções do fabricante devem ser seguidas, visto que as pressões adequadas podem variar ligeiramente dependendo da marca da autoclave. Os pacotes pequenos com instrumentos embrulhados devem ser expostos durante 30 minutos. O material usado como envoltório deve ser poroso o suficiente para permitir que o vapor atravesse. Os instrumentos estéreis envoltos têm um período máximo de armazenamento de até 7 dias, caso sejam conservados secos e intactos. Uma vez abertos, os instrumentos devem ser colocados em um recipiente estéril. Atualmente, esse tipo de trabalho é realizado por empresas contratadas, portanto, deve ser questionado se o funcionário foi treinado para tal trabalho; caso contrário, a exigência deve ser feita para proteção do trabalhador nessa atividade.

Qualquer item, dispositivo ou solução é considerado estéril quando estiver completamente livre de todos os microrganismos, incluindo os vírus. A definição é categórica e absoluta (ou seja, um item é estéril ou não é). Um procedimento de esterilização é aquele que mata todos os microrganismos, incluindo um elevado número de endósporos bacterianos. A esterilização pode ser realizada por calor, gás óxido de etileno, gás, água oxigenada, plasma, ozônio e radiação (na indústria ou em produtos químicos). Do ponto de vista operacional, um procedimento de esterilização não pode ser categoricamente definido. Em contraste, o procedimento é definido como um processo após o qual a probabilidade de um microrganismo sobreviver em um artigo submetido ao tratamento é menor que 1 em 1 milhão (10^{-6}). Isso é conhecido como nível de garantia de "esterilidade".

A esterilização química poderá ser feita pela imersão em glutaraldeído a 2-4% por 8 a 10 horas ou em formaldeído a 8% por 24 horas, podendo ser uma opção à esterilização a vapor. Ela requer o manuseio especial com luvas e, assim, os instrumentos esterilizados devem ser enxaguados com água estéril antes do uso, já que esses produtos químicos deixam resíduos nos instrumentos.

Desinfecção

A desinfecção é geralmente um processo menos letal que a esterilização. Ela elimina quase todos os microrganismos patogênicos reconhecidos, mas não necessariamente todas as formas microbianas (p. ex., esporos de bactérias ou fungos) em objetos inanimados. A desinfecção não garante um exagero e, portanto, não tem a margem de segurança obtida por meio de processos de esterilização.

A eficácia de um procedimento de desinfecção é controlada de forma significativa por uma série de fatores, e cada um dos quais pode ter um efeito pronunciado sobre o resultado final. Entre elas estão: a natureza e o número de microrganismos contaminantes (especialmente na presença de esporos bacterianos e fúngicos); a quantidade de matéria orgânica presente (p. ex., solo, fezes e sangue); do tipo e do estado dos instrumentos, dispositivos e materiais para serem desinfetados e a temperatura empregada.

A desinfecção é um procedimento que reduz o nível de contaminação microbiana, mas há amplo leque de atividades que se estende desde a esterilidade em um extremo a uma redução mínima do número de contaminantes microbianos em outro. Por definição, a desinfecção química, particularmente a de alto nível, difere de esterilização química pela falta de seu poder esporicida. Esta é uma simplificação da situação real, pois germicidas químicos são pouco usados como desinfetantes; de fato, para matar um grande número de esporos, podem ser necessárias altas concentrações e várias horas de exposição[22]. Desinfetantes não esporicidas podem diferir em sua capacidade de realizar desinfecção ou descontaminação. Alguns germicidas podem matar rapidamente apenas as formas vegetativas de bactérias comuns, como estafilococos e estreptococos, algumas formas de fungos e lipídios que contêm vírus, enquanto outros são eficazes contra os microrganismos relativamente resistentes, como *Mycobacterium tuberculosis var. bovis*, vírus não lipídicos e a maioria dos fungos.

Classificação de Spaulding para germicidas químicos

Em 1972, o Dr. Earle Spaulding[23] propôs um sistema de classificação de germicidas químicos líquidos em superfícies inanimadas que foi utilizado posteriormente pelo Centers for Disease Control and Prevention (CDC), pelo Food and Drug Administration (FDA) e por líderes de opinião nos Estados Unidos[14]. Tal sistema, que se aplica às superfícies inanimadas, é dividido em três categorias gerais com base no risco teórico de infecção em superfícies contaminadas no momento de sua aplicação. Do ponto de vista laboratorial, essas categorias são:

- Críticas: instrumentos ou aparelhos normalmente expostos a áreas estéreis do corpo que requerem esterilização.
- Semicríticas: instrumentos ou aparelhos que tocam as membranas mucosas e podem ser esterilizados ou desinfetados.
- Não críticas: instrumentos ou aparelhos que tocam ou venham a tocar a pele sensível, cujo contato é apenas indireto em pessoas. O material poderá ser limpo ou desinfetado, higienizado com um desinfetante de baixo nível ou simplesmente limpo com água e sabão.

Em 1991, microbiologistas no CDC[14] propuseram uma categoria adicional, para superfícies do ambiente (p. ex., pisos, paredes e outras superfícies internas), que não possuem contato direto com a pele da pessoa, na qual os germicidas químicos também são classificados por nível de atividade. Entre os compostos químicos utilizados na desinfecção, podem-se citar alcoóis, compostos liberadores de cloro, formaldeído, glutaraldeído, iodóforos, fenóis sintéticos e compostos quaternários de amônio, entre outros.

Desinfecção de nível alto

Este procedimento mata microrganismos vegetativos e inativa vírus, mas não necessariamente um elevado número de esporos bacterianos. Tais desinfetantes são capazes de esterilização, quando o tempo de contato é relativamente longo (p. ex., de 6 a 10 horas). Como desinfetantes de alto nível, eles são usados por períodos relativamente curtos (p. ex., 10 a 30 minutos). Trata-se de germicidas químicos esporicidas potentes e, nos Estados Unidos, são classificados pelo FDA como esterilizantes/desinfetantes. São formulados para uso em dispositivos médicos, mas não em superfícies ambientais, como bancadas ou pisos de laboratórios[14].

Desinfecção de nível intermediário

Este procedimento mata microrganismos vegetativos, incluindo o *M. tuberculosis* e fungos, e inativa a maioria dos vírus. Germicidas químicos utilizados neste processo muitas vezes são aprovados pela Environmental Protection Agency (EPA) para uso como desinfetantes hospitalares, que são também tuberculocidas. Comumente, são usados para a desinfecção de bancadas de laboratório e como parte da composição de germicidas e detergentes utilizados para fins de limpeza.

Desinfecção de nível baixo

Este procedimento mata preferencialmente as bactérias vegetativas, exceto *M. tuberculosis*, e inativa alguns fungos e vírus. A EPA aprova germicidas químicos utilizados nesse processo, nos Estados Unidos, como desinfetantes hospitalares ou higienizadores.

DESCONTAMINAÇÃO EM LABORATÓRIOS DE MICROBIOLOGIA

A descontaminação consiste em uma série de passos para tornar inócuo o manuseio de um instrumento ou dispositivo médico ou laboratorial ao reduzir sua contaminação com microrganismos ou outras substâncias nocivas. Em geral, esses procedimentos são realizados pelo pessoal de enfermagem, técnico ou de limpeza, e a descontaminação os protege de uma infecção inadvertida. Se esses procedimentos forem realizados de modo adequado, a descontaminação dos instrumentos fica assegurada antes do manuseio para a limpeza. Este passo inativa a maioria dos microrganismos, como o vírus da hepatite B e o HIV. O processamento é necessário para assegurar que o objeto esteja limpo antes de ser esterilizado.

No Quadro 1, é mostrada uma lista de microrganismos em ordem crescente de resistência aos produtos químicos germicidas. As bactérias em forma vegetativa, como *Pseudomonas aeruginosa*, *Staphylococcus aureus* e *Enterococcus* spp., encontradas na forma planctônica, são sensíveis aos desinfetantes de alto nível, mas, se crescerem em forma de biofilmes, em meio aquático ou em superfícies inertes, podem apresentar a mesma resistência ao desinfetante mostrada por esporos bacterianos. O mesmo é verdadeiro para a resistência ao glutaraldeído por algumas MNT, alguns ascósporos de fungos ou as metilobactérias rosa pigmentadas. Os príons também são resistentes à maioria dos germicidas químicos líquidos.

Substâncias químicas empregadas na descontaminação

Formaldeído

Apresenta atividade para bactérias Gram-positivas e Gram-negativas na forma vegetativa, incluindo as micobactérias, os fungos, os vírus lipofílicos e hidrofílicos e os esporos bacterianos. A atividade esporocida é lenta, exigindo um tempo de contato em torno de 18 horas para a maioria das formulações. O formaldeído destrói os microrganismos por meio da alquilação dos grupamentos sulfidrilas de proteínas e dos anéis de nitrogênio das bases das purinas[24].

O formaldeído é pouco ativo em temperaturas inferiores a 20°C, e sua atividade aumenta em temperaturas acima de 40°C. Apresenta atividade mesmo na presença de material orgânico, não sendo inativado por materiais naturais ou sintéticos e detergentes. Se utilizado na forma gasosa, requer umidade relativa acima de 50% ou acima de 70% para alguns autores.

Para a descontaminação de ambientes fechados, como CSB, salas diversas, salas de envase, salas específicas em biotérios ou hospitais, utiliza-se a técnica da fumigação.

Em virtude de sua toxicidade, por se tratar de uma substância irritante, não se recomenda seu uso para desinfecção rotineira de superfície, equipamentos e vidraria, podendo ser utilizado em situações especiais, de acordo com o microrganismo envolvido. A concentração utilizada com formalina é de 18 mL e 35 mL de água/m³ por 24 horas. Para o paraformaldeído, 4 a 10,5 g/m³ por 24 horas. Para desinfecção 4% (v/v),

Quadro 1. Ordem decrescente de resistência aos produtos químicos germicidas
Micobactérias *Mycobacterium tuberculosis var. bovis*, micobactérias não tuberculosas, esporos bacterianos, príons ↓
Vírus pequenos ou não lipídicos Poliovírus, coxsackievírus, rhinovírus ↓
Leveduras e fungos *Cryptococcus* spp., *Candida* spp., *Trichophyton* spp. ↓
Bactérias em forma vegetativa *Pseudomonas aeruginosa*, *Staphylococcus aureus*, *Salmonella choleraesuis*, *Enterococcus* spp. ↓
Vírus de tamanho médio ou lipídicos Herpes vírus simples, vírus sincicial respiratório, citomegalovírus, HBV, HCV, HIV, hantavírus, vírus ebola

por 30 minutos. Para esterilizações, aplicam-se soluções alcoólicas a 8% e soluções aquosas a 10% ou produtos comerciais por cerca de 18 horas.

Por ser altamente tóxico e conter vapores irritantes para o sistema respiratório e para os olhos, não se aconselha sua utilização sem as devidas precauções, sobretudo em virtude das reações de sensibilização e por ser um carcinógeno em potencial. A quantidade máxima recomendada na atmosfera é de 1 ppm[24].

Concentrações usualmente recomendadas/tempo de contato

- Para fumigação em ambientes fechados, como formalina: 18 mL de formalina e 35 mL de água por 24 horas. Como paraformaldeído: as indicações variam de 4 g/mL a 10,5 g/mL por 24 horas.
- Para desinfecção: 4% (v/v) por 30 minutos.
- Para desinfecção de capilares de sistemas dialisadores: 4% (v/v) por 4 horas.
- Para esterilização: soluções alcoólicas a 8% e soluções aquosas a 10% por aproximadamente 18 horas de imersão.

Formaldeído em estado gasoso (paraformaldeído)

Formaldeído em estado gasoso em uma concentração de 0,3 g/m^3 em período de exposição de 4 horas é frequentemente utilizado para descontaminação. O formaldeído gasoso pode ser gerado pelo aquecimento de flocos de paraformaldeído (0,3 g/L) em um recipiente resistente e, assim, convertê-lo para gás formaldeído. A umidade deve ser controlada, e o sistema funciona otimamente a 80% de umidade relativa. Informações complementares sobre aspectos de segurança humana, animal e ambiental do formaldeído estão disponíveis no *site* da EPA (www.epa.gov/pesticides)[25].

Vapor de peróxido de hidrogênio

O peróxido de hidrogênio pode ser vaporizado e utilizado para a descontaminação de caixa de anaerobiose estrita (*glovebox*), bem como salas de pequena área[21]. O peróxido de hidrogênio em forma de vapor tem se mostrado um esporocida eficaz em concentrações que variam de 0,5 a 10 mg/L. A melhor concentração desse agente é de cerca de 2,4 mg/L, com um tempo de contato de pelo menos 1 hora. Esse sistema pode ser usado para descontaminar *glovebox*, que é um recipiente selado, desenvolvido para o manuseio de materiais sensíveis ao ar, que tenham a necessidade de uma atmosfera controlada. Tem duas válvulas em posições opostas para que seja retirado o ar do lado esquerdo e insuflado o gás carbônico (CO_2) pela válvula do lado direito. Uma vantagem desse sistema é que o produto final da reação é água, portanto, sem preocupação com toxicidade[21].

Etanol e isopropanol

O etanol atua na inibição microbiana por desnaturação da proteína, razão pela qual o etanol absoluto é menos efetivo. Provavelmente, ele inibe a divisão celular por interferir na produção de metabólicos essenciais. A concentração ideal é de 70%. Age rapidamente sobre bactérias vegetativas (inclusive micobactérias), vírus e fungos, mas não é esporicida. Por isso não é recomendado para esterilização, apenas para desinfecção de superfícies e antissepsia de pele.

O etanol é o desinfetante e descontaminante mais empregado no Brasil, utilizado nas superfícies de bancada, de CSB, equipamentos de grande e médio porte, e para antissepsia das mãos e de muitos equipamentos de uso médico.

Por ser volátil e inflamável, deve ser cuidadosamente utilizado, pois é irritante aos olhos e considerado tóxico. A aplicação frequente produz irritação e dessecação da pele.

O mais efetivo para a desinfecção das mãos é o n-propanol, seguido pelo isopropanol e pelo etanol na concentração de 70%. O isopropanol (álcool isopropílico) é um líquido transparente e incolor, solúvel em água, volátil e altamente inflamável. É levemente tóxico se ingerido ou absorvido pela pele, podendo causar lesões na córnea. Seus vapores têm efeito anestésico, podendo causar tontura. Também é utilizado em produtos de limpeza de superfícies de vidro[26].

Glutaraldeído

O glutaraldeído possui amplo espectro de atividade com ação rápida, atuando sobre as bactérias na forma vegetativa, incluindo micobactérias, fungos, vírus lipofílicos e hidrofílicos e esporos bacterianos. Tem atividade esporocida mais eficiente que outros aldeídos.

Sua ação nas micobactérias é mais lenta. Tem maior atividade em pH alcalino (7,5 a 8,5). Pode-se ativar o glutaraldeído com bicarbonato de sódio 0,3%, sendo recomendado o uso em uma concentração de 2%. Após sua ativação, deve ser utilizado antes da polimerização, quando se torna inativo. A ação é inibitória pela alquilação de proteínas que contêm grupos sulfidrilas, hidroxila e amino presentes nos microrganismos, alterando os ácidos nucleicos e a síntese de proteínas. Sua aplicação é mais efetiva, porém seu alto custo traz restrições. É usado como esterilizante de materiais cirúrgicos, como endoscópios, equipamentos de aspiração e artigos que não podem ser submetidos a métodos físicos. Nos laboratórios, a utilização é limitada, em razão do alto custo[27].

A concentração recomendada é a de 2% em soluções ácidas, ativadas por agentes alcalinizantes. Após sua ativação, aconselha-se utilizá-lo em 14 dias. O tempo de contato para desinfecção é em torno de 30 minutos e de 10 horas para esterilização. O glutaraldeído é tóxico, irritante para pele, mucosas e olhos, mas em menor grau que o formaldeído. Pode provocar dermatite e sensibilização na pele. O limite máximo recomendado é de 0,2 ppm[27].

Gás de dióxido de cloro

O gás de dióxido de cloro (ClO_2)é esterilizante e pode ser usado para a descontaminação das salas de laboratório, equipamentos e incubadoras comuns. A concentração de gás no local da descontaminação deve ser de aproximadamente 10 mg/L, com tempo de contato de 2 horas. O dióxido de cloro possui as propriedades bactericida, virucida e esporicida do cloro, mas, ao contrário deste, não leva à formação de trialometanos, tampouco combina com amônia para formar produtos orgânicos clorados (cloraminas)[20].

O gás não pode ser comprimido e armazenado em cilindros de alta pressão, mas é gerado sob demanda, usando um sistema de geração baseado em uma coluna de fase sólida. O gás é diluído na concentração de uso, geralmente entre 10 e 30 mg/L. A umidade relativa do ar não precisa ser controlada, mas umidade alta é ótima. Embora na maioria das vezes seja usado em esterilizadores fechados, o local de destino para o gás dióxido de cloro não precisa necessariamente de uma CSB fechada. O gás sai do gerador a uma pressão positiva com modesta taxa de fluxo. A caixa também não precisa estar sob vácuo, podendo ser utilizada como um recinto para realizar testes de esterilidade. Esse gás poderá ser aplicado em *glovebox* ou em CSB selada, ou até mesmo em pequena sala selada, para evitar o escape do gás dióxido de cloro, o qual é rapidamente degradado pela luz, portanto, deve-se tomar cuidado para eliminar as fontes de luz na área a ser descontaminada[17].

A ação do cloro é relativamente baixa na inativação de protozoários. Dióxido de cloro e ozônio são desinfetantes aplicáveis, capazes de destruir e remover biofilmes em tanques e tubulações de água potável. O dióxido de cloro tem sido utilizado na pré-oxidação e desinfecção da água para consumo humano, como alternativa ao cloro (Cl_2); em geral, é de baixa toxicidade em humanos nas concentrações usadas para a descontaminação.

Compostos liberadores de cloro ativo

Vários são os produtos liberadores de cloro ativo utilizados na desinfecção em diversas áreas. Os mais comuns são os inorgânicos (hipoclorito de sódio, cálcio e lítio) e os orgânicos (ácido dicloroisocianúrico e seus sais sódicos e potássicos e o ácido tricloroisocianúrico)[24].

Os compostos liberadores de cloro reagem rapidamente com a matéria orgânica, incluindo sangue, fezes e tecidos. Sua atividade se reduz significativamente, de forma proporcional à presença de matéria orgânica. Dessa forma, a quantidade de cloro disponível deve ser elevada nos processos de desinfecção para poder suprir a demanda necessária para destruir os microrganismos.

Os hipocloritos são instáveis e incompatíveis com detergentes catiônicos. Sua estabilidade depende de fatores como concentração, temperatura, pH, luz e metais. As soluções concentradas (100.000 ppm convertidos em unidade de concentração de cloro ativo) são mais instáveis que as diluídas. Se 1 ppm equivale a 1,0 mg por litro, 10.000 ppm equivalem a 1,0% de cloro ativo disponível (não complexado com matéria orgânica).

Concentrações usualmente recomendadas/tempo de contato

- Desinfecção/descontaminação de superfícies – 10.000 ppm por 10 minutos de contato.
- Desinfecção em lactários de superfícies – 200 ppm por 60 minutos de contato.
- Desinfecção de inaloterapia e oxigenoterapia não metálicos – 200 ppm por 60 minutos.
- Desinfecção de artigos semicríticos – 10.000 ppm por 30 minutos.
- Recipientes de descarte de materiais – 10.000 ppm durante 60 minutos.

A estabilidade dos compostos de cloro durante a estocagem, mantendo a atividade microbicida quando em uso, é assegurada por adição de hidróxido de sódio, que mantém o pH alto durante o armazenamento. Porém, a solução concentrada de hipoclorito deve apresentar capacidade de tamponamento quando diluída, favorecendo o decaimento gradativo do valor de pH e tornando o produto ativo na forma de ácido hipocloroso.

Altas temperaturas reduzem a estabilidade, enquanto o pH baixo favorece a ação microbicida desses compostos, porém os torna mais instáveis. O armazenamento deve ser realizado de forma tamponada em pH alto maior que 7, de forma que ao diluir o pH abaixe, tornando-o mais ativo. A decomposição fotoquímica ocorre na presença de íons, metais pesados, cobalto, manganês, níquel e ferro, produzindo cloreto e oxigênio.

Os hipocloritos são corrosivos para metais, principalmente quando aplicados em objetos de prata ou alumínio, e ainda atacam, quando em altas concentrações, as superfícies de aço inox.

O emprego desses compostos liberadores de cloro ativo é amplo em desinfecção, em geral de objetos e superfícies inanimadas, inclusive as contaminadas com sangue e outros materiais orgânicos, e também para recipientes de descarte de materiais. Utiliza-se na desinfecção de materiais supercríticos não metálicos e artigos de lactários, sendo ainda recomendado na desinfecção de água para consumo humano e para processos industriais, incluindo água de piscinas e alimentos.

A solução de hipoclorito de sódio disponível apresenta-se na concentração de aproximadamente 5%, como reagente químico, e de 2% como água sanitária. Os hipocloritos de cálcio e lítio são compostos sólidos e os isocianúricos são comercializados na forma de pó, com detergente.

O primeiro passo é estabelecer a correlação entre uma medida em porcentagem com uma em ppm. Um por cento significa uma parte em cem, logo dez em mil, portanto, dez mil em um milhão. Assim sendo, um por cento equivale a dez mil partes por milhão. Concluindo, para transformar um valor de porcentagem para ppm é só multiplicarmos por 10.000, e para transformarmos ppm em porcentagem, é só dividirmos o valor por 10.000. Exemplificando: hipoclorito a 2% é o mesmo que a 20.000 ppm.

Os compostos liberadores de cloro são tóxicos, causando irritação na pele e nos olhos. Nas mucosas, provocam irritação e corrosão. A inalação do ácido hipocloroso gera tosse e choque, podendo causar irritação grave no trato respiratório.

Fenóis sintéticos

Os fenóis sintéticos são compostos fenólicos sem atividade biocida para esporos bacterianos e vírus hidrofílicos. Eles inativam sistemas enzimáticos essenciais e provocam o extravasamento de metabólitos através da parede celular[28]. Sua atuação é maior em pH neutro ou ligeiramente ácido. A influência do pH é crítica, pois a alcalinidade reduz sua eficácia. Uma das vantagens dessa substância é quase não ser afetada pela presença de matéria orgânica. Os óleos e as gorduras reduzem sua ação, sendo incompatíveis com detergentes catiônicos e inativados por detergentes não iônicos.

Os fenóis são utilizados para desinfecção de objetos e superfícies inanimadas (bancadas, pisos etc.) em laboratórios, hospitais e biotérios, em situações nas quais haja necessidade de desinfecção na presença de matéria orgânica. Não se recomenda, para artigos que entram em contato com trato respiratório, alimentos, objetos de látex, acrílico e borracha.

Os fenóis apresentam atividade desinfetante de nível médio ou intermediário – concentração de 2 a 5% por um período de exposição de 20 a 30 minutos.

Por serem tóxicos, deve-se evitar contato com pele, mucosas etc. Além disso, deve-se sempre utilizar proteção adequada para sua aplicação. Recomenda se a utilização de EPI.

Compostos de amônio quaternário

Os compostos de amônio quaternário são agentes em que o átomo de nitrogênio do grupo amônio possui uma valência de 5, sendo quatro dos substituintes radicais alquila ou arila e o quinto um haleto (cloreto), sulfato ou similar. Cada composto possui características antimicrobianas próprias que dependem da distribuição e do tamanho das cadeias dos radicais. Alguns compostos frequentemente utilizados são cloretos de alquildimetilbenzil amônio e cloretos de dialquildimetil amônio.

A atividade antimicrobiana é muito efetiva nas bactérias Gram-positivas e em menor grau nas Gram-negativas, sendo as *Pseudomonas* sp. especialmente mais resistentes. São ativos para alguns fungos e para vírus não lipídicos. Não apresentam ação letal para esporos bacterianos, tampouco para vírus hidrofílicos e micobactérias.

A ação é atribuída à inativação de enzimas responsáveis pelos processos de produção de energia, à desnaturação de proteínas celulares essenciais e à ruptura da membrana celular. Esses agentes bactericidas são fortemente inativados por proteínas pelo processo de adsorção por vários materiais naturais e sintéticos e por detergentes não iônicos e sabões. São influenciados negativamente pela presença dos íons cálcio e magnésio presentes na água dura. Podem danificar borrachas sintéticas, cimento e alumínio. O pH ideal é o alcalino (9-10); valores abaixo de 7 são desfavoráveis. Possuem efeito residual e são usados como antissépticos (0,1 a 0,5%).

Esses produtos são recomendáveis para desinfecção ordinária de superfícies não críticas, como pisos, mobiliários e paredes[29]. Além disso, são apropriados para desinfecção de superfícies e equipamentos em todas as áreas relacionadas com alimentos. As formulações são apresentadas na forma concentrada, com mais de um princípio ativo, devendo, portanto, ser diluídas de forma adequada. Os compostos quaternários são de baixa toxicidade, porém podem causar irritação e sensibilização da pele.

Iodóforos

Os iodóforos constituem uma combinação entre o iodo e um agente solubilizante ou carreador[30]. O complexo resultante fornece um reservatório de iodo que é liberado em pequenas quantidades na solução aquosa. O composto mais conhecido é a polivinilpirrolidona-iodo (PVP-I).

Têm atividade contra bactérias na forma vegetativa, incluindo micobactérias, fungos, vírus lipofílicos e hidrofílicos e esporos bacterianos. A atividade esporocida pode requerer tempo de contato prolongado.

O mecanismo de ação do iodo se deve à atividade de ruptura de estruturas de proteínas e de ácidos nucleicos e à interferência na síntese proteica. Os iodóforos são rapidamente inativados por proteínas e por substâncias plásticas e detergentes não iônicos.

Utiliza-se esse antisséptico como alternativa em situações em que há necessidade de ação rápida e de amplo espectro, a saber: na desinfecção de ampolas, vidros, termômetros, estetoscópios, superfícies externas e metálicas de equipamentos. Emprega-se também em superfície de equipamentos relacionados a alimentos. Não se deve usar em metais não resistentes à oxidação (cromo, ferro, alumínio e outros) e em materiais que absorvem o iodo e mancham, como os plásticos.

A formulação antisséptica contém 1% de iodo livre em base alcoólica ou aquosa. O produto para escovação cirúrgica possui 0,75%. Soluções diluídas possuem atividade mais rápida que as concentradas. A razão para tal ainda não é conhecida; supõe-se que a ligação do polímero carreador ao iodo esteja mais fraca, disponibilizando o iodo livre. Portanto, as diluições têm de ser feitas de forma adequada para uso correto.

Dada a baixa toxicidade, há uso indiscriminado, devendo, portanto, prevenir-se contra a atividade irritante, em especial para os olhos, e menos para a pele.

Fatores que afetam a descontaminação química

Em geral, quanto mais concentrado o produto químico, maior a eficácia e menor o tempo necessário para a destruição dos microrganismos, portanto, a potência do desinfetante depende da concentração e do tempo de exposição. Os compostos fenólicos são altamente potentes como desinfetantes. Na maioria dos casos, o tempo requerido varia de 10 a 30 minutos para desinfecção de superfície, de 30 minutos para desinfecção de artigos e de 10 a 18 horas para esterilização de artigos.

Outros fatores que podem influenciar na eficácia do agente químico

O pH, a temperatura, a água e a umidade relativa da matéria orgânica podem influenciar na eficácia do agente químico. De modo geral, o aquecimento aumenta a eficácia dos desinfetantes. No entanto, é necessário tomar cuidado, pois o aquecimento provoca evaporação de compostos, reduzindo a concentração efetiva da mistura desinfetante. O pH de alguns desinfetantes influencia drasticamente, como os compostos quaternários que agem por carga, como cátions. O pH alcalino favorece a ação. Os compostos fenólicos atuam mais efetivamente em pH ácidos, apesar de agir em pH neutro ou ligeiramente básico.

No caso da utilização de compostos gasosos como o óxido de etileno e o formaldeído, a umidade pode interferir de forma significativa. A matéria orgânica pode servir de barreira física, pois interage com os compostos ativos, como o cloro, inibindo a ação direta. Ela pode se apresentar sob várias formas, como sangue, pus, material fecal e resíduos de alimentos. Pode também agir formando complexos menos ativos e deixando menor quantidade do agente químico disponível para atuar sobre os microrganismos.

Descontaminação química de instrumentos e acessórios

Tratamento com compostos liberadores de cloro

Imediatamente depois do uso, os instrumentos e demais acessórios são colocados em um grande balde de plástico limpo com solução de hipoclorito a 0,5% durante 10 minutos. Este procedimento serve somente para os materiais e instrumentos resistentes à ação corrosiva do cloro. Os instrumentos metálicos sensíveis ao cloro não devem ser deixados nessa solução diluída de cloro por mais de 10 minutos e devem ser enxaguados imediatamente depois da descontaminação, para evitar descoloração e corrosão do metal.

Tratamento com etanol

A eficácia do álcool 70% como germicida de nível intermediário é limitada em razão de sua rápida evaporação e do curto tempo de contato com o objeto, o que resulta em sua baixa capacidade de penetração em material orgânico residual. Os itens a serem desinfetados com álcool devem receber cuidadosa pré-limpeza, sendo, em seguida, totalmente submersos por um tempo de exposição adequado (p. ex., 10 minutos)[26,30].

Tratamento com iodóforos

Devem ser usados apenas os iodóforos registrados na EPA como desinfetantes de superfície dura, seguindo rigorosamente as instruções do fabricante quanto à diluição adequada e à estabilidade do produto. Iodóforos antissépticos não são adequados para desinfetar equipamentos, superfícies ambientais ou instrumentos médicos[30].

Descontaminação química de grandes áreas

Os germicidas químicos líquidos, formulados como desinfetantes, podem ser utilizados para a descontaminação de grandes áreas[30]. Por exemplo, a maioria dos desinfetantes de nível alto de atividade existente no mercado é formulada para uso em instrumentos e dispositivos médicos, não para as superfícies ambientais. Os desinfetantes de nível baixo ou intermediário são formulados para uso em fômites e superfícies de ambientes, mas falta discriminação da potência do desinfetante de nível alto. A maioria dos desinfetantes de níveis intermediário e baixo pode ser usada com segurança de acordo com as instruções do fabricante.

Os desinfetantes geralmente utilizados para a descontaminação de grandes áreas incluem: soluções de hipoclorito de sódio na concentração de 1% de cloro ativo em contato com a superfície durante 10 minutos ou outros desinfetantes oxidantes, como peróxido de hidrogênio, ácido paracético, fenóis e iodóforos.

As concentrações e o tempo de exposição variam de acordo com a formulação e as instruções do fabricante. No Quadro 2, é apresentada uma lista de germicidas químicos e seus níveis de atividade.

Um plano de controle de derramamento, que deve estar disponível no laboratório, precisa incluir a justificativa para a seleção do agente desinfetante, a abordagem empregada para sua aplicação, o tempo de contato e outros parâmetros.

Agentes infecciosos que exigem níveis de contenção NB-3 e NB-4 apresentam elevado risco para os trabalhadores e possivelmente ao ambiente e devem ser gerenciados por pessoas bem informadas, como uma equipe de profissionais treinados e equipados para trabalhar com material químico concentrado.

Descontaminação de laboratórios com NB-3

A descontaminação do laboratório com NB-3 é uma atividade que deve ser realizada por especialistas, com formação adequada e com equipamentos de proteção. Os requisitos de descontaminação de área de laboratórios NB-3 têm impacto sobre a concepção dessas instalações.

As superfícies interiores dos laboratórios com NB-3 devem ser resistentes à água, a fim de serem facilmente limpas e descontaminadas. Penetrações nessas superfícies devem ser seladas ou vedadas para efeitos de descontaminação. Assim, no laboratório com NB-3, a descontaminação de superfície, que não seja por fumigação, é o principal meio de descontaminação da área. Deve-se tomar cuidado para que as penetrações das paredes, pisos e tetos sejam mantidas a um mínimo possível, de preferência que o ambiente esteja "totalmente selado". A verificação dos selos geralmente não é necessária para a maioria dos laboratórios com NB-3[18].

Procedimentos para descontaminação de grandes espaços, como incubadoras ou salas, são variados e significativamente influenciados pelo tipo de agente etiológico envolvido, pelas características da estrutura que contém o espaço e pelos materiais presentes no local.

Quadro 2. **Níveis de atividade germicida de substâncias químicas**

Procedimentos/substâncias	Concentração aquosa	Níveis de atividade
Esterilização		
Glutaraldeído	Variável	
Peróxido de hidrogênio	6-30%	
Formaldeído	6-8%	
Dióxido de cloro	Variável	
Ácido peracético	Variável	
Desinfecção		
Glutaraldeído	Variável	Alto a intermediário
Ortoftalaldeído	0,5%	Alto
Peróxido de hidrogênio	3-6%	Alto a intermediário
Formaldeído	1-8%	Alto a baixo
Dióxido de cloro	Variável	Alto
Ácido peracético	Variável	Alto
Compostos clorados	500-5.000 mL/L cloro livre disponível	Intermediário
Álcoois (etílico, isopropílico)	70%	Intermediário
Compostos fenólicos	0,5- 3,0%	Intermediário a baixo
Compostos de iodo	30-50 mg/L iodo livre até 10.000 mg/L de iodo disponível 0,1-0,2%	Intermediário a baixo
Compostos de amônio quaternário	Baixo	

ORIENTAÇÕES PARA DESCARTE DE PRODUTOS BIOLÓGICOS

Orientações gerais

A Resolução Conama n. 358, de 29 de abril de 2005, recomenda autoclavação ou incineração para tratamento de produtos infecciosos antes do descarte[31].

Classificação dos resíduos de serviços de saúde

A Norma NBR n. 12.808, de 1997, da Associação Brasileira de Normas Técnicas (ABNT), dispõe sobre a classificação dos resíduos de serviços de saúde:

- Tipo A – resíduo biológico.
- Tipo B – resíduo químico.
- Tipo C – resíduo radioativo.
- Tipo D – lixo comum.

Para os resíduos do grupo A, a identificação deve ser feita em rótulos de fundo branco, com desenho e contornos pretos, com o símbolo e a inscrição de resíduo biológico.

Os recipientes para os materiais perfurocortantes devem receber a respectiva inscrição e a indicação de acordo com sua contaminação: resíduo biológico, se a contaminação for biológica; resíduo tóxico, se a contaminação for química; e rejeito radioativo, se a contaminação for com elemento radioativo, devendo, neste último caso, conter também o nome do elemento radioativo, a indicação da meia-vida e a data de sua geração.

Gerenciamento dos resíduos de serviços de saúde

Conforme a Resolução da Diretoria Colegiada da Agência Nacional de Vigilância Sanitária/Anvisa – RDC n. 306, de 07 de dezembro de 2004, os resíduos do grupo A podem conter agentes biológicos que, por suas características, possivelmente apresentam risco de infecção[32].

O gerenciamento dos resíduos de serviços de saúde (RSS) constitui-se em um conjunto de procedimentos de gestão, planejados e implementados com base em dados científicos e técnicos, normativos e legais, com o objetivo de minimizar a produção de resíduos e proporcionar aos resíduos gerados um encaminhamento seguro, de forma eficiente, visando à proteção dos trabalhadores e à preservação da saúde pública, dos recursos naturais e do meio ambiente.

O gerenciamento deve abranger todas as etapas de planejamento dos recursos físicos e materiais e da capacitação dos recursos humanos envolvidos no manejo dos RSS[33]. Todo gerador deve elaborar um plano de gerenciamento de resíduos de serviços de saúde (PGRSS), baseado nas características e na classificação dos resíduos gerados, estabelecendo as diretrizes de manejo dos RSS. O PGRSS a ser elaborado deve ser compatível com as normas locais relativas à coleta, ao transporte e à disposição final dos RSS, de acordo com a legislação vigente.

Manejo dos RSS

O manejo dos RSS é entendido como a ação de gerenciar os resíduos em seus aspectos intra e extraestabelecimento, desde a geração até a disposição final, incluindo as seguintes etapas:

1. Segregação: consiste na separação dos resíduos no momento e no local de sua geração, de acordo com as características físicas, químicas, biológicas, seu estado físico e os riscos envolvidos.
2. Acondicionamento: consiste no ato de embalar os resíduos segregados em sacos ou recipientes que evitem vazamentos e resistam às ações de punctura e ruptura. A capacidade de acondicionamento dos recipientes deve ser compatível com a geração diária de cada tipo de resíduo.

2.1. Os resíduos sólidos devem ser acondicionados em saco constituído de material resistente a ruptura e vazamento, impermeável, baseado na NBR 9.191/2000 da ABNT, respeitados os limites de peso de cada saco, sendo proibidos seu esvaziamento e seu reaproveitamento.

2.2. Os sacos devem estar contidos em recipientes de material lavável, resistente a punctura, ruptura e vazamento, com tampa provida de sistema de abertura sem contato manual, com cantos arredondados, e ser resistente ao tombamento.

2.3. Os recipientes de acondicionamento existentes nas salas de cirurgia e nas salas de parto não necessitam de tampa para vedação (legislação de 13/11/2009).

2.4. Os resíduos líquidos devem ser acondicionados em recipientes constituídos de material compatível com o líquido armazenado, resistentes, rígidos e estanques, com tampa rosqueada e vedante.

3. Identificação: consiste no conjunto de medidas que permite o reconhecimento dos resíduos contidos nos sacos e recipientes, fornecendo informações para o correto manejo dos RSS.

3.1. A identificação deve estar visível nos sacos de acondicionamento, nos recipientes de coleta interna e externa, nos recipientes de transporte interno e externo e nos locais de armazenamento, em local de fácil visualização, de forma indelével, utilizando-se símbolos, cores e frases, atendendo aos parâmetros referenciados na norma NBR 7.500 da ABNT, além de outras exigências relacionadas à identificação de conteúdo e ao risco específico de cada grupo de resíduos.

3.2. A identificação dos sacos de armazenamento e dos recipientes de transporte poderá ser feita por adesivos, desde que seja garantida sua resistência aos processos normais de manuseio dos sacos e dos recipientes.

3.3. O grupo A é identificado pelo símbolo de substância infectante constante na NBR 7.500 da ABNT, com rótulos de fundo branco, desenho e contornos pretos.

Segregação dos resíduos biológicos potencialmente infecciosos

São considerados resíduos biológicos potencialmente infecciosos:

- Qualquer material que contenha ou esteja contaminado com patógenos humanos[32].
- Qualquer material que contenha ou esteja contaminado com agentes patogênicos de origem animal.
- Qualquer material que contenha ou esteja contaminado com patógenos de plantas.
- Qualquer material que contenha ou esteja contaminado com DNA recombinante ou organismos recombinantes.

Resíduos laboratoriais e clínicos contendo produtos derivados do sangue, de tecidos, culturas de células e outro material potencialmente infeccioso humana ou sangue primata, incluindo todas as culturas contendo resíduos infecciosos de laboratório potencialmente infecciosos, deverão ser inativados antes de saírem da instalação.

O método recomendado é a esterilização a vapor (autoclave), apesar de a incineração ser usada para peças anatômicas e animais infectados ou inativação química (p. ex., tratamento como lixo doméstico), podendo ser apropriada em alguns casos.

O armazenamento interno de resíduos infectantes não inativados deverá estar restrito ao laboratório gerador.

Os resíduos infecciosos ou patogênicos devem ser armazenados em um recipiente fechado ou coberto como biorresíduos e não podem ser armazenados por mais de 24 horas antes da inativação.

O recipiente contendo resíduo biológico e os sacos para material infeccioso ou potencialmente infeccioso para seres humanos devem ser rotulados com o símbolo de risco biológico.

Recipientes contendo resíduo biológico e caixas cheias ou parcialmente cheias não devem ser mantidos por mais de 30 dias.

Acondicionamento de resíduos biológicos do grupo A

Os sacos para acondicionamento dos resíduos do grupo A devem estar contidos em recipientes de material lavável, resistente a punctura, ruptura e vazamento, impermeável, com tampa provida de sistema de abertura sem contato manual, com cantos arredondados. Devem ser resistentes a tombamento e devem ser respeitados os limites de peso de cada invólucro. Os sacos devem estar identificados com o símbolo de material infectante. É proibido o esvaziamento dos sacos ou seu reaproveitamento.

Os resíduos do grupo A, que necessitam de tratamento, devem ser inicialmente acondicionados de maneira compatível com o processo de tratamento a ser utilizado. Os resíduos dos grupos A1, A2 e A5 devem ser acondicionados, após o tratamento, da seguinte forma:

- Com descaracterização física das estruturas: podem ser acondicionados como resíduos do grupo D.
- Sem descaracterização física das estruturas: devem ser acondicionados em saco branco leitoso.

Identificação de resíduos biológicos do grupo A

Os resíduos biológicos do grupo A são classificados em cinco categorias, indicadas a seguir.

Resíduos do grupo A1

Culturas e estoques de microrganismos; resíduos de fabricação de produtos biológicos, exceto os hemoderivados; descarte de vacinas de microrganismos vivos ou atenuados; meios de cultura e instrumentais utilizados para transferência, inoculação ou mistura de culturas; resíduos de laboratórios de manipulação genética. Estes resíduos não podem deixar a unidade geradora sem tratamento prévio.

Devem ser inicialmente acondicionados de maneira compatível com o processo de tratamento a ser utilizado. Devem ser tratados por processo físico ou outros processos que vierem a ser validados para a obtenção de redução ou eliminação da carga microbiana, em equipamento compatível com nível III de inativação de bactérias vegetativas, fungos, vírus lipofílicos e hidrofílicos, parasitas e micobactérias com redução igual ou maior que 6Log10, e inativação de esporos do *Bacillus stearothermophilus* ou de esporos do *Bacillus subtilis* com redução igual ou maior que 4Log10.

Após o tratamento, devem ser acondicionados em sacos plásticos brancos leitosos identificados com o símbolo de risco biológico. Os sacos devem ser substituídos quando atingirem dois terços de sua capacidade ou pelo menos 1 vez a cada 24 horas e identificados conforme a RDC n. 306, de 2004.

Os tubos, as pipetas e outros materiais não descartáveis têm de ser colocados em recipientes plásticos com hipoclorito de sódio a 1%, sendo recolhidos periodicamente por funcionário treinado. Os recipientes com hipoclorito devem permanecer tampados no setor. Após o prazo mínimo de 18 horas de imersão completa dos materiais sólidos (não descartáveis) contaminados, estes devem ser lavados, enxaguados e secos para posteriores esterilização e reuso. Os resíduos líquidos podem ser eliminados na pia após a autoclavação.

Todas as lixeiras do laboratório, com exceção da área administrativa, precisam conter sacos plásticos brancos leitosos, com espessura que respeite as exigências legais (ABNT, NBR 9.091) e com o símbolo de produto infectante.

O recolhimento do material infectante deve ser realizado por funcionário treinado do serviço de limpeza, em carrinhos fechados e laváveis, sempre que necessário.

Resíduos do grupo A2

Carcaças, peças anatômicas, vísceras e outros resíduos provenientes de animais submetidos a processos de experimentação com inoculação de microrganismos, bem como suas forrações e os cadáveres de animais suspeitos de serem portadores de microrganismos de relevância epidemiológica e com risco de disseminação, submetidos ou não a estudo anatomopatológico ou confirmação diagnóstica.

Resíduos de animais contendo microrganismos com alto risco de transmissibilidade e alto potencial de letalidade (classe de risco 4) devem ser submetidos, no local de geração, a processo físico de autoclavação ou outros processos que vierem a ser validados para a obtenção de redução ou eliminação da carga microbiana, em equipamento compatível com nível III de inativação microbiana e posteriormente encaminhados para tratamento térmico por incineração.

Todos os sacos para contenção de resíduos com risco biológico devem atender aos requisitos de resistência ao impacto (165 g), resistência ao rasgo (480 g) e concentração de metais pesados (< 100 ppm totais de chumbo, mercúrio, cromo e cádmio). Devem estar disponibilizados com a documentação do fabricante em relação a esses requisitos. Não colocar líquidos nesses sacos. Rotular o saco de risco biológico com a data de uso, geradores (supervisor de área) nome, localização do laboratório (número da sala) e número de telefone. Os sacos de risco biológico de cor vermelha são colocados dentro de uma caixa de resíduos biológicos, forrado internamente para serem eliminados. O gerador desse tipo de resíduo deverá pedir suprimento de sacos de risco biológico (p. ex., Fisher Scientific 01-828E, sacos vermelhos autoclaváveis para contentores de resíduos de 30 galões)

Os resíduos da classe A2 devem ser tratados utilizando-se processo físico como a autoclavação ou outros processos que vierem a ser validados para a redução ou eliminação da carga microbiana, em equipamento compatível com nível III de inativação microbiana. O tratamento pode ser realizado fora do local de geração, mas os resíduos não podem ser tratados em local externo ao serviço. Após o tratamento, os resíduos devem ser acondicionados em saco branco leitoso e resistente, identificado com símbolo de risco biológico e a inscrição "Peças anatômicas de animais". O saco deve ser substituído quando atingir dois terços de sua capacidade ou pelo menos 1 vez a cada 24 horas. Deve ser observado o porte do animal para definição do processo de tratamento. Quando houver necessidade de fracionamento, este deve ser autorizado previamente pelo órgão de saúde competente[33].

Os resíduos do grupo A2 são posteriormente transportados para um abrigo externo, a fim de serem retirados e transportados para um aterro sanitário licenciado ou local devidamente licenciado para disposição final de RSS, ou sepultamento em cemitério de animais.

Resíduos do grupo A3

Peças anatômicas (membros) do ser humano; produto de fecundação sem sinais vitais, com peso menor que 500 gramas ou estatura menor que 25 centímetros ou idade gestacional inferior a 20 semanas, que não tenham valor científico ou legal e que não tenha sido requisitado pelo paciente ou familiares. Esses resíduos devem ser acondicionados em saco vermelho identificado com símbolo de risco biológico e a inscrição "peças anatômicas". Os sacos devem ser substituídos quando atingirem dois terços de sua capacidade ou pelo menos 1 vez a cada 24 horas.

Os resíduos do grupo A3, quando não houver requisição pelo paciente ou familiares e/ou não tenham mais valor científico ou legal, devem ser encaminhados para:

I. Sepultamento em cemitério, desde que haja autorização do órgão competente do município, do estado ou do Distrito Federal.
II. Tratamento térmico por incineração ou cremação, em equipamento devidamente licenciado para este fim.

Na impossibilidade de atendimento dos itens citados, o órgão ambiental competente nos estados, municípios e Distrito Federal pode aprovar outros processos alternativos de destinação[33].

Resíduos do grupo

Kits de linhas arteriais, intravenosas e dialisadores, quando descartados. Filtros de ar e gases aspirados de área contaminada; membrana filtrante de equipamento médico-hospitalar e de pesquisa, entre outros similares. Sobras de amostras de laboratório e seus recipientes contendo fezes, urina e secreções, provenientes de pacientes que não contenham nem sejam suspeitos de conter agentes classe de risco 4, nem apresentem relevância epidemiológica e risco de disseminação, ou microrganismo causador de doença emergente que se torne epidemiologicamente importante ou cujo mecanismo de transmissão seja desconhecido ou com suspeita de contaminação com príons. Recipientes e materiais resultantes do processo de assistência à saúde, que não contenham sangue ou líquidos corpóreos na forma livre. Peças anatômicas (órgãos e tecidos) e outros resíduos provenientes de procedimentos cirúrgicos ou de estudos anatomopatológicos ou de confirmação diagnóstica. Carcaças, peças anatômicas, vísceras e outros resíduos provenientes de animais não submetidos a processos de experimentação com inoculação de microrganismos, bem como suas forrações; cadáveres de animais provenientes de serviços de assistência. Bolsas para transfusão de sangue vazias ou com volume residual pós-transfusão.

Os resíduos do grupo 4 devem ser acondicionados em saco branco leitoso identificado com símbolo de risco biológico. Os sacos brancos devem ser substituídos quando atingirem dois terços de sua capacidade ou pelo menos 1 vez a cada 24 horas.

Esses resíduos podem ser encaminhados sem tratamento prévio para local devidamente licenciado para a disposição final de RSS. Fica a critério dos órgãos ambientais estaduais e municipais a exigência do tratamento prévio, considerando os critérios, as especificidades e as condições ambientais locais.

Resíduos do grupo A5

Órgãos, tecidos, fluidos orgânicos, materiais perfurocortantes ou escarificantes e demais materiais resultantes da atenção à saúde de indivíduos ou animais, com suspeita ou certeza de contaminação por príons.

Os resíduos do grupo A5 devem ser acondicionados em saco vermelho identificado com símbolo de risco biológico. Devem ser substituídos após cada procedimento. Devem ser utilizados dois sacos como barreira de proteção, com preenchimento até somente dois terços de sua capacidade, sendo proibido seu esvaziamento ou reaproveitamento.

Ilustrações de descarte de material biológico infectante

Resíduos infectantes ou infecciosos gerados em laboratórios são os que contêm patógenos em quantidade e virulência tais que a exposição a eles, de hospedeiro suscetível, pode resultar em uma doença infecciosa.

Para descarte de produtos biológicos infectantes em geral, adota-se algum sistema ou critério de identificação e separação, incluindo-se as respectivas embalagens. Os recipientes devem ter tampa e ser identificados no local de sua geração. É expressamente proibido o esvaziamento desses recipientes para seu reaproveitamento. Todo material ou resíduo infectante deve ser autoclavado antes de se tentar qualquer limpeza ou reparo.

Nas Figuras 5 e 6, são apresentados recipientes para resíduo infectante de laboratório e recipientes para resíduos anatômicos (peças e tecidos humanos e de animais).

Os materiais perfurocortantes contaminados com resíduos da classe A devem ser descartados logo após o uso em recipiente rígido (tubos capilares, seringas, agulhas, pipetas de vidro, bisturis etc.), conforme mostra a Figura 7.

O conteúdo dos tubos de amostras biológicas (p. ex., coágulo, sangue, soro e outras) deve ser desprezado em recipiente ou suporte com saco de plástico resistente, que deve permanecer fechado até sua retirada para esterilização em autoclave (Figura 8) e posterior descarte.

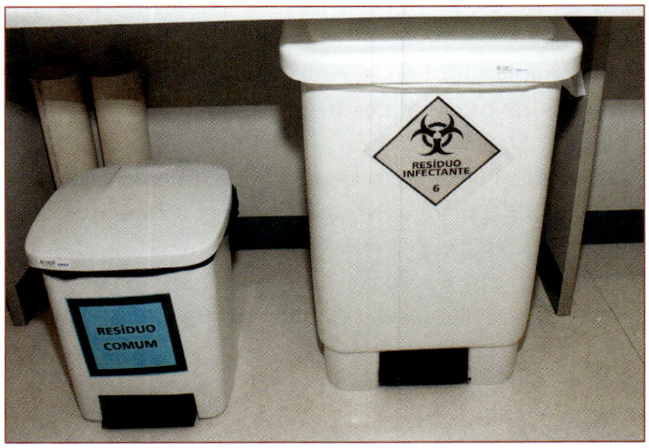

Figura 5. Lixeiras para resíduo comum e para resíduo infectante.

Figura 6. Lixeiras para resíduos anatômicos (tecidos humanos ou de animais).

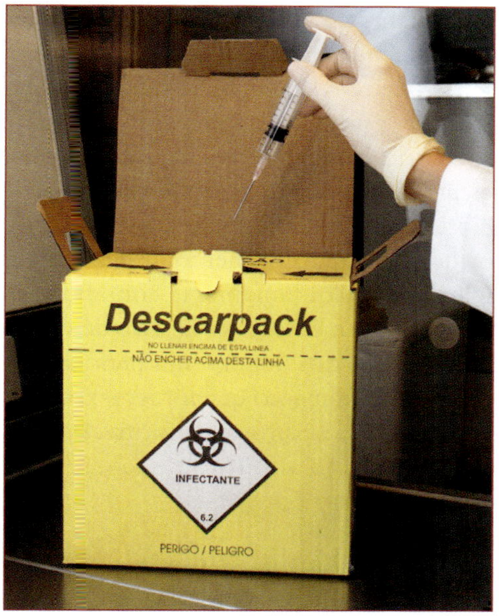

Figura 7. Descarte de material perfurocortante.

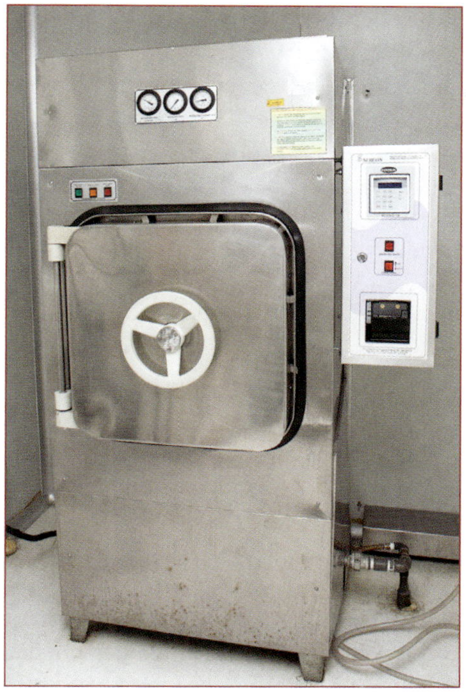

Figura 8. Autoclave.

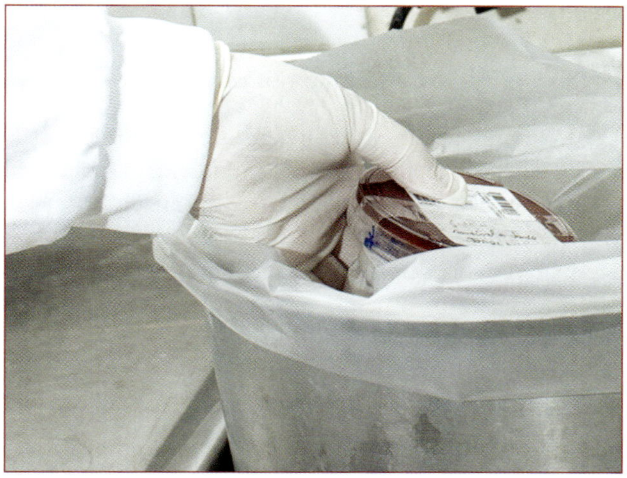

Figura 9. Recipiente para autoclavação de resíduo infectante.

Todas as culturas e materiais contaminados devem ser autoclavados em embalagens à prova de vazamento, ou seja, em sacos plásticos resistentes à autoclavação (Figura 9).

Após a autoclavação, o resíduo biológico deve ser colocado em saco branco com símbolo de infectante, colocado em lixeiras também identificadas, e posteriormente transportados em carrinho específico e identificado como RSS (Figura 10) até o local de armazenamento externo.

Incineração é o método de escolha para o tratamento definitivo de resíduo infectante, principalmente para carcaças de animais de laboratório, de preferência após autoclavação. Para o tratamento definitivo e a disposição final dos resíduos infectantes, deve ser seguida a legislação vigente.

Resíduos biológicos não infecciosos

Os resíduos biológicos não infecciosos são: material de laboratórios de pesquisa e ensino (placas e/ou frascos de cultura de tecidos, placas de Petri, tubos de centrífuga, tubos de ensaio, pipetas, frascos etc.) que não estejam contaminados com nenhum dos resíduos biológicos indicados na categoria de infecciosos. São recolhidos em recipientes resistentes identificados como resíduo comum (Figura 5).

Resíduos biológicos misturados com produtos químicos perigosos

O componente infeccioso (ou potencialmente infeccioso) de resíduos misturados com produtos químicos perigosos deve ser inativado, se possível, antes de ser encaminhado ao gestor de saúde para eliminação de resíduos químicos e materiais perigosos.

Devem ser tomadas as precauções para evitar geração e liberação de produtos químicos tóxicos durante o processo de inativação. Em geral, a autoclavagem não é recomendada. Consultar gestores de materiais químicos perigosos para orientação sobre produtos químicos específicos. Resíduos químicos devem ser segregados, armazenados, rotulados e manuseados de acordo com as exigências descritas no "Guia de gerenciamento de resíduos químicos".

Figura 10. Transporte de resíduo infectante.

Acidentes com produtos ou resíduos biológicos

Em situações de acidentes envolvendo resíduos biológicos, devem ser tomadas medidas imediatas para reduzir o dano causado ao profissional e ao ambiente. A seguir, são indicados alguns procedimentos que podem auxiliar no atendimento do profissional em situação de acidente.

Material biológico espirrado nos olhos

1. Lavar imediatamente com água fluindo suavemente, potável, por pelo menos 15 minutos. Usar colírio de emergência para fazer isso, se disponível.
2. Manter o olho aberto para assegurar-se que a lavagem foi eficaz por trás das pálpebras. O funcionário deve fazer movimento ocular lado a lado e de cima para baixo durante a lavagem.
3. Retirar as lentes de contato.
4. Fazer relatório de incidente para o supervisor.
5. Procurar atendimento médico para o respingo de materiais perigosos para os olhos.

Respingo de resíduo biológico no corpo

1. Retirar a roupa contaminada.
2. Lavar a área exposta com sabão e água por 5 minutos.
3. Colocar a roupa contaminada em um saco de risco biológico vermelho para a descontaminação.
4. Preparar relatório de incidente para a supervisor e para o agente de segurança biológica.
5. Consultar o médico, se necessário.

Capacitação e treinamentos

Todos os funcionários que lidam com resíduos biológicos devem ser treinados em relação a segregação apropriada, manuseio, embalagem, rotulagem, armazenamento e tratamento de resíduos biológicos. Devem existir cursos de reciclagem anual, que é altamente recomendada. O treinamento pode ser realizado por meio do programa de formação especializada, informalmente no ambiente de laboratório, ou por meio de programas formais criados pelos departamentos ou divisões. Os registros do setor de treinamento devem ser mantidos para cada empregado, juntamente com um esboço do programa de treinamento. Os registros de treinamento devem ser conservados durante um período de 3 anos ou o próprio departamento que fornecer o treinamento deverá manter o(s) registro(s) de formação.

CONSIDERAÇÕES FINAIS

A orientação geral deste capítulo baseia-se não só no consenso de normas, resoluções e legislações nacionais vigentes, mas também na literatura nacional e internacional publicada por especialistas da área.

O autocontrole, a atenção e o bom-senso são indispensáveis durante os procedimentos, ao lado de vigilância e supervisão apropriadas. Sem a aplicação de práticas seguras, baseadas na informação e em sua compreensão, não há equipamentos ou procedimentos que, por si só, sejam capazes de garantir a segurança.

De acordo com a advertência do pesquisador Dr. J. E. M. Whitehead, "o principal elemento de segurança biológica consiste em absorver e sedimentar os procedimentos microbiológicos corretos por todos os que trabalham na área de saúde".

REFERÊNCIAS BIBLIOGRÁFICAS

1. Brasil. Ministério da Saúde. Classificação de risco dos agentes biológicos. 2. ed. Brasília: Ministério da Saúde; 2011. Disponível em: <http://www2.fcfar.unesp.br/Home/CIBio/ClassificRiscoBiologico.pdf>. Acesso em: 28 abr. 16.
2. Grist NR. Manual de biossegurança. São Paulo: Santos; 1995.
3. Hirata MH, Hirata RDC, Mancini Filho J. Manual de biossegurança. 2. ed. Barueri: Manole; 2012.
4. Pike RM. Laboratory-associated infections: incidence, fatalities, causes and prevention. Annu Rev Microbiol. 1979;33:41-66.
5. Harper GJ. Contamination of the environmental by special purpose centrifuges used in clinical laboratories. J Clin Pathol. 1981;34:1114-23.
6. Brasil. Ministério do Trabalho. Riscos biológicos. Guia técnico. Os riscos biológicos no âmbito da Norma Regulamentadora n. 32. Brasília: Ministério do Trabalho; 2008.
7. Cox CS. The aerobiological pathway of micro-organism. Chester, Nova York, Brisbane, Toronto: J Wiley & Sons; 1987.
8. Errinton FP, Powell EO. A cyclone separator for aerosol sampling in the field. J Hyg Camb. 1969;67:387-99.

9. Krause J, McDonnell G, Riedesel H. Biodecontamination of animal rooms and heat-sensitive equipment with vaporized hydrogen peroxide. Contemp Top Lab Anim Sci. 2001;40:18-21.
10. Benbough JE, Hambleton P. Structural, organizational and functional changes associated with envelopment of bacterial sampled from aerossols. In: Hers JF, Winkler KC, editors. Fourth International Symposium on Aerobiology. Oosthoeck: Ultrecht, The Znetherlands; 1973. p.135-7.
11. Zimmerman NJ, Reist PC, Turner AG. Comparison of two biological aerosol sampling methods. Appl Environ Microbiol. 1987;53(1):99-104.
12. May KR, Harper GJ. The efficiency pf various liquid impingers in bacterial aerosols. Br J Ind Med. 1957;14:187-97.
13. Andersen A. New sampler for the collection, sizing and enumeration of viable airbone particles. J Bact. 1958;76:471-84.4.
14. Centers for Disease Control and Prevention (CDC). Atlanta: The Centers for Disease Control and Prevention; [updated 2009]. Disponível em: <http://www.cdc.gov/hicpac/pubs.html>. Acesso em: 28 abr. 2016.
15. Wedum AG, Barkley WE, Hellman A. Handling of infectious agents. J Am Vet Med Assoc. 1972;161(11):1557-67.
16. Rusnak JM, Kortepeter M, Ulrich R, Poli M, Boudreau E. Laboratory exposures to Staphylococcal enterotoxin B. Emerg Infect Dis. 2004;10:1544-9.
17. Reid DD Incidence of tuberculosis among workers in medical laboratories. Br Med J. 1957;(5035):10-4.
18. Richmond JY, Knudsen RC, Good RC. Biosafety in the clinical mycobacteriology laboratory. Clin Lab Med. 1996;16:527-50.
19. Ferreira JA. Resíduos de laboratório. In: Biossegurança: uma abordagem multidisciplinar. Rio de Janeiro: Fiocruz; 1998. p.191-208.
20. Knapp JE Battisti DL. Chlorine dioxide. In: Block S, editor. Di infection, sterilization, and preservation. 5. ed. Philadelphia: Lippincott Williams & Wilkins; 2001. p.215-27.
21. Vesley D, Lauer J, Hawley R. Decontamination, sterilization, disinfection, and antisepsis. In: Fleming DO, Hunt DL, editors. Laboratory safety: principles and practices. 3. ed. Washington, DC: ASM Press; 2001. p.383-402.
22. Favero M, Bond W. Chemical disinfection of medical surgical material. In: Block S, editor. Disinfection, sterilization, and preservation. 5. ed. Philadelphia: Lippincott Williams & Wilkins; 2001. p.881-917.
23. Spaulding EH. Chemical disinfection and antisepsis in the hospital. J Hosp Res. 1972;9:5-31.
24. Brasil. Agência Nacional de Vigilância Sanitária (Anvisa). Segurança do paciente em serviços de saúde: limpeza e desinfecção de superfícies. Brasília: Anvisa; 2010. 116p. Disponível em: <http://www.paulinia.sp.gov.br/downloads/Manual+Limpeza+e+Desinfeccao+WEB_ANVISA>. Acesso em: 28 abr. 2016.
25. Fink R, Liberman DF, Murphy K, Lupo D, Israeli E. Biological safety cabinets, decontamination or sterilization with paraformaldehyde. Am Ind Hyg Assoc J. 1988;49:277-9.
26. Rotter ML. Arguments for alcoholic hand desinfection. J Hosp Infect. 2001;48(Suppl A):S4-S8.
27. São Paulo. Secretaria de Estado da Saúde. Centro de Vigilância Epidemiológica. Divisão de Infecção Hospitalar. Uso do glutaraldeído em unidades de saúde. Junho 2004.
28. Graziano KU. Processos de limpeza e desinfecção de artigos odonto-médico-hospitalares e cuidados com o ambiente cirúrgico. In: Lacerda RA. Controle de infecção em centro cirúrgico: fatos, mitos e controvérsias. São Paulo: Atheneu; 2003.
29. Miyagi F, Timenetsky J, Alterthum F. Avaliação da contaminação bacteriana em desinfetantes de uso domiciliar Rev Saúde Pública. 2000;34(5):444-8.
30. Brasil. Ministério da Saúde. Agência Nacional de Vigilância Sanitária (Anvisa). Curso básico de controle de infecção hospitalar caderno C – métodos de proteção anti-infecciosa. Brasília: Anvisa; 2007. Disponível em: <http://www.ccih.med.br/Caderno%20C.pdf>. Acesso em: 28 abr. 2016.
31. Brasil. Conselho Nacional de Meio Ambiente (Conama). Resolução n. 358, de 29 de abril de 2005. Gestão de resíduos e produtos perigosos. Disponível em: <http//:www.mma.gov.br/port/conama/.../CONAMA_RES_CONS_2005_358.pdf>. Acesso em: 28 abr. 2016.
32. Brasil. Ministério da Saúde. Agência Nacional de Vigilância Sanitária (Anvisa). Regulamento técnico sobre diretrizes gerais para procedimento e manejo de resíduos de serviços de saúde. RDC n. 306, de 07 de dezembro de 2004. Disponível em: <http://e-legis.anvisa.gov.br/leisref/public/showAct.php>. Acesso em: 28 abr. 2016.
33. Brasil. Ministério da Saúde. Agência Nacional de Vigilância Sanitária (Anvisa). Manual de gerenciamento de resíduos de serviços de saúde. Brasília: Ministério da Saúde; 2010. Disponível em: <http://www.anvisa.gov.br/servicosaude/manuais/manual_gerenciamento_residuos.pdf>. Acesso em: 28 abr. 2016.

capítulo 5

Biossegurança e gestão de produtos químicos

Patricia Busko Di Vitta
Ricardo Pinheiro de Souza Oliveira

INTRODUÇÃO

O manejo adequado de produtos químicos em laboratórios, bem como de seus resíduos, é uma premissa para a segurança pessoal, patrimonial e para a preservação do meio ambiente. Os profissionais envolvidos na manipulação de produtos químicos devem ser treinados com frequência, tanto para iniciá-los em novas tarefas quanto para reciclar seus conhecimentos.

Nas edições anteriores, este capítulo, então intitulado "Manuseio de produtos químicos e descarte de seus resíduos", abordava diversos aspectos relacionados à rotina de trabalho com produtos químicos.

Nesta revisão, buscou-se reorganizar e ampliar tais aspectos, de modo que as informações serão apresentadas na sequência em que um produto químico é introduzido em um laboratório, em analogia ao ciclo de vida desses produtos. Assim, trechos originais da primeira edição deste manual foram mantidos, mas inicialmente serão abordados temas relacionados à segurança na manipulação de produtos químicos, imprescindíveis para o trabalho em laboratório, como: classificação de perigos do Sistema Globalmente Harmonizado para Classificação e Rotulagem de Produtos Químicos (GHS); fontes de informação sobre segurança; fontes de perigo em atividades experimentais, prevenção e proteção na manipulação de produtos químicos, entre outras. A seguir, serão enfocados aspectos relacionados à aquisição e ao armazenamento de produtos químicos. Por fim, as etapas do gerenciamento de resíduos gerados na manipulação desses produtos serão apresentadas, quais sejam: levantamento, minimização, segregação, acondicionamento, rotulagem, armazenamento, tratamentos, transporte e disposição final, respeitando-se a legislação vigente.

SEGURANÇA NO MANUSEIO DE PRODUTOS QUÍMICOS

Para trabalhar com produtos químicos em condições seguras, faz-se necessário conhecer suas propriedades e os perigos envolvidos em sua manipulação. Antes de iniciar um procedimento experimental, deve-se, portanto, buscar tais informações, para que se possam adotar todas as medidas de controle necessárias para evitar acidentes e impactos ambientais. Cabe ressaltar que essas informações devem incluir os métodos de tratamento e/ou disposição de resíduos e rejeitos gerados durante o procedimento experimental a ser realizado.

Classificação GHS de perigos de produtos químicos

Os passos iniciais para o uso seguro de produtos químicos incluem a identificação e a comunicação dos perigos intrínsecos desses produtos. Atualmente, é preciso utilizar a classificação e os elementos de comunicação de perigo do GHS.

GHS é o acrônimo para *Globally Harmonized System of Classification and Labelling of Chemicals*[1]. Este sistema, projetado para promover o uso seguro de produtos químicos ao longo de todo o seu ciclo de vida, estabelece categorias de perigo com base em critérios previamente definidos, considerando apenas as propriedades intrinsecamente perigosas das substâncias. A legislação brasileira prevê que os elementos do GHS sejam adotados nos locais de trabalho. Assim, aqueles que manipulam produtos químicos devem ser treinados para reconhecer critérios de perigo, rótulos, pictogramas e palavras de atenção, entre outras informações[2].

O GHS classifica os perigos das substâncias químicas em físicos, à saúde e ao meio ambiente. No Quadro 1, estão listadas as diferentes classes de perigos segundo o GHS. Cabe lembrar que estas classes ainda podem ser subdivididas em categorias.

Deve-se mencionar que, para o GHS, gás é uma substância ou mistura que, a 50°C, tem uma pressão de vapor maior que 300 kPa, ou é completamente gasoso a 20°C sob uma pressão-padrão de 101,3 kPa. Já um líquido é uma substância ou mistura que não é um gás e tem um ponto de fusão ou ponto inicial de fusão de 20°C ou menos sob uma pressão-padrão de 101,3 kPa. Por fim, um sólido é uma substância ou mistura que não se encaixa nas definições de líquido e de gás.

É importante lembrar, também, que existem vias de exposição que devem ser conhecidas para a adoção de medidas que minimizem a exposição aos perigos à saúde. São elas: digestiva, respiratória, cutânea, ocular e por injeção (ver Capítulo 11, "Riscos ocupacionais por exposição aos agentes químicos").

Periculosidade dos íons mais comuns

Certos íons oferecem maiores riscos de acidentes porque, além de sua periculosidade, são mais frequentes nas atividades laboratoriais e industriais. Por isso, a divulgação constante de suas características nocivas e dos métodos de tratamento para neutralização desses efeitos torna-se essencial para diminuir os riscos à saúde e ao meio ambiente.

Nos Quadros 2 e 3, são mostrados alguns ânions e cátions e, respectivamente, suas características de periculosidade e os agentes de precipitação para os que são passíveis de serem inertizados dessa forma[3].

FONTES DE INFORMAÇÃO SOBRE PRODUTOS QUÍMICOS

Informações a respeito de produtos químicos podem ser encontradas em diversas fontes, como em catálogos, em manuais como o *Handbook of chemistry & physics*[4], o *Merck index*[5] ou o "Manual de produtos químicos da Companhia Ambiental do Estado de São Paulo" (Cetesb)[6], que pode ser consultado pelo número estabelecido pela Organização das Nações Unidas (n. ONU), nome ou sinônimo do produto, na ficha de informações de segurança de produto químico (FISPQ) ou no próprio rótulo do produto.

Ficha de informações de segurança de produtos químicos

A FISPQ é um documento obrigatório para a comercialização de substâncias químicas e suas misturas. Esta ficha deve ser confeccionada conforme a Norma da Associação Brasileira de Normas Técnicas (ABNT) NBR 14725-4[7], que define numeração e sequência de suas seções, quais sejam:

1. Identificação do produto e do fornecedor.
2. Identificação de perigos.
3. Composição e informações sobre ingredientes.
4. Medidas de primeiros socorros.
5. Medidas de combate a incêndios.

Quadro 1. Classes de perigos de acordo com o GHS

Classes de perigos		
Físico	**À saúde**	**Ao meio ambiente**
Explosivos	Toxicidade aguda	Perigoso para o ambiente aquático
Gases, líquidos, sólidos e aerossóis inflamáveis	Corrosão/irritação da pele	Toxicidade aquática aguda
Gases oxidantes e gases sob pressão	Danos/irritação séria nos olhos	Toxicidade aquática crônica
Substâncias autorreativas e autoaquecíveis	Sensibilização respiratória ou dérmica	Potencial de bioacumulação
Líquidos e sólidos pirofóricos	Mutagenicidade em células germinativas	Degradabilidade rápida
Substâncias que, em contato com a água, emitem gases inflamáveis	Carcinogenicidade	
Líquidos e sólidos oxidantes	Toxicidade à reprodução	
Peróxidos orgânicos	Toxicidade sistêmica em órgão-alvo – exposição única e exposição múltipla	
Corrosivo aos metais	Perigoso por aspiração	

Quadro 2. **Grau de periculosidade dos ânions mais comuns**

Íon	Característica	Precipitar com	Íon	Característica	Precipitar com
Amida ou amideto	Inflamável, explosivo		Hidroperóxido	Oxidante, explosivo	
Arsenato	Tóxico	Cobre, ferro	Hidrogenossulfeto	Tóxico	
Arsenito	Tóxico	Chumbo	Hipoclorito	Oxidante	
Azida	Explosivo, tóxico		Iodato	Oxidante, explosivo	
Boroidreto	Inflamável		Nitrato	Oxidante	
Bromato	Oxidante, explosivo		Nitrito	Tóxico, oxidante	
Clorato	Oxidante, explosivo		Perclorato	Oxidante, explosivo	
Cromato	Tóxico, oxidante		Permanganato	Tóxico, explosivo	
Cianeto	Tóxico		Peróxido	Oxidante, explosivo	
Ferricianeto	Tóxico	Ferro (II)	Persulfato	Oxidante	
Ferrocianeto	Tóxico	Ferro (III)	Selenato	Tóxico	Chumbo
Fluoreto	Tóxico	Cálcio	Seleneto	Tóxico	Cobre
Hidreto	Inflamável		Sulfeto	Tóxico	

Quadro 3. **Grau de periculosidade dos cátions mais comuns**

Muito tóxico	Precipitar com	Pouco tóxico	Precipitar com
Antimônio	OH^{-1}, S^{-2}	Alumínio	OH^{-1}
Arsênio	S^{-2}	Bismuto	OH^{-1}, S^{-2}
Bário	OH^{-1}, S^{v2}	Cálcio	OH^{-1}, S^{-2}
Berilo	OH^{-1}	Cério	OH^{-1}
Cádmio	OH^{-1}, S^{-2}	Césio	
Crômio (III)	OH^{-1}	Cobre	OH^{-1}
Chumbo	OH^{-1}, S^{-2}	Estrôncio	
Cobalto (II)	OH^{-1}	Estanho	OH^{-1}, S^{-2}
Gálio	OH^{-1}	Ferro	OH^{-1}, S^{-2}
Germânio	OH^{-1}, S^{-2}	Ítrio	OH^{-1}
Háfnio	OH^{-1}	Lantanídeos	OH^{-1}
Índio	OH^{-1}, S^{-2}	Lítio	
Irídio	OH^{-1}, S^{-2}	Magnésio	OH^{-1}
Manganês	OH^{-1}, S^{-2}	Molibdênio (IV)	
Mercúrio	OH^{-1}, S^{-2}	Nióbio	OH^{-1}
Níquel	OH^{-1}, S^{-2}	Ouro	OH^{-1}, S^{-2}
Ósmio (IV)*	OH^{-1}, S^{-2}	Paládio	OH^{-1}, S^{-2}
Platina (II)	OH^{-1}, S^{-2}	Potássio	
Prata	Cl^{-1}, OH^{-1}, S^{-2}	Rubídio	
Rênio (VII)	S^{-2}	Sódio	
Ródio (III)	OH^{-1}, S^{-2}	Tântalo	OH^{-1}
Rutênio (III)	OH^{-1}, S^{-2}	Titânio	OH^{-1}
Selênio	OH^{-1}	Zinco	OH^{-1}, S^{-2}
Tálio	OH^{-1}, S^{-2}	Zircônio	OH^{-1}
Telúrio	OH^{-1}	Escândio	OH^{-1}
Tungstênio		Vanádio	OH^{-1}, S^{-2}

* Óxido de ósmio forma compostos extremamente tóxicos e voláteis.

6. Medidas de controle para derramamentos acidentais.
7. Manuseio e armazenamento.
8. Controle de exposição e proteção individual.
9. Propriedades físico-químicas.
10. Estabilidade e reatividade.
11. Informação toxicológica.
12. Informação ecológica.
13. Considerações sobre tratamento e disposição.
14. Informações sobre transporte.
15. Regulamentações.
16. Outras informações.

Assim, uma vez que a FISPQ traz uma série de dados sobre produtos químicos, incluindo os relativos a medidas de proteção e recomendações de ações em emergência e descarte, deve ser utilizada como fonte de consulta para propiciar um ambiente de trabalho seguro.

RÓTULOS DE PRODUTOS QUÍMICOS

A elaboração de um rótulo de produto químico deve seguir o estabelecido na norma ABNT NBR 14.725-3 – Produtos químicos – Informações sobre segurança, saúde e meio ambiente, Parte 3: Rotulagem[8], que visa a estabelecer critérios para a inclusão das informações de segurança no rótulo de produto químico perigoso, de acordo com o sistema de classificação do GHS. Assim, um rótulo deve trazer a identificação do produto, sua composição química, pictogramas de perigo, palavras de advertência e frases de perigo, além de outras informações. O GHS adota nove pictogramas em forma de losango, com bordas vermelhas e símbolos pretos (Figura 1).

Outros pictogramas podem estar presentes em rótulos, como o símbolo de risco adotado pelo Hazardous Material Information System (HMIS) da National Fire Protection Association (NFPA) dos Estados Unidos. Como exemplo, tem-se o diagrama de Hommel ou diamante do perigo, que é considerado muito simples, informativo e de rápido entendimento (Figura 2)[9]. Entretanto, deve-se ressaltar que este pictograma tem como objetivo facilitar o atendimento a um incêndio ou emergência e não deve ser o único elemento de comunicação de perigo em um rótulo de produto químico. No Quadro 4, são apresentados os significados das cores e os números da etiqueta.

OUTRAS FONTES DE PERIGO EM ATIVIDADES EXPERIMENTAIS

Incompatibilidade de produtos químicos

Além de conhecer as propriedades e os perigos das substâncias químicas, é importante lembrar que muitas são incompatíveis. Incompatibilidade química pode ser definida como uma característica inerente às substâncias que, quando em contato com outras, reagem entre si de maneira indesejada e descontrolada, resultando em

Figura 1. Pictogramas adotados pelo GHS.

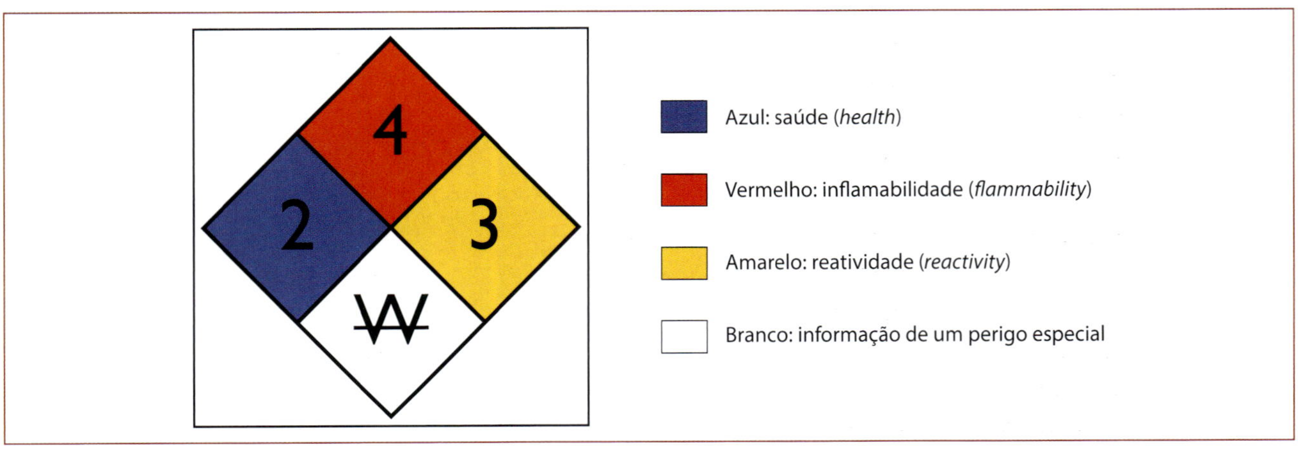

Figura 2. Etiqueta NFPA – diagrama de Hommel.

Quadro 4. Significado da cor e dos números da etiqueta

	AZUL – saúde	VERMELHO – Flamabilidade	AMARELO – reatividade	BRANCO – risco especial
4	Mortal – morte por exposição breve	Ponto de fulgor < 22,7°C e ponto de ebulição < 37,7°C – gases ou vapores que se inflamam facilmente	Pode detonar – pode explodir em condições normais de pressão e temperatura	• Agente oxidante – OXY • Ácido – ACID • Álcalis – ALK • Corrosivo – COR • Reação com água – W • Radioativo – símbolo de radiação
3	Extremamente perigoso – sérios ferimentos por exposição curta	Ponto de fulgor < 37,7°C – líquidos ou sólidos que se inflamam sob condições de temperatura ambiente	Explosiva – pode explodir quando aquecida ou em contato com água	
2	Perigoso – ferimento ou incapacitação temporária por exposição intensa ou continuada	Ponto de fulgor < 93,3°C – precisa de aquecimento para se inflamar	Instável – reage violentamente com alta temperatura, pressão ou água	
1	Pequeno risco – irritação ou pequenos ferimentos por exposição	Ponto de fulgor > 93,3°C – precisa de muito aquecimento para se inflamar	Normalmente estável – instável sob alta temperatura e/ou pressão	
0	Ausência de perigo – não oferece riscos à saúde, mesmo combustível	Não é inflamável	Estável – não provoca reações violentas	

explosão ou produção de gases altamente tóxicos ou inflamáveis.

Desse modo, substâncias incompatíveis devem ser separadas, mesmo que isso possa representar alto custo em decorrência da enorme quantidade de produtos existentes. Por exemplo, a separação por classes do tipo inflamáveis com inflamáveis, oxidantes com oxidantes, redutores com redutores e ácidos fortes com ácidos fortes, entre outras, é sempre possível e, com certeza, diminui significativamente os riscos de acidentes graves, como explosões, incêndios, intoxicações e outros.

Os Quadros 5 e 6 apresentam exemplos clássicos de incompatibilidade de substâncias químicas e fornecem subsídios fundamentais para esse trabalho de separação[10].

Na Figura 3, são mostradas a compatibilidade de materiais perigosos e as consequências que podem ser esperadas quando ocorre mistura de determinadas substâncias incompatíveis[11].

Quadro 5. Incompatibilidade de algumas substâncias

Substância	Incompatível com
Acetileno	Cloro, bromo, flúor, cobre, prata, mercúrio e compostos
Acetona	Misturas de ácidos sulfúrico e nítrico concentrados e peróxido de hidrogênio
Ácido acético	Ácido crômico, ácido perclórico, peróxidos, permanganatos, ácido nítrico e etilenoglicol
Ácido crômico	Ácido acético, naftaleno, cânfora, glicerol, terebentina, álcool e outros líquidos inflamáveis
Ácido hidrociânico	Ácido nítrico e álcalis
Ácido fluorídrico anidro, fluoreto de hidrogênio	Amônia (aquosa ou anidra)
Ácido nítrico concentrado	Ácido cianídrico, anilinas, óxidos de cromo VI, sulfeto de hidrogênio, líquidos e gases inflamáveis, ácido acético e ácido crômico
Ácido oxálico	Prata e mercúrio
Ácido perclórico	Anidrido acético, álcoois, bismuto e suas ligas, papel e madeira
Ácido sulfúrico	Cloratos, percloratos, permanganatos e água
Alquil alumínio	Água
Amônia anidra	Mercúrio, cloro, hipoclorito de cálcio, iodo, bromo e ácido fluorídrico
Anidrido acético	Compostos que contêm hidroxil, como etilenoglicol e ácido perclórico

(continua)

Quadro 5. **Incompatibilidade de algumas substâncias** ***(continuação)***

Substância	Incompatível com
Anilina	Ácido nítrico e peróxido de hidrogênio
Azida sódica	Chumbo, cobre e outros metais
Bromo e cloro	Benzeno, hidróxido de amônio, benzina de petróleo, hidrogênio, acetileno, etano, propano, butadienos e pós-metálicos
Carvão ativado	Dicromatos, permanganatos, ácido nítrico, ácido sulfúrico e hipoclórico de cálcio
Cloro	Amônia, acetileno, butadieno, butano, outros gases de petróleo, hidrogênio, carbeto de sódio, terebentina, benzeno e metais finamente divididos
Cianetos	Ácidos e álcalis
Clorato de potássio	Ácidos (ver também cloratos)
Cloratos e percloratos	Sais de amônio, ácidos, metais em pó, matérias orgânicas particuladas e combustíveis
Cloro	Amoníaco, acetileno, hidrogênio, benzina e outras frações de petróleo
Cobre metálico	Acetileno, peróxido de hidrogênio e azidas
Dióxido de cloro	Amônia, metano, fósforo, sulfeto de hidrogênio
Flúor	Isolado de tudo
Fósforo	Enxofre, compostos oxigenados, cloratos, percloratos, nitratos e permanganatos
Fósforo (branco)	Ar e oxigênio
Halogênios	Amoníaco, acetileno e hidrocarbonetos
Hidrazina	Peróxido de hidrogênio, ácido nítrico e outros oxidantes
Hidrocarbonetos (butano, propano e outros)	Ácido crômico, flúor, cloro, bromo e peróxidos
Iodo	Acetileno, hidróxido de amônio e hidrogênio
Líquidos inflamáveis (álcoois, cetonas e éteres)	Ácido nítrico, nitrato de amônio, óxido de cromo VI, peróxidos, flúor, cloro, bromo e hidrogênio
Mercúrio	Acetileno, ácido fulmínico e amônia
Metais alcalinos e alcalinos terrosos, tais como sódio, potássio, lítio, magnésio, cálcio e alumínio em pó	Dióxido de carbono, tetracloreto de carbono e outros hidrocarbonetos clorados (também é proibido o uso de água, espuma e extintores químicos secos sobre fogo envolvendo esses metais)
Nitrato de amônio	Ácidos, pós metálicos, líquidos inflamáveis, cloretos, enxofre e compostos orgânicos em pó
Nitrato de sódio	Nitrato de amônio e outros sais de amônio
Nitroparafinas	Bases inorgânicas e aminas
Óxido de cálcio	Água
Óxido de cromo VI	Ácido acético, glicerina, benzina de petróleo, líquidos inflamáveis e naftaleno
Oxigênio	Óleos, graxas, hidrogênio, líquidos, sólidos e gases inflamáveis
Pentóxido de fósforo	Água, álcool e bases fortes
Perclorato de potássio	Ácidos (ver também ácido perclórico)
Permanganato de potássio	Glicerina, etilenoglicol, ácido sulfúrico e benzaldeído
Peróxido de hidrogênio	Álcoois, anilina, cobre, cromo, ferro, líquidos inflamáveis, sais metálicos, compostos orgânicos em pó, nitrometano e metais em pó
Peróxido de sódio	Ácido acético, anidrido acético, benzaldeído, etanol, metanol, etilenoglicol, acetatos de metila e etila e furfural
Prata metálica e sais de prata	Acetileno, ácido tartárico, ácido oxálico e compostos de amônio
Sódio	Ver metais alcalinos
Sulfeto de hidrogênio	Ácido nítrico fumegante e gases oxidantes

Quadro 6. Inter-relação entre substâncias incompatíveis

Número	Grupo químico	Incompatível com os grupos químicos representados pelos números listados na primeira coluna
1	Ácidos inorgânicos	2-8, 10, 11, 13, 14, 16-19, 21-23
2	Ácidos orgânicos	1, 3, 4, 7, 14, 16-19, 22
3	Cáusticos	1, 2, 5, 7, 8, 13-18, 20, 22, 23
4	Aminas e aminas alifáticas	1, 2, 5, 7, 8, 13-18, 23
5	Compostos halogenados	1, 3, 4, 11, 14, 17
6	Álcoois, glicóis e éteres glicólicos	1, 7, 14, 16, 20, 23
7	Aldeídos	1-4, 6, 8, 15-17, 19, 20, 23
8	Cetonas	1, 3, 4, 7, 19, 20
9	Hidrocarbonetos saturados	20
10	Hidrocarbonetos aromáticos	1, 20
11	Olefinas	1, 5, 20
12	Óleos derivados do petróleo	20
13	Ésteres	1, 3, 4, 19, 20
14	Monômeros e ésteres polimerizáveis	1-6, 15, 16, 19-21, 23
15	Fenóis	3, 4, 7, 14, 16, 19, 20
16	Alquil óxidos	1-4, 6, 7, 14, 15 ,17-19, 23
17	Cianidrinas	1-5, 7, 16, 19, 23
18	Nitrilas	1-4, 16, 23
19	Amônia	1-2, 7, 8, 13-17, 20, 23
20	Halogênios	3, 6-15, 19, 21, 22
21	Éteres	1, 14, 20
22	Fósforo elementar	1-3, 20
23	Anidridos ácidos	1, 3, 4, 6, 7, 14, 16-19

Fontes de perigos em operações usuais de laboratórios

Em relação ao uso de produtos químicos, há de se considerar, ainda, os perigos advindos das condições experimentais, como as que envolvem condições extremas de temperatura ou pressão. Por exemplo, assim como com superfícies quentes, o contato com nitrogênio líquido ou com gelo seco pode causar queimaduras. Trabalhos experimentais realizados sob vácuo ou sob pressão também podem levar a acidentes. Outro ponto importante envolve operações com tubos de vidro quando moldados ou passados por rolhas de cortiça ou borracha.

PREVENÇÃO E PROTEÇÃO NO MANUSEIO DE PRODUTOS QUÍMICOS

Várias medidas devem ser adotadas a fim de minimizar a possibilidade de acidentes e contaminações em laboratórios onde se trabalha com produtos químicos, como: usar equipamentos de proteção; conhecer mapas de risco do local de trabalho; ter treinamento em práticas de trabalho seguras e outras medidas de prevenção e proteção.

Equipamentos de proteção

Uma vez que se conhecem os perigos envolvidos na atividade experimental, torna-se necessário preparar proteções contra eles, com o uso de equipamentos de proteção coletiva (EPC) e/ou individual (EPI) adequados, conforme o indicado na Seção 8 da FISPQ – "Controle de exposição e proteção individual". Mais informações sobre tais artigos podem ser encontradas no Capítulo 3, "Equipamentos de proteção individual e coletiva".

Mapa de risco

Mapa de risco é uma representação gráfica que relaciona os riscos presentes em um determinado local. Para a confecção desses mapas, são considerados cinco tipos de risco, quais sejam: (1) físico; (2) químico; (3) biológico; (4) ergonômico e (5) de acidentes. Cada risco é representado por uma cor, respectivamente verde, vermelho, marrom, amarelo e azul. O nível de risco,

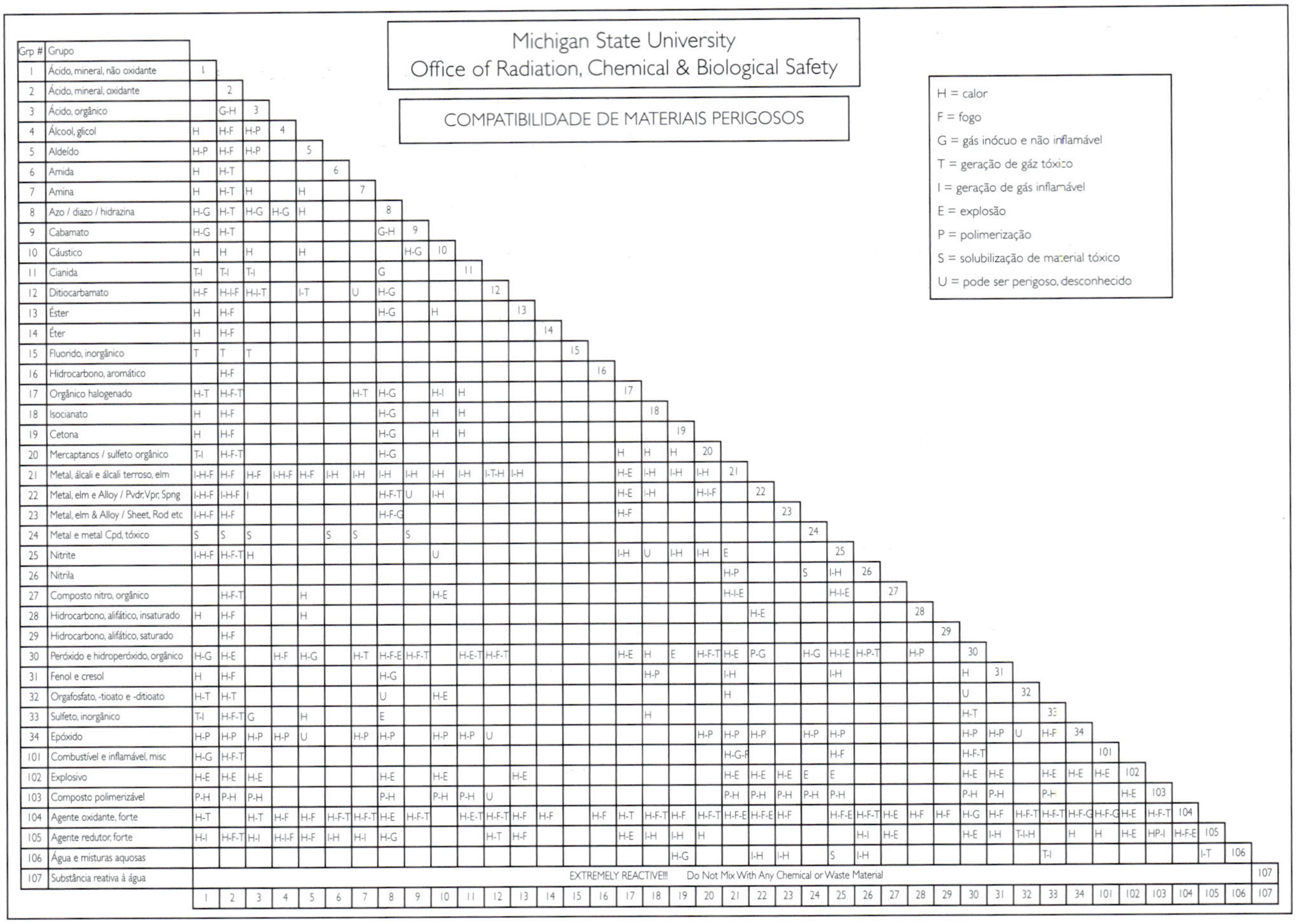

Figura 3. Diagrama de compatibilidade entre produtos químicos (adaptado[11]).

que pode ser pequeno, médio ou grande, é indicado por círculos de três tamanhos. Mais informações sobre este tema podem ser encontradas no Capítulo 2, "Biossegurança em laboratórios". A leitura do mapa de risco do local de trabalho auxilia na prevenção de acidentes.

Treinamento em práticas seguras

Todos os que trabalham no laboratório e o utilizam devem ser treinados quanto à responsabilidade diante da preservação do meio ambiente e da saúde pública[12]. Recomenda-se que:

- Os usuários do laboratório monitorem todas as atividades realizadas neste ambiente, registrando todo o material que é utilizado e gerado em cada atividade desenvolvida.
- Os usuários do laboratório estejam conscientes de que o descarte e a prevenção da poluição devem fazer parte da prática experimental.
- Seja oferecido treinamento para os usuários do laboratório quanto a métodos seguros de manuseio, armazenamento e descarte de materiais, a fim de prevenir o desperdício e acidentes como vazamentos, derramamentos e quebra de frascos e evitar a formação de mais resíduos a serem descartados.
- Exista uma equipe de segurança treinada para situações de emergência, como derramamentos, explosões, fogo e acidentes pessoais.

Regras de segurança em laboratórios

Existe uma série de princípios de segurança e de comportamento que devem ser obedecidos na realização de atividades experimentais. Todo experimento deve ser detalhadamente planejado. Além disso, o laboratório deve ser limpo e organizado. Procedimentos operacionais padrão (POP) devem ser conhecidos e mantidos atualizados. Regras relativas a organização, planejamento, realização, monitoramento, registro e relatos devem ser respeitadas. Tais regras são conhecidas como boas práticas de laboratório (BPL). A seguir, serão descritas algumas recomendações gerais que devem ser adotadas em laboratórios:

- Ler o rótulo antes de abrir uma embalagem ou um frasco.
- Ter conhecimento sobre o produto e as medidas de segurança específicas.

- Seguir rigorosamente as instruções dos rótulos e das FISPQ de cada produto químico.
- Usar sempre equipamento de proteção, por mais simples que a operação possa parecer.
- Tomar cuidado durante a manipulação e o uso de substâncias químicas perigosas, utilizando métodos que reduzam o risco de inalação, ingestão e contato com pele, olhos e roupas.
- Considerar o perigo de reações entre substâncias.
- Verificar se a substância é realmente a desejada. Algumas substâncias químicas se degradam com o tempo, formando elementos de maior periculosidade. Outras podem absorver umidade e não serem mais reativas.
- Sempre manipular substâncias de alta periculosidade na presença de um profissional qualificado e capacitado.
- Fechar muito bem as embalagens após o uso.
- Lavar as mãos e as áreas expostas regularmente.
- Procurar atendimento médico imediatamente no caso de ser afetado por substâncias tóxicas.
- Não utilizar a boca para sopros, desentupimento de recipientes ou pipetagem.
- Não modificar dosagens e não substituir reagentes por conta própria.
- Não comer, beber, fumar, conversar ou se distrair de nenhuma forma durante a manipulação de materiais perigosos.
- Não utilizar a roupa usada na área de risco em outros ambientes. Lavá-la com frequência ou descartá-la como resíduo químico em caso de contaminação.
- Não utilizar fones de ouvido durante a permanência no laboratório.
- Não utilizar aparelhos e instrumentos contaminados.

Comportamento em situações de acidente

Ainda que todas as medidas de precaução tenham sido tomadas, é possível a ocorrência de acidentes durante a manipulação de produtos químicos. Assim, é importante conhecer e seguir os procedimentos corretos para o atendimento a esses acidentes. Medidas de primeiros socorros, de combate a incêndios e de controle para derramamentos acidentais podem ser encontradas na FISPQ, respectivamente nas Seções 4, 5 e 6.

Medidas gerais de atendimento incluem aviso às pessoas próximas ao local do acidente, remoção de fontes de ignição e ventilação do local. Derramamentos maiores podem exigir evacuação, isolamento e interrupção do fornecimento de energia no local do sinistro. Como medida de precaução, podem-se manter no laboratório *kits* de emergência para o atendimento a acidentes, compostos de sacos e baldes plásticos, caixas, absorvedores químicos e EPI, além de outros itens que se façam necessários. Em qualquer caso de derramamento, é importante lembrar que os materiais utilizados na descontaminação e o produto derramado são considerados resíduos e, portanto, devem ser acondicionados adequadamente para posterior tratamento ou disposição.

Primeiros socorros

Caso ocorra derramamento de produtos perigosos sobre o corpo de um indivíduo, deve-se remover a roupa sob o chuveiro de emergência. Na maioria dos casos, as áreas atingidas devem ser lavadas abundantemente com água corrente por, pelo menos, 15 minutos. Não se deve esfregar a área, fazer neutralizações ou aplicar creme ou outros produtos. Algumas substâncias químicas podem ser tratadas com antídotos, mas seu uso deve ser indicado e supervisionado por um médico. Deve-se procurar atendimento médico imediatamente, levando a FISPQ das substâncias envolvidas no acidente. No Brasil, existem diversos centros de assistência toxicológica, conhecidos como Ceatox, que fornecem informações sobre ações em casos de exposição a substâncias tóxicas. Devem estar disponíveis no laboratório os telefones e os endereços do Ceatox mais próximo.

Derramamento de solventes

Os compostos orgânicos devem ser cuidadosamente armazenados e manuseados, por apresentarem características que os tornam bastante perigosos. Alguns solventes orgânicos, além de altamente inflamáveis, formam misturas explosivas com o ar atmosférico. Entre eles, os mais comuns são benzeno, etanol, metanol, tolueno, éter etílico, acetona e nitrobenzeno.

Tetracloreto de carbono, tricloroeteno e clorofórmio, embora não inflamáveis, liberam fumos altamente tóxicos quando aquecidos[13].

É preciso estar sempre alerta para o potencial carcinogênico dos seguintes organoclorados: clorofórmio, tetracloreto de carbono, tricloroetileno, tetracloroetileno, 1,2-dicloroetano, 1,1,2,2-tetracloroetano[14].

Alguns produtos tóxicos agem de modo imediato sobre certo órgão ou tecido do organismo, produzindo alterações que desaparecem quando o agente é afastado. Um novo contato determina a repetição das alterações e assim por diante. Essa característica permite estabelecer a relação dose/resposta tóxica.

Os agentes carcinogênicos agem de forma diferente, determinando uma ação permanente em certo número de células e, à medida que novas doses se adicionam, mais alterações surgem, até o aparecimento de uma área neoplásica. Desse modo, não é possível determinar a dose de um agente químico capaz de induzir à formação de tumores.

Diante de tais fatos, todas as precauções possíveis devem ser tomadas em relação a esses agentes químicos de alto risco. Para os pequenos acidentes de laboratório, algumas providências imediatas podem ser adotadas a fim de resolver a situação emergencial e evitar maiores danos.

Em caso de pequenos derramamentos de acetato de etila, acetona, benzeno, etanol, éter etílico, metanol, nitrobenzeno, piridina, sulfeto de carbono, tolueno e xileno, deve-se absorver o solvente com um material inerte, como areia seca, terra seca, vermiculita, bentonita (areia sanitária ou higiênica), absorvedor químico ou ainda uma mistura 1:1:1 de carbonato de sódio ou cálcio, bentonita e areia seca. A massa resultante deve ser colocada em um recipiente adequado para posteriormente ser enviada para incineração. Em nenhum caso, deve-se utilizar serragem ou jogar o solvente na rede de esgoto. Em caso de pequenos focos de fogo, extintores de gás carbônico ou pó químico seco podem ser utilizados. Alguns cuidados devem ser tomados no caso de fogo em metanol e sulfeto de carbono, já que a combustão desses materiais pode liberar monóxido de carbono, além de formaldeído e SO_2, respectivamente.

As mesmas providências podem ser adotadas no caso de pequenos derramamentos ou focos de fogo com substâncias organocloradas, como clorofórmio, diclorometano, tetracloreto de carbono e tricloroeteno. No caso do *p*-diclorobenzeno, pequenos derramamentos devem ser tratados umedecendo-se o material com água para reduzir a poeira no ar e recolhendo-o em embalagem adequada para posteriormente ser enviado para incineração. Cuidados adicionais devem ser tomados, já que a combustão de solventes clorados pode liberar fosgênio, além de gás clorídrico nos casos de *p*-diclorobenzeno, diclorometano e tricloroeteno e de monóxido de carbono nos casos de diclorometano e tricloroeteno.

Para todos os solventes citados, após a retirada do material absorvente, o local deve ser lavado com muita água e detergente biodegradável.

Outros derramamentos

Em caso de vazamento ou derramamento de produto químico, é necessário identificar o produto e os riscos envolvidos, bem como o material que deve ser utilizado para conter, inertizar ou limpar o derramamento. Podem ser aplicados bentonita, vermiculita, absorvedores químicos constituídos de microfibras de polipropileno, à base de turfa desidratada, ou aqueles obtidos a partir de rochas. Papéis, tecidos e serragens não devem ser utilizados. Em caso de derramamento de mercúrio metálico, jamais usar aspirador de pó doméstico para recolhê-lo. Espalhar enxofre ou zinco em pó sobre o local e remover os sólidos após formação de amálgama. Cobre metálico também pode ser utilizado. Caso seja possível recolher mercúrio metálico vivo, este deve ser acondicionado, sob selo d'água, em recipiente tampado e apropriado para posterior tratamento e disposição.

Princípio de incêndio

Em caso de incêndio, é importante manter a calma. Se possível, deve-se retirar quaisquer materiais inflamáveis do local e desligar a chave geral de energia elétrica. Focos de fogo localizados em recipientes podem ser facilmente controlados se forem tampados, de forma a impedir a entrada de ar. Focos envolvendo materiais pirofóricos, como sódio ou potássio metálico, não podem ser extintos com água, mas sim com pó químico. Quando não for possível controlar o fogo, deve-se evacuar o local, acionar o alarme de incêndio e chamar a Brigada de Incêndio ou o Corpo de Bombeiros (para acionar o Corpo de Bombeiros, ligar para 193).

AQUISIÇÃO DE PRODUTOS QUÍMICOS

A reposição de materiais no laboratório deve ser feita obedecendo-se a alguns critérios[12]. Assim, é importante:

- Manter um cadastro dos principais fornecedores.
- Manter o controle de estoque atualizado.
- Verificar a possibilidade de manter uma rede de informações, de modo que possa ocorrer um intercâmbio de produtos químicos entre os diversos laboratórios da instituição.
- Comprar o produto químico em falta somente após verificar que ele não está disponível em nenhum outro laboratório.
- Comprar apenas o necessário para a utilização em atividades a serem desenvolvidas em um período determinado.
- Aceitar doações apenas em quantidade absolutamente necessária, conhecidas e de materiais em condições de uso e dentro do prazo de validade.
- Disponibilizar as sobras de reagentes para evitar vencimento do prazo de validade.
- Fornecer ao setor competente dados para relatórios referentes a produtos controlados pela Polícia Civil e Federal e pelo Ministério do Exército.

ARMAZENAMENTO DE PRODUTOS QUÍMICOS

O armazenamento de substâncias químicas classificadas como perigosas requer atenção, treinamento e boas condições de trabalho. Há procedimentos que podem ser considerados gerais para promover a minimização dos riscos ao meio ambiente e à saúde pública, assim como há procedimentos específicos com os mesmos objetivos.

Apesar da aparência segura das embalagens dos produtos químicos, é preciso ter sempre em conta a alta periculosidade de muitos dos materiais ali contidos e as condições adversas de transporte a que foram submetidos, como altas temperaturas, choques, vibrações e outras, que podem ter provocado imperfeições nas embalagens que estão em contato direto com os produtos e possibilitar vazamentos; estes, por sua vez, podem provocar acidentes, já que as substâncias químicas quase sempre possuem alguma característica de periculosidade (corrosiva, oxidante, inflamável e outra).

Nas áreas de estocagem ou armazenamento, também estão sempre presentes os riscos de acidentes que podem expor os produtos, colocá-los em contato e possibilitar a liberação de seus potenciais de periculosidade. Assim é importante a separação das substâncias incompatíveis, conforme indicado nos Quadros 5 e 6.

Produtos químicos devem ser armazenados em frascos apropriados devidamente rotulados de modo permanente. É importante substituir ou providenciar a substituição imediata de rótulos ilegíveis ou danificados. É importante, também, conhecer o ponto de fulgor dos produtos inflamáveis (ponto de fulgor ou ponto de inflamação é a menor temperatura na qual um combustível libera vapor em quantidade suficiente para formar uma mistura inflamável por uma fonte externa de calor. O ponto de fulgor não é suficiente para que a combustão seja mantida).

Segundo a NR 20, de 1978, os líquidos podem ser classificados como: combustível, classe III, quando tiverem ponto de fulgor igual ou superior a 70°C e inferior a 93,3°C; inflamável, classe II, quando tiverem ponto de fulgor compreendido entre 37,7°C e 70°C; e inflamável, classe I, quando tiverem ponto de fulgor abaixo de 37,7°C[15].

Produtos da classe I só podem estar presentes no local de trabalho armazenados em recipientes com capacidade de até 0,5 L. A quantidade não pode ultrapassar 5 L. Produtos com tendência à formação de peróxidos (éter etílico, tetra-hidrofurano – THF, dioxano e outros) devem ser submetidos a processos de eliminação de peróxidos antes da utilização, especialmente antes de serem destilados. Metais alcalinos, hidretos e amidas metálicas só podem ser manipulados em estrita ausência de água. Banhos de água ou vapor são proibidos. Derrames desses produtos (incluindo mercúrio) devem ser imediatamente eliminados. Os metais alcalinos podem reagir explosivamente com solventes halogenados. No trabalho com hidrogênio, é obrigatório verificar a ausência de fugas, a fim de eliminar a formação de misturas hidrogênio-ar explosivas (> 6% H_2).

Os produtos químicos não devem ser estocados de forma aleatória ou por ordem alfabética, mas sim respeitando as compatibilidades químicas, conforme o apresentado nos Quadros 5 e 6. A legislação específica deve ser seguida, quando aplicável. Como procedimentos gerais para armazenamento, recomenda-se:

- Estocar materiais em quantidade suficiente para um período de atividade devidamente programado.
- Optar por locais descobertos para carga e descarga.
- Conter, em áreas bem ventiladas e protegidas de temperaturas extremas, fontes de ignição, água, energia elétrica, luz, radiações e vibrações, sem obstruir portas, circulação, iluminação, elevadores, saídas de emergências, extintores e outros.
- Estocar em local com sinalização de risco equipado com instalações elétricas à prova de explosão, extintores adequados e *kits* para conter possíveis derramamentos.
- Adotar instalações resistentes ao fogo e às substâncias a serem armazenadas. Escolher piso não escorregadio e prateleiras largas, resistentes e seguras. O peso do material estocado deve ser compatível com a capacidade de carga calculada para piso e prateleiras. As pilhas de materiais devem ficar a pelo menos 50 cm de distância entre si e das laterais do prédio e a pelo menos a 1 m das luminárias.
- Isolar produtos inflamáveis, explosivos, cancerígenos e mutagênicos com odor agressivo e de toxicidade aguda. Cancerígenos, mutagênicos e tóxicos fatais devem estar em armário especial, trancado e devidamente sinalizado. Produtos com odor agressivo devem estar em armários equipados com exaustor. Inflamáveis devem ser acondicionados em armários específicos para tal.
- Utilizar embalagens secundárias de segurança para os produtos de maior periculosidade e/ou em grandes volumes. Evitar o contato de recipientes ou embalagens de composições diferentes.
- Evitar a estocagem de materiais perigosos em posição muito alta em relação ao piso.
- Armazenar caixas com produtos líquidos com o fecho voltado para cima.
- Instalar cilindros de gás distante de outros materiais perigosos, em local seguro, fora das áreas de circulação, coberto e bem ventilado. Cilindros devem estar fixos por corrente e com capacete se não estiverem sendo utilizados.
- Promover identificação com rotulagem adequada de todos os produtos químicos estocados.
- Não armazenar embalagens diretamente em contato com o piso.

- Nunca colocar tambores ou baldes verticalmente sobre outros que estejam em posição horizontal.
- Nunca armazenar produtos químicos em geladeiras de uso doméstico.
- Não fumar em áreas de estocagem de produtos químicos.

Instalações de armazenamento e seus estoques de produtos químicos necessitam ser periodicamente inspecionados. Oxidantes, peróxidos, solventes, ácidos minerais fortes, metais alcalinos e substâncias peroxidáveis merecem atenção especial. Substâncias vencidas e/ou em deterioração devem ser imediatamente eliminadas. Embalagens deterioradas precisam ser substituídas assim que encontradas. Neste caso, verificar a compatibilidade do produto a ser contido com o material da embalagem a ser utilizada. Transcrever adequadamente as informações do rótulo na troca de embalagem.

O acesso a um almoxarifado de reagentes deve ser controlado, de modo que apenas pessoas autorizadas podem transitar por este local. O fracionamento de produtos dentro destas áreas deve ser evitado, mas, se isso for estritamente necessário, deve-se executá-lo em ambiente ventilado, de modo que os frascos receptores não fiquem completamente cheios e utilizando equipamentos adequados para o procedimento (bandejas, sifões, espátulas, suportes, EPI e outros). Embalagens vazias resultantes desta operação deverão ser prontamente eliminadas como resíduo.

Quando materiais precisarem ser retirados do almoxarifado de reagentes, o transporte deve ser efetuado com cuidado, fazendo-se uso de equipamentos adequados (carros, caixas, materiais amortecedores de choques, embalagens secundárias de proteção e outros).

GESTÃO DE RESÍDUOS QUÍMICOS

Desde a década de 1990, houve uma evolução da consciência e da atuação em busca de melhor utilização de materiais e da gestão adequada de resíduos perigosos nos setores industrial e acadêmico, como consequência da maior atuação dos órgãos ambientais estaduais. Neste tópico, serão abordados aspectos legais e as principais etapas relativas ao gerenciamento de resíduos químicos.

Legislação e normatização

A Política Nacional de Resíduos Sólidos (PNRS)[16], estabelecida pela Lei n. 12.305, de 2 de agosto de 2010, define resíduos sólidos como

> material, substância, objeto ou bem descartado resultante de atividades humanas em sociedade, a cuja destinação final se procede, se propõe proceder ou se está obrigado a proceder, nos estados sólido ou semissólido, bem como gases contidos em recipientes e líquidos cujas particularidades tornem inviável o seu lançamento na rede pública de esgotos ou em corpos d'água, ou exijam para isso soluções técnica ou economicamente inviáveis em face da melhor tecnologia disponível.

Esta mesma lei também adota o termo rejeitos, que são: "resíduos sólidos que, depois de esgotadas todas as possibilidades de tratamento e recuperação por processos tecnológicos disponíveis e economicamente viáveis, não apresentem outra possibilidade que não a disposição final ambientalmente adequada". Para a PNRS, os resíduos podem ser classificados de acordo com sua origem ou por sua periculosidade.

Em relação à origem, os resíduos podem ser domiciliares, de limpeza urbana, sólidos urbanos, de estabelecimentos comerciais e prestadores de serviços, dos serviços públicos de saneamento, industriais, da construção civil, agrossilvopastoris, de transportes, de mineração e de serviços de saúde.

Os serviços de saúde (dentro dos quais alguns setores do ensino e da pesquisa se enquadram) são regulamentados em relação aos seus resíduos pela classificação adotada e baseada na Resolução n. 358, de abril de 2005, do Conselho Nacional do Meio Ambiente (Conama)[17] e pela Resolução RDC n. 306, de dezembro de 2004, da Agência Nacional de Vigilância Sanitária (Anvisa)[18]. Essas resoluções dividem os resíduos em grupos, quais sejam:

- Grupo A – resíduos biológicos ou contaminados por agentes biológicos.
- Grupos B – resíduos químicos ou contaminados por químicos perigosos.
- Grupo C – rejeitos radioativos.
- Grupo D – resíduos comuns.
- Grupo E – materiais perfurocortantes.

Para decidir se um resíduo é ou não perigoso, adota-se a NBR 10.004, publicada em 2004 pela ABNT[19]. Esta norma define e classifica os resíduos sólidos quanto aos seus riscos potenciais ao meio ambiente e à saúde pública, para que possam ser adequadamente gerenciados. A NBR 10.004 estabelece, ainda, os critérios de classificação e os códigos para a identificação dos resíduos de acordo com suas características. A classificação dos resíduos envolve a identificação do processo ou atividade que lhes deu origem e de seus constituintes e características, além da comparação desses constituintes com listagens de resíduos e substâncias cujo impacto à saúde e ao meio ambiente é conhecido. Segundo a NBR 10.004, os resíduos classificam-se em:

- Classe I – perigosos.
- Classe II – não perigosos.
- Classe II A – não inertes.
- Classe II B – inertes.

Competem ao Setor de Vigilância Sanitária das Secretarias de Saúde estaduais ou municipais (Vigilância Sanitária) e aos órgãos de meio ambiente e limpeza pública o cumprimento, a divulgação e a orientação dessa Resolução. Na prática, o órgão de limpeza pública recusa-se a executar os serviços de coleta diante de uma irregularidade e comunica à Vigilância Sanitária para autuação do infrator. Observa-se então que, para enquadramento e aplicação da lei, deve-se utilizar sempre a normatização mais restritiva, que é, portanto, a municipal, seguida da estadual e, por fim, a federal.

Ainda quanto a essa classificação, as normas da ABNT servem para embasamento tanto para a aplicação da lei quanto para a defesa dos infratores, sem, entretanto, força de lei ou de resolução.

No caso das instituições de ensino e pesquisa, é necessário o conhecimento das duas classificações (NBR 10.004 da ABNT e Resoluções n. 358 do Conama e n. 306, da Anvisa), já que são utilizados reagentes e produtos classificados como perigosos que geram resíduos também perigosos, perfeitamente enquadrados na classe I, e já que também há a geração de resíduos de saúde característicos da atividade hospitalar, nesse caso regulamentada pelo Conama e pela Anvisa.

Os resíduos e os rejeitos de aulas experimentais também devem ser tratados adequadamente[20]. Os critérios e as concentrações máximas de poluentes permitidas em efluentes líquidos industriais (nas quais se incluem as atividades desenvolvidas em laboratórios de ensino e de pesquisa) para lançamento no sistema coletor público de esgoto sanitário estão descritos pela norma NBR 9.800, de abril de 1987[21], pelas Resoluções Conama n. 357, de 17 de março de 2005[22] e n. 430, de 13 de maio de 2011[23] e, em São Paulo, pelo Decreto do Estado (DE) n. 8.468, de 08 de setembro de 1976[24].

A título de ilustração, no caso da cidade de São Paulo, onde o trabalho de coleta dos resíduos de serviços de saúde (RSS) funciona adequadamente, o gerenciamento fica a cargo do Departamento de Limpeza Urbana (Limpurb) do município. Este órgão executa o trabalho de modo rotineiro e disciplinado por normas preestabelecidas (baseadas na Resolução n. 358 do Conama), e os casos especiais também devem ser tratados de forma especial (p. ex., a coleta de um lote de medicamentos inadequados para consumo).

A coleta é feita por empresas concessionárias, e o órgão se reserva o direito de não coletar os resíduos de estabelecimentos que não cumprirem as determinações e normas em vigor e se propõe a comunicar o órgão ambiental competente, o Centro de Vigilância Sanitária e o Ministério Público, para efeito do cumprimento da lei específica e aplicação das sanções cabíveis.

De particular interesse para o setor farmacêutico são os medicamentos vencidos, adulterados ou inapropriados para consumo. Neste caso, eles são considerados resíduos químicos do grupo B, segundo a Resolução Conama n. 358, de 29 de abril de 2005, a Resolução Conjunta SS/SMA/SJDC n. 1, de 29 de junho de 1998[25], e a Norma Cetesb P4.262[26], de dezembro de 2007 do Estado de São Paulo, e devem ser tratados de forma adequada antes de serem descartados. No Estado de São Paulo, deve-se ainda obedecer às determinações da norma técnica sobre gerenciamento de resíduos perigosos de medicamentos em serviços de saúde, Portaria CVS n. 21, de 10 de setembro de 2008. Aspectos práticos, técnicos e legais do gerenciamento de resíduos químicos farmacêuticos em indústrias e laboratórios foram discutidos e podem ser de interesse para geradores deste tipo de resíduos[27,28].

A prefeitura da cidade de São Paulo pretende criar, por meio do Projeto de Lei n. 176/11, o Programa Municipal de Medicamentos Vencidos, com a finalidade de conscientizar a população a descartar tais medicamentos em local apropriado.

Diante do assombroso número de milhões de substâncias químicas conhecidas, das quais cerca de 130 mil oferecem algum tipo de periculosidade e pouco mais de 200 apresentam método do descarte adequado, outras entidades, conselhos e sindicatos também atuam para colaborar com a diminuição de riscos por meio da melhoria na segurança química, sempre com base nas normas da ABNT.

Deve-se mencionar que a insalubridade das atividades e operações em ambientes industriais, de ensino e de pesquisa é definida pela Norma Regulamentadora n. 15 (NR 15)[29], publicada pelo Ministério do Trabalho e Emprego, em 06 de julho de 1978, e constantemente atualizada.

Existem inúmeras normas técnicas, normas regulamentadores e leis que contemplam o exposto, publicadas nas esferas federal, estadual e municipal. O Capítulo 10 faz um arrazoado dessas regulamentações, e ressalta-se que é obrigação do gerador de resíduos acompanhar novas publicações e atualizações da legislação.

Gerenciamento de resíduos químicos

O gerenciamento de materiais classificados como perigosos depende de um programa bem definido, que seja claro em seus objetivos e de entendimento e funcionamento simples.

A divulgação dos objetivos, dos trabalhos realizados e dos progressos alcançados deve ser precisa, frequente e ter linguagem acessível. O cronograma das atividades também tem de ser planejado e prático, sobretudo em relação aos dias de coleta e ao cumprimento das etapas estabelecidas.

É importante não deixar pendências, principalmente resposta a um problema específico ou disposição adequada de um material perigoso disponibilizado para descarte ou reciclagem.

O gerenciamento de resíduos é um trabalho que se torna cada vez mais importante. Por isso, o trabalho de esclarecimento e sensibilização, somado à praticidade e à objetividade, é fundamental para a implantação e o bom funcionamento dessa tarefa para o meio ambiente e para a saúde pública.

Etapas de gerenciamento de resíduos

Levantamento ou inventário de resíduos químicos

Deve-se realizar um levantamento dos resíduos que serão gerados em todos os processos, realizados rotineiramente ou não em cada laboratório, que envolvam produtos químicos. Para um levantamento completo, é necessário conhecer todos os reagentes que serão utilizados, as soluções que serão preparadas, as possíveis sobras destas operações e os componentes presentes nestas sobras, sem esquecer-se das reações que ocorreram durante as atividades experimentais. Além disso, também é importante realizar um levantamento de todos os produtos químicos existentes no laboratório e em almoxarifados, isto é, fazer um inventário para saber quais produtos químicos estão disponíveis na instituição e em que quantidade.

Algumas recomendações devem ser seguidas quando da realização do inventário:

- O produto deve ser catalogado por seu nome completo e número CAS (número com um registro único no banco de dados do *Chemical Abstracts Service*). Misturas devem ser catalogadas com informações sobre seus componentes e concentrações.
- Antes de remover um frasco, observar o rótulo do produto e verificar as propriedades físicas e as recomendações de segurança para a manipulação do material.
- Frascos de produtos químicos com rótulos em boas condições e dentro do prazo de validade devem ser cadastrados com o maior número possível de informações.
- Frascos sem rótulo, com identificação precária ou com propriedades físicas diferentes das descritas na literatura devem ser manuseados com cuidado, pois podem conter peróxidos ou materiais explosivos. Além disso, precisam ser armazenados para posterior identificação e descarte.
- Frascos com substâncias explosivas, como picratos, azidas ou ácido pícrico seco, entre outras, devem ser manipulados com cuidado e por uma pessoa devidamente treinada e protegida[30].
- Frascos com substâncias que podem ser explosivas após o prazo de validade, como estireno, acetato de vinila ou butadieno, entre outras, devem ser manipulados com cuidado e por uma pessoa devidamente treinada e protegida.
- Frascos com substâncias que possuem riscos elevados de formação de peróxidos nos processos de concentração por exposição ao ar durante estocagem, como dioxano, éter isopropílico, potássio metálico e tetra-hidrofurano, entre outras, devem ser manipulados com cuidado e por uma pessoa devidamente treinada e protegida.
- As quantidades devem ser estimadas em unidades de volume ou peso e não por frascos.
- Os prazos de validade devem ser anotados e respeitados. Assim, frascos de produtos químicos com prazos de validade vencidos precisam ser armazenados para posterior descarte, e frascos de produtos com vencimento próximo devem ser selecionados para utilização imediata.
- O inventário deve ser atualizado sempre que um produto for comprado, utilizado ou enviado para tratamento ou disposição.
- Recipientes com vazamentos devem ser substituídos ou reembalados.

Minimização de geração de resíduos químicos

Minimizar resíduos significa adotar qualquer ação para reduzir a quantidade ou a periculosidade de um resíduo antes de seu tratamento ou disposição final.

A minimização pode ser efetuada na origem, quando um determinado resíduo deixa de ser gerado, por exemplo, pela adoção de controles de estoques, de aquisições e de práticas corretas de manipulação, por alterações de processos, pela diminuição da escala de trabalho ou ainda pela substituição de reagentes. A minimização também pode ser alcançada pelo reaproveitamento de resíduos, via reúso ou reciclagem. A adoção de medidas de minimização é uma exigência legal que deve constar de Planos de Gerenciamento de Resíduos, sejam de saúde, sejam sólidos, conforme resoluções da Anvisa, do Conama e da PNRS[16-18].

Programa de intercâmbio de produtos químicos perigosos

Nas instituições, deve ser organizado um programa para estabelecer intercâmbio entre usuários que façam uso de materiais químicos perigosos. Assim, evita-se que resíduos químicos sejam gerados pela deterioração ou pelo vencimento de reagentes.

Segregação de resíduos químicos

A segregação de resíduos tem como finalidade garantir a reutilização, a reciclagem e a segurança no manuseio. Os resíduos devem ser segregados na origem, de acordo com alguns critérios. O primeiro deles leva em consideração a periculosidade, definida conforme a norma ABNT NBR 10.004. Assim, resíduos perigosos devem ser segregados dos não perigosos. Um segundo critério a ser considerado é o estado físico. De acordo com este critério, resíduos sólidos, líquidos e gasosos devem ser separados. Além disso, deve-se respeitar a compatibilidade entre os resíduos, de tal modo que resíduos incompatíveis devem ser obrigatoriamente segregados. Por fim, é possível levar em conta o tratamento e o método de disposição final a ser utilizado.

Resíduos químicos podem ser coletados no mesmo recipiente, desde que tenham a mesma periculosidade, o mesmo estado físico e que sejam compatíveis entre si. É muito útil e segura a orientação[31] que propõe a divisão dos resíduos em dois grupos de materiais incompatíveis, A e B, e estabelece as possíveis consequências da mistura dos resíduos químicos do subgrupo A com os do subgrupo B (Quadro 7).

Para a segregação e a contenção de resíduos químicos, pode ser adotada uma classificação[32] que se divide em nove tipos de recipientes rotulados com caracterização detalhada conforme suas características, subdivididas de A a I, de acordo com o Quadro 8.

Quadro 7. Incompatibilidade de resíduos subdivididos nos Grupos A e B, incompatíveis.

GRUPO 1	
Grupo 1-A	**Grupo 1-B**
Acetileno Águas residuárias alcalinas Bases já utilizadas Líquidos alcalinos Produtos de limpeza alcalinos Soluções alcalinas de baterias	Ácidos já utilizados Líquidos de decapagem Lodo ácido Produtos de limpeza Soluções ácidas Soluções ácidas de baterias

GRUPO 2	
Grupo 2-A	**Grupo 2-B**
Alumínio Berílio Cálcio Hidretos metálicos Lítio Magnésio Metais reativos Potássio Sódio Zinco em pó	Qualquer resíduo classificado no grupo 1-A ou grupo 1-B

GRUPO 3	
Grupo 3-A	**Grupo 3-B**
Água Álcoois	Hidretos metálicos Cálcio, lítio, potássio SO_2Cl_2, $SOCl_2$, PCl_3, $SiCl_3$ Resíduos dos grupos 1-A e 1-B

GRUPO 4	
Grupo 4-A	**Grupo 4-B**
Álcoois Aldeídos Compostos orgânicos halogenados Compostos orgânicos nitrogenados Hidrocarbonetos insaturados Solventes orgânicos	Resíduos classificados nos grupos 1-A, 1-B e 2-A

GRUPO 5	
Grupo 5-A	**Grupo 5-B**
Cianetos Sulfetos	Resíduos classificados no grupo 1-B

GRUPO 6	
Grupo 6-A	**Grupo 6-B**
Ácido crômico Ácido nítrico fumegante Ácidos minerais concentrados Cloratos Cloro Hipoclorito Nitratos Oxidantes enérgicos Percloratos Permanganatos Peróxidos	Ácido acético e outros ácidos orgânicos Cloritos Resíduos classificados nos grupos 2-A e 4-A Resíduos inflamáveis e combustíveis

Resíduos dos grupos 1-A e 1-B, quando misturados, podem gerar calor e reações violentas.
Resíduos dos grupos 2-A e 2-B, quando misturados, podem gerar fogo, explosão e gás inflamável (hidrogênio).
Resíduos dos Grupos 3-A e 3-B, quando misturados, podem gerar calor, fogo, exploão, geração de gases inflamáveis e/ou tóxicos.
Resíduos dos Grupos 4-A e 4-B, quando misturados, podem gerar reações violentas, fogo e explosão.
Resíduos dos Grupos 5-A e 5-B, quando misturados, geram gases tóxicos como cianeto de hidrogênio e sulfeto de hidrogênio.
Resíduos dos Grupos 6-A e 6-B, quando misturados, podem gerar reações violentas, fogo e explosão.

Identificação e rotulagem de resíduos químicos

Resíduos químicos devem ser apropriadamente rotulados, conforme o estabelecido na NBR 14.725[8]. No Estado de São Paulo, a Norma Cetesb P4.262, de dezembro de 2007[26], estabelece, para os estabelecimentos de saúde, a adoção de etiquetas que permitam o controle da movimentação do resíduo químico (Figura 4). Rótulos de resíduos devem ser inseridos de forma indelével no frasco coletor, em local de fácil visualização, antes de colocar o resíduo, permitindo o pronto reconhecimento da composição e dos riscos envolvidos na manipulação dos resíduos. Assim, espera-se que um rótulo contenha as informações relacionadas a seguir:

- A inscrição: "Resíduo químico perigoso".
- A composição química do resíduo (nomes das substâncias químicas e não fórmulas, abreviações ou códigos).
- Frases de perigo, palavras de advertência, pictogramas de perigo (prevalecendo o maior risco em caso de misturas).
- Os nomes do responsável e do laboratório gerador.
- Dados sobre o volume armazenado.
- Datas relativas ao armazenamento.
- Número de controle da embalagem.

É importante lembrar que, quando do transporte do resíduo, a NBR 16.725[33] deve ser adotada. Nestes casos, os pictogramas de perigo a serem adotados são os estabelecidos na NBR 7.500[34].

Recipientes de coleta de resíduos

Para coleta e armazenamento de resíduos químicos, é necessário dispor de recipientes confeccionados em material estável e compatível com as características físico-químicas do resíduo e com o método de tratamento ou disposição a ser empregado. Dentro de um laboratório, a capacidade do recipiente deve ser adequada não só à geração diária do resíduo, mas também ao seu transporte, nunca excedendo 20 L. Além disso, os recipientes coletores devem estar perfeitamente vedados, apresentando rótulos com caracterização detalhada de seu conteúdo, conforme explicado anteriormente. Os recipientes também devem ser armazenados sobre bandejas de contenção ou paletes para evitar o espalhamento de seu conteúdo em caso de acidente.

RESÍDUO QUÍMICO PERIGOSO	Nº controle da embalagem
Descrição (composição)	
Nome do estabelecimento	
Setor (origem do resíduo)	
Tipo	Periculosidade
Líquido orgânico Líquido inorgânico Resíduo seco Lodo	Corrosivo Inflamável Reativo Tóxico
Data de início do amazenamento ___/___/___	Quantidade final ____________

Figura 4. Modelo de rótulo de resíduo químico[26].

Quadro 8. Classificação para recipientes coletores de resíduos químicos[32]

Classificação	Resíduo
A	Solventes orgânicos livres de halogênios e substâncias orgânicas em solução
B	Solventes orgânicos que contêm halogênio e substâncias orgânicas em solução. (Atenção: não usar recipientes de alumínio)
C	Resíduos sólidos de produtos químicos orgânicos do laboratório
D	Sais em solução (os conteúdos de tais recipientes devem ser ajustados para pH 6 a 8)
E	Resíduos inorgânicos tóxicos e sais de metais pesados e soluções
F	Compostos inflamáveis tóxicos
G	Mercúrio e resíduos de sais de mercúrio inorgânicos
H	Resíduos de sal metálico (cada metal deve ser coletado separadamente)
I	Sólidos inorgânicos

Há recipientes feitos de diversos materiais, como os de vidro transparente, resistentes ao tempo, ao calor, aos ácidos (exceto HF), às bases e aos solventes. São baratos, não se deformam e resistem bem a pressões internas. Entretanto, não protegem o conteúdo da luz. Já os de vidro colorido protegem o conteúdo da luz, mas são caros, pesados e frágeis. Recipientes de metal não resistem aos ácidos, e o alumínio não resiste ao mercúrio metálico. Porém, têm como vantagem o fato de serem impermeáveis e resistirem a altas temperaturas, sendo adequados para o armazenamento de combustíveis. Recipientes de plástico podem ser permeáveis e são pouco resistentes à temperatura, à luz, a choques e a uma série de produtos químicos. Deve-se ressaltar que existem diversos tipos de plástico e que, portanto, deve-se conhecer a compatibilidade do resíduo com o polímero que constitui o plástico. Por exemplo, o polietileno de alta densidade (PEAD) e o de baixa densidade (PEBD) resistem à maioria dos solventes e soluções pouco ácidas ou pouco básicas, mas podem ser degradados se mantidos sob temperaturas mais elevadas. Já o polipropileno (PP) tem maior resistência ao calor, e o poliestireno (PS) é atacado por solventes orgânicos, pelo calor e se degrada com o passar do tempo, ainda que resista bem a soluções pouco ácidas ou pouco básicas.

No Quadro 9, são apresentadas as principais substâncias utilizadas em serviços de saúde que são incompatíveis com PEAD[18]. Informações sobre compatibilidade de materiais e produtos químicos devem ser pesquisadas antes da escolha de um recipiente[35].

Independentemente do material, alguns cuidados devem ser tomados no reaproveitamento de embalagens. Em primeiro lugar, deve-se ressaltar que tal prática é vedada pelo Ministério do Trabalho para trabalhadores da área da saúde, conforme o item 32.3.3 da NR 32, Portaria MTE n. 485, de 11 de novembro de 2005[36]. Outros trabalhadores podem adotar a prática de reaproveitamento de embalagens, desde que esta seja descaracterizada, isto é, desde que seu rótulo seja completamente removido. Além da remoção do rótulo, deve-se lavar a embalagem, já totalmente exaurida do produto que ela continha, com o solvente mais adequado para a solubilização do produto. Esses solventes devem ser a água ou o etanol. O volume de solvente deve ser de cerca de um quinto do volume total do recipiente. A lavagem deve ser feita por três vezes, e os líquidos resultantes da lavagem são resíduos químicos e devem ser tratados como tal. Embalagens de alimentos, bebidas, medicamentos e produtos de limpeza, entre outras não podem ser reutilizadas, já que não é possível descaracterizá-las.

Armazenamento de resíduos

Armazenamento de resíduos em laboratório

Os resíduos gerados nas atividades diárias não devem ser acumulados por longo período ou em grande quantidade dentro do laboratório. Assim, recomenda-se que uma área delimitada no laboratório seja reservada para o recebimento temporário de resíduos. Neste ambiente, isento de fontes de calor, luz intensa ou água, deve existir apenas um frasco coletor para cada tipo de resíduo, devidamente tampado e rotulado, disposto sobre coletor secundário e separado por compatibilidade. Frascos cheios devem ser imediatamente enviados para tratamento ou para o local de armazenamento externo.

Armazenamento externo de resíduos

É importante lembrar que existem critérios legais para a construção e a operação de abrigos de resíduos. No Estado de São Paulo, a norma Cetesb P4.262 estabelece que um abrigo de resíduos deve[26]:

- Ser construído em alvenaria, fechado, dotado apenas de aberturas dispondo de telas metálicas que possibilitem uma área de ventilação adequada.

Quadro 9. Principais substâncias utilizadas em serviços de saúde que reagem com embalagens de PEAD[18]

Ácido butírico	Cloreto de tionila	*o*-diclorobenzeno
Ácido nítrico	Bromobenzeno	Óleo de canela
Ácidos concentrados	Cloreto de amila	Óleo de cedro
Bromo	Cloreto de vinilideno	*p*-diclorobenzeno
Bromofórmio	Cresol	Percloroetileno
Álcool benzílico	Dietilbenzeno	Solventes bromados e fluorados
Anilina	Dissulfeto de carbono	Solventes clorados
Butadieno	Éter	Tolueno
Ciclo-hexano	Fenol/clorofórmio	Tricloroeteno
Cloreto de etila forma líquida	Nitrobenzeno	Xileno

- Ser revestido internamente (piso e parede) com acabamento liso, resistente, lavável, impermeável e de cor clara.
- Ter porta com abertura para fora, dotada de proteção inferior, dificultando o acesso de insetos e animais.
- Ter piso cônico com declividade preferencialmente para o centro e sistema de contenção que permita o acúmulo de no mínimo 10% do volume total de líquidos armazenados.
- Ter localização que permita facilidade de acesso e operação das coletas interna e externa.
- Possuir placa de identificação, indicando: abrigo de resíduos perigosos, produtos químicos, em local de fácil visualização e sinalização de segurança que identifique a instalação quanto aos riscos de acesso ao local.
- Prever a blindagem dos pontos internos de energia elétrica, quando houver.
- Ter um dispositivo para evitar incidência direta de luz solar.
- Ter sistema de combate a princípio de incêndio por meio de extintores de CO_2 e PQS (pó químico seco).
- Ter *kit* de emergência para os casos de derramamento ou vazamento, incluindo produtos absorventes.

Além disso, é necessário:

- Armazenar os resíduos constituídos de produtos perigosos corrosivos e inflamáveis próximos ao piso.
- Observar as medidas de segurança recomendadas para produtos químicos que podem formar peróxidos.
- Não receber nem armazenar resíduos sem identificação.
- Organizar o armazenamento de acordo com critérios de compatibilidade, conforme indicado na Tabela n. 1 da NBR 12.235[37], armazenamento de resíduos sólidos perigosos, procedimento, segregando os frascos de resíduos em bandejas.
- Manter registro dos resíduos recebidos.
- Manter o local trancado, impedindo o acesso de pessoas não autorizadas.
- A movimentação dos resíduos químicos perigosos deve ser controlada. Por exemplo, no Estado de São Paulo, o órgão ambiental recomenda a adoção de fichas de recebimento (Figura 5) e destinação (Figura 6) de resíduos, que devem ser mantidas em arquivo por um período de 5 anos.

Tratamento de resíduos

Uma grande dificuldade para o responsável pelo tratamento de resíduos perigosos é determinar qual método será eficiente para a inativação de seus resíduos. Existem algumas referências que trazem procedimentos para a destruição de produtos químicos. Entre elas, pode-se citar um guia de disposição de produtos químicos[38], que traz procedimentos específicos descritos detalhadamente. Procedimentos gerais, por classes de substâncias, também são encontrados[39-42]. Especificamente para solventes orgânicos, recomenda-se um manual[43] que apresenta inúmeras informações sobre a recuperação dos principais solventes utilizados em laboratório.

A Cetesb apresenta, em seu *site*, um manual de produtos químicos, constituído de fichas de informações sobre tais produtos[44]. Nessas fichas, pode-se encontrar um item denominado "Neutralização e disposição final", que traz métodos de inativação para diversas substâncias químicas.

As FISPQ trazem um campo específico sobre tratamento de resíduos: o campo 13, "Considerações sobre tratamento e disposição". Assim, as orientações presentes neste campo também devem ser seguidas.

Tratamento de resíduos em laboratório

A geração de resíduos perigosos precisa ser evitada, porém, quando isso não é possível, devem-se buscar meios de minimizar os efeitos nocivos por meio de reutilização, reciclagem ou inativação[45].

É importante mencionar que, quando se opta por efetuar um tratamento de resíduo em laboratório, é necessário, em primeiro lugar, buscar procedimentos específicos para o tratamento do resíduo em questão. Inicialmente, tal procedimento deve ser feito em microescala, a fim de avaliar se é de fato aplicável ao resíduo que se deseja tratar. Uma vez comprovado que o procedimento é eficaz, pequenas quantidades de resíduo podem ser tratadas, sempre e quando se dispuser de infraestrutura e de equipamentos de proteção coletiva e individual.

Para alguns materiais, existem mais de um método de tratamento. Nestes casos, deve-se optar pelo método mais simples e seguro, que promova a completa inativação do resíduo e que empregue equipamentos e reagentes de baixo custo.

Independentemente do método escolhido, é preciso conhecer detalhadamente tanto as reações como os riscos envolvidos no processo. Ao final do tratamento, é imprescindível que se faça um teste que assegure que o tratamento foi efetivo.

Cabe também mencionar que o tratamento de resíduos pode levar à formação de novos resíduos, que também deverão ser tratados antes de seu descarte. Por exemplo, quando se efetua o tratamento de soluções aquosas de fluoreto pela ação de uma base de cálcio, após a remoção de todo o fluoreto restará uma solução aquosa básica, que obrigatoriamente deverá ser neutra-

CETESB/P4.262

Nome do estabelecimento	Ficha de acompanhamento de recebimento

Data do recebimento do resíduo	Quantidade	Descrição (composição)	Periculosidade (vide legenda)	Número de controle da embalagem	Setor de origem	Responsável pela entrega	Responsável pelo recebimento	Identificação da embalagem para destinação

Observações

Legenda
C - corrosivo
I - inflamável
R - reativo
T - tóxico

Figura 5. Ficha de acompanhamento de recebimento de resíduos[26].

CETESB/P4.262

Nome do estabelecimento	Ficha de acompanhamento da destinação

Identificação da embalagem para destinação	Data de saída	Quantidade total descartada	Periculosidade (vide legenda)	Responsável pela entrega	Destinação

Observações

Legenda
C - corrosivo
I - inflamável
R - reativo
T - tóxico

Figura 6. Ficha de acompanhamento de destinação de resíduos[26].

lizada. Assim, a disponibilidade de reagentes para tratamentos subsequentes e fatores econômicos também deverão ser considerados quando da opção por fazer um tratamento no laboratório ou na instituição geradora.

Os processos mais utilizados em laboratório[46] serão descritos a seguir. Cabe lembrar que muitos dos protocolos aqui descritos estão resumidos ou esquematizados e que se deve consultar os procedimentos específicos indicados nas referências anteriormente indicadas. Além disso, é importante lembrar que orientações para descarte em pia ou em rede de esgoto só podem ser seguidas depois de se atestar que os materiais assim descartados atendem aos parâmetros exigidos em lei para a liberação de efluentes.

Métodos físicos

- Destilação: procedimento empregado normalmente para a recuperação de solventes orgânicos advindos de processos como extração, rotoevaporação, lavagem, cromatografia em coluna ou cromatografia líquida de alta eficiência e outros.
- Adsorção: as adsorções por carvão ativado ou por resinas de troca iônica são bastante utilizadas no tratamento de resíduos, especialmente nos constituídos de soluções aquosas de metais pesados, já que os adsorventes retêm íons dissolvidos. Outros adsorventes, como aqueles à base de biomassa, também podem ser utilizados.
- Precipitação física: separação de um sólido que se forma a partir de um soluto em solução por uma mudança física na solução, como resfriamento, evaporação ou alteração da composição do solvente.
- Sedimentação, decantação, filtração e centrifugação: separação de componentes de uma mistura que estão em diferentes fases.

Métodos químicos

- Degradação: processo no qual uma substância é transformada em outra de menor periculosidade. Por exemplo, soluções aquosas de acetonitrila podem ser tratadas com excesso de NaOH a refluxo por 6 horas, gerando acetato de sódio e amônia.
- Eletrólise: método aplicado principalmente na recuperação de metais dissolvidos em solução aquosa pela sua deposição.
- Neutralização: procedimento adotado no tratamento de resíduos ácidos ou básicos, usualmente pela adição de solução aquosa de hidróxidos, carbonatos e bicarbonatos de sódio ou potássio e de solução aquosa de ácido clorídrico ou sulfúrico, respectivamente.
- Oxidação: utilizada no tratamento de resíduos redutores, como sulfitos, cianetos, cetonas, aldeídos, azidas, mercaptanas, hidrazinas e fenóis, que podem ser oxidados a combinações menos tóxicas e menos odoríferas.
- Precipitação química: separação de um sólido que se forma a partir de uma reação. Processo utilizado no tratamento de resíduos constituídos de soluções aquosas de metais pesados, como cádmio, chumbo, cromo, mercúrio, tálio, entre outros. Essas soluções podem ser tratadas com sulfeto ou hidróxido. O precipitado deve ser filtrado e enviado para aterro industrial, caso não possa ser reaproveitado.
- Processos oxidativos avançados: podem ser aplicados no tratamento de resíduos de compostos orgânicos complexos, que são convertidos a moléculas simples pela ação de radicais hidroxila, gerados principalmente na presença de peróxido de hidrogênio ou ozônio e de luz UV. Podem ser utilizados na recuperação de sílica. Os oxidantes mais utilizados são hipoclorito, peróxido de hidrogênio ou permanganato de potássio ($KMnO_4$).
- Redução: método utilizado no tratamento de resíduos oxidantes, como hipocloritos, peróxidos e soluções de metais pesados como cromo VI ou selênio. Os agentes redutores mais utilizados são sulfito, bissulfito ou metabissulfito de sódio ou potássio.

Métodos biológicos

- Biodegradação: processo de tratamento de resíduos pelo uso de microrganismos. Por exemplo, acetato de etila pode ser degradado por fungos ou enzimas, gerando ácido acético e etanol.
- Biossorção: sorção na qual um material biológico (plantas ou microrganismos) é utilizado como sorvente, por exemplo, para reter íons de metais pesados de soluções aquosas.

Tratamento de solventes em laboratório

A recuperação de solventes em escala de laboratório é viável, desde que os resíduos sejam segregados e armazenados de maneira adequada. Assim, podem-se recuperar facilmente os resíduos recolhidos quase puros. Já a recuperação dos resíduos gerados como mistura está condicionada às diferenças de pontos de ebulição dos componentes, às aparelhagens disponíveis, à formação de misturas azeotrópicas e à miscibilidade dos componentes da mistura com outro solvente ou com a variação de temperatura ou, ainda, à possibilidade da destruição de um deles por um agente químico ou biológico.

Classes de solventes usuais de laboratório

A seguir, são apresentadas as principais classes de solventes que são utilizadas rotineiramente em laboratórios. Para cada classe de solvente, são descritos métodos para tratamento externo que podem ser utilizados, caso não seja possível a sua recuperação ou degradação no laboratório.

Éteres

O éter comum ou éter sulfúrico (C_4H_6O) pode ser recolhido em recipiente coletor com outros solventes orgânicos (isentos de água) para tratamento térmico posterior, sempre que não possa ser recuperado. Requer cuidados especiais, pois seu ponto de ebulição (PE) é de 34,5°C, vaporizando com facilidade. Sendo seus vapores mais densos que o ar, eles se acumulam sobre a bancada ou a pia, podendo ocasionar explosões facilmente desencadeadas por chamas, faíscas ou descargas eletrostáticas. Esses vapores podem fixar oxigênio atmosférico, resultando em uma mistura altamente explosiva, de oxigênio e peróxido-di-hidroxietila ($C_4H_6O_4$), formado segundo a equação:

$$C_4H_6O + 3/2\ O_2 \rightarrow C_4\ H_6O_4$$

Ésteres

Quando não puderem ser recuperados, os ésteres podem ser armazenados com outros solventes orgânicos para serem enviados para tratamento térmico.

Álcoois

Vários álcoois, principalmente metanol (CH_3OH), etanol (C_2H_5OH), butanol (C_4H_9OH) e isopropanol (C_3H_9OH), quando descartados diretamente na pia, levam a risco de explosão do vapor na rede de esgotos. Quando não puderem ser recuperados, podem ser armazenados com outros solventes orgânicos para serem enviados para tratamento térmico.

Hidrocarbonetos aromáticos

Os hidrocarbonetos aromáticos são compostos tóxicos de intensidade variável. Benzeno é um líquido volátil (PE: 80°C), tóxico e cancerígeno. O tolueno e os xilenos, considerados menos cancerígenos, também são bastante tóxicos. Devem-se tomar cuidados especiais para evitar a inalação dos vapores de benzeno e seus derivados. O método de descarte recomendado é a estocagem em recipientes coletores apropriados por um curto período de tempo e posterior tratamento térmico à temperatura próxima de 1.000°C, com perfeita identificação para proteção dos operadores. Um grande problema é a mistura de aromáticos com outros solventes em pequenas proporções, impossibilitando sua identificação.

Hidrocarbonetos alifáticos

Os hidrocarbonetos alifáticos podem ser tóxicos por inalação e podem causar narcose. Entre os de uso comum em laboratório (pentano, ciclo-hexano, hexano, ciclo-hexano e n-heptano), o n-heptano é o que apresenta menor risco à saúde, e seu uso tem sido recomendado em substiutição ao n-hexano. O método recomendado para tratamento de hidrocarbonetos é o térmico, quando sua recuperação não for inviável.

Acetonitrila

Resíduos de acetonitrila, quando não puderem ser recuperados, devem ser encaminhados para tratamento térmico ou via processo de oxidação avançada.

Cetonas

Várias cetonas são usadas corriqueiramente em laboratório, sobretudo a acetona, a metilisobutilcetona e a metiletilcetona, a ciclopentanona e a ciclo-hexanona. Resíduos de cetonas, quando não puderem ser recuperados, devem ser encaminhados para tratamento térmico.

Solventes clorados

Solventes clorados são irritantes e tóxicos. Podem causar náusea e tonturas. Seus resíduos, quando não puderem ser recuperados, devem ser queimados na presença de igual volume de carbonato de sódios e hidróxido de cálcio ou ainda em temperaturas mais elevadas que as utilizadas para outros materiais, em incineradores equipados com pós-queimador e lavador de gases. No caso do tetracloreto de carbono, deve-se misturá-lo com vermiculita e depois com as bases secas. O clorofórmio deve ser misturado com outro combustível antes da incineração. Deve-se garantir a combustão completa para evitar a formação de fosgênio.

Procedimentos para reciclagem ou degradação de solventes

Resíduos constituídos de solventes usuais de laboratório, como acetato de etila (PE: 77°C), acetona (PE: 56°C), acetonitrila (PE: 81,6°C), benzeno (PE: 80°C), ciclo-hexano (PE: 80,7°C), clorofórmio (PE: 61°C), diclorometano (DCM) (PE: 40°C), etanol (PE: 78°C), éter etílico (PE: 34,5°C), hexanos (PE: 60-70°C), n-hexano (PE: 69°C), isopropanol (PE: 82°C), metanol (PE: 64°C), tetracloreto de carbono (PE: 76°C), tolueno (PE: 110,6°C) e xileno (PE: 138-144°C), entre outros, quando recolhidos quase puros, podem ser recuperados por destilação sem tratamento prévio (Figura 7) ou após lavagem com água, seguida de secagem sobre $CaCl_2$ ou $MgSO_4$. Preferencialmente, recomenda-se a utilização de destilação fracionada para obtenção de solventes com maior grau de pureza[43,47].

Resíduos de solventes contaminados com compostos de enxofre ou selênio podem ser purificados com o emprego de carvão ativado. Para tanto, são previamente destilados e, em seguida, passam, por gravidade, por meio de uma coluna de vidro repleta sequencialmente de alumina ácida, carvão ativado e KOH[48]. O material eluído é destilado outra vez antes de ser devolvido para reúso.

Resíduos de éter etílico devem estar isentos de peróxido durante sua recuperação, para evitar perigo de explosão na destilação. Assim, recomenda-se adicionar sulfato ferroso ($FeSO_4$), pirogalol ou hidroquinona ao armazenar os resíduos de éter, principalmente se ficarem estocados por muito tempo. Para testar a presença de peróxidos no éter, pode-se fazer o seguinte teste: dissolver 100 mg de iodeto de potássio em 1 mL de ácido acético glacial e adicionar a 1 mL do éter etílico a ser testado. Uma coloração amarela pálida indica baixa concentração de peróxido. Colorações de amarelo intenso a marrom indicam altas concentrações de peróxido na amostra. Para remover peróxidos, deve-se colocar o éter etílico (100 mL) em um funil de separação e agitar com uma solução aquosa de metabissulfito de sódio recém-preparada (20 mL) por 3 minutos. Separadas as fases, lava-se o éter com água e testa-se novamente a presença de peróxidos. O procedimento deve ser repetido até que o teste dê negativo[38]. Alternativamente, pode-se destruir o peróxido tratando o éter com uma solução de iodeto de potássio ou passando o solvente por uma coluna de alumina.

Resíduos de acetato de etila devem ser previamente secos com sulfato de magnésio, já que este éster se hidrolisa facilmente na presença de água. Para destruir pequenas quantidades de acetato de etila, pode-se empregar a hidrólise utilizando excesso de NaOH em água, segundo a equação:

$$CH_3COOEt + NaOH = H_3COONa + EtOH$$

Figura 7. Destiladores de solventes.

Dissulfeto de carbono (PE: 46°C), substância usada como solvente e/ou como reagente na síntese de carbamato, também pode ser recuperado por destilação. Alternativamente, pode ser decomposto pela oxidação com hipoclorito de cálcio, a 20-30°C, por 2 horas, a CO_2 e H_2SO_4.

Alguns resíduos de solventes são gerados como misturas de acordo com o processo em que foram utilizados. Por exemplo, na cromatografia líquida de alta eficiência (CLAE, ou HPLC, em inglês), são geradas misturas de acetonitrila/água, metanol/água, acetonitrila/metanol, entre outras. Já na cromatografia em coluna, são gerados grandes volumes de resíduos constituídos de hexanos e acetato de etila e, nos processos de extração, é comum a geração de resíduos de solventes clorados ou hexanos misturados a álcoois ou cetonas.

Tanto as misturas de solventes clorados com álcoois ou acetona quanto as de hexanos com álcoois ou acetona podem ser lavadas com HCl aquoso e água para remoção dos solventes hidrossolúveis (Figura 8)[47]. Após secagem e destilação, os solventes clorados ou os hexanos podem ser reutilizados. O mesmo processo pode ser aplicado para outras misturas que tenham como principal componente um solvente imiscível em água e, como contaminante, outro solvente miscível em água.

Pode-se recuperar acetonitrila proveniente de resíduos de acetonitrila/água gerados em análises por CLAE após congelamento, seguido de decantação, destilação do azeótropo, secagem com $CaCl_2$ e nova destilação[49-51]. Cabe ressaltar que, do ponto de vista econômico, tais operações sequenciais podem não ser interessantes, tornando inviável a recuperação de acetonitrila. Assim, recomenda-se que a recuperação seja efetuada apenas com soluções concentradas de acetonitrila.

Outros resíduos gerados em cromatografia líquida, como metanol/água e isopropanol/água, podem fornecer o respectivo álcool recuperado após destilação em 96 e 88% em massa, respectivamente, já que esses compostos constituem misturas azeotrópicas com água.

A separação dos componentes de misturas de hexanos/acetato de etila é complicada, tanto pelo fato de o hexano ser comercializado como uma mistura de isômeros (metilpentanos, dimetilbutanos e outros, sem ponto de ebulição definido) quanto pelo fato de o n-hexano formar azeótropo de mínimo com acetato de etila, o que impossibilita a separação deles (PE: 65°C, 62% de n-hexano, em massa). Assim, para que se possam recuperar pelo menos os hexanos, efetua-se a hidrólise do acetato de etila, empregando-se meio alcalino (hidróxido de potássio em água, a frio[47]) (Figura 9) ou via biodegradação[52]. Após a hidrólise, as fases orgânica e aquosa são separadas, e a fase orgânica é seca sobre $CaCl_2$ e, então, destilada.

A presença de solventes com pontos de ebulição relativamente diferentes em resíduos permite que eles sejam recuperados de maneira fácil por destilação fracionada. Por exemplo, é possível recuperar os componentes das misturas de n-hexano e diclorometano; ciclo-hexano e metanol; e xilol, etanol, parafina e detergente, misturas comumente geradas em processos de extração, síntese ou em histologia.

No primeiro caso, a destilação fracionada permite a recuperação de uma mistura rica em diclorometano que pode ser aplicada em extrações, além de n-hexano puro. No segundo caso, os dois solventes são obtidos em alto grau de pureza[53]. A última mistura, quando submetida à destilação fracionada, permite a recuperação de etanol, xilol e parafina (ponto de fusão – PF: 58 a 62°C)[54].

Em todos os casos, os solventes recuperados devem ser submetidos a análises que certifiquem sua pureza, como medida de índice de refração, cromatografia gasosa, espectrometria de massas, UV e, dependendo da aplicação do material, análise bacteriológica.

Protocolos práticos para substituição e inativação de produtos perigosos

Alguns protocolos práticos podem ser encontrados em *sites* de instituições de ensino[55]. A seguir, estão listados vários procedimentos de fácil execução que podem ser utilizados rotineiramente em laboratórios didáticos e de pesquisa.

Substituição de mistura sulfocrômica

A mistura sulfocrômica, perigosa, tóxica e poluente, pode ser substituída por uma solução preparada com ácido sulfúrico e água oxigenada, ou seja: um terço de água oxigenada a 30% e dois terços de ácido sulfúrico concentrado.

Cuidados: preparar no momento do uso, em pequenas quantidades, utilizando capela e EPI. Adicionar a água oxigenada sobre o ácido, lentamente. Utilizar pipeta para a adição. Lembre-se: um frasco muito sujo necessita de limpeza por etapas. Não é suficiente enchê-lo com solução limpadora e deixar de molho. Um frasco carbonizado, por exemplo, requer raspagem mecânica prévia. Em casos extremos, é preferível inutilizar o recipiente ou usá-lo para outra função a tentar limpá-lo à custa de soluções perigosas ou caras.

A mistura sulfocrômica também pode ser substituída pelo uso de detergentes comerciais denominados *Nochromix*.

Hipoclorito como desinfetante

Constitui solução desinfetante muito eficaz, pouco tóxica, de baixo custo e de fácil aquisição. Corrói metais (até mesmo aço inox) e se decompõe sob ação de luz e calor. A melhor faixa de concentração é entre 0,5 e 2%. Quando reutilizado, deve ser testado quanto ao teor de cloro ativo. Para realizar um teste rápido, adiciona-se

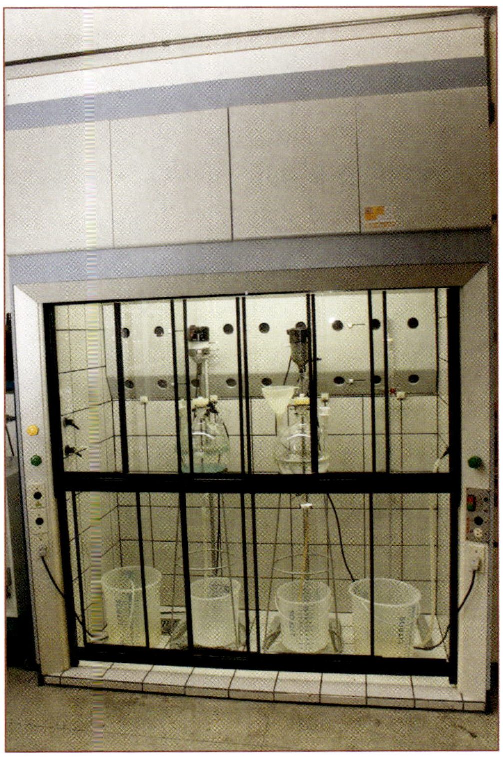

Figura 8. Lavagem de solventes.

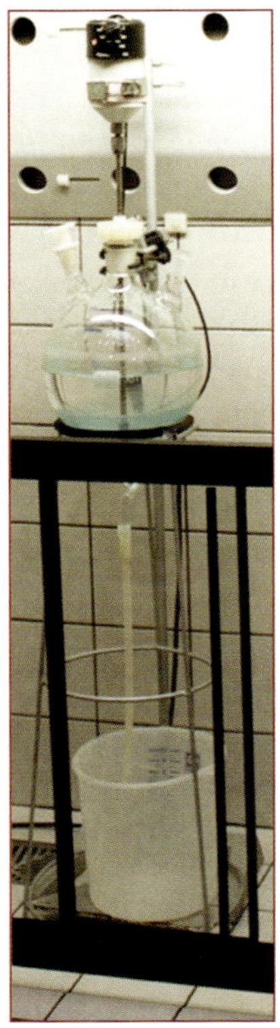

Figura 9. Hidrólise química do acetato de etila.

em um tubo de ensaio 1 mL de iodeto de potássio a 0,1M, 1 mL de tiossulfato de sódio a 0,01M e três gotas de solução de amido solúvel a 1%. A seguir, coloca-se 0,4 mL da solução de hipoclorito a ser testada, que deverá ficar azul para comprovar a presença significativa de cloro. As soluções para teste são estáveis e baratas. As soluções de hipoclorito de sódio que apresentam resultado negativo nesse teste devem ser descartadas na rede de esgoto. O tiossulfato ou o bissulfito podem ser usados para eliminação do cloro ativo.

Substituição de termômetros de mercúrio

Termômetros de mercúrio podem ser substituídos por aqueles que utilizam álcool, líquidos biodegradáveis não tóxicos ou ainda por termômetros eletrônicos. Ressalta-se que, em São Paulo, a Lei Estadual n. 15.313, de 15 de janeiro de 2014, proíbe o uso, o armazenamento e o reparo de instrumentos de medição como esfigmomanômetros e termômetros contendo mercúrio[56].

Substituição de brometo de etídio

Brometo de etídio, substância mutagênica, pode ser substituído por SYBR Safe™, um fluoróforo de cianina não classificado como tóxico.

Substituição de reagentes em análises Kjeldahl

Catalisadores metálicos de sulfato de mercúrio ou de selênio podem ser substituídos por catalisadores de sulfato de cobre.

Tratamento de resíduos de ácidos em soluções aquosas

- Ácidos inorgânicos: devem ser diluídos, adicionando-se em água sob agitação. Em seguida, são neutralizados com solução de NaOH. Ácido sulfúrico fumegante deve ser tratado com ácido sulfúrico a 40%, gota a gota, e sob cuidadosa agitação. Deve ser mantido em gelo para resfriar o recipiente. Após o resfriamento, deve ser tratado como indicado. Todas as operações devem ser conduzidas em cabine.
- Ácidos orgânicos em solução aquosa: podem ser neutralizados com $NaHCO_3$ ou NaOH.
- Ácidos carboxílicos aromáticos: podem ser precipitados com HCl diluído e, a seguir, filtrados a vácuo. O sólido resultante pode ser reutilizado ou tratado termicamente.

Tratamento de resíduos de bases em soluções aquosas

- Bases inorgânicas: podem ser diluídas com água e neutralizadas com solução de HCl ou H_2SO_4.
- Bases orgânicas e aminas na forma dissociada: podem ser neutralizadas com HCl ou H_2SO_4 diluídos para minimizar seus odores.

Tratamento de soluções aquosas contendo metais tóxicos

O tratamento de soluções aquosas contendo metais tóxicos pode ser efetuado via precipitação destes metais. Alternativamente, é possível diminuir o volume destes resíduos pela remoção de água deles, seja por evaporação natural, seja pela aplicação de destiladores solares ou ainda por aquecimento em chapa elétrica[55]. As técnicas descritas a seguir podem ser empregadas para desativar resíduos que contêm metais tóxicos[3,40,57,58].

Sais de prata

A prata, em seu estado oxidado (Ag^+), não é encontrada livre na natureza e, portanto, a disposição final de seus sais no meio ambiente é uma forma de agressão contra ele. Além disso, possui considerável valor agregado. Assim, inicialmente, a prata deve ser reduzida ao seu estado metálico (Ag^0) para ser, então, reaproveitada. Um método rápido e fácil de realizar esse procedimento é adicionar um volume de solução de formaldeído a 0,28% e NaOH a 3% para cada volume de solução de nitrato de prata ($AgNO_3$) a 0,17%. Alternativamente, pode-se usar dextrose ou cobre como agente redutor. Estes métodos estão descritos a seguir:

Formaldeído:

1. Dissolver 0,82 g de NaOH em 25 mL de água destilada.
2. Adicionar cloreto de prata e 0,6 mL de formaldeído (essa reação é exotérmica).
3. Aquecer por 10 minutos a 70°C sob agitação por 1 hora.
4. Separar a prata metálica.
5. Lavar com água abundante.
6. Filtrar e secar.

Dextrose:

1. Dissolver 0,54 g de NaOH em 25 mL de água destilada.
2. Acrescentar o cloreto de prata.
3. Em seguida, adicionar 0,74 g de dextrose.
4. Deixar em aquecimento a 70°C por 1 hora.
5. Filtrar a prata.
6. Lavar e secar.

Cobre em meio amoniacal:

1. Colocar 7 g de cobre em pó para cada 25 g de resíduo de prata em um béquer de 250 mL com 50 mL de hidróxido de amônio concentrado.

2. Adicionar 50 mL de água destilada quente.
3. Agitar rapidamente até que toda a prata precipite.
4. Testar a solução sobrenadante, adicionando um pedaço de cobre. Se este escurecer, deve-se acrescentar mais cobre à solução azul e deixar decantar.
5. A prata precisa ser lavada várias vezes com água destilada até que perca a coloração azul.

Outro método que propicia a recuperação de prata inclui a precipitação deste cátion na forma de cloreto, pelo uso de cloreto de sódio. Em seguida, pode-se obter prata metálica pela ação de zinco metálico. Para tanto:

1. Acidificar a solução que contém sal de prata com HNO_3 5M.
2. Adicionar, sob agitação, uma solução aquosa de NaCl até a completa precipitação do Ag^+.
3. Filtrar o AgCl formado.
4. Lavar o precipitado com ácido sulfúrico 4M morno.
5. Após a lavagem, misturar o precipitado com zinco metálico, o que resultará na formação de prata metálica.
6. Filtrar a prata metálica.
7. Para reutilizar a prata na forma de nitrato, deve-se dissolver a prata metálica com HNO_3.

Sais de cobre

Recomenda-se a precipitação dos íons cuproso Cu^{+1} e cúprico Cu^{+2} na forma de hidróxidos[4], em decorrência da insolubilidade do hidróxido formado.

Íon cuproso (Cu^{+1}):

1. Adicionar NaOH à solução.
2. Ajustar o pH em 9.
3. Guardar o sólido formado no frasco coletor para ser enviado para aterro.
4. O líquido sobrenadante pode ser descartado na pia, após garantir-se que atende aos parâmetros exigidos para liberação de efluentes.

Íon cúprico (Cu^{2+}):

1. Adicionar NaOH.
2. Ajustar o pH em 7.
3. O sólido formado deve ser guardado no frasco coletor para ser enviado para aterro.
4. O líquido sobrenadante pode ser descartado na pia, após garantir-se que atende aos parâmetros exigidos para a liberação de efluentes.

Alternativamente, os íons de cobre podem ser precipitados como sulfeto, ajustando-se o pH da solução para 7 e adicionar sulfeto até a completa precipitação. Os insolúveis devem ser filtrados e enviados para aterro classe I. Qualquer excesso de sulfeto deve ser destruído com hipoclorito de sódio ou peróxido de hidrogênio. A fase líquida isenta de cobre e sulfeto pode ser drenada para o esgoto, após garantir-se que atende aos parâmetros exigidos para a liberação de efluentes.

Cu^{2+} resultante do método Micro-Kjeldahl

Armazená-lo de modo separado de outros resíduos. Neutralizar com NaOH a 10%. Acrescentar o equivalente em gramas de uma solução semelhante à de Fehling B, ou seja, 173 g de tartarato de sódio e potássio e 50 g de hidróxido de sódio para 1 L de água. Acrescentar, sob ebulição, azul de metileno e glicose até viragem (desaparecimento da cor azul). Assim tratado, o íon Cu^{2+} passa a óxido de cobre e pode ser enviado para aterro classe I, na forma sólida.

Sais de chumbo

Os íons de chumbo podem ser precipitados como sulfeto, ajustando-se o pH da solução para 7 e adicionar sulfeto até a completa precipitação. Filtrar os insolúveis para enviar para aterro classe I. Destruir qualquer excesso de sulfeto com hipoclorito de sódio ou peróxido de hidrogênio. Drenar a fase líquida isenta de chumbo e sulfeto para o esgoto, após garantir-se que atende aos parâmetros exigidos para a liberação de efluentes. Alternativamente, pode-se precipitar o chumbo na forma de silicato conforme descrito na equação:

$$Pb^{+2} + Na_2SiO_3 \rightarrow PbSiO_3 + 2Na^+$$

Silicato de chumbo
(insolúvel)

Para tanto:

1. Adicionar, sob agitação, uma solução de metassilicato de sódio a 0,1% à solução que contém o sal de chumbo.
2. Ajustar o pH em 7 com ácido sulfúrico a 2 mol/L.
3. Deixar a solução em repouso por uma noite.
4. Filtrar o precipitado ou evaporar a solução na capela.
5. Guardar o material sólido em frasco coletor.
6. Caso seja adotado o processo de filtração, verificar se sobraram íons chumbo na solução.
7. Se o teste for positivo, adicionar mais metassilicato, repetindo o procedimento até que não ocorra mais precipitação.
8. A fase líquida pode ser eliminada na pia após garantir-se que atende aos parâmetros exigidos para a liberação de efluentes.

Sais de cádmio

Os íons de cádmio podem ser precipitados como sulfeto, ajustando-se o pH da solução para 7 e adicionar sulfeto até a completa precipitação. Filtrar os insolúveis e enviar para aterro classe I. Destruir qualquer excesso de sulfeto com hipoclorito de sódio ou peróxido de hidrogênio. Drenar a fase líquida isenta de cádmio e sulfeto para o esgoto. Alternativamente, pode-se precipitar o cádmio na forma de silicato conforme a seguinte equação:

$$Cd^{+2} + Na_2SiO_3 \rightarrow \underset{\text{Silicato de cádmio (insolúvel)}}{CdSiO_3} + 2Na^+$$

Para tanto:

1. Adicionar, sob agitação, uma solução de metassilicato de sódio a 0,1% à solução que contém sais de cádmio.
2. Ajustar o pH em 7 com ácido sulfúrico a 2 mol/L.
3. Aquecer a 80°C por 15 minutos para que a reação seja completa.
4. Filtrar o precipitado.
5. Adicionar mais metassilicato à solução sobrenadante, até que não ocorra mais precipitação.
6. O líquido sobrante pode ser despejado na pia.
7. O precipitado deve ser guardado em frasco coletor para futura incineração ou aterro.

Sais de mercúrio

Os métodos a seguir são indicados para a inativação de mercúrio ou seus sais[59]:

1. Ajustar o pH da solução que contêm sais de mercúrio para 10 utilizando uma solução de NaOH a 10%.
2. Adicionar uma solução de sulfeto de sódio a 20% sob agitação até que não se observe mais precipitação.
3. Filtrar.
4. Verificar se a precipitação foi completa, adicionando mais sulfeto ao líquido sobrenadante.
5. Se ainda houver mercúrio na solução, é necessário repetir o procedimento.
6. Recolher o precipitado em embalagem especial.

A fase aquosa deve ser tratada com hipoclorito ou peróxido de hidrogênio para retirada do excesso de sulfeto.

$$Hg^{+2} + Na_2S \rightarrow \underset{\text{Sulfeto de mercúrio (insolúvel)}}{HgS} + 2Na^+$$

Organomercuriais aromáticos reagem com hidrogênio, gerando mercúrio metálico e o aromático correspondente. O resíduo deve ser dissolvido em solução alcalina, e o hidrogênio é gerado por adição de zinco ou alumínio em excesso. O mercúrio é separado como amálgama dos metais adicionados, e o composto orgânico pode ser recuperado por destilação.

A remoção do mercúrio de soluções de cianeto usadas na lavagem de minério de ouro por complexação pode ser feita com dietilditiocarbamato de sódio, que se transforma no resíduo de carbamato de mercúrio adequado para disposição em aterro industrial.

Soluções diluídas de cloreto de mercúrio podem ser submetidas à fotorredução, empregando-se uma lâmpada de mercúrio de 100 W e dióxido de titânio em pH 9 e a 0°C. O mercúrio deposita-se na superfície do dióxido de titânio, podendo ser recuperado em 1,5 hora sob fluxo de nitrogênio a 100°C.

Vidros contaminados com mercúrio podem ser tratados com polissulfeto de cálcio, o que resulta na formação de sulfeto de mercúrio.

Pode-se reduzir a concentração de mercúrio de soluções com concentrações acima de 2 µg por litro, pela filtração por meio de polímeros de silicone ligados covalentemente à etilenodiamina (EDA). Um complexo estável de mercúrio se forma na superfície do polímero.

Mercúrio metálico

Para recolher mercúrio metálico derramado, utilizam-se aspiradores especiais, projetados para coletar gotas de mercúrio de maneira segura. Na ausência deles, é possível coletar, por sucção, as gotas de mercúrio. Pode-se utilizar uma pipeta de Pasteur ou um tubo capilar longo adaptado a um frasco de segurança recheado com fios de cobre metálico e a uma bomba de vácuo. Alternativamente, pode-se utilizar um fio de cobre metálico para recolher gotas de mercúrio. O mercúrio forma uma amálgama com o cobre. Para separar os dois metais, basta bater delicadamente o fio de cobre contra um frasco plástico. Em qualquer caso, deve-se manter o mercúrio metálico recolhido sob água em um frasco hermeticamente fechado. Caso não seja possível recolher o mercúrio por sucção, deve-se cobrir o líquido com enxofre em excesso, ou ainda com pó de zinco ou polissulfato de cálcio. A recuperação de mercúrio metálico pode ser feita por tratamento químico (lavagem com soluções ácidas e básicas, Figura 10), conforme descrito a seguir, ou por destilação (Figura 11). A disposição final pode ser feita em aterro para resíduos industriais. O mercúrio pode ser previamente encapsulado por cimentação ou vitrificação.

Tratamento químico: as lavagens são feitas em kitassatos fechados com rolha contendo um tubo de vidro conectado a uma bomba de vácuo. Um frasco de

Figura 10. Lavagem de mercúrio metálico.

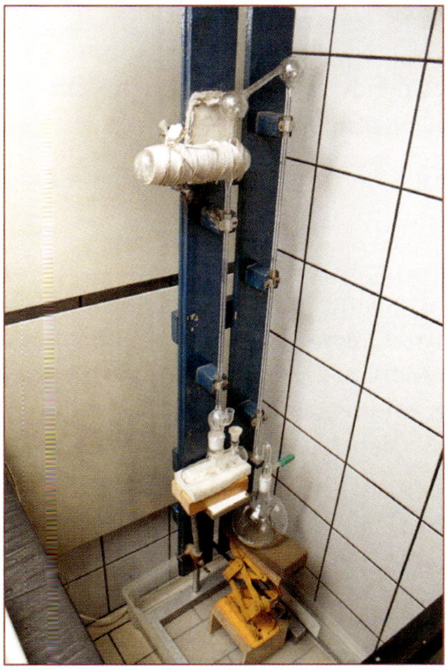

Figura 11. Destilação de mercúrio metálico.

segurança com cobre metálico deve ser mantido entre o kitassato e a bomba. O processo a seguir deve ser repetido quantas vezes forem necessárias:

1. Filtrar o mercúrio (fazer pequenos furos no papel de filtro para que o mercúrio passe). O óxido de mercúrio ficará aderido ao papel.
2. Lavar com solução aquosa 1M de HNO_3.
3. Lavar com água destilada.
4. Lavar com solução aquosa de NaOH 10%.
5. Lavar com água destilada.
6. As águas de lavagem devem ser reunidas e tratadas conforme o descrito no item "Sais de mercúrio".

Sais de cromo III e VI

O cromo, ainda que seja um mineral essencial à vida, pode ser tóxico, em razão de seu estado de oxidação e sua concentração. Assim, resíduos de soluções aquosas que os contenham devem ser tratados. O cromo VI deve ser reduzido a cromo III antes de ser precipitado. Assim:

1. Ajustar o pH da solução que contém cromo VI para abaixo de 3, utilizando ácido sulfúrico a 3 mol/L.
2. Adicionar tiossulfato ou bissulfito de sódio sob agitação e deixar reagir por 5 minutos.

O cromo III obtido pode ser precipitado com hidróxido de sódio como descrito a seguir:

1. Ajustar o pH em 9,5 com NaOH.
2. Verificar se a precipitação foi completa pela adição de uma quantidade adicional de NaOH.
3. Repetir até não haver mais precipitado.
4. Filtrar imediatamente ou deixar por uma semana e decantar.
5. A água-mãe deve ser neutralizada e, posteriormente, despejada no esgoto comum.
6. O precipitado $Cr(OH)_3.3H_2O$ deve ser guardado em frasco coletor para ser enviado para aterro classe I. Alternativamente, o precipitado pode ser seco em mufla (1 hora acima de 800°C) para diminuir a massa de resíduo a ser enviado para aterro. O resíduo após a secagem tem fórmula molecular igual a Cr_2O_3.

Sais de níquel

Os íons de níquel podem ser precipitados como sulfeto, ajustando-se o pH da solução para 7 e adicionar sulfeto até a completa precipitação. Filtrar os insolúveis para enviar para aterro classe I. Destruir qualquer excesso de sulfeto com hipoclorito de sódio ou peróxido de hidrogênio. Drenar a fase líquida isenta de níquel e sulfeto para o esgoto. Alternativamente, pode-se precipitar o cádmio na forma de hidróxido. Para tanto:

1. Adicionar NaOH até ajustar o pH em 7-8.
2. Testar se a precipitação foi completa com uma solução de dimetilglioxima a 1% em 1-propanol.
3. Se ainda houver níquel na solução, esta ficará vermelha e será necessário repetir o procedimento de precipitação.

4. O sólido formado deve ser guardado em frasco coletor para posterior envio para aterro classe 1.
5. O líquido sobrenadante pode ser descartado na pia.

Sais de selênio

O selênio pode ser transformado em selênio elementar pela ação de ácido nítrico concentrado, em procedimento conduzido em capela. Filtrar o selênio elementar após adição de hidrogenossulfito sódico. O filtrado pode ser reciclado.

Outras soluções aquosas de metais também podem ser tratadas por reações de precipitação. A Tabela 1 traz as faixas de pH ideais para a precipitação de metais na forma de óxido ou hidróxido[40]. Para os casos em que a faixa de pH se estende até 14, não haverá dissolução do precipitado em excesso de base.

Métodos para tratamento de substâncias pirofóricas

Hidretos alcalinos, alcalimidas, dispersões metálicas

Em capela, utilizando um escudo protetor, suspender em dioxano e adicionar etanol ou isopropanol lentamente, agitando até reação completa. Adicionar água, com cuidado, até a solução ficar clara. Neutralizar. Enviar a fase orgânica resultante para incineração. Neutralizar a fase aquosa antes de descartá-la em rede de esgoto.

Hidreto de alumínio e lítio

Suspender em éter, tetra-hidrofurano (THF) ou dioxano. Adicionar acetato de etila gota a gota até consumo completo, eventualmente em banho de gelo. Adicionar uma solução ácida 2N até clarificação. Enviar o líquido resultante para incineração.

Boroidretos alcalinos

Dissolver em metanol e diluir com água. Acrescentar etanol com agitação até solução completa e clara. Neutralizar. Enviar o líquido resultante para incineração.

Organolítios e reagentes de Grignard

Dissolver ou suspender em um solvente inerte (éter etílico, dioxano, tolueno). Adicionar álcool, depois água e ácido 2N, até clarificação. Enviar o líquido resultante para incineração.

Sódio metálico

Adicionar em pedaços pequenos a etanol ou isopropanol secos; deixar repousar até todo o metal dissolver. Acrescentar água cuidadosamente até a solução ficar clara. Neutralizar. Enviar o líquido resultante para incineração.

Potássio metálico

Colocar em n-butanol ou terc-butanol. Dissolver com aquecimento ligeiro, diluir com etanol e, em seguida, adicionar água. Neutralizar. Enviar o líquido resultante para incineração.

Trialquilalumínio

São extremamente sensíveis à hidrólise. Para o manejo seguro desses compostos, recomenda-se utilizar seringas e cânulas. Destruir restos por lenta adição, sob condições anidras, em butanol seco diluído em éter/THF secos. Neutralizar e filtrar sólidos. Incinerar o líquido.

Tabela 1. Faixas de pH para a precipitação de metais pesados como óxidos ou hidróxidos

Íon	Faixa de pH	Íon	Faixa de pH	Íon	Faixa de pH	Íon	Faixa de pH	Íon	Faixa de pH
Ag^{+1}	9-14	Cu^{+2}	7-14	Mn^{+2}	8-14	Re^{+7}	*	Te^{+4}	*
Al^{+3}	7-8	Fe^{+2}	7-14	Mn^{+4}	7-14	Rh^{+3}	7-8	Te^{+6}	*
As^{+3}	*	Fe^{+3}	7-14	Mo^{+6}	**	Ru^{+3}	7-14	Th^{+4}	6-14
As^{+5}	*	Ga^{+3}	7-8	Nb^{+5}	1-10	Sb^{+3}	7-8	Ti^{+3}	8-14
Au^{+3}	7-8	Ge^{+4}	6-8	Ni^{+2}	8-14	Sb^{+5}	7-8	Ti^{+4}	8-14
Be^{+2}	7-8	Hf^{+4}	6-7	Os^{+4}	7-8	Sc^{+3}	8-14	V^{+4}	7-8
Bi^{+3}	7-14	Hg^{+1}	8-14	Pb^{+2}	7-8	Se^{+4}	*	V^{+5}	7-8
Cd^{+2}	7-14	Hg^{+2}	8-14	Pd^{+2}	7-8	Se^{+6}	*	W^{+6}	**
Co^{+2}	8-14	In^{+3}	8-13	Pd^{+4}	7-8	Sn^{+2}	7-8	Zn^{+2}	7-8
Cr^{+3}	7-14	Ir^{+4}	6-8	Pt^{+2}	7-8	Sn^{+4}	7-8	Zr^{+4}	6-7
Cu^{+1}	9-14	Mg^{+2}	9-14	Re^{+3}	6-14	Ta^{+5}	1-10		

* Precipitar como sulfeto. ** Precipitar como sal de cálcio.

Catalisadores de hidrogenação

Para citar alguns exemplos, níquel de Raney e paládio sobre carvão nunca podem ser descartados no lixo comum, pois há risco de incêndio, já que são extremamente inflamáveis.

Compostos organometálicos sensíveis à hidrólise e dissolvidos em solventes orgânicos

São gotejados com cuidado e sob agitação em n-butanol, em cabine e com janela de proteção fechada. Esta operação deve ser realizada em cabine, porque há formação de gases inflamáveis. Cessada a liberação de gases, continuar a agitação por mais 1 hora e adicionar água. A fase orgânica deve ser enviada para incineração, e a fase aquosa, neutralizada antes de ser enviada para a rede de esgoto.

Métodos para tratamento de substâncias oxidantes

Cloro, bromo ou dióxido de enxofre gasosos

Absorver em NaOH a 2M ou hidróxido de amônio. Tratar a solução resultante como resíduo de hipoclorito, hipobromito e sulfito, respectivamente.

Peróxidos inorgânicos e oxidantes como soluções de cloro, bromo ou iodo

Reduzir com solução de bissulfito ou tiossulfato de sódio ou potássio; neutralizar. Descartar em rede de esgoto.

Peróxidos orgânicos

Destruir com redutores fracos.

Métodos para tratamento de substâncias redutoras

Ácido sulfídrico, tióis, tiofenóis, ácido cianídrico, brometo ou cloreto de cianogênio, fosfina, soluções com cianetos ou sulfetos e nitrilas

Oxidar com hipoclorito em excesso e encaminhar os resíduos do tratamento de tióis, tiofenóis e nitrilas para incineração. Em particular para um mol de mercaptana, adicionar cerca de 2 L de solução de hipoclorito de sódio (9 moles de cloro ativo), e para um mol de cianeto adicionar cerca de 0,4 L de hipoclorito. De forma geral, recomenda-se um excesso de hipoclorito. Os cianatos formados a partir dos cianetos podem ser descartados em rede de esgoto.

Métodos para tratamento de substâncias corrosivas

Cloretos de ácido, anidridos de ácido, PCl_3, $POCl_3$, PCl_5, cloreto de tionila, cloreto de sulfurila

Acrescentar, com extremo cuidado, NaOH 2M ou muita água. Neutralizar e descartar em rede de esgoto.

Ácido clorossulfônico, ácido sulfúrico concentrado e fumegante, ácido nítrico concentrado

Adicionar o ácido sobre a água gelada, cuidadosamente, com agitação, e devagar. Neutralizar e descartar em rede de esgoto.

Gases ácidos como cloreto, brometo e iodeto de hidrogênio e fosgênio

Borbulhar em solução diluída de NaOH. O pH tem de ser controlado.

Métodos para tratamento de outras substâncias

Sulfato de dimetila, iodeto de metila

Adicionar cuidadosamente hidróxido de amônio a 50%. Neutralizar e enviar para tratamento térmico. O material sujo deve ser lavado com hidróxido de amônio a 50%.

Soluções de ácido pícrico

Em um balão de três bocas (fundo redondo) equipado com funil de adição e condensador e resfriado em banho de gelo, adicionar 1 g de resíduo e 4 g de estanho metálico. Agitar e, usando o funil, adicionar 15 mL (gota a gota) de HCl concentrado. Após adição de todo o ácido, aquecer até o refluxo e deixar por 1 hora. Filtrar o estanho restante, que deve ser tratado com 10 mL de HCl 2 mol/L. O filtrado é neutralizado. O triaminofenol pode ser incinerado ou tratado quimicamente. Essa reação deve ser feita atrás de um escudo, já que há risco de explosão.

Aldeídos hidrossolúveis

Tratar com $NaHSO_3$ para conversão em adutos de bissulfitos. Encaminhar o material resultante para tratamento térmico.

Azidas

Tratar com iodo na presença de tiossulfato de sódio.

Fluoreto inorgânico e ácido fluorídrico

Tratar com $CaCO_3$, o que causa a formação de fluoreto de cálcio (CaF_2), que deve ser filtrado e enviado para aterro classe I. A solução aquosa pode ser descartada em rede de esgoto após neutralização, desde que não contenha fluoreto acima do limite previsto em lei.

Compostos de fósforo

Oxidar sob gás inerte em capela com janela de proteção frontal. Preparar 100 mL de solução de NaClO a 5% com 5 mL de solução de NaOH a 50% para cada grama de composto de fósforo a ser tratado. Gotejar a solução de composto de fósforo na solução preparada resfriando o recipiente com gelo. Adicionar hidróxido de cálcio e filtrar os fosfatos precipitados. Neutralizar a fase líquida.

Resíduos sólidos de processos cromatográficos

Resíduos originados em processos cromatográficos ou substâncias tóxicas em suportes cromatográficos devem ser eliminados por métodos adequados de extração antes do descarte. Suportes de colunas têm de ser liberados de solventes por filtração e secagem e, posteriormente, devem ser acondicionados em recipientes adequados para serem enviados para recuperação[60] ou tratamento térmico.

Métodos para tratamento de cianetos

O cianeto de potássio e todos os outros cianetos são extremamente tóxicos e podem ser fatais se ingeridos, inalados ou ainda absorvidos pela pele. Por isso, é necessário tomar muito cuidado ao utilizá-los. Para medições de volume, recomenda-se usar bureta e jamais pipeta. O cianeto de potássio é bastante utilizado para mascarar os íons Fe^{+3} na determinação de Ca^{+2} e Mg^{+2} na água (dureza). Somente os cianetos dos metais alcalinos e alcalinos terrosos são solúveis em água, e suas soluções produzem reações alcalinas em decorrência da hidrólise:

$$CN^- + H_2O \rightarrow HCN + OH^-$$

Alguns métodos de tratamento encontram-se descritos a seguir.

Oxidação com hipoclorito:

1. Adicionar uma solução NaOH a 10% à solução com os sais de cianeto (CN^{-1}) para tornar o pH alcalino (pH 8-9).
2. Acrescentar solução de hipoclorito de sódio (para uso domiciliar) lentamente e sob agitação.
3. Verificar se há cianeto presente no sobrenadante*.
4. Caso isso aconteça, repetir o procedimento.
5. Excesso de oxidante deve ser tratado com tiossulfato de sódio.

Esse método não serve quando o resíduo contém muito cianeto, pois pode haver produção de gás cloreto de cianogênio (ClCN), que é extremamente tóxico. Neste caso, recomenda-se a utilização de peróxido de hidrogênio.

Oxidação com peróxido de hidrogênio (H_2O_2):

1. Adicionar uma solução NaOH a 10% à solução com os sais de cianeto (CN^{-1}) até pH 10-11.
2. Adicionar H_2O_2 a 30%, colocando na relação 5:1 com cianeto.
3. Deixar a reação ocorrer a noite toda.
4. Descartar o resíduo na pia após garantir que todo o cianeto tenha sido destruído*.

Tratamento com sulfato ferroso:

1. Recomenda-se a desativação do cianeto com sulfato ferroso. Este método é sensível e executado em meio alcalino (pH 10) utilizando-se NaOH.
2. Adicionar 1 g de sulfato ferroso para cada 0,2 g de cianeto utilizado, para converter o íon CN^{-1} em ferrocianeto $[Fe(CN)_6]^{-4}$.
3. Acidular com HCl (até a completa neutralização).
4. Uma solução clara e um precipitado chamado azul da prússia serão formados.
5. O resíduo líquido pode ser descartado no esgoto comum.
6. O sólido formado pode ser guardado para futura utilização como corante.

$$6\,CN^- + Fe^{+2} \rightarrow [Fe\,(CN)_6]^{-4}$$
$$3\,[Fe\,(CN)_6]^{-4} + 4\,Fe^{+3} \rightarrow Fe_4[Fe\,(CN)_6]_3$$

* *Spot* teste para detecção de cianeto: para 1 mL da solução, adicionar 2 gotas de solução recém-preparada de sulfato ferroso aquoso (5%). Ferver a mistura (1 minuto), resfriar a temperatura ambiente e adicionar uma solução de cloreto férrico (1%). Adicionar ácido clorídrico (1:1) até a mistura ficar ácida. Se houver cianeto na solução em concentração maior que 1 pp, haverá a formação de um precipitado azul-escuro.

Tratamento de fenol e de soluções com fenol

O fenol pode ser tratado por meio de sua reação de polimerização com o formaldeído (Figura 12), resultando em uma resina que pode ser enviada para aterro. A reação é a seguinte: fenol + formaldeído em meio alcalino a 70°C.

Tratamento de gases e vapores no laboratório

O descarte de cilindros de gases, vazios ou cheios, sob baixa ou alta pressão, pode representar um grave problema, de modo que seu custo pode ser superior ao da compra do gás. Assim, antes de adquirir um cilindro, recomenda-se verificar se é possível retorná-lo para o fabricante.

Ao se deparar com um cilindro sem identificação, deve-se examiná-lo atentamente, buscar encontrar o nome ou contato do fabricante e identificar a cor e o tipo de válvula, o que facilitará a identificação do conteúdo. Um cilindro de gás não pode ser considerado vazio até que sua válvula tenha sido removida, mas não se deve tentar removê-la para esvaziar o cilindro, já que isso representaria risco elevado de fogo, explosão, envenenamento, entre outros, dependendo do conteúdo e da pressão do cilindro, pois os gases podem ser inertes, corrosivos, inflamáveis, oxidantes ou tóxicos (Tabela 2)[61]. Além disso, é importante lembrar que a NR 32 proíbe a transferência de gases de um cilindro para outro, independentemente da capacidade dos cilindros[36].

Tratamento de gases e voláteis em laboratórios

Para uso em pequena escala (laboratórios de ensino e pesquisa), a indicação mais adequada e viável é provavelmente o uso de frascos lavadores para o tratamento de gases voláteis, pelos seguintes motivos:

- São dispositivos comuns e com preço acessível no comércio de vidrarias para laboratórios.
- Podem ser encontrados em diversos tamanhos e em vários tipos de saída com vidro sintetizado. Há também versões cujos bicos de saída (pescador) são construídos com vidro sintetizado especial para melhor fragmentação das bolhas de gás ou vapor, opção muito importante para a captação de algum tipo de efluente pouco comum.
- São utilizáveis para gases ou vapores ácidos, alcalinos, oxidantes, redutores, tóxicos, incondensáveis e outros, em razão do auxílio de pequenas adaptações de implantação viável.
- Podem ser utilizados em série, sem aumento significativo do custo, melhorando bastante a eficiência da depuração ou neutralização.
- Permitem a inserção de recursos para casos especiais, como a utilização de uma câmara com um solvente não tóxico para captar outro solvente perigoso da mesma família ou de mesma característica físico-química. É o caso da captação de benzeno por borbulhamento em hexano. Posteriormente, ambos são eliminados por incineração.

Dispositivo lavador

Trata-se de um frasco de boca larga na qual está inserida uma tampa com um tubo de vidro que chega até o fundo do frasco. Esse tubo recebe os gases da reação e os conduz até a solução neutralizadora adequada. Caso seja necessário, na tampa também existe uma saída que pode ser adaptada a outro frasco lavador com outra solução lavadora, e assim por diante. Há ainda a possibilidade de introduzir, no conjunto, uma solução indicadora, que denunciará a saturação da solução neutralizante.

Outro tipo também eficiente é a coluna com enchimento. Consiste em uma coluna de PVC que utiliza vidro sinterizado como material de enchimento. A água ou solução neutralizante entra pela parte superior da coluna, e o gás é introduzido pela base. O líquido descendente e o gás ascendente misturam-se intimamente por meio do vidro sinterizado, resultando em um gás efluente que sai pelo topo da coluna, lavado, e um líquido contaminado drenado por uma câmara localizada na parte mais baixa da coluna, que deve sofrer tratamento convencional para resíduos perigosos. A exemplo dos frascos lavadores, é possível também o uso de várias colunas em série ou a inserção de dispositivos para melhorar a eficiência da lavagem, da depuração ou da neutralização.

TRANSPORTE DE RESÍDUOS QUÍMICOS

O transporte de resíduos perigosos deve ser feito em consonância com o regulamento para o transporte rodoviário de produtos perigosos, Resoluções ns. 3.665/11 e 420/04 e suas alterações, da Agência Nacional de Transportes Terrestres, a ANTT. Este regulamento baseia-se em recomendações publicadas pelo Comitê de Peritos e Transporte de Produtos Perigosos e está em constante atualização[62].

A ANTT prevê, em suas resoluções, o uso de embalagens homologadas pelo Instituto Nacional de Metrologia, Normalização e Qualidade Industrial (Inmetro) para o transporte de produtos ou resíduos perigosos (Figura 13). Essas embalagens devem ser de boa qualidade e resistentes a choques e a operações de carregamento durante o transporte e o transbordo ou qualquer outra operação. Devem evitar vazamentos por quaisquer razões. Passam por ensaios de compressão (empilhamento), estanqueidade, pressão interna e queda, entre outros. Possuem códigos alfanuméricos e marca de conformidade (Portaria n. 73/06 do Inmetro[63]), devendo estar devidamente rotuladas. Embalagens vazias de produtos perigosos e não limpas devem ser transportadas fechadas e não devem apresentar nenhum sinal de resíduo perigoso aderente à parte externa da embalagem.

O transporte de resíduos exige rotulagem própria, distinta da exigida para a utilizada sem reagentes no laboratório. A NBR 16.725[33], resíduo químico – informações sobre segurança, saúde e meio ambiente – fichas com dados de segurança de resíduos químicos (FDSR) e rotulagem, traz instruções e recomendações para os rótulos dos resíduos químicos classificados como perigosos, que devem:

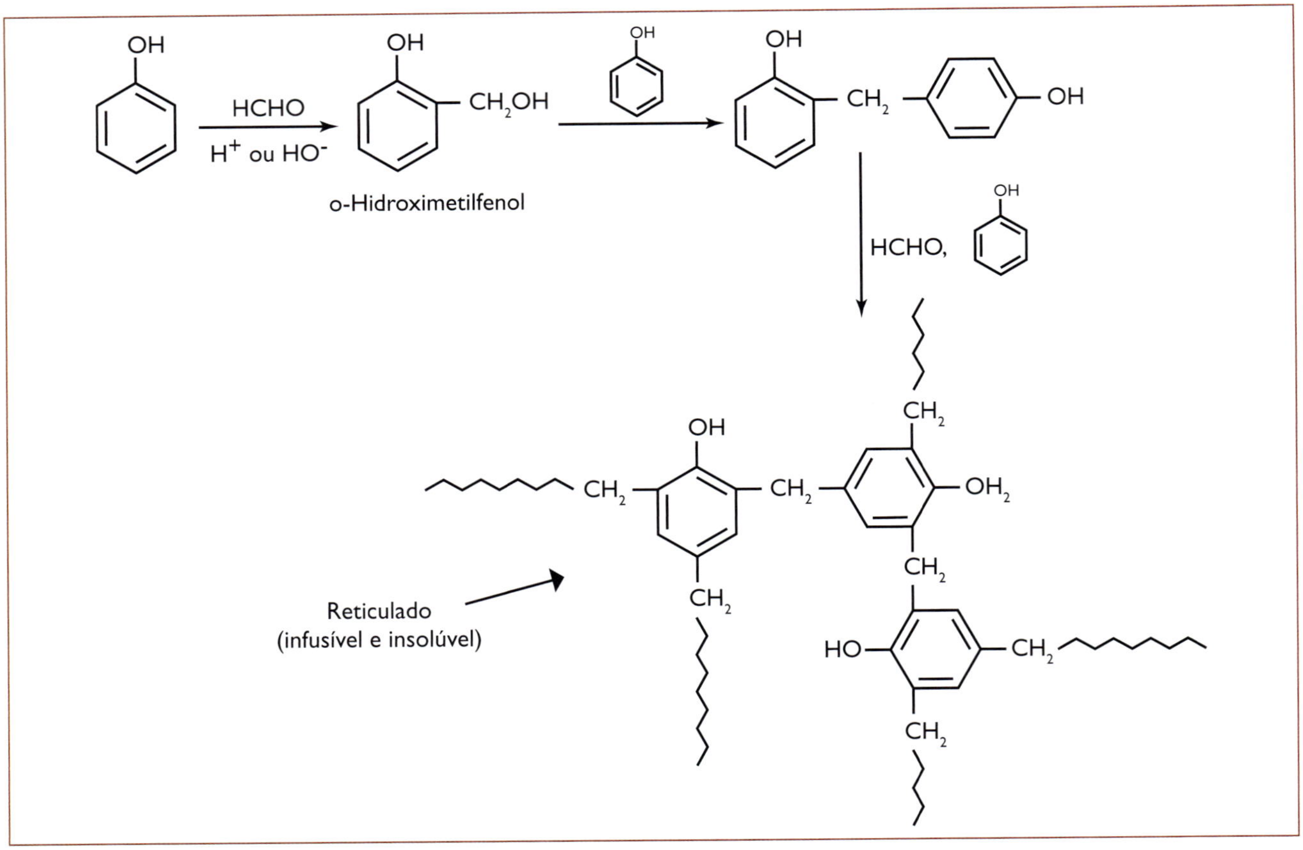

Figura 12. Reação de polimerização entre formaldeído e fenol.

Tabela 2. Características de gases especiais

Gás	Limites inflamáveis no ar (vol. %) (1)	Oxidante	Inerte	Corrosivo	Tóxico (escala NFPA)
Acetileno	2,5-82				
Amônia	15-28			X	3
Argônio			X		
Arsina	5,1-78				4
Tricloreto de boro				X	3
Trifluoreto de boro		X		X	3
1,3-butadieno	2,0-12				
Gás butano	1,6-8,4				
Buteno	1,6-10				
Gás carbônico			X		
Monóxido de carbono	12,5-74				3
Cloro		X		X	(3)
Diborano	0,8-98				4
Diclorosilano	4,1-98,8			X	4
Dimetilamina	2,8-14,4			X	3
Etano	3,0-12,5				
Etileno	2,7-36				
Óxido de etileno	3,6-100				3
Flúor		X			4

(continua)

Tabela 2. Características de gases especiais *(continuação)*

Gás	Limites inflamáveis no ar (vol. %) (1)	Oxidante	Inerte	Corrosivo	Tóxico (escala NFPA)
Halocarbono-13 (clorotrifluorometano)			X		
Hélio			X		
Hidrogênio	4,0-75				
Brometo de hidrogênio				X	3
Cloreto de hidrogênio				X	3
Ácido cianídrico	5,6-40			X	4
Fluoreto de hidrogênio				X	4
Sulfeto de hidrogênio	4-44			X	4
Isobutano	1,8-8,4				
Isobutileno	1,8-9,6				
Criptônio			X		
Metano	5-15				
Cloreto de metila	8,1-17,4				2
Monometilamina	4,9-20,7			X	3
Neon			X		
Óxido nítrico		X		X	(3)
Nitrogênio			X		
Dióxido de nitrogênio		X		X	(3)
Trifluoreto de nitrogênio		X			
Óxido nitroso		X			
Oxigênio		X			
Ozônio		X			
Fosgênio					4
Fosfina	1,6-99				4
Propano	2,1-9,5			X	4
Propileno	2,0-11,1				
Silano	1,5-98				
Dióxido de enxofre				X	(3)
Hexafluoreto de enxofre			X		
Tetrafluoreto de enxofre				X	4
Trimetilamina	2-11,6			X	3
Cloreto de vinila	3,6-33				2
Xenon			X		

1. Limites inflamáveis sob pressão atmosférica e temperatura normais.
2. Corrosivos na presença de umidade.
3. Tóxico. Recomenda-se que o usuário esteja completamente familiarizado com a toxicidade e outras propriedades deste gás.

- Ser confeccionados em material que resista às condições normais de manuseio, transporte e armazenagem até sua disposição.
- Conter o nome do resíduo químico perigoso.
- Conter o nome e o número de telefone de emergência do gerador.
- Conter a composição básica qualitativa do resíduo (ingredientes conhecidos que contribuem para o perigo ou informações detalhadas sobre o processo gerador).
- Conter uma descrição dos perigos estabelecidos na classificação conforme a NBR 10.004[19] e nas Regulamentações de Transporte de Produtos Perigosos.

- Conter frases de precaução, além de outras informações.

Além do rótulo, deve-se providenciar uma ficha, dividida em treze seções, com dados de segurança sobre os resíduos. As treze seções são as seguintes:

1. Identificação do resíduo químico e da empresa.
2. Composição básica e identificação de perigos.
3. Medidas de primeiros socorros.
4. Medidas de controle para derramamento ou vazamento e de combate a incêndio.
5. Manuseio e armazenamento.
6. Controle de exposição e proteção individual.
7. Propriedades físicas e químicas.
8. Informações toxicológicas.
9. Informações ecológicas.
10. Considerações sobre tratamento e disposição.
11. Informações sobre transporte.
12. Regulamentações.
13. Outras informações.

Outros documentos e providências são imprescindíveis para o transporte de resíduos perigosos. Pode-se citar a exigência de habilitação especializada do motorista, de confecção de fichas de emergência e de manifesto de cargas, de identificação com sinalização adequada e licenciamento de veículos, entre outras. A compatibilidade entre os resíduos deve ser respeitada durante o transporte. Recomenda-se que seja contratada uma transportadora com certificações, contratos de atendimento de emergência e seguro ambiental para mitigar possíveis danos causados por acidentes envolvendo o resíduo. Cabe salientar que o gerador não perde sua responsabilidade pelo resíduo durante o transporte. O Quadro 10 resume as principais exigências que devem ser observadas e conferidas no transporte de resíduos perigosos.

TRATAMENTO EXTERNO DE RESÍDUOS QUÍMICOS

Quando razões estruturais, econômicas ou legais inviabilizarem o tratamento de resíduos em laboratório, deve-se optar pelo envio desses materiais para tratamento externo.

No Estado de São Paulo, a Cetesb é o órgão que aprova o encaminhamento de resíduos de interesse ambiental aos locais de reprocessamento, armazenamento, tratamento ou disposição final, licenciados ou autorizados por esse mesmo órgão, via emissão do Certificado de Movimentação de Resíduos de Interesse Ambiental (Cadri). Os documentos exigidos para a emissão do Cadri incluem:

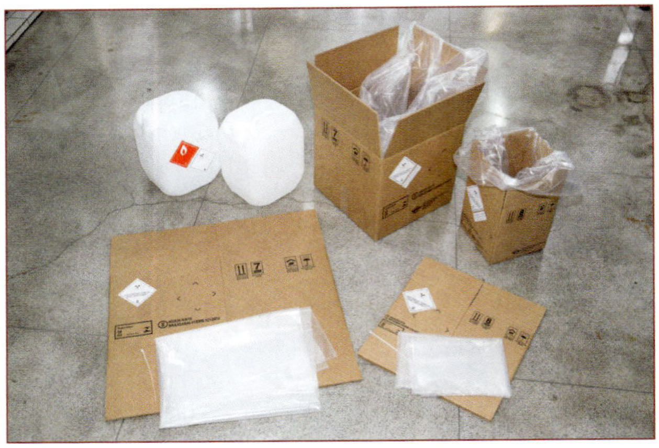

Figura 13. Embalagens homologadas para transporte de produtos perigosos.

- Carta de Anuência, do local de destino dos resíduos, que exigirá uma previsão da quantidade de resíduo gerada anualmente, entre outras informações.
- "Solicitação de Cadri", em duas vias, formulário próprio para pedidos de licenças ambientais, a ser preenchido em página específica do *site* da Cetesb[67].
- Memorial de caracterização do empreendimento (MCE) – Cadri do local de destino dos resíduos.
- Licença de operação do local de destino dos resíduos.
- Laudo de caracterização dos resíduos ou lista com os nomes deles.
- Caso a empresa geradora dos resíduos seja pública, declaração que comprove tal condição.
- Licença e autorização específica do órgão ambiental do estado de destino, quando se tratar de encaminhamento a outro estado.
- Outros, quando couberem e a depender de necessidades da Cetesb.

* Incluem os resíduos perigosos considerados classe I segundo a NBR 10.004 da ABNT e, portanto, os do grupo B, conforme a Resolução Conama n. 358, de 29 de abril de 2005, e os efluentes líquidos gerados em fontes de poluição definidos no art. 57 do Regulamento da Lei Estadual n. 997/76, aprovado pelo Decreto Estadual n. 8.468/76 e suas alterações, que não tenham sido encaminhados por rede.

Recuperação de resíduos químicos

Recuperação de solventes em escala industrial

A recuperação de solventes em escala industrial é um procedimento que cresce anualmente em razão da viabilidade econômica e do maior rigor na legislação ambiental. Em uma análise crítica, quando possível, qualquer outra destinação é mais racional que eliminar um material com gasto de energia e geração de outros resíduos. Entretanto, o processo de recuperação só é possível em condições especiais e dependentes de alguns fatores:

- Quantidade disponível acima de 1.000 litros.
- Número e tipo de contaminantes; normalmente, a recuperação só se dá dentro da mesma família de solventes e com no máximo dois contaminantes.
- Diferenças das temperaturas de ebulição dos componentes acima de 20°C.
- Componentes que não formem misturas azeotrópicas.
- Ausência de componentes com alto grau de periculosidade.

Há exceções aos casos citados, ou seja, empresas estão se equipando com aparelhos mais eficientes que conseguem superar algumas das dificuldades citadas. Porém, ainda assim, pode ocorrer a inviabilização econômica da recuperação, em virtude do uso do processo mais sofisticado e, portanto, mais caro.

Em geral, essas empresas recuperadoras trabalham na forma de prestação de serviços e podem cobrar por tal serviço.

A recuperação de solventes ainda poderá progredir muito, de acordo com a colaboração dos geradores das misturas, para trabalhar sob a ótica da recuperação, misturando ou contaminando o mínimo possível e utilizando produtos mais adequados em relação às propriedades físico-químicas e com maior interesse para reciclagem. Um exemplo bastante ilustrativo é o da substituição do clorofórmio normalmente usado nos cromatógrafos líquidos de alta eficiência por cloreto de etileno. Este último possui baixa toxicidade e tem muita aplicação e procura como agente de expansão na fabricação de espuma de poliuretano.

Recuperação de outros resíduos

Além de solventes, outros resíduos, como os constituídos de óleos ou metais que apresentem alto valor agregado, como a prata, o cobre e o ouro, também podem ser enviados para recuperação. A contratação de empresa que efetue a reciclagem exige, em São Paulo, a autorização do órgão ambiental.

Tratamento de resíduos

Existem diversos tratamentos disponíveis para a inativação de resíduos. A escolha do melhor tratamento envolve a aplicabilidade e a disponibilidade deles. Cabe salientar que o gerador não perde sua responsabilidade pelo resíduo após o tratamento, ainda que sejam emitidos certificados de destruição pelo prestador de serviço.

Quadro 10. **Principais exigências que devem ser observadas e conferidas no transporte de resíduos perigosos**

Embalagens	Documentos	Veículo	Condutor
Homologadas[63]	CADRI	Certificados de inspeção para o transporte de produtos perigosos (CIPP) e de inspeção veicular (CIV), quando o resíduo for transportado a granel	Documento comprobatório da qualificação do motorista, previsto em legislação de trânsito de que recebeu treinamento específico para transportar produtos perigosos (Curso de Movimentação Operacional de Produtos Perigosos – MOPP)
Rotuladas conforme NBR 16.725[33]	Ficha de emergência (NBR 7.503)[64]	Painéis de segurança e rótulos de risco (NBR 7.500[34])	No Estado de São Paulo, só a comprovação na CNH é aceita; nenhum outro tipo de comprovante é válido para comprovar a conclusão do curso
	Envelope contendo ficha de emergência (NBR 7.503)[64]	*Kit* de EPI compatível com a carga (NBR 9.735[66])	
	FDSR (NBR 16.725[61]) para todos os ONU transportados	Equipamentos para sinalização, isolamento de área da ocorrência: avaria, acidente e/ou emergência (NBR 9.735[66])	
	Documento fiscal (quando aplicável)		
	Declaração do expedidor		
	Manifesto para o transporte de resíduos (NBR 13.221[65])		

Tratamentos térmicos de resíduos químicos

Incineração

Consiste em decomposição térmica sob uma temperatura superior a 850°C, aplicável à maioria dos resíduos orgânicos sólidos ou líquidos. Existe uma relação entre a temperatura de operação e a composição do resíduo a ser tratado. Por isso, o preço desse tratamento pode variar. Para resíduos de solventes, quanto mais misturados estiverem, mais cara será a incineração. Já os líquidos combustíveis, com alto poder calorífico, como os solventes inflamáveis, são incinerados com custos menores, porque economizam combustível e podem ser misturados com materiais de menor poder calorífico (*blending*). Inversamente, os organoclorados requerem maior gasto de energia para suas combustões e maior custo no tratamento dos gases efluentes, que normalmente são emitidos para a atmosfera com 99,99% de grau de pureza.

A incineração traz como vantagens a grande redução de volume de resíduos. Entretanto, esse tratamento gera cinzas que, apesar de serem mais estáveis que os resíduos originais, podem conter matérias perigosos e, por isso, devem ser enviadas para aterro específico. A incineração pode gerar poluentes como materiais particulados, dioxinas, furanos, óxidos de nitrogênio e de enxofre. Por este motivo, existem normativas com critérios de construção e operação de incineradores.

Normas para eliminação por incineração

As empresas que operam incineradores industriais exigem um laudo de análise dos resíduos a serem eliminados. De posse dele, comparam-no com a análise própria de amostras colhidas por técnico treinado conforme roteiro preestabelecido.

A incineradora impõe restrições a alguns metais pesados, flúor e certos sólidos como vidro e sucatas, porque esses materiais danificam componentes do equipamento ou encurtam o tempo entre as manutenções periódicas de rotina. É importante ressaltar a relevância do trabalho com parceria responsável, ao relatar o risco imposto aos operadores do incinerador se lhes forem enviados materiais perigosos estranhos aos constantes no acordo entre as partes, uma vez que são processadas centenas de toneladas/mês e, na extenuante rotina desse tipo de trabalho insalubre, pode passar despercebida a presença de um produto tóxico, infectante ou explosivo, incauto e ilegalmente enviado sem identificação de risco e segurança. Estes fatores podem se agravar se esse tipo de material permanecer vários dias aguardando o processamento, em razão da grande procura pelo processo de incineração.

Coprocessamento

Consiste em tratamento via decomposição térmica de resíduos orgânicos sólidos e líquidos, que são utilizados como combustíveis alternativos na indústria cimenteira. Resíduos inorgânicos de ferro, cálcio, silício, alumínio e outros também podem ser tratados, já que são incorporados à matriz de cimento. Assim como para a incineração, existem normativas com critérios de construção e de operação para o aproveitamento de resíduos em fornos de cimento. Em geral, o coprocessamento é uma forma de tratamento mais barata que a incineração. Entretanto, esta técnica apresenta maiores limitações, já que não pode ser utilizada para a inativação de resíduos clorados ou dos que tiverem altos teores de alguns metais.

Incineração via plasma

Consiste em tratamento via decomposição térmica em uma tocha de plasma. O sistema de eliminação de resíduos via plasma, que normalmente opera quantidades menores diariamente, porém sob temperaturas altíssimas (> 5.000°C), torna-se uma opção bastante adequada para efetuar o tratamento completo, definitivo e livre de riscos ao meio ambiente e à saúde pública, solucionando a questão do resíduo hospitalar e dos resíduos perigosos gerados em instituições de ensino e pesquisa. Esta técnica, denominada incineração via plasma, funciona com um gás ionizado em temperaturas muito altas, que gera resíduos inertes e gases efluentes não perigosos, dispensando, portanto, tratamentos posteriores e aterros especiais para a deposição de cinzas e escórias.

Estabilização e solidificação

Consiste em tratamento no qual o potencial de periculosidade de um resíduo é reduzido em razão de sua transformação em formas menos solúveis ou pela diminuição de sua mobilidade no meio ambiente. Este tipo de tratamento traz como vantagens a melhoria das características físicas e do manuseio do resíduo, que tem sua área superficial diminuída e sua solubilização limitada. Os resíduos, principalmente os inorgânicos, são fixados em matrizes poliméricas impermeáveis de cimento ou de silicatos.

Tratamentos físico-químicos

Dependendo do tipo de resíduo, pode-se encaminhá-los para estações de tratamento de efluentes, compactas ou não. Nestas estações, os resíduos são submetidos a processos físicos e químicos (sedimentação, flotação, filtração, precipitação, neutralização, oxidação, redução, clarificação, coagulação, eletrocoagulação e outros).

Outros tratamentos

Vale mencionar que existem outras técnicas, como a oxidação em sais fundidos, eletroquímica e em água supercrítica que, apesar de serem consideradas limpas e comprovadamente eficazes no tratamento de resíduos, ainda não estão comercialmente disponíveis. Nesta mesma categoria se encontram os processos de redução química em fase gasosa, a pirólise em metal fundido e a decloração catalisada por base, entre outros.

DISPOSIÇÃO FINAL DE RESÍDUOS QUÍMICOS

Do ponto de vista técnico, é possível relacionar alguns métodos de disposição final, que incluem depósitos perpétuos no oceano. Entretanto, a PNRS prevê como único meio de disposição final ambientalmente adequada o efetuado em aterros classe I ou II. A mesma lei prevê que apenas rejeitos, ou seja, resíduos para os quais não há possibilidade de tratamento, podem ser enviados para estes locais.

As empresas que possuem aterro para destinação de resíduos industriais classes I e II devem seguir rigidamente as leis e normas impostas pelos órgãos ambientais e, portanto, exigem laudo de análise do resíduo a ser descartado, feita por laboratório credenciado. Estas empresas cobram pelo serviço de aterramento e aceitam apenas materiais no estado sólido, com teor de umidade conhecido e estabelecido previamente. Resíduos líquidos podem ser previamente solidificados via encapsulamento em vidro ou concreto para poderem ser dispostos em aterro. Em relação à composição dos resíduos, deve-se considerar que existem limites de aceitabilidade.

Em São Paulo, a disposição de resíduos em aterros exige prévia aprovação da Cetesb, à semelhança do que ocorre no envio de resíduos para tratamento externo. Cabe salientar que o gerador não perde sua responsabilidade pelo resíduo após o aterramento.

As condições para aceitação do resíduo dividem-se em três etapas:

1ª etapa – preparação: deve atender ao anexo da NBR 12.235 (incompatibilidade de resíduos), e o acondicionamento deve ser feito conforme orientação da empresa em relação ao tipo de recipiente e à homogeneidade do material[7].

2ª etapa – relatório de viabilidade técnica – os resíduos serão caracterizados e classificados de acordo com as normas técnicas da ABNT[7]:

- NBR 10.004 – Classificação.
- NBR 10.005 – Procedimentos para lixiviação.
- NBR 10.006 – Procedimentos para solubilização.
- NBR 10.007 – Procedimentos para amostragem.

Complementares: Cetesb, Environmental Protection Agency (EPA) dos Estados Unidos e outras.
Com base nos resultados, é feito um estudo de viabilidade técnica para recebimento dos resíduos. Aprovado o relatório, é emitida a Carta de Anuência, que declara a compatibilidade com o aterro e a aceitação para disposição final nas valas. Esse relatório também possibilita a obtenção do Certificado de Movimentação de Resíduos de Interesse Ambiental (Cadri, antigo Certificado de Aprovação para Destinação de Resíduos Industriais), mediante formulários específicos emitidos pelo órgão ambiental (Cetesb, no caso de São Paulo).

3ª etapa – remoção e disposição final: o serviço de remoção pode ser realizado por frota da própria empresa, por transportadora por ela credenciada ou por transportadora contratada, obedecendo ao previsto na legislação de transporte de produtos perigosos, quando couber.

Ao chegar, todo resíduo é analisado pelo laboratório local por meio do *Spot* teste, que detecta principalmente líquidos livres pelo método *Paint Filter Test*.

As valas para a disposição final dos resíduos são impermeabilizadas com dupla camada de PEAD com espessuras de pelo menos 1,5 a 2 mm. O solo também é preparado para evitar infiltrações. A operação das valas se dá sob cobertura metálica, para evitar penetração da água das chuvas. Cheias, as valas recebem na superfície a membrana de PEAD, que é soldada nas bordas, transformando-se em um envelope gigante impermeável, cuja capacidade unitária tem cerca de 20 mil toneladas. Por fim, a célula é coberta com terra.

Observação: os passivos existentes em muitas instituições de ensino e pesquisa que realizam intensas atividades laboratoriais podem ter sua disposição final em aterro classe I ou II inviabilizada por conta das misturas existentes de materiais não identificados, o que pode levar à reprovação do relatório.

DESTINAÇÃO DE EMBALAGENS E RECIPIENTES

Embalagens contaminadas com materiais químicos perigosos devem ser tratadas como resíduos classe I. Entretanto, esse procedimento, embora correto, eleva os custos do programa de gerenciamento de materiais perigosos da instituição, principalmente quando se trata de recipientes de vidro que contêm um mínimo de resíduos, mas a massa total é grande.

Alguns procedimentos alternativos são viáveis e menos onerosos. São eles:

- Frascos de vidro ou plástico que continham reagentes solúveis em água e de baixa toxicidade (álcoois, ácidos, ésteres, aldeídos, cetonas, éteres, sais inorgânicos, secantes e outros) podem ser reciclados por empresas especializadas, após tríplice lavagem.
- Frascos contaminados com outros reagentes, especialmente os de alta toxicidade ou de difícil remoção, devem ser encaminhados para o mesmo tratamento que seria dado ao reagente. Assim, um frasco de mercaptana deve ser incinerado. Já um de nitrato de mercúrio pode ser encaminhado para aterro classe 1.
- Embalagens flexíveis, como papel e papelão, plásticos, tecidos, fibras e outras, contaminadas com materiais químicos perigosos, têm de ser enviadas para tratamento térmico ou aterro classe 1 acondicionadas em fardos protegidos com material impermeável ou em barricas plásticas especiais.
- A mistura de embalagens dos tipos citados pode encarecer ou até inviabilizar o processo de destinação final ou reciclagem. Por isso, é necessário o monitoramento constante dos locais de deposição temporária desses materiais, a fim de evitar que resíduos de classes diferentes sejam depositados no mesmo local.

Tem crescido o setor de reciclagem de objetos fabricados com materiais químicos perigosos, como pilhas, baterias, lâmpadas e outras. Essa opção é muito favorável, tanto para evitar que esses produtos sejam lançados no meio ambiente quanto para prevenir a deposição em locais destinados a resíduos de outra categoria, colocando em risco o trabalho de coleta e destinação final.

GERENCIAMENTO DO PASSIVO

Materiais considerados perigosos, não identificados, misturados, contaminados ou que se encontrem em condições tais que seu descarte esteja inviabilizado por qualquer motivo (p. ex., econômico) são classificados como passivos. Este problema tão sério vem se intensificando há muitos anos em decorrência das atividades laboratoriais, comerciais e industriais e representam atualmente uma fonte de alto risco ao meio ambiente e à saúde pública, que precisa ser eliminado rapidamente. O custo do procedimento de eliminação dos passivos existentes no Brasil e em vários outros países é, na maioria dos casos, tão alto que inviabiliza o processo mesmo para empresas financeiramente estáveis.

Segundo dados do III Workshop Preparatório (Belo Horizonte – MG, julho de 2000) para o III Fórum Intergovernamental de Segurança Química (Salvador – BA, outubro de 2000), calculou-se que existiam mais de cem mil toneladas de passivos químicos perigosos distribuídos pelo país. O conhecimento desse assombroso número, o esclarecimento sobre os riscos que esses materiais oferecem ao meio ambiente e à população e a maior cobrança por parte dos órgãos ambientais e de saúde pública vêm exigindo uma solução segura para o problema, pelo menos em médio prazo.

Como medida de caráter emergencial, pode-se sugerir a segregação considerando aspectos de compatibilidade química desse passivo químico perigoso, em barris plásticos de alta densidade, com volumes de até 200 litros, e o acondicionamento do material indesejável com um agente de apassivação como areia seca, cal, terra de diatomáceas ou outro absorvedor comercial adequado, com a finalidade de neutralizar possíveis vazamentos. Assim preparados, os barris devem ser armazenados em local arejado e de acesso controlado. A seguir, o gerador deve contratar uma empresa de consultoria especializada para manuseio, transporte e disposição adequadas de seu passivo.

MÉTODOS DE IDENTIFICAÇÃO DE PRODUTOS QUÍMICOS

Uma situação bastante comum em laboratórios nos quais se manipulam produtos químicos é a presença de frascos sem rótulos ou com rótulos danificados, que impossibilitam a identificação de seu conteúdo.

A caracterização desse material nem sempre é uma tarefa fácil, porém algumas análises simples podem ser efetuadas na tentativa de identificá-los para, posteriormente, encaminhá-los para reutilização ou descarte. Cabe ressaltar que a abertura do frasco pode causar acidentes, como explosões pela presença de peróxidos ou de substâncias reativas com o ar. Assim, recomenda-se que a abertura seja feita apenas se absolutamente necessário, com o máximo cuidado, por pessoa especializada, sempre considerando o resíduo tóxico e perigoso.

As técnicas apresentadas a seguir podem ser usadas para uma caracterização preliminar de resíduos químicos não identificados[68-71]. Para cada um dos testes, deve ser utilizada uma alíquota com a menor quantidade possível da substância a ser identificada. Todas as operações devem ser efetuadas em condições seguras, com o uso de EPC e EPI.

- Testar a reatividade com o ar, pegando uma pequena amostra, colocando-a em um vidro de relógio e observando se a amostra pega fogo ou se libera fumaça.

- Testar a inflamabilidade, colocando um palito de cerâmica no composto, deixando escorrer o excesso e levando-o à chama.
- Testar a reatividade, adicionando uma gota de água e observando se há formação de chama, liberação de gás ou reação violenta.
- Medir o pH com papel indicador ou pHmetro.
- Verificar a presença de cianetos, adicionando uma gota de cloroamina-T e uma gota de ácido barbitúrico ou piridina em três gotas do composto. A cor vermelha indica teste positivo.
- Observar a presença de sulfetos, acidulando a amostra com HCl e testando em papel embebido em acetato de chumbo. O enegrecimento do papel indica teste positivo.
- Verificar a presença de halogênios, colocando no composto um fio de cobre limpo e previamente aquecido ao rubro e retornando-o à chama. Uma chama de coloração verde indica teste positivo.
- Testar o caráter oxidante, acrescentando uma pequena porção de um sal de Mn (II). Uma coloração escura indica teste positivo.
- Testar o caráter redutor, utilizando papel umedecido com 2,6-dicloroindofenol ou azul de metileno. Uma descoloração do papel indica teste positivo.

Cabe mencionar que a Cetesb disponibiliza em seu *site* o Programa para Identificação de Produtos Químicos (PIPQ)[72]. Este programa foi desenvolvido para auxiliar na identificação de produtos químicos. Assim, com base em algumas características do material a ser identificado, obtidas em testes analíticos descritos no próprio programa, ou ainda por inspeção visual, são feitas as comparações com propriedades catalogadas de mais de 800 substâncias químicas. As propriedades estão divididas em 24 categorias, relacionadas às propriedades físicas e químicas do material (estado físico, cor, densidade, viscosidade, solubilidade em água, odor, ponto de fulgor, reatividade, entre outras). Ainda que existam limitações nesse processo, há uma redução do número de substâncias possíveis, o que facilita a identificação.

CONSIDERAÇÕES FINAIS

Desde a publicação da primeira edição do *Manual de biossegurança*, em 2002, o gerenciamento adequado de produtos e resíduos químicos perigosos em instituições de ensino e pesquisa evoluiu significativamente, haja vista o grande número de publicações geradas no período por instituições públicas e privadas.

O meio acadêmico-científico deve ampliar o desenvolvimento de pesquisas com o objetivo de encontrar novas soluções, mais eficientes e de menor custo ambiental, para tratamento e descarte de resíduos químicos perigosos. Com essas novas pesquisas, haverá a conscientização e a formação de pessoas dessa área em diversos níveis, desde a iniciação científica até o doutoramento, o que também gerará publicações e a consequente divulgação dos novos conhecimentos.

É importante salientar que o meio acadêmico-científico também deverá colaborar com órgãos civis para difundir as novas técnicas desenvolvidas, que deverão, neste caso, ser redigidas de modo que facilitem o entendimento para serem acessíveis a toda a sociedade.

REFERÊNCIAS BIBLIOGRÁFICAS

1. Associação Brasileira da Indústria Química (Abiquim). O que é o GHS? Sistema Harmonizado Globalmente para a classificação e rotulagem de produtos químicos. 2005. Disponível em: <http://abiquim.org.br/pdfs/manual_ghs.pdf>. Acesso em: 17 fev. 2016.
2. Brasil. Ministério do Trabalho e Previdência Social. Norma Regulamentadora n. 26 (NR 26) – Sinalização de segurança. Disponível em: <www.mtps.gov.br/images/Documentos/SST/NR/NR26.pdf>. Acesso em: 18 fev. 2016.
3. Vogel AI. Química analítica qualitativa. 5. ed. São Paulo: Mestre Jou; 1981.
4. The Handbook of Chemistry & Physics 96. ed. [on line]. Boca Raton: CRC Press; 2016. Disponível em: <www.hbcpnetbase.com>. Acesso em: 17 fev. 2016.
5. Royal Society of Chemistry. The Merck Index Online. Londres: RSC Publishing; 2014. Disponível em: <www.rsc.org/merck-index>. Acesso em: 17 fev. 2016.
6. Companhia Ambiental do Estado de São Paulo (Cetesb). Manual de produtos químicos. Disponível em: <http://emergenciasquimicas.cetesb.sp.gov.br/manual-de-produtos-quimicos/. Acesso em: 17 fev. 2016.
7. Brasil. Associação Brasileira de Normas Técnicas (ABNT). NBR 14.725. Produtos químicos – Informações sobre segurança, saúde e meio ambiente. Parte 4: Ficha de informações de segurança de produtos químicos (FISPQ). Rio de Janeiro: ABNT; 2012.
8. Brasil. Associação Brasileira de Normas Técnicas (ABNT). NBR 14.725. Produtos químicos – Informações sobre segurança, saúde e meio ambiente. Parte 3: Rotulagem. Rio de Janeiro: ABNT; 2012.
9. National Fire Protection Association (NFPA) Labeling Guide. Hazardous material information system. Disponível em: <http://fac.hsu.edu/wrayjones/NFPA%20Label.htm>. Acesso em: 17 fev. 2016.
10. Carvalho PR. Boas práticas químicas em biossegurança. Rio de Janeiro: Interciência; 1999.
11. Yale Environmental Health & Safety: EPA's chemical compatibility chart. 1980. Disponível em: <http://ehs.yale.edu/sites/default/files/EPAChemicalCompatibilityChart.pdf>. Acesso em: 02 maio 2016.
12. Oliveira NR. Gerenciamento e descarte de resíduos químicos em laboratórios de ensino e pesquisa visando a preservação ambiental. [Dissertação]. Guarulhos: Universidade Guarulhos; 1999.
13. Royal Society of Chemistry – Commission of the European Communities, Directorate-General Information

Market and Innovation. Organochlorine solvents: health risks to workers. Luxembourg: ECSC-EEC-EAEC; 1986.

14. Schvartsman S. Produtos químicos de uso domiciliar, segurança e riscos toxicológicos. 2. ed. São Paulo: Almed; 1988.
15. Brasil. Ministério do Trabalho e Previdência Social, Norma Regulamentadora n. 20, de 06 de julho de 1978 – Segurança e saúde no trabalho com inflamáveis e combustíveis. Disponível em: <http://www.areaseg.com/bib/01%20-%20NRs%20-%20NORMAS%20REGULAMENTADORAS/NR-20/nr_20.pdf>. Acesso em: 02 de maio de 2016.
16. Brasil. Lei n. 12.305, de 02 de agosto de 2010. Institui a Política Nacional de Resíduos Sólidos; altera a Lei n. 9.605, de 12 de fevereiro de 1998, e dá outras providências. Brasília: Diário Oficial da União; 2010. Disponível em: <http://www.mma.gov.br/port/conama/reuniao/dir1529/PNRS_consultaspublicas.pdf>. Acesso em: 17 fev. 2016.
17. Brasil. Ministério do Meio Ambiente Conselho Nacional do Meio Ambiente (Conama). Resolução n. 358, de 29 de abril de 2005. Dispõe sobre o tratamento e a disposição final dos resíduos dos serviços de saúde e dá outras providências. Disponível em: <http://www.mma.gov.br/port/conama/legiabre.cfm?codlegi=462>. Acesso em: 17 fev. 2016.
18. Brasil. Agência Nacional de Vigilância Sanitária (Anvisa). Resolução da Diretoria Colegiada – RDC n. 306, de 07 de dezembro de 2004. Disponível em: <http://portal.anvisa.gov.br/wps/wcm/connect/10d6dd00474597439fb6df3fbc4c6735/RDC+N%C2%BA+306,+DE+7+DE+DEZEMBRO+DE+2004.pdf?MOD=AJPERES>. Acesso em: 17 fev. 2016.
19. Brasil. Associação Brasileira de Normas Técnicas (ABNT). NBR 10.004 – Resíduos sólidos, classificação. Rio de Janeiro: ABNT; 2004.
20. Machado PFL, Mol GS. Resíduos e rejeitos de aulas experimentais: o que fazer? Química Nova na Escola. 2008;29:38-41.
21. Brasil. Associação Brasileira de Normas Técnicas (ABNT). NBR 9.800 – Critérios para lançamento de efluentes líquidos industriais no sistema coletor público de esgoto sanitário – Procedimento. Rio de Janeiro: ABNT; 1987.
22. Brasil. Ministério do Meio Ambiente. Conselho Nacional do Meio Ambiente (Conama). Resolução n. 357, de 17 de março de 2005. Dispõe sobre a classificação dos corpos de água e diretrizes ambientais para o seu enquadramento, bem como estabelece as condições e padrões de lançamento de efluentes, e dá outras providências. Disponível em: <http://www.mma.gov.br/port/conama/res/res05/res35705.pdf>. Acesso em: 17 fev. 2016.
23. Brasil. Ministério do Meio Ambiente. Conselho Nacional do Meio Ambiente (Conama). Resolução n. 430, de 13 de maio de 2011. Dispõe sobre as condições e padrões de lançamento de efluentes, complementa e altera a Resolução n. 357, de 17 de março de 2005, do Conselho Nacional do Meio Ambiente-Conama. Disponível em: <http://www.mma.gov.br/port/conama/legiabre.cfm?codlegi=646>. Acesso em: 17 fev. 2016.
24. Assembleia Legislativa do Estado de São Paulo. Decreto n. 8.468, de 08 de setembro de 1976. Aprova o Regulamento da Lei n. 997, de 31 de maio de 1976, que dispõe sobre a prevenção e o controle da poluição do meio ambiente. Disponível em: <http://www.al.sp.gov.br/repositorio/legislacao/decreto/1976/decreto-8468-08.09.1976.html>. Acesso em: 17 fev. 2016.
25. Resolução Conjunta da Secretaria de Estado de Saúde, Secretaria de Estado de Meio Ambiente e Secretaria de Estado da Justiça e da Defesa da Cidadania SS/SMA/SJDC – n. 1, de 29 de junho de 1998. Aprova as Diretrizes Básicas e Regulamento Técnico para apresentação e aprovação do Plano de Gerenciamento de Resíduos Sólidos de Serviços de Saúde. Disponível em: <http://pegasus.fmrp.usp.br/projeto/legislacao/resolucao%20conjunta%20SS%20SMA%20SJDC%201%20de%2029%2006%2098.pdf>. Acesso em: 17 fev. 2016.
26. Companhia de Tecnologia de Saneamento Ambiental (Cetesb) n. P4.262, de agosto de 2007. Dispõe sobre o gerenciamento de resíduos químicos provenientes de estabelecimento de saúde. São Paulo: Cetesb; 2007. p.1-13.
27. Azevedo SMZ, Spalding SM. Gerenciamento de resíduos em laboratório oficial farmacêutico. Porto Alegre: UFRGS; 2009.
28. Gil ES, Garrote CFD, Conceição EC, Santiago MF, Souza AR. Aspectos técnicos e legais do gerenciamento de resíduos químico-farmacêuticos. Rev Bras Cienc Farm. 2007;43:19-29.
29. Brasil. Ministério do Trabalho e Previdência Social. Norma Regulamentadora 15 – Atividades e operações insalubres, de 06 de julho de 1978. Disponível em: <http://www.mtps.gov.br/seguranca-e-saude-no-trabalho/normatizacao/normas-regulamentadoras/norma-regulamentadora-n-15-atividades-e-operacoes-insalubres>. Acesso em: 16 maio 2016.
30. Cameron M. Picric acid hazards. State of California Department of Justice. Health and Safety Notes; 2002. Disponível em: <http://oag.ca.gov/sites/all/files/agweb/pdfs/cci/safety/picric.pdf>. Acessado em 17 fev. 2016.
31. American Chemical Society. Task Force on Laboratory Waste Management. Laboratory waste management: a guidebook. Washington: ACS; 1994. 250p.
32. Bernabei D, Merck KgaA. Seguridad: manual para el laboratório. Darmstadt: Merck KgaA; 1998.
33. Brasil. Associação Brasileira de Normas Técnicas (ABNT). NBR 16.725 – Resíduo químico – Informações sobre segurança, saúde e meio ambiente – Ficha com dados de segurança de resíduos químicos (FDSR) e rotulagem. Rio de Janeiro: ABNT; 2011 e Emenda 1:2014.
34. Brasil. Associação Brasileira de Normas Técnicas (ABNT). NBR 7.500. Identificação para o transporte terrestre, manuseio, movimentação e armazenamento de produtos. Rio de Janeiro: ABNT; 2013. Disponível em: <http://www.coleparmer.com/techinfo/chemcomp.asp>. Acesso em: 17 fev. 2016.
35. Brasil. Ministério do Trabalho e Emprego. NR 32 – Segurança e saúde no trabalho em serviços de saúde. Disponível em: <http://www.mtps.gov.br/images/Documentos/SST/NR/NR32.pdf>. Acesso em: 04 maio 2016.
36. Brasil. Associação Brasileira de Normas Técnicas (ABNT). NBR 12.235 – Armazenamento de resíduos sólidos perigosos – Procedimento. Rio de Janeiro: ABNT; 1992.
37. Armour MA. Hazardous laboratory chemicals disposal guide. 3. ed. Londres: CRC Press; 2003.

38. Lunn G, Sansone EB. Safe disposal of highly reactive chemicals. J Chem Educ. 1994;71:972-6.
39. Committee on Prudent Practices for Handling, Storage, and Disposal of Chemicals in Laboratories, National Research Council. Prudent practices in the laboratory: handling and disposal of chemicals. Washington: National Academy Press; 1995.
40. Committee on Prudent Practices for Handling, Storage, and Disposal of Chemicals in Laboratories, National Research Council. Prudent practices in the laboratory: handling and management of chemical hazards. Updated Version. Washington: National Academy Press; 2011. Disponível em: <http://www.nap.edu/read/12654/chapter/9#209>. Acesso em: 17 fev. 2016.
41. Committee on Hazardous Substances in the Laboratory, National Research Council. Prudent practices for disposal of chemicals from laboratories. Washington: National Academy Press; 1995.
42. Smallwood I. Solvent recovery handbook. Londres: McGraw-Hill; 1993.
43. Companhia de Tecnologia de Saneamento Ambiental (Cetesb). Consulta pelo nome ou sinônimo do produto. Disponível em: <http://sistemasinter.cetesb.sp.gov.br/produtos/produto_consulta_nome.asp>. Acesso em: 17 fev. 2016.
44. Alloway BJ, Ayres DC. Chemical principles of environmental pollution. 2. ed. Londres: Chapman & Hall; 1997.
45. Manahan SE. Hazardous waste chemistry, toxicology and treatment. Michigan: CRC Press; 1990.
46. Vogel AI. Química orgânica. 3. ed. São Paulo: Edusp; 1985.
47. Bahadir M. Identification and photodecomposition of highly toxic organic compounds in laboratory wastes. In: 2nd International Symposium on Residue Management in Universities. Santa Maria; 2004. Livro de Resumos. Santa Maria: UFSM; 2004. p.27. Disponível em: <http://w3.ufsm.br/isrmu/conferencias/Mufit_Bahadir_1.pdf>. Acesso em: 17 fev. 2016.
48. Gu T, Gu Y, Zheng Y, Wiehl PE, Kopchick JJ. Phase separation of acetonitrile-water mixture in protein purification. Sep Technol. 1994;4:258-60.
49. Katusz R. Metal recovery of HPLC grade acetonitrile by spinning band distillation. J Chromatogr. 1981;213:331-6.
50. Takamuku T, Yamaguchi A, Matsuo D, Tabata M, Kumamoto M, Nishimoto J, et al. Large-angle X-ray scattering and small-angle neutron scattering study on phase separation of acetonitrile-water mixtures by addition of NaCl. J Phys Ch B. 2001;105:6236-45.
51. Andrade LH, Vitta PBD, Utsunomiya RS, Crusius IH, Porto ALM, Comasseto JV. Bio-recycling of hexanes from laboratory waste mixtures of hexanes and ethyl acetate by ester biotransformation: a green alternative process. Appl Catal B. 2005;59:197-203.
52. De Conto SM. Gestão de resíduos em universidades. Caxias do Sul: Educs; 2010.
53. Zancanaro O Jr. Manuseio de produtos químicos e descarte de seus resíduos. In: Hirata M, Mancini Filho JB, editores. Manual de biossegurança. Barueri: Manole; 2002. p.121-83.
54. University of Wisconsin-Madison. Environment, Health & Safety. Chemical disposal procedures. In: Laboratory safety guide. Disponível em: <http://www.ehs.wisc.edu/chem/LabSafetyGuide-Chapter07.pdf>. Acesso em: 17 fev. 2016.
55. Universidade Estadual Paulista (Unesp). Instituto de Biociências, Letras e Ciências Exatas. Guia de neutralização e destinação de resíduos químicos perigosos do IBILCE-UNESP. Disponível em: <http://www.qca.ibilce.unesp.br/prevencao/protocolo.htm>. Acesso em: 17 fev. 2016.
56. Northwestern University. Office for Research Safety. Hazardous Waste Management Program. Hazardous waste disposal guide. Disponível em: <http://www.research.northwestern.edu/ors/forms/purpleguide.pdf>. Acesso em: 17 fev. 2016.
57. Stanford University. Environmental Health & Safety. Laboratory product substitution opportunities. Disponível em: <http://web.stanford.edu/dept/EHS/prod/enviro/lab_product_sub.html>. Acesso em: 17 fev. 2016.
58. Assembleia Legislativa do Estado de São Paulo. Lei n. 15.313, de 15 de janeiro de 2014. Dispõe sobre a proibição do uso, armazenamento e reparo de instrumentos de medição como esfigmomanômetros e termômetros contendo mercúrio e dá outras providências. Disponível em: <http://www.al.sp.gov.br/repositorio/legislacao/lei/2014/lei-15313-15.01.2014.html>. Acesso em: 17 fev. 2016.
59. Figuerêdo DV. Manual para gestão de resíduos químicos perigosos de instituições de ensino e pesquisa. Belo Horizonte: Conselho Regional de Química de Minas Gerais; 2006.
60. Kaufman JA. Waste disposal in academic institution. Michigan: CRC Press; 1990.
61. Micaroni RCC, Bueno MIMS, Jardim WF. Compostos de mercúrio. Revisão de métodos de determinação, tratamento e descarte. Química Nova. 2000;23:487-95.
62. Teixeira SCG, Mathias L, Canela MC. Recuperação de sílica-gel utilizando processos oxidativos avançados: uma alternativa simples e de baixo custo. Química Nova. 2003;26:931-3.
63. University of Illinois. Division of Research Safety. Compressed gas cylinder safety. Disponível em: <https://www.drs.illinois.edu/SafetyLibrary/CompressedGasCylinderSafety>. Acesso em: 17 fev. 2016.
64. Brasil. Agência Nacional de Transportes Terrestres (ANTT). Resolução n. 420/04. Aprova as Instruções Complementares ao Regulamento do Transporte Terrestre de Produtos Perigosos. Disponível em: <http://www.antt.gov.br/index.php/content/view/4961/Produtos_Perigosos.html. Acesso em: 17 fev. 2016.
65. Brasil. Ministério do Desenvolvimento, Indústria e Comércio Exterior/Instituto Nacional de Metrologia, Normlização e Qualidade Industrial (Inmetro). Portaria n. 73, de 17 de março de 2010. Disponível em: <http://www.inmetro.gov.br/legislacao/rtac/pdf/RTAC001544.pdf>. Acesso em: 05 maio 2016.
66. Brasil. Associação Brasileira de Normas Técnicas (ABNT). NBR 7.503 – Transporte terrestre de produtos perigosos – Ficha de emergência e envelope – Características, dimensões e preenchimento. Rio de Janeiro: ABNT; 2013.

67. Brasil. Associação Brasileira de Normas Técnicas (ABNT). NBR 13.221 – Transporte terrestre de produtos perigosos. Rio de Janeiro: ABNT; 2010.
68. Brasil. Associação Brasileira de Normas Técnicas (ABNT). NBR 9.735 – Conjunto de equipamentos para emergências no transporte terrestre de produtos perigosos. Rio de Janeiro: ABNT; 2012.
69. Companhia de Tecnologia de Saneamento Ambiental (Cetesb). Portal de Licenciamento Ambiental. Disponível em: <https://portalambiental.cetesb.sp.gov.br/pla/welcome.do>. Acesso em: 04 maio 2016.
70. Jardim WF. Gerenciamento de resíduos químicos em laboratório de ensino e pesquisa. Química Nova. 1998;21:671-73.
71. Afonso JC, Silveira JA, Oliveira AS, Lima RMG. Análise sistemática de reagentes e resíduos sem identificação. Química Nova. 2005;28:157-65.
72. Companhia de Tecnologia de Saneamento Ambiental (Cetesb). Setor de Atendimento a Emergências. Disponível em: <http://emergenciasquimicas.cetesb.sp.gov.br/>. Acesso em: 04 maio 2016.

capítulo 6

Biossegurança no uso de radioisótopos

Célia Colli
Carlos Henrique de Mesquita

INTRODUÇÃO

Usos, aplicações e efeitos da radiação têm sido muito estudados desde fins do século XIX com a descoberta da radioatividade. Assim, o século XX presenciou desde os horrores da bomba atômica até a multiplicação da utilização de radioisótopos tanto em diagnósticos *in vitro* (p. ex. ensaios de ligação competitiva), *in vivo* em medicina nuclear e em tratamentos (especialmente na área de cancerologia). Em consequência disso, os efeitos biológicos da radiação foram identificados e medidas de proteção radiológica foram adotadas nas várias situações de uso de radioisótopos. Uma postura profissional que envolva o conhecimento das normas e as razões pelas quais foram estabelecidas é fundamental para que possamos usufruir dos benefícios desse uso e reduzir ao máximo seu risco.

FUNDAMENTOS FÍSICOS

Para desenvolver os aspectos de biossegurança relacionados com o uso de radioisótopos vamos considerar o átomo com dimensão de 10^{-8} cm, constituído de um núcleo positivo (de 10^{-13} cm) e uma camada eletrônica. O núcleo do átomo é formado de prótons e nêutrons, sendo uma espécie nuclear identificada pelo seu número atômico (Z), ou número de prótons, pelo número de nêutrons N e sua massa pela soma de nêutrons e prótons, ou número de massa (A). Assim, um nuclídio é representado como ${}^{A}_{Z}X$, onde X é o símbolo químico do elemento[1].

A unidade de massa utilizada para representar o átomo e as partículas subatômicas corresponde a 1/12 da massa do ${}^{12}C$. Uma unidade de massa atômica (u.m.a.) é igual a $1,66 \times 10^{-12}$ g. As massas do próton e do nêutron são, nessa unidade: $m_p = 1,007277$ u.m.a.; $m_n = 1,008665$ u.m.a.

Partindo-se da equação $E = mc^2$, em que c corresponde à velocidade da luz (300.000 km/s) chega-se a que 1 u.m.a. = 931,1 MeV (milhões de elétrons-volt).

Recordando: a unidade de energia que vamos utilizar é o elétron-volt (eV). As relações de conversão entre eV e joule (J) são as seguintes:

$$1 \text{ eV} = 1,6 \times 10^{-19} \text{ J}$$
$$1 \text{ keV} = 1,6 \times 10^{-16} \text{ J}$$
$$1 \text{ MeV} = 1,6 \times 10^{-13} \text{ J}$$

Isótopos e radioisótopos

São chamados isótopos aqueles elementos que têm o mesmo número atômico. Como exemplo, temos:

alguns isótopos do iodo: ${}^{123}_{53}I$; ${}^{125}_{53}I$; ${}^{131}_{53}I$; ${}^{133}_{53}I$

isótopos do hidrogênio: ${}^{1}_{1}H$; ${}^{2}_{1}H$; ${}^{3}_{1}H$

Há 104 elementos químicos conhecidos, 300 isótopos estáveis e aproximadamente mil isótopos radioativos. Assim, a maioria dos elementos encontrados na natureza tem mais de um isótopo. Os isótopos de um elemento têm as mesmas propriedades químicas, pois possuem o mesmo número de elétrons na coroa eletrônica. Contudo, têm propriedades físicas e nucleares diferentes[1].

As forças que mantêm prótons e nêutrons ligados são de natureza diferente das gravitacionais e eletromagnéticas. Muito intensas e independentes da carga elétrica (são capazes de unir partículas de mesma carga como os prótons), essas forças atuam apenas dentro do núcleo.

Radioatividade é um fenômeno nuclear, originado da desintegração espontânea de núcleos atômicos[1]. A probabilidade por unidade de tempo de que um nuclídio se desintegre (emita partículas) depende somente do nuclídio e é independente do tempo. Esta probabilidade é representada pela constante de decaimento (λ). A variação do número de átomos radioativos com o tempo é exponencial:

$$N(t) = N_0 \, e^{-\lambda t} \qquad (1)$$

onde N é o número de átomos de uma amostra radioativa em qualquer tempo t, e N_0 o número inicial de átomos dessa amostra.

Portanto, meia-vida, conceito tirado dessa equação, é o tempo decorrido para que a metade dos átomos de uma amostra radioativa se desintegrem. Ou:

$$\text{Quando } t = T_{1/2} \rightarrow N = \frac{N_o}{2}$$

substituindo em (1) t por $T_{1/2}$ e N por $N_o/2$, temos:

$$\frac{N_0}{2} = N_0 \cdot e^{-\lambda T_{1/2}} \qquad \text{ou} \qquad e^{-\lambda T_{1/2}} = 2$$

$$\text{e} \qquad T_{1/2} = \frac{\ln 2}{\lambda} = \frac{0{,}693}{\lambda}$$

$$T_{1/2} = \frac{0{,}693}{\lambda} \qquad (2)$$

A constante de decaimento λ é característica de cada nuclídio e independe do tempo, ou seja, quanto maior a constante de desintegração (probabilidade de um átomo se desintegrar), menor sua meia-vida, e vice-versa. As meias-vidas dos elementos podem variar de 10^{-9} s a 10^{10} anos.

No organismo humano ou animal a probabilidade total de decaimento de um radioisótopo é a soma das probabilidades de decaimento biológico (pelo metabolismo) e físico (por desintegração radioativa)[1]. Assim:

$$\lambda \text{ efetiva} = \lambda \text{ física} + \lambda \text{ biológica}$$

$$\text{e lembrando que } \lambda = \frac{0{,}693}{T_{1/2}}$$

$$\frac{0{,}693}{T_{1/2}\,ef} = \frac{0{,}693}{T_{1/2}\,f} + \frac{0{,}693}{T_{1/2}\,b} \qquad \text{ou}$$

$$\frac{1}{T_{1/2}\,ef} = \frac{1}{T_{1/2}\,f} + \frac{1}{T_{1/2}\,b} \qquad (3)$$

e portanto,

$$T_{1/2}\,ef = \frac{T_{1/2}\,f \times T_{1/2}\,b}{T_{1/2}\,f + T_{1/2}\,b} \qquad (4)$$

A meia-vida efetiva inclui essas duas probabilidades de decaimento de um radioisótopo no organismo.

Unidade de medida da atividade radioativa

A atividade da fonte radioativa é expressa no Sistema Internacional de Medida (SI) em unidades Becquerel (Bq). Um Bq representa uma desintegração (ou emissão) por segundo (dps). Até 1983 a unidade de atividade radioativa era o Curie (Ci) equivalente ao número de desintegrações de 1 g de ^{222}Ra[2].

Como exercício, podemos calcular a atividade radioativa de 1 g de ^{222}Ra ($T_{1/2}$ 1620 a) segundo a equação:

$$A_1 = \lambda N = \frac{0{,}693 \times 6{,}02 \times 10^{23}}{T_{1/2}} \times \frac{m}{A}$$

$$= \frac{(0{,}693 \times 6{,}02 \times 10^{23})}{(5{,}109 \times 10^{10})} \times \frac{1}{222} = 3{,}7 \times 10^{10} \text{ dps}$$

A_1 atividade radioativa
λ constante de desintegração (ou de decaimento)
$T_{1/2}$ meia-vida expressa em segundos
N número de átomos presentes na massa m
A número de massa do elemento radioativo
m = massa da amostra do elemento

Portanto, o Curie (Ci) corresponde a $3{,}7 \times 10^{10}$ dps ou $3{,}7 \times 10^{10}$ Bq.

EMISSÕES RADIOATIVAS

As emissões dos núcleos radioativos podem ser de três tipos: partícula α, patícula β e radiação gama[2].

A partícula α, constituída por 2 prótons e 2 nêutrons, tem carga 2^+ e massa igual ao núcleo do átomo de hélio, é representada como ${}^{4}_{2}\alpha$ ou ${}^{4}_{2}He$.

A partícula beta é um elétron criado no núcleo, no momento da emissão. Pode ter carga negativa (${}^{0}_{-1}\beta$) ou positiva (${}^{0}_{+1}\beta$). Quando o pósitron é emitido e encontra um elétron do meio, ocorre a reação de aniquilação. Há transformação de massa em energia e o aparecimento de duas radiações gama de mesma direção e sentidos opostos e de energia igual a 0,51 Mev, resultante da transformação da massa do elétron em repouso, na equação $E = mc^2$. Normalmente uma emissão de partícula beta é acompanhada de emissão de radiação gama.

A radiação gama é de natureza eletromagnética e comprimento de onda geralmente menor do que o dos raios X. Sua emissão acompanha as das partículas alfa e beta.

ESQUEMAS DE DESINTEGRAÇÃO

A emissão de partículas pelos núcleos provoca uma modificação em suas características de número atômico (Z) e número de massa (A). Uma alteração no número de prótons de um núcleo é na realidade a transmutação de um elemento em outro. Como para as aplicações biológicas da radiação normalmente são utilizados emissores de beta e de gama, vamos nos ater a esses tipos de emissão.

Emissão de partícula alfa

$${}^{A}_{Z}X \rightarrow {}^{A-4}_{Z-2}Y + {}^{4}_{2}\alpha$$

$${}^{238}_{92}U \rightarrow {}^{234}_{90}T_h + {}^{4}_{2}\alpha$$

Emissão de partícula beta

Beta menos

$${}^{A}_{Z}X \rightarrow {}^{A}_{Z+1}Y + {}^{0}_{-1}\beta + \overline{\upsilon}$$

$${}^{32}_{15}P \rightarrow {}^{32}_{16}S + {}^{0}_{-1}\beta + \overline{\upsilon}$$

$${}^{131}_{52}I \rightarrow {}^{131}_{53}X + {}^{0}_{-1}\beta + \overline{\upsilon}$$

Beta mais (pósitron)

$${}^{A}_{Z}X \rightarrow {}^{A}_{Z-1}Y + {}^{0}_{+1}\beta + \upsilon$$

$${}^{29}_{15}P \rightarrow {}^{29}_{14}Si + {}^{0}_{+1}\beta + \upsilon$$

Para manter o princípio de conservação de energia de início foi sugerida (e depois comprovada) a emissão do antineutrino (na emissão de beta) e do neutrino (na emissão de pósitrons).

Neutrino é a partícula com massa desprezível e sem carga que também tem um espectro de energia que vai de zero à energia máxima da beta. A soma de sua energia com a da energia da partícula beta corresponde à energia máxima que caracteriza o radionuclídio. No exemplo do ${}^{32}P$ (E máx = 1,7 Mev), quando a partícula beta é emitida com 0,6 Mev, o antineutrino é emitido com 1,1 Mev de energia, ou seja, a diferença (1,7 – 0,6) Mev.

O espectro de emissão beta é contínuo, sendo emitidas partículas com energia de zero a uma energia máxima, característica do núcleo. No caso do ${}^{32}P$, essa energia é de 1,7 Mev. Para cálculos de dose, utiliza-se a energia média da partícula que corresponde aproximadamente a 1/3 de sua energia máxima.

Em geral, o núcleo resultante das emissões de partículas alfa e beta emite radiação eletromagnética gama para atingir o estado fundamental de energia.

Na carta de nuclídios (tabela periódica estendida que apresenta os isótopos dos elementos químicos), os núcleos estáveis localizam-se na região em que o número de prótons (Z) é aproximadamente igual ao de nêutrons (N). Os nuclídios pesados possuem mais nêutrons do que prótons.

A desintegração beta, por outro lado, ocorre com nuclídios de relação N/Z >1. O nêutron transforma-se em um próton, um elétron é emitido com o antineutrino. A desintegração β^+ ocorre quando a relação N/Z <1. No momento da emissão um próton transforma-se em um nêutron e a partícula é emitida com o neutrino.

INTERAÇÃO DA RADIAÇÃO COM A MATÉRIA

As radiações emitidas por um elemento radioativo em determinado meio interagem tanto com as camadas eletrônicas como com os núcleos dos átomos que compõem esse meio, em um processo probabilístico que depende do tipo de partícula, de sua energia e das características do meio. Dessa interação resulta a chamada absorção da radiação, ou seja, o resultado da transferência de energia da radiação para o meio. Esse mecanismo serve de base para a detecção de radiação e para as bases de proteção radiológica[1].

A partícula alfa pode produzir ionizações (retirada de elétrons da camada eletrônica) e excitação (levar o elétron a uma camada mais energética). Define-se como alcance da partícula alfa o espaço percorrido pela partícula até que pare, ou seja, que perca toda sua energia. Nesse instante transforma-se no átomo de hélio, ao incorporar elétrons do meio. Sua trajetória é retilínea e esse alcance é proporcional à sua energia. As partículas alfa são barradas por uma folha de papel, dada sua grande probabilidade de interação com o meio.

A partícula beta interage por dois processos: ionização e radiação de freiamento. Neste último, a desaceleração brusca da partícula por ação do campo do núcleo de átomos pesados (como o chumbo) gera uma radiação eletromagnética. A perda de energia de beta por ionização ou freiamento depende de sua energia e do número atômico do meio e segue a relação:

$$\frac{\Delta E\ (\text{radiação})}{\Delta E\ (\text{ionização})} = \frac{E \times Z}{800} \qquad (5)$$

O processo de desaceleração envolve a carga nuclear, sendo portanto mais intenso quando o meio tem número atômico maior

Ex.: Pb (Z = 82) em comparação com o Al (Z = 13)

Considerando uma partícula beta com energia de 1 Mev, pela relação (5) acima tem-se a distribuição da energia dissipada na interação beta por ionizações e radiação de freiamento como:

No chumbo

$$\frac{\Delta E\ (\text{radiação})}{\Delta E\ (\text{ionização})} = \frac{1 \times 82}{800} = 0{,}1$$

Ou seja:

$$\Delta E\ (\text{rad}) = 0{,}1\ \Delta E\ (\text{ion}) \qquad (6)$$

$$\Delta E\ (\text{rad}) = \Delta E\ (\text{ion}) = 1 \qquad (7)$$

$$1{,}01\ \ \Delta E\ (\text{ion}) = 1$$

$$\Delta E\ (\text{ion}) = \frac{1}{1{,}01} = 0{,}91 \qquad (8)$$

$$\Delta E\ (\text{rad}) = 1 - 0{,}91 = 0{,}09$$

Ou seja, 9% da energia da partícula beta é dissipada em radiação de freiamento e 91% em ionizações.

O mesmo cálculo para o alumínio (Z = 13) leva à seguinte distribuição:

$$\frac{E\ (\text{rad})}{E\ (\text{ion})} = \frac{1 \times 13}{800} = 0{,}02$$

$$E\ (\text{rad}) + E\ (\text{ion}) = 1$$

$$0{,}02\ E\ (\text{ion}) + E\ (\text{ion}) = 1$$

$$1{,}02\ E\ (\text{ion}) = 1$$

$$E\ (\text{ion}) = \frac{1}{1{,}02} = 0{,}98$$

$$E\ (\text{rad}) = 1\text{-}0{,}98 = 0{,}02 \qquad (9)$$

Assim, no caso da interação de uma partícula beta de 1 Mev no alumínio, 98% da energia será dissipada em ionizações e 2% em radiação de freiamento, indicando que no chumbo a perda de energia por radiação dessas partículas beta de 1 Mev é 40 vezes mais intensa do que no alumínio. É por essa razão que não se podem usar anteparos de chumbo para barrar partículas beta de alta energia (como é o caso das partículas beta emitidas, por exemplo, pelo ^{32}P, com E-1,7 Mev), uma vez que da interação com o anteparo é gerada radiação eletromagnética.

Quando a energia da partícula beta é baixa (por exemplo, de 100 keV) e em casos de interação com material de baixo número atômico (por exemplo, água com Z = 7 aproximadamente), menos de 0,1% da energia do elétron primário é convertida em radiação e 99,9% em calor.

Partículas alfa e beta têm, portanto, alcance definido que depende do meio, do tipo e da energia das partículas. Alcance é um parâmetro importante quando se pensa no uso de radioisótopos e em proteção radiológica. Ele pode ser expresso em mg/cm², unidade que o torna independente do meio. Pode-se, então, dizer que as partículas beta do ^{32}P têm alcance de 800 mg/cm², podendo ter seu alcance linear em qualquer material uma vez que se disponha de sua densidade (Tabela 1).

Tabela 1. Alcance de partícula beta do ^{32}P

Material	Densidade (g/cm³)	Alcance linear (cm)
Pb	11,35	0,07
Al	2,7	0,3
tecido mole	1,1	0,7
Ar	0,0129	62

A radiação gama também pode interagir tanto com elétrons da coroa eletrônica do átomo como com o próprio núcleo. O efeito fotoelétrico e o efeito Compton são as interações que ocorrem com elétrons orbitais.

Efeito fotoelétrico

Neste tipo de interação, um fóton (υ) cede toda sua energia a um elétron da camada K, removendo-o. Esse elétron terá uma energia cinética igual a (υ - Ek) em que Ek é a energia de ligação da camada K. Outro elétron preencherá a camada vazia e a diferença de energia será emitida como radiação característica.

Efeito Compton

Envolve elétrons livres e independe do número atômico do meio. O fóton (υ) cede parte de sua energia para retirar o elétron e continua com energia igual à diferença entre a energia do fóton primário e a energia de ligação do elétron. A fração espalhada é grande para fótons de baixa energia e muito pequena para fótons de alta energia. No tecido mole, na faixa de 100 keV a 10 Mev a interação por efeito Compton é a mais importante.

Produção de pares

Quando um fóton com energia > 1,02 Mev é submetido ao campo do núcleo, pode ocorrer a interação por produção de pares. O fóton desaparece e originam-se dois elétrons, um positivo e um negativo. Há, portanto, a transformação de energia em massa. Como o equivalente da massa do elétron é uma energia de 0,511 Mev e são formadas duas partículas, para que esse fenômeno ocorra a energia mínima do fóton deverá ser 1,02 Mev. A partir dessa energia a diferença é, como energia cinética, distribuída pelas duas partículas geradas. Acima de 1,02 Mev a probabilidade de ocorrência desse efeito aumenta ligeiramente com o aumento da energia do fóton.

CÁLCULO DE BLINDAGEM

Conhecendo-se as formas de interação da radiação com a matéria, podem-se resolver algumas situações de cálculo de blindagem. Na Figura 1, está representado um feixe de fótons de intensidade I_0 que ao interagir com um anteparo tem sua intensidade reduzida para I.

A atenuação do feixe é um processo exponencial em função da espessura da blindagem:

I = Intensidade do feixe emergente (em unidades de dose; em número de fótons)

I_0 = Intensidade do feixe incidente (em unidades de dose; em número de fótons)

μ_L = coeficiente de atenuação linear (cm^{-1}). É uma constante que é função da radiação incidente e do material da blindagem. $\mu_L = \Sigma$ efeitos fotoelétrico, Compton, produção de pares.

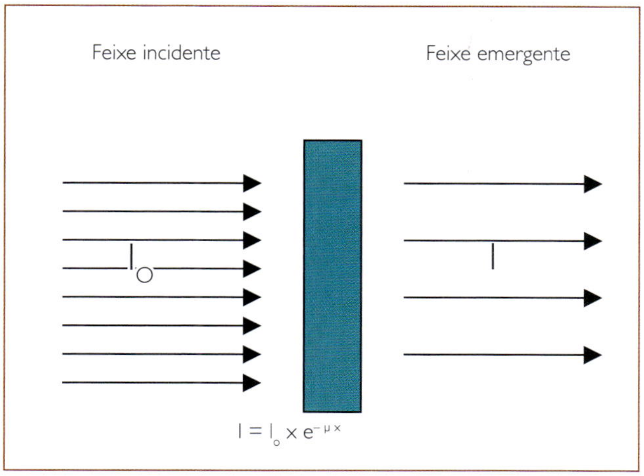

Figura 1. Feixes incidente e emergente. Absorção da radiação pela matéria.

X = espessura da blindagem (10)

Camada semirredutora (CSR; $X_{1/2}$)

Partindo da equação exponencial, $I=I_o.e^{-\mu \cdot x}$ tira-se o conceito de camada semirredutora como a espessura que reduz a intensidade do feixe à metade.

Ou seja, quando $I = \frac{I_o}{2} \rightarrow X = X_{1/2}$

$$\frac{I_o}{2} = \frac{I_o}{e^{\mu \times X1/2}}$$

$$2 = e^{\mu \times X1/2}$$

$$\ln^2 = \mu \times X_{1/2} \ln e$$

$$0{,}693 = \mu X_{1/2}$$

$$X_{1/2} = \frac{0{,}693}{\mu} \qquad (11)$$

Exemplo:

Para determinar a espessura de Pb necessária para reduzir a 1/3 a atividade de uma fonte de ^{131}I ($E\gamma$ = 0,36 Mev), procura-se o coeficiente de absorção linear (μ) do chumbo para uma radiação gama com essa energia: $\mu_{Pb} = 1{,}73\ cm^{-1}$

$$I = \frac{I_o}{3} \rightarrow \frac{I_o}{3} = \frac{I_o}{e^{\mu x}}$$

$$3 = e^{1,73x} \rightarrow \ln(3) = 1{,}73x\ \Phi\ \ln(e) \rightarrow 1{,}099 = 1{,}73x$$

Resposta: X = 0,64 cm

MOLÉCULAS MARCADAS E RADIOFÁRMACOS

Molécula marcada é aquela em que um ou mais átomos são substituídos por átomos radioativos de maneira que podem ser distinguidas das demais, não marcadas. Radiofármaco é a molécula marcada utilizada *in vivo* para diagnósticos e tratamentos em medicina nuclear, sendo portanto sujeita aos controles necessários a um fármaco[1,2]. Em geral, o símbolo do isótopo é colocado entre chaves antes do nome químico e, quando necessário, é indicada sua posição na molécula. Exemplo: [2 – ^{14}C] timidina.

A atividade radioativa de um composto marcado ou de um radiofármaco é expressa em unidades de atividade (Bq) por unidade de massa (g), denominada atividade específica, ou por unidade de volume (L), denominada concentração radioativa.

O tipo de molécula e seu uso definem o radionuclídio utilizado para sua marcação. É levada em conta a diferença de massa que ocorre na molécula ao se introduzir um átomo radioativo nela. O tipo e a energia de emissão são também importantes. Quando se pensa na utilização de um radioisótopo para uso *in vitro* procura-se um com $T_{1/2}$ longa e que não tenha energia muito alta para não levar a exposições desnecessárias. Exemplos de isótopos com essas características são o ^{14}C (beta menos, $T_{1/2}$ 5700 a) e ^{3}H (beta menos, $T_{1/2}$ 12 a).

Para o mapeamento de um órgão procuram-se elementos de $T_{1/2}$ curta e emissores de radiação gama com energia suficiente para que sejam detectados fora do organismo. Exemplos são os elementos de $T_{1/2}$ curta ($T_{1/2}$ horas) e ultracurta ($T_{1/2}$ 1-5 min) como: ^{99m} Tc ($T_{1/2}$ = 6 h); ^{117}In ($T_{1/2}$ = 1,94 h); ^{11}C ($T_{1/2}$ = 20,5 min); ^{123}I ($T_{1/2}$ = 13,1 h); ^{82}Rb ($T_{1/2}$ = 80 s); ^{137m} Ba ($T_{1/2}$ = 153 s) que são usados para estudos metabólicos e funcionais.

PROTEÇÃO RADIOLÓGICA E DOSIMETRIA

O termo proteção radiológica refere-se à proteção contra as radiações, a higiene, a segurança e o controle no manuseio de materiais radioativos[3,4,5]. Visa não somente a proteção adequada às pessoas que trabalham com radiação como também à população em geral, que de alguma forma pode estar exposta. Sua finalidade é proteger contra os perigos potenciais dessa exposição e possibilitar o usufruto de seus benefícios.

Até a descoberta dos raios X e da radioatividade a exposição do ser humano à radiação ionizante limitou-se, quase que exclusivamente, às fontes naturais e à radiação cósmica, que constituem a chamada radiação natural de fundo, em nível considerado muito baixo[2]. Os primeiros profissionais que se preocuparam com as normas de proteção radiológica foram os radiologistas. A primeira unidade de dose de radiação foi denominada Roentgen (R) e definida como a quantidade de raios X que pode provocar certa ionização num volume bem definido de ar nas condições normais de temperatura e pressão (CNTP). Paralelamente veio a recomendação de que a exposição de um profissional se mantivesse num nível de 1R/d.

A evolução dos estudos dos efeitos biológicos da radiação (EBR) mostrou que os níveis máximos de 1R/d eram muito altos e que existiam outros fatores que alteravam a relação dose × efeito: tipo de radiação, volume irradiado e outros[6,7].

A unidade Roentgen (R), sendo definida apenas para o ar, não servia de parâmetro para inferir os efeitos biológicos advindos de determinada dose de exposição.

Em 1953, foi então introduzida a unidade rad (*radiation absorbed dose*) equivalente à absorção de 100 erg de energia por grama de material irradiado, medindo, portanto, a dose absorvida pelo tecido e abrangendo todos os tipos de radiação. As unidades Roentgen e rad consideram, respectivamente, a energia absorvida no ar e no tecido, mas não dão a dimensão dos danos biológicos produzidos.

Foi necessária a introdução da unidade rem (*Roentgen equivalent in man*) que, além de considerar a dose absorvida, leva em conta fatores como o tipo e a energia da radiação e sua distribuição em diferentes tecidos para que os possíveis danos biológicos possam ser inferidos.

O conceito de fator de qualidade "Q" foi introduzido, e assim o rem é igual à dose em rad multiplicada pelo Q. Para a radiação eletromagnética esse fator é igual a 1 e para a partícula alfa é igual a 10. Se tivermos a mesma dose em rad de um emissor alfa e de um emissor gama, teremos doses em rem 10 vezes maiores no caso de exposição à partícula alfa.

Desde 1983 as unidades de dose foram substituídas. Assim o gray (Gy) substituiu o rad como unidade de dose absorvida:

$$1 \text{ Gy} = 1 \text{ J/kg} = 100 \text{ rad}$$

o Sievert (Sv) substituiu o rem como unidade de dose equivalente:

$$1 \text{ Sv} = 100 \text{ rem}$$

e o coulomb/kg (c/kg) substituiu o Roentgen (R) como unidade de dose de exposição:

$$1 \text{ C/kg} = 100 \text{ R}$$

Em 1950, as recomendações passaram a especificar o limite de dose de 1 rem/sem e, atualmente, de 0,1 rem/sem ou 1 mSv/sem.

Em 1958, a Comissão Internacional de Proteção Radiológica (ICRP) estabeleceu normas que permitiram a avaliação da dose acumulada durante toda uma vida profissional[8]

Para a radiação externa, a dose máxima que um profissional pode acumular até a idade de N anos é dada por:

$$D = 5(N-18) \text{ rem}$$
$$D = 50(N-18) \text{ mSv}$$

A partir dessa expressão e considerando-se a exposição do corpo todo, obtém-se a dose máxima permitida por ano que é de 50 mSv (5 rem). Considerando-se 50 semanas em um ano, a dose máxima por semana é de 0,1 rem ou 1 mSv; para uma semana de 40 horas é de 2,5 mrem/h ou 25 μSv/h.

Para evitar dúvidas quanto a uma possível redistribuição de dose no tempo, a ICRP estabeleceu como máximo uma dose de 30 mSv (3 rem) em três meses consecutivos, mantendo-se o limite de 50 mSv/a (5 rem/a). Portanto, quando a exposição for apenas das extremidades (pés e mãos) a dose máxima permitida passa a ser obtida pela equação:

$$D = 750\,(N-18) \text{ mSv [ou } D = 75\,(N-18) \text{ rem]}$$

Além da exposição interna à radiação, do advento dos reatores e da utilização de radioisótopos para as mais diversas finalidades, houve o aumento do risco de ingestão de materiais radioativos resultantes da contaminação ambiental[9]. O cuidado com esse aspecto traduz-se em recomendações para as máximas concentrações permissíveis (CPM) de alguns radioisótopos na água, no ar e nos alimentos[10]. Essas concentrações máximas levam em conta não somente as propriedades físicas dos radioisótopos como sua toxicidade e seu comportamento biológico. Na Tabela 2, são apresentadas as concentrações máximas permissíveis de alguns radioisótopos na água e no ar.

Tabela 2. Concentrações máximas de radioisótopos na água e no ar

Isótopo	Água (Bq/mL)	Ar (Bq/cm³)
^{131}I	1,11	$1{,}11 \times 10^{-4}$
^{14}C	111	$3{,}7 \times 10^{-2}$
^{32}P	7,4	$3{,}7 \times 10^{-3}$
^{35}S	185	$3{,}7 \times 10^{-2}$

As recomendações não levam em conta as exposições provenientes da radiação natural nem as resultantes de exames médicos (por exemplo, radiografias). A exposição devida à radiação de fundo é aproximadamente constante (Tabela 3).

Tabela 3. Taxa de exposição anual devida à radiação de fundo

Externa	mSv/a
Radiação cósmica	0,28
Radiação gama ambiental	0,43
Rn no ar ($8{,}1 \times 10^{-15}$ Bq/cm³)	0,01
Interna	
K-40	0,2
C-14	0,01
Produtos de decaimento do Rn	0,02
TOTAL	**0,95**

No caso de contaminação superficial, como a contaminação da pele, recomenda-se sua eliminação enquanto for transferível e ocasionar níveis de radiação externa acima dos recomendados.

Há três parâmetros fundamentais quando se pensa em proteção radiológica (CNEN NE – 3.01):

- Distância da fonte radioativa ao operador.
- Tempo de exposição do operador à radiação.
- Blindagem interposta entre a fonte e o operador.

A proteção radiológica abrange um campo muito vasto que inclui desde, por exemplo, o estudo do local adequado de construir uma usina nuclear até a disposição final de resíduos radioativos (CNEN NE 6.02).

Trabalhos que envolvam níveis altos de atividade radioativa (da ordem de 10^4 Bq), como a produção de radiofármacos para uso em Medicina Nuclear ou a marcação de moléculas para radioimunoensaios, devem ser desenvolvidos em cabines de segurança especialmente destinadas para esse fim com as seguintes características:

- Blindagem – adequada para o radioisótopo que está sendo manuseado. Deve manter a exposição do operador abaixo de 1 mSv/semana.
- Exaustão – a cabine deve ter compressão menor do que a do ambiente do laboratório. O ar exaurido deve passar por filtros adequados e ser monitorado antes de ser liberado no meio ambiente.
- Manuseio – com ferramentas adequadas que permitam o trabalho a distância e não prejudiquem sua precisão.
- Resíduos – precisam ser retirados sem que entrem em contato com o meio ambiente.

No que se refere ao laboratório, deve-se fazer a monitoração para a radiação externa que indique qualquer alteração acima dos níveis permissíveis[11]. Um monitor contínuo deve medir a atividade específica do ar e um alarme irá indicar quando for atingida a concentração máxima do radioisótopo mais perigoso manuseado no laboratório.

Os locais passíveis de contaminação deverão ser avaliados periodicamente a partir de amostras obtidas de esfregaços.

DOSIMETRIA

A facilidade em medir a radioatividade com precisão, e a sensibilidade que permite a avaliação de sua distribuição nos vários compartimentos orgânicos fazem dos traçadores radioativos um potente instrumento de investigação científica[12-14]. Os radioisótopos são amplamente utilizados em medicina nuclear, em estudos de bioquímica, nutrição, fisiologia e de biologia em geral. Entretanto, o uso dos radioisótopos exige algumas precauções que têm de ser consideradas quanto à sua manipulação e a seu armazenamento[15,16]. As partículas e radiações dissipam sua energia ao interagirem com moléculas da estrutura celular e provocam danos que podem comprometer a saúde de quem se expõe a elas. Porém, o conhecimento desses riscos permite o seu uso seguro.

Dados provenientes da radioterapia, dos acidentes nucleares ou da contaminação devido à ocupação profissional mostram que as radiações produzem alterações gênicas e cromossômicas que aumentam a taxa de mutações de células dos indivíduos das gerações subsequentes[7,17]. Por outro lado, as mutações induzidas pelas radiações ionizantes podem também ocorrer em células somáticas e essas não são transmitidas à descendência dos indivíduos irradiados.

A radiação ionizante pode provocar malformações congênitas, esterilidade, reduzir a fertilidade, provocar câncer, leucemia, catarata; acelerar o envelhecimento e causar a morte. No entanto, como qualquer outro agente a que o ser humano está exposto, os riscos da exposição à radiação devem ser dimensionados. Riscos genéticos e somáticos associados às radiações ionizantes mostram que os efeitos produzidos dependem de fatores que serão discutidos a seguir.

Dose equivalente: associação de parâmetros físicos e biológicos

O efeito da taxa de dose: espaçamento da irradiação no tempo

Doses de mesma intensidade podem produzir efeitos biológicos diferentes se a exposição é crônica ou aguda. As células germinativas quando irradiadas com doses crônicas (espaçadas ao longo do tempo) produzem comparativamente menor taxa de mutação do que quando submetidas à mesma dose em exposição aguda.

Qualidade da radiação

A intensidade dos efeitos biológicos das radiações ionizantes depende do tipo de radiação (se particulada ou eletromagnética), de sua energia, de sua massa ou de sua carga e, principalmente, do rendimento de transferência linear da energia por milímetro de percurso (LET) no tecido orgânico.

Radiações eletromagnéticas como os raios X e os raios gama são pouco eficientes para transferir sua energia para o tecido, sendo, por isso, menos mutagênicas que a partícula alfa. Esta mostra alta eficiência na transferência da energia para os compostos orgânicos.

O fator de qualidade Q para cada tipo de radiação em função da intensidade do LET é mostrado na Tabela 4. Quando o espectro de energia é complexo ou não se conhecem as características do LET da radiação, os técnicos da ICRP[16] recomendam utilizar os valores de Q mostrados na Tabela 5.

Tabela 4. Valores do fator de qualidade Q da radiação, para a água, em função da transferência linear de energia (LET)

LET, na água (keV/μm)	Q
< 3,5	1
3,5 a 7	1 a 2
7 a 23	2 a 5
23 a 53	5 a 10
53 a 175	10 a 20

Tabela 5. Valores do fator de qualidade Q sugerida para ser utilizados pela ICRP*

Tipo de radiação	Fator de qualidade Q ICRP
Raios gama e X	1
Elétrons e partículas beta com energia ≥ 30 keV	1
Elétrons e partículas beta com energia < 30 keV	1
Partículas beta do trício (3H)	
Nêutrons	
Nêutrons térmicos	2,3
Nêutrons rápidos e prótons	10
Prótons e íons pesados	
Íons pesados	20
Partículas alfa	20

* ICRP – International Comission on Radiological Protection (ICRP, 1977).

Em virtude das dificuldades de avaliar o LET das radiações, em geral utilizam-se diretamente os valores de Q contidos na Tabela 5. Praticamente todos os radioisótopos utilizados nos experimentos da medicina nuclear e nos estudos biológicos são emissores de radiação beta ou gama e assim o valor de Q = 1 com exceção do ^{3}H (trício).

EFEITOS BIOLÓGICOS DA RADIAÇÃO

Radiossensibilidade das células

Os efeitos das radiações sobre um organismo dependem tanto do tipo das células irradiadas, como também do estágio do desenvolvimento celular[7,18]. Há células mais sensíveis às radiações do que outras. Células com alta capacidade de replicação são mais radiossensíveis. Os espermatozoides, quando irradiados com a mesma dose fornecida a espermatogônias e oócitos, apresentam maior capacidade de reparação do material genético danificado. Em contrapartida, as espermatogônias têm capacidade intermediária e os oócitos praticamente não conseguem reparar os danos produzidos pelas partículas ionizantes.

As diferenças de radiossensibilidade entre células distintas seguem a lei de Bergonie e Tribondeau, a qual prevê que: a radiossensibilidade das células é diretamente proporcional à sua capacidade de reprodução e inversamente proporcional ao seu grau de especialização. Genericamente pode-se prever que todos os fatores que contribuem para aumentar a velocidade das reações químicas no interior das células também irão contribuir para aumentar a radiossensibilidade celular. Por exemplo, o calor, o pH, a concentração de reagentes específicos (O_2). Esquematicamente, a radiossensibilidade celular pode ser representada por:

$$\text{Radiossensibilidade alfa} = \frac{\text{Capacidade de reprodução} \cdot f(°C, pH, [O_2],...)}{\text{Especialização}}$$

em que $f(°C, pH, [O_2],...)$ é uma função dos componentes que contribuem no aumento das reações químicas no interior das células.

A capacidade diferenciada de as radiações transferirem sua energia – o LET

Há um esforço em relacionar o efeito biológico das radiações com parâmetros físicos e biológicos. Entretanto, estes são muito complexos para que seus parâmetros participem de uma fórmula matemática que seja simples e capaz de prever os efeitos biológicos da deposição da energia no tecido.

Os diferentes tipos de radiação (alfa, beta, gama, X) durante seu trajeto no tecido produzem íons e excitações nos orbitais eletrônicos e que são responsáveis pela geração de danos no tecido. A quantidade de íons por milímetro percorrido gerados pela radiação é uma função complexa em relação a cada tipo de radiação e ao nível de energia E (eV). Para relacionar a quantidade de íons produzidos por milímetros percorridos pela radiação, utiliza-se o parâmetro:

$$\text{LET}^* \ \alpha \ \text{N}^{\underline{o}} \ \text{íons/mm} = -dE/dx$$

em que dE/dx é a taxa da perda de energia por espaço percorrido (milímetros). Maior detalhamento da expressão matemática do LET foge ao escopo deste texto, encontrando-se nos textos de Física que tratam da interação da radiação com a matéria. Entretanto, para uma adequada compreensão dos princípios do cálculo de dose interna é suficiente saber que:

$$\text{LET}^* \text{ para partículas alfa} > \text{LET para partículas beta} > \text{LET para fótons gama ou X}$$

ou seja, para as radiações alfa, beta, gama e X, com níveis semelhantes de energia, as partículas alfa produzem mais ionizações por milímetro do que as partículas beta e finalmente as radiações eletromagnéticas gama e X são relativamente menos ionizantes.

Interação da radiação nos tecidos e a produção de radicais livres

A ação deletéria da radiação sobre as células ocorre predominantemente por processos indiretos[18], ou seja, não é o impacto direto da radiação que danifica a célula mas os produtos tóxicos gerados secundariamente no seu interior. Sendo a água o principal constituinte do corpo humano e da célula, correspondendo a cerca de 3/4 da massa corpórea, é nesse compartimento que ocorre a maior quantidade das interações primárias da radiação[19]. Quando a radiação interage com moléculas da água, desencadeia-se uma série de fenômenos físico-químicos que geram os radicais livres ionizados e energeticamente excitados (*spins* elevados a níveis singletos e tripletos), os quais produzem os danos celulares irreparáveis.

A radiação interage inicialmente por processos físicos com os átomos dos tecidos orgânicos e na sequência ocorre a transferência da energia da radiação para os

* LET sinonímia de transferência linear de energia, termo originado da abreviação inglesa *linear energy transference*. Será mantida, no presente texto, a abreviação de origem inglesa por se tratar de um jargão.

Tabela 6. Mecanismo de ação das radiações

Tempo	Fenômeno	Evento
10^{-16} a 10^{-12} s	Físico	Absorção de energia
10^{-8} a 10^{-4} s	Físico-químico	Degradação da energia
10^{-4} s a várias horas	Químico	Direto → Alterações químicas; Indireto → H_2O radicais; Moléculas das células
Minutos – horas	Nível celular (Metabolismo)	Metabólicas (DNA); Defeitos genéticos
		Alterações de funções da reprodução; Morte Integase; Morte
Horas – dias	Organismo	Síndromes clínicas
Dias – meses …..		Recuperação; Danos Permanentes; Morte

constituintes do corpo. A Tabela 6 ilustra as principais ocorrências dos fenômenos de interação, sua escala de tempo de ação e as possíveis ações para minimizar os efeitos deletérios produzidos.

Dose equivalente – o Sievert (Sv)

Considerando que os diferentes tipos de radiação** possuem maior ou menor potencial para gerar os radicais livres em função do seu LET(eV/mm)***, este parâmetro deve estar presente, de algum modo, na fórmula para expressar o efeito deletério das radiações. Nesse sentido foi definido matematicamente o conceito de dose equivalente "H" por:

$$H(Sv) = D(Gy) \cdot Q \cdot N \qquad (12)$$

em que Q = f(LET) é um fator implícito do LET da radiação e N = f(t, idade, sexo,...) outro fator utilizado na fórmula para representar todos os demais parâmetros biológicos capazes de influenciar o efeito da dose. O valor de N é função da idade, do sexo, da distribuição do tempo "t" de exposição e das características da irradiação (dose crônica ou aguda). Sendo esses parâmetros de avaliação muito complexos, no estágio atual de conhecimento, N é adotado indistintamente como sendo igual à unidade. Pretende-se que a dose equivalente H seja uma grandeza híbrida, constituída por fatores físicos e biológicos. Até o momento, ela é ainda calculada essencialmente por parâmetros físicos, pois os dois primeiros componentes da fórmula, D (joules/kg) e Q = f(LET), são fatores puramente físicos. O fator predominante correlacionado com os efeitos deletérios da radiação continua sendo a quantidade de energia E (joules) depositada na massa m (kg) do tecido.

A unidade de dose equivalente no Sistema Internacional de medidas é o Sievert ou abreviadamente Sv, que substituiu o rem. Para a radiação gama e X e praticamente todas as radiações beta o fator Q é igual à unidade e assim a dose absorvida D (Gy) e a dose equivalente H (Sv) são numericamente idênticas.

Correlação entre a dose equivalente e a incidência de câncer

É costume dividir a curva de dose/resposta para incidência de câncer em três segmentos correspondentes a níveis de dose de radiação baixos, médios e altos. Para doses com intensidade média a curva é linear, enquanto para doses elevadas tem comportamento quadrático ou exponencial. Esses dois tipos de resposta são explicados pela teoria do alvo. Pressupõe-se que o interior das

** Radiações α, β, γ, nêutrons, prótons dentre outras.

*** Transferência linear de energia é a relação entre a energia transferida ao tecido a cada milímetro, simbolicamente: LET = -dE(eV)/dx(mm).

células contenha regiões estruturais que representam "alvos" que, ao serem atingidos, produzem mutações ou morte celular.

Em uma população de alvos (ou de estruturas) basta um golpe (*hit*) de radiação para danificar um deles. Com doses muito elevadas é provável que ocorram repetidos golpes no mesmo alvo e assim a frequência dos efeitos não aumenta pois o "alvo" já estaria destruído no primeiro golpe (*hit*), daí a resposta exponencial expressa pela equação:

$$\text{Efeito} = a_0 - a_1 \bullet e^{-\lambda * D} \qquad (13)$$

Alternativamente, se existirem alvos que necessitam de dois *hits* simultâneos para serem sensibilizados então com o aumento da dose D cresce também a probabilidade de sucesso da ocorrência dos dois *hits* e como consequência a curva apresentará um perfil quadrático (função matemática dependente da dose D elevada ao quadrado), ou seja:

$$\text{Efeito} = a_0 + a_1 \bullet D + a_2 \bullet D^2 \qquad (14)$$

A estimativa do risco de câncer para baixos níveis de radiação é polêmica (região ampliada na Figura 2) e calculada por extrapolação dos dados obtidos de pacientes submetidos aos radiodiagnósticos na medicina nuclear, na radiologia e de indivíduos que sofreram algum acidente envolvendo o uso de radiação, todos submetidos a níveis médios ou altos de doses. A teoria mais aceita para estimar a probabilidade de risco de câncer para níveis baixos de radiação utiliza o modelo linear (curva 1 da Figura 2).

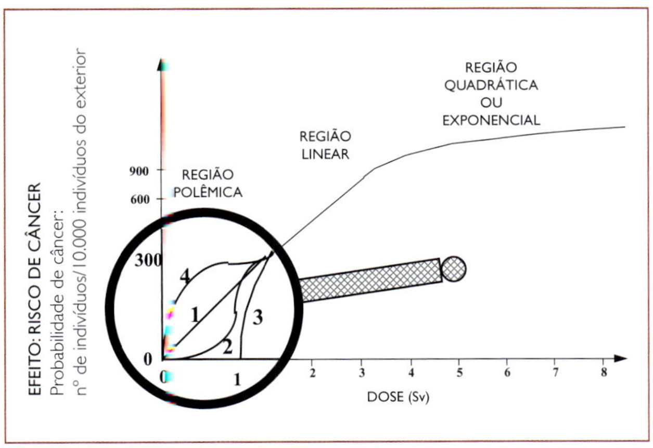

Figura 2. Modelo de Curvas de Dose *versus* Efeito (risco de câncer) e suas regiões. Esta figura é uma interpretação do Anexo 8.29 do *U.S. Nuclear Regulatory Commission Regulatory Guide* (Julho de 1981).

Projeções de risco de câncer para doses abaixo de 1 Sv não são exatas e definitivas devido aos poucos dados epidemiológicos disponíveis. Em comparação com outros agentes cancerígenos, a radiação ionizante é responsável por relativamente menor número de casos e assim seu efeito é mascarado.

A American Cancer Society estima que 25% da população, entre 20 e 65 anos, desenvolva câncer no transcorrer de suas vidas[20]. As prováveis causas são o tabagismo, os aditivos e contaminantes presentes nos alimentos, o alcoolismo, as drogas, os poluentes do ar e também a radiação de fundo[21]. Portanto, num grupo de dez mil pessoas provavelmente 2.500 (25%) serão acometidas de câncer. Se dez mil pessoas se submeterem a uma dose ocupacional de 0,01 Sv, espera-se que haja um aumento de três indivíduos naquela estatística, isto é, a incidência de 2.500/10.000 passa a ser 2.503/10.000 (25,03%).

Adotando-se o modelo linear de dose/resposta, se a dose ocupacional for aumentada para 0,1 Sv a frequência passará a ser provavelmente de 2.530/10.000 (25,3%) e na mesma linha de raciocínio para dose ocupacional de 1 Sv a expectativa será de 28% contra os 25% da ocorrência considerada natural.

Em função de maior disponibilidade de dados epidemiológicos, muitos profissionais acreditam existirem riscos de desenvolvimento de câncer mesmo para níveis baixos de radiação e usam em suas projeções as curvas 1 ou 2 mostradas na Figura 2[22]. Entretanto, fundamentados na pequena incidência de câncer para níveis baixos de doses, os mais liberais sugerem a existência de um limiar de dose capaz de disparar os efeitos deletérios da radiação (curva 3 na Figura 2). Os mais conservadores pressupõem que o risco das radiações ocorra mesmo para níveis muito baixos, só deixando de ser expressivo quando próximo dos valores ambientais (curva 4 na Figura 2)[23].

RELAÇÃO RISCO/BENEFÍCIO NO USO DE MATERIAIS RADIOATIVOS

Os organismos internacionais como a ICRP padronizaram o limite máximo permitido de radiação ionizante para trabalhadores por um ano em 50 mSv, para ingestão ou inalação do material radioativo[24,25]. Essa estimativa de dose baseia-se no homem-padrão, com características fisiológicas e anatômicas definidas na publicação da ICRP n. 23[24] que leva em conta a possibilidade de a radiação produzir câncer e doenças hereditárias. Doses superiores a 4 Sv, conhecidas como doses letais 50% (DL50), são fatais para 50% de uma população exposta. Doses acima de 7 Sv são praticamente fatais.

Tabela 7. Limites de doses recomendadas pela ICRP*		
Dose equivalente efetiva H_E	Para trabalhador	Para público
	100 mSv em 5 anos	1 mSv por ano
	Máximo 50 mSv por ano	
Dose equivalente anual		
Cristalino dos olhos	150 mSv	15 mSv
Pele – 100 cm²	500 mSv	50 mSv
Mãos	500 mSv	50 mSv
Dose equivalente média no feto	5 mSv após o diagnóstico	

*ICRP – International Comission on Radiological Protection (ICRP, 1979).

Dose equivalente comprometida

Os limites da dose equivalente para trabalhadores expostos à radiação ocupacional foram estabelecidos pela Agência Internacional de Energia Atômica (IAEA)[11], e no Brasil pela Comissão de Energia Nuclear (CNEN)[26] (CNEN NE-3.01). Na Tabela 7, são apresentados os limites máximos de exposição para trabalhadores, com base na estimativa da Dose Equivalente Comprometida definida pela equação:

$$H_{E50} = \frac{\int D_{50}.Q.N.dm}{\int dm} \qquad (15)$$

em que D_{50} é a dose total absorvida por um período de 50 anos após a incorporação do radionuclídio no corpo e nos órgãos individualmente, e dm um elemento infinitesimal da massa irradiada.

Para ilustrar esses conceitos analisaremos o seguinte caso:

Um pesquisador com 70 kg dos quais, 63 kg de tecido mole, contaminou-se com 6×10^9 Bq (I_o= incorporação inicial) de trício (^3H). Sabe-se que a meia-vida biológica do trício no corpo humano é de cerca de dez dias ($\lambda_b = 0{,}693/10\ d^{-1}$), a meia-vida física de 4,475 dias ($\lambda_f = 0{,}693/4475$) e a energia média das partículas beta do trício é de 6 keV (E_{med}). Supondo que o material radioativo se distribuiu uniformemente por todo o tecido mole, calcular a dose absorvida e a dose equivalente neste acidente.

A estratégia de cálculo deve seguir as seguintes etapas:

1. Transformar a atividade incorporada I_o na mesma unidade de tempo da meia-vida ($T_{1/2}$) fornecida.
2. Calcular o número de transformações ocorridas no corpo ao longo do tempo, usando a expressão:

$$U\ (\text{desintegrações}) = I_o/\ \mu_{efetivo} \qquad (16)$$

onde $\mu_{ef} = 0{,}693/T_{1/2}$ (efetivo).

3. Transformar a E_{med} de eV em joules usando as relações: $1\ eV = 1{,}6\times10^{-19}$ joules; $1\ keV = 1{,}6\times10^{-16}$ joules e $1\ MeV = 1{,}6\times10^{-13}$ joules.
4. Calcular a energia total das N desintegrações usando a expressão:

$$E_{total} = E_{med}\,(\text{Joules}) \times U(\text{desintegrações}) \quad (17)$$

5. Calcular a dose absorvida usando a definição: Dose (Gy) = E_{total} /m em que m é a massa do tecido irradiado em kg.
6. Calcular a dose equivalente multiplicando a dose absorvida pelos fatores Q (qualidade) e N (modificador). Dose (Sv) = Dose (Gy) × Q × N, em que Q é fornecido na Tabela 4 e N é geralmente igual a um.

De acordo com esse esquema, a estimativa de dose desse exemplo será:

1º Passo I_o(desint/dia) = 6×10^9 (dps) × 86.400 = $5{,}18 \times 10^{14}$ desint/dia.

2º Passo Calcular o número total de desintegrações ocorridas:
U(desintegrações) = $5{,}18 \times 10^{14}/0{,}0693 = 7{,}48 \times 10^{15}$ desintegrações.

3º Passo Transformar a energia média da partícula β do trício de Kev para Joule equivale a 6 (Kev)× $1{,}6 \times 10^{-16}\ \frac{(J)}{Kev} = 9{,}6 \times 10^{-16}$ J.

$1\ kev = 1{,}6 \times 10^{-16} J$

$6\ kev = 6 \times 1{,}6 \times 10^{-16}\ J = 9{,}6 \times 10^{-16}\ J.$

4º Passo A energia total dissipada ao longo do tempo será então:

$$E_{total} = 7{,}48 \times 10^{15} \times 9{,}6 \times 10^{-16} = 7{,}18\ J.$$

5º Passo A dose absorvida: dose (Gy) = 7,18 J/63 kg = 0,11 Gy.

6º Passo Da Tabela 5, tem-se para partículas beta Q = 1 e assumindo N = 1:

$$\text{Dose (Sv)} = 0{,}11\ Gy \times 1 \times 1 = 0{,}11\ Sv = 110\ mSv$$

Conforme a Tabela 7, a dose radiológica recebida por esse pesquisador ultrapassou aproximadamente duas vezes a dose anual máxima estabelecida pelos organismos regulamentadores. Em consequência desse acidente, o trabalhador precisa ser poupado do contato com material radioativo por dois anos, como também deve ter acompanhamento hematológico e clínico.

As normas básicas de proteção radiológica podem ser consultadas na Resolução n. 6/73 da CNEN (CNEN NE – 3.01, CNEN NE 6.02).

Lei do Inverso do Quadrado da Distância

Conhecida a taxa de exposição em um determinado local "d_1", pode-se calcular a taxa de exposição $d_2$em outro ponto pela relação:

$$\frac{T_{Exp1}}{T_{Exp2}} = \frac{d_2^2}{d_1^2} \qquad (18)$$

Cálculo do número de camadas semirredutoras (CSR)

Conhecida como a taxa de exposição $T_{Exp(0)}$ em um determinado local pode-se também reduzi-la com o uso de blindagem em absorvedores de espessura x. Para isto é preciso conhecer o valor da camada semirredutora x_{112} dp absorvedor para a radiação gama ou X considerada. A relação que permite calcular a nova taxa de exposição $T_{Exp(x)}$ é dada por:

$$\frac{T_{Exp(0)}}{T_{Exp(x)}} = 2^n \qquad (19)$$

em que

$T_{Exp(0)}$ = sem barreira

$T_{Exp(x)}$ = com barreira

n = nº de CSR

Resumindo, as regras básicas da radioproteção (dosimetria externa) seguem as relações indicadas no Quadro 1.

Quadro 1. **Relações entre as regras básicas da radioproteção**

1.	Distância	↑ Distância	↓ Dose
2.	Tempo	↓ Tempo exposto	↓ Dose
3.	Barreira	↑ Barreira	↓ Dose
4.	Decaimento	↑ Tempo de decaimento	↓ Dose

EXEMPLO DE CÁLCULO DE DOSE

Estimar a dose de radiação à qual um técnico estará exposto para a realização de um radioimunoensaio típico, adotando as seguintes premissas:

- A atividade radioativa usada no ensaio é de 40.000 dpm/tubo = 40000/2,22 × 10^6 **μCi/tubo = 0,018 μCi/tubo**
- Se a rotina incluir 100 tubos, então a atividade total a ser manuseada será igual a: 0,018 × 100=1,8 **μCi**
- ou **6,7 × 10^{-5} GBq**

A taxa de dose pode ser calculada pela expressão:

$$mGy/h = \Gamma \left(\frac{mGy \cdot m^2}{GBq \cdot h} \right) \cdot \frac{A}{d^2} \qquad (20)$$

A constante Γ é característica do radioisótopo e pode ser obtida na Tabela 8.

Assim, supondo que o radioisótopo seja o ^{125}I (Γ = 0,0189 $\frac{mGy \cdot m^2}{GBq \cdot h}$) e e que o técnico mantenha uma distância média entre seu corpo e os tubos de ensaio de aproximadamente 40 cm (0,4 m), a taxa de dose será estimada em:

$$mGy/h = 0{,}0189 \times \frac{6{,}7 \times 10^{-5}}{0{,}4^2} = 3{,}17 \times 10^{-8}\, mGy/h$$

Se o técnico tem uma jornada de 6 h/dia realizando esse mesmo tipo de trabalho, terá como expectativa diária de exposição à dose de:

$$3{,}17 \times 10^{-8}\, mGy/h \times 6\, h = 2{,}22 \times 10^{-7}\, mGy/dia$$

ou semanalmente (5 dias/semana): 1,11 × 10^{-6} mGy/semana.

Essa dose estendida ao ano, considerando um mês de férias, ou seja, 47 semanas efetivas de trabalho, será de: 5,2 × 10^{-5} mGy/ano. Essa dose é desprezível quando se consideram os limites descritos na Tabela 7.

LEGISLAÇÃO BRASILEIRA DE USO DE RADIOISÓTOPOS

A CNEN é o órgão que regulamenta a utilização de material radioativo no país, credencia laboratórios e pessoal e fiscaliza o cumprimento de normas de proteção (CNEN NE-3.01; CNEN NE-6.02)[27].

A legislação brasileira classifica os laboratórios que manuseiam fontes radioativas não seladas nos grupos IV, V e VI (Quadro 2). Os laboratórios clínicos que fazem radioimunoensaios, os laboratórios de biologia molecular e as unidades de medicina nuclear fazem parte desses grupos.

Essa classificação toma como base a radiotoxicidade dos elementos radioativos e suas atividades radioativas (ver norma CNEN n. 6.02). Os radioisótopos ^{3}H, ^{99m}Tc e ^{113m}I são considerados de baixa radiotoxicidade, ^{14}C,

Tabela 8. **Valores de Γ (gamão) de alguns radioisótopos**

Nuclídio	$\Gamma\left(\frac{C/kg\ \Phi\ m^2}{GBq\ \Phi\ h}\ \Phi\ 10^{-6}\right)$	$\Gamma\left(\frac{R\ \Phi\ m^2}{Gi\ \Phi\ h}\right)$	$\Gamma\left(\frac{mGy\ \Phi\ m^2}{GBq\ \Phi\ h}\right)$
^{11}C	4,11	0,59	0,1595
^{141}Ce	0,24	0,035	0,0095
^{137}Cs	2,30	0,33	0,0892
^{57}Cr	0,11	0,016	0,0043
^{57}Co	0,63	0,09	0,0243
^{58}Co	3,84	0,55	0,1486
^{60}Co	9,20	1,32	0,3568
^{64}Cu	0,84	0,12	0,0324
^{67}Ga	0,77	0,11	0,0297
^{198}Au	1,60	0,23	0,0622
^{125}I	0,49	0,07	0,0189
^{131}I	1,53	0,22	0,0595
^{59}Fe	4,46	0,64	0,1730
^{85}Kr	0,03	0,004	0,0011
^{54}Mn	3,28	0,47	0,1270
^{99}Mo	1,26	0,18	0,0486
^{42}K	0,98	0,14	0,0378
^{43}K	3,90	0,56	0,1514
^{226}Ra	5,75	0,825	0,223
^{86}Rb	0,35	0,05	0,0135
^{22}Na	8,37	1,20	0,343
^{24}Na	12,83	1,84	0,4973
^{85}Sr	2,09	0,3	0,0811
^{133}Xe	0,07	0,01	0,0027

Quadro 2. **Classificação e requisitos para laboratórios e unidades de medicina nuclear***

Grupo	Exemplos	Exigência para funcionamento
IV	Laboratórios pequenos de radioimunoensaios	• Autorização para aquisição de material radioativo • Autorização para operação
V	Laboratórios médios de radioimunoensaio e unidades pequenas de medicina nuclear	• Licença de construção • Autorização para aquisição de material radioativo • Autorização para operação
VI	Laboratórios de radioimunoensaios que fazem suas próprias radiomarcações, unidades de medicina nuclear	• Aprovação prévia • Licença de construção • Autorização para aquisição de material radioativo • Autorização para operação

* Os critérios para classificar o laboratório encontram-se na norma CNEN n. 6.02. Fundamentalmente eles dependem da radiotoxicidade dos radioisótopos utilizados e de suas atividades.

^{35}S e ^{32}P são considerados de "relativa" radiotoxicidade e finalmente os radioisótopos ^{125}I e $^{131}I_m$ são considerados de alta radiotoxicidade. O grau de radiotoxicidade dos demais radioisótopos é apresentado na tabela do anexo da norma CNEN n. 6.02.

Para a regularização de seu funcionamento o laboratório ou unidade de medicina nuclear deve cumprir certas regras básicas em função da sua classificação.

A norma CNEN n. 3.01 (CNEN NE – 3.01), que descreve as Diretrizes Básicas de Proteção Radiológica, define:

Tabela 9. Classificação das áreas de atividade na instalação de acordo com a norma CNEN n. 3.01

Tipo de área	Descrição e características	Nível de dose
Livre	Área isenta de regras especiais de segurança nas quais as doses equivalentes efetivas anuais não ultrapassam o limite primário* para indivíduos do público**	< 1 mSv
Restrita	Área sujeita a regras especiais de segurança na qual as condições de exposição podem ocasionar doses equivalentes efetivas anuais superiores a 1/50 (dois centésimos) do limite primário para trabalhadores*.	> 1 mSv
Supervisionada	Área restrita na qual as doses equivalentes efetivas anuais são mantidas inferiores a 3/10 (três décimos) do limite primário para trabalhadores.	> 1 mSv e <15 mSv
Controlada	Área restrita na qual as doses equivalentes efetivas anuais podem ser iguais ou superiores a 3/10 (três décimos) do limite primário para trabalhadores.	≥ 15 mSv

* *Vide* Tabela 7.
** Indivíduo do público – qualquer membro da população não exposto à radiação ocupacionalmente, inclusive trabalhadores, estudantes e estagiários quando ausentes das áreas restritas da instalação.

"Acidente – é o desvio inesperado e significativo das condições normais de operação de uma instalação, que possa resultar em danos à propriedade e ao meio ambiente ou em exposições de trabalhadores e de indivíduos do público acima dos limites primários de dose equivalente estabelecidos pela CNEN."

Na norma CNEN n. 3.01 são estabelecidos critérios para enquadrar as áreas de um laboratório. Essa classificação deve levar em conta as possibilidades do risco de trabalhadores e de indivíduos do público se exporem a níveis de dose próximos de limites aceitáveis. Dentro desse critério cada área é classificada conforme a Tabela 9.

As áreas restritas têm de ser claramente identificadas, monitoradas conforme norma específica da CNEN. Devem ser sinalizadas com o símbolo internacional de radiação (Figura 3), bem como todas as blindagens ou embalagens das fontes radioativas, e providas, para orientação em caso de acidente, de instrumentações e procedimentos apropriados sempre afixados em paredes, quadros e outros lugares bem visíveis.

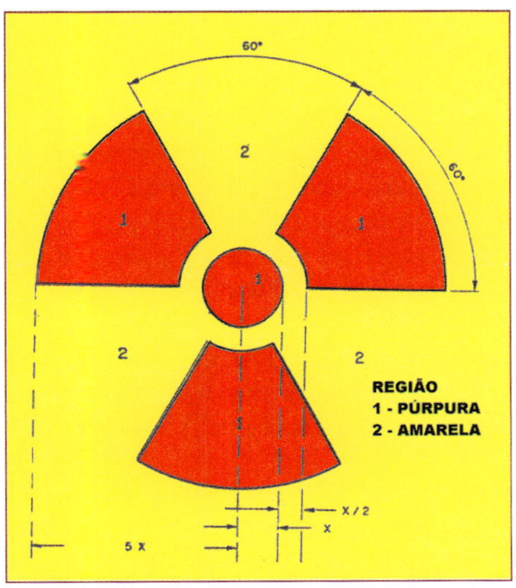

Figura 3. Símbolo internacional de radiação.

O acesso às áreas restritas é limitado somente às pessoas autorizadas pelo supervisor de proteção radiológica (pessoa devidamente credenciada pela CNEN).

CONTROLE RADIOLÓGICO DE TRABALHADORES

A empresa, isto é, os responsáveis pela instalação onde se utiliza material radioativo, deve manter um registro para cada trabalhador. Nesse registro deve ser anotada toda e qualquer ocorrência que acarrete ao profissional uma exposição à dose de 1/10 (um décimo) do limite anual (que é de 50 mSv/ano, por exemplo, para o corpo inteiro) aplicado ao período de tempo ao qual a monitoração se refere (Tabela 7).

Qualquer atividade que ocasione 3/10 (três décimos) da fração do limite anual deve ser alvo de uma avaliação, devendo ser proposto um plano para evitar tal ocorrência.

Os trabalhadores envolvidos com atividades em áreas controladas devem ser individualmente monitorados de acordo com normas específicas da CNEN.

O trabalhador deve ser submetido a controle médico, que inclua os seguintes exames:

1. Exame pré-ocupacional a fim de verificar se está em condições normais de saúde para iniciar a sua ocupação, incluindo uma análise do seu histórico médico e radiológico sobre exposições anteriores.
2. Exame periódico, de acordo com a natureza da função e com a dose recebida pelo trabalhador.
3. Exame especial, para trabalhadores que tenham recebido doses superiores aos limites primários estabelecidos na norma CNEN n. 3.01, ou quando o médico julgar necessário.
4. Exame pós-ocupacional, logo após o término da ocupação e dependendo do seu resultado, cuidados ou exames médicos posteriores.

5. Após o conhecimento da ocorrência de exposições acidentais ou provenientes de operações de emergência, as doses dos trabalhadores devem ser imediatamente avaliadas.
6. Qualquer trabalhador que, numa única exposição venha a receber uma dose superior a duas vezes os limites primários deve ser submetido a controle médico adequado, conforme recomendação ou norma específica da CNEN.
7. Nenhum trabalhador deve desempenhar tarefas contrariamente ao parecer médico.
8. Para cada trabalhador deve existir um registro médico e radiológico atualizado, a ser conservado por toda sua vida, ou, no mínimo, por trinta anos após o término de sua ocupação, mesmo que já tenha falecido.

REFERÊNCIAS BIBLIOGRÁFICAS

1. Dyson WA. Radiation physics with applications in medicine and biology. 2.ed. New York: E. Horwood; 1993, 256p.
2. Rollo FD. Nuclear medicine physics, instrumentation and agents. Saint Louis: The C.V. Mosby; 1977.
3. Comissão Nacional de Energia Nucear/CNEN/SP NE Noções básicas de radioproteção. São Paulo: Instituto de Pesquisas Energéticas e Nucleares; 1988.
4. Shapiro J. Radiation protection. A guide for scientists and Physicians. 3. ed. Harvard University Press; 1990. 494p.
5. Sordi GAA. Proteção radiológica. São Paulo: IPEN/CNEN; 1990, 33p.
6. International Commission on Radiological Protection (ICRP). The principles and general procedures for handling emergency and accidental exposure of workers. Publicação n. 28. Oxford: Pergamom Press; 1978. Disponível em: http://www.icrp.org/worldatom/periodicals. Acesso em: 27/8/2001.
7. Gimenez JC. Publicação da CNEA-AC/87. Efectos biologicos de las radiaciones ionizantes. Comission Nacional de Energia Atomica, Univ. Buenos Aires, Minist. Salud y Accion Social, Buenos Aires, 1987.
8. International Commission on Radiological Protection (ICRP) Publicação n. 22, Implications of commission recommendations that doses be kept as low as readily achievable. Pergamon Press, 1974.
9. World Health Organization (WHO). Health consequences of the Chernobyl accident: results of the ipheca projects and related national programmes; summary report/OMS. Geneneve: WHO; 1995. 38p.
10. International Commission on Radiological Protection (ICRP). Publicação n. 30. Radiation Protection: Limits for intakes of radionuclides by works. Part 1. ICRP. Oxford: Pergamom Press; 1979. Disponível em: http://www.icrp.org/wordatom/periodicals. Acesso em: 27/8/2001.
11. International Atomic Energy Agency (IAEA). Recommendations for the safe use and regulation of radiation sources in industry medicine, research and teaching. Vienna: International Atomic Energy Agency [Lanham, MD UNIPUB]; 1990. 98p.
12. Wang CH, Willis DL. Radiotracer methodology in biological science. Englewood Cliffs: Prentice-Hall; 1965.
13. Adans N, Fell TP. Recycling and metabolic models for internal dosimetry: with special reference to iodine. Radiation Protection Dosimetry. 1988;22(3):179-82.
14. Fleck CM, Schöllnberger H, Kottbauer M, Dockal T, Prüfert U. Modeling radioprotective mechanisms in the dose relation at low doses and low dose rates of ionizing radiation. Mathematical Biosciences. 1999;155:13-44.
15. National Council on Radiation Protection and Measurements. NCRP Report Publicação n. 84. General concepts for the dosimetry of internally deposited radionuclides. Recommendations of the National Council on Radiation Protection and Measurements. Bethesda. 1985;20814.
16. International Commission on Radiological Protection (ICRP). Publicação n. 26. Oxford: Pergamon Press; 1977.
17. Gusev IA, Guskova AK, Mettler Jr FA. Medical management of radiation accidents. Boca Raton: CRC Press; 2001. 611p.
18. Butler J, Land JE, Swallow AJ. Chemical mechanisms of the effects of high energy radiation on biological systems. Radiat Phys Chem. 1984;24(3/4):273-82.
19. Fedberg RS, Carew JA. Water radiolysis products and nucleotide damage in gama-irradiated DNA. Int J Radiat Biol. 1981;40(1):11-7.
20. American Cancer Society. 1979 Cancer facts and figures; 1978.
21. Sohrabi M. The State-of-the-art on Woldwide studies in some environments with elevated naturally occurring radioactive materials (NORM). Appl Radiat Isot. 1998;49 (3):169-88.
22. Wachsmann F. Are small doses really so dangerous? Eletromedicine. 1987;55(3):86-90.
23. Fremlin JH. Can radiation be good for us? The Nuclear Engineer. 1983;25(4):102-9.
24. International Commission on Radiological Protection (ICRP). Publicação n. 23. Reference man: anatomical, physiological and metabolic characteristics. Pergamon Press, 1975. Disponível em: http://www.icrp.org/wordatom/periodicals. Acesso em: 27/8/2001.
25. Valentin J. What if? ICRP guidance on potencial radiation exposure. Disponível em: http/www.icrp.org/wordatom/periodicals. Acesso em: 27/8/2001.
26. Comissão Nacional de Energia Nuclear/CNEN. NE – 3.01 – Diretrizes básicas de proteção radiológica. Disponível em: http://www.cnen.org.br. Acesso em: 27/8/2001.
27. Comissão Nacional de Energia Nuclear/CNEN NE – 6.02 – Licenciamento de instalações radiativas. Disponível em: http://www.cnen.org.br. Acesso em: 27/8/2001.

capítulo 7

Avaliação de biossegurança de alimentos derivados de organismos geneticamente modificados

Flavio Finardi Filho
Priscila Robertina dos Santos Donado
Nicole Ramirez Rojas

INTRODUÇÃO

O advento da recombinação genética aplicada a diversos organismos trouxe a possibilidade de desenvolver variedades e linhagens com características inusitadas para cada espécie e, ao mesmo tempo, despertou movimentos de grupos contrários a essa ferramenta inovadora, com receios sobre o uso indevido e inadequado da técnica, tão grande e assustador é seu potencial de transformação. No entanto, tais movimentos de resistência ao uso de biologia molecular para a modificação de organismos induziram instituições e governos a criarem mecanismos preventivos para minimizar os riscos de danos ao ambiente e à saúde humana e de animais.

Nas últimas décadas, ao redor do mundo, a manipulação genética de plantas, microrganismos, animais e insetos tem permitido aumentar a disponibilidade de grãos e sementes agrícolas, de compostos químicos, de vacinas e fármacos obtidos por processos fermentativos, de animais que expressam leite humanizado e de insetos modificados que contribuem nos esforços para o controle de doenças transmissíveis. Mais especificamente na produção de alimentos e insumos para a indústria alimentícia foram poucos, mas significativos os vegetais escolhidos para a primeira onda de transformações por manipulação genética. Se considerado o volume de *commodities* como soja e milho, e suas colheitas nos principais países exportadores, é possível afirmar que esses grãos geneticamente modificados (GM) causaram uma reformulação na disponibilidade aos mercados consumidores, sendo distribuídos em todos os continentes.

Para dar suporte jurídico em nosso país, foram elaboradas leis e normas que regulamentam o emprego de modificações genéticas para a geração de organismos que tragam benefícios aos produtores e aos consumidores, contanto que não agridam o meio ambiente. Vale destacar que a primeira Lei de Biossegurança (Lei n. 8.974, de 05 de janeiro de 1995), desde que entrou em vigor, foi muito contestada quanto à sua aplicação e sobreposição à Lei do Meio Ambiente (Lei n. 6.938, de 31 de agosto de 1981, que dispõe sobre a Política Nacional do Meio Ambiente). O conflito jurídico só foi solucionado com a aprovação do atual instrumento legal configurado na Lei n. 11.105, de 24 de março de 2005. Esta eliminou os conflitos até então existentes, revogou a lei anterior e criou mecanismos de controle e fiscalização de organismos geneticamente modificados (OGM). Desde então, foi operacionalizado o sistema de biossegurança centralizado na Comissão Técnica Nacional de Biossegurança (CTNBio), que centraliza as ações de avaliação de segurança e inocuidade dos produtos GM destinados sobretudo à alimentação humana e de animais, vacinas para controle de zoonoses e outras aplicações para os setores químico e farmacêutico.

O presente capítulo apresenta as medidas de avaliação de segurança tomadas por todos os componentes do sistema de biossegurança delineados pela lei em vigor, percorrendo os caminhos de precaução recomendados e exigidos para a manipulação de plantas e outros organismos destinados à alimentação humana e de animais: de sua concepção à liberação comercial, por meio de análises de risco caso a caso, para qualquer metodologia de obtenção desses novos organismos.

METODOLOGIA DE OBTENÇÃO DE OGM

A escolha dos métodos de transformação de organismos depende das características do receptor e das finalidades das modificações. A maioria dos procedimentos para a obtenção de OGM tem sido para a transformação de plantas destinadas à produção de grãos para a alimentação humana e de animais, visto que, até o momento da edição deste livro, somente um animal (o salmão com desenvolvimento mais rápido) foi formalmente aprovado e liberado para comercialização nos Estados Unidos. Essa é a razão para que a abordagem a seguir seja voltada somente para as transformações de plantas.

Esses métodos são usados para criar plantas geneticamente modificadas por meio da introdução de códigos genéticos resistentes a doenças causadas por insetos ou vírus e por um aumento da tolerância a herbicidas, gerando aumento de produtividade e adaptação às diversas condições de cultivo. A introdução do transgene no genoma da planta receptora ocorre de forma controlada e independente da polinização. Depois de incorporado, torna-se parte do material genético da planta sem alterar sua constituição genética global.

A obtenção de um vegetal GM passa por três etapas até atingir o objetivo final: a obtenção do gene a ser incorporado; a técnica de introdução do gene na planta receptora; a regeneração da célula em uma nova planta. O gene de escolha é normalmente encontrado na natureza e isolado dos demais genes do organismo doador, porém pode ser adaptado para melhor expressão no organismo receptor por alteração de algumas bases de sua sequência. Os principais métodos de transformação empregados em plantas são via *Agrobacterium*, uma bactéria comum que tem a capacidade de transferir parte de seu conteúdo celular para a planta, por biobalística, por meio de pequenas partículas recobertas com o gene de escolha, e por RNA de interferência (RNAi), que age como um mecanismo natural de modulação da expressão gênica existente em todos os seres vivos.

Agrobacterium

A transformação de plantas mediada pelo gênero *Agrobacterium* é o método mais utilizado para a introdução de genes em plantas pela engenharia genética. Entre as principais espécies, destacam-se duas: a *Agrobacterium tumefaciens*, que vive no solo e possui a capacidade de penetrar em algumas espécies vegetais, causando a coroa-de-galha e a *Agrobacterium rhizogenes*, causadora da proliferação de raízes secundárias no ponto de infecção; e a *Agrobacterium tumefaciens*, que possui um plasmídeo, ou seja, um DNA extracromossomal indutor de tumor chamado plasmídeo Ti, o qual possui a habilidade de transferir uma parte de seu DNA para a célula vegetal que está infectando. Por meio da manipulação genética do plasmídeo Ti, é possível a substituição das sequências nativas na região de transferência do plasmídeo, ou T-DNA, por genes de interesse. Como resultado, quando o *Agrobacterium* contendo um plasmídeo Ti manipulado infecta uma célula vegetal, ele transfere o gene de interesse para dentro da célula transformada[1].

Para a transformação, o vetor *Agrobacterium* que contém o gene de interesse necessita entrar em contato com o tecido vegetal. A bactéria infecta o tecido vegetal, iniciando o processo de transferência e a transformação do genoma da planta. A seguir, o tecido é cultivado em meio de regeneração contendo antibiótico para eliminação do *Agrobacterium* e um agente seletivo para identificar as células transformadas. Os novos transgenes são regenerados *in vitro* e posteriormente aclimatados (Figura 1[2]).

Biobalística

A técnica de transformação por biobalística consiste na utilização de micropartículas metálicas de tungstênio ou ouro, revestidas com o DNA a ser transferido. No bombardeamento, utiliza-se pressão suficiente para que as micropartículas perfurem a parede celular e se alojem no interior da célula, onde liberam os genes que estavam aderidos a sua superfície. Algumas partículas podem se localizar no núcleo da célula, e as cópias do gene liberadas podem ser inseridas no genoma da célula receptora[3]. Como nem todos os tecidos bombardeados expressam o gene, é necessário identificar quais células realmente foram transformadas, geralmente cultivando-as em um meio seletivo. Dessa forma, as células que se desenvolverem são induzidas à regeneração por técnicas convencionais de cultura de tecidos e à produção de uma nova planta. As plantas obtidas são então testadas para se certificar de que o gene está presente e é funcional (Figura 1)[2].

A biobalística oferece vantagens sobre a transformação mediada por *Agrobacterium tumefaciens*, como independência de genótipos específicos, simplicidade dos protocolos de transformação, utilização de construções mais simplificadas e eliminação de falsos positivos. É uma técnica relativamente simples, rápida e de baixa infraestrutura, incluindo alta eficiência na transformação de monocotiledôneas[4].

RNA de interferência

O RNA de interferência, ou simplesmente RNAi, é um mecanismo de defesa baseado em RNA de cadeia

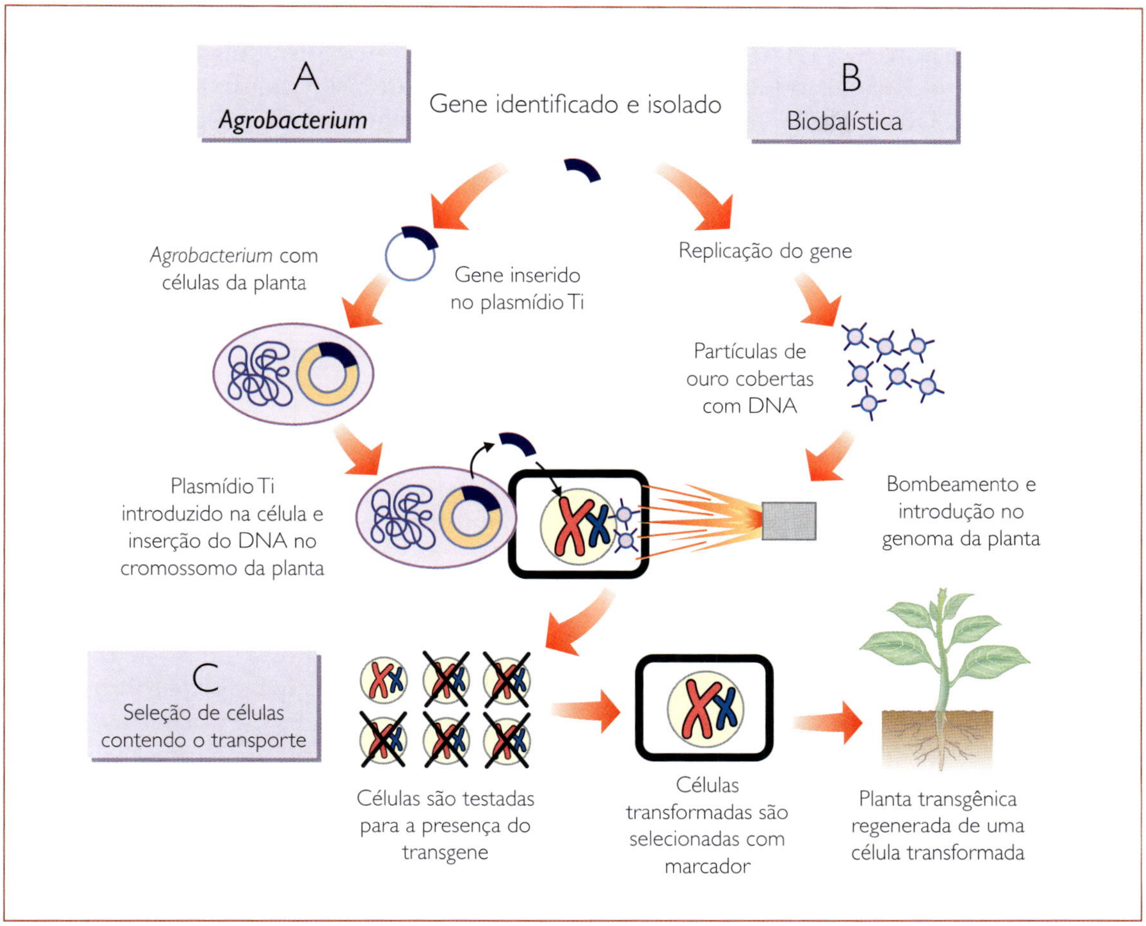

Figura 1. Duas vias distintas de modificação genética em vegetais, com posterior regeneração de tecidos e obtenção da planta transgênica. Fonte: adaptada de Peels[2].

dupla que modula a expressão de genes endógenos em plantas, insetos, fungos, nematoides e mamíferos. O RNAi é mediado por pequenas moléculas de RNA, que se ligam e suprimem a transcrição e/ou tradução de RNA mensageiros específicos, pela inativação de genes homólogos, causada pelo aumento da degradação de RNA[5].

Em razão da alta especificidade do RNAi, existe um grande interesse na aplicação dos mecanismos para a melhoria de culturas por meio da transformação genética. O mecanismo de silenciamento via RNAi é uma ferramenta sofisticada, por meio da qual se podem interconectar respostas celulares de defesa e controle total na manipulação da expressão de genes[6].

No Brasil, um exemplo dessa técnica de transformação de planta é o primeiro feijoeiro transgênico resistente ao vírus do mosaico dourado, desenvolvido por pesquisadores da Empresa Brasileira de Pesquisa Agropecuária (Embrapa). Análises prévias demonstraram ganhos de produtividade ao pequeno e médio produtor, sem a introdução de qualquer gene estranho ao genoma da planta[7]. A liberação dessa técnica foi concedida pela CTNBio em setembro de 2011, no entanto, a comercialização deverá chegar ao mercado nos próximos anos.

DISPOSITIVOS LEGAIS DE BIOSSEGURANÇA

Conforme citado anteriormente, a Lei n. 11.105 estabelece normas de segurança e mecanismos de fiscalização de atividades que envolvam organismos geneticamente modificados (OGM) e seus derivados, cria o Conselho Nacional de Biossegurança (CNBS), reestrutura a Comissão Técnica de Biossegurança (CTNBio), dispõe sobre a Política Nacional de Biossegurança (PNB) e revoga a Lei n. 8.974, além de outras providências. Para tornar mais claro o papel desempenhado por esse instrumento legal, são expostos a seguir alguns tópicos que foram introduzidos na dinâmica de avaliação de OGM de modo a permitir a análise e a tomada de decisão baseadas apenas em conhecimentos científicos por parte dos componentes da CTNBio e referendados pelo CNBS.

São quatro pilares de sustentação do sistema traçado para a PNB:

- As Comissões Internas de Biossegurança (CIBios) são criadas por instituições e empresas que desejam desenvolver projetos contendo OGM, as quais devem compor um grupo de técnicos responsáveis pelos projetos, sendo credenciadas na CTNBio e obtendo um registro por meio do Certificado de Qualidade em Biossegurança (CQB). Cada CIBio, assim registrada, terá como obrigação a permanente atualização de conhecimentos sobre dispositivos de segurança no âmbito da instituição, o controle interno das atividades em cada projeto em desenvolvimento, apresentação de um relatório anual e a comunicação imediata de eventuais incidentes envolvendo OGM.

- A CTNBio, segundo sua definição, "é uma instância colegiada multidisciplinar, cuja finalidade é prestar apoio técnico consultivo e assessoramento ao Governo Federal na formulação, atualização e implementação da Política Nacional de Biossegurança relativa a OGM, bem como no estabelecimento de normas técnicas de segurança e pareceres técnicos referentes à proteção da saúde humana, dos organismos vivos e do meio ambiente, para atividades que envolvam construção, experimentação, cultivo, manipulação, transporte, comercialização, consumo, armazenamento, liberação e descarte de OGM e derivados".
- O CNBS é um "órgão de assessoramento superior do Presidente da República para a formulação e a implementação da Política Nacional de Biossegurança – PNB", ao qual compete: "fixar princípios e diretrizes para a ação administrativa dos órgãos e entidades federais com competências sobre a matéria; analisar, a pedido da CTNBio, quanto aos aspectos de conveniência e oportunidade socioeconômica e do interesse nacional, os pedidos de liberação para uso comercial de OGM e seus derivados; avocar e decidir, em última e definitiva instância, com base em manifestação da CTNBio e, quando julgar necessário, dos órgãos e entidades de registro e fiscalização, no âmbito de suas competências, sobre os processos relativos a atividades que envolvam o uso comercial de OGM e seus derivados".
- Aos órgãos e entidades de registro e fiscalização do Ministério da Saúde, do Ministério da Agricultura, Pecuária e Abastecimento e do Ministério do Meio Ambiente, e da Secretaria Especial de Aquicultura e Pesca cabem: "fiscalizar as atividades de pesquisa de OGM e seus derivados; registrar e fiscalizar a liberação comercial de OGM e seus derivados; emitir autorização para a importação de OGM e seus derivados para uso comercial; manter atualizado o cadastro das instituições e responsáveis técnicos que realizam atividades e projetos relacionados a OGM e seus derivados; tornar públicos os registros e autorizações concedidas; aplicar as penalidades de que trata essa Lei; subsidiar a CTNBio na definição de quesitos de avaliação de biossegurança de OGM e seus derivados".

A lei também estabeleceu que a CTNBio seja composta por 27 membros titulares e respectivos suplentes, designados pelo Ministro de Ciência, Tecnologia e Inovação, entre cidadãos brasileiros de reconhecida competência técnica, de notória atuação e saber científicos, com grau acadêmico de doutor e com destacada atividade profissional nas áreas de biossegurança, biotecnologia, biologia, saúde humana e animal ou meio ambiente. Os especialistas serão escolhidos a partir de lista tríplice, elaborada com a participação das sociedades científicas, ou de organizações da sociedade civil, após consultas públicas específicas para esse fim. Os membros designados têm mandatos de dois anos, podendo ser renovados por dois novos períodos de dois anos. Cabe registrar que os cargos de Presidente e Presidente Substituto da CTNBio são ocupados por membros titulares, eleitos entre seus pares para mandato de dois anos, podendo ser reconduzidos pela mesma sistemática por mais um período.

A CTNBio também se utiliza de Instruções e Resoluções Normativas que disciplinam procedimentos recorrentes nas reuniões mensais deliberativas e que balizam as ações de avaliação de processos. Tais normativas são igualmente sinalizadoras às empresas e instituições interessadas em apresentar petições, relatórios, consultas e demandas de importação ou liberação comercial de OGM. Atualmente são oito instruções normativas e 15 resoluções normativas que podem ser consultadas no sítio da CTNBio (www.ctnbio.gov.br).

GESTÃO DE RISCO

Mais do que uma análise, a gestão de risco caracteriza-se como instrumento técnico de avaliação de segurança de OGM, recomendado por organizações internacionais como a Organização das Nações Unidas para Alimentação e Agricultura (FAO, do inglês Food and Agriculture Organization of the United Nations) e a Organização para a Cooperação e Desenvolvimento Econômico (OCDE), sendo adotado como rotina de trabalho em todos os países produtores e consumidores de produtos GM e seus derivados. A metodologia de uso geral em diversas áreas também é empregada aqui para dar suporte e garantir a eficácia do processo decisório de liberação de um novo produto GM, visto que em qualquer atividade humana sempre há um risco potencial, embora mínimo, pois é impossível afirmar com absoluta certeza que determinado alimento jamais causará dano a quem o consome. No caso de avaliação de novos produtos GM, seja para produção ou não de alimentos, sempre se aplica a análise de risco para assegurar inocuidade à saúde[8] e ao ambiente[9].

A gestão de risco compreende quatro etapas que devem ser cumpridas: identificar o risco, estimar sua extensão, avaliar seu poder e monitorá-lo permanentemente. Tais etapas são observadas desde o momento da criação do projeto de desenvolvimento de um novo OGM, no qual os traços genotípicos e fenotípicos, a composição química das espécies envolvidas e o histórico de uso seguro são rigorosamente avaliados. As etapas descritas e documentadas durante o desenvolvimento do evento OGM elite transmitem credibilidade aos avaliadores e permitem o correto julgamento de segurança do OGM.

Os avaliadores das agências nacionais empregam também os esquemas propostos por König et al. em 2004[3], os quais devem ser seguidos para o bom cumprimento das recomendações de segurança dos eventos modificados (Figuras 2 e 3). Esses esquemas foram adotados por agência internacionais, como FAO, Organização Mundial da Saúde (OMS) e OCDE.

O cálculo exato de risco à saúde do consumidor em qualquer tipo de alimento, convencional ou GM, é impossível de ser obtido, dada a complexidade de fatores envolvidos em cada etapa de sua produção e manipulação (o risco ambiental será discutido mais adiante em capítulo específico). Ao tentar formular uma equação de risco, podemos ter:

$$\text{Dano ou efeito adverso} = \text{exposição} \times \text{risco}$$

Na expressão, o dano ou o efeito adverso, também chamado de perigo em algumas áreas de aplicação, é uma função da exposição, dose ou concentração do agente e do somatório de probabilidades de risco em todas as etapas de manipulação. Portanto, o risco, sendo uma função probabilística, é numericamente uma fração que, quanto mais se aproxima da unidade, representa mais a possibilidade de ocorrência de dano ou efeito adverso.

Com base nessa conceituação, foram criados quadros de correlações para estimar os riscos a partir dos danos potenciais (Figura 4). Ressalta-se que, na avaliação de alimento GM, só se admite trabalhar com ocorrências "altamente improváveis" ou "improváveis", que preveem "riscos negligenciáveis". Para chegar a esse resultado, são considerados os itens das Figuras 2 e 3, nos quais os históricos de uso seguro das espécies envolvidas, receptora e doadora de genes, dão sustentação ao andamento do projeto de transformação, não sendo, portanto, um obstáculo ao desenvolvimento da nova linhagem de planta, de microrganismo ou de animal a partir de tais elementos.

A composição química da espécie receptora também é um ponto-chave na tomada de decisão antes e depois da transformação, não devendo existir diferenças estatisticamente significantes nas principais frações de nutrientes entre os dois momentos. Essa forma comparativa recebeu o aval de organismos internacionais como FAO, OMS e OCDE, sendo conhecida como equivalência substancial, como detalhado a seguir.

EQUIVALÊNCIA SUBSTANCIAL

A avaliação preliminar de inocuidade dos novos alimentos GM baseia-se no conceito de equivalência substancial adotado pela FAO em conjunto com a OMS e aceito pelos países membros da União Europeia[10]. Este conceito fundamenta-se na comparação entre composições químicas de organismos convencionais e os gene-

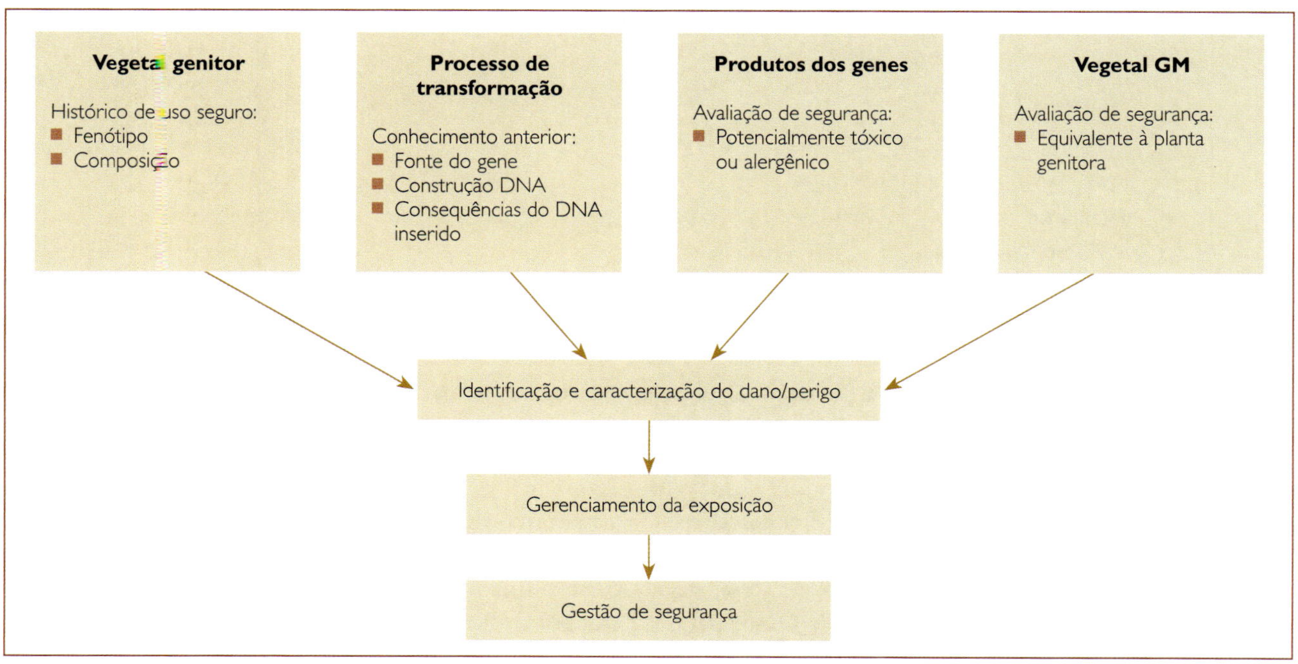

Figura 2. Etapas para plano de desenvolvimento de seguro de OGM. Adaptada de König et al.[3]

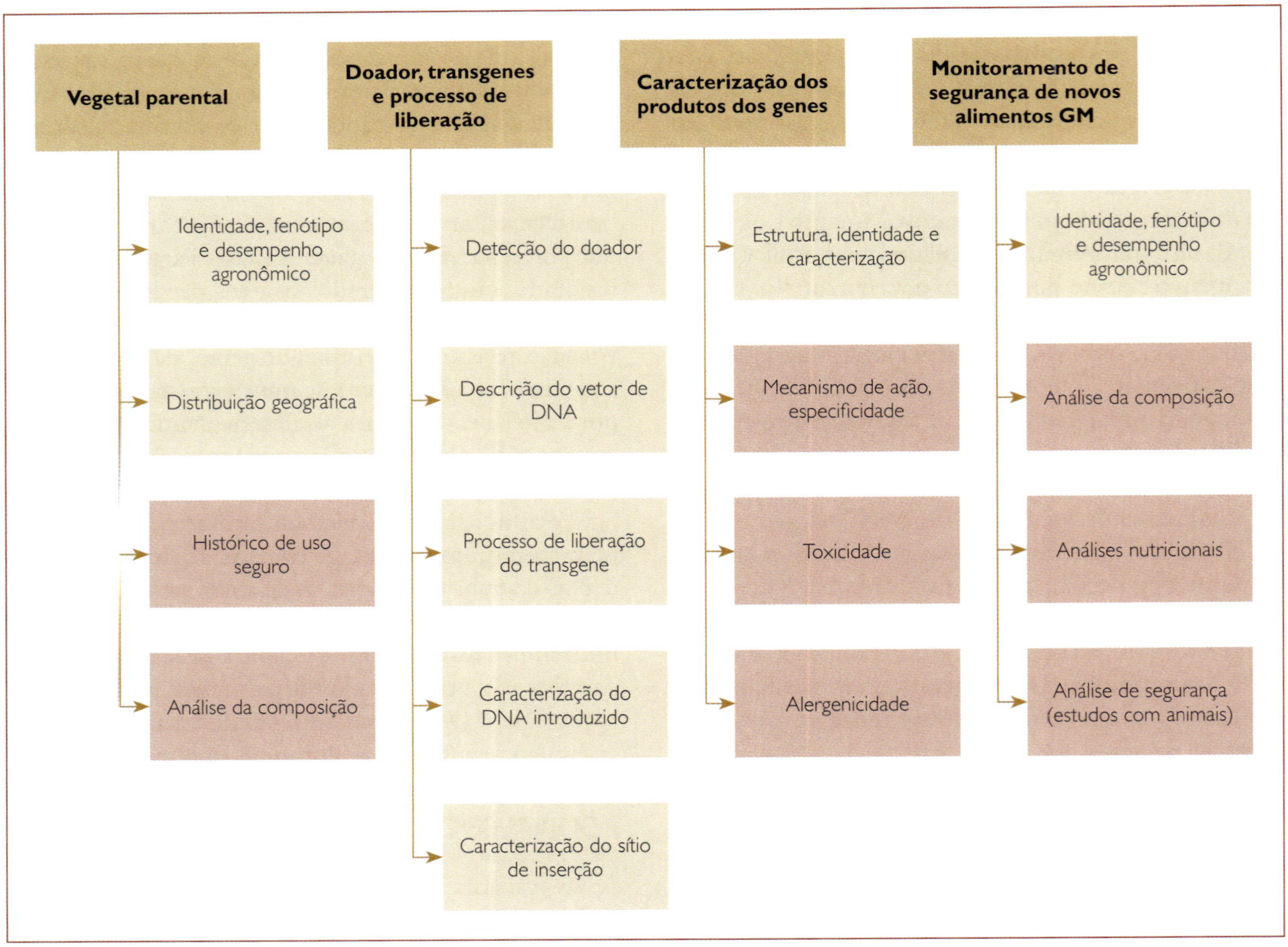

Figura 3. Etapas a serem seguidas nas avaliações caso a caso de OGM, tomando-se plantas como exemplo. Os quadros em destaque são considerados os mais importantes do processo de avaliação de inocuidade de alimentos GM, sendo as análises de segurança com estudos com animais aplicadas somente em casos de dúvidas sobre uma ou mais das etapas anteriores. Fonte: adaptada de König et al.[3]

		Risco estimado			
Ocorrência	Altamente provável	Baixo	Moderado	Alto	Alto
	Provável	Baixo	Baixo	Moderado	Alto
	Improvável	Negligenciável	Baixo	Moderado	Moderado
	Altamente improvável	Negligenciável	Negligenciável	Baixo	Moderado
		Marginal	Pequeno	Intermediário	Grande
		Danos ou efeitos adversos			

Figura 4. Quadro de estimativa de risco a partir das evidências conhecidas de danos ou efeitos adversos de acordo com a probabilidade estimada de ocorrência.

ticamente modificados, bem como de seus respectivos produtos derivados, utilizados como alimentos. A composição química nutricional semelhante pode servir de parâmetro para a avaliação de segurança de OGM para consumo humano e animal. A comparação entre o organismo modificado e o genitor isogênico, assim como o histórico de consumo, permite estabelecer critérios de segurança e inocuidade dos OGM com alto grau de certeza quanto a sua equivalência aos produtos tradicionais, se eles são igualmente seguros ou equivalentes.

Em análises de equivalência substancial são quantificadas as grandes frações nutritivas das partes do orga-

Figura 5. Amostras de soja orgânica (O), convencional (C) e modificada (M) e amostras de milho convencional branco (CB), convencional amarelo (CA) e modificado amarelo (MA).

nismo empregadas como alimentos. Nos casos de OGM liberados até o momento, os grãos de soja e de milho e os caroços de algodão foram avaliados quanto aos teores de umidade, proteínas, fração lipídica, carboidratos totais e fibras, e resíduo mineral fixo. O detalhamento de cada grupo de componentes também é executado por meio de análises de aminoácidos, de ácidos graxos, açúcares, amido, fibras solúveis e insolúveis, minerais e alguns outros componentes presentes de modo distinto em cada vegetal, como lectina, inibidores enzimáticos, ácido fítico (na soja) e gossipol (no algodão). Todos os dados são analisados, além da comparação com as variedades convencionais, com base em tabelas composicionais e metodologia estatística, evitando que pequenas oscilações de resultados sejam interpretadas como comprovação de não equivalência.

Resultados obtidos em nosso laboratório com três variedades isogênicas de soja em relação às equivalentes GM apresentaram pequena variação positiva nos teores de proteína entre 1 e 5%, sem que a soja GM fosse considerada superior às convencionais ou orgânicas (Figura 5). Igual condição foi demonstrada para grupos de ratos alimentados com as variedades isogênicas e transgênicas, atestando a equivalência substancial entre as amostras analisadas. Também foram semelhantes as amostras de milho convencionais genitoras e as correspondentes modificadas. Em ambos os casos, ocorrem mais diferenças estaticamente significantes entre variedades convencionais que entre as convencionais genitoras e suas variedades modificadas (Figura 5). Em nenhum desses casos ficam caracterizadas alterações fenotípicas que possam identificar a cultivar convencional da transgênica.

LIBERAÇÕES COMERCIAIS

A atual Lei de Biossegurança garantiu a consolidação de um sistema de avaliação e controle sobre todas as atividades relacionadas à experimentação e ao desenvolvimento de OGM, bem como permitiu a liberação mais de oitenta produtos destinados a diversas finalidades, mas sobretudo à produção de sementes e grãos GM como matérias-primas para alimentação humana e de animais, com 46 plantas entre soja, milho e feijão (Tabela 1). Outros países têm produtos aprovados destinados à alimentação, como mamão, tomate, batata, papaia, melão, chicória, ameixa, abóbora, beterraba, arroz, trigo, maçã e salmão (Estados Unidos), canola e cana-de-açúcar (Argentina), berinjela (Índia), arroz (China).

Tabela 1. Liberações comerciais de OGM no Brasil

Organismos/eventos	Aprovações
Soja	10
Milho	35
Algodão	13
Feijão	1
Eucalipto	1
Inseto	1
Leveduras	6
Microalgas	4
Vacinas	26
Total geral	97

Fonte: CTNBio – outubro de 2016.

Se for observado ano a ano o número de liberações comerciais pelos órgãos nacionais (Figura 6), verifica-se que, a partir de 2006, com o advento da nova lei, houve um rápido crescimento no número de eventos autorizados, pois alguns dos processos encontravam-se sob análise havia vários anos. Passado o momento no qual essas antigas petições de plantas GM com apenas um traço agronômico modificado tiveram sua liberação, há um novo período com menor número de aprovações e um período de novas solicitações com dois ou mais genes combinados para aumentar os traços agronômicos e oferecer ao plantador novas opções de manejo de sua lavoura. Embora o procedimento empregado para a geração das variedades com genes combinados seja o melhoramento genético clássico, por força de lei esses novos eventos devem ser submetidos à avaliação da CTNBio como qualquer outro OGM. Destacam-se como características dessas novas variedades sementes com dupla de genes de resistência a insetos, aéreos e de solo, e também com genes que conferem tolerância a dois herbicidas, glufosinato de amônio e glifosato.

Como já referido, as liberações comerciais somente são aprovadas pelo Conselho Nacional de Biossegurança (CNBS), com base no parecer técnico emitido pela CTNBio. Havendo qualquer dúvida ou obstáculo de ordem socioeconômica levantado pelos ministros que compõem o Conselho, é convocada uma reunião para avaliação do caso específico e a decisão sobre aquele evento é definitiva, não cabendo mais recursos. Sendo aprovado, o produto estará liberado para registro nos órgãos e entidades de registro e fiscalização por período indeterminado.

ROTULAGEM

Conforme discutido ao longo deste capítulo, é possível inferir que a segurança do consumidor está garantida pelas distintas etapas de controle às quais as plantas GM são submetidas antes de sua liberação para o consumo. Isto não é apenas uma imposição dos organismos governamentais, mas o interesse de garantia comercial e sobrevivência das empresas e institutos de pesquisas, das instituições internacionais e de comercio mundial. Assim, pode-se garantir que o alimento derivado de OGM é mais seguro que o convencional que lhe deu origem. Os testes minuciosos aplicados a variedades GM, como ensaios de impacto ambiental, resíduos de defensivos, composição, toxicidade, alergenicidade, inocuidade e até de avaliação nutricional nunca são seguidos durante o desenvolvimento de uma planta convencional.

Embora o comércio internacional esteja regulamentado por norma da OCDE, os governos locais, ou até regionais, estabelecem critérios para a aplicação de limites da presença de OGM em alimentos. Na maioria dos casos, no entanto, são impostas barreiras comerciais para proteção da agricultura local. Há diferentes níveis de tolerância quanto à presença de OGM em alimentos e insumos que dispensam a rotulagem obrigatória.

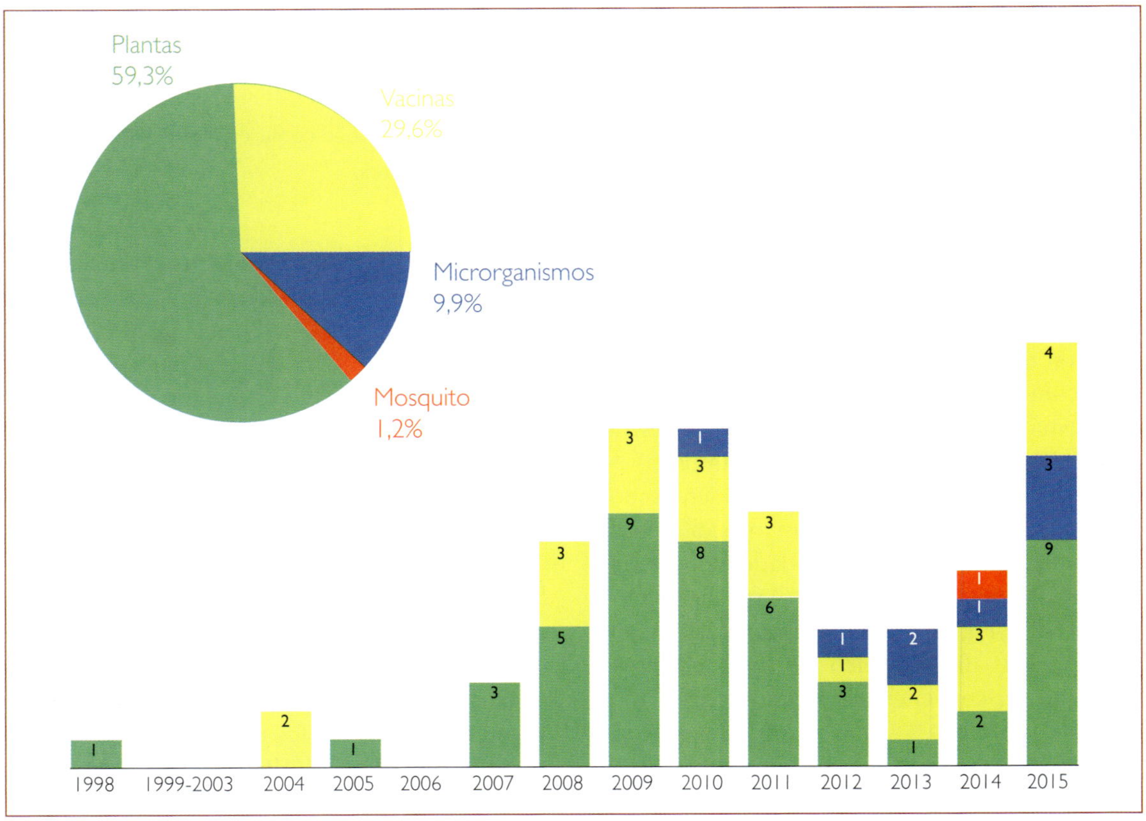

Figura 6. Evolução das liberações comerciais de produtos GM no território brasileiro, atingindo o total de 81 aprovações ao final de 2015.

Assim, nos Estados Unidos, os alimentos que contêm matérias-primas obtidas de plantas GM estão dispensados de rotulagem especial ou de alerta sobre sua presença. Os órgãos de regulamentação e controle americanos (USDA, EPA e FDA) entendem que, uma vez avaliada a segurança ambiental e a inocuidade dos OGM, não há razão superior que imponha uma rotulagem nos produtos derivados dessas plantas, microrganismos ou animais. Desse modo, com rotulagem facultativa, o povo americano vem consumindo produtos geneticamente modificados desde o lançamento, em 1994 com o tomate FlavrSavr®. Depois vieram a soja, o mamão papaia e o milho, entre outros.

Em ordem decrescente de tolerância, o Japão e a Rússia permitem 5% de presença de OGM em produtos convencionais para dispensa de rotulagem. No Brasil, esse limite foi estabelecido no nível de 1%, enquanto na Europa adotaram como norma a tolerância de 0,9% de OGM, ambos na cadeia produtiva dos alimentos. A Suíça é a mais restritiva à presença adventícia, com limite de 0,1% no produto final. Em todos esses países, a motivação sobre os limites estabelecidos é meramente política, uma vez que não há razão concreta para as diferenças fixadas em cada país ou região. Se fosse uma razão técnica, poder-se-ia questionar se a Suíça é mais rigorosa na proteção de seus cidadãos do que o Japão, ou que a saúde dos norte-americanos vale menos que a dos brasileiros, ou, ainda, se os riscos do consumidor norte-americano são maiores que os riscos de cidadãos de qualquer outro país. Como se pode deduzir, não se trata de maior ou menor grau de risco, mas de política interna de cada população.

Deve-se ressaltar que alegações de limiares de detecção impostos pela metodologia atual não são válidos para a adoção dos teores já citados. Métodos conhecidos desde os primeiros anos do presente século permitem detecção segura a partir de 0,01% de OGM em produtos de baixo nível de processamento, ou seja, que não sofreram altas temperaturas de transformação, com DNA íntegro. Limitações técnicas são impostas em alimentos com diversas etapas de processamento com emprego de temperaturas e pressões elevadas, submetidos a condições extremas de pH, ou que sejam extratos de plantas e sementes com etapas de filtração, como nos óleos vegetais. Além destas, são constatadas também presenças adventícias em sistemas de transporte de grãos, nos quais contêineres e embarcações são usados para sementes diversas sem cuidados específicos de segregação para produtos convencionais. Resultados ainda preliminares demonstram a "contaminação" de milho e soja GM em grãos convencionais de trigo e arroz, mesmo na ausência de qualquer grão estranho na amostra analisada.

Para os dizeres de rotulagem, o Reino Unido adotou a expressão "Contém (nome do ingrediente) geneticamente modificado", porém, produtos contendo enzimas ou microrganismos e carnes de animais que se alimentam com ingredientes GM em suas rações estão dispensados de rotulagem. No momento, apesar de comprovadamente seguros, os alimentos derivados de plantas GM não se encontram à venda em nenhum país do Reino Unido. O mesmo ocorre com os países-membros da União Europeia, que não dispõem de alimentos GM por pressão popular[11], porém a alimentação animal contém milho e soja importados dos principais produtores mundiais: Estados Unidos, Brasil e Argentina.

Em nosso país, a rotulagem está prevista pelo Decreto n. 4.680, de 2003, que obriga a menção ao produto GM com a descrição: "(nome do produto) transgênico", "Contém (nome do ingrediente ou ingredientes) transgênico(s)" ou "Produto produzido a partir de (nome do produto) transgênico", em casos de presença superior a 1% de componente GM. O mesmo dispositivo legal criou um símbolo de alerta (Figura 7) para identificar alimentos obtidos com ingredientes GM. No início de sua vigência, a norma somente era cumprida por imposição judicial nos casos de óleos de soja e canola, nos quais a rotulagem seria prescindível pela ausência de elementos celulares e moleculares que possibilitem a identificação dos grãos que resultaram o óleo extraído. Por derivação, cremes vegetais e molhos de maionese também são rotulados e tampouco apresentam traços de proteínas ou DNA da espécie modificada. Em outro segmento, de ração para animais domésticos, uma ação judicial semelhante obriga igualmente as indústrias a estampar o símbolo e os dizeres de rotulagem. E, com o passar do tempo, diversos produtos derivados de milho têm apresentado o símbolo e os dizeres de rotulagem, como em

Figura 7. Símbolo de presença de ingrediente geneticamente modificado acima de 1% na composição de alimentos e ração animal.

farinhas, amido de milho, fubá, massas para o preparo de bolos e outros.

HISTÓRICO DE SEGURANÇA

A segurança dos alimentos compostos por ingredientes GM tem sido reforçada a cada dia, com novos produtos e relatos de inocuidade em diversas populações e em ensaios com animais de laboratório, de aves, de gado leiteiro e de corte[12]. Porém, a divulgação de experiências positivas pelo uso de insumos GM em alimentos e rações tem menos impacto na opinião pública que as chamadas sensacionalistas de trabalhos que tentam provar o contrário, que OGM são causadores de diversas anomalias, doenças degenerativas e câncer, além de danos irreparáveis ao ambiente. No entanto, para cada nova investida contra um ou mais produtos GM, haverá sempre um número muito maior de trabalhos científicos que comprovam sua segurança. Foi assim com um artigo que previa o extermínio das borboletas Monarca em campos de plantio de milho resistente a insetos; alguns meses depois, artigos científicos diversos demonstraram que não há essa correlação, conforme declarações oficiais do Departamento de Agricultura dos Estados Unidos[13].

Ainda na linha de acusações contra os OGM, um grupo de pesquisadores franceses publicou um artigo afirmando que um cultivar de milho GM foi o causador de câncer em ratos de laboratório[14]. O trabalho, que a princípio teve repercussão mundial, foi posteriormente criticado por diversos pesquisadores e agências reguladoras do setor, pela manipulação proposital dos resultados apresentados, pela inadequação do delineamento experimental, pela falta de ética no tratamento dos animais e pela divulgação antecipada dos dados a uma empresa de comunicação e outras falhas[15]. Nesse caso, a CTNBio também manifestou sua posição de discordância dos resultados apresentados (www.ctnbio.mcti.gov.br). Em consequência de numerosos pareceres contrários, os autores sofreram censura da revista na qual o trabalho foi publicado, contendo desde então a tarja *Retracted* (retratado).

Em nenhum dos casos imputados aos OGM de falhas de segurança houve qualquer confirmação das suspeitas. Ao contrário, inúmeras são as manifestações de confiança na tecnologia e nos resultados oferecidos aos usuários primários e aos consumidores em geral no esteio de 20 anos de produção de transgênicos. Na Figura 8, estão citadas Academias de Ciências de diversos países e associações científicas que manifestaram seu apoio aos produtos GM, com destaque para a Pontifícia Academia de Ciências do Vaticano[16].

CONSIDERAÇÕES FINAIS

Nos 12 anos passados desde a aprovação da Lei de Biossegurança, a CTNBio aprovou mais de oitenta produtos distintos, derivados das técnicas de manipulação genética, nos diversos campos de aplicação, sobretudo para uso na agricultura e na pecuária. No período, hou-

Figura 8. Algumas das academias de ciências, entidades governamentais e associações científicas que atestaram a segurança dos alimentos gerados por organismos geneticamente modificados.

ve também destacados avanços nas técnicas agrícolas e no manejo de animais, que, junto com os novos insumos fornecidos pela biotecnologia, possibilitaram rápido crescimento na produção agroindustrial, sem perder a característica de segurança dos alimentos oferecidos ao consumidor. São mais de quarenta países que permitem a comercialização de OGM para consumo humano ou para formulação de rações para gado. Vale mencionar que a União Europeia, que tantas restrições faz ao plantio de sementes GM, possui uma lista de 95 produtos agrícolas aprovados, quase tão grande como a soma de aprovações de Brasil e Argentina (104), sendo o Japão o país que mais permite a comercialização produtos GM, totalizando 221 (www.isaaa.org/gmapprovaldatabase/default.asp).

Demonstra-se assim a confiança que governos e instituições internacionais depositam na técnica de manipulação genética, como ferramenta auxiliar na oferta de mais e melhores produtos para a crescente demanda mundial por alimentos, visto que o planeta terá cerca 13 bilhões de habitantes ao final do século atual.

REFERÊNCIAS BIBLIOGRÁFICAS

1. Ziemienowicz A. Agrobacterium-mediated plant transformation: factors, applications and recent advances. Biocat Agric Biotechnol. 2014;3:95-102.
2. Peels MD. A basic primer on biotechnology. NDSU Extension Service, 2001. Revised by Ransom, J. 2015. Disponível em: <www.ag.ndsu.edu/pubs/plantsci/crops/a1219.pdf>. Acesso em: 15 nov. 2015.
3. König A, Cockburn A, Crevel RWR, Debruyne E, Grafstroem R, Hammerling U, et al. Assessment of the safety of foods derived from genetically modified (GM) crops. Food Chem Toxicol. 2004;42:1047-88.
4. Brandão LL, Carneiro AA, Carneiro NP, Scharffert RE, Paiva L, Coelho GTCP. Transformação genética de sorgo utilizando o bombardeamento de partículas. Embrapa Milho e Sorgo. 2005;1-38.
5. Petrick JS, Brower-Toland B, Jackson Al, Kier LD. Safety assessment of food and feed from biotechnology-derived crops employing RNA-mediated gene regulation to achieve traits: a scientific review. Reg Toxicol Pharmacol. 2013;.66:167-76.
6. Li L, Petsh K, Shimizu R, Liu S, Xu WW, Ying K, et al. Mendelian and non-Mendelian regulation of gene expression in maize. PLOS Genetics. 2013;9:1-17.
7. Aragão FJL, Nogueira EOPL, Tinoco MLP, Faria JC. Molecular characterization of the first commercial transgenic common bean immune to Bean golden mosaic virus. J Biotechnol. 2013;166:42-50.
8. Harrison LA, Bailey MR, Naylor M, Ream J, Hammond B, Nida DL, et al. The expressed protein in glyphosate-tolerance soybean, 5-enolpryruvyl-shikimate-3-phosphate synthase from Agrobacterium sp. strain CP4, is rapidly digested in vitro and is not toxic to acutely gavaged mice. J Nutr. 1996;126:728-40.
9. Parrot W, Chassy B, Ligon J, Meyer L, Petrick J, Zhou J, et al. Application of food and feed safety assessment principles to evaluate transgenic approaches to gene modulation in crops. Food Chem Toxicol. 2010;48:1773-90.
10. Joint FAO/WHO Expert Consultation on Biotechnology and Food Safety. 1996. Disponível em: <ftp.fao.org/es/esn/food/biotechnology.pdf>. Acesso em: 15 nov. 2015.
11. Valletta, M. Consumer Perception and GMOs in the European Union. 2010. OECD. 2010. Disponível em: <www.oecd.org/tad/agricultural-policies/46838061.pdf>. Acesso em: 15 nov. 2015.
12. International Food Information Council Foundation (IFICF). Food Biotechnology: A communicators guide to improving understanding. 3rd edition. IFICF; 2013. p.49. Disponível em: <www.foodinsight.org/education/food-biotechnology-communicator%E2%80%99s-guide-improving-understanding>. Acesso em: 02 set. 2015.
13. United States Department of Agriculture. Bt Corn and Monarch Butterflies. Disponível em: <www.ars.usda.gov/is/br/btcorn/index.html#bt1>. Acesso em: 15 nov. 2015.
14. Seralini G-E, Clair E, Mesnage R, Gress S, Defarge N, Malatesta M, et al. Long term toxicity of a Roundup herbicide and a Roundup-tolerant genetically modifies maize. Food Chem Toxicol. 2012;50:4221-31.
15. Snell C, Bernheim A, Bergé JB, Kuntz M, Pascal G, Paris A, et al. Assessment of the health impact of GM plant diets in long-term and multigenerational animal feeding trials: A literature review. Food Chem Toxicol. 2012;50:1134-48.
16. Potrykus I, Amman K, editores. Proceedings of a study week of the Pontifical Academy of Sciences. New Biotechnol. 2010;27:445-659.

capítulo 8

Biossegurança em medicamentos, correlatos e cosméticos

Terezinha de Jesus Andreoli Pinto
Telma Mary Kaneko
Nádia Araci Bou-Chacra
Dirce Akamine

INTRODUÇÃO

Os riscos envolvidos na preparação de medicamentos, correlatos e cosméticos constituem tema de importância fundamental entre profissionais e pesquisadores preocupados em minimizar riscos decorrentes da manipulação de componentes de fórmulas farmacêuticas e cosméticas, reagentes e solventes. Potencialmente, quaisquer desses podem ocasionar danos aos profissionais expostos, em decorrência da toxicidade inerente, que por sua vez está relacionada à atividade específica e aos efeitos adversos, dependentes da concentração e do tempo de exposição.

Em função das distintas etapas e da complexidade envolvida na fabricação de medicamentos, correlatos e cosméticos, essa tarefa pode implicitar as situações de risco, descritas no Capítulo 1, às quais o profissional é exposto. Portanto, fatores como a organização de atividades e a biossegurança em laboratórios, descritas nos Capítulos 2 e 3, devem ser considerados no planejamento. A exposição a substâncias que apresentam potencial dano ao ser humano pode ocorrer em diversas escalas, seja na manipulação de fórmulas magistrais, em farmácias e hospitais; no fracionamento de matérias-primas em distribuidoras; ou na produção e no controle de qualidade de indústrias produtoras de medicamentos, correlatos e cosméticos. Sendo assim, a adoção das Boas Práticas de Fabricação constitui fator relevante e está regulamentada para cada atividade produtiva.

Para medicamentos, a Resolução RDC n. 17, de 16.04.2010, que dispõe sobre as Boas Práticas de Fabricação de Medicamentos e a Resolução GMC n. 15/2009 – "Boas Práticas de Fabricação de Produtos Farmacêuticos e Mecanismo de Implementação no Âmbito do Mercosul", estabeleceu a adoção do Relatório n. 37 da Organização Mundial da Saúde (OMS) (WHO Technical Report Series 908), publicado em 2003.

Em farmácias, as exigências de qualidade que contemplam os requisitos mínimos para manipulação, fracionamento, aditivação, conservação, transporte, dispensação de fórmulas magistrais e oficinais e de outros produtos de interesse da saúde são regulamentadas pela RDC n. 214, de 12.12.2006, que dispõe sobre Boas Práticas de Manipulação de Medicamentos para Uso Humano em Farmácias. Na área cosmética, o Regulamento Técnico, o Manual de Boas Práticas de Fabricação e o Controle de Produtos de Higiene Pessoal, Cosméticos e Perfumes cumprem as diretrizes estabelecidas na Portaria n. 348, de 18.8.97.

Na situação específica de produção e controle, a avaliação dos riscos relativos à exposição de agentes com risco potencial deve ser considerada em todo o ciclo de fabricação. Assim, operações unitárias no transporte, no recebimento e na estocagem das matérias-primas, atribuídas a profissionais, não necessariamente farmacêuticos, constituem tarefas de elevado risco e, portanto, requerem a adoção de procedimentos específicos de segurança conforme indicado nos Capítulos 5 e 6. Etapas referentes à amostra para a execução dos ensaios de controle de qualidade, assim como à pesagem da matéria-prima para a fabricação do produto, são consideradas críticas. Tais etapas expõem diretamente o profissional à matéria-prima e, portanto, merecem atenção especial no que tange a procedimentos adequados para a prevenção de quaisquer prejuízos decorrentes da exposição.

Quanto à incorporação da matéria-prima ativa em veículo ou excipiente para manipulação e acondicionamento de medicamentos e cosméticos em formas líquidas e sólidas, as ações de segurança tem o objetivo de evitar a formação de suspensão de partículas sólidas no ar, no caso de pós, e de aerossóis, no caso de líquidos.

A exigência de esterilidade como característica de qualidade em função da via de administração de produtos parenterais e oftálmicos, assim como o emprego de diversos correlatos, apresenta particularidade no que se refere aos procedimentos que visam a alcançar tal condição. Os processos requeridos são bastante complexos, podendo abranger diversas etapas e procedimentos. Por vezes envolvem a esterilização de componentes da formulação, de material de acondicionamento e do produto acabado.

O envase e/ou acondicionamento do produto pode ser efetuado em áreas controladas, cujas superfícies e ambientes são tratados com produtos de ação antimicrobiana. Os processos esterilizantes aplicados a componentes ou ao produto acabado empregam, dependendo da situação específica, calor seco, vapor, radiação ionizante ou óxido de etileno, que podem ocasionar riscos ao profissional. O óxido de etileno apresenta ampla aplicação em processos esterilizantes de produtos termossensíveis, inclusive com particular relevância ao considerar materiais incompatíveis com a radiação ionizante[1].

Entre esses produtos encontram-se os correlatos, fabricados em grande parte com materiais poliméricos, abrangendo tubo de transfusão intravenosa, tubo de circulação extracorpórea, tubo traqueal, cateteres, luvas cirúrgicas, cânulas e membranas para hemodiálise. Estes são constituídos de cloreto de polivinila (PVC), látex, politetrafluoretileno, polietileno, silicone e outros. Um fator relevante inerente ao processo refere-se à remoção, empregando recursos de aeração, do resíduo do gás adsorvido no material processado.

A exposição aos agentes de esterilização consiste em um fator de risco para o pessoal operacionalmente envolvido, assim como para os profissionais da garantia da qualidade que executam os ensaios para a validação desses processos. Em particular, o óxido de etileno remete à preocupação durante etapas da amostra para o controle de qualidade, bem como residuais, podendo ser detectado no laboratório de controle de qualidade durante procedimentos analíticos para a determinação da conformidade do produto.

Da mesma forma, em especial no setor de embalagem de produtos farmacêuticos e de moldagem de componentes de correlatos, os processos não totalmente automatizados podem ser considerados etapas de risco, no que diz respeito aos limites de tolerância para ruídos contínuos ou intermitentes (ver NR-15 da Portaria n. 3.214/78, MTA, nos Anexos 1 e 2, Capítulo 10).

Referindo-se a etapas de avaliação de qualidade em etapas intermediárias ou finais, o manuseio de substâncias ativas, cepas microbianas empregadas nos ensaios, células e animais de distintas linhagens, solventes e reagentes, deve ser efetuado de forma adequada, objetivando minimizar o risco para o analista e demais envolvidos. As etapas de finalização do ciclo produtivo, que abrangem quarentena, estocagem e expedição, também devem ter procedimentos específicos para a manipulação segura do produto. A quem aparente exagero termos mencionado a estocagem, pense, por exemplo, nos solventes voláteis e/ou inflamáveis.

No caso de substâncias de alta potência e/ou que apresentam efeitos colaterais intensos, o manuseio inadequado compromete a segurança dos profissionais envolvidos. A manipulação de drogas citotóxicas, agentes antineoplásicos e alguns outros agentes apresenta a possibilidade de efeitos nocivos como carcinogenicidade, mutagenicidade e teratogenicidade. O manuseio de outros quimioterápicos, como os antibióticos, os antimicrobianos, os antissépticos e os desinfetantes, pode induzir à situação de resistência a determinados microrganismos patogênicos, além de outros diversos efeitos relacionados às classes. Deve-se destacar também, quanto ao aspecto de segurança, a manipulação de hormônios femininos, em particular, por operadores do sexo masculino e a manipulação de antibióticos.

Em 1985, a antiga Sociedade Americana de Farmacêuticos Hospitalares, atual American Society of Health-System Pharmacists (ASHP), elaborou um boletim técnico relativo aos aspectos de segurança da manipulação de drogas citotóxicas, que foi atualizado em 2006[2]. Tal boletim, em um primeiro momento, foi considerado adequado em substituição ao termo antineoplásico, aplicável a agentes empregados no tratamento de neoplasias, em função de sua maior abrangência. Agentes antineoplásicos não obrigatoriamente são citotóxicos e podem não pertencer apenas ao grupo de agentes destinados ao tratamento de câncer, estes descritos no Capítulo 9.

O termo citotóxico frequentemente se refere a qualquer agente genotóxico, oncogênico, mutagênico ou teratogênico. No início de 1986, o órgão governamental americano responsável pela saúde e segurança ocupacional, a Occupational Safety and Health Administration (OSHA), publicou recomendações para a manipulação segura de drogas citotóxicas destinadas a profissionais da área de saúde. Mais tarde, em função do desenvolvimento de novas substâncias derivadas de processos biotecnológicos, assim como de agentes biológicos com característica genotóxica reconhecidamente perigosos, o termo citotóxico foi substituído por drogas de risco. A partir de 1990, as recomendações da OSHA abrangem outras drogas de risco e são apresentadas em seu Manual Técnico, no capítulo de Controle de Exposição Ocupacional a Drogas de Risco. No *site* da OSHA, estão disponíveis os padrões e as interpretações referentes à exposição de trabalhadores a drogas de risco (OSHA, 2016)[3].

Entre os assuntos pertinentes à segurança para a manipulação de drogas de risco, considera-se relevante conhecer os critérios para sua classificação, assim como evidências que encorajam seu gerenciamento, abordando aspectos relacionados a problemas decorrentes da exposição ocupacional. Além disso, a discussão de fatores como a adoção de instalações, dispositivos, equipamentos ou outros recursos adequados para o manuseio dessas drogas e o treinamento do elemento humano potencialmente exposto constitui um tema preventivo eficaz que deve ser considerado com a finalidade de atingir uma condição segura de trabalho.

Outro aspecto importante refere-se à vigilância médica que, por meio de exames laboratoriais, indica com consistência se os procedimentos adotados foram adequados para prevenir os riscos decorrentes da exposição ocupacional. Nesse âmbito, a OSHA foi também a precursora na definição de limites e estratégias, abrangendo, entre outros segmentos, aquele da química de síntese, transformação e moldagem dos polímeros, compostos básicos dos correlatos. Exemplificando, riscos da exposição a gases geradores no processamento de PVC, compostos fluorados como o politetrafluoretileno (PTFE) e o teflon[4] e outros obrigam que as plantas atuais sejam providas de sistemas de exaustão eficazes, de forma que obedeçam aos limites permissíveis.

CRITÉRIOS PARA A CARACTERIZAÇÃO DE RISCO NA MANIPULAÇÃO DE MEDICAMENTOS, CORRELATOS E COSMÉTICOS

Um elevado número de substâncias ativas e procedimentos normalmente empregados na fabricação de medicamentos, correlatos e cosméticos pode apresentar risco ocupacional a operadores expostos de forma aguda ou crônica. No passado, a atenção dirigia-se sobretudo a fármacos utilizados no tratamento de câncer, entretanto muitos outros agentes apresentam toxicidade em sua manipulação. Os principais efeitos das drogas de risco incluem genotoxicidade; carcinogenicidade; teratogenicidade ou alteração na fertilidade; manifestações tóxicas em baixas doses em animais de experimento ou em pacientes previamente tratados com a droga.

Segundo o National Institute for Occupational Safety and Health (NIOSH), os medicamentos que envolvem risco pelo critério mencionado são: aldesleucina, alentuzumabe, alitretinoína, altretamina, amsacrina, anastrozol, asparaginase, azacitidina, azatioprina, Bacillus Calmette-Guerin (BCG)[+], bexaroteno, bicalutamida, bleomicina, bortezomibe, bosentana, busulfano, capecitabina, carboplatina, carmustina, acetato de cetrorrelix, cidofovir, cladribina, clorambucil, cloranfenicol, clofarabina, colchicina, ciclosporina, ciclofosfamida, citarabina, dacarbazina, dactinomicina, daunorrubicina, dasatinibe monoidratado, decitabina, dietilestibestrol, denileucina, dienestrol, dinoprostona, docetaxel, doxorrubicina, dutasterida, entecavir, epirrubicina, ergonovina/metilergonovina, estramustina, estradiol, estrógenos-progestina combinados, estrógenos conjugados, estrógenos esterificados, estrona, estropipato, etoposídeo, exemestano, finasterida, floxuridina, fludarabina, fluorouracil, fluoximesterona, flutamida, fulvestranto, ganciclovir, acetato de ganirrelix, gencitabina, gentuzumabe ozogamicina, gonadotropina coriônica alfa, gosserrelina, hidroxiureia, ibritumomabe tiuxetana, idarrubicina, ifosfamida, imatinibe mesilato, interferon-alfa, irinotecano HCl, leflunomida, lenalidomida, letrozol, leuprolida acetato, lomustina, mecloretamina, medroxiprogesterona acetato, megestrol, melfalana, menotropina, mercaptopurina, metotrexato, metiltestoterona, mifepristona, mitomicina, mitotano, micofenolato de mofetila, mitoxantrona HCl, nafarelina, nelarabina, nilutamida, oxaliplatina, oxitocina, paclitaxel, palifermina, paroxetina HCl, pegaspargase, pemetrexede, pentamidina isetionato, pentetato de cálcio trissódico, pentostatina, perfosfamida, pipobromana, piritrexim isetionato, podofilox, prednimustina, procarbazina, raloxifeno, raltitrexede, rasagilina mesilato, ribavirina, risperidona, sirolimo, sorafenib, estreptozotocina, sunitinib malato, tacrolimo, tamoxifeno, temozolomida, teniposídeo, testolactona, testosterona, talidomida, tioguanina, tiotepa, topotecana, toremifeno citrato, tositumomabe, tretinoína, trifluridina, trimetrexato glucuronato, triptorrelina, mostarda uracila, valganciclovir, valrubicina, vidarabina, vimblastina sulfato, vincristina sulfato, vindesina, vinorelbina tartarato, vorinostate, zidovudina e zonisamida.

No Quadro 1, estão listadas as substâncias que devem ser manuseadas empregando procedimentos especiais. Drogas sob investigação, como azacitidina, azacrina, tenipósido e outras, não estão inclusas, porém devem ser manipuladas como drogas de risco até que informações adequadas tornem-se disponíveis para excluí-las desse grupo[5].

Algumas das principais considerações para a inclusão da substância na lista das drogas de risco incluem a pesquisa das seguintes informações:

- Indicação terapêutica da droga.
- Orientações do fabricante quanto ao uso de técnicas de isolamento na sua manipulação, administração ou descarte.
- Reconhecido efeito mutagênico, carcinogênico, teratogênico ou alterações na reprodução humana.
- Reconhecidos estes mesmos efeitos em animais (drogas conhecidas como mutagênicas em sistema múltiplo bacteriano ou em animais também devem ser consideradas de risco).
- Efeito tóxico agudo em algum órgão.

Não há nenhuma referência padronizada para essas informações. Tampouco há consenso para todos os agentes listados. A classificação de drogas de risco deve ser periodicamente revisada e atualizada em função de conhecimento técnico-científico consistente.

Quadro 1. Carcinogenicidade de drogas de risco

Drogas de risco	Classificação IARC*
Agentes alquilantes	
Bussulfano[ABC]	1
Carmustina[ABC]	2a
Clorambucil[ABCE]	1
Clorometina	2a
Clorometina N-óxido	2b
Clornafasina	1
Clorozotocina[E]	2a
Cisplatina[ABCE]	2a
Ciclofosfamida[ABCE]	1
Dacarbazina[ABC]	2b
Estreptozotocina[AC]	2b
Ifosfamida[ABC]	3
Lomustina[ABCD]	2a
Mecloretamina[BC]	–
Melfalano[ABCE]	1
Semustina	1
Tiotepa[ABC]	1
Treossulfano	1
Mostarda uracila[ACE]	–
Antibióticos	
Bleomicina[ABC]	–
Dactinomicina[ABC]	–
Daunorrubicina[ABC]	–
Doxorrubicina[ABCE]	–
Fluoruracil[ABC]	3
Mercaptopurina[ABC]	3
Metotrexato[ABC]	3
Mitramicina	–
Mitomicina[ABC]	–
Gerador de radical livre	
Azatioprina[ACE]	1
Inibidores mitóticos	
Vimblastina[ABC]	3
Vincristina	3
Misturas	
Asparaginase[ABC]	–
Procarbazina[ABCE]	2a
Drogas sob investigação	
Azacitidina	–
Azacrina	–
Tenipósido	–
Ifosfamida[ABC]	–
Mitoxantrona[ABC]	–

1: carcinogênico para humanos; 2a: provavelmente carcinogênico para humanos; 2b: possivelmente carcinogênico para humanos; 3: não classificado como carcinogênico para humanos. *IARC: International Agency for Research on Cancer. [A] The National Institutes of Health, Clinical Center Nursing Department. [B] Antineoplastic Drugs in the Physicians Desk Reference. [C] American Hospital Formulary, # Antineoplastics. [D] Johns Hopkins Hospital. [E] International Agency for Research on Cancer.

A definição de drogas de risco, baseada em estudos farmacológicos e toxicológicos, considera o histórico relativo a seus efeitos adversos. Drogas que apresentam longo histórico de segurança em humanos, mesmo após evidências de toxicidade *in vitro* ou em animais, podem ser excluídas da lista. Além disso, estrutura ou atividade relacionada com substâncias químicas similares àquelas das drogas de risco e dados *in vitro* podem ser utilizadas na determinação de efeito tóxico potencial.

No âmbito dos polímeros que envolvem os correlatos, estes são no geral inócuos. Entretanto, não se pode dizer o mesmo dos monômeros e oligômeros, ou ainda de alguns dos aditivos (plastificantes, antioxidantes, pigmentos, agentes de vulcanização) empregados na sua obtenção ou liberados no processamento dos plásticos e elastômeros. É preciso considerar ainda que, apesar do desenvolvimento de técnicas de fusão de polímeros por técnicas de ultrassom, continua frequente o emprego de solventes ou de adesivos nas operações de montagem. O próprio ultrassom, mais interessante sob o aspecto ocupacional, requer cuidados que impeçam, por exemplo, a proximidade de operários que utilizem lentes de contato e marca-passos, além da obrigatoriedade de protetores auriculares.

RISCO OCUPACIONAL NA FABRICAÇÃO E NO MANUSEIO DE MEDICAMENTOS, CORRELATOS E COSMÉTICOS

A preparação, a administração e o descarte de drogas de risco e demais substâncias ativas com efeitos adversos conhecidos, assim como de correlatos empregados na sua administração, podem expor farmacêuticos, químicos, enfermeiros e demais paramédicos a concentrações significantes dessas substâncias. O grau e o tempo de exposição durante a manipulação e a significância dos efeitos biológicos adversos são difíceis de avaliar e podem variar dependendo da situação de trabalho, dos recursos disponíveis e da característica de cada indivíduo. Como resultado, a determinação dos níveis seguros de exposição, tendo por base a literatura científica, constitui tarefa árdua.

O contato com drogas citotóxicas pode ocasionar grave lesão ao tecido, causando necrose na área exposta. A zidovudina demonstrou toxicidade em pele e mucosas[6], enquanto a solução de vimblastina apresentou toxicidade para a córnea[7]. Outros sintomas como dermatite de contato, irritação nas vias respiratórias, asma e broncoespasmos foram relatados por profissionais envolvidos na manipulação de pentamidina[4].

A maioria das drogas de risco, à semelhança dos monômeros e de outras substâncias consideradas de risco, liga-se diretamente ao material genético ou afeta a síntese de enzimas e proteínas celulares. Sabe-se que o crescimento e a reprodução de células normais são frequentemente afetados durante o tratamento quimioterápico, pois as drogas citotóxicas não fazem distinção entre células normais e cancerosas.

Os efeitos carcinogênicos, mutagênicos e teratogênicos de drogas de risco podem ser demonstrados em pesquisas pré-clínicas que empregam modelos experimentais animais. Agentes alquilantes como a ciclofosfamida e a mecloroetanamida apresentam forte evidência de carcinogenicidade. Entretanto, outras classes, como alguns antibióticos e agentes antivirais como a ribavirina, têm adicionalmente ação teratogênica evidenciada em todas as espécies de roedores testados[8]. Julga-se prudente manipular as substâncias que apresentem carcinogenicidade em animais de forma similar às que são carcinogênicas em humanos[9].

As principais consequências da exposição ocupacional, além de efeitos citogenéticos, são as que envolvem alterações e anomalias na reprodução[10,11] e disfunções no aparelho respiratório[8] e em células hepáticas[12]. Efeitos adversos no aparelho reprodutor, incluindo permanente esterilidade, ocorreram em homens e mulheres submetidos a tratamento que empregava drogas citotóxicas isoladas ou em associação[13]. Anomalias congênitas e abortos espontâneos foram documentados em níveis estatisticamente significantes em trabalhadoras expostas a drogas citotóxicas[10]. Além disso, tais drogas podem ser transferidas ao lactente por meio da amamentação[14]. A destruição de células hepáticas, associada a sintomas de cefaleia, náusea e reações alérgicas, foi atribuída à exposição de trabalhador a agentes citotóxicos[4].

Aspectos toxicológicos relacionados aos polímeros empregados na fabricação de correlatos, em particular o monômero cloreto de vinila, foram inicialmente relatados na década de 1950. Constataram-se, nesse período, eritema intenso e queimadura de segundo grau na pele de operário após contato com o monômero[15]. Além disso, comprovaram-se em trabalhadores de fábrica de polimerização de cloreto de vinila problemas respiratório e hepático, além de entorpecimento e formigamento dos dedos e artelhos. Tal quadro foi acompanhado de cianose e exacerbação de sensibilidade ao frio[16].

A classe de hormônios como insulinas, agentes hipoglicemiantes orais, hormônios da tireoide, hormônios esteroidais, gonodais e outros manifesta efeitos adversos em sua dose terapêutica. A manipulação desses agentes apresenta oportunidade para exposição ocupacional aguda ou crônica, com sintomas específicos para cada agente. Alguns dos efeitos relatados referem-se a ação anestésica e acentuado relaxamento muscular, no caso de exposição a elevada concentração da progesterona, e efeito masculinizante do feto, no caso de exposição à norestisterona. Quanto aos androgênios, as reações adversas decorrentes da exposição crônica podem acarretar comprometimento da função hepática, aparecimento de icterícia e estase biliar. Na mulher podem ocasionar manifestações de menopausa precoce e osteoporose. Quanto aos corticosteroides, a exposição a esse hormônio pode conduzir a aumento do nitrogênio urinário e de aminoácidos com consequente balanço nitrogenado negativo, além de ação inibidora na formação de anticorpos e dificuldade de cicatrização[17].

Semelhantemente ao caso anterior, cada classe de antibióticos, além de promover resistência microbiana, apresenta reações adversas específicas. A exposição ocupacional a sulfonamidas pode ocasionar os seguintes efeitos: reações alérgicas, alterações nos componentes do sangue, deposição de cristais nas vias urinárias, mal-estar, prostração, irritabilidade, confusão, entre outros. O grupo dos penicilânicos, em especial a penicilina G, mostra baixo índice de absorção via oral por ser instável em meio ácido. Esses antibióticos, embora com menores efeitos adversos quando comparados a outros, provocam náuseas, diarreia e vômitos, além de hipersensibilidade, podendo o angiodema, a doença do soro e a anafilaxia estar associados à sua exposição. O grupo dos cefalosporânicos apresenta reações adversas semelhante aos penicilânicos, além de terem sido responsabilizados por relatos de choque anafilático e nefrotoxicidade, particularmente no caso de cefaloridina[18].

A RDC n. 214, de 12 de dezembro de 2006, que dispõe sobre Boas Práticas de Manipulação de Medicamentos para Uso Humano em Farmácias, classifica como grupo III a manipulação de antibióticos, hormônios, citostáticos e substâncias sujeitas a controle especial, devendo as farmácias possuir salas de manipulação dedicadas.

Com relação aos conservantes empregados na produção de medicamentos e cosméticos, assim como o princípio ativo utilizado na produção de desinfetantes, cada substância apresenta toxicidade específica, impossibilitando generalizações.

Entre os agentes esterilizantes normalmente empregados na produção de medicamentos, correlatos e cosméticos, os que envolvem transferência térmica apresentam riscos relacionados a lesões provocadas por queimaduras e, no caso de utilização de caldeiras, a possibilidade de explosões. O detalhamento e a monitoração de tais riscos são descritos nas Normas Reguladoras de Segurança e Saúde no Trabalho (NR 13 a 18, Capítulo 10).

Para os processos que empregam óxido de etileno, os efeitos nocivos da exposição ocupacional a esse agente podem ser de natureza diversa, como irritação ocular, dérmica e respiratória, náuseas, vômitos, depressão do sistema nervoso central (SNC) e mesmo morte. Ressalte-se que a maior preocupação tem sido direcionada às suas propriedades mutagênicas, além de possivelmente carcinogênicas e teratogênicas[1]. Nesse caso, a regulamentação no âmbito nacional, Portaria Interministerial n. 482, de 19.3.99, refere-se às condições de engenharia que permitem a obtenção de níveis de resíduos ambientais compatíveis com a presença humana, minimizando riscos ocupacionais.

Embora a radiação ionizante não interfira no núcleo dos átomos a ela submetidos e, portanto, o produto submetido à radiação não adquira radioatividade, a fonte emissora apresenta propriedade radioativa e a central deve operar de acordo com as normas de segurança para produtos radioativos, conforme descrito no Capítulo 6.

AVALIAÇÃO DA EXPOSIÇÃO OCUPACIONAL NA MANIPULAÇÃO DE DROGAS DE RISCO

Para a avaliação do risco decorrente da exposição ocupacional de drogas utiliza-se monitoração ambiental com a finalidade de detectar possíveis resíduos provenientes da preparação e/ou manipulação dessas substâncias no ar, nas superfícies e nas vestimentas. Com relação ao profissional potencialmente exposto, as monitorações biológicas e as análises dos fluidos biológicos, em particular no sangue e na urina, podem comprovar a efetiva absorção das drogas.

Os ensaios para a detecção das drogas de risco em quaisquer amostras, ambientes ou fluidos biológicos são normalmente classificados em dois grupos: seletivo e não seletivo[5]. No primeiro, a concentração de um composto específico ou seu metabólito é determinada, em geral, empregando-se análise química instrumental com sensibilidade adequada. Dessa forma, deve-se utilizar o método seletivo, validado para cada substância a ser analisada, que requer o conhecimento prévio das condições de exposição à qual o profissional foi submetido. Nos métodos não seletivos, os ensaios fundamentam-se na detecção de grupos químicos que apresentem comprovado efeito mutagênico ou propriedade eletrofílica.

Alguns grupamentos químicos são alquilantes típicos e expressam sua atividade citostática interagindo com os ácidos nucleicos, caracterizando ligações covalentes. Essa interação pode resultar na ocorrência de mutação em várias espécies bacterianas e em sistemas eucarióticos. O teste de Ames, desenvolvido para detectar grupos mutagênicos em amostra de urina de trabalhadores expostos à manipulação de drogas de risco, foi desenvolvido em 1975. Os efeitos mutagênicos normalmente observados são características de microrganismo (*Salmonella* spp.) que, na presença de compostos mutagênicos, passa a apresentar, p. ex., perda da dependência de histidina[19]. Entretanto, a não detecção *in vitro* de efeito mutagênico não assegura sua ausência[20]. O ensaio pode ser considerado um teste preliminar, merecendo complementações com outros métodos. Além disso, outros fatores em adição à exposição a drogas citotóxicas, como a dieta[21], à exposição ambiental simultânea a outros agentes mutagênicos e ao hábito do tabagismo[22,23] causam variação nos níveis de mutagenicidade, sendo, portanto, questionável a simples correlação entre os níveis de exposição a drogas citotóxicas e o aumento significante do efeito mutagênico da urina. Tais interações podem explicar resultados aparentemente falsos negativos obtidos em estudos que empregam o teste de Ames. Com relação à influência do tabagismo, essa pode ser eliminada empregando-se cepa bacteriana sensível a drogas citostáticas, mas não a substâncias mutagênicas derivadas do fumo[5].

A mutagenicidade do cloreto de vinila ou de seus presumíveis metabólitos foi evidenciada em cepas de *Salmonella thyphimurium*, empregando fração de fígado de roedores exposta ao agente. O cloroacetaldeído, um presumível metabólito, e o ácido cloroacético, metabólito urinário, mostraram alta toxicidade à bactéria e ação mutagênica direta[24]. Estudos adicionais comprovaram ação mutagênica em cepas de *Bacillus* ssp. e *Salmonella* ssp. após avaliação com o emprego de outros metabólitos, como cloro-oxirano, epicloridrina e cloroacetaldeído[25].

A determinação de tioéteres na urina, também considerada um método não seletivo, pode ser utilizada como indicador para exposição potencial a grupos eletrofílicos. Algumas drogas apresentam ou originam propriedades eletrofílicas, as quais podem resultar em reação com glutationa. Ácidos mercaptúricos ou tioéteres podem ser formados e excretados pela urina. Assim, a associação entre o aumento da excreção de tioéteres e a exposição a agentes alquilantes pode ser evidenciada[5]. Porém, de forma semelhante ao método anterior, a influência das substâncias decorrentes do hábito do tabagismo[26], presentes na urina, determina sua não seletividade. Isso significa que o método não é ideal para a monitoração biológica ocupacional de agentes citotóxicos.

Em função de fatores como alta reatividade química, complexo-padrão de biotransformação e expectativa de baixos níveis de exposição, considera-se razoável assumir que as drogas citotóxicas e seus metabólitos estarão presentes na urina e no sangue em baixas concentrações, sendo portanto necessários métodos altamente sensíveis e validados. Tais métodos, que utilizam análise química instrumental[27] além de imunológica, foram empregados em diversos trabalhos, comprovando ser adequados na determinação seletiva de drogas[28-33].

Evidências da absorção de ciclofosfamida e ifosfamida foram observadas na urina de trabalhadores envolvidos na preparação e administração de agentes citostáticos, empregando-se para tanto análise instrumental. Após tratamento com trifluoroacético anidrido, a ciclofosfamida foi determinada por cromatografia em fase gasosa utilizando detectores de nitrogênio-fósforo, de captura eletrônica e de massa seletiva ou por espectrofotometria de massa. As determinações que empregaram espectrofotometria de massa apresentaram alta especificidade e sensibilidade (0,25 ng/mg de urina)[32]. O método pode ser adotado para a detecção de ciclofosfamida e ifosfamida na urina de profissionais, como medida de eficácia do sistema de proteção e procedimentos de segurança.

Avaliações em amostras de urina com o uso de espectrofotômetro de absorção atômica como método de detecção revelou valores de cisplatina abaixo do limite de confiança em grupos de enfermeiros e farmacêuticos expostos à droga e em controles.

Com o objetivo de se avaliar a exposição de trabalhadores envolvidos na manipulação de drogas de risco em laboratório industrial, desenvolveu-se um método empregando imunoensaio com fluorescência polarizada[27] e cromatografia em fase gasosa[33], respectivamente para o metotrexato e fluorouracil. O ensaio para a determinação de metotrexato foi modificado de tal forma que a droga pudesse ser medida rápida e eficientemente na urina dos trabalhadores expostos. A razão de excreção de metotrexato foi considerada alta para o grupo exposto, quando comparado ao grupo-controle[27].

Na busca de métodos seletivos, a cromatografia em fase gasosa com detector de massa foi empregada para a determinação de a-fluoro-b-alanina, o principal metabólito de fluorouracil na urina, detectado em amostras de urina de vários trabalhadores[33]. O método também pode ser empregado no controle da exposição ocupacional ao óxido de etileno. Para a detecção de concentração residual desse agente, foi utilizada cromatografia em fase gasosa em três diferentes métodos extrativos aplicados a dois tipos de material polimérico (PVC e polietileno de alta densidade), e concluiu-se serem todos adequados na detecção de valores da ordem de 2,8 a 42,3 mg/g[34].

A exposição ocupacional de drogas de risco decorrente da presença dessas substâncias no ar em concentrações entre 0 12 e 82,26 hg/m³ de fluorouracil foi detectada na monitorização do preparo da droga quando não foi empregada cabine de segurança biológica. Na monitorização da ciclofosfamida, em condições similares, foi revelada concentração de 370 hg/m³, comprovando a dispersão da droga no ambiente em decorrência do procedimento de manipulação adotado[31]. Em ambas as monitorizações, as análises foram efetuadas por cromatografia líquida de alta eficiência empregando fase móvel específica para cada substância.

A pertinência da preocupação inerente à exposição da pele a drogas citotóxicas foi confirmada em estudo que comprovou a presença dessas substâncias em superfície de trabalho utilizadas para a manipulação de agentes antineoplásicos e em áreas para tratamento de pacientes do setor oncológico[35]. O nível de exposição de trabalhadores de laboratório farmacêutico envolvidos na manipulação de fluorouracil foi estudado, avaliando-se o ar ambiental e superfícies. Detectou-se a presença de 75 µg/m³ do agente no ar. Quanto à superfície, em um momento anterior à manipulação, os índices encontrados no piso foram de < 1 a 8 µg/cm² e, após a rotina de limpeza, uma quantidade significativamente maior foi encontrada, de 70 a 630 µg/cm²[33]. Tais resultados indicam a necessidade de procedimentos validados para a remoção do agente. Ainda com relação ao fluorouracil, empregou-se cromatografia líquida de alta eficiência[30] na detecção de 0,2 ng/m³ de ar em farmácia hospitalar e até 0,07 µg/litro de ar amostrado após manipulação da droga, sendo a amostragem utilizada no interior de equipamento de fluxo de ar em regime unidirecional horizontal[28].

O procedimento empregado com o objetivo de determinar as drogas citotóxicas no ar tem sido efetuado a partir da filtração de amostras de ar ambiental, utilizando-se equipamento e membrana adequada submetida a processo de extração. Em alguns estudos utilizou-se para a amostra o mesmo equipamento para a contagem de microrganismos viáveis nas monitorizações da qualidade microbiológica do ar, após adaptação[28,30]. O procedimento permite a detecção de substâncias dispersas no ambiente no decorrer das etapas do processo de manipulação, produção, preparação e administração e durante o tratamento de animais de laboratório. De forma semelhante ao ar, monitorizações de superfícies podem ser efetuadas por meio de amostra e extração adequada das drogas contidas nos dispositivos empregados para a limpeza de piso, paredes e bancadas das cabines de segurança biológica das áreas de preparação. Além disso, luvas e outros dispositivos para proteção, frequentemente contaminados, podem ser analisados da mesma forma após a extração, empregando-se métodos seletivos ou não.

No que se refere aos métodos não seletivos, a absorção de agentes antineoplásicos decorrente de exposição ocupacional pode ser evidenciada efetuando-se análise que comprove efeito mutagênico da urina coletada dos profissionais envolvidos. Após interrupção do contato com esses agentes por período de 48 horas, o efeito mutagênico observado revelou queda a valores semelhantes aos dos indivíduos-controle, não expostos a quaisquer substâncias. Profissionais fumantes expostos a drogas de risco apresentaram maior efeito mutagênico, por ocasião da análise da urina, comparativamente a profissionais não fumantes expostos às mesmas condições[23].

A exposição ao óxido de etileno foi avaliada em trabalhadores submetidos a valores abaixo de 1 ppm, objetivando a observação de possíveis efeitos em baixa concentração[36]. A metodologia consistiu em determinar os valores de alquilação da hemoglobina e a frequência de trocas entre cromátides irmãs, em cultura de linfócitos periféricos e células bucais. Os autores concluíram que estudos citogenéticos não são úteis ou adequados para mostrar o efeito do baixo nível de exposição. Adicionalmente, um teste de alquilação de hemoglobina realizado em fumantes demonstrou não ser possível separar o efeito do tabagismo daquele decorrente de exposição a baixos níveis de óxido de etileno.

Os métodos citogenéticos, como a análise de aberrações cromossômicas, troca entre cromátides irmãs e proliferação micronucleica, aplicados a linfócitos do sangue periférico, além de métodos para detectar alterações no DNA, disfunção renal e efeitos no sangue são úteis para a monitorização dos efeitos biológicos e considerados não seletivos[5]. Sessink et al.[37] avaliaram a correlação entre a exposição à ciclofosfamida e a presença de aberrações cromossômicas em linfócitos periféricos de indivíduos expostos fumantes e não fumantes. Os resultados demonstraram que os indivíduos fumantes apresentaram efeitos significativamente maiores quando comparados aos não fumantes. Uma vez que aberrações cromossômicas são consideradas indicadoras de maior risco genético, o experimento não só demonstrou a absorção da ciclofosfamida, como também indicou um sério risco, sobretudo para os fumantes. O tabagismo também foi considerado responsável pela grande quantidade de alterações celulares[38]. A avaliação de 97 trabalhadores expostos ocupacionalmente, envolvidos na esterilização de correlatos por óxido de etileno, foi realizada em grupos distintos: fumantes e não fumantes. Concluiu-se que, para os fumantes, a extensão de danos ao DNA em células mononucleares periféricas sanguíneas foi relevante.

Dados obtidos em avaliações relativas à exposição de hormônios em elementos do sexo masculino resultaram na exigência de ensaios para a determinação de testosterona total ou plasmática livre, conforme o Programa de Controle Médico de Saúde Ocupacional (NR 7, Capítulo 10). Ademais, outras monitorizações específicas devem ser realizadas de forma periódica, de acordo com o programa, para cada condição de exposição. Fundamentado nos riscos e avaliações da exposição ocupacional, a inalação de poeiras ou aerossóis, o contato direto com a pele e a ingestão acidental de drogas em alimentos contaminados constituem as principais vias de acesso ao contaminante. A exposição a drogas de risco pode também ocorrer em etapas, como transferência da droga para outro recipiente e reconstituição ou manipulação anterior à administração ao paciente. Tais situações induzem à preocupação quanto a procedimentos adequados na retirada de agulha dos frascos, ao uso de seringas e agulhas para transferência da droga e à abertura de ampolas e expulsão do ar das seringas que contêm a droga, como consequência da medição precisa de seu volume.

Instalações e sistemas de segurança

A produção de medicamentos estéreis requer procedimentos e condições diferenciadas, entre as quais as condições ambientais são as de maior relevância. Exigências particulares, de atendimento às Boas Práticas de Fabricação, implicam validações de processos e exigências quanto ao fluxograma, além de implementação de salas biolimpas, classificadas de acordo com as exigências dos procedimentos envolvidos na qualidade do produto. Esse conceito admite a adoção de postos de trabalhos, em que as condições ambientais adequadas podem ser alcançadas com equipamentos de fluxo de ar em regime unidirecional. Nesses, os procedimentos de manipulação de medicamentos estéreis têm a finalidade de protegê-los de eventuais contaminações advindas do operador e do ambiente. Esses equipamentos empregam filtros de alta eficiência (HEPA, *high efficiency particulate air*) com o objetivo de remover contaminantes e permitem a classificação do ambiente fundamentada no número de partículas de tamanho 0,5 µm ou maiores, detectadas por volume de ar amostrado. Esses equipamentos apresentam normalmente classe M3,5 (sistema internacional: no máximo 3.520 partículas de tamanho 0,5 µm ou maiores por m^3) ou classe 100 [sistema inglês: no máximo cem partículas de tamanho 0,5 µm ou maiores por $(pés)^3$] (Federal Standard 209 E, 1992, cancelada em 29.11.2001)[39], ou, ainda, segundo classificação das normas ISO 14.644-1 IS0 classe 5 (no máximo 3.520 partículas de tamanho 0,5 µm ou maiores por m^3).

O fluxo de ar unidirecional poderá ser vertical ou horizontal dependendo da natureza dos trabalhos a serem realizados, porém não é considerado apropriado para a manipulação de drogas de risco, pois não promove proteção ao operador, e permite que estas contaminem o ambiente. Quando a meta principal do trabalho consiste em proteger apenas o produto, respeitando aspectos de configuração e aerodinâmica, opta-se, no geral, por sistema de câmara com fluxo de ar em regime unidirecional horizontal. O deslocamento do ar segue da parte posterior do equipamento em direção à frontal. Portanto, quaisquer contaminações ou resíduos prejudiciais à saúde podem alcançar o operador. A proteção do produto e do elemento humano pode ser obtida com a utilização de equipamento com fluxo de ar em regime unidirecional vertical. O deslocamento do ar ocorre a partir da parte superior do equipamento em direção à inferior, na qual está posicionada a bancada de trabalho, porém o ar circulante é deslocado para o ambiente de trabalho sem qualquer tratamento.

A efetividade desses equipamentos na proteção de manipuladores de agentes antineoplásicos foi questionada no início da década de 1980. Nesse período, alguns trabalhos[28,40] demonstraram quantidades mensuráveis de fluorouracil e cefazolina no ar ambiental, logo após seu manuseio em cabine de fluxo de ar em regime unidirecional horizontal. Dessa forma, recomenda-se a utilização de cabines de segurança biológica, descritas no Capítulos 4, para a manipulação de drogas de risco. Tais equipamentos demonstraram maior eficiência na proteção dos operadores, tornando eficaz a proteção ambiental, visto que não se observa a presença de fluorouracil ou de outras substâncias no ar ambiental, no decorrer de sua manipulação.

Além disso, ensaios para a determinação de efeito mutagênico decorrente de produtos presentes na urina foram aplicados comparativamente a profissionais responsáveis pela preparação de agentes antineoplásicos, em cabine de fluxo de ar horizontal e em cabines de segurança biológica. Os resultados revelaram efeito mutagênico na urina dos profissionais quando utilizaram fluxo de ar horizontal, independentemente da utilização de luvas ou máscaras. Os resultados das análises de amostras de sangue e urina dos profissionais que empregam a cabine de segurança biológica foram semelhantes aos obtidos no grupo-controle, comprovando dessa forma a eficácia desse sistema[40].

A eficiência na proteção do operador fundamenta-se, entre outras importantes características, no deslocamento do ar partindo da parte superior para a inferior, não atingindo portanto o operador, assim como no recolhimento e tratamento do ar previamente à sua liberação ao ambiente. Adicionalmente, a substituição de cabines ou equipamento de fluxo de ar horizontal por cabine de segurança biológica não alterou significativamente a produtividade do operador em estudos que empregam preparações de antibióticos[41]. Comparações relativas ao tempo de preparação de antibióticos injetáveis em seringas e outros dispositivos que usam ambos os equipamentos revelaram tempos semelhantes, ou sem diferenças significativas, justificando dessa forma a aquisição da cabine de segurança biológica.

As cabines de segurança biológica são apresentadas em três classes (I, II e III), também descritas no Capítulo 4. A classe I é indicada para trabalhos de baixo a moderado risco biológico. O fluxo de ar interior protege o manipulador e o produto, podendo a exaustão para a área externa ser efetuada após filtração absoluta ou não. A classe III refere-se a equipamento totalmente fechado, com ventilação que emprega ar comprimido. As operações nesse equipamento são realizadas com luvas de borracha fixas. A cabine é mantida sob pressão negativa, e a injeção do ar na cabine é feita com filtros HEPA. O ar de exaustão é tratado por dupla filtragem em filtros HEPA. Esse sistema é indicado para operações biológicas que envolvam riscos elevados. Embora não haja equipamentos específicos para a manipulação de drogas estéreis de risco, recomenda-se o uso de cabine de segurança biológica classe II ou III para sua manipulação. Tais equipamentos oferecem proteção ao produto, ao operador e ao ambiente de trabalho e devem obedecer à norma construtiva NFS 49[9,42,43].

As cabines de segurança biológica são empregadas, normalmente, na manipulação de agentes infectantes, e apresentam limitações para o uso na manipulação de drogas de risco. Tais equipamentos também são indicados quando baixas quantidades de produtos químicos tóxicos ou radiofármacos (Capítulos 5 e 6) são empregadas em estudos biológicos ou farmacêuticos. As cabines de segurança biológica classe II são classificadas em quatro tipos: A, B1, B2 e B3 e dependem:

- Da quantidade de ar recirculado pelo filtro HEPA no interior da cabine.
- Da ventilação do ar para o laboratório ou para uma área externa.
- Da pressurização dos dutos de contaminação, submetidos à pressão positiva ou negativa em relação ao laboratório[44].

O tipo A recircula aproximadamente 70% do ar da cabine pelo filtro HEPA, sendo o restante descartado para o laboratório por outro filtro HEPA, com os dutos de condução do ar contaminado submetidos à pressão positiva. A velocidade de entrada do fluxo de ar no equipamento por meio da abertura frontal e fixa, normalmente designada como velocidade de face média mínima, para as cabines tipo A é de 0,40 m/s (Figura 1).

Para as cabines tipo B, a velocidade de face média é de 0,50 m/s e os dutos de condução de ar contaminado devem apresentar pressão negativa em relação ao laboratório[45]. O tipo B1, além de apresentar maior velocidade do fluxo de ar, recircula apenas 30% do ar interior da cabine. A exaustão é conduzida para uma área externa após filtração pelo filtro HEPA, e os dutos de condução do ar contaminado são submetidos, assim como os tipos B2 e B3, à pressão negativa. O tipo B2 é semelhante ao B1, exceto pela ausência total de ar recirculado, ou seja, a renovação projetada do ar é de 100%. O tipo B3 é similar ao tipo A quanto à recirculação do ar, ou seja, em índice de 70% (Figura 1). Entretanto, a exaustão é conduzida para uma área externa, enquanto os dutos são submetidos à pressão negativa.

O critério de seleção do tipo da cabine classe II deve incluir a característica e a quantidade de droga preparada, a localização e o espaço disponível e a disponibilidade de estrutura para canalização do ar contaminado, além do custo da cabine e do sistema de ventilação[9]. Segundo Zimmerman et al.[44], a recomendação mínima é classe II tipo A, que pode ser convertida ao tipo B3 (Figura 1) (maior velocidade do fluxo interno de ar, dutos contaminados sob pressão negativa e exaustão para ambiente externo). Tal conversão é considerada um investimento prudente[9]. A OSHA recomenda cabine de segurança classe II, tipo B, ou classe III, ambos com exaustão externa. No que se refere às exigências legais, a adoção de cabine de segurança biológica classe II B2 (Figura 1) foi regulamentada pela Portaria n. 3.535 de

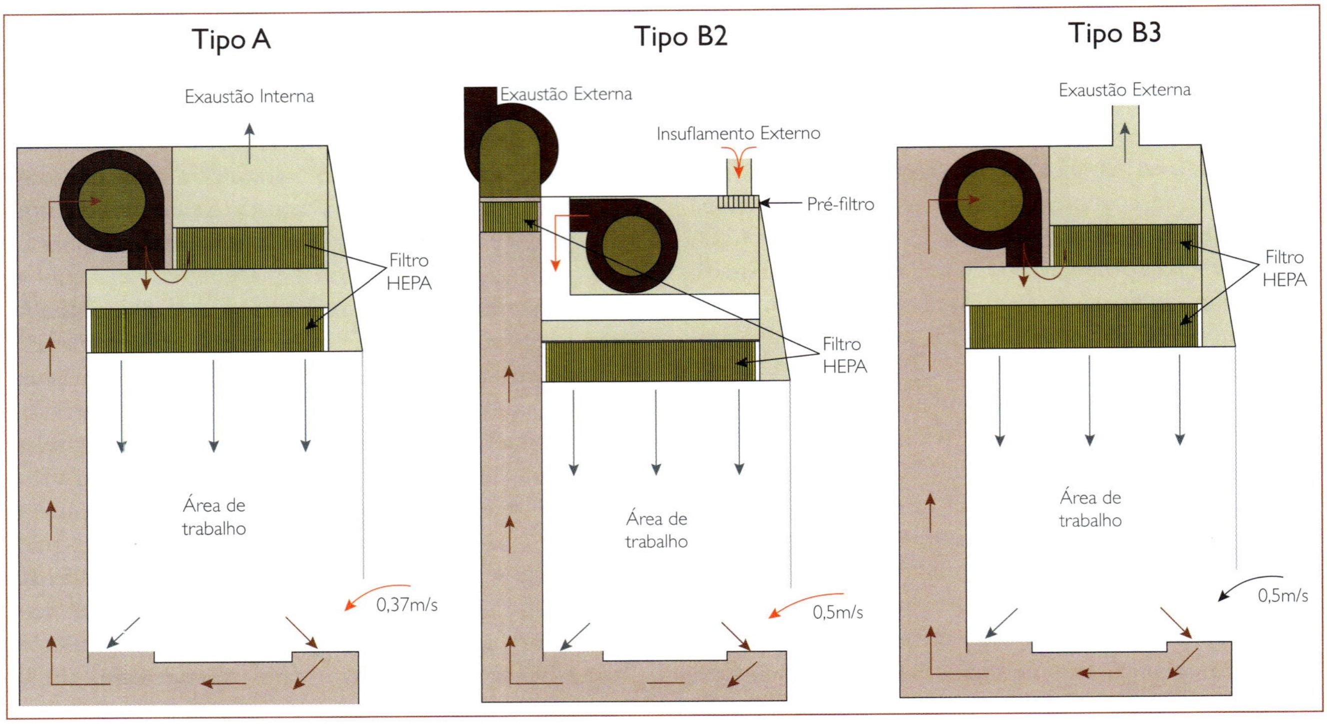

Figura 1. Fluxo de ar em cabine de segurança biológica classe II tipo A, tipo B2 e tipo B3.

2.9.98, que estabelece critérios para o cadastramento de centros de atendimento em oncologia.

Não foram encontrados estudos que demonstrem maior eficácia de proteção com a utilização de filtro de carvão ativo na retenção de drogas de risco em substituição ao filtro de exaustão HEPA, instalado na cabine de segurança tipo A. A utilização de cabine de segurança biológica do tipo B oferece maior proteção ao manipulador quando comparada ao tipo A, em função da maior velocidade do fluxo de ar interno e da exigência da exaustão externa do ar contaminado. Os tipos B1 (exaustão de 70% do ar contaminado após filtração empregando-se filtro HEPA) e B2 (exaustão de 100% do ar contaminado após filtração empregando-se filtro HEPA) requerem dutos para exaustão com ventiladores auxiliares. Todos os dutos de exaustão para uma área externa (atmosfera) devem ser instalados de acordo com as exigências legais. A exaustão que utiliza espaços mortos no teto não é considerada apropriada. Tal procedimento pode contaminar os sistemas de ventilação, promovendo contaminação de outro ambiente e ocasionando potencial risco a pessoas não diretamente envolvidas com a manipulação de drogas de risco. Na seleção de qualquer cabine de segurança biológica, a altura da sala precisa ser considerada. Vários desses equipamentos apresentam em sua configuração o filtro HEPA na parte superior (*top-load*). O problema é que, em salas de trabalho com altura padrão, os filtros não podem ser acessados com facilidade, dificultando dessa forma sua qualificação e a certificação do ambiente[8].

Além da adequada seleção do equipamento, o usuário deve ser treinado para garantir uma proteção efetiva. Todas as cabines de segurança biológica classe II apresentam frente aberta com fluxo de ar interior, formando barreira ou cortina para proteger o operador e o meio ambiente de contaminantes. Assim, interferências na barreira de ar provocadas pelo usuário podem conduzir à liberação de contaminantes para o ambiente. Exemplos de interferência consistem na movimentação inadequada do braço do operador em sentido diagonal ou quaisquer turbulências na região limite da barreira de ar. A localização do equipamento também tem de ser considerada, uma vez que a eficiência da proteção pode ser alterada pela proximidade com equipamento de fluxo de ar em regime horizontal, ventiladores, portas, sistemas de ar condicionado etc. Assim, o local de instalação do equipamento deve ser isolado de outras áreas de trabalho e de áreas com circulação intensa, bem como manter-se distante de dutos de ventilação e de portas, ou seja, em área com mínima turbulência.

As dimensões também podem influenciar consideravelmente sua eficiência, podendo ocasionar movimentação inadequada do operador e interferências externas; nesses casos, os riscos de contaminação ambiental são consideravelmente maiores. O ventilador da cabine de segurança biológica deve estar sempre ligado, exceto quando a cabine estiver sendo reparada ou deslocada. Caso o ventilador seja desligado, a cabine terá de ser descontaminada antes do seu uso[46]. Cada cabine de segurança biológica deve ser provida de equipamentos para monitoração contínua, permitindo a confirmação de sua adequada eficiência. Esses equipamentos, por sua vez, têm de conter dispositivos de sinalização sonora e visual que evidenciem defeitos dos ventiladores e saturação dos filtros absolutos[9].

Todas as cabines de segurança biológica devem ser testadas quanto à integridade do filtro HEPA, velocidade, vazão e uniformidade do fluxo de ar, que devem seguir a especificação do fabricante. Portanto, a eficiência da cabine de segurança biológica depende de sua qualificação inicial e de procedimentos que visem a assegurar seu adequado funcionamento. Para tal condição, executam-se ensaios periódicos, de preferência a cada seis meses ou após qualquer mudança de sua localização, e serviços de manutenção para comprovar seu bom funcionamento. A verificação, para avaliar a conformidade, deve ser realizada medindo-se a concentração de partículas durante o processo.

Além da certificação da cabine de segurança e do uso correto de equipamentos de segurança individual, o manipulador deverá ser adequadamente treinado para execução das atividades[42]. Dessa forma, torna-se imprescindível que o responsável pela área de preparação ou manuseio de drogas ou substâncias de risco conheça as exigências para a qualificação de seus equipamentos e os procedimentos que devem ser realizados para alcançar a condição adequada de trabalho.

A limpeza e a desinfecção da cabine de segurança biológica têm de ser efetuadas periodicamente ou sempre que ocorrer qualquer derramamento ou ainda quando a cabine for deslocada, após manutenção preventiva ou corretiva ou qualificação, com a finalidade de assegurar um ambiente apropriado para a preparação em pauta. Para rotinas de limpeza de superfícies entre as descontaminações pode-se utilizar água para injeção, com ou sem tensoativos. O uso de detergente é recomendado pelo fato de não haver um único método para a inativação de todos os agentes envolvidos. Se o contaminante for solúvel em álcool, álcool isopropílico ou etanol a 70% (v/v), pode ser utilizado em adição ao tensoativo. O álcool apresenta propriedade desinfetante, porém seu emprego precisa ser limitado[9]. Uma vez que esse solvente não apresenta características adequadas para emprego como agente de limpeza, seu uso excessivo deve ser evitado sobretudo nas cabines de segurança biológica, nas quais é prevista a recirculação de ar (classe II, tipo A, B3 e, em menor extensão, B1). Restringe-se também o emprego de agentes de limpeza à base de amônio quaternário, em função da formação de vapores que podem causar danos ao filtro HEPA. Recipientes vaporizadores também não devem ser utilizados por causarem provável dano aos filtros HEPA.

Procedimentos comuns, incluindo fumigação com agentes germicidas, são impróprios para as cabines de segurança biológica empregadas para a manipulação de drogas de risco, pois esses procedimentos não removem ou inativam tais drogas. A limpeza e a desinfecção devem ser realizadas a partir da área com menor contaminação em direção à de maior contaminação, com movimentos unidirecionais. A remoção de derramamentos facilmente observados deve ser executada pelo menos duas vezes. Todo material empregado na descontaminação tem de ser manipulado como material de risco e descartado de acordo com a legislação. Tal procedimento inclui os filtros HEPA quando substituídos em função de contaminação provocada por derramamento acidental de drogas de risco, ou quando se detecta falta de conformidade da velocidade do ar. O filtro deverá ser acondicionado em dispositivo plástico e descartado considerando as mesmas exigências requeridas para drogas de risco. Quando desligada ou transportada, a cabine de segurança biológica deve ser selada, empregando-se material polimérico de densidade adequada[9,47].

A automação robótica é o mais novo avanço tecnológico na manipulação de medicamentos estéreis de risco e sem risco. São adequados para farmácias hospitalares na reconstituição de medicamentos em seringas e bolsas. O uso desses equipamentos robóticos reduz a exposição ocupacional dos manipuladores, além de elevar o grau de precisão por causa de sua mecânica sofisticada e *software*. A unidade de preparação do robô é ambiente ISO classe 5. Apesar de se tratar de uma nova tecnologia, esses robôs também não são perfeitos. A contaminação pode ser gerada no ambiente de manipulação e transferida ao produto final. Vale lembrar que deve ser efetuada a limpeza e a descontaminação de resíduos de riscos[48].

O uso de isoladores em reconstituição de drogas é de uso corrente na Europa, enquanto nos Estados Unidos seu uso é mais recente.

EQUIPAMENTOS DE PROTEÇÃO INDIVIDUAL

Com relação aos equipamentos de proteção individual, descritos no Capítulo 3, demonstrou-se que a espessura das luvas empregadas na manipulação de drogas de risco é um fator de extrema importância, em detrimento da natureza do material. A permeabilidade de luvas de cloreto de polivinila diante de diversas drogas, entre elas carmustina, cisplatina, ifosfamida, dacarbazina e fluorouracil, foi maior quando comparada às luvas cirúrgicas de látex[49]. Portanto, a utilização destas é recomendada, exceto quando o fabricante da droga indique, com respaldo técnico, de forma distinta.

Em decorrência da variação na permeabilidade das luvas em alguma extensão, e em função do tempo de exposição, recomenda-se a utilização de dois pares superpostos. Além disso, deve haver instruções quanto ao período de troca da luva (a cada hora), após ruptura ou por contaminação proveniente de derramamento, para a adequada proteção do operador. As luvas de látex devem apresentar especificações quanto à espessura e ao comprimento, para cobrir o punho do avental do manipulador, e à quantidade mínima de talco (caso possa ser usado), em função da possibilidade de adsorção das drogas no material pulverizado[50]. Além disso, o talco pode aumentar a quantidade de partículas na cabine de segurança biológica e permitir resíduos na superfície de materiais, no produto acabado e nas mãos, que podem adsorver as contaminações geradas no interior da cabine. As mãos devem ter passado por antissepsia antes de calçar as luvas e após sua remoção. Na utilização de luvas superpostas, a segunda deverá ser posicionada acima do punho. Quanto à remoção das luvas, as posicionadas abaixo do punho terão de ser retiradas por último. Os aventais devem ser de material impermeável, com a parte frontal fechada, mangas longas e punhos com elástico ou ajustes. Tanto os aventais quanto as luvas empregados para a manipulação de drogas de risco devem ser utilizados exclusivamente na área de trabalho[9].

Dessa forma, como no caso anterior, não há um material ideal para a confecção de aventais. Alguns estudos demonstram que Tyvec® e Kaycel® apresentam maior permeabilidade quando comparados ao Saranex-laminado Tyvek® e Tyvek®, revestidos de polietileno (resultado obtido após quatro horas de exposição a drogas citotóxicas)[49]. Quando se trabalha em sala limpa, Tyvek® não é adequado, pois libera partículas. Entretanto, esse revestimento proporciona uma reduzida troca de ar, ocasionando desconforto para o usuário. Assim, a utilização de aventais com Saranex®, ou polietileno com a frente e as mangas reforçadas, de forma que proteja as áreas mais expostas, pode ser considerada adequada.

Máscaras respiratórias, com filtro de alta eficiência, devem ser utilizadas na remoção de derramamentos acidentais. Óculos de proteção também são recomendados, e um dispositivo para a lavagem de olhos deve ser disponibilizado. As luvas, os aventais e os demais materiais descartáveis têm de ser removidos, de acordo com procedimentos específicos. Óculos de proteção, protetor de face e respiradores podem ser descontaminados com detergente neutro e enxaguados para reutilização[9].

Portanto, um planejamento que abranja a segurança na manipulação de drogas de risco, assim como a monitorização da saúde dos profissionais expostos, deve ser desenvolvido, incluindo as seguintes implementações: procedimentos operacionais padrão relativos à segurança, a serem seguidos no caso de exposição consumada a drogas de risco; seleção dos critérios para determinação e implementação de controles, para a redução de exposição a drogas de risco, incluindo dispositivos para monitorização ambiental, uso de equipamento de proteção individual (EPI) e práticas de higiene; exigência quanto ao sistema de ventilação e outros equipamentos para proteção do manipulador; adoção de medidas específicas para assegurar o adequado funcionamento do equipamento; disponibilização de informações relevantes e treinamento; exames médicos periódicos em profissionais potencialmente expostos a drogas de risco; designação de profissional responsável para implementação do planejamento e, quando apropriado, implantação de comissão permanente para avaliações pertinentes ao assunto. Os procedimentos devem ser revisados e sua eficácia reavaliada, objetivando melhorias, com frequência no mínimo anual e sempre que necessário.

DESCARTE DE DROGAS DE RISCO

Materiais utilizados na manipulação e no controle de medicamentos, correlatos e cosméticos devem ser descartados segundo as orientações descritas no Capítulo 6, em particular as drogas de risco. Luvas, vestimentas, seringas e recipientes empregados na sua preparação também devem ser descartados em dispositivos identificados e lacrados de maneira apropriada, para que sejam manipulados apenas por pessoal devidamente treinado com o uso de EPI, de acordo com o Capítulo 3.

Assim, o material utilizado para a confecção do dispositivo para descarte de resíduo de drogas de risco deve ser de alta densidade e à prova de vazamentos, com coloração distinta dos demais dispositivos para lixo hospitalar, e ser utilizado na rotina de acumulação e coleta de materiais usados, luva para descarte, aventais descartáveis ou qualquer outro material descartável. Dispositivos com produtos químicos considerados tóxicos precisam ser rotulados de acordo com a legislação vigente, indicando no rótulo seu conteúdo. As seringas, as agulhas e os fragmentos de vidros não contaminados com sangue ou materiais potencialmente infecciosos podem ser transferidos para um receptáculo apropriado antes de ser estocados em um dispositivo exclusivo para resíduos de drogas de risco. Tal acondicionamento deve ser mantido dentro de um suporte (recipiente) com tampa e claramente identificado como "Descarte Exclusivo para Drogas de Risco". Pelo menos um recipiente tem de ser mantido nas áreas de preparação ou administração das drogas de risco, em local determinado. O acondicionamento interno, quando alcançar o volume adequado para descarte, deve ser selado e transferido para um contêiner externo, em área adequada, e transportado por pessoal treinado e paramentado.

O descarte de resíduos das drogas de risco, assim como dos demais resíduos hospitalares, deve ser realizado obedecendo à legislação federal, estadual ou municipal, descritas no Capítulo 16. Informações adicionais da Environmental Protection Agency (EPA) regulamentam o descarte das seguintes drogas de risco como geradores de resíduos perigosos: clorambucil, ciclofosfamida, daunomicina, melfalano, mitomicina C, estreptozotocina e mostarda uracila[51]. Porém, de forma prudente, toda a categoria dos agentes antineoplásicos deve ser manuseada como geradores de resíduo tóxico, de forma que evite a exposição humana e ambiental a ela. Os procedimentos adequados para lidar com o descarte de agentes potencialmente tóxicos, como a incineração e os aterros, ainda não foram muito estudados.

O desenvolvimento de uma estratégia para o descarte desses agentes que apresente a devida exiguidade, legalidade e segurança constitui um desafio que pode ser alcançado, pelo menos em parte, com as seguintes recomendações, segundo a OSHA:

- Identificar o tipo e o volume do resíduo gerado.
- Contatar o órgão oficial responsável pelo meio ambiente ou o órgão de segurança e informá-lo sobre a geração de um resíduo tóxico.
- Comunicar outras instituições e questioná-las quanto aos procedimentos usados para o descarte do resíduo.
- Contatar as autoridades locais e estaduais para a adequação às exigências e para a obtenção dos nomes dos manipuladores licenciados, dos transportadores e dos receptores dos resíduos.
- Avaliar a exequibilidade das várias opções de descarte.

Algumas das opções empregadas incluem o descarte do resíduo diretamente na rede sanitária. Tal opção, simples e exequível, apresenta restrições. O impacto dessas substâncias no ambiente, por exemplo, não é totalmente conhecido e, em consequência, deve ser considerado inaceitável, uma vez que abrange um problema de saúde pública e considerações legais, incluindo as que afetam o meio ambiente. Além disso, tal procedimento perpetua o mau hábito de derramar substâncias químicas de forma irrestrita na rede sanitária. O descarte de material tóxico em aterro sanitário pode expor seres humanos e animais a contaminações. Ademais, tais resíduos não são aceitos pelos aterros oficiais e por comunidades locais. Portanto, não é desejável pelos mesmos motivos já descritos, ou seja, em decorrência do desconhecimento dos impactos de tal procedimento no meio ambiente.

Ao considerar as condições adotadas pela unidade que se propõe a efetuar o descarte internamente, seja ela uma indústria, uma clínica, um hospital ou uma farmácia, é preciso ponderar a necessidade de procedimentos descritos que assegurem a eficácia do processo de inativação e assegurem que os produtos derivados não apresentem riscos elevados, além de atender ao requisito legal para exercer a atividade[52]. O processo de inativação interna à unidade também requer providências relativas à segurança do profissional envolvido na condução dos procedimentos de descarte. A situação que pode resultar dessa opção refere-se à possibilidade de que venha a gerar maior volume de resíduos do que o inicial.

A incineração consiste em um recurso interessante, porém requer a aquisição de informações relativas à combustão das substâncias submetidas ao processo, assim como considerações que incluam soluções com referência aos gases e aos odores originados. O tratamento térmico normalmente permite a completa degradação da substância, além da redução do volume do material, porém estudos complementares são necessários para determinar a toxicidade e a mutagenicidade dos produtos de decomposição originados. No caso de incineradores específicos para resíduos perigosos, em local apropriado e externo à unidade, o volume a ser incinerado pode não sofrer restrições. Contudo, uma triagem rigorosa deve ser realizada com o objetivo de assegurar a ausência de riscos intrínsecos. Essa opção pode apresentar custo elevado, podendo ser considerado fator limitante.

Outra opção refere-se à simples estocagem do material de descarte, mas o acúmulo de substâncias tóxicas oferece risco elevado. Tal opção é exequível, porém não é desejável, uma vez que simplesmente adia a solução final. A alternativa permitida pela EPA refere-se à instalação de aterro químico de segurança em local interno nas instalações consideradas. Como se trata de estocagem no interior da terra, a destruição desses materiais pelo meio ambiente é desconhecida, porém pode ser adequada para quantidades pequenas a moderadas de resíduos. O impacto dessa opção em resíduos químicos que formam vapor é mínimo[51].

Quanto ao processo esterilizante, o óxido de etileno puro ou na forma de misturas pode ser convertido a etilenoglicol por meio de hidrólise. A razão da hidrólise é acelerada em condições de acidez ou alcalinidade. Em geral, a hidrólise é efetuada em condição de extrema acidez, com o intuito de obter conversões eficientes[53]. Outra questão relativa às misturas esterilizantes refere-se às que contêm clorofluorcarbono 12 (CFC). Tais compostos foram associados à depleção da camada de ozônio e, portanto, foi sugerida sua substituição por gases que apresentem características melhores com relação a esse aspecto[54]. As demais substâncias, empregadas na manipulação e no controle de medicamentos, correlatos e cosméticos, devem ser descartadas segundo as recomendações descritas no Capítulo 6.

INATIVAÇÃO QUÍMICA DE DROGAS DE RISCO

Embora o mecanismo de remoção rápida e eficiente de resíduos de drogas de risco consista na limpeza do derramamento, sua inativação química também precisa ser considerada, devendo-se respeitar nesta tarefa informações técnicas específicas conforme as fornecidas no

Quadro 2. Informações gerais para manuseio e descarte de drogas de risco	
Drogas de risco	**Características**
Asparaginase	Solúvel em água, praticamente insolúvel em metanol, clorofórmio e acetona.
Carmustina	p.f. 30-32°C; pó e líquido são estáveis; maior estabilidade em éter de petróleo e em solução aquosa em pH 4; DL 50 (mg/kg): 19-25 oral[1]; 26 i.p.[1]; 24 s.c.[1]; 30-34 oral[2]; lipossolúvel, solubilidade em água: 4 mg/mL, solubilidade em etanol a 50%: 150 mg/mL.
Cisplatina	DL 50 (mg/kg): 9,7 i.p.[3] solubilidade em água: 0,253 g/100 g a 25°C; insolúvel na maioria dos solventes.
Clorambucil	p.f. 64-66°C; DL 50(m mole/kg): 58,2 i.p.[2]; solúvel em éter, em 1,5 parte de álcool, em 2,5 partes de clorofórmio e em 2 partes de acetona; praticamente insolúvel em água.
Dacarbazina	p.f. 205°C; estável em pH neutro e ausência de luz. Inativante: ácido sulfúrico (A).
Dactinomicina	Soluções diluídas são muito sensíveis à luz; DL 50 (mg/kg): 13,0 oral[1], 7,2 oral[2]; solúvel em álcool e propilenoglicol. Inativante: fosfato trissódico a 5% (p/v).
Daunorrubicina	Coloração em soluções aquosas altera de rosa em pH ácido para azul em pH alcalino; DL 50 (mg/kg): 26 i.v.[1]; solúvel em água, metanol; praticamente insolúvel em clorofórmio, éter e benzeno. Inativante: hipoclorito de sódio a 5% (p/v) (B).
Doxorrubicina	p.f. 204-205°C; alteração de cor em função do pH*, DL 50 (mg/kg): 21,1 i.v.[1]; solúvel em água e metanol; praticamente insolúvel em acetona, benzeno e clorofórmio. Inativante: hipoclorito de sódio a 5% (p/v).
Lomustina	p.f. 90°C; DL 50 (mg/kg): 51 oral[4], 56 i.p.[4], 61 s.c.[4]; solúvel em clorofórmio, etanol e acetona; solubilidade em água, NaOH 0,1N, HCl 0,1N ou etanol a 10%: < 0,05 mg/mL.
Mecloretamina	p.f. 109-111°C; DL 50 (mg/kg) 1,1 i.v.[2]; 1,9 s.c.[2]; altamente solúvel em água, solúvel em álcool. Inativante: tiossulfato de sódio ou bicarbonato de sódio a 5% (p/v) (C).
Metotrexato	Decompõe-se em solução alcalina; DL 50 (mg/kg): 14 i.v.[2].
Mitomicina C	DL 50 (mg/kg): 5 i.v.[2]; solúvel em água, metanol e ciclo-hexano, levemente solúvel em benzeno e tetracloreto de carbono; praticamente insolúvel em éter de petróleo. Inativante: hipoclorito de sódio a 5% (p/v) ou permanganato de potássio a 1% (p/v).
Plicamicina	p.f. 180-183°C; DL 50 (mg/kg): 2,14 i.v.[1]; 1,74 i.v.[2]; solúvel em acetona, etil acetato e água, moderadamente solúvel em clorofórmio e levemente solúvel em éter e benzeno. Inativante: fosfato trissódico a 10% (p/v) (A).
Procarbazina	p.f. 223-226°C; DL 50 785 ± 34 mg/kg oral[2].
Vimblastina	p.f. 211-216°C; DL 50 (mg/kg): 9,5 i.v.[1]; muito pouco solúvel em etanol, praticamente insolúvel em éter; uma parte é solúvel em 10 partes de água e em 50 partes de clorofórmio.
Vincristina	p.f. 218-220°C; DL 50 (mg/kg): 5,2 i.p.[1]

Legenda: i.v.: intravenosa; i.p.: intraperitoneal; s.c.: subcutânea; p.f.: ponto de fusão. [1] Camundongo; [2] Camundongo macho; [3] Cobaia; [4] Rato. [A] O fabricante recomenda que o agente inativante permaneça em contato com o agente por 24 horas, e enxágue subsequente com elevada quantidade de água. [B] Adicionar quantidade suficiente para obter líquido incolor. [D] Incompatível com agentes fortemente oxidantes.

* Em soluções aquosas: sob pH ácido coloração amarelo-alaranjada; pH neutro, vermelho-alaranjado; pH > 9, azul-violeta. A solução aquosa não é alterada após um mês a 5°C, mas é instável em temperaturas elevadas ou em um pH ácido ou alcalino.

Quadro 2. Agentes como idarrubicina, doxorrubicina, epirubicina, pirarubicina, aclarubicina, daunorrubicina e substâncias antracíclicas podem ser inativadas empregando-se soluções de hipoclorito de sódio a 5,25% (p/v), peróxido de hidrogênio a 30% ou solução de cloreto ferroso di-hidratado 0,3 g em 10 mL de peróxido de hidrogênio a 30%. A eficiência desses procedimentos foi comprovada empregando cromatografia líquida de alta eficiência, para a caracterização da degradação química, e o teste de Ames, para a avaliação do efeito mutagênico das substâncias submetidas à oxidação. As preparações utilizadas nas avaliações foram aquelas com maior concentração de uso e em solução de cloreto de sódio a 0,9% (p/v) ou dextrose a 5% (p/v)[52]. O intervalo de tempo necessário para a inativação (v/v), por oxidação, de cada um dos inativantes foi no mínimo de uma hora. A completa degradação em resíduos não mutagênicos para todos os compostos testados foi observada após uma hora com o hipoclorito de sódio a 5,25% (p/v).

Outra técnica, igualmente validada, para a descontaminação e destruição de doxorrubicina e daunorrubicina consiste em utilizar solução de permanganato de potássio a 0,3 M em ácido sulfúrico 3 M[55]. Comparando-se os diferentes agentes inativantes que evidenciam eficácia, o hipoclorito de sódio apresenta vantagens relacionadas a seu custo e praticidade, embora a solução de permanganato de sódio também seja recomendada pelo fabricante. Este último apresenta como principal desvantagem a característica de tingir objetos e superfícies na cor púrpura amarronzada[56]. Soluções de ácido sulfúrico e fosfato trissódico a 10% também são utilizadas, respectivamente, para a dacarbazina e plicamicina.

Nenhuma indicação define a quantidade necessária de agente neutralizante a ser utilizado em derramamentos. Excetuando-se os procedimentos específicos como o caso da daunorrubicina, que deverá ser neutralizada com quantidade suficiente de inativante (Quadro 2) para o total desaparecimento da cor da substância, não há qualquer referência oficial quanto ao volume a ser empregado. Normalmente utiliza-se a razão 1:1, embora o emprego de ativo em proporção maior seja recomendado no caso de derramamentos de elevados volumes ou de soluções concentradas[56].

REMOÇÃO DE DERRAMAMENTOS ACIDENTAIS DE DROGAS DE RISCO

Derramamentos ou liberações inadvertidas de drogas de risco podem expor o elemento humano a elevadas concentrações de substâncias com elevado risco intrínseco. Dessa forma, todos devem estar adequadamente treinados e equipados para executar os procedimentos adotados com o objetivo de minimizar as exposições decorrentes de tal situação.

A eventual contaminação dos EPI, assim como diretamente da pele ou dos olhos, causa preocupação com o elemento humano envolvido. Nesse caso, os seguintes procedimentos gerais, segundo as normas da OSHA, devem ser seguidos:

- Remover imediatamente as luvas e vestimentas.
- Lavar imediatamente a área contaminada com sabão e água.
- Imergir o olho contaminado em um lavador de olhos com água ou solução isotônica por um período não inferior a 15 minutos.
- Obter atenção médica que inclui avaliações de risco de inalação especialmente no caso de acidentes que envolvam substâncias de risco na forma de pó e documentar a exposição de forma apropriada.

A remoção e a limpeza de derramamentos de volumes inferiores a 5 mL ou mg em superfícies externas à capela de biossegurança devem ser efetuadas imediatamente, por pessoal usando aventais, pares duplos de luvas e máscara facial. Um respirador apropriado, de preferência aprovado por órgão competente como o NIOSH, deve ser usado para pós ou líquidos, em função da possibilidade da formação de suspensões dessas substâncias no ar. Para líquidos, deve-se utilizar gaze ou outro dispositivo absorvente, enquanto para sólidos, gaze absorvente umedecida ou procedimento similar. A área afetada deve ser limpa três vezes empregando solução de detergente e, em seguida, enxaguada com água. Os fragmentos de vidro têm de ser removidos com uma pequena pá, nunca com as mãos, e colocados em recipientes apropriados para materiais perfurocortantes. Esses recipientes devem ser transferidos para receptáculo (material polimérico rígido) apropriado para acondicionar resíduos e materiais que contenham resíduos de substâncias de risco.

Materiais contaminados reutilizáveis como óculos de segurança devem ser lavados duas vezes com detergente por funcionário devidamente treinado, protegido por duplo par de luvas e avental.

No caso de derramamentos de volumes acima de 5 mL ou 5 mg, deve-se evitar a área e a geração de aerossóis. O espalhamento deve ser contido empregando-se folhas absorventes ou similares, com a finalidade de cobrir o líquido. Se houver acidentes que envolvam pós, devem ser utilizados toalhas ou quaisquer outros materiais absorventes e umedecidos para a remoção do resíduo. Equipamentos de proteção individual, incluindo respiradores adequados, têm de ser empregados no caso de suspeita de suspensão de pós no ar ou de material volátil. Nesse caso, a inativação química deve ser evitada, pois consiste em um processo complexo que requer conhecimento e treinamento especializados. Existem procedimentos validados para a inativação de agentes específicos, como relatado anteriormente[52,55,56], porém eles variam de uma substância para outra e podem ser impraticáveis para pequenos volumes. Outro possível problema originado do contato entre a substância contaminante e outras substâncias químicas decorre de reações entre elas, gerando outros possíveis agentes tóxicos. Além disso, muitos dos inativantes químicos são substâncias igualmente tóxicas e perigosas[51].

Em derramamentos considerados de grande extensão em cabines de segurança biológica (volume total de um frasco, independentemente do volume, ou volume superior a 150 mL), após a limpeza com detergente neutro, deve ser realizada a descontaminação. Caso o filtro HEPA apresente contaminação, todo o equipamento tem de ser selado com material polimérico até a troca do filtro. Este então deverá ser descartado de forma apropriada, por pessoal treinado usando equipamentos de proteção adequados. Antes da limpeza, equipamentos e vestimentas apropriados têm de ser utilizados. As folhas absorventes usadas na limpeza devem ser incineradas, enquanto os óculos de proteção e respiradores devem ser limpos antes e depois de sua utilização, empregando detergente neutro e água.

A manutenção de *kit* específico para situações que envolvem extravasamento ou derramamento de substâncias de risco é altamente recomendável. Ele pode ser constituído de uma caixa de material plástico e conter no seu interior os seguintes itens: máscara facial, dois pares de luvas cirúrgicas, luvas para limpeza, um avental com baixa permeabilidade, duas folhas de papel absorvente na dimensão de aproximadamente 30 × 30 cm, dois frascos com volumes de 250 mL e 1 L, um recipiente para objetos perfurocortantes, uma pequena pá para coleta de fragmentos de vidro e dois receptáculos grandes, específicos para descarte de drogas de risco[9,57].

ARMAZENAMENTO E TRANSPORTE DE DROGAS DE RISCO

As substâncias de risco devem ser acondicionadas em recipientes adequados (material polimérico rígido), lacradas e identificadas corretamente e transportadas em contêineres apropriados para evitar a quebra dos recipientes. O pessoal envolvido no transporte deve ser treinado quanto a procedimentos de derramamentos, isolamento de áreas contaminadas e acionamento de assistência apropriada. O recebimento do material também deve ser feito por pessoal devidamente treinado. Evidências de destruição, ruptura ou falta de integridade do material empregado para a segurança no transporte indica o estabelecimento de procedimentos de recebimento específicos. Equipamentos de proteção e dispositivos para descarte de drogas de risco devem ser mantidos nas áreas de recebimento.

Drogas de risco acondicionadas em embalagens danificadas têm de ser examinadas em áreas isoladas ou em cabine de segurança biológica, empregando pares duplos de luvas, paramentação apropriada, óculos de proteção e respiradores adequados. Todo o pessoal envolvido deve estar devidamente treinado para processar possíveis unidades quebradas. Frascos quebrados e material de embalagem contaminado serão transferidos para um recipiente destinado exclusivamente a resíduos perfurocortantes. Após lacrado, ele deverá ser transferido para os recipientes de descarte de drogas de risco. Tais recipientes devem ser então colocados em receptáculos específicos, devidamente identificados como resíduo de drogas de risco[9].

O acesso às áreas de armazenamento de substâncias de risco deve ser limitado ao pessoal autorizado, com sinalização de acesso restrito na entrada. Os procedimentos que visam a orientar sobre situações de acidentes potenciais com derramamentos em superfícies ou contato com a pele, mucosa ou olhos devem ser facilmente acessados pelo pessoal autorizado. Os contêineres, assim como as prateleiras destinadas ao armazenamento de drogas de risco, devem ser adequadamente identificados, com rótulo que contenha aviso de precaução e cuidados no manuseio.

Os demais produtos biológicos e químicos estão apresentados nos Capítulos 5 e 6 no que se refere ao armazenamento e ao transporte.

GUIA PARA MANIPULAÇÃO DE DROGAS DE RISCO

Como descrito anteriormente, as principais rotas de exposição durante a preparação de substâncias de risco são a inalação de aerossóis e o contato direto com a pele. Dessa forma, o uso de técnicas adequadas, de equipamentos de proteção e de cabine de segurança biológica na manipulação de drogas de risco constituem medidas eficazes no que se refere à segurança do profissional potencialmente exposto.

No caso específico de drogas de risco, recomendações que visam a alcançar condições ideais de trabalho são exaustivamente discutidas e apresentadas por órgãos oficiais ou por instituições não governamentais, como é o caso do National Institutes of Health (NIH), ASHP e OSHA. Tais recomendações baseiam-se em critérios de avaliação organizados em quatro grupos e, após desenvolvimento adequado, fundamentam o programa de garantia de qualidade.

O primeiro grupo de informações refere-se à proteção e segurança do material da embalagem das drogas de risco, com o objetivo de minimizar acidentes e, consequentemente, a exposição de profissionais e demais pessoas envolvidas. O segundo abrange aspectos de treinamento das práticas seguras de manipulação das drogas de risco na prevenção da exposição a essas substâncias.

As técnicas para prevenir a liberação das drogas de risco no ambiente durante sua manipulação são enfatizadas no terceiro grupo. O último grupo de informações consiste em orientações para minimizar riscos decorrentes da ingestão, da inalação e do contato dessas substâncias com a pele[9]. Além de possibilitarem o completo desenvolvimento do programa de qualidade, disponibilizado pelo ASHP, algumas recomendações podem ser consideradas úteis por apresentarem conteúdo prático e de rápida assimilação pelos profissionais envolvidos. Sendo assim, algumas considerações relacionadas à preparação de drogas antineoplásicas injetáveis podem ser descritas da seguinte forma[44].

1. Todos os procedimentos que envolvem a manipulação de drogas de risco devem ser efetuados empregando-se, no mínimo, cabine de segurança biológica classe II tipo A, porém, sempre que possível deve-se empregar classe II tipo B em função da exaustão do ar para uma área externa.
2. O usuário da cabine de segurança biológica deve conhecer as características técnicas do equipamento, assim como as condições para seu perfeito funcionamento. O número de operações realizadas dentro do equipamento e de materiais contidos no seu interior precisa ser compatível com seu tamanho.

3. A superfície de trabalho da cabine de segurança biológica deve ser provida de revestimento em material com face superior absorvente e face inferior impermeável.
4. As técnicas assépticas devem ser rigorosamente adotadas com a finalidade de preservar as características de qualidade sanitária exigidas para o produto, no caso específico de drogas injetáveis, a esterilidade.
5. Os profissionais envolvidos na preparação de drogas de risco têm de utilizar luvas cirúrgicas, de preferência pares duplos, e avental com frente fechada e punhos. Os aventais podem ser descartáveis (se não houver uma sala limpa) ou laváveis. O avental e as luvas devem ser removidos assim que contaminados. No caso de contato acidental da droga com a pele, a área atingida deve ser lavada com água e sabão. Se ocorrer contaminação na região dos olhos, a região deve ser lavada com água em abundância.
6. Durante a remoção de um produto acondicionado em ampola ou frasco-ampola, deve-se envolver cuidadosamente a parte superior da ampola em algodão umedecido com álcool, objetivando a contenção de possíveis extravasamentos da droga. É necessário utilizar uma técnica similar nos procedimentos de eliminação do ar contido na seringa que possui drogas de risco. Além da contenção de possíveis extravasamentos, tal técnica previne a formação de aerossol.
7. A pressão interna de frascos com droga liofilizada deve ser minimizada para prevenir a suspensão de pó no ambiente de trabalho.
8. A superfície externa de seringas e demais dispositivos devem ser limpos, com a finalidade de evitar quaisquer contaminações no produto.
9. Deve-se evitar a autoinoculação nos procedimentos que envolvem agulhas.
10. É recomendado envolver com algodão umedecido em álcool a parte superior da ampola de vidro, ao abri-la. Tal procedimento, além de prevenir a liberação da droga para o ambiente, protege os dedos de possíveis lesões decorrentes de acidentes com a superfície do vidro.
11. Seringas e frascos para administração endovenosa com drogas antineoplásicas devem ser adequadamente identificados e datados. Quando liberados para administração, deve-se elaborar um rótulo adicional empregando a seguinte frase: "Cuidado – Quimioterápico – Descartar Adequadamente".
12. Recomenda-se limpar a parte interna da cabine de segurança biológica com álcool a 70% empregando dispositivo descartável, após completar todas as operações de manipulação do produto.
13. Agulhas, seringas, frascos, luvas, papel absorvente, gaze etc. empregados no decorrer da preparação da droga e na limpeza de equipamentos têm de ser transferidos para um recipiente que contenha receptáculo plástico, apropriadamente identificado, selado e conduzido à incineração. As agulhas devem ser acondicionadas no dispositivo protetor, evitando dessa forma contaminações. Aventais não descartáveis têm de ser conduzidos à lavanderia de acordo com o procedimento específico.
14. As mãos devem ser lavadas após a remoção das luvas. A utilização de luvas não substitui a higienização das mãos.
15. Resíduos de drogas antineoplásicas devem ser considerados de forma semelhante ao lixo químico e descartados segundo a legislação vigente.
16. Somente profissionais treinados podem manipular drogas antineoplásicas. O treinamento deve ser oferecido a profissionais recém-admitidos, assim como a profissionais anteriormente treinados, objetivando sua reciclagem. A segurança na manipulação precisa ser enfatizada no treinamento.

De forma similar, as recomendações do NIH são resumidas a seguir, permitindo constatar uniformidade entre as opiniões relativas aos procedimentos para a manipulação segura de drogas antineoplásicas.

1. A reconstituição da droga deve ser feita em cabine de segurança biológica classe II.
2. A exaustão, se possível, deve ser efetuada para uma área externa.
3. A superfície de trabalho da câmara tem de ser coberta com material plástico com face inferior absorvente, para absorver possíveis derramamentos. O papel deve ser removido após cada período de trabalho.
4. O pessoal tem de usar luvas cirúrgicas e avental fechado na frente, com punho.
5. Todos os frascos com drogas reconstituídas devem ser manuseados de forma que a pressão interna seja reduzida.
6. Deve ser usado algodão estéril umedecido com álcool, para envolver a agulha e a parte superior do frasco durante a retirada de alíquota pelo septo. Quando eliminadas as bolhas das seringas, as agulhas têm de ser cobertas com algodão estéril umedecido com álcool.
7. A superfície exterior da seringa e os frascos devem ser limpos de qualquer resíduo da droga.
8. Ao abrir uma ampola de vidro, a parte superior destacada deve ser envolvida com algodão estéril umedecido com álcool para conter a geração de aerossol da droga.
9. Seringas e frascos devem ser adequadamente rotulados, incluindo a advertência para descarte apropriado.

10. A cabine de segurança tem de ser limpa com álcool a 70% empregando toalha descartável (específicas para áreas limpas).
11. Seringas contaminadas devem ser descartadas íntegras, para prevenir a geração de aerossol. Todo material contaminado, frascos, luvas, papéis absorventes, aventais descartáveis, gazes e outros materiais devem ser colocados em dispositivo adequado e incinerados.
12. As mãos têm de ser lavadas após a remoção das luvas.
13. Resíduos de drogas antineoplásicas devem ser descartados de acordo com as exigências legais aplicáveis a substâncias químicas tóxicas.

Riscos de produtos obtidos por nanotecnologias

Apesar de não existir regulamentação específica para a manipulação de produtos obtidos por meio das nanotecnologias, os riscos ocupacionais devem sempre ser minimizados com o uso de EPI e equipamentos de proteção coletiva (EPC), visando eliminar ou, pelo menos, reduzir o risco de exposição às nanopartículas. Com referência a proteção respiratória, os respiradores com filtros P2 e P3 apresentaram eficiência de 99,8 e 99,99% na retenção de nanopartículas menores que 100 nm. Esse estudo foi conduzido pelo Instituto da Sociedade Cooperativa Profissional da Segurança e Saúde Ocupacional, na Alemanha[58,59]. Outro estudo, conduzido pelo Instituto Nacional de Segurança e Saúde Ocupacional dos EUA[60,61], comprovou a eficiência, dentro do nível exigido, dos respiradores faciais N95 (equivale aos filtros classe P2) e P100 contra nanopartículas com diâmetro médio entre 4 e 30 nm.

Recurso adicional para a proteção dos operadores refere-se às salas limpas e aos isoladores, tecnologias utilizadas na indústria farmacêutica para a produção de medicamentos estéreis. Essas tecnologias utilizam filtros de alta eficiência (HEPA e ULPA) para a remoção de partículas do ar. Os filtros HEPA removem, com 99,97% de eficiência, as partículas do ar, com tamanho igual ou maior a 300 nm. Os filtros ULPA apresentam eficiência de 99,999% na remoção de partículas iguais ou maiores que 120 nm[62]. No caso dos isoladores, esses equipamentos são destinados a confinar ou isolar um processo considerado de alto risco de segurança para o produto, para o operador ou para o ambiente. Esses ambientes são hermeticamente fechados e são utilizados em processos críticos quando cuidados extremos são necessários para a proteção do operador[63]. Para o controle desses ambientes são utilizados os contadores de partículas. Esses contadores podem efetuar contagem de partículas de até 100 nm[64].

As salas limpas, os isoladores e os respiradores foram mencionados apenas como exemplos de tecnologias disponíveis, com potencial uso na proteção contra os riscos ocupacionais, associados às nanopartículas.

Nem todas as nanoestruturas apresentam risco ocupacional elevado. Para entender quais são aquelas que apresentam maiores riscos, características como a composição química, o tamanho, a distribuição do tamanho, a forma, o potencial zeta, entre outras, devem ser cuidadosamente avaliadas. O estudo da toxicidade das nanoestruturas tem sido tema de inúmeros trabalhos[65]. Além disso, as vias de entrada devem ser consideradas na avaliação dos riscos, em especial, a via cutânea (por contato direto com a pele) e a respiratória.

As nanoestruturas de diferentes tamanhos podem apresentar riscos para o sistema respiratório. Nesse caso, o contato com as matérias-primas nanoestruturadas, no estado sólido (na forma de pó), deve ser feito com o mesmo cuidado utilizado atualmente em relação aos antibióticos, hormônios, medicamentos altamente potentes e citostáticos.

Assim, a produção de comprimidos, cápsulas e outras formas farmacêuticas sólidas pode apresentar maior risco quando comparada à produção dos nanomedicamentos semissólidos (os cremes, as loções etc.) e na forma líquida (xaropes, soluções etc). Nestas últimas formas farmacêuticas, o risco é menor por se tratar de formas líquidas ou semilíquidas, que não liberam o material particulado no ambiente.

As nanopartículas com diâmetro médio até 100 nm podem se depositar em todo o sistema respiratório. Porém, aquelas com aproximadamente 10 nm se depositam preferencialmente na região da traqueia e dos brônquios, e as que possuem diâmetro médio entre 10 e 20 nm, na região alveolar. Nas vias áreas superiores (fossas nasais, faringe e laringe) se depositam preferencialmente as nanopartículas com 20 nm[66].

O risco oriundo do contato das nanoestruturas com a pele também depende das características de cada nanoestrutura. Estudos demonstraram que as nanopartículas, com carga elétrica superficial positiva ou neutra, (diâmetro médio aproximado entre 50 e 500 nm) têm dificuldade para atravessar a pele íntegra. Mas as nanopartículas negativas conseguem[67,68]. Isso demonstra que além do tamanho médio, outras características como a composição e a carga elétrica da superfície são importantes quando se avalia a segurança dessas nanoestruturas para uso na epiderme. As luvas nitrílicas ou de látex podem ser usadas para a proteção das mãos, no manuseio de nanomateriais[69,70].

TREINAMENTO PRÁTICO PARA A MANIPULAÇÃO DE DROGAS DE RISCO

A manipulação de drogas de risco requer habilidade e conhecimento técnico específico, adquirido por meio de treinamento teórico e prático. Tal treinamento deve ser ministrado periodicamente, devendo ser mantidos registros que evidenciem seu conteúdo. Após o treinamento, o profissional deve ser avaliado quanto às questões referentes ao conhecimento teórico e à habilidade prática, com o intuito de constatar sua competência para o exercício da função[8]. As avaliações podem ser realizadas por meio da observação direta da execução de determinado trabalho. Outro recurso consiste na simulação de um procedimento específico a ser avaliado, empregando-se solução com substância fluorescente sob luz ultravioleta, por exemplo, quinina. Após a execução, constata-se a eficácia da técnica pela observação de possíveis derramamentos oriundos de manipulação imprópria[3]. O conteúdo do treinamento deve abranger vários aspectos, visando, entre outros objetivos, aprimorar a habilidade técnica do profissional, atualizar as informações relativas ao assunto e reavaliar, atualizar ou elaborar procedimentos específicos que contribuam para a segurança dos profissionais expostos a drogas de risco. Dessa forma, o roteiro básico para o desenvolvimento de treinamento pode ser alcançado abordando os seguintes itens[71]:

- Importância da adequada manipulação das drogas de risco: apresentar as razões para a completa adesão aos procedimentos, informar os perigos associados à exposição às drogas de risco e apresentar literatura que aborde procedimentos de segurança.
- Identificação e estocagem das drogas de risco: apresentar lista de substâncias designadas como drogas de risco segundo a International Agency for Research on Cancer (IARC), OSHA, ASHP ou outro órgão; descrever e apresentar embalagem adequada e segura para as drogas de risco; descrever os procedimentos no caso de embalagem danificada; explicar por que são necessárias áreas separadas para a estocagem dessas substâncias; e descrever como tais áreas devem ser identificadas.
- Equipamentos de segurança: demonstrar o correto uso de aventais, luvas e máscaras faciais e explicar a função de cada equipamento de segurança.
- Preparação de drogas de risco: apresentar os principais procedimentos para a manipulação de drogas de risco e demonstrar a técnica apropriada para prevenir a contaminação na reconstituição de produtos, em especial a forma para a remoção do produto acondicionado em frasco-ampola ou ampolas, assim como a forma adequada para a quebra de ampolas e demais procedimentos de rotina. Descrever a função dos tapetes absorventes e do material umedecido com álcool. Além disso, descrever as exigências para a adequada rotulagem de frascos que contenham drogas de risco.
- Utilização das cabines de segurança biológica: descrever os tipos de cabine e os métodos de ventilação para cada equipamento, demonstrar os procedimentos para sua limpeza e descontaminação, informar a frequência da manutenção preventiva e da inspeção do equipamento e apresentar os principais testes executados pelo programa de inspeção.
- Descarte de drogas de risco: demonstrar o uso adequado de contêineres para o descarte de agulhas, de receptáculo para resíduos de drogas de risco e demais dispositivos empregados para o descarte dessas substâncias. Descrever a identificação adequada para os recipientes, contêineres, caixas etc. para o descarte das drogas de risco.
- Derramamento acidental de drogas de risco, incluindo os casos de quebra de frascos: descrever e demonstrar o procedimento para conter e limpar o derramamento e o modo adequado para a utilização do *kit* específico para tal situação. Explicar os casos em que o pessoal da limpeza deve ser acionado.
- Contato ou exposição acidental com drogas de risco: descrever o procedimento para a descontaminação da região exposta, apresentar lista de reagentes adequados para a descontaminação, informar a exata localização de lavadores de olhos e descrever as circunstâncias nas quais o profissional deve procurar assistência médica e contatos de emergência.
- Informações relativas ao comportamento do funcionário nas áreas de manipulação: comunicar a proibição de ingestão de líquidos, alimentação ou estocagem de alimentos na área de manipulação ou próxima à preparação. A utilização de cosméticos também deve ser proibida.
- Programa de vigilância médica: descrever os propósitos desse programa.

PROGRAMA DE VIGILÂNCIA MÉDICA

Os trabalhadores potencialmente expostos a drogas de risco devem ser monitorados por meio de um programa de vigilância médica com a finalidade de prevenir doença ocupacional. O programa visa a identificar preventivamente efeitos biológicos reversíveis, de tal forma que a exposição possa ser reduzida ou eliminada antes de apresentar prejuízos efetivos à saúde. A ocorrência de disfunções e efeitos adversos relacionados à exposição deve ser imediatamente avaliada. As medidas preventivas, como controles dos equipamentos e uso de equipamentos de proteção individual, devem ser avaliadas. Para detecção e controle de efeitos relacionados à exposição ocupacional, as avaliações médicas devem ser realizadas na admissão do profissional na função específica, periodicamente no decorrer do exercício de sua função, após exposições agudas aos agentes e na ocasião de seu afastamento permanente. Tais informações devem ser analisadas de forma sistematizada para permitir a detecção preventiva de doenças no grupo de profissionais, ou individualmente[3].

Na admissão, a avaliação inicial consiste em um registro histórico efetuado por meio de um questionário detalhado que solicita informações como histórico ocupacional anterior, incluindo informações sobre a extensão de exposição no passado e histórico social, familiar e médico, entre outros. Quanto ao histórico médico, informações sobre situações de gravidez e disfunções anteriores como tumores malignos, distúrbios hepáticos e alterações no sangue devem ser pesquisadas. Além do registro dessas informações, deve-se proceder a exame físico completo enfatizando a pele, a mucosa, os sistemas cardiopulmonares e linfáticos e fígado, além de exames laboratoriais em amostras de sangue e urina. Nessa ocasião, deve também ser fornecida ao profissional informação relativa à intensidade de exposição a que será exposto no decorrer da execução de suas tarefas, à descrição e ao correto uso dos equipamentos de proteção individual. Tais informações podem ser obtidas das avaliações ambientais, quando realizadas. As quantidades e o tipo de droga manipulada, o número de horas de manipulação e o número de preparações por semana devem ser registrados no prontuário médico do paciente[46].

Os exames periódicos devem ser cuidadosamente documentados, assim como qualquer situação de exposição aguda. Os exames físicos e laboratoriais devem seguir o mesmo procedimento do exame admissional. Os exames após exposição aguda devem ser avaliados por meio de relatórios que descrevam o incidente e sua extensão. Os exames serão realizados considerando o risco e a droga envolvida nos outros órgãos e sistemas expostos. Assim, incidentes com envolvimento de drogas citotóxicas requerem, entre outros procedimentos, avaliações da pele e mucosas, e para drogas de risco em aerossol, o sistema pulmonar tem de ser examinado. O exame demissional deve completar o histórico médico do profissional exposto, incluindo relatos de gravidez, quando pertinente. O procedimento para as avaliações que empregam exames físicos e laboratoriais deve ser realizado da mesma forma que os exames admissional e periódico. Uma base de dados confidencial deve ser mantida com informações relativas ao histórico médico e a problemas na gravidez, como aborto espontâneo e malformação congênita associada à exposição, com a finalidade de facilitar o estudo epidemiológico.

Embora a implementação do programa de vigilância médica seja fundamental, um estudo baseado em respostas relativas a um questionário enviado a profissionais farmacêuticos revelou que apenas 28% dos entrevistados relataram que a empresa apresentava programa de vigilância médica[72].

CONSIDERAÇÕES FINAIS

A questão pertinente à biossegurança, quando se compara o grupo de produtos que justificaram o presente capítulo, certamente tem o grupo de cosméticos como o que gera menor incidência de preocupação. A leitura de todo o texto, exceto por questões generalistas, em nenhum momento remeteu particularmente aos cosméticos, ou, abrangendo melhor os produtos de higiene pessoal, cosméticos e perfumes. Deve-se pensar, entretanto, no emprego de hormônios, vitaminas e tantos outros componentes com atividade biológica na formulação dos cosméticos atuais. Pensando nos cosméticos, deve-se também pensar em solventes tóxicos usados na fabricação de esmaltes e outros. Assim, não seria admissível a exclusão, neste capítulo, de produtos que o culto ao corpo torna dia a dia mais importantes.

No que tange aos medicamentos, este é o grupo que, com o grande avanço dos produtos antirretrovirais, somando-se a todas as drogas já convencionais ou às inovadoras, representa o item preponderante. Ocupou a maior parte do texto, e em verdade um detalhamento exigiria muito mais para uma abordagem adequada.

Por fim, os correlatos constituem o grupo de maior abrangência. Cresce o número de substâncias orgânicas, enquanto unidade de repetição ou base monomérica, solventes, passando por processamentos das mais distintas tecnologias. E, entre seu vasto campo de aplicações, há a administração de drogas, empregando seringas, equipos, cateteres, sistemas implantáveis providos de *ports*, entre outros. Neste momento, acresce às preocupações inerentes às drogas, antineoplásicas ou não, que impregnam suas paredes e merecem o mesmo tratamento dos medicamentos, a dúvida quanto ao procedimento ideal para poliméricos não biodegradáveis: incineração ou aterro sanitário. E, no segundo caso, a questão pode-se tornar polêmica ao considerar o quimioterápico adsorvido em sua parede.

Essas e outras questões permitiriam muitas outras considerações. Entretanto, a objetividade a que nos propusemos não permite senão reflexões.

REFERÊNCIAS BIBLIOGRÁFICAS

1. Burgess DJ, Reich RR. Industrial ethylene oxide sterilization. In: Morrissey RF, Phillips GB, editors. Sterilization technology: a practical guide for manufactures and users of health care products. Nova York: Morrisey; 1993. p.152-95.
2. American Society of Health-System Pharmacists. ASHP guidelines on handling hazardous drugs. Am J Health-Syst Pharm. 2006;63:1172-93.
3. Occupational Safety & Health Administration (OSHA) Controlling occupational exposure to hazardous drugs. Disponível em: https://www.osha.gov/dts/osta/otm/otm_vi/otm_vi_2.html. Acessado em: 22/04/2016.
4. Doll DC. Aerosolized pentamidine. Lancet. 1989;2:1284-5.
5. Sessink PJM, Bos RP. Drugs hazardous to healthcare workers. Drug Safety. 1999;20(4):347-59.

6. Henderson DK, Gerberding JL. Prophylactic zidovudine after occupational exposure to the human immunodeficiency virus: an interim analysis. J Infectious Diseases. 1989;160:321-7.
7. McLendon BF, Bron BF. Corneal toxicity from vinblastine solution. Br J Ophthalmol. 1978;62:97-9.
8. International Agency for Research on Cancer (IARC). Monographs on the evaluation of the carcinogenic risk of chemicals to man: some aziridines, S-, and O-mustards and selenium. International Agency for Research on Cancer. 1975;9.
9. American Society of Hospital Pharmacists (ASHP). ASHP technical assistance bulletin on handling cytotoxic and hazardous drugs. Am J Hosp Pharm. 1990;47:1033-49.
10. Selevan SG Lindbohm M, Hornung RW, Hemminki. A study of occupational exposure to antineoplastic drugs and fetal loss in nurses. N Engl J Med. 1985;313(9):1173-7.
11. Stephens JD, Golbus MS, Miller TR, Wilber RR, Epstein CJ. Multiple congenital anomalies in a fetus exposed to 5-fluorouracil during the first trimester. Am J Obstet Gynecol. 1980;137:747-9.
12. Sotaniemi EA, Sutinen S, To AJ, et al. Liver damage in nurses handling cytostatic agents. Acta Med Scand. 1983;214:181-9.
13. Chapman RM. Effect of cytotoxic therapy on sexuality and gonedal function. In: Perry MC, Yarbro JW (eds). Toxicity of chemotherapy. Orlando: Grune & Stratton; 1984. p.343-63.
14. Barnhart ER. Physician's desk reference. Oradell, Nova Jersey: Medical Economics Data; 1991.
15. Harris D. Health problems in the manufacture and use of plastics. Br J Ind Med. 1953;10:255-67.
16. Lillis R, Anderson H, Nickolson WJ. Prevalence of disease among vinyl chloride and polyvinyl chloride workers. Ann N Y Acad Sci. 1975;246:22-41.
17. Bricarello S. Hormônios. In: Zanini AC, Oga S (eds.). Farmacologia aplicada. São Paulo: Atheneu; 1994. p.613-50.
18. Sertié JAA, Basile AC, Silva ACG. Antibióticos e quimioterápicos antimicrobianos. In: Zanini AC, Oga S (eds.). Farmacologia aplicada. São Paulo: Atheneu; 1994.
19. Ames BN, McCann J, Yamasaki E. Methods for detecting carcinogens and mutagens with the Salmonella/ mammalian – microssome mutagenicity test. Mutat Res. 1975;31:347-64.
20. Tuffnell PG, Gannon MT, Dong A, Deboer G, Erlichman C. Limitation of urinary mutagen assays for monitoring occupational exposure to antineoplastic drugs. Am J Hosp Pharm. 1986;43:344-8.
21. Backer R, Arauskos A, Bonnim A, et al. Detection of mutagenic activity in human urine following fried pork or bacon meals. Cancer Lett. 1982;16:81-9.
22. Bos RP, Leenaars AO, Theuws JLG, et al. Mutagenicity of urine from nurses handling cytostatic drugs: influence of smoking. Int Arch Occup Environ Health. 1982;50:359-69.
23. Everson RB, Ratcliffe JM, Flack PM, Hoffman DM, Watanabe AS. Detection of low levels of urinary mutagen excretion by chemotherapy workers which was not related to occupational drug exposures. Cancer Res. 1985;45:6487-97.
24. Malaveille C Bartsch H, Barbin A, Camus AM, Montesano AM, Croisky A, et al. Mutagenicity of vinyl chloride, chloroethyleneoxide, chloroacetaldehyde and chloroethanol. Biochem Biophys Res Commun. 1975;63:363-70.
25. Elmore JD, Wong JL, Laumbach AD, Streips UN. Vinyl chloride mutagenicity via the metabolites chlorooxirane and chloroacetaldehyde monomer hydrate. Biochim Biophys Acta. 1976;442:405-19.
26. Bahyan S, Burgaz S, Kara Kaia AE. Urinary thioether excretion in nurses at an oncology department. J Clin Pharm Ther. 1987;12:303-6.
27. Sessink PJM, Friemel NSS, Airton RBM, et al. Biological and environmental monitoring of occupational exposure of pharmaceutical plant workers to metrotrexate. Int Arch Occup Environ Health. 1994;65:401-3.
28. Kleinberg ML, Quinn MJ. Airborne drug levels in a laminar-flow hood. Am J Hosp Pharm. 1981;38:1301-3.
29. Mader RM, Rizovski B, Steger GG, Rainer H. Determination of methotrexate in human urine at nanomolar levels by high – performance liquid chromatography with column switching. J Chromatogr. 1993;613:311-6.
30. McDiarmid MA, Egan MA, Furio M, Bonacci M, Watts SR. Sampling for airborne fluorouracil in a hospital drug preparation area. Am J Hosp Pharm. 1986;43:1942-45.
31. Neal AWN, Wadden RA, Chiou WL. Exposure of hospital workers to airborne antineoplastic agents. Am J Hosp Pharm. 1982;40:597-601.
32. Sessink PJM, Scholtes MM, Anzion RBM, Bos RP. Determination of cyclophosphamide in urine by gas chromatography – mass spectrometry. J Chromatogr. 1993;616:333-7.
33. Sessink PJM, Timmersmans JL, Anzion RBM, Bos RB. Assessment of occupational exposure of pharmaceutical plant workers to 5 – Fluouracil. J Occup Med. 1994;36(1):79-83.
34. Lao NT, Lu HTC, Rego A, Kosakowski RH, Burgess DJ, Hume RD. Interlaboratory comparison of analytical methods for residual ethylene oxide at low concentration levels in medical devices materials. J Pharm Sci. 1995;84(5):647-55.
35. McDevitt JJ, Less PSJ, McDiarmid MA. Exposure of hospital pharmacists and nurses to antineoplasic agents. J Occup Med. 1993;35(1):57-60.
36. Sarto F, Tornqvist MA, Tomanin R, Bartolucci GB, Osterman-Golkar SM, Ehrenberg L. Studies of biological and chemical monitoring of low-level exposure to ethylene oxide. Scand J Work Environ Health. 1991;17:60-4.
37. Sessink PJM, Cerná M, Rössner P, et al. Urinary cyclophosphamide excretion and chromossomal aberrations in peripheral blood lymphocytes after occupational exposure to antineoplasics agents. Mutat Res. 1994;309:193-9.
38. Fuchs J, Wullenweber U, Hengstler JG, Bienfait HG, Hiltl G, Oesch F. Genototoxic risk for humans due to work place exposure to ethylene oxide: remarkable individual differences in susceptibility. Arch Toxicol. 1994;68:343-8.
39. Federal Standard 209 E. Clean room and work station requirements, controlled environment. U. S. Government Printing Office, General Services Standardization Division, Washington, DC. 1992.
40. Nguyen TV, Theiss JC, Matney TS. Exposure of pharmacy personnel to mutagenic antineoplastic drugs. Cancer Research. 1982;42:4792-6.
41. Hamm JL, Daniels CE, Somani SM. Antibiotic preparation time in a horizontal laminar-airflow hood and in a biological-safety cabinet. Am J Hosp Pharm. 1984;41:1349-51.
42. Bryan D, Marback RC. Laminar-airflow equipment certification: What the pharmacist needs to know. Am J Hosp Pharm. 1984;41:1343-48.

43. Pinto TJA, Kaneko TM, Ohara MT. Controle biológico de qualidade de produtos farmacêuticos, correlatos e cosméticos. São Paulo: Atheneu; 2000.
44. Zimmerman PF, Larsen RK, Barkley EW, Gallelli. Recommendations for the safe handling of injectable antineoplastic drug products. Am J Hosp Pharm. 1981;38:1693-5.
45. Ferrerós M. Cabine de segurança biológica. Rev SBCC. 2001;3:16-25.
46. Power LA, Anderson RW, Cortopassi R, Gera JR, Lewis Jr RM. Update on safe handling of hazardous drugs: the advice of experts. Am J Hosp Pharm. 1990;47:1050-60.
47. Arrington DM, McDiarmid MA. Comprehensive program for handling hazardous drugs. Am J Hosp Pharm. 1993;50:1170-4 .
48. Power LA, Polovich M. Pharmacy Practice News. Safe handling of harzardous drugs. Reviewing standards for worker protection. 2011. Disponível em: http://www.pharmacypracticenews.com/download/Safe_handling_ppn0311_WM.pdf. Acesso em 22/04/2016.
49. Laidlaw JL, Connor TH, Theiss JC, Anderson RW, Matney TS. Permeability of latex and polyvinyl chloride gloves to 20 antineoplastic drugs. Am J Hosp Pharm. 1984;41:2618-23.
50. Wong RJ. Glove selection for handling cytotoxic and hazardous drugs. Am J Hosp Pharm. 1990;47.
51. Vaccari PL, Tonat K, DeChristoforo R, Gallelli JF, Zimmerman PF. Disposal of antineoplastic wastes at the National Institutes of Health. Am J Hosp Pharm. 1984;41:87-93.
52. Castegnaro M, Méo MD, Laget M, Michelon J, Garren L, Sportouch MH, et al. Chemical degradation of wastes of antineoplastic agents. Int Arch Occup Environ Health. 1997;70(6):378-84.
53. Furuhashi M, Miyamae. Ethylene oxide sterilization of medical devices – with special reference to the sporicidal activity and residual concentration of ethylene oxide and its secondary products. Bull Tokyo Med Dent Univ. 1982;29:23-5.
54. Oliveira DC. Esterilização por óxido de etileno: Estudo da efetividade esterilizante de misturas não explosivas e compatíveis com a camada de ozônio. [Dissertação] São Paulo: Faculdade de Ciências Farmacêuticas da Universidade de São Paulo; 2000.
55. Lunn G, Sansone EB. Validated methods for handling spilled antineoplastic agents. Am J Hosp Pharm. 1989;46.
56. Johnson EG, Janosik JE. Manufacturers recommendations for handling spilled antineoplastic agents. Am J Hosp Pharm. 1989;46:318-9.
57. Christensen CJ, Lemasters Cj, Wakeman MA. Work practices and policies of hospital pharmacists preparing antineoplastic agents. Occupational Medicine. 1990;32(6):508-12.
58. European Commission Scientific Committee on Emerging or Newly Identified Health Risks (SCENIHR), 2006. The appropriateness of existing methodologies to assess the potential risks associated with engineered and adventitious products of nanotechnologies. European Commission, Brussels. http://ec.europa.eu/ health/ph_risk/committees/04_scenihr/docs/scenihr_o_003b.pdf.
59. Federal Institute for Occupational Safety and Health (Bundesanstalt für Arbeitsschutz und Arbeitsmedizin/BAuA), 2007. Guidance for handling and use of nanomaterials at the work-place. http://www.baua.de/en/TopicsfromA-toZ/HazardousSubstances/Nanotechnology/pdf/guidance.pdf;jsessionid=2DA7141F7D46488B501BBF163B4CBA24.1_cid253?__blob=publicationFile&v=2.
60. National Institute for Occupational Safety and Health (NIOSH) 2009. Approaches to safe nanotechnology. Managing the health and safety concerns associated with engineered nanomaterials. http://www.cdc.gov/ niosh/docs/2009-125/pdfs/2009-125.pdf.
61. Rengasamy S, Eimer BC, Shaffer RE. Comparison of nanoparticle filtration performance of NIOSH-approved and CE-marked particulate filtering facepiece respirators. The Annals of Occupational Hygiene. 2009;53(2):117-28.
62. National Institute for Occupational Safety and Health (NIOSH). Current strategies for engineering controls in na-nomaterial production and downstream handling processes. Cincinnati: U.S. Department of Health and Human Services, Centers for Disease Control and Prevention, n. 2014-102; 2013.
63. Schulte P, Geraci C, Zumwalde R, Hoover M, Kuempel E. Occupational risk management of engineered nano-particles. Journal of Occupational and Environmental Hygiene. 2008;5:239-49.
64. National Institute for Occupational Safety and Health (NIOSH). Managing the health and safety concerns associated with engineered nanomaterials. Approaches for safe naotechnology. 2009: 2009-125.
65. Jong WH, Borm PJA. Drug delivery and nanoparticles: applications and hazards. International Journal of Nanomedicine. 2008;3(2):133-49.
66. Organization for Economic Cooperation and Development (OECD). Preliminary guidance notes on nanomaterials: interspecies variability factors in human health risk assessment. Series on the safety of manufactured nanomaterials, n. 58; 2015.
67. Dolez P, Vinches L, Perron G, Vu-Khanh, Plamondon P, L'Espérance G, et al. Development of a method of measuring nanoparticle penetration through protective glove materials under conditions simulating workplace use. Mechanical and Physical Risk Prevention-REPORT R-785; 2013.
68. Schneider M, Stracke F, Hansen S, Schaefer UF. Nanoparticles and their interactions with the dermal barrier. Dermato-Endocrinology. 2009;1(4):197-206.
69. Gatoo MA, Naseem S, Arfat MY, Dar AM, Qasim K, Zubair S. Physicochemical properties of nanomaterials: implication in associated toxic manifestations. BioMed Research International. 2014; 2014.
70. Honary S, Zahir F. Effect of zeta potential on the properties of nano-drug delivery systems - a review (Part 1). Tropical Journal of Pharmaceutical Research. 2013;12(2).
71. Arrington DM, McDiarmid MA. Comprehensive program for handling hazardous drugs. Am J Hosp Pharm. 1993;50:1170-4 .
72. The Merck Index. 12. ed. Withhouse Station: Merck; 1996.

capítulo 9

Biossegurança e câncer

Fernando Salvador Moreno
Renato Heidor
Thomas Prates Ong

INTRODUÇÃO

Cerca de 8,2 milhões de pessoas morreram em 2012 em todo o mundo em decorrência dos diferentes tipos de câncer. As maiores mortalidades, independentemente do sexo, foram observadas em pacientes com câncer de pulmão, estômago, fígado e cólon. Segundo recente relatório da Agência Internacional para Pesquisa em Câncer (IARC), o impacto global da doença mais que dobrou em 30 anos e estima-se que, no ano de 2030, ocorrerão 21,4 milhões de casos novos no mundo e 13,2 milhões de mortes por câncer. No Brasil, estima-se a ocorrência de 576 mil casos novos desta doença em 2015[1,2].

Desde o século XVIII, pesquisadores associaram agentes ambientais e ocupacionais com o aumento na incidência de diversos tipos de câncer. É o caso, por exemplo, de Sir Percival Pott, que chamava a atenção para a elevada incidência de câncer de testículo entre limpadores de chaminé de Londres. Segundo esse médico, a causa estaria relacionada ao contato constante com o alcatrão e a fuligem presente nas chaminés. Nesse mesmo período, Rigoni-Sterni e Ramazzini apontavam, no caso de freiras, para a relação entre o câncer de mama e o celibato. No século seguinte, em 1879, Harting e Hesse estabeleciam uma relação entre a ocupação profissional, nesse caso mineiros da região da Floresta Negra, na Alemanha, e o câncer de pulmão. Nessa época, cerca de 75% desses trabalhadores morriam por esse motivo. A causa indicada para tais casos foi a radiação oriunda do urânio presente nessas minas de carvão. No caso de trabalhadores da indústria de corantes, mais especificamente a anilina, Rehn relatava, em 1895, uma relação entre o câncer de bexiga e esse tipo de ocupação, sendo sua causa o contato com aminas aromáticas, sobretudo a naftalina[3].

Higginson e Muir[4] afirmaram que 80% dos casos de câncer são decorrentes de exposição a fatores ambientais[5]. Desde então, diversos estudos foram conduzidos no sentido de quantificar a exposição a substâncias presentes no ambiente de trabalho e o risco de desenvolvimento de neoplasias. Assim, em 1996, em um estudo conduzido pelo Centro de Prevenção do Câncer da Universidade de Harvard, nos Estados Unidos, foram classificadas 32 substâncias como prováveis agentes carcinogênicos. Em outro estudo, conduzido em 2004, 28 agentes foram classificados como carcinógenos ocupacionais e 140 como prováveis agentes carcinogênicos no ambiente de trabalho[6]. Há aproximadamente 15 anos, foi estimado que 10% das 80 mil substâncias sintéticas em uso na época apresentariam, em algum grau, potencial carcinogênico[5].

CARCINOGÊNESE

Carcinogênese é a denominação utilizada para o desenvolvimento de neoplasia, que basicamente é o aumento autônomo do número de células de um tecido. A neoplasia pode ser benigna, ou seja, apresenta proliferação celular localizada e circunscrita, exercendo pressão nos tecidos adjacentes, que, no entanto não ultrapassa suas divisas (Figura 1). O câncer, ou neoplasia maligna, ao contrário da benigna, apresenta grande capacidade

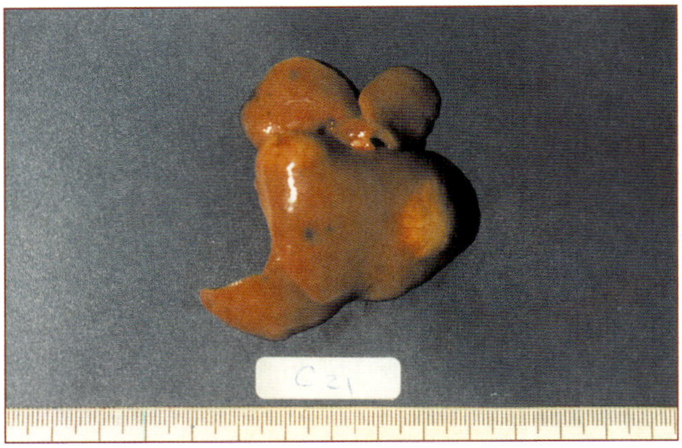

Figura 1. Aspecto macroscópico de fígado de rato submetido a modelo de hepatocarcinogênese. Observar a presença de neoplasias benignas, caracterizadas pelas formações nodulares na superfície, de cor amarelada e com contornos bem definidos.
Fonte: Moreno FS, 1999.

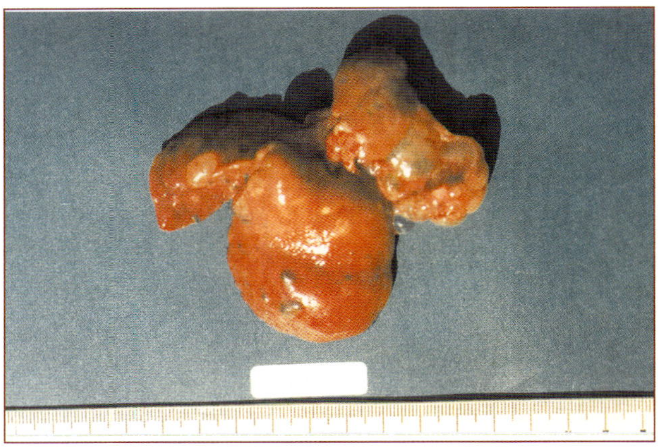

Figura 2. Aspecto macroscópico de fígado de rato submetido a modelo de hepatocarcinogênese. Observar a presença de neoplasia maligna, caracterizada pelas formações nodulares de coloração amarelada ou esbranquiçada, com volumes desiguais e contornos irregulares e mal delimitados, comprometendo e deformando grosseiramente o órgão.
Fonte: Moreno FS, 1999.

de invadir e se multiplicar em diferentes partes do organismo, inclusive a distância de seus locais de origem em um processo denominado metástase (Figura 2).

A carcinogênese pode ter origem endógena, hereditável, responsável por 10 a 20% dos casos de câncer. Nessa situação, ocorre comprometimento da capacidade do organismo do paciente em se defender de agressões externas[1]. As causas exógenas são responsáveis pela maior parte das ocorrências da doença. Assim, agentes carcinogênicos de origem química, física ou biológica podem interagir com o organismo por meio de rotas respiratórias, digestórias, cutâneas ou outras[7].

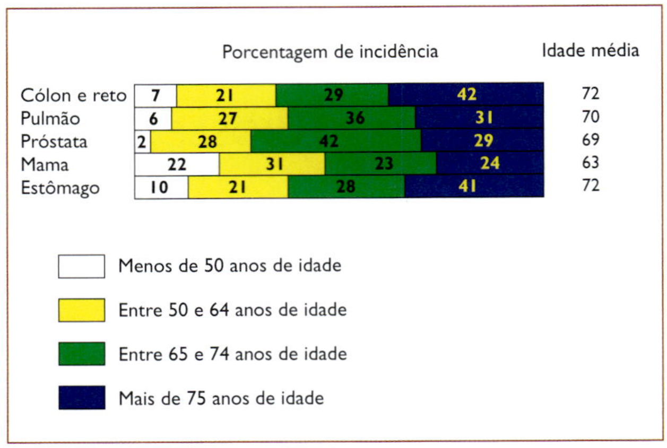

Figura 3. Distribuição pela idade e idade média de incidência dos principais cânceres.
Fonte: adaptada de Edwards et al., 2002.

O desenvolvimento do câncer é um processo longo, que requer cerca de metade a dois terços da vida do paciente[8], como demonstrado na Figura 3, em que a incidência de neoplasias aumenta com a idade do indivíduo[9].

Dessa forma, aventou-se a hipótese de que a carcinogênese necessita de várias fases independentes para o seu completo desenvolvimento. O número de fases é bastante discutido, mas supõe-se que o processo pode ser caracterizado em três etapas fundamentais: iniciação, promoção e progressão (Figura 4)[7].

No primeiro estágio da carcinogênese, conhecido como etapa de iniciação, ocorrem alterações irreversíveis no material genético da célula iniciada. Por outro lado, a promoção não envolve modificações permanentes no DNA. Dessa forma, essa etapa pode ser caracterizada como reversível e de longa duração, com intensa atividade proliferativa das células iniciadas. A progressão, assim como a iniciação, também é irreversível e é caracterizada pela instabilidade cariotípica. Alterações na estrutura do genoma das células estão relacionadas, nessa etapa, com uma taxa de proliferação elevada, características invasivas e modificações bioquímicas nas células[10].

Para que ocorra a iniciação, é necessário que o carcinógeno exógeno entre em contato com o material genético da célula. Todos os organismos apresentam membranas celulares com permeabilidade seletiva; substâncias polares, como determinadas moléculas orgânicas e compostos metálicos são transportados para o meio intracelular através de receptores, proteínas transportadoras ligadas à membrana ou canais iônicos. Já os compostos orgânicos apolares são transportados por difusão pelas membranas celulares, ou seja, passivamente, dadas as suas características lipofílicas. É o caso de hidrocarbonetos aromáticos halogenados, como as dioxinas. O tecido adiposo pode acumular substâncias lipofílicas. Assim, durante a lipólise, eventuais carcinógenos pre-

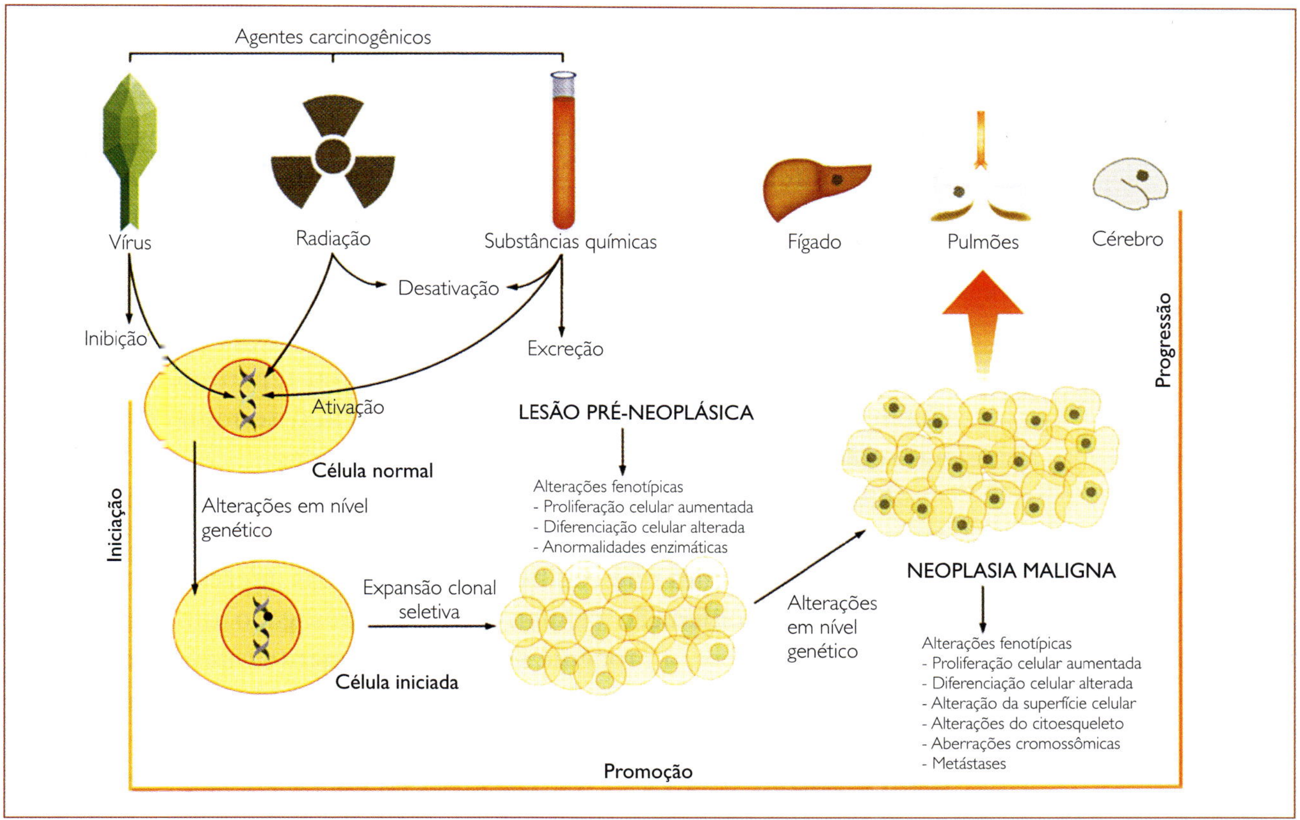

Figura 4. Esquema geral e simplificado de diferentes etapas do processo de carcinogênese.

sentes nos adipócitos podem ser lançados na circulação sanguínea e atuarem como agentes iniciadores nas células de outros tecidos[7].

Estima-se que 25% dos carcinógenos atuem diretamente no material genético da célula, sem a necessidade de reações químicas adicionais que os transformem em compostos mais reativos. Dessa forma, são denominados agentes carcinogênicos diretos e fazem parte desse grupo as dioxinas. A grande maioria, entretanto, necessita de ativação metabólica para interagir com o DNA e iniciar o desenvolvimento da neoplasia. Assim, essas substâncias são denominadas agentes carcinogênicos indiretos e fazem parte desse grupo os hidrocarbonetos aromáticos policíclicos[7].

Um grande número de vias metabólicas intracelulares pode ativar ou inativar substâncias exógenas. Uma característica importante que determina se um carcinógeno será metabolizado mais rapidamente ou não é a sua estrutura química. Por exemplo, hidrocarbonetos aromáticos policíclicos que apresentam dois átomos de carbono adjacentes no anel aromático ligados a outros grupos são biotransformados lentamente, com meia-vida com ordem de grandeza de semanas a anos, enquanto os que não apresentam essa característica podem ser metabolizados rapidamente[7].

Carcinógenos exógenos podem apresentar afinidade pela proteína AhR (sigla do inglês *aryl hydrocarbon receptor*), que é um importante indutor de enzimas da superfamília do citocromo P450 (CYPs). As CYPs podem ativar carcinógenos indiretos e contribuir para o desenvolvimento da neoplasia. Entretanto, suas atividades podem ser modificadas por exposições ao ambiente, hormônios e alimentação[11].

O carcinógeno direto ou indireto, após ativação metabólica, pode ser transformado em um composto eletrofílico que, por sua vez, pode reagir com centros nucleofílicos do DNA, produzindo compostos estáveis denominados adutos. Se este não for eliminado pelo sistema de reparo, após a replicação do DNA seguida por divisão celular ocorre a formação de mutações. Evidências recentes sugerem que durante a síntese de DNA e a proliferação de células normais, mutações podem ocorrer através de erros no sistema de reparo, resultando em células espontaneamente iniciadas[11].

Em 1976, Harris et al.[12] demonstraram que ocorriam diferenças na ativação de CYPs entre indivíduos expostos ao benzopireno, que foram relacionadas com variações polimórficas nos alelos dos genes que codificam para essas enzimas. Assim, polimorfismos genéticos podem ocorrer em diversos genes e também várias vezes no mesmo gene. Dessa forma, como exemplo, há 178 polimorfismos para a CYP1B1[13]. Dentre as diversas alterações polimórficas descritas, as que ocorrem em genes de reparo sugerem que a correção de danos no

DNA pode ser influenciada por variações genéticas, as quais podem estar envolvidas com a susceptibilidade individual ao câncer[14].

O câncer é considerado uma doença genética, no sentido de que seu desenvolvimento pode estar relacionado com a ação de genes específicos, inclusive os que controlam o ciclo celular. Este é uma sequência ordenada de eventos em que a célula duplica o seu material genético (cromossomos) e se divide em duas células idênticas. Essa divisão ocorre em quatro fases distintas: na fase S [*synthesis* (síntese)] o material genético é duplicado e, na fase M [*mitosis* (mitose)] os cromossomos duplicados são distribuídos igualmente entre duas células filhas. As fases restantes são simplesmente denominadas de G1 [*gap 1* (intervalo 1)] e de G2 [*gap 2* (intervalo 2)]. G1 precede a fase S e G2 antecede a fase M. Vários mecanismos regulatórios atuam em todas as fases do ciclo celular, destacando-se as proteínas denominadas ciclinas e as cdks [*cyclin dependent kinases* (ciclinas dependentes de quinases)][15].

Na carcinogênese ocorre, frequentemente, a ativação aberrante do ciclo celular alcançada pela inativação dos genes inibidores, tais como os supressores de tumor, por mutações ou diminuição de sua expressão. Nesse processo ocorre também a ativação de genes estimuladores, como os proto-oncogenes[16].

Os diversos processos de morte celular também constituem fenômeno biológico importante. Dentre eles, a apoptose constitui evento fisiológico organizado, essencial para a manutenção da homeostase, envolvendo redução do volume celular, fragmentação do núcleo e formação de corpúsculos apoptóticos[17].

Duas vias podem dar início à apoptose: a via extrínseca, mediada por receptores de morte presentes na membrana plasmática; e a via intrínseca, associada com o aumento da permeabilidade mitocondrial. Em ambas, descreve-se que há ativação de proteases específicas, as caspases, responsáveis pela quebra do substrato celular[18].

A etapa de progressão da carcinogênese envolve também a perda de comunicação entre a célula neoplásica e as outras ao seu redor. Nessa fase, ocorre a produção de enzimas proteolíticas que degradam a matriz extracelular e liberam a célula para ser transportada pela corrente sanguínea. Além da degradação da matriz extracelular, há a liberação de fatores de crescimento que estimulam as paredes internas dos vasos sanguíneos a proliferar, formando novas veias e artérias em um processo denominado angiogênese[19]. Já a instabilidade genômica, característica da progressão, ocorre quando há grandes danos no material genético da célula, de forma que o sistema de reparo seja incapaz de atuar. Dessa forma, a célula está sujeita a alterações grosseiras, como perdas de material cromossômico, amplificações, duplicações ou inversões de genes, translocações e substituição de pares de base. Assim, é possível que a célula adquira resistência ao tratamento com quimioterápicos ou radiação[20].

O mecanismo de ação de diversos carcinógenos ainda não está completamente descrito. Muitos destes não induzem a formação de adutos, um mecanismo chave para agentes carcinogênicos genotóxicos. Dessa forma, outros eventos podem estar envolvidos com a carcinogênese, por exemplo, os que envolvem alterações epigenéticas[21].

EPIGENÉTICA E CARCINOGÊNESE

No início da década de 1980, Feinberg e Volgestein[22] observaram alterações no padrão de metilação de células neoplásicas. Esse foi um dos primeiros eventos epigenéticos relatados em neoplasias, nas quais modificações na expressão gênica foram observadas com diferentes consequências fenotípicas, sem que ocorressem mudanças na sequência do DNA[23]. Porém, até poucos anos atrás, o termo epigenético era vago e não universalmente aceito. Entretanto, vários estudos demonstraram que diversos genes podem ser anormalmente expressos quando a célula é exposta a compostos que não apresentam potencial mutagênico[24].

A metilação é a principal herança epigenética do genoma humano e consiste na adição covalente de um grupo metila na posição 5' do anel da citosina do dinucleotídeo formado por citosina e guanina. Em neoplasias, foram observados dois tipos concomitantes de alterações da metilação do DNA. No primeiro, a quantidade de citosinas metiladas em nível genômico está reduzida em comparação a tecidos normais. No segundo caso, mais intensamente estudado, genes estão transcricionalmente silenciados no câncer, em decorrência de uma hipermetilação do seu promotor[25]. Genes regulados dessa forma incluem os supressores de tumor, os envolvidos com o reparo do DNA e aqueles responsáveis pelo controle da proliferação e diferenciação celulares[26]. Assim, acredita-se que a metilação contribua para a carcinogênese, por meio da inativação da expressão gênica[27].

O DNA humano é condensado e ordenado em uma estrutura dinâmica denominada cromatina. Esta é constituída por unidades básicas de repetição, os nucleossomos, que consistem de, aproximadamente, duas voltas da fita de DNA em torno de um octâmero formado por pares de proteínas histonas. Essas proteínas apresentam domínios que podem ser modificados por diversos tipos de reações, como as de metilação e acetilação[28].

A modificação de histonas mais estudada, a acetilação, reduz a afinidade destas pelo DNA. Assim, o domínio da histona é desprendido do nucleossomo, afrouxando a estrutura da cromatina, permitindo o acesso de fatores de transcrição[29]. Alterações no padrão de acetilação das histonas podem levar à perda da atividade normal da célula e, em última instância, ao desenvolvimento do câncer[30].

A maior parte das doenças de caráter genético é causada por alterações em diversos genes. O mesmo ocorre com o câncer, no qual, além das modificações genéticas, deve-se considerar, também, as epigenéticas como fundamentais para a sua etiologia. Dada a complexidade do processo de desenvolvimento do câncer, a prevenção é a melhor abordagem frente a essa doença. E para tanto, é necessário conhecer os fatores de risco para o desenvolvimento do câncer.

FATORES DE RISCO PARA O CÂNCER

As categorias de fatores de risco conhecidos para o desenvolvimento do câncer estão descritas no Quadro 1. Eles podem atuar isoladamente ou combinados. Os fatores genéticos são hereditáveis e seu controle, no momento, ainda não é completamente possível. Indivíduos predispostos podem exercer algum tipo de controle por meio de medidas preventivas, como modificações na alimentação, prática de atividade física, não utilização do tabaco e de bebidas alcoólicas, proteção quanto à exposição à radiação ultravioleta (UV) e padrão de comportamento sexual mais seguro[31]. Quanto às modificações nos hábitos alimentares, diversas pesquisas demonstram que o consumo regular de frutas e hortaliças pode modular a carcinogênese[32]. Dessa forma, foi instituído por uma parceria entre agências de saúde norte-americanas o Programa Nacional de Frutas e Hortaliças, no qual é

Quadro 1. Fatores de risco para o câncer

Categoria	Exemplo
Endógenos	
Predisposição genética	Xerodermia pigmentosa
Hormônios	Estrógenos
Exógenos	
Agentes químicos	Benzeno
Processos industriais	Indústria da borracha
Material particulado	Asbestos
Hormônios sintéticos	Reposição hormonal
Radiação ionizante	Raios X
Radiação não ionizante	Luz UV
Vírus	Vírus da hepatite B
Hábitos culturais	Fumaça do cigarro
Iatrogenia	Fármacos citotóxicos
Dieta	Consumo deficiente de fibras alimentares

Adaptada de Vainio e Winder[31].

preconizado o consumo de cinco a nove porções diárias desses alimentos no sentido de reduzir a incidência de diversas doenças crônicas, inclusive o câncer[33].

Fatores ambientais incluem exposição ocupacional a carcinógenos, que podem ocorrer durante procedimentos industriais, médicos e laboratoriais. Esses fatores podem ser controlados com equipamentos de proteção individual e coletiva.

O trabalho em laboratórios e o risco de câncer

Em meados da década de 1980, observaram-se diversos casos de câncer em indivíduos que trabalhavam em diferentes institutos de pesquisa biológica[34]. Isso levou a IARC a iniciar, em 1986, um amplo estudo retrospectivo envolvendo diversos países europeus, que teve como objetivo avaliar o risco de câncer entre trabalhadores da área de pesquisa biológica[35].

Nesse sentido, diversos autores têm levantado a possibilidade de existência de risco aumentado para o desenvolvimento de câncer entre indivíduos que trabalham em laboratórios[36]. Embora ainda não seja conclusiva a relação entre o trabalho em laboratórios e o risco de desenvolvimento de câncer[37], diversos estudos epidemiológicos têm indicado taxas excessivas de incidência e mortalidade por câncer entre indivíduos que trabalharam em laboratórios[38,39].

Alguns desses casos de neoplasias têm sido atribuídos, ainda que em parte, a substâncias como o benzeno e outros solventes, substâncias nitrosadas e epóxidos[36].

Há alguns anos foram disponibilizados pelo Carex (Carcinogen Exposure) vários dados sobre a exposição de trabalhadores europeus a diversos carcinógenos. O Carex é um sistema internacional de informação sobre a exposição ocupacional a agentes carcinogênicos conhecidos ou suspeitos, que é resultado de uma iniciativa do programa "A Europa contra o Câncer", da Comunidade Europeia. Os dados gerados constituem estimativas do número de trabalhadores expostos relativos ao país, a carcinogênicos e ao tipo de atividade econômica. Assim, estimou-se que no período de 1990 a 1993 cerca de 32 milhões de trabalhadores (23% da força de trabalho) da comunidade europeia sofreram exposição a agentes suspeitos de causar o câncer. No caso particular de institutos de pesquisa, acredita-se que cerca de 100 mil indivíduos tenham sido expostos a carcinógenos, tendo sido o total de exposições da ordem de 140 mil[40].

A prevenção do câncer no ambiente laboratorial

A prevenção do câncer no ambiente laboratorial está fundamentada na eliminação ou na redução da exposição ao agente carcinogênico. Assim, a adoção de boas práticas de laboratório, que resultem no uso seguro de

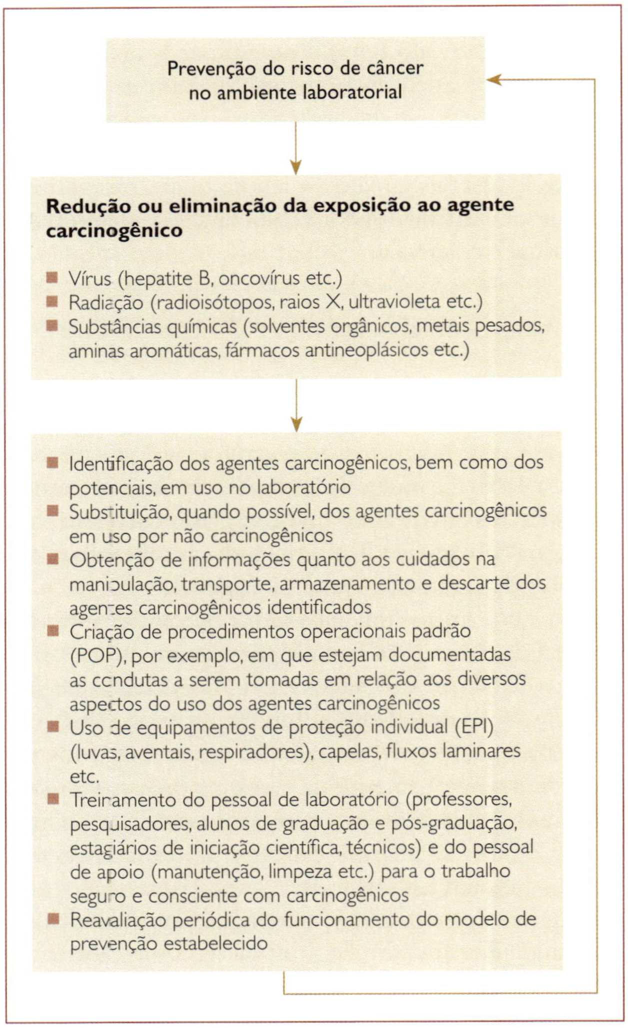

Figura 5. Prevenção do risco de câncer no ambiente laboratorial.

substâncias químicas carcinogênicas nesse ambiente específico, constitui medida essencial para a redução do risco apresentado por tais compostos (Figura 5).

O USO SEGURO DE SUBSTÂNCIAS CARCINOGÊNICAS

O uso de agentes carcinogênicos em laboratórios pode ser realizado de forma segura, desde que sejam tomadas determinadas precauções. Assim, são apresentadas a seguir algumas orientações quanto a diversos aspectos do uso adequado de substâncias carcinogênicas.

O uso seguro de substâncias carcinogênicas, embora factível, não constitui tarefa simples. Assim, para compreender a magnitude da questão, antes de iniciar o trabalho com tais compostos é interessante que se faça, por exemplo, uma reflexão sobre alguns aspectos associados aos seus empregos, tais como:

- A essencialidade do uso da substância em questão.
- A possibilidade de substituição do carcinógeno por uma substância menos tóxica.
- A existência na literatura e a disponibilidade no laboratório de informações quanto aos aspectos de segurança referentes ao uso do agente carcinogênico.
- A adequação das instalações físicas em que a referida substância será utilizada.
- A forma pela qual o agente carcinogênico e os resíduos contaminados por ele serão descontaminados e descartados.
- Os procedimentos que serão adotados em caso de emergências relacionadas aos carcinógenos, como ingestão acidental, vazamentos, incêndios etc.

Diante desse contexto, é importante ressaltar que a melhor forma de controlar a exposição das pessoas que trabalham diretamente no ambiente laboratorial (analistas, técnicos, professores, alunos de graduação e pós-graduação e estagiários), bem como no apoio (limpeza, manutenção, segurança etc.) ao material carcinogênico consiste em substituí-lo por uma substância que não apresente essa atividade. Caso não exista essa possibilidade, as orientações a seguir constituem uma opção a ser adotada.

Identificação das substâncias carcinogênicas

O trabalho realizado em instituições de pesquisa envolve, em diversas situações, a manipulação de substâncias carcinógenas. Diversos são os ambientes em que esse tipo de substância pode ser encontrado, como os laboratórios químicos, bioquímicos, farmacêuticos, microbiológicos, de histologia, entre outros[41].

Assim, é de extrema importância que sejam inicialmente identificadas em cada laboratório as substâncias em uso consideradas carcinogênicas.

Segundo a Administração da Segurança e Saúde Ocupacional (OSHA), vinculada ao Departamento do Trabalho dos Estados Unidos, em sua norma para laboratórios, um carcinógeno pode ser definido como qualquer substância que atenda a qualquer um dos seguintes critérios[42]:

- Ser regulamentada pela OSHA como agente carcinogênico.
- Encontrar-se listada na categoria "carcinogênico em humanos", no Relatório Anual sobre Carcinogênicos publicado pelo Programa Nacional de Toxicologia (NTP) (última edição).
- Encontrar-se listada no grupo 1A ("carcinogênico em humanos") nas monografias sobre o câncer da IARC (últimas edições).

- Encontra-se listada no grupo 2A ou 2B, segundo a IARC, ou na categoria "razoavelmente se antecipa como carcinogênico" pelo NTP, e causar incidência estatisticamente significativa de neoplasias em animais de experimentação, de acordo com qualquer um dos critérios seguintes:
  - Após exposição por inalação de cerca de seis a sete horas por dia, cinco dias por semana, por um período significativo da vida da espécie, a doses menores do que 10 mg/m³.
  - Após aplicações repetidas sob a pele de quantidades menores que 300 mg/kg de peso corpóreo, por semana.
  - Após doses orais diárias menores que 50 mg/kg de peso corpóreo.

Existem três órgãos que avaliam a carcinogenicidade de diversas substâncias e/ou que regulamentam seu uso. São eles:

Agência Internacional de Pesquisa do Câncer (IARC)

Estabelecido em 1965 pela Organização Mundial da Saúde (OMS), esse órgão tem como missão coordenar e conduzir pesquisas sobre as causas do câncer, bem como estratégias científicas para o controle da doença. Desde 1969, a IARC já publicou mais de cem monografias que contêm informações sobre o riso de câncer de diversas substâncias químicas, misturas e condições de exposição, como a ocupacional.

As substâncias testadas pela agência são classificadas em três categorias:

- Grupo 1A: a substância é considerada carcinogênica em humanos.
- Grupo 2A: a substância é provavelmente carcinogênica em humanos.
- Grupo 2B: a substância é possivelmente carcinogênica em humanos.

As informações completas relativas às monografias da IARC podem ser encontradas no seguinte site: http://monographs.iarc.fr/

Programa Nacional de Toxicologia (NTP)

O NTP é responsável pela elaboração do relatório anual sobre carcinogênicos, publicado pela Secretaria do Departamento de Serviços de Saúde e Humano dos Estados Unidos. Nesse relatório são apresentadas substâncias que demonstraram ou levantaram suspeitas de serem capazes de causar câncer em humanos. As substâncias carcinogênicas são agrupadas em duas categorias: carcinógenos conhecidos ou provavelmente carcinogênicos. O relatório anual sobre carcinogênicos pode ser encontrado no seguinte site: ntp.niehs.nih.gov/pubhealth/roc/index.html.

Administração da Saúde e Segurança Ocupacional (OSHA)

Esse órgão tem sua atuação direcionada para a regulamentação do uso de diversos agentes carcinogênicos por meio de padrões. Estes estabelecem diretrizes para manipulação, armazenamento e outros aspectos da utilização desses carcinogênicos.

Também é possível obter listas de substâncias carcinogênicas em sites de universidades, por exemplo:

- University of Oxford: http://physchem.ox.ac.uk/MSDS/carcinogens.html
- Cornell University: http://www.ehs.cornell.edu/

No Anexo encontra-se uma lista em que estão apresentadas algumas substâncias químicas carcinogênicas. Deve-se ressaltar que ela não está completa, de modo que é recomendável consultar as últimas publicações pertinentes. O fato de determinada substância não estar presente na lista não significa, em hipótese alguma, que não seja necessariamente carcinogênica.

Obtenção de dados de segurança relativos ao uso de substâncias carcinogênicas

Uma vez realizado o levantamento das substâncias carcinogênicas em uso no laboratório, sugere-se que se obtenham dados de segurança relativos ao seu emprego. Esse tipo de informação pode ser encontrado no assim denominado *Material Safety Data Sheet* (MSDS), que corresponde a fichas de segurança química. Mais especificamente, esse tipo de documento contém informações quanto aos aspectos toxicológicos da substância (vias de exposição, sintomas da exposição etc.), cuidados no uso (tipo de luva que deve ser utilizado, necessidade de capela, óculos de proteção etc.), propriedades químicas, regulamentação do uso, entre outras. As empresas produtoras de reagentes químicos fornecem os MSDS com o próprio produto. Os MSDS também podem ser obtidos nos seguintes sites:

- Instituto Nacional de Segurança e Saúde Ocupacional (NIOSH), Estados Unidos – http://www.cdc.gov/niosh/ipcs/nicstart.html
- Agência para Registro de Substâncias Tóxicas e Doenças (ATSDR), Estados Unidos – http://www.atsdr.cdc.gov/toxfaq.html#-M-
- Oxford University – http:/www.physchem.ox.ac.uk/msds/
- Cornell University – http://msds.pdc.cornell.edu/msdssrch.asp

ANÁLISE DOS RISCOS DO TRABALHO QUE ENVOLVE SUBSTÂNCIAS CARCINOGÊNICAS

É recomendável realizar uma avaliação dos procedimentos laboratoriais envolvidos com carcinógenos, de modo a determinar os riscos envolvidos e estabelecer os controles adequados. Os riscos e os controles dependem das características toxicológicas do agente carcinogênico e da complexidade das operações em que ele é utilizado.

Alguns aspectos que precisam ser considerados incluem, por exemplo:

- Agente carcinogênico
  - Propriedades físicas que possam aumentar sua dispersão e promover sua entrada no organismo por superfícies contaminadas. O uso de substâncias sólidas na forma de blocos pode não demandar eventualmente o uso de capela, ao contrário do emprego de substâncias que se encontram na forma de pós finos ou de gás, por exemplo.
- Operações
  - Quantidade de carcinógeno utilizada.
  - Duração e frequência das exposições.
  - Via de exposição (aérea, pele, ingestão, subcutânea ou combinações).
  - Aspectos do processo que podem aumentar o potencial de exposição, como moer um sólido, aquecer um líquido até sua evaporação, espalhar o material sobre superfícies.

Identificação das áreas do laboratório em que as substâncias carcinogênicas são utilizadas

É recomendável que todas as áreas do laboratório em que os compostos carcinogênicos são utilizados sejam identificadas com símbolo apropriado. Isso inclui capelas, bancadas, geladeiras, armários etc. Um exemplo de símbolo utilizado para tal finalidade é o adotado pelo Laboratório Nacional Lawrence Livermoore da Universidade da Califórnia, Estados Unidos (Figura 6).

Figura 6. Exemplo de símbolo para a identificação da área de trabalho com carcinogênicos, utilizado pelo Laboratório Nacional Lawrence Livermoore (LLNL) da Universidade da Califórnia, EUA. Fonte: LLNL, 2000

Armazenamento de agentes carcinogênicos

Quando possível, deve-se adquirir apenas a quantidade de carcinógeno que atenda as necessidades e de forma fracionada. Assim, por exemplo, em vez de adquirir um frasco de 1 kg de uma substância carcinogênica, recomenda-se adquirir dois frascos de 500 g ou quatro de 250 g. Assim, em caso de derramamento acidental, o manipulador estaria exposto a uma quantidade reduzida do carcinógeno.

Caso seja necessária a aquisição de grande quantidade de carcinógenos, recomenda-se o seu armazenamento em um almoxarifado, ou local apropriado, distante do local de circulação de pessoas.

Os agentes carcinogênicos químicos devem ser mantidos em suas embalagens originais. Em alguns tipos de compostos, a embalagem original apresenta atmosfera modificada, que reduz eventuais reações de oxidação e prolonga a validade do produto. Além disso, a embalagem original é constituída por materiais que são inertes ao carcinógeno.

Para fins de controle, é interessante colocar uma pequena etiqueta com uma identificação no produto, sem cobrir o rótulo original. Assim é possível manter um registro, seja em um caderno ou uma planilha eletrônica, da quantidade de carcinógenos armazenados. Dessa maneira, evitaria que o local de armazenamento fosse vistoriado desnecessariamente, como no caso para verificar se há carcinógeno suficiente para utilização em um experimento ou análise.

O armário destinado ao armazenamento de agentes carcinogênicos no laboratório deverá ser específico para substâncias tóxicas e adequadamente identificado. Assim, deverá ter saídas de ventilação e recomenda-se que tenha portas de vidro. No caso de substâncias que necessitem de refrigeração, estas devem ser armazenadas em prateleiras reservadas para carcinógenos em uma geladeira específica para laboratórios, com portas de vidro. No caso de agentes carcinogênicos higroscópicos, estes devem permanecer em dessecadores exclusivos, ou seja, sem compartilhamento com outros reagentes. Recomenda-se que no laboratório, uma pessoa seja responsável pelo controle do uso e da armazenagem dos carcinógenos.

Como qualquer reagente, deve-se observar a compatibilidade química na armazenagem de substâncias carcinogênicas.

Manipulação de agentes carcinogênicos

Apenas o pessoal capacitado do laboratório deve ser autorizado a manipular agentes carcinogênicos. Deve-se considerar que os experimentos devem ser planejados de forma a gerar a menor quantidade possível de resíduos que possam ser carcinógenos.

Ao manipular agentes carcinogênicos, deve-se ter em mente que a exposição a eles pode ocorrer pela inalação de poeiras ou vapores, contato com a pele, ingestão acidental ou de alimentos contaminados. Produtos cosméticos podem facilitar a absorção de carcinógenos gasosos ou particulados pela pele.

Portanto, são válidas as boas práticas no laboratório, segundo as quais é proibido beber, comer ou aplicar cosméticos nesse ambiente. Além disso, não se deve armazenar alimentos, bebidas e cosméticos em locais onde carcinógenos são utilizados e armazenados.

A manipulação dos agentes carcinogênicos deverá ser efetuada seguindo-se os procedimentos estabelecidos e previamente aprovados pelo responsável pelo laboratório, nas áreas especificadas para tal finalidade. Esses procedimentos devem estar documentados com base nos dados de segurança relativos ao uso de carcinogênicos e na análise de risco realizada.

A quantidade utilizada deverá ser apenas a necessária. Assim, no momento da utilização, o carcinógeno deverá ser fracionado em alíquotas, que devem adequadamente ser identificadas. Sugere-se a utilização de uma etiqueta específica, informando o nome da substância e da pessoa que a preparou, a data da manipulação e o nome do laboratório ao qual pertence. É interessante, também, constar o número do telefone do laboratório na etiqueta. Recomenda-se a utilização de frascos âmbar de vidro borossilicato com sistema antigotejamento, com tampa rosqueável.

No caso de alíquotas de volumes reduzidos, com menos de 1 mL, recomenda-se a utilização de tubos de microcentrífuga de fundo chato, com tampa rosqueável. É importante que a tampa seja desse tipo, já que reduz o risco de respingos quando o tubo é aberto. Os tubos com as alíquotas devem ser armazenados em caixas específicas, devidamente identificadas.

O manuseio de carcinogênicos na bancada pode ser realizado apenas quando for apropriado. Algumas situações em que essa situação pode ocorrer incluem: o material não libera partículas ou forma aerossóis; ao utilizar soluções diluídas de carcinogênicos com concentrações inferiores a 0,1%; ou ao pesar por dia menos de 1 g de carcinógeno na forma de pó seco em uma balança com portas.

Nessas situações, as superfícies de bancadas em que se manipularão os carcinogênicos devem ser cobertas, por exemplo, por material absorvente sobre material plástico, que devem ser trocados periodicamente ou de imediato em caso de derramamento. Assim, minimiza-se a contaminação da área de trabalho e facilita-se sua limpeza.

Por outro lado, todas as operações que envolvam poeiras, vapores ou aerossóis de característica carcinogênica devem ser realizadas de forma a evitar que a contaminação do pessoal ocorra. Na maioria dos casos, faz-se necessário o uso de capela. Nesse sentido, ressalta-se que seu emprego constitui a melhor forma de proteção contra a exposição a substâncias carcinogênicas, devendo ser utilizada sempre que possível.

Experimentos com animais

Recomenda-se que animais tratados com agentes carcinogênicos sejam isolados. As gaiolas devem ser identificadas adequadamente. Considerações específicas devem ser feitas quanto à administração de tais compostos, ou mesmo daqueles com atividade biológica desconhecida. Substâncias voláteis representam o maior risco e devem, quando possível, ser administradas por injeção. A administração de compostos carcinogênicos voláteis por meio de ração ou água é extremamente difícil, de modo que, a menos que seja estritamente necessário, sugere-se utilizar outros métodos de administração.

Equipamentos de proteção individual (EPI)

É preciso usar sempre aventais de laboratório, óculos de segurança, luvas e sapatos, de forma a evitar o contato das roupas e da pele com o agente carcinogênico. Em alguns casos é necessário o uso de respirador com filtro adequado.

O avental deve ser de manga longa e usado apenas nas áreas em que o carcinógeno é manipulado. Na maior parte dos casos, o avental de algodão ou de microfibra é suficiente para proteção contra substâncias carcinogênicas, quando manipuladas em quantidades reduzidas (menos de 1 g por dia ou em soluções com concentrações menores do que 0,1% de carcinógeno). Manipulação de quantidades maiores requer a utilização de vestimentas adequadas, como aventais confeccionados com camadas de filme microporoso intercaladas com poliéster[42].

A seleção das luvas a serem utilizadas deve ser realizada em função das características do carcinogênico, bem como dos diluentes, solventes e outros materiais em uso. Recomendam-se luvas nitrílicas, já que apresentam grande resistência a diversos reagentes químicos. De qualquer forma, os MSDS informam com maiores detalhes os tipos de luvas adequadas. Recomenda-se a troca regular das luvas de forma a evitar suas impregnações com o carcinogênico[42].

Os óculos de segurança a serem utilizados devem apresentar lentes transparentes confeccionadas de material resistente e leve, como o acrílico.

Quando o carcinógeno é volátil, é necessária a utilização de respirador. Este deve apresentar filtro adequado para a operação em que será utilizado. A seleção do filtro do respirador deve ser feita de acordo com vários critérios, que incluem: a substância a ser manipulada e a provável concentração dessa substância e de oxigênio no ambiente de trabalho (existem tabelas fornecidas pelos fabricantes de respiradores que auxiliam nesses cálculos). É importante que o respirador tenha proteção facial.

Quanto aos sapatos, recomenda-se que sejam totalmente fechados e de couro, já que esse material fornece boa resistência mecânica e química.

O equipamento de proteção individual deve ser mantido em área adjacente ao local de trabalho, não devendo ser levado para outras áreas do laboratório. É importante ressaltar que a limpeza dos EPI deve ser realizada pelo próprio usuário, já que ele teve contato com o carcinógeno e por isso conhece seus riscos e a melhor forma de descontaminação.

Descontaminação de carcinogênicos

A princípio, o uso rotineiro de carcinógenos não deve exigir procedimentos de descontaminação pessoal. Após o uso de qualquer agente carcinogênico, deve-se sempre lavar bem as mãos com água fria e, em seguida, com sabão e água quente.

No caso de contaminação de bancadas de trabalho, estas devem ser limpas com água fria e em seguida, com água quente e detergente. Além disso, independentemente de contaminação, as bancadas em que se manipulou algum carcinógeno devem ser limpas da mesma forma, regularmente.

Vidrarias ou equipamentos contaminados ou que apresentem resíduos de carcinógenos devem ser descontaminados segundo procedimentos apropriados para o carcinogênico em questão. Em seguida, o material deve ser lavado com água fria e, a seguir, com água quente e detergente. Finalmente, o material deve ser lavado, seguindo-se o procedimento básico do laboratório.

Alguns métodos que realizam a descontaminação de materiais de laboratório e resíduos são apresentados a seguir[43]:

- Compostos orgânicos, incluindo agentes carcinogênicos, podem ser descontaminados com solução saturada de dicromato de sódio em ácido sulfúrico. Um ou dois dias são considerados suficientes para a inativação dos carcinógenos, considerando-se que a solução tenha sido recentemente preparada.
- Carcinógenos que se oxidam facilmente podem ser inativados com solução saturada de permanganato de potássio em acetona. Essa solução é adequada para agentes carcinogênicos como hidrazinas ou compostos que contêm duplas-ligações isoladas. Soluções de hipoclorito de sódio concentrado (acima de 50%) também podem ser utilizadas como agentes oxidantes.
- Agentes carcinogênicos que são alquilantes, arilantes ou acilantes podem ser inativados com reações de nucleófilos como a água, íons hidroxila, amônia, tióis e tiossulfato. As reações podem ser facilitadas pela dissolução dos agentes em etanol ou solventes similares. Metilmetanosulfonato e etilmetanosulfonato são moderadamente solúveis em água e podem ser inativados em soluções de tiossulfato a 10%. No entanto, alguns cuidados especiais são necessários em se tratando de grandes quantidades (1 g ou mais) desses compostos ou outros altamente reativos, uma vez que reações violentas podem ocorrer. Nesses casos, é preferível utilizar maiores volumes de soluções aquosas de bicarbonato.
- Etileneimina e seus derivados podem ser inativados por hidrólise catalisada por ácido ou por tampão de tiossulfato em pH 5.
- Ciclofosfamida pode ser inativada com solução saturada de hidróxido de potássio em metanol.
- N-metil-N'-nitro-N-nitrosoguanidina (MNNG) é rapidamente inativada em uma solução de tiossulfato de sódio a 10%. O tratamento da MNNG e nitrosamidas relacionadas (N-nitrosometilureia e N-nitrosoetilureia) com álcalis deve ser evitado ou conduzido com bastante cuidado, por causa da produção do gás tóxico diazometano.
- N-nitrosodimetilamina pode ser inativada pela solução saturada de dicromato de sódio em ácido sulfúrico. Pode, ainda, ser reduzida pelas combinações de zinco e ácido acético ou alumínio e hidróxido de sódio. Forma-se, assim, o carcinogênico dimetilidrazina, que deve ser, então, oxidado em uma solução de permanganato de potássio saturado em acetona, por exemplo. Nitrosaminas podem também ser decompostas em nitritos e aminas pela ação de ácido hidrobrômico e ácido acético.
- Hidrocarbonetos aromáticos policíclicos como o benzopireno podem ser inativados pela solução saturada de dicromato de sódio em ácido sulfúrico.
- Aflatoxinas podem ser inativadas pelo acréscimo de solução de hipoclorito ao material a ser descontaminado, seguida da adição de acetona para a destruição da 2,3-dicloro aflatoxina B1 que tenha eventualmente se formado.

Considerando-se a periculosidade de alguns dos procedimentos de descontaminação comentados anteriormente, recomenda-se que, previamente à sua realização, as seguintes referências sejam consultadas.

- As publicações da IARC da série "Laboratory destruction of carcinogens in laboratory wastes".
- Armour MA, Bacovsky RA, Brown LM, McKenzie PA, Renecker DM. Potentially carcinogenic chemicals (including some antineoplastic agents): information and disposal guide. Alberta: University of Alberta Press, 1986.

Descarte de carcinógenos

Os resíduos contaminados com carcinógenos só podem ser descartados após a sua descontaminação.

Assim, resíduos líquidos contaminados por carcinógenos devem ser armazenados temporariamente em recipientes plásticos de polietileno de alta densidade com tampa rosqueável. Sugere-se que se utilize um frasco para cada tipo de resíduo líquido produzido. O recipiente deve estar armazenado em local que não apresente risco de derramamento e próximo do local de manipulação dos carcinógenos.

Convém ressaltar que resíduos que contêm carcinógenos não devem ser descartados em pias ou ralos.

No caso de resíduos sólidos, recomenda-se o mesmo procedimento, ou seja, armazenamento em recipiente plástico de polietileno de alta densidade com tampa rosqueável. Luvas ou aventais que tiveram contato direto com os carcinógenos, como, por exemplo, em uma situação de derramamento, devem ser descartados como resíduos sólidos. Em situações de rotina, em que o agente carcinogênico não esteve em contato direto com as luvas, estas devem ser descartadas como lixo infectante (hospitalar).

O recipiente para descarte de resíduos carcinogênicos deve ser identificado adequadamente.

Emergências com o envolvimento de substâncias carcinogênicas

No caso de contaminação significativa do ambiente de trabalho por carcinógenos (sobretudo os voláteis), o local deve ser evacuado e fechado. O responsável pelo laboratório, o restante do pessoal e os membros da comissão interna de prevenção de acidentes (Cipa) devem ser imediatamente informados. Nessas situações, não se deve tentar resolver o problema sozinho. É importante que se procure ajuda especializada para lidar com o caso. Dependendo da situação, deve-se entrar em contato com empresas especializadas em emergências químicas.

Em caso de contaminação pela pele com carcinógeno, a região afetada deve ser lavada com água fria por pelo menos 5 minutos. Em seguida, a região deve ser lavada vigorosamente com sabão e água aquecida. Caso seja necessário, o indivíduo envolvido tomará um banho e trocará suas roupas e calçados.

Em caso de contaminação dos olhos, estes devem ser lavados imediatamente com água fria corrente por, no mínimo, 15 minutos. Em ambos os casos, recomenda-se procurar orientação médica.

Criação de procedimentos para diversos aspectos do uso de substâncias carcinogênicas

É importante que se encontrem documentados todos os procedimentos que devem ser seguidos para o desenvolvimento das atividades relacionadas a diversos aspectos do uso de substâncias carcinogênicas. O emprego de procedimentos operacionais padrão (POP) constitui uma opção nesse sentido. Assim, é possível obter instruções quanto ao desenvolvimento de um POP específico para o uso de carcinógenos no site da Cornell University (http://www.ehs.cornell.edu/).

TREINAMENTO DO PESSOAL

Antes de trabalhar com substâncias carcinogênicas, o indivíduo deve receber treinamento para desempenhar adequadamente todas as atividades envolvidas com o uso de reagentes químicos. Nesse sentido, deve ser dada ênfase aos riscos relacionados ao trabalho com esse tipo de composto, e também aos cuidados de segurança que devem ser tomados.

Após o primeiro treinamento, o indivíduo deve receber treinamentos posteriores periódicos, de modo a renovar seus conhecimentos a respeito do uso seguro de substâncias carcinogênicas.

É importante ressaltar que o uso correto dos procedimentos estabelecidos é fundamental para que o risco relacionado com o trabalho que envolve agentes carcinogênicos seja efetivamente minimizado. Dessa forma, a percepção desse fato por todos os integrantes do laboratório torna-se de extrema importância.

Reavaliação dos procedimentos adotados referentes ao uso seguro de substâncias carcinogênicas

É importante que os procedimentos estabelecidos para o uso seguro de carcinógenos sejam reavaliados periodicamente. Dessa forma, é possível corrigir possíveis imperfeições existentes e melhorar os procedimentos atuais. Sugere-se, por exemplo, que se procurem identificar novos carcinógenos em uso no laboratório com uma periodicidade estabelecida.

CONSIDERAÇÕES FINAIS

O processo de desenvolvimento do câncer é complexo. Para tanto, é necessária a ativação de diversas vias metabólicas, o que pode ocorrer com a exposição contínua a diversos compostos químicos ao longo do tempo. O organismo humano apresenta sistemas enzimáticos que podem exercer alguma atividade protetora contra compostos com provável ação carcinogênica. Porém, polimorfismos genéticos e o fato de que alguns compostos podem produzir metabólitos com atividade carcinogênica mais potente sugerem que o ideal no contexto de prevenção é minimizar a exposição a esses agentes. Dessa forma, torna-se importante o correto armazenamento de agentes carcinogênicos, assim como também o seu manuseio e descarte, com o uso adequado de EPI.

REFERÊNCIAS BIBLIOGRÁFICAS

1. Inca. Instituto Nacional do Câncer. Estimativa 2010-Incidência de Câncer no Brasil. [Online]. Disponível: http://www.inca.gov.br/estimativa2014/. Acesso em: 4/11/2015.
2. Torre LA, Bray F, Siegel RL, Ferlay J, Lortet-Tieulent J, Jemal A. Global cancer statistics. CA Cancer J Clin. 2015;65:87-108.
3. Greenwald ED, Greenwald ES. Cancer epidemiology. Medical Examination Publ. New Hyde Park, Nova York, 1983. Apud: Hazelwood RN. Carcinogen risk assessment. Advances in Food Research. 1987;31:1-51.
4. Higginson J, Muir CS. Determination of the importance of environmental factors in human cancer: the role of epidemiology. Bull Cancer. 1977;64:365-84.
5. Carpenter DO, Arcaro K, Spink DC. Understanding the human health effects of chemical mixtures. Environ Health Perspect. 2002;110(Suppl 1):25-42.
6. Siemiatycki J, Richardson L, Straif K, Latreille B, Lakhani R, Campbell S, et al. Listing occupational carcinogens. Environ Health Perspect. 2004;112:1447-59.
7. Irigaray P, Belpomme D. Basic properties and molecular mechanisms of exogenous chemical carcinogens. Carcinogenesis. 2010;31:135-48.
8. Farber E. Cell proliferation as a major risk factor for cancer: a concept of doubtful validity. Cancer Res. 1995; 55:3759-62.
9. Vogelstein B, Kinzler KW. The multistep nature of cancer. Trends Genet. 1993;9:138-41.
10. Pitot HC, Dragan YP. Facts an theories concerning the mechanisms of carcinogenesis. Faseb J. 1991;5:2280-6.
11. Klaunig JE, Kamendulis LM, Hocevar BA. Oxidative stress and oxidative damage in carcinogenesis. Toxicol Pathol. 2010;38:96-109.
12. Harris CC, Autrup H, Connor R, Barrett LA, Mcdowell EM, Trump BF. Interindividual variation in binding of benzo[a]pyrene to DNA in cultured human bronchi. Science. 1976;194:1067-9.
13. Spivack SD, Hurteau GJ, Fasco MJ, Kaminsky LS. Phase I and II carcinogen metabolism gene expression in human lung tissue and tumors. Clin Cancer Res. 2003;9(16 Pt 1):6002-11.
14. Mohrenweiser HW, Wilson DM, Jones IM. Challenges and complexities in estimating both the functional impact and the disease risk associated with the extensive genetic variation in human DNA repair genes. Mutat Res. 2003;526:93-125.
15. Tessema M, Lehmann U, Kreipe H. Cell cycle and no end. Virchows Arch. 2004;444:313-23.
16. Malumbres M, Barbacid M. To cycle or not to cycle: a critical decision in cancer. Nat Rev Cancer. 2001; 3:222-31.
17. Okada H, Mak TW. Pathways of apoptotic and non--apoptotic death in tumour cells. Nat Rev Cancer. 2004;4:592-603.
18. Igney FH, Krammer PH. Death and anti-death: tumour resistance to apoptosis. Nat Rev Cancer. 2002;2:277-88.
19. Sercu S, Zhang L, Merregaert J. The extracellular matrix protein 1: its molecular interaction and implication in tumor progression. Cancer Invest. 2008;26:375-84.
20. Raynaud CM, Sabatier L, Philipot O, Olaussen KA, Soria JC. Telomere length, telomeric proteins and genomic instability during the multistep carcinogenic process. Crit Rev Oncol Hematol. 2008;66:99-117.
21. Salnikow K, Zhitkovich A. Genetic and epigenetic mechanisms in metal carcinogenesis and cocarcinogenesis: nickel, arsenic, and chromium. Chem Res Toxicol. 2008;21:28-44.
22. Feinberg AP, Vogelstein B. Hypomethylation distinguishes genes of some human cancers from their normalcounterparts. Nature. 1983;301:89-92.
23. Feinberg AP, Tycko B. The history of cancer epigenetics. Nat Rev Cancer. 2004;4:143-53.
24. Trosko JE, Upham BL. The emperor wears no clothes in the field of carcinogen risk assessment: ignored concepts in cancer risk assessment. Mutagenesis. 2005;20:81-92.
25. Robertson KD, Jones PA. DNA methylation: past, present and future directions. Carcinogenesis. 2000;21:461-7.
26. Esteller M. Cancer epigenetics: DNA methylation and chromatin alterations in human cancer. Adv Exp Med Biol. 2003; 532:39-49.
27. Herman JG. Hypermethylation pathways to colorectal cancer. Implications for prevention and detection. Gastroenterol Clin North Am. 2002;31:945-58.
28. Fischle W, Wang Y, Allis CD. Binary switches and modification cassettes in histone biology and beyond. Nature. 2003;425:475-9.
29. Grunstein M. Histone acetylation in chromatin structure and transcription. Nature. 1997;389:349-52.
30. Chung D. Histone modification: the 'next wave' in cancer therapeutics. Trends Mol Med. 2002;8:S10-1.
31. Vainio H. Carcinogenesis and its prevention. In: Stacey NH, Winder C. Occupational Toxicology. London: Taylor & Francis, 2004, 602p.
32. Lee JE, Chan AT. Fruit, vegetables, and folate: cultivating the evidence for cancer prevention. Gastroenterology. 2011;141:16-20.

33. CDC. Center for Disease Control and Prevention. [Online]. Disponível em: http://www.cdc.gov/nutrition/. Acesso em: 4/11/2015.
34. Rachet B, Partanen T, Kauppinen T, Sasco AJ. Cancer risk in laboratory workers: an emphasis on biological research. American Journal of Industrial Medicine. 2000;38:651-65.
35. Sasco AJ. Cancer risk in laboratory workers. Lancet. 1992;339.
36. Belli S, Comba P, De Santis M, Grignoli M, Sasco A. Mortality study of workers employed by the Italian National Institute of Health, 1960-89. Scand J Work Environ Health. 1992;18:64-7.
37. Apostoli P, Lucchini R, Alessio L. Proposal of a method for identifying exposure to hazardous chemicals in biomedical laboratories. Clinica Chimica Acta. 1996;256:75-86.
38. Dement JM, Cromer JR. Cancer and reproductive risks among chemists and laboratory workers: a review. Applied Occupational and Environmental Hygiene. 1992;7:120-6.
39. Gustavsson P, Reuterwall C, Sadigh J, Soderholm M. Mortality and cancer incidence among laboratory technicians in medical research and routine laboratories (Sweden). Cancer Causes Control. 1999;10:59-64.
40. CAREX. Carcinogen Exposure Report of EU. [Online]. Disponível em: http://www.occuphealth.fi/list/data/CAREX. Acesso em: 7/9/2011.
41. Risk Management Office, University of Sidney, Australia. Guidelines for using carcinogenic substances. [Online]. Disponível em: www.usyd.edu.au/su/ohs/carcing/.html. Acesso em: 7 dede março de 2011].
42. Occupational Safety & Health Administration (OSHA). USA. Osha Regulations (Standards – 29 CFR) – Osha Laboratory Standard: Occupational Exposure to Hazardous Chemicals in Laboratories – 1910.1450, 1990. [Online]. Disponível em: http://www.osha-slc.gov/OshStd_data/1910_1450.html. Acesso em: 10/3/2001].
43. Armour MA, Bacovsky RA, Brown LM, McKenzie PA, Renecker DM. Potentially carcinogenic chemicals (including some antineoplastic agents): information and disposal guide. Alberta: University of Alberta Press; 1986.

ANEXO

Lista de algumas substâncias químicas carcinogênicas

acetaldeído
asbestos
2-acetilaminofluoreno
acrilonitrila
acrilamida
adriamicina
aflatoxinas
p-aminoazobenzeno
o-aminoazobenzeno
4-aminobifenil
arsênio e seus compostos
benzeno
benzidina
N,N'– diacetilbenzidina
3,3'– diclorobenzidina
3,3'– dimetoxibenzidina
3,3'– dimetilbenzidina
berílio e seus compostos
N,N – bis (2-cloroetil)-2-naftilamina
bis(clorometil) éter
1,4 –Butanodiol dimetanosulfonato
b – butirolactona
cádmio e seus compostos
clorambucil
4 – cloro – o – toluidina
4 – cloro – fenilenodiamina
cromo hexavalente e seus compostos
cisplatina
ciclofosfamida
daunomicina
2,4 – diaminoanisol
2,4 – diaminotolueno
3,3'– dicloro – 4,4'– diaminofenil éter
4,4'– Metileno bis (2-cloroanilina)
dietilidrazina
1,1 – dimetilidrazina
1,2 – dimetilidrazina
dimetilsulfato
óxido de etileno
óxido de propileno
formaldeído
2 – naftilamina
níquel e seus compostos
bis (cloroetil) nitrosureia (BCNA)
1 – (2 – cloroetil) – 3 – cicloexil –1 – nitrosoureia (CCNU)
N – etil – N – nitrosoureia
N – metil – N'– nitro – N – nitrosoguanidina (MNNG)
N – metil – N – nitrosoureia
N – nitrosodimetilamina
N– nitrosodietilamina
benzantraceno
benzopireno
dibenzoantraceno
estireno
cloreto de vinila

capítulo 10

Legislação aplicada à gestão de biossegurança em laboratórios de ensino e pesquisa

Yara Maria Lima Mardegan

INTRODUÇÃO

A biossegurança no Brasil define competências, mecanismos de fiscalização de atividades que envolvam organismos geneticamente modificados (OGM) e seus derivados, questões relativas a pesquisas científicas com células-tronco embrionárias, e estabelece normas de segurança conforme a Lei de Biossegurança n. 11.105 de 24.03.2005[1] que revogou a Lei n. 8.974, de 05.01.1995. Esta Lei consolida a legislação existente, regulamentando a produção, comercialização e fiscalização destes mesmos OGM, e estabelece diretrizes e competências de cada órgão.

Embora o foco da Lei n. 11.105 seja os riscos relativos às técnicas de manipulação de OGM, a biossegurança está presente nos ambientes de universidades, indústrias, serviços da área de saúde (p. ex., laboratórios, consultórios, hospitais, clínicas, farmácias) e outros, no sentido da prevenção dos riscos gerados pelos agentes químicos, físicos e ergonômicos, envolvidos em processos em que o risco biológico pode estar presente. Esta é a vertente da biossegurança, que, na realidade, se confunde com a engenharia de segurança, a medicina do trabalho, a saúde do trabalhador, a higiene industrial, a engenharia clínica e a infecção hospitalar[2-4].

Segundo Hirata, no Capítulo 1 – "O laboratório de ensino e pesquisa e seus riscos", a biossegurança não pode, neste caso, ser restrita aos cuidados com os OGM, embora mereçam destacada atenção, mas deve ter uma abordagem mais ampla da segurança geral para todos os envolvidos no ambiente de pesquisa ou em serviços de apoio, adotando-se o termo *biossegurança* como fundamento básico para assegurar o avanço dos processos tecnológicos e proteger a saúde humana, animal e o meio ambiente.

Para Szklarowsky, o "meio ambiente, na expressão legal, é o conjunto de condições, leis, influências e interações de ordem física, química e biológica que abriga e rege a vida em todas as suas formas"[5].

Com este entendimento de biossegurança, agrupamos e organizamos, de forma sucinta, os documentos legais que normatizam as atividades laboratoriais citadas pelos autores: Legislação Geral, Normas Técnicas (NBR), Normas Regulamentadoras de Segurança e Saúde no Trabalho e legislação específica para o trabalho com OGM.

A compreensão da legislação aplicável às atividades desenvolvidas na instituição de ensino e pesquisa é ponto fundamental para os dirigentes, professores, pesquisadores e funcionários que irão desenvolver e/ou gerenciar as pesquisas e os laboratórios, sempre visando à segurança e à proteção pessoal e do meio ambiente[6].

O cumprimento da legislação relativa às atividades que envolvem a manipulação com OGM e seus derivados esá vinculada ao desempenho da Comissão Interna de Biossegurança (CIBio) visto que indica procedimentos e rotinas que podem auxiliar a gestão de atividades que compete à CIBio das organizações – órgão de extrema relevância para o controle, acompanhamento, fiscalização no âmbito interno, além de ser o elo entre a Comissão Técnica Nacional de Biossegurança (CTNBio) e a instituição que representa[7].

Trazemos, também, sugestões ao leitor para a aplicação e o acompanhamento da legislação, o estabelecimento de rotinas que podem auxiliar na gestão de documentos e também servir de subsídio inicial para a identificação, a avaliação e o aprofundamento dos requisitos legais, lembrando que deverá ser considerada a permanente renovação dos diplomas legais e a especificidade da legislação complementar de cada região do país.

Atuar em conformidade com a legislação constitui a principal garantia que uma organização possui para o desenvolvimento e o gerenciamento de suas atividades de forma consciente e responsável[8].

LEGISLAÇÃO GERAL

Preocupados, os órgãos governamentais, os cientistas e as entidades voltadas à preservação do meio ambiente têm realizado estudos direcionados a fim de obter a diminuição dos impactos ambientais e impedir a degradação da natureza, implementando mecanismos legais de proteção[1,9-11].

Os diplomas legais abordados neste tópico relacionam-se às atividades práticas diárias que permeiam os laboratórios de ensino e pesquisa da área da saúde, visando estabelecer normas para a segurança do homem e para a adequada manipulação de agentes infecciosos, substâncias químicas perigosas e seu comprometimento com sua correta eliminação no meio ambiente. Neste item são, portanto, apresentadas as diretrizes que normatizam as práticas em laboratórios na área de saúde. São ainda acrescentadas outras legislações pertinentes ao assunto, que também poderão subsidiar o leitor em sua consulta.

Legislação Federal

Lei n. 2.063, de 6.10.1983 – Dispõe sobre multas a serem aplicadas por infrações e regulamentação para a execução do serviço de transporte rodoviário de cargas ou produtos perigosos e dá outras providências[12].

Lei n. 7.802, de 11.7.1989 – Dispõe sobre a pesquisa, a experimentação, a produção, a embalagem e rotulagem, o transporte, o armazenamento, a comercialização, a propaganda comercial, a utilização, a importação, a exportação, o destino final dos resíduos e embalagens, o registro, a classificação, o controle, a inspeção e a fiscalização de agrotóxicos, seus componentes e afins, e dá outras providências[13].

Lei n. 9.605, de 12.2.1998 – Dispõe sobre as sanções penais e administrativas derivadas de condutas e atividades lesivas ao meio ambiente, e dá outras providências[14].

Lei n. 9.795, de 27.4.1999 – Dispõe sobre a educação ambiental, institui a Política Nacional de Educação Ambiental e dá outras providências[15].

Decreto n. 26.465, de 10.7.1934 – Dispõe que são tutelados ao Estado todos os animais existentes no País e determina sanções àquele que, em lugar público ou privado, aplicar ou fazer aplicar maus tratos aos animais[16].

Decreto n. 96.044, de 18.5.1988 – Aprova o regulamento para o transporte rodoviário de produtos perigosos e dá outras providências[17].

Decreto n. 98.816, de 11.1.1990 – Regulamenta a Lei n. 7.802, de 11.7.1989, que dispõe sobre a pesquisa, a experimentação, a produção, a embalagem e rotulagem, o transporte, o armazenamento, a comercialização, a propaganda comercial, a utilização, a importação, a exportação, o destino final dos resíduos e embalagens, o registro, a classificação, o controle, a inspeção e a fiscalização de agrotóxicos, seus componentes e afins, e dá outras providências[18].

Decreto n. 2.519, de 16.3.1998 – Promulga a Convenção sobre Diversidade Biológica, assinada no Rio de Janeiro, em 5 de junho de 1992[19].

Decreto n. 3.179, de 12.2.1998 – Regulamenta a Lei Federal n. 9.605 e estabelece punições com as sanções do presente diploma legal, sem prejuízo da aplicação de outras penalidades previstas na legislação[20].

Decreto Legislativo n. 2, de 3.2.1994 – Aprova o texto da Convenção sobre Diversidade Biológica, assinada durante a Conferência das Nações Unidas sobre Meio Ambiente e Desenvolvimento realizada na cidade do Rio de Janeiro, no período de 5 a 14 de junho de 1992[21].

Decreto n. 6.899, de 15.7.2009 – Dispõe sobre a composição do Conselho Nacional de Controle de Experimentação Animal (CONCEA), estabelece as normas para o seu funcionamento e de sua Secretaria-Executiva, cria o Cadastro das Instituições de Uso Científico de Animais (CIUCA), mediante a regulamentação da Lei n. 11.794, de 8.10.2008, que dispõe sobre procedimentos para o uso científico de animais, e dá outras providências[22].

Portaria SVS/MS n. 16, de 6.3.1995 – Determina a todos os estabelecimentos produtores de medicamentos o cumprimento das diretrizes estabelecidas pelo "Guia de Boas Práticas de Fabricação para Indústrias Farmacêuticas", aprovado na 28ª Assembleia Mundial de Saúde em maio de 1975 (WHA, 28.65), conforme o Anexo I da presente Portaria[23].

Portaria SVS/MS n. 348, de 18.8.1997 – Determina a todos os estabelecimentos produtores de medicamentos o cumprimento das diretrizes estabelecidas pelo "Guia de Boas Práticas de Fabricação para Indústrias Farmacêuticas", aprovado na 28ª Assembleia Mundial de Saúde em maio de 1975 (WHA, 28.65), conforme o Anexo I da presente Portaria[24].

Portaria SVS/MS n. 451, de 19.9.1997 – Aprova os princípios gerais para estabelecimento de "Critérios e Padrões Microbiológicos para Alimentos"[25].

Portaria Interministerial MS/MTE n. 482, de 16.4.1999 – Aprova o Regulamento Técnico e seus anexos, objeto desta Portaria, com disposições sobre os procedimentos de instalações de Unidades de Esterilização por óxido de etileno e de suas misturas e seu uso, bem como, de acordo com suas competências, estabelece as ações sob a responsabilidade do Ministério da Saúde e Ministério do Trabalho e Emprego[26].

RDC Anvisa/MS n. 33, de 19.4.2000 – Aprova o Regimento Técnico sobre Boas Práticas de Manipulação de Medicamentos em Farmácias e Anexos[27].

RDC Anvisa/MS n. 9, de 9.3.2011 – Dispõe sobre o funcionamento dos Centros de Tecnologia Celular para fins de pesquisa clínica e terapia e dá outras providências[27].

Resolução CNEN n. 19, de 17.12.1985. NE-6.05 – Estabelece critérios gerais e requisitos básicos relativos à gerência de rejeitos radioativos em instalações radioativas. Apresenta em seu escopo a classificação dos rejeitos com emissores beta e gama e com emissores alfa, líquidos e sólidos, bem como os requisitos gerais de Gerência de Rejeitos, ou seja, a segregação, o acondicionamento e a identificação. Especifica os critérios a serem seguidos quanto a transporte, armazenamento provisório e eliminação de rejeitos radioativos. Apresenta os limites a serem seguidos no tocante à eliminação de rejeitos líquidos, sólidos e gasosos de uma instalação, condicionada à obtenção de parecer baseado na análise dos fatores ambientais pertinentes. Revogada e substituída pela Resolução CNENCD n. 167, de 30.04.2014. NN 8.01. Gerência de Rejeitos Radioativos de Baixo e Médio Níveis de Radiação. Estabelece os critérios gerais e requisitos básicos de segurança e proteção radiológica relativos à gerência de rejeitos radioativos de baixo e médio níveis de radiação, bem como de rejeitos radioativos de meia-vida muito curta[28].

Resolução CNS n. 196, de 10.10.1996 – O Conselho Nacional de Saúde Aprova as diretrizes e normas regulamentadoras de pesquisas envolvendo seres humanos[29].

Resolução CONAMA n. 6, de 15.6.1988 – Desobriga a incineração ou qualquer outro tratamento de queima de resíduos sólidos provenientes dos estabelecimentos de saúde, portos e aeroportos, ressalvados os casos previstos em lei e acordos internacionais. Revogada pela Resolução CONAMA n. 313, de 29.10.2002 – Dispõe sobre o Inventário Nacional de Resíduos Sólidos Industriais[30].

Resolução CONAMA n. 5, de 5.8.1993 – Define procedimentos mínimos para o gerenciamento de resíduos como: definições de resíduos sólidos, plano de gerenciamento, tratamento e disposição; classificação dos resíduos; responsabilidade dos estabelecimentos pelo gerenciamento dos resíduos; apresentação do plano de gerenciamento; responsabilidade técnica pelo gerenciamento dos resíduos; acondicionamento; transportes; sistemas de tratamento; tratamento obrigatório para resíduos do grupo A; tratamento específico para resíduos do grupo B; coleta, tratamento e disposição final de resíduos do grupo D e outros[31]. Rejeitos radioativos deverão obedecer às exigências da CNEN. (Revogadas as disposições que tratam de resíduos sólidos oriundos de serviços de saúde pela Resolução n. 358/2005.)

Resolução CONAMA n. 358, de 29.4.2005 – "Dispõe sobre o tratamento e a disposição final dos resíduos dos serviços de saúde e dá outras providências"[32].

Legislação do Estado de São Paulo

Lei Estadual n. 9.509, de 20.3.97 – Dispõe sobre a Política Estadual do Meio Ambiente, seus fins e mecanismos de formulação e aplicação[33].

Lei Estadual n. 12.300, de 16.3.2006 – Institui a Política Estadual de Resíduos Sólidos e define princípios e diretrizes, objetivos, instrumentos para a gestão integrada e compartilhada de resíduos sólidos, com vistas à prevenção e ao controle da poluição, à proteção e à recuperação da qualidade do meio ambiente, e à promoção da saúde pública, assegurando o uso adequado dos recursos ambientais no Estado de São Paulo[34].

Decreto n. 8.468, de 8.9.1976 – Aprova o Regulamento da Lei n. 997, de 31.5.1976, que dispõe sobre a Prevenção e o Controle da Poluição do Meio Ambiente[35].

Decreto n. 54.645, de 5.8.2009 – Regulamenta dispositivos da Lei n. 12.300 de 16 de março de 2006, que institui a Política Estadual de Resíduos Sólidos, e altera o inciso I do artigo 74 do Regulamento da Lei n. 997, de 31.5.1976, aprovado pelo Decreto n. 8.468, de 8.9.1976[36].

Portaria Estadual CVS n. 01, de 18.01.2000 – Aprova norma técnica que trata de condições de funcionamento de laboratórios de análises e pesquisas clínicas, patologia clínica e congêneres, dos postos de coleta descentralizados aos mesmos vinculados, regulamenta o procedimento de coleta de material humano realizado nos domicílios dos cidadãos, disciplina o transporte de material humano e dá outras providências[37].

Resolução Conjunta SS/SMA/SJDC n. 1, de 29.6.1998 – Aprova diretrizes básicas e regulamento técnico para apresentação e aprovação do plano de gerenciamento de resíduos sólidos de serviços de saúde[38].

Legislação do Município de São Paulo

Lei Municipal n. 10.315, de 30.4.1987 – Dispõe sobre a limpeza pública do Município de São Paulo, disciplina as atividades destinadas ao recolhimento e disposição final dos resíduos sólidos gerados no Município de São Paulo[39].

Lei Municipal n. 10.746 – Introduz modificações na Lei n. 10.315, de 30.4.1987, e dá outras providências no Município de São Paulo[39].

Lei Municipal n. 10.142 – Fiscalização dos Serviços de Limpeza Pública no Município de São Paulo[39].

Decreto Municipal n. 35.657, de 9.11.1995 – Dispõe sobre a coleta, transporte e destino final de resíduos sólidos em aterros sanitários ou em incineradores municipais não abrangidos pela coleta regular e dá outras providências no Município de São Paulo[39].

Decreto Municipal n. 37.066, de 15.9.1997 – Regulamenta o inciso IV do art. 3º da Lei n. 10.315, de 30.4.1987, e dá outras providências. Adota definições, orienta o cadastro dos geradores de Resíduos de Serviços de Saúde no Departamento de Limpeza Urbana do Município de São Paulo, orienta o seguimento das NBRs 9190 (substituída pela 9191 em julho/2000) e 12809, determina a fiscalização pelo Departamento de Limpeza Urbana dos abrigos externos conforme a NBR 12809 e do acondicionamento apropriado dos resíduos para a coleta[39].

Decreto Municipal n. 37.241, de 17.12.1997 – Regulamenta o inciso VII do art. 4º da Lei n. 10.315 de 30.4.1987 e dá outras providências. Classifica os Resíduos de Serviços de Saúde em alto risco (infectantes, químicos, farmacêuticos e perfurocortantes) e comuns; responsabiliza a prefeitura em coletar, tratar e destinar apenas resíduos de alto risco, adotando o mesmo princípio para os resíduos comuns até o limite de 100 litros; responsabiliza os geradores pela correta segregação (sujeitos à fiscalização pelo órgão de saúde competente) e pelo armazenamento dos resíduos de alto risco e comuns em abrigos independentes e desobriga a prefeitura de coletar, tratar e destinar os resíduos de estabelecimentos que não segregarem os resíduos de alto risco dos demais no Município de São Paulo[39].

Decreto Municipal n. 37.471, de 5.6.1998 – Dispõe sobre critérios de elaboração, análise e implementação do plano de gerenciamento de resíduos de serviços de saúde, por estabelecimentos geradores desses resíduos, sediados no Município de São Paulo, e dá outras providências[39].

Portaria Municipal SVMA n. 102, de 4.11.1999 – Aprova as diretrizes básicas e o termo de referência para a apresentação e aprovação do plano de gerenciamento de resíduos de serviços de saúde do Município de São Paulo[39].

NORMAS TÉCNICAS NBR

As normas técnicas NBR são diretrizes elaboradas pela Associação Brasileira de Normas Técnicas (ABNT). A seguir, são relacionadas as NBR que estabelecem os requisitos exigidos para manuseio, acondicionamento, tratamento, coleta, transporte e destino final de resíduos dos serviços de saúde[40].

NBR 7.500 – Símbolos de riscos e manuseio para o transporte e armazenamento de materiais

NBR 8.419 – Apresentação de projetos de aterros sanitários de resíduos sólidos urbanos

NBR 9.190 – Sacos plásticos para acondicionamento de lixo – Classificação

NBR 9.191 – Sacos plásticos para acondicionamento de lixo – Especificação

NBR 9.195 – Sacos plásticos para acondicionamento de lixo – Método de ensaio

NBR 10.004 – Resíduos sólidos – Classificação

NBR 10.005 – Lixiviação de resíduos – Procedimento

NBR 10.006 – Solubilização de resíduos – Procedimento

NBR 10.007 – Amostragem de resíduos – Procedimento

NBR 10.157 – Aterros de resíduos perigosos – critérios para projeto, construção e operação – Procedimento

NBR 12.807 – Resíduos de serviços de saúde – Terminologia

NBR 12.808 – Resíduos de serviços de Saúde – Classificação

NBR 12.809 – Manuseio de resíduos de Saúde – Procedimentos

NBR 12.810 – Coleta de resíduos de saúde – Procedimentos

NBR 12.980 – Coleta, varrição e acondicionamento de resíduos sólidos urbanos – Terminologia

NBR 13.055 – Sacos plásticos para acondicionamento de lixo – Determinação de capacidade volumétrica

NBR 13.056 – Filmes plásticos para sacos plásticos para acondicionamento de lixo – Verificação de transparência. Método de ensaio

NBR 13.221 – Transporte de resíduo

NBR 13.853 – Coletores para resíduos de serviços de saúde perfurantes ou cortantes – Requisitos e métodos de ensaio

NORMAS REGULAMENTADORAS DE SEGURANÇA E SAÚDE NO TRABALHO

As normas regulamentadoras são dispositivos legais elaborados pelo Ministério do Trabalho e Emprego que determinam as condições adequadas de segurança e saúde ocupacional no Brasil[41,42].

A Portaria n. 3.214 de 8.6.1978 do Ministério do Trabalho e Emprego aprova as Normas Regulamentadoras (NR) integrantes da Consolidação das Leis do Trabalho (CLT), relativas à Segurança e Medicina do Trabalho[42]. O cumprimento dessas Normas Regulamentadoras é obrigatório pelas instituições privadas e públicas e pelos órgãos públicos de administração direta e indireta, bem como pelos órgãos dos poderes legislativo e judiciário que possuam empregados regidos pela CLT.

NR 4 – Serviços Especializados em Engenharia de Segurança e em Medicina do Trabalho (104.000-6) – Dispõe sobre a obrigatoriedade das empresas privadas e públicas, os órgãos públicos da administração direta e indireta e dos poderes Legislativo e Judiciário, que possuam empregados regidos pela CLT, em manter Serviços Especializados em Engenharia de Segurança e em Medicina do Trabalho, com a finalidade de promover a saúde e proteger a integridade do trabalhador no local de trabalho.

NR 5 – Comissão Interna de Prevenção de Acidentes – Dispõe sobre a obrigatoriedade quanto à instalação da Comissão Interna de Prevenção de Acidentes (CIPA), e sua manutenção em regular o funcionamento de empresas privadas, públicas, sociedades de economia mista, órgãos da administração direta e indireta, instituições beneficentes, associações recreativas, cooperativas, bem como outras instituições que admitam trabalhadores como empregados, com o objetivo de prevenção de acidentes e doenças decorrentes do trabalho, de modo a tornar compatível permanentemente o trabalho com a preservação da vida e a promoção da saúde do trabalhador.

NR 6 – Equipamento de Proteção Individual (EPI) (1006.000-7) – Estabelece a obrigatoriedade do uso dos equipamentos de proteção de uso individual, de fabricação nacional ou estrangeira, destinados a proteger a saúde e a integridade física do trabalhador.

NR 7 – Programa de Controle Médico de Saúde Ocupacional (107.000-2) – Estabelece a obrigatoriedade de elaboração e implementação, por parte de todos os empregadores e instituições que admitam trabalhadores como empregados, do Programa de Controle Médico de Saúde Ocupacional (PCMSO), com o objetivo de promoção e preservação da saúde do conjunto dos seus trabalhadores.

NR 8 – Edificações (108.000-8) – Estabelece requisitos técnicos mínimos que devem ser observados nas edificações, para garantir segurança e conforto aos que nelas trabalhem.

NR 9 – Programa de Prevenção de Riscos Ambientais (109.000-3) – Estabelece a obrigatoriedade da elaboração e implementação, por parte de todos os empregadores e instituições que admitam trabalhadores como empregados, do Programa de Prevenção de Riscos Ambientais (PPRA), visando à preservação da saúde e da integridade dos trabalhadores, por meio da antecipação, do reconhecimento, da avaliação e do consequente controle da ocorrência de riscos ambientais existentes ou que venham a existir no ambiente de trabalho, tendo em consideração a proteção do meio ambiente e dos recursos naturais.

NR 10 – Instalações e Serviços em Eletricidade (110.000-9) – Determina as condições mínimas exigíveis para garantir a segurança dos empregados que trabalham em instalações elétricas, em suas diversas etapas, incluindo projeto, execução, operação, manutenção, reforma e ampliação e, ainda, a segurança de usuários e terceiros.

NR 12 – Máquinas e Equipamentos (112.000-0) – Fixa normas quanto a instalações e áreas de trabalho, pisos onde se instalam máquinas, áreas de circulação, entre outras, visando à segurança do trabalhador no local de trabalho.

NR 15 – Atividades e Operações Insalubres (115.000-6) – Normaliza as atividades ou operações insalubres que possam desenvolver-se acima do "limite de tolerância", no que se refere a concentração ou intensidade máxima ou mínima, relacionada com a natureza e o tempo de exposição ao agente, que não causará dano à saúde do trabalhador, durante a sua vida laboral assegurando ao trabalhador a percepção de adicional, incidente sobre o salário mínimo da região.

NR 17 – Ergonomia (117.000-7) – Estabelece parâmetros que permitam a adaptação das condições de trabalho às características psicofisiológicas dos trabalhadores, de modo a proporcionar um máximo de conforto, segurança e desempenho eficiente. As condições de trabalho incluem aspectos relacionados ao levantamento, ao transporte e à descarga de materiais, ao mobiliário, aos equipamentos e às condições ambientais do posto de trabalho, e à própria organização do trabalho.

NR 20 – Líquidos Combustíveis e Inflamáveis (120.000-3) – Estabelece procedimentos seguros quanto ao manuseio e ao armazenamento de líquidos combustíveis e inflamáveis, visando à segurança e à saúde do trabalhador.

NR 23 – Proteção contra Incêndios (123.000-0) – Dispõe sobre a obrigatoriedade das empresas e instituições em manter suas instalações providas de proteções contra incêndio, saídas para a rápida retirada do pessoal em serviço, em caso de incêndio, equipamento suficiente para combater o fogo em seu início e treinamento de pessoas no uso correto desses equipamentos, de modo que os que se encontrem nesses locais possam abandoná-los com rapidez e segurança, em caso de emergência.

NR 24 – Condições Sanitárias e de Conforto nos Locais de Trabalho (124.000-5) – Fixa normas referentes as áreas destinadas aos sanitários quanto a atendimento às dimensões essenciais, higienização, durante toda a jornada de trabalho e outras deliberações pertinentes para atender ao mínimo de conforto exigível no local de trabalho.

NR 26 – Sinalização de Segurança (126-000-6) – Fixa as cores que devem ser usadas nos locais de trabalho para prevenção de acidentes, indicando os equipamentos de segurança, delimitando áreas, identificando as canalizações empregadas nas indústrias para a condução de líquidos e gases e advertindo contra riscos.

NR 32 – Segurança e Saúde no Trabalho em Serviços de Saúde – Estabelece as diretrizes básicas para a implementação de medidas de proteção à segurança e à saúde dos trabalhadores dos serviços de saúde, bem como daqueles que exercem atividades de promoção e assistência à saúde em geral.

LEGISLAÇÃO PARA O TRABALHO COM OGM

No *caput* do art. 225 da Constituição Federal Brasileira, ao Poder Público e à sociedade é garantido o direito ao meio ambiente equilibrado e à sadia qualidade de vida que todos têm. Ao Poder Público é incumbido, ainda, o dever de assegurar a efetividade da qualidade do meio ambiente, valendo-se do poder de fiscalizar todas as atividades que envolvam a natureza e a biogenética e de aplicar sanções penais e administrativas àqueles que derem causa a prejuízos, conforme os incisos do parágrafo primeiro do artigo em questão e as disposições da legislação de biossegurança[43].

Disciplinando a matéria imposta pela Constituição Federal Brasileira, em 5.1.1995 foi editada a Lei n. 8.974, entretanto, no decurso do tempo, decretos e medidas provisórias foram editados para seu ajuste, uma vez que havia conflitos de legislação relacionada ao meio ambiente, e às competências entre órgãos. Com o propósito de equacionar tais dificuldades foi formulado o Projeto de Lei n. 2.401 de 2003 que, em 24 de março de 2005, foi transformado em lei, passando a vigorar a nova Lei de Biossegurança, n. 11.105/2005[1]

Regulamentada pelo Decreto n. 5.591, de 22.11.2005, a Lei n. 11.105/2005 estabelece normas de segurança e mecanismos de fiscalização de atividades que envolvam OGM e seus derivados, cria o Conselho Nacional de Biossegurança (CNBS) e reestrutura a CTNBio, dispondo sobre a Política Nacional de Biossegurança (PNB). Tais diplomas revogaram a Lei n. 8.974, de 5.1.1995, e a Medida Provisória n. 2.191-9, de 23 de agosto de 2001, e os artigos 5º, 6º, 7º, 8º, 9º, 10 e 16 da Lei n. 10.814, de 15 de dezembro de 2003[44]. A nova Lei veio reordenar as normas de biossegurança que envolvam os OGM e seus derivados no Brasil, estabelecendo mecanismos de fiscalização sobre a construção, o cultivo, a produção, a manipulação, o transporte, a transferência, a importação, a exportação, o armazenamento, a pesquisa, a comercialização, o consumo, a liberação no meio ambiente e o descarte de OGM e seus derivados, tendo como diretrizes o estímulo ao avanço científico na área de biossegurança e biotecnologia, a proteção à vida e à saúde humana, animal e vegetal, e a observância do princípio da precaução para a proteção do meio ambiente.

No sentido de consolidar a legislação já existente, relativa à inserção e manipulação de OGM, também estabelece diretrizes e fixa competências, de cada órgão. A criação do CNBS, órgão vinculado à Presidência da República, objetiva a formulação e implementação da PNB, e tem como membros quinze ministros de Estado envolvidos na questão dos OGM.

Seu art. 2° estabelece que somente pessoas jurídicas, de direito público ou privado, podem desenvolver atividades e projetos com uso de OGM e seus derivados, sejam elas relacionadas à pesquisa científica, ensino, desenvolvimento tecnológico ou mesmo à produção industrial.

As atividades são normalizadas por Instruções Normativas remanescentes da Lei revogada e novas Resoluções Normativas. No âmbito das instituições de ensino e pesquisa, compreendem as seguintes:

- Resoluções Normativas CNS n. 196, 251 e 292.
- Resoluções Normativas CNBS n. 1, 2, 3 e 4.
- Instruções Normativas CTNBio n. 2, 4, 8, 9, 13, 17, 18 e 19.
- Resoluções Normativas CTNBio n. 1, 2, 6, 7, 8, 11 e 14.

Para o desenvolvimento de atividades com OGM, as organizações públicas, privadas, nacionais, estrangeiras ou internacionais, bem como órgãos financiadores ou patrocinadores de atividades ou projetos devem submeter-se à Lei n. 11.105/2005 (inciso XI do art. 2°), certificando-se da idoneidade técnico-científica com a apresentação do Certificado de Qualidade em Biossegurança (CQB) emitido pela CTNBio (art. 6°, XIX), sob pena de se tornarem corresponsáveis pelos eventuais efeitos advindos de seu cumprimento.

As instituições que se dedicam ao ensino, à pesquisa científica, ao desenvolvimento tecnológico e à prestação de serviços que envolvam OGM e derivados também são incluídas, estando sujeitas ao atendimento das normas. Em resumo, essas instituições se submeterão às Instruções e Resoluções Normativas da CTNBio, relativas ao trabalho em contenção com OGM e às demais, no que couber.

GESTÃO DA COMISSÃO INTERNA DE BIOSSEGURANÇA

A CIBio tem a importante função de cuidar das questões de biossegurança no âmbito da instituição, e suas competências são definidas no art. 18 da Lei n. 11.105/2005. Assim, tem amparo legal para exercer suas atividades com autoridade estabelecida em lei, composta por membros especialistas com conhecimento e experiência necessários para o monitoramento e vigilância dos trabalhos de engenharia genética, manipulação, produção e transporte de OGM. Elas são regulamentadas pela Lei n. 11.105/2005, pelo Decreto n. 5.591/2005 e pela Resolução Normativa (RN) 01/06, expedida pela CTNBio. Cabe ao responsável legal da instituição nomear os membros da CIBIo, cuja composição deve ter, no mínimo, três especialistas em áreas compatíveis com a atuação da entidade, e dentre estes será indicado o presidente. As mudanças na composição da comissão serão submetidas à aprovação da CTNBio, mediante apresentação do currículo do especialista. A CIBio pode também incluir um membro externo à comunidade científica, funcionário ou não da instituição, desde que esteja preparado para representar os interesses da comunidade.

A CIBio, para o cumprimento de suas atribuições e de acordo com a complexidade de cada instituição, seja pública ou privada, pode estabelecer mecanismos para gerir suas atividades. A criação do Regulamento Interno é uma ferramenta que pode facilitar seu funcionamento, manter a padronização das atividades quando da mudança de gestão, modificação na composição de seus membros, definição de agenda de reuniões e inspeções das instalações de pesquisa, indicação de secretaria para o suporte administrativo entre outras.

Em instituições de ensino e pesquisa, a CIBIo possui estreita ligação com Comitês de Ética em Pesquisa seja em humanos ou animais, bem como com as Agências de Fomento, uma vez que a aprovação dos projetos é vinculada entre estas entidades, o que permite melhor controle sobre as pesquisas desenvolvidas.

Como gestora do cumprimento das normas de biossegurança nas atividades de pesquisa e ensino, o espectro de atuação abrange todas as rotinas e procedimentos relacionados à segurança dos recursos humanos envolvidos e do meio ambiente. Neste contexto, é conferido a ela, além do técnico, importante papel político, pois seu desempenho pode definir o padrão de qualidade relativo à segurança dos colaboradores e do meio ambiente, a qual a instituição se insere no meio científico e acadêmico.

A gestão da CIBIo deve compreender mecanismos que assegure o cumprimento de suas competências e atribuições, as quais, em síntese, destacamos:

- Garantir que os responsáveis técnicos pelos projetos tenham ciência do cumprimento das normas de biossegurança, em conformidade com as recomendações da CTNBio e da CIBio.
- Solicitar o Certificado de Qualidade em Biossegurança (CQB) mediante apresentação dos documentos definidos na Lei, bem como a extensão do CQB quando da inserção de novas unidades operativas.
- Reunir-se pelo menos uma vez a cada semestre e extraordinariamente quando necessário, mantendo registro em ata.
- Promover treinamento em biossegurança a fim de garantir que pesquisadores e trabalhadores estejam

cientes dos riscos a que estão expostos e adotem as medidas de prevenção relativas à saúde e segurança no trabalho.

- Atuar como interlocutora entre a instituição representada e a CTNBio, respondendo pelas normas e recomendações, bem como, nas inspeções, garantindo que os laboratórios atendam às exigências determinadas pela legislação.
- Realizar inspeções nas unidades operativas pelo menos uma vez ao ano.
- Deliberar sobre a aprovação de projetos que envolvam OGM de classe de risco 1 (nível de biossegurança 1, NB-1).
- Submeter à CTNBio os projetos de pesquisa que envolvam OGM de classe de risco superior ao NB-1, assegurando que projetos somente sejam iniciados após a devida aprovação da CTNBio.
- Solicitar autorização da CTNBio para a importação de OGM e AnGM.
- Manter registro da documentação relativa aos projetos que envolvam OGM desenvolvidos na instituição.
- Estabelecer programas de prevenção de acidentes.
- Submeter anualmente à CTNBio o relatório das atividades desenvolvidas sob pena de perder o CQB.

É importante ressaltar que, nas instituições de ensino e pesquisa públicas, é imperativo que as atividades sejam sedimentadas dentro de princípios da transparência e publicidade, em perfeita interação entre pesquisador, instâncias superiores e comunidade. O uso da internet para este fim, através da inserção da CIBio no *site* da instituição, pode servir como importante instrumento de comunicação.

A CIBio, seja da instituição pública ou privada, tem autonomia para exercer suas atividades dentro do âmbito de sua competência, e sua atuação poderá ser de excelência desde que tenha instrumentos de gestão apropriados e o apoio da alta direção.

Para o cumprimento de suas obrigações e implementação de suas recomendações, a CIBio poderá necessitar de mecanismos que facilitem, em sua rotina, o monitoramento e a vigilância dos trabalhos. A padronização de procedimentos para acompanhamento e controle das pesquisas desenvolvidas na instituição é de suma importância como instrumento de gestão, assim como o estabelecimento de Normas Internas para apresentação de projetos tramitando por Relator especificamente designado para avaliar se as normas de biossegurança estão sendo contempladas e apresentando recomendações à CIBIo.

O funcionamento da CIBio requer estabelecimento de rotinas que garantam a gestão de documentos e infraestrutura para suportar as atividades administrativas que lhe são atribuídas. O apoio da alta administração é indispensável para o funcionamento da CIBio e deve ser prevista área física para instalação de sua Secretaria e funcionário(s) proporcionais à dimensão da organização e ao volume de atividades. O bom funcionamento requer pessoal dedicado e atento à legislação para acompanhamento e publicidade das normativas, disseminação das orientações junto aos pesquisadores, apoio operacional para elaboração de documentos, controles, registros e promoção de treinamentos.

A rotina da Secretaria de uma CIBio envolve atividades de recebimento, protocolo, conferência, controle e acompanhamento das pesquisas. Fluxogramas também auxiliam no entendimento e andamento dos protocolos de trabalho, assim como orientam o cumprimento da legislação. Na Figura 1, é exemplificado um fluxograma de solicitação de credenciamento de unidade operativa.

O estabelecimento de procedimentos operacionais padrão (POP) e de protocolos de trabalho permite garantir a eficiência do processo de gestão da CIBio e sua manutenção. Na Figura 2, está exemplificado um modelo de POP para a atividade de inspeção de laboratórios, o qual pode servir de modelo para a elaboração dos procedimentos de todas as atividades da CIBio.

A inspeção sob responsabilidade da CIBio (item VI, artigo 8º da Resolução Normativa n. 1 de 20/6/2006, alterada pela Resolução Normativa n. 11, de 22 de outubro de 2013 e pela Resolução Normativa n. 14, de 05 de fevereiro de 2015)[45], realizada anualmente na(s) unidade(s) operativa(s), além de orientativa e educativa pode contribuir efetivamente para que a instituição esteja regular quando fiscalizada. A sujeição às penalidades está estabelecida no capítulo 8, "Dos Crimes e Das Penas", da Lei n. 11.105/2005[1].

A auditoria, com foco em biossegurança realizada pelos órgãos fiscalizadores, visa vistoriar as instituições públicas ou privadas detentoras de CQB, cujas unidades operativas tenham sido credenciadas, com determinado nível de biossegurança e desenvolvam pesquisas envolvendo OGM. À CIBio cabe a responsabilidade de apresentar aos auditores evidências objetivas que atendam às Instruções e Resoluções Normativas correspondentes a documentação, infraestrutura, equipamentos, metodologia e equipe[45].

Nas Figuras 3 a 5, são apresentados modelos de roteiros que podem nortear as inspeções em laboratórios credenciados em níveis de biossegurança 1, 2 e 3 (respectivamente, NB-1, NB-2 e NB-3). Para inspeção de laboratório de nível de biossegurança 4 (NB-4) as instalações e procedimentos exigidos devem atender as especificações estabelecidas para o NB-1, NB-2 e NB-3, acrescidos dos definidos no item IV, do Capítulo 5, dos Níveis de Biossegurança, da Resolução Normativa n. 2, de 27 de novembro de 2006[45,46].

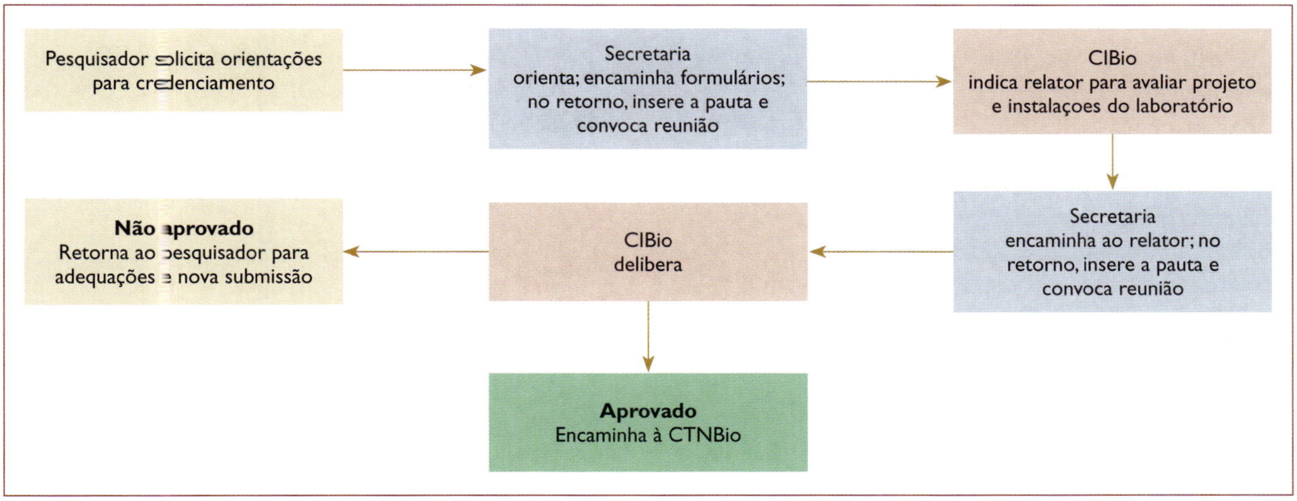

Figura 1. Fluxograma de solicitação de credenciamento de unidade operativa.

PROCEDIMENTO OPERACIONAL PADRÃO COMISSÃO INTERNA DE BIOSSEGURANÇA		
Nº	Inspeção de laboratório	Elaborado em: Revisado em:
Objetivo ■ Definir fluxo de documentos e responsabilidades. ■ Assegurar efetiva adequação dos laboratórios credenciados. ■ Assegurar o cumprimento das exigências da legislação. ■ Contribuir para a melhoria das condições dos laboratórios.		
Fundamento legal Lei n. 11.105/2005, art. 18, inciso II. http://www.ctnbio.gov.br.		
Aplicação		
Responsável	**Descrição das atividades**	
CIBio	Na ultima reunião da CIBio do primeiro semestre delibera: ■ Sobre a agenda da Vistoria em Laboratórios a ser realizada em agosto ■ Define, entre os membros da CIBio, o inspetor e o laboratório a ser vistoriado, por meio do seguinte critério: Laboratórios NB3 e NB2 serão vistoriados por Professores credenciados dentro desta ca-tegoria e Laboratórios NB1 serão vistoriados por qualquer membro da CIBio ■ Determina o prazo para conclusão da vistoria e ■ Nomeia o relator que analisará a documentação da vistoria para submissão à CIBio	
Secretaria	Encaminha formulários dos inspetores	
Secretaria	Recebe os formulários e encaminha ao Relator	
Secretaria	Recebe os documentos com relatório e inclui na pauta da primeira reunião subsequente	
CIBio	Delibera sobre o resultado da inspeção indicando as providências a serem tomadas, se couber	
Glossário CIBio – Comissão Interna de Biossegurança		
Referências		
Anexos		
Elaborado por		**Aprovação**
Versão	(Área responsável pela elaboração do POP)	Pág.

Figura 2. Modelo de Procedimento Operacional Padrão para Inspeção de Laboratório. Ferramenta de Gestão da CIBio.

Roteiro para Inspeção de Laboratório	NB-1	
Instalações		
Existe pia/lavatório?	( ) Sim	( ) Não
Há cabine de segurança biológica classe I?	( ) Sim	( ) Não
A superfície das bancadas é impermeável à água e resistente a ácidos, álcalis, solventes orgânicos e a calor moderado?	( ) Sim	( ) Não
As instalações e espaços entre as bancadas e equipamentos oferecem condições de fácil limpeza e descontaminação? Existem registros?	( ) Sim	( ) Não
Existe recipiente de lixo com dispositivo de abertura sem contato manual?	( ) Sim	( ) Não
O piso é lavável?	( ) Sim	( ) Não
As instalações hidráulicas e elétricas estão em bom estado de conservação e uso?	( ) Sim	( ) Não
Há condições adequadas de iluminação, temperatura, umidade e ventilação?	( ) Sim	( ) Não
Há separação efetiva entre áreas que realizam atividades incompatíveis?	( ) Sim	( ) Não
Há controle de acesso nas áreas restritas?	( ) Sim	( ) Não
Os fluxos de amostras, pessoas, materiais e de animais em experimentação são adequados?	( ) Sim	( ) Não
As instalações provêm condições adequadas para descarte, descontaminação e lavagem de materiais?	( ) Sim	( ) Não
As instalações permitem a realização da limpeza adequada e, quando pertinente, a desinfecção?	( ) Sim	( ) Não
Os vestiários, lavatórios e sanitários são separados das áreas em que se realizam experimentos?	( ) Sim	( ) Não
As áreas de convivências são separadas das áreas que realizam os experimentos?	( ) Sim	( ) Não
As instalações são mantidas em bom estado de organização, conservação e limpeza?	( ) Sim	( ) Não
Documentação		
Há registros dos projetos desenvolvidos com OGM e seus derivados?	( ) Sim	( ) Não
Há registro do documento de vacinação da equipe?	( ) Sim	( ) Não
O laboratório exige comprovantes atualizados de exames ocupacionais obrigatórios e vacinação do pessoal exposto a riscos? Há comprovantes?	( ) Sim	( ) Não
Controle Interno da Qualidade/Procedimentos		
Existem instruções escritas para todas as atividades do laboratório, em particular as que envolvem risco à saúde humana, animal e ao ambiente? Está acessível ao pessoal exposto a esses agentes?	( ) Sim	( ) Não
O laboratório possui procedimentos analíticos apropriados?	( ) Sim	( ) Não
O laboratório possui POP para todas as atividades que envolvem?	( ) Sim	( ) Não
Os métodos desenvolvidos ou modificados pelo laboratório são validados e os registros são mantidos?	( ) Sim	( ) Não
A descontaminação das superfícies de trabalho e equipamentos é feita antes e após a realização do experimento?	( ) Sim	( ) Não
É utilizado dispositivo mecânico para pipetagem?	( ) Sim	( ) Não
A prática de higiene pessoal (lavagem das mãos e uso de roupas para proteção) é adotada na manipulação de OGM?	( ) Sim	( ) Não
Os EPI são retirados pelos integrantes da equipe antes de deixar as instalações?	( ) Sim	( ) Não
Os EPI não descartáveis são limpos e guardados fora da área contaminada?	( ) Sim	( ) Não
Os resíduos líquidos ou sólidos são descontaminados antes de serem descartados?	( ) Sim	( ) Não
Os materiais contaminados são retirados das instalações em recipientes rígidos e à prova de vazamentos?	( ) Sim	( ) Não
Os recipientes utilizados para transporte de materiais contaminados são à prova de vazamentos?	( ) Sim	( ) Não
Há programa rotineiro de controle de insetos e roedores?	( ) Sim	( ) Não
Há registro de ocorrência de acidentes ou liberação acidental de OGM e/ou procedimentos que contemplem ações a serem tomadas para evitar consequências à saúde e ao meio ambiente?	( ) Sim	( ) Não

(continua)

Figura 3. Modelo de roteiro para inspeção de laboratório NB-1 (RN CTNBio n. 2)[32].

Os equipamentos do laboratório possuem histórico de manutenção/registro de qualificação ou certificação?	( ) Sim	( ) Não
O laboratório disponibiliza equipamentos de proteção individual e coletiva adequado às suas atividades? Há controle de estoque?	( ) Sim	( ) Não
Treinamento		
O laboratório prevê treinamento periódico nos procedimentos de biossegurança? Mantêm registro?	( ) Sim	( ) Não
Há Manual de Biossegurança no laboratório?	( ) Sim	( ) Não
As instruções de biossegurança estão disponíveis para o pessoal?	( ) Sim	( ) Não
Sinalização		
Na entrada do laboratório há o símbolo universal de área de biossegurança?	( ) Sim	( ) Não
Na entrada do laboratório há identificação relativa ao acesso limitado durante os experimentos com OGM?	( ) Sim	( ) Não
Na entrada do laboratório estão identificados os projetos em desenvolvimento, identificando o OGM ou AnGM, nome do pesquisador principal, endereço e telefone de contato?	( ) Sim	( ) Não
Na entrada do laboratório estão identificados os projetos em desenvolvimento?	( ) Sim	( ) Não
Na entrada do laboratório está identificado o grupo de trabalho?	( ) Sim	( ) Não
Na entrada do laboratório estão identificados os telefones em caso de emergência?	( ) Sim	( ) Não
Os equipamentos utilizados na manipulação de OGM são devidamente identificados?	( ) Sim	( ) Não
A área de manipulação é sinalizada com o símbolo universal de risco biológico?	( ) Sim	( ) Não
Áreas de manipulação de OGM são de acesso restrito à equipe técnica e de apoio ou de pessoas autorizadas e estão identificadas?	( ) Sim	( ) Não
Há sinalização de proibição de consumo de alimentos, beber, fumar e aplicar cosméticos nas áreas de trabalho?	( ) Sim	( ) Não
Há sinalização proibindo uso de calçados abertos ou aventais sem punhos no laboratório que manipula OGM?	( ) Sim	( ) Não
Há sinalização proibindo uso de pertences pessoais (celulares, tablets etc.) no laboratório enquanto manipula OGM?	( ) Sim	( ) Não
Há sinalização proibindo a admissão de animais que não estejam relacionados ao trabalho em execução nas instalações?	( ) Sim	( ) Não
CONCLUSÃO		
RECOMENDAÇÕES		

Figura 3. *(continuação)* Modelo de roteiro para inspeção de laboratório NB-1 (RN CTNBio n. 2)[32].

Roteiro para Inspeção de Laboratório	NB-2	
Instalações (todos os descritos no Roteiro NB1 acrescidos de:)		
Há autoclave no interior da área credenciada de modo a permitir a descontaminação de todo o material antes do descarte, sem o trânsito do OGM por corredores e outros espaços não controlados?	( ) Sim	( ) Não
Há cabine de segurança biológica classe II?	( ) Sim	( ) Não

Figura 4. Modelo de roteiro para inspeção de laboratório NB-2 (RN CTNBio n. 2)[32].

Roteiro para Inspeção de Laboratório	NB-3	
Instalações (todos os descritos no Roteiro NB1 e NB2 acrescidos de:)		
A separação física entre instalações NB-3 das demais instalações é por sistema de dupla porta e com sala para troca de roupas, chuveiros para banho na entrada e saída do laboratório, bloqueio de ar e outros dispositivos, para acesso em duas etapas?	( ) Sim	( ) Não
O ar de saída das cabines de segurança biológica é realizado através de filtros HEPA de elevada eficiência e retirado diretamente para fora do edifício por sistema de exaustão?	( ) Sim	( ) Não

Figura 5. Modelo de roteiro para inspeção de laboratório NB-3 (RN CTNBio n. 2)[32].

Nas Figuras 6 a 10, são apresentados modelos de documentos que podem ser utilizados pela CIBio, na gestão de laboratórios que tem projetos com contenção de OGM.

AUTORIZAÇÃO DE TRABALHO
ETIQUETA DE IDENTIFICAÇÃO DE SEGURANÇA

Responsável pelo laboratório: ______________________________

Telefone: ______________________ Data: ___/___/___

Prédio ______________________________

Sala: ______________________________

Serviço requerido: ______________________________

Executor: ______________________________

Identificação e lista (deixar à disposição a lista de reagentes anexa)

Biológico (Anexo 1)

Químico (Anexo 2)

Radioisótopo (Anexo 3)

Descontaminação realizada por: ______________________________

Supervisão de: ______________________________

Descontaminação para segurança em: ______________________________

Data da última descontaminação: ___/___/___

Em caso de emergência, ligar para o número: ______________________________

Falar com: ______________________________

Comissão Interna de Biossegurança (CIBio)

Figura 6. Modelo de identificação de segurança em laboratório.

A SER PREENCHIDO PELA CIBio

Analisado em: _____ / _____ / _____ Número do projeto: ____________________

Por: ____ Data de entrada: _____ /_____ /____

Assinatura: ______________________________ Situação: [ ] Aprovado [ ] Reprovado

Solicitação de autorização para desenvolvimento de projeto de pesquisa em contenção com organismos geneticamente modificados (OGM)

Projeto de Pesquisa

Título:	
Data de início do projeto (mês/ano):	Data prevista de conclusão (mês/ano):

Pesquisador Principal

Nome:		
Endereço:		
E-mail:	Telefone:	Fax:

Organismos

Receptor:	Parental:
Material genético incluído no OGM:	
Vetor:	

Classificação do OGM

[ ] Tipo I	[ ] Tipo II

Classificação do Nível de Biossegurança do Laboratório

[ ] NB-1	[ ] NB-2	[ ] NB-3

Objetivo do Projeto

O trabalho em contenção objetiva a liberação posterior para o meio ambiente?

[ ] Sim	[ ] Não

Laboratório onde as pesquisas com o OGM serão desenvolvidas

Equipe (nome e função)

Equipamentos utilizados durante o trabalho com contenção do OGM

Procedimentos de limpeza, desinfecção, descontaminação e descarte de material/resíduos

Anexar: cópia do projeto, currículo resumido do pesquisador principal e equipe envolvida no projeto e literatura científica que possa dar subsídios para o parecer da CTNBio.

Figura 7. Modelo de formulário para solicitação de autorização para desenvolvimento de pesquisa em contenção com OGM.

A SER PREENCHIDO PELA CIBio

Analisado em: _____ / _____ / _____ Número do projeto: ______________________

Por: ______________________________________ Data de entrada: _____ /_____ /_____

Assinatura: ______________________________ Situação: [ ] Aprovado [ ] Reprovado

Pedido de autorização para desenvolvimento de projeto de pesquisa em contenção com animais não geneticamente modificados em que os organismos geneticamente modificados não OGM são manipulados.

Título:	
Data de início do projeto (mês/ano):	Data prevista de conclusão (mês/ano):

Pesquisador principal

Nome:		
Endereço:		
E-mail:	Telefone:	Fax:

Classificação do AnGM (quanto ao grupo de risco)

[ ] Tipo I	[ ] Tipo II

Classificação do AnGM (quanto ao nível de biossegurança)

[ ] NB-1	[ ] NB-2	[ ] NB-3	[ ] NB-4

Objetivo do Projeto

Nome do laboratório onde será desenvolvida a pesquisa com AnGM:
Nome do docente responsável pelo laboratório:
Data do credenciamento do laboratório: ____ /____ /____

Equipe (nome e função)

Espécie do animal a ser geneticamente alterado:
Procedimento de alteração genética a ser utilizado:
Informar se pretende estabelecer uma colônia com AnGM:
Características do material genético a ser inserido:
Atividades biológicas que serão adquiridas/perdidas pelo AnGM:
Informar sobre a possibilidade de alteração nas características de patogenicidade do AnGM:
Informar sobre a possibilidade de o AnGM ganhar alguma vantagem seletiva sobre os correspondentes não modificados geneticamente, quando de um possível escape para o meio ambiente:
Informar sobre a possibilidade de risco de transmissão de doenças para outros animais, incluindo seres humanos, ou vegetais:
Informar se o AnGM passará a expressar alguma proteína com potencial sabidamente tóxico. Se positivo, informar se existe ou não forma de tratamento:
Aspectos relevantes que não foram abordados nos itens anteriores para o esclarecimento sobre o nível de biossegurança do AnGM:
Data e assinatura: Pesquisador principal — Docente responsável pelo laboratório — Presidente da CIBio

Anexar: cópia do projeto, currículo resumido do pesquisador principal e equipe envolvida no projeto e literatura científica que possa dar subsídios para o parecer da CTNBio.

Figura 8. Modelo de formulário para solicitação de autorização para desenvolvimento de pesquisa em contenção com animais não geneticamente modificados onde OGM serão manipulados.

TERMO DE RESPONSABILIDADE

Projeto: ____

Eu, ______________________________, pesquisador(a) responsável pelo projeto, asseguro à CIBio que:

- Li as Instruções Normativas da CTNBio, pertinentes para trabalhar com os OGM acima referidos, que se encontram no site http://www.ctnbio.gov.br e que concordo com as suas exigências durante a vigência deste projeto.
- A equipe que participa deste projeto também está ciente das referidas Instruções Normativas e é competente para executá-las.
- Comprometo-me a solicitar nova aprovação à CIBio local sempre que ocorrer alteração significativa nos objetivos/procedimentos/instalações aqui descritos e a fornecer-lhe um relatório anual de andamento do projeto.
- Tudo que foi declarado é a absoluta expressão da verdade. Estou ciente de que o eventual não cumprimento das Instruções Normativas da CTNBio é de minha total responsabilidade e que estarei sujeito às punições previstas na legislação em vigor.

Data: _____ /_____ /_____

Assinatura do pesquisador principal: ______________________________

Assinatura: ______________________________

Deliberação CIBio: [ ] Aprovado [ ] Reprovado

Data: _____ /_____ /_____

Assinatura do presidente da CIBio: ______________________________

Figura 9. Modelo de termo de responsabilidade.

A SER PREENCHIDO PELA CIBio

Analisado em: _____ /_____ /_____ Número do projeto: ______________________

Por Prof. Dr.: ______________________________________ Data de entrada: _____ /_____ / _____

Assinatura: ______________________________ Situação: [ ] Aprovado [ ] Reprovado

1 – Projeto de pesquisa

Título:

2 – Pesquisador principal

Nome:		
Departamento:		
E-mail:	Telefone:	Fax:

3 – Objetivos

4 – Sumário do projeto

4.1 Descrição e caracterização do OGM está de acordo com as Normas para Trabalhos em Contenção com OGM (Lei n. 11.105, de 24.3.2005 e Resolução Normativa CTNBio n. 2)

[ ] Sim	[ ] Não

4.2 Justifica o volume e a concentração máxima de OGM a ser trabalhada:

[ ] Sim	[ ] Não

4.3 Adequação da metodologia com o nível de Biossegurança do Laboratório:

[ ] Sim	[ ] Não

4.4 O trabalho em contenção objetiva a liberação posterior para o meio ambiente?

[ ] Sim	[ ] Não

4.5 Descrever resumidamente se a descrição e caracterização do OGM está de acordo com a Resolução Normativa n. 2/2006.

4.5 Descrição resumida da manipulação, da contenção e do descarte – cuidados e utilização de EPI e EPC

5 – Critérios para aprovação

5.1 Análise da capacitação da equipe proponente

5.2 Análise da capacitação de contenção dos OGM

5.3 Análise de riscos e benefícios

São Paulo, _____ /_____ /_____ ______________________ ______________________

Relator Assinatura

Figura 10. Modelo de roteiro para emissão de parecer.

Documentos Legais Correspondentes às Práticas com OGMs

Lei n. 11.105, de 24.3.2005 – Regulamenta os incisos II, IV e V do § 1º do art. 225 da Constituição Federal, estabelece normas de segurança e mecanismos de fiscalização de atividades que envolvam OGM e seus derivados, cria o CNBS, reestrutura a CTNBio, dispõe sobre a PNB, revoga a Lei n. 8.974, de 5 de janeiro de 1995, e a Medida Provisória n. 2.191-9, de 23 de agosto de 2001, e os arts. 5º, 6º, 7º, 8º, 9º, 10 e 16 da Lei n. 10.814, de 15.12.2003, e dá outras providências.

Lei n. 11.460, de 21.3.2007 – Dispõe sobre o plantio de organismos geneticamente modificados em unidades de conservação; acrescenta dispositivos à Lei n. 9.985, de 18 de julho de 2000, e à Lei n. 11.105, de 24.3.2005; revoga dispositivo da Lei n. 10.814, de 15.12.2003; e dá outras providências.

Lei n. 6.938, de 31.8.1981 – Dispõe sobre a Política Nacional do Meio Ambiente, seus fins e mecanismos de formulação e aplicação, e dá outras providências.

Lei n. 9.782, de 26.1.1999 – Define o Sistema Nacional de Vigilância Sanitária, cria a Agência Nacional de Vigilância Sanitária, e dá outras providências.

Decreto n. 4.074, de 4.1.2002 – Regulamenta a Lei n. 7.802, de 11.7.1989, que dispõe sobre a pesquisa, a experimentação, a produção, a embalagem e rotulagem, o transporte, o armazenamento, a comercialização, a propaganda comercial, a utilização, a importação, a exportação, o destino final dos resíduos e embalagens, o registro, a classificação, o controle, a inspeção e a fiscalização de agrotóxicos, seus componentes e afins, e dá outras providências.

Decreto n. 4.339, de 22.8.2002 – Institui princípios e diretrizes para a implementação da Política Nacional da Biodiversidade.

Decreto n. 5.591, de 22.11.2005 – Regulamenta dispositivos da Lei n. 11.105, de 24 de março de 2005, que regulamenta os incisos II, IV e V do § 1° do art. 225 da Constituição, e dá outras providências.

Decreto n. 6.925, de 6.8.2009 – Dispõe sobre a aplicação do art. 19 do Protocolo de Cartagena sobre Biossegurança da Convenção sobre Diversidade Biológica, promulgado pelo Decreto n. 5.705, de 16.2.2006, e dá outras providências.

Resolução CNS n. 196 – Aprova as diretrizes e normas regulamentadoras de pesquisas envolvendo seres humanos.

Resolução CNS n. 251 – Aprova normas de pesquisa envolvendo seres humanos para a área temática de pesquisa com novos fármacos, medicamentos, vacinas e testes diagnósticos

Resolução CNS n. 292 – Norma complementar à Resolução CNS n. 196/96, referente à área específica sobre pesquisas em seres humanos, coordenadas do exterior ou com participação estrangeira e pesquisas que envolvam remessa de material biológico para o exterior.

Resolução CNBS n. 1 – Aprova o Regimento Interno do CNBS.

Resolução CNBS n. 2 – Ratifica o Parecer Técnico n. 987/2007 da CTNBio, favorável à liberação comercial de milho geneticamente modificado, evento T25 ou Liberty Link.

Resolução CNBS n. 3 – Ratifica o Parecer Técnico n. 1.100/2007 da CTNBio, favorável à liberação comercial de milho geneticamente modificado, evento MON810 ou Milho Guardian.

Resolução CNBS n. 4 – Aprova o Parecer Técnico no 1.255/2008 da CTNBio, favorável à liberação comercial de milho geneticamente modificado, Bt 11.

Instrução Normativa CTNBio n. 1, de 6.9.1996 – Dispõe sobre o requerimento e a emissão do Certificado de Qualidade em Biossegurança (CQB) e a instalação e o funcionamento da CIBio.

Instrução Normativa CTNBio n. 2, de 12.9.1996 – Regulamentada as normas provisórias para importação de vegetais geneticamente modificados destinados à pesquisa.

Instrução Normativa CTNBio n. 4, de 20.12.1996 – Aprova as normas para o transporte de OGM.

Instrução Normativa CTNBio n. 8, de 11.7.1997 – Dispõe sobre a manipulação genética e sobre a clonagem em seres humanos.

Instrução Normativa CTNBio n. 9, de 16.10.1997 – Fixa as normas sobre intervenção genética em seres humanos.

Instrução Normativa CTNBio n. 13, de 2.6.1998 – Regulamenta as normas para importação de animais geneticamente modificados (AnGM) para uso em trabalho em regime de contenção.

Instrução Normativa CTNBio n. 17, de 17.11.1998 – Fixa as normas que regulamentam as atividades de importação, comercialização, transporte, armazenamento, manipulação, consumo, liberação e descarte de produtos derivados de OGM.

Instrução Normativa CTNBio n. 18 – Dispõe sobre a liberação planejada no meio ambiente e comercial da soja *Roundup Ready*.

Instrução Normativa CTNBio n. 19 – Audiências públicas de caráter técnico-científico.

Resolução Normativa CTNBio n. 1 – Dispõe sobre a instalação e o funcionamento das CIBio e sobre os critérios e procedimentos para requerimento, emissão, revisão, extensão, suspensão e cancelamento do Certificado de Qualidade em Biossegurança (CQB). (Modificada pelas Resoluções Normativas CTNBio n. 11 e 14.)

Resolução Normativa CTNBio n. 2 – Dispõe sobre a classificação de riscos de OGM e os níveis de biossegurança a serem aplicados nas atividades e projetos com OGM e seus derivados em contenção. A Resolução Normativa n. 6 dispõe sobre as normas para liberação planejada no meio ambiente de OGM de origem vegetal e seus derivados.

Resolução Normativa CTNBio n. 7 – Dispõe sobre as normas para liberação planejada no meio ambiente de microrganismos e animais geneticamente modificados (MGM e AnGM) de classe de risco I e seus derivados.

Resolução Normativa CTNBio n. 8 – Dispõe sobre normas simplificadas para liberação planejada no meio ambiente de OGM da classe de risco I e seus derivados.

Resolução Normativa CTNBio n. 11 – Altera o inciso V e as alíneas a a c do art. 16 da Resolução Normativa n. 1, de 20 de junho de 2006.

Resolução Normativa CTNBio n. 14 – Altera o inciso IV do art. 5°, o *caput* do art. 9° e os incisos II, IV e VI do art. 11 da Resolução Normativa n. 1, de 20 de junho de 2006.

CONSIDERAÇÕES FINAIS

Esperamos que este documento, fruto de um trabalho inicial de sistematização da legislação que norteia o trabalho desenvolvidos nos laboratórios de ensino e pesquisa, seja de valia e respaldo para aqueles que, preocupados com o cumprimento das normas que garantem a segurança do indivíduo e do meio ambiente, tenham condições de, em suas instituições, realizar a gestão da biossegurança em seu amplo espectro, não somente restrito a experimentos OGM, mas de forma ampla e interagindo com os agentes físico, químico e biológico.

A grande quantidade de informações que atualmente é produzida tanto em suportes convencionais como eletrônicos requer, principalmente no que tange ao cumprimento de legislação, especial atenção para que não exponha a instituição às penalidades a que estão sujeitas. Com a consciência do que o trabalho das Comissões Internas de Biossegurança representa, garante-se que o processo de comunicação entre CTNBio e pesquisador seja eficiente e eficaz. A implementação das sugestões de documentos e ferramentas de gestão apresentados é de extrema valia e pode nortear o aprimoramento da gestão da Comissão. A ênfase dada à Inspeção dos Laboratórios ilustrando POP e Roteiro de Inspeção teve como objetivo auxiliar as CIBios no cumprimento desta atribuição para garantir que as condições de infraestrutura dos laboratórios e suas práticas estejam dentro dos parâmetros regulatórios em eventuais inspeções dos órgãos fiscalizadores.

REFERÊNCIAS BIBLIOGRÁFICAS

1. Brasil. Presidencia da República. Casa Civil. Lei n. 11.105, de 24 de março de 2005. Disponível em www.planalto.gov.br/ccivil_03/_ato2004-2006/2005/lei/l11105.htm. Acesso em 14/05/2016.
2. Costa MAF. Biossegurança e qualidade: uma necessidade de integração. Revista Biotecnologia. 1998;I(4):32.
3. Costa MAF. Protegendo a vida. Revista Proteção. 1999;46-7.
4. Costa MAF, Costa MFB. Biossegurança: elo estratégico de segurança e saúde no trabalho. Revista CIPA. 2002;23(266):86-90.
5. Szklarowsky LF. Os transgênicos e a vida humana. Jus Navigandi. 2003;8(165). Disponível em: http://www.jus.com.br.
6. Canhos D. Educação e conscientização pública e intercâmbio de informações. MMA/SBF, 1998. Disponível em: http://www.mma.gov.br/biodiversidade. Acesso em: 8/3/2001.
7. Brasil. Ministério da Saúde. Organização Pan-Americana da Saúde. Marco legal brasileiro sobre organismos geneticamente modificados. Ministério da Saúde/Organização Pan-Americana da Saúde. Brasília: Ministério da Saúde, 2010. 218 p.

8. Buereu Veritas Brasil. Legislação Ambiental aplicada ao Sistema de Gestão Ambiental ISO-14001. Apostila elaborada pelo Departamento de Qualidade e Segurança do Meio Ambiente (DQM). São Paulo: Revisão 4; 2000.
9. Wilson EO. Biodiversidade. Rio de Janeiro: Nova Fronteira; 1997.
10. Bicudo C. Identificação, monitoramento e minimização de impactos negativos. MMA/SBF, 1998. Disponível em: http://www.mma.gov.br/biodiversidade [Capturado]. Acesso em 8/3/2001.
11. Wolff SA. Adequação da legislação ambiental brasileira à Convenção sobre Diversidade Biológica. MMA/SBF; 2000. Disponível em http://www.mma.gov.br/estruturas/chm/_arquivos/Biodiversidade%203.pdf. Acesso em: 14/05/2016.
12. Brasil. Presidência da República. Casa Civil. Lei n. 2.063, de 6.10.1983. Disponível em: www.planalto.gov.br/ccivil_03/decreto-lei/1965-1988/Del2063.htm. Acesso em 14/05/2016.
13. Brasil. Presidência da República. Casa Civil. Lei n. 7.802, de 11.7.1989. Disponível em: www.planalto.gov.br/ccivil_03/leis/L7802.htm. Acesso em: 14/05/2016.
14. Brasil. Presidência da República. Casa Civil. Lei n. 9.605, de 12.2.1998. Disponível em: www.planalto.gov.br/ccivil_03/leis/L9605.htm. Acesso em 14/05/2016.
15. Brasil. Presidência da República. Casa Civil. Lei n. 9.795, de 27.4.1999. Disponível em: www.planalto.gov.br/ccivil_03/leis/L9795.htm, Acesso em: 14/05/2016.
16. Brasil. Decreto n. 26.465, de 10.7.1934. Disponível em: funed.mg.gov.br/wp-content/uploads/2010/05/Decreto-lei 24645-34-maus-tratos-animais.pdf.
17. Brasil. Presidência da República. Casa Civil. Decreto n. 96.044, de 18.5.1988. Disponível em: www.planalto.gov.br/ccivil_03/decreto/antigos/d96044.htm. Acesso em 14/05/2016.
18. Brasil. Presidência da República. Casa Civil. Decreto n. 98.816, de 11.1.1990. Disponível em: www.planalto.gov.br/ccivil_03/decreto/Antigos/D98816.htm. Acesso em 15/05/2016. Revogado pelo Decreto nº 4.074, de 2002.
19. Brasil. Presidência da República. Casa Civil.. Decreto n. 2.519, de 16.3.1998. Disponível em: www.planalto.gov.br/ccivil_03/decreto/D2519.htm. Acesso em 15/05/2016.
20. Brasil. Presidência da República. Casa Civil. Decreto n. 3.179, de 12.2.1998. Disponível em: www.planalto.gov.br/ccivil_03/decreto/D3179.htm. Acesso em: 15/05/2016. Revogado pelo Decreto nº 6.514, de 2008.
21. Brasil. Senado Federal. Secretaria de Informação Legislativa. Decreto Legislativo n. 2, de 3.2.1994. Disponível em: legis.senado.gov.br/legislacao/ListaPublicacoes.action?id=139068. Acesso em: 15/05/2016.
22. Brasil. Presidência da República. Casa Civil. Decreto n. 6.899, de 15.7.2009. Disponível em: www.planalto.gov.br/ccivil_03/_Ato2007-2010/2009/Decreto/D6899.htm. Acesso em 15/05/2016.
23. Brasil. Ministério da Saúde. Secretaria de Vigilância Sanitária. Portaria SVS/MS n. 16 de, de 6.3.1995. Disponível em: www.anvisa.gov.br/medicamentos/legis/portaria.htm. Acesso em 15/05/2016.
24. Brasil. Ministério da Saúde. Secretaria de Vigilância Sanitária. Portaria SVS/MS n. 348, de 18.8.1997. Disponí-vel em: bvsms.saude.gov.br/bvs/saudelegis/svs1/1997/prt0348_18_08_1997_1.html. Acesso em: 15/05/2016.
25. Brasil. Ministério da Saúde. Secretaria de Vigilância Sanitária. Portaria SVS/MS n. 451, de 19.9.1997. Disponível em: oads.org.br/leis/1337.pdf. Acesso 15/05/2016.
26. Brasil. Ministério da Saúde. Gabinete do Ministro. Portaria Interministerial n. 482, de 16.04.1999. Disponível em: bvsms.saude.gov.br/bvs/saudelegis/gm/1999/pri0482_16_04_1999.html. Acesso em: 15/05/2016.
27. Brasil. Ministério da Saúde. Agencia Nacional de Vigilância Sanitária (ANVISA). RDC n. 33, de 19.4.2000. Disponível em: portal.anvisa.gov.br/wps/wcm/connect/5b4c1880436928e3b0bdf94c37864e72/3+--+RDC+n%C2%BA+33-2000.pdf?MOD=AJPERES. Acesso em 15/05/2016.
28. Brasil. Ministério da Saúde. Agencia Nacional de Vigilancia Sanitária (ANVISA). RDC n. 9, de 16.3.2011. Disponível em: por-tal.anvisa.gov.br/wps/wcm/connect/623ecb0047458efe9836dc3fbc4c6735/RDC_09_2011.pdf?MOD=AJPERES. Acesso em 15/05/2016.
29. Brasil. Ministério da Ciência, Tecnologia e Inovação. Comissão Nacional de Energia Nuclear. Norma CNEN NN 8.01. Resolução CNEN/CD n. 167, 30/04/2016. Disponível em:appasp.cnen.gov.br/seguranca/normas/pdf/Nrm801.pdf. Acesso em 15/05/2016.
30. Brasil. Ministério da Saúde. Conselho Nacional de Saúde. Resolução n. 196, de 10.10.1996. Disponível em: bvsms.saude.gov.br/bvs/saudelegis/cns/1996/res0196_10_10_1996.html. Acesso em: 15/05/2016.
31. Brasil. Ministério do Meio Ambiente. Conselho Nacional do Meio Ambiente. Resolução CONAMA n. 313, de 29.10.2002. Dispo´nivel em: www.mma.gov.br/port/conama/legiabre.cfm?codlegi=335. Acesso em 15/05/2016.
32. Brasil. Ministério do Meio Ambiente. Conselho Nacional do Meio Ambiente. Resolução CONAMA n. 5, de 5.8.1993. Disponível em: www.mma.gov.br/port/conama/legislacao/CONAMA_RES_CONS_1993_005.pdf. Acesso em 15/05/2016.
33. Brasil. Ministério do Meio Ambiente. Conselho Nacional do Meio Ambiente. Resolução CONAMA n. 358, de 29.4.2005. Disponível em: www.mma.gov.br/port/conama/legiabre.cfm?codlegi=462. Acesso em 15/05/2016.
34. Estado de São Paulo. Assembleia Legislativa. Lei Estadual n. 9.509, de 20.3.1997. Disponível em: www.al.sp.gov.br/norma/?id=9375. Acesso em 15/05/2016
35. Estado de São Paulo. Assembleia Legislativa. Lei Estadual n. 12.300, de 16.03.2006. Disponivel em: www.al.sp.gov.br/norma/?id=61778. Acesso em: 15/05/2016.
36. Estado de São Paulo. Assembleia Legislativa Decreto n. 8.468, de 8.9.1976. Disponível em: www.al.sp.gov.br/norma/?id=62153. Acesso em 15/05/2016.
37. Estado de São Paulo. Assembleia Legislativa. Decreto n. 54.645, de 5.8.2009. Disponívem em: www.al.sp.gov.br/norma/?id=157206. Acesso em: 15/05/2016.
38. Estado de São Paulo. Centro de Vigilância Sanitária. Portaria CVS n. 01, de 18.01.2000. Disponível em:

www.cvs.saude.sp.gov.br/legis.asp?te_codigo=6&as_codigo=32&origem=gt. Acesso em 15/05/2016.
39. Estado de São Paulo. Secretarias de Estado da Saúde, do Meio Ambiente e da Justiça e Defesa da Cidadania. Resolução Conjunta SS/SMA/SJDC n. 1, de 29.6.1998. Disponível em: www.ambiente.sp.gov.br/wp-content/uploads/cea/Res.SS-SMA-SJDC01-98.pdf. Acesso em 15/05/2016.
40. Município de São Paulo. Legislação. Disponível em: www.prefeitura.sp.gov.br/cidade/secretarias/servicos/legislacao/index.php?p=4641. Acesso em 15/05/2016.
41. Brasil. Associação Brasileira de Normas Técnicas (ABNT). Normas Técnicas NBR. Disponível em www.abnt.gov.br.
42. Cardella B. Segurança no trabalho e prevenção de acidentes – uma abordagem holística. São Paulo: Atlas, 1999.
43. Brasil. Ministério do Trabalho e Emprego. Portaria n. 3.214, de 8.6.1978. Disponível em: www.camara.gov.br/sileg/integras/839945.pdf. Acesso em 15/05/2016.
44. Brasil. Constituição da República Federativa do Brasil de 1988. Artigo 225. Disponível em: www.jusbrasil.com.br/topicos/10645661/artigo-225-da-constituicao-federal-de-1988. Acesso em 15/05/2016.
45. Brasil. Presidência da República. Casa Civil. Lei n. 10.814, de 15 de dezembro de 2003. Disponível em: www.planalto.gov.br/ccivil_03/leis/2003/L10.814.htm. Acesso em 15/05/2016.
46. Brasil. Ministério da Ciência, Tecnologia e Inovação. Comissão Técnica Nacional de Biossegurança. Resoluções Normativas. Disponível em: ctnbio.mcti.gov.br/normas-e-leis. Acesso em 15/05/2016.
47. Brasil. Ministério da Saúde. Secretaria de Ciência. Tecnologia e Insumos Estratégicos. Diretrizes Gerais para o Trabalho em Contenção com Agentes Biológicos / Ministério da Saúde. Secretaria de Ciência. Tecnologia e Insumos Estratégicos. 3. ed. Brasília: Ministério da Saúde, 2010.

capítulo 11

Riscos ocupacionais por exposição aos agentes químicos

Vladi Olga Consiglieri

INTRODUÇÃO

Em nossas vidas, mesmo fora do ambiente de trabalho, estamos expostos a inúmeros agentes químicos, como poeira, poluição, aditivos alimentares e contaminantes, entre os quais agrotóxicos e inseticidas. A área de conhecimento que estuda os efeitos deletérios decorrentes da interação entre organismos vivos e substâncias químicas é a toxicologia, que pode ser dividida, segundo a área de atuação, em ambiental, ocupacional, de alimentos, de medicamentos e social. O ramo da toxicologia particularmente voltado ao estudo da interação entre substâncias químicas estranhas ao organismo (xenobióticas ou xenoquímicas) manuseadas no ambiente de trabalho e pelo trabalhador é a toxicologia ocupacional.

Intoxicação é o processo de alteração deletéria do organismo causado por substâncias endógenas ou xenobióticas, caracterizado por alterações bioquímicas que se traduzem em desequilíbrio fisiológico. A intoxicação pode ser evidenciada por exames laboratoriais ou exame clínico. Simplificando, a intoxicação não existe apenas quando há substância química, mas também quando há um processo patológico (doença) ocasionado pela substância. Deve-se ressaltar que a presença de agentes químicos no ambiente de trabalho não significa necessariamente o desenvolvimento de intoxicação entre os trabalhadores, mas indica a existência de risco que deverá ser avaliado[1,2].

A estimativa do risco ocupacional decorrente do manuseio das substâncias químicas é o processo de avaliação das propriedades tóxicas dos agentes químicos e das condições de exposição do trabalhador para verificar a probabilidade de ocorrência de efeitos adversos e caracterizar sua natureza. Esse processo inclui: a) a identificação da periculosidade da substância química, isto é, se esta é capaz de interagir com o organismo e causar efeito danoso; b) a avaliação da relação dose-resposta que estabelece a correlação entre a extensão da exposição e a probabilidade de ocorrência dos efeitos tóxicos; c) a avaliação do tipo de exposição, considerando as vias de exposição, o tempo e a dose aos quais o trabalhador está exposto; d) a caracterização do risco[3] (Figura 1).

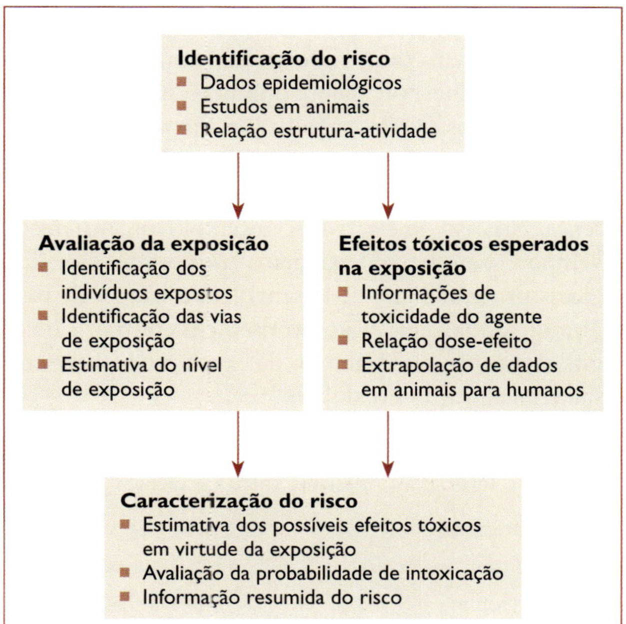

Figura 1. Elementos para avaliação do risco químico. Fonte: adaptada de Derelanko, 1995[3]; Zakrzewski, 1997[4].

IDENTIFICAÇÃO DA PERICULOSIDADE DAS SUBSTÂNCIAS QUÍMICAS

Para avaliar o risco, em razão da presença de substâncias químicas no ambiente de trabalho, é necessário verificar em que forma este agente se apresenta e a possibilidade de ser absorvido pelo organismo. Por exemplo, o chumbo inorgânico pode ser facilmente absorvido se houver exposição à poeira de cloreto de chumbo (muito solúvel). Se esta substância estiver na forma de solução, não há perigo no seu manuseio, desde que não seja ingerido ou injetado. Poeira de sulfeto de chumbo também não oferece risco, pois é insolúvel e não absorvível[1].

Após a verificação de que a substância oferece risco na forma em que se encontra, terão de ser observados a dose ou concentração e o tempo em que o trabalhador se mantém em contato com o produto. Inicialmente, todos os esforços devem ser reunidos para evitar que o agente químico permaneça no ambiente (uso de capelas e exaustores, por exemplo). Entretanto, se tais medidas não forem suficientes, têm de ser empregados os equipamentos de proteção individual (EPI). Eventualmente, em acidentes de ruptura de tubulacão, quebra de frascos, entre outros, devem ser implementadas medidas preventivas, como manutenção periódica das instalações e medidas de proteção que impeçam a exposição, evitando ou diminuindo, assim, casos de intoxicação aguda[2].

Relação dose-efeito

Em toxicologia, o efeito é proporcional à dose recebida, assim como o tempo de contato ou de exposição. Portanto, o efeito tóxico provocado resulta da quantidade de substância ou agente químico em contato e do tempo de exposição do trabalhador. Em alguns casos, o tempo de exposição e as quantidades de agente químico são proporcionais à probabilidade de adquirir uma doença. No caso do cigarro, por exemplo, quanto maior o tempo e o número de cigarros consumidos por dia, maior a probabilidade de desenvolver o câncer de pulmão, ou, ainda, a elevação do risco em contrair câncer conforme aumentam o tempo de exposição ao benzeno e sua concentração no ambiente[1,4,19].

Interação com o organismo

É importante conhecer como as substâncias químicas interagem com o organismo e onde ocorre essa interação, pois disso depende a escolha das medidas preventivas. A interação pode ser superficial, como no caso de substâncias irritantes, ou sistêmica profunda, em que o agente químico penetra no organismo, entra na corrente sanguínea e causa efeito sistêmico. Há ainda substâncias, como os gases inertes, que, embora não interajam com o organismo, podem causar a morte por asfixia, dependendo de sua concentração no ambiente e do tempo de exposição[5]. As possibilidades de interação entre as substâncias químicas e o organismo estão resumidas no Quadro 1.

As principais vias de absorção das substâncias químicas no organismo são a pulmonar, a cutânea, a oral e a oftálmica (Figura 2), cujas características estão apresentadas no Quadro 2.

A possibilidade de um composto ser absorvido depende de vários fatores, sendo os mais significativos as características físico-químicas do agente químico, como solubilidade, volatilidade, peso molecular e via de contato com o organismo[2,3].

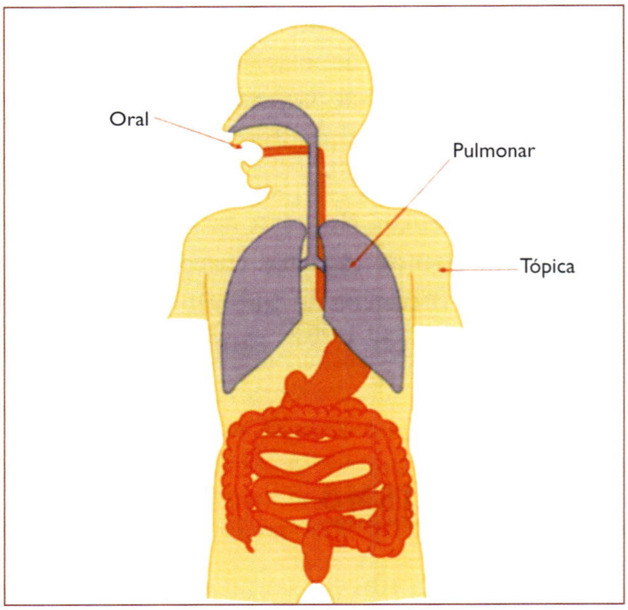

Figura 2. Vias de entrada de agentes químicos no organismo.

Quadro 1. Interações possíveis entre os agentes químicos e o organismo e efeitos tóxicos resultantes[1,2]

Tipo de interação	Via de interação	Efeitos tóxicos resultantes
Superficial (sem absorção)	Pele e mucosas	Efeitos locais como queimaduras, irritação, alergia
Sistêmica (contato seguido de absorção para a circulação sanguínea)	Pele, mucosas, pulmões (inalação) ou trato gastrintestinal (ingestão)	Distribuição da substância química para os tecidos, causando efeitos sistêmicos específicos
Sem interação propriamente dita	Pulmões (inalação)	Deslocamento do oxigênio disponível resultando em asfixia

Quadro 2. Vias de absorção de substâncias químicas e principais fatores que influenciam na absorção

Via de absorção	Características da via de absorção	Fatores que favorecem a entrada das substâncias químicas
Pulmonar	É a principal e mais perigosa via, pois o agente químico penetra rapidamente na circulação sem sofrer metabolismo hepático. Há absorção quase completa e os efeitos tóxicos são imediatos.	Concentração do agente químico no ambiente, volatilidade, esforço físico do trabalhador, tempo de exposição, características de lipo e hidrossolubilidade da substância.
Tópica (pele e mucosas)	A substância química penetra através das células da epiderme ou pelos anexos (glândulas sebáceas, folículos pilosos), atravessando o estrato córneo, principal barreira da pele. Após a permeação, pode atingir os capilares e entrar na circulação. É menos importante que a pulmonar, entretanto, não deve ser negligenciada, pois há substâncias que são grandemente absorvidas por essa via.	Lipo e hidrossolubilidade, peso molecular, área e tempo de contato com as substâncias, umidade da pele (suor), local da exposição (o estrato córneo é mais espesso nas palmas das mãos), integridade da pele. Nas mucosas, a facilidade de permeação é maior.
Oral	Decorrente de ingestões acidentais no ambiente de trabalho. A absorção ocorre após submissão dos agentes químicos aos fluidos gastrintestinais, que ganham a circulação depois da passagem pelo fígado pelo sistema porta, onde são parcialmente biotransformados.	A absorção depende das propriedades físico-químicas como solubilidade, grau de ionização, peso molecular, conteúdo gástrico, solvente ou meio que veicula o agente químico, dose ingerida e concentração.
Oftálmica	Ocorre pela projeção acidental durante o manuseio do agente químico ou pela exposição ambiental.	São válidas as observações da via tópica.

Fonte: Greim, 199-[6].

A interação sistêmica ocorre com a absorção do agente químico que, após alcançar a corrente sanguínea, é distribuído para os diferentes tecidos do organismo, podendo ligar-se a sítios específicos, geralmente enzimas, proteínas ou ácidos nucleicos, causando alterações bioquímicas que, por sua vez, acarretam efeitos biológicos. Muitas substâncias sofrem biotransformação no fígado, dando origem a derivados (metabólitos ou produtos de biotransformação) que são distribuídos pelo sangue aos tecidos, podendo também produzir efeitos tóxicos.

A biotransformação dos xenoquímicos ocorre em três fases. Na fase I, conhecida como oxidativa, as substâncias exógenas sofrem reações de oxidação, redução e hidrólise e podem resultar em derivados mais tóxicos do que as moléculas precursoras. Na fase II, conjugativa, os compostos oxidados, reduzidos ou hidrolisados são submetidos à conjugação, o que geralmente atenua sua toxicidade. A fase III, mais recentemente elucidada e investigada, relaciona-se ao transporte dos metabólitos, mais especificamente aos mecanismos envolvidos e aos transportadores de membrana a esses relacionados[7].

As principais vias de eliminação são a hepática e a renal, podendo ser eliminada a substância originalmente absorvida ou os produtos de sua biotransformação[1,3].

Dependendo da dose absorvida, pode haver efeitos adversos, inicialmente em nível bioquímico, ainda sem repercussão clínica (sintomas ou sinais) que, em geral, são reversíveis, não causando maiores danos. Esse tipo de alteração caracteriza a fase pré-clínica e só pode ser detectado por exames laboratoriais. Entretanto, se as doses e/ou o tempo de exposição forem maiores, pode haver repercussão no funcionamento do organismo, levando à manifestação de sintomas (fase clínica). De qualquer forma, nas fases pré-clínica ou clínica, o indivíduo está intoxicado. Portanto, o trabalhador não pode esperar a manifestação de sintomas (alcançar a fase clínica) para ser tratado, visto que esta fase é o final de um longo processo. Apesar dos muitos avanços na área de toxicologia, sobretudo na revelação dos mecanismos de biotransformação, estes ainda não estão totalmente elucidados, bem como as funções dos receptores específicos (xenorreceptores) nas respostas biológicas alteradas desencadeadas por xenoquímicos. Assim, a melhor alternativa é a adoção de medidas preventivas para impedir a instalação da intoxicação em qualquer fase[1,7].

MEDIDAS PREVENTIVAS E DE CONTROLE DA EXPOSIÇÃO A AGENTES QUÍMICOS

A providência ideal no ambiente de trabalho é não permitir que substâncias químicas capazes de interagir com o organismo causando intoxicação venham a ter contato com o trabalhador. Em primeiro lugar deve-se verificar a real necessidade de trabalho com essas substâncias químicas e se não podem ser substituídas por outras de menor perigo. Como exemplos, podemos citar a substituição, em numerosas operações, do benzeno por xileno ou tolueno, que são menos perigosos, e o uso de solução alcoólica de hidróxido de potássio 2 mol · L^{-1} em vez de solução sulfocrômica[2].

As compras devem ser otimizadas, de modo a prever a quantidade necessária para cada trabalho, evitando manter estoques ou sobras de reagentes e solventes. Essas substâncias têm de ser manuseadas em local próprio (se voláteis, em capela, sob exaustão), com ambiente bem ventilado e iluminado, devendo as instalações ser apropriadas e previamente planejadas para as atividades que envolvem agentes químicos perigosos. Os resíduos de laboratório precisam ter sistema adequado de gerenciamento para prevenir seu acúmulo no ambiente de trabalho e preservar o ambiente interno e externo[8].

Nos casos em que, mesmo adotando as medidas anteriores, o ambiente de trabalho ainda possa expor o trabalhador a algum risco de contato, têm de ser fornecidos os equipamentos de proteção individual. Em outras palavras, havendo riscos ao trabalhador, é preciso um grande investimento para seu controle, empregando técnicas de engenharia do trabalho, particularmente na área de ventilação e exaustão. O uso de EPI, como respiradores, precisa ser considerado um recurso provisório ou complementar[1,9].

As situações de exposição ocupacional podem ser monitoradas por meio de controles ambientais e biológicos. O monitoramento ambiental permite saber se o agente químico se encontra dentro de parâmetros seguros de exposição, chamados de limites de tolerância ambiental. Esses limites são definidos pela Norma Regulamentadora n. 15, do Ministério do Trabalho, que trata das atividades e das operações insalubres[10].

Pela NR 15, que abrange agentes físicos, químicos e biológicos, são consideradas insalubres as atividades ou ocupações desenvolvidas acima dos limites de tolerância previstos pela norma e constantes de seus anexos (Quadro 3), comprovados por laudos de inspeção do local de trabalho, estes últimos também estabelecidos nos Anexos 7 a 10 da mesma norma[10].

Os indicadores internacionais mais usados são os *Threshold Limit Values* (TLV), da American Conference of Governmental Industrial Hygienists* (ACGIH)[13,14]. Os TLV são valores que relacionam a saúde do trabalhador com o tempo e a concentração de exposição aos agentes químicos, estabelecidos por um comitê voluntário, o Threshold Limit Values Committee, constituído por indivíduos independentes e de conhecimento específico que representam a opinião da comunidade científica. O comitê ancora suas recomendações em conhecimentos publicados na literatura que são sistematicamente revisados em várias disciplinas, como higiene industrial, toxicologia, medicina ocupacional e epidemiologia. Os TLV não são padrões, mas sim orientações sobre níveis seguros de exposição para substâncias químicas no ambiente de trabalho[14].

Esses indicadores apresentam-se em tabelas que relacionam o agente químico a limites de sua quantidade/concentração em ppm (partes de vapor ou gás por milhão de partes de ar contaminado) ou mg/m^3 (miligramas de vapor ou gás por metro cúbico de ar) no ambiente de trabalho, indicam o grau de insalubridade e estabelecem o tempo máximo, em horas semanais, de exposição à concentração-limite. Mesmo respeitando

Quadro 3. Anexos da NR 15 que estabelecem limites de tolerância de exposição do trabalhador a agentes físicos, químicos e biológicos

Anexo	Tipo de agente para o qual foi estabelecido o limite de tolerância de exposição do trabalhador no ambiente de trabalho
1	Ruído contínuo e intermitente
2	Ruídos de impacto
3	Exposição ao calor
4	Revogado pela Portaria MTPS n. 3.751, de 23.11.90 (DOU 26.11.90)
5	Radiações ionizantes
6	Trabalho sob condições hiperbáricas
7	Radiações não ionizantes (micro-ondas, ultravioleta e *laser*)
8	Vibrações
9	Exposição ao frio (câmaras frigoríficas ou outras)
10	Umidade (trabalho em locais alagados ou encharcados)
11	Agentes químicos cuja insalubridade é caracterizada por limite de tolerância e inspeção no local de trabalho
12	Limites de tolerância para poeiras minerais
13	Agentes químicos. Relaciona diferentes graus de insalubridade (máximo, médio e mínimo) em função do agente químico, com locais e atividades de trabalho
13A	Regulamenta ações, atribuições e procedimentos de prevenção da exposição ocupacional do benzeno
14	Agentes biológicos, cuja insalubridade é caracterizada por avaliação quantitativa

Fonte: Brasil-NR 15a[10]; Pinto, 2001[12].

*A American Conference of Governmental Industrial Hygienists (ACGIH) é uma organização fundada em 1938, na cidade de Washington, e constituída por membros de estados, cidades, universidades americanas e o organismo de vigilância sanitária americano. Surgiu com os objetivos de captar e transmitir informações sobre os riscos ocupacionais nas indústrias americanas, formas de diminuí-los, treinamentos de trabalhadores, cobranças de condições mais seguras aos empregadores, entre outras atividades, todas visando melhorar as condições de trabalho. Atualmente é uma instituição conceituada, mantida como fundação e considerada referência internacional. Mantém nove comitês de especialistas nas mais diversas áreas de saúde do trabalho, dentre os quais podem ser citados os comitês que tratam da saúde e segurança na agricultura, dos instrumentos de amostragem do ar, de bioaerossóis, da ventilação industrial e dos índices de exposição biológica, como os valores máximos para exposição a substâncias químicas (TLV-CS) e os valores máximos para exposição a agentes físicos (TLV-PA).

os limites máximos permitidos, é preciso verificar se há efeitos bioquímicos resultantes da exposição, o que é realizado com o monitoramento biológico.

O monitoramento biológico é realizado pela medida periódica de um indicador biológico, conhecido como biomarcador de exposição, que se constitui de um xenobiótico (ou produto de sua metabolização) quantificado no sangue – ou em um outro compartimento do organismo – e que pode ser relacionado com a concentração e o tempo de exposição do indivíduo. Um dos principais objetivos do monitoramento biológico é determinar quanto do xenobiótico foi absorvido, biotransformado em outros compostos ativos ou acumulado em tecidos específicos em função da exposição ao agente químico, com a finalidade de detectar possíveis riscos à saúde. O monitoramento biológico também é utilizado para avaliação e redefinição dos limites de exposição ambiental, tanto no local de trabalho como no meio ambiente em geral[15].

A escolha de um bom biomarcador inclui a facilidade de coleta do organismo por meio de fluidos biológicos acessíveis, como sangue, plasma, urina, saliva, cabelo, dentina, entre outros. Outra característica importante é que cada biomarcador pode ser correlacionado com apenas um xenobiótico. Uma vez determinada a concentração do biomarcador nos fluidos ou tecidos biológicos, são estabelecidos valores de referência que estabelecem limites seguros, a partir dos quais o efeito tóxico tem elevado risco de ocorrência. Esses valores de referência, ou limites, são ancorados em dados epidemiológicos da população exposta comparativamente à não exposta ao agente químico. Os limites estão sempre sendo revistos e estudados a partir da literatura da área toxicológica e de dados epidemiológicos publicados por órgãos especializados, governamentais ou não[16]. Na Tabela 1, podem ser observados exemplos de biomarcadores e seus limites máximos (IBMP – índice biológico máximo permitido).

Assim, o monitoramento biológico constitui importante ferramenta de avaliação da interação dos agentes químicos, ou de seus produtos de biotransformação, no organismo, por meio da avaliação e/ou quantificação de bioindicadores presentes nos tecidos (sangue, por exemplo), secreções (saliva), excreções (urina) ou ar exalado, para estimar a exposição ou risco à saúde quando comparado com referência adequada[10].

GRUPO DE AGENTES QUÍMICOS

Os agentes químicos presentes no ambiente de trabalho podem ser divididos segundo o tipo de efeito tóxico potencial. No Quadro 4, as substâncias químicas são apresentadas conforme o risco e o modo de ação.

A seguir, estão apresentados alguns grupos de agentes químicos importantes, do ponto de vista ocupacional, e suas principais características e efeitos gerais no organismo[1,2,17-19].

Gases e vapores

Os gases e vapores podem apresentar dois tipos de efeito: irritante e/ou asfixiante. Os irritantes provocam lesão direta dos tecidos, sobretudo mucosas, desencadeando processo inflamatório. Essa categoria pode

Tabela 1. Agentes químicos, biomarcadores e índices biológicos máximos permitidos (IBMP)

Agente químico	Biomarcador	IBMP	Tecido/fluido para coleta
Acetona	Acetona urinária (Acet-U)	50 mg/L	Urina
Diclorometano	Carboxiemoglobina sanguínea (CoHb) (não fumantes)	3,5%	Sangue
Estireno	Ácido mandélico urinário (Mandel)	0,8 g/g de creatinina *	Urina
	Ácido fenilglioxílico (Gliox)	240 mg/g de creatinina*	
Álcool etílico	Etanol (EtOH-S)	0,2 g/L**	Sangue
Metanol	Metanol (MetOH-U)	15 mg/L	Urina
Chumbo inorgânico	Chumbo sanguíneo (Plumbemia / PB-S)	60 mg/dL	Sangue
	Ácido deltamino-levulínico (Ala-U)	10 mg/g de creatinina*	Urina
	Protoporfirina livre eritrocitária (Proto/PPE)	300 mg/dL	Sangue
Manganês	Manganês urinário (MN-U)	20 mg/dL	Urina
Monóxido de carbono	Carboxiemoglobina sanguínea (CoHb) (não fumantes)	3,5%	Sangue

*A medida é feita comparativamente à creatinina, uma vez que há variações intra e interindividuais relativas à excreção urinária.
**O limite de 0,2 g/L de etanol no sangue foi estabelecido para a condução de veículos automotores e está relacionado ao limite de detecção dos métodos analíticos. Para essa finalidade não há limite seguro reconhecido pelas regulamentações de trânsito.
Fonte: adaptada de Toxikón e Brasil-NR 7.

Quadro 4. **Agentes químicos segundo o tipo de risco e o modo de ação**

Agente químico	Modo de ação
Substâncias que oferecem risco físico	
Asfixiantes	Os vapores no ambiente causam sufocação
Combustíveis	Queimam quando submetidos a temperaturas entre 70 e 93,3°C
Corrosivos	Queimam quimicamente os tecidos biológicos com os quais têm contato
Explosivos	Explodem repentinamente sob choque, pressão, gás ou calor
Inflamáveis	Queimam quando submetidos a temperaturas acima de 70°C
Irritantes	Substâncias não corrosivas que causam prurido, irritação ou inflamação quando em contato com a pele, olhos ou mucosas
Pirofóricos	Queimam espontaneamente no ar a temperaturas abaixo de 100°C
Peróxidos orgânicos	Explodem espontaneamente em virtude da formação de peróxidos instáveis
Oxidantes	Promovem ou iniciam a queima de substâncias combustíveis ou inflamáveis
Reativos com água	Reagem com a água formando gás tóxico ou inflamável
Instável ou reativo	Podem explodir mediante pressão, choque ou aquecimento
Substâncias que oferecem risco para a saúde	
Carcinogênicos	Causam câncer
Mutagênicos	Causam alterações na informação genética hereditária
Venenos	Causam perigo à vida por danificarem tecidos ou órgãos internos em pequenas quantidades
Sensibilizantes	São responsáveis por reações alérgicas após repetidas exposições, com reações adversas severas e risco de morte
Teratogênicos	Provocam malformações fetais
Tóxicos	Causam perigo à vida e à saúde danificando tecidos ou órgãos internos; entretanto, diferem dos venenos, por atuarem em quantidades maiores

Fonte: adaptado de Erickson, 1996[9], e Brasil-NR 20[24].

ainda ser subdividida em irritantes fortes e fracos. Estes últimos, em geral, não têm efeito bem marcado, mas quando presentes em elevadas concentrações geram irritação, independentemente dos efeitos sistêmicos que podem causar. Exemplos são a maioria dos solventes orgânicos que, além dos efeitos sistêmicos específicos, são irritantes. Os solventes orgânicos serão abordados mais adiante.

Os irritantes fortes, representados pelos ácidos, álcalis e oxidantes fortes, causam inflamação mesmo em pequenas concentrações. A maioria não causa efeitos sistêmicos, apenas interações superficiais com pele e mucosas. Ácido clorídrico (vapor), ácido fluorídrico, cloro gasoso, óxidos de enxofre e de nitrogênio, amônia e ozônio são exemplos. Seus efeitos principais em pequenas concentrações são desconforto e ardor ocular, rinite, rinorreia, traqueíte e bronquite com tosse, dispneia, desconforto respiratório e sensação de opressão torácica. Em altas concentrações podem levar rapidamente à morte por edema agudo de pulmão. Em geral, o efeito é instantâneo; entretanto, pode ser tardio, manifestando-se após horas da exposição. Por exemplo, o fosgênio ($COCl_2$), gás clorado incolor e inodoro, pode causar grave edema agudo de pulmão 12 horas após a exposição, pois entra no organismo pelo trato respiratório e, no pulmão, transforma-se em ácido clorídrico, responsável pela ação irritante.

Os asfixiantes podem ser subdivididos em asfixiantes simples e químicos. Os asfixiantes simples não têm interação alguma com o organismo, são gases inertes e atuam pelo simples fato de deslocar ou substituir o oxigênio do ar, em locais confinados, levando à sua falta, cujos efeitos são tanto mais intensos quanto maior sua concentração no ambiente, podendo ocasionar a morte. De acordo com o item 3, do Anexo 11, da NR 15[10], a simples presença desses gases no ambiente de trabalho obriga ao monitoramento da porcentagem de oxigênio no ar, que não deve ser inferior a 18% em volume. Situações em que a porcentagem de oxigênio se encontra abaixo desse limite são consideradas de risco grave e iminente. São exemplos de asfixiantes simples: metano, nitrogênio, hélio, dióxido de carbono, hidrogênio e argônio.

Os asfixiantes químicos interagem com o organismo em baixas concentrações, com a hemoglobina ou o ferro, retirando oxigênio ou bloqueando sua utilização em nível tecidual (sangue). A essa categoria pertencem o monóxido de carbono – que se liga à hemoglobina e desloca o oxigênio, impedindo seu transporte aos tecidos –, e o gás cianídrico (ou cianeto de hidrogênio), que pode ser gerado pela reação de sais solúveis como cianeto de potássio ou de sódio em meio ácido. O íon cianeto liga-se com o ferro^{3+} do citocromo, bloqueando o uso do oxigênio nos tecidos e a formação de ATP (trifosfato de adenosina) nas células.

Solventes orgânicos

São substâncias líquidas, orgânicas, voláteis, pertencentes a diversos grupos químicos. Possuem funções orgânicas como cetonas, ésteres, álcoois, éteres, hidrocarbonetos alifáticos e aromáticos, derivados halogenados, nitrosaminas, glicóis, entre outras. São fatores importantes a se considerar nessa categoria de substâncias:

- As características físico-químicas: quanto maior a pressão de vapor e menor a temperatura de ebulição, mais volátil será o solvente;
- A superfície de evaporação: quanto maior a superfície exposta ao ar, maior a quantidade evaporada para o ambiente;
- Coeficiente de partição óleo/água: solventes praticamente insolúveis em água (carbonetos alifáticos, por exemplo) são menos absorvidos que aqueles com maior hidrofilia (álcoois, cetonas e ésteres);
- Carga física do trabalhador: quanto maior a ventilação pulmonar, maior a quantidade que atingirá o aparelho respiratório.

A principal via de absorção é a respiratória, entretanto os solventes orgânicos também podem ser absorvidos pela pele. Pela via pulmonar, os solventes orgânicos atingem o alvéolo, atravessam a barreira alveolocapilar por difusão simples e atingem o sangue, onde são transportados a todos os tecidos. Conforme o coeficiente de partição do solvente haverá maior ou menor afinidade por determinados tecidos. Em geral, quanto mais hidrofóbico o solvente, maior a tendência em se depositar no tecido adiposo e sistema nervoso central. São biotransformados principalmente no fígado, mas também há ação bioquímica pulmonar e renal, além de outros tecidos. Podem ser eliminados sem modificação ou biotransformados pelos rins ou pela via respiratória.

Os efeitos dos solventes podem ser divididos em agudos ou inespecíficos e crônicos ou específicos.

Os efeitos agudos são iguais para praticamente todos os solventes, aparecendo durante a exposição e desaparecendo devagar após a exposição. São característicos da exposição a doses relativamente altas e em geral não têm tratamento específico, bastando retirar o indivíduo da área contaminada ou da exposição, para que os efeitos sejam revertidos. O principal efeito é a depressão do sistema nervoso central (SNC) que, dependendo da dose, pode acarretar desde uma leve diminuição dos reflexos e vigília até coma e parada cardiorrespiratória, no caso de ambientes confinados, com elevadas concentrações. As manifestações nos trabalhadores incluem cefaleia, sonolência e fadiga. Concentrações maiores levam à ocorrência de tonturas, náuseas e perda do autocontrole, confusão mental, desorientação, diminuição da coordenação motora e parestesia (sensações anormais como formigamento, picada ou queimadura), em doses maiores.

Os efeitos crônicos, ao contrário dos agudos, são causados pela exposição a pequenas doses ou concentrações, entretanto em longo prazo. O tipo de efeito varia conforme o solvente; portanto, é importante caracterizar bem o agente químico ao qual o trabalhador está exposto para buscar em literatura apropriada as consequências de cada um, em particular. A seguir, são apontados alguns exemplos de efeitos crônicos de solventes mais comuns.

N-hexano (ou benzina)

Via de absorção principal: pulmões.

Efeitos: após três meses de exposição regular, a exposição a altas doses causa neuropatia sensitivomotora (parestesia e diminuição de força nas extremidades dos membros inferiores, até anestesia e paralisia com o pé caído), que pode ser reversível com fisioterapia e afastamento do trabalho por 18 a 24 meses.

Prevenção: monitoramento ambiental: máximo 50 ppm para 8 horas de trabalho e monitoramento biológico.

Solventes clorados (clorofórmio, tricloroetileno, tetracloroetileno, tetracloroetano, diclorometano)

Via de absorção principal: pulmões.

Efeitos: lesão renal e hepática, uma vez que no processo de biotransformação são oxidados conduzindo à formação de fosgênio que, por sua vez, após hidrólise, gera ácido clorídrico nos tecidos (principalmente do fígado e dos rins), levando à hepatotoxicidade que pode evoluir para esteatose, fibrose hepática e hepatite tóxica.

Prevenção: monitoramento ambiental e biológico.

Benzeno

A utilização do benzeno está proibida desde 1º de janeiro de 1997, após publicação do Anexo 13-A da NR 15[11], que permite o emprego desse solvente somente nas indústrias e nos laboratórios que:

- Produzem benzeno;
- Utilizam benzeno em processos de síntese química;

- Empregam o solvente em combustíveis derivados de petróleo;
- Empregam o solvente em trabalhos de análise ou investigação realizados em laboratórios, quando não for possível sua substituição;
- Utilizam benzeno na obtenção de álcool anidro, até que sua substituição para esse fim seja feita.

Adicionalmente, as empresas que comercializam ou transportam benzeno diluído ou em misturas com concentrações acima de 1% devem ser cadastradas no Departamento de Saúde e Segurança no Trabalho do Ministério do Trabalho e Emprego[20].

Via de absorção principal: pele íntegra e pulmões.

Efeitos: mielotóxico potente, podendo causar hipoplasia ou displasia de medula que podem levar a alterações de hemograma. É cancerígeno, causando leucemias e linfomas em concentrações abaixo de 1 ppm. Qualquer desses efeitos pode aparecer mesmo depois de cessada a exposição.

Prevenção: este solvente foi banido da indústria de colas, tintas, vernizes, tíneres etc., em quase todo o mundo. Evitar a exposição do trabalhador.

Tolueno e xileno

Via de absorção principal: pele íntegra (muito pouco) e pulmões.

Efeitos: hepatotóxicos e nefrotóxicos em menor grau que os solventes clorados e neurotóxicos – apenas o tolueno (pode afetar o feixe nervoso do ouvido causando alterações de audição).

Prevenção: monitoramento ambiental e biológico.

Metais pesados

Os metais pesados podem se apresentar na forma metálica – Hg^0, Mn^0, Cd^0, Cr^0, Zn^0, Pb^0; oxidados, constituindo sais e óxidos metálicos (ligados por ligações iônicas) – PbO, $PbCl_2$; ou participar de ligações covalentes com compostos orgânicos formando compostos organometálicos (R-metal), como o chumbo tetraetila $[Pb–(CH_3\text{-}CH_2)_4]$.

Os metais na forma metálica podem interagir com o organismo por meio da inalação de fumos metálicos quando aquecidos a altas temperaturas – o aquecimento leva à formação de uma mistura complexa de substâncias com predominância de óxidos de metais formados pela reação com o oxigênio do ar – ou de poeira e partículas metálicas quando lixados.

As formas iônicas dos metais (sais e óxidos), quando manuseadas industrialmente, geram grande quantidade de poeira no ambiente, que pode ser absorvida pelos tratos digestivo e respiratório. A ingestão em geral se dá de forma indireta, pela contaminação de alimentos ou cigarros consumidos ou armazenados no ambiente de trabalho, pela falta de higiene com as mãos ou pelo uso de indumentária de trabalho contaminada pela poeira nas refeições. A absorção por via respiratória é mais significativa do ponto de vista ocupacional e tanto mais intensa quanto maior a solubilidade em água do composto iônico. Pela pele não há absorção dessa forma metálica, entretanto podem ocorrer alergias devido à hipersensibilidade a metais, como no caso do cromo e do níquel, que causam dermatite alérgica.

Como as formas orgânicas dos metais são geralmente voláteis e lipossolúveis, elas podem ser absorvidas pelas vias cutânea, respiratória e digestiva. Esse grupo de compostos, entre os quais está o metilmercúrio, não tem grande importância do ponto de vista da saúde ocupacional, mas sim em tecnologia ambiental, podendo ocasionar grandes desastres ambientais.

Efeitos gerais dos metais pesados

Os metais pesados são lentamente absorvidos, entretanto acumulam-se no organismo, acarretando aumento gradativo da concentração do metal nos tecidos. Em geral, ligam-se a moléculas dos tecidos como os grupos sulfidrilas (S-H) das proteínas. Alguns têm afinidade específica por algum tecido, como o chumbo inorgânico pelo tecido ósseo e o cádmio pelo córtex renal. O acúmulo no organismo é derivado da lenta eliminação dos metais pesados que, portanto, possuem alta meia-vida biológica: o chumbo no osso tem meia-vida de 20 anos, enquanto a do cádmio no rim é de 15 anos. A via de eliminação principal é a renal, podendo também ser eliminados nas fezes, no suor, pela descamação cutânea ou, ainda, com o crescimento de fâneros.

Os efeitos específicos dependem do metal e da forma como se apresentam, bem como do tipo de exposição. Trabalhadores de minas e fundição de metais estão mais expostos a poeiras e fumos. Outros ramos de atividades envolvidas no manuseio de metais e os principais efeitos estão descritos a seguir.

Chumbo inorgânico: é utilizado em indústrias químicas de tintas, vernizes, componentes eletrônicos, revestimentos de pisos, cerâmicas e azulejos, funilaria de automóveis, indústria gráfica, soldas, fabricação de vidros e cristais. As manifestações clínicas da intoxicação por esse metal são observadas em uma série de órgãos e sistemas. Alterações neurológicas, gastrintestinais, renais e hematológicas são as principais. O quadro clínico é chamado de saturnismo e divide-se em dois tipos: subagudo e crônico. No caso mais extremo e comum, os principais sintomas são irritabilidade, fraqueza, cólica, constipação, impotência sexual, palidez cutânea e anemia. Aparece uma linha azul-escura entre a gengiva e os dentes (sinal de Burton), constituída de sulfeto de chumbo – reação entre o chumbo proveniente dos capilares e do sulfeto oriundo do metabolismo dos microrganismos da boca – e alterações da função renal (vasoconstrição arteriolar), levando a insuficiência renal e paralisia motora (punho caído).

Manganês: é empregado na fabricação de ferro-ligas, na produção de pilhas e pesticidas e como matéria-prima na indústria química. O manganês inorgânico é absorvido principalmente por via respiratória e, por mecanismo ainda não bem esclarecido, causa danos irreversíveis nos neurônios dopaminérgicos (base do cérebro). Os sintomas começam com alterações de humor (crises de choro alternadas com crises de riso), perda de equilíbrio (com quedas sem tonturas), alterações de marcha (passo de bailarina), impotência sexual, pesadelos, atos compulsivos e alucinações. Mesmo com o afastamento do trabalhador à exposição, o quadro continua se agravando, chegando ao estado de paralisia espástica total (nesse estágio recebe o nome de manganismo e é muito semelhante à doença de Parkinson).

Mercúrio metálico: é utilizado na fabricação de instrumentos de precisão (termômetros, barômetros), na produção de lâmpadas fluorescentes e de vapor de mercúrio, como matéria-prima na indústria química, na fabricação de compostos mercuriais e de soda cáustica. A absorção se dá pela pele e via respiratória (é um líquido muito volátil). Causa danos ao SNC, pois atravessa a barreira hematoencefálica (é lipossolúvel), onde se acumula. Em baixas concentrações o único sinal é o gosto metálico na boca e, eventualmente, parestesias difusas. Doses maiores causam perda de memória recente, da capacidade de concentração, da habilidade mecânica, da coordenação motora e alterações de comportamento. Nessa fase o quadro de intoxicação é chamado de micromercurialismo. Se houver continuidade da exposição, agravam-se essas alterações, aparecendo tremores semelhantes aos parkinsonianos, chegando a quadros psiquiátricos, com depressão e paranoia, em geral irreversíveis.

Cádmio: é empregado na fabricação de baterias recarregáveis, ligas especiais e pigmento em tintas. A intoxicação com esse metal ganhou importância com sua aplicação recente em telefonia celular. É tóxico aos rins (lesão tubular e glomerular), pois se acumula no córtex renal, nos pulmões (enfisema, fibrose e doença pulmonar obstrutiva crônica) e é cancerígeno (câncer de pulmão e próstata).

Cromo: é usado em tratamentos de superfície (cromagem), em ligas metálicas (aço inoxidável) e entra na composição de pigmentos. O cromo VI é cancerígeno (brônquios) e causa lesões na pele e mucosas (perfuração de septo nasal em trabalhadores de galvanoplastias);

Zinco: é utilizado na fabricação de ligas metálicas (latão), na zincagem de superfícies metálicas para proteção, pigmentos, revestimentos de pilhas e em peças elétricas e eletrônicas, revestimentos de telhados e calhas. A exposição ao fumo de zinco leva a um quadro de febre acompanhado de leucocitose. É um quadro benigno e limitado a algumas horas, em virtude da liberação de pirogênio endógeno.

IDENTIFICAÇÃO DOS RISCOS NO LABORATÓRIO E FORMAS DE PREVENÇÃO

Um programa de prevenção de acidentes em laboratório químico deve incluir uma série de medidas, entre as quais a elaboração dos comumente denominados procedimentos operacionais padrão (POP) para manuseio e descarte, o armazenamento adequado das substâncias químicas e critérios para identificação e transporte.

Os manuais de POP para realização das diferentes tarefas que empregam agentes químicos descrevem em detalhes os procedimentos para manuseio das substâncias químicas e devem ser claros e redigidos por escrito, incluindo a forma de descarte dos resíduos. Por exemplo, o protocolo de uma análise química precisa incluir todos os procedimentos para preparo e manuseio dos reagentes, onde acondicioná-los e manuseá-los e sob que forma. Após análise, onde deverão ser colocados os resíduos e como deverão ser acondicionados e identificados. Todo o pessoal envolvido nas rotinas do laboratório, inclusive o pessoal de apoio, terá de ser treinado e adotar os POP para manuseio, descarte e lavagem de material[5,21].

O adequado armazenamento de substâncias químicas inclui a verificação de incompatibilidades entre os agentes químicos, o uso de material de acondicionamento apropriado, a identificação correta dos materiais, a indicação do prazo de validade e a caracterização do grau de risco.

Cada substância química deve receber um rótulo com as informações necessárias para seu armazenamento, manuseio e descarte adequados. Não é possível que os técnicos tenham, de memória, todas as informações sobre determinadas substâncias químicas, portanto, o rótulo precisa ser objetivo e conter o máximo de informações para tornar seu manuseio o mais seguro possível. Informações sobre volatilidade, inflamabilidade, poder de oxidação, entre outras, devem ser realçadas[22].

O Mapa de Risco do local de trabalho é, também, um grande indicativo do tipo de acidente de trabalho ao qual o trabalhador está exposto[25]. Além da exposição química, outros fatores como agentes físicos, biológicos e ergonômicos podem ser sinalizados e também indicados os níveis de exposição a cada agente, conforme a gravidade. Assim, o Mapa de Risco pode ser definido como a representação gráfica dos riscos presentes no local de trabalho aos quais estão submetidos os trabalhadores e que podem afetar a sua saúde (ver Capítulo 2 – "Biossegurança em laboratórios").

CONSIDERAÇÕES FINAIS

A saúde do trabalhador tem sido alvo de preocupação crescente ao longo dos anos por parte dos governos e das empresas uma vez que o impacto econômico e social vem sendo cada vez mais relevante com o aumento da industrialização e o crescimento das populações ocupadas no mundo, em particular dos países emergentes, como no caso do Brasil. Substâncias químicas no ambiente de trabalho constituem risco ocupacional, muitas vezes com consequências a longo prazo e, para que seja possível minimizá-lo, é necessário que empresas, instituições e os colaboradores tenham amplo conhecimento sobre as substâncias químicas manuseadas ou utilizadas nas atividades realizadas no que se refere às suas características físico-químicas como solubilidade, volatilidade, ponto de ebulição, características corrosivas, potencial explosivo, entre outras. É preciso também entender de que modo ocorre a interação dessas substâncias com o organismo humano e com o meio ambiente. Somente com esse conhecimento é possível prevenir acidentes e impedir ou minimizar os efeitos tóxicos nos trabalhadores e proteger o meio ambiente.

REFERÊNCIAS BIBLIOGRÁFICAS

1. Buschinelli JTP. Agentes químicos e intoxicações ocupacionais. In: Ferreira Jr M. Saúde no trabalho. Temas básicos para o profissional que cuida da saúde dos trabalhadores. São Paulo: Roca, 2000, p. 138-75.
2. Hachet JC. Toxicologia de urgência: produtos químicos industriais. Trad. Rosilea Pizarro Carnelos. São Paulo: Andrei, 1997.
3. Derelanko MJ. Risc assessment. In: CRC Handbook of toxicology. Nova York: CRC Press, pp. 591-676, 1995.
4. Zakrzewski SF. Principles of environmental toxicology. 2. ed. Washington: American Chemical Society, 1997.
5. Consiglieri VO. Riscos ocupacionais devidos aos agentes químicos. In: Manual de segurança em laboratório. São Paulo: FCF/USP, 2001, p. 23-37.
6. Greim H, Lehnert G, editors. DFG biological exposure values for occupational toxicants and carcinogens: critical data evaluation for BAT and EKA values. v. 2. Weinheim: Deutsche Forschungsgemeinschaft, 1995, p. 3-12.
7. Omiecinski CJ, Vanden Heuvel JP, Perdew GH, Peters JM. Xenobiotic metabolism, disposition, and regulation by receptors: from biochemical phenomenon to predictors of major toxicities. Toxicological Sciences. 2011; 120(S1):S49-S75.
8. Ferreira JA. Resíduos de laboratório. In: Teixeira P, Valle S (orgs). Biossegurança. Uma abordagem multidisciplinar. Rio de Janeiro: FIOCRUZ, 1996, p. 191-208.
9. Erickson PA. Occupational health and safety. San Diego: Academic Press, 1996.
10. Brasil. Ministério do Trabalho e Emprego. Norma Regulamentadora n. 15 (NR 15a) – Atividades e Operações Insalubres. Anexo 11. Agentes químicos cuja insalubridade é caracterizada por limite de tolerância e inspeção no local de trabalho. Disponível em: http://www.mte.gov.br/images/Documentos/SST/NR/NR15/NR15-ANEXO15.pdf. Acesso em: 12.01.2016.
11. Brasil. Ministério do Trabalho e Emprego. Norma Regulamentadora n.15 (NR 15b) – Atividades e Operações Insalubres. Anexo 13. Agentes químicos. http://www.mte.gov.br/images/Documentos/SST/NR/NR15/NR15-ANEXO15.pdf. Acesso em: 12.01.2016.
12. Pinto CASO. Aspectos legais da segurança em ambiente de trabalho e conscientização. In: Manual de segurança em laboratório. São Paulo: FCF/USP, 2001, p. 1-26.
13. Quigley DR. Handbook of emergency chemical management. Boca Raton: Library of Congress Cataloging-in-Publication Data, 1994.
14. American Conference of Governmental Industrial Hygienists (ACGIH). Disponível em: http://www.acgih.org/tlv-bei-guidelines/policies-procedures-presentations/overview. Acesso em: 12.01.2016.
15. Kuno R, Roquetti MH, Umbuzeiro GA. Indicadores biológicos de exposição: ocupacional x ambiental. INTERFA-CEHS – Revista de Gestão Integrada em Saúde do Trabalho e Meio Ambiente. 2009;4(1):1-13.
16. Lu PY, Wassom JS. Information resources for chemical toxicology and regulation. Journal of Hazardous Materials. 1994;39:225-43.
17. Santoro MIRM. Manual de segurança. São Paulo: FCF/USP, 1985, p. 17-26.
18. Lefèvre MJ, Becker EI. First-aid manual for chemical accidents. Nova York: Van Nostrand Reinhold, 1980.
19. Furr AK. CRC Handbook of laboratory safety. 4. ed. Boca Raton: Library of Congress Cataloging-in-Publication Data, 1995.
20. Brasil. Ministério do Trabalho e Emprego. Portaria n. 203 de 28 de janeiro de 2011 (DOU de 01.02.2011 – Seção 1 – p. 180). Altera o Anexo 13-A (Benzeno) da Norma Regulamentadora n. 15 (Atividades e Operações Insalubres). Disponível em: http://acesso.mte.gov.br/data/files/FF8080812DDC2FF4012DE1779CE502B5/Portaria%20n%20%C2%BA%20203%20(Altera%20NR-15_Benzeno).pdf: 10.02.2016.
21. Torres RP. Boas práticas de laboratório. In: Manual de segurança em laboratório. São Paulo: FCF/USP, 2001, p. 102-8.
22. Barros RMC. Armazenagem de produtos químicos e incompatibilidades. Simbologias de risco para produtos químicos. In: Manual de segurança em laboratório. São Paulo: FCF/USP, 2001, p. 71-101.
23. Brasil. Ministério do Trabalho e Emprego. Norma Regulamentadora n. 7 (NR7) – Guia Trabalhista. Programa de Controle Médico Ocupacional. Disponível em: http://www.guiatrabalhista.com.br/legislacao/nr/nr7.htm. Acesso em: 12.01.2016.
24. Brasil. Ministério do Trabalho e Emprego. Norma Regulamentadora n. 20 (NR20) – Líquidos Combustíveis e Inflamáveis. Disponível em: http:// http://www.normaslegais.com.br/legislacao/trabalhista/nr/nr20.htm. Acesso em: 10.02.2016.
25. Mattos UO, Queiroz AR. Mapa de risco. In: Teixeira P, Valle S (orgs). Biossegurança. Uma abordagem multidisciplinar. Rio de Janeiro: FIOCRUZ, 1996, p. 111-22.

capítulo 12

Biossegurança em biotérios

Silvânia M. P. Neves
Luziane C. A. Guinski Chaguri
Renata Spalutto Fontes
Flávia de Moura Prates Ong
José Galeote Molero Leme de Oliveira

INTRODUÇÃO

As diretrizes em biossegurança foram inicialmente desenvolvidas dentro do contexto de segurança para atividades ligadas à microbiologia e, aos poucos, foram se estendendo a todos os âmbitos laboratoriais em que exista contato e/ou manejo de agentes biológicos que possam propiciar riscos a pessoas e animais[1]. Nesse sentido, a biossegurança em biotérios envolve ações voltadas para prevenção, minimização ou eliminação de riscos inerentes às atividades de pesquisa, produção, ensino, desenvolvimento tecnológico e prestação de serviços, visando à saúde do homem e dos animais, à preservação do meio ambiente e à qualidade dos resultados[2].

Biotérios ou instalações que alojam animais experimentais, são considerados laboratórios especiais e utilizam critérios comparáveis quanto aos níveis de biossegurança (instalações, práticas e procedimentos operacionais padrão – POP) recomendados para trabalhar com agentes infecciosos e/ou organismos geneticamente modificados (OGM). Entretanto, um biotério apresenta problemas únicos, pois as atividades com os animais podem ser perigosas, como a geração de aerossóis e alérgenos, e os funcionários estão sujeitos a mordidas ou arranhões de animais que podem estar infectados com agentes causadores de doenças, podendo estar suscetíveis a zoonoses.

Nas últimas décadas, o aperfeiçoamento da biologia e da engenharia genética permitiu rápido desenvolvimento de técnicas para a criação de animais transgênicos[3]. Gordon e Ruddle[4] foram os primeiros a aplicá-las, utilizando camundongos e, em seguida, outras espécies, aumentando cada vez mais o uso de animais modificados geneticamente e de suas aplicações tecnológicas.

Desse modo, tornou-se imprescindível o estabelecimento de critérios que garantam a qualidade da criação e experimentação animal dentro de padrões sanitários de higiene e assepsia, aliados a níveis de segurança adequados. Para tanto, é importante que sejam seguidas as normas preconizadas nacional e internacionalmente, contidas em manuais publicados por diferentes e referenciadas instituições (NRC[5], NIH[6], WHO[7], CDC[8], Concea[9], CTNBio[10], Anvisa[11]).

No que tange à regulamentação de manejo de OGM pela Comissão Técnica Nacional de Biossegurança (CTNBio), o Decreto n. 5.591[12] e a Resolução Normativa n. 2[13] são fundamentais para a ciência de animais de laboratório. Essa legislação regulamenta as atribuições da CTNBio, a classificação de riscos de OGM, os níveis de biossegurança e as normas para instalações físicas e procedimentos para atividades e projetos que envolvam OGM.

A CTNBio é uma instância colegiada multidisciplinar, com a finalidade de prestar apoio técnico consultivo e assessoramento ao Governo Federal na formulação, atualização e implementação da Política Nacional de Biossegurança relativa aos OGM, bem como no estabelecimento das normas técnicas de segurança e pareceres técnicos conclusivos referentes à proteção da saúde humana, dos organismos vivos e do meio ambiente, para atividades que envolvam construção, experimentação, cultivo, manipulação, transporte, comercialização, consumo, armazenamento, liberação e descarte de OGM e derivados.

Cabe à CTNBio a emissão do Certificado de Qualidade em Biossegurança (CQB), para as atividades em regime de contenção e pesquisa que envolvam os níveis de biossegurança 2, 3 e 4. Já a Comissão Interna de Biossegurança (CIBio)[14] possui autorização para emitir o certificado para as atividades que envolvam o nível de biossegurança 1, assumindo toda a responsabilidade decorrente dessas atividades.

Recentemente, a Agência Nacional de Vigilância Sanitária (Anvisa) iniciou a fiscalização de atividades envolvendo a pesquisa de OGM com base no art. 16 da Lei n. 11.105/2005, no art. 53 do Decreto n. 5.591/2005, na Lei n. 9.782/1999 e na Portaria Anvisa n. 1.055/2014. O objetivo da fiscalização é verificar o cumprimento das medidas de biossegurança nos trabalhos envolvendo OGM, especialmente as de contenção e escape desses organismos.

Os documentos geralmente solicitados nesse tipo de fiscalização da Anvisa são: manual de biossegurança, documentos da CIBio (registro de inspeção anual), treinamentos em biossegurança, exames periódicos de pessoal envolvido nas pesquisas, procedimentos para manuseio e descarte de materiais e para limpeza e descontaminação, POP de todas as atividades, programa e registro de manutenção/qualificação/calibração de equipamentos, plano de gerenciamento de resíduos, programa de controle de pragas e roedores e outras exigências legais (Figura 1).

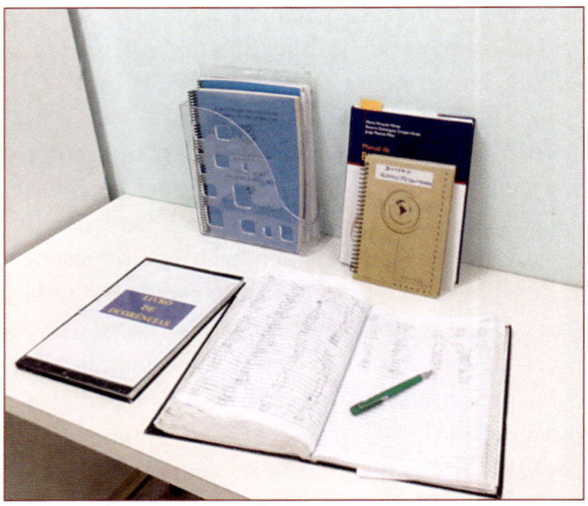

Figura 1. Manual de biossegurança, registros e documentos exigidos pela Anvisa.

INSTALAÇÕES DO BIOTÉRIO

O ambiente físico onde são mantidos os animais de laboratório deve atender aos níveis de biossegurança apropriados para que haja condições de trabalho adequadas para manipulação de patógenos de acordo com seu nível de segurança[15].

No projeto de construção de um biotério, é essencial seguir as recomendações para criação ou manutenção de animais, considerando os diferentes fatores de risco no ambiente (químicos, físicos, ergonômicos, mecânicos e biológicos). Os critérios utilizados para projetos que visam à biossegurança em salas de animais devem propiciar o controle da contaminação e prevenção de contaminação cruzada, por meio de controle ambiental e sanitário, estabelecendo barreiras como: sistema de ventilação adequado; autoclave de dupla porta; fluxo operacional de trabalho entre pessoas, animais, materiais sujos e limpos; práticas seguras nas atividades de manejo de animais[16].

O sistema de ventilação deve ser dimensionado para renovação de 100% do ar[17], com diferença de pressão entre salas experimentais e os corredores de acesso, tendo as salas experimentais pressão negativa com relação ao corredor. Esse diferencial de pressão poderá ser estabelecido com o controle da vazão de ar de insuflação e exaustão em determinadas áreas.

A qualidade do ambiente em que o animal se encontra confinado também pode ser alterada pelo tipo de gaiola utilizado. A densidade populacional na gaiola, o tipo de material utilizado como cama na gaiola dos animais e a frequência de troca de cama podem alterar variáveis como temperatura e umidade no microambiente, tendo influência direta na geração de gases poluentes como o CO_2 e o gás amônia[18]. Os fatores ambientais que mais influenciam na qualidade das respostas dos trabalhos experimentais são temperatura, umidade relativa, ventilação, intensidade da luz, fotoperíodo (12h claro/12h escuro), ruídos, gases e substâncias particuladas.

Barreiras de controle

A definição de barreira de controle foi inicialmente publicada pelo Institute for Laboratory Animal Research (ILAR) em 1976[19], que a descreveu como um sistema que combina aspectos de construção, equipamentos e métodos operacionais que buscam estabilizar as condições ambientais das áreas restritas, minimizando a probabilidade de patógenos ou outros organismos indesejáveis entrarem em contato com a população animal. As barreiras propiciam proteção específica aos animais contra riscos de contaminação do ambiente externo ou em ambiente de experimentação e impedem que agentes patogênicos e animais de experimentação possam se dispersar no ambiente de trabalho ou no ambiente externo[20]. A seguir, são apresentados alguns equipamentos utilizados em biotério que podem ser considerados barreiras de controle.

Isoladores

Um isolador consiste em um sistema fechado de alojamento que garante a manutenção do padrão sanitário e genético das linhagens de animais de laboratório. É um sistema seguro de contenção, amplamente usado para alojar animais microbiologicamente definidos[21], principalmente animais axênicos ou *germ-free*, que são isentos de microbiota associada[22]. Em protocolos experimentais com manuseio de substâncias alergênicas ou agentes zoonóticos, o risco de contaminação do operador é minimizado pelo uso de isoladores, adaptados para trabalhar com pressão negativa. Os modelos de isoladores mais utilizados atualmente são os flexíveis, confeccionados em policloreto de polivinila (PVC), permitindo a visualização de seu interior por serem transparentes[23] (Figura 2). Os testes de integridade de contenção de isoladores[24] devem constar nos manuais operacionais.

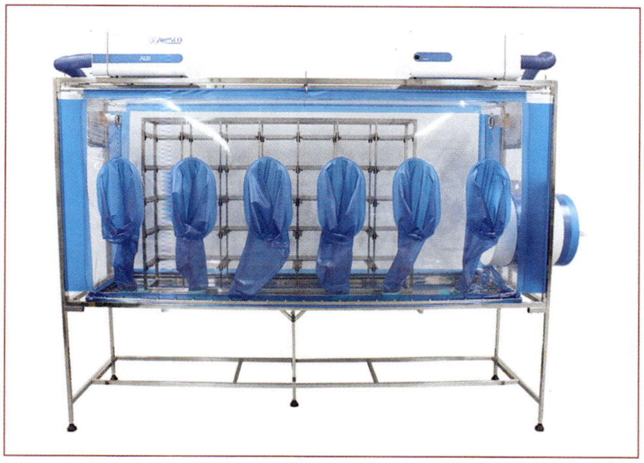

Figura 2. Isolador flexível para uso em biotérios. Fonte: Alesco Indústria e Comércio Ltda., Brasil.

Estantes ventiladas

As estantes ventiladas consistem em sistemas de ventilação de ar forçado por motores, instalados dentro de gabinetes que alojam animais (Figura 3). As estantes ventiladas foram desenvolvidas a partir da observação de que o ambiente da sala de animais (macroambiente), mesmo com um sistema de ventilação eficiente, é diferente do ambiente (ou microambiente) do interior das gaiolas[25]. No sistema de estantes ventiladas ou microambiental, as gaiolas são ventiladas por um fluxo unidirecional de ar[26,27], o qual propicia a retirada de poluentes produzidos pelo metabolismo dos animais, diminuindo principalmente o acúmulo de gás de amônia[28,29], que é potencialmente perigoso para animais e seres humanos[30]. Os baixos níveis de gases poluentes no interior das gaiolas reduzem a frequência de troca de cama[29]. Entretanto, o uso de estantes ventiladas não garante sucesso no controle de contaminação, o qual depende de cuidados e procedimentos seguros de operação[18]. A utilização deste sistema de alojamento para roedores é mais indicada para pequenos biotérios ou laboratórios, principalmente para otimização de espaço físico e redução de odores gerados pelos animais.

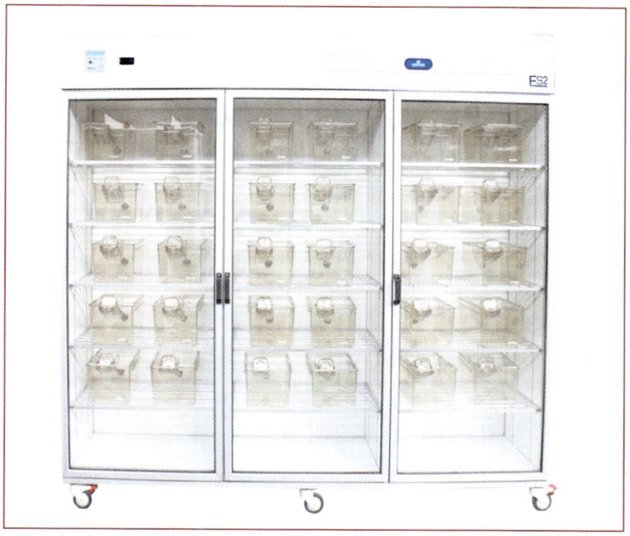

Figura 3. Estante ventilada para uso em biotérios. Fonte: Alesco Indústria e Comércio Ltda., Brasil.

Racks ventilados

A tecnologia dos *racks* ventilados surgiu com a criação e utilização dos microisoladores e o comprometimento com a qualidade do microambiente como temperatura, umidade e níveis de amônia (Figura 4).

Figura 4. *Rack* ventilado para alojamento de camundongos. Fonte: Biotério FCF-IQ/USP.

Os microisoladores são gaiolas com filtros na parte superior, que funcionam como barreiras e são conectados em um sistema que permite isolamento com ventilação individual. A utilização desta tecnologia permite maior controle sanitário e genético, além de diminuir a frequência de troca de cama pela redução dos níveis de amônia no interior das gaiolas. Podem ser utilizados com pressão interna positiva, com relação ao macroambiente, ou com pressão interna negativa, com relação ao macroambiente, para manutenção de animais com agentes infecciosos ou carcinogênicos[31].

Estação de troca

As estações de troca são equipamentos utilizados para transferência dos animais de uma gaiola para outra e para a realização de procedimentos rotineiros que envolvem o manuseio de animais de laboratório, evitando contaminação e garantindo a segurança biológica do animal (Figura 5). Estão disponíveis no mercado em tamanhos diferentes para o trabalho com gaiolas microisoladoras de ratos e camundongos, oferecendo uma área de trabalho estéril ideal para cada tipo de gaiola. Esses equipamentos possuem um filtro de ar de alta eficiência (HEPA) para insuflamento do ar e um filtro para a exaustão do ar, que devem ser substituídos quando estiverem em saturação e o equipamento apresentar um aviso sonoro e/ou visual. O mecanismo de operação desses equipamentos assemelha-se ao de cabines de segurança biológica, porém eles oferecem mais comodidade para os trabalhos com animais e apresentam versão com a possibilidade de trabalho por dois operadores[26], na qual um pode manusear o material e outro, os animais, evitando contaminação.

Figura 5. Estação de troca em biotérios. Fonte: Biotério FCF-IQ/USP.

Autoclaves

A autoclave produz esterilização mediante calor sob pressão (121°C) ou vapor fluente (100°C), adequado às necessidades de um biotério, sendo o equipamento mais utilizado na esterilização de materiais e insumos. É um dos métodos mais seguros e confiáveis, pois penetra em materiais porosos, esterilizando-os[32].

As autoclaves para áreas limpas devem possuir dupla porta, com trava interna, para que não haja contaminação da área externa. Em biotérios de produção de animais sanitariamente definidos, quase todos os materiais são esterilizados em autoclave, por exemplo: gaiolas, maravalhas, grades, bebedouros, entre outros. Os materiais que não podem ser esterilizados em autoclave devem ser descontaminados por produtos químicos adequados. Para biotérios de experimentação, este equipamento também funciona como forma de descontaminação de materiais contaminados e pode ter dupla porta (Figura 6), o que não é uma obrigatoriedade.

Figura 6. Autoclaves de dupla porta. Fonte: Biotério FCF-IQ/USP.

HIGIENE OCUPACIONAL

A higiene ocupacional consiste em antecipação, reconhecimento, avaliação e controle dos riscos provenientes do ambiente de trabalho, riscos estes que podem ocasionar prejuízos à saúde e à integridade dos trabalhadores e, consequentemente, à continuidade dos trabalhos executados por eles. A higiene ocupacional é um processo que envolve reconhecimento, controle e prevenção de doenças ocupacionais (decorrentes do ambiente de trabalho e/ou das atividades executadas pelo trabalhador)[33]. A implantação deste processo ocorre em diferentes e sucessivas fases:

1. Antecipação dos riscos.
2. Reconhecimento dos riscos.
3. Avaliação dos riscos.
4. Controle dos riscos.

Os riscos ambientais estão presentes nos diferentes ambientes de trabalho e são divididos em grupos identificados por cores diferentes e padronizadas, nos mapas de riscos ambientais e confeccionados pela equipe de segurança do trabalho de cada instituição.

Nenhuma regulamentação ou diretriz consegue garantir práticas seguras, uma vez que as atitudes individuais e organizacionais influenciarão todos os aspectos da prática segura, incluindo disposição para relatar preocupações, respostas a incidentes e comunicações de risco.

Cada organização deve se esforçar para desenvolver uma cultura de segurança que esteja aberta ao diálogo e não seja punitiva, que incentive perguntas e sugestões e esteja disposta a ser autocrítica. As pessoas e organizações devem estar comprometidas com a segurança, ter plena e total ciência dos riscos envolvidos com suas atividades, melhorar continuamente sua segurança e serem adaptáveis[34]. Toda instituição deverá possuir um programa de segurança e saúde ocupacional. A Universidade de São Paulo (USP) tem um Programa de Segurança e Saúde, gerenciado pelo Serviço de Segurança e Medicina do Trabalho (SESMT), localizado no Hospital Universitário (HU), e pela Comissão Interna de Prevenção de Acidentes (Cipa) das unidades de ensino e pesquisa, para todos os servidores, docentes, pesquisadores e alunos que executam suas atividades em todos os seus campi.

TIPOS DE RISCO EM BIOTÉRIOS

Como já comentado, nos biotérios são encontrados vários tipos de risco, que podem ser divididos em não biológicos e biológicos. Cabe salientar que esta divisão é meramente didática e aplicada somente a este capítulo, pois os pormenores relacionados ao tema são abordados nos Capítulos 1 a 6 desta obra e em outras obras especializadas.

Riscos não biológicos

Os riscos não biológicos são os de acidentes, ergonômicos, físicos e químicos.

Consideram-se riscos de acidentes aqueles causados por máquinas e pela estrutura do ambiente de trabalho, como disposição de máquinas, iluminação, instalações elétricas, formas e local de armazenamento de insumos, forma e estrutura física das gaiolas e/ou isoladores e a presença de animais. Também são considerados os riscos de possíveis arranhões e mordidas dos trabalhadores durante o manejo dos animais.

Os riscos ergonômicos são causados por repetitividade de movimentos durante a manutenção das colônias e dos grupos experimentais, atividades de higiene e esterilização das gaiolas e bebedouros, disposição dos resíduos para coleta, reposição de insumos, posturas monótonas e repetidas, ritmo árduo de trabalho, além das situações de estresse e conflitos éticos relativos ao uso de animais biologicamente complexos em experimentos.

Os riscos físicos são mais pontuais e localizados em áreas específicas do biotério, pois as atividades de higiene e esterilização envolvem a utilização de máquinas automatizadas para a lavagem dos materiais (calor, ruído, umidade), lavagem dos bicos dos bebedouros (calor, ruído, vibração), esterilização dos insumos por autoclaves de barreira (calor, ruído, alta pressão) e o próprio manuseio dos materiais esterilizados (calor). Existe ainda o risco associado à radiação não ionizante, pois a utilização de lâmpadas de luz ultravioleta faz-se necessária para a descontaminação do campo de trabalho em algumas situações.

Considerando a gama de substâncias químicas que podem ser utilizadas nas atividades do biotério ou que são produzidas pelo metabolismo dos animais, o conhecimento das propriedades de cada composto constitui-se na melhor forma de prevenção dos riscos químicos. Eles podem ser tóxicos, inflamáveis, corrosivos, explosivos, nocivos ao meio ambiente ou ainda apresentarem mais de uma propriedade simultaneamente.

O rótulo e a ficha com os dados de segurança dos produtos químicos ou misturas, de acordo com a norma regulamentadora NBR n. 14.725, de 2009, e suas atualizações, fornecem informações sobre diferentes aspectos (proteção, segurança, saúde e meio ambiente) e recebem diferentes denominações: *safety data sheet* (SDS), *material safety data sheet* (MSDS) ou ficha de informações de segurança de produtos químicos (FISQP). Por meio da FISQP, o fornecedor da substância ou mistura disponibiliza informações essenciais sobre seus perigos e permite que sejam tomadas todas as medidas necessárias para segurança, saúde e meio ambiente. Além dessas, informações sobre transporte, manuseio, armazenamento e ações em situação de emergência também estão contidas nessas fichas[35].

Riscos biológicos

Os riscos biológicos presentes em biotérios são representados por microrganismos que, quando em contato com o homem, podem causar doenças. Durante o desenvolvimento dos trabalhos e rotinas dentro de um biotério, o contato com materiais biológicos (sangue, secreções, excreções tipo vômito, urina, fezes, saliva e outros fluidos oriundos dos animais) é inevitável, e estes materiais biológicos podem alojar microrganismos patogênicos. Por isso, estes materiais são considerados potencialmente contaminados por agentes biológicos capazes de causar doenças. Em virtude da incerteza desses agentes estarem ou não presentes, os materiais biológicos devem ser considerados contaminados. Desta forma, na rotina de trabalho, a importância da proteção ao manipular materiais, insumos, resíduos e adentrar ambientes sujos toma uma dimensão ainda maior.

"Precauções-padrão" são procedimentos e equipamentos de proteção individual (EPI) usados para prevenir a contaminação do trabalhador, dos animais e do ambiente de trabalho. São elas: lavagem das mãos antes e após qualquer procedimento; manuseio adequado de materiais e insumos sujos; manuseio adequado de perfurocortantes e uso adequado de EPI recomendados pelo serviço de segurança e medicina do trabalho.

As ações a serem implementadas visando à biossegurança compreendem desde medidas educacionais, como capacitação e treinamentos individual e coletivo, até o estabelecimento de um manual de biossegurança para o biotério e POP que devem ser adotados por todos, funcionários e usuários do biotério. As ações incluem também a implementação de programas de medicina ocupacional, como a vacinação (imunização) preventiva, quando disponível, e consultas periódicas com um médico do trabalho.

É fundamental o conhecimento pelo operador sobre os riscos que envolvem o experimento, bem como sobre a legislação vigente em biossegurança. As principais vias envolvidas nos processos de contaminação biológica são: cutânea, em acidentes com agulhas e seringas ou mordeduras/arranhaduras dos animais; respiratória, pela formação de aerossóis, seguida pelas vias conjuntival e oral.

Além dos aspectos de biossegurança que envolvem o contato direto com animais e materiais inoculados neles, os resíduos gerados pelas atividades do biotério são um problema ainda maior, pois são enviados para fora do ambiente controlado e/ou manuseados por pessoas não habilitadas para tal.

A identificação de risco biológico deve constar nos ambientes do biotério, como a ficha na entrada da sala de experimentação (Figura 7), e nos diferentes recipientes para resíduos biológicos (saco branco leitoso e caixa de materiais perfurocortantes)[35,36].

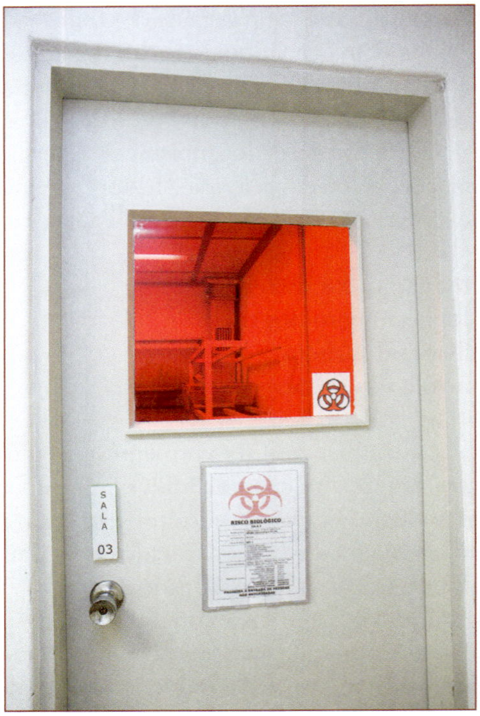

Figura 7. Ficha de identificação de risco biológico afixada em sala experimental ativa. Fonte: Biotério FCF-IQ/USP.

Zoonoses

Zoonoses são infecções transmitidas diretamente de animais para humanos, que podem afetar seriamente os projetos de pesquisa. Na maioria das zoonoses, os animais podem atuar como reservatório de infecção, serem sintomáticos ou assintomáticos, sendo o homem um hospedeiro acidental[24].

A crescente utilização de animais livres de organismos patogênicos especificados tem diminuído o risco de zoonoses nos estabelecimentos de pesquisa. Quando da utilização de animais convencionais, estes sempre devem passar por um período de quarentena e verificação de possíveis agentes patogênicos.

Apesar de a maioria dos agentes infecciosos apresentar espécie-especificidade, esporadicamente pode ocorrer uma variação em sua virulência e na capacidade de quebrar as barreiras existentes entre as espécies. Desta forma, algumas infecções que habitualmente não têm caráter zoonótico podem afetar pessoas ou animais suscetíveis. As pessoas que estão potencialmente expostas a grandes riscos são as que sofrem de alguma falha em seu sistema imune e/ou que estão sob estresse grave ou, ainda, que apresentam doenças clinicamente não aparentes. Há uma variedade de doenças passíveis de serem transmitidas de roedores, coelhos, primatas não humanos e outros animais para o homem: tuberculose, brucelose, raiva, leptospirose, listeriose, entre outras.

São normalmente perpetuadas por transmissão direta de uma ou mais espécies de animais vertebrados.

O trabalho que envolve a exposição a microrganismos requer imunização de toda a equipe técnica, caso haja vacina disponível. É recomendável, por exemplo, que a equipe técnica que manuseie cães e gatos, incluindo os tratadores, receba vacinação contra a raiva de forma rotineira.

É recomendável também a realização de testes sorológicos e a manutenção de um banco de amostras de soro de todas as pessoas em atividade em unidades de animais. Isto é de particular importância quando se manejam primatas e/ou agentes contagiosos para humanos[37].

Deve-se limitar a atividade de gestantes em tarefas relacionadas com animais, porque podem ser expostas a agentes infecciosos e/ou teratogênicos conhecidos, como *Toxoplasma gondii*, que é um protozoário que parasita a maioria dos animais homeotérmicos, incluindo o homem. O *T. gondii* é disseminado inicialmente por oocistos encontrados nas fezes de gatos e que podem manter-se viáveis por mais de 1 ano[37]. A toxoplasmose humana pode resultar em abortos espontâneos, nascimentos prematuros, natimortos ou nascituros com defeitos congênitos[38].

O ciclo de vida desse organismo implica um número variável de zoonoses indiretas e pode envolver transmissão através de um ou mais de um vertebrado e/ou invertebrado como hospedeiro intermediário antes de afetar o ser humano (p. ex., teníases, tularemia e estomatite vesicular). Uma classificação dos agentes e de seus níveis de periculosidade, indicados pelo Advisory Committee on Dangerous Pathogens, é citada por Smith[24] (em outros capítulos do livro também há uma classificação por nível de risco).

Alergias

A alergia a animais de laboratório é uma doença ocupacional significativa para pessoas que trabalham regularmente com as espécies mais comuns de animais de laboratório[39,40]. Pesquisas demonstraram que 33% dos profissionais apresentam reação de hipersensibilidade[41].

Essa alergia é uma reação de hipersensibilidade do tipo imediata, que se desenvolve pela exposição a pelagem, urina, saliva, soro ou qualquer outro tipo de tecido do animal. As alergias respiratórias são as mais comuns, pois as proteínas eliminadas pelos animais ficam suspensas no ar e são aspiradas pelos trabalhadores, de modo que os sintomas típicos variam de leves nas vias aéreas superiores (coriza, coceira e/ou corrimento nasal e ocular), reações na pele (coceiras, vermelhidão e edema após contato com os animais, seus tecidos ou excrementos), a sintomas respiratórios graves (chiados, encurtamento da respiração, asma). Pessoas com tais sintomas devem procurar um médico para estabelecer um possível diagnóstico e tratamento.

Usando ensaios imunoquímicos para alérgenos de proteína urinária de ratos, Swanson et al.[42] mediram a produção individual dos animais e a concentração de alérgenos no ar da sala de animais, na qual a média de ventilação era de 15 trocas do ar/hora. Usando filtros HEPA, observou-se que ratos machos disseminam, aproximadamente, 20 mg/min de alérgenos.

A redução do grau de exposição aos alérgenos envolve medidas que devem ser aplicadas no desenho dos projetos de instalações, adoção de POP e normas de higiene mais rígidas, uso de EPI apropriados e aprovados, desenvolvimento e implantação de programas educacionais para funcionários que trabalham em áreas identificadas como de alto risco e, ainda, o uso de tecnologias mais modernas para a manutenção dos animais[41,43,44].

Deve ser estabelecido um programa de saúde ocupacional, com treinamentos e divulgação de material teórico sobre alergias em biotérios e exames de rotina pelo sistema de medicina do trabalho.

PARAMENTAÇÃO

Considerando que a paramentação consiste na troca das vestimentas sociais usuais por outras mais adequadas a determinado ambiente, ao adentrar um biotério, deve-se ter essa mesma preocupação, a fim de evitar a contaminação do ambiente por agentes biológicos carregados para dentro do biotério ou levados para fora dele, para redução das chances do contato com algum agente zoonótico (no caso de biotérios convencionais) ou alérgenos.

A paramentação deve seguir uma sequência precisa para que seja efetiva na proteção do usuário, do biotério, dos animais ali hospedados e do ambiente externo a ele (Figura 8). Em uma área típica de experimentação em um biotério nível 2 de biossegurança (NB-2), o usuário deve retirar todos os adornos (p. ex., relógios, pulseiras, anéis e alianças, brincos) e jalecos, antes de prender os cabelos e lavar as mãos.

Inicia-se a paramentação pelo avental fornecido pelo biotério e pelos calçados, que devem ser cobertos com um propé descartável. Os cabelos e as orelhas devem ser totalmente recobertos por uma touca descartável, seguida de uma máscara do tipo cirúrgica, que recobre a boca e o nariz.

Por fim, as mãos são protegidas por um par de luvas descartáveis, recobertas por outro par de luvas. O uso de dois pares garante que o par mais externo, que entra em contato direto com os animais e/ou substância inoculada, seja descartado dentro da própria sala de experimentação ou de procedimento e não ganhe o ambiente externo nem toque a maçaneta interna das salas.

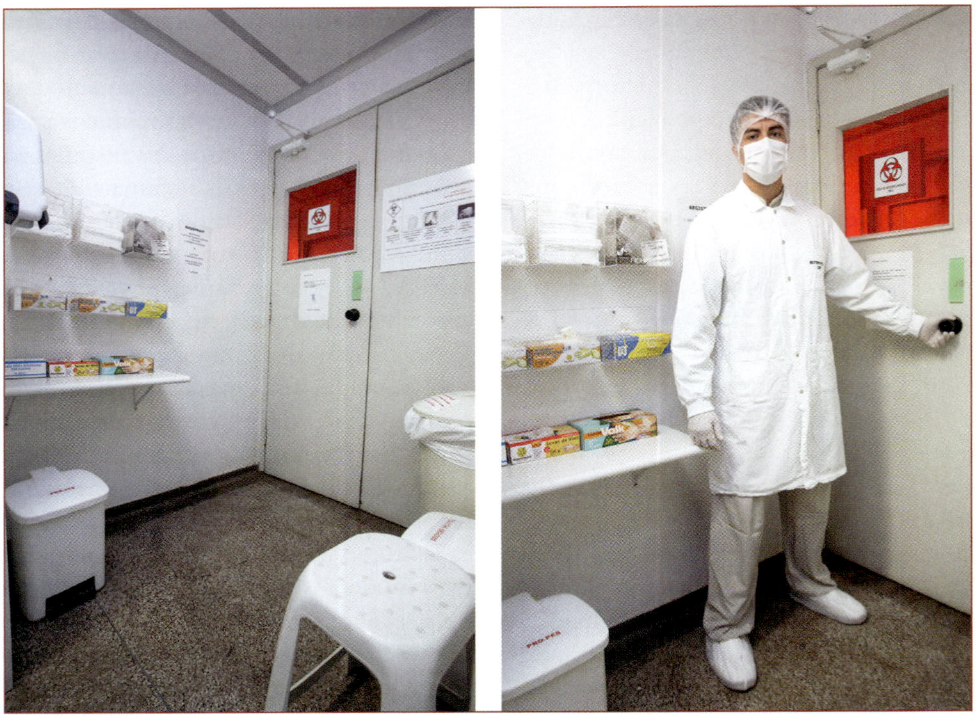

Figura 8. Antessala de paramentação. Usuário do biotério de experimentação devidamente paramentado. Fonte: Biotério FCF-IQ/USP.

Ao término das atividades, o usuário precisa agora desparamentar-se adequadamente e em um sentido que impeça a autoinfecção por um possível agente biológico.

Ainda com o par de luvas interno, retiram-se a máscara e a touca, que são jogadas no cesto de resíduos biológicos contendo um saco branco leitoso identificado, seguidas do propé.

Só então a luva é retirada e descartada no mesmo cesto, seguida do avental do biotério.

Após a lavagem das mãos, o usuário pode sair do ambiente do biotério com a certeza de não estar carregando nenhum agente biológico para o ambiente externo[16].

DESCARTE DE RESÍDUOS

Segundo a Resolução RDC n. 306/2004 da Anvisa, o gerenciamento de resíduos do biotério é de responsabilidade da instituição, desde o momento da sua geração até seu destino final.

Todo o material contaminado deve ser descontaminado antes de colocá-lo para descarte. No caso de carcaças e materiais provenientes de salas de animais em experimentação, as normas mínimas para tratamento de seus resíduos estão contidas na resolução citada, sendo os resíduos produzidos por biotérios considerados resíduos de serviço de saúde (RSS).

De acordo com a Resolução Conama n. 358/2005, os resíduos sólidos gerados em uma instalação de produção e experimentação animal são classificados em diferentes grupos, que devem ter os tratamentos indicados no Quadro 1[45,46].

CUIDADOS PARA O USO DE ANIMAIS DE LABORATÓRIO

A seguir, são apresentados cuidados e procedimentos básicos para o uso de animais de laboratório (animais de experimentação).

- Todos os cuidados e procedimentos no uso de animais de laboratório para experimentação científica devem seguir as diretrizes da instituição e as normativas da legislação vigente. Também deve ser elaborado um manual de biossegurança do biotério com POP para o manuseio de animais e equipamentos, que devem ser seguidos rigorosamente.
- Os usuários e os funcionários do biotério devem ser previamente treinados em manejo e contenção dos animais, utilizar técnicas e procedimentos adequados de manejo dos animais, utilizar EPI e equipamentos de proteção coletiva (EPC) adequados e seguir o fluxo operacional do biotério e os procedimentos e normas de biossegurança.
- O trabalho com animais padronizados sanitariamente diminui o risco biológico. O pesquisador e/ou o responsável pela experimentação animal devem assegurar que todas as pessoas que tenham contato com

Quadro 1. Tratamento dos resíduos sólidos gerados no biotério

Grupo	Gerenciamento/tratamento
A	Os resíduos A2 (carcaças animais e forrações das gaiolas de manutenção) devem ser submetidos a processo de tratamento que promova uma redução da carga microbiana nível III (eliminação de bactérias vegetativas, fungos, vírus, parasitas e micobactérias) e enviados para aterros licenciados. Os resíduos A4 (filtros da exaustão de ar) devem ser encaminhados para local devidamente licenciado para disposição final de resíduos de serviços da saúde.
B	São resíduos contendo substâncias químicas que podem apresentar risco à saúde pública ou ao meio ambiente, dependendo de suas características de inflamabilidade, corrosibilidade, reatividade e toxicidade. Enquadram-se aqui restos de insumos farmacêuticos, resíduos de saneantes e desinfetantes e de solventes utilizados nas diferentes atividades. O gerenciamento deve seguir as normas propostas pela legislação vigente e pelos manuais de gerenciamento da instituição, podendo variar de incineração, neutralização seguida de descarte simples na rede coletora de efluentes líquidos ou ainda disposição em aterro sanitário classe I.
C	São todos os materiais que contenham radionuclídeos em quantidades superiores aos limites de eliminação especificados pela CNEN e para os quais a reutilização é imprópria ou não prevista. Devem ser gerenciados de acordo com as exigências definidas pela CNEN para cada tipo de rejeito radioativo.
D	São resíduos que não apresentam risco biológico, químico ou radiológico à saúde ou ao meio ambiente, sendo análogos aos resíduos domiciliares. Quando os resíduos não forem passíveis de reutilização, recuperação ou reciclagem, devem seguir para aterro sanitário convencional. Quando forem passíveis, devem atender às normas legais de higienização e descontaminação e às resoluções Conama pertinentes.
E	São todos os resíduos perfurocortantes, que devem ser acondicionados em coletores estanques e rígidos, resistentes a ruptura, punctura, corte e escarificação. Esses resíduos devem seguir para tratamento adequado ao tipo de contaminação a que tiverem sido submetidos.

animais de laboratório e/ou com materiais de descarte sejam informadas sobre os riscos em potencial, sigam os protocolos experimentais criteriosamente organizados em um manual de procedimentos e sejam capacitadas para a prática operacional.

- É essencial que todos os acidentes, incluindo mordida de animais e arranhões ou mesmo cortes em caixas ou outro equipamento, sejam registrados no livro de ocorrências do biotério.
- Quando possível, o pessoal deve ser imunizado com vacinas apropriadas.
- No caso de roedores e animais de pequeno porte, para prevenir um possível escape, é preciso utilizar gaiolas seguras, que garantam o confinamento correto do animal, utilizar técnicas de manuseio e contenção corretos e tomar cuidado extremo no manejo dos animais.
- Se houver escape de animais, estes, quando encontrados, devem ser eutanasiados, sua carcaça autoclavada e a área deve ser totalmente descontaminada.
- No caso do escape de animais, as autoridades responsáveis devem ser notificadas. O aparecimento de animais doentes ou mortos inesperadamente deve ser informado para o pesquisador e para o diretor do serviço de animais do biotério. As instruções para a execução de trabalhos experimentais com tais animais devem ficar suspensas até que se avalie com clareza o ocorrido. Os animais não devem ser manuseados até que as instruções sejam dadas pelos responsáveis.
- As necrópsias dos animais infectados com agentes altamente infecciosos devem ser realizadas dentro de cabines de segurança biológica. O material de necrópsia a ser eliminado deve ser acondicionado em sacos plásticos adequados, apropriadamente identificados (inclusive com o símbolo de "risco biológico") e incinerados.
- A sala de necrópsia deve estar equipada para providenciar refrigeração adequada e lavatório para a higienização das mãos[16].

PADRONIZAÇÃO DE RATOS E CAMUNDONGOS

A avaliação do animal a ser usado pelo pesquisador deve incluir a padronização genética, como origem das matrizes e definição do padrão genético e das técnicas para o controle genético das linhagens utilizadas. Quanto ao aspecto sanitário, também são importantes a origem das matrizes com padrão sanitário comprovado por atestado emitido pelo fornecedor e o estabelecimento de técnicas para a monitoração sanitária dos animais.

As várias técnicas de monitoramento dos parâmetros genéticos, sanitários e nutricionais dos animais, aliadas ao controle de variáveis ambientais, asseguram a confiabilidade e a reprodutibilidade dos experimentos.

Padronização genética

A constituição genética dos animais de laboratório, utilizados em pesquisa biomédica, deve ser muito bem definida e monitorada para que se obtenham resultados reprodutíveis, considerando que atualmente existem diversos modelos isogênicos, congênicos, mutantes e transgênicos[47]. As linhagens de ratos e camundongos geneticamente definidas ou modificadas devem ser certificadas quanto à sua genética com periodicidade. Os centros de pesquisa devem estabelecer um programa de monitoração genética, incluindo desde a organização de uma colônia[48-50] até os métodos moleculares que podem fornecer grande número de informações genéticas em curto prazo de tempo. Existem vários métodos para monitoração genética, a saber: coloração de pelagem, transplante de pele, marcadores bioquímicos, marcadores imunológicos e métodos moleculares, que, atualmente, podem substituir os outros métodos.

Padronização sanitária

Os animais de laboratório são classificados em diversas categorias sanitárias, baseadas em noções qualitativas e quantitativas de ausência ou limitação de microrganismos. Em biotérios convencionais controlados, o estabelecimento de técnicas microbiológicas e parasitológicas[48] permite o controle sanitário do animal, cujo objetivo é, em primeiro lugar, obter e manter animais livres de microrganismos que causem zoonoses, seguido de patógenos específicos fatais para animais e de patógenos que possam provocar alterações em resultados experimentais ou em testes para controle de inocuidade e de eficácia de produtos biológicos. Em biotérios com barreiras, é possível manter animais livres de patógenos especificados (SPF)[51], ou gnotobióticos, em que tanto o animal quanto o trabalhador estão menos expostos à contaminação[21,48]. O programa de controle sanitário das colônias inicia-se na implantação de rotinas e procedimentos com barreiras adequadas ao tipo de biotério em questão. O estabelecimento de barreiras minimiza ou elimina qualquer tipo de contaminação por patógenos indesejáveis. É necessário estabelecer o controle sanitário das colônias por meio de exames parasitológico, bacteriológico, virológico e micológico periodicamente.

Padronização nutricional

A dieta balanceada dos animais de laboratório contém aproximadamente cinquenta nutrientes essenciais em proporções adequadas que dão condições ao animal de atingir seu potencial genético, reprodutivo, de crescimento, longevidade e resposta a estímulos[52,53].

Dessa forma, a alimentação constitui um elemento essencial de normalização do animal de laboratório, por intervir em todos os estágios de sua vida[54]. A constância na formulação, a qualidade da matéria-prima que está sujeita a variações estacionais, estocagem, presença de substâncias tóxicas (metais pesados, inseticidas, micotoxinas etc.), assim como a forma de apresentação para os animais, são parâmetros de avaliação da qualidade da dieta, devendo ser submetidas periodicamente a controles químicos e biológicos[55].

As rações comerciais, cuja especificação está contida no rótulo, podem sofrer grandes variações, pois nem sempre a quantidade de nutrientes reflete a qualidade da dieta, nem sua biodisponibilidade[55].

Os ingredientes transgênicos utilizados na composição da ração devem estar especificados no rótulo da embalagem, conforme o Decreto n. 4.680, de 24 de abril de 2003, que regulamenta o direito à informação, assegurado pela Lei n. 8.078, de 11 de setembro de 1990, quanto aos alimentos e aos ingredientes alimentares destinados ao consumo humano ou animal que contenham OGM ou sejam produzidos com base neles, sem prejuízo do cumprimento das demais normas aplicáveis[56], e pela Instrução Normativa n. 22, de 24 de novembro de 2005, que aprovou o regulamento técnico para rotulagem de produto de origem animal embalado[57].

Padrão sanitário de animais geneticamente modificados

A tecnologia transgênica apresenta diversas aplicações, em vários campos. O uso de animais de laboratório geneticamente modificados possibilita a redução no número de animais utilizados e, ao mesmo tempo, pode substituir espécies geneticamente mais próximas do homem por animais de pequeno porte, como ratos e camundongos modificados, possibilitando o estudo de doenças humanas com a maior especificidade dos modelos desenvolvidos a cada dia.

O camundongo é o animal de laboratório de escolha para manipulação genética, por ser uma espécie de pequeno tamanho, fácil manuseio e menor custo de manutenção quando comparado com outras espécies de laboratório[48], além da disponibilidade da sequência completa de seu genoma já finalizada, que mostrou grande similaridade com o homem[58].

Os aspectos relativos à qualidade sanitária devem ser criteriosamente considerados, da mesma forma que são tratados no caso de animais não transgênicos. Algumas transgêneses modificam o sistema imunológico. Neste caso, os animais devem ser tratados da mesma forma que animais não transgênicos imunodeprimidos, ou seja, devem ser isolados o máximo possível para que não se contaminem. Como são animais difíceis de obter e de reproduzir, justifica-se obter o melhor padrão sanitário possível para não ocorrerem perdas desnecessárias[59]. O biotério de experimentação deve ter salas para quarentena ou sistemas de isolamento ou mesmo isoladores para receber animais de outras instituições. Cada biotério deverá tomar as medidas de acordo com os critérios determinados por sua instituição.

Para assegurar a qualidade genética desses animais, é preciso preservar o *background* genético e as mutações da linhagem e, consequentemente, assegurar as características de cada linhagem. Para isso, é necessário estabelecer um controle rigoroso da manutenção das colônias, estabelecendo protocolos específicos de genotipagem, que devem ser seguidos a cada geração[60].

A avaliação dos aspectos éticos e tecnológicos, bem como o cuidado e o manejo de animais transgênicos[59], devem ser realizados pelo pesquisador para assegurar que seu uso siga as normas estabelecidas pela CIBio e pela CTNBio.

GENERALIDADES SOBRE PRIMATAS NÃO HUMANOS

Embora todos os animais devam ser observados como fontes potenciais de zoonoses, o primata é a espécie que maior risco oferece, pela estreita relação filogenética que possui com o homem.

O maior risco envolvendo o primata e o homem é a ocorrência de doenças virais. Sendo assim, para seu controle, a instituição que os aloja deve possuir serviços veterinários e médicos, tendo a obrigatoriedade de estabelecer procedimentos seguros para um rápido diagnóstico da doença, dentre os quais se incluem: sorologia, isolamento viral, visualização direta usando eletromicroscopia ou imunofluorescência e detecção dos componentes virais, quando a vacinação for necessária. Desenvolver um programa de segurança e saúde ocupacional relativo ao manuseio de primatas é o passo mais efetivo para a redução dos riscos de infecção ocupacional, evitando a exposição desnecessária dos tratadores com primatas ou com amostras biológicas deles.

Alguns critérios para a prevenção da infecção por *Herpes simiae* (B vírus) foram desenvolvidos pelo grupo de trabalho em B vírus[61,62]. O vírus *Herpes simiae*, encontrado principalmente em espécies de macacas do Velho Mundo (p. ex., *Macaca mulatta*), é fatal para humanos[63]. Em primatas trazidos diretamente do ambiente selvagem, os cuidados devem ser voltados para a detecção de infecções latentes indígenas[64,65]. É importante estabelecer uma quarentena rigorosa e procedimentos de controle de qualidade.

Recomendações para um programa de controle sanitário para primatas:

- Todos os primatas devem ser considerados portadores em potencial de doenças transmissíveis para o homem.
- Pias para a higiene das mãos devem estar disponíveis em locais adequados e ser usadas por todo o pessoal imediatamente após deixar as instalações de primatas.
- Pessoas com ferimentos, cortes ou outra laceração não devem entrar em contato com primatas; entretanto, se for inevitável, a lesão deve ser apropriadamente coberta por um curativo antes de iniciar o trabalho e, ao ser retirado, deve ser imediatamente descartado. Os materiais utilizados em ferimentos devem ser tratados como produtos que contêm perigo biológico.
- Todos os cortes, feridas ou puncturas por agulhas adquiridas em instalações de primatas ou próximas devem ser informados às autoridades médicas designadas pela instituição.
- Quando ocorrer lesão causada por um animal, deve-se imobilizá-lo e examiná-lo imediatamente, observando se ocorre salivação excessiva e se existem lesões na cavidade oral, que caracterizam o *herpes simio* (B vírus). Devem ser seguidos os procedimentos para colher amostras do animal para o herpes-vírus B e da pessoa que sofreu a lesão. Os resultados dos exames devem ser comunicados às autoridades médicas, detalhando a espécie do primata, o período que ele se encontra na colônia e o possível contato com outras espécies.
- É recomendado o uso de fluxo laminar ou cabines de segurança para conduzir necrópsias em primatas.
- Pelo risco em contrair hepatite A ao se trabalhar com chimpanzés importados, recomenda-se que os trabalhadores recebam soro globulina hiperimune profilaticamente. Os animais devem ser testados para antígenos contra hepatite humana e, em caso positivo, devem ser mantidos em quarentena estrita.
- Todo indivíduo que tenha contato com primatas deve estar livre de tuberculose, sendo avaliado por teste intradérmico de tuberculina não menos que uma vez ao ano e por exame de raio X de pulmão, quando prescrito pelo médico.
- O Conselho Nacional de Controle de Experimentação Animal (Concea) elaborou diretrizes sobre primatas não humanos mantidos em instalações de instituições de ensino e pesquisa, do "Guia brasileiro de produção, manutenção ou utilização de animais em atividades de ensino ou pesquisa"[66].

NÍVEIS DE RISCO ASSOCIADO AO USO DE ANIMAIS DE LABORATÓRIO

Os animais que são modelos experimentais (selvagens, selecionados, mutantes ou geneticamente modificados) podem ser hospedeiros de organismos infecciosos adquiridos naturalmente e/ou inoculados experimentalmente. Essas infecções podem acarretar um estado de hospedeiro crônico ou persistir de forma latente não infectante, estado que pode ser reativado periodicamente ou como resultado de determinado estímulo. Se há possibilidade de um agente ser excretado por um animal durante o curso de um experimento e não poder ser excluído, todos os outros animais devem ser contidos em instalações com níveis de segurança compatíveis com o risco.

Animais de laboratório podem ser inoculados deliberadamente com alguns dos microrganismos que se encontram em cada um dos quatro grupos de risco ou com materiais viáveis e/ou suspeitos de conter esses microrganismos. Sob tais circunstâncias, o animal deverá ser mantido em alojamento apropriado ao risco que o organismo acarreta, e, em todas as situações, é de responsabilidade do pesquisador e da instituição determinar o nível de risco inerente à atividade proposta (Quadro 2).

Os critérios para a manutenção de animais infectados naturalmente ou induzidos experimentalmente com organismos de algum dos grupos de risco devem ser diferenciados tanto em escala quanto em grau, mas os princípios básicos de segurança são semelhantes[67].

NÍVEIS DE BIOSSEGURANÇA PARA ANIMAIS

As recomendações detalhadas a seguir descrevem quatro categorias de práticas, segurança, equipamentos e instalações para experimentos com animais infectados com agentes que causam ou podem causar infecções em humanos ou colocar o ambiente em risco. Essas categorias, designadas como níveis de biossegurança animal 1, 2, 3 e 4, estabelecem os níveis adequados de proteção e são recomendações mínimas para atividades que envolvem animais infectados preconizadas pelo Ministério da Saúde[67].

Biossegurança animal nível I

O nível de biossegurança animal 1 (NBA-1) envolve agentes infecciosos bem caracterizados, que comprovadamente não causam riscos de doenças em humanos adultos saudáveis e apresentam apenas riscos mínimos para técnicos de laboratório e para o meio ambiente.

Procedimentos e protocolos

O diretor do biotério deve estabelecer critérios para definir os procedimentos e os protocolos a serem adotados. O projeto das instalações tem de ser submetido à análise prévia da equipe técnica especializada (engenheiros, arquitetos e membros da comissão de biossegurança), bem como da direção da instituição.

Somente as pessoas necessárias à execução do trabalho terão autorização para entrar nas dependências. Antes de entrar, elas devem ser avisadas do potencial de risco a que estão sujeitas e devem ser instruídas a respeito de como proceder para garantir sua segurança.

Deve ser estabelecido um programa de supervisão médica.

Um manual de segurança deve ser preparado e adotado e é necessário que as instruções sejam lidas e seguidas rigorosamente. Os procedimentos em geral devem ser padronizados para tentar minimizar a produção de aerossóis (p. ex., higienização das gaiolas).

Comer, beber, fumar, manusear lentes de contato, aplicar cosméticos e estocar alimentos de uso humano só devem ser permitidos em áreas previamente designadas e nunca em áreas de manutenção de animais ou salas de procedimentos.

Quadro 2. **Critérios para a classificação de grupos de risco por agentes biológicos**

Classe de risco 1 Baixo risco individual Baixo risco para a comunidade Inclui os agentes biológicos conhecidos por não causarem doenças no homem ou em animais adultos sadios.	Classe de risco 2 Moderado risco individual Limitado risco para a comunidade Inclui os agentes biológicos que provocam infecções no homem em ou animais, cujo potencial de propagação na comunidade e disseminação no meio ambiente é limitado e para as quais existem medidas terapêuticas e profiláticas eficazes.
Classe de risco 3 Alto risco individual Moderado risco para a comunidade Inclui os agentes biológicos que possuem capacidade de transmissão por via respiratória e que causam doenças humanas ou animais, potencialmente letais, para as quais existem medidas de tratamento e/ou prevenção. Representam risco se disseminados na comunidade e no meio ambiente, podendo se propagar de pessoa a pessoa.	Classe de risco 4 Alto risco individual Alto risco para a comunidade Inclui os agentes biológicos com grande poder de transmissibilidade por via respiratória ou de transmissão desconhecida, que causam infecções para as quais ainda não existe nenhuma medida terapêutica ou profilática eficaz. Causam doenças humanas e animais de alta gravidade, com alta capacidade de disseminação na comunidade e no meio ambiente. Esta classe inclui principalmente os vírus.

As superfícies de trabalho precisam ser descontaminadas sempre antes e depois do uso ou após a ocorrência de respingos de qualquer tipo de material viável.

Todos os materiais de descarte provenientes da sala de animais devem ser transportados em recipientes de contenção à prova de vazamentos, para serem descartados de forma adequada e de acordo com as normas institucionais, sendo recomendada a incineração.

O pessoal deve ser instruído quanto à necessidade de lavar as mãos após manusear animais, depois da retirada das luvas e antes de deixar a instalação de animais.

O símbolo específico de risco biológico tem de ser colocado na entrada das salas de animais, em local visível, independentemente do tipo de agente infeccioso que aloja. A sinalização de risco biológico deve identificar o agente infeccioso em uso, listar o nome e o telefone das pessoas responsáveis e indicar os procedimentos especiais para a entrada na sala de animais.

Um programa de controle de insetos e roedores precisa ser estabelecido.

Práticas especiais

Nenhuma.

Equipamentos de segurança (barreiras primárias)

É recomendado o uso de aventais, macacões e/ou uniformes dentro das instalações. Os aventais podem permanecer na sala de animais; nenhum tipo de uniforme pode ser usado fora das instalações de animais.

Pessoas que tenham contato com primatas têm de ser esclarecidas quanto ao risco de infecções em razão da exposição das membranas mucosas da boca, dos olhos e do nariz. O procedimento correto é o uso de protetores faciais que protegem toda a face ou de protetores para os olhos e máscara para a boca e as narinas.

Instalações (barreiras secundárias)

A instalação animal deve estar separada de outras áreas de trabalho que permaneçam abertas para o trânsito irrestrito de pessoas.

As portas externas devem ter fechamento automático, e as das salas de animais devem se abrir para o lado de dentro, com fechamento automático, e ser mantidas sempre fechadas.

As instalações terão de ser projetadas e construídas de forma que facilite os procedimentos de higienização. As superfícies internas (paredes, pisos e tetos) devem ser de material resistente à água.

Equipamentos que necessitem de instalação interna, como luminárias, dutos de ar e outros, devem ser instalados de forma a minimizar as áreas de superfície horizontal.

Não se recomendam janelas, mas, se existirem, devem ser de material resistente à quebra e ser vedadas.

No piso, deve haver boa drenagem, com caixa sifonada sempre cheia de água e/ou com desinfetante apropriado.

A ventilação deve ser provida de acordo com o "Guia para cuidados e manejo de animais de laboratório", última edição, segundo o qual nenhuma recirculação de ar exaurido deve ocorrer. Recomenda-se também que as salas de animais tenham pressão negativa quando comparadas com instalações adjuntas.

Biossegurança animal nível 2

O nível de biossegurança animal 2 (NBA-2) envolve agentes infecciosos bem caracterizados que ocasionam risco de doenças em humanos adultos. Os riscos existentes são de contaminação pela ingestão de agentes infecciosos, pela exposição das membranas mucosas ou mesmo pela pele.

Procedimentos e protocolos

Aliados aos POP, os protocolos para situações de emergência devem ser estabelecidos pelos responsáveis do biotério e aprovados pela CIBio.

O acesso à sala de animais deve ser autorizado somente às pessoas necessárias à execução do trabalho, e a quem seja permitida a entrada deve-se informar sobre o risco existente.

Deve-se estabelecer um programa de supervisão médica, realizar imunizações ou testes para os agentes manuseados ou potencialmente presentes (p. ex., vacina contra hepatite B, teste de tuberculina) e, quando necessário, implantar um sistema de levantamento sorológico.

Um manual de biossegurança deve ser adotado, e os funcionários têm de ser conscientizados das normas, por meio de sua leitura, e treinados para as devidas práticas e procedimentos.

Comer, beber, fumar, manusear lentes de contato, aplicar cosméticos e estocar alimentos de uso humano só devem ser realizados em áreas previamente designadas e nunca em áreas de manutenção de animais ou salas de procedimentos.

Todos os procedimentos têm de ser estabelecidos visando produzir o mínimo possível de aerossóis.

Os equipamentos e as superfícies de trabalho, em uma sala, devem ser rotineiramente descontaminados com desinfetantes apropriados após trabalho com agentes infecciosos e especialmente após a ocorrência de respingos ou qualquer outro tipo de contaminação.

Todas as amostras de agentes infecciosos, ao serem coletadas, precisam ser bem acondicionadas, seladas, transportadas e processadas para prevenir a transmissão do(s) agente(s). Todos os resíduos provenientes de salas de animais (incluindo tecidos de animais, carcaças, cama contaminada, sobras de ração não ingerida e outros refugos) devem ser transportados em recipientes à prova de vazamentos, para serem descartados segundo as normas da instituição. As superfícies externas desse invólucro de descarte devem ser desinfetadas antes do manuseio do material, e a autoclavação do conteúdo tem de ser realizada antes da incineração.

A supervisão e o treinamento para um manejo seguro de materiais cortantes devem ser instituídos da seguinte forma: as agulhas e as seringas ou outro instrumento cortante só devem ser usados dentro da instalação de animais quando não houver alternativa; as seringas devem portar protetores de agulhas ou, se possível, devem-se utilizar sistemas de coleta a vácuo (p. ex., Vacutainer®), devendo existir um coletor específico para descarte de materiais perfurantes e cortantes.

O funcionário deverá sempre lavar as mãos após o manuseio de animais, depois da retirada das luvas e antes de entrar nas salas de animais.

O símbolo de risco biológico tem de ser colocado na entrada da sala de animais, devendo identificar o agente infeccioso em uso, listar o nome e o telefone das pessoas responsáveis e indicar os procedimentos especiais (p. ex., a necessidade de imunização prévia ou o uso de máscaras de proteção) para a entrada de animais nessa sala.

Um programa de controle de insetos e roedores deve ser instituído.

Práticas especiais

O pessoal que manuseia animais de laboratório e o pessoal de apoio deverão receber treinamento apropriado, principalmente esclarecimentos sobre os possíveis riscos que o trabalho envolve, precauções necessárias para prevenir exposições e procedimentos para avaliação dessa exposição, se ocorrer. O pessoal terá de receber reciclagem anual ou treinamento adicional quando ocorrer mudança nos procedimentos. Tais reciclagens deverão ser registradas e mantidas em arquivo. Em geral, pessoas com algum comprometimento, que possam apresentar maior risco de adquirir infecções, ou que não trabalham com riscos só terão permissão para entrar em salas de animais quando o estabelecimento de procedimentos especiais puder eliminar esses riscos extras.

Somente animais que serão usados em experimentos devem ser permitidos nas salas.

Todo o equipamento deve ser apropriadamente descontaminado antes de ser removido da sala.

Equipamentos de segurança (barreiras primárias)

Macacões, uniformes ou aventais devem ser usados enquanto o funcionário se encontra dentro da sala de animais e têm de ser removidos antes de sair. As luvas devem ser usadas quando se manuseiam animais infectados ou quando a superfície cutânea possa, inevitavelmente, entrar em contato com materiais infectados.

Equipamentos de proteção pessoal, como protetores de olhos/face e máscaras com filtros, devem ser usados por todas as pessoas que necessitam entrar em instalações que alojam primatas.

Cabines de segurança biológica e/ou equipamentos de proteção pessoal (máscaras faciais ou com filtros) devem ser usadas onde os procedimentos exigem essa conduta, ou seja, onde existe grande potencial de criação de aerossóis. Essas exigências incluem necrópsia de animais infectados, coleta de tecidos ou fluidos de animais infectados ou inoculação intranasal em animais.

Quando houver grande risco, os animais devem ser alojados em equipamentos com barreira local, como microisoladores.

Instalações (barreiras secundárias)

A instalação dos animais deve ser separada de áreas que tenham contato com outras onde há trânsito irrestrito de pessoas.

O acesso das pessoas deve ser limitado por portas com travamento de segurança, e as portas externas devem ter fechamento e travamento automáticos. As portas internas devem abrir para dentro, ter fechamento automático e ser mantidas fechadas durante o transcorrer do experimento.

A instalação de animais deve ser projetada e construída para facilitar a limpeza e sua manutenção. Superfícies internas (paredes, pisos e tetos) precisam ser de material resistente à água.

Equipamentos de instalação interna, como luminárias, dutos de ar e outros, devem ser instalados de forma a minimizar áreas de superfície horizontal.

Não se recomendam janelas, mas, se existirem, devem ser de material resistente e estar vedadas.

No piso, deve haver boa drenagem, com caixa sifonada sempre cheia de água e/ou com desinfetante apropriado.

Quando à ventilação, a exaustão deve ser descarregada para o exterior sem recirculação de ar, mesmo para outras salas. A direção do fluxo de ar deve ser para o interior das salas de animais, devendo manter a pressão negativa ao compará-la com áreas adjacentes. A ventilação deve ser provida de acordo com o "Guia para cuidados e manejo de animais de laboratório", última edição.

As gaiolas podem ser lavadas manualmente ou por lavadoras automáticas apropriadas. As lavadoras de gaiolas devem possuir um tempo para enxágue com água quente que atinja pelo menos 80°C.

A descontaminação de material infeccioso deve ser feita por autoclavação.

As mãos têm de ser lavadas em pias dentro da sala de animais, na qual os animais infectados estão alojados.

A iluminação deve ser adequada para facilitar as atividades, evitando reflexos que possam impedir a visão.

Biossegurança animal nível 3

A categoria de biossegurança animal nível 3 (NBA-3) envolve os procedimentos adequados para trabalhar com animais infectados por microrganismos que apresentam potencial de transmissão aerógena e podem causar doenças potencialmente letais.

Procedimentos e protocolos

Aliados aos POP, os protocolos para situações de emergência devem ser estabelecidos pelos responsáveis do biotério e ser aprovados pela comissão institucional de biossegurança.

O diretor do biotério limitará o acesso às salas de animais para o menor número possível de indivíduos. O pessoal que necessita entrar para executar os procedimentos do experimento deve ser avisado sobre o potencial de risco.

Um programa de supervisão médica deve ser instituído. Todo o pessoal deverá receber imunização apropriada ou terão de ser realizados testes para verificação da contaminação pelos agentes que foram manuseados ou estejam potencialmente presentes (p. ex., vacina contra hepatite B e teste de tuberculina intradérmica). Quando apropriado, um levantamento sorológico deve ser realizado e, para pessoas com maior risco de adquirir infecções ou para quem uma infecção possa trazer sérias consequências, não deve ser permitida a entrada nas instalações de animais, a menos que com eventuais procedimentos especiais adotados se possa eliminar o risco extra. Um programa sobre saúde física ocupacional tem de ser estabelecido.

Um manual de biossegurança deve ser preparado e adotado. O pessoal tem de ser avisado sobre os riscos existentes e precisa ler o manual e seguir todas as instruções nele contidas, assim como as práticas e os procedimentos.

Comer, beber, fumar, manusear lentes de contato, aplicar cosméticos e estocar comida para consumo humano devem ser proibidos em áreas com animais ou mesmo áreas de procedimentos, sendo permitido somente em áreas previamente designadas.

Todos os procedimentos têm de ser cuidadosamente realizados para minimizar a criação de aerossóis ou outras formas de contaminação.

Os equipamentos e as superfícies de trabalho têm de ser rotineiramente descontaminados com desinfetantes comprovadamente eficientes, logo após trabalhar com um agente infeccioso, especialmente se ocorrerem respingos, derramamentos ou outro tipo de contaminação dessa superfície por material infeccioso.

Todos os materiais de descarte provenientes das salas de animais (incluindo tecidos de animais, carcaças, cama contaminada, ração não ingerida, agulhas e outros tipos de descarte animal) devem ser acondicionados em recipientes à prova de vazamentos e transportados para fora da sala de animais, obedecendo às normas locais ou institucionais. A superfície externa desse recipiente tem de ser desinfetada antes do transporte de material, sendo recomendadas a autoclavação e a incineração.

A supervisão e o treinamento para um manejo seguro de agulhas devem ser instituídos da seguinte forma: as agulhas e as seringas ou outro instrumento cortante só devem ser usados dentro da instalação de animais quando não houver alternativa; as seringas devem portar protetores de agulhas ou, se possível, devem-se utilizar sistemas de coleta a vácuo (p. ex., Vacutainer®), devendo existir um coletor específico para descarte de materiais perfurantes e cortantes.

As mãos devem ser lavadas após manusear os animais, ao remover as luvas, antes de sair da instalação.

O símbolo de risco biológico tem de ser colocado na entrada das salas de animais, em local visível, devendo identificar o agente infeccioso em uso, listar o nome e o telefone das pessoas responsáveis e indicar os procedimentos especiais para a entrada nessa sala de animais (p. ex., a necessidade de imunização prévia ou o uso de máscaras com filtros protetores).

Todas as amostras coletadas devem ser acondicionadas adequadamente, identificadas, transportadas e processadas de maneira que previna a transmissão de agentes.

O pessoal que maneja os animais e o pessoal de apoio devem receber treinamento apropriado sobre os riscos potencialmente associados com o trabalho que estão desenvolvendo, para tomar as precauções necessárias para prevenir exposições e avaliar uma eventual exposição.

Um programa de controle de insetos e roedores deve ser instituído.

Práticas especiais

As gaiolas devem ser autoclavadas ou apropriadamente descontaminadas antes que a cama seja removida, antes de serem limpas e lavadas. Os equipamentos têm de ser descontaminados segundo as normas técnicas, antes de serem empacotados para transporte ou removidos da instalação para reparo ou manutenção.

Os procedimentos concernentes à ocorrência de respingos ou gotejamento de material infeccioso devem estar dentro das normas de segurança. Somente pessoas treinadas e equipadas para trabalhar com material infeccioso podem fazer a limpeza desse tipo de contaminação. Este ou outros tipos de acidentes que resultam em exposição a materiais infecciosos devem ser informados imediatamente à direção do biotério. Uma avaliação médica com o devido tratamento tem de ser providenciada, e todos os registros da ocorrência devem ser mantidos em arquivo.

Todos os materiais de descarte das salas de animais devem ser autoclavados antes da incineração ou de outro tratamento terminal apropriado.

Os materiais não relacionados com o experimento em questão (p. ex., plantas, animais) não devem ser permitidos dentro da sala.

Equipamentos de segurança (barreiras primárias)

Os uniformes considerados adequados são macacões ou aventais cirúrgicos transpassados, devendo-se evitar aventais com botões frontais. Esses macacões ou aventais devem ser usados sobre os uniformes e removidos só depois de o funcionário deixar a sala de animais. Antes de sair, ele deve lavar as mãos e, ao remover os uniformes, acondicioná-los de forma adequada e encaminhá-los para descontaminação antes de serem transportados para a lavanderia.

O uso de equipamento de proteção pessoal está relacionado com o grau de riscos potenciais: equipamentos de proteção pessoal devem ser usados para todas as atividades que envolvem o manuseio de material infeccioso ou animais infectados; quando se manuseiam animais infectados, devem-se utilizar luvas, as quais devem ser removidas assepticamente e autoclavadas com outros resíduos das salas de animais antes de serem transportadas; máscaras devem ser usadas por todo o pessoal que entrar nas salas de animais; botinas, sapatilhas ou outro tipo de proteção para os pés devem estar disponíveis e serem usados quando indicado.

O risco de contaminações pela produção de aerossóis por animais infectados ou mesmo por meio da cama de maravalha utilizada por esses animais pode ser reduzido se os animais forem alojados em gaiolas com barreiras locais, como gaiolas com filtro-tampa ou microisoladores, ou cabines ventiladas, desde que o fluxo de ar seja ventilado dentro de ambientes fechados (p. ex., cabines de fluxo laminar) ou outro tipo de barreira primária.

As cabines de segurança biológica e outros equipamentos físicos devem ser usados quando as práticas operacionais conduzirem à produção de aerossóis. Neste item, incluem-se a realização de necrópsias de animais infectados, a coleta de tecidos ou fluidos infectados e a inoculação intranasal em animais.

Instalações (barreiras secundárias)

A instalação dos animais deve ser separada das áreas abertas para o trânsito irrestrito de pessoas.

O acesso às instalações é limitado por portas com fechamento e travamento automáticos. A porta externa deve ser controlada com fechamento por chave, cartão magnético ou leitor eletrônico, e a entrada para a sala de animais deve ser do tipo dupla porta, incluindo uma sala de troca e chuveiros. Outro acesso adicional do tipo dupla porta (*air-lock*) ou autoclave de dupla porta deve ser providenciado para o transporte dos suprimentos e dos resíduos para dentro e para fora das instalações. As portas das salas de animais devem se abrir para dentro e ter fechamento automático.

A instalação de animais deve ser projetada e construída para manter os procedimentos de limpeza. As superfícies internas (paredes, pisos e tetos) devem ser de material resistente à água, e qualquer tipo de rachadura na superfície de pisos, paredes ou teto tem de ser selado, bem como as aberturas de dutos. Os espaços entre portas e caixilho deverão ser selados para facilitar a descontaminação.

Pias para lavar as mãos, de forma livre ou automaticamente operadas, devem ser providas para cada sala de animal próximo à porta de saída. A caixa sifonada da pia deve ser preenchida com desinfetante apropriado após cada uso.

Equipamentos de instalação interna, como luminárias, dutos de ar e outros, devem ser instalados de forma a minimizar áreas de superfície horizontal.

Não se recomendam janelas, mas se existirem, devem ser de material resistente à quebra, devendo ser vedadas.

No piso, deve haver boa drenagem, com a caixa sifonada sempre cheia de água e/ou desinfetante apropriado.

A ventilação tem de ser provida de acordo com os critérios adotados pelo "Guia de cuidados e manejo de animais de laboratório", em sua última edição. O sistema de ventilação deve realizar exaustão do ar por meio de dutos, criando um fluxo direcionado de ar, que o arrasta de dentro da área de animais, considerada "limpa", em direção às áreas "contaminadas". O ar exaurido não deve ser recirculado para outra área qualquer do prédio. A filtração e outros tratamentos de exaustão do ar podem não ser necessários, mas tal decisão deve ser baseada nos requisitos internos, em condições específicas de manipulação do agente e nas condições de uso. O ar exaurido deve ser disperso das áreas internas para as externas e passar por filtros HEPA. Dentro das áreas de animais, o próprio pessoal que trabalha na área terá de verificar o fluxo em que o ar está direcionado. Ao instalar um sistema de controle de ventilação para prevenir problemas com pressão positiva nos espaços ocupados por animais, o ideal é instalar sistemas automáticos de pressão atmosférica com alarmes audíveis para sinalizar aos responsáveis a falha que está ocorrendo no sistema.

As gaiolas têm de ser lavadas em máquinas automáticas apropriadas, que tenham um tempo de enxágue em temperatura que alcance no mínimo 80°C.

É necessário (conveniente) que se tenha uma autoclave para as salas de animais com potencial de risco biológico, que deverá ser utilizada para descontaminar resíduos infectantes antes de serem transportados para outras áreas da instalação.

A iluminação tem de ser adequada para que se realizem todas as atividades, evitando reflexos que dificultem ou impeçam a visualização das tarefas.

As instalações de nível 3 devem ter seu projeto e seus procedimentos operacionais bem documentados. A instalação deve ser testada para verificação dos parâmetros do projeto e sua operacionalização antes que se dê início a seu funcionamento. As instalações devem ser reverificadas pelo menos anualmente, e seus procedimentos têm de ser modificados se a experiência demonstrar alguma falha.

Algumas proteções extras (p. ex., chuveiros pessoais, filtros HEPA para exaustão do ar, equipamento de contenção para algumas tarefas e descontaminação dos efluentes) devem ser consideradas, se recomendadas, e determinadas pelo risco existente.

Biossegurança animal nível 4

As instalações para animais em nível de biossegurança 4 (NBA-4) são adequadas para microrganismos que apresentam alto risco de ocasionar doenças letais, causar transmissão por aerossóis ou relacionadas com agentes com risco de transmissão desconhecido.

Procedimentos e protocolos

Aliados à monitoração e à supervisão, procedimentos e protocolos para situações de emergência, bem como procedimentos especiais, devem ser aprovados pela instituição e pelo Comitê de Biossegurança.

A direção do biotério limitará o acesso às salas de animais ao menor número possível de indivíduos. As pessoas que deverão entrar nas salas para desenvolver os propósitos requeridos pelo seu trabalho têm de ser avisadas do potencial de risco a que estão expostas.

Um programa de supervisão médica deve ser instituído para todas as pessoas que tenham permissão para entrar em salas de nível 4. Dependendo do agente, deverão ser tomadas medidas profiláticas, como imunização para o agente em questão e mesmo uma análise sorológica do funcionário para avaliação de antecedentes como exposição a agentes infecciosos e qual a profilaxia existente. Em geral, pessoas com elevado risco de infecções, ou para quem essas infecções têm sérias consequências, não devem ter sua entrada permitida na instalação de animais, a menos que procedimentos operacionais específicos sejam desenvolvidos para a eliminação dos riscos extras. O programa de supervisão médica ainda deve incluir a avaliação sobre saúde ocupacional e física dos funcionários.

Um manual de biossegurança específico para o local de trabalho deve ser elaborado e adotado. As pessoas precisam ser avisadas dos riscos potenciais do trabalho que desenvolvem. É obrigatório ler e seguir as instruções sobre os procedimentos e as práticas contidas no manual.

Comer, beber, fumar, manusear lentes de contato, aplicar cosméticos ou ainda estocar alimentos para consumo humano são atos que só devem ser realizados em áreas previamente designadas e nunca em áreas de manutenção de animais ou salas de procedimentos.

Todos os procedimentos operacionais têm de ser cuidadosamente elaborados para diminuir ao máximo a produção de aerossóis.

Os equipamentos e as superfícies de trabalho em uma sala devem ser rotineiramente descontaminados com desinfetantes apropriados depois de se ter trabalhado com agentes infecciosos, especialmente após a ocorrência de respingos, derramamentos ou outro tipo de contaminação por material infectado.

Deve existir um procedimento específico e adequado para a descontaminação de respingos, e somente pessoas treinadas e equipadas podem realizá-lo. Respingos e acidentes que resultam em exposição a materiais infectados devem ser imediatamente informados ao diretor do biotério. Uma avaliação médica com acompanhamento e tratamento apropriados para o caso tem de ser estabelecida, e todos os registros devem ser arquivados.

Todos os resíduos (incluindo tecidos de animais, carcaças e cama contaminada), outros materiais para descarte e roupas a serem lavadas devem ser esterilizados em uma autoclave de dupla porta, localizada em áreas de barreiras secundárias, e incinerados.

A supervisão e o treinamento para o manejo seguro de agulhas devem ser instituídos da seguinte forma: agulhas, seringas ou outro instrumento cortante só devem ser usados dentro da instalação de animais quando não houver alternativa; as seringas devem portar protetores de agulhas ou, se possível, devem-se utilizar sistemas de coleta à vácuo (p. ex., Vacutainer®), devendo existir um coletor específico para descarte de materiais perfurocortantes.

O símbolo de risco biológico deve ser colocado na entrada das salas de animais, em local visível, a fim de identificar o agente infeccioso em uso, devendo-se listar o nome e o telefone das pessoas responsáveis, e indicar os requerimentos especiais para a entrada nessa sala de animais (p. ex., a necessidade de imunização prévia ou de máscaras com filtros protetores).

O pessoal que maneja os animais e o pessoal de apoio devem receber treinamento apropriado sobre os riscos em potencial associados com o trabalho que está desenvolvendo, sobre as precauções necessárias para prevenir tais exposições e uma avaliação correta no caso de uma eventual exposição. Os funcionários têm de receber cursos de reciclagem anualmente, ou treinamentos adicionais, quando necessário para determinados procedimentos ou quando houver alterações nos procedimentos correntes. Todos os treinamentos devem ser registrados e mantidos em arquivo.

As gaiolas devem ser autoclavadas ou devidamente descontaminadas antes das camas dos animais serem removidas e depois que forem limpas e lavadas. Equipamentos e superfícies de trabalho devem ser descontaminados rotineiramente com desinfetante apropriado, depois do trabalho com materiais infectados, e sobretudo depois de respingos, derramamentos ou outro tipo de contaminação por material infectado. Os equipamentos devem ser descontaminados de acordo com o regulamento da instituição antes de serem removidos para reparo ou manutenção.

Pessoas designadas para trabalhar com animais infectados devem sempre trabalhar em pares. Com base nas avaliações de risco, devem-se usar gaiolas de contenção, trabalhar com o animal anestesiado ou adotar outros procedimentos para reduzir possíveis exposições.

Materiais que não estejam relacionados ao experimento (p. ex., plantas, animais) não devem ser permitidos dentro das instalações.

Práticas especiais

Medidas rigorosas quanto à segurança física das instalações devem ser tomadas em relação ao nível de biossegurança 4, como o patrulhamento de áreas próximas; vigilância durante 24 horas, com monitoramento da entrada e saída do biotério pelo uso de cartões magnéticos ou códigos digitais. O funcionário deve sempre portar seu cartão de identificação funcional.

As pessoas com permissão para entrar no biotério deverão fazê-lo após passar por chuveiro e trocar sua roupa; assim, sempre que algum funcionário tiver de sair da sala de animais, deverá tomar um novo banho e vestir outra roupa para poder entrar novamente.

Uniforme completo, incluindo roupas íntimas, sapatos e luvas, deverá ser usado pelos funcionários para entrar nas salas de animais. Ao sair, eles deverão remover a roupa dentro da sala de troca e, antes de entrar na área, deverão passar por chuveiros. A roupa terá de ser esterilizada em autoclave, antes de ser enviada à lavanderia.

A troca completa de roupa e o banho após removê-la são sempre obrigatórios em ambientes de nível 4.

A introdução de suprimentos e materiais no biotério deve ser via autoclave de dupla porta ou por câmara de fumigação. Somente após a confirmação de que a porta externa está travada é que os funcionários da área "limpa" abrirão a porta interna para fazer a retirada dos materiais. As portas da autoclave e da câmara de fumigação funcionam com trava interna.

Para a correta informação sobre ocorrência de acidentes e superexposição, bem como para levantamentos médicos sobre as condições de trabalho associadas com o potencial de infecções, deverá existir um programa de assistência médica, incluindo quarentena, isolamento e cuidados médicos de pessoas potencial ou sabidamente portadoras de doença associada ao trabalho.

As amostras terão de ser coletadas e analisadas em intervalos predeterminados, e os resultados, comunicados à direção da instituição.

Equipamentos de segurança (barreiras primárias)

Animais de laboratório infectados com agentes classificados no nível de biossegurança 4 devem ser alojados em cabines de segurança biológica de classe III ou em salas experimentais nível 4. Para todas as pessoas, é necessário o uso de roupas ventiladas com pressão positiva. Animais infectados devem ser alojados em sistemas de contenção parcial (como gaiolas abertas, mas colocadas em cabines fechadas ventiladas; instalações comuns, mas com o animal alojado em gaiola coberta por tampas-filtro e aberta somente quando em fluxo laminar; ou outro sistema de contenção primário equivalente).

O emprego de materiais descartáveis que não requerem limpeza, incluindo a gaiola dos animais, deve ser considerado, mas até mesmo esses materiais devem ser autoclavados na saída da instalação e, posteriormente, incinerados.

Instalações (barreiras secundárias)

Os critérios para projetos de instalações para alojar animais do grupo de risco 4 são semelhantes aos descritos para animais do grupo de risco 3, mas devem ser aliados ao uso de cabines de proteção.

NORMAS PARA TRABALHO EM CONTENÇÃO COM ANIMAIS GENETICAMENTE MODIFICADOS

A Resolução n. 2 da CTNBio, de 2006, classifica os riscos envolvendo os OGM e dispõe sobre os níveis de biossegurança a serem aplicados em atividades e projetos envolvendo OGM e seus derivados em contenção, tendo sido destacados somente os pontos principais nessa publicação. O Quadro 3 resume as características que definem o grau de risco do organismo após sua manipulação genética.

Para quaisquer atividades e projetos que envolvam a construção, o cultivo, a produção, a manipulação, o armazenamento, a pesquisa, o desenvolvimento tecnológico, o ensino, o controle de qualidade e o descarte que utilizem OGM e seus derivados em regime de contenção, o técnico principal deverá encaminhar para a CIBio de sua instituição informações detalhadas, de acordo com o Requerimento de Autorização para Atividades em Contenção com OGM e seus derivados.

A CIBio, por sua vez, deverá obter da CTNBio autorização para cada atividade. O técnico principal é responsável pelo cumprimento das normas de biossegurança em conformidade com as recomendações da CIBio e as Resoluções Normativas da CTNBio e deve assegurar que as equipes técnica e de apoio envolvidas nas atividades com OGM e seus derivados recebam treinamento apropriado em biossegurança e que estejam cientes das situações de riscos potenciais dessas atividades e dos procedimentos de proteção individual e coletiva no ambiente de trabalho.

As recomendações do art. 7 da normativa citada descrevem quatro categorias de práticas, segurança, equipamentos e instalações para trabalhos com animais GM, recomendações comparáveis aos critérios de biossegurança para o trabalho com agentes infecciosos (Quadro 4)[68].

CONSIDERAÇÕES FINAIS

Em face do exposto, entende-se que o ambiente de um biotério é muito mais complexo e dinâmico do que se imagina, onde variáveis genéticas, fisiológicas, nutricionais, ambientais, éticas e legais se entrelaçam intimamente e não caberiam em sua totalidade nesta publicação. Buscou-se apresentar as facetas mais importantes da rotina de um biotério, tendo como foco o animal, algumas de suas características e os principais aspectos de segurança, biossegurança e manejo mais atuais aplicados no Brasil e no exterior.

Quadro 3. Classificação de risco dos OGM

Nível de biossegurança 1	Nível de biossegurança 2
Não têm alteradas as características de transmissibilidade de doenças para animais, vegetais e humanos. Não têm vantagens seletivas no ambiente natural. Podem conter genoma viral (ainda que completo), mas que não levem a doenças infecciosas transmissíveis.	Passam a expressar substâncias tóxicas, para as quais existem formas de prevenção e tratamento eficazes. Possuem mais de 75% do genoma de vírus manipulado em nível 1, capazes de levar a doenças infecciosas transmissíveis. Passam a ser suscetíveis a doenças que não ocorrem na espécie selvagem (quebra da barreira entre espécies).
Nível de biossegurança 3	**Nível de biossegurança 4**
Possuem mais de 75% do genoma de vírus manipulados em nível 2 ou 3. Passam a ser mais aptos à sobrevivência no ambiente natural que o análogo selvagem.	Possuem mais de 75% do genoma de vírus manipulado em nível 4, capazes de levar a doenças infecciosas transmissíveis. Passam a expressar substâncias tóxicas, para as quais não existem formas de prevenção e tratamento eficazes.

Quadro 4. **Especificações técnicas exigidas para cada nível de biossegurança**

Níveis de biossegurança	Especificações técnicas
NBA-1	Adequados para animais GM nível 1. Devem possuir porta principal trancada com acesso controlado, ser de fácil limpeza e não acumular poeira, possuir salas diferentes para espécies diferentes e para manter animais de experimentos diferentes em salas diferentes e onde houver ventilação natural deve haver barreira contra insetos e animais externos. Nenhum material (água, cama, ração) poderá servir de alimento para outro animal (salvo se for o objetivo do estudo em andamento ou autorizado). A manipulação deverá impedir o escape do animal para o meio ambiente.
NBA-2	Adequados para animais GM níveis 1 e 2. Todas as características de NBA-1, complementadas: Acesso permitido somente aos envolvidos com os experimentos (autorizados, qualificados, cientes dos riscos). Todos os envolvidos no experimento devem estar vacinados. Há necessidade de uma antessala entre a sala onde estão os animais e as áreas de livre circulação. Material contaminado embalado apropriadamente (resíduos sólidos e perfurocortantes). Obrigatório o uso de toucas, máscaras, luvas e propés.
NBA-3	Adequados para animais GM níveis 1, 2 ou 3. Todas as características de NBA-2, complementadas: Existência de quatro salas distintas: antessala, sala de materiais, sala dos animais, sala de experimentação. Sentido do fluxo de ar esterilizado – da antessala para a sala de materiais, depois para a sala dos animais e para a sala de experimentação. As salas dos animais e de experimentação possuirão pressão negativa em relação à sala anterior. O ar deve ser filtrado com alta eficiência antes de atingir o meio externo. Na antessala e na sala de materiais, deve haver pia e chuveiro com acionamento não manual, mas não nas salas dos animais e de experimentação. Os materiais devem poder ser esterilizados dentro do biotério (autoclave e incinerador). Carcaças devem ser incineradas antes do descarte. Nenhum material deve deixar o biotério antes de ser descontaminado. É necessário o uso de toda a vestimenta do biotério, que deve ser esterilizada antes de ser descartada ou reutilizada (roupa, avental, propés, luvas, máscara, touca), no lugar das roupas particulares (trocadas na antessala).
NBA-4	Adequados para animais GM níveis 1, 2, 3 ou 4. Todas as características de NBA-3, complementadas: Devem ser localizados em prédio isolado e patrulhado durante 24 horas por dia. Acesso somente a pessoal autorizado e com experiência comprovada, por meio de controle automatizado individual. Todas as portas devem estar trancadas e com abertura por identificação magnética ou biométrica. Devem possuir seis salas distintas: antessala, sala de troca de vestimentas, sala de materiais, sala dos animais, sala de experimentação e sala de necrópsia com incinerador. Todas devem ser esterilizáveis e com pressão negativa. Todo o ar que vai atingir o meio externo deve passar por dupla filtragem de alta eficiência. Toda a vestimenta dos usuários deve ser deixada na antessala e trocada por outras esterilizadas. Devem tomar banho antes de sair das dependências do biotério. A entrada e a saída de materiais devem ser feitas por autoclave de dupla porta. As carcaças devem ser incineradas antes do descarte. Nenhum material contendo agentes infecciosos deve deixar o biotério, e todos os procedimentos devem ser feitos na sala de experimentação.

REFERÊNCIAS BIBLIOGRÁFICAS

1. Sarazá M, Sanchez C. Normas de seguridad biológica en infecciones experimentales con animales. Animales de Experimentación. 2000;5(4):12-6.
2. Teixeira P, Valle S. Biossegurança: uma abordagem multidisciplinar. Rio de Janeiro: Fiocruz; 1996.
3. Canadian Council on Animal Care (CCAC). Transgenic animals, animal welfare and ethics. Disponível em: <http://www.ccac.ca/english/transusp.htm>. Acesso em: 02 maio 2016.
4. Gordon JW, Ruddle FH. Integration and stable germ line transformation of genes injected into mouse pronuclei. Science. 1981;214:1244-6.
5. National Research Council (NRC). Guide for the care and use of laboratory animals. 8. ed. Washington: NCR/National Academy of Science; 2011.
6. National Institute of Health (NIH). Policy manual – 3040-2 – Animal care and use in the intramural program. Issuing Office: OACU; 2000. 496-5424-1999. Disponível em: <http://www.nih.gov/>. Acesso em: 02 maio 2016.
7. World Health Organization (WHO). Laboratory biosafety manual. 3. ed. Geneva: WHO; 2004. Disponível em: <http://www.who.int/tdr/publications/documents/glp-handbook.pdf>. Acesso em: 02 maio 2016.
8. Centers for Disease Control and Prevention (CDC). Disponível em: <www.cdc.gov>. Acesso em: 02 maio 2016.
9. Conselho Nacional de Controle de Experimentação Animal (Concea). Disponível em: <http://www.mct.gov.br/index.php/content/view/310553.html>. Acesso em: 02 maio 2016.
10. Comissão Técnica Nacional de Biossegurança (CTNBio). Disponível em: <www.ctnbio.gov.br/>. Acesso em: 05 julho 2016.

11. Agência Nacional de Vigilância Sanitária (Anvisa). Disponível em: <www.anvisa.gov.br>. Acesso em: 02 maio 2016.
12. Brasil. Presidência da República. Decreto n. 5.591, de 22 de novembro de 2005. Disponível em: <http://www.planalto.gov.br/ccivil_03/_ato2004-2006/2005/Decreto/D5591.htm>. Acesso em: 02 maio 2016.
13. Brasil. Ministério da Ciência e Tecnologia. Comissão Técnica Nacional de Biossegurança (CTNBio). Resolução Normativa n. 2, de 27 de novembro de 2006.
14. Hirata MH. Manual de biossegurança. 2. ed. Barueri: Manole; 2012. p.171-80.
15. Molinaro EM, Majerowicz J, Valle S. Arquitetura e biossegurança. Biossegurança em biotérios. Rio de Janeiro: Interciência; 2008. p.19-33.
16. Neves SP, Ong FMP, Fontes RS, Santana RO, Santos RA. Anexos. In: Neves SMP, Mancini Filho J, Menezes EW, editores. Manual de cuidados e procedimentos com animais de laboratório do biotério da FCF-IQ/USP. São Paulo: FCF-IQ/USP (E-book); 2013. p.163-216.
17. Munkelt FH. Odor control in animal laboratories. Heating Piping Air Conditioning. 1938;10:189-91.
18. Clough G. The animal house: design, equipment and environmental control. The UFAW handbook on the care and management of laboratory animals. 6. ed. Avon: Longman Group; 2006. p.97-134.
19. Institute of Laboratory Animal Resources. Long-term holding of laboratory rodents. ILAR News. 1976;19:L1-L25.
20. Majerowicz J. Risco biológico e níveis de proteção. Boas práticas em biotérios biossegurança. Rio de Janeiro: Interciência; 2008. p.103-23.
21. Trexler PC. Animal of defined microbiologicals status. In: Trevor PB. The UFAW handbook on the care and management of laboratory animals. Avon: Longman Group; 1989. p.85-98.
22. Alves DP, Zanfolin M, Vinagre CM, Vieira LQ. Gnotobiologia. In: Cuidados e manejo de animais de laboratório. São Paulo: Atheneu; 2009. p.295-313.
23. Passos LAC. Tecnologias empregadas no alojamento de animais de laboratório. In: Cuidados e manejo de animais de laboratório. São Paulo: Atheneu; 2009. p.113-34.
24. Smith MW. Safety and hygiene. In: Trevor PB. The UFAW handbook on the care and management of laboratory animals. 7. ed. Avon: Longman Group; 2006. p.141-70.
25. Institute of Laboratory Animal Resources (ILAR). Committee on care and use of laboratory animals. Guide for the care and use of laboratory animals. Washington: National Academy of Sciences; 1985. p.11-31.
26. Merusse JLB. Equipamento para criação e manutenção de animais utilizados em experimentação biomédica e respectivo processo de distribuição unidirecional do ar. Revista de Propriedade Industrial. 1995;1262:28.
27. Teixeira MA, Sinhorini IL, Souza NL, Merusse JLB. Microenvironmental ventilation system for laboratory animal facilities with air distribution by means of plennun chambers. Animal Technology. 1999;50(3):187-94.
28. Chaguri LCAG, Souza NL, Teixeira MA, Carissimi AS, Merusse JLB. Evaluation of reproductive indices in rats (*Rattus norvegicus*) housed under an intracage ventilation system. Contemp Top Lab Anim Sci. 2001;40:25-30.
29. Carissimi AS, Chaguri LACG, Teixeira MA, Mori CMC, Macchione M, Sant'Anna ETG, et al. Effects of two ventilation systems and bedding change frequency on cage environmental factors in rats (*Rattus norvegicus*). Animal Technology. 2000;51(3):161-70.
30. Broderson JR, Lindsey RJ, Crawford JE. The role of environmental ammonia in respiratory mycoplasmosis of rats. Am J Pathol. 1976;85(1):115-27.
31. Corning BF, Lipman NS. A comparison of rodent caging systems based on microenvironmental parameters. Lab Anim Sci. 1991;41(5):498-503.
32. Santana RO, Rodrigues LD. Seção de higiene e esterilização. In: Manual de cuidados e procedimentos com animais de laboratório do biotério da FCF-IQ/USP. São Paulo: FCF-IQ/USP (E-book); 2013. p.73-89.
33. Santos AMA (ed.). Introdução à higiene ocupacional. São Paulo: Fundacentro; 2004. p.44-59.
34. Centers for Disease Control and Prevention (CDC). Guidelines for biosafety laboratory competency. MMWRG. 2011;60(Suppl 2):1-6. Disponível em: <http://www.cdc.gov/mmwr/preview/mmwrhtml/su6002a1.htm>. Acesso em: 11 fevereiro 2016.
35. National Research Council (US) Committee for the Update of the Guide for the Care and Use of Laboratory Animals. Guide for the care and use of laboratory animals. 8. ed. Washington (DC): National Academies Press (US); 2011. p.15-24. Disponível em: <http://www.ncbi.nlm.nih.gov/books/NBK54050/>. Acesso em: 12 abril 2016.
36. Oppermann CM, Pires LC. Manual de biossegurança para serviços de saúde. Porto Alegre: PMPA/SMS/CGVS; 2003. p.9-15. Disponível em: <http://lproweb.procempa.com.br/pmpa/prefpoa/sms/usu_doc/manualbiosseguranca.pdf>. Acesso em: 11 fevereiro 2016.
37. Fraser CM, Mays A. The Merck veterinary manual: a handbook of diagnosis, therapy and disease prevention and control for the veterinarian. 7. ed. Rahway: Merck; 1991.
38. Schnurrenberger PR, Hubbert WT. An outline of the zoonoses. Ames: Iowa State University; 1981.
39. Kibby T, Powell G, Cromer J. Allergy to laboratory animals: a prospective and cross-sectional study. J Occup Med. 1989;31(10):842-6.
40. Slovak AJM, Hill RN. Does atopy have a predictive value for laboratory animal allergy? A comparison of different concepts of atopy. Br J Ind Med. 1987;44:129-32.
41. Driscoll T, Steenland K, Nelson DI, Leigh J. Occupational airborne particulates: assessing the environmental burden of disease at national and local levels. Genebra: World Health Organization; 2004. (Environmental Burden of Disease Series n. 7). Disponível em: <http://www.who.int/quantifying_ehimpacts/publications/en/ebd7.pdf>. Acesso em: 25 abril 2016.
42. Swanson MC, Campbell AR, O'Hollare MT, Reed CE. Role of ventilation, air filtration, and allergen production rates in determining concentrations of rat allergens in the air of animals quarter. Am Rev Resp Dis. 1990;141(6):1578-81.
43. Botahm PA, Davies GE, Teasdale EL. Allergy to laboratory animals: a prospective study of its incidence and of

the influence of atopy on its development. Br J Ind Med. 1987;44:627-32.

44. Lutsky I. A worldwide survey of management practices in laboratory animal allergy. Ann Allergy. 1987;58:243-7.
45. Brasil. Agência Nacional de Vigilância Sanitária (Anvisa). Resolução da Diretoria Colegiada (RDC) n. 306, de 07 de dezembro de 2004. Disponível em: <http://portal.anvisa.gov.br/wps/wcm/connect/10d6dd00474597439fb6df3fbc4c6735/RDC+N%C2%BA+306,+DE+7+DE+DEZEMBRO+DE+2004.pdf?MOD=AJPERES>. Acesso em: 25 abril 2016.
46. Brasil. Conselho Nacional do Meio Ambiente (Conama). Resolução n. 358, de 29 de abril de 2005. Disponível em: <http://www.mma.gov.br/port/conama/legislacao/CONAMA_RES_CONS_2005_358.pdf>. Acesso em: 25 abril 2016.
47. Massironi SMG. Colégio Brasileiro de Experimentação Animal - manual para técnicos em bioterismo. São Paulo: Cobea-Finep; 1996. p.149-55.
48. Massironi SMG. Cuidados e manejo de animais de laboratório. São Paulo: Atheneu; 2009. p.385-98.
49. Fontes RS, Santos RA. Seção de produção de animais *specified pathogen free* (SPF). In: Manual de cuidados e procedimentos com animais de laboratório do biotério da FCF-IQ/USP. São Paulo: FCF-IQ/USP (E-book); 2013. p.43-72.
50. Festing MFW. Introduction to laboratory animal genetics. The care and management of laboratory animals. V. 1. 7. ed. New York: Churchill Livingstone; 2006. p.61-93.
51. Hardy P. Gnotobiology and breeding techniques. In: Hedrich H, Bullock G, Petrusz P. The handbook of experimental animals: the laboratory mouse. USA: Elsevier Academic Press; 2004. p.409-33.
52. Ford DJ. Nutrition and feeding. In: Poole TB, editor. The UFAW handbook on the care and management of laboratory animals. Harlow: Longman; 1987. p.35-57.
53. Neves SP. Colégio Brasileiro de Experimentação Animal. Manual para técnicos em bioterismo. São Paulo: Cobea-Finep; 1996. p.87-107.
54. Knapka JJ. Nutrition. In: Foster HL, Small JG. The mouse in biological research. v. 3. New York: Academic Press; 1993. p.51-67.
55. Neves SMP, Ong FMP, Fontes RS. Controle nutricional. In: Manual de cuidados e procedimentos com animais de laboratório do biotério da FCF-IQ/USP. São Paulo: FCF-IQ/USP (E-book); 2013. p.155-60.
56. Brasil. Ministério da Agricultura, Pecuária e Abastecimento. Legislação específica do setor de alimentação animal. Disponível em: <http://www.agricultura.gov.br/animal/alimentacao/legislacao>. Acesso em: 02 maio 2016.
57. Brasil. Ministério da Agricultura, Pecuária e Abastecimento. Instrução Normativa n. 22, de 24 de novembro de 2005. Disponível em: <http://sistemasweb.agricultura.gov.br/sislegis/action/detalhaAto.do?method=consultarLegislacaoFederal>. Acesso em: 02 maio 2016.
58. Benavides FJ, Guénet JL. Sistemática de los roedores utilizados en el laboratorio. In: Manual de genética de roedores de laboratório: princípios básicos y aplicaciones. Alcalá de Henares: Sociedad Española para las Ciencias del Animal de Laboratorio; 2003. p.85-104.
59. Fraser CM, Mays A. The Merck veterinary manual: a handbook of diagnosis, therapy and disease prevention and control for the veterinarian. 7. ed. Rahway: Merck; 1991.
60. Neves SP, Ong FMP, Fontes RS, Santana RO, Santos RA. Anexos. In: Manual de cuidados e procedimentos com animais de laboratório do biotério da FCF-IQ/USP. São Paulo: FCF-IQ/USP (E-book); 2013. p.163-216.
61. Anon. The use of nonhuman primates in laboratories. The Lancet. 1987;286.
62. Schulhof J. Group sets precedents for monkey bite treatment. Lab Animal. 1990;19(2):11.
63. Kalter SS, Heberling RL. B-virus infection of primates in perspective. Lab Animal. 1989;31-4.
64. Baulu J, Everard COR, Everard JD. Leptospires in vervet monkeys (Cercophipthecus aethiops sabaeus) on Barbados. J Wildl Dis. 1987;23(1):63-8.
65. Dance DAB, King C, Aucken H, Knott CD, West PG, Pitt TL. An outbreak of melioidosis in imported primates in Britain. Vet Rec. 1992;130(24):525-9.
66. Brasil. Ministério da Ciência, Tecnologia e Inovação. Conselho Nacional de Controle de Experimentação Animal (Concea). Primatas não humanos para uso científico. Anexo I. 2014. Disponível em: <http://www.mct.gov.br/upd_blob/0232/232532.pdf>. Acesso em: 02 maio 2016.
67. Brasil. Ministério da Saúde. Diretrizes gerais para o trabalho em contenção com agentes biológicos. 3. ed. Brasília: Ministério da Saúde; 2010. Disponível em: <http://bvsms.saude.gov.br/bvs/publicacoes/diretrizes_gerais_contencao_agentes_biologicos_3ed.pdf>. Acesso em: 25 abril 2016.
68. Brasil. Ministério da Ciência, Tecnologia e Inovação. CTNBio: Resolução Normativa n. 2, de 27 de novembro de 2006. Disponível em: <http://ctnbio.mcti.gov.br/resolucoes-normativas/-/asset_publisher/OgW431Rs9dQ6/content/resolucao-normativa-n%C2%BA-2-de-27-de-novembro-de-2006?redirect=http%3A%2F%2Fctnbio.mcti.gov.br%2Fresolucoes-normativas%3Fp_p_id%3D101_INSTANCE_OgW431Rs9dQ6%26p_p_lifecycle%3D0%26p_p_state%3Dnormal%26p_p_mode%3Dview%26p_p_col_id%3Dcolumn-2%26p_p_col_count%3D3>. Acesso em: 25 abril 2016.

capítulo 13

Biossegurança em biotecnologia industrial

Adalberto Pessoa Júnior
Bronislaw Polakiewicz
José Abrahão Neto
Ricardo Pinheiro de Souza Oliveira

INTRODUÇÃO

Os processos biotecnológicos vêm sendo, há séculos, utilizados para produzir pão, vinho, cerveja ou alimentos contendo microrganismos vivos como no caso de produtos lácteos funcionais e embutidos. Mais recentemente, a biotecnologia passou a ser utilizada para produção de uma grande quantidade de outros produtos como vitaminas, antibióticos, enzimas, ácidos orgânicos, exopolissacarídeos, plantas híbridas, aminoácidos, anticorpos monoclonais e insulina, além de inúmeras moléculas produzidas por microrganismos recombinantes[1-3]. Os processos biotecnológicos compreendem uma série de etapas interligadas com uma ou mais operação unitária (Figura 1)[4]. As operações utilizadas nos processos biotecnológicos podem ser simples, como o preparo do meio de cultivo, ou mais complexas, como a fermentação, a centrifugação,

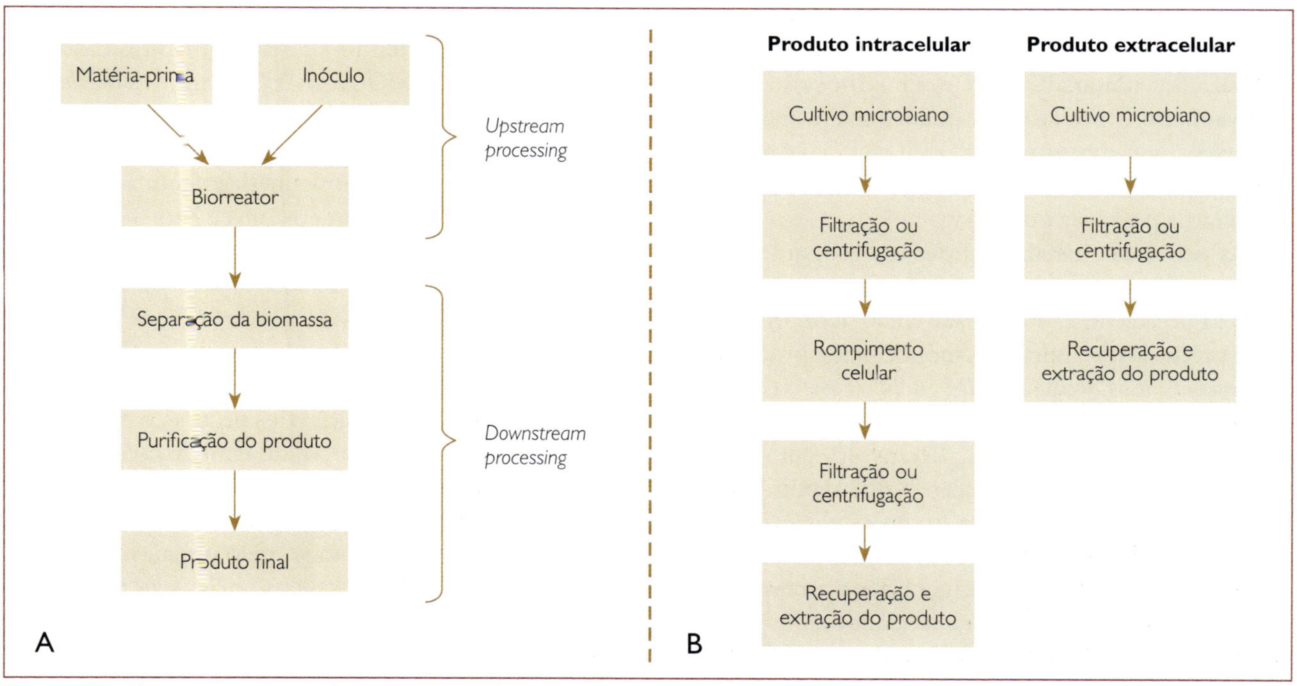

Figura 1. Esquema genérico de um processo biotecnológico (A) e fluxograma de um processo fermentativo típico (B).

a cromatografia e a liofilização. Porém, todas as etapas têm o potencial para gerar compostos que causam riscos à saúde humana. Esses compostos podem ser tanto a própria matéria-prima como os microrganismos, o produto final bruto, os subprodutos, os resíduos e o produto final purificado. Os riscos de um processo biotecnológico podem ser reduzidos ou completamente eliminados se aplicadas as recomendações necessárias[5]. Algumas delas serão abordadas neste capítulo.

Para evitar a ocorrência de acidentes na indústria biotecnológica, alguns fatores têm de ser levados em conta, como instruções de trabalho adequadas, supervisão eficiente, cumprimento de normas, controle de qualidade, *layout* e manutenção adequados, controle e tratamento de ar e resíduos, higiene pessoal, jornada de trabalho, auditorias e treinamento de pessoal[6,7].

A exposição do ambiente de trabalho a microrganismos indesejáveis tem início no laboratório de pesquisa e continua pelo desenvolvimento, pela ampliação de escala e fabricação. A biossegurança de um laboratório de pesquisa descreve os princípios de tecnologia, prática e controle que são implementados para impedir qualquer exposição a agentes patogênicos e toxinas. Além disso, possui medidas de segurança pessoal e institucional destinadas a evitar a perda, o roubo e/ou o uso indevido de organismos patogênicos e toxinas. A falha em qualquer laboratório de biossegurança pode comprometer as operações institucionais, além de provocar riscos à comunidade e ao meio ambiente[8]. O risco à exposição cresce com o aumento da escala do processo e com o número de operações que envolvem manipulação de proteínas humanas ou vetores para terapia genética humana. O principal meio de contaminação é por inalação de aerossóis ou absorção pela pele[7]. No entanto, práticas apropriadas, equipamentos e instalações adequadas podem reduzir os riscos significativamente. Deve-se notar que não há forma única e correta para atingir um nível aceitável de contaminação. Dependendo do agente e do processo, uma série de técnicas pode ser utilizada[9].

As primeiras instalações projetadas para cultivar microrganismos recombinantes em larga escala são do início da década de 1980 e, desde então, têm como objetivo a produção de anticorpos monoclonais, proteínas de *Escherichia coli*, *Bacillus subtilis*, *Saccharomyces cerevisiae*, *Pichia pastoris*, *Clostridium acetobutylicum* e de células animais[1,7,9,10]. Posteriormente, desenvolveram-se novos tipos de instalação e, em função disso, alguns padrões e conceitos de biossegurança foram estabelecidos por projetistas e pesquisadores e aceitos pelas indústrias[9-11]. Esses padrões tiveram sua origem nas normas estabelecidas pelo Instituto Nacional de Saúde[12] dos Estados Unidos e emendadas várias vezes desde a primeira publicação ocorrida em 1976[1,10]. Após algumas revisões desse manual foi definida uma categoria de equipamentos que utilizavam materiais biológicos, denominada "Boas Práticas de Ampliação de Escala (BPAE)". Essa nova categoria visava proporcionar a utilização de novos organismos sem que se colocasse em risco o meio ambiente[10].

Nos últimos 25 anos não foi revelado nenhum risco específico associado com a ampliação de escala em relação à preparação comercial de produtos biotecnológicos. No entanto, as preocupações sobre os riscos foram responsáveis pela maior segurança e regulamentação dos organismos geneticamente modificados (OGM)[13]. Para avaliar esses riscos deve-se dispor de medidas de biossegurança baseadas na implantação de tecnologias em todas as etapas de processo de qualquer tipo de indústria biotecnológica. Além de tecnologias adequadas, é preciso ter uma organizada gestão de equipe, cuja missão é impor políticas, regras e regulamentos adequados relativos ao biorrisco, evitando desta forma eventos de bioterrorismo[14].

Portanto, o aprimoramento de tecnologias, como BPAE, proporciona o uso seguro de novos organismos utilizados pelas indústrias, aumentando assim o nível de confiança das autoridades que regulam o processamento de biofármacos com auxílio de recombinantes e dos procedimentos industriais[9,10].

Este capítulo descreve alguns projetos e processos básicos da forma como eles existem em várias indústrias que operam com organismos recombinantes. Porém, deve-se ressaltar que eles são continuamente modificados.

NÍVEIS DE OPERAÇÃO

No Manual de Pesquisas Envolvendo Moléculas de DNA Recombinantes do National Institutes of Health (*NIH Guidelines for Research Involving Recombinant DNA Molecules*) são estabelecidos, no Apêndice K, Seção III-B-5 (US, 1994), quatro níveis de classificação dos cultivos de organismos geneticamente modificados em larga escala[15]. Esses quatro níveis são: 1. Boas Práticas de Ampliação de Escala (BPAE); 2. Nível de Biossegurança 1 – Escala Ampliada (NS1-EA); 3. Nível de Biossegurança 2 – Escala Ampliada (NS2-EA); e 4. Nível de Biossegurança 3 – Escala Ampliada (NS3-EA). O nível mais baixo é o BPAE e aumenta até o NS3-EA[10].

Os níveis de classificação dos processos biotecnológicos são definidos em função do grau de risco oferecido aos trabalhadores e ao meio ambiente. No entanto, é importante ressaltar que esses níveis de biossegurança baseiam-se nos riscos causados pelo organismo que está sendo utilizado no processo e não pelos seus produtos[15]. A seguir, apresentam-se os critérios adotados para cada nível de classificação citado.

BOAS PRÁTICAS DE AMPLIAÇÃO DE ESCALA (BPAE)

Em 1986, a Organização para Cooperação Econômica e Desenvolvimento (Organization for Economic Co-operation and Development – OECD) publicou o conceito de BPAE[10]. Em julho de 1991 o INS adotou esse mesmo conceito e em 1992 ampliou-o conforme nova publicação da OECD. Portanto, o INS recomenda a classificação BPAE

> [...] para trabalhos de pesquisa e produção em larga escala envolvendo microrganismos viáveis, não patogênicos e cepas recombinantes não toxicogênicas derivadas de hospedeiros que tenham uma extensa história de uso seguro em larga escala ou que tenham demonstrado ser de baixo risco.

O instituto recomenda, ainda, que o termo BPAE seja aplicado aos organismos incluídos nos Apêndices C e K-II do Manual do INS, que tenham sido construídos para ser cultivados em larga escala, porém com limitações de sobrevivência de tal forma que não causem consequências adversas ao meio ambiente. Para um organismo ser considerado BPAE, ele deve apresentar as seguintes características:

1. O organismo hospedeiro não pode ser patogênico, deve possuir um extenso histórico de segurança em uso industrial e não oferecer risco ao meio ambiente.
2. O vetor utilizado deve ser bem caracterizado, livre de sequências prejudiciais, ter seu tamanho limitado ao máximo possível para executar apenas as funções pretendidas, ser de pouca mobilidade e não apresentar qualquer resistência ou comprometer controles de drogas ou de agentes causadores de doenças em seres humanos, animais e plantas.
3. Têm de ser formulados e implementados, pela empresa ou instituição, códigos práticos que garantam o adequado controle de saúde e segurança.
4. Têm de ser providenciadas instruções escritas e treinamento de pessoal para garantir que o manuseio de organismos viáveis com DNA recombinante seja feito prudentemente e o ambiente de trabalho mantenha-se limpo e organizado.
5. Cuidar da higiene pessoal dos trabalhadores com a instalação de alguns equipamentos (pia para lavagem de mão, chuveiro, vestiário) e roupas de proteção (uniformes, jalecos).
6. Proibir, na área de trabalho, o consumo de alimentos e bebidas, fumo, uso de cosméticos e pipetagem com a boca
7. Manusear os organismos geneticamente modificados em equipamentos que garantam a segurança pessoal.
8. O descarte de material que contém organismos recombinantes tem de ser feito de acordo com os regulamentos previstos em lei.
9. A entrada de materiais ao sistema, a coleta de amostras, a transferência de culturas na forma líquida entre sistemas e o processamento de fluidos têm de ser feitos de tal forma que mantenham a exposição dos empregados aos organismos viáveis com DNA recombinante em um nível que não comprometa a saúde e a segurança.
10. Elaborar um plano de emergência que informe os equipamentos e as provisões necessários para o correto manuseio de derramamentos.

NÍVEL DE BIOSSEGURANÇA 1 – ESCALA AMPLIADA (NS1-EA)

A seguir, estão as recomendações deste nível de biossegurança.

1. Derramamentos e acidentes que resultem em exposição pública aos organismos que contêm moléculas de DNA recombinante têm de ser imediatamente relatados ao diretor do laboratório. Devem ser providenciadas avaliações médicas e tratamentos adequados, assim como manter registros por escrito dos fatos ocorridos.
2. Os cultivos de organismos viáveis com DNA recombinante têm de ser manuseados em sistemas fechados ou equipamentos de contenção primária projetados para reduzir o potencial de escape desses organismos.
3. Meios de cultura líquidos não devem ser removidos de um sistema fechado ou de equipamentos de contenção primários sem que os organismos viáveis com DNA recombinante tenham sido inativados por um procedimento validado.
4. A coleta de amostras de sistemas fechados, a adição de materiais aos sistemas fechados e a transferência de meio de cultura líquido de um sistema fechado a outro têm de ser feitas de maneira que minimizem a liberação de aerossóis ou a contaminação de superfícies expostas.
5. Os gases de exaustão, retirados de um sistema fechado ou de um equipamento de contenção primária, têm de ser tratados com auxílio de filtros eficientes ou por processo equivalente, como a incineração, para minimizar a liberação desses organismos modificados ao meio ambiente.

6. Os sistemas fechados ou outros equipamentos de contenção primária não devem ser abertos para manutenção ou limpeza, sem que sejam esterilizados por um método validado.
7. Elaborar um plano de emergência que informe os equipamentos e as provisões necessários para o correto manuseio de derramamentos em grandes volumes.

NÍVEL DE BIOSSEGURANÇA 2 – ESCALA AMPLIADA (NS2-EA)

1. Os cultivos de organismos viáveis que contêm DNA recombinante têm de ser manuseados em sistemas fechados ou equipamentos de contenção primária projetados para reduzir o potencial de escape desses organismos.
2. Meios de cultura líquidos não devem ser removidos de um sistema fechado ou de equipamentos de contenção primários sem que os organismos viáveis com DNA recombinante tenham sido inativados por um procedimento validado.
3. A coleta de amostras de sistemas fechados, a adição de materiais aos sistemas fechados e a transferência de meio de cultura líquido de um sistema fechado a outro têm de ser feitas de maneira que minimizem a liberação de aerossóis ou a contaminação de superfícies expostas.
4. Os gases de exaustão, retirados de um sistema fechado ou de um equipamento de contenção primária, têm de ser tratados com filtros eficientes ou por processo equivalente, como a incineração, para minimizar a liberação desses organismos modificados ao meio ambiente.
5. Os sistemas fechados ou outros equipamentos de contenção primária não devem ser abertos para manutenção ou limpeza, sem que sejam esterilizados por um método validado.
6. A propagação e o crescimento do organismo viável com DNA recombinante devem ser feitos em sistema fechado com selos rotativos, ou qualquer outro acessório mecânico, projetados para prevenir vazamentos ou ser totalmente fechados em ambientes ventilados com sistema de exaustão e filtração de gases.
7. O sistema fechado utilizado para propagação e crescimento de organismos viáveis com moléculas de DNA recombinante e outros equipamentos de contenção primária têm de ter sensores que monitorem a integridade do sistema durante as operações.
8. O sistema fechado utilizado para propagação e crescimento de organismos viáveis com moléculas de DNA recombinante e outros equipamentos de contenção primária têm de ter sua integridade testada antes do início de qualquer operação. As informações obtidas dos testes de integridade têm de ser registradas e arquivadas.
9. O sistema fechado utilizado para propagação e crescimento de organismos viáveis com moléculas de DNA recombinante e outros equipamentos de contenção primária devem estar permanentemente identificados. Essa identificação deve ser utilizada em todos os registros dos testes, operações e manutenções e em todos os documentos que relatam o uso dos equipamentos para pesquisa e produção.
10. O símbolo universal que indica Risco Químico ou Biológico deve ser colocado em cada sistema fechado e equipamento de contenção primária.
11. Elaborar um plano de emergência que informe os equipamentos e as provisões necessários para o correto manuseio de derramamentos em grandes volumes.

NÍVEL DE BIOSSEGURANÇA 3 – ESCALA AMPLIADA (NS3-EA)

1. Derramamentos e acidentes que resultem em exposição pública aos organismos que contêm moléculas de DNA recombinante têm de ser imediatamente relatados à Comissão de Biossegurança para tomar as devidas providências.
2. Os cultivos de organismos viáveis com DNA recombinante têm de ser manuseados em sistemas fechados ou equipamentos de contenção primária projetados para reduzir o potencial de escape desses organismos.
3. Meios de cultura líquidos não devem ser removidos de um sistema fechado ou de equipamentos de contenção primários sem que os organismos viáveis com DNA recombinante tenham sido inativados por um procedimento validado.
4. A coleta de amostras de sistemas fechados, a adição de materiais aos sistemas fechados e a transferência de meio de cultura líquido de um sistema fechado a outro têm de ser feitas de maneira que minimizem a liberação de aerossóis ou a contaminação de superfícies expostas.
5. Os gases de exaustão, retirados de um sistema fechado ou de um equipamento de contenção primária, têm de ser tratados com filtros eficientes ou por processo equivalente, como a incineração, para minimizar a liberação desses organismos modificados ao meio ambiente.
6. Os sistemas fechados ou outros equipamentos de contenção primária não devem ser abertos para manutenção ou limpeza sem que sejam esterilizados por um método validado.
7. Os sistemas fechados utilizados para cultivo de organismos viáveis que contêm DNA recombinante

têm de ser operados de tal forma que o espaço acima do nível do cultivo seja mantido sob a menor pressão possível.

8. A propagação e o crescimento do organismo viável com DNA recombinante devem ser feitos em sistema fechado com selos rotativos, ou qualquer outro acessório mecânico, projetados para prevenir vazamentos ou ser totalmente fechados em ambientes ventilados com sistema de exaustão e filtração de gases.
9. O sistema fechado utilizado para propagação e crescimento de organismos viáveis com moléculas de DNA recombinante e outros equipamentos de contenção primária têm de ter sensores que monitorem a integridade do sistema durante as operações.
10. O sistema fechado utilizado para propagação e crescimento de organismos viáveis com moléculas de DNA recombinante e outros equipamentos de contenção primária têm de ter sua integridade testada antes do início de qualquer operação. As informações obtidas dos testes de integridade têm de ser registradas e arquivadas.
11. O sistema fechado usado para propagação e crescimento de organismos viáveis com moléculas de DNA recombinante e outros equipamentos de contenção primária devem estar permanentemente identificados. Essa identificação deve ser utilizada em todos os registros dos testes, operações e manutenções e em todos os documentos que relatam o uso dos equipamentos para pesquisa e produção.
12. O símbolo universal que indica Risco Químico ou Biológico deve ser colocado em cada sistema fechado e equipamento de contenção primária.
13. Elaborar um plano de emergência que informe os equipamentos e as provisões necessários para o correto manuseio de derramamentos em grandes volumes.
14. Os sistemas fechados e outros equipamentos de contenção primária empregados no manuseio de culturas de organismos viáveis que contêm moléculas de DNA recombinante têm de estar alocados em uma área controlada que satisfaça às seguintes exigências: a) ela deve conter uma entrada separada com espaço para duas portas com ar entre elas; b) as superfícies de paredes, tetos e pisos da área controlada devem ser de fácil limpeza e descontaminação; c) todos os equipamentos e encanamentos de entrada na área controlada têm de ser protegidos contra contaminação; d) os equipamentos de lavagem de mão que sejam operados automaticamente com os pés ou cotovelos têm de ser alocados em todas as grandes áreas de trabalho e perto das saídas; e) um chuveiro deve ser instalado próximo da área controlada; f) a área de controle precisa possuir obstáculos à saída de fluidos em caso de acidentes; g) a área de controle deve ter um sistema de ventilação capaz de controlar o movimento do ar, que deverá partir das áreas de menor para as áreas de maior potencial de contaminação; h) o ar de saída da área controlada não deve ser recirculado para outras áreas nem descarregado para a área externa sem ser filtrado, submetido à oxidação térmica ou tratado para prevenir a liberação de organismos viáveis.
15. As seguintes práticas operacionais e de pessoal têm de ser exigidas: a) a entrada de pessoal para a área de controle deve ser específica para esse fim; b) as pessoas que adentram a área controlada precisam trocar as próprias roupas por outra vestimenta mais adequada, como jaleco, gorro, óculos, luvas e sapatos; c) na saída da área controlada a roupa deve ser retirada, descontaminada e encaminhada para lavagem; d) todas as pessoas que entrarem nas áreas de controle no horário de trabalho devem ser previamente informadas das práticas operacionais, procedimentos de emergência e da natureza do trabalho que está sendo conduzido; e) pessoas com idade inferior a 18 anos não devem ter autorização para entrar na área de controle; f) o símbolo universal de Risco Químico e Risco Biológico tem de estar afixado nas portas de entrada da área controlada e em todas as portas internas; g) um sinal colocado na porta de entrada deve conter as informações sobre os agentes em uso no processo e o nome do pessoal autorizado a entrar na área controlada; h) a área controlada deve estar organizada e limpa; i) é proibido comer, beber, fumar e estocar alimentos na área controlada; j) deve-se manter um programa efetivo de controle de insetos e roedores; k) as portas de acesso à área de controle têm de estar sempre fechadas; l) as pessoas têm de lavar as mãos ao deixar a área de controle; m) as pessoas que trabalham na área de controle têm de ser treinadas para agir em casos de emergência; n) a área de controle deve possuir equipamentos e materiais necessários ao gerenciamento de acidentes que envolvam organismos geneticamente modificados; o) após derramamentos ou outros acidentes, a área de controle deve ser descontaminada conforme os procedimentos previamente estabelecidos.

Cada instituição ou empresa que trabalha com organismos geneticamente modificados, tanto na área de pesquisa como de produção, deve possuir uma Comissão Interna de Biossegurança (CIBio) que revise e aprove os trabalhos a serem conduzidos com esses organismos. Ao mesmo tempo essa comissão deve seguir as normas estabelecidas pela Comissão Técnica Nacional de Biossegurança (CTNBio), que regulamenta o nível mais adequado a cada espécie recombinante[10].

De modo geral, os processos industriais empregam organismos recombinantes de baixos níveis de risco e/ou que possuem um histórico de uso industrial classificado como BPAE. Por exemplo, as bactérias *E. coli*, derivadas da cepa K-12, são muito bem caracterizadas, completamente atenuadas, não patogênicas e aprovadas pelo Food and Drug Administration (FDA)[7,10]. Elas são usadas para produzir insulina e hormônio de crescimento humano. Algumas cepas de leveduras são utilizadas para produzir insulina humana e vacinas contra a hepatite; e células do ovário de hamster chinês são empregadas na obtenção de ativador de plasminogênio e eritropoetina[10]. As plantas industriais que visam à obtenção desses produtos podem ser projetadas para operar de acordo com a classificação BPAE, ou no máximo, NS1-EA. No entanto, a tendência na indústria farmacêutica tem sido excessivamente conservadora quando há envolvimento de situações de risco. Isso faz com que muitas empresas implantem projetos indicados para processos com níveis de classificação superiores aos que de fato serão utilizados, pois os custos adicionais são relativamente baixos[10].

Apesar de o superdimensionamento do processo poder gerar dúvidas sobre o verdadeiro grau do risco causado pelo organismo empregado na indústria, ele apresenta a vantagem de oferecer maior flexibilidade ao processo nos casos em que seja necessário fazer rearranjos do *layout*, implantar processos que utilizam novos organismos modificados geneticamente ou adaptar as normas de biossegurança[10].

A primeira etapa do processo para determinar as melhores condições para alocar um projeto e/ou processo é definir seu nível de contenção física. Esses níveis foram estabelecidos pelo Instituto Nacional de Saúde dos Estados Unidos e descritos no *Guidelines for Research Involving Recombinant DNA Molecules*[12]. Quatro níveis de contenção foram propostos para aplicação em trabalhos de pesquisa e processos biotecnológicos em larga escala, como: primária, secundária, terciária e contenção biológica. O termo "larga escala" será aplicado neste capítulo para os cultivos que utilizam volumes superiores a 10 L[7,10,15] ou para concentrados celulares com mais de 1 kg.[5]

CONTENÇÃO PRIMÁRIA

Contenção primária consiste na provisão de barreiras físicas imediatas à liberação de compostos de risco e deve ser prevista no projeto de implantação do processo biotecnológico. Um exemplo simples de contenção primária é o uso de tampas rosqueáveis nos frascos e nas garrafas. Em um caso mais complexo, como o de um biorreator, a contenção primária é representada pela instalação de selos de vedação em todas as conexões e filtros nos gases de saída. Portanto, a principal função da contenção primária é prevenir a liberação do conteúdo dos equipamentos e utensílios do processo[5].

CONTENÇÃO SECUNDÁRIA

A contenção secundária é instalada para auxiliar no caso de falhas na contenção primária. Ela proporciona algum tipo de retenção física e muitas vezes é considerada uma otimização da contenção primária. Em função disso, para alguns autores a contenção primária e secundária são idênticas. Neste capítulo, essa distinção está sendo considerada, pois é importante diferenciar o tipo de contenção inerente aos equipamentos e utensílios dos adicionados para auxiliar suas falhas[5].

CONTENÇÃO TERCIÁRIA

Este tipo de contenção descreve o uso de instalações que visam prevenir a contaminação do ambiente externo ao laboratório ou à área de produção. Como exemplo temos a instalação de filtros de ar com fluxos direcionados, tratamento de efluentes e outros procedimentos operacionais[5].

CONTENÇÃO BIOLÓGICA

Neste caso, os organismos são modificados geneticamente para que sobrevivam, desenvolvam-se e transmitam suas informações genéticas, apenas em meios de crescimento bem específicos. Essas características proporcionam importante coadjuvante aos sistemas físicos de contenção, pois reduzem os riscos inerentes à liberação do organismo para o meio externo[5].

Serão apresentadas a seguir algumas recomendações para uso em processos biosseguros classificados como nível NS2-EA[10].

PROJETO ARQUITETÔNICO

A distribuição dos equipamentos em uma planta de produção é feita em função das operações de produção do bioproduto e pode ser dividida em: acabamento, higienização, vestuário, segurança, sinalização e ventilação[10].

Acabamento

Em geral, todas as superfícies de trabalho têm de ser de fácil limpeza. As bancadas e as superfícies dos equipamentos têm de ser impermeáveis à água e resistentes aos produtos químicos utilizados no processo de produção. Essas exigências levam ao amplo uso do aço inoxidável e do epóxi em processos biotecnológicos industriais. Quando a descontaminação ou a sanitização é feita com hipoclorito, recomenda-se o uso do epóxi em substituição ao aço inoxidável, pois esse material pode ser atacado quando exposto a esse reagente[10].

A localização dos equipamentos e do mobiliário deve permitir sua limpeza adequada. Sugere-se que os equipamentos sejam dispostos acima do piso ou sobre plataformas móveis. De preferência eles não devem ficar encostados nas paredes nem em lugares muito altos. Além disso, todos os orifícios ou locais susceptíveis ao acúmulo de contaminantes precisam ser eliminados. Quando isso não for possível, deve-se vedar e cobrir o piso ao redor dos equipamentos como prevenção contra vazamentos e transbordamentos[10].

O piso deve ser impermeável e com uma textura que possibilite sua completa limpeza e o tráfego de pessoas quando estiver molhado. As junções entre as paredes e os pisos têm de ser vedadas. Recomenda-se solicitar amostras dos pisos e dos materiais que revestirão as paredes, para serem feitos testes prévios de resistência, textura e impermeabilidade[10].

As paredes e o teto devem ter seu acabamento feito com material não poroso e resistente à umidade. Quando os equipamentos precisarem ser deslocados e, consequentemente, danificar as paredes, recomenda-se revesti-las com material resistente a impactos, como o PVC ou chapas de aço inoxidável. O teto deve ser construído, de preferência, de material facilmente removível em vez de alvenaria. Em alguns casos, isso facilitará o acesso para execução de serviços de manutenção hidráulica ou elétrica[10].

Higienização

Os utensílios utilizados para a higiene pessoal têm de ser de fácil acesso e adequados ao risco de exposição ao organismo geneticamente modificado. Os trabalhadores têm de lavar as mãos com um desinfetante eficiente antes de sair da área de trabalho biossegura. Sugere-se instalar uma simples pia de aço inoxidável para a lavagem das mãos. Para secagem, recomenda-se a instalação de um secador com ar quente em vez de toalhas de papel[10].

Vestuário

É aconselhável o uso de uniformes pelo pessoal operacional da indústria biotecnológica. Para as áreas de trabalho classificadas como NS2-EA é suficiente o uso de um jaleco sobre a roupa de uso pessoal. Porém, esses jalecos têm de permanecer restritos à área de uso e não devem ser utilizados em áreas de alimentação ou escritórios. É preciso, também, usar óculos de proteção, protetores para sapatos e cabelos. Para facilitar a troca desses equipamentos de proteção individual deve-se ter um vestiário próximo à entrada da fábrica[10].

Segurança

O acesso à linha de processamento de bioprodutos deve ser restrito a empregados do setor. Todos os locais têm de ser bem sinalizados e as entradas precisam ser controladas com códigos ou cartões. Recomenda-se a instalação de paredes de vidro para facilitar a visualização da linha de produção por visitantes. Isso evitará a entrada de pessoas estranhas ao trabalho e proporcionará proteção contra contaminação às pessoas e aos produtos. Aconselha-se, ainda, minimizar as atividades de manutenção industrial na linha de produção. Para isso, deve-se instalar o máximo possível de acessórios e equipamentos em áreas adjacentes e isoladas do processo produtivo. Isso diminuirá a exposição do pessoal de manutenção e preservará o ambiente com baixo nível de contaminação[10].

Sinalização

Placas com aviso de Risco Biológico têm de ser colocadas na parte externa da área de produção. Além do símbolo universal de Risco Biológico, as placas precisam informar o nível de classificação biossegura, a lista de agentes em uso, o pessoal responsável, a vestimenta exigida e um contato em caso de emergência disponível. Recomenda-se indicar o setor de segurança da empresa para contatos de emergência. Nesse caso, o setor de segurança funciona como um centro de comunicação, notificação e indicação de pessoal treinado para situações de emergências[10].

Ventilação

No ambiente onde se trabalha diretamente com o organismo geneticamente modificado, denominado de primário, deve-se manter o sistema fechado ou utilizar câmaras biosseguras como exigido pelas operações em áreas classificadas como NS2-EA. O sistema de ventilação e o controle ambiental têm de funcionar apenas no ambiente denominado de secundário, ou seja, do lado externo ao primário[10].

As Boas Práticas de Fabricação recomendam o uso de fluxo de ar em cascata, ou seja, da área de produção para fora. Mas, dependendo do grau de risco, é preciso considerar um projeto de uma área biossegura que opere com pressões negativas em relação às áreas vizinhas. Isso reduz a disseminação de organismos em caso de falhas no ambiente primário. Sugere-se instalar uma área de controle do ar de entrada no ambiente biosseguro. Essa área pode incluir o local de acesso de pessoal e de movimentação de equipamentos[10].

As normas de biossegurança para áreas classificadas como NS2-EA não exigem a instalação de filtros para suprir ou fazer a exaustão do ar. Porém, elas podem ser usadas para oferecer maior segurança na qualidade do ar de entrada da área de trabalho[10].

EQUIPAMENTOS

Neste capítulo, as etapas de um processo biotecnológico serão divididas em cultivo microbiano e processos de recuperação e purificação de bioprodutos. Encontra-se, também, na literatura o termo em inglês *upstream processing* que engloba o cultivo microbiano e as etapas anteriores, como preparo de meio de cultivo e inóculo. Por outro lado, os processos de recuperação e purificação de bioprodutos, como centrifugação, rompimento celular, extração líquido-líquido, filtração, cromatografia e acabamento final, podem ser citados, de forma mais ampla, como *downstream processing* (Figura 1).

Segundo Hambleton et al.[5], a maioria dos problemas de saúde já citados na literatura está associada às etapas de recuperação e purificação de bioprodutos. Isso ocorre porque essas etapas utilizam equipamentos que operam em alta rotação (centrífugas) ou alta pressão (homogeneizadores para rompimento celular, microfiltração e ultrafiltração).

Os principais perigos relacionados aos processos biotecnológicos referem-se à formação, acidental ou não, de aerossóis durante as etapas do bioprocesso. A seguir estão descritas algumas dessas etapas e as recomendações básicas para a condução de um processo biosseguro[5].

Cultivo microbiano

O principal risco oferecido durante o processo fermentativo é o grande volume de fluido com elevadas concentrações de microrganismos potencialmente alergênicos. No entanto, os biorreatores são equipamentos capazes de operar a alta pressão, apesar de em geral trabalharem a baixas pressões, pois as únicas fontes de entrada de energia são as dos agitadores e aeradores (Figuras 2 e 3). Um biorreator bem projetado deve conter um sistema de filtração do gás de saída para evitar que os aerossóis sejam liberados para o meio ambiente. Na prática, o único ponto com risco potencial em um biorreator é a válvula para retirada de amostras. Nesses casos há, no mercado, válvulas que previnem a liberação de aerossóis para o ambiente[5].

O preparo, a mistura e a dissolução dos componentes do meio de cultivo podem gerar pós alergênicos. Recomenda-se que essa etapa do processo seja realizada em ambiente que contenha um eficiente sistema de exaustão de gases[5].

O primeiro sistema de cultivo microbiano projetado para cultivar bactérias patogênicas foi construído no início da década de 1970 e seus princípios básicos de segurança são aplicados até hoje. Os cultivos foram conduzidos em regime descontínuo com volume de meio igual a 20 L e em regime contínuo com volume

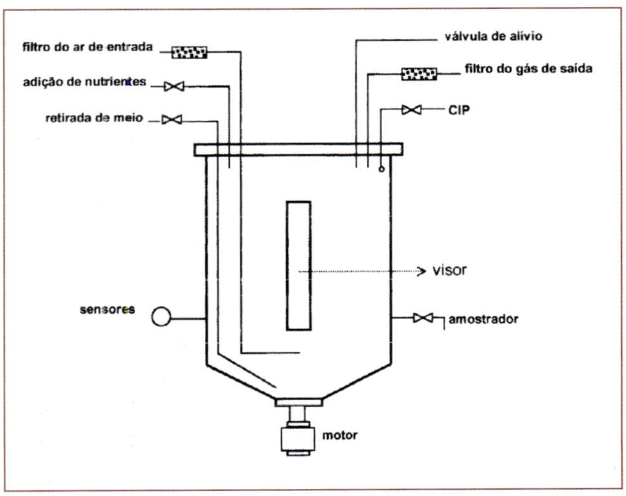

Figura 2. Biorreator com agitação mecânica.

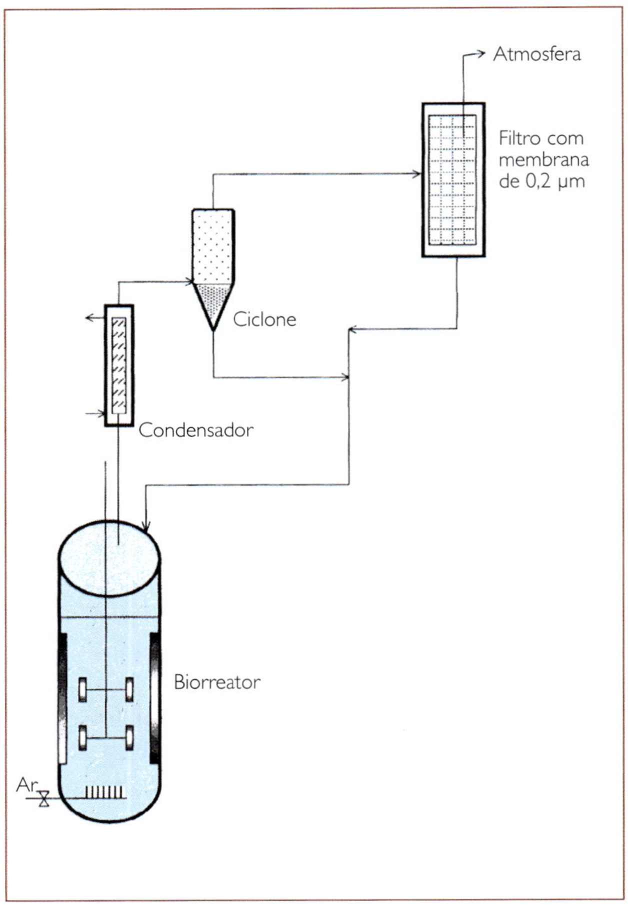

Figura 3. Sistema de tratamento dos gases de saída de um biorreator.

de 2,5 L e não ofereciam risco de escape de aerossóis. O biorreator foi construído em vidro reforçado com resina de poliéster e possuía painéis indicadores de dados, possibilitando o controle do processo. Atualmente, em geral, os biorreatores são esterilizados *in situ*, utilizam vapor e água para controle de temperatura e possuem um sofisticado sistema de controle e monitoramento do processo[5]

As principais características de um sistema de cultivo biosseguro em larga escala incluem o uso de barreiras com vapor nas junções com anéis de vedação, selos mecânicos nos eixos dos agitadores, múltiplos anéis de vedação, encanamento para as linhas de vapor condensado, sistema de alívio de pressão direcionado para um tanque de inativação, duplo sistema de filtração em série dos gases de entrada e de saída e eliminação de junções desnecessárias. Porém, o melhor procedimento para diminuir os riscos de contaminação é a inativação dos microrganismos após o processo fermentativo. Ainda assim, em alguns casos continua havendo a presença de compostos alergênicos no meio. Obviamente, essa inativação só poderá ser feita se não desnaturar o produto-alvo[5].

Sistemas fechados

Os processos fermentativos, originalmente projetados como sistemas fechados para minimizar e prevenir contaminações externas, são eficientes na contenção de organismos recombinantes, pois evitam seu escape para o meio externo. Um biorreator típico contém um sistema de filtração esterilizante do ar de entrada e um formato que possibilita a drenagem completa de seu conteúdo ao final do processo. Não se devem usar acessórios rosqueáveis dentro do biorreator, pois eles precisam ser soldados. Saídas que não são utilizadas têm de ser neutralizadas de tal forma que não se tornem um ponto morto de armazenamento de resíduos[10].

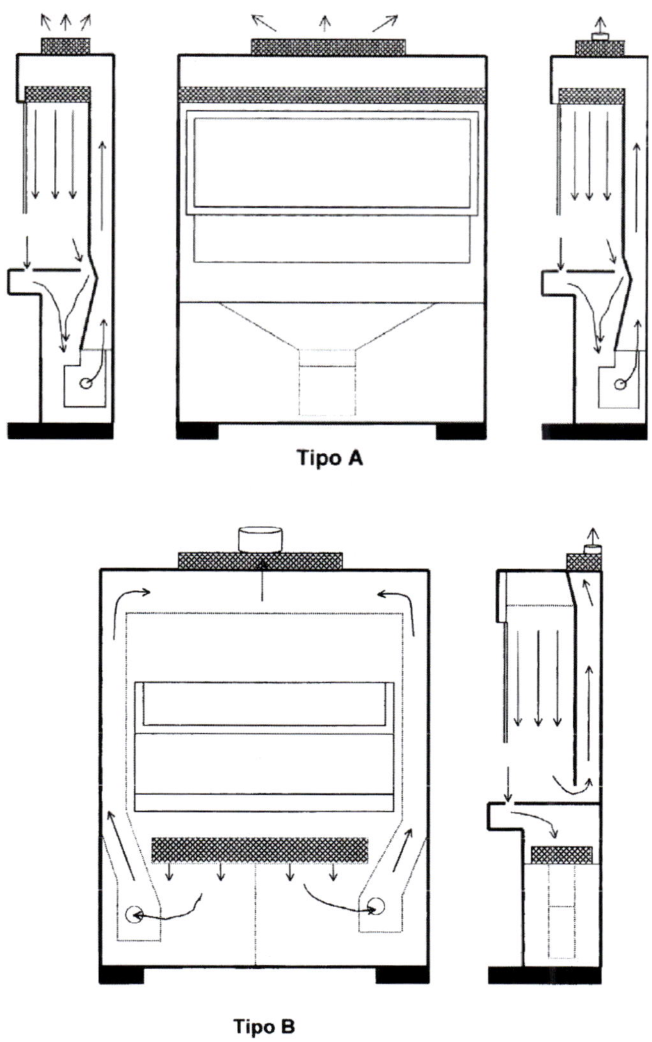

Figura 4. Cabine de Segurança Biológica (CSB) do tipo II.

Cabines de Segurança Biológica (CSB)

As Cabines de Segurança Biológica (CSB) pertencentes à classe II são usadas para operações em pequena escala e contêm um eficiente sistema de filtração denominado *high efficiency particulate air* (HEPA). Essas câmaras protegem o operador assim como o material que está sendo manipulado (Figura 4). O ar gerado na CSB, se for de boa qualidade, pode ser recirculado. No entanto, se for tóxico, deve ser enviado para tratamento externo[10].

Centrifugação

A separação da biomassa de um meio de cultivo não é uma operação simples, pois as células são pequenas, capazes de formar coloides estáveis, coesivas, e possuem massas específicas muito próximas do meio que as circundam. A separação de fragmentos celulares é um problema mais difícil de ser resolvido, pois é de tamanho menor que as células e o meio em que está presente é mais viscoso, sobretudo pela presença de ácidos nucleicos. Portanto, a escolha do método de separação mais adequado é limitada[5].

Centrifugação é uma operação unitária utilizada na separação de materiais de diferentes densidades por meio de aplicação de uma força maior que a da gravidade (força centrífuga). Esta operação emprega energia sobre uma elevada concentração de microrganismos a fim de separá-los de uma solução (meio fermentado). As centrífugas de laboratório, quando possuem rotores e tambores selados, não geram aerossóis. Mas as centrífugas que operam continuamente em processos biotecnológicos de larga escala podem ser fontes de riscos, sobretudo, se a remoção do material concentrado for feita manualmente. Mesmo as centrífugas que possuem um sistema interno para remoção do material concentrado e limpeza feita em sistema fechado (CIP – *cleaning in place*) podem gerar aerossóis se o equipamento não for devidamente selado e sempre revisado[5].

As centrífugas de cestos são relativamente baratas e já foram bastante utilizadas pela indústria biotecnológica. Elas são úteis para processos descontínuos de pequenos volumes, mas exigem muito trabalho porque os sólidos centrifugados têm de ser removidos manualmente. Essas centrífugas podem ser empregadas para separar partículas grandes como células floculadas[12]. No mercado pode-se encontrar, atualmente, uma grande variedade de centrífugas, como aquelas projetadas para separação asséptica de células animais e as centrífugas de discos com bicos de ejeção que operam continuamente[5].

Rompimento celular

O rompimento de células tem por objetivo extrair produtos intracelulares, principalmente proteínas, ou remover componentes da parede celular ou da membrana. Para isso, existem os rompimentos físicos (choque térmico, osmótico e ultrassom), mecânicos (moinho de bolas e homogeneizador a alta pressão), químicos (ácidos, álcalis, detergentes e enzimas) e biológicos (vírus). A adequabilidade e o desempenho de cada método dependem da escala de produção, da biomolécula a ser isolada, do tipo de célula a ser rompida e da técnica de rompimento disponível.

Os métodos mecânicos e físicos de rompimento celular são os mais amplamente estudados, pois não incorporam novos compostos ao meio com o bioproduto. Porém, os métodos não físicos, em geral, são de simples operação uma vez que podem ser conduzidos num tanque agitado[5].

O modo de ação de vários tipos de rompedores de células exige a aplicação de elevadas pressões, podendo chegar a 2.700 bar. Se o fluido submetido a essa pressão entrar em contato com selos mal regulados, fatalmente haverá liberação para o meio externo de aerossóis com partículas bastante reduzidas. Possivelmente esses aerossóis não contêm células viáveis, mas podem conter materiais alergênicos ou endotoxinas[5].

Filtração

A filtração é uma operação unitária utilizada para separar sólido de líquidos através de um meio permeável (por exemplo, membrana filtrante) capaz de reter partículas sólidas. É um dos processos mais comumente utilizados em todas as escalas de processamento, para obtenção de produto de interesse biotecnológico, para separar partículas em suspensão presentes em um líquido. Para isso é utilizado um meio poroso que retém as partículas, mas permite a passagem do líquido. Existe, potencialmente, uma grande variedade de equipamentos de filtração disponíveis no mercado para a separação inicial de células. No entanto, a escolha do tipo de filtro a ser empregado em um processo biotecnológico é restrita em função das características dos meios fermentados. A maioria das operações de filtração usadas em processos biotecnológicos de larga escala não apresenta risco potencial de liberação de aerossóis, pois são operações que gastam pouca energia. O único problema na liberação de aerossóis é quando se usa filtro rotativo a vácuo para processos contínuos ou filtro-prensa na separação inicial de sólidos (por exemplo, separação de biomassa) por processos descontínuos. Geralmente, os filtros-prensa são lentos e encontrados em processos biotecnológicos antigos, como na indústria de bebidas fermentadas e destiladas. Os filtros rotativos a vácuo podem ser utilizados para processos contínuos de larga escala e encontrados na indústria alimentar, farmacêutica e de bioetanol. Comparando-se, apenas, esses dois tipos de filtro, pode-se dizer que é mais fácil operar assepticamente um filtro rotativo a vácuo com um sistema de exaustão individual do que um filtro-prensa que oferece um grande risco quando se faz a remoção do material biológico concentrado na forma de uma espessa camada[5].

Os filtros que utilizam membranas podem, também, ser utilizados para a separação de células (microfiltração). Porém, podem ser empregados em outras etapas do processo de recuperação e purificação de produtos, como ultrafiltração, nanofiltração e osmose reversa. Ultimamente, a filtração tangencial tem chamado a atenção dos profissionais que trabalham com processos biosseguros, pois liberam menos aerossóis e oferecem menos riscos físicos que a centrifugação. Esse tipo de filtração é de fácil ampliação de escala, mas possui a desvantagem de ter um elevado custo de instalação e de operação de troca de membranas. Tradicionalmente, as membranas utilizadas em processos biotecnológicos são compostas de polissulfonas e acetato de celulose. Também podem ser encontradas no mercado membranas inorgânicas feitas de cerâmica ou metal. Esse tipo de material, por ser resistente a temperaturas e pressões elevadas, tem despertado o interesse da indústria biossegura[5,16].

Além das membranas, encontra-se no mercado uma grande variedade de tipos de filtro, como os do tipo "quadros e placas", tubulares e fibras ocas. Porém, as características desses filtros não serão abordadas aqui.

Produto final

O manuseio do produto final pode ser a etapa mais perigosa do bioprocesso, pois ele está em sua forma mais concentrada e ativa. O produto acabado de origem biotecnológica encontra-se, normalmente, na forma de pó e está pronto para se converter em aerossol. O manuseio e o processamento desses pós têm de ser feitos em um local com um sistema de exaustão muito bem projetado. Caso seja necessário, recomenda-se a utilização temporária de equipamentos de proteção individual até que um ambiente apropriado seja construído. Quando possível, é preferível que a fabricação e a comercialização sejam na forma líquida ou, no máximo, granulada (grânulos com no mínimo 20 mm de diâmetro). Essa prática reduzirá a formação de aerossóis e sua posterior inalação[5].

Os equipamentos de processamento do produto final, que exigem mais atenção na garantia de um ambiente biosseguro, são os *spray driers* e os liofilizadores, pois são os mais eficientes geradores de aerossóis[5].

Gases

Os gases gerados pelo sistema de exaustão têm de ser tratados para evitar a liberação de organismos viáveis ao meio ambiente. Os tratamentos sugeridos são a filtração ou incineração, sendo o primeiro deles mais utilizado industrialmente[10].

No caso da filtração, recomenda-se o uso de membranas filtrantes hidrofóbicas com poros de diâmetro igual a 0,2 μm (Figura 3). Esse sistema deve conter, ainda, um mecanismo de checagem constante da integridade da membrana[10].

A maior dificuldade operacional com o sistema de filtração é seu entupimento causado por excesso de umidade ou espuma. Para combater esse problema, é preciso instalar um condensador e um ciclone antes do filtro, como apresentado na Figura 3. Esses dois equipamentos e todo o encanamento devem ser esterilizáveis para evitar contaminação do conteúdo do biorreator[10].

Para processos que geram pouco gás, como o cultivo de células, o filtro pode ser instalado próximo à saída do biorreator, pois isso simplificará a esterilização do processo[10].

Transferências

As transferências incluem a adição ou a remoção de material em um sistema fechado. Nessa definição inclui-se, também, a amostragem. Para evitar a exposição de material durante as transferências, recomenda-se utilizar tubulações que saem do biorreator e vão diretamente para uma garrafa receptora[5,10]. Após as transferências ou coletas de amostras, as conexões têm de ser novamente esterilizadas para evitar contaminação do biorreator[10].

Selos rotativos

Para prevenir a exposição a microrganismos viáveis, sugere-se o uso de selos rotativos que têm a função de evitar vazamentos. Na prática, instalam-se dois selos mecânicos separados entre si por um tubo cheio de fluido, que pode ser vapor puro ou condensado. O fluido é, então, encaminhado diretamente para o sistema de tratamento de resíduo biológico. Caso o selo se rompa, o contaminante é automaticamente destruído e eliminado do sistema. Pode-se também instalar uma torneira logo abaixo do selo mecânico para indicar possíveis falhas[10].

Monitoramento da integridade do sistema

Os sistemas fechados têm de possuir um sensor capaz de monitorar a integridade dos processos biosseguros. As câmaras biológicas de segurança possuem, em geral, um alarme para a indicação de falhas no sistema de exaustão. Devem, também, conter um manômetro com registrador para mostrar a queda de pressão no sistema de filtração HEPA. Esse tipo de controle de fluxo de ar pode funcionar por vários anos, desde que seja controlado o entupimento das membranas[10].

Os biorreatores passam por testes de resistência a altas temperaturas antes de ser operados. Esses testes são importantes para evitar problemas durante a etapa de esterilização[10].

Identificação do sistema

As Boas Práticas de Fabricação recomendam que todos os equipamentos de um processo industrial sejam identificados. Além disso, têm de ser feitos todos os registros de uso e manutenção. No caso de plantas biosseguras esse cuidado é fundamental[10].

As etiquetas de identificação dos equipamentos têm de ser facilmente visíveis, permanentes e informar as condições de trabalho. Etiquetas plásticas têm de ser evitadas, pois não resistem a superfícies quentes. Cada equipamento deve possuir um livro de registro próprio ou uma base de dados armazenada em computador que deve documentar os usos, os testes, as manutenções e as alterações do sistema[10].

Validação

As Boas Práticas de Fabricação recomendam a validação dos sistemas envolvidos na obtenção de produtos para uso em humanos. A validação de utensílios, de equipamentos e de processos é complexa e não será abordada neste capítulo. No entanto, deve-se planejar um programa de validação durante a fase do projeto de uma planta biossegura[10].

TRATAMENTO DE RESÍDUOS

Os despejos que contêm organismos recombinantes, pertencentes à classe NS2-EA, têm de ser inativados por um procedimento previamente validado, antes de liberá-los do sistema fechado. As duas técnicas mais frequentemente usadas para a inativação dos efeitos biológicos são inativação térmica e química[10]. Este item aborda, também, o método de inativação por processo descontínuo e contínuo, além de alguns detalhes de projetos que são necessários para a operação adequada do sistema de tratamento de resíduos biológicos[10].

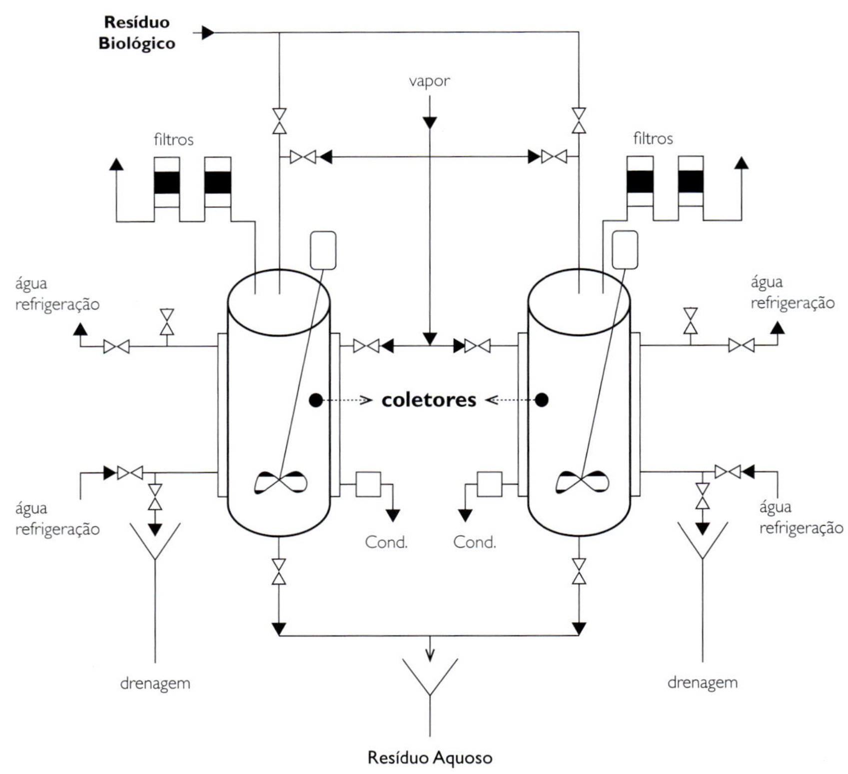

Figura 5. Sistema descontínuo de inativação biológica.

Inativação térmica

A inativação térmica é a mais frequentemente utilizada pelas plantas biosseguras que operam em larga escala. Nessa técnica, o resíduo biológico é aquecido e mantido a uma temperatura suficiente para garantir a inativação do organismo recombinante (Figura 5). Há na literatura um grande volume de informações a respeito de inativação térmica de organismos, pois esse procedimento é amplamente aplicado na indústria farmacêutica e alimentar. Na prática, os ciclos de inativação térmica podem ser projetados como uma operação de esterilização[10].

Inativação química

Este tipo de inativação pode ser feito com auxílio de compostos muito eficientes como o hipoclorito. No entanto, é de uso restrito a operações com pequenos volumes de resíduos bioativos. A principal desvantagem deste processo é a adição de novos compostos químicos ao resíduo industrial, pois podem ser corrosivos e gerar outros tipos de problema[10].

Sistemas descontínuos

O projeto de tratamento de resíduos biológicos em sistema descontínuo pode ser feito no próprio biorreator utilizado para obtenção do produto principal, desde que ele não seja degradado nem cause impacto negativo sobre as operações de recuperação[10].

Os processos descontínuos são mais flexíveis que os contínuos, sendo indicados para aplicação em plantas-piloto ou em equipamentos multipropósitos. Mas os processos descontínuos para tratamento de resíduos exigem maior investimento de capital e mais espaço. O esquema apresentado na Figura 5 mostra um sistema descontínuo típico de inativação térmica. Nele, o resíduo biológico é drenado, por gravidade, do equipamento localizado no piso superior para um dos dois vasos coletores. Um coletor serve para receber o resíduo até que, ao atingir um nível predeterminado, a válvula se fecha e o resíduo passa a ser enviado automaticamente para o segundo coletor. A inativação térmica do coletor cheio de resíduo inicia-se após acionamento do misturador e a injeção de vapor até que se atinja a temperatura recomendada (p. ex., 121°C por 30 minutos). Após o ciclo de inativação, o conteúdo do coletor é resfriado, com água industrial, até a temperatura de 60°C e encaminhado para o processo de tratamento de resíduo aquoso. Após ser totalmente drenado, o coletor passa a aguardar uma nova batelada de resíduo para inativação[10].

Sistema contínuo

A inativação biológica por processo contínuo é mais típica nas plantas de produção com características do resíduo uniformes e previsíveis. Nesse caso o biorresíduo pode ser aquecido usando um trocador de calor com tempo de residência suficiente para garantir a esterilização *in-line* (Figura 6). Os processos contínuos tendem a

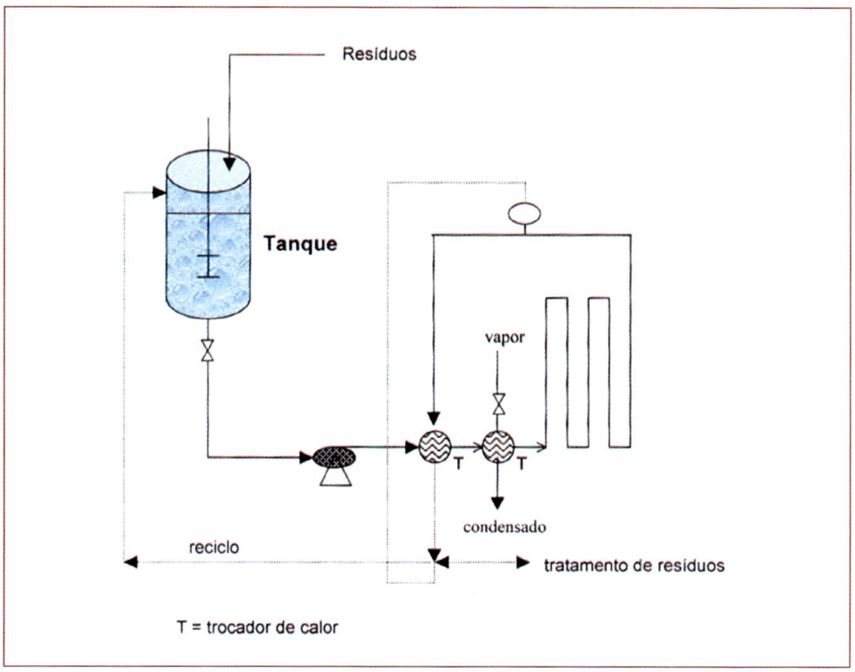

Figura 6. Sistema contínuo de inativação térmica de resíduos biológicos.

ser menos flexíveis que os descontínuos, mas requerem menor investimento de capital e menos espaço[10].

Outros detalhes de projeto de inativação biológica

Nos projetos dos sistemas de inativação biológica, algumas particularidades têm de ser consideradas, de acordo com Miller & Bergmann[10], como:

1. Capacidade adequada: não desprezar qualquer tipo de resíduo e utilizar um fator de segurança ao projeto apropriado para que a planta de produção não fique limitada.
2. Materiais apropriados: dar preferência ao aço inoxidável 316L para sistemas soldados. Outros materiais menos comuns podem ser necessários, principalmente se o processo for de inativação química.
3. A instrumentação deve ser suficiente para controlar e documentar a inativação biológica.
4. Pontos de perdas: eliminar pontos mortos nos equipamentos e no processo.
5. Controle de odor: se a indústria for localizada perto de zona residencial, deve-se providenciar um sistema de limpeza ou de absorção dos gases de exaustão.
6. Riscos químicos: deve-se providenciar um sistema de neutralização ou outro tipo de tratamento dos resíduos químicos gerados.

Autoclave

Para a descontaminação de resíduos sólidos ou de pequenos equipamentos, é necessária uma autoclave. Esse equipamento não deve ser utilizado para outras finalidades da indústria. É preciso atentar para os fluxos de materiais da produção e dos resíduos para evitar contaminação cruzada. Para isso, recomenda-se o uso de autoclaves com portas duplas[1]. As autoclaves têm de ser convenientemente alocadas para minimizar a distância entre o processamento e os pontos de descontaminação[10].

DERRAMAMENTOS

Os processos biológicos requerem o desenvolvimento de um plano de ação contra derramamentos de produto. Esse plano deve conter procedimentos de evacuação, retenção do material derramado, descontaminação e limpeza[10].

Sugere-se alocar um *kit* de ação em uma área segura adjacente às operações com produtos biológicos. Tipicamente, esse *kit* contém equipamentos de proteção individual como botas, jalecos, luvas e máscaras, além de equipamentos para recuperação dos materiais derramados, como rodos, esponjas, panos de chão e baldes. Deve-se ter, também, algum material para descontaminação química emergencial. Um grupo de trabalhadores do local precisa ser treinado para utilizar corretamente os componentes do *kit* de ação, em casos de emergência. Se possível, deve-se instalar uma barreira para retenção de derramamentos ao redor dos grandes equipamentos. Essa barreira deve ser capaz de reter o maior volume possível de processamento do equipamento e ainda possibilitar a adição de produtos químicos para a inativação biológica. A experiência prática indica que o volume da barreira deve ser de 1,5 a 2,0 vezes a capacidade máxima de processamento do equipamento[10].

A drenagem do material derramado deve ser fechada e conectada com o sistema de tratamento de resíduos. Esse cuidado possibilita o envio adequado do material para inativação. Para isso é necessário instalar um sifão com altura para evitar o retorno de aerossóis formados nas áreas de tratamento de resíduos. A instalação de uma válvula de checagem na linha de drenagem assegurará que não haja retorno de resíduo biológico para a área de produção[1].

INTEGRAÇÃO: PROCEDIMENTO *VERSUS* TREINAMENTO

Os processos biotecnológicos montados para serem seguros só atingem seu objetivo se forem operados de forma segura. Além de preparar um processo validado, deve-se criar um eficiente programa de treinamento de pessoal de tal forma que os procedimentos de segurança sejam executados corretamente. Caso contrário, o sistema estará em constante risco. Os processos biosseguros dependem de três ações básicas: projeto, procedimento e treinamento (Figura 7). Se uma dessas ações for mal

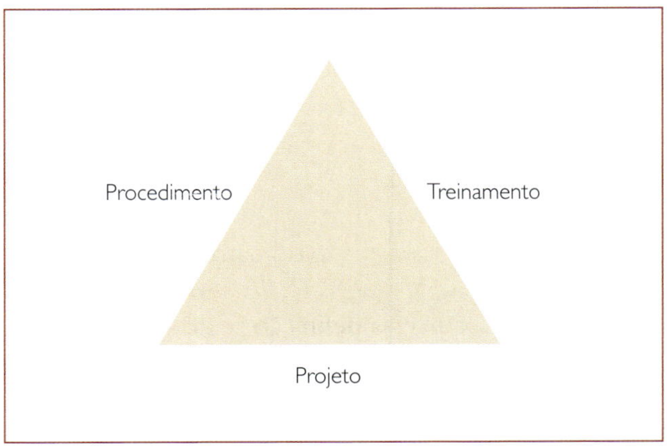

Figura 7. Triângulo do sistema de integração de plantas industriais.

aplicada, todo o programa de biossegurança entra em colapso[10].

BIOSSEGURANÇA NA PRODUÇÃO DE SOROS E VACINAS

A produção de soros e vacinas constitui uma atividade de grande importância econômica tanto no setor privado como no estatal em alguns países. É uma atividade com perfil diretamente ligado à saúde pública cujas funções são orientadas para o segmento humano e para o veterinário.

No setor veterinário, a prevenção de doenças típicas de animais domésticos e das zoonoses tem importância redobrada, pois elas podem atingir os seres humanos (por exemplo, raiva, leptospirose e tifo). Todas constituem atividades de riscos biológicos tanto individuais como comunitários e, portanto, o projeto de implantação e funcionamento de unidades de produção de imunobiológicos é uma tarefa complexa que envolve muitas especialidades profissionais.

Como são unidades que trabalham com grandes quantidades de material biológico e diferentes graus de risco de segurança, classificados em uma escala de segurança padronizada de 1 a 4, essas indústrias oferecem grande potencial de risco comunitário e por isso as normas de prevenção de acidentes têm de ser eficientes, tanto nas fases de pré-produção, passando pela fabricação, acondicionamento, armazenamento, limpeza de equipamentos e área de trabalho, e tratamento de resíduos e descartes. É importante mencionar a influência do fator de mudança de escala no manejo de materiais biológicos.

No trabalho de laboratório, o risco é em grande parte de natureza individual, mas o mesmo agente manejado em maior escala pode levar a uma situação de risco comunitário. Dessa maneira, ficou estabelecido que no manejo de material biológico em volumes acima de 3,7 L (um galão americano) a operação passa a ser enquadrada no nível de segurança imediatamente superior. Assim, um procedimento de laboratório nível 2 passa a ser considerado 3, quando se amplia a escala.

Uma definição bem abrangente de segurança que passou a ser aceita dentro das indústrias químico-farmacêuticas é a seguinte: "Segurança é uma postura preventiva ligada à prevenção do patrimônio humano e material de uma comunidade". Aqui o termo "comunidade" mostra que essa definição pode ser estendida a fábricas, hospitais, escolas e outros centros de aglomeração humana.

É relativamente fácil entender que o conceito inicial de segurança tenha surgido ainda sob uma ótica em que os problemas da produção química ficavam confinados à indústria e os seus reflexos limitavam-se aos seus funcionários, pelo simples motivo de isso ter ocorrido no século passado. Os gases eram eliminados na atmosfera e os efluentes eram jogados fora ou então eliminados segundo a terminologia da época. As indústrias de vacina e outros produtos imunológicos para uso animal e humano eram considerados seguros, uma vez que seus descartes eram químio e termossensíveis. Isto foi antes da 1ª Guerra Mundial, quando as primeiras vacinas e soros se tornaram a esperança de a humanidade se livrar das pragas que atingiam também os animais que lhes davam sustento.

A vulnerabilidade desconcertante dos seres humanos aos produtos biológicos e microrganismos que lhes davam origem pode ser examinada por outra ótica hoje, levando em conta os conhecimentos científicos agora disponíveis. É interessante observar hoje, à luz das modernas técnicas de contenção e propagação de doenças e materiais biológicos, que em 495 a.C. Tucylides, um historiador grego, ao descrever uma epidemia de cólera em Atenas, apresentou talvez a 1ª regra de biossegurança já registrada, a saber: "Somente aqueles que já tinham adoecido e se salvo da praga é que podiam cuidar dos outros doentes".

Regras de grupos humanos, desde épocas imemoriais, como proibir a ingestão de carne de porco em locais de clima muito quente e apalpar a goela de bovinos antes do abate (sintoma de tuberculose), servem de ilustração de que o espírito de prevenção de moléstias de origem biológica já preocupava o ser humano, desde tempos remotos. Não podemos esquecer que grande parte dos problemas da humanidade provinha e ainda provém de fungos, bactérias ou vírus que destroem as lavouras e os rebanhos, registrados constantemente pela humanidade em todos os continentes.

Com o aumento do domínio dos fenômenos biológicos e melhores conhecimentos do comportamento de vírus, bactérias e atualmente do material genético, novos problemas começaram a preocupar a humanidade. Enquanto, nos tempos de Pasteur, os problemas de produção de soros e vacinas e a eliminação de seus efluentes seguiam a mesma lógica da incipiente indústria química de corantes, os problemas industriais não eram considerados de natureza comunitária e sim industrial, e pode-se dizer o mesmo em relação à radioatividade por ocasião dos trabalhos pioneiros de M. Curie, nos tempos atuais está surgindo uma conscientização quanto ao meio ambiente, considerando o ar universal. O mesmo pode ser dito em relação a água e outras riquezas naturais.

Os riscos biológicos atuais

Com o adensamento populacional e a grande movimentação das pessoas, animais, frutas, plantas e outros produtos pelos modernos meios de transporte, ficou difícil controlar uma contaminação biológica. Não é possível fazer as antigas quarentenas nos portos dos imigrantes. Em função disso, a propagação de uma gripe hoje é extremamente rápida, bem como outras viroses como ebola, HIV, hantavírus etc. Em geral, a conscientização dos riscos se dá de maneira drástica, e a criação de agências nacionais e internacionais de controle ocorreu de maneira lenta, em geral precedida de organizações não governamentais (ONG). A Organização Mundial da Saúde (OMS), por exemplo, só surgiu após a 2ª Guerra Mundial e demorou a regulamentar os riscos químicos. O FDA só ganhou força política nos EUA após o acidente da talidomida na década de 1960. As agências reguladoras sobre o uso e manejo da energia nuclear e proteção radiológica só tomaram forma após o lançamento das bombas de Hiroshima e Nagasaki.

Quanto à área biológica, os países desenvolvidos se veem ameaçados por guerras biológicas, propagação de doenças de outros países, além dos possíveis riscos dos alimentos transgênicos e clonagens. É importante lembrar que um dos mais importantes centros atuais de referência de proteção biológica, o USAMRIID (United States Army Medical Research Institute of Infectious Diseases), destinava-se à pesquisa de armas biológicas até 1969, quando essas atividades foram proibidas pelo presidente Richard Nixon, e a partir dessa data essa instituição passou a dedicar-se ao estudo de biossegurança e à produção de vacinas para proteção de soldados e traçar estratégias para proteção da população civil inicialmente nos casos de antraz, botulismo, tularemia e ebola. Cumpre aqui analisar um quadro comparativo dos riscos químicos, radiológicos e biológicos (Quadro 1).

Observando o quadro, verificamos que o material biológico apresenta uma propriedade diferenciada quando comparado aos outros tipos de contaminação. Enquanto as contaminações químicas e radiológicas se diluem quando espalhadas, a contaminação biológica pode-se reproduzir conforme o meio. Se uma pessoa ou animal contaminados quimicamente se deslocarem por diferentes lugares, a contaminação vai-se diluindo e tendendo a zero. No caso de a contaminação do homem ou animal ser de natureza biológica, os pontos de contaminação nem sempre se diluirão, pelo contrário, poderão gerar multiplicação do material e é exatamente dessa maneira que se dão as epidemias que acometem os seres humanos, animais domésticos e mesmo silvestres.

Desequilíbrios ambientais com alteração de temperatura, umidade e outros elementos podem desencadear o desenvolvimento de uma espécie biológica em escala imprevisível. Com o advento da clonagem e da produção de espécies vegetais e animais transgênicos, tornou-se importante desenvolver metodologias quanto ao seu uso, controle e descarte em vários tipos de instituição, particularmente aquelas envolvidas na área de produção de produtos imunobiológicos que são os soros e vacinas para uso humano e animal.

Natureza das indústrias de soros e vacinas

Os aspectos de biossegurança em indústria de produtos imunobiológicos têm características diferentes daquelas dos laboratórios que preparam os inóculos, isolam toxinas e exercem outras atividades relacionadas. Um dos principais elementos é o fato de que suas atividades são contínuas e em grande escala, prosseguindo noite adentro, pois os processos de culturas de células com inóculos virais e as etapas de purificação e concentração são em geral muito longos e não admitem interrupção do processo a não ser em pontos de corte preestabelecidos. Em razão desses fatos, a constante troca de funcionários durante turnos, associada ao fato de que a supervisão noturna é normalmente prejudicada, torna a indústria vulnerável a acidentes, uma vez que o trabalho noturno quase sempre tem repercussão negativa no ser humano.

Quadro 1. Características de produtos que oferecem risco

Produto	Tempo de vida ativa do material	Consequências da diluição ou difusão	Resistência fisico-química	Capacidade de detecção
Químico	Definitiva	Diminuição da toxicidade (Técnica de recup.)	Todas as condições provocam rearranjos às vezes úteis	Muito boa e rápida
Radioativo	Meia-vida de frações de segundo a milhares de anos	Diminuição da toxicidade	Não altera a radiação	Muito boa e rápida
Biológico	Curta, porém pode ser muito longa por sua reprodutibilidade. Pode ficar latente muito tempo e se desenvolver com alguma mudança das condições locais	Aumento da contaminação. É o único reprodutível e pode propagar-se	Muito baixa	Difícil e lenta quanto à especificidade

Produção de soros

Soros homólogos são os soros obtidos de pacientes portadores de alguma imunoglobina de interesse. Neste caso, a OMS recomenda que se faça um *pool* de mil doadores para posterior beneficiamento, análise e acondicionamento.

Essas instalações, em geral, baseiam-se em assepsia simples de produção e descarte, uma vez que o agente patogênico originário já está extinto ou inexistente (por exemplo, gamaglobulina hiperimune). O material segue como descarte hospitalar, ou seja, autoclavagem do material biológico e descarte. Os equipamentos utilizados, tanques, filtros e mangueiras seguem as normas da assepsia já preestabelecidas em áreas farmacêuticas. O mesmo se dá em relação às instalações, aos filtros de ar, ao vestuário e aos procedimentos operacionais.

Nos soros heterólogos, os procedimentos após o recebimento do material dos doadores são iguais aos dos soros homólogos. No entanto, a fase anterior é mais complicada, pois envolve atividades de preparo fora da área de produção.

Produção de vacinas em ovos embrionados

Essa técnica consiste em inocular material viral em embriões de galinhas localizados no interior dos ovos SPF (isento de patógenos específicos), ovos fertilizados que provêm de criações especializadas que têm suas próprias normas de biossegurança. Várias são as vacinas aí produzidas, inclusive contra a gripe. Após inoculação o material é processado e a carga viral, mediante sucessivos procedimentos, é transformada em vacina.

Os procedimentos de biossegurança empregados nesses casos são distintos, uma vez que podem ser cultivados dessa maneira vírus inofensivos, e outras vezes vírus extremamente patogênicos. Neste caso todo o material de cultura, descartes e outros materiais utilizados no processo são incinerados quando possível. Quando os vírus cultivados não são perigosos, a autoclavagem dos descartes por 30 minutos seguidas de adição de hipoclorito de sódio e descanso por três horas é satisfatória.

Produção de vacinas em fetos de roedores

Procedimento comum em vacinas antirrábicas, consiste em inocular fetos de ratos, especialmente cultivados com cepas de vírus escolhidos para posterior abate dos animais em um prazo inferior a 96 horas. Nesse caso, quando possível os descartes devem ser incinerados por tratar-se de um tipo de vírus extremamente perigoso, embora se possa usar a autoclavagem.

Produção de vacinas em culturas de células

A produção de vacinas por meio do inóculo de vírus em cultura de células já é antiga e era utilizado um meio sólido com o emprego de frascos de Roux. O grande desenvolvimento conseguido nestes últimos anos produzindo vacinas em culturas celulares líquidas com suporte sólido ou não, dentro de biorreatores tornou esta técnica corriqueira em grandes indústrias. Com células especiais (de rim de hamster ou de macaco Vero) estas técnicas permitem a proliferação de vários tipos de vírus e uma saída dos vírus para o meio de cultura sem destruir a célula. Assim, o isolamento dos vírus para processamento se torna muito mais fácil e eficiente. O critério adotado para o descarte dos meios de cultura é o mesmo já descrito para a produção em ovos embrionados ou em fetos de roedores.

Produção de vacinas de DNA

São vacinas obtidas em meios de culturas de células modificadas ou não, cujos fragmentos atuam como antígeno. O processamento segue os mesmos critérios empregados em vacinas feitas por outras vias já descritas, porém o trabalho feito com o material de inóculo segue as normas empregadas nas áreas de produção de microrganismos transgênicos descritos neste livro. Como a produção e a conservação de material biológico estão bem descritas aqui, bem como as instalações de segurança biológica, níveis 1, 2, 3 e 4, abordaremos exclusivamente a área produtora de unidades que produzem soros e vacinas.

Como já comentado, a purificação de soros homólogos e heterólogos é exatamente igual; a diferença reside no fato de que os soros heterólogos exigem a produção de antígenos em local separado, e o mesmo pode ser dito quanto à seleção de cepas de vírus e bactérias feita em instalações de vários níveis de segurança descritos neste livro. Uma unidade destinada à produção de soros e vacinas deve atender aos seguintes requisitos:

- Localização: deve ser um local relativamente mais alto do que as eventuais instalações ao redor para ficar livre de quaisquer inundações e para que transbordos e refluxos nunca caiam em rios e lençóis freáticos. É importante que o local seja pouco sujeito a ventos e distante de habitações. Deve ter grande área livre em volta para possibilitar isolamentos em casos de acidentes.
- Fonte confiável de energia, disponibilidade de água em abundância e boas condições para descarte de águas tratadas.

O fornecimento de energia é um elemento de segurança, pois além de evitar a perda de produção é responsável pelo funcionamento de todas as válvulas, bombas de transferência, fechamento de portas, alarmes, refrigeração e tratamento de água, exaustão, enfim todos os elementos indispensáveis para o funcionamento normal e seguro da unidade de produção.

PARTE HIDRÁULICA

Atualmente a água empregada nas indústrias é aquela tratada por osmose reversa, e sua finalidade é a de ser o fluido dos meios de cultura, agente de diluição, lavagem dos componentes e enxágue dos equipamentos.

A água usada na limpeza geral é tratada por resina de troca iônica adicionada de elementos químicos específicos como hipoclorito, detergente, quaternários de amônio e detergentes sulfatados. Sabões adicionados de lipase e protease também são empregados, pois são bacteriostáticos ou mesmo bactericidas dependendo do tempo e da concentração.

As tubulações devem ser em aço inox 316 e 316 L com polimento sanitário, e a parte vitrificada em boro silicato. O mesmo critério é aplicado para válvulas e juntas na unidade. A finalidade dessa exigência é proporcionar esterilização por vapor aquecido seguida de sanitização complementar. O material descartável é destruído depois da autoclavagem e as mangueiras de silicone são lavadas com aditivos químicos, como detergentes catiônicos, aniônicos ou mesmo sabões acrescidos de enzimas.

EXAUSTÃO

A área de produção tem pressão negativa para evitar escape de qualquer material para fora. Usam-se filtros do tipo HEPA em circuito fechado, passagem do ar por luz UV e descarte do ar por filtros contra espelho de água com antissépticos. É importante que o ar seja aspirado para dentro do sistema com velocidade ligeiramente menor que a entrada para conservar a pressão negativa.

Instalações elétricas

As instalações elétricas dentro de unidades com pressão negativa são feitas de acordo com as normas até o ponto de tomada. Neste local é feito um isolamento para evitar qualquer passagem de ar pelos conduites dos fios.

Aspectos complementares das unidades de produção de imunobiológicos

Conceitualmente uma unidade de produção de imunobiológicos deve contemplar alguns requisitos primordiais: prevenir os produtos de contaminação externa e acima de tudo evitar a saída de material contaminante por qualquer via para o meio externo. Portanto, é necessário monitorar e tratar os efluentes bem como todo o material em processamento. A segurança individual dos funcionários deve estar sincronizada com a não contaminação do local de processamento e também de não levar para fora material contaminado. Para tanto, é comum o uso de antecâmaras com alarmes, chuveiros na entrada e na saída, e escafandros com pressão positiva conforme a necessidade. Mesmo no caso de microrganismos atenuados, ficou constatado que não se pode descuidar do seu descarte, pois têm sido relatados casos em que tais microrganismos podem voltar à forma virulenta, fato já verificado com o vírus da pólio. Em alguns países já está sendo utilizado para vacinação em massa o vírus morto da pólio, inicialmente empregado por Salk, em substituição à vacina Sabin que utiliza cepas de vírus vivos atenuados.

Esses fatos demonstram que a biossegurança industrial está longe de ser um procedimento totalmente dominado.

BIOSSEGURANÇA DE BACTÉRIAS LÁTICAS

O importante papel das bactérias ácido-láticas (BAL) durante o processo fermentativo é ilustrado pelas contribuições na acidificação da matéria-prima, como no caso do leite, produzindo ácido lático como maior produto do metabolismo. Além disso, algumas culturas produzem ácido acético, etanol, aromas (diacetil e acetoína), bacteriocinas, exopolissacarídeos e importantes enzimas (proteases), aumentando assim a vida de prateleira e a segurança microbiológica do produto fermentado e melhorando a textura e as características sensoriais do produto[17].

As indústrias de produtos lácteos foram rapidamente revitalizadas pela introdução de produtos, não somente de alto valor nutritivo e sabor agradável, mas também de produtos que têm capacidade de exercer efeitos positivos à saúde do consumidor[18]. Com o objetivo de potencializar esses efeitos benéficos, alguns ingredientes não digeríveis (como inulina e lactulose) denominados prebióticos, têm recebido considerável atenção, principalmente por causa de sua habilidade em estimular o crescimento e a atividade de bactérias probióticas[19].

Em vista da grande quantidade de biomassa de BAL consumida a cada ano, considerações em relação à biossegurança dessas bactérias tomam grande importância. Até recentemente, a biossegurança desses microrganismos não tem sido questionada e relatos de efeitos prejudiciais têm sido muito raros, com exceção de enterococos e estreptococos patogênicos. Casos de infecções, causados por lactobacilos e bifidobactérias, são raros e representam 0,05 a 0,4% dos casos de endocardite ou bacteremia[20], mas causaram uma taxa de mortalidade de 25% aproximadamente devido principalmente à ausência de diagnóstico precoce e tratamento adequado[21]. Muitas bactérias láticas que têm causado infecções em humanos pertencem às espécies de *Enterococcus faecalis* e *Enterococcus faecium*, mas notou-se que em *Lactobacillus rhamnosus*, *Lactobacillus acidophilus*, *Lactobacillus paracasei*, *Leuconostoc pseudomesenteroides*, entre outros têm também sido associadas a infecções humanas[21,22].

Os antibióticos são importantes biomoléculas utilizados pelas indústrias biotecnológicas para combater infecções bacterianas. No entanto, as bactérias são microrganismos altamente adaptáveis e capazes de desenvolver resistência aos antibióticos. Recentemente, as BAL podem atuar como reservatórios de genes de resistência a antibióticos, semelhantes àquelas encontradas em microrganismos patogênicos. A principal ameaça, associada às bactérias láticas, é que estas podem transferir genes de resistência às bactérias patogênicas. Genes que conferem resistência à tetraciclina, eritromicina e vancomicina foram detectados e caracterizados em *Lactococcus lactis*, enterococos e, recentemente, em espécies de *Lactobacillus* isoladas de carnes e produtos lácteos fermentados[23]. Em bactérias láticas, isoladas de infecções humanas, espécies de *Enterococcus* são particularmente conhecidas por apresentar múltiplas resistências a antibióticos, como cefalosporinas, β-lactâmicos, sulfonamidas, clindamicinas e aminoglicosídeos e glicopeptídeos, tais como vancomicinas[24].

É importante frisar que uma série de iniciativas tem sido lançada por várias organizações em todo o mundo para resolver os problemas de biossegurança relativos a bactérias láticas e até mesmo probióticas.

CONSIDERAÇÕES FINAIS

Desde o surgimento da indústria biotecnológica e de organismos geneticamente manipulados, uma das maiores preocupações da indústria biotecnológica tem sido a biossegurança. Porém, a maior parte da atenção tem sido direcionada para os organismos, e não para os processos, uma vez que há diversos manuais, com normas para manipulação segura e contenção de organismos geneticamente modificados, disponíveis. O cultivo microbiano é, em geral, apenas uma das etapas do processo biotecnológico. Como o cultivo microbiano, utilizando biorreatores, pode ser executado sob elevadas pressões, rotações e temperaturas, uma análise criteriosa de seu projeto de construção e de instalação irá evitar problemas futuros com a biossegurança na indústria. No entanto, o mesmo não pode ser dito das operações envolvidas no processo de recuperação e purificação de bioprodutos. Por isso, os cuidados com a seleção, aquisição, instalação, operação e controle dos equipamentos envolvidos nessa etapa do processo e treinamentos de práticas biológicas biosseguras têm de ser redobrados. Portanto, é fundamental formular normas e padrões rigorosos de trabalho para que, desta forma, sejam evitados eventos de bioterrorismo.

REFERÊNCIAS BIBLIOGRÁFICAS

1. Lee SB, Ryan LJ. Occupational health and safety in the biotechnology industry – a survey of practicing professionals. American Industrial Hygiene Association Journal. 1996;57:381-6, .
2. Sengun IY, Karabiyikli S. Importance of acetic acid bacteria in food industry. Food Control. 2011;22:647-56.
3. Badel S, Bernardi T, Michaud P. New perspectives for Lactobacilli exopolysaccharides. Biotechnology Advances. 2011;29:54-66.
4. Abatzoglou N, Boivin S. A review of biogas purification processes. Biofuels, Bioproducts and Biorefining. 2009; 3:42-71.
5. Hambleton P, Melling J, Salusbury. Biosafety in industrial biotechnology. Londres: Chapman & Hall; 1994.
6. Teixeira P, Valle S. Biossegurança: uma abordagem multidisciplinar. Rio de Janeiro: Fiocruz; 1996.
7. McGarrity G J, Hoerner CL. Biological safety in the biotechnology industries. In: Fleming DO, Richardson JH, Tulis JJ, Vesley D. Laboratory safety. Principles and practices. Washington: ASM Press; 1995.
8. Gaudioso J, Gribble LA, Salerno RM. Biosecurity: Progress and Challenges. In: Journal of the Association for Laboratory Automation. 2009;14:141-47.
9. Fleming DO, Hunt DL. Biological safety: principles and practices. 3rd ed., Washington: ASM Press; 2000.
10. Miller SR, Bergmann D. Biocontainment design considerations for biopharmaceutical facilities. Journal of Industrial Microbiology. 1993;11:223-34.
11. Dulley RD. Biossegurança: muito além da biotecnologia. Revista de Economia Agrícola. 2007;54(2):27-41.
12. National Institute Of Health (NIH). Recombinant DNA research: actions under the guidelines; notice. Federal Register Part III, vol. 56, n. 138, pp. 33174-183. Julho de 1991.
13. Lovatt A. Applications of quantitative PCR in the biosafety and genetic stability assessment of biotechnology products. Reviews in Molecular Biotechnology. 2002;82:279-300.
14. Knutsson R, Van Rotterdam B, Fach P, De Medici D, Fricker M, Löfström C, et al. Accidental and deliberate microbiological contamination in the feed and food chains - how biotraceability may improve the response to bioterrorism. International Journal of Food Microbiology. 2010.
15. Heinsohn PA, Jacobs RR, Concoby BA. Biosafety reference manual. Fairfax: AIHA Publications; 2000.
16. Pessoa-Jr. A, Vitolo M. Evaluation of cross-flow microfiltration membranes using rotary disc-filter. Process Biochemistry. 1998;33(1):39-45.

17. Leroy F, De Vuyst L. Lactic acid bactéria as functional starter cultures for the food fermentation industry. Trends in Food Science & Technology. 2004;15:67-78.
18. Casiraghi MC, Canzi E, Zanchi R, Donati E, Villa L. Effects of a synbiotic milk product on human intestinal ecosystem. Journal of Applied Microbiology. 2007;103:499-506.
19. Oliveira RPS, Florence ACR, Perego P, Oliveira MN, Converti A. Use of lactulose as prebiotic and its influence on the growth, acidification profile and viable counts of different probiotics in fermented skim milk. International Journal of Food Microbiology. 2011;145:22-7.
20. Borriello SP, Hammes WP, Holzapfel W, Marteau P, Schrezenmeier J, Vaara M, et al. Safety of probiotics that contain Lactobacilli or Bifidobacteria. Clinical Infectious Diseases. 2003;36:775-80.
21. Cannon JP, Lee TA, Bolanos JT, Danziger LH. Pathogenic relevance of Lactobacillus: A retrospective review of over 200 cases. European Journal of Clinical Microbiology & Infectious Diseases. 2005;v24:31-40.
22. Franz CMAP, Holzapfel WH. The genus *Enterococcus*: Biotechnological and safety issues. In: Salminen S, von Wright A, Ouwehand A (eds.). The Lactic Acid Bacteria: Microbiology and Functional Aspects, 3rd ed., 199-247. New York: Marcel Dekker, 2004.
23. Mathur S, Singh R. Antibiotic resistance in food lactic acid bacteria – a review. International Journal of Food Microbiology. 2005;105:281-95.
24. Leclercq R. Enterococci acquire new kinds of resistance. Clinical Infectious Diseases. 1997;24:S80-S84.
25. Ammor MS, Florez AB, Mayo B. Antibiotic resistance in non-enterococcal lactic acid bacteria and bifido-bacteria. Food Microbiology. 2007;24:559-70.
26. Biedenbach DJ, Farrell DJ, Mendes RE, Ross JE, Jones RN. Stability of linezolid activity in an era of mobile oxazolidinone resistance determinants: results from the 2009 Zyvox® Annual Appraisal of Potency and Spectrum program. Diagnostic Microbiology and Infectious Disease. 2010;68:459-67.
27. Brains W. Biotechnology from A to Z. Oxford: Oxford University Press; 1994.
28. Brasil. Lei de Biossegurança 11.105, de 24 de março de 2005. Regulamenta os incisos II, IV e V do § 1° do art. 225 da Constituiçao Federal, estabelece normas de seguranòa e mecanismos de fiscalização de atividades que envolvam organismos geneticamente modificados – OGM e seus derivados, cria o conselho nacional de Biossegurança – CNBS, reestrutura a comissão Técnica Nacional de Biossegurança – CTNBio. Diário Oficial da República Federativa do Brasil, Brasília, 24/03/2005.
29. Eaton TJ, Gasson MJ. Molecular screening of Enterococcus virulence determinants and potential for genetic exchange between food and medical isolates. Applied and Environmental Microbiology. 2001;67:1628-35.
30. FAO/WHO. Guidelines for the evaluation of probiotics in food, Joint FAO/WHO working group report on drafting guidelines for the evaluation of probiotics in food, London, Canada; 2002.
31. Franz CMAP, Stiles ME, Schleifer KH, Holzapfel WH. Enterococci in foods – A Conundrum for food safety. International Journal of Food Microbiology. 2003;88:105-22.
32. Kleerebezem M, Boekhorst J, Van Kranenburg R, Molenaar D, Kuipers OP, Leer R, et al. Complete genome sequence of Lactobacillus plantarum WCFS 1. Proceedings of the National Academy of Sciences of the United States of America. 2003;100:1990-5.
33. Marteau P. Safety aspect of probiotic products. Scandinavian Journal of Nutrition. 2001;45:22-4.
34. Metchnikoff II. The prolongation of life: optimistic studies, (reprinted edition 1907). New York: Springer;2004.
35. Nannini E, Murray BE, Arias CA. Resistance or decreased susceptibility to glycopeptides, daptomycin, and linezolid in methicillin-resistant *Staphylococcus aureus*. Current Opinion in Pharmacology. 2010;10:516-21.
36. Organization for Economic Co-operation and Development: Recombinant RNA Safety Considerations. Paris: Organization for Economic Co-operation and Development, 1986.
37. Polakiewicz B. Tecnologia de soros e vacinas, 2.ed.;1999.
38. Pridmore DR, Berger B, Desiere F, Vilanova D, Barretto C, Pittet AC, et al. The genome sequence of the probiotic intestinal bacterium *Lactobacillus johnsonii* NCC 533. Microbiology. 2004;101:2512-7.
39. SHAH NP. Functional cultures and health benefits. International Dairy Journal. 2007;17:1262-77.
40. Temmerman R, Pot B, Huys G, Swings J. Indentification and antibiotic susceptibility of bacterial isolates from probiotic products. International Journal of Food Microbiology. 2008;1:1-10.
41. U.S. Department of Health and Human Services, National Institute of Health: Guidelines for Research Involving Recombinant DNA Molecules (NIH Guidelines). Bethesda, Md.: National Institute of Health; 1994.
42. Ullmann's Encyclopedia of Industrial Chemistry. Nova York: VCH Publishers; 1996.
43. Vasiljevic T, Shah NP. Probiotics – From Metchnikoff to bioactives. International Dairy Journal. 2008;18:714-28.
44. World Health Organization. Laboratory Biosafety Manual. 3.ed. Geneva: WHO; 2004.

capítulo 14

Ações de biossegurança no contexto da gestão da qualidade

Alfredo Tenuta Filho
Luciene Fagundes Lauer Macedo

INTRODUÇÃO

Biossegurança é a ciência voltada para o controle e minimização de riscos advindos da prática de diferentes tecnologias, tanto em laboratório quanto aplicadas ao meio ambiente. O fundamento básico da biossegurança é assegurar o avanço dos processos tecnológicos e proteger a saúde humana, animal e o meio ambiente[1].

É possível e desejável, por estarem explícita ou implicitamente inseridas, considerar ações de biossegurança no contexto da gestão da qualidade, cuja finalidade é garantir que atividades, produtos e serviços gerados numa organização tenham a adequação esperada. Com isso, o resultado certamente será o do desempenho da biossegurança com maior competência e melhor qualidade. Há na literatura abordagens que envolvem a biossegurança em relação à qualidade[2-5], dando motivação para que o assunto seja mais objetiva e amplamente discutido.

Para que metas e objetivos da biossegurança possam, então, ser mais apropriadamente atingidos, considera-se ideal e necessário que exista um programa de qualidade adequado já implantado, em implantação ou em via de implantação. Em situações em que a implantação formal não está cogitada, princípios que regem programas de qualidade devem ao menos ser aproveitados, como base e benefício para o cumprimento de metas e objetivos da biossegurança.

Os vários programas da qualidade existentes têm graus diferentes de complexidade de implantação. A implantação desses programas, qualquer que seja o ramo de atividade da organização, tem como base a educação, o treinamento, a motivação e o engajamento deliberado consequente de todas as pessoas envolvidas, em todos os níveis hierárquicos, a começar pelo mais alto mandatário. A matéria-prima mais importante é a humana.

A Qualidade Total, principalmente, o Programa Ambiental 5S e o HACCP – *Hazard Analysis Critical Control Point* (Análise de Perigos e Pontos Críticos de Controle) – são programas perfeitamente aplicáveis em questões de biossegurança. Os conceitos da Qualidade Total são de maior amplitude e complexidade e, portanto, de implantação mais demorada que os demais programas. Com o mesmo objetivo, aliam-se aos programas citados as Boas Práticas de Laboratórios (BPL) e as de Fabricação (BPF), além das Normas ABNT NBR ISO 9001:2008[6] e 14001:2004[7], em relação às quais as organizações tanto privadas como governamentais podem-se certificar. Quanto aos citados programas e normas, ainda estão associadas práticas voltadas à manutenção e à melhoria contínua da qualidade, representadas por procedimentos que compõem as Ferramentas da Qualidade e pelo Método de Solução de Problemas.

QUALIDADE TOTAL

Evolução da qualidade

O controle da qualidade era exercido, antigamente, somente em relação ao produto acabado. Havia apenas uma inspeção ou fiscalização final que, na concepção atual, é de resultado insatisfatório. Depois, houve a evolução para o Controle Estatístico de Processo – cuja ênfase era a segurança e o "zero defeito" –, em seguida, para a Garantia da Qualidade – baseada em normas e procedimentos formais – e, finalmente, para a Qualidade Total – que contempla a satisfação dos clientes e a competitividade[8].

Qualidade Total é o conceito expresso em princípios pelos quais uma organização pode sobreviver e desenvolver-se em um ambiente competitivo.

Origem da Qualidade Total

Foi no Japão que ocorreu a Revolução da Qualidade Total, após a Segunda Guerra Mundial. Isso se deu a partir de conceitos da qualidade originados nos Estados Unidos, propiciado pelo fato de que a economia japonesa, na época, estando seriamente afetada pela guerra, necessitou do apoio norte-americano para seu reerguimento. Esse auxílio envolveu o envio de pessoal técnico ao Japão. Edwards W. Deming, que veio posteriormente a consagrar-se como especialista de renome internacional, tornou-se figura central no convencimento do empresariado japonês em relação à importância dos conceitos propostos que visavam à melhoria da qualidade nas empresas. Depois, então, de ter sido aperfeiçoado no Japão, o movimento pela Qualidade Total atingiu os Estados Unidos e países da Europa[9].

Gestão pela Qualidade Total

A Qualidade Total tem complexidade de implantação muito maior que a de outros programas da qualidade, como o 5S, por exemplo, mas isso não impede que possa ser implantada em qualquer situação, independentemente do tamanho da organização – micro, pequena, média ou grande.

A Qualidade Total é um sistema gerencial para atender principalmente à sobrevivência e à prosperidade da organização, mediante a satisfação das necessidades das pessoas. Como pessoas devem ser entendidos os clientes, os acionistas, o governo e a sociedade como um todo. Essa gestão da qualidade se faz em todos os processos, por meio de ações científicas sistemáticas desenvolvidas por toda a organização. A tendência atual é que as organizações – micros, pequenas, médias ou grandes – adotem a Qualidade Total como filosofia de trabalho, para garantir a qualidade dos produtos e/ou serviços que produzem. As que vierem a ficar à margem desse movimento correm o risco de deixar o mercado por falta de competitividade. A Gestão pela Qualidade Total implica que todos os processos estejam monitorados e sob controle. Essa é a base para que tudo que é produzido não apresente defeito[8,10-12].

Organizações de grande porte foram as que primeiro implantaram a Qualidade Total. Até atingirem um estágio avançado, foram necessários de 5 a 7 anos. No entanto, é mais fácil a implantação numa organização de menor porte, com menos funcionários. Não há, portanto, um tempo determinado de implantação da Qualidade Total. Uma organização de pequeno porte pode ter os benefícios do programa em apenas um ano[9].

A implantação da Qualidade Total é iniciada pela vontade explícita de mudanças da administração da organização visando a melhorias. Os fundamentos do programa devem ser introduzidos de forma orientada, tendo as pessoas – administradores e funcionários – como alvo, vindo depois a fase de treinamento.

É possível avaliar o estágio em que determinada organização se encontra em relação à qualidade e, com isso, indicar o caminho da obtenção da Qualidade Total. Desse modo, fazem-se necessárias mudanças e busca de melhoria na qualidade do produto ou serviço quando:

- Os clientes não são ouvidos, por não ser considerado importante.
- Não há estímulo ao trabalho em equipe; a solução de problemas e a tomada de decisões são de competência exclusiva de chefias.
- Os recursos humanos não são valorizados e as necessidades das pessoas em termos da manifestação de suas opiniões não são satisfeitas.
- Faltam objetivos claros e isso resulta em esforços dispersos e ações descontínuas.
- Em virtude de estar dando certo, não há aperfeiçoamento contínuo.
- Cada setor atua isolado dos demais, não fazendo parte do processo que compõe o todo.
- A decisão é centralizada e falta autonomia para as pessoas.
- Os objetivos da organização não são informados e disseminados internamente e, por isso, cada pessoa conhece só aquilo com que trabalha.
- Não há padronização e documentação dos processos.
- Os erros gerados nos processos e transferidos para os produtos e/ou serviços são apontados principalmente pelo consumidor final[8].

Princípios da gestão pela Qualidade Total

A satisfação total dos clientes, a gerência participativa, o desenvolvimento de recursos humanos, a constância de propósitos, o aperfeiçoamento contínuo, a gerência de processos, a delegação de competência, a disseminação de informações, a garantia da qualidade e a não aceitação de erros são princípios que podem levar uma organização à Qualidade Total[8].

Satisfação total dos clientes

No âmbito da Qualidade Total, os clientes (internos, intermediários e externos) são os mais importantes para a organização, por isso suas necessidades devem ser satisfeitas como prioridade.

Os clientes internos são os funcionários, a quem é passado o trabalho concluído para que possam realizar a próxima operação, servindo a outros clientes internos, até chegar aos clientes externos. Estabelece-se, assim, uma cadeia fornecedor-cliente: quem passa o trabalho concluído para a próxima operação é o fornecedor, sendo o cliente o que recebe o referido trabalho. Os clientes intermediários (distribuidores, assistência técnica etc.) são terceiros que viabilizam a utilização de produtos e serviços produzidos pelos clientes internos no atendimento aos clientes externos. Os clientes externos são os consumidores finais – usam os produtos e os serviços produzidos.

A organização deve estabelecer processo sistemático e permanente de troca de informações e mútuo aprendizado com seus clientes, transformando essa relação em indicadores do grau de satisfação. É preciso, mais do que prever as necessidades, superar plenamente as expectativas dos clientes, porque são eles, na verdade, a razão da existência da organização. A total satisfação dos clientes é a mola mestre da gestão pela Qualidade Total.

Há, na realidade, uma relação de parceria entre organização, clientes internos e clientes externos, em razão da dependência mútua estabelecida, na qual um depende do outro.

Gerência participativa

A organização deve patrocinar a participação, fornecendo as informações necessárias aos funcionários – clientes internos. Como retorno haverá, mediante o compromisso de todos, melhoria nos resultados. O estímulo a ideias novas e à criatividade favorecerá o aperfeiçoamento contínuo e a solução de problemas. A gerência participativa envolve a mobilização de esforços, a atribuição de responsabilidades, a delegação de competências, a motivação, o debate, a capacidade de ouvir sempre os subordinados e as sugestões, compartilhar os objetivos, informar e, principalmente, transformar grupos de pessoas em verdadeiras equipes. A meta é trabalhar em clima de cooperação e incentivo à participação.

Desenvolvimento de Recursos Humanos

Os clientes internos – funcionários – são a matéria-prima mais importante numa organização. Essas pessoas buscam ter espaço e oportunidade para demonstrar aptidões. Visam a participação, crescimento profissional e ter seus esforços reconhecidos. Como consequência, é gerada a expectativa por uma remuneração justa. Com a satisfação dessas necessidades e com as pessoas conhecendo as metas e os objetivos da organização, o potencial de iniciativa e de trabalho se multiplica. O oposto disso são o comodismo e a desmotivação. A meta é o sentimento de orgulho por parte do funcionário em trabalhar nessas condições. A organização, além de aproveitar os conhecimentos preexistentes e as experiências acumuladas dos clientes internos, tem de investir, sobretudo, em educação e treinamento, visando à formação e à capacitação dessas pessoas.

Constância de propósitos

A participação da alta administração da organização em relação ao cumprimento dos princípios da Qualidade Total é da mais elevada importância. É imprescindível haver coerência nas ideias e, principalmente, transparência na execução de projetos. Nesse sentido, o planejamento estratégico é primordial, em que os propósitos estão permanentemente definidos e atualizados com base em planejamento participativo, integrado e baseado em informações concretas, gerando como consequência o comprometimento de todos e a convergência de ações dentro da organização. A constância de propósitos implica, mais que administrar por objetivos, demonstrar que a alta administração tem o compromisso de implantar a qualidade e aumentar a produtividade. Os empregados compartilham dessa visão e orientam suas ações em relação ao que foi traçado para a organização.

Aperfeiçoamento contínuo

Mudanças nas necessidades dos clientes são constantes. Entre outras, o avanço tecnológico é uma das causas, talvez a principal. Isso obriga a organização a um constante aperfeiçoamento, para a garantia de mercado e principalmente como forma de crescimento e desenvolvimento tecnológico almejado. Com isso, é possível atender aos clientes, provendo e superando suas necessidades. É necessário, portanto, que a organização esteja disposta ao questionamento de suas ações, à procura de melhorias nos processos, produtos e serviços, à criatividade e à flexibilidade de atuação, à análise de desempenho em relação às organizações concorrentes, a assumir novos desafios e à capacidade de incorporar novas tecnologias.

Gerência de processos

A organização como um todo é considerada um grande processo destinado ao atendimento das necessidades dos clientes, por meio da produção de produtos e/ou serviços obtidos a partir de insumos recebidos de fornecedores e transformados com recursos humanos e tecnológicos. Esse grande processo se subdivide em outros menos complexos, podendo chegar, inclusive, a tarefas individuais, o que permite melhor controle – quanto menor o processo, mais efetivamente ele será gerenciado. Os processos que compõem o grande processo (organização) se interligam pela cadeia cliente-fornecedor. A partir do cliente externo, os processos se conectam, de tal forma que o anterior é o fornecedor e o seguinte, o cliente. Cada processo individual é gerenciado por meio de métodos próprios e instrumentos.

Delegação de competência

O relacionamento com os clientes é a missão mais importante da organização. A impossibilidade de a gerência, ou da autoridade maior pela organização, se relacionar diretamente com todos os clientes, em todos os momentos, impõe a delegação de competência, dentro do princípio de que o controle mais adequado é o derivado da responsabilidade atribuída. Delegar competência representa desejavelmente deixar o poder de decisão o mais próximo possível da ação, tendo por base procedimentos e regulamentos escritos. Isso garante agilidade e flexibilidade. Certamente, a transferência de poder e responsabilidade deve ser feita a pessoas informadas sobre as regras que norteiam sua atuação e especificamente treinadas e capacitadas. O poder de decisão é delegado ao responsável pela ação. O atendimento rápido e eficiente ao cliente determina satisfação de suas necessidades.

Disseminação de informações

Para estarem devidamente compromissadas, todas as pessoas envolvidas devem conhecer e entender os propósitos e os planos da organização, sendo, então, fundamental para isso a transparência no fluxo interno de informações. A participação coletiva no estabelecimento dos objetivos é a forma mais adequada para garantir o engajamento de todos com as coisas e as causas da organização, servindo também para que cada pessoa saiba a importância de sua atividade individual. Além disso, é capital que a comunicação atinja os clientes externos efetivos e potenciais, inclusive quanto aos produtos e/ou serviços oferecidos pela organização.

Garantia da qualidade

A garantia da qualidade fundamenta-se no planejamento e na formalização de processos. A formalização de processos estrutura-se na documentação escrita, que, obrigatoriamente, deve ser de fácil acesso e de entendimento pleno, identificando todas as etapas a serem cumpridas. O registro e controle de todas as etapas relativas à garantia conferem maior confiança em relação à qualidade do produto e/ou serviço. O objetivo é assegurar a qualidade uniforme para todos os produtos e/ou serviços, por meio da gerência de processos. As normas escritas são organizadas no Manual da Qualidade, sendo este um documento hábil de referência e de demonstração de capacitação da organização nas relações com os clientes.

Não aceitação de erros

"Zero defeito" é o padrão de desempenho ideal para qualquer organização, fundamento que deve ser incorporado à forma de pensar e agir de todas as pessoas envolvidas, para obter a perfeição no que produzem. A noção do que é estabelecido como "o certo" tem de derivar do acordo entre a organização e os clientes, com a consequente formalização dos processos correspondentes dentro do princípio da garantia da qualidade. A base para a não aceitação de erros ou defeitos está na detecção de desvio (não conformidade) observado no processo, na localização da causa principal do problema, no planejamento e na execução das ações corretivas cabíveis. O custo na prevenção de erros é menor que sua correção. A produção de produtos e/ou serviços com defeitos resume-se no principal e mais grave desperdício que uma organização pode gerar, com resultados imprevisíveis.

PROGRAMA 5S

O Programa 5S foi consolidado no Japão, na década de 1950, sendo considerado a base para a implantação da Qualidade Total e de outros programas de qualidade e produtividade. Como ocorre com outros programas, o 5S é liderado pela alta administração da organização e baseado na educação, no treinamento e na prática em grupo. Não exige grandes conhecimentos teóricos, sendo essencialmente prático e de fácil entendimento. Muda a maneira de pensar e agir das pessoas, melhorando-lhes o comportamento profissional e particular. O 5S tem seu nome vinculado a cinco palavras japonesas iniciadas por S – *seiri, seiton, seisou, seiketsu* e *shitsuke* –, interpretadas como sensos[8,11,13,14]. As interpretações indicadas na literatura com relativa frequência são:

- *Seiri*: senso de utilização, organização, arrumação, seleção e classificação.
- *Seiton*: senso de ordenação, arrumação, organização e sistematização.
- *Seisou*: senso de limpeza e inspeção.

- *Seiketsu*: senso de saúde, higiene, asseio, padronização, conservação e manutenção da prática dos três primeiros S.
- *Shitsuke*: senso de autodisciplina, disciplina, educação, comprometimento, ética e moral.

A terminologia e a interpretação do senso adotado deve ficar a cargo da organização, a qual fará as adaptações necessárias ao seu próprio contexto com base, sobretudo, nas suas necessidades reais. Os cinco sensos em questão constituem um sistema e, por isso, não podem ser considerados isoladamente. Em muitos casos, é difícil fazer uma distinção precisa entre eles. Há casos também em que essa distinção não é rigorosamente necessária[8,11,13,14].

Seiri

A interpretação do *seiri* como senso de utilização, no sentido restrito, corresponde a identificação, classificação e remanejamento dos recursos não úteis ao processo. No sentido amplo, refere-se à eliminação de tarefas desnecessárias, do excesso de burocracia e de todos os desperdícios, incluindo ainda o correto uso dos equipamentos, para aumentar-lhes a vida útil.

Como senso de classificação, o *seiri* pode significar a identificação dos objetos necessários e desnecessários, em relação a cada ambiente de trabalho. Implica separar e deixar apenas os objetos necessários, dando destino adequado aos não necessários. Tudo o que for de uso constante deve ficar perto, e o que for de uso esporádico, longe. Os objetos não necessários, se não puderem ser aproveitados por outros setores da mesma organização, devem ser submetidos ao sucateamento ou ao descarte adequado.

A execução desse senso de classificação promoverá a liberação de espaço físico útil e a eliminação de sobressalentes fora de uso, ferramentas e armários em excesso, dados e documentos ultrapassados, excedente de pessoal para estocar e transportar e de sucatas. Além disso, poderá haver o reaproveitamento de equipamentos e a diminuição de acidentes de trabalho.

O *seiri* pode ainda significar simplesmente a liberação da área, com a identificação de tudo de que a pessoa não precisa em seu dia de trabalho. E isso pode ter efeitos fantásticos, como o da eliminação de papéis inservíveis ou ultrapassados, presentes na área de trabalho atrapalhando as atividades.

Seiton

Seiton, como senso de ordenação, pode dizer respeito à disposição sistemática dos objetos e dados, a uma comunicação visual competente que facilite o acesso rápido a esses objetos e dados, além da facilitação do fluxo das pessoas. A diminuição do cansaço físico, por excessiva movimentação, e a economia de tempo são, entre outras, as vantagens apontadas.

Interpretado como senso de organização, o significado de *seiton* tem sido referido como o da organização como consequência natural de arrumar o que se utiliza, com fácil e rápido acesso ao que foi organizado. Os benefícios da organização realizada seriam a rapidez e a facilidade na busca de documentos e objetos, a diminuição de acidentes e incêndios, a comunicação visual, a prevenção de erro humano, a racionalização do espaço, a redução de estoques, o controle sobre o que cada pessoa usa e a redução de custo.

O *seiton* pode também ser visto objetivamente como a fase de arrumação, em que a proposta é separar tudo o que vai ser usado no momento do que será utilizado de vez em quando e, ainda, do que terá uso muito raro.

A execução do *seiton* implica a prévia execução do *seiri* como parte do sistema; por óbvio, não se efetua o *seiton* para os objetos não necessários.

Seisou

Como senso de limpeza, o *seisou* propõe que cada pessoa limpe sua própria área de trabalho, fazendo-o de forma consciente e conhecendo as vantagens de não sujar. O objetivo é criar um ambiente físico e agradável e mantê-lo. Por extensão, o termo japonês significa ainda a limpeza das falhas humanas que sejam "laváveis", isto é, as não muito graves. A limpeza realizada em equipamentos envolve também o aspecto de sua conservação. A limpeza implica ainda a eliminação de fontes de poluição, que afeta produtos, funcionários e vizinhos da organização.

O *seisou* ainda pode ser interpretado como senso de limpeza e inspeção. Nesse caso, é dada muita ênfase à questão da inspeção durante a limpeza do local, de ferramentas, máquinas, instrumentos etc. Verificação de riscos, falta de óleo, componentes quebrados e descoberta de falhas aparentemente invisíveis são procedimentos realizados em máquinas e instrumentos com o objetivo de inspeção dos mesmos executados paralelamente aos atos de limpeza.

A realização da limpeza/inspeção promove a satisfação dos clientes internos. Há um maior controle sobre as máquinas e equipamentos, pela identificação de problemas latentes, promovendo a redução de desgastes, quebras e paradas de emergência para reparos. Além disso, há eliminação de desperdícios, melhoria na segurança do trabalho e redução de custos.

Seiketsu

Seiketsu, ou senso de saúde, pode ser entendido como relacionado à saúde sob os aspectos físico, mental e emocional. Além de exercer as atividades de melhoria contínua do ambiente físico de trabalho, por meio do *seiri*, *seiton* e *seisou*, a pessoa deve estar ciente dos demais aspectos que podem afetar sua própria saúde e, assim, poder agir sobre eles.

A interpretação do *seiketsu* tem sido feita também como senso de conservação, com a preocupação de manter a prática dos três primeiros S – *seiri*, *seiton* e *seisou*. Estão incluídas regras básicas de comportamento social, de tal forma a obter a constância e o rigor na manutenção do 5S por toda a organização.

Shitsuke

Shitsuke pode ser visto como o senso da autodisciplina. A autodisciplina é o estágio atingido quando a pessoa segue os padrões técnicos, éticos e morais da organização, sem a necessidade de estrito controle externo. É o resultado dos esforços de educação e treinamento propostos na implantação do 5S.

Como senso de ética e moral, *shitsuke* significa a utilização efetiva do potencial de cada indivíduo, ter todos os empregados cumprindo naturalmente os procedimentos operacionais, éticos e morais, como um hábito, e a criação de ambiente ideal e de incentivo para que cada pessoa sinta o desafio de se desenvolver. O retorno esperado é o desempenho dos procedimentos operacionais de forma adequada, a constante autoanálise das pessoas e a busca pelo aperfeiçoamento, a conscientização da administração participativa, a obtenção de melhor entrosamento entre funcionários e gerentes, o incentivo à capacidade criativa, além da possibilidade de reavaliação dos valores da organização.

Resultados da implantação do 5S

A implantação do 5S promove a prevenção de acidentes, a obtenção de ambiente de trabalho agradável, o incentivo à criatividade e ao trabalho em equipe, a melhoria do moral dos empregados, a melhoria da qualidade, o aumento de produtividade, a redução dos custos e do consumo de energia, e a prevenção de paradas de máquinas por quebra. Nesses termos, fica criada a base para a implantação da Qualidade Total.

O 5S é um programa relativamente simples, mas sua manutenção e melhoria ao longo do tempo exigem esforço especial. Os resultados iniciais derivados da implantação e da execução do *seiri*, *seiton* e *seisou* – os três primeiros S – impressionam e, portanto, servem de motivação para a melhoria contínua[14].

Na visão de determinada empresa japonesa, apenas quando os funcionários se sentirem orgulhosos por terem construído um local de trabalho digno e com o compromisso de melhorá-lo continuamente é que a essência do 5S foi de fato compreendida. Na interpretação dada pela referida empresa, o *seiri/seiton* equivaleria à pesquisa de eficiência; o *seiton*, à procura do melhor *layout*; o *seisou*, à inspeção e à eliminação da fadiga do equipamento; o *seiketsu*, à eliminação do estresse do funcionário; enquanto o *shitsuke* significava argumentar até o último momento, mas cumprir rigorosamente o que ficou decidido[14].

HAZARD ANALYSIS CRITICAL CONTROL POINT (HACCP)

Os conceitos de praticidade racional, dinamismo e eficiência do HACCP (Análise de Perigos e Pontos Críticos de Controle) estão incorporados aos propósitos da garantia da qualidade de produtos e serviços. O HACCP é um sistema que identifica perigos específicos, químicos, biológicos ou físicos, e aponta as medidas preventivas cabíveis para o controle destes. Objetiva o controle dos pontos críticos de maior potencialidade, nos quais a qualidade pode ser afetada. O programa age preventivamente em todo o processo. Ponto crítico de controle (PCC) é uma etapa ou um procedimento, ou mesmo um ponto de dado processamento, em que um controle pode ser aplicado, servindo para eliminar, prevenir ou reduzir a níveis aceitáveis um perigo[15].

Como em todo programa da qualidade, deve haver a predisposição inequívoca da implantação do HACCP e a correspondente base educacional e de treinamento necessária à capacitação de todas as pessoas envolvidas no processo.

O HACCP tem sido usado no setor de alimentos com sucesso e com uma projeção de importância atual cada vez mais intensa, na medida de sua adoção para o atendimento dos propósitos da qualidade[16]. Historicamente, esse uso tem relação com as viagens espaciais. Sendo necessária a produção de alimentos em tais condições que não representassem ameaça à saúde dos astronautas, foi adotado o HACCP para esse propósito.

Implantação do HACCP

A existência de normas operacionais básicas é pré-requisito para a implantação do HACCP.

No setor de alimentos, por exemplo, essas normas básicas são representadas pelas boas práticas de fabricação (BPF), com abrangência bastante ampla. Os princípios gerais das BPF abrangem etapas que vão da matéria-prima ao produto final e o envolvimento com os consumidores da produção havida, passando por questões como controle de processos, manutenção da higiene dos equipamentos e das instalações, higiene pessoal e treinamento de funcionários, além do *layout* e requisitos de construção civil, armazenamento e distribuição[17]. O sucesso da implantação do HACCP é extremamente dependente das BPF bem implantadas.

Por analogia, as Boas Práticas Operacionais, como as propostas para laboratórios com atividades químicas, microbiológicas, biotecnológicas, de biologia molecular etc.[3-4,18-23], em que a biossegurança é fator essencial, seriam pré-requisitos para a implantação do HACCP nos setores correspondentes.

A necessidade e a oportunidade de implantação do HACCP decorrem do fato de que tanto as BPF como as BPL adotadas, mencionadas anteriormente, não são, ou não podem ser, por si sós, suficientes para a garantia da qualidade. Essa constatação ocorre a despeito de todo o cuidado que as referidas normas encerram, sobretudo em relação ao treinamento das pessoas.

A tradução de *hazard* para o português corresponde tanto a risco como a perigo, mas, tecnicamente, no contexto do HACCP, são termos diferentes que têm trazido confusão e interpretação errônea. O potencial em causar danos – químicos, biológicos e físicos – é o que significa perigo, enquanto risco é a estimativa da probabilidade de ocorrência de um perigo, que pode ser nula ou desprezível, baixa, moderada e alta, quanto ao nível.

Princípios do HACCP

O HACCP compõe-se de sete princípios[15,24]:

- Identificação dos perigos potenciais associados a todas as etapas do processo como um todo, incluindo a preocupação com os clientes externos (consumidores finais).
- Determinação dos PCC, pontos específicos, procedimentos, etapas do processo etc., que possam ser controlados com vistas à eliminação dos perigos ou mesmo à redução da possibilidade de sua ocorrência.
- Estabelecimento dos limites críticos, que definem a separação entre o que é aceitável e o que não é, que garantam que os PCCs permaneçam controlados.
- Instituição de sistema de monitoramento visando controlar cada PCC.
- Estabelecimento de medidas corretivas a serem tomadas quando um PCC estiver fora do controle necessário.
- Determinação de procedimentos de verificação destinados à avaliação do funcionamento adequado do HACCP.
- Estabelecimento de sistema de registros e documentação, necessário ao funcionamento dos princípios e conceitos do HACCP.

Benefícios da implantação do HACCP

O HACCP permite a aplicação de medidas corretivas no processo sempre que for necessário. Sua racionalidade facilita sua compreensão e entendimento por parte de todas as pessoas envolvidas, incluindo os próprios consumidores finais (clientes externos).

Por suas características, o HACCP pode ser associado à Norma ABNT NBR ISO 9001:2008[6], no atendimento de requisitos importantes exigidos pela referida norma de gestão e garantia da qualidade, notadamente quanto ao controle de processo.

NORMAS ABNT NBR ISO 9001:2008[6] E 14001:2004[7]

Norma ABNT NBR ISO 9001:2008[6] – Sistemas de gestão da qualidade – Requisitos

A Norma recomenda que a adoção de um sistema de gestão da qualidade seja uma decisão estratégica de uma organização. Tanto o projeto como a implementação desse sistema adotado são influenciados pelos objetivos, produtos fornecidos, processos utilizados, porte e estrutura da organização, entre outros fatores. Esta Norma pode ser usada por partes internas e externas, incluindo organismos de certificação, para avaliar a capacidade da organização em atender aos requisitos do cliente, os estatutários e os regulamentares, aplicáveis ao produto e aos seus requisitos.

A Norma em apreço adota a abordagem de processo para o desenvolvimento, implementação e melhoria da eficácia de um sistema de gestão da qualidade para aumentar a satisfação do cliente, pelo atendimento aos seus requisitos. Para um funcionamento eficaz, a organização tem que determinar e gerenciar diversas atividades interligadas. Uma atividade ou um conjunto de atividades que usa recursos e que é gerenciada de forma a possibilitar a transformação de entradas em saídas pode ser considerada um processo, no qual a saída de um processo com frequência é a entrada para o processo seguinte. A aplicação de um sistema de processos numa organização, junto com a identificação, as interações desses processos e sua gestão para produzir o resultado desejado, pode ser referenciada como a abordagem de processo. A abordagem de processo tem como uma de suas vantagens o controle contínuo sobre a ligação entre os processos individuais dentro do sistema de processos, sua combinação e interação.

Usada em um sistema de gestão da qualidade, a abordagem de processo enfatiza: (a) o conhecimento e atendimento dos requisitos; (b) a necessidade de considerar os processos em termos de valor agregado; (c) a obtenção de resultados de desempenho e eficácia de processo; e (d) a melhoria contínua de processos baseada em medições objetivas.

A Norma ABNT NBR ISO 9001:2008[6] apresenta o modelo de um sistema de gestão da qualidade, baseado em uma abordagem de processo, ilustrando as ligações dos processos, contidos nas Seções 4 a 8, a saber: 4 – Sistema de gestão da qualidade; 5 – Responsabilidade da direção; 6 – Gestão de recursos; 7 – Realização do produto; 8 – Medição, análise e melhoria. É colocado em evidência que os clientes desempenham um papel fundamental na definição dos requisitos como entradas. Além disso, fica patente que o monitoramento da satisfação do cliente requer a avaliação de informações relativas à percepção do cliente sobre o atendimento de seus requisitos pela organização.

Adicionalmente, pode ser aplicado o PDCA – metodologia conhecida como *Plan, Do, Check* e *Act* – em todos os processos, com o respectivo significado de planejar, fazer, checar e agir. Planejar, neste contexto, significa estabelecer os objetivos e processos necessários para gerar resultados de acordo com os requisitos do cliente e com a política da organização; fazer é a fase de implementação dos processos; checar envolve monitorar e medir processos e produtos em relação às políticas, aos objetivos e aos requisitos para o produto e relatar os resultados; e agir significa executar ações para promover continuadamente a melhoria do desempenho do processo.

A Norma ABNT NBR ISO 9001:2008[6] dá os requisitos para um sistema de gestão da qualidade, quando uma organização: (a) necessita demonstrar sua capacidade de fornecer produtos que atendam, de forma consistente, aos requisitos do cliente, requisitos estatutários e requisitos regulamentares aplicáveis; (b) pretende aumentar a satisfação do cliente por meio da aplicação eficaz do sistema, incluindo processos para melhoria contínua do sistema, e assegurar a conformidade com os requisitos do cliente e os requisitos estatutários e regulamentares aplicáveis. Uma nova versão da norma 9001 – ABNT NBR ISO 9001:2015 – foi publicada em 30/09/2015. Por consequência, as alterações da norma que envolvem aspectos de biossegurança devem ser consideradas.

Norma ABNT NBR ISO 14001:2004[7] – Sistemas da gestão ambiental – Requisitos com orientações para uso

Ter e demonstrar desempenho ambiental correto pelo controle dos impactos de suas atividades, produtos e serviços, sobre o meio ambiente, é uma preocupação demonstrada por organizações de todos os tipos. As normas de gestão ambiental têm como objetivo dar às organizações os elementos de um sistema da gestão ambiental (SGA) que possam ser integrados a outros requisitos da gestão, ajudando-as a alcançarem seus objetivos ambientais e econômicos.

A Norma ABNT NBR ISO 14001:2004[7] fornece os requisitos para que um sistema da gestão ambiental capacite uma organização a desenvolver e implementar uma política e objetivos que levem em conta requisitos legais e outros requisitos por ela subscritos, e informações sobre os aspectos ambientais significativos. Aplica-se aos aspectos ambientais que a organização identifica como aqueles que possa controlar e aqueles que possa influenciar.

O modelo de sistema da gestão ambiental para esta Norma tem por base o PDCA. Um sistema como este permite a uma organização desenvolver uma política ambiental, estabelecer objetivos e processos para atingir os comprometimentos da política, agir, conforme necessário, para melhorar seu desempenho e demonstrar a conformidade do sistema com os requisitos dessa Norma, cuja finalidade geral é equilibrar a proteção ambiental e a prevenção de poluição com as necessidades socioeconômicas.

A Norma ABNT NBR ISO 14001:2004[7] é aplicável a qualquer organização que pretenda: (a) estabelecer, implementar, manter e aprimorar um sistema da gestão ambiental; (b) assegurar-se da conformidade com sua política ambiental definida; e (c) demonstrar conformidade com essa Norma ao fazer uma autoavaliação ou autodeclaração; ou buscar confirmação de sua conformidade por partes que tenham interesse na organização (clientes, por exemplo); ou buscar confirmação de sua autodeclaração por meio de uma organização externa; ou buscar certificação/registro de seu sistema da gestão ambiental por uma organização externa.

Os requisitos do sistema da gestão ambiental propostos na Norma ABNT NBR ISO 14001:2004[7] estruturam-se, na Seção 4, como: 4.1 – Requisitos gerais; 4.2 – Política ambiental; 4.3 – Planejamento; 4.4 – Implementação e operação; 4.5 – Verificação; e 4.6 – Análise pela administração.

FERRAMENTAS PARA MANUTENÇÃO E MELHORIA CONTÍNUA DA QUALIDADE E MÉTODO DE SOLUÇÃO DE PROBLEMAS

O diagrama de Pareto, o diagrama de causa e efeito, a estratificação, a folha de verificação, o histograma, o diagrama de dispersão e o gráfico de controle têm sido considerados as ferramentas clássicas da qualidade. Além delas, o fluxograma, o *brainstorming* e os métodos de solução de problemas têm sido usados na manutenção e na melhoria contínua da qualidade. Essas ferramentas têm como características a relativa simplicidade e a objetividade[8,9,11,12,14,25-27].

Tem sido apontado que, com vistas à qualidade, o ideal (necessário) é fazer certo na primeira vez, e cada vez melhor. Melhoria contínua é fazer melhor a cada vez.

Ao empregar ferramentas para manutenção e melhoria da qualidade, é preciso, no entanto, selecioná-las e usá-las para os fins específicos. É engano imaginar que todas devam ser usadas em relação a todos os problemas. O fluxograma, por exemplo, pode ser útil para identificar problemas. Por outro lado, para selecionar e priorizar os problemas da qualidade, é possível, além do fluxograma, o emprego da folha de verificação e do diagrama de Pareto.

Brainstorming

Literalmente, *brainstorming* significa tempestade cerebral, mas em termos técnicos, representa "geração de ideias". É uma ferramenta para auxiliar um grupo de pessoas a criar ideias para a solução de problemas específicos. Participam do *brainstorming* 6 a 12 pessoas – lideradas por um coordenador e um secretário –, às quais é informado o motivo do problema a ser estudado. As regras envolvem algumas condições básicas. As ideias formuladas não são criticadas. Sua apresentação é feita sem inibição, de forma simples e sem elaboração. Quanto maior o número, maiores as chances de ocorrerem boas ideias. As ideias potencialmente interessantes são selecionadas, aperfeiçoadas, justificadas e aplicadas visando à melhoria desejada[18,25].

Fluxograma

O fluxograma identifica as etapas/atividades de um processo. O fluxograma de um processo administrativo de atendimento médico é exemplificado na Figura 1. Ele aponta solução para todas as alternativas. Portanto, pode ser utilizado para apontar não conformidades e propor correção cabível, tendo por base uma situação ideal alternativa visando melhorias no processo e, consequentemente, na qualidade do que está sendo produzido[8,9,25].

Diagrama de Pareto

O diagrama de Pareto é usado para evidenciar a importância relativa entre vários problemas, os quais, por sua vez, devem ser resolvidos prioritariamente a partir de dados obtidos de fontes de coleta, como da folha de verificação[25,26].

Problemas da qualidade aparecem sob a forma de perdas (itens defeituosos e seus custos), sendo fundamental conhecer a forma de sua distribuição. A maioria decorre de poucos tipos de defeito, que podem ser atribuídos a um pequeno número de causas. Se as causas desses poucos defeitos (vitais) forem identificadas, pode-se eliminar quase todas as perdas e concentrar-se nas causas principais, pondo de lado, inicialmente, os outros defeitos (muitos e triviais). O diagrama de Pareto tem o mérito de auxiliar na resolução desse tipo de problema[26].

Várias etapas compõem a construção de um diagrama de Pareto, indicadas a seguir:

- Etapa 1: decidir quais problemas devem ser investigados e a forma de coleta de dados. Tem de ser selecionado o tipo de problema (por exemplo, itens defeituosos, perdas monetárias, ocorrência de acidentes etc.), os dados necessários e sua classificação (por exemplo, por tipo de defeito, localização, processo, máquina, operador, método etc.), com os itens de menor frequência sendo agrupados em "outros". O método de coleta de dados e o período experimental devem ser determinados.
- Etapa 2: construir uma folha de verificação com listagem, contagem, registros e cálculo de dados por tipo de defeito, como ilustrado na Tabela 1.
- Etapa 3: preparar a planilha de dados com itens, totais individuais, totais acumulados, porcentagens sobre o total geral e porcentagens acumuladas, como mostrado na Tabela 2. O item "outros" deve ficar na última linha, independentemente de seu valor, porque é um grupo no qual cada item que o compõe é menor que os demais.
- Etapa 4: elaborar o gráfico do diagrama de Pareto, como mostrado na Figura 2, traçando dois eixos verticais e um horizontal. No eixo vertical esquerdo, a escala irá de zero até o valor total geral (200), correspondendo à quantidade de itens defeituosos. No eixo vertical direito, a escala irá de 0 a 100%, correspondendo à porcentagem acumulada. O eixo horizontal é dividido em intervalos iguais correspondentes aos itens classificados por tipos de defeito (deformação, risco etc.).
- Etapa 5: construir o diagrama de barras.
- Etapa 6: desenhar a curva de Pareto (curva acumulada), marcando os valores acumulados até cada item (total acumulado ou porcentagem acumulada) sobre o lado direito do respectivo intervalo, e ligando os pontos.
- Etapa 7: completar o diagrama, introduzindo o título correspondente, a quantidade de itens inspecionados, o período experimental e o local.

Diagrama de causa e efeito

O resultado de um processo é atribuído a um número muito grande de fatores, entre os quais pode ser encontrada uma relação de causa e efeito, que será útil para medidas corretivas. O diagrama de causa e efeito foi idealizado para chegar à relação entre o "efeito" e todas as possíveis "causas" que o afetam. Esta ferramenta é também denominada diagrama de Ishikawa, seu criador, ou ainda de espinha de peixe, em razão de seu formato (Figura 3), por lembrar a organização óssea de peixes[25,26].

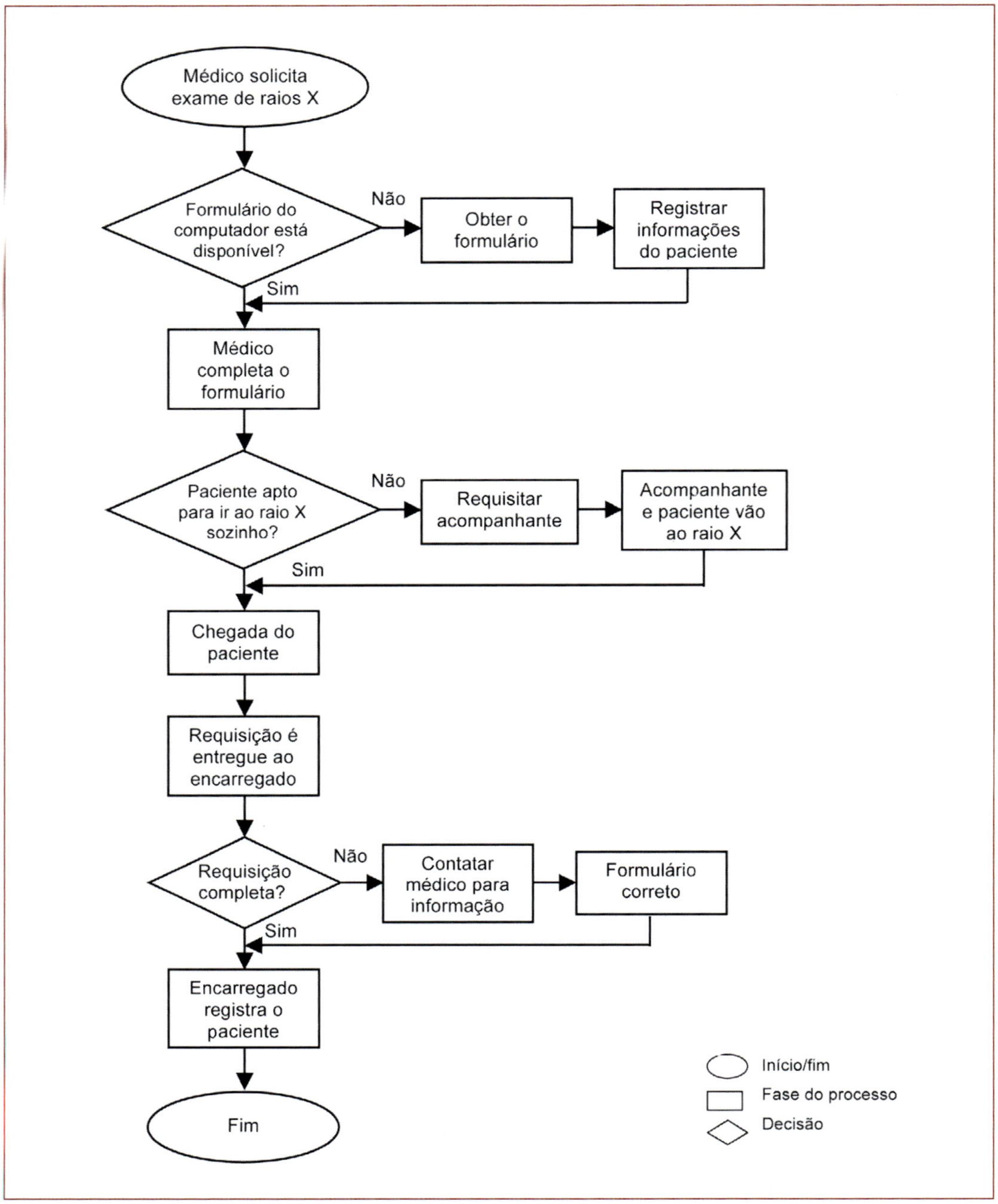

Figura 1. Atendimento médico-administrativo.
Fonte: Brassard (1992)[25].

Tabela 1. Folha de verificação: contagem de dados

Tipo de defeito	Verificação	Total
Trinca	IIIII IIIII	10
Risco	IIIII IIIII IIIII IIIII ... II	42
Mancha	IIIII I	6
Deformação	IIIII IIIII IIIII IIIII ... IIII	104
Fenda	IIII	4
Porosidade	IIIII IIIII IIIII IIIII	20
Outros	IIIII IIIII IIII	14
Total	-	200

Fonte: adaptada de Kume (1993)[26].

No diagrama, o "efeito" aparece à direita e as "causas" são colocadas à esquerda. Para cada efeito, inúmeras causas podem ser apontadas, em geral agrupadas em categorias denominadas 4M ou 6M, derivadas de mão de obra, máquina etc. (Figura 3), dependendo da área. Concretamente, o número e a denominação dados às categorias usadas, sob as quais as causas estão agrupadas, variam e estarão sempre relacionados com as causas específicas[8,14,25,26].

A construção do diagrama de causa e efeito passa por etapas bem definidas de organização específica[8,25,26]:

Tabela 2. Planilha de dados para construção do diagrama de Pareto

Tipo de defeito	Quantidade de defeitos	Total acumulado	Total geral (%)	Acumulada (%)
Deformação	104	104	52	52
Risco	42	146	21	73
Porosidade	20	166	10	83
Trinca	10	176	5	88
Mancha	6	182	3	91
Fenda	4	186	2	93
Outros	14	200	7	100
Total	200	-	100	-

Fonte: Kume (1993)[26].

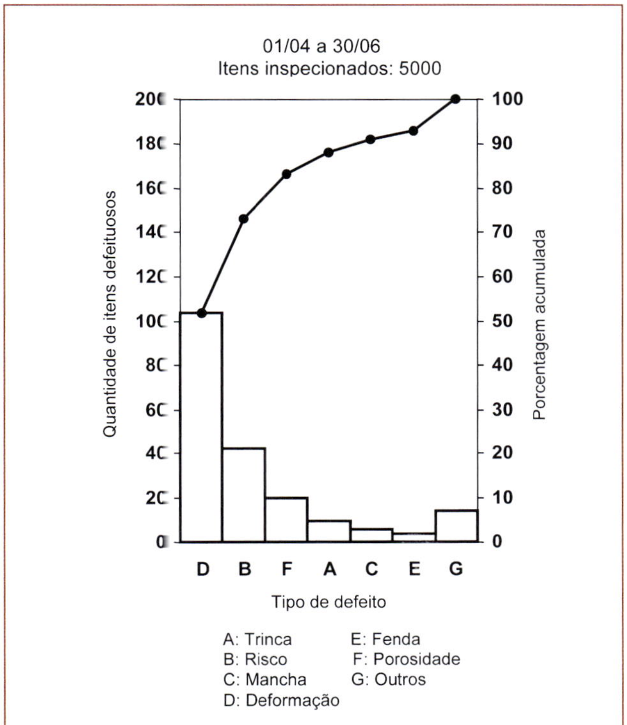

Figura 2. Gráfico de Pareto por itens defeituosos.
Fonte: Kume (1993)[26].

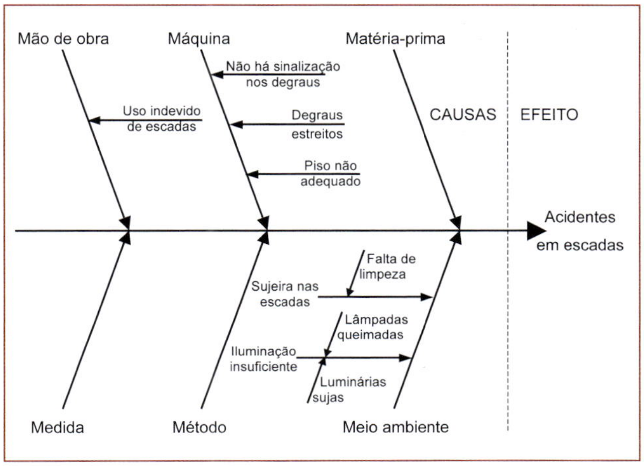

Figura 3. Diagrama de causa e efeito.
Fonte: Silva (1994)[14].

- Etapa 1: a primeira preocupação é o estabelecimento claro do problema a ser investigado – o efeito – em termos do que seja, onde ocorre, quando ocorre e sua extensão.
- Etapa 2: encontrar com o *brainstorming* o maior número possível de causas que contribuam para o efeito. As informações desvinculadas do problema que surgirem são eliminadas.
- Etapa 3: construção do diagrama, colocando à direita o problema já definido, à esquerda as categorias de causas – mão de obra, máquina etc. – ou quaisquer outras que auxiliem na organização das causas e subcausas correspondentes mais importantes, e transcrevendo as causas e subcausas resultantes do *brainstorming*.
- Etapa 4: identificadas as causas e subcausas mais prováveis, definir as ações corretivas visando eliminar as causas e subcausas, cessando o efeito (problema) mediante um plano de ação.

Estratificação

Estratificação é uma técnica simples e útil para análise de dados, desembaraçando informações e analisando separadamente os fatos. Aplica-se nas situações em que os dados mascaram os fatos reais. Por exemplo, os registros de pequenos acidentes que ocorreram em determinada organização podem estar feitos num gráfico simples, sem que se saiba se eles estão aumentando ou não. Ocorre, no entanto, que o somatório desses acidentes corresponde ao tipo (ferimentos leves, queimaduras etc.), ao local afetado (olho, mãos etc.) e ao local de trabalho ou departamento (manutenção, expedição etc.) (Figura 4). Os dados, então, são estratificados, decompostos em categorias mais significantes, permitindo ação corretiva mais efetiva[25].

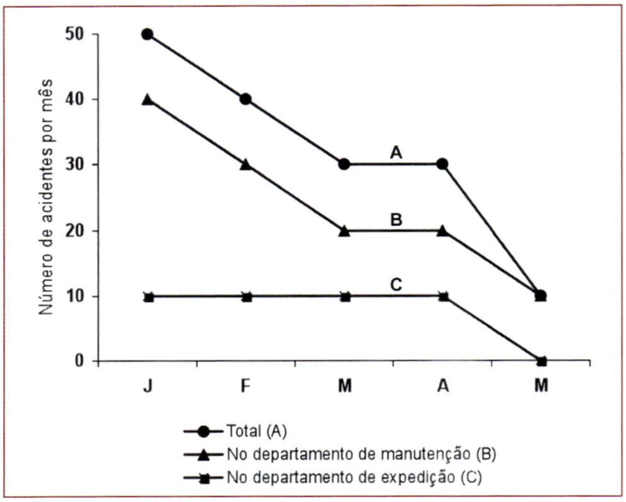

Figura 4. Acidentes registrados numa organização.
Fonte: adaptada de Brassard (1992)[25].

Folha de verificação

A folha de verificação é um formulário impresso com itens a serem verificados, que permite que as informações possam ser coletadas fácil e objetivamente. Tem a finalidade também de organizar os dados obtidos simultaneamente à coleta, para uso posterior. A coleta e o registro dos dados são de fácil entendimento, mas requerem capacitação operacional adequada e atenção devida na execução da tarefa[26].

O emprego da folha de verificação costuma ser o ponto de partida na maioria das ações voltadas à solução de problemas. A folha de verificação informa quanto à frequência com que determinado evento ocorre. Sua elaboração obedece a uma série de critérios. Inicialmente, tem de ser estabelecido exatamente o evento a ser avaliado, assim como o período experimental no qual as informações serão obtidas. Por óbvio, o formulário deve ser apropriado e permitir fácil manuseio. A coleta dos dados tem de ser consistente e atenciosa, realizada conforme as instruções do plano de ação previamente estabelecido[25]. Na Tabela 1, consta um exemplo de aplicação da folha de verificação, cujos dados serviram na elaboração e na análise do diagrama de Pareto.

Histograma

Como ferramenta da qualidade, o histograma permite que se conheça a distribuição de dados por gráfico de barras com certo número de unidades por cada categoria. O histograma determina quanto de variação existe em um processo, por meio de medições de dados correspondentes a variáveis de interesse[25,26]. Tipicamente tem a forma ilustrada na Figura 5. A curva mostrada tem distribuição normal e tem a forma de sino, superpondo-se ao gráfico de barras.

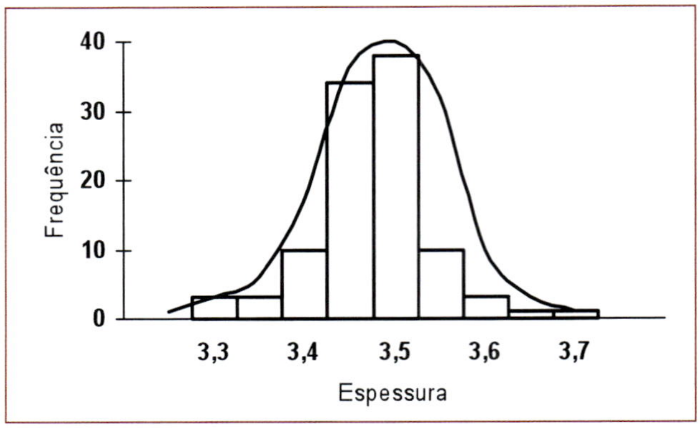

Figura 5. Histograma.
Fonte: Brassard (1992)[25].

A curva normal indica que a maioria das medidas feitas concentra-se em torno da medida central. Além disso, as demais distribuem-se igualmente em cada lado da medida central. Várias amostras aleatórias de dados sob controle estatístico seguem o modelo da "curva do sino". Outras formas ocorrem, observando-se um acúmulo de dados em pontos afastados da medida central, conhecidas como "inclinadas". É preciso cuidado para não chegar a curvas (do sino ou inclinada) aparentes. Deve ser visto se a distribuição atende à especificação e, em caso negativo, determinar o quanto a curva está "fora", ou seja, medir a variabilidade[25,26].

As etapas para a construção de um histograma são as que se seguem[25]:

- Etapa 1: coleta de dados. Como exemplo, a medição de espessura de um produto gerado num processo é feita 125 vezes, cujos resultados são mostrados no Quadro 1.

Quadro 1. Resultados de medição de espessura de um produto

9,9	9,3	10,2	9,4	10,1	9,6	9,9	10,1	9,8
9,8	9,8	10,1	9,9	9,7	9,8	9,9	10,0	9,6
9,7	9,4	9,6	10,0	9,8	9,9	10,1	10,4	10,0
10,2	10,1	9,8	10,1	10,3	10,0	10,2	9,8	10,7
9,9	10,7	9,3	10,3	9,9	9,8	10,3	9,5	9,9
9,3	10,2	9,2	9,9	9,7	9,9	9,8	9,5	9,4
9,0	9,5	9,7	9,7	9,8	9,8	9,3	9,6	9,7
10,0	9,7	9,4	9,8	9,4	9,6	10,0	10,3	9,8
9,5	9,7	10,6	9,5	10,1	10,0	9,8	10,1	9,6
9,6	9,4	10,1	9,5	10,1	10,2	9,8	9,5	9,3
10,3	9,6	9,7	9,7	10,1	9,8	9,7	10,0	10,0
9,5	9,5	9,8	9,9	9,2	10,0	10,0	9,7	9,7
9,9	10,4	9,3	9,6	10,2	9,7	9,7	9,7	10,7
9,9	10,2	9,8	9,3	9,6	9,5	9,6	10,7	

- Etapa 2: determinação da amplitude (R): é feita pela subtração do menor valor da tabulação em relação ao maior valor, que, no presente caso, é de 1,7 (10,7 – 9,0 = 1,7).
- Etapa 3: determinação do número de classes (K): é a divisão do valor de amplitude (R) em certo número de classes. Isso fornece indicação aproximada para determinação razoável de K. A partir do número de valores da tabulação (n = 125), abaixo de 50, entre 50 e100, entre 100 e 250 ou acima de 250, aceita-se como K correspondente entre 5 e 7, 6 e 10, 7 e 12, 10 e 20, respectivamente. Os 125 valores tabulados podem, então, ser divididos em 7 a 12 classes; para efeito do exemplo adotado, será usado K = 10.
- Etapa 4: determinação do intervalo de classe (H): é feita segundo a fórmula H = R/K, resultando em H = 1,7/10 = 0,17. Como na maioria dos casos é conveniente arredondar o resultado para o decimal acima, optou-se pelo valor de H = 0,20.
- Etapa 5: determinação do limite da classe ou pontos-limites: toma-se a menor medida tabulada, arredondada para um valor apropriadamente menor, se for o caso, como valor inferior da primeira classe, que, no caso, é 9,00. A esse número é adicionado o valor de intervalo de classe (H = 0,20): 9,00 + 0,20 = 9,20. Chega-se, assim, ao limite inferior da próxima classe, que se iniciará em 9,20. A primeira classe compreenderá 9,00 e acima sem incluir 9,20: 9,00 a 9,19. A segunda classe começará em 9,20 envolvendo valores acima, mas não incluindo 9,40. Consecutivamente, deve-se somar 0,20 (intervalo de classe) a cada limite de classe inferior, até que o número de classes (K) escolhido (10) seja obtido.
- Etapa 6: construção de tabela de frequências (por exemplo, Tabela 3): é feita com base em valores computados no item anterior (por exemplo, número de classes, intervalos de classes, limites de classe).

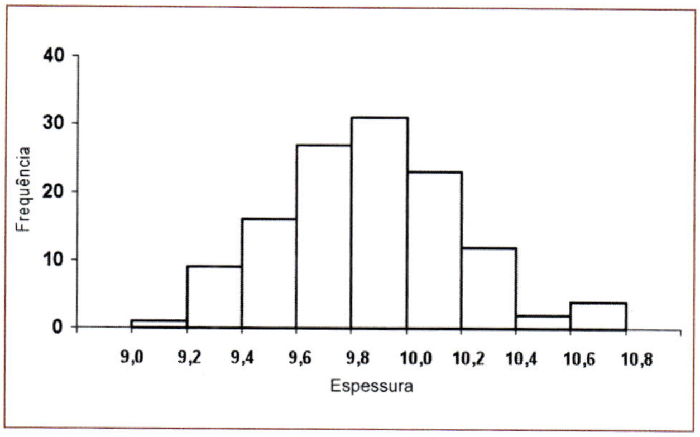

Figura 6. Histograma.
Fonte: Brassard (1992)[25].

- Etapa 7: construção do histograma: é feita com base na tabela de frequências (Tabela 3). O histograma em apreço é apresentado na Figura 6.
- Etapa 8: interpretação do histograma: a importância diagnóstica do histograma revela-se pela visão geral da variação dada em relação a um conjunto de dados. O número de classes mostra a visibilidade do modelo. Alguns processos são naturalmente inclinados; portanto, a expectativa de curva na forma de sino pode não se concretizar.

Diagrama de dispersão

O diagrama de dispersão tem sido empregado para estudar a possível relação de causa e efeito entre duas variáveis. O diagrama caracteriza a relação e aponta sua intensidade, o que não significa que uma variável afete a outra, ou seja, uma é a causa da outra[25,26]. A compreensão da relação entre as variáveis de interesse depende da construção do referido diagrama, cuja forma caracteriza-se por um eixo horizontal, também chamado de eixo x, e um eixo vertical, ou eixo y, no qual os dados são insertos. Estabelece-se o diagrama por etapas[26]:

Tabela 3. Tabela de frequências

Classe	Limites de classe	Ponto médio	Frequência	Total
1	9,00-9,19	9,1	I	1
2	9,20-9,39	9,3	IIIII IIII	9
3	9,40-9,59	9,5	IIIII IIIII IIIII I	16
4	9,60-9,79	9,7	IIIII IIIII IIIII IIIII IIIII II	27
5	9,80-9,99	9,9	IIIII IIIII IIIII IIIII IIIII IIIII I	31
6	10,0-10,19	10,1	IIIII IIIII IIIII IIIII III	23
7	10,20-10,39	10,3	IIIII IIIII II	12
8	10,40-10,59	10,5	II	2
9	10,60-10,79	10,7	IIII	4
10	10,80-10,99	10,9		0

Fonte: Brassard (1992)[25].

- Etapa 1: coleta de dados. Em número mínimo aconselhável de 30, coletar os dados em pares (x, y), organizando-os em tabela.
- Etapa 2: encontrar os valores mínimos e máximos de x e y, definir as escalas dos eixos x e y, cuidando para que tenham o mesmo comprimento, e determinar para os eixos x e y entre 3 e 10 divisões para as unidades da escala de graduação, utilizando números inteiros. Quando duas variáveis consistirem em um fator e uma característica da qualidade, usar o eixo x para o primeiro e o eixo y para a última.
- Etapa 3: processar os dados, marcando-os em papel milimetrado ou com recursos de informática. Quando os mesmos valores de dados forem obtidos a partir de diferentes observações, eles são apresentados por meio de círculos concêntricos ou marcando o segundo ponto rente ao primeiro.
- Etapa 4: completar as informações do diagrama com o título, o período experimental, a quantidade de pares de dados, a denominação e a unidade de medida de cada eixo, e o nome do responsável.

A distribuição global obtida dos pares de dados é interpretada a partir do diagrama de dispersão. A ocorrência de pontos atípicos deve ser registrada. Qualquer ponto afastado do grupo principal pode ser indicativo de erros na medição ou no registro de dados, inclusive podendo ser a causa de mudança operacional. Os pontos suspeitos devem ser excluídos da análise de correlação e paralelamente avaliados quanto à sua ocorrência e as causas que os provocaram.

Vários tipos de dispersão ocorrem. Quando y aumenta com x, fica estabelecida uma correlação positiva. Quando x aumenta e y diminui, a correlação é negativa. Não há correlação quando x e y não apresentam relação específica entre si. A força da relação entre x e y num diagrama de dispersão é dada pelo coeficiente de correlação (r) (cuja definição e expressão matemática foram omitidas aqui), que está no intervalo $-1 \leq r \leq +1$. Se o valor absoluto de r for maior que 1, houve erro de cálculo e este último tem de ser refeito. No caso de forte correlação positiva, r atinge um valor próximo de +1; analogamente, numa forte correlação negativa, o valor de r está próximo de -1. Isto é, quando o r está próximo de 1, há a indicação de forte correlação entre x e y; quando o r está próximo de zero, a correlação é fraca. Exemplos de diagramas de dispersão envolvendo correlações positivas ou negativas, fortes ou potenciais, e ausência de correlação são indicados na Figura 7.

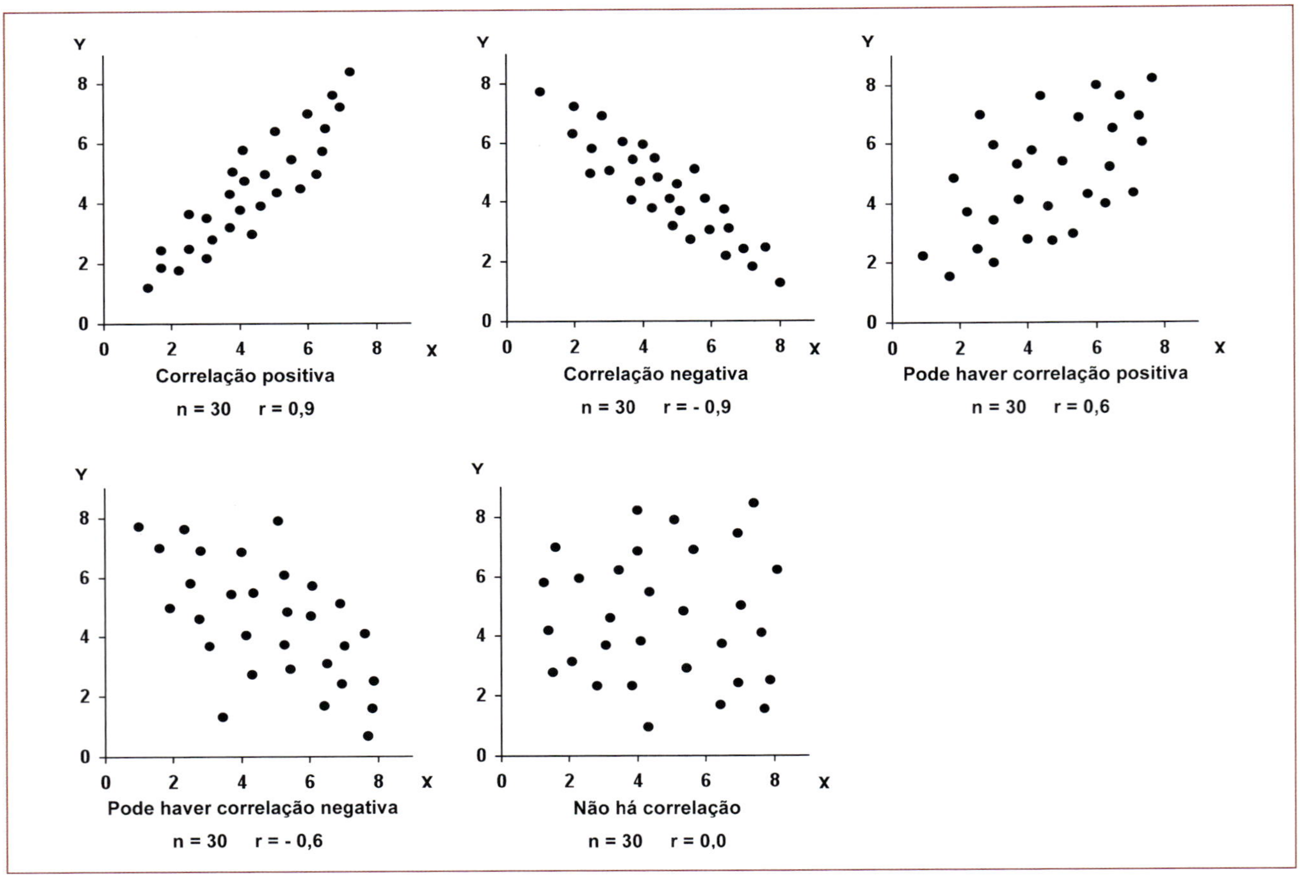

Figura 7. Diagramas de dispersão.
Fonte: Kume (1993)[26].

Gráficos de controle

Um gráfico de controle é um conjunto de três linhas definidas como limite superior de controle (LSC), linha central ou média e limite inferior de controle (LIC). É um gráfico de acompanhamento. Os dados insertos no gráfico definem em que estado se encontra o processo. Se estiverem dentro do LSC e do LIC, e sem tendências particulares, o processo estará sob controle. Se esses dados se posicionarem fora dos referidos limites de controle ou mostrarem disposição atípica, aí então o processo é considerado fora de controle (Figura 8)[25,26].

A qualidade de um produto obtido num processo inevitavelmente está sujeita à variação decorrente de várias causas. Estas podem ser classificadas em dois tipos – causas aleatórias (ou comuns) e causas assinaláveis (ou especiais). A variação originária de causas aleatórias é inevitável, mesmo quando o processo opera em condições padronizadas. Por outro lado, a variação provocada por causas assinaláveis significa a existência de fatores relevantes no processo a serem investigados. As causas assinaláveis são evitáveis e não podem ser negligenciadas. A incidência de pontos fora dos limites de controle ou que mostrem tendência particular equivale à existência de causas assinaláveis de variação e, portanto, o processo não está controlado. Para controlar um processo, as causas assinaláveis devem ser eliminadas e sua repetição evitada; as variações decorrentes de causas aleatórias são admissíveis[25,26].

A construção de um gráfico de controle envolve a estimativa da variação originária de causas aleatórias. Para isso, os dados são subdivididos em subgrupos nos quais os lotes de matérias-primas, as máquinas, os operadores e outros fatores sejam comuns. Isso é feito para que a variação dentro de cada subgrupo possa ser considerada aproximadamente igual à variação devida a causas aleatórias[26].

Em qualquer tipo de gráfico de controle, os limites superior e inferior de controle são calculados como: (valor médio) ± 3 × (desvio padrão). O desvio padrão é o da variação decorrente de causas aleatórias. Esse tipo de gráfico é denominado gráfico de controle 3-sigma. Vários tipos de gráfico de controle têm tido o uso recomendado. Por exemplo, o gráfico $\bar{x} - R$ (média e amplitude) é o tipo usado para controlar e analisar um processo com valores contínuos da qualidade do produto, como o comprimento, o peso e a concentração. O gráfico *pn* e o gráfico *p* são empregados quando a característica da qualidade é dada pelo número de itens defeituosos ou fração defeituosa; no caso de amostras de tamanho constante, é usado um gráfico *pn* do número de itens defeituosos, enquanto um gráfico *p* da fração defeituosa é utilizado para amostras de tamanho variável. Já o gráfico *c* e o gráfico *u* são destinados ao controle e à análise de um processo por meio dos defeitos de um produto, como riscos em metal revestido, número de soldas defeituosas em um aparelho de televisão e irregularidades na trama de tecidos. Um gráfico *c* do número de defeitos é usado para um produto de tama-

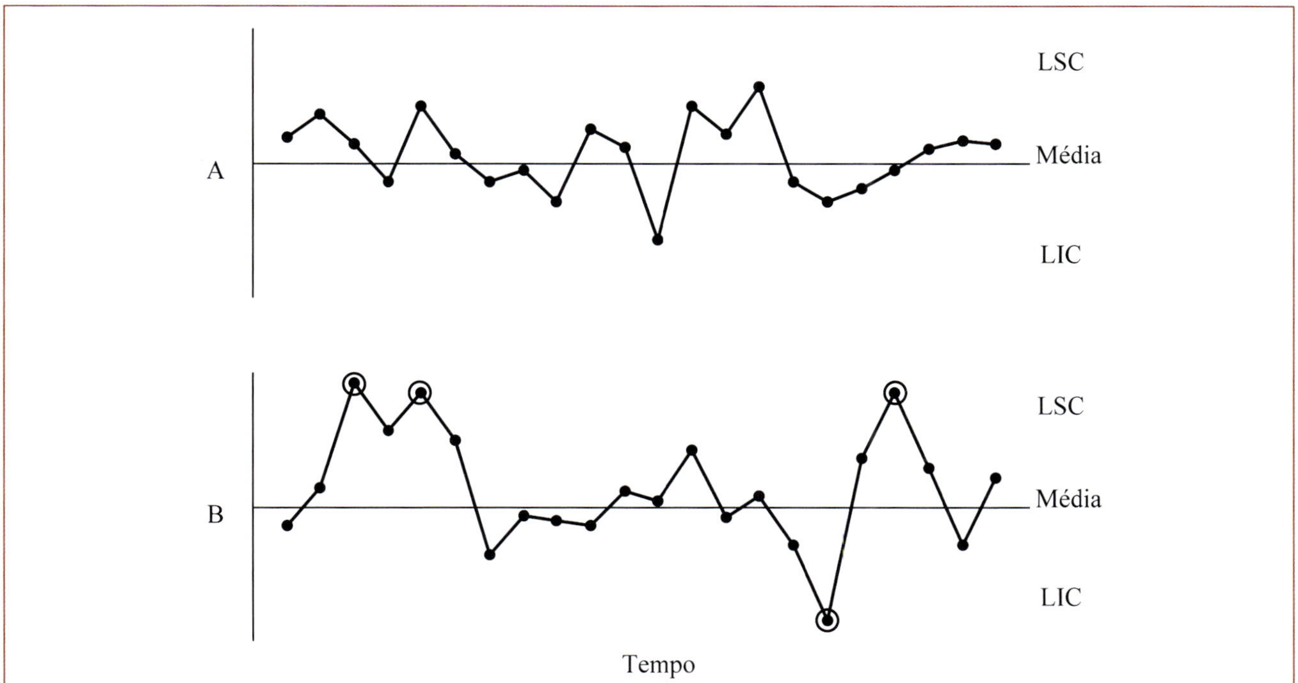

Figura 8. Gráficos de controle para processo sob controle (A) e fora de controle (B).
Fonte: Kume (1993)[26].

nho constante, enquanto um gráfico *u* é empregado no caso de um produto de tamanho variável[26].

Conhecer exatamente como um processo está funcionando depende da interpretação do gráfico de controle. A interpretação dos resultados é seguida de imediata ação corretiva, se necessária. Em determinado processo sob controle, a média e a variação não mudam. O processo é considerado sob controle ou não por vários critérios, a partir do gráfico de controle[26]:

- Critério 1 – fora dos limites de controle: os pontos estão fora dos limites de controle.
- Critério 2 – sequência: é a incidência de pontos consecutivos em um dos lados da linha média, e o número de pontos é denominado comprimento. Um comprimento de sequência de sete pontos é considerado anormal. Ainda que menor que seis pontos, o comprimento de sequência é anormal nas seguintes situações:
  - pelo menos 10 de 11 pontos consecutivos incidem no mesmo lado da linha média;
  - pelo menos 12 de 14 pontos consecutivos incidem no mesmo lado da linha média; e
  - pelo menos 16 de 20 pontos consecutivos incidem no mesmo lado da linha média.
- Critério 3 – tendência: quando os pontos formam uma linha contínua, ascendente ou descendente, é dito que apresentam uma tendência.
- Critério 4 – proximidade dos limites de controle: é a observação de pontos próximos dos limites de controle 3-sigma. Se 2 de 3 pontos consecutivos incidem além das linhas 2-sigma, é considerado anormal.
- Critério 5 – proximidade da linha média ou central: quando a maioria dos pontos está posicionada entre as linhas 1,5-sigma (as duas faixas entre a linha média e cada uma das linhas 1,5-sigma), isso se deve a uma maneira não adequada na formação de subgrupos. A proximidade da linha central não significa um processo sob controle, mas uma mistura de dados de diferentes populações em um único subgrupo, o que torna o intervalo entre os limites de controle muito amplo. Nesse caso, é preciso mudar a maneira de formar os subgrupos.
- Critério 6 – periodicidade: é anormal quando os pontos traçam repetidamente uma tendência para cima e para baixo em intervalos quase sempre iguais.

Método de solução de problemas

Planejar a qualidade é estabelecer seus padrões com o objetivo de satisfazer as pessoas, mantê-la significa a manutenção desses padrões e melhorá-la representa o estabelecimento de novos padrões da qualidade. Tanto

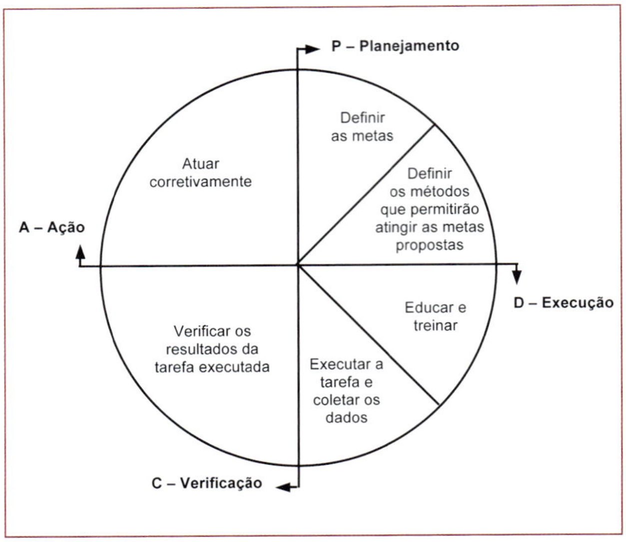

Figura 9. Ciclo PDCA.
Fonte: Brassard (1992)[25].

para manter como para melhorar a qualidade, usa-se o método de solução de problemas; no primeiro caso, para eliminar os desvios crônicos; no segundo, para redirecionar o processo[11].

O método de solução de problemas tem por base o ciclo PDCA. Tem a representação de um círculo para indicar sua ação contínua de melhoria (Figura 9)[11,25].

Os propósitos do PDCA envolvem um planejamento participativo, a fim de que todos os envolvidos se comprometam com ele. É essencial que as metas sejam definidas e a metodologia para atendê-las seja competente e proporcione o alcance dos objetivos. A fase de execução do que foi planejado tem como base a capacitação das pessoas para o trabalho programado. Nessa fase, os dados derivados das tarefas executadas são coletados. A partir deles, é feita a comparação dos resultados, entre o que foi realizado e o que tinha sido planejado. Segue-se então a fase de ação corretiva, destinada a corrigir desvios observados na fase de verificação, envolvendo, inclusive, novo planejamento (reinício do PDCA).

Deve-se ressaltar a diferença entre o método e a ferramenta. O primeiro é uma sequência lógica para atingir a meta a ser alcançada; a segunda é o recurso usado no método. Não é suficiente conhecer apenas as ferramentas, como as sete ferramentas tradicionais da qualidade mencionadas anteriormente, se não houver o domínio do método. Tem sido considerado erroneamente que as sete ferramentas da qualidade servem para a solução de problemas. Na verdade, o que resolve problemas é o método, com o auxílio das ferramentas[11].

O método de solução de problemas envolve um fluxograma composto das fases: identificação do problema, observação, análise, plano de ação, ação, veri-

PDCA	Fluxograma	Fase	Objetivo
P	1	Identificação do problema	Definir claramente o problema e reconhecer sua importância
	2	Observação	Investigar as características específicas do problema com uma visão ampla e sob vários pontos de vista
	3	Análise	Descobrir as causas fundamentais
	4	Plano de ação	Conceber um plano para bloquear as causas fundamentais
D	5	Verificação	Bloquear as causas fundamentais
C	6	Ação	Verificar se o bloqueio foi efetivo
	? (Não → 2; Sim → 7)	(Bloqueio foi efetivo?)	
A	7	Padronização	Prevenir contra o reaparecimento do problema
	8	Conclusão	Recapitular todo o processo de solução do problema para trabalho futuro

Figura 10. Método de solução de problemas.
Fonte: Campos (1992)[11].

ficação, padronização e conclusão, além dos objetivos correspondentes, ajustados à dinâmica do PDCA (Figura 10). Posteriormente, cada uma dessas oito fases são, então, detalhadas e estudadas, com auxílio das diferentes ferramentas cabíveis, para obter solução do problema escolhido[11].

A BIOSSEGURANÇA VISTA COMO ITEM DA QUALIDADE

A biossegurança visa tanto quanto possível eliminar riscos inerentes gerados em diferentes atividades, nas quais pode ocorrer o comprometimento da saúde do homem, de animais e do meio ambiente[1]. Sendo os problemas de biossegurança questões da qualidade, ações de biossegurança devem fazer parte do conjunto de ações voltadas ao gerenciamento da qualidade como um todo. Para isso, é fundamental a existência de um programa da qualidade formalmente implantado.

A Qualidade Total, o 5S e o HACCP foram objetivamente considerados programas capazes de atender aos propósitos da qualidade, incluindo questões de biossegurança. Sem dúvida, outros programas existem e podem ser também indicados nesse sentido. Aos programas citados incorporam-se favoravelmente as boas práticas, as normas e os procedimentos destinados à manutenção e à melhoria da qualidade.

O programa da Qualidade Total é o mais amplo sistema gerencial, contemplando todos os aspectos que envolvem a qualidade. Há um enfoque principal em relação aos clientes – internos (funcionários) e externos (consumidores finais) – por definição, dependendo da satisfação de ambos a existência da organização. Contudo, todos os demais princípios são igualmente importantes, sem os quais a organização não teria como chegar à satisfação de seus clientes.

Os princípios para a gestão do programa sugerem, como filosofia de trabalho a ser seguida, que qualquer organização pode perfeitamente atingir a Qualidade Total em sua plenitude, independentemente do tamanho e da complexidade que possa ter. Independe também do tipo de atividade, seja em laboratório de pesquisa, na produção industrial, no ensino, na prestação de serviços, em processos tecnológicos etc.

O 5S é um programa de menor complexidade, voltado para o ambiente de trabalho, que dá sustentação a programas da qualidade e produtividade. Sua implantação tem sido sugerida como fundamental para o programa da Qualidade Total. A implantação do 5S pode ser mais apropriadamente feita antes da implantação da Qualidade Total, não sendo contraindicado que isso possa ocorrer de forma paralela. A versatilidade do programa permite a escolha da terminologia e a interpretação dos sensos correspondentes a cada *S*, com base nas necessidades reais da organização.

O HACCP é menos complexo que o 5S. Identifica perigos específicos e aponta medidas preventivas para seu controle. Tem o objetivo de controlar os pontos críticos de maior potencialidade, para afastar a possibilidade de que a qualidade como um todo possa ser afetada. Caracteristicamente, esse programa tem como pré-requisito a existência de normas operacionais, conhecidas como boas práticas, as quais, não sendo totalmente eficientes sob o aspecto da qualidade, podem ser controladas pelo HACCP.

A Qualidade Total, o 5S e o HACCP podem estar implantados isoladamente ou no conjunto, de forma perfeita e compatível. Independentemente do programa implantado, o importante é que ele satisfaça plenamente a demanda existente numa organização.

Por sua vez, a Norma ABNT NBR ISO 9001:2008 cuida da gestão de sistemas e garantia da qualidade. Não é preciso haver programa da qualidade formalmente implantado para que uma organização tenha seu sistema de garantia da qualidade representado por esta Norma, desde que seja esta a demanda específica da referida organização. O mesmo pode ser dito em relação à ABNT NBR ISO 14001:2004[7], cuja finalidade serve aos propósitos específicos da qualidade do meio ambiente. As Normas ABNT NBR ISO 9001:2008[6] e 14001:2004[7] apresentam outra característica. As organizações que as adotam o fazem para demonstrar externamente capacitação inerente, ostentando isso por meio da certificação correspondente. É uma forma de posicionamento no mercado, sobretudo internacional, em muitos casos.

Quanto ao método de solução de problemas, ele é fundamental para a manutenção da qualidade existente, ao permitir que desvios crônicos sejam eliminados. É essencial também no redirecionamento do processo, com o estabelecimento de novos padrões da qualidade, isto é, permite a melhoria contínua da qualidade. O método em apreço só pode ser desenvolvido com o auxílio dos recursos representados pelas ferramentas da qualidade.

A gestão pela qualidade é desenvolvida em nível de processo. Um processo envolve pessoas, matérias-primas, máquinas e equipamentos, métodos, ambientes de trabalho etc. Compõe-se, portanto, de atividades, e gera produtos e/ou serviços. Sob a óptica da Qualidade Total, a organização é considerada um processo como um todo – um grande processo –, voltado ao atendimento das necessidades dos clientes. Considerando o fato de que são fundamentais a questão do tamanho e a complexidade do processo para que ele possa ser entendido plenamente a fim de ser monitorado e controlado, a organização se subdivide em processos produtivos e administrativos interligados adequadamente menores.

Apenas com o domínio sobre o processo é possível gerenciá-lo. Esse gerenciamento é traduzido pela capacidade de monitoramento e controle de variáveis que afetam a qualidade, além do perfeito e exato conhecimento das ações corretivas cabíveis que devam ser aplicadas.

CONSIDERAÇÕES FINAIS

É importante e oportuno considerar as ações de biossegurança no contexto da gestão da qualidade. A finalidade é garantir que atividades, produtos e serviços gerados em qualquer organização tenham a adequação esperada. O resultado final será o desempenho da biossegurança com a necessária competência.

REFERÊNCIAS BIBLIOGRÁFICAS

1. Brasil. Ministério do Meio Ambiente. Política nacional de biodiversidade. Brasília: MMA; 2000. 48p.
2. Nogueira RP. Perspectivas da qualidade em saúde. Rio de Janeiro: Qualitymark; 1994.
3. Costa MAF da. Biossegurança. Segurança química básica em biotecnologia e ambientes hospitalares. São Paulo: Livraria Santos; 1996.
4. Nogueira RP. Gestão da qualidade e biossegurança. In: Teixeira P, Valle S. Biossegurança. Uma abordagem multidisciplinar. Rio de Janeiro: Fiocruz, 1998. p. 65-74
5. Costa MAF da. Qualidade em biossegurança. Rio de Janeiro: Qualitymark; 2000.
6. Associação Brasileira de Normas Técnicas (ABNT). NBR ISO 9001:2008 Sistemas de gestão da qualidade – requisitos. Rio de Janeiro: ABNT; 2008.
7. Associação Brasileira de Normas Técnicas (ABNT). NBR ISO 14001:2004 Sistemas da gestão ambiental – requisitos com orientações para uso. Rio de Janeiro: ABNT; 2004.
8. Serviço Brasileiro de Apoio às Micro e Pequenas Empresas (SEBRAE). Qualidade total. Folha de S. Paulo. 1994.

9. Rangel A. Momento da qualidade. São Paulo: Atlas; 1995.
10. Juran JM. A função da qualidade. In: Juran JM, Gryna FM. Controle da qualidade. Conceitos, políticas e filosofia da qualidade. v. 1. Trad. Maria Cláudia de Oliveira. São Paulo: Makron Books do Brasil; 1991. p. 10-31.
11. Campos VF. TQC: controle da qualidade total (no estilo japonês). 4. ed. Belo Horizonte: Fundação Chritiano Ottoni; 1992.
12. Ishikawa K. Controle de qualidade total à maneira japonesa. Trad. Iliana Torres. Rio de Janeiro: Campus; 1993.
13. Fundação Christiano Ottoni (FCO). Casos reais de implantação de TQC. Belo Horizonte: Fundação Christiano Ottoni; 1994.
14. Silva JM da. 5S: o ambiente da qualidade. Belo Horizonte: Fundação Chritiano Ottoni; 1994.
15. Mortimore S, Wallace C. HACCP. A practical approach. Londres: Chapman & Hall; 1994.
16. Tzouros NE, Arvanitoyannis IS. Implementation of hazard analysis critical control point (HACCP) system to the fish/seafood industry: a review. Food Reviews International. 2000;16(3):273-325.
17. Sociedade Brasileira de Ciência e Tecnologia de Alimentos (SBCTA). Manual de boas práticas de fabricação para indústria de alimentos. Campinas: SBCTA; 1991.
18. Grist NR. Manual de biossegurança para o laboratório. 2. ed. São Paulo: Livraria Santos; 1995.
19. Teixeira P, Valle S. Riscos biológicos em laboratórios de pesquisa. In Teixeira P, Valle S. Biossegurança: uma abordagem multidisciplinar. Rio de Janeiro: Fiocruz; 1998. p. 41-64.
20. Costa MAF da. Segurança química em biotecnologia: uma abordagem crítica. In: Teixeira P, Valle S. Biossegurança. Uma abordagem multidisciplinar. Rio de Janeiro: Fiocruz; 1998. p. 123-31.
21. Romão CMCA. Desinfecção e esterilização química. In: Teixeira P, Valle S. Biossegurança. Uma abordagem multidisciplinar. Rio de Janeiro: Fiocruz; 1998. p. 133-62.
22. Santos R dos. Princípios básicos de proteção radiológica na utilização de materiais radioativos em laboratórios. In: Teixeira P, Valle S. Biossegurança. Uma abordagem multidisciplinar. Rio de Janeiro: Fiocruz; 1998. p. 209-24.
23. Carvalho PR de. Boas práticas químicas em biossegurança. Rio de Janeiro: Interciência; 1999.
24. Sociedade Brasileira de Ciência e Tecnologia de Alimentos (SBCTA). Manual de análise de riscos e pontos críticos de controle – ARPCC. Campinas: SBCTA; 1993.
25. Brassard M. Qualidade – ferramentas para uma melhoria contínua. Trad. Proqual Consultoria e Assessoria Empresarial. Rio de Janeiro: Qualitymark; 1992.
26. Kume H. Métodos estatísticos para melhoria da qualidade. Trad. Dario Ikuo Miyake. São Paulo: Gente; 1993.
27. Besterfield DH. Quality control. 5. ed. Nova Jersey: Prentice Hall; 1998.

capítulo 15

Biossegurança e garantia da qualidade em Centros de Tecnologia Celular (CTC)

Marluce da Cunha Mantovani
Fernando Henrique Lojudice
Mari Cleide Sogayar

INTRODUÇÃO

A pesquisa translacional em terapias avançadas se tornou uma das principais prioridades, tanto da comunidade científica como dos governos estaduais e federal. O termo "terapias avançadas" inclui uma variedade de novas estratégias terapêuticas, baseadas no progresso da pesquisa biomédica e na utilização de novas e sofisticadas tecnologias, visando a intervenções moldadas para cada paciente e à descoberta de novos biomarcadores efetivos para previsão e acompanhamento da resposta clínica.

Produtos medicinais em terapia avançada (ATMP, do inglês *advanced therapy medicinal products*) constituem uma nova categoria de produtos, compreendendo as terapias gênica e celular, bem como a engenharia de tecidos e a produção de biofármacos. O desenvolvimento de ATMP abre novos caminhos para abordagens terapêuticas em muitas doenças, incluindo câncer, diabetes, doenças neurodegenerativas e cardiovasculares, entre outras[1].

No Brasil, esses produtos estão sendo desenvolvidos para fins de pesquisa clínica e terapia por Centros de Tecnologia Celular (CTC). Segundo o art. 9° da Resolução da Diretoria Colegiada (RDC) n. 09, de 14 de março de 2011, da Agência Nacional de Vigilância Sanitária (Anvisa), os CTC podem ser classificados como:

- CTC tipo 1: estabelecimentos que realizam atividades somente com células humanas adultas, autólogas, a fresco ou criopreservadas, sem cultivo, apenas com manipulação mínima para uso em pesquisa clínica e/ou terapia.
- CTC tipo 2: estabelecimentos que realizam atividades com células-tronco humanas embrionárias ou adultas, autólogas ou alogênicas, a fresco ou criopreservadas, com ou sem cultivo, com ou sem manipulação extensa, para uso em pesquisa clínica e/ou terapia.

Em ambos os casos, como há manipulação de células humanas e seus derivados, os CTC dispõem de certos requisitos técnico-sanitários mínimos para coleta, processamento, acondicionamento, armazenamento, testes de controle de qualidade, descarte, liberação para uso e transporte de células humanas e seus derivados, visando à segurança e à qualidade das células e de seus derivados disponibilizados para pesquisa clínica e terapia[2].

HISTÓRICO

A terapia celular, também chamada de terapia com células vivas, é baseada em uma teoria já usada sistematicamente por Hipócrates, que utilizava o órgão correspondente de animais saudáveis para tratar doenças em humanos e que foi definitivamente estabelecida no século XVI por Paracelso, a quem se atribui a famosa frase: "o coração cura o coração, o pulmão o pulmão, o baço o baço. O igual cura o igual"[3].

Em 1912, Kuettner, um pioneiro em terapia celular, recomendou que os órgãos não fossem transplantados em sua totalidade, mas sim que teriam de ser cortados em pequenos pedaços, dissolvidos em solução salina e injetados no paciente[4].

Somente em 1931 a moderna terapia celular foi definitivamente impulsionada, com o suíço Paul Niehans, que usou a abordagem Kuettner em um paciente do sexo feminino cuja paratireoide tinha sido erroneamente removida por outro médico durante uma operação para o bócio. O transplante não foi possível, pois a paciente sofria de cólicas intensas e estava em estado terminal. Niehans procedeu à maceração da paratireoide de um embrião de boi, adicionou solução salina e injetou a mistura na paciente como uma técnica de sobrevivência temporária. O implante não só foi bem tolerado, como também a paciente se recuperou completamente e viveu por mais 24 anos. Niehans foi estimulado pelos trabalhos anteriores de Alexis Carrel, que demonstraram a influência das células saudáveis sobre as que estavam morrendo. Ele descobriu que, adicionando novas células saudáveis a uma colônia de células moribundas, estas adquiriram vida novamente. Em 1954, a obra clássica do Dr. Paul Niehans, *Dei Zellular therapie* ("Terapia celular"), foi publicada em alemão[4,5].

A longa experiência de Niehans o levou a definir terapia celular como: "... um método de tratamento de todo o organismo em uma perspectiva biológica, capaz de revitalizá-lo com os seus trilhões de células, dando-lhe essas células embrionárias ou jovens de que ele carece [...] a terapia celular seletiva oferece nova vida a um organismo em padecimento ou doente". E conclui: "é uma terapia seletiva, que visa desenvolver órgãos atrofiados ou regenerar aqueles que já não são capazes de o fazer". E ainda acrescenta que mesmo os pacientes gravemente doentes toleram excepcionalmente bem o tratamento, jamais tendo sido detectado qualquer problema secundário grave nos seus 45 mil tratamentos[4,5].

A partir dos anos 1960, H. Lettré e F. Schimidt efetuaram estudos separadamente, nas universidades de Viena e de Heidelberg, mostrando, inquestionavelmente, que os constituintes vitais de uma glândula retirada de um bezerro, quando injetados em um ser humano, iam diretamente para a mesma glândula ou órgão. Era evidente que as células vivas ofereciam um conjunto bioquimicamente único, especificamente necessário para reparar a glândula ou órgão doente, que não poderia ser obtido de outra forma[4,5].

Em paralelo, durante muitas décadas, estudou-se o processo de hematopoiese (produção das células sanguíneas) a partir de células multipotentes, localizadas no interior dos ossos, que são capazes de dar origem a células progressivamente mais diferenciadas e com menor capacidade proliferativa. Em 1937, Schretzenmayr administrou injeções intramusculares de medula óssea alogênica e autóloga em pacientes portadores de infecções, com algum sucesso. A primeira utilização intravenosa de medula óssea foi realizada por Osgood em 1939, embora essa via tenha sido desconsiderada por muitos anos. Bernard, em 1944, injetou medula óssea alogênica dentro da cavidade medular e concluiu que os resultados insatisfatórios decorriam do fato das células atingirem a grande circulação. Jacobson et al., em 1951, demonstraram que camundongos poderiam se recuperar da irradiação letal se as áreas do fêmur e do baço fossem protegidas com chumbo. Posteriormente, Lorenz, em 1952, mostrou recuperação hematopoiética após infusão de medula em camundongos irradiados. George Mathé foi pioneiro no desenvolvimento do transplante clínico de medula. Em 1958, seis físicos foram expostos acidentalmente a doses de irradiação entre 600 e 1.000 rads. Eles foram tratados com infusão de células da medula óssea alogênica. A recuperação hematopoiética foi temporária, mas serviu para proteger os pacientes durante o período de aplasia[6-8].

Na década de 1960, foi descoberto que organismos adultos têm a capacidade de autorregenerar determinados tecidos como a pele, o epitélio intestinal e, principalmente, o sangue, que têm suas células constantemente destruídas e renovadas, em um complexo e finamente regulado processo de proliferação e diferenciação celular. É nesse contexto que surgem as células-tronco (CT), células com capacidade prolongada/ilimitada de proliferação, que são capazes de gerar descendentes mais especializados[9].

Porém, foi apenas na década de 1990 que houve um avanço na busca por terapias celulares que restabelecessem funções perdidas por pacientes[9-11]. O desenvolvimento dos chamados produtos medicinais em terapia avançada abre novos caminhos para novas abordagens terapêuticas em muitas doenças, detendo enorme potencial em termos de impacto possível sobre os pacientes, a saúde pública e a indústria[1,9-11].

No entanto, ainda existem gargalos importantes para seu desenvolvimento, pela complexidade do quadro regulamentar, os altos custos e as necessidades de boas práticas de fabricação (BPF), do inglês *good manufacturing practices* (GMP), instalações e novos desfechos para a experimentação clínica.

É importante ressaltar também que, no Brasil, as únicas terapias celulares realizadas rotineiramente e regulamentadas em nível clínico são os transplantes de células-tronco hematopoiéticas (CTH). Esses transplantes consistem na infusão intravenosa das CTH, na qual ocorre reconstituição da medula óssea por precursores sanguíneos. Este procedimento é popularmente conhecido como "transplante de medula óssea"[9-12].

PRODUTOS MEDICINAIS EM TERAPIA AVANÇADA (ATMP)

Os ATMP constituem uma nova categoria de produtos, compreendendo a terapia gênica e a terapia celular, bem como a engenharia de tecidos e os biofármacos, apresentados no Quadro 1.

Produtos de terapia gênica

A terapia gênica utiliza transferência de sequências genéticas (DNA, RNA) para células utilizando diferentes métodos, incluindo vetores plasmideais, virais ou bacterianos. As sequências genéticas são delineadas para modificar, controlar, inibir ou expressar um alvo específico. Ao usar esses vetores, a modificação genética de células somáticas *in vivo* pode ser alcançada[13].

A modificação das células germinativas é estritamente proibida. Células somáticas também podem ser modificadas *ex vivo* ou *in vitro*, antes da administração ao paciente. Elas podem ser destinadas para uso no mesmo paciente que doou as células de partida (transplante autólogo) ou podem ser obtidas de doadores da mesma espécie (transplante alogênico)[14,15].

Produtos de terapia celular

Os produtos de terapia celular são heterogêneos com relação à origem e ao tipo de células e à complexidade das manipulações que levam ao produto final. As células podem ser CT de autorrenovação, células progenitoras ou células diferenciadas, manipuladas ou expandidas *in vitro*, a fim de exercer uma função fisiológica específica. As células podem ser de origem autóloga, alogênica ou xenogênica (células provenientes de doadores de espécies diferentes). Além disso, também podem ser geneticamente modificadas. As células podem ser utilizadas isoladas, associadas com biomoléculas e substâncias químicas, ou combinadas com materiais estruturais classificados como dispositivos médicos[1].

Produtos de engenharia de tecidos

Produtos da engenharia de tecidos humanos combinam diversos aspectos da medicina, da biologia celular e molecular, da ciência de materiais e da engenharia, com o propósito de regenerar, reparar ou substituir tecidos doentes ou ausentes. Seu modo de ação é baseado na substituição de tecido em falta, na restauração da função do tecido ou na substituição de tecidos doentes. Eles são frequentemente caracterizados por uma complexa estrutural tridimensional[1].

Produtos biofármacos

Os biofármacos ou medicamentos biológicos são medicamentos obtidos por alguma fonte ou processo biológico, ou seja, o princípio ativo do medicamento é obtido pelo emprego industrial de microrganismos

Quadro 1. Principais produtos medicinais em terapia avançada (ATMP) em desenvolvimento atualmente e seu potencial uso na medicina humana

Principais produtos medicinais em terapia avançada	Potencial uso
Células dendríticas	Imunoterapias
Linfócitos T	
Linhagens celulares	
Células de cultura primária geneticamente modificadas	
Células-tronco	Diversos
Condrócitos	Reparo de cartilagem/articulações
Células hematopoiéticas/mesenquimais	Regeneração óssea
	Regeneração muscular/miocardíaca
	Tecido nervoso
Ilhotas pancreáticas	Regeneração da função endócrina pancreática
Células endoteliais	Regeneração de microcirculação em tecidos isquêmicos
Células epiteliais	Pele artificial
	Reparo da córnea
Células hepáticas	Fígado bioartificial
Células neuronais	Regeneração neuronal
Vetores virais	Produtos de terapia gênica
Vetores não virais	
Células geneticamente modificadas	
Fatores VIII e XI	Biofármacos
BMPs 2 e 7	
Amilina	
VEGF	

ou células modificadas geneticamente. Esses processos biotecnológicos (*in vitro* ou *in vivo*) permitem a produção de novas proteínas mais complexas e/ou proteínas com maior atividade biológica e/ou com mais vida média e/ou menos efeitos colaterais que as existentes. São geralmente produzidos a partir de uma proteína e/ou ácido nucleico[16].

GARANTIA DA QUALIDADE E BIOSSEGURANÇA NOS CENTROS DE TECNOLOGIA CELULAR

Quando se trata de centros de tecnologia celular, sociedades e comunidades científicas internacionais (ISCT, AABB, EBMT, FACT, JACIE, FDA e outras) estão envolvidas nos processos regulatórios e constantemente estabelecem padrões e procedimentos para serem seguidos pelos bancos de células e tecidos do mundo inteiro. Trata-se de normas e diretrizes que visam à regulamentação e à avaliação de processos cujo principal produto são células humanas. Nesse aspecto, as regulamentações concordam que a prestação desse tipo de serviço e a obtenção do produto final ATMP devem seguir as diretrizes delineadas pelos princípios das BPF[17-21]. Porém, neste caso, o conceito de boas práticas fica mais abrangente, englobando as boas práticas de fabricação, clínica e laboratorial.

A implementação de um programa de garantia da qualidade tem sido uma exigência constante para que seja garantido um produto final segundo as boas práticas[2]. Somente a partir da utilização e implementação das BPF pode-se garantir que o produto final obtido seja considerado de qualidade e seguro para a utilização em seres humanos.

O desenvolvimento e a implementação de um sistema de garantia da qualidade exige um suporte documental que reflita a política, a organização, as ações, as estratégias e as instruções do serviço. Tudo o que se faz tem de ser escrito segundo normas estabelecidas, depois de muito discutido e segundo o conhecimento e as possibilidades técnicas e científicas de cada momento. E aquilo que se faz é o que foi estabelecido que cada um deve fazer e como fazer, segundo procedimentos escritos.

A biossegurança, que em sentido amplo significa vida + segurança, é conceituada como a vida livre de perigos. Genericamente, medidas de biossegurança são ações que contribuem para a segurança da vida no dia a dia das pessoas (p. ex., uso de cinto de segurança e de faixa de pedestres). Assim, normas de biossegurança englobam todas as medidas que visam evitar riscos físicos (p. ex., radiação ou temperatura), ergonômicos (p. ex., posturais), químicos (p. ex., substâncias tóxicas), biológicos (p. ex., agentes infecciosos) e psicológicos (p. ex., estresse), visando à saúde do homem e dos animais, à preservação do meio ambiente e à qualidade dos resultados[22].

Documentação técnica

A documentação técnica traz um suporte documental que reflete a política, a organização, as ações, as estratégias e as instruções do serviço, sendo elaborada segundo normas estabelecidas e constituindo parte essencial do sistema de garantia da qualidade.

A documentação deve possibilitar o rastreamento de informações para investigação de qualquer suspeita de desvio de qualidade. Os documentos devem ser aprovados, assinados e datados pelo responsável técnico ou pessoa por ele autorizada. Qualquer alteração introduzida deve permitir o conhecimento de seu conteúdo original e, conforme o caso, ser justificado o motivo da alteração[2].

Os principais documentos técnicos são: manual da qualidade, procedimentos operacionais padrão, manual de biossegurança e documentos gerais[2].

Manual da qualidade

O manual da qualidade é um documento complexo, que expõe tanto a política da qualidade da direção como a organização do serviço. Dentro deste manual devem constar os seguintes documentos[2]:

- Responsabilidade da direção.
- Sistema de qualidade.
- Revisão do contrato.
- Controle do projeto.
- Controle de documentação e dos dados.
- Compras.
- Controle dos processos.
- Inspeção e ensaio.
- Controle dos equipamentos de inspeção, medição e ensaio.
- Estado de inspeção e ensaio.
- Controle dos produtos não conformes.
- Ações corretivas e de prevenção.
- Manipulação, armazenamento, embalagem, conservação.
- Controle dos registros de qualidade.
- Auditorias internas da qualidade.

Procedimentos operacionais padrão

Procedimento operacional padrão (POP), do inglês *standard operating procedure* (SOP), é uma descrição detalhada de todas as operações necessárias para a realização de uma atividade, ou seja, é um roteiro padronizado para realizá-la[2]. Nesse documento, são definidas as responsabilidades de cada indivíduo e a forma como cada procedimento deve ser executado, interpretado e registrado.

Manual de biossegurança

O manual de biossegurança deve conter instruções escritas de biossegurança, documentando o nível de biossegurança dos ambientes e áreas com base nos procedimentos realizados e equipamentos utilizados, adotando medidas de segurança compatíveis. Dentro deste manual, devem constar, no mínimo, os seguintes itens[2]:

- Normas e condutas de segurança biológica, química, física, ocupacional e ambiental.
- Instruções de uso para os equipamentos de proteção individual (EPI) e de proteção coletiva (EPC).
- Procedimentos para casos de acidentes.

- Transporte e manuseio de material e/ou amostra biológica.

Documentos gerais

Constituem um grande grupo de documentos que devem ser arquivados para possibilitar o rastreamento de informações para qualquer tipo de investigação ou de qualquer suspeita de desvio da qualidade. Eles são resultantes de: registro de atividades, controles de qualidade, certificados, relatórios, formação de pessoal, registro de não conformidades, entre outros[2].

Infraestrutura física

A infraestrutura física dos centros de tecnologia celular deve atender ao disposto no regulamento técnico para planejamento, programação, elaboração e avaliação de projetos físicos de estabelecimentos assistenciais de saúde, de acordo com o disposto na RDC n. 50, de 21 de fevereiro de 2002, da Anvisa[2,23].

A estruturação física deve ter uma disposição de ambientes que permita circulação com fluxo independente de insumos, material biológico, profissionais e resíduos, permitindo a limpeza e a manutenção, com a finalidade de garantir a qualidade das células humanas e seus derivados em todas as fases do processo. Dependendo da extensão da manipulação e do tipo de ATMP, seu processamento deve ocorrer exclusivamente em ambiente classificado[2]. As chamadas áreas ou salas biolimpas são ambientes qualificados de alta tecnologia com controle estrito de temperatura e umidade do ar ambiente, pressão da sala, número de trocas e fluxo de ar e controle de partículas. Esses ambientes garantem a proteção do produto, em termos de[24,25]:

- Proteção de ingredientes ativos contra riscos de contaminação cruzada.
- Proteção de intermediários e produtos finais contra contaminação por:
  - microrganismos e seus produtos de metabolismo;
  - ingredientes ativos de outros produtos.
- Proteção de processos de trabalho de biotecnologia contra contaminação por microrganismos de outros processos.
- Garantia de esterilidade.

Esse ambiente também garante proteção do pessoal, como[24,25]:

- Separação do pessoal, evitando contato com compostos altamente ativos, como antibióticos e hormônios.
- Proteção do ambiente de operação e, consequentemente, proteção de seres humanos e animais contra emissões de ingredientes altamente ativos, como antibióticos e hormônios.

São possíveis numerosos tipos de áreas biolimpas, instaladas das mais diversas formas, dependendo da necessidade do processo, para atender plenamente à demanda de produção e/ou proteção de pessoal.

Existem algumas exigências gerais de uma sala biolimpa[24,25]:

- Forro:
  - Inteiramente fechado e selado para não vazar ar.
  - Filtros do teto.
  - Sistema de iluminação integrado.
  - Inserção do menor número possível de elementos.

- Paredes:
  - Acabamento liso, livres de poros e resistentes à abrasão.
  - Janelas e portas com vidros duplos sem reentrâncias e lisos.
  - Frestas seladas.
  - O menor número possível de arestas na horizontal.

Existem algumas exigências suplementares de uma sala biolimpa:
- Fáceis de limpar e desinfetar.
- Resistentes aos desinfetantes normais.
- Beiradas e frestas devem ser evitadas para os microrganismos não aderirem a elas.
- Cantos devem ser arredondados.

Algumas exigências gerais para um ambiente de sala biolimpa, bem como a paramentação adequada para entrada de pessoal, estão ilustradas na Figura 1.

A classificação de áreas biolimpas em classes 100, 10.000 e 100.000 foi comumente utilizada no Brasil até a publicação da norma ISO 14644-1, em 1999. Esta classificação foi estabelecida pelo U.S. Federal Standard 209, sendo a designação da classe definida como o número máximo de partículas em suspensão no ar $\geq$ 0,5 mm por pé cúbico permitido para uma sala biolimpa de uma determinada classe[25].

Em 2004, o FDA publicou o documento *FDA guidance for industry – sterile drug products produced by aseptic processing – current good manufacturing practice*. Este documento continua a utilizar a terminologia estabelecida (classes 100, 10.000 e 100.000), mas já faz relação com a classificação ISO. Este documento também apresenta uma relação com as BPF europeias

(EU GMP) (*EudraLex volume 4 – EU guidelines to good manufacturing practice – medicinal products for human and veterinary use – Annex 1 – Manufacture of sterile medicinal products*)[18].

A designação da área biolimpa em graus A, B, C ou D está baseada na EU GMP. A revisão vigente deste documento é de 2008. Para a classificação de áreas limpas, a EU GMP estabelece os limites para as partículas em suspensão no ar, nos estados ocupacionais "em repouso" e "em operação". O documento também estabelece os limites para a contaminação microbiológica durante o monitoramento "em operação"[25].

A RDC n. 210, de 04 de agosto de 2003, da Anvisa, é o Regulamento Técnico das Boas Práticas para a Fabricação de Medicamentos vigente no país. Esta RDC classifica as áreas biolimpas em graus A, B, C ou D, conforme as características da qualidade do ar[26]. A classificação de áreas limpas estabelecida nesta RDC está baseada no documento técnico da Organização Mundial da Saúde (OMS) *WHO Technical Report Series* n. 902, de 2002[21].

A classificação das áreas limpas e a correlação dessas áreas segundo os diferentes organismos internacionais estão resumidas no Quadro 2.

Quadro 2. Classificação de áreas limpas quanto a partículas em suspensão no ar segundo os diferentes organismos internacionais

WHO GMP	Estados Unidos	ISO	EU GMP
Grau A	Classe 100	ISO 5	Grau A
Grau B	Classe 100	ISO 5	Grau B
Grau C	Classe 10.000	ISO 7	Grau C
Grau D	Classe 100.000	ISO 8	Grau D

A manipulação e a exposição dos ATMP devem ocorrer exclusivamente em ambiente GMP grau B (classe 100 – ISO 5). Este ambiente deve ser inserido, dependendo da extensão da manipulação e do tipo de ATMP, em uma sala com classificação mínima GMP grau C (classe 10.000 – ISO 7) ou GMP grau D (classe 100.000 – ISO 8), contendo antecâmara e vestiário de barreira dotado de lavatório e área de paramentação no acesso à sala onde será processado o material biológico[2,26].

Figura 1. Fotos ilustrando algumas exigências gerais e suplementares de uma sala biolimpa. Sala biolimpa classificação GMP grau C (classe 10.000 – ISO 7) contendo em seu interior ambientes GMP grau B (classe 100 – ISO 5) do Núcleo de Terapia Celular e Molecular da Faculdade de Medicina da Universidade de São Paulo (NUCEL/NETCEM). A: detalhes do forro; B: detalhes das paredes; C: fluxo unidirecional de entrada de materiais e reagentes; D: paramentação adequada para a área classificada ISO 7; E: paramentação adequada para a área classificada ISO 7; detalhes de portas com "janelas"; F: detalhes do acondicionamento de materiais dentro da área classificada.

Materiais e reagentes

Segundo a RDC n. 09, de 2011, a etapa inicial na aquisição de materiais e reagentes é o processo de qualificação de fornecedores. Deve haver POP escrito, detalhando todas as etapas do processo de qualificação dos fornecedores, mantidos os registros e os documentos apresentados por cada fornecedor/fabricante.

A qualificação do fabricante deve ser feita abrangendo, no mínimo, os seguintes critérios:

- Comprovação de regularidade perante as autoridades sanitárias competentes.
- Avaliação do fabricante/fornecedor, por meio de análises de controle de qualidade realizadas pelos centros de tecnologia celular e da avaliação dos laudos analíticos apresentados.
- Auditorias para verificação do cumprimento das normas de BPF.
- Avaliação do histórico dos fornecimentos anteriores.

Os materiais, os reagentes e os produtos para diagnóstico de uso *in vitro* utilizados para coleta, processamento, testes laboratoriais, preservação e expansão dos ATMP e seus derivados devem estar regularizados pela Anvisa, de acordo com a legislação específica vigente.

Todos os materiais, os reagentes e os produtos para diagnóstico *in vitro* utilizados e que mantêm contato com as células e seus derivados devem ser estéreis, apirogênicos, não citotóxicos e, quando aplicável, de uso único, bem como devem ter registro da origem, da validade e do número do lote, a fim de garantir a rastreabilidade. Para os materiais passíveis de processamento, deve existir um procedimento de limpeza e esterilização validado, de acordo com a legislação vigente.

Os reagentes preparados ou aliquotados pelo próprio laboratório devem ser identificados com rótulo contendo: nome, concentração, número de lote, data de preparação, identificação de quem preparou, data de validade e condições de armazenamento, além de informações referentes a riscos potenciais. Devem ser mantidos registros dos processos de preparo e do controle da qualidade dos reagentes preparados.

A utilização de materiais, reagentes e produtos para diagnóstico de uso *in vitro* deve respeitar as recomendações de uso do fabricante, as condições de preservação e armazenamento e os prazos de validade, não podendo ser utilizados depois de expirada sua validade.

Todos os métodos de preparo de materiais e reagentes, no próprio laboratório, devem ser documentados incluindo no mínimo:

- A descrição das etapas do processo.
- A especificação e a sistemática de aprovação de materiais, reagentes e produtos para diagnóstico *in vitro*, de equipamentos e de instrumentos.
- A sistemática de validação.
- O registro de todo o processo.

É importante ressaltar que a utilização de produtos de origem animal deve ser evitada. Caso sejam utilizados, devem possuir certificação de ausência de agentes infecciosos e contaminantes. Além disso, para fatores de crescimento, devem ser estabelecidas medidas de identidade, pureza e potência para assegurar reprodutibilidade das características da cultura celular.

Equipamentos

Ainda segundo a RDC n. 09, os equipamentos são peças cruciais nos procedimentos realizados na produção de ATMP, motivo pelo qual é muito importante manter seu bom estado de funcionamento. Para isso, alguns cuidados devem ser tomados:

- Possuir equipamentos e instrumentos específicos e em quantidade necessária ao atendimento de sua demanda.
- Manter instruções escritas e atualizadas referentes ao uso dos equipamentos disponíveis aos funcionários do setor, que devem ser complementadas por manuais do fabricante.
- Manter e implantar um programa de manutenção preventiva e corretiva no qual conste um cronograma de intervenção.
- Manter os equipamentos de medição calibrados e os respectivos registros.
- Manter registros de origem e série dos equipamentos utilizados a fim de garantir a rastreabilidade.

Além disso, para garantir a qualidade e a rastreabilidade, é importante manter o registro sistemático de todas as intervenções realizadas nos equipamentos, informando dia, responsável pela intervenção, descrição da intervenção e, em caso de substituição de peças, lista das substituídas. As planilhas de controle das rotinas de uso e manutenção dos equipamentos devem ficar permanentemente disponíveis para consulta. Deve ser mantido registro diário das condições dos equipamentos, e esses registros precisam ser assinados e periodicamente revisados por uma pessoa qualificada[2].

Seleção do doador/paciente

Os ATMP, compreendendo a terapia gênica e a terapia celular, bem como a engenharia de tecidos e biofármacos, dependem em quase toda sua totalidade da doação de células humanas para uso em pesquisa clínica ou terapia. Toda doação de células humanas deve respeitar os preceitos legais e éticos sobre o assunto, ficando garantidos o sigilo, a não percepção de remuneração ou de benefício direto, e o termo de consentimento livre e esclarecido (TCLE), conforme legislação vigente[15].

Para obtenção de órgãos humanos, devem-se seguir as normas, conforme legislação vigente, e realizar uma triagem baseada nas informações contidas na ficha do doador de órgão com informações clínicas e laboratoriais. Para a obtenção de células humanas, devem-se realizar triagens clínica e laboratorial. A triagem laboratorial deve seguir a determinada para a doação de sangue, conforme legislação vigente[15].

Para obtenção de embriões ou CT embrionárias, devem ser seguidos os critérios da Lei n. 11.105, de 24 de março de 2005, devendo ser obtidas as informações de triagem clínica e laboratorial realizadas pelo banco de células e tecidos germinativos (BCTG)[14].

O serviço responsável pela seleção do doador e/ou paciente deve prover todas as informações relativas a processo de doação, riscos envolvidos, testes laboratoriais, entre outras necessárias para compreensão e assinatura do TCLE. Este deve ser redigido em linguagem clara e compreensível para o leigo e conter, quando aplicável, os seguintes itens[15]:

- Informações sobre os riscos ao doador e os benefícios ao receptor da doação.
- Informações sobre os testes que serão realizados para a qualificação do doador.
- Autorização para acesso aos dados clínicos e à história médica do doador para a obtenção de dados clínicos com importância potencial para o procedimento de pesquisa clínica e/ou terapia.
- Autorização para o laboratório de tecnologia celular transferir os dados qualitativos e quantitativos sobre o material para o responsável pela pesquisa clínica e/ou terapia.
- Autorização para armazenar amostras de células, plasma, soro e DNA do doador para testes que se fizerem necessários no futuro.
- Autorização para descartar as unidades que não atenderem aos critérios para armazenamento ou uso posterior em pesquisa clínica e/ou terapia.

Coleta do material

A coleta de material biológico para posterior processamento de células humanas e seus derivados, para uso alogênico ou autólogo, deve ser realizada por profissional devidamente capacitado para tal atividade. A coleta deve ser realizada em estabelecimento assistencial de saúde que possua licença sanitária, devendo ser mantidas as condições assépticas necessárias. Condições específicas da coleta devem estar descritas em instruções escritas (POP) e atualizadas.

O material biológico deve ser encaminhado acompanhado de um relatório de coleta padronizado pelo serviço responsável pela coleta. O relatório de coleta deve conter, no mínimo, as seguintes informações[2]:

- Nome do doador paciente.
- Dados clinicolaboratoriais.
- Data e hora da coleta.
- Responsável pela coleta.
- Descrição do procedimento.
- Temperatura de armazenamento do material biológico para transporte.
- Resultado dos exames sorológicos, caso houver.
- TCLE.

Processamento e armazenamento

Todo material biológico humano é potencialmente infeccioso, por isso deve ser manipulado conforme as normas de biossegurança aplicáveis. Todas as etapas do processamento devem estar descritas em instruções escritas e atualizadas, com protocolos definidos e validados, devendo atender às especificações da legislação vigente[2,14,15].

Segundo ainda a RDC n. 09, os protocolos de processamento devem impossibilitar a contaminação cruzada e a troca de material. Deve-se assegurar limpeza e assepsia na sala de processamento e de seus equipamentos a cada processamento. A manipulação e a exposição do material biológico e de materiais, reagentes e produtos para diagnóstico *in vitro* durante o processamento devem ocorrer exclusivamente em ambiente classificado. Todos os materiais biológicos que forem submetidos ao processo de cultivo, manipulação extensa ou criopreservação previamente a seu uso em terapia celular, devem ter amostragem representativa criopreservada e armazenada nas mesmas condições, destinada ao uso nos testes de controle de qualidade de processo. O número de amostras preparadas deve ser suficiente para a realização dos testes de controle de qualidade necessários para liberação do uso do material biológico e para controle de qualidade futuro, caso sejam necessárias análises complementares.

Como visto anteriormente, o processamento dos ATMP deve ser realizado em um ambiente classificado (salas biolimpas); dessa forma, os operadores devem ter alguns cuidados ao entrarem nestas salas, de modo a manter sua classificação e evitar contaminação do produto final. Algumas boas práticas que devem ser adotadas são[24,25]:

- Higiene pessoal.
- Não usar maquiagem ou joias.
- Lavagem das mãos.
- Paramentação com roupa cirúrgica, sapato cirúrgico, avental, máscara, touca e propé descartáveis.
- Utilização de luvas sem talco.
- Não comer, beber, fumar ou mascar chiclete.
- Evitar tirar a máscara.
- Evitar movimentos bruscos.
- Uso de papéis-tecido, que não soltam partículas, para a limpeza de fluxos laminares ou de materiais, equipamentos e bancadas.
- Usar EPI e EPC adequados.
- Seguir o POP.
- Registrar todo procedimento.

O armazenamento de ATMP deve ser realizado em condições controladas que garantam a manutenção das características biológicas do produto, de preferência em tanques de nitrogênio líquido com temperatura igual ou inferior a –150°C. A sala de criopreservação e armazenamento deve contar com[2]:

- Visualização externa de seu interior.
- Sistema de exaustão mecânica, para diluição dos traços residuais de nitrogênio, que promova a exaustão forçada de todo o ar da sala de criopreservação e armazenamento, com descarga para o ambiente externo do prédio.
- Sensor do nível de oxigênio ambiental com alarmes sonoro e visual, interno e externo à sala de criopreservação e armazenamento.
- Alarmes sonoro e visual, interno e externo à sala de criopreservação e armazenamento, que alertem para possíveis falhas no suprimento de nitrogênio líquido e/ou do equipamento de armazenamento.
- Termômetro para monitoramento de temperatura ambiental, que indique valores máximo e mínimo.

Controle de qualidade

O controle de qualidade de produtos acabados baseia-se nas especificações estabelecidas para cada material, de acordo com as normas oficiais vigentes. São redigidas especificações adequadas, de forma precisa, completa, com detalhes específicos dos métodos de ensaios, tipo de instrumento a ser utilizado e métodos de amostragem.

Segundo a RDC n. 09, antes de liberar as células humanas e seus derivados para uso em pesquisa clínica e/ou terapia, para uso autólogo ou alogênico, cultivadas ou não, a fresco ou criopreservadas, com ou sem manipulação extensa, deve-se garantir sua segurança e qualidade. Os requisitos mínimos para garantia de segurança e qualidade das células humanas e seus derivados são[2]:

- Testes microbiológicos.
- Testes laboratoriais para a detecção de doenças infectocontagiosas no doador/paciente.
- Testes de pirogenicidade.
- Contagem e viabilidade celular.
- Fenotipagem celular, quando aplicável.
- Controle genético, que deve ser realizado em células submetidas à cultura e à expansão ou células modificadas geneticamente e/ou por transdução de proteínas.
- Teste funcional, quando aplicável.
- Identificação dos antígenos de histocompatibilidade (HLA), quando aplicável.

Os resultados destes testes de controle de qualidade devem ser anexados ao prontuário clínico do doador/paciente.

Liberação para uso e transporte

O acondicionamento dos ATMP para pesquisa clínica e/ou terapia deve ser realizado em embalagens de uso final. O CTC deve fornecer informações sobre as condições para recebimento do material biológico, sua utilização e ocorrência de efeitos inesperados ou indesejáveis em sua utilização, além de emitir um certificado comprovando a qualificação dos produtos para uso em pesquisa clínica e/ou terapia contendo, no mínimo, os seguintes itens[2]:

- Identificação do CTC.
- Endereço e telefone do CTC.
- Identificação do responsável técnico e seu número de registro no respectivo conselho profissional regional.
- Identificação do profissional que liberou o exame e seu número de registro no respectivo conselho profissional regional.
- Nome e número de registro da identificação do doador ou receptor gerado pelo CTC.
- Data de emissão do laudo.
- Identificação do procedimento realizado.
- Comprovação da qualificação do material.
- Observações e informações pertinentes, quando aplicável.

O transporte dos ATMP, segundo a RDC n. 09, deve atender à legislação vigente, às normas de biossegurança e às exigências técnicas relacionadas à sua conservação. Todas as operações do processo de transporte, incluindo, entre outras etapas, as condições de acondicionamento, embalagem, transferência do material, armazenamento temporário, limpeza e manutenção de equipamentos e veículos, devem ser padronizadas por meio de instruções escritas e atualizadas e devem ser validadas e registradas. Esse transporte deve ser acompanhado por um documento que contenha, no mínimo, as seguintes informações[2]:

- Nome do CTC remetente e do serviço de destino, incluindo endereço e telefones.
- Telefone de emergência e contato, caso haja algum problema durante o percurso do transporte.
- Quantidade de células humanas e seus derivados transportados, em número total e quantidade fracionada (embalada).
- Nome do paciente receptor e do médico responsável.
- Data e hora do transporte e nome do responsável pelo transporte.
- Tempo de validade do material, mantido nas condições de transporte (na embalagem enviada e não violada).

Os ATMP devem ser transportados por profissional devidamente capacitado. As embalagens, a rotulagem e as sinalizações utilizadas no transporte de células humanas e seus derivados devem seguir as especificações da legislação vigente, de forma a garantir estabilidade e integridade do material, assim como a segurança das pessoas e do ambiente[2].

As embalagens que contenham gelo seco, nitrogênio líquido, líquido criogênico, gás não inflamável ou outro material de conservação e preservação que ofereça riscos durante o processo de transporte devem estar sinalizadas externamente, de acordo com as normas nacionais e internacionais para transporte de produtos perigosos[2].

O transporte de órgãos, células humanas e seus derivados, após coleta ou processamento, deve ser realizado em recipiente isotérmico resistente e com tampa que disponha de sistema de monitoramento e registro da temperatura interna[2,15].

É importante ressaltar que, para o transporte de material biológico, é expressamente proibido submeter o recipiente à radiação; portanto, no lado externo do recipiente isotérmico, deve constar o seguinte aviso: "material biológico humano. Não submeter à radiação (raios X)"[2,15].

Registros e arquivos

Como descrito anteriormente, a documentação deve possibilitar o rastreamento de informações para investigação de qualquer suspeita de desvio de qualidade. Dessa forma, existe a necessidade de um sistema de registro que permita a rastreabilidade das células humanas e de seus derivados, desde sua obtenção até seu destino final, incluindo-se sua análise laboratorial.

Segundo a RDC n. 09, todos os registros referentes a ATMP, coleta ou recebimento de material biológico, processamento e armazenamento de material biológico, dados brutos, cópias dos laudos liberados e procedimentos relacionados ao controle e garantia da qualidade realizados devem ser arquivados por um período mínimo de 5 (cinco) anos. Os prontuários clínicos devem ser arquivados por um período mínimo de 20 (vinte), anos sob responsabilidade do médico (ou da instituição) responsável pelo paciente que receber ATMP. Todos os registros devem ser de caráter confidencial[2].

Sistemas auxiliares

Sistema de tratamento de água

A água utilizada na manipulação de produtos é considerada matéria-prima produzida pelo laboratório, e deve-se proteger as instalações e os reservatórios para evitar contaminações. Deve haver um sistema para produção de água purificada que atenda às especificações definidas nas farmacopeias adotadas pelo Ministério da Saúde[2].

É necessário pessoal capacitado para operar o sistema. Todas as atividades executadas no sistema de tratamento de água devem constar nos POP, contemplando também a sanitização e os testes físicoquímicos e microbiológicos, além da manutenção e validação do sistema com registros[2].

Segurança e tratamento de resíduos

Como as normas de biossegurança englobam todas as medidas que visam evitar riscos à saúde do homem e dos animais, além da preservação do meio ambiente e da garantia de qualidade dos resultados, existe a preocupação com o tratamento de resíduos gerados. Os resíduos são classificados como recuperáveis (papel, metal, vidro, plástico, madeira) e não recuperáveis (produtos farmacêuticos e biológicos)[22].

Já o descarte de resíduos não recuperáveis deve estar de acordo com o plano de gerenciamento de resíduos de serviços de saúde (PGRSS) aprovado pelos órgãos competentes e ser realizado de acordo com as normas vigentes. As substâncias e os produtos considerados resíduos não recuperáveis são neutralizados e devem ser enviados por meio de uma ordem de seguimento e transportados em transporte autorizado, externo, ao destino para destruição[2].

Quanto à segurança, é importante a existência de um programa de ações contra incêndios, periodicamente reciclada a título de primeira intervenção. Além disso, deve haver um fluxograma destinado a monitorar a segurança dos locais, equipamentos, acesso de estranhos, ações no caso de emergências com produtos, evacuação, derrames, incêndios e explosões, problemas com as águas residuais, dentre outros[2].

POLÍTICAS RELEVANTES EM TECNOLOGIA CELULAR NO BRASIL

Como dito anteriormente, no Brasil, as únicas terapias celulares realizadas rotineiramente e regulamentadas em nível clínico são os transplantes de CTH. Estes transplantes, que consistem na infusão intravenosa das CTH, foram iniciados em 1979. Apenas em 1992 foi promulgada a Lei n. 8.489, que citou, pela primeira vez, o transplante de CTH como procedimento terapêutico[15].

Em 1995, foi promulgada a Lei n. 8.974, que regulamentou o uso de transgênicos, terapias gênicas e genômicas e proibiu a "produção, armazenamento ou manipulação de embriões humanos destinados a servir como material biológico disponível". Criou-se também a Comissão Técnica Nacional de Biossegurança (CTNBio), para o acompanhamento das atividades.

Em 2005, foi promulgada a Lei n. 11.105, de 24 de março de 2005, que estabeleceu normas de segurança e mecanismos de fiscalização das atividades, criou o Conselho Nacional de Biossegurança (CNBS), reestruturou a CTNBio e dispôs sobre a Política Nacional de Biossegurança (PNB). Também delegou à Anvisa o estabelecimento de normas para os procedimentos de coleta, processamento, teste, armazenamento, transporte e controle de qualidade e ao Ministério da Saúde a regulamentação sobre a realização de pesquisas e terapias celulares[14].

Em 2011, houve um grande marco com a publicação da RDC n. 9, de 14 de março de 2011, que estabeleceu os requisitos técnico-sanitários mínimos para o funcionamento dos CTC, determinando regras para coleta, processamento, acondicionamento, armazenamento, testes de controle de qualidade, descarte e liberação para uso e transporte de células humanas e seus derivados disponibilizados para pesquisa clínica e terapia com CT[2].

No entanto, o Brasil ainda não possui regulamentação específica sobre o desenvolvimento de pesquisas clínicas ou terapia com ATMP. Ainda não existem normas que determinem quais procedimentos e ensaios devem ser feitos para que esses produtos possam ser utilizados com segurança e eficácia em humanos. Mas vale a pena salientar que as pesquisas clínicas realizadas no Brasil são previamente analisadas e aprovadas pelo Sistema Comitê de Ética em Pesquisa/Comissão Nacional de Ética em Pesquisa (CEP/Conep), garantindo, assim, a proteção da população[10].

Ainda em 2011, diante dessa problemática, a Anvisa organizou, nos dias 17 e 18 de outubro, o Seminário Nacional sobre Regulamentação em Terapias Celulares, para que se discutisse, de maneira ampla e democrática, os diversos aspectos que envolvem a área de terapia celular, considerando os aspectos científicos, de natureza ética e legal e também de propriedade intelectual. Com isso, em 2012, gerou um relatório sobre o Seminário, com 64 páginas, disponível gratuitamente no site da Anvisa[11].

É importante salientar também que atualmente, no Brasil, é vedada a comercialização de órgãos, tecidos e substâncias humanas para fins de transplante, pesquisa e tratamento, segundo a Constituição Federal de 1988, em seu art. 199, § 4°[27].

Constituição Federal de 1988, art. 199

Veda todo tipo de comercialização de órgãos, tecidos e substâncias humanas para fins de transplante, pesquisa e tratamento.

Resolução n. 1.358, de 28 de maio de 1992, do Conselho Federal de Medicina (CFM)

Proíbe destruir embriões, mas faculta a doação altruísta e anônima para outros casais, com responsabilidade da unidade de reprodução assistida na escolha de doadores. Foi revogada pela Lei n. 9.434, de 04 de fevereiro de 1997.

Lei n. 8.489, de 18 de novembro de 1992

Dispõe sobre a retirada e o transplante de tecidos, órgãos e partes do corpo humano, com fins terapêuticos e científicos e dá outras providências.

Lei n. 8.974, de 05 de janeiro de 1995

Lei de Biossegurança. Regulamenta os transgênicos, a terapia gênica e genômica e, no art. 6°, a proibição de "produção, armazenamento ou manipulação de embriões humanos destinados a servir como material biológico disponível". Cria a CTNBio, para o acompanhamento das atividades reguladas pela lei.

Lei n. 9.279, de 14 de maio de 1996

Lei de Propriedade Industrial (LPI). Relativa às invenções relacionadas a CT; pode-se dizer que considera patenteável toda invenção que atenda aos requisitos de novidade, atividade inventiva e aplicação industrial. Entretanto, a mesma lei não reconhece como invenção os métodos terapêuticos para aplicação no corpo humano ou animal, envolvendo ou não CT, nem o todo ou parte de seres vivos naturais e materiais biológicos encontrados na natureza, ainda que dela isolados.

Resolução n. 196, de 10 de outubro de 1996, do Conselho Nacional de Saúde/MS

Diretrizes e normas regulamentadoras de pesquisa envolvendo seres humanos. Estabelece instrumento obrigatório para pesquisas: TCLE a ser preenchido por pacientes.

Lei n. 9.434, de 04 de fevereiro de 1997

Lei de Doação de Órgãos. Dispõe sobre a remoção de órgãos, tecidos e partes do corpo humano para fins de transplante e tratamento.

Lei n. 9.610, de 19 de fevereiro de 1998

Lei de Direito Autoral. Protege obras intelectuais como "criações do espírito", expressas por qualquer meio ou suporte, tangível ou intangível, conhecido ou futuro. Nas ciências, protege-se a forma literária ou artística, não abrangendo seu conteúdo científico ou técnico. Não são objeto de proteção como direitos autorais as informações de uso comum, nem o aproveitamento industrial ou comercial das ideias contidas em obras.

RDC n. 50, de 21 de fevereiro de 2002, da Anvisa

Determina normas técnicas sobre infraestrutura física, contemplando programação, elaboração e avaliação de projetos físicos de estabelecimentos assistenciais de saúde.

RDC n. 190, de 18 de julho de 2003, da Anvisa

Determina normas técnicas para o funcionamento dos bancos de sangue de cordão umbilical e placentário.

RDC n. 210, de 04 de agosto de 2003, da Anvisa

Determina normas técnicas sobre as BPF de medicamentos.

Lei n. 10.973, de 02 de dezembro de 2004

Lei de Inovação. Regulamenta a relação entre universidades, instituições de pesquisa e empresas. Baseada no *Bayh-Dole Act* (Patent and Trademark Act, 1980, Estados Unidos) promove as patentes sobre resultados de pesquisa desenvolvidos com recursos públicos e fomenta a criação de empresas de Serviços Médicos Especializados (SME) e *spin-offs* de base científica e tecnológica. Estabelece a forma como serão divididos os benefícios oriundos do licenciamento de tecnologias protegidas por patentes, que tenham sido desenvolvidas conjuntamente por empresas e universidades/pesquisadores. Com respeito à interface da Lei de Propriedade Industrial, relativa às invenções relacionadas às CT, pode-se dizer que esta considera patenteável toda invenção que atenda aos requisitos de novidade, atividade inventiva e aplicação industrial. Entretanto, a mesma lei não reconhece como invenção os métodos terapêuticos para aplicação no corpo humano ou animal, envolvendo ou não CT, nem o todo ou parte de seres vivos naturais e materiais biológicos encontrados na natureza, ainda que dela isolados.

RDC n. 306, de 07 de dezembro de 2004, da Anvisa

Dispõe sobre o regulamento técnico para o gerenciamento de resíduos de serviços de saúde.

Lei n. 11.196, de 21 de novembro de 2005

Lei do Bem. Consolida a concessão de incentivos fiscais e subvenções econômicas para a contratação de mestres e doutores nas empresas com P&D de produtos inovadores (regulamentada pela Portaria n. 577 do Ministério da Ciência, Tecnologia e Inovação).

Lei n. 11.105, de 24 de março de 2005

Lei de Biossegurança. Regulamenta os incisos II, IV e V do §1° do art. 225 da Constituição Federal, estabelece normas de segurança e mecanismos de fiscalização de atividades que envolvam organismos geneticamente modificados (OGM) e seus derivados, cria o CNBS, reestrutura a CTNBio, dispõe sobre a PNB, revoga a Lei n. 8.974, de 05 de janeiro de 1995, e a Medida Provisória n. 2.191-9, de 23 de agosto de 2001, e os arts. 5°, 6°, 7°, 8°, 9°, 10 e 16 da Lei n. 10.814, de 15 de dezembro de 2003, e dá outras providências.

RDC n. 315, de 26 de outubro de 2005, da Anvisa

Dispõe sobre o regulamento técnico de registro, alterações pós-registro e revalidação de registro dos produtos biológicos terminados.

RDC n. 33, de 17 de fevereiro de 2006, da Anvisa

Aprova o regulamento técnico para o funcionamento dos bancos de células e tecidos germinativos. Dispõe sobre a coleta, o transporte, o registro, o processamento, o armazenamento, o descarte e a liberação de células germinativas, tecidos germinativos e embriões humanos com a finalidade de reprodução humana assistida.

RDC n. 214, de 12 de dezembro de 2006, da Anvisa

Dispõe sobre boas práticas de manipulação de medicamentos para uso humano.

RDC n. 56, de 16 de dezembro de 2010, da Anvisa

Dispõe sobre a coleta, o processamento, a testagem, o armazenamento, o transporte, o controle de qualidade e o uso humano de CTH obtidas de medula óssea, sangue periférico ou sangue de cordão umbilical e placentário com a finalidade de transplante convencional de células progenitoras hematopoiéticas.

RDC n. 9, de 14 de março de 2011, da Anvisa

Dispõe sobre o funcionamento dos CTC para fins de pesquisa clínica e terapia e dá outras providências.

CONSIDERAÇÕES FINAIS

A pesquisa translacional em terapias avançadas se tornou uma das principais prioridades, tanto da comunidade científica como dos governos estaduais e federal. Os ATMP constituem uma nova categoria de produtos, compreendendo a terapia gênica e a terapia celular, bem como a engenharia de tecidos e a produção de biofármacos. O desenvolvimento de ATMP abre novos caminhos para abordagens terapêuticas em inúmeras doenças, incluindo câncer, diabetes, doenças neurodegenerativas, cardiovasculares, entre outras. No Brasil, estes produtos estão sendo desenvolvidos para fins de pesquisa clínica e terapia por CTC.

Resumindo, no Brasil, atualmente, existe o seguinte cenário:

- É vedada a comercialização de órgãos, tecidos e substâncias humanas para fins de transplante, pesquisa e tratamento.
- As pesquisas clínicas realizadas no país são previamente analisadas e aprovadas pelo sistema CEP/Conep, garantindo, assim, a proteção da população.
- A RDC n. 9, de 14 de março de 2011, estabeleceu os requisitos técnico-sanitários mínimos para o funcionamento dos CTC, determinando regras para coleta, processamento, acondicionamento, armazenamento, testes de controle de qualidade, descarte e liberação para uso e transporte de células humanas e seus derivados disponibilizados para pesquisa clínica e terapia com CT.
- Ainda não há regulamentação específica sobre o desenvolvimento de pesquisas clínicas ou de terapia com ATMP, não havendo normas que determinem quais procedimentos e ensaios devem ser feitos para que esses produtos possam ser utilizados com segurança e eficácia em humanos.

Em 2011, a criação da RDC n. 9, da Anvisa, representou um grande avanço, uma vez que garantiu que a manipulação dos produtos de terapia avançada fosse realizada de acordo com as normas de boas práticas de fabricação/clínica/laboratorial. No entanto, ainda existe a necessidade da realização de análises regulatórias para que essa legislação não seja fragmentada como a de outros países ou se constitua em um obstáculo a mais para o desenvolvimento das pesquisas clínicas. Atualmente, a Constituição Federal Brasileira proíbe a comercialização de órgãos, tecidos e substâncias humanas para fins de transplante, pesquisa e tratamento. Espera-se que as informações provenientes de documentos internacionais, gerados por discussões e experiências recentes dos órgãos regulatórios de outros países com terapia celular e molecular, possam servir como exemplo para o estabelecimento de novas normas brasileiras.

É importante notar que a comercialização de CT e células pluripotentes (iPSC), visando à obtenção de protocolos de diferenciação celular, reparo tecidual e terapia celular de doenças agudas e crônicas, já é uma realidade em alguns países desenvolvidos, contemplando tanto o transplante alogênico como o xenotransplante. Assim, por exemplo, a empresa Beta-Cell NV, da Bélgica (http://www.beta-cell.com/home/), comercializa ilhotas pancreáticas porcinas para transplante em pacientes diabéticos tipo 1 (insulinodependentes). Outro exemplo é o da empresa Living Cell Technologies, da Austrália (http://www.lctglobal.com/), que investe na criação de porcos em condições especiais (*germ-free*) para a geração dos seguintes produtos: Diabecell® (http://www.lctglobal.com/products/diabecell), utilizando ilhotas pancreáticas encapsuladas (isoladas do sistema imune) para implante no mesmo tipo de paciente diabético – produto vendido comercialmente; Ntcell® (http://www.lctglobal.com/products/ntcell), utilizando plexos coroides que também são encapsulados para o tratamento de doenças de Parkinson, Huntington, Alzheimer e esclerose lateral amiotrófica (ELA) – produto em pesquisa clínica fases I e IIa.

Além disso, linhagens alogênicas embrionárias humanas (*HuES cells*) não teratogênicas têm sido selecionadas visando à diferenciação em diversos tipos celulares para a geração de produtos aplicáveis à terapia celular e à regeneração de tecidos e órgãos. As células pigmentares epiteliais (EPR) constituem um dos produtos que se encontram em desenvolvimento a partir de células embrionárias humanas, visando ao tratamento (e à cura) da degeneração macular/retiniana.

Recentemente, surgiram alguns bioprodutos terapêuticos revolucionários, como as vacinas celulares antitumorais, baseadas em células dendríticas fundidas com células do próprio tumor, e também as chamadas *CAR-T cells*, que são como uma "droga viva" (*living drug*), sendo constituídas de linfócitos T do paciente, os quais são "engenheirados" para formar um receptor quimérico de células T (*chimeric antigen receptor-T cells*). Estes antígenos quiméricos reconhecem os antígenos tumorais presentes nas células tumorais, liberando citocinas pró-apoptóticas que promovem sua destruição (imunoterapia com células T). A agência regulatória americana (FDA) tem adotado um sistema de análise rápida (*fast-track*) para esses produtos, que, junto com aqueles utilizados para edição genômica, como a tecnologia de CRISP/R, são altamente inovadores e de grande impacto terapêutico. Seria desejável que os órgãos regulatórios brasileiros, que já alinham sua política com as do FDA e as do EMA europeu, também passassem a acompanhar essa nova tendência, abrindo, assim, perspectivas mais promissoras para a área de saúde no Brasil, inclusive atraindo novas iniciativas do setor empresarial.

Percebe-se que os mais diversos esforços que vêm sendo realizados, gerando mais pesquisas e discussões dentro dessa temática, são essenciais para originar novos conhecimentos e, assim, contribuir para que o Brasil consiga avançar cada vez mais na aplicação dos ATMP na prática clínica.

REFERÊNCIAS BIBLIOGRÁFICAS

1. Belardelli F, Rizza P, Moretti F, Carella C, Galli MC, Migliaccio G. Translational research on advanced therapies. Ann Ist Super Sanità. 2011;47(1):72-8.
2. Brasil. Agência Nacional de Vigilância Sanitária (Anvisa). Resolução RDC n. 09, de 14 de março de 2011. Dispõe sobre o funcionamento dos Centros de Tecnologia Celular para fins de pesquisa clínica e terapia e dá outras providências. Diário Oficial da União. 16 mar. 2011. Seção 1:1. Disponível em: <http://portal.anvisa.gov.br/wps/wcm/connect/623ecb0047458efe9836dc3fbc4c6735/RDC_09_2011.pdf?MOD=AJPERES>. Acesso em: 21 maio 2011.
3. Harrower HR. Endocrine pointers. Glendale: The Harrower Laboratory; 1933.
4. Niehans P. Introduction to cellular therapy. Suíça: Ott Verlag Thun; 1960.
5. Niehans P. Forty-two years of cellular therapy. Suíça: Ott Verlag Thun; 1955.
6. Mercês NNA. Representações sociais sobre o transplante de células-tronco hematopoiéticas e do cuidado de enfermagem. Florianópolis. Dissertação [Mestrado em Ciências da Saúde] – Universidade Federal de Santa Catarina; 2009. 215f.
7. Nardi MB. Cuidados de enfermagem aos pacientes adultos submetidos a transplante de medula óssea: uma revisão integrativa. Porto Alegre. Trabalho de conclusão de curso [Graduação em Enfermagem] – II Escola de Enfermagem, Universidade Federal do Rio Grande do Sul; 2011. 49f.
8. Food and Drug Administration (FDA). Draft Guidance for Industry – Minimally manipulated, unrelated, allogeneic placental/umbilical cord blood intended for hematopoietic reconstitution in patients with hematological malignancies – U.S. Department of Health and Human Services Food and Drug Administration Center for Biologics Evaluation and Research December; 2006.
9. Pereira LV. A importância do uso de células-tronco para saúde pública. Cien Saude Colet. 2008;13(1):7-14. Acesso em: 12 jun. 2011.
10. Narahashi L, De Carvalho ACC, De Araújo HP. Regulamentação das terapias celulares no Brasil. Vigilância Sanitária em Debate: Sociedade, Ciência & Tecnologia. 2015;3(3):19-24. Disponível em: <https://visaemdebate.incqs.fiocruz.br/index.php/visaemdebate/article/view/274>. Acesso em: 25 abril 2016.
11. Buffon GP, Silva LA, Mendes MR, et al. Seminário Nacional sobre Regulação em Terapias Celulares – Relatório. Brasília: Anvisa; 2012. Disponível em: <http://portal.anvisa.gov.br/wps/wcm/connect/a9ba2c80403bc0fbb87df8dc5a12ff52/terapias+celulares+baixa.pdf?MOD=AJPERES>. Acesso em: 25 abril 2016.
12. Brasil. Agência Nacional de Vigilância Sanitária (Anvisa). Workshop Paradigmas para a regulação de produtos derivados de células e tecidos humanos – Relatório. Brasília: Anvisa; 2010.
13. Kohn DB, Candotti F. Gene therapy fulfilling its promise. N Engl J Med. 2009;360:518-21.
14. Brasil. Lei n. 11.105, de 24 de março de 2005. Regulamenta os incisos II, IV e V do §1° do art. 225 da Constituição Federal, estabelece normas de segurança e mecanismos de fiscalização de atividades que envolvam organismos geneticamente modificados – OGM e seus derivados, cria o Conselho Nacional de Biossegurança – CNBS, reestrutura a Comissão técnica Nacional de Biossegurança – CTNBio, dispõe sobre a Política Nacional de Biossegurança – PNB, revoga a Lei n. 8.974, de 5 de janeiro de 1995, e a Medida Provisória n. 2.191-9, de 23 de agosto de 2001, e os arts. 5°, 6°, 7°, 8°, 9°, 10 e 16 da Lei n. 10.814, de 15 de dezembro de 2003, e dá outras providências. Diário Oficial da União. 28 mar. 2005; Seção 1:1.
15. Brasil. Lei n. 8.489, de 18 de novembro de 1992. Dispõe sobre a retirada e transplante de tecidos, órgãos e partes do corpo humano, com fins terapêuticos e científicos e dá outras providências. Diário Oficial da União. 20 nov. 1992; Seção 116065.
16. Moraes AM, Castilho LR, Augusto EFP. Tecnologia do cultivo de células animais: de biofármacos a terapia gênica. São Paulo: Roca; 2008.
17. Commission of the European Communities. Directive 2004/23/ EC of European Parliament and the Council of March 2004 on Setting standards of quality and safety for donation, procurement, testing, processing, preservation, storage and distribution of human tissues and cells. OJ EC L102, 07 abr. 2004, p.48-58.
18. EudraLex Volume 4 – EU Guidelines to good manufacturing practice – Medicinal products for human and ve-

terinary use – Annex 1 – Manufacture of sterile medicinal product – fev. 2008.

19. Food and Drug Administration (FDA). Current good tissue practice for human cell, tissue, and cellular and tissue-based product establishments; inspection and enforcement. Final rule. Fed Regist. 2004;69(226):68611-88.
20. Food and Drug Administration (FDA). Guidance for industry – Sterile drug products produced by aseptic processing – Current good manufacturing practice – set. 2004.
21. World Health Organization (WHO). Technical Report Series 902 – 2002. Annex 6 – Good manufacturing practices for sterile products.
22. Hirata MH, Mancini Filho J. Manual de biossegurança. Barueri: Manole; 2002.
23. Brasil. Agência Nacional de Vigilância Sanitária (Anvisa). Resolução RDC n. 50, de 21 de fevereiro de 2002. Dispõe sobre o Regulamento Técnico para planejamento, programação, elaboração e avaliação de projetos físicos de estabelecimentos assistenciais de saúde. Disponível em: <http://portal.anvisa.gov.br/wps/wcm/connect/ca36b200474597459fc8df3fbc4c6735/RDC+Nº.+50,+DE+21+DE+FEVEREIRO+DE+2002.pdf?MOD=AJPERES>. Acesso em: 21 maio 2011.
24. Krippner E. Classificação de áreas limpas. Revista SBCC. 2009;42-5. Disponível em: <http://www.sbcc.com.br/revistas_pdfs/ed%2044/42.classificacao.pdf>. Acesso em: 20 maio 2011.
25. Karl-Heinz L. Exigências de GMP para sistemas de ar-condicionado e salas limpas. Tradução: Eduardo Almeida Lopes. SBCC 21 mar/abr. 2002. p.16-21. Disponível em: <http://www.sbcc.com.br/revistas_pdfs/ed%2007/07ArtigoTecnico%20GMP.pdf>. Acesso em: 20 maio 2011.
26. Brasil. Agência Nacional de Vigilância Sanitária (Anvisa). Resolução RDC n. 210, de 04 de agosto de 2003. Dispõe sobre o Regulamento Técnico das boas práticas para fabricação de medicamentos. Disponível em: http://www.cff.org.br/userfiles/file/resolucao_sanitaria/210.pdf. Acesso em: 21 maio 2011.
27. Constituição da República Federativa do Brasil. Brasília, DF: Edições Câmara; 2013.

capítulo 16

Biossegurança em Centros de Tecnologia Celular

Lygia da Veiga Pereira
Juliana Andréa de Oliveira Georges

INTRODUÇÃO

A terapia celular pretende gerar, no laboratório, células de diferentes órgãos/tecidos que, quando transplantadas, promovem a regeneração deles no paciente. Nesse contexto, as células mais adequadas para esse fim são denominadas células-tronco (CT), que apresentam capacidade prolongada e ilimitada de proliferação, e são capazes de gerar descendentes mais especializados. As CT podem ser divididas em dois grandes grupos: as adultas e as embrionárias.

Neste capítulo, serão discutidas as características específicas e as aplicações das CT adultas e embrionárias, assim como os aspectos de biosseguranca envolvidos na geração, na produção e no uso desses tipos celulares.

CÉLULAS-TRONCO ADULTAS

As CT que conhecemos há mais tempo são as CT hematopoiéticas da medula óssea, que dão origem a todos os tipos de células que compõem o sangue. Desde a década de 1950, são realizados transplantes de CT da medula óssea para o tratamento de doenças hematológicas, com o intuito de substituir o tecido hematopoiético deficiente de um paciente pelo de um doador saudável. Porém, somente no final da década de 1990, a partir de experimentos em modelos animais, começaram a surgir evidências de que, na medula óssea, existem também outros tipos de CT capazes de regenerar órgãos como o coração, o fígado e até o sistema nervoso[1]. Esses achados deram início a várias pesquisas para o desenvolvimento de novas terapias com células da medula óssea para doenças comuns, como infarto, diabetes, cirrose hepática e lesão de medula espinal[2]. Além disso, como os transplantes de medula óssea são realizados há décadas, sabe-se que o uso dessas células é seguro, e, assim, os testes clínicos de terapia celular em seres humanos logo tiveram início também.

A pesquisa da palavra-chave "*stem cell*" (célula-tronco) no registro do governo norte-americano[3] apresenta um grande número de testes clínicos com CT para o tratamento de doenças não hematológicas (Quadro 1). Alguns desses estudos, como os de epilepsia e acidente vascular encefálico, ainda estão em fase inicial, enquanto outros, como os de doenças cardíacas, já se encontram em estágios mais avançados, nos quais a segurança do procedimento já foi verificada. O objetivo dessas análises é demonstrar a sua eficácia em um grande número de pacientes.

Além da medula óssea, outras fontes de CT adultas têm sido utilizadas, como o sangue do cordão umbilical e da placenta (SCUP), o tecido adiposo, a placenta, a polpa do dente e a veia do cordão umbilical. Por enquanto, o SCUP é a única fonte alternativa de CT adultas cujo uso clínico já está consolidado para doenças tradicionalmente tratadas por transplante de medula óssea[4]. Para o tratamento de doenças mais comuns, o SCUP segue em fase de testes clínicos junto com as CT da medula.

Uma classe especial de CT adultas são as neurais, provenientes do cérebro, que podem dar origem a todos os tipos de células encontradas no sistema nervoso. As

Quadro 1. Ensaios clínicos registrados de terapia com CT adultas*

Doença	Número de ensaios clínicos em andamento	
	No mundo	No Brasil
Cardiopatias	101	6
Diabetes	18	1
Isquemia de membros	16	1
Lúpus eritematoso	8	
Acidente vascular encefálico	6	1
Esclerose múltipla	6	
Cirrose hepática	4	1
Doença de Parkinson	2	
Doença de Alzheimer	1	
Lesão de medula espinhal	1	
Epilepsia	1	1
Enfisema	0	1

*CT provenientes de medula óssea, sangue de cordão umbilical e placenta, tecido adiposo e cordão umbilical.

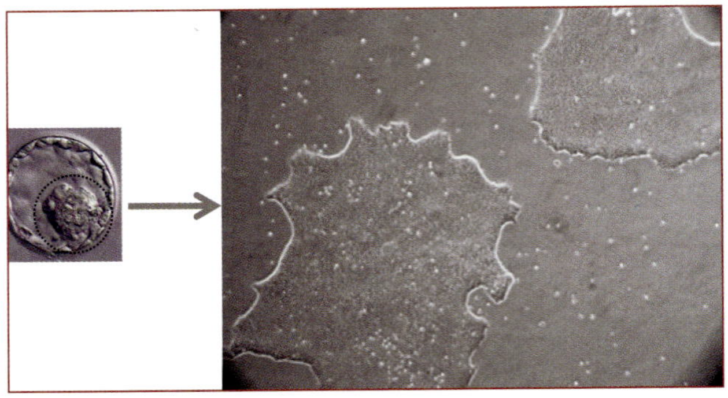

Figura 1. CT embrionárias. À esquerda, blastocisto humano com massa celular interna (MCI) aparente (círculo). À direita, duas colônias de CT embrionárias humanas indiferenciadas, cultivadas a partir da MCI.

CT cerebrais possuem grande potencial para o tratamento de várias doenças neurológicas, como a doença de Parkinson. Alguns testes clínicos com esse tipo de células estão em andamento, entre eles, dois estudam as doenças genéticas neurodegenerativas de Pelizaeus-Merzbacher e de Batten (StemCells Inc., Estados Unidos), e um analisa o acidente vascular encefálico (Reneuron, Reino Unido).

As pesquisas com as CT adultas já estão bem avançadas em modelos animais para aplicação potencial em várias doenças humanas. Porém, é fundamental ficar claro que esse tipo de terapia ainda está restrito ao âmbito da pesquisa.

CÉLULAS-TRONCO EMBRIONÁRIAS

Identificadas no início dos anos 1980 em camundongos, as CT embrionárias são extraídas de blastocistos (embriões pré-implantação) compostos de dois tipos de células: as que originam a placenta e as que produzem todos os tecidos do indivíduo adulto – as células do botão embrionário[5] (Figura 1). Estas são retiradas do embrião e cultivadas no laboratório em condições especiais, de forma a manter sua pluripotência, ou seja, sua capacidade de se diferenciar em tecidos dos três folhetos embrionários: endoderma, ectoderma e mesoderma.

Quando injetadas em camundongos imunodeficientes, as CT embrionárias iniciam um processo desorganizado de diferenciação, dando origem a teratomas e tumores compostos de tecidos derivados dos três folhetos embrionários, demonstrando, assim, a pluripotência dessas células. É importante salientar que as CT embrionárias são capazes de originar todos os tipos de célula do corpo humano, enquanto as CT adultas podem produzir somente alguns tipos.

Para o uso das CT embrionárias como fonte de tecidos para transplantes, é necessário, ainda *in vitro*, dirigir a sua diferenciação para os tipos celulares desejados. Nos quase 30 anos de pesquisas com CT embrionárias, descobriu-se como cultivá-las e diferenciá-las em células da medula óssea e do músculo cardíaco, em neurônios, entre outras. Ao serem transplantadas em animais com alguma enfermidade, as células derivadas das CT embrionárias são capazes de aliviar os sintomas de diversas doenças, desde leucemia e doença de Parkinson até paralisia causada por lesão de medula espinal[6].

Em 1998, surgiram as primeiras linhagens de CT embrionárias derivadas de embriões humanos, que, da mesma forma que as de camundongo, têm um efeito terapêutico importante em modelos animais de diversas doenças[7]. Porém, antes de iniciarem os testes clínicos de transplante de células derivadas de CT embrionárias em seres humanos, algumas questões fundamentais deveriam ser resolvidas.

A primeira diz respeito à segurança da utilização dessas células. Sabemos que quando injetadas em animais imunodeficientes, as CT embrionárias não diferenciadas formam teratomas. Por isso, todas as estratégias de uso terapêutico dessas células envolvem sua diferenciação *in vitro* no tipo celular desejado, de acordo com a doença a ser tratada. Porém, com frequência, o processo de diferenciação não é 100% eficiente, gerando uma fração de células ainda não diferenciadas que podem se comportar de forma descontrolada no organismo. Assim, é necessário desenvolver protocolos robustos de diferenciação das CT embrionárias, de forma que os tecidos gerados a partir delas não contenham células ainda indiferenciadas que possam dar origem a tumores nos pacientes.

A segunda questão fundamental diz respeito à compatibilidade entre as CT embrionárias e os tecidos do paciente. Para qualquer transplante, deve haver compatibilidade entre doador e receptor, de modo que o órgão não seja rejeitado. Pode se esperar esse tipo de compatibilidade para o transplante de CT embrionárias? Na verdade, ainda não se sabe quanto ou se os tecidos derivados das CT embrionárias induzirão uma resposta imunológica do paciente[6]. E se houver necessidade de compatibilidade entre as CT embrionárias e os tecidos do paciente? Uma solução seria criar um banco dessas células, cada uma derivada de um embrião diferente, de forma a encontrar uma compatível com o paciente. Vários países têm adotado essa estratégia[7,8]. Notem que, com as CT adultas, em geral, as terapias são feitas com células do próprio paciente, e, assim, não existe rejeição.

Finalmente, o outro obstáculo a se vencer para tornar as CT embrionárias uma realidade terapêutica é a polêmica em torno da destruição de embriões humanos. No Brasil, a discussão foi resolvida com a Lei de Biossegurança, promulgada em 24 de março de 2005, que permite o uso, para pesquisa e terapia, de embriões produzidos para fins reprodutivos, doados com o consentimento dos pais, e que estejam congelados há pelo menos 3 anos. Essa legislação permitiu o desenvolvimento das pesquisas com CT embrionárias no país, e, em 2008, foi estabelecida a primeira linhagem de CT embrionárias humanas brasileiras, chamada BR-1, proporcionando autonomia para o desenvolvimento de terapias com essas células[8].

O primeiro teste clínico com células derivadas de CT embrionárias teve início em 2010. Após três anos de testes exaustivos em modelos animais, a empresa Geron obteve permissão para injetar oligodendrócitos derivados de CT embrionárias em pacientes com lesão de medula espinal[9]. O primeiro ensaio clínico com essas células foi iniciado em 2010, e em 2015 ainda estava em andamento, transferido para a empresa Asterias Biotherapeutics, dos EUA. Ainda em 2010 outros ensaios clínicos com células derivadas de CT embrionárias (células do epitélio pigmentado da retina) humanas foram aprovados para o tratamento de três formas de degeneração macular (Ocata Therapeutics, EUA)[10]. Ainda aguardamos os resultados de eficácia, mas por enquanto os dados publicados de todos esses estudos demonstram segurança dos procedimentos.

Finalmente, em 2014, a empresa Viacyte (EUA) iniciou testes clínicos de precursores de células-beta, produtoras de insulina, derivadas de CT embrionárias, injetadas em pacientes com diabetes: um minipâncreas que responde aos níveis de glicose no sangue, teoricamente equilibrando seus níveis de forma mais eficiente e autônoma nos pacientes. Finalmente, em 2015, dois grupos (Japão e EUA) relataram a produção de neurônios dopaminérgicos a partir das CT embrionárias e previram o início dos testes em pacientes com doença de Parkinson no final de 2016.

CÉLULAS-TRONCO PLURIPOTENTES INDUZIDAS

Desenvolvidas no Japão em 2006, as denominadas CT pluripotentes induzidas (iPSC) são produzidas a partir de células da pele ou do sangue, nas quais são inseridos genes ou proteínas características de CT embrionárias[11]. Essas modificações genéticas induzem a reprogramação da célula, que regride a um estágio de célula pluripotente, equivalente a uma CT embrionária.

A tecnologia de produção de iPSC foi uma revolução na área de pesquisa em CT. Por ser o processo mais simples de obtenção de CT pluripotentes, foi adotado com rapidez por dezenas de laboratórios no mundo todo, principalmente como ferramenta de pesquisa.

As iPSC geradas a partir de células de pacientes com diferentes doenças genéticas auxiliam o entendimento dos mecanismos moleculares dessas doenças. Por exemplo, recentemente, um grupo de pesquisa dos Estados Unidos produziu neurônios a partir de iPSC de pacientes com esclerose lateral amiotrófica e descobriu um novo mecanismo fisiopatológico dessa doença neurodegenerativa[12]. A partir desses estudos, as iPSC poderão também ser utilizadas para identificar e experimentar novas drogas que melhorem a funcionalidade *in vitro* dos neurônios afetados, antes de as testar nos pacientes.

Estratégias semelhantes vêm sendo desenvolvidas para outras doenças, com iPSC geradas a partir de cé-

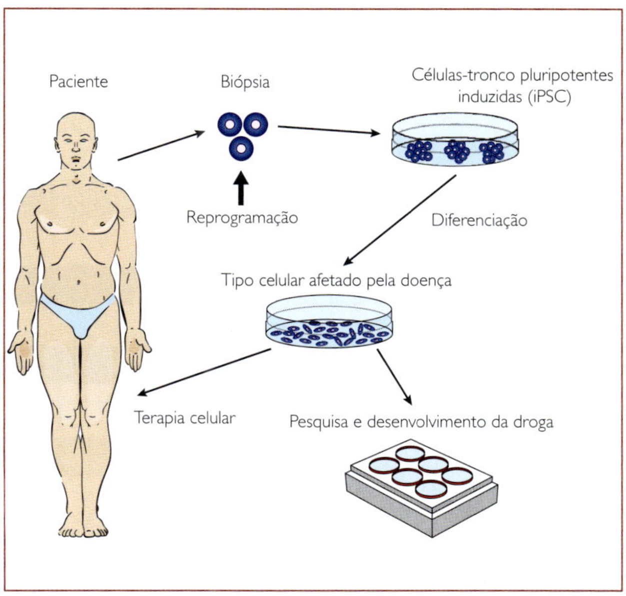

Figura 2. CT iPSC. Células somáticas de um paciente são cultivadas e reprogramadas em iPSC. Estas podem ser diferenciadas em tipos celulares relevantes para a doença em questão e aquelas usadas para terapia ou pesquisa.

lulas de pacientes com síndrome de Down, doença de Parkinson e Alzheimer, entre outras. Assim, as iPSC são uma poderosa ferramenta para a pesquisa básica e aplicada, servindo como uma plataforma de identificação e validação de novas drogas *in vitro* (Figura 2).

Com o aprimoramento dos métodos de indução de pluripotência, tornou-se possível a geração de iPSC não modificadas geneticamente, o que tornou seu potencial uso clínico mais seguro. Em 2014, o RIKEN Center for Developmental Biology, no Japão, iniciou o primeiro ensaio clínico com células do epitélio pigmentado da retina derivadas de iPSCs.

REDE NACIONAL DE TERAPIA CELULAR

No Brasil, os Ministérios da Saúde e da Ciência e Tecnologia estão investindo ainda mais nas pesquisas com CT, criando a Rede Nacional de Terapia Celular[13] com o objetivo de estruturar o esforço nacional de pesquisa em terapia celular, ampliar a geração de conhecimento por meio de uma maior interação entre a comunidade científica e qualificar os novos profissionais. Dessa rede participam oito laboratórios de produção de diferentes tipos de CT. Entre eles, está o Laboratório Nacional de Células-tronco Embrionárias (LaNCE), dedicado às pesquisas com CT pluripotentes, embrionárias e iPSC, para futura disponibilização dessas células para a terapia celular pelo sistema público de saúde.

CENTROS DE TECNOLOGIA CELULAR

Transfusões de sangue e transplantes de medula óssea e/ou sangue de cordão umbilical são regidos por normas específicas. Porém, à medida que as terapias celulares evoluem da pesquisa básica e dos ensaios pré-clínicos para os testes clínicos, e que se amplia a diversidade de fontes de células, como as CT, e de procedimentos para terapia, é necessária a elaboração de normas sanitárias e de biossegurança para a produção de células em condições adequadas para uso em seres humanos.

Terapias com CT podem ser divididas em duas grandes classes, de acordo com a extensão de manipulações, às quais as células são submetidas: terapias com células isoladas de algum tecido (medula óssea, tecido adiposo, SCUP) e logo (ou após criopreservação e posterior descongelamento) transplantadas para o paciente; e terapias com células isoladas e cultivadas *in vitro*, com

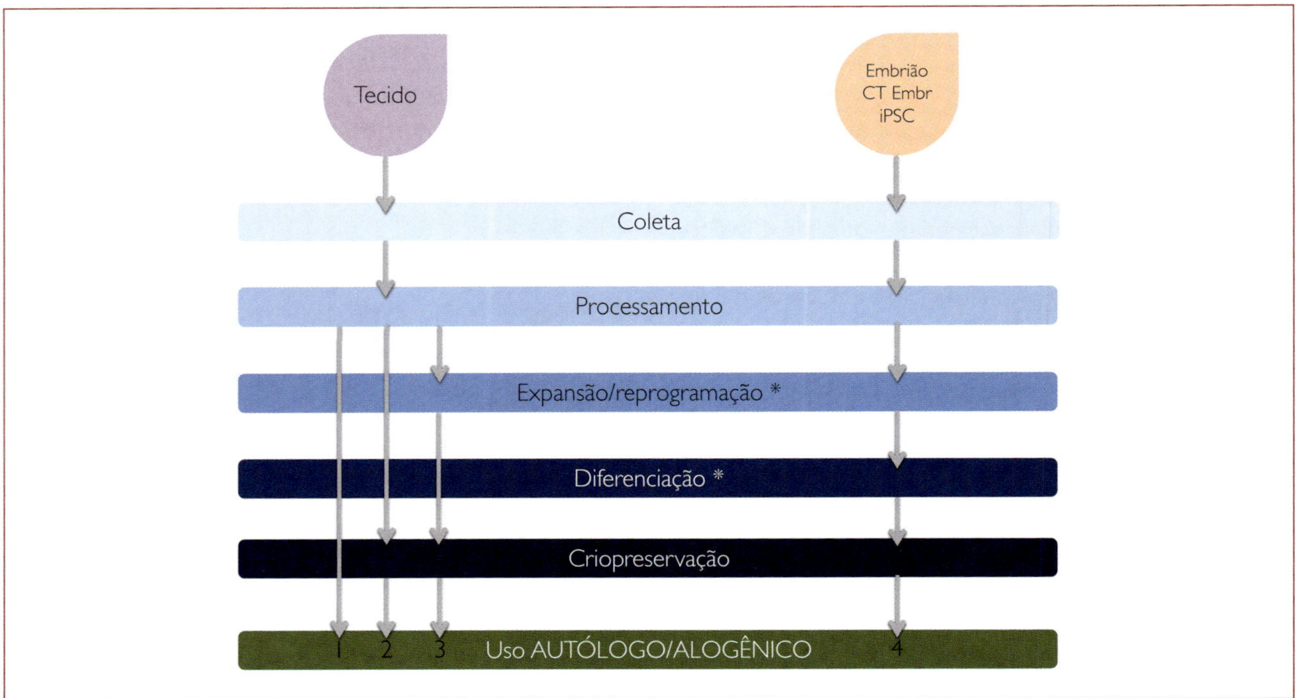

Figura 3. As etapas da terapia celular. Dependendo da fonte de células a ser usada (tecidos ou células pluripotentes, incluindo CT embrionárias e iPSC), existem diferentes passos até o uso terapêutico das células. Dependendo do tecido, as células podem ser processadas a partir do tecido coletado (por exemplo, medula óssea ou sangue de cordão umbilical), e imediatamente (1) ou após criopreservação (2) serem utilizadas em terapia (à esquerda). Essas mesmas células podem ainda ser expandidas em cultura antes da criopreservação e do uso terapêutico (3). Já no caso de CT pluripotentes (à direita), elas precisam ser processadas, expandidas, reprogramadas (no caso das iPSC), diferenciadas no tipo celular desejado e então utilizadas em terapias (4). Etapas que requerem extensa manipulação *in vitro* das células estão marcadas com (*).

a finalidade de expansão e/ou diferenciação delas em algum tipo celular específico (Figura 3). Os dois grupos envolvem riscos distintos de contaminação do produto celular e, assim, devem ser tratados separadamente.

A Agência Nacional de Vigilância Sanitária (Anvisa), em sua resolução RDC n. 9 de 14/3/2011, definiu como Centro de Tecnologia Celular (CTC) o "serviço que, com instalações físicas, recursos humanos, equipamentos, materiais, reagentes e produtos para diagnóstico de uso *in vitro* e metodologias, realiza atividades voltadas à utilização de células humanas, inclusive seus derivados, em pesquisa clínica e/ou terapia"[14]. Os CTC são classificados em tipos 1 e 2.

O CTC tipo 1 é um centro que trabalha exclusivamente com CT adultas e autólogas, em procedimentos que não envolvam seu cultivo – as células podem ser processadas, purificadas, e até criopreservadas, porém sem serem submetidas ao cultivo *in vitro*. Um exemplo de CTC tipo 1 são os laboratórios que recebem aspirados de medula óssea para ensaios clínicos em cardiologia – a fração mononuclear é purificada e imediatamente encaminhada à sala de cirurgia para ser injetada no paciente. Outro exemplo é um banco de CT de SCUP, que recebe o SCUP, também purifica a fração mononuclear e criopreserva o material em nitrogênio líquido para uso futuro. Vale salientar que, apesar de se encaixar na definição de CTC tipo 1, esse tipo de banco é regido pela RDC n. 56 de 16/12/2010 da Anvisa que trata de células hematopoiéticas[15].

O CTC tipo 2 está apto a trabalhar com qualquer tipo de CT, seja adulta, embrionária, autóloga ou alogênica. Além das atividades de um CTC tipo 1, o tipo 2 pode também cultivar as células *in vitro*, visando à expansão e/ou à diferenciação delas. No que diz respeito às CT embrionárias, o CTC tipo 2 pode receber e armazenar embriões humanos doados para pesquisa e terapia, e cultivá-los até o estágio de blastocisto. Além disso, somente um CTC tipo 2 está apto a gerar as iPSC para uso clínico[14,15].

BIOSSEGURANÇA EM CENTROS DE TECNOLOGIA CELULAR

No que diz respeito às normas de biossegurança, todo CTC deve seguir as normas gerais de segurança de laboratório na área da saúde. Do ponto de vista do pesquisador, cuidados gerais devem ser tomados com produtos de origem humana, visando evitar a contami-

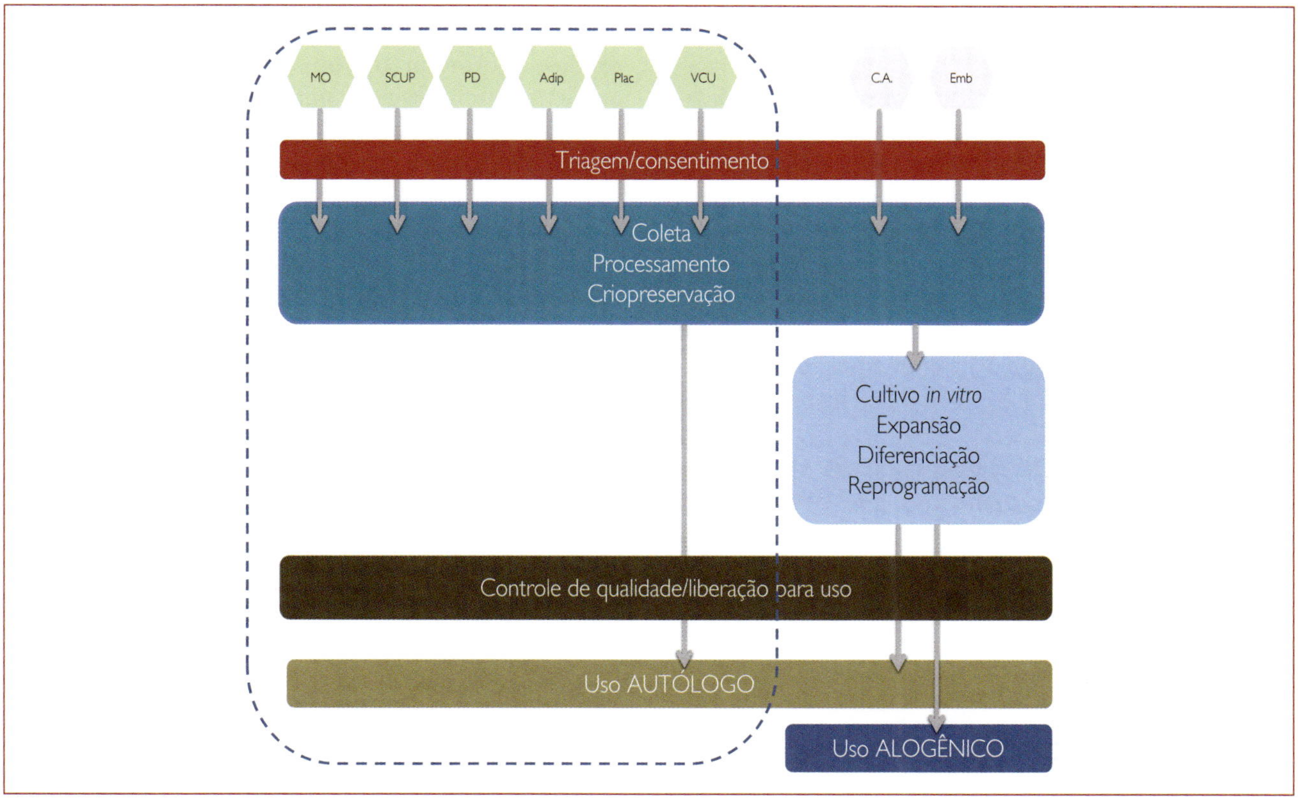

Figura 4. Esquema de funcionamento e diferentes atividades dos centros de tecnologia celular tipos 1 (dentro do pontilhado) e 2 (todos). Diferentes fontes de CT: medula óssea (MO), sangue do cordão umbilical e placentário (SCUP), tecido adiposo (Adip), placenta (Plac), veia do cordão umbilical, células adultas para geração de iPSC (CA) e embriões humanos (Emb). Doadores de material biológico passam por triagem clínica e devem assinar termo de consentimento informado. Após processamento (e cultivo por CTC tipo 2), as células devem passar por controle de qualidade para serem liberadas para uso clínico, autólogo ou alogênico.

nação por patógenos. Do ponto de vista do produto celular produzido pelo CTC, a principal preocupação é referente à sua contaminação, e por isso a manipulação e a exposição de material biológico e de materiais, reagentes e produtos durante o processamento deve ocorrer exclusivamente em ambiente classificado como ISO 5 (classe 100), com capela de fluxo laminar. Além disso, nos CTC tipo 1, o fluxo laminar deve estar instalado em uma sala com classificação mínima ISO 8 (classe 100.000).

O controle do ambiente nos CTC de tipo 2 deve ser mais rigoroso, uma vez que nesses centros são realizadas extensas manipulações de células, aumentando a chance de elas sofrerem alguma contaminação. Assim, no CTC tipo 2, o fluxo laminar deve estar instalado em uma sala com classificação mínima ISO 7 (classe 10.000). Além disso, aqueles CTC tipo 2 que trabalharem com células modificadas geneticamente (por exemplo, na geração de iPSC) devem ter Certificado de Qualidade em Biossegurança emitido pela Comissão Técnica Nacional de Biossegurança (CTNBio).

Na Figura 4, está esquematizado o funcionamento dos CTC. Notem que os CTC tipo 1 realizam somente as atividades dentro da região pontilhada, enquanto os tipo 2 podem realizar todas as atividades listadas. Alguns pontos mais importantes de cada etapa serão discutidos a seguir.

Infraestrutura mínima: os CTC devem ter infraestrutura física de uso e acesso exclusivo para tal finalidade. Se inserido em um laboratório de pesquisa, o CTC deve ter espaços físicos independentes para circulação de pessoas, reagentes e materiais biológicos. É necessária a existência de antecâmara e vestiário de barreira dotado de lavatório e área de paramentação no acesso à sala na qual será processado o material biológico. Deve ser instalado sistema emergencial de energia elétrica. O controle microbiológico de ambientes, equipamentos (incubadora de CO_2) e meios de cultura deve ser realizado.

Reagentes: todos os reagentes utilizados pelos CTC devem ser estéreis, apirogênicos e não citotóxicos, e estar regularizados pela Anvisa. Os CTC devem manter registro de origem, validade e número de lote de todos os reagentes utilizados, de forma a garantir a possibilidade de rastreamento. O uso de produtos de origem animal deve ser evitado, porém, se utilizados, devem ter certificação de ausência de agentes infecciosos e contaminantes.

Seleção de doador/paciente: deve respeitar os preceitos legais e éticos sobre o assunto, ficando garantidos o sigilo, a não percepção de remuneração ou de benefício direto e o termo de consentimento livre e esclarecido (TCLE), conforme legislação vigente. Os CTC devem realizar triagem clínica e laboratorial determinada para a doação de sangue (conforme legislação vigente) em doadores e/ou pacientes. A obtenção de embriões ou células-tronco embrionárias deve seguir os critérios da Lei n. 11.105, de 24 de março de 2005[16], e devem ser obtidas as informações de triagem clínica e laboratorial realizadas pelo banco de células e tecidos germinativos (BCTG), como disposto no regulamento técnico para o funcionamento dos BCTG.

Processamento e armazenamento: para impossibilitar a contaminação cruzada e a troca de material, não é permitido o processamento simultâneo de células humanas e seus derivados de mais de um doador/paciente no mesmo ambiente. A manipulação e a exposição de material biológico e de materiais, reagentes e produtos para diagnóstico *in vitro* durante o processamento deve ocorrer exclusivamente em ambiente classificado como ISO 5 (classe 100). Todos os materiais biológicos submetidos a cultivo ou criopreservação prévios ao seu uso terapêutico devem ter alíquota representativa criopreservada e armazenada nas mesmas condições, para uso em testes de controle de qualidade de processo. Os CTC devem instalar os tanques de nitrogênio líquido para armazenagem de células em salas de criopreservação com visualização externa do seu interior, sensor do nível de oxigênio ambiental (com alarme visual e sonoro, interno e externo à sala), sistema de exaustão mecânica com descarga para o ambiente externo do prédio, e termômetro com registro de temperaturas ambientais mínima e máxima. Células e derivados com testes microbiológicos positivos ou com resultado reagente em pelo menos um dos marcadores para infecções transmissíveis pelo sangue devem ser armazenados em congelador ou tanque específico, separados das demais unidades com testes negativos, ou deverá ser utilizado um sistema de embalagem externa ou equipamento que garanta a proteção das demais unidades criopreservadas.

Controle de qualidade do produto final: os CTC devem garantir a segurança e a qualidade das células humanas e seus derivados antes de os liberar para uso, realizando, no mínimo: testes microbiológicos; contagem e viabilidade celular; fenotipagem e teste de função celular, quando couber; controle de estabilidade cromossômica para células cultivadas; identificação dos antígenos de histocompatibilidade (HLA), para caso de uso alogênico.

CONSIDERAÇÕES FINAIS

Em conclusão, terapias com células-tronco são uma área em intenso desenvolvimento. Nos últimos anos, assistiu-se ao rápido crescimento da área e ao desenvolvimento de diferentes fontes de células e estratégias de cultivo e terapia. Resta, porém, verificar quais delas passarão pelo rigoroso crivo dos testes clínicos e serão consolidadas de fato como alternativas terapêuticas. As normas de biossegurança aqui descritas ainda oferecem certa flexibilidade, como no que diz respeito ao uso de produtos de origem animal. Essa flexibilidade é fundamental para o avanço de uma ciência ainda em desenvolvimento. Ao mesmo tempo, esses avanços trarão novos conhecimentos que deverão ser incorporados em futuros aperfeiçoamentos das normas de biossegurança para CTC.

REFERÊNCIAS BIBLIOGRÁFICAS

1. Krause DS, Theise ND, Collector MI, Henegariu O, Hwang S, Gardner R, et al. Multi-organ, multi-lineage engraftment by a single bone marrow-derived stem cell. Cell. 2001;105:369-77.
2. Grove JE, Bruscia E, Krause DS. Plasticity of bone marrow-derived stem cells. Stem Cells. 2004;22:487-500.
3. Disponível em: www.clinicaltrials.gov. Acesso em: 06/06/2011.
4. Rubinstein P, Stevens CE. The New York Blood Center's Placental/Umbilical Cord Blood Program. Experience with a 'new' source of hematopoietic stem cells for transplantation. Ernst Schering Res Found Workshop. 2011;33:47-70.
5. Evans MJ, Kaufman MH. Establishment in culture of pluripotential cells from mouse embryos. Nature. 1981;292:154-6.
6. Downing GJ, Battey JF Jr. Technical assessment of the first 20 years of research using mouse embryonic stem cell lines. Stem Cells 2004;22:1168-80.
7. Thomson JA, Itskovitz-Eldor J, Shapiro SS, Waknitz MA, Swiergiel JJ, Marshall VS, et al. Embryonic stem cell lines derived from human blastocysts. Science. 1998; 1145-7.
8. Fraga AM, Sukoyan M, Rajan P, Braga DP, Iaconelli A Jr, Franco JG Jr, et al. Establishment of a Brazilian line of human embryonic stem cells in defined medium: implications for cell therapy in an ethnically diverse population. Cell Transplantation. 2011;20:431-40.
9. Disponível em: http://www.geron.com. Acesso em: 06/06/2011.
10. Disponível em: http://www.advancedcell.com. Acesso em: 06/06/2011.
11. Yamanaka S. A fresh look at iPS cells. Cell. 2009;137:13-7.
12. Dimos JT, Rodolfa KT, Niakan KK, Weisenthal LM, Mitsumoto H, Chung W, et al. Induced pluripotent stem cells generated from patients with ALS can be differentiated into motor neurons. Science. 2008;321:1218-21.
13. Disponível em: http://www.rntc.org.br. Acesso em: 06/06/2011.
14. Brasil. Agência Nacional de Vigilância Sanitária. Resolução RDC n. 9 de 14 de março de 2011. Diário Oficial da União, Brasília (14 mar 2011).
15. Brasil. Agência Nacional de Vigilância Sanitária. Resolução RDC n. 56 de 16 de dezembro de 2010. Diário Oficial da União, Brasília (16 dez 2010).
16. Brasil. Lei n. 11.105, de 24 de março de 2005. Diário Oficial da União, Brasília (28 mar 2005).
17. Wagers AJ, Weissman IL. Plasticity of adult stem cells. Cell. 2004;116:639-84.

capítulo 17

Biossegurança e meio ambiente

Amaro de Castro Lira Neto
Ederson Akio Kido
Marcia Almeida de Melo
Paulo Paes de Andrade

INTRODUÇÃO

As atividades humanas sempre causaram algum impacto negativo sobre o meio ambiente. Quanto mais a humanidade ampliou o leque de tecnologias dominadas e adotadas, maior tornou-se esse impacto, que ocorre desde a alteração do solo e da cobertura vegetal, causados pela agricultura, até o desaparecimento de espécies em razão da alteração radical do ambiente ou da caça predatória, ambas dependentes de tecnologias novas. O processo acelerou-se notavelmente a partir da Revolução Industrial, tanto pela invenção e pelo posterior desenvolvimento de máquinas de todo tipo, como pela introdução de produtos químicos no dia a dia das populações. No século XX, o mau uso de muitas dessas tecnologias (tratores, escavadeiras, perfuratrizes, inseticidas, antibióticos etc.) gerou sérios impactos como a perda dos solos e a contaminação do ambiente com produtos tóxicos, aplicados para controle de pragas ou espalhados na água e na terra por vazamentos acidentais.

No final do século passado, iniciou-se a adoção, desde então sempre crescente, de organismos geneticamente modificados (OGM) na agricultura e nas outras atividades produtivas. A preocupação com o ambiente, gerada pela biotecnologia moderna, era então muito grande, pois era a primeira vez que a humanidade produzia organismos que não existiriam de outra forma na natureza, criando apreensão quanto ao escape das modificações genéticas para espécies selvagens e às possíveis modificações associadas ao ambiente relativas à fauna e à flora. A preocupação estende-se também ao comportamento dos próprios OGM em competição com as variedades não modificadas e a biota em geral. A biossegurança, surgida ainda no século XX, é a resposta a essas preocupações; ela constitui um novo ramo da ciência que investiga a forma adequada de avaliar os riscos provenientes da adoção das novas tecnologias e, em especial, da biotecnologia, e propõe abordagens efetivas para a prevenção e a minimização de impactos negativos advindos dessas tecnologias, tanto em atividades em contenção (laboratórios, fábricas, casas de vegetação etc.), quanto em casos de liberação acidental, planejada ou comercial no meio ambiente.

A biossegurança de OGM é regulada, em vários países, por um conjunto de leis, procedimentos ou diretivas específicas. No Brasil, a legislação está fundamentada na Lei n. 11.105, de 24 de março de 2005, em seu decreto correspondente e em um conjunto de resoluções normativas e comunicados da autoridade nacional, a Comissão Técnica Nacional de Biossegurança (CTNBio), que regula aspectos específicos da biossegurança de transgênicos, como são também chamados os OGM[1].

Com a definição do arcabouço regulatório, a adoção de plantas transgênicas ganhou impulso a partir de 2005, havendo mais de 49 variedades de plantas geneticamente modificadas resistentes a insetos ou tolerantes a herbicidas, já aprovadas para comercialização no país (Figura 1), e cujo plantio vem ganhando rapidamente a preferência no agronegócio nacional. Além das plantas transgênicas consideradas *commodities* agrícolas, o país vem adotando os OGM em vacinas para animais e testes diagnósticos e na produção de enzimas, hormônios e óleo combustível.

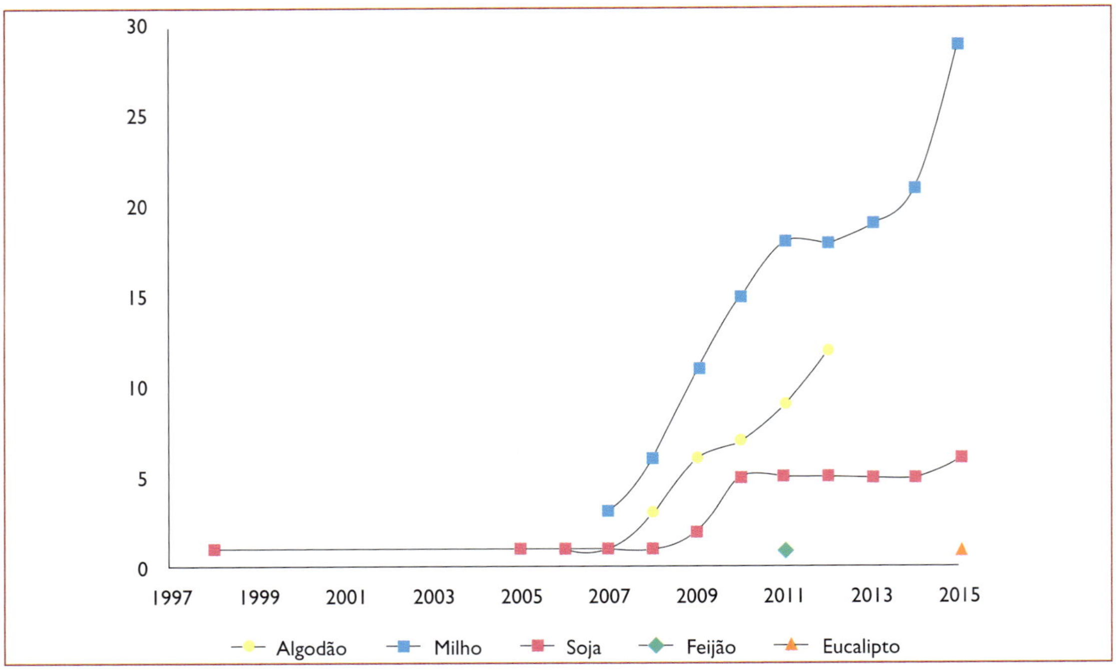

Figura 1. Número de eventos aprovados pela CTNBio para liberação comercial de plantas geneticamente modificadas. Observa-se um aumento inicial do número de variedades aprovadas a partir da nova lei de biossegurança (final de 2005) e uma aceleração acentuada do ritmo de aprovações a partir da adoção da maioria simples de votos em plenária como critério de deferimento dos pedidos de liberação comercial (meados de 2007). Observa-se, também, que o milho teve a adoção mais acelerada entre as três culturas apresentadas.

Está em análise a liberação comercial de uma vacina transgênica para dengue e outra similar está sendo avaliada em campo em testes da fase III. O primeiro animal geneticamente modificado foi liberado pela CTNBio já em 2014 (uma variedade macho-estéril de *Aedes aegypti*) e aguarda a regulamentação pela Anvisa. Uma árvore transgênica também foi liberada para plantio comercial pela Comissão no mesmo ano (o eucalipto com crescimento acelerado). De grande importância para a mesa do brasileiro foi a aprovação, em 2011, de um feijão geneticamente modificado que expressa um RNA de interferência, tornando-o resistente ao vírus dourado do feijoeiro; esta variedade de feijão deve estar no mercado em breve.

Para os próximos anos, espera-se que outros animais geneticamente modificados sejam também aprovados para uso comercial, tanto na produção de alimentos e hormônios (suínos, peixes, caprinos) como na pecuária e na piscicultura, além de novas espécies vegetais como árvores, cana-de-açúcar e culturas importantes para a alimentação do brasileiro, como o arroz, a laranja e a batata.

A ANÁLISE DO RISCO EM BIOSSEGURANÇA AMBIENTAL

As formas como um OGM podem impactar o ambiente – seja ele uma planta, um microrganismo ou um animal – são bastante variadas, ao menos do ponto de vista teórico. Entretanto, quaisquer que sejam os impactos imaginados, eles devem sempre ser comparados com aqueles advindos da presença, em condições semelhantes, da espécie não modificada. Não seria pertinente comparar uma planta geneticamente modificada cultivada em grandes extensões, características do agronegócio, com a mesma planta não modificada cultivada em condições orgânicas; ou, da mesma forma, comparar os impactos previstos da criação de um peixe transgênico em tanques-rede empregando o peixamento de rios com espécimes não modificados.

Uma vez aceita a premissa mencionada anteriormente, a análise do risco procede em três etapas interdependentes: a avaliação do risco, a gestão do risco e a comunicação do risco. Na Figura 2, a relação entre essas etapas é representada de forma esquemática.

A avaliação do risco é o cerne da análise de risco e sua conclusão permite definir se há riscos concretos para o ambiente ou para a saúde advindos da liberação de um OGM. A avaliação pode ser retomada se: a) publicações científicas ou relatórios oficiais indicarem novos riscos ou danos efetivos ao ambiente; b) no monitoramento do produto liberado comercialmente, surgirem evidências de danos imprevistos. A gestão de riscos também pode implicar a retomada da avaliação do risco se, por exemplo, surgirem novas informações sobre riscos ou danos no processo de comunicação de riscos. A gestão e a comunicação dos riscos são, naturalmente, permanentes e só cessam quando o produto é retirado do mercado.

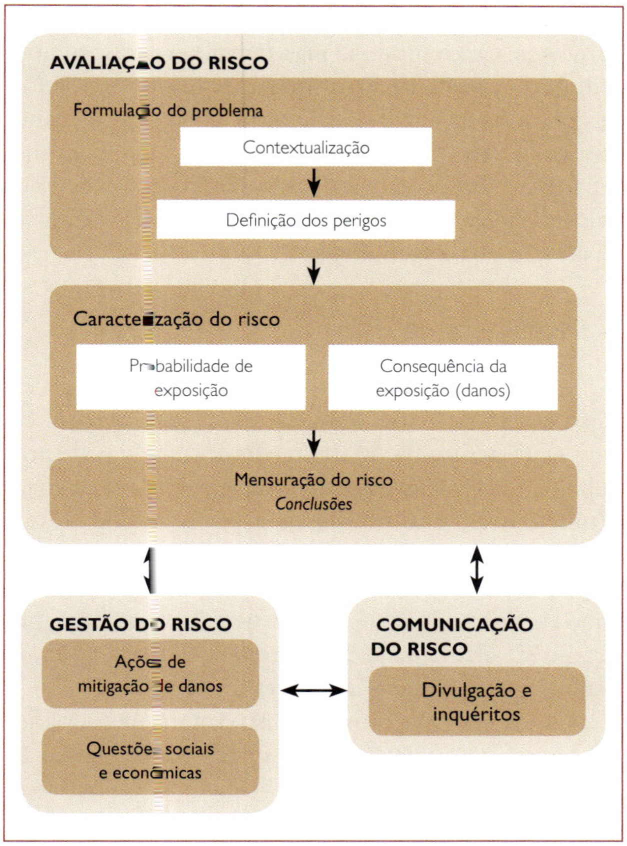

Figura 2. Fluxograma (*roadmap*) de análise do risco, compreendendo a avaliação do risco, a gestão do risco e a comunicação do risco.

De uma forma geral, pode-se dizer que o sucesso da análise do risco depende fortemente da avaliação do risco. Se esta for bem conduzida, as demais etapas poderão ser efetivas, concentrando-se os esforços sobre questões relevantes para a biossegurança ambiental. Caso contrário, o analista ambiental terá que se deparar com danos não antecipados ou terá que devotar a sua atenção a um conjunto de itens a ser monitorado que não envolve riscos efetivos. Assim, a primeira etapa é a mais crítica em todo processo de análise do risco; de fato, a avaliação do risco e, dentro dela, a formulação do problema são a chave para a biossegurança ambiental, e, por isso, este capítulo tratará primordialmente dessa etapa.

Ao final, empregando um processo bem estabelecido, que avança passo a passo, caso a caso, o avaliador de risco poderá estabelecer a biossegurança ambiental a partir da redução de um problema extremamente complexo e multifacetário a um conjunto de metas e medidas de proteção que pode ser abordado na prática e garantirá a proteção ao ambiente e a mitigação de eventuais danos.

A complexidade da avaliação do risco depende, naturalmente, da etapa em que se encontra o produto: ainda no laboratório de pesquisa, em casas de vegetação e outros ambientes de contenção, em experimentos a campo ou, em última instância, em um processo de liberação comercial. O nível de contenção determina, em grande parte, o alcance de eventuais danos, mesmo em casos de liberação acidental. Neste capítulo, será descrita a abordagem para a liberação comercial de um OGM.

A formulação do problema na avaliação do risco ambiental

Como indicado na Figura 2, a formulação do problema é o primeiro passo na avaliação do risco ambiental, quando as metas de proteção deverão ser identificadas. Sendo a avaliação do risco um processo que exige sempre uma abordagem caso a caso, torna-se difícil, se não impossível, ter um roteiro predeterminado para a formulação do problema, que é o cerne da avaliação do risco. Dessa forma, o avaliador deve se debruçar sobre esse passo apenas depois de delinear claramente a metodologia que norteará a identificação de alvos e a definição de ambientes receptores. A formulação do problema, se executada corretamente, garante a relevância dos resultados da avaliação do risco ambiental para a tomada de decisão[2].

A contextualização, primeiro elemento da formulação do problema, inclui: a) o arcabouço legal que ampara e regulamenta as atividades com OGM no país e pode determinar alvos de proteção nos âmbitos nacional e regional; b) o ambiente receptor e as atividades humanas relacionadas ao uso do OGM nesses ambientes; c) a biologia do organismo parental não modificado; d) as considerações sobre a construção genética do OGM e suas características biológicas, sobretudo aquelas que podem determinar possíveis alterações de comportamento do OGM na natureza (de formas de reprodução e propagação), além de impactar a biodiversidade; e) o uso seguro do OGM em outros países ou, na sua falta, de organismo transgênico similar. Assim, dependendo dos componentes do contexto, um mesmo OGM pode ter um elenco de perigos potenciais distintos.

Uma vez definido o contexto, a etapa seguinte é a definição do problema, ou seja, a determinação de um conjunto de perigos e danos associados, caso o OGM fosse liberado no ambiente. Esse é um exercício difícil, pois nem todos os perigos identificados serão relevantes para a avaliação do risco. A escolha deve ser norteada, por um lado, por razões teóricas e, por outro, pela experiência prévia de outros países com o OGM em análise. Nessa etapa, contudo, ainda não é necessário estabelecer uma conexão causal cientificamente embasada entre o OGM e o dano esperado. Tampouco é necessário determinar probabilidades de ocorrência. Na prática, uma lista relativamente longa de possíveis perigos é produzida, baseada em alvos de proteção genéricos estabelecidos por lei ou acordos internacionais, ou ainda derivada da experiência com a introdução de outros organismos, modificados ou não, nos ambientes receptores identificados na contextualização. Esta lista pode também contemplar os perigos percebidos pelo público e derivados da percepção de risco de diferentes setores da sociedade. Neste caso, a lista certamente será longa e conterá muitos perigos que, mais tarde, mostrar-se-ão irrelevantes, pois não se concretizam em danos. Mas sua inclusão na lista inicial caracteriza a atenção do avaliador às inquietações do público e dá maior transparência e clareza à avaliação do risco.

A caracterização do risco

A etapa seguinte da avaliação do risco, denominada caracterização do risco, envolve a definição da probabilidade da exposição e um estudo das consequências da exposição no contexto previamente definido.

A probabilidade da exposição pode ser prevista em vários casos, mas haverá sempre outros em que certo grau de incerteza deverá ser acomodado à avaliação do risco. Por outro lado, as consequências da exposição dependem bastante da exposição. Assim, nessa etapa, as duas ações – classificação de exposição e determinação das consequências dessa exposição – são, em geral, levadas a cabo simultaneamente. No caso de uma avaliação do risco visando à liberação comercial, os dados específicos são gerados em experimentos em contenção ou em liberações planejadas no ambiente. Informações geradas em outros países podem auxiliar muito a tomada de decisão.

Na prática, da lista de perigos gerada na etapa de definição do problema, deve-se filtrar, à luz da ciência e da experiência prévia (se houver) com o OGM ou os OGM semelhantes, os perigos que podem vir a se concretizar em danos. A aplicação desse filtro é complexa porque, baseados em excesso de precaução, alguns avaliadores de risco tendem a não eliminar qualquer dos riscos listados, alegando que a incerteza impede a tomada de decisão. Se uma lista muito extensa de perigos for mantida, a identificação de pontos finais de avaliação para todos os perigos tornará o processo mais trabalhoso e dispendioso sem necessariamente haver qualquer retorno em informações relevantes à biossegurança ambiental. A manutenção de uma lista grande de perigos pode, contudo, ser útil na aceitação do processo de avaliação de risco pelo público e pelas várias partes envolvidas na questão da adoção da biotecnologia.

A classificação do risco

A terceira e última etapa da avaliação do risco é a classificação do risco. Para tal, é indispensável ter-se, para cada perigo da lista anterior, estimativas da probabilidade de ocorrência do dano associado e da magnitude deste dano. Atualmente, as probabilidades de ocorrência estão divididas em quatro classes ou categorias, da mesma forma que a extensão ou magnitude dos danos. O risco é classificado de acordo com a composição da probabilidade de ocorrência e da extensão do dano, como mostrado na Figura 3.

É cada vez mais comum o uso de uma metodologia de determinação das probabilidades de ocorrência de um dano, conhecida como rota ao dano. Nela, hipóteses plausíveis, baseadas em ciência, consideram várias etapas do perigo até o dano. Cada etapa é uma hipótese cientificamente comprovável e determina uma probabilidade de que aquela etapa se cumpra. A probabilidade de que toda a rota se concretize é o produto das probabilidades de cada etapa.

Uma vez que os binômios probabilidade de exposição/danos foram estabelecidos para os vários perigos listados, resta ainda categorizar os riscos por relevância aos alvos de proteção. Danos sérios ou irremediáveis são prioritários, desde que a probabilidade de ocorrência seja real. Em geral, contudo, danos dessa natureza não são esperados em um novo OGM para o qual se solicita liberação comercial, e caberá ao avaliador de risco ambiental a dura tarefa de priorizar os riscos. Informações científicas e histórico de uso seguro têm um papel decisivo.

Probabilidade de ocorrência	Classificação do risco			
Muito alta	Baixo	Moderado	Alto	Alto
Alta	Baixo	Baixo	Moderado	Alto
Baixa	Insignificante	Baixo	Moderado	Moderado
Muito baixa	Insignificante	Insignificante	Baixo	Moderado
	Marginal	**Menor**	**Intermediário**	**Grande**
	Danos (consequências)			

Figura 3. Sistema tabular de classificação dos riscos. As probabilidades de ocorrência estão divididas em quatro classes, assim como as consequências (ou extensão dos danos). O risco é classificado pela interseção da linha correspondente à probabilidade com a coluna correspondente ao dano.

A classificação dos riscos é sempre relativa, isto é, será sempre feita em comparação com situação análoga em que o organismo não modificado está impactando o ambiente. Embora em princípio uma comparação dessa natureza seja possível em condições experimentais, ela é difícil ou mesmo impossível no caso de monitoramentos pós-liberação comercial. Por isso, o monitoramento não deve ser incluído como uma etapa da avaliação do risco, pois a metodologia empregada para os casos mais controlados de experimentos em contenção ou a campo não se aplica a ele.

Também faz parte da classificação dos riscos a identificação de representantes de cada alvo de proteção que possam responder à questão de biossegurança levantada. Eles serão os elementos de estudo nas várias rotas ao dano desenhadas pelo avaliador. Por exemplo, o impacto negativo no ambiente em razão do cultivo de uma planta resistente ao ataque de determinados lepidópteros pela produção endógena de uma proteína inseticida poderia ser avaliado pelo acompanhamento de muitos parâmetros distintos; entretanto, se avaliados em conjunto, eles determinarão um alto custo do processo de avaliação do risco, sem necessariamente aportar dados relevantes à biossegurança. Além disso, como solução para reduzir a complexidade da avaliação, esta poderia ser direcionada para um ou dois insetos não alvos que pudessem representar adequadamente esse perigo (i. e., impacto sobre organismos não alvo). A escolha de um determinado organismo que represente adequadamente um alvo de proteção mais abrangente pode ser difícil, mas há, atualmente, uma vasta experiência nessa área da avaliação do risco[3]. O organismo escolhido é denominado ponto final de avaliação. Por exemplo, as abelhas *Apis mellifera* podem ser um ponto final de avaliação adequado ao alvo de proteção mais amplo representado pelos polinizadores.

A tomada de decisão

Uma vez determinados os riscos aos pontos finais de avaliação, a classificação do risco está essencialmente terminada, restando ao avaliador concluir seu trabalho. A CTNBio, agência responsável pela avaliação dos riscos de OGM no Brasil, pode determinar a segurança ambiental de um OGM a partir desta avaliação de risco e não precisa nem deve levar em conta benefícios do produto à sociedade. O Conselho Nacional de Biossegurança (CNBS) deve, se assim julgar necessário, fazer o balanço entre os benefícios trazidos pela nova tecnologia e os eventuais danos (se e quando acontecerem), posto que as medidas de contenção de risco ou de mitigação dos danos implicam custos, tanto financeiros quanto ambientais. Uma decisão dessa natureza envolve, com frequência, outros elementos de análise, que estão fora do escopo da avaliação do risco, mas que podem fazer parte da análise do risco como um todo; por exemplo, considerações sobre a coexistência da tecnologia baseada no OGM e aquela fundamentada no organismo não transgênico fazem parte da gestão de riscos, e podem levar o analista de risco (no caso, o CNBS) a desaconselhar a adoção de uma determinada tecnologia, caso custos elevados ou impacto social acentuado forem observados.

GESTÃO E COMUNICAÇÃO DE RISCOS

A comunicação de um risco pode ser encarada como uma etapa da gestão, como o monitoramento. Entretanto, muitas vezes as atividades de comunicação de uma empresa estão ao encargo de um departamento distinto daquele que faz a gestão do risco em seus outros aspectos. Operacionalmente, portanto, as duas atividades costumam estar separadas.

A comunicação de risco não é um processo unilateral, no qual uma empresa ou um órgão do governo comunica ao público-alvo sobre um determinado risco. Ao contrário, é um processo interativo de troca de informações e opiniões entre indivíduos, grupos e instituições. Muitas vezes, envolve a troca de múltiplas mensagens sobre a natureza do risco, as preocupações, as opiniões ou as reações às mensagens de risco ou à forma como a gestão de riscos é conduzida. Assim, é um processo que auxilia a gestão do risco e consolida a avaliação do risco, corroborando ou, na maioria das vezes, mudando a percepção de risco das partes interessadas no produto ou afetadas por ele (chamadas *stakeholders*). Uma comunicação de risco eficiente reduz a expectativa da população-alvo, prepara os agentes sociais para a tomada de ações mitigadoras, quando necessário, e minimiza a desconfiança quase sempre existente quanto às intenções reais da iniciativa privada, sobretudo quando o assunto é o meio ambiente. Por outro lado, traz à empresa ou ao órgão fiscalizador subsídios para o planejamento de ações de gestão.

A gestão de riscos inclui, primordialmente, uma avaliação prévia das múltiplas opções para a mitigação de danos ambientais, a tomada de ações mitigadores, caso danos ocorram, e o monitoramento. No Brasil, o monitoramento pós-liberação comercial deve ser dirigido à identificação de danos não previstos na análise do risco, o que implica o estabelecimento de um sistema de monitoramento geral, além de um monitoramento caso-específico quando o risco de danos não negligenciáveis for apontado na avaliação prévia à liberação comercial do OGM. A necessidade de se monitorar o impacto sobre o meio ambiente de um OGM, para o qual a análise do risco não apontou riscos concretos, parece contraditória. Ainda que certas características da construção genética de plantas transgênicas não estejam sob total controle do experimentador, não há razões concretas para esperar-se que os eventos elite selecionados para a introdução no mercado tenham qualquer comportamento fora do esperado. Entretanto, a percepção pública sobre OGM é, em geral, proveniente de informações veiculadas na mídia e/ou por grupos ideologicamente contrários à biotecnologia, que especulam sobre as incertezas oriundas da forma como esses produtos são produzidos e sobre as questões políticas de mercado. Embora isso seja parcialmente verdadeiro para o caso de plantas e outros metazoários, não é o caso para microrganismos. Por esse motivo, a oposição pública aos OGM representados por leveduras, bactérias e vírus talvez seja menor do que a observada para plantas.

O monitoramento de OGM vem sendo realizado por poucos países. Os monitoramentos geral e caso-específico podem ser acoplados, de acordo com a Resolução Normativa n. 11 da CTNBio. Uma proposta semelhante, embora consideravelmente mais complexa, foi elaborada pela Autoridade em Segurança Alimentar Europeia (EFSA, 2006). De acordo com a resolução brasileira, nem todos os OGM devem ser monitorados, sendo dispensados aqueles que têm histórico de uso seguro, por exemplo. O tempo de monitoramento é determinado caso a caso e pode ser encurtado por decisão da CTNBio após a avaliação dos resultados de anos anteriores. O monitoramento caso-específico só é iniciado se, por meio do monitoramento geral, forem identificados efeitos adversos. A exceção ocorre quando, na avaliação do risco, forem encontrados riscos não negligenciáveis. O Brasil iniciou o monitoramento da primeira variedade de cultura geneticamente modificada (GM) (a soja) há quase meia década e o resultado apresentado indica que o produto é tão seguro ao ambiente quanto o seu parental não modificado. Entretanto, esse monitoramento foi voltado aos mesmos riscos que haviam sido considerados negligenciáveis pela avaliação do risco da CTNBio. Não houve um monitoramento geral.

A DIVERSIDADE DE CENÁRIOS NA AVALIAÇÃO DO RISCO AMBIENTAL DE OGM

Como enfatizado anteriormente, a avaliação do risco deverá sempre ser feita caso a caso. Embora, de certa forma, isso dificulte o estabelecimento de um procedimento uniforme para estabelecer a biossegurança ambiental, por outro lado preserva a particularidade de cada OGM. De fato, os eventos genéticos são distintos mesmo quando o mesmo gene é empregado na transformação de uma mesma planta e, até certo ponto, justifica-se a abordagem individualizada por evento. Entretanto, isso cria uma multiplicidade de cenários talvez desnecessária à contextualização da avaliação do risco: os detalhes moleculares das construções genéticas, inclusive seus sítios de inserção no genoma dos OGM e número de cópias, parecem ter, em geral, pouca ou nenhuma influência sobre aspectos de biossegurança do organismo. Da mesma forma, diferentes biomas podem ter influência sobre o impacto de um OGM, mas isso não é uma regra fixa. Na Tabela 1, é exemplificado como OGM e cenários articulam-se no contexto da avaliação do risco ambiental.

No caso de produção em contenção, o impacto no ambiente pode ocorrer pelo descarte de efluentes e resíduos sólidos, mas também pela liberação de gases de fermentação (que podem carrear microrganismos GM vivos). Se o OGM é consumido e ainda mantém-se viável após a digestão, ele pode atingir os sistemas de tratamento de esgoto, o solo ou as coleções de água. Se o OGM é vacinal, ele pode atingir toda a fauna associada ao organismo vacinado e mesmo organismos que ocasionalmente entram em contato com a vacina. Outros exemplos na Tabela 1 mostram a diversidade de cenários com a qual se depara o analista de risco ambiental. Deve-se ter em mente, contudo, que não é o impacto global do OGM que está em análise, mas apenas aqueles impactos que o diferenciam do parental não modificado.

AVALIAÇÃO DA BIOSSEGURANÇA AMBIENTAL DE PLANTAS GENETICAMENTE MODIFICADAS

Como exemplo de avaliação do risco ao meio ambiente, foi escolhido o caso do algodão Bt, evento MON530, já liberado no Brasil. As células desse algo-

Tabela 1. **Alguns dados relativos à produção de OGM ou de seus derivados, explicitando as principais preocupações ambientais e os cenários de maior impacto**

Organismo	Produção	Produtos	Principais preocupações	Cenário impactado
Bactérias e leveduras	Em contenção	Enzimas, hormônios	Efluentes e resíduos sólidos	Rios, lavouras
Vírus	Em contenção	Vacinas com vírus vivo atenuado	Transmissão a animais silvestres e de criação	Aviários, populações de aves silvestres
Plantas	Em campo	Alimentos e produtos vegetais	Fluxo gênico para espécies nativas; impacto sobre organismos não alvos	Lavouras, matas e outros ambientes silvestres
A. aegypti	Em contenção	Insetos "estéreis"	Reversão do fenótipo	Áreas urbanas
Peixes	Em campo	Peixes com crescimento rápido	Competição com espécies nativas	Rios

doeiro geneticamente modificado expressam um polipeptídio novo que representa uma parte da proteína inseticida Cry1Ac do microrganismo *Bacillus thuringiensis*, subespécie *kurstaki*, linhagem HD73. Dessa forma, o algodoeiro torna-se resistente a vários lepidópteros que atacam a cultura. O fluxograma de avaliação do risco previamente discutido (Figura 2) será seguido nos itens abaixo, supondo-se um pedido de liberação comercial desse algodão.

Formulação do problema – o contexto do algodão Bt

Os elementos principais do contexto são o arcabouço legal, a biologia da planta, as principais regiões de cultivo (i. e., o ambiente receptor) e a construção genética, sobretudo no que concerne a produção de proteínas novas e a geração de novos fenótipos.

O arcabouço legal

Desde 2005, o Brasil conta com uma legislação específica para a biossegurança de OGM, que está fundamentada na Lei n. 11.105, em seu decreto correspondente e em um conjunto de resoluções normativas que regulam aspectos específicos da biossegurança de transgênicos[1]. Para que um pedido de liberação comercial possa ser analisado, a proponente deve conduzir a avaliação do risco de acordo com as instruções encontradas na Resolução Normativa n. 5, inclusive no que se refere à avaliação do risco ambiental. Essa resolução contém uma lista de perguntas bastante extensa que é dirigida à identificação de riscos, levando em conta alvos de proteção consagrados na legislação brasileira ou propostos como relevantes ao longo dos primeiros anos de funcionamento da CTNBio. A existência de perguntas específicas facilita, de certa forma, a construção de uma avaliação do risco, mas engessa o processo quando se trata de um OGM com propriedades inovadoras ou um ambiente receptor muito específico. Caberá sempre à proponente identificar os cenários prováveis de liberação do OGM e proceder à avaliação do risco seguindo os passos mostrados nos itens anteriores.

Não se esperam riscos não negligenciáveis apontados nessa avaliação. Entretanto, quando riscos concretos à biodiversidade são identificados, a CTNBio pode propor a criação de áreas de exclusão na liberação do OGM no ambiente ou mesmo solicitar que um estudo de impactos ambientais seja feito e apresentado a ela e ao Instituto Brasileiro do Meio Ambiente e dos Recursos Naturais Renováveis (Ibama).

Uma vez aprovado o pedido pela CTNBio, o plantio do algodão GM dependerá ainda do atendimento às normas da Agência Nacional de Vigilância Sanitária (Anvisa) e do Ministério da Agricultura, Pecuária e Abastecimento, como para qualquer outro produto agrícola. A decisão da CTNBio só pode ser contestada pelo Ibama e pela Anvisa por meio de requerimento ao Conselho Nacional de Biossegurança (CNBS).

É também no arcabouço legal, mas não restrito à lei n. 11.105 e às normativas da CTNBio, que se podem identificar alvos de proteção preferenciais, obedecendo às políticas públicas do meio ambiente e a outras políticas do país.

A biologia do algodoeiro

O algodoeiro (*Gossypium hirsutum*) é uma planta hermafrodita ou andrógina, tendo os dois gametas (masculinos e femininos) na mesma flor, sem incompatibilidades genéticas e de sincronia de recepção. Assim, o algodão é considerado uma espécie prevalentemente autógama, mas a polinização do algodoeiro por insetos, especialmente abelhas, leva a uma taxa de cruzamento natural, influenciada pela população de espécimes transportadores de pólen. Os insetos mais observados em plantações de algodoeiro herbáceo variam entre as várias regiões do Brasil; em Ribeirão Preto, são *Apis mellifera scutellata* (africanizada) (50,3%), coleóptero *Diabrotica speciosa* (Brasileirinho) (40,8%), outros himenópteros (5%), outros coleópteros (1,7%), lepidópteros (1,1%) e abelha *Trigona* spp. (Arapuá) (1,1%)[4]. Com exceção da abelha africanizada e da arapuá, os demais insetos coletam exclusivamente néctar; a abelha africanizada é considerada polinizadora efetiva da cultura. Levantamentos realizados em Brasília (DF) em *G. hirsutum* e em Campina Grande (PB) nas espécies silvestres *G. barbadense*, *G. mustelinum* e *G. hirsutum* r. *marie-galante* Hutch[5] observaram, respectivamente nas duas cidades, 23 e 21 espécies de abelhas, sendo apenas quatro comuns às duas áreas. As diferenças encontradas mostram a necessidade de estudos para diferentes regiões e sistemas de produção de algodão, principalmente nas regiões onde estão as maiores áreas cultivadas com algodão no país.

Existem mais de 50 espécies de *Gossypium*, mas apenas quatro são regularmente cultivadas (*G. hirsutum*, *G. barbadense*, *G. herbaceum* e *G. arboreum*). O Brasil é o centro de origem apenas de *G. mustelinum*, conhecido como algodão brabo ou algodão macaco, que não parece ser ancestral do algodoeiro arbóreo *G. hirsutum* r. *marie-galante* Hutch, planta perene de origem desconhecida e denominada algodão mocó[6]. Além da espécie selvagem *G. mustelinum*, foram identificadas no Brasil as espécies asselvajadas *G. barbadense* variante *brasiliensis* (conhecido como Inteiro ou Rim-de-boi), *G. barbadense* (Quebradinho) e *G. hirsutum* r. *marie-galante* (algodão arbóreo ou mocó). O *G. mustelinum* foi encontrado nos municípios de Caicó (RN), Crato

(CE), Macururé (BA) e Caraíba (BA). Os de tipo barbadense são encontrados na orla do Pantanal, na zona de Mata Atlântica e na Amazônia brasileira. O algodoeiro arbóreo do Nordeste é encontrado na região de clima árido, conhecida como seridó nordestino, tendo como região mais representativa os municípios de Acari, Parelhas, Caicó e Currais Novos, no Rio Grande do Norte.

As principais regiões de cultivo – o ambiente receptor

Segundo o Levantamento Sistemático da Produção Agrícola (LSPA) disponibilizado pelo Instituto Brasileiro de Geografia e Estatística (IBGE)[7], a produção de algodão herbáceo (*G. hirsutum*) obtida na safra 2015 foi da ordem de 4,1 milhões de toneladas, correspondendo a uma área total de plantio de 1.054.475 ha. Os maiores produtores são os estados do Mato Grosso e Bahia que foram responsáveis por 87,4% do que foi produzido e 87,7% da área plantada. A distribuição da produção nas várias unidades federativas está mostrada na Figura 4. Ela sobrepõe-se parcialmente às áreas endêmicas para *G. mustelinum* e algodão mocó.

Para o algodão arbóreo (em caroço), conforme os dados do IBGE de Produção Agrícola Municipal (ano 2015; Séries Estatísticas & Históricas), a área plantada na região Nordeste, tradicional produtora desse tipo de algodão, tem ficado abaixo de 1.000 hectares desde 2007, sendo os principais produtores o Ceará, a Bahia, a Paraíba e o Rio Grande do Norte. Esses dados indicam que o cultivo do algodão arbóreo no Nordeste, praticamente desapareceu. Por outro lado, o Mato Grosso vem aumentando sua produção de algodão mocó com

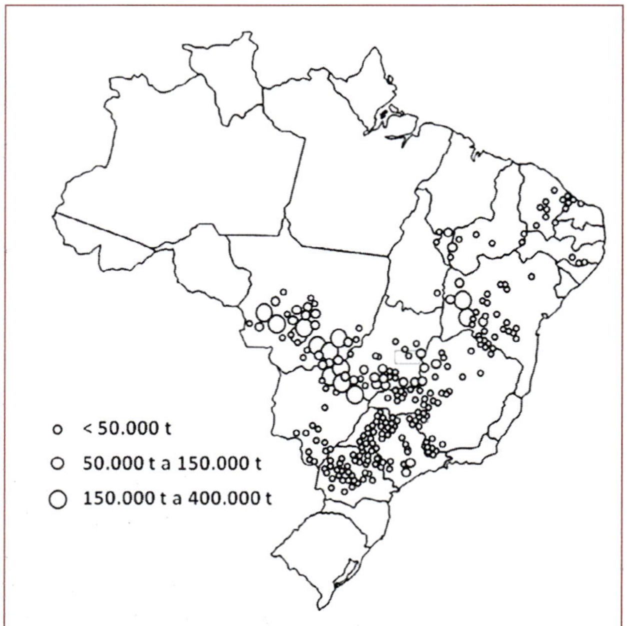

Figura 4. Produção brasileira de algodão em 2004 (adaptada de IBGE, 2005).

a adoção de novas tecnologias, chegando a alcançar seis vezes a produtividade observada no Nordeste.

Além do Brasil, o algodão é cultivado em muitos outros países. Para a avaliação do risco ambiental, é relevante saber quais são os outros países que plantam a variedade GM em avaliação, desde quando e se houve danos ao ambiente especificamente relacionados ao OGM, pois o histórico de uso seguro será sempre um importante elemento do contexto na formulação do problema. No caso do algodão Bt exemplificado aqui, a autorização para plantio já tem mais de 10 anos em vários países com clima semelhante ao Brasil (Tabela 2) e não há relatos na literatura de danos ao ambiente.

Tabela 2. Ano de autorização de plantio do algodão Bt expressando o gene *cry1Ac* para uso em alimentação humana ou como ração pela autoridade competente de vários países (adaptado de http://www.cera-gmc.org)

País	Plantio	Alimento ou ração	Alimento	Ração
África do Sul	1997		1997	1997
Argentina	1998		1998	1998
Austrália	1996		1996	1996
Canadá			1996	1996
China			2004	2004
Colômbia	2003	2003		
Coreia			2003	2004
Estados Unidos	1995	1995		
Filipinas			2004	2004
Índia	2002			
Japão	1997		1997	1997
México	1997		1997	1997
União Europeia		2005		

A construção genética

O evento MON531 foi obtido pela transformação de linhagens de algodão via *A. tumefasciens*. O plasmídio empregado no processo está mostrado na Figura 5. O gene truncado *cry1Ac* permite a expressão de uma forma truncada da proteína Cry1Ac em vários tecidos da planta, sob controle do promotor p-e35S do vírus do mosaico da couve-flor. O gene *aad* não está sob controle de um promotor de planta e, portanto, não se expressa no algodoeiro. Um terceiro gene, *nptII*, sob controle de outro promotor p-35S do vírus mosaico da couve-flor, permite a expressão de pequenas quantidades de neomicina fosfotransferase II de *Escherichia coli* no tecido vegetal. A neomicina fosfotransferase determina a resistência à neomicina.

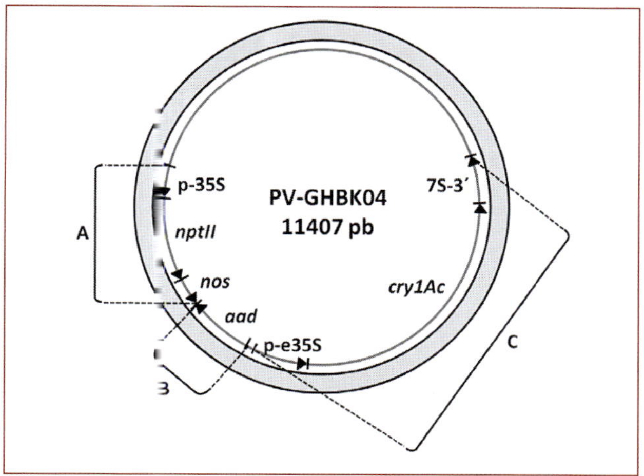

Figura 5. Plasmídio PV-GHBK04 empregado na construção do algodão Bt evento MON531. A expressão da proteína neomicina fosfotransferase II, que confere resistência à neomicina nas células vegetais, é dirigida pelo promotor p-35S do vírus mosaico da couve-flor e a poliadenilação do mensageiro é determinada pela sequência 3´ do gene da nopalina sintase (A). O gene *aad*, que codifica a resistência à neomicina, não é expresso na planta porque não está sob controle de um promotor vegetal (B). A proteína Cry1Ac truncada é expressa sob controle de um promotor p-e35S modificado e o mRNA é poliadenilado com auxílio do sinal correspondente na sequência 7S-3´ (C).

Formulação do problema – definição dos problemas

Nessa parte da avaliação do risco é que se levantam perigos associados a danos aos alvos de proteção, que são, em geral, previamente conhecidos (insetos benéficos à agricultura, biodiversidade, águas, solo etc.). No caso do algodão Bt, vários perigos podem ser levantados. Nessa etapa ainda não se impõe a necessidade de um mecanismo causal cientificamente plausível, embora isso reduza a lista a perigos que podem se concretizar em danos. A lista abaixo resume alguns perigos que podem levar a danos aos alvos de proteção, levando em conta também o ambiente receptor, a biologia do algodoeiro e a construção genética:

- Fluxo gênico para espécies silvestres, com perda da diversidade.
- Fluxo gênico para espécies asselvajadas e variedades crioulas, com perda de diversidade e impactos econômicos.
- Fluxo gênico para espécies sexualmente incompatíveis = fluxo gênico horizontal, com consequências imprevisíveis.
- Impacto negativo sobre insetos não alvo.
- Impacto negativo sobre outros artrópodes de interesse agronômico.
- Alterações da microbiota do solo.
- Alterações da composição mineral e das propriedades físicas do solo.

Embora a determinação dos perigos acima possa ser bastante especulativa, ela deve preferencialmente basear-se na experiência da liberação de eventos similares quanto ao seu impacto no ambiente, quando esta existir, nos resultados de liberações planejadas no ambiente e na literatura científica pertinente.

A caracterização do risco

A partir da lista de riscos gerada na etapa anterior, pode-se proceder ao estudo do binômio *probabilidade da exposição/consequências da exposição* no contexto previamente definido. Como exemplo, são considerados os riscos (a) e (d) da lista anterior. Não serão construídas rotas ao dano porque o evento em estudo não demanda maior complexidade de avaliação.

A biologia do algodoeiro aponta para a possibilidade concreta de hibridação interespecífica: as espécies cultivadas e a espécie silvestre são sexualmente compatíveis e abelhas de várias espécies podem polinizar as flores. Sendo a espécie *G. mustelinum* um alvo de proteção, de acordo com as leis brasileiras de proteção à biodiversidade, é pertinente avaliar esse risco (i. e., fluxo gênico) e o dano associado (em caso de uma possível introgressão do gene).

Da mesma forma, a proteína inseticida Cry1Ac, embora considerada específica para certos grupos de lepidópteros, poderia ter consequências desastrosas para a população de insetos não alvo, caso fosse letal para uma ou mais espécies que merecem proteção (seja porque estão ameaçadas de extinção, seja por sua utilidade no ambiente agrícola, ou ainda por outra razão relevante, previamente identificada na formulação do problema). É evidente que o número de insetos não alvo é muito grande, então é preciso definir representantes adequados ao alvo genérico de proteção. Uma vez feito isso, a mensuração do risco pode ter início.

Classificação do risco e tomada de decisão

Seguindo com os dois exemplos tomados da etapa de caracterização do risco, pode-se determinar:

a. Para o fluxo gênico: distâncias de polinização, viabilidade e competitividade dos híbridos interespecíficos, evidências da existência de híbridos na natureza e vantagem seletiva conferida pela construção genética.
b. Para impacto sobre insetos não alvo: determinar um ou dois insetos que representem a fauna visitante de algodoeiros em cada região, que sejam filogeneti-

Tocantins	11,4
Maranhão	27,5
Piauí	16,4
Ceará	8,4
Rio Grande do Norte	8,4
Paraíba	8,4
Pernambuco	8,4
Alagoas	8,4
Bahia	29,2
Minas Gerais	25,4
São Paulo	17,4
Paraná	17,2
Mato Grosso	24,2
Mato Grosso do Sul	24,8
Goiás	28,1
Distrito Federal	19,9

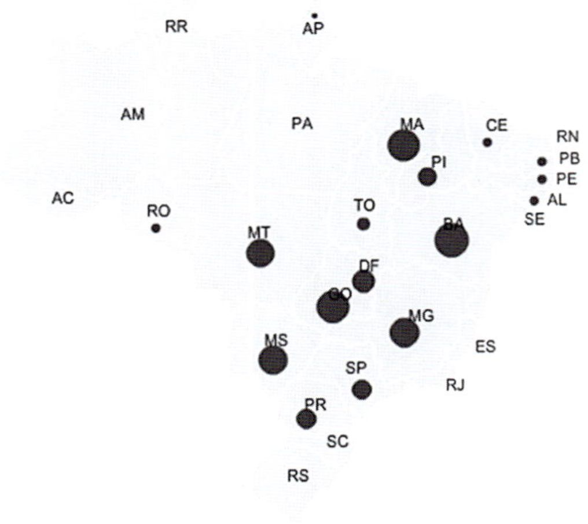

Figura 6. Adoção do algodão geneticamente modificado no plantio comercial do Brasil, safra 2010. Na tabela à esquerda da figura, estão indicadas as porcentagens de algodão GM plantado em cada estado (Fonte: Céleres).

camente próximos (sempre que possível) da espécie-alvo e que possam ser ensaiados com segurança em laboratório.

As abordagens anteriores permitem gerar dados confiáveis para a conclusão da avaliação do risco para os dois itens acima. O cruzamento entre o algodão comercial e o silvestre parece ser pouco comum e os híbridos pouco competitivos, mas o gene de fato confere uma pequena vantagem seletiva, sobretudo em áreas onde o cultivo comercial de algodão aumenta significativamente a população de insetos praga. Nesse caso, por precaução, é conveniente estabelecer áreas de exclusão e aprofundar os estudos sobre fluxo gênico. Já no caso de insetos não alvo, o impacto da proteína Cry1Ac só é observado para doses de várias ordens, de grandeza acima das doses enfrentadas pelos insetos no campo. Estudos em campo devem ser evitados porque são complexos, sujeitos a muitas variações fora do controle do experimentador e acabam gerando dados de difícil interpretação. Após gerar dados para os itens considerados relevantes, o analista pode concluir sobre a segurança ambiental do algodão Bt.

Um processo essencialmente semelhante a esse foi seguido pela CTNBio para avaliação da biossegurança ambiental do algodão Bt, que levou à liberação comercial para o plantio em 2005, com a criação de algumas áreas de exclusão que foram revistas, passados 5 anos de adoção da tecnologia e, em grande parte, abolidas.

Até o presente, nenhum dano ao meio ambiente foi observado, apesar da adoção crescente de variedades de algodão geneticamente modificadas no Brasil, como mostra a Figura 6. Essa é uma demonstração de que uma avaliação do risco ambiental bem conduzida oferece ao país uma oportunidade de adotar tecnologias inovadoras sem comprometer a biodiversidade brasileira.

CONSIDERAÇÕES FINAIS

A análise do risco ambiental de OGM e, dentro dela, a avaliação do risco devem ser conduzidas seguindo um procedimento que se consolida mundialmente. Neste capítulo, foram revistas as premissas da avaliação do risco e foi indicado um fluxograma que pode ser adotado para a avaliação do risco de qualquer OGM. O fluxograma está de acordo com a proposta em elaboração pela Convenção de Biodiversidade (CBD), dentro do Protocolo de Cartagena, e que pode ser acessada no portal do Grupo Técnico *ad hoc* para Avaliação do risco da CBD[8]. A adesão a um processo de avaliação do risco internacionalmente reconhecido facilita a exportação de produtos da biotecnologia brasileira e a adoção de produtos desenvolvidos em outras partes do mundo.

REFERÊNCIAS BIBLIOGRÁFICAS

1. Brasil. Ministério da Saúde. Organização Pan-Americana de Saúde. Marco legal brasileiro sobre organismos geneticamente modificados. Brasília: Ministério da Saúde; 2010. p. 218.
2. Wolt JD, Keese P, Raybould A, Fitzpatrick JW, Burachik M, Gray A, et al. Problem formulation in the environmental risk assessment for genetically modified plants. Transgenic Research. 2010;19(3):425-36.
3. Romeis J, Bartsch D, Bigler F, Candolfi MP, Gielkens MM, Hartley SE, et al. Assessment of risk of insect-resistant transgenic crops to nontarget arthropods. Nat Biotechnol. 2008;26(2):203-8.
4. Sanchez Jr JLB, Malerbo-Souza DT. Frequência de insetos na polinização e produção do algodão. Acta Scientiarum Agronomy. 2004;26(4):461-5.
5. Pereira FFO, Pires CSS, Silveira FA, Barroso PAV, Sujii ER, Fontes EMG. Fauna de abelhas em espécies cultivadas e não cultivadas de algodão Gossypium spp. In: Anais do V Congresso Brasileiro de Algodão, Salvador; 2005.
6. Freire EC, Moreira JAN, Santos JW, Andrade FP. Relações taxonômicas entre os algodoeiros mocó e *Gossypium mustelinum* do Nordeste brasileiro. Pesq Agrop Brasileira. 1998;33(10):1555-61.
7. IBGE. Disponível em: ftp://ftp.ibge.gov.br/Producao_Agricola/Levantamento_Sistematico_da_Producao_Agricola_%5Bmensal%5D/Fasciculo/lspa_201601.pdf.
8. UNEP/CBD/BS/AHTEG-RA&RM/2/5. Final report of the ad hoc Technical Expert Group on Risk Assessment and Risk Management under the Cartagena Protocol on Biosafety. 2010. p. 40. Disponível em: http://www.cbd.int/doc/meetings/bs/bsrarm-02/official/bsrarm-02-05-en.pdf. Acesso em: 29/5/2011.
9. Associação Brasileira de Normas Técnicas. NBR 6023: informação e documentação – referências elaboração. Rio de Janeiro; 2002.
10. European Food Safety Authority (EFSA). Guidance on the Post-Market Environmental Monitoring (PMEM) of genetically modified plants. EFSA Journal 2011; 43. Disponível em: http://www.efsa.europa.eu/en/consultations/call/gmo110418.pdf. Acesso em: 29/5/2011.
11. FAO/WHO Expert Consultation on the Application of Risk Communication to Food Standards and Safety Matters. The application of risk communication to food standards and safety matters. 1998. p. 31. Disponível em: http://ftp.fao.org/docrep/fao/005/x1271e/x1271e00.pdf. Acesso em: 29/5/2011.

capítulo 18

Objeção às plantas geneticamente modificadas

Francisco Gorgonio da Nóbrega

INTRODUÇÃO

A objeção às plantas geneticamente modificadas (PGM) é multifacetada e complexa. A área plantada com PGM cresce em média 3 a 4% anualmente e existe um registro de uso seguro há 19 anos, desde que a soja resistente a herbicida começou a ser plantada em 1996. Hoje, cerca de 12% (~ 182 milhões de hectares) da área utilizada para agricultura no planeta é ocupada por cultivares molecularmente modificados. Neste capítulo, esta oposição é discutida frente à suposta natureza artificial da modificação genética específica, aos riscos em virtude da natureza aleatória do local de inserção, ao perigo destas plantas produzirem produtos tóxicos ou alergênicos, à objeção ao uso de PGM resistentes a herbicidas, ao problema da migração do transgene para outras plantas e aos aspectos políticos/regulatórios importantes.

O embasamento histórico/biológico dos argumentos leva à conclusão de que a tecnologia é segura e as precauções, que a legislação impõe e a Comissão Técnica Nacional de Biossegurança (CTNBio) cumpre, são plenamente satisfatórias, além de serem debatidas livre e amplamente na Comissão, na presença de cientistas e de representantes da sociedade civil. Na opinião do autor, existem exigências bastante rigorosas, algumas até excessivas, que acabam criando uma barreira para o desenvolvimento local da tecnologia e um custo adicional para a população. Ademais, as PGM fortificadas, que vão incorporar nutrientes escassos na dieta de populações pobres, têm seu desenvolvimento particularmente prejudicado por ter finalidade predominantemente humanitária, dependendo de recursos públicos e doações para seu desenvolvimento e, portanto, ainda mais afetadas por algumas das exigências que, em nome de suposta precaução, podem impedir o progresso. Informações atuais sobre a tecnologia estão reunidas, por exemplo, no site da International Service for the Acquisition of Agri-biotech Applications (ISAAA) e uma coletânea recente com testemunhos de 32 especialistas pode ser obtida do ISAAA organizada por Navarro, em 2015[1].

BIOTECNOLOGIA DE PLANTAS

Meu interesse em biotecnologia de plantas foi despertado pelo trabalho de cientistas como Van Montagu, que, nos anos 1970 e 1980, estudou um método de transformação genética que a natureza inventara há centenas de milhões de anos e que permite a uma bactéria introduzir na planta genes cujos produtos de expressão lhe são úteis. A meu ver, se a natureza permitiu à humilde *Agrobacterium tumefasciens* tal façanha, não vejo por que o *Homo sapiens* não possa explorar este fenômeno para o progresso da agricultura, criando PGM pela via da modificação genética específica, usando a "engenharia genética". Esta tecnologia me parecia uma adição importante às técnicas "clássicas" como hibridação cruzada entre espécies ou mesmo gêneros distintos, enxertia, busca de mutantes espontâneos ou indução acelerada de mutantes por meio do tratamento de sementes com agentes mutagênicos químicos ou físicos.

Ninguém se espanta com o resultado de cruzamento entre espécies distintas como a rutabaga (repolho com nabo) ou a mula (jumento com égua). No entanto, há uma abundância de artigos de jornalistas na mídia e mesmo cientistas levantando hipóteses assustadoras sobre as possíveis consequências negativas do uso dessas tecnologias. O chamado do Ministério de Ciência e Tecnologia em 2007 para integrar a CTNBio me levou a aprofundar a pesquisa sobre as aspectos controversos da tecnologia. O resultado tem sido uma confirmação reiterada da segurança destes procedimentos e a gestação de uma visão pessoal, que considero apoiada em evidências sólidas, a qual, além de reafirmar inclusive uma superioridade dos procedimentos modernos sobre os "clássicos", sugere a conveniência de propor alterações na legislação atual no sentido de eliminar etapas precauciosas claramente excessivas que apenas resultam em tornar a tecnologia extremamente cara para os que a desenvolvem e, ao fim e ao cabo, para os usuários finais: a população.

Os maiores beneficiários da legislação atual são as gigantes multinacionais da biotecnologia de plantas como a Monsanto, Syngenta, Du Pont, Bayer etc. que, podendo pagar o alto preço imposto pela burocracia, dominam o mercado já que podem atender às múltiplas exigências dos órgãos reguladores. Este texto é, portanto, uma reflexão sobre a base factual dos temores expressos por muitos e que são amplamente incentivados por um ativo grupo de indivíduos associados a certas organizações não governamentais (ONG), apoiadas por alguns membros da comunidade científica e jornalistas. A mídia, caracteristicamente, geralmente ignora as evidências de seguridade e aceita alegremente toda análise negativa ou catastrófica que aparece. Sabemos que "notícia boa não é notícia".

O planeta tem sido extensamente modificado em razão da presença humana. Com mais de 7,3 bilhões de habitantes, apesar das taxas decrescentes de crescimento populacional, temos potencial para atingir 9 a 10 bilhões de pessoas e impor múltiplas demandas aos recursos naturais existentes. Ainda temos 46% do planeta intocado, segundo o fotógrafo e ambientalista Sebastião Salgado. O seu projeto GENESIS tem registrado a beleza dessas áreas incluindo a vida dos povos que ainda sobrevivem em condições primitivas em regiões isoladas na Amazônia, Nova Guiné etc. Busca este retrato do planeta para incentivar o cuidado com o meio ambiente.

Para a agricultura, a tarefa atual é alimentar este enorme contingente sem que seja necessário destruir mais matas nativas, recuperar ecossistemas degradados e obter cultivares para regiões com solos pouco irrigados, salinos, pobres, contaminados ou afetados por mudança climática. Muitos países da África, por exemplo, sequer usam os recursos da agricultura moderna anteriores à transgenia (a "Revolução Verde" dos anos 1960 e 1970) e passam fome degradando o meio ambiente com uma agricultura orgânica primitiva e insuficiente para uma alimentação abundante e equilibrada. A seguir, são examinadas algumas controvérsias habituais sobre as PGM.

NÃO É NATURAL ALTERAR GENOMAS

Esta é uma das objeções mais comuns à engenharia genética de plantas: é artificial. Curiosamente, são muito raras as campanhas contra a modificação genética de animais, células de cultivo, fungos ou bactérias para a produção das mais variadas substâncias de uso médico ou alimentar (como o coalho usado na produção de queijos). A definição de "natural" é um problema em si. Nossos ancestrais, antes do *Homo sapiens*, já modificavam a natureza ao utilizar o fogo, promover a dispersão de plantas úteis, construir seus abrigos. Na aparentemente "virgem" Amazônia (Figura 1), há sinais da passagem do homem modificando a floresta e deixando sinais de técnicas importantes de manejo do solo (Figura 2), como a terra preta.

A dualidade "natural *vs.* artificial" se sustenta no desconhecimento da história dos cultivares e no analfabetismo científico. O que domesticamos há cerca de

Figura 1. Natureza intocada, Amazônia.

Figura 2. Plantações, natureza modificada pela ação humana.

10.000 anos como o trigo e outras plantas é pura criação humana, interferência, portanto, "artificial" no reino vegetal. O ancestral do trigo tinha poucas sementes, que se desprendiam facilmente com o vento. A domesticação do trigo levou à seleção de plantas com características cada vez mais interessantes para a alimentação humana: sementes maiores e mais abundantes, que não se soltam facilmente, sincronia de desenvolvimento etc. Cruzamentos entre variedades para acelerar o aparecimento de novos e mais atraentes fenótipos resultaram gradualmente no trigo moderno, amplamente cultivado. Ele quase nada se parece com a(s) planta(s) que lhe deu(ram) origem. Isso se repetiu no desenvolvimento do milho (Figura 3), um façanha incrível da civilização da América bem antes de Colombo.

Praticamente todas as plantas que consumimos são domesticadas o que implica dependência total do cuidado humano para sua propagação. Todas as plantas domesticadas perdem a capacidade de colonizar o meio ambiente se deixadas à própria sorte. Para dar um exemplo marcante do quanto artificial a agricultura "clássica" pode ser, nos anos 1950, O-Mara, da Universidade Iowa State nos EUA, usou o "veneno" colchicina para desenvolver um híbrido fértil entre dois gêneros distintos: trigo e cevada. A planta foi batizada de triticale e, já nos anos 1980, ocupava mais de 2 milhões de acres na União Soviética, na França, nos EUA, no Canadá e na América do Sul[2]. Este híbrido tem 28% mais proteína que o trigo, mais aminoácidos essenciais e sua farinha tem excelente sabor. Tornou-se um favorito dos partidários de alimentos naturais e de *health foods stores* pelo mundo afora. Caso os ativistas atuais contra as PGM existissem naquela época, como iriam reagir imaginando as possíveis mutações e rearranjos gênicos, potencialmente capazes de gerar produtos tóxicos ou alergênicos e as possibilidades de "contaminação genética" de outras culturas a partir dos campos onde o triticale é cultivado? A aplicação do "princípio da precaução" resultaria certamente no impedimento da comercialização deste valioso cereal, que poderia ser considerado um verdadeiro "Frankenstein" de dois gêneros! A colchicina também foi usada para produzir frutos sem sementes, como em certas melancias.

Na verdade, quando desenvolvemos a engenharia genética em geral e a de plantas em particular, estamos imitando a natureza: microrganismos nas águas e no solo fazem trocas genéticas alucinantes mediadas por bilhões de vírus naturais, por conjugação ou por transformação direta com DNA liberado de organismos que sofreram lise. Cerca de 47% dos micróbios cultiváveis

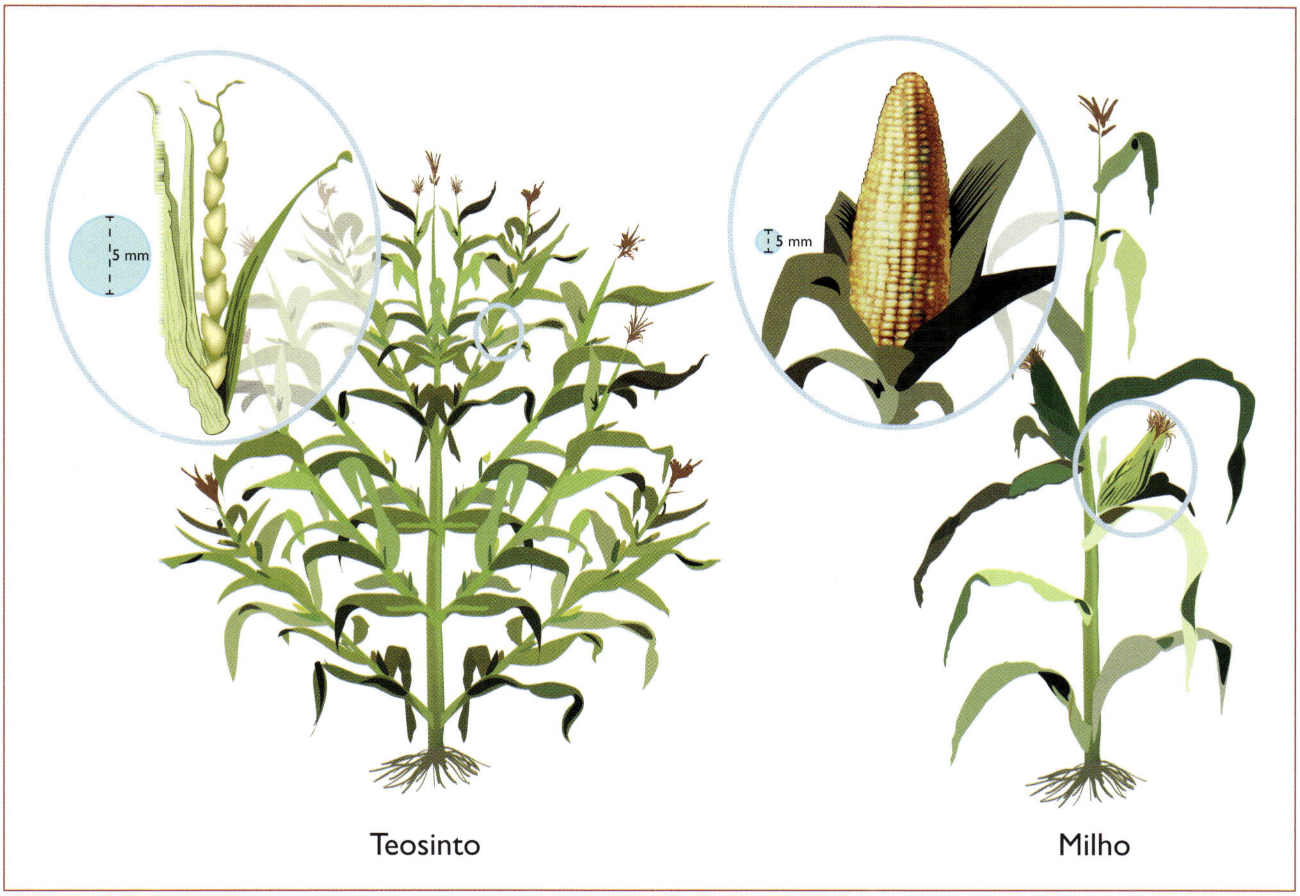

Figura 3. Diferenças entre o teosinto, o ancestral do milho moderno (à esquerda) e o milho moderno (à direita).

nos oceanos recebem material genético por transferência "horizontal".

A observação superficial gera a ilusão de que as espécies são constantes e imutáveis. Darwin começou a demolir esta concepção com a teoria da evolução e a moderna genética molecular, que constantemente identifica os mecanismos que permitem essas mudanças. Todo organismo está em processo de transformação por mutagênese espontânea ou por transferência horizontal de genes, ou seja, introdução natural de pedaços de DNA portando genes de organismos não relacionados. Esse importante tema de estudo nasceu da facilidade com que podemos clonar, amplificar e sequenciar genomas. Transferência entre fungos e bactérias é bem conhecida. Inclusive a célula eucariótica de animais e plantas nasceu de um evento ainda mais brutal: organelas como mitocôndria e cloroplastos vieram de células "engolidas" por outras que, aprisionadas, acabaram se transformando em organelas.

Rotíferos bdeloides, que são metazoários minúsculos, adquiriram vários genes de bactérias, fungos e mesmo plantas[3]. Simbiontes bacterianos de insetos podem alterar a eficiência reprodutiva destes, estimulando sua evolução. Pesquisadores suecos acabam de descobrir que um transgene natural, originado de um tipo de grama (*Poa* sp.), foi transferido para outra gramínea cerca de 700.000 anos atrás. Imagina-se que um vírus ou parasita tenha mediado a transformação genética natural. Múltiplas transferências de genes bacterianos relacionados à capacidade de degradar a parede celular de plantas ocorreram em nematodos parasitas de plantas[4]. A transferência de um segmento do DNA repetitivo humano L1 para a bactéria *Neisseria gonorrhoeae*, um patógeno humano exclusivo, foi descrita[5]. O grupo do Dr. Antonio Teixeira da Universidade de Brasília se destacou com uma sequência de artigos descrevendo a transferência de DNA de *Trypanosoma cruzi* para células do hospedeiro humano com inserção do DNA dos minicírculos do parasito no genoma de células cardíacas[6]. Esses achados têm aparecido cada vez mais frequentemente em virtude da crescente disseminação, modernização e barateamento das tecnologias utilizadas.

A transferência de genes através das barreiras entre espécies, gêneros e mesmo filos tem sido feita na natureza, sem intervenção humana! Quem ousaria chamar de "artificial" essa migração horizontal de genes? A moderna tecnologia de inserção de genes em plantas, na verdade, imita o que a bactéria *Agrobacterium tumefasciens* faz há milhões de anos (Figuras 4 e 5). Pamela Ronald usa a seguinte analogia: a melhoria convencional por meio de cruzamentos é como um casamento no qual o noivo leva para casa toda uma aldeia junto com a esposa. Já a modficação genética de plantas é um casamento no qual o noivo leva apenas a noiva sem outros parentes[7].

Figura 4. *Agrobacterium tumefasciens*, bactéria causadora das galhas ou tumores de plantas, capaz de inserir genes no genoma do vegetal.

Figura 5. Tumor ou galha em planta infectada pelo *Agrobacterium tumefasciens*.

Portanto, a moderna engenharia genética de plantas é imitação de processos ancestrais e naturais que só agora compreendemos e aprendemos a utilizar.

A INSERÇÃO DO TRANSGENE É MUTAGÊNICA

Como a inserção pode ocorrer nos mais variados locais do genoma da planta, há preocupação de que possa inativar um gene importante ou provocar a fusão de um gene vizinho com um segmento do inserto e resultar, possivelmente, em uma proteína tóxica ou alergênica. Esta possibilidade existe, com baixa probabilidade, durante os muitos experimentos em que se busca inserir um transgene na planta. Como o genoma de uma planta tem baixa densidade de genes, a possibilidade de inserção dentro ou muito próximo de outro gene é pouco provável. No milho, com 2,4 bilhões de pares de bases, não mais que 8% do genoma é ocupado por genes, mas inserções que não dão o resultado esperado acontecem em virtude da natureza aleatória do processo. Quando uma inserção que prejudica outro gene acontece ou quando ocorre em região cromossomal onde os genes estão silenciados, o efeito desejado não aparece. Se outro gene é perturbado, isto transparece pois a planta resultante fica fenotipicamente alterada. Estas plantas são descartadas nas etapas iniciais da busca por uma planta transformada sem interferências indesejáveis e com o transgene se expressando apropriadamente. Após a cuidadosa seleção que é sempre feita após a introdução do(s) gene(s) apenas os transformantes sadios são mantidos e uma análise molecular é feita no DNA da planta que está flanqueando o inserto, para examinar se algum gene teria sido perturbado e se há potencial para uma proteína nova ser expressa na região de junção. Esta segunda etapa (molecular) de análise permitirá excluir transformantes com potencial de expressar proteínas ou peptídeos não planejados na PGM. Portanto, esta etapa na seleção de transformantes é muito importante e análoga à seleção que o melhorista convencional moderno faz após seus cruzamentos ou mutagênese. Existem progressos nos métodos de transformação que devem permitir, futuramente, escolher o local onde o(s) transgene(s) vai(vão) ser inserido(s), reduzindo ou eliminando a possibilidade de uma inserção em local inconveniente.

O estresse gerado pelas manipulações de transformação genética (usando biobalística ou por mediação com *Agrobacterium tumefasciens*) aumenta ligeiramente a taxa normal de mutações, como demonstrado no organismo modelo, a levedura *Saccharomyces cerevisiae*. No entanto, este aumento é pequeno comparado às alterações introduzidas no melhoramento clássico. Desde 1920, os melhoristas começaram a utilizar rotineiramente mutagênese química ou por radiação ionizante, assim como colchicina que impede a separação dos cromossomos durante a divisão celular. Tudo para acelerar a busca por variedades melhores. Quase 2.000 plantas obtidas por mutagênese aleatória foram comercializadas desde então. Cada uma abriga no mínimo dezenas de mutações e possíveis rearranjos gênicos, atingindo genes que desconhecemos. No entanto, o consumo de alimentos derivados não resultou em qualquer problema nutricional, tóxico ou alérgico. A seleção usual, examinando características fenotípicas, aparentemente basta para eliminar efeitos indesejáveis. Ademais, esses genes mutados passaram em certa medida para outras plantas por meio do fluxo gênico normal (chamado de "contaminação genética" por aqueles que desejam combater a qualquer custo a tecnologia).

Nenhum dano ambiental foi relatado ou espécie invasiva apareceu para se espalhar pela natureza sem controle. Também, gozando de completa liberdade de experimentação, botânicos profissionais ou amadores criaram milhares de plantas úteis, usando métodos que certamente não seriam considerados "naturais" se os ativistas de hoje estivessem em ação: cruzamentos entre espécies diferentes, entre gêneros diferentes e uso de enxertia, como p. ex. no cultivo de rosas, frutas cítricas, uva, graviola, maçãs etc. Nesta técnica, uma variedade, por exemplo, resistente a pragas mas que não dá o fruto ideal recebe o enxerto da variedade que produz o fruto desejado. Vários desses experimentos de campo resultam de *wide crosses,* que carreiam genes de ervas selvagens invasoras ou venenosas ultrapassando a barreira de espécie, sem fiscalização ou restrições governamentais.

Recentemente, foi comprovado por estudo usando *microarrays* que as alterações de expressão gênica introduzidas por radiação ionizante no arroz são mais intensas que as induzidas na mesma planta em razão das manipulações específicas e controladas da engenharia genética[8]. Smith et al.[9] examinaram o genoma de uma levedura do gênero *Pichia* que havia sido submetida, por 7 anos, a repetidos tratamentos de mutagênese química e transformação genética com inserção de genes, sempre acompanhadas de etapas de seleção dos indivíduos com as características desejadas entre os vários procedimentos. A linhagem mutagenizada e transgênica resultante foi submetida a sequenciamento genômico completo. Os pesquisadores, surpresos, encontraram menos de 12 mutações em genes. Destaque-se que a *Pichia*, um eucarioto unicelular, apresenta uma densidade de genes no genoma bem maior que uma planta. Portanto, a natureza parece tolerar bem alterações sinônimas, mas relativamente poucas que alterem uma função biológica de maneira significativa. É praticamente impossível que inserções e mutações ao acaso transformem genes existentes em toxinas ou alérgenos, como sugerem aqueles preocupados com os locais de inserção de transgenes. Também a seletividade da manipulação genética é motivo para tranquilizar e não levantar suspeitas infundadas. Alérgenos e toxinas naturais existem em grande quantidade no reino vegetal e são resultado de milhões de anos de evolução, não podendo ser criados por mutações ao acaso e muito menos pelas inserções estudadas e monitoradas da moderna engenharia genética. Portanto, a velha observação cuidadosa do fenótipo de uma nova variedade, exercitada pela espécie humana há mais de 10.000 anos e que deu origem às plantas que nos alimentam, continua sendo útil ao melhorista moderno que usa a engenharia genética.

O produto do gene inserido seria nocivo?

O movimento ambientalista foi desencadeado pelo famoso livro de Rachel Carson *Silent Spring*, em 1962. A autora descrevia em termos dramáticos as supostas consequências futuras para o meio ambiente e humanos/animais do uso excessivo de produtos químicos, principalmente inseticidas. Claramente ela visualizava em seu livro, no futuro, o emergir de múltiplas tecnologias biológicas para defender as plantações que garantem nosso alimento usando, por exemplo, insetos predadores de pragas, fugindo da ação pouco específica exibida por inseticidas, fungicidas etc.

Um desses métodos biológicos de controle de insetos-praga foi a descoberta de uma bactéria do solo, *Bacillus thuringiensis*, que era tóxica para grande número de insetos que atacam culturas (Figura 6). A partir de 1920, culturas desta bactéria começaram a ser borrifadas sobre plantas para protegê-las. Preparações contendo até quatro variedades distintas de *B. thuringiensis*, para ampliar o espectro de ação para um número maior de insetos, foram aprovadas para o uso e consideradas tão seguras que tomates assim tratados poderiam ser consumidos sem lavagem[2]. Os agricultores orgânicos aderiram imediatamente ao processo biológico de controle.

Os progressos da biologia, coisa que Rachel Carson não poderia antecipar, pois faleceu em 1964, permitiram um uso muito mais seletivo e conveniente da propriedade inseticida dessa bactéria: apenas o gene da proteína tóxica é inserido na planta que passa a produzir o bioinseticida. Os insetos morrem ao ingerir a bactéria porque ela contém o produto do gene *cry*, uma proteína que altera a permeabilidade das células do intestino do inseto, matando-o. A proteína é inócua para animais e atua apenas em certos insetos (Figura 7). Para expressão eficiente do RNA mensageiro desta proteína, um promotor forte, isto é, uma sequência curta de DNA que promove a transcrição do gene, vai associada ao DNA inserido. Um dos promotores mais usados foi isolado de um gene de vírus. Esse fato é utilizado maliciosamente por opositores para sugerir, aos que desconhecem a biologia moderna, que isto acarretaria risco análogo a outras ações virais indesejadas como ativação de outros genes (algo impossível, visto que o promotor está "amarrado" ao gene *cry*).

A leviandade e a ousadia para levantar hipóteses impossíveis e amedrontadoras têm sido a marca dos grupos de pressão. Uma pessoa racional e bem informada, interessada na substituição gradual das armas químicas agrícolas por armas biológicas, saudaria, portanto, o milho Bt (que contém a proteína Cry) ou o algodão e soja Bt como soluções positivas no sentido de reduzir a dependência de defensivos químicos. No entanto, a oposição continua intensa, levando estudiosos como Michael Crichton a classificar o ambientalismo radical como "a religião dos ateus urbanos" (Michael Crichton), por não se curvar às evidências.

A proteína Cry foi aceita imediatamente quando oferecida junto e dentro do bacilo, cercada de todas as demais biomoléculas potencialmente tóxicas ou alergênicas ao organismo humano, sem suscitar preocupações. No entanto, a pequena quantidade da proteína Cry presente nos tecidos da planta transgênica, e que não é tóxica mesmo quando injetada na corrente sanguínea de animais de teste em quantidades assombrosas e não resiste ao suco gástrico ou entérico, suscita "preocupações". Sua ingestão por camundongos em teste, sem

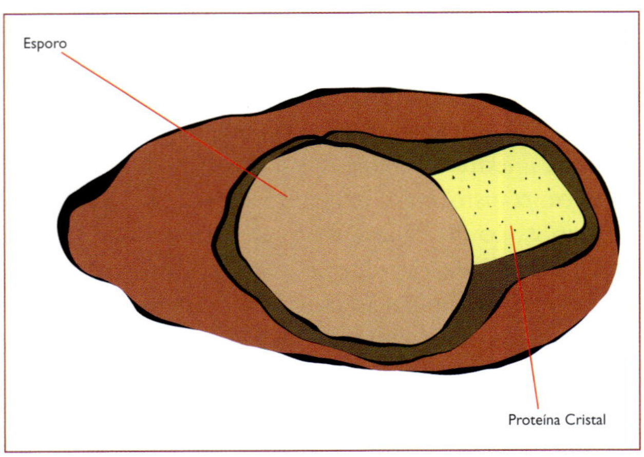

Figura 6. Esquema de esporo do *Bacillus thuringiensis* mostrando a proteína cristal que é tóxica para certos insetos.

Figura 7. Plantas convencionais (à esquerda e ao centro) e planta resistente ao ataque de inseto (à direita) devido à presença do gene *cry* do *Bacillus thuringiensis*.

efeito negativo, corresponderia, para um humano, a comer de uma só vez 70 kg de milho transgênico.

Na falta de algo palpável na análise de risco, levanta-se a hipótese gratuita de que "afinal ainda não foi feito um teste de longo prazo e por muitas gerações usando diferentes espécies animais" para comprovar a ausência de efeitos nocivos. Testes desse tipo poderiam ser considerados se a Cry fosse um produto químico ou droga de efeito desconhecido. Sua natureza proteica, mecanismo de ação, não alergenicidade e digestibilidade foram demonstrados à exaustão. Todos os procedimentos biológicos envolvidos foram cuidadosamente monitorados e mostram que não há qualquer base lógica para exigir testes de longo prazo. No momento, é difícil imaginar um controle biológico para insetos mais benéfico e seguro que o uso das proteínas Cry, de ação específica contra diferentes insetos-praga e de nenhum ou pequeno dano para insetos não alvo.

Um trabalho sugeriu que o pólen de uma planta com o gene *cry* poderia colocar em risco as magníficas borboletas monarca. Na verdade, a introdução de plantas com esta característica, resultando na redução ou abolição do uso de inseticidas inespecíficos, foi enorme avanço na direção da preservação das monarcas[10]. Resta, na comparação com o milho convencional, a importante vantagem de uma redução muito grande[11] na quantidade de micotoxinas presentes no grão, substâncias comprovadamente tóxicas, capazes de aumentar a incidência de câncer hepático. Este fato, de grande benefício para a segurança alimentar, decorre da redução dos ataques de insetos que deixam cavidades no grão imediatamente colonizadas pelos fungos produtores de toxinas.

RESISTÊNCIA A HERBICIDAS

Tornar um cultivar resistente a herbicidas capazes de eliminar ervas daninhas sem a necessidade de limpeza periódica manual ou mecânica é um benefício enorme (Figura 8). Há redução de tempo de trabalho, de combustível e, ao não arar a terra para controle das plantas invasoras, resulta em grande benefício ambiental. A terra revolvida perde parte de sua estrutura e é facilmente levada pela chuva ou pelo vento, resultando em perda de solo superficial, um dos grandes problemas da agricultura moderna, assoreando rios. Outro benefício ambiental secundário é a perda de carbono no solo revolvido, liberando CO_2 adicional para a atmosfera.

As proteínas que conferem resistência ao glufosinato de amônio e ao glifosato, herbicidas mais seguros que a maioria em uso pelos agricultores, e os genes correspondentes têm sido os mais usados para obter soja, milho ou algodão resistentes aos respectivos herbicidas. Também aqui se demonstrou que as proteínas em questão não são tóxicas ou alergênicas, estão presentes em

Figura 8. Beterraba resistente a herbicida tratada com herbicida (à esquerda) e não tratada com herbicida (à direita) mostrando a invasão de plantas daninhas competidoras.

pequena quantidade na planta e são digeridas no tubo intestinal. Os casos em ampla utilização envolvem proteínas próprias de bactérias ou mesmo de outras plantas. As enzimas resistentes portam pequenas alterações moleculares que as tornam insensíveis ao efeito do herbicida (para o glifosato é a enzima EPSPS), ou pertencem a uma bactéria do solo que degrada este herbicida (no caso do glufosinato), ou ainda usa-se uma enzima de outra planta que é resistente ao herbicida (caso de herbicidas do grupo das imidazolinonas). É importante contar com plantas imunes a diferentes herbicidas, pois a resistência, com o uso constante do produto, sempre aparece e o uso alternado desses compostos reduz apreciavelmente a emergência de ervas daninhas difíceis de controlar.

FLUXO GÊNICO: QUAL É O PROBLEMA?

Como dito anteriormente, o fluxo gênico "invisível" das milhares de plantas mutagenizadas nas últimas décadas nada causou, apesar de muitos genes desconhecidos alterados terem sido disseminados no pólen. A grande diferença com a chegada das PGM é a possibilidade de detecção, já que sabemos quais genes foram introduzidos e temos métodos supersensíveis para detectá-los.

As lavouras transgênicas seguem regras precisas de distanciamento para reduzir a níveis mínimos a transferência das características para plantas vizinhas. As poucas transferências que ocorrem não resultarão em qualquer problema. Primeiro, as transferências sempre ocorreram sem consequências. Segundo, um transgene é um gene como outro qualquer, a característica transferida para outra planta, fora do campo de cultivo e sem aplicação de uma pressão seletiva particular, não levará à expansão desse clone vegetal. A rara planta que tenha sido modificada pelo pólen com o transgene não faz parte das escolhidas para produzir sementes para novos plantios. A preocupação com o aparecimento de "plantas invasoras" em virtude da migração do transgene é ainda mais absurda. Todas as plantas domesticadas, convencionais ou transgênicas são eminentemente frágeis diante de qualquer planta nativa, uma característica que depende de muitos genes. Não têm vitalidade para competir com as plantas do ecossistema natural.

O excesso de preocupação que alguns exibem revela uma visão similar às noções de pureza racial do nazismo. Nesta analogia, o transgene é de uma raça inferior ou alienígena e não pode se misturar com os demais genomas "puros" ou "superiores" por serem "naturais". A preocupação com a "contaminação" de raças crioulas também não se sustenta. Muito raramente estarão em proximidade. As variedades tradicionais crioulas sofrem constante alteração e cruzamentos nas comunidades de origem e a melhor garantia de preservação dessa riqueza genética está com os pesquisadores de instituições como a Embrapa, que mantém bancos de sementes e frequentemente restauram estoques perdidos pelas comunidades tradicionais. Não há nenhuma redução de biodiversidade quando uma nova planta transgênica é introduzida. Ela representa uma nova variedade criada pelo homem, portanto aumenta a biodiversidade e aumenta o potencial de geração de novas variedades por cruzamentos convencionais com outros cultivares. A possível redução de biodiversidade na área de cultivo é fenômeno intrínseco a qualquer agricultura seja convencional ou geneticamente modificada. Seria ridículo, como querem alguns, manter uma convivência inalterada de ervas invasoras, insetos de todo tipo, aves predadoras etc. no local onde o agricultor pretende obter uma colheita abundante e sadia.

COMO EXPLICAR A FORTE OPOSIÇÃO EXISTENTE?

O maior núcleo da resistência aos transgênicos de plantas fica na Europa. O continente sempre exportou gente e temeu os vindos de fora. Na época dos descobrimentos, trouxeram muitas plantas de outras paragens como a batata, o café e o milho. A batata levou nada menos do que 200 anos para ser aceita pelos europeus. Era considerada a *Frankenfood* da época, até que a aceitação chegou, ajudada pela quebra da safra do trigo quando explodiu a Revolução Francesa.

Agora, de maneira completamente irracional, os europeus temem consumir alimentos derivados das PGM, que há mais de 15 anos estão na cadeia alimentar de americanos, canadenses etc., sem qualquer problema. Será que um país altamente desenvolvido e educado como o Canadá, um dos países que consomem plantas transgênicas, estaria atuando com descaso e colocando em perigo sua população? Os cientistas das grandes academias de ciência nos Estados Unidos, no Japão e na Europa estariam errados quando declaram que os alimentos transgênicos são tão seguros quanto os convencionais? É claro que não. ONG milionárias e globalizadas como a Greenpeace espalham inverdades e alimentam a imprensa sedenta de más notícias. As indústrias de defensivos químicos estão perdendo dinheiro com as PGM e os agricultores orgânicos, também irracionalmente, opõem-se sistematicamente a uma tecnologia biológica, "verde", que deveriam abraçar animadamente como defendem o grande ambientalista Stewart Brand[10] e outros pesquisadores adeptos da agricultura orgânica[7,12]. É compreensível que um determinado país não queira, por motivos comerciais, comprar da Monsanto (ou de outra multinacional), mas é inaceitável usar falsidades e pseudociência para alavancar uma disputa comercial.

Outro elemento que alimenta oposição é o descontentamento com as patentes no setor de sementes e com a necessidade de comprá-las a cada plantio. Curiosamente, há décadas isso ocorre com as sementes híbridas, que resultam em produto superior, como o milho híbrido desenvolvido nos anos 1920 (Figura 9). Em 1970, nos EUA, o milho híbrido já correspondia a 96% do total plantado, a produtividade aumentou oito vezes e os agricultores compravam as sementes. A China, em 2007, tinha 65% de seu arroz plantado com sementes híbridas. Também suscita cuidados o suposto "contro-

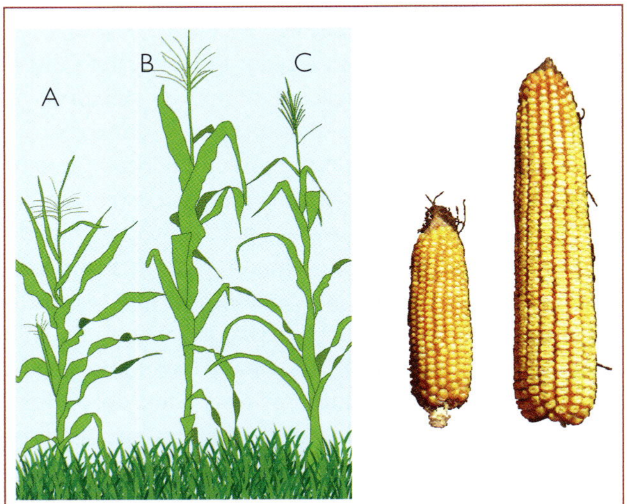

Figura 9. Linhagens puras (A, C) de milho e planta híbrida (B). A espiga das linhagens puras é menor do que a produzida pela planta híbrida.

le" do setor de sementes por uma gigante multinacional como a Monsanto. Essa objeção segue em dissolução à medida que outras multinacionais entram nesse mercado (Bayer, Du Pont, Syngenta) e países como China, Índia e Brasil desenvolvem transgênicos usando recursos públicos ou empresas nacionais. Com o término, em breve, de algumas patentes como os Bt, esta tecnologia entra para o setor público e logo vamos ter "genéricos" dessas sementes, a preços reduzidos.

A agricultura orgânica, que deveria adotar as PGM como tecnologia verde, baniu-as, lamentavelmente. Esperamos que, em um futuro próximo, os agricultores orgânicos corrijam seu erro. Vale a pena assistir à palestra do ambientalista Stewart Brand sobre a engenharia genética aplicada à agricultura[13]. É oportuno lembrar que a adoção preconizada por alguns de uma agricultura orgânica exclusiva, em 1961, resultaria, nos dias de hoje, na utilização obrigatória de 82% dos solos em lugar dos 38% atuais. Isso representaria a invasão da Amazônia, do Saara e do delta do Okawango na África e, felizmente, não aconteceu graças à Revolução Verde dos anos 1970 e 1980, liderada pelo ganhador do Nobel da Paz, Norman Borlaug.

Agora, a moderna biotecnologia antevê o que Brand[10] chama de "Revolução Duplamente Verde", pois com as PGM é possível buscar a mitigação de aspectos indesejáveis da "revolução verde": uso excessivo de defensivos agrícolas e de água, pouco cuidado com a sustentabilidade do solo e vantagens desproporcionais para o grande agricultor. Brand comenta que, enquanto a Europa recusa plantar os transgênicos, os agricultores pobres dos países em desenvolvimento os adotam com a rapidez com que passaram a usar os telefones celulares, ambos estratégias para reduzir a pobreza.

POLÍTICA, MULTINACIONAIS E BEM PÚBLICO

Temas importantes relativos aos transgênicos são: monopólio ou cartelização da produção de sementes, patenteamento e pagamento de *royalties* pelos agricultores. São preocupações legítimas que cada país deve enfrentar. A pioneira Monsanto pressionou o governo americano para criar uma legislação excessivamente exigente para aprovação dos transgênicos[14]. Sabia que, sendo poderosa, poderia pagar os custos, mas seus concorrentes potenciais como universidades e pequenas empresas não conseguiriam competir. Isso não tem nenhuma relação com segurança alimentar ou ambiental, mas sim com reserva de mercado. Os demais países imitaram cegamente os EUA e até fizeram exigências adicionais, como na Europa e no Brasil.

Os transgênicos do bem, que estão para chegar, pagam o preço absurdo da regulamentação excessiva. Ingo Potrykus, o criador do arroz dourado (Figura 10), que pode salvar centenas de milhares de crianças da cegueira, clamou recentemente, na *Nature*, por uma simplificação das leis que estão atrasando a entrada no mercado de transgênicos que podem eliminar deficiências nutricionais ou funcionar como vacinas orais, entre muitas outras possibilidades excitantes[15].

O Brasil deveria ouvir esta voz e liderar a desregulamentação como gigante que é na produção de alimentos. Poderia se tornar um país muito mais amigável para a pesquisa e experimentação com as novas tecnologias de modificação genética de plantas. Atrairia capital e cérebros que a União Europeia está perdendo e estimularia o cientista empreendedor. Plantas de grande valor para populações pobres seriam criadas e distribuídas sem cobrança de *royalties* para esses países como em alguns casos se está fazendo com o apoio de algumas empresas em parceria com fundações como a Bill e Melinda Gates. Entidades como a Public IP Resource for Agriculture (PIPRA), situada na Universidade da Califórnia, em Davis, busca parcerias e o desenvolvimento de tecnologia livre para os países em desenvolvimento e o pequeno agricultor. Na África, a African Agricultural Technology Foundation (AATF) no Quênia, administrada por africanos, negocia informação e acordos de interesse para a agricultura local.

As possibilidades de gerar cultivares organicamente equipados para ter desempenho superior e vantagens nutricionais especiais é imensa. Alguns exemplos: existem estudos em andamento para produzir mandioca mais nutritiva e sorgo fortificado para a África. Um grupo de cientistas da Índia criou uma batata que pode ter até 60% mais proteína e que apresenta maior produtividade no campo[16], apelidada "protato". Após muitos anos de trabalho, lutando contra a oposição do *Greenpeace* e outros grupos de pressão, o arroz dourado, com genes que permitem a síntese do precursor da vitamina A (Figura 10), começa a ser testado no Paquistão (AgBioWorld, maio de 2011)[17].

Figura 10. Arroz convencional e "arroz dourado" contendo a provitamina A.

CONSIDERAÇÕES FINAIS

Creio que esta exposição relacionando os argumentos mais comuns da oposição às plantas geneticamente modificadas e respondendo com o conhecimento atual sobre a fluidez genética natural e sobre a natureza benigna das modificações introduzidas que imitam processos biológicos comuns permite ao leitor uma visão racional dos processos envolvidos e seu potencial para o bem da humanidade.

REFERÊNCIAS BIBLIOGRÁFICAS

1. Navarro MJ. Voices and views: why biotech? ISAAA Brief No. 50. Ithaca: ISAAA; 2015. Disponível em www.isaaa.org/resources/publications/briefs/50/. Acesso em 15/02/2016.
2. Fedoroff N, Brown NM. Mendel in the kitchen – a scientist's view of genetically modified foods. Washington, DC: Joseph Henry Press; 2004.
3. Gladyshev EA, Meselson M, Arkhipova IR. Massive horizontal gene transfer in bdelloid rotifers. Science. 2008;320:1210-3.
4. Danchin EG, Rosso MN, Vieira P, de Almeida-Engler J, Coutinho PM, Henrissat B, et al. Multiple lateral gene transfers and duplications have promoted plant parasitism ability in nematodes. Proc Natl Acad Sci USA. 2010;107:17651-6.
5. Anderson MT, Seifert HS. Opportunity and means: horizontal gene transfer from the human host to a bacterial pathogen. MBio 2011;2:e00005-11.
6. Teixeira AR, Gomes C, Nitz N, Sousa AO, Alves RM, Guimaro MC, et al. Trypanosoma cruzi in the chiken model: Chagas-like hearth disease in the absence of parasitism. PLoS Negl Trop Dis. 2011;5:e1000.
7. Ronald PC, Adamchak RW. Tomorrow's table: organic farming, genetics, and the future of food. Oxford: Oxford University Press; 2008.
8. Batista R, Saibo N, Lourenço T, Oliveira MM. Microarray analyses reveal that plant mutagenesis may induce more transcriptomic changes than transgene insertion. Proc Natl Acad Sci USA. 2008;105:3640-5.
9. Smith DR, Quinlan AR, Peckham HE, Makowsky K, Tão W, Woolf B, et al. Rapid whole-genome mutational profiling using next-generation sequencing technologies. Genome Res. 2008;18:1638-42.
10. Brand S. Whole earth discipline, an ecopragmatist manifesto. New York: Viking; 2009.
11. Bakan B, Melcion D, Richard-Molard D, Cahagnier B. Fungal growth and fusarium mycotoxin content in isogenic traditional maize and genetically modified maize grown in France and Spain. J Agric Food Chem. 2002;50:728-31.
12. Scheifler MR. More sustainable food: genetically modified seeds in organic farming. Prêmio do Asturias Intitute Society of Bioethics, 2009. País Basco, Espanha.
13. Brand S. Four environmental "heresies". Disponível em: www.ted.com/talks/stewart_brand_proclaims_4_environmental_heresies.html. Acesso em 15/02/2016.
14. Miller HI. The biotechnology industry's Frankensteinian creation. Trends in Biotecnology. 2001;19:130-1.
15. Potrykus I. Regulation must be revolutionized. Nature. 2010;466:561.
16. Chakraborty S, Chakraborty N, Agrawal L, Ghosh S, Narula K, Shekhar S, et al. Next-generation protein-rich potato expressing the seed protein gene AmA1 is a result of proteome rebalancing in transgenic tuber. Proc Natl Acad Sci USA. 2010;107:17533-8.
17. Nielsen CP, Anderson K. Genetically modified foods, trade, and developing countries: is golden rice special? Disponível em: www.agbioworld.org/biotech-info/topics/goldenrice/specialgoldrice.html. Acesso em 15/02/2016.

capítulo 19

Memórias de biossegurança e bioproteção: de Asilomar à biologia sintética

Leila dos Santos Macedo
Marlene Teixeira De-Souza

BIOSSEGURANÇA

Histórico

A palavra biossegurança foi introduzida oficialmente no vocabulário brasileiro a partir da Lei n. 8.974, de 1995[1]. A lei conhecida como Lei de Biossegurança, transcende o campo da abrangência jurídica da atual lei brasileira[2] dentro da esfera do conhecimento científico mundial. Os textos e manuais de biossegurança, editados em todo o mundo, apontam-na com um conceito mais amplo, cujo risco – ou a probabilidade – de determinado dano ocorrer passa a ser objeto da pesquisa dessa nova ciência. O risco biológico, ao qual estão sujeitos pesquisadores ou profissionais que atuam em laboratórios e ambientes nos quais estão presentes microrganismos, é apenas um dos segmentos de atuação da biossegurança como disciplina científica[3-8].

Os estudos de Meyer e Eddie[9], seguidos pelos de Sulkin e Pike[10], constituem marcos históricos do processo de análise de risco de atividades envolvendo material biológico, que originaram os procedimentos de contenção e controle que vão compor, no futuro, o contexto dessa nova ciência. Em uma revisão clássica sobre infecções laboratoriais, Pike[11] concluiu que "o conhecimento de técnicas e equipamentos para prevenção da maioria das infecções laboratoriais já está disponível sem, entretanto, definir um código de práticas ou normas para o manejo desses riscos no laboratório".

Em 1969, a primeira edição da "Classificação de agentes etiológicos com base no risco"[12] apresentou, pela primeira vez, os critérios para dimensionamento do risco biológico e os procedimentos necessários para sua minimização, estabelecendo quatro níveis de risco para os agentes microbianos. Ao editar o primeiro manual de biossegurança no mundo, em 1984, o Centers for Disease Control and Prevention (CDC) e o National Institutes of Health (NIH) dos Estados Unidos se referiram, pela primeira vez, à palavra biossegurança (*biosafety*, em inglês) como um conjunto de procedimentos, práticas e instalações voltadas para controlar o biorrisco, ou seja, o controle do risco advindo de patógenos[13].

Os critérios utilizados na classificação dos agentes etiológicos de então são referências até hoje na classificação de risco de novos agentes, como o caso de organismos geneticamente modificados (OGM). As descrições dos níveis de segurança biológica de 1 a 4 como forma de manejo de riscos para pesquisas envolvendo DNA recombinante (rDNA), tanto em pequena quanto em grande escala, por exemplo, são consistentes com os critérios originais de classificação de risco para agentes etiológicos convencionais[7,9-11,14].

Como princípio basilar da biossegurança, a contenção e o manejo de risco representam o caminho seguro para proceder e alcançar a minimização de tais riscos. E quando se trata de risco, é importante citar que este conceito está ligado a um processo probabilístico e que inexiste risco zero para qualquer atividade no campo das ciências da vida, pois é nesse contexto que atua a biossegurança ou a ciência que busca aproximar o risco de valores próximos a zero[7,9-12,14-17].

A evolução histórica do conceito de risco e de sua percepção com o passar do tempo representa a evolução da biossegurança como ciência. Das práticas menos complexas às mais avançadas utilizadas no estudo de doenças ao longo da história da humanidade, especialmente no que concerne a noções de contágio, o aspecto prevenção do risco de exposição permaneceu, até bem pouco tempo, como aspecto quase irrelevante. Mesmo diante dessa realidade, a história da medicina registrou algumas tentativas de prevenção que identificadas, hoje, como a origem da biossegurança como ciência. No século XVII, por exemplo, durante os incontáveis surtos de peste ocorridos na Europa, alguns médicos usavam uma espécie de "equipamento de proteção individual", ou EPI, constituído de vestimenta e acessórios descritos na Figura 1[18]. Esses "médicos", nem sempre com formação em medicina, eram contratados por cidades europeias em tempos de epidemias de peste. O traje era constituído de um sobretudo confeccionado em tecido espesso e que cobria até o tornozelo e botas de cano alto em couro. A cabeça era protegida por um capuz, com olhos de cristal e um longo bico preenchido de palha, para filtrar o ar, e plantas perfumadas, como lavanda, para mascarar o odor fétido que os doentes e cadáveres exalavam. As mãos eram protegidas por luvas de couro e carregavam um bastão para tocar as pessoas sem contato direto. O chapéu de aba típico identificava estes "médicos".

Os procedimentos de prevenção destinados à segurança do pesquisador, do objeto pesquisado e das condições ambientais do entorno onde a pesquisa se realiza são elementos fundamentais para a minimização do risco e constituem o campo de ação da biossegurança como ciência[19].

Figura 1. Equipamento individual de proteção da Idade Média. Médico da praga usando vestimentas e outros equipamentos de proteção individual no século XVII[18].

Embora a lei de 2005 tenha introduzido a palavra biossegurança no Brasil, conceitualmente, o estabelecimento do tema como ciência foi oficializado pela política nacional de biodiversidade, em 2000[20]. No referido documento, a biossegurança é definida como "ciência voltada para o controle e minimização de riscos advindos da prática de diferentes tecnologias, seja em laboratório, seja aplicada ao meio ambiente", e seu fundamento é assegurar o avanço dos processos tecnológicos e proteger a saúde humana contra animais e o meio ambiente.

Os manuais de biossegurança surgem a partir de 1984, como códigos norteadores de condutas e práticas adequadas que possibilitem o controle e a minimização do risco[12].

O símbolo universal de risco biológico ou biorrisco (Figura 2) foi criado pelo engenheiro Charles Baldwin e por uma equipe da empresa norte-americana Dow Chemical[21]. Em 1966, quando o engenheiro estava envolvido no desenvolvimento de sistema de contenção para o National Institute of Cancer, vinculado ao NIH, percebeu a necessidade de padronização de um símbolo de alerta de risco biológico. Em conjunto com outros funcionários da empresa, Baldwin passou a desenvolver alguns pictogramas. Os seis parâmetros incialmente definidos para o desenho final eram relacionados à psicologia de reconhecimento e da retenção da imagem. Após uma pré-seleção de desenhos, realizada com a ajuda de cientistas e do público leigo, o parâmetro de seleção foi redirecionado para uma imagem que fosse ao mesmo tempo única, singular e sem sentido, mas impressionasse o suficiente para que pudesse ser de fácil memorização. A ideia era focar na educação em biossegurança para cientistas e o público em geral, para que todos entendessem a importância e necessidade de uso de um símbolo. Após a escolha do símbolo (Figura 2), o próximo passo foi a apresentação à comunidade científica, em forma de um artigo publicado na revista *Science*[21]. Com a boa aceitação no meio científico e por parte do público leigo, em adição ao reconhecimento do símbolo pela Organização Mundial da Saúde (OMS) e pelo CDC, o símbolo passou a ser adotado universalmente.

Conferência de Asilomar (1975): alertando para o risco de novas tecnologias

O risco biológico envolvendo a aplicação, a longo prazo e em grande escala, da tecnologia do rDNA na pesquisa, indústria, medicina e agricultura levou um grupo de cientistas da época a questionar a segurança das clonagens já realizadas em *Escherichia coli* e da crescente tendência de diversos grupos para criar novas

Figura 2. Símbolo internacional de risco biológico. A cor-padrão para a forma do símbolo de alerta para a possibilidade de acidente envolvendo material biológico foi estipulada como vermelho-alaranjado fluorescente[21].

moléculas recombinantes originárias de vírus, bactérias e animais, sem a prévia avaliação dos riscos inerentes[22]. Essa discussão motivou a National Academy of Sciences dos Estados Unidos a criar um comitê assessor para assuntos relacionados à tecnologia do rDNA (RAC, do inglês *Recombinant DNA Advisory Committee*). Imediatamente, o RAC publicou uma proposta de moratória de determinados tipos de experimentos envolvendo rDNA — até que os riscos decorrentes da tecnologia fossem avaliados[22]. Como parte da discussão, sete meses depois, ocorreu a conferência de Asilomar, durante a qual se estabeleceram as diretrizes para lidar com os riscos da tecnologia emergente, em grande parte desconhecida até então. Essas sugestões foram publicadas, simultaneamente, nas revistas *PNAS*[15], *Nature* e *Science*.

A conferência de Asilomar (Centro de Convenções de Asilomar, Pacific Grove, Califórnia, Estados Unidos) ou *International Congress on Recombinant DNA Molecules*, nome oficial do evento, reuniu 140 participantes para discutir as consequências da nova tecnologia originária do estudo da biologia: a segurança na pesquisa envolvendo rDNA[23,24]. Em grande maioria, o grupo reunido em Asilomar era formado por 55 biólogos, mas também incluía advogados, médicos e jornalistas. Esta reunião científica é um marco na história da segurança aplicada à pesquisa relacionada a material biológico, pois pela primeira vez foram discutidos, de maneira formal, os aspectos de proteção de pesquisadores e demais profissionais envolvidos em instalações onde se realizam projetos de pesquisa[15,23,24]. Foi estabelecido que as investigações envolvendo rDNA deveriam prosseguir, entretanto, sob controle restringente e com exigência crescente de acordo com o nível de risco. O primeiro tipo de controle definido foi relacionado à contenção física razão da demanda do risco e o segundo, que suplementaria o primeiro, com um nível de contenção adicional para minimizar o perigo de o organismo recombinante escapar para o ambiente[15,24].

Essa conferência também marcou o início de uma série de discussões polêmicas entre os pesquisadores e a sociedade acerca do binômio risco-benefício, que tais técnicas trariam para o desenvolvimento de novas espécies[24]. Ainda que especialistas em bactérias e vírus tenham sido incluídos na discussão durante a conferência de Asilomar, com o objetivo de discutir os riscos potenciais da tecnologia compreendendo rDNA, prevaleceu o argumento que, enquanto cientistas, a contribuição deveria ficar apenas relacionada à biossegurança. Após discussão acirrada e com inúmeras opiniões contrárias, o grupo elaborou um conjunto de recomendações para a utilização de uma bactéria recombinante inapta para sobreviver fora do laboratório[15,23,24]. Segundo Barinaga[23], essas recomendações não apenas permitiram que as pesquisas prosseguissem, mas também auxiliaram na persuasão do congresso nos Estados Unidos de que não havia necessidade de restrições na pesquisa, uma vez que os cientistas estavam aptos a utilizar a tecnologia de forma segura.

As recomendações de Asilomar formaram a base das diretrizes oficiais dos Estados Unidos para a pesquisa envolvendo rDNA, elaboradas pelo RAC e publicadas em 23 de junho de 1976[25].

Embora tenha falhado em não discutir os aspectos éticos dos produtos resultantes da engenharia genética, o reconhecimento da importância do tema pode ser avaliado pelo suporte da comunidade científica internacional à discussão iniciada nos Estados Unidos e também por ações de organismos como a OMS e o NIH, que publicaram, em conjunto, a primeira edição do manual de biossegurança laboratorial em 1983[26]. Esta publicação visava incentivar os demais países a aceitar e implementar conceitos básicos de segurança biológica e a desenvolver códigos nacionais de boas práticas para a manipulação segura de microrganismos patogênicos em laboratórios dentro das respectivas fronteiras geográficas. Desde 1983, muitos países vêm utilizando a orientação de especialistas fornecida nesse manual para desenvolver tais códigos de conduta[7].

Dados históricos sob a perspectiva do risco no Brasil

Os registros históricos do desenvolvimento da pesquisa no campo da microbiologia, no Brasil, estão repletos de exemplos nos quais pesquisador e objeto de pesquisa se confundem a partir do conhecimento e da percepção de riscos por parte do indivíduo. Os registros de Manguinhos apresentam exemplos memoráveis no transcurso das pesquisas em laboratórios em que o método científico e o nível de consciência para o risco e os critérios de segurança constroem o tripé basilar para a instituição da biossegurança como nova ciência no país[27].

Adolfo Lutz foi um dos cientistas que mais se empenharam na busca de respostas para desvendar a etiologia das doenças, não medindo esforços e até expondo o próprio corpo a picadas de mosquitos originários de regiões infestadas para descrever o ciclo de transmissão da febre amarela[28]. Outro fato curioso que mostra e referencia a aceitação do risco biológico por Lutz foi quando, em trabalho de pesquisa na Região Nordeste do Brasil, ao desejar transportar larvas até seu laboratório, em Manguinhos, colocou-as dentro de minúsculas garrafas, as quais engoliu. Dessa forma, Lutz pôde manter as condições ideais de temperatura – a do próprio corpo –, o que permitiu a sobrevivência das larvas[29].

No campo da helmintologia, José Gomes de Faria, para demonstrar que o *Ancylostoma braziliense* era o agente causador da chamada dermatose linear, submeteu-se à autoinoculação com o parasita. Apesar de, naquela época, tais experimentos serem considerados os únicos tolerados em humanos sob o ponto de vista ético, houve tentativa de estabelecer um paralelo entre bioética e biossegurança, lembrando que a primeira tem origens filosóficas enquanto a segunda adota o método científico, no qual os procedimentos utilizados na análise visam mensurar o risco.

Como referência histórica de infecção adquirida durante o trabalho de pesquisa no Brasil e que constitui estudo pioneiro relacionado à biossegurança, pode-se citar Gaspar Viana, brilhante cientista que, em curto espaço de tempo – entre 1908 e 1914 –, publicou 24 trabalhos científicos sobre leishmanioses e doença de Chagas[29]. A brilhante carreira de Viana foi bruscamente interrompida, quando o cientista foi vítima de uma contaminação ao realizar necrópsia em uma vítima de tuberculose. Seu conhecimento e experiência não foram suficientes para garantir a própria segurança, pois, estando alheio ou subestimando os riscos, não utilizou nenhum dispositivo de segurança, como luvas ou máscaras, para realizar o trabalho e poupar sua vida.

O conceito de risco está intimamente relacionado à existência de componentes de natureza física, química ou biológica que possam comprometer a saúde humana, dos demais animais, do meio ambiente ou a qualidade dos trabalhos desenvolvidos. O risco percebido quase sempre diverge do mensurado ou avaliado. Enquanto o primeiro é temporal, dependente de variáveis, na maioria das vezes incontroláveis e de natureza subjetiva, o mensurado (ou risco real) é função do somatório das possibilidades dentro do cenário de resultados científicos obtidos. A percepção de risco pode ser distinta até mesmo entre indivíduos; já o valor do risco avaliado é alterado apenas quando da introdução de novos parâmetros científicos que alterem situações e padrões descritos previamente pela metodologia científica aplicada[19]. As experiências vividas por Lutz, Viana, Faria e tantos outros mártires da ciência no Brasil, constituem exemplos que referenciam a importância da biossegurança e mostram bem a distinção entre essas duas abordagens da questão relativa ao risco (avaliação e percepção).

Origem da Lei de Biossegurança brasileira

Os novos conhecimentos gerados a partir da década de 1970 pela pesquisa resultante da biotecnologia moderna (envolvendo rDNA) levaram cada vez mais a opinião pública a uma reflexão profunda sobre os impactos dessa ciência para a sociedade, sobretudo nos setores econômicos junto ao poder público, com relação a promoção, gerenciamento e controle dos resultados dessas pesquisas. Nesse cenário, têm sido observadas tanto reações de apoio aos bens gerados por essa tecnologia como reações negativas, próprias de cada inovação tecnológica que foge ao conhecimento comum[30].

A estrutura organizacional do Estado brasileiro permite hoje que a sociedade estabeleça um controle efetivo e mais rigoroso dos possíveis riscos advindos da tecnologia do rDNA. A biossegurança é entendida no Brasil como o conjunto de medidas que permitem o uso seguro da engenharia genética (OGM) e dos diversos experimentos oriundos dessa área de conhecimento. Portanto, a Lei de Biossegurança brasileira constitui legislação específica para um segmento tecnológico, não abrangendo, entretanto, todas as atividades que envolvem outros tipos de risco biológico.

No campo de análise de risco de OGM, esfera de ação da Lei de Biossegurança, o Brasil vem empreendendo esforços para alcançar um patamar de qualidade internacional de desenvolvimento. Uma aprovação comercial para plantio de uma variedade transgênica resulta de diversas pesquisas laboratoriais e ensaios de campo que envolvem anos de pesquisa e requerem etapas importantes para avaliação de risco e aplicação de preceitos de biossegurança, até que se obtenha a conclusão final sobre a segurança do produto[31].

As normas de biossegurança são peculiares a cada país, mas três fatores são comuns a todos: a necessidade de formação de recursos humanos, exigências de marcos legais e infraestrutura de pesquisa e desenvolvimento tecnológico. Existem dois modelos legais para a avaliação de riscos de produtos produzidos pela tecnologia do rDNA: um baseado na análise da segurança do produto final, sem levar em conta o método de produção, que é adotado pelos Estados Unidos e pelo Canadá. O outro modelo estabelece uma estrutura legal específica, que prevê uma análise caso a caso de cada produto advindo da tecnologia do rDNA. Este modelo é adotado por países europeus, Austrália, Japão, China e Brasil. Com o acelerado desenvolvimento da biotecnologia moderna nas décadas de 1970 e 1980, no ano de 1992, diversos países firmaram acordo multilateral para a promoção e o desenvolvimento seguro da biotecnologia durante a Convenção da Diversidade Biológica. Logo em seguida, o Programa da ONU para o Meio Ambiente publicou as primeiras diretrizes internacionais para os procedimentos seguros nessa área. Diante do cenário internacional, que apontava para a necessidade de adoção de medidas precautórias para o emprego da tecnologia do rDNA, o Brasil optou pelo modelo regulatório específico desta tecnologia, aprovando no Congresso Nacional, em 1994, projeto que regulava apenas as atividades de engenharia genética no país, à semelhança do modelo regulatório de países europeus.

A Lei n. 8.974, ou Lei de Biossegurança, foi então promulgada em janeiro de 1995 pelo poder Executivo, sofrendo dois vetos nos arts. 5° e 6°, que versavam sobre a vinculação da Comissão Técnica Nacional de Biossegurança (CTNBio) à Presidência da República com algumas atribuições de competências, respectivamente. A Lei de Biossegurança veio regulamentar o art. 225 da Constituição Federal, que objetiva a proteção do meio ambiente, a preservação da diversidade biológica e a saúde da população. Os vetos aos dois artigos da lei aprovada pelo Congresso Nacional levaram a conflitos jurídicos posteriores entre a Lei de Biossegurança e a Ambiental, no que diz respeito à competência da CTNBio em estabelecer critérios decisórios sobre a exigência ou não de prévio estudo de impacto ambiental (EIA) para OGM[32].

Marcos regulatórios sobre os organismos geneticamente modificados brasileiros atuais

No Brasil, nunca houve nenhuma proibição legal ao desenvolvimento da engenharia genética e ao uso de produtos derivados. Desde 1995, as atividades de engenharia genética, pesquisas de laboratório ou campo e desenvolvimento e uso de produtos são regulamentadas por lei. A Lei de Biossegurança estabeleceu um mecanismo de controle das atividades com engenharia genética e um sistema de avaliação de biossegurança dos produtos oriundos desse ramo do saber, que até hoje são mantidos com poucas alterações. Mesmo após a revogação da lei de 1995 pela Lei n. 11.105, de 2005, o sistema de controle e avaliação existente não foi modificado. A nova lei apenas corrigiu alguns pontos que suscitavam dúvidas e conflitos e reduziu o trâmite burocrático para a realização de pesquisas.

Entretanto, mesmo sendo uma atividade controlada desde 1995, a engenharia genética está no meio de uma polêmica que já motivou diversas ações judiciais, publicação de Medidas Provisórias e inúmeras manifestações favoráveis e contrárias aos produtos recombinantes.

Seguramente uma das ações judiciais mais conhecidas é a originária da contestação do Comunicado n. 54, de 29 de setembro de 1998, da CTNBio. Publicado no *Diário Oficial da União* no dia 1° de outubro de 1998, esse Comunicado é o parecer técnico da CTNBio (Processo n. 01200.002402/98-60) para o pedido de liberação comercial da soja geneticamente modificada (GM) tolerante à herbicida à base de glifosato. Nesse parecer, a CTNBio informa que, durante a análise do processo, conclui que não há evidências de riscos decorrentes da utilização da soja GM em análise para os seres vivos, incluindo a saúde humana ou do meio ambiente. Diante da conclusão de não haver evidências de riscos para o meio ambiente, a CTNBio não exigiu EIA da atividade.

O parecer da CTNBio foi questionado pela Justiça Federal, e o então juiz titular da 6ª Vara Federal do Distrito Federal desconsiderou o parecer técnico da CTNBio e determinou a realização de EIA para o plantio da soja GM. Na decisão judicial proferida em 1998 e reiterada em 2000, nos autos do processo n. 19983400027681-8, o juiz argumentou que "sem contabilizar exageros, creio que a velocidade irresponsável que se pretende imprimir nos avanços da engenharia genética, nos dias atuais, guiada pela desregulamentação gananciosa da globalização econômica poderá gerir, nos albores do novo milênio, uma esquisita civilização de 'aliens hospedeiros' com fisionomia peçonhenta a comprometer, definitivamente, em termos reais e não fictícios, a sobrevivência das futuras gerações de nosso planeta".

Entretanto, como a maioria daqueles que no final do século passado argumentavam contra os transgênicos, o juiz não fundamentou o parecer em dados e informações capazes de sustentar a argumentação catastrófica que utilizou na sentença. A argumentação ficou somente no campo da opinião, do "poderá".

Além de argumentos dessa natureza, oriundos de representantes do Poder Judiciário, o avanço da biotecnologia moderna no Brasil enfrentou, e ainda enfrenta, forte campanha contra o desenvolvimento e o uso comercial de transgênicos: a Campanha por um Brasil Livre de Transgênicos. Esta campanha, criada em 1999, é capitaneada por várias organizações não governamentais (ONG), possui portal na internet e mantém a divulgação de um boletim eletrônico que veicula informações contra o uso dos transgênicos.

Mas não apenas as discussões judiciais infindáveis e os movimentos sociais contrários serviram para fomentar a polêmica e criar um ambiente difícil para a introdução de produtos transgênicos no sistema produtivo nacional. Um emaranhado de regulamentos burocráticos foi construído no âmbito do Governo Federal e só deixou de existir após a publicação da Lei 11.105 (conhecida como revisão da Lei de Biossegurança de 1995). Ações realizadas na esfera estadual também contribuíram para ampliar a polêmica e dificultar o processo de introdução de OGM na matriz produtiva brasileira, especialmente na produção agrícola. Por exemplo, a Ação Direta de Inconstitucionalidade (ADI) n. 3.035, do Supremo Tribunal Federal (STF), contestou a Lei n. 14.162/2003 do governo do Estado do Paraná, porque esta lei afronta a regra constitucional de competência concorrente entre União e estados ao proibir o cultivo de transgênicos naquele estado da federação.

Percepção pública da biossegurança no cenário brasileiro

Com a incorporação das novas técnicas de manipulação do rDNA, análises com alta performance e os avanços da biologia sintética, as atividades de pesquisa e industriais que envolvem biotecnologia cresceram de forma expressiva nos últimos anos. Elas vêm tomando parte na maioria das atividades humanas, gerando grandes impactos na medicina, agricultura, ciência de alimentos e no meio ambiente, e são consideradas um dos ramos da ciência mais promissores para a economia global[33,34]. Mesmo diante desses incontáveis benefícios, os avanços têm gerado apreensões para diferentes culturas que, diante de um novo paradigma tecnológico, evocam preceitos éticos e riscos percebidos diante do desconhecimento[35].

O dilema da sociedade em optar pela melhor alternativa torna-se ainda mais difícil quando existe carência de informações científicas ou mesmo quando aquelas desprovidas de base científica frequentemente são disseminadas pela mídia. Embora o apoio e a anuência pública para as aplicações médicas da biotecnologia sejam altos, no Brasil existe baixa aceitação do uso de animais e culturas agrícolas GM[35]. Como a biotecnologia, ao avançar, afeta a vida dos cidadãos, a sociedade tende a considerar mais admissíveis os avanços com aplicações mais imediatas e importantes na vida diária; dessa forma, as diferenças entre os riscos percebidos e avaliados levam a maior ou menor grau de aceitação pública de um processo tecnológico entre as diferentes culturas.

A percepção e a aceitação públicas de uma dada tecnologia se sustentam na demonstração do benefício real que ela traz para aquela sociedade. A aceitação de uma nova tecnologia depende de vários fatores, na maioria sociais, culturais, econômicos, religiosos e educacionais, sendo a capacidade da sociedade de perceber a importância daquela tecnologia para resolver problemas diários um componente fundamental no processo[35].

A distância entre o progresso do conhecimento científico e a capacidade de percepção e entendimento dos avanços tecnológicos decorrentes dele pela sociedade tem levado à imposição de barreiras para a adoção de alguns avanços científicos ao longo da história da humanidade. Por exemplo, quando, a partir de 1796, Edward Jenner tentou demonstrar cientificamente a eficácia da sabedoria popular que reconhecia que trabalhadores com atividades envolvendo gado leiteiro eram imunes à varíola humana, houve muita descrença[36]. Para comprovar esta relação, Jenner inoculou o vírus contido em lesões de uma mulher portadora de varíola bovina – daí a origem do nome vacina (*vacca* do latim) em um menino de 8 anos. O menino sentiu febre baixa, ficou resfriado e perdeu o apetite, mas 9 dias depois estava restabelecido. Jenner inoculou o menino novamente com material de ferida recente e não houve desenvolvimento de infecção. Dessa forma, ficou demonstrada a eficiência da proteção. Ainda assim, do fim do século XVIII até a primeira metade do século XIX, grande parte da comunidade científica e da sociedade rejeitava a nova técnica. Por esse motivo, programas oficiais de vacinação contra a varíola só foram realizados efetivamente 60 anos após a descoberta de Jenner.

A partir dos anos 1970, a construção de organismos transgênicos deu início a um novo paradigma científico, por meio do qual os genes poderiam ser transferidos entre as espécies, originando novos campos do conhecimento da chamada Ciência da Vida. De modo semelhante ao que aconteceu no passado com a descoberta das vacinas, a sociedade internacional iniciou um questionamento sobre a segurança e a ética de tais experimentos.

Hoje, a implementação efetiva da Lei de Biossegurança brasileira depende fundamentalmente de um entendimento público e jurídico sobre o papel da CTNBio e da aceitação deste modelo regulatório instituído pelo Congresso Nacional por parte da sociedade e do governo brasileiros. O atraso evidenciado nos últimos anos na implementação de uma política nacional de biossegurança se verifica sobretudo pela falta de um consenso político por parte do governo e pelas dificuldades interpretativas no setor jurídico quanto à análise dos diferentes instrumentos legais existentes no país que se aplicam ao tema.

Infelizmente, no Brasil, há grande carência de estudos recentes e representativos sobre informação e aceitação pública dos transgênicos[37,38]. Os resultados apresentados devem ser considerados criticamente, incluindo a inevitável margem de erro. Por exemplo, em alguns países, o termo biotecnologia tem aceitação de 10 a 20% maior que OGM[39], mas a terminologia relacionada ao tema tende a ser empregada de forma indiferenciada e muitas vezes confusa. Um exemplo desse desconhecimento é o entendimento de que o termo OGM é sinônimo de transgênicos e restrito a eles. Este engano é observado tanto na literatura técnica como em veículos de comunicação e divulgação científica, dando a impressão errônea de que apenas os transgênicos são modificados geneticamente e, portanto, não são naturais – e ser natural é uma condição que frequentemente é mais aceita pela sociedade. Pesquisas efetuadas pelo Instituto Brasileiro de Opinião Pública e Estatística (Ibope)[40], sob encomenda da empresa Monsanto e da ONG Greenpeace, mostram uma enorme diferença de resultados de aceitação pública em um período muito curto de tempo[41] e deixam dúvidas óbvias sobre a influência da informação fornecida durante a pesquisa e a formulação das perguntas[37].

Os resultados de pesquisas realizadas via internet não são representativos, pois obviamente se limitam a um tipo específico de visitante, que tende a simpatizar ou se identificar com as posições dos respectivos sítios nos quais tais pesquisas são realizadas. Por outro lado, a mídia, que inicialmente priorizava os diferentes riscos da nova tecnologia para a saúde humana e ambiental, vem mudando a discussão acerca da segurança e dos benefícios econômicos e ambientais que os transgênicos podem trazer para o país. Se hoje a população brasileira está consciente dos riscos e benefícios, qual a importância, na decisão de compra, de variáveis como preço, qualidade dos alimentos, aumento de valores nutricionais e benefícios ambientais, como redução de agroquímicos? Se há condições de entender as informações factuais apresentadas, qual nível de confiança a sociedade tem nos diferentes grupos que divulgam informação? A resposta para esses e outros questionamentos será, certamente, a capacitação científica e a existência de programas de socialização do conhecimento científico, o que permitirá acesso ao conhecimento pela sociedade e a formação de massa crítica.

Capacitação de recursos humanos em biossegurança

A biossegurança representa um campo do conhecimento científico relativamente novo. Antes dos anos 1970, pouco se sabia sobre os procedimentos de avaliação e controle de riscos, de modo que a segurança biológica se restringia à informação sobre os riscos inerentes às atividades de pesquisas científicas. Neste contexto, em 1984, foi fundada a American Biological Safety Association (ABSA), a primeira sociedade científica constituída para promover a segurança biológica como disciplina científica e atender às necessidades crescentes de profissionais de biossegurança em todo o mundo[42]. Essa associação tem como objetivo fornecer suporte que represente os interesses e as necessidades dos profissionais da área e promover o intercâmbio contínuo e apropriado de informações em biossegurança.

No Brasil, a biossegurança começa a ser institucionalizada a partir da década de 1980, quando o país realizou um programa de treinamento internacional em biossegurança ministrado pela OMS, que visava identificar pontos focais de desenvolvimento do tema na América Latina. Como resultado desse treinamento, foi realizado o primeiro curso de biossegurança para o setor da saúde na Fundação Oswaldo Cruz (Fiocruz), em 1985. Na mesma época, a instituição iniciou a implementação de medidas em biossegurança como parte do programa interno de boas práticas de laboratório. Este trabalho motivou, na sequência, uma série de cursos e atividades em biossegurança no país[19]. Em 1991, a Escola Nacional de Saúde Pública da Fiocruz iniciou o curso de aperfeiçoamento em biossegurança e, em 1992, o tema passou a constar como disciplina dos cursos de pós-graduação no Instituto Oswaldo Cruz (IOC). A partir de meados da década de 1990, a biossegurança passou a ser ministrada como disciplina científica em muitas universidades brasileiras e, finalmente, em 2002, foi criado o primeiro curso de pós-graduação em biossegurança na Universidade Federal de Santa Catarina (UFSC)[43], com apoio do Conselho Nacional de Desenvolvimento Científico e Tecnológico (CNPq).

Em 1995, o Ministério da Saúde (MS) incluiu, como meta prioritária, o treinamento em biossegurança de membros de instituições de saúde no Projeto de Capacitação Científica e Tecnológica para Doenças Emergentes e Reemergentes. O programa de capacitação no campo da biossegurança, desenvolvido a partir de 1996 pelo MS e Núcleo de Biossegurança da Fiocruz, teve dois enfoques: o desenvolvimento de um plano de identificação de riscos e o treinamento de profissionais em áreas estratégicas identificadas. O principal resultado desse trabalho foi a conscientização para a aplicação de normas de biossegurança em laboratórios de saúde pública de todos os estados da federação e o treinamento de cerca de 800 profissionais. Na época, houve também a formalização de comitês de biossegurança em OGM (CIBios) nessas instituições[31], uma exigência da Lei de Biossegurança brasileira.

O estabelecimento da Lei de Biossegurança em 1995 e a necessidade de consolidar uma instância científica no país que permitisse a disseminação da informação em biossegurança, à semelhança do papel da Associação Americana de Biossegurança (ABSA) e da Associação

Europeia de Biossegurança (EBSA), motivou a criação da Associação Nacional de Biossegurança (ANBio), em 1999[44]. A ANBio é filiada à ABSA e à EBSA e participa de encontros internacionais e publicações científicas de ambas as entidades, propiciando, dessa forma, o intercâmbio permanente de informações em biossegurança entre diversos países. Nos 16 anos de existência, a ANBio já realizou 9 congressos nacionais, diversos simpósios latino-americanos e mais de 100 cursos de capacitação em biossegurança nos mais diversos temas, treinando mais de 8 mil profissionais no país. Desde sua fundação, a ANBio vem apoiando a consolidação de disciplinas científicas relacionadas à biossegurança em cursos de graduação e em programas de pós-graduação brasileiros.

O fortalecimento de recursos humanos no campo da biossegurança e o desenvolvimento de pesquisas nas temáticas de avaliação e manejo de risco são fundamentais para a consolidação da biossegurança como disciplina no país. Para isso, deve-se constituir como política de governo o apoio às ações e às iniciativas que possibilitem o intercâmbio científico entre o Brasil e outros países e que viabilizem a difusão do conhecimento científico para a sociedade brasileira. Somente dispondo de uma estratégia que permita o acesso rápido à informação científica, o aperfeiçoamento da qualidade do trabalho, a disponibilização dos novos conhecimentos científicos para a sociedade e a maximização das potencialidades do setor é que o país poderá incorporar de forma rápida e benéfica os novos avanços tecnológicos e competir em igualdade de condições com os demais países no segmento de comércio internacional.

BIOLOGIA SINTÉTICA E BIOSSEGURANÇA

Introdução

As diversas tentativas para definir biologia sintética encontradas na literatura compartilham que essa área envolve o desenho – ou projeto – e a reengenharia de sistemas biológicos naturais e a produção de componentes e sistemas artificiais[45-48]. Tanto em sistemas naturais quanto em artificiais, é possível projetar e desenvolver funções e sistemas biológicos com o propósito de modificar as propriedades existentes ou para criar novas. Dessa forma, o objetivo da biologia sintética é criar organismos para expandir ou modificar funções que permitam a realização de novas tarefas[45].

A biologia sintética difere da engenharia genética não apenas pela metodologia sistemática, mas também pela complexidade dos dispositivos construídos, quando comparados com um ou poucos genes manipulados em células construídas pela engenharia genética[45,48]. Essa disciplina reúne três abordagens científicas, utilizadas com diferentes graus de sucesso e impacto entre a comunidade científica: a produção de componentes elementares de DNA – para subsequente montagem de moléculas funcionais; a síntese química (*de novo*) de genomas completos; e a construção de células rudimentares ou protocélulas[45,48].

Com esta estratégia, os avanços da biologia sintética têm permitido reformular biomoléculas e montar estruturas para desenvolver circuitos complexos e engenharia metabólica e construir genomas mínimos[45-48].

Os dispositivos resultantes podem gerar energia limpa, controlar a poluição (birremediação), desenvolver novos medicamentos, construir células que localizam e destroem tumores, reparar e regenerar tecidos, além de revolucionar a indústria química e de manufaturados. Esses dispositivos funcionam no interior de células vivas, no qual utilizam a energia e estruturas químicas para realizar as respectivas funções.

A biologia sintética reúne as ciências biológicas e físicas, aplica princípios de engenharia e matemática[46,49] e engloba grande número de estratégias, metodologias e disciplinas, entre as quais se destaca a genética.

Ainda que os trabalhos de Mendel tenham sido publicados na segunda metade do século XIX, o estudo da genética desenvolveu-se ao longo do século XX e as bases biológicas da hereditariedade permaneceram desconhecidas por algumas décadas até que, nos anos 1940, o DNA foi identificado como material genético[52,53]. O artigo histórico de Watson e Crick[54], descrevendo a forma tridimensional do DNA, é um divisor de águas no estudo dessa macromolécula e da genética[55]. Desde então, a estrutura e a função de ambas as moléculas de ácidos nucleicos, DNA e RNA, têm sido dissecadas e as propriedades bioquímicas, bem estabelecidas. Em virtude da importância da dupla hélice de DNA, ao longo das décadas que se sucederam ao trabalho de Watson e Crick, essa biomolécula tornou-se um ícone contemporâneo e diversos temas relacionados são abordados diariamente, não apenas na literatura científica especializada, mas também nos demais meios de comunicação.

O termo biologia sintética foi utilizado pela primeira vez por Stéphane Leduc no título do livro publicado em 1912, *La biologie synthétique*[56]. Imediatamente, (1913) o termo foi citado no artigo *"Synthetic biology and the mechanism of life"*, publicado na revista *Nature*[57], em uma reflexão sobre o trabalho de Leduc.

A expressão voltou à literatura científica em 1974, quando Waclaw Szybalski previu que a biologia sintética seria o próximo estágio da inovação seguindo os avanços da biologia molecular, uma ciência descritiva[58]. A fase que o geneticista designou como biologia sintética ocorreria quando a síntese química de genomas completos fosse tecnicamente viável, pois essa disponibilidade possibilitaria novas formas de aprimorar organismos vivos[57]. Logo a seguir, ao considerar o potencial de enzimas de restrição em um editorial da revista *Gene*, Szybalski e Skalka (1978)[59] enfatizaram a importância da descoberta, ressaltando que tais enzimas não apenas facilitariam a construção de moléculas de rDNA e a análise individual de genes, mas também representavam o marco inicial da era da biologia sintética, pois viabilizariam o rearranjo da informação genética e a construção e avaliação funcional das novas informações.

O primeiro produto comercial construído pela engenharia genética, uma insulina humana recombinante[60], foi disponibilizado na década de 1980, resultando em benefícios incontestáveis à saúde humana. A partir de então, a replicação de DNA tornou-se possível não apenas pela biossíntese (amplificação de DNA *in vivo*), mas também pela síntese enzimática (amplificação de DNA *in vitro*) obtida por reação em cadeia da polimerase (PCR, do inglês *polymerase chain reaction*) descrita por Saiki e colaboradores em 1988[61]. As novas tecnologias disponíveis também possibilitaram a síntese química (*de novo*) de DNA, permitindo sintetizar desde oligonucleotídeos (pequenas sequências, geralmente menores que 20 nucleotídeos), passando por sequências gênicas até genomas completos.

Visando reproduzir a eficiência e a precisão de sistemas vivos, recentemente, um número altamente expressivo de projetos desenvolvidos em universidades e laboratórios independentes está abrindo caminhos para a realização de uma antiga aspiração humana: a criação de vida artificial[62-65]. Com este fim, genomas sintéticos funcionais podem ser introduzidos em células naturais para criar vírus artificiais[62,64,65]. As protocélulas (células artificiais), construídas com base em um conjunto de sistemas químicos, são autossustentáveis e capazes de se reproduzir de maneira independente e com potencial para evoluir[63]. Dentre os avanços alcançados por esses projetos, também se destaca a geração de uma bactéria capaz de sintetizar um aminoácido não natural (p-aminofenilalanina), a partir de fontes de carbono, e incluir este aminoácido no próprio código genético[66].

Regulamentação da biologia sintética: novos riscos, novos desafios

Os desafios da ética e da segurança do início do século XXI incluem doenças infecciosas emergentes, avaliação de riscos de tecnologias de última geração, manipulação de genomas sintéticos de vírus patogênicos, bioterrorismo e uso dual de bens sensíveis, entre outros. Esta demanda leva à necessidade crescente de promover alertas de risco para a comunidade científica e a sociedade em geral. Para enfrentar esses desafios, é fundamental o estabelecimento de colaborações regionais e internacionais para a proposição e o cumprimento de diretrizes que promovam a segurança dos cidadãos e do meio ambiente. Além disso, a regulamentação da pesquisa envolvendo tecnologias emergentes e o desenvolvimento de produtos derivados desse conhecimento devem acompanhar o surgimento e a evolução dessa tecnologia[24].

A ameaça de guerra biológica e de bioterrorismo ressurgiu após os atendados de 2001 nos Estados Unidos, com o envio de cartas contendo esporos de *Bacillus anthracis*. Na época, foi publicado o relatório *Biotechnology research in the age of terrorism*, redigido pelo National Research Council[67]. O relatório, conhecido como Relatório do Comitê Fink, recomenda práticas que otimizem a capacidade de prevenir a aplicação destrutiva da biotecnologia ao mesmo tempo que encoraja prosseguir com pesquisas que resultem em conhecimento e produtos que possam melhorar a qualidade de vida. O relatório recomenda ao governo expandir as regulamentações existentes e confiar na autogovernança de cientistas para manter a capacidade de gerir a questão de forma voluntária, em vez de adotar novas políticas inapropriadas. Uma das principais recomendações do relatório é que o governo não tente regular.

Motivados pelo objetivo comum de promover a biotecnologia para o benefício público, encorajando projetos de biologia sintética de maneira aberta e ética para o benefício do ser humano, outras espécies e o meio ambiente, a Biobricks Foundation (BBF – http://biobricks.org) foi criada em 2003 por um grupo de cientistas e engenheiros. Este grupo acredita que a biologia sintética pode contribuir de maneira significativa para o desenvolvimento da biotecnologia contemporânea e, consequentemente, para o aprimoramento da qualidade de vida e a ampliação da compreensão sobre o mundo natural. A BBF promove diversas atividades que permitem que cientistas e engenheiros de toda parte do mundo trabalhem em associação, utilizando BioBrick™ parts, componentes ou blocos biológicos padronizados, testados e destinados a criar soluções éticas e seguras para os problemas da humanidade e do planeta e que estão disponíveis gratuitamente (http://partsregistry.org/).

O processo de redesenhar sistemas biológicos mais simples e acessíveis levou diversos institutos de pesquisa a criar formas de desenvolver e definir partes biológicas padrão de forma unificada e organizada. Um dos modelos de padrão técnico de peças biológicas mais aceitos pela comunidade científica são os DNA BioBricks™, ou Biotijolos de DNA, que são componentes biológicos intercambiáveis, funcionalmente discretos e capazes de serem facilmente combinados em padrão modular. Esses blocos básicos, associados entre si, formam unidades mais complexas que, em combinação com uma ou mais unidades associadas, resultam em sistemas biológicos artificiais. O comportamento de um sistema biológico também pode ser alterado pela substituição de uma das partes de um BioBrick™, podendo ser uma sequência gênica, um promotor, um terminador de transcrição, um sítio de ligação ao ribossoma ou qualquer combinação dessas. Os BioBricks™ desempenham funções autônomas úteis para a produção de proteínas com funções específicas e projetadas para interagir com outras partes do sistema.

Ao garantir que os blocos de construção fundamentais da biologia sintética estejam disponíveis gratuitamente, os membros da BBF acreditam que podem promover o avanço da biologia sintética para o benefício geral. Este grupo de cientistas também acredita que os fundamentos da tecnologia que envolvam essa ciência são de domínio público e devem ser construídos por entidades governamentais em conjunto com empresas privadas que se preocupam com o impacto humano e ambiental dessa nova tecnologia. Para que essas propostas sejam colocadas em prática, são necessárias políticas que visem promover comportamentos éticos, mas sem coibir a criatividade e propor novas leis de propriedade intelectual para apoiar a biotecnologia de interesse público.

A promoção de atividades da BBF envolvendo pesquisa e desenvolvimento em biologia sintética é complementada pela organização de conferências internacionais e atividades didáticas. A Competição Internacional de Máquinas Geneticamente Modificadas (*International Genetically Engineered Machine competition*, iGEM), organizada pela BBF, é uma atividade didática em biologia sintética para alunos de ensino médio e graduação. A atividade, em formato de competição, tem se mostrado um método de ensino inovador, motivador e eficaz[68]. Considerada a marca inicial da biologia sintética, a primeira conferência internacional sobre o tema, a International Conference on Synthetic Biology (SB1.0), organizada pela BBF, reuniu a comunidade científica emergente de biológicos e engenheiros envolvidos em resolver problemas biológicos. Em 2013, foi realizada a 6ª edição desta conferência (SB6.0).

Dentre os estudos publicados na área de biologia sintética que provocaram discussões recentes sobre riscos de produtos gerados por essa estratégia, dois se destacam. O primeiro trata da construção *de novo* do genoma viral do poliovírus, que demonstrou ter habilidade de replicar em extrato livre de células[62]. As partículas virais, capazes de infectar e matar camundongos, contêm informação genética praticamente indistinguível da sequência selvagem. No artigo que relata a construção e replicação do vírus sintético, os autores alertam para a possibilidade de construção de uma versão artificial de outros patógenos por síntese química, baseada em informações genéticas disponíveis em bancos de dados de acesso livre. Tal tecnologia possibilita, por exemplo, a criação do vírus sintético da varíola – um dos mais temidos agentes infecciosos e candidato a se tornar bioarma de destruição em massa. A criação do poliovírus artificial teve impacto imediato sobre a política de imunização da OMS, que fez uma revisão sobre a decisão de encerrar os programas de vacinação após a erradicação global da poliomielite[50].

Gibson e colaboradores (2008)[64] utilizaram a bem-sucedida técnica de montagem de fragmentos de DNA para criar uma célula viável controlada por um genoma de *Mycoplasma genitalium* totalmente construído *de novo* e montado por recombinação em levedura. Após o primeiro sucesso em sintetizar um genoma bacteriano, em 2010, os pesquisadores do Venter Institute sintetizaram o genoma de *Mycoplasma mycoides*, que foi transplantado para o citoplasma de *Mycoplasma capricolum*, resultando em células viáveis e capazes de se reproduzir contendo apenas o genoma sintético[65].

Nos Estados Unidos, a legislação não contempla especificamente a biologia sintética. Os novos produtos são avaliados sob o aspecto da segurança da mesma forma que os demais bioprodutos, por agências reguladoras da saúde, meio ambiente e agricultura. Entretanto, no mesmo dia da publicação do Venter Institute (05 de maio de 2010), o presidente norte-americano, Barack Obama, solicitou um relatório sobre as implicações tecnológicas e éticas resultantes da primeira bactéria ou de outras células artificiais capazes de se reproduzir. Atendendo à solicitação, em dezembro de 2010, a Presidential Commission for the Study of Bioethical Issues (PCSBI) tornou público o relatório *New directions – the ethics of synthetic biology and emerging technologies*[69]. Neste documento, a comissão reconhece a importância socioeconômica da tecnologia resultante da biologia sintética, examina as implicações da pesquisa nessa área do conhecimento e inclui recomendações para que os trabalhos sejam realizados em benefício da sociedade e do meio ambiente e dentro de padrões éticos compatíveis com o equilíbrio e o bom funcionamento da sociedade, estabelecendo diretrizes para minimizar os riscos.

Embora considere que haja riscos limitados decorrentes da aplicação desse conhecimento, até o momento da publicação das diretrizes, a PCSBI não encontrou razões que levassem a sugerir regulações federais adicionais ou moratória da pesquisa na área. Ao contrário, recomendou diálogo e cooperação entre os setores público e privado. Todavia, considera necessário que a avaliação de riscos anteceda a liberação de qualquer organismo sintético no ambiente. A Comissão reforça que apenas por meio de uma educação científica de qualidade o público leigo poderá compreender o potencial real e os riscos da tecnologia, garantindo a confiança dos cidadãos e evitando restrições desnecessárias à ciência e ao progresso social.

As atividades específicas do Office of Biotechnology Activity, vinculado ao NIH, incluem otimizar a conduta e supervisionar pesquisas envolvendo transferência gênica, atualizar e interpretar as políticas de biossegurança de acordo com as "Diretrizes para trabalho com rDNA e DNA sintético", providenciar informação sobre políticas governamentais relativas ao uso dual e registrar células-tronco[70]. Tais diretrizes, revisadas em 2013, têm o objetivo de minimizar riscos originários da criação e do uso de células, organismos e vírus contendo essas moléculas.

O crescente debate sobre novas questões éticas decorrentes da biologia sintética iniciada nos Estados Unidos e a identificação da lacuna de discussões observada na Europa motivaram o projeto Synbiosafe (http://synbiosafe.eu/). Lançado em 2008, foi o primeiro esforço para concentrar-se especificamente na segurança e nas questões éticas da biologia sintética. O objetivo é estimular um debate sobre os diversos aspectos de biossegurança, bioproteção e bioética nessa área.

Zhang e colaboradores[71] publicaram o relatório *The transnational governance of synthetic biology scientific uncertainty, cross-borderness and the 'art' of governance*, resultante de 1 ano de trabalho financiado pela British Royal Society. O documento foi escrito com base em extensa revisão bibliográfica e em trabalho de campo no Reino Unido, na China e no Japão. Na análise, os cientistas reconhecem que a biologia sintética está levando a uma revolução biotecnológica. No entanto, alertam que muita atenção deve ser voltada para os riscos potenciais da tecnologia para o meio ambiente e a saúde[71]. Além disso, consideram os riscos associados à possibilidade de criação de monopólios dominados por companhias de grande porte e sobre a bioética relacionada à criação de vida artificial. Segundo os autores, dois aspectos centrais devem ser abordados para a obtenção de uma governança eficaz nos diversos aspectos envolvendo a biologia sintética: a incerteza científica e as fronteiras geopolíticas.

Generalizando as incertezas derivadas de todas as tecnologias emergentes, os autores prosseguem argumentando que as implicações futuras resultantes da biologia sintética não são apenas difíceis de prever, mas fundamentalmente desconhecidas. Portanto, recomendam que as soluções devem ser flexíveis e transparentes e norteadas por políticas que fomentem uma investigação científica de alto nível e assegurem a liberdade na pesquisa e, ao mesmo tempo que promovem confiança e responsabilidade, devem implicar todos os atores envolvidos na evolução científica e tecnológica ou afetados por elas.

Sobre as fronteiras geopolíticas, o documento chama atenção para a importância das inter-relações entre as diferentes regiões e para a necessidade crescente de estabelecer vínculos entre as disciplinas acadêmicas e os setores industriais. Argumentam ainda que, em face da incerteza científica e das diferentes fronteiras geopolíticas, uma governança efetiva não é baseada em um regime rígido de regulamentação, mas representa uma forma flexível e em evolução da "arte da governança".

O relatório também destaca que o processo de regulamentação deve garantir a liberdade de expressão para informar as perspectivas e os interesses em todas as fases do processo de pesquisa e desenvolvimento e considerar o tema sobre todas as perspectivas. Os autores afirmam que decisões políticas tomadas com base no conhecimento científico e endossadas por estratégias apoiadas em evidências, embora essenciais, são insuficientes. Explicam que é necessária uma abordagem reguladora proativa e aberta, capaz de manejar incertezas e mudanças. Completam cobrando que as políticas públicas também devem se adaptar à evolução das relações entre as partes interessadas em mudanças, incluindo pesquisadores, financiadores de pesquisa, indústria e os cidadãos em geral.

Ainda que os avanços na discussão do uso seguro de produtos sintéticos venham acontecendo ao longo deste século em outros países, no Brasil, até o momento, não foram realizadas ações organizadas para sistematizar as atividades em biologia sintética. A ausência de diretrizes para lidar com tecnologias da área e em bionanotecnologia, área estritamente relacionada, permite que cada profissional ou empresa de pesquisa e desenvolvimento adote condutas convenientes, sem considerar os riscos decorrentes desse ramo da biotecnologia contemporânea.

A levedura *Saccharomyces cerevisiae*, cepa Y1979, geneticamente modificada pela empresa Amyris para a produção de farneseno, emprega passos de tecnologia sintética para a otimização do processo, o que levanta discussão sobre a pertinência da Lei de Biossegurança brasileira cobrir ou não esses procedimentos. A Lei de Biossegurança em vigor (2005) estabelece que o controle de qualquer produto advindo da tecnologia do rDNA é um atributo da CTNBio. Mesmo que em alguma etapa tenha havido uma síntese química, foram utilizados procedimentos de engenharia genética para a construção do produto final, uma levedura. O parecer da CTNBio favorável à liberação comercial da linhagem GM de levedura para a produção industrial de farneseno foi justificado porque o produto atende às normas que estão na lei brasileira de biossegurança.

Tal como o caso da liberação do farneseno, a CTNBio vem julgando todos os produtos que envolvem síntese química segundo as mesmas premissas descritas para OGM.

Embora alguns temas tenham sido debatidos por mais de 40 anos (desde a conferência de Asilomar de 1975), com o avanço da biologia sintética, questões de longo prazo deverão ser revistas à luz desse contexto contemporâneo. Para isso, é fundamental que as sociedades brasileira e internacional estejam cada vez mais informadas e próximas dos conhecimentos envolvidos nos novos avanços científicos para poder julgar e selecionar o que é mais adequado ao desenvolvimento socioeconômico e resultar em melhor qualidade de vida.

BIOPROTEÇÃO E BIOSSEGURANÇA: TEMAS RELACIONADOS, MAS DISTINTOS

Conceitos e objetivos

A pesquisa na área das ciências da vida é o fundamento de cuidados com a saúde e com o meio ambiente[72]. Descobertas marcantes têm melhorado consideravelmente a qualidade de vida. Entretanto, ao mesmo tempo que os avanços biotecnológicos permitem controlar ou eliminar doenças de difícil tratamento e trazer tantos outros benefícios, também exibem riscos associados com consequências para as populações humanas, outros seres vivos e para o meio ambiente[72-74]. Essa dicotomia é descrita pelo termo uso dual, inicialmente em referência ao material que contém informação ou tecnologia utilizável nos contextos militar e que é empregado no meio civil para causar danos à saúde e/ou ao meio ambiente[75]. Atualmente, o conceito de uso dual tem sido estendido para mau uso de bens, tecnologias, bancos de dados e até de informações sobre políticas públicas com o objetivo de causar danos em atividades pacíficas. Bens e tecnologias considerados sensíveis (uso dual) são controlados por regimes e convenções internacionais de desarmamento e não proliferação em virtude do potencial de emprego na produção de armas de destruição em massa (ADM), como o Programa Nacional de Integração Estado-Empresa na Área de Bens Sensíveis da Agência Brasileira de Inteligência (Abin – http://www.abin.gov.br/?s=pronabens).

Apesar dos benefícios óbvios da biotecnologia, o suporte da sociedade e a aceitação das ciências modernas dependem fortemente da confiança na capacidade de proteção contra esses riscos[72]. Para lidar com essas inovações, uma política de segurança envolvendo governos, instituições e profissionais de países desenvolvidos e em desenvolvimento é crucial para enfrentar os perigos de agentes patogênicos emergentes, naturais, manipulados geneticamente ou construídos em laboratórios[73,74]. A regulamentação da manipulação genética define e controla o uso. Todavia, ao mesmo tempo que a legislação e a aplicação da lei visam à segurança pública e do meio ambiente, também limitam a pesquisa, pois o acesso é rigidamente controlado e os resultados, restritos ao conhecimento de poucos, limitam o desenvolvimento de vacinas e terapias, criando um efeito paradoxal na regulamentação.

Embora à primeira vista os termos bioproteção e biossegurança possam ser indistinguíveis, as duas áreas abordam temas intimamente relacionados, porém distintos[73,75,76]. Frequentemente, os dois termos são utilizados inadequadamente ao serem percebidos como conceitos idênticos, tanto pela comunidade científica como pelo público leigo[77].

A biossegurança é um conceito bem estabelecido, amplamente aceito e definido pela OMS como princípios de contenção, tecnologias e práticas implementadas para evitar exposição involuntária a patógenos e toxinas ou liberação acidental no ambiente[73,75,76]. Este conjunto de orientações de abrangência internacional deve ser praticado considerando as peculiaridades nacionais ou regionais[75]. Desta forma, as normas estabelecidas pela OMS são adaptadas para atender às demandas locais. Esta concepção de normas é consistente com a cooperação entre a OMS, a Organização das Nações Unidas para Alimentação e Agricultura (FAO, do inglês Food and Agriculture Organization) e a Organização Mundial de Saúde Animal (OIE, do inglês World Organization for Animal Health). A conduta correta em biossegurança está diretamente correlacionada com a obrigação de cumprir as diretrizes estabelecidas para assegurar que as precauções necessárias sejam tomadas para proteger a população e o meio ambiente.

Por outro lado, bioproteção é um termo relativamente novo, cujo significado complexo é dependente do contexto em que é utilizado[72]. A bioproteção é conceituada pela OMS como proteção, controle e prestação de contas sobre material biológico (incluindo informações) em laboratórios, a fim de impedir acesso não autorizado, perda, roubo, uso indevido (dual), desvio ou liberação intencional de patógenos ou partes deles, que são mantidos, transferidos e/ou fornecidos por coleções microbiológicas e/ou centros de recursos biológicos[73,75,76]. Desta forma, a bioproteção abrange medidas de segurança institucional e pessoal, além de procedimentos para evitar a ocorrência de riscos.

Assim, entende-se que, enquanto a biossegurança visa proteger o ser humano do agente biológico, a bioproteção visa proteger o agente biológico do uso indevido pelo ser humano. Talvez a diferença mais importante entre os dois conceitos seja o fato de que normas de bioproteção devem obrigatoriamente ser flexíveis e adaptáveis às situações de evolução do sistema de produção e/ou situações emergenciais, enquanto normas de biossegurança preconizam a máxima proteção (próxima a 100% de segurança).

Aparentemente, não haveria maiores consequências em utilizar ambos os conceitos em diferentes situações. No entanto, na prática, a mistura de conceituações resulta em inadequação da elaboração e implantação de programas de bioproteção. Um programa de bioproteção é composto por um conjunto de medidas e procedimentos voltados para a manutenção da saúde de um plantel, por exemplo, que devem ser aplicados em todas as etapas e interagir com os diversos setores que compõem o sistema produtivo[78]. Os benefícios destes programas abrangem várias áreas. Entretanto, antes da elaboração e implantação de qualquer programa de bioproteção, são necessárias a análise e a definição dos riscos e desafios a que o sistema de produção está sujeito[79].

A avaliação de riscos em biossegurança resulta do estabelecimento de normas e procedimentos permanentes e normalmente inflexíveis, exceto para se tornarem ainda mais restritivos. Por outro lado, a bioproteção indica procedimentos que previnem eventos relacionados entre si e com a saúde humana e produções animal e vegetal para consumo.

A importância em agir preventivamente pode ser ilustrada pela alta possibilidade de ocorrência de uma pandemia de influenza. Outro exemplo de inquietação mundial é a varíola, doença viral erradicada em 1980[80]. Os estoques de vírus são mantidos, essencialmente para pesquisa, em centros colaboradores da OMS sob controle da Organização, que avalia a biossegurança e a bioproteção dos laboratórios com muito rigor. A reintrodução acidental ou deliberada do vírus no ambiente ameaça a saúde pública, a estabilidade econômica e as políticas globais. Apesar destes procedimentos internacionais, houve a necessidade de a OMS estabelecer um guia de bioproteção para laboratório (WHO, 2006)[75], que oferece mais garantias quanto às condições de trabalho e de manutenção de agentes infecciosos, como esse vírus.

Por esta razão, a implementação de bons programas de bioproteção e biossegurança começa com o estabelecimento de procedimentos e ações de controle definidas em normas específicas e finda com a aplicação prática destas normas em campo e em atividades diárias[74,81].

Comparado com as ações envolvendo biossegurança, existe um número limitado de diretrizes e regulamentações que tratam explicitamente de bioproteção[72]. O uso dual e a necessidade de oferecer proteção contra as consequentes ameaças motivaram a criação, nos Estados Unidos, do National Science Advisory Board for Biosecurity (NSABB), em 2004 (http://osp.od.nih.gov/office-biotechnology-activities/biosecurity/nsabb). O NSABB é um comitê consultivo federal constituído para assessorar no desenvolvimento de políticas para o uso seguro de tecnologias com potencial de uso dual, que, portanto, constituem ameaça à saúde pública, ao meio ambiente ou à segurança nacional.

Componentes da bioproteção

Programas de biossegurança e bioproteção compartilham componentes comuns. Ambos são baseados em: avaliação de risco; gestão; experiência e responsabilidade de pessoal; controle e prestação de contas para material de pesquisa, incluindo microrganismos e os estoques de culturas; controle de acesso às instalações; documentação de transferência de material; treinamento; planejamento de emergência e gestão do programa (Figura 3)[82]. O sucesso de ambos depende de uma cultura de laboratório que compreenda e aceite as razões de implementação dos programas e o comportamento adequado correspondente. Essas práticas podem ser conflituosas em termos dos objetivos de segurança. Portanto, as considerações desses objetivos devem ser equilibradas e proporcionais aos riscos identificados e aos resultados utilizados como orientação para o desenvolvimento de políticas institucionais.

Como relatado, bioproteção é um conjunto de procedimentos desenhados, principalmente, para prevenir a entrada e a disseminação de enfermidades em um sistema de produção de animais ou ainda para prevenir o uso indevido de agentes biológicos (furto e/ou ações de terroristas). Para a situação pecuária, isto é alcançado via manutenção do menor fluxo de material biológico possível (vírus, bactérias, parasitas, fungos, roedores, animais silvestres, pessoas etc.), por meio de divisas entre o sistema de produção. Nenhum programa de prevenção de doenças será efetivo sem esse procedimento fundamental. A bioproteção tem basicamente oito componentes que funcionam como elos de uma mesma corrente. O programa de bioproteção só alcançará pleno sucesso quando todos os elos dessa corrente estiverem firmemente unidos. Além disso, cada um destes elos necessita de manutenção e revisão permanentes para evitar pontos de enfraquecimento na corrente e, consequentemente, falha na bioproteção do sistema.

A bioproteção visa garantir o desenvolvimento científico e tecnológico sustentável, economicamente viável, socialmente justo e garantidor dos direitos constitucionais à vida e à saúde e de um meio ambiente ecologicamente equilibrado. Quando considerado o manejo do agente biológico no laboratório ou no setor produtivo, pode-se afirmar que o gerenciamento do programa de bioproteção envolve cinco componentes (Figura 4).

Ações brasileiras de bioproteção

Bioproteção é uma palavra relativamente nova no vocabulário brasileiro, encontrada em poucos dicionários. A tradução da palavra da língua inglesa *biosecurity* foi recentemente incorporada ao linguajar brasileiro.

Os avanços mais recentes da biotecnologia e o aumento no desenvolvimento de produtos e processos com possibilidades de uso dual nos cenários nacional e internacional, em conjunto com o crescente número de realizações de eventos de grande porte no Brasil, levaram o Ministério da Defesa (MD) a preparar e apro-

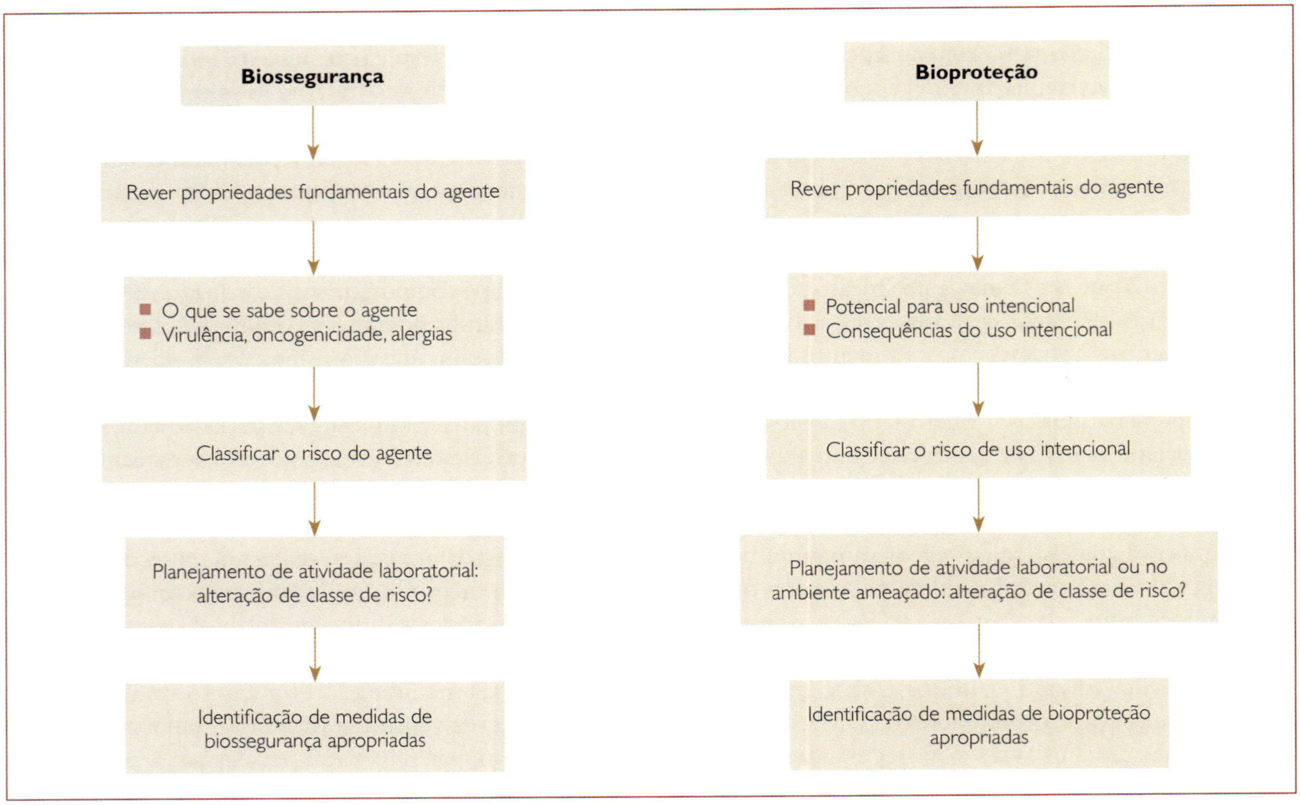

Figura 3. Complementaridade entre biossegurança e bioproteção.

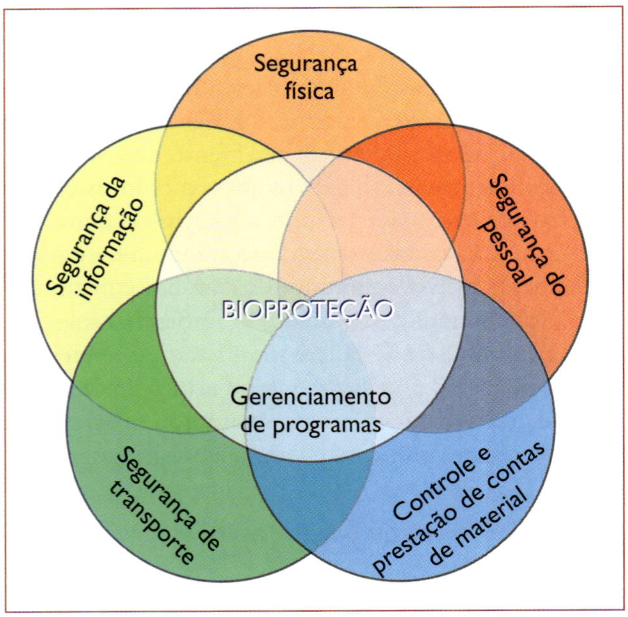

Figura 4. Gerenciamento de um programa de bioproteção.

var as Diretrizes de biossegurança, bioproteção e defesa biológica, nos termos da Portaria Normativa n. 585, de 07 de março de 2013. A medida teve o objetivo de legislar sobre acidentes coletivos, que podem ocorrer em estádios de futebol, aeroportos e portos, por exemplo, ou em situações de emergência em saúde pública. O propósito é planejar e desenvolver ações de modo a fortalecer a capacidade nacional de resposta a ameaças biológicas e assegurar o cumprimento dos interesses da defesa nacional. O documento estabelece que as ações a serem praticadas em casos de catástrofes são de responsabilidade das Forças Armadas (Aeronáutica, Exército e Marinha).

As ações definidas nas diretrizes publicadas pelo MD incluem discussões sobre limites éticos, a capacitação de recursos humanos e o estímulo à pesquisa em biossegurança, a bioproteção e defesa biológica e a implementação de cooperação e intercâmbio com outros ministérios e entidades nacionais e internacionais atuantes em áreas relacionadas. As ações também têm como objetivo conscientizar os públicos interno e externo sobre a importância da biossegurança, bioproteção e defesa biológica para a segurança nacional.

As diretrizes também incluem a promoção de estudos para a padronização das normas de biossegurança, bioproteção e defesa biológica e de conceitos nas áreas que essa legislação abrange. Nesse contexto, a palavra *biosecurity*, que em outros documentos oficiais de órgãos federais e publicações anteriores à publicação das diretrizes em 2013[83,84], era frequentemente traduzida como "biosseguridade", foi substituída pelo termo bioproteção, tal como formalizado no documento do MD (Quadro 1).

O Brasil é signatário dos principais regimes e convenções internacionais estabelecidos por países que atuam em favor do desarmamento e da não proliferação de armas, como a Convenção para Proibição de Armas Químicas (CPAQ), a Convenção para Proibição de Armas Biológicas e Bacteriológicas (CPAB ou BWA), o Tratado de Não Proliferação de Armas Nucleares (TNP), Grupo dos Supridores Nucleares (NSG) e Regime de Controle de Tecnologia de Mísseis (MTCR). A legislação do país abrange o controle das exportações de bens e tecnologias sensíveis e serviços vinculados a tais bens, como a Comissão Interministerial de Controle de Bens Sensíveis (Cibes) e Comissão Interministerial para Aplicação dos Dispositivos da Convenção para a Proibição das Armas Químicas (Ciad-CPAQ).

A convenção sobre a proibição de armas biológicas e toxínicas (BWC, do inglês *Biological Weapons Convention*), de 1972, é vinculada à ONU e foi ratificada pelo Brasil em 1976[85]. A BWC proíbe o desenvolvimento, a produção, a estocagem, a transferência, a aquisição e o uso de armas biológicas e toxínicas, bem como determina a destruição de estoques existentes. A convenção não prevê medidas de verificação de cumprimento pelos Estados-partes. Embora o Brasil defenda a criação de mecanismos de verificação do cumprimento da convenção, ainda não foi possível atingir consenso internacional sobre esse assunto.

A Cibes é presidida pelo Ministério da Ciência, Tecnologia e Inovação (MCTI) e é incumbida de elaborar os regulamentos, critérios, procedimentos e mecanismos de controle a serem adotados para a exportação de bens sensíveis e serviços diretamente vinculados; elaborar, atualizar e divulgar as listas de bens sensíveis e aplicar as punições administrativas previstas.

A Ciad-CPAQ, vinculada à Secretaria de Assuntos Estratégicos da Presidência da República, aplica os dispositivos da Convenção Internacional sobre a Proibição de Desenvolvimento, Produção, Estocagem e Uso das Armas Químicas.

A Agência Brasileira de Inteligência (Abin) atua na Cibes na qualidade de órgão assessor da Secretaria Executiva, exercida pela Coordenação-Geral de Bens Sensíveis do MCTI (CGBE/MCTI). O Programa Nacional de Integração Estado-Empresa na Área de Bens Sensíveis (Pronabens), uma parceria entre o MCTI e a Abin, atua na prevenção e vigilância de transferências ilícitas e foi criado com o objetivo de orientar o empresariado sobre os controles governamentais para a transferência de bens sensíveis e serviços diretamente vinculados. Como consequência da implementação do Pronabens, o Brasil tornou-se um dos primeiros países a cumprir o dispositivo "8d" da Resolução n. 1.540/2004 do Conselho de Segurança da ONU.

Quadro 1. Termos definidos nas Diretrizes de biossegurança, bioproteção e defesa biológica do Ministério da Defesa

Termo	Conceito
Agente biológico	Todo aquele que contenha informação genética e seja capaz de se autorreproduzir ou de se reproduzir em um sistema biológico. Inclui bactérias, fungos, vírus, clamídias, riquétsias, micoplasmas, príons, parasitos, linhagens celulares e outros organismos.
Bioconfiança (*biosurety*)	Conjunto de sistemas e procedimentos para salvaguardar agentes biológicos e toxinas contra furto, roubo, perda, desvio, acesso ou uso não autorizado, e garantir que todas essas ações sejam conduzidas de maneira segura e confiável, englobando nesse conceito a biossegurança, a bioproteção e os controles de pessoal e material.
Bioproteção (*biosecurity*)	Conjunto de ações que visam a minimizar o risco de uso indevido, roubo e/ou liberação intencional de material com potencial risco à saúde humana, animal e vegetal.
Biossegurança (*biosafety*)	Conjunto de ações destinadas a prevenir, controlar, reduzir ou eliminar riscos inerentes às atividades que possam, de forma não intencional, comprometer a saúde humana, animal, vegetal e o ambiente.
Defesa biológica	Conjunto de medidas estruturadas a serem implementadas pelas Forças Armadas para prevenir e enfrentar ataques por agentes biológicos ou toxínicos.
Organismo geneticamente modificado (OGM)	Organismo cujo material genético tenha sido modificado por qualquer técnica de engenharia genética.
Patrimônio genético	Informação de origem genética, contida em amostras do todo ou de parte de espécime vegetal, fúngica, microbiana ou animal, na forma de moléculas e substâncias provenientes do metabolismo desses seres vivos e de extratos obtidos desses organismos vivos ou mortos, encontrados em condições *in situ*, inclusive domesticados, ou mantidos em coleções *ex situ*, desde que coletados em condições *in situ* no território nacional, na plataforma continental ou na zona econômica exclusiva.

Fonte: Ministério da Defesa; Portaria Normativa n. 585, de 07 de março de 2013.

REFERÊNCIAS BIBLIOGRÁFICAS

1. Brasil. Lei n. 8.974, de 05 de janeiro de 1995. Diário Oficial da República Federativa do Brasil. 1995;05.
2. Brasil. Lei n. 11.105, de 24 de janeiro de 2005. Diário Oficial da República Federativa do Brasil. 2005;1.
3. Centers for Disease Control and Prevention (CDC)/National Institutes of Health (NIH). Biosafety in microbiological and biomedical laboratories. 4. ed. Washington: Government Printing Office; 1999.
4. Teixeira P, Valle S. Biossegurança: uma abordagem multidisciplinar. Rio de Janeiro; 1998.
5. Oda L, Ávila S. Biossegurança em laboratórios de saúde pública. Brasília: Ministério da Saúde; 1998.
6. Richmond JY. Anthology of biosafety Vol. 3: Applications of principles. Mundelein, Il: ABSA; 2000.
7. World Health Organization (WHO). Manual of laboratory biosafety. 3. ed. Geneva: WHO; 2004. Disponível em: <www.who.int/csr/resources/publications/biosafety/en/Biosafety7.pdf>. Acesso em: 26 set. 2015.
8. Hirata MH, Hirata RDC, Mancini Filho J. Manual de biossegurança. 2. ed. Barueri: Manole; 2012.
9. Meyer KF, Eddie B. Laboratory infections due to Brucella. J Infect Dis. 1941;63:23-32.
10. Sulkin SE, Pike RM. Survey of laboratory-acquired infections. Am J Public Health. 1951;41(7):769-81.
11. Pike RM. Laboratory associate infections, incidence, fatalities, causes and preventions. Ann Rev Microbiol. 1979;33:5.
12. Centers for Disease Control and Prevention (CDC). Classification of etiological agents on the basis of hazard. Atlanta: Centers for Disease Control (US); 1969.
13. Centers for Disease Control and Prevention (CDC)/National Institutes of Health (NHI). Biosafety in microbiological and biomedical laboratories. U.S. Department of Health and Human Services. Public Health Service; 1984.
14. National Institutes of Health (NIH). Recombinant DNA research: actions under the guidelines. Notice; 1994.
15. Berg P, Baltimore D, Brenner S, Roblin RO, Singer MF. Summary statement of the Asilomar conference on recombinant DNA molecules. Proc Nat Acad Sci USA. 1975;72(6):1981-4.
16. United Nations Environment Programme (Unep). Convention on biological diversity – report of the Fifth Meeting of the Open-Ended Ad Hoc Working Group on Biosafety. 17-28 August, Montreal, 1998.
17. Gura T. New genes boost rice nutrients. Science. 1999;285:994-5.
18. Wikimedia Commons. A physician wearing a seventeenth century plague preventive. Disponível em: <https://commons.wikimedia.org/wiki/Category:Plague_doctors>. Acesso em: 26 set. 2015.
19. Oda LM. Capacity building programme on biosafety: a guide to supervisors. Rio de Janeiro: Fiocruz; 1998. 270p.
20. Brasil. Política Nacional da Biodiversidade: roteiro de consulta para elaboração de uma proposta. Brasília: Ministério do Meio Ambiente (MMA); 2000.
21. Baldwin CL, Runkle RS. Biohazards symbol: development of a biological hazards warning signal. Science. 1967;158:264-5.
22. Berg P, Baltimore D, Boyer HW, Cohen SN, Davis RW, Hogness DS, et al. Report of Committee on Recombinant DNA Molecules: potential biohazards of recombinant DNA molecules. Proc Nat Acad Sci USA. 1974;71(7):2593-4.
23. Barinaga M. Asilomar revisited: lessons for today? Science. 2000;287(5458):1584-5.
24. Berg P. Asilomar 1975: DNA modification secured. Nature. 2008;455:18.
25. National Institutes of Health (NIH). NIH guidelines for research involving recombinant DNA molecules. 1976. Bethesda: The National Institutes of Health (US), Office of Biotechnology Activities; 1976.
26. National Institutes of Health (NIH)/World Health Organization (WHO). Laboratory biosafety principles and practices – an instructors' guide for biosafety training. WHO; 1983.
27. Aragão HB. Notícia histórica sobre a fundação do Instituto Oswaldo Cruz (Instituto Manguinhos). Mem Inst Oswaldo Cruz. 1950;48:1-50.
28. Ferreira LF. Novas chronicas de Manguinhos. Rio de Janeiro: Fiocruz; 1992. 129p.
29. LM. Gaspar Vianna, no centenário de seu nascimento. Mem Inst Oswaldo Cruz. 1985;80(2):253-5.
30. Kinderlerer J. Biotechnology policy and regulation in the European Union update. J Biolaw Bus. 1997;1(1):95-9.
31. Oda LM. Biossegurança no Brasil segue padrões científicos internacionais. Biotecnol Ciênc Desenvolv. 2001; 18:4-8.
32. Oda LM, Albuquerque MBM, Soares BMC, Silva FHAL, Rocha SSA, Cardoso TAO, et al. Biosafety in Brazil: past, present and prospects for the future. In: Richmond JY, editor. Anthology of biosafety IV issues in public health. Mundelein: American Biological Safety Association; 2002. p.135-48.
33. The Organization for Economic Co-operation and Development (OECD). The bioeconomy to 2030: designing a policy agenda. Paris: OECD Publishing; 2006.
34. The Organization for Economic Co-operation and Development (OECD). The bioeconomy to 2030: designing a policy agenda. Main findings and policy consideration. Paris: OECD Publishing; 2009.
35. Oda LM, Soares BEC. Genetically modified foods: economic aspects and public acceptance in Brazil. Trends Biotechnol. 2000;18:188-90.
36. Riedel S. Edward Jenner and the history of smallpox and vaccination. BUMC Proceedings. 2005;18:21-5.
37. Guivant J. Transgênicos e percepção pública da ciência no Brasil. Ambient Soc. 2006;9(1):81-103.
38. Souza L. Liberação da soja transgênica no Brasil, vantagem ou não? 2012. Disponível em: <http://www.anbio.org.br/site>. Acesso em: 10 out. 2015.
39. Hoban TJ. Public attitudes towards agricultural biotechnology. ESA Working Paper N. 04-09. FAO, Rome, May 2004. 16p.
40. Instituto Brasileiro de Opinião Pública e Estatística (Ibope). Diferenças entre as duas pesquisas sobre transgênicos. Brasil: Ibope; 2003. Disponível em: <http://www.ibope.com.br/pt-BR/Paginas/resultado.aspx?k=transgenicos%202003>. Acesso em: 26 set. 2015.

41. Universidade Federal de São Carlos (UFSCar). Transgenia, na visão do público. ClickCiência. Edição 15. Matéria 8, 2009. Disponível em: <www.clickciencia.ufscar.br/portal/edicao15/materia8_detalhe.php>. Acesso em: 02 out. 2015.
42. American Biological Safety Association (ABSA). 2003. Disponível em: <www.absa.org>. Acesso em: 02 out. 2015.
43. Universidade Federal de Santa Catarina (UFSC). 2003. Disponível em: <www.ufsc.br>. Acesso em: 02 out. 2015.
44. Associação Nacional de Biossegurança (ANBio). 1999. Disponível em: <http://anbio.org.br>. Acesso em: 26 set. 2015.
45. Adrianantoandro E, Basu S, Karig DK, Weiss R. Synthetic biology: new engineering rules for an emerging discipline. Mol Syst Biol. 2006;2:1-14.
46. Haseloff J, Ajioka J. Synthetic biology: history, challenges and prospects. J R Soc Interface. 2009;6:S389-S391.
47. Woolfson DN, Bromley EHC. Synthetic biology: a bit of rebranding, or something new and inspiring?. The Biochemist. 2011:9-25. Disponível em: <http://www.chm.bris.ac.uk/org/woolfson/papers/paper80.pdf>. Acesso em: 02 out. 15.
48. Cameron DE, Bashor CJ, Collins JJ. A brief history of synthetic biology. Nat Rev Microbiol. 2014;12:381-90.
49. Yeh B, Lim WA. Synthetic biology: lessons from the history of synthetic organic chemistry. Nat Chem Biol. 2007;3(9):521-5.
50. Couzin J. Active poliovirus baked from scratch. Science. 2002;297(5579):174-5.
51. Heinemann M, Panke S. Synthetic biology-putting engineering into biology. Bioinformatics. 2006;22(22):2790-9.
52. Avery OT, MacLeod CM, McCarty M. Studies on the chemical nature of the substance inducing transformation of pneumococcal types: induction of transformation by a desoxyribonucleic acid fraction isolated from pneumococcus type III. J Exp Med. 1944;79(2):137-58.
53. Lederberg J. The transformation of genetics by DNA: an anniversary celebration of Avery, Macleod and Mccarty (1944). Genetics. 1994;136(2):423-6.
54. Watson JD, Crick FH. Molecular structure of nucleic acids: a structure for deoxyribose nucleic acid. Nature. 1953;4356:737-8.
55. Lederberg J. What the double helix (1953) has meant for basic biomedical science. A personal commentary. JAMA. 1993;269(15):1981-5.
56. Leduc S. La biologie synthétique. In: Poinat A, editor. Études de biophysique; 1912. Disponivel em: <http://www.peiresc.org/bstitre.htm>. Acesso em: 18 set. 2015.
57. WAD. Synthetic biology and the mechanism of life. Nature. 1913;91(2272):270-2.
58. Szybalski W. In vivo and in vitro initiation of transcription. In: Kohn A, Shatkay A, editors. Control of gene expression, p.23-4, and Discussion p.404-5 (Szybalski's concept of synthetic biology), p.411-2, p.415-7. New York: Plenum Press; 1974.
59. Szybalski W, Skalka A. Nobel-prizes and restriction enzymes. Gene. 1978;4:181-2.
60. Clark AJ, Adeniyi-Jones RO, Knight G, Leiper JM, Wiles PG, Jones RH, et al. Biosynthetic human insulin in the treatment of diabetes. A double-blind crossover trial in established diabetic patients. Lancet. 1982;8294:354-7.
61. Saiki RK, Gelfand DH, Stoffel S, Scharf SJ, Higuchi R, Horn GT, et al. Primer-directed enzymatic amplification of DNA with a thermostable DNA polymerase. Science. 1988;239:487-91.
62. Cello J, Paul AV, Wimmer E. Chemical synthesis of poliovirus cDNA: generation of infectious virus in the absence of natural template. Science. 2002;297:1016-8.
63. Solé RV, Munteanu A, Rodriguez-Caso C, Macía J. Synthetic protocell biology: from reproduction to computation. Philos Trans R Soc Lond B Biol Sci. 2007; 362(1486):1727-39.
64. Gibson DG, Benders GA, Andrews-Pfannkoch C, Denisova EA, Baden-Tillson H, Zaveri J, et al. Complete chemical synthesis, assembly, and cloning of a Mycoplasma genitalium genome. Science. 2008;319(29):1215-20.
65. Gibson DG, Glass JI, Lartigue C, Noskov VN, Chuang RY, Algire MA, et al. Creation of a bacterial cell controlled by a chemically synthesized genome. Science. 2010; 329:52-6.
66. Mehl RA, Anderson JC, Santoro SW, Wang L, Martin AB, King DS, et al. Generation of a bacterium with a 21 amino acid genetic code. J Am Chem Soc. 2003; 125(4):935-9.
67. National Research Council. Biotechnology research in an age of terrorism. 2004. Disponível em: <http://books.nap.edu/catalog.php?record_id=10827#toc>. Acesso em: 10 out. 2015.
68. Guan Z-J, Schmidt M, Pei L, Wei W, Ma K-P. Biosafety considerations of synthetic biology in the International Genetically Engineered Machine (iGEM) competition. BioScience. 2013;63(1):25-34.
69. Presidential Commission for the Study of Bioethical Issues (PCSBI). New directions – the ethics of synthetic biology and emerging technologies. 2010. Disponível em: <www.bioethics.gov>. Acesso em: 26 set. 2015.
70. National Institutes of Health (NIH). Office of Biotechnology Activity. Biosafety NIH Guidelines. 2009. Disponível em: <http://oba.od.nih.gov/rdna/nih_guidelines_new.htm#_Toc331173977>. Acesso em: 04 out. 2015.
71. Zhang JY, Marris C, Rose N. BIOS working paper n.: 4 The Transnational Governance of Synthetic Biology Scientific uncertainty, cross-borderness and the 'art' of governance. Londres: BIOS; 2011. Disponível em: <https://royalsociety.org/~/media/Royal_Society_Content/policy/publications/2011/4294977685>. Acesso em: 04 out. 2015.
72. Uhlenhaut C, Burger R, Schaade L. Protecting society. Biological security and dual-use dilemma in the life sciences – status quo and options for the future. EMBO Rep. 2013;14(1):25-30.
73. Casadevall A, Relman DA. Microbial threat lists: obstacles in the quest for biosecurity? Nat Rev Microb. 2010;8(2):149-54.
74. Bezuidenhout L, Gould C. Winning the battle against emerging pathogens. A South African response. Bull Atomic Scientists. 2014;70(4):10-3.
75. World Health Organization (WHO). Biorisk management: laboratory biosecurity guidance. WHO 2006. Disponível em: <http://www.who.int/csr/resources/

publications/biosafety/WHO_CDS_EPR_2006_6.pdf>. Acesso em: 18 set. 2015.

76. Centers for Disease Control and Prevention (CDC)/ National Institutes of Health (NIH). Biosafety in microbiological and biomedical laboratories. 5. ed. HHS Publication M. 21-1112, 2009.
77. Sesti L. Bioproteção em avicultura: controle integrado de doenças. VI Simpósio Goiano de Avicultura, Anais. Goiânia, 2004; p.63-86. Disponível em: <https://www.agencia.cnptia.embrapa.br/Repositorio/biosseguridade_em_avicultura_controle_integrado_de_doencas_000fyh9f5g002wx5ok0pvo4k3glwvvhl.pdf>. Acesso em: 10 out. 2015.
78. Jaenisch FRF. Biossegurança em plantéis de matrizes de corte. 2004. Disponível em: <http://www.bichoonline.com.br/artigos/embrapave0004.htm>. Acesso em: 18 jul. 2015.
79. Sesti L. Biosseguridade em granjas de reprodutores. In: Macarim M, Mendes AA, editores. Manejo de matrizes de corte. 2. ed. Campinas: Facta; 2005.
80. Fenner F, Donald A, Arita I, Jezek Z, Ladnyi I. Smallpox and its eradication. Geneve: WHO; 1988.
81. Albino JJ. Aplicação das ações de 5S em aviários de corte e postura. Concórdia: Embrapa Suínos e Aves; 2007. Disponível em: <http://ainfo.cnptia.embrapa.br/digital/bitstream/item/59420/1/CUsersPiazzonDocuments31.pdf>. Acesso em: 10 out. 2015.
82. Bakanidze L, Imnadze P, Perkins D. Biosafety and biosecurity as essential pillars of international health security and cross-cutting elements of biological nonproliferation. BMC Public Health. 2010;10(Suppl 1):S12.
83. Chaimovich H. Biosseguridade. Estudos Avançados. 2005;19(55):261-9. Disponível em: <http://www.scielo.br/pdf/ea/v19n55/18.pdf>. Acesso em: 16 set. 2015.
84. Anais do VII Congresso Brasileiro de Biossegurança, 2011. Disponível em: <www.anbio.org.br>. Acesso em: 14 out. 2015.
85. Ministério das Relações Exteriores (MRE). Armas químicas e biológicas; 1976. Disponível em: <http://www.itamaraty.gov.br/index.php?option=com_content&view=article&id=148:armas-quimicas-e-biologicas&catid=78:chamada-3&lang=pt-BR&Itemid=435>. Acesso em: 17 set. 2015.

capítulo 20

Biossegurança em laboratório de virologia

Dalva Assunção Portari Mancini

INTRODUÇÃO

O comportamento imprevisível e diversificado das doenças infecciosas emergentes e reemergentes tem acarretado a discussão das condições de biossegurança nas instituições de ensino, pesquisa, desenvolvimento tecnológico e de prestação de serviços. A despeito do avanço tecnológico, o profissional de saúde está frequentemente exposto a riscos biológicos e de produtos químicos, cujo enfrentamento está consubstanciado na adequação das instalações do ambiente de trabalho e na capacitação técnica profissional. O manejo e a avaliação de riscos são fundamentais para a definição de critérios e ações, visando minimizar situações que podem comprometer a saúde do homem, dos animais, do meio ambiente ou a qualidade dos trabalhos desenvolvidos.

A biossegurança constitui uma área de conhecimento relativamente nova, regulada em vários países por um conjunto de leis, procedimentos ou diretrizes específicas. No Brasil, a legislação de biossegurança foi criada em 1995[1].

As normas de segurança laboratorial enfatizam o uso de boas práticas de trabalho, de equipamentos de contenção adequados, dependências bem projetadas e controles administrativos que minimizem os riscos de uma infecção acidental ou ferimentos em trabalhadores de laboratório e que evitem a contaminação do meio ambiente.

Neste capítulo, são apresentados os principais aspectos que devem ser priorizados visando à biossegurança no laboratório de virologia.

PROTEÇÃO INDIVIDUAL

Buscando garantir sua proteção individual contra contaminações e acidentes, o profissional de saúde deve seguir algumas regras de conduta no laboratório. É imprescindível lavar as mãos ao entrar, antes de deixar o laboratório e após a manipulação do material. Deve-se manter os cabelos presos durante o período de trabalho. Para fins de pipetagem, devem ser utilizados dispositivos auxiliares, como peras de borracha e pipetadores automáticos. É necessário certificar-se da presença de algodão no bocal da pipeta e nunca pipetar usando a boca.

Se tiver algum ferimento nas mãos, o profissional deve protegê-lo para que não fique exposto. Caso isso não seja possível, deve ficar afastado da atividade até a cicatrização completa do ferimento. É preciso tomar o cuidado de não tocar nos olhos, boca ou nariz durante o trabalho.

É essencial o uso de roupas protetoras, avental ou jaleco abotoado, bem como luvas, durante a execução de atividades no interior do laboratório. Essas roupas devem ser usadas somente no interior do laboratório, sendo retiradas quando o profissional deixar o ambiente de trabalho. Não se deve manusear maçanetas, telefones, puxadores de armários ou outros objetos de uso comum quando usar luvas durante as atividades com agentes tóxicos, bem como não se deve usar lenços pessoais, aventais ou jalecos para limpar as mãos, objetos ou instrumentos de trabalho no laboratório. É fundamental trabalhar sempre de maneira ordenada, tranquila, evitando movimentos desnecessários, e traçar sempre o plano de trabalho considerando o tempo necessário para a execução, análise e leitura.

PROTEÇÃO DO AMBIENTE DE TRABALHO

O acesso ao laboratório de virologia deve ser disponível apenas às pessoas que nele trabalham. Todo trabalho ou experimento deve ser registrado e deve seguir o protocolo específico. Todas as amostras devem ser registradas antes de se iniciar o trabalho e também não devem ser descartadas antes do término do resultado. Dentro do laboratório, as áreas de risco devem ter indicadores do grau de risco dos agentes manipulados e as superfícies de trabalho devem ser descontaminadas sempre após o manuseio do material contaminante. Devem ser limpas pelo menos uma vez ao dia, mesmo que não seja manipulado qualquer material.

Deve-se ter controle diário da temperatura das estufas, geladeiras e congeladores (estes devem ser chaveados) e realizar controle semanal de contaminação ambiental em cabines de segurança biológica em trabalho com agentes patogênicos (vírus). O laboratório deve ser mantido limpo e as janelas devem estar fechadas ou ter telas de proteção para impedir a entrada de insetos.

MANUSEIO E DESCARTE DE AGENTES BIOLÓGICOS

Todas as atividades envolvendo agentes infecciosos devem ser realizadas em locais de proteção biológica ou mesmo associadas a outras atividades de contenção física.

Todo o material deve ser descontaminado antes da lavagem ou do descarte. Deve-se colocar todo material usado, como pipetas e frascos, em recipientes adequados com solução desinfetante por no mínimo 24 horas. Recomenda-se o uso de solução de hipoclorito de sódio a 1% e sabão neutro. Não se deve usar cloro puro porque sua efetividade é maior em solução, além do fato de que essa substância em estado puro evapora mais rapidamente com o passar do tempo.

Deve-se ter atenção redobrada com o manuseio de agulhas, seringas e instrumentos cortantes para prevenir autoinoculação ou qualquer tipo de acidente, e nunca se deve recolocar a capa da agulha. Se for necessário sair do laboratório com material contaminado, este deve ser colocado em recipiente à prova de vazamento e devidamente acondicionado.

Todo e qualquer acidente deve ser relatado imediatamente de modo a permitir que medidas adequadas sejam tomadas.

O laboratório deve ter um programa determinado para monitorar possíveis contaminações das pessoas envolvidas no trabalho.

Os procedimentos que podem oferecer risco de contaminação do operador são:

- Inalação acidental por produção de aerossol.
- Ingestão acidental de material infeccioso.
- Inoculação de material infeccioso por material perfurocortante.
- Manuseio, transporte e descarte de material infeccioso.
- Manuseio de produtos químicos.

No Capítulo 5, são apresentadas orientações detalhadas dos riscos e procedimentos de proteção e prevenção da contaminação com material infeccioso.

ACESSO CONTROLADO AO LABORATÓRIO

O laboratório e outras áreas de manuseio de agentes biológicos ou animais de experimentação devem ser separados das áreas públicas dos edifícios onde se encontram localizados. As áreas do laboratório ou de cuidados dos animais devem estar sempre trancadas. Os cartões-chave ou dispositivos similares devem ser usados para permitir a entrada nas áreas do laboratório e nas de cuidado dos animais. Todas as entradas (incluindo as entradas para visitantes, trabalhadores de manutenção, trabalhadores para realização de reparos e outros que precisarem entrar ocasionalmente) devem ser registradas por um dispositivo semelhante a um cartão-chave (preferível) ou pela assinatura no livro de entrada. Somente os trabalhadores necessários para a realização de um trabalho devem receber permissão para entrar nas áreas e nas horas em que um trabalho em particular for realizado. O acesso para estudantes, cientistas, e outros interessados deve ser limitado ao horário em que os funcionários regulares estiverem presentes.

O acesso para limpeza, manutenção e consertos rotineiros deve ser limitado ao horário em que os funcionários estiverem presentes. Congeladores, geladeiras, cabines e outros recipientes, em que estoques de agentes biológicos e materiais clínicos são guardados, devem ser trancados.

IDENTIFICAÇÃO DO PESSOAL DE LABORATÓRIO

Os supervisores e diretores do local devem conhecer todos os trabalhadores. Dependendo dos agentes biológicos envolvidos e do tipo de trabalho a ser conduzido, deve-se fazer uma revisão da limpeza e da segurança antes que novos funcionários sejam designados para a área de trabalho. Todos os trabalhadores (incluindo estudantes, cientistas visitantes e outros trabalhadores temporários) devem usar crachás de identificação.

CONTROLE DO MATERIAL DE LABORATÓRIO

Todos os materiais devem ser verificados (visualmente ou por meio de raio X) antes de levados para dentro do laboratório. Os pacotes contendo amostras, substâncias de microrganismos ou isoladas ou toxinas devem ser abertos em uma cabine de segurança biológica ou em outro dispositivo de contenção adequado.

É necessário conhecer quais os materiais que estão sendo removidos da área laboratorial. Os materiais que serão removidos para outros laboratórios devem ser embalados e rotulados de acordo com todos os regulamentos locais, federais e internacionais aplicáveis, e devem ser obtidas as licenças necessárias para a transferência antes que os materiais sejam acondicionados e rotulados[2].

TREINAMENTOS/INFORMAÇÕES

Funcionários e pessoas que têm acesso à área laboratorial estão sujeitos à exposição ocasional e acidental a microrganismos que pertencem a grupos de risco mais elevado. Portanto, faz-se necessária a adoção de planos e normas de segurança, visando a prevenção de acidentes e minimização de exposição a agentes de risco biológico.

Vigilância médica e de saúde

Os objetivos da vigilância médica e de saúde dos profissionais que trabalham em áreas de risco por exposição a agentes biológicos são prevenir o aparecimento de doenças profissionais em indivíduos saudáveis, por meio de exames regulares; programar, orientar e verificar a realização de imunizações ativas ou passivas para prevenção e minimização de risco de infecção, quando houver; providenciar o diagnóstico precoce dos casos de infecção ocupacional e avaliar a eficácia de equipamentos e de medidas de proteção e prevenção.

Envolvimento de profissionais com experiência em segurança e proteção

Recomenda-se o envolvimento de profissionais com experiência em segurança e proteção para que esses realizem a avaliação e o desenvolvimento das recomendações para um dado local ou laboratório. É preciso revisar as normas e os procedimentos de segurança regularmente. A administração deve revisar as normas para garantir que estejam adequadas para as condições atuais e consistentes com outras normas e procedimentos amplos do local. Os supervisores do laboratório devem assegurar que todos os trabalhadores e visitantes entendam os requisitos de segurança e sejam treinados e equipados para seguirem os procedimentos estabelecidos.

Cuidados gerais durante procedimentos em laboratórios

- Ter atenção máxima durante a realização dos procedimentos.
- É proibida a pipetagem com a boca.
- Nestas áreas é proibido comer, beber, fumar, guardar alimentos ou aplicar produtos cosméticos.
- É proibido levar quaisquer materiais à boca e língua.
- Manter as áreas de trabalho limpas, organizadas e livres de materiais que não são usados durante a atividade em execução.
- As superfícies de trabalho precisam ser desinfetadas após qualquer derramamento de material potencialmente perigoso, bem como ao final do expediente.
- É obrigatório lavar as mãos antes e após cada manuseio de material químico e biológico, bem como antes de sair do laboratório e das áreas de produção.
- Todos os processos técnicos devem ser realizados de forma a reduzir ao mínimo o perigo de formação de aerossóis ou de gotículas. Quando houver técnicas que apresentam maiores riscos de formação destes, conduzir o procedimento em cabine.
- Durante o trabalho no laboratório, a equipe deve usar aventais próprios, de uso restrito nessas áreas. As roupas contaminadas precisam ser desinfetadas com técnica adequada.
- A indumentária para proteção dentro do laboratório não pode ser guardada no mesmo armário que armazena objetos e vestuário pessoais.
- Os óculos de segurança e os protetores de face (visores), assim como outros dispositivos de proteção, devem ser usados sempre que forem indicados para a proteção de olhos e face contra os salpicos ou contra o impacto de objetos.
- Nas áreas de serviço onde há risco de exposição a agentes infectantes e químicos, somente será permitida a entrada de pessoas devidamente alertadas sobre os eventuais perigos e que preencham determinadas condições (vacinações, por exemplo).
- Durante o trabalho, as portas destas áreas permanecerão fechadas. O acesso de crianças e animais é proibido.
- Manter programa de controle de artrópodes e roedores.
- Luvas adequadas ao trabalho serão usadas em todas as atividades que possam resultar em contato direto com material biológico e químico. Depois de usadas, as luvas serão removidas em condições assépticas e descartadas em lixo para plásticos classe 1. Em seguida, lavar as mãos.
- Todo lixo classe 1 segue para autoclavação para posterior descarte.

- Todo e qualquer derramamento de material, acidente ou exposição (efetiva ou possível) a materiais infecciosos precisa ser levado imediatamente ao conhecimento do responsável pelo laboratório.
- As áreas de trabalho e armazenamento precisam ser adequadas para acesso a materiais de modo a evitar o congestionamento de mobiliário, equipamentos e objetos.
- É proibida a colocação de vasos de plantas ornamentais nestes ambientes.
- Todo e qualquer agente desinfetante e antisséptico utilizado precisa ser registrado na Agência Nacional de Vigilância Sanitária (Anvisa) e conferido quanto à data de validade[3].

Higienização de superfícies e equipamentos

No Quadro 1 estão exemplificados alguns equipamentos de laboratório e os procedimentos de higienização e a frequência com que são executados.

Recebimento e transporte de produtos infectantes

Para o transporte seguro de amostras e materiais infecciosos é proibida a remessa de substâncias de potencial infectante não identificáveis ou não marcadas como tais. Tal procedimento pode acarretar perigo para o serviço de transporte e para quem recebe a remessa.

O responsável pela remessa precisa ser treinado, de forma a garantir o manuseio dentro das normas de biossegurança, bem como acondicionar e identificar o material a fim de evitar eventuais acidentes.

A documentação que acompanha as remessas de amostras biológicas potencialmente infectantes deve conter informações de origem, destino, cuidados de manuseio, alerta de risco e procedimentos de emergência em caso de acidente. A embalagem de transporte precisa ser impermeável, conter material absorvente envolvendo o recipiente em contato direto com a amostra, e o recipiente deve estar envolto em saco plástico.

Quadro 1. Procedimentos de higienização de equipamentos de laboratório

Superfície/equipamento	Frequência	Material e procedimento
Chuveiros e lava-olhos	Semanal	Água e sabão para limpeza Água corrente por três minutos Álcool 70% – passar sobre a superfície e deixar em contato por 15 minutos
Aparelhos	Semanal/após exposição	Pano ou papel descartável para remoção da contaminação Água e sabão para limpeza Álcool 70% – passar sobre a superfície e deixar por 15 minutos
Autoclave	Semanal	Água e sabão – Limpeza mecânica
Banho de água	Semanal	Água e sabão para limpeza Álcool 70% – passar sobre a superfície, deixar por 15 minutos e secar
Centrífugas	Após utilização e após contaminação	Álcool 70% – passar sobre a superfície e deixar por 15 minutos
Estufa	Mensal ou após contaminação	Água e sabão para limpeza Álcool 70% – passar sobre a superfície e deixar por 15 minutos
Fluxo laminar	Diária antes e após uso	Água e sabão para limpeza mecânica Álcool 70% – passar sobre a superfície e deixar por 15 minutos
Filtro de ar-condicionado	Mensal	Água e sabão para limpeza Solução de hipoclorito 1% – deixar de molho por 30 minutos, enxaguar e secar
Freezer e geladeiras	Mensal	Água e sabão, degelar e limpar
Bancadas	Diária ou após contaminação	Pano ou papel para remoção da contaminação Álcool 70% – passar sobre a superfície e deixar por 15 minutos
Paredes	Trimestral	Água e sabão para limpeza
Pias	Diária	Água e sabão para limpeza
Pisos	Diária ou após contaminação	Pano ou papel para remoção da contaminação Água e sabão para limpeza Solução de hipoclorito 1% – passar sobre a superfície e deixar por 30 minutos
Lixeiras	Semanal	Água e sabão para limpeza Solução de hipoclorito 5% – deixar de molho por 30 minutos, enxaguar e secar

Fonte: CBB. Biotécnica[4].

Tabela 1. Agentes causais de infecções adquiridas em laboratório, fontes conhecidas e exposição ao risco

Agente causal	Número de casos	Fontes conhecidas (18% do total)	Pessoal exposto
Vírus	1.179	Aerossóis (27%)	Trabalhadores dos laboratórios de pesqui-sa (em decorrência do manuseio de mate-rial contaminante em larga escala (59%)
Bactérias	1.074	Instrumentos perfurocortantes (25%)	Pessoal técnico nos laboratórios de análises clínicas (13%)
Ricketsias	598	Vidros quebrados ou superfícies cortantes (16%)	Pessoal da produção biológica (3%)
Fungos	354	Ingestão acidental (13%)	Pessoal de ensino (3%)
Clamídias	128	Outras causas (mordidas de animais infectados, contato com material infectado, ingestão do material infectado em alimentos, cigarros) (18%)	
Parasitas	116		

Fonte: Pike, 1979[6].

O responsável pelo recebimento de material potencialmente infectante precisa ser treinado quanto a procedimentos de biossegurança[5].

INFECÇÕES ADQUIRIDAS EM LABORATÓRIO

Poucos estudos sobre a prevalência das infecções adquiridas em laboratório (IAL) foram publicados. Uma publicação de 1979[6] retrata a ocorrência de 4.079 casos de IAL entre 1.924 e 1.977, dos quais 168 foram fatais.

Na Tabela 1, são apresentados os agentes de IAL, as fontes de IAL conhecidas e a exposição ao risco do pessoal de laboratório.

A maioria dos IAL decorre da falta de treinamento do pessoal que manipula materiais infectantes. Estresse e pressa são outros fatores que levam a acidentes causadores das IAL. Os homens são sete vezes mais envolvidos em IAL que as mulheres. Os jovens com idades entre 19 e 24 anos são duas vezes mais afetados que indivíduos de 40 a 60 anos (levando-se em conta o tempo gasto na bancada nessas faixas etárias). Indivíduos saudáveis têm menor chance de IAL que os imunossuprimidos, e as pessoas com problemas crônicos de pele têm maior chance de sofrer IAL.

RISCO BIOLÓGICO DE VÍRUS

Nos Quadros 2 e 3, são apresentados exemplos de risco biológico de vírus e vias de transmissão de arbovírus, respectivamente.

Quadro 2. Exemplos de risco biológico de vírus

Vírus	Classe de risco	Vírus	Classe de risco	Vírus	Classe de risco
Adenovírus	2	Parainfluenza	2	Sarampo	2
Herpes (HSV, HZV)	2	Encefalomiocardite	2	Hepatite (vírus TT)	2
Astrovírus	2	Poliomavírus humano	2	Sindbis	2
HIV	3	Enterovírus	2	Hepatite A (HAV)	2
Calicivírus	2	Poliovírus	2	Vírus sincicial respiratório (RSV)	2
HTLV (T-linfotrópico humano)	3	Poxvírus	3	Hepatite B (HBV)	2
Caxumba	2	Estomatite vesicular	2	Vaccinia	2
Influenza	2	Rotavírus	2	Hepatite C (HCV)	2
Citomegalovírus (CMV)	2	Febre amarela	3	Varicela	2
Papilomavírus (HPV)	2	Rubéola	2	Hepatite D (HDV)	2
Dengue	2	Hantavírus	3		

Grupo 1: baixo risco individual e baixo risco para a comunidade; grupo 2: risco individual moderado e risco limitado para a comunidade; grupo 3: alto risco individual e baixo risco para a comunidade; grupo 4: alto risco individual e alto risco para a comunidade.
Fonte: Brasil, 2005.

Quadro 3. Vias de transmissão de arbovírus sem vetores

Vírus	Via de transmissão	Comentários
West Nile	Percutânea	Dois microbiologistas se infectaram quando se espetaram com agulhas ou laceraram a mão com materiais infectados.
Dengue	Percutânea	Vários profissionais de saúde já se infectaram com agulhas contaminadas. Em pelo menos um caso houve contaminação quando o sangue de um paciente espirrou no rosto do enfermeiro.
Febre amarela	Incerta	Um técnico de laboratório se infectou após manusear o sangue de um paciente infectado. O acidente foi fatal. Pelo menos 30 cientistas e laboratoristas se infectaram após manusear camundongos, macacos e sangue ou tecidos de macacos infectados.

Fonte: Brasil, 2005[7].

BIOSSEGURANÇA NO TRABALHO COM VÍRUS

Os trabalhadores que estão ou potencialmente estão expostos a agentes biológicos de classe de risco 2, como os vírus, devem realizar exames de saúde clínicos e laboratoriais pré-admissionais, sendo recomendada a coleta de amostra sorológica para análise comparativa imediatamente após a exposição.

É necessário manter registro de casos de doenças e faltas. O funcionário e/ou seu médico têm a responsabilidade de informar a empresa sobre todas as faltas decorrentes por doenças.

Mulheres em idade fértil precisam ser informadas sobre os riscos de exposição profissional a microrganismos patógenos. Informar o responsável pelo laboratório imediatamente quando estiver gestante e/ou amamentando, para tomada de medidas preventivas contra possíveis infecções por exposição desnecessária (que coloquem em risco a saúde da mãe e da criança). Medidas preventivas a serem tomadas para a proteção do feto variam de acordo com os patógenos aos quais a gestante está exposta[4].

Todo o trabalho com agentes patogênicos deve ser realizado seguindo as normas estipuladas pela Comissão Técnica Nacional de Biossegurança (CTNBio) para os respectivos níveis de biossegurança, a depender da classe de risco do microrganismo.

Os vírus são transmitidos de um hospedeiro a outro por meio de: vias respiratórias (sarampo, SARS, influenza etc.); picadas de artrópodes (vírus da dengue, vírus da febre amarela etc.); água e alimentos (vírus das hepatites A e E, rotavírus etc.); sangue e derivados (vírus das hepatites B, C e D, HIV, HTLV, Ebola, Marburg etc.); excreções de roedores (hantavírus, arenavírus) e contato sexual (HPV, HSV, HTLV, HIV, HBV etc.)[8].

No laboratório e no manejo de pacientes e animais, são especialmente perigosos os vírus passíveis de propagação respiratória, sobretudo por meio da formação de aerossóis. Para se evitar infecções acidentais com vírus, todo profissional deve ter a percepção dos riscos envolvidos no manejo dos pacientes, dos espécimes clínicos e dos animais ou culturas infectadas.

Não existe o chamado "risco zero". Todos os esforços devem ser no sentido de se alcançar um mínimo de chances de acidentes e infecções do pessoal envolvido.

LINHAS DE CUIDADOS NA PREVENÇÃO DE INFECÇÃO POR VÍRUS

Em enfermarias e laboratórios, devem ser observadas as seguintes linhas de cuidados na prevenção de infecções por vírus[9]:

- Definir um responsável pelas operações nas áreas de risco, o qual deve realizar previamente o treinamento de todo o pessoal (inclusive de apoio) e limpeza.
- O responsável deve ainda supervisionar o uso dos equipamentos de proteção individual (EPI) e dos equipamentos de proteção coletiva (EPC).
- As áreas de trabalho devem ser sinalizadas de maneira completa, incluindo o nível de risco biológico, químico e radioativo.
- O acesso de pessoas estranhas nas áreas de risco deve ser proibido.
- O consumo de alimentos, bebidas, fumo, assim como a utilização de cosméticos e o manejo de lentes de contato devem ser proibidos.
- Os EPI e as roupas de proteção devem ser utilizados somente nos locais de trabalho.
- Os EPI devem sempre estar em perfeito estado de utilização e devem ser descontaminados e substituídos sempre que necessário.
- Os EPC, entre os quais, as cabines de segurança biológica, os sistemas de ventilação e autoclaves devem ser certificados regularmente segundo as recomendações do fabricante, garantindo o seu perfeito funcionamento.
- A vacinação prévia de todo o pessoal que trabalha nas áreas de risco deve ser implementada (influenza, febre amarela, tétano, hepatites A e B), sendo

coletadas amostras de sangue após a vacinação para comprovação sorológica da imunidade alcançada.

- Os protocolos respectivos devem ser guardados para referência no caso de infecção acidental e planejamento de revacinações quando recomendado.
- As normas operacionais de trabalho nas áreas de risco devem estar escritas, à disposição de todos os que trabalham na área.
- Precauções especiais devem ser tomadas no manejo de instrumentos cirúrgicos, seringas e agulhas (perfurocortantes).
- Os espécimes clínicos coletados de pacientes devem ser recebidos em laboratórios em local próprio, sendo as embalagens cuidadosamente abertas por profissional portando EPI adequados.
- No caso de quebra de frascos e vazamentos que contaminem extensamente as embalagens, pode ser recomendável a eliminação de todo o conteúdo, com a sua autoclavação antes do descarte final.
- Cuidados especiais na rotulagem, no manejo e na guarda dos espécimes são essenciais.
- Operações passíveis de produzirem a formação de aerossóis ou vazamentos devem ser particularmente monitoradas.
- Deve-se utilizar respiradores faciais do tipo N95, pois máscaras cirúrgicas não protegem contra aerossóis.
- Materiais plásticos não descartáveis e outros pequenos equipamentos cirúrgicos e vidraria podem ser esterilizados por imersão em hipoclorito a 1% ou formol a 1%.
- Os resíduos líquidos e sólidos hospitalares, passíveis de conter vírus e outros agentes infecciosos, devem ser descartados conforme determinado pela legislação.
- Os descartes sólidos e líquidos devem ser acondicionados em sacos plásticos brancos, para descarte diferenciado no meio ambiente.
- Todo material contaminado com vírus deve ser esterilizado antes do seu descarte final, sendo a autoclavação a operação mais segura.
- As carcaças de animais não devem ser previamente imersas em desinfetantes e sim autoclavadas e, em seguida, transferidas para embalagens à prova de vazamentos.
- As bancadas e outros locais de trabalho devem ser limpos com hipoclorito a 0,5%, sendo esssa solução preparada diariamente.
- No trabalho de concentração e purificação de suspensões virais de alto risco, como hepatite B, recomenda-se trabalhar em nível de biossegurança 3, quando o mesmo vírus é normalmente manipulado em nível 2.
- O mesmo raciocínio se aplica à manipulação dos hantavírus, classificados no risco 3; devem ser manipulados em nível 4 quando da realização de operações como inoculação em animais ou purificação, pelo risco de formação de aerossóis.
- O critério de elevar o nível de classificação de risco se aplica a outros vírus quando o material infeccioso se apresenta em volumes elevados ou se trata de infecções virais de alta concentração.
- Cabe ao profissional responsável pelo laboratório avaliar cada caso antes de se iniciar o manejo do material.

BIOSSEGURANÇA NO MANEJO DE VÍRUS TRANSMITIDOS PELO SANGUE

Vírus das hepatites B, C e D

A hepatite B é uma das mais frequentes infecções em pessoal que trabalha em laboratório. O vírus da hepatite B (família *Hepadnaviridae*) pode estar presente no sangue e hemoderivados, como sêmen, urina, fluido cerebroespinhal e saliva. O vírus da hepatite C (família *Flaviviridae*) é detectado principalmente no sangue, no soro e, com menor frequência, na saliva. O risco de infecção laboratorial ocorre principalmente pelo manuseio de materiais obtidos de pacientes humanos. Esses materiais são transmitidos principalmente pela inoculação parenteral, exposição de membranas mucosas a gotículas e fissuras na pele.

A transmissão do vírus da hepatite B pela via parenteral se dá de forma mais eficaz do que a do vírus da hepatite C, e ocorre principalmente por manipulação dos agentes infecciosos – laboratórios de nível de segurança 2 (NB2), trabalho com animais – laboratórios NB3.

Há vacinas capazes de prevenir a infecção pelo vírus da hepatite B em 80 a 95% dos casos. Não há vacinas contra a hepatite C.

Procedimentos em casos de acidentes

No caso de acidentes percutâneos (picada de agulha, laceração de pele, mordidas) ou permucosos (membrana ocular), em que há exposição ao sangue contaminado, seguir procedimentos clínicos correspondentes.

Biossegurança no manejo do HIV

O risco de infecção pelos retrovírus é baixo para os laboratoristas, quando comparado ao risco de infecção por outros agentes, como os vírus das hepatites B e C, por exemplo.

Aproximadamente 0,3% dos indivíduos que se feriram acidentalmente com agulhas ou se cortaram com materiais infectados tornaram-se positivos para o HIV-1. O maior perigo é apresentado por inoculação parenteral acidental, seguido de exposição por contato com feridas. O vírus se mantém potencialmente infectante em sangue e hemoderivados secos por vários dias.

Cuidados especiais devem ser tomados na manipulação de materiais humanos ou de primatas não humanos (sangue, sêmen, saliva, leite, líquido cerebroespinhal etc.). Deve-se evitar o uso de materiais de vidro, bisturi, seringas e agulhas (essas últimas nunca devem ser recapeadas).

Trabalhos envolvendo a produção de grandes quantidades de vírus e trabalhos com animais devem ser desenvolvidos em laboratórios NB3.

Indivíduos que manipulam retrovírus em laboratório devem manter amostras de soro para teste sorológico a cada 6 meses.

Procedimentos em casos de acidentes

- Desinfetar a pele ou mucosa íntegra com excesso de álcool 70%. Deixar secar ao ar.
- Desinfetar a pele ou mucosa ferida com povidine.
- Verificar a presença de retrovírus no material causador do acidente. Caso esse material não esteja disponível ou na impossibilidade de se realizar os testes devidos, considerar o material como sendo infeccioso.
- Realizar a sorologia do indivíduo no dia 0 (data base) e após 3 semanas, 3 e 6 meses, 1 ano, 1 ano e meio e 2 anos.
- Iniciar o tratamento profilático com antirretrovirais, sob orientação médica.

Procedimentos para descontaminação e limpeza

- Os retrovírus são inativados com produtos clorados. 1% de cloro ativo é indicado para a descontaminação de superfícies inanimadas.
- O HIV é inativado somente após 10 minutos de contato com o álcool 70%.
- Os retrovírus são sensíveis a pH menor que 2 e maior que 12.
- O calor seco (170°C) inativa o vírus após 2 horas.
- O calor úmido sob pressão (121°C) e fervura (100°C) inativam o vírus após 20 minutos de contato.
- Soros podem ser inativados a 56°C durante 30 minutos.

BIOSSEGURANÇA E BIOTERRORISMO: A AMEAÇA FANTASMA

Os vírus *influenza* A

O vírus da influenza é um vírus envelopado de forma esférica ou filamentosa. Possui duas glicoproteínas presentes na superfície da partícula viral: a hemaglutinina (HA) e a neuraminidase (NA). Existem diferentes subtipos de vírus influenza A, classificados de acordo com o tipo de hemaglutinina e neuraminidase presentes na partícula viral. O genoma viral é constituído de oito segmentos de RNA fita simples e polaridade negativa (ARNv).

O vírus da influenza causou duas pandemias de gripe no século XX, a gripe espanhola com 50 a 100 milhões de mortes, e durante a Primeira Guerra Mundial, com 9 milhões de mortes[10,11].

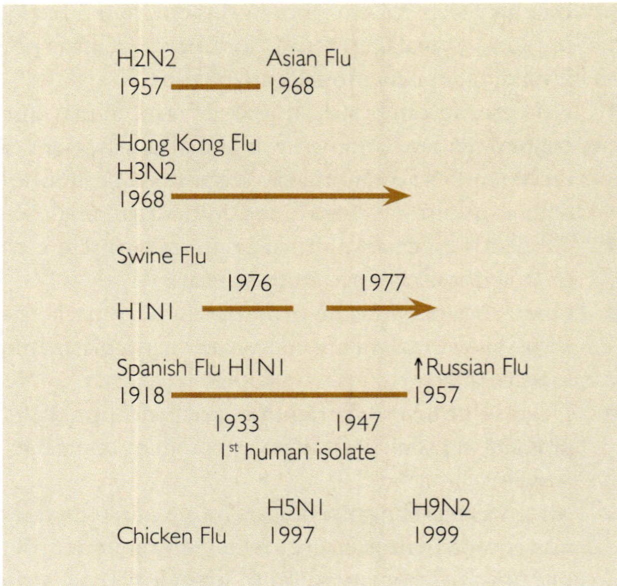

Figura 1. Pandemias de gripe no século XX.
Fonte: Hien et al., 2004[10].

A infecção de seres humanos pelos vírus influenza H5N1

As manifestações clínicas da infecção pelo vírus influenza H5N1 são assintomáticas, com infecção respiratória branda, pneumonia grave e falência de múltiplos órgãos. Nos quadros graves, observa-se: linfopenia, trombocitopenia, elevação do nível de transaminases, insuficiência respiratória e renal, óbito cerca de 10 dias após o aparecimento dos sintomas e ausência de infecções secundárias bacterianas.

Patogênese da infecção de seres humanos pelos vírus influenza H5N1

Na infecção pelo vírus influenza H5N1, podem ser encontrados vários sinais patológicos: edema, hemorragia, exsudato fibrinoso e hemofagocitose. Podem ser encontrados ainda níveis elevados de: TNF-alfa, MIG, IP-10, IL-2, IL-6 e IFN[8].

O vírus da influenza (Figura 2) apresenta diversos hospedeiros naturais, destacando-se as aves, que apresentam diversas rotas de migração e são, portanto, um dos transmissores do vírus da influenza. Além delas, o vírus da influenza pode estar presente em suínos, equinos, serpentes, entre outros (Figura 3)[12]. Estudo com anseriformes (patos) revelou que esses animais hospedam o vírus influenza, cujos subtipos como A/H3N2, A/H1N1, usualmente infectando humanos, foram identificados pelo sequenciamento de nucleotídeos[13].

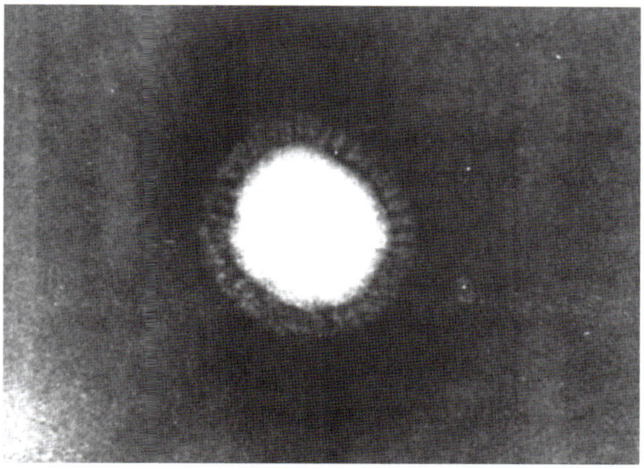

Figura 2. Microfotografia do vírus influenza de isolado humano. Microscopia eletrônica – aumento de 459.000 X, partícula viral medindo 100 nm X 70 nm.

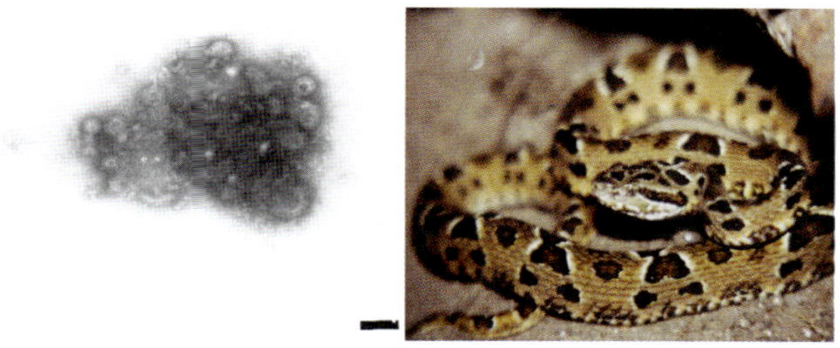

Figura 3. Influenza isolada de hospedeiro desconhecido – heterotérmicos: serpente.
Aumento – 106.500, partículas de 40 nm a 100 barra – 100 nm.
Foto gentilmente cedida pelo pesquisador Sávio Sant'Ana.
Fonte: Mancini et al., 2007[12].

Para o manejo de amostras com vírus influenza A/H1N1, é recomendado que profissionais que trabalhem em laboratórios de diagnóstico ou de pesquisas sigam as normas da Organização Mundial da Saúde[14].

Entre os métodos de se avaliar o vírus da influenza, existem os mais tradicionais, como a prova de hemaglutinação e inibição da hemaglutinação (Figura 4) e, atualmente, pela técnica de RT/PCR (Figura 5). Além desses métodos, existem ainda aqueles considerados referência para diagnóstico durante uma epidemia de influenza (Tabelas 2 e 3).

A VARÍOLA, UM PESADELO DO PASSADO E UM ALERTA PARA O FUTURO

A varíola é causada por um membro da família *Poxviridae* e sua taxa de mortalidade pode chegar a 30%. A vacina contra a varíola foi desenvolvida por Edward Jenner (1749-1823).

Em 1967, a Organização Mundial da Saúde (OMS) iniciou a campanha de erradicação da varíola. Em 1980, a varíola foi declarada oficialmente erradicada do mundo; em 2007, os únicos estoques de vírus da varíola oficiais se encontravam nos Estados Unidos e na Rússia.

Prova de hemaglutinação (HA) | Prova de inibição da hemaglutinação

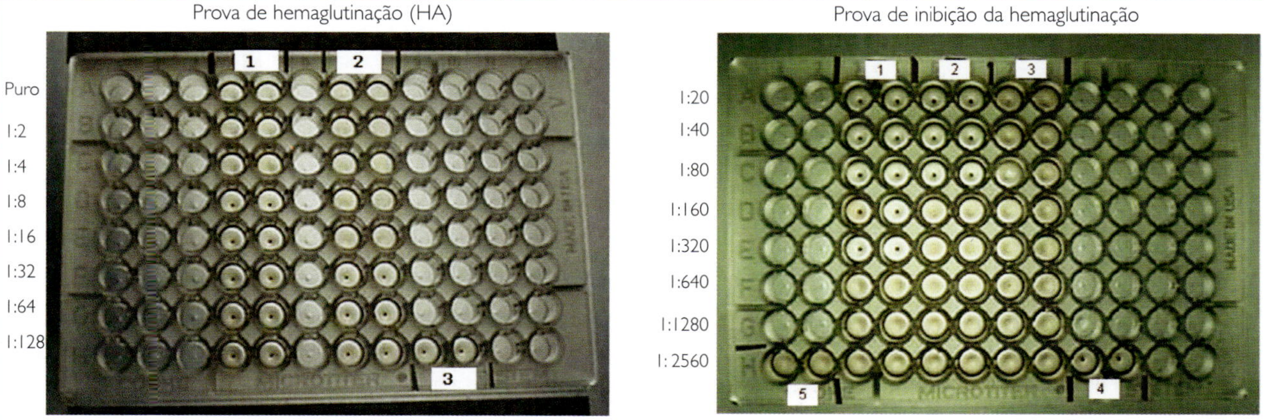

1 - Teste do vírus isolado de humano – Título 04 UHA
2 - Controle positivo – vírus influenza A/SP/1/95(H3N2) – Título 16 UHA
3 - Controle de hemácias

1 - Amostra do soro teste – Título 320 UIH
2 - Controle positivo Antissoro anti-influenza – Título 80 UIH
3 - Controle negativo – Antissoro não reagente à influenza
4 - Controle de hemácias
5 - Controle de antígeno (Ag) A/SP/1?95(H3N2)

Figura 4. Testes de identificação do vírus *influenza*.
Fonte: Mancini et al., 2010[9].

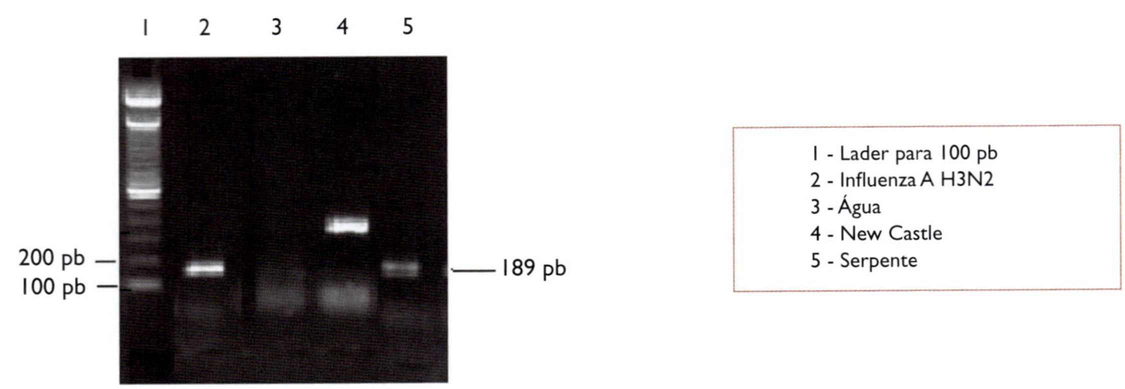

Figura 5. Fotografia de um gel de agarose após separação eletroforética do fragmento identificando o vírus *influenza*. Fonte: Mancini et al., 2007[12].

Tabela 2. **Referências para diagnóstico durante epidemia de influenza**

Procedimento	Tipos de influenza detectados	Locais de coleta de amostras	Tempo para resultados	Resultados disponíveis rapidamente
Cultura celular	A e B	*Swab* nasofaringeal, *swab* nasal *Swab* nasal, lavado nasal e bronquial, aspirado nasal, catarro	3 a 10 dias	Não
Imunofluorescência	A e B	*Swab* nasofaringeal, lavado nasal e bronquial, aspirado nasal, catarro	2 a 4 horas	Não
DFA por anticorpo marcado RT-PCR	A e B	*Swab* nasofaringeal, *swab* nasal Lavado nasal e bronquial, aspirado nasal, catarro	2 a 4 horas	Não
Sorologia	A e B	Soros de quadros agudos e de convalescentes	Maior que 2 semanas	Não
Teste imunoenzimático	A e B	*Swab* nasofaringeal e nasal, lavado nasal e bronquial	2 horas	Não

Vantagens da destruição do vírus da varíola[8]:

- Eliminação de um vírus mortal e bem adaptado a seres humanos.
- Eliminação de um agente potencialmente aplicável no combate ao bioterrorismo.
- A vacina foi eficaz em erradicar a doença. Hoje há dificuldade de se testar uma nova vacina em decorrência da ausência de um modelo animal.
- Possibilidade de se realizar pesquisas com vírus semelhantes ao vírus da varíola e com fragmentos de DNA do vírus da varíola.

Desvantagens da destruição do vírus da varíola[8]:

- Destruição deliberada de uma espécie biológica.
- Perda do conhecimento científico, potencialmente aplicável no combate às doenças infecciosas.
- Necessidade de uma nova e eficaz vacina.
- Necessidade de novas drogas antivirais.

CONDUTAS EM DERRAMAMENTOS E ACIDENTES LABORATORIAIS COM MATERIAL POTENCIALMENTE INFECTANTE

Em caso de derramamento de material biológico, o local precisa ser imediatamente identificado com alerta de risco e isolado, e a área de derramamento deve ser coberta completamente com material absorvente e deve ser aplicada solução de hipoclorito concentrado. Após 30 minutos, deve ser iniciado o procedimento de limpeza. Deve ser utilizado material absorvente descartável, como toalhas de papel, compressas de gaze e panos de limpeza, para absorver o derramamento. Se o volume derramado for grande, pode ser usado material absorvente granulado para absorver o líquido.

Devem ser usadas luvas resistentes, avental e proteção facial, além de proteção para os calçados com material impermeável e descartável.

Se o derramamento contiver vidro quebrado ou outros objetos, esses devem ser descartados sem con-

Tabela 3. Testes para diagnóstico rápido

Procedimento	Tipos de influenza detectados	Locais de coleta de amostras	Tempo para resultados	Resultados disponíveis rapidamente
Directigen Flu A (Becton-Dickinson)	A	Lavado e aspirado nasofaringeal	Menos de 30 minutos	Sim
Directigen Flu A+B (Becton –Dickinson)	A e B	*Swab* aspirado e lavado nasofaringeal, *swab* nasal profundo e superficial, lavado broncoalveolar	Menos de 30 minutos	Sim
Directigen EZ Flu A+B (Becton-Dickinson)	A e B	*Swab*, aspirado e lavado nasofaringeal, *swab* nasal profundo e superficial, lavado broncoalveolar	Menos de 30 minutos	Sim
FLU OIA 4,7	A e B	*Swab* nasofaringeal e nasal, aspirado nasal, catarro	Menos de 30 minutos	Sim
FLU OIA A/B	A e B	*Swab* nasofaringeal e nasal, aspirado nasal, catarro	Menos de 30 minutos	Sim
XPECT Flu A–B (Remel)	A e B	Lavado nasal, *swab* nasoesofágico e nasal superficial	Menos de 30 minutos	Sim
NOW influenza A (Binax)	A	Lavado e aspirado nasal, *swab* nasoesofágico	Menos de 30 minutos	Sim
NOW influenza B (Binax)	B	Lavado e aspirado nasal, *swab* nasoesofágico	Menos de 30 minutos	Sim
NOW influenza AB (Binax)	A e B	Lavado e aspirado nasal, *swab* nasoesofágico	Menos de 30 minutos	Sim
OSOM® influenza A+B (Genzime)	A e B	*Swab* nasal	Menos de 30 minutos	Sim
Quick Vue influenza test (Quidel)	A e B	*Swab* nasofaringeal, lavado e aspirado nasal	Menos de 30 minutos	Sim
Quick Vue *Influenza* A+B Test (Quidel)	A e B	*Swab* nasoesofágico, lavado e aspirado nasal	Menos de 30 minutos	Sim
SAS influenza A test	A	Lavado e aspirado nasofaringeal	Menos de 30 minutos	Sim
SAS influenza B test	B	Lavado e aspirado nasofaringeal	Menos de 30 minutos	Sim
ZstafFlu (ZymeTx)	A e B	*Swab* nasal superficial	Menos de 30 minutos	Sim

Fonte: OSHA, 2009[15].

tato manual direto. Podem ser usadas folhas rígidas de cartão ou pás de lixo plásticas, dotadas de dispositivo para impulsionar os detritos em um recipiente para recolhê-los, ou podem ser usadas pinças. Estas devem ser descartadas juntamente com os objetos num recipiente apropriado para material com risco biológico e à prova de perfurações.

Se houver a possibilidade de formação de gotas, como no caso de quebra de recipiente dentro da centrífuga, o equipamento deve permanecer fechado durante pelo menos meia hora, a fim de permitir que as gotas assentem, antes de se iniciar a descontaminação. Deve-se absorver a maior parte do líquido antes da limpeza e enxaguar o local do derramamento com água para remover produtos químicos nocivos ou odores. Deve-se então secar o local do derramamento para prevenir escorregões.

Todo material descartável utilizado na descontaminação precisa ser esterilizado antes de ser descartado.

PLANO DE EMERGÊNCIA

O controle do acesso às áreas do laboratório poderá fazer com que os procedimentos de emergência sejam dificultados. Esse fato deve ser considerado quando os planos de emergência forem desenvolvidos.

1. Uma avaliação da área laboratorial pelos funcionários do local, com profissionais de fora, se necessário, para a identificação dos aspectos de segurança e proteção, deve ser conduzida antes que um plano de emergência seja desenvolvido.
2. Os administradores, diretores, principais pesquisadores e trabalhadores do laboratório e os trabalhadores responsáveis pela segurança do local devem estar envolvidos no planejamento de emergência.
3. A polícia, o corpo de bombeiros ou outras pessoas envolvidas em situações de emergência devem ser informados quanto aos tipos de materiais biológicos em uso nas áreas laboratoriais e devem dar uma assistência ao planejamento dos procedimentos de emergência nas áreas laboratoriais.
4. Os planos devem incluir a provisão de uma notificação imediata aos diretores e trabalhadores do laboratório e pessoas encarregadas pela segurança ou outros indivíduos quando ocorrer uma emergência, de maneira que possam lidar com as questões de biossegurança, caso ocorram.

5. O planejamento de emergência laboratorial deve ser coordenado com planos de expansão. Fatores como ameaças de bombas, problemas climáticos (furacão e inundação), terremotos, falta de energia e outros desastres naturais (ou não naturais) devem ser considerados quando o plano de emergência estiver sendo desenvolvido. Deve-se possuir um protocolo para relato de incidentes.
6. Os diretores do laboratório, em cooperação com os encarregados pela segurança e proteção do local, devem ter normas e procedimentos no local para relatar e investigar os incidentes ou possíveis incidentes (por exemplo, visitantes sem documentos, desaparecimento de substâncias químicas, telefonemas incomuns ou ameaçadores)[3].

CONSIDERAÇÕES GERAIS

Considerando as informações da literatura, verifica-se a grande importância das medidas que a biossegurança estabelece para obtenção de resultados confiáveis e seguros, relacionados às atividades desenvolvidas em laboratórios de virologia.

Por meio da biossegurança, é lograda a prevenção de doenças virais transmitidas dentro ou fora do ambiente de trabalho. A garantia dessa proteção está ligada ao cumprimento das regras estabelecidas pelos níveis de segurança, que permitem a manipulação dos vírus com baixos índices de riscos pessoais e ambientais. Pelo atendimento às normas regulamentares de biossegurança, é possível ainda evitar que substratos de vírus sejam disseminados à população com fins que não aqueles relacionados ao controle das infecções virais.

Destaca-se também nesta revisão a importância de um plano de emergência que deve ser elaborado com previsão de futuros adventos de vírus, principalmente aqueles tipos respiratórios e de característica pandêmica, como o vírus da *influenza*.

REFERÊNCIAS BIBLIOGRÁFICAS

1. Comissão Técnica Nacional de Biossegurança (CTNBio). Lei n. 8.974, de 05.01.1995, revogada pela Lei n. 11.105, de 24.03.2005. Disponível em: http://www.ctnbio.gov.br.
2. Aguiar AM, Figueiredo, MHG. Procedimentos básicos de biossegurança para laboratórios de cultura de células e de microbiologia. Rio de Janeiro: Fiocruz; 1996. p.2-8.
3. Agência Nacional de Vigilância Sanitária (Anvisa). Legislação RDC n. 33, de 25.2.2003. Disponível em: http://www.anvisa.gov.br.
4. Comissão de Biossegurança da Biotécnica (CBB). Procedimento operacional padrão – Biossegurança. Disponível em: http://www.biotecnica.ind.br.
5. Associação Nacional de Biossegurança (ANBio). Manual de segurança em manejo com vírus. 14/06/2008. Disponível em: http://www.anbio.org.br.
6. Pike PM. Laboratory-associated: incidence, fatalities, causes, and prevention. Annu Rev Microbiol. 1979;33:41-66.
7. Brasil. Ministério da Saúde. Procedimentos para a manipulação de microrganismos patogênicos e/ou recombinantes na Fiocruz. Rio de Janeiro: Ministério da Saúde; 2005. 220 p.
8. Berche P. Emerging new risks of food-borne infections. Ann Biol Clin (Paris). 2001;59(5):585-91.
9. Mancini DAP, Mendonça RMZ, Pinto JR. Manual de procedimentos laboratoriais de virologia. São Paulo: Instituto Butantan; 2010. 105 p.
10. Hien TT, de Jong M, Farrar J. Avian influenza – a challenge to global health care structures. N Engl J Med. 2004;351(23):2363-5.
11. Tumpey TM, Basler CF, Aguilar PV, Zeng H, Solórzano A, Swayne DE, et al. Characterization of the reconstructed 1918 Spanish influenza pandemic virus. Science. 2005;310(5745):77-80.
12. Mancini DAP, Mendonça RMZ, Kawamoto AHN, Giorgetti M, Trindade HG, Fernandes W, et al. Identification and characterization of influenza virus isolated from Brazilian snakes. In: Méndez-Vilas A (ed.). Communicating current research and educational topics and trends in applied microbiology. v. 2. Badajoz: Formatex; 2007. p. 868-4.
13. Mancini DAP, Pereira AP, Cianciarullo AM, Kavati EA, Alves RCB, Bartaquini RA, et al. Serological analysis and detection of the influenzavirus in anseriformes from São Paulo city, Brazil. Ann of Virol nad Res. 2015;1(1):1002.
14. Manual de Biossegurança com vírus A H1N1 de 12/5/2009. Disponível em: http://www.agrolink.com.br
15. Occupational Safety and Health Administration (OSHA). Pandemic influenza preparedeness and response guid ance for healthcare workers and healthcare employers; 2009. Disponível em: http:// www.osha.gov.

capítulo 21

Biossegurança em laboratórios de biologia molecular

Cristina Moreno Fajardo
Juliana de Freitas Germano

INTRODUCÃO

A biossegurança deve fazer parte do cotidiano do laboratório de biologia molecular (LBM), exigindo medidas de controle dos riscos biológicos, químicos, físicos e radiológicos, quando houver, visando sempre à proteção do operador e do meio ambiente e à diminuição dos riscos de contaminação de reagentes e amostras.

O profissional do LBM manuseia amostras biológicas, reagentes de alta periculosidade e equipamentos específicos, expondo-se aos riscos inerentes às atividades realizadas. O trabalho requer dedicação conjunta para a manutenção do espaço físico, bem como dos aparelhos, contando com a participação tanto dos profissionais do próprio laboratório quanto de profissionais especializados.

O conhecimento abrangente dos experimentos realizados, dos tipos de amostras biológicas manuseadas e dos reagentes utilizados é essencial para que se mantenha um nível desejado de segurança no ambiente laboratorial. Para tanto, são necessários treinamentos contínuos dos profissionais, direta ou indiretamente envolvidos com essas atividades, além da implantação de normas estabelecidas por órgãos fiscalizadores. Os procedimentos operacionais padrão (POP) devem ser adotados como meio de se padronizar os experimentos e limitar o número de erros cometidos pelos profissionais dessa área.

Considerando esses aspectos, este capítulo abordará temas relacionados à biossegurança em laboratórios de biologia molecular, como organização estrutural e operacional, medidas de contenção primárias e secundárias, além de armazenamento de amostras biológicas, manutenção do laboratório e descartes.

ORGANIZAÇÃO ESTRUTURAL E OPERACIONAL

Em um LBM, a organização estrutural é essencial para que se mantenha a segurança na execução dos procedimentos. Nesse laboratório, são realizadas atividades como: extração e purificação de ácido desoxirribonucleico (DNA) e ribonucleico (RNA), amplificação por reação em cadeia pela polimerase (PCR), clonagem, sequenciamento de DNA e outras tecnologias. Portanto, aspectos como condições ambientais, controle e prevenção de contaminação de áreas, equipamentos e reagentes disponíveis são de suma importância na operacionalidade experimental.

A implementação de salas separadas, diferenciadas por cores, é uma medida de controle dos riscos biológicos e químicos e da prevenção da contaminação de amostras. No LBM, o ambiente deve ser preferencialmente subdividido em salas de DNA, RNA, PCR, equipamentos para PCR, pós-PCR e sala geral. Os equipamentos devem ser específicos para cada uma das salas. A divisão do espaço físico em diferentes salas funciona como um meio de prevenir a contaminação cruzada por sequências de DNA amplificadas.

Cada sala deve ter os devidos equipamentos de proteção individual (EPI), como aventais, luvas, óculos e máscaras, e os equipamentos de proteção coletiva

(EPC), como cabine de segurança biológica (CSB) e de segurança química (quando necessário), além de produtos para limpeza e desinfecção de bancadas e materiais, como água deionizada, álcool 70% e hipoclorito 1%.

Quanto ao material de trabalho, sugere-se o armazenamento de descartáveis, como ponteiras e tubos, em cada sala. Além disso, deve-se manter um conjunto de micropipetas em cada espaço distinto, que não devem ser utilizadas em outro ambiente, pois podem carrear aerossóis com aproximadamente 20 mm de diâmetro ou 4×10^{-6}mL em volume e, em uma única gota, pode conter cerca de 24 mil cópias de DNA amplificado[1].

A instalação de armários para o armazenamento dos materiais auxiliará tanto no controle e na prevenção de contaminação quanto na organização do laboratório, garantindo a qualidade do trabalho realizado.

Outro aspecto importante sobre controle e prevenção de contaminação é o uso de radiação ultravioleta (UV), esterilização por calor úmido (autoclavação), CSB classe II e ar-condicionado sem troca de ar (ventilação), para garantir a estabilidade da temperatura do ambiente. A manutenção de temperaturas preestabelecidas no ambiente auxilia na conservação de reagentes armazenados em temperatura ambiente, oferece uma temperatura de trabalho agradável e ajuda a prevenir sobrecarga de geladeiras e congeladores, entre outros equipamentos.

Cuidados gerais

O LBM tem potencial para abrigar espaços físicos com níveis de biossegurança 1, 2 e 3 (NB-1, NB-2 e NB-3, respectivamente). Dessa, forma é obrigatória a vacinação dos profissionais que trabalham nesses ambientes, de acordo com a legislação vigente[2].

As superfícies de bancadas, paredes e o teto devem ser lisas, facilmente laváveis, duráveis, resistentes ao calor moderado e a produtos químicos normalmente utilizados.

O LBM também deve ter local específico para manuseio e estoque de solventes, materiais radioativos e gases comprimidos e liquefeitos[3].

Deve ter um sistema de purificação da água, a qual deve estar isenta de contaminação microbiológica, física e química[4]. A purificação da água pode ser feita por diversos processos, entre eles a osmose reversa, a deionização e a ultrapurificação (Figura 1). Na osmose reversa, a água é forçada a passar por uma membrana filtrante a partir de um sistema de alta pressão, o que retém partículas, compostos orgânicos e bactérias. Na deionização, compostos inorgânicos são retirados da água por meio de colunas com resinas carregadas eletricamente. Na ultrafiltração, a água torna-se ultrapurificada após passar por membranas que retém partículas entre 25 e 30 kDa[5].

Figura 1. Sistema de purificação de água. Uso de EPI de cor branca.

No LBM, os reagentes, as soluções e a diluição de amostras de DNA devem ser preparados com água ultrapurificada e esterilizada por autoclavação (vapor úmido). Para qualquer procedimento de obtenção de RNA, a água ultrapurificada deve ser tratada previamente com dietil pirocarbonato (DEPC), um agente alcalino extremamente reativo, cujo radical etóxi reage com resíduos de histidina de proteínas e, dessa forma, destrói a atividade enzimática de RNAses potencialmente presentes na água purificada. Já a água purificada pelo processo de osmose reversa ou por deionização deve ser utilizada para abastecimento dos ultrapurificadores de água, lavagem de vidrarias, abastecimento do reservatório da autoclave e para qualquer outro processo que não exija água ultrapura. O fornecimento de água deionizada deve ser contínuo. Portanto, muitos laboratórios possuem equipamentos para deionização da água com manutenção periódica, a qual consiste na troca dos pré-filtros e filtros de água e na limpeza dos barriletes[6].

MÉTODOS DE ESTERILIZAÇÃO E DESCONTAMINAÇÃO

Esterilização por vapor

O calor úmido sob pressão é o método mais utilizado para esterilização em laboratórios e hospitais. É um processo de baixo custo, atóxico e que pode destruir os microrganismos mais comuns (bactérias, vírus e fungos) em um curto período de tempo. Porém, assim como outros métodos de esterilização, pode alterar fisicamente alguns materiais não resistentes a temperaturas elevadas[7].

Nesse processo, o vapor destrói enzimas e as proteínas das membranas microbianas por desnaturação e coagulação irreversíveis. O equipamento mais utilizado para esse fim é a autoclave, que esteriliza materiais por exposição ao vapor em pressão e temperatura específicas que variam com o tipo de material e com o tipo de equipamento (de gravidade ou a vácuo)[7]. Os seguintes fatores são de extrema importância para assegurar uma esterilização eficiente[6,8]:

- Tempo: varia com o tipo de microrganismo a ser eliminado. O esporo de *Geobacillus stearothermophillus* (Bst), extremamente resistente à esterilização por calor úmido, é comumente utilizado para testar os ciclos de esterilização por vapor. O tempo necessário para reduzir sua população em 90% ou em log de 1 (valor D) é de 2 a 3 minutos, tendo uma população inicial de 10^6 microrganismos. Em geral, preconiza-se um tempo de 20 minutos a 121°C para que haja uma chance em 10.000 de que um único esporo sobreviva, sendo esse o tempo geralmente utilizado nos laboratórios para esterilização dos mais diversos materiais.
- Temperatura: o aumento da temperatura diminui o tempo necessário para a esterilização. Porém, a temperatura do vapor saturado é diretamente relacionada com a pressão à qual é submetida. Em geral, ciclos a 121°C de temperatura requerem de 103 a 117 kPa de pressão.
- Umidade: essencial para que o vapor desnature e coagule proteínas. O vapor saturado deve estar em equilíbrio de pressão com a água aquecida, pois assim terá o máximo de umidade sem a presença de líquido em condensação. Deve-se evitar o vapor superaquecido, a presença de contaminantes como óxidos, em decorrência da corrosão, e de excesso de água. O vapor superaquecido não apresenta a umidade necessária para assegurar a esterilização.
- Exposição direta ao vapor: as superfícies a serem esterilizadas precisam estar em contato direto com o vapor, o qual esteriliza a partir da transferência de energia armazenada.
- Remoção do ar: a presença de ar é a maior causa de esterilizações ineficientes. Sugere-se a utilização de autoclaves com bombas a vácuo para remoção de ar da caldeira antes do início dos ciclos de autoclavação.
- Secagem: os materiais devem estar secos antes de sua retirada da autoclave, minimizando uma possível recontaminação. Esse procedimento pode ser realizado utilizando-se o vácuo em uma pressão de 6,9 a 13,8 kPa, ou transferir imediatamente o material para uma estufa de secagem. Em geral, plásticos e materiais de borracha são mais difíceis de secar por terem baixa densidade e, por isso, esfriarem mais rapidamente, formando gotículas.

No LBM, a contaminação das amostras pode ser originada de moléculas de DNA celular, as quais podem estar presentes nos produtos utilizados nos diversos procedimentos, mesmo nos previamente esterilizados pelas empresas fornecedoras. Ao contrário dos microrganismos, essas moléculas são mais dificilmente eliminadas e necessitam de um tempo maior de autoclavação, que deve durar em média 120 minutos a 121°C e 103,42 kPa. A radiação UV é o método mais utilizado para descontaminação de materiais possivelmente contaminados com DNA, pois é mais eficiente nos casos de pequenas moléculas (< 200 pb) e baixas quantidades de DNA[9].

Descontaminação por radiação ultravioleta

O dano causado pela radiação UV no DNA se deve principalmente à formação de dímeros de ciclobutil entre as bases pirimidinas[10], além da oxidação de bases e introdução de quebras em fitas duplas e simples[11]. No LBM, cada sala deverá contar com uma lâmpada UV instalada no teto, pois ela representa um meio eficiente para descontaminação e eliminação da maioria dos microrganismos das superfícies de trabalho[12].

A lâmpada UV está presente nas CSB de classe II para extração de DNA, RNA e para o preparo dos reagentes de pré-PCR, onde se deve ter um cuidado redobrado para evitar a contaminação de material com DNA externo ou pré-amplificado, o que levaria à identificação de sequências não específicas na PCR. Ao mesmo tempo, deve-se evitar o uso de tubos e ponteiras de poliestireno, pois a irradiação desses materiais libera inibidores de PCR[13], sugerindo-se sua substituição por produtos de polipropileno. No entanto, a eficiência da descontaminação por radiação UV depende da distância, do tamanho e do tipo de material. Em geral, são necessários 30 minutos de irradiação para descontaminação de tubos de até 1,5 mL e placas de PCR secas, e 45 minutos para a descontaminação de tubos de 1,5 mL com água[14]. DNA de materiais biológicos secos, como a saliva, costuma ser mais dificilmente erradicado que os provenientes de materiais frescos[9].

Em razão da capacidade limitada da radiação UV atravessar superfícies, aconselha-se que alguns materiais, como os tubos, estejam soltos e não colocados em suportes (*racks*), e a utilização de folhas de alumínio colocadas logo abaixo e ao redor da superfície onde o material se encontra ajuda a melhorar a eficiência da descontaminação[14]. Deve-se lembrar que a descontaminação dos materiais pela radiação UV deve ser realizada antes e depois do procedimento experimental. Além disso, é importante a utilização do fluxo de ar da CSB durante o período da descontaminação, permitindo que o material fique livre de contaminação por mais tempo[15]. Deve-se, porém, tomar cuidados especiais para não trabalhar (na fase experimental) com a lâmpada UV ligada, pelo risco de acidentes como queimaduras de pele e olhos. Algumas CSB possuem dispositivos de segurança que desligam a lâmpada UV ao ligar a lâmpada branca. Para as CSB que não têm esse tipo de dispositivo, deve-se ter atenção ao ligar a lâmpada branca, pois, quando acesa, não permite que se note a lâmpada UV ligada.

Descontaminação por métodos químicos

No LBM, outros procedimentos são necessários para que os riscos de contaminação sejam minimizados, como o uso de produtos químicos desinfetantes com ação esterilizante ou não, entre outros. Os desinfetantes com ação esterilizante, como o hipoclorito de sódio, são compostos com ação microbicida ou formulações de efeito letal aos microrganismos não esporulados[16]. Os desinfetantes com ação não esterilizante, como álcool etílico ou isopropílico (60-85%), têm ação contra bactérias na forma vegetativa, vírus envelopados, micobactérias e fungos. O álcool etílico é mais eficiente contra vírus e o isopropílico, contra bactérias[17]. Os detergentes enzimáticos são tensoativos que contêm pelo menos uma enzima hidrolítica da subclasse das proteases (EC 3.4), enzimas da subclasse das amilases (EC 3.2) e outros componentes na formulação, inclusive enzimas de outras subclasses. Os detergentes enzimáticos têm a finalidade de remover matéria inorgânica, orgânica ou biológica encontrada em dispositivos médicos após uso clínico[18]. No LBM, também podem ser utilizados produtos químicos que provocam alterações químicas do amplicon (produto de PCR), como a enzima uracil-N-glicosilase.

O hipoclorito de sódio (NaClO) é um potente descontaminante de superfícies, podendo eliminar mais de 99% de DNA contaminante proveniente de PCR. No caso de equipamentos que não podem ser descontaminados por NaClO por seu poder corrosivo, podem ser utilizados outros reagentes, como DNAse Away® e detergentes, os quais eliminam até dois terços do DNA em superfícies[10]. Além disso, o NaClO pode ser adicionado ao ácido acético, tendo um grande potencial de eliminação de diversas cepas bacterianas[19].

O etanol 70%, por sua vez, pode ser utilizado para descontaminação de superfícies, alcançando até 99,9% de eficácia em eliminar microrganismos provenientes de saliva ou sangue, por exemplo[20]. Sua capacidade microbicida é gerada a partir da adição à água, promovendo destruição proteica em diferentes concentrações. Tem a capacidade de eliminar diferentes microrganismos, como vírus e bactérias. O etanol absoluto não tem potencial germicida[7].

A enzima uracil-N-glicosilase (UNG) é amplamente utilizada para prevenir a contaminação por produtos de PCR e produtos de clonagem com alta eficiência[21]. A enzima UNG é adicionada ao reagente de PCR que também contém dUTP (nucleotídeo sintético), no lugar de dTTP. Dessa forma, o amplicon conterá dUTP na sequência, enquanto os ácidos nucleicos a serem amplificados contêm dTTP (DNA) ou UTP (RNA). No ciclo inicial da PCR, a enzima UNG reconhece e cliva os produtos que contêm dUTP, deixando intactos os ácidos nucleicos a serem amplificados. No segundo ciclo da PCR, a UNG é inativada e os ácidos nucleicos molde são amplificados[22].

Sendo assim, observamos que os cuidados no manuseio de amostras e nos procedimentos do LBM são de extrema importância, visando o mínimo de contaminação, com o intuito de impedir alterações nos resultados obtidos e manter a integridade física das amostras e dos operadores. Os procedimentos de descontaminação e esterilização apresentados aqui, assim como os cuidados com a utilização de EPI, estão entre as principais ações de prevenção, minimização e eliminação de riscos inerentes às atividades de pesquisa e à proteção individual e do ambiente em um LBM.

MEDIDAS DE PROTEÇÃO PRIMÁRIAS E SECUNDÁRIAS

Como é bem conhecido, o trabalho com agentes biológicos deve ser feito com segurança[23]. Portanto, após a avaliação do risco dos agentes biológicos utilizados no LBM, é de suma importância que sejam definidas as medidas de contenção e o nível de biossegurança para o trabalho a ser realizado.

A contenção engloba procedimentos de biossegurança de acordo com a classificação de risco do agente biológico utilizado e possui dois níveis importantes: contenção primária, referente à proteção do indivíduo contra exposição a agentes de risco, incluindo medidas seguras como utilização de EPI[24], cabines de segurança biológica (CSB), boas práticas de laboratório (BPL) e imunização; contenção secundária, que tem como fator principal proteger o ambiente externo da exposição aos agentes de risco. Assim, instalação e infraestrutura adequadas do ambiente de laboratório, como a utilização de fluxo de ar direcionado e filtros de ar, são essenciais para evitar a contaminação do ambiente externo.

Nos tópicos seguintes, serão comentadas algumas medidas primárias e secundárias que devem ser empregadas em um LBM.

Medidas primárias de contenção

Máscaras

As máscaras são equipamentos de proteção respiratória (EPR) e devem ser utilizadas para impedir contaminação e intoxicação do operador por agentes infectantes, voláteis ou tóxicos carreados em aerossóis, assim como para impedir a contaminação das amostras e reagentes pelo operador[25]. Devem ser disponibilizadas gratuitamente pela instituição de trabalho e, quando descartáveis, devem ter o mesmo destino de descarte que um material contaminado[26].

Nos LBM níveis NB-1 e NB-2, o tipo de máscara mais utilizado é a descartável (cirúrgica). Esse tipo de máscara oferece proteção ao usuário impedindo a inalação de patógenos transmitidos por gotículas, é leve e não restringe a mobilidade, oferece baixa resistência à respiração e permite o uso de um anteparo tipo protetor facial sobre a máscara. Ao mesmo tempo, a utilização desse tipo de máscara ajuda a impedir uma possível contaminação de amostras por DNA proveniente da saliva e/ou de secreções nasais dos operadores[25]. Deve ser, de preferência, usada em todos os setores do laboratório.

Além da utilização de máscaras para a proteção dos agentes biológicos, sua utilização também se faz necessária no manejo de agentes químicos voláteis e tóxicos, os quais podem ser orgânicos (fenol, tolueno, xileno), que são altamente nefrotóxicos, ou inorgânicos (alcoóis, álcalis, ácidos). Um dos reagentes muito utilizados no LBM e que requer o uso de máscaras, além de capelas de segurança química, é a acrilamida, substância altamente neurotóxica. Outra substância que exige a utilização de máscaras para gases é o hidróxido de amônia, e um procedimento no qual esse EPI é indispensável é o descongelamento de material mantido em nitrogênio líquido[27]. Quando o objetivo é a proteção do operador contra vapores orgânicos oriundos de reagentes químicos voláteis, são utilizadas máscaras com filtro contra vapores orgânicos[28].

Óculos e protetores faciais

No LBM, os óculos de segurança geralmente são utilizados em conjunto com as máscaras e os respiradores quando não se requer o uso de um modelo de proteção facial inteira. São desenhados para proteção contra impactos e respingos, e também contam com proteção lateral e lentes resistentes[29], porém possuem um grau de segurança mínimo aceitável[30]. Têm o objetivo de proteger a mucosa ocular de gotículas e aerossóis, contendo agentes infectantes ou substâncias químicas nocivas ao operador. Eles devem apresentar, no mínimo, proteção lateral, e são utilizados principalmente no manuseio de material biológico contaminante e de reagentes químicos fora de CSB[26,31]. Também são indispensáveis na proteção contra radiação UV[29], sendo, nesses casos, utilizados em conjunto com protetores faciais.

Óculos normais graduados não servem como proteção, mas podem ser equipados com proteção lateral. Quando seu uso é indispensável, assim como o de lentes de contato, sugere-se a utilização de óculos de proteção (modelo soldador) por cima, que protege contra impactos e salpicos, possuindo proteções laterais e lentes resistentes a impactos. Esse tipo de óculos também é utilizado no trabalho com substâncias radioativas ou na abertura de tubos de amostras.

Os protetores faciais são comumente utilizados para a proteção de todo o rosto contra impactos, respingos e, no caso de acidentes, são facilmente retiráveis. São feitos de plástico inquebrável e se ajustam ao formato da cabeça a partir de tiras ou toucas ajustáveis[29]. Um exemplo de utilização desses protetores faciais é no trabalho com nitrogênio líquido.

Óculos de proteção e protetores faciais também são mais apropriados que os óculos de segurança quando se trabalha com vidrarias sob pressão aumentada ou diminuída ou em altas temperaturas, assim como no manuseio de compostos explosivos. O uso de viseiras por cima de óculos de segurança pode oferecer ainda mais proteção nesses casos[30].

Luvas

A escolha das luvas utilizadas no meio laboratorial deve ser feita com cuidado, pois são classificadas de acordo com sua composição e com o material a ser manuseado[32]. Em um LBM, são utilizados os seguintes tipos de luvas:

- Látex 100% natural: usada em todas as salas, é uma boa escolha para o manuseio de materiais biológicos e soluções aquosas. Não deve conter talco, a fim de evitar interferências nas reações. Não é indicada para pessoas com alergia ao látex.
- Nitrila: boa alternativa para os casos de alergia ao látex. É de uso geral e também pode ser usada para o trabalho com agentes tóxicos e nocivos, como o brometo de etídio, os sais de acrilamida e a bisacrilamida.
- Neoprene: oferece maior proteção contra químicos, como alcoóis, bases e fenóis.
- Neoprene com isolamento térmico: utilizadas para proteção contra calor em temperaturas de até 250°C.
- Couro: manuseio de amostras a temperaturas muito baixas, como no freezer a –80°C.

- Couro com ilhoses de metal e manga longa: proteção para o trabalho com nitrogênio líquido. Os ilhoses de metal diminuem o risco de a luva aderir à mão por troca de temperatura entre a mangueira e a luva, minimizando, assim, o risco de queimaduras. Mesmo com a utilização dessas luvas, é importante o acoplamento de uma alça à mangueira por onde passa o nitrogênio, a fim de evitar o contato direto entre as luvas e a mangueira.

Avental

O uso de avental reduz significativamente o risco de acidente ocupacional e, quando utilizado corretamente, contribui para a diminuição de contaminações cruzadas[33]. No LBM, deve-se utilizar avental com mangas compridas, punho e que cubra todo o corpo. O material deve impedir que produtos químicos perigosos entrem em contato com a pele e deve ser resistente ao fogo. De preferência, cada sala deve abrigar seus próprios aventais em cores diferentes, buscando facilitar sua identificação, os quais devem ser lavados periodicamente[3]. Geralmente são de algodão e devem ter o punho sanfonado, com comprimento até o joelho, não devendo ser usados fora do ambiente de trabalho, nem guardados com objetos pessoais. Seu uso deve ser obrigatório[28].

Cabines de segurança biológica

As CSB são essenciais para a contenção de contaminação por organismos infecciosos e protegem o operador e o ambiente de trabalho de aerossóis[29]. Devem ser certificadas anualmente ou a cada mudança de posição por pessoal treinado[34]. Basicamente, representam duas classes principais no LBM (Quadro 1):

- Classe I: similares às cabines de contenção de vapores químicos e possuem canalização para o sistema de exaustão do laboratório; protegem o ambiente externo, mas não o produto disposto dentro delas. Podem ser utilizadas para o trabalho com radionuclídeos e químicos tóxicos voláteis[29]. Devem ser utilizadas, de preferência, na sala geral[34].
- Classe II: são facilmente instaláveis e não possuem canalização complexa para o meio externo; o ar esterilizado circula através de filtros de ar particulado de alta eficiência (HEPA), os quais removem, no mínimo, 99,97% das partículas com 0,03 µm, incluindo todas as bactérias, vírus e esporos, assim como gotículas e partículas contendo esses microrganismos. Conferem proteção pessoal e do material manuseado, podendo ser de quatro tipos: A1, A2, B1 e B2. São preferencialmente utilizadas para trabalhar com agentes infecciosos de risco 2 e 3[29]. No LBM, estão geralmente nas salas de DNA, RNA e de pré-PCR.

Medidas secundárias – infraestrutura laboratorial

É de extrema importância que o ambiente laboratorial seja compartimentado em diferentes salas, de acordo com o procedimento a ser realizado, evitando-se ao máximo a contaminação de amostras e do ambiente externo. Sendo assim, os próximos tópicos se referem aos diferentes ambientes separados que um LBM deve ter.

Sala geral

A sala geral deve funcionar como uma espécie de central para todo o laboratório, pois é onde se realiza a maior parte de sua organização e manutenção (Figura 2). As atividades realizadas nessa sala são:

- Preparação de reagentes e soluções.
- Esterilização de materiais não contaminados.
- Armazenamento de produtos químicos, reagentes e produtos utilizados na limpeza.
- Lavagem de vidrarias e outros materiais.

Quadro 1. Diferenças entre cabines de segurança biológica das classes I e II

CSB	Velocidade (m/s)	Fluxo de ar (%) Recirculado	Fluxo de ar (%) Expelido	Sistema de exaustão
Classe IA	0,36	0	100	Condutos rígidos
Classe IIA1	0,38-0,51	70	30	Exaustão para sala ou conexão "dedal"
Classe IIA2 ventilação para o exterior*	0,51	70	30	Exaustão para sala ou conexão "dedal"
Classe IIB1*	0,51	30	70	Condutos rígidos
Classe IIB2*	0,51	0	100	Condutos rígidos

*Todos os condutos estão sob pressão negativa para prevenir a contaminação do ambiente. Fonte: adaptado de OMS[29].

- Purificação da água destinada aos experimentos.
- Armazenamento de vidrarias e materiais descartáveis.
- Tratamento simples de resíduos, como neutralização e filtração, caso não haja um local adequado para esse fim.
- Outras atividades.

Para essas atividades, a sala geral deverá ter equipamentos específicos, como cabine de segurança química, estufa de secagem, esterilizador tipo autoclave, pias de cubas fundas, centrífugas, purificadores e ultrapurificadores de água, termoblocos, banho de água, geladeiras, refrigeradores, agitadores de tubos tipo vórtex, balanças analíticas e semianalíticas, espectrofotômetros, fluorômetros, potenciômetros (pHmetros) agitadores magnéticos, entre outros.

No que se refere ao preparo das soluções, deve-se levar em consideração as características particulares de cada um dos produtos químicos utilizados, lembrando que podem apresentar riscos à saúde e ao meio ambiente[29]. Além disso, na sala geral, não são realizados experimentos altamente sensíveis à contaminação. No entanto, isso não dispensa medidas habituais de segurança, como o uso de EPI, EPC e o emprego de normas e diretrizes[2].

O ambiente deve possuir refrigeradores para reagentes utilizados nas análises. Estes podem oferecer alto risco ao laboratório e aos usuários quando utilizados para armazenar material inflamável e para armazenamento de comida. No que se refere aos inflamáveis, por estarem em um ambiente fechado e sem ventilação, podem chegar muito rapidamente ao limite de saturação, correndo o risco de provocar explosões, ferindo gravemente ou até mesmo podendo causar a morte de indivíduos próximos a eles[6].

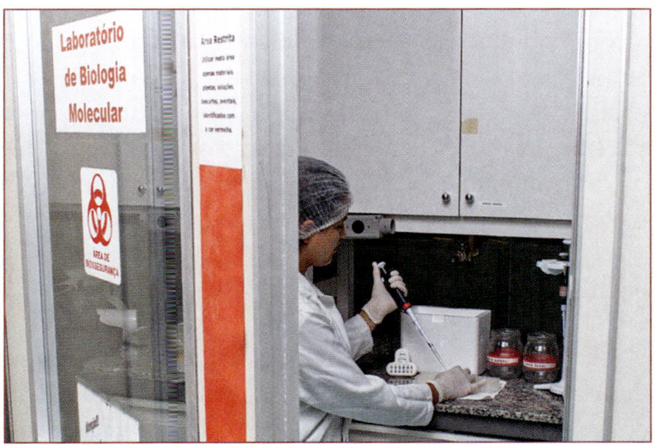

Figura 2. Sala geral. Identificação da sala e dos equipamentos com a cor vermelha.

Autoclave

A autoclavação é considerada padrão de referência para a esterilização de materiais, estejam eles limpos ou contaminados. No LBM, recomenda-se a realização do processo de esterilização apenas para materiais limpos. Para os contaminados, é necessário que haja uma sala própria para o tratamento de resíduos. Apesar de a autoclavação ser muito importante na área da saúde, apresenta grandes riscos aos profissionais envolvidos nessa atividade. Baseia-se no uso de vapor de água pressurizada para eliminar possíveis contaminantes contidos em vidrarias, descartáveis e soluções, no caso de materiais limpos, ou provenientes de materiais contaminados, como vidrarias, instrumentais, descartáveis, resíduos líquidos ou sólidos, entre outros[6]. Os riscos a que esses profissionais estão sujeitos são queimaduras, explosões e vapores tóxicos. A manutenção do equipamento é de suma importância para a diminuição desses riscos e para que se tenha uma esterilização efetiva.

Deve-se ter POP para a utilização do equipamento de autoclave, pois o tempo, a temperatura e a pressão a que os materiais são submetidos no esterilizador são o que garantem sua esterilização. O monitoramento desses parâmetros faz parte do controle da esterilização e deve ser documentado[35].

Pode-se avaliar as condições de esterilização e a eficácia do procedimento pela combinação de técnicas mecânicas, químicas e biológicas. As técnicas mecânicas de monitoramento avaliam parâmetros como o tempo do ciclo, a temperatura e a pressão do esterilizador, que podem ser verificados pela observação dos medidores ou pela exibição no *display* do equipamento. Nessa técnica, as leituras corretas não garantem a esterilização, entretanto, leituras incorretas podem indicar algum problema com o ciclo de esterilização[36].

Outra técnica para controle da esterilização pode ser o indicador químico (IQ). Existem seis tipos de indicadores químicos, que consistem em tiras de papel com tinta termocrômica que mudam de cor quando submetidas a parâmetros como temperatura, pressão e tempo.

As fitas de autoclave, muito utilizadas como controle de esterilização, são classificadas como indicadores de classe 1. Nessa classe estão os indicadores que somente revelam que houve exposição do material ao agente esterilizante, porém não certificam a eficácia da esterilização. A fita deve ser usada em todos os ciclos de esterilização, sendo colocada fora da embalagem[37]. Ao término da autoclavação, a fita deverá ser observada quanto à intensidade da cor das marcações: se ausente, levemente marcada ou com marcação intensa, sendo a última requerida para indicar que houve o processo de esterilização.

Indicadores de classe 2 são utilizados para autoclaves com sistema de pré-vácuo. Nessa classificação está o teste Bowie & Dick. A partir da classe 3 de indicadores, é possível obter resposta para pelo menos um parâmetro de autoclavação. Especificamente, os indicadores de classe 3 reagem a um dos critérios do ciclo de esterilização; já os indicadores classe 4 reagem a dois ou mais critérios. Indicadores integrados ou de classe 5 têm resposta semelhante ao indicador biológico, respondendo aos critérios do ciclo de esterilização como vapor, tempo e temperatura. Para reagir a todos os critérios analíticos de um ciclo específico de esterilização, os indicadores de classe 6 ou de simulação são os mais adequados.

Entretanto, é indispensável realizar o monitoramento por indicador biológico, que deve ser utilizado semanalmente para verificação da eficácia do processo de esterilização[38], ou sempre que o aparelho sofrer reparos; quando utilizar outro tipo de material, embalagem; depois de treinamentos no equipamento ou ainda quando houver suspeita de mau funcionamento[36].

O indicador biológico consiste em fitas impregnadas com indicadores biológicos que são constituídos de microrganismos específicos; são esporos bacterianos que devem ser resistentes ao processo de esterilização escolhido. A escolha do teste, portanto, dependerá do método de esterilização a ser utilizado. Para calor úmido a 121°C, utilizam-se esporos de *Bacillus stearothermophylus*, que, após a esterilização, deverão ser cultivados e incubados. Será possível comprovar a eficácia do processo de esterilização quando se observar crescimento de microrganismos negativado, ou seja, a inviabilidade das cepas. Separadamente deve-se incubar um controle positivo, que não tenha passado por processo de esterilização, para referência e controle do teste[37].

Cabine de segurança química

Outro aspecto essencial para manter o nível de segurança nesse ambiente é a manutenção, organização e limpeza das cabines de segurança química, pois nelas são trabalhados produtos químicos altamente tóxicos que liberam gases, vapores e apresentam periculosidade à sua ingestão, inalação e absorção pela pele.

A cabine de segurança química nunca pode ser usada como depósito de soluções ou reagentes; deve-se oferecer uma área livre para a preparação de soluções. Além disso, deve estar certificada quanto à eficiência da exaustão, garantindo que os vapores e os gases sairão pelo duto. Deve ser um local organizado e limpo. Rotineiramente, é necessário fazer limpeza na base e nas paredes para a retirada de resíduos de reagentes e adsorvidos provenientes de vapores. É essencial a utilização de EPI nessa limpeza, e os produtos usados devem ser considerados resíduos perigosos; portanto, o acondicionamento e o descarte deverão seguir a legislação vigente[39].

Para garantir a qualidade dos trabalhos realizados, os equipamentos contidos na sala geral devem passar por manutenção preventiva e limpeza rotineira[29]. Também é importante que se tenha um registro de usuário para manter um controle da utilização dos equipamentos.

Sala de DNA

O DNA, matéria-prima da análise do LBM, pode estar exposto a contaminantes biológicos, químicos e ambientais. Consequentemente, deve ser extraído e manuseado em local específico e isolado, com os cuidados necessários para prevenir sua contaminação que impactam nos resultados das análises subsequentes.

Na sala de DNA, será realizada uma variedade de procedimentos. Além da extração de DNA, também podem ser feitas diluições de amostras, manuseio de material biológico (como sangue), preparação de alguns reagentes e adição de DNA ao tubo no qual ocorrerá a PCR.

Para garantir a biossegurança na execução dos procedimentos, deve ser feita uma limpeza inicial do interior da CSB, assim como das micropipetas e das caixas de ponteiras a serem utilizadas. A limpeza deve ser feita com álcool 70% e exposição do material à radiação UV, lembrando-se sempre que essa ação deve ser repetida após o término do experimento.

Os equipamentos utilizados na sala de DNA são importantíssimos para a biossegurança desse ambiente. A sala de DNA (Figura 3) deve conter CSB classe II, geladeira para amostras biológicas, centrífuga para microtubos, homogeneizador de tubos de sangue, agitador do tipo vórtex, um jogo completo de micropipetas para cada CSB (caso tenha mais de uma), estoque de ponteiras, luvas descartáveis e um recipiente para descarte de ponteiras usadas e objetos perfurocortantes. O fornecimento desses equipamentos e materiais limitará, nessa sala, a exposição a possíveis contaminantes, evitando-se também a contaminação de outros ambientes. O trabalho com amostras de sangue também necessita de condições especiais de descarte, como uso de coletor perfurocortante e recipientes apropriados para resíduos biológicos, além da descontaminação prévia, utilizando hipoclorito, do material que entrou em contato com o sangue.

Sala de RNA

O isolamento de RNA é um processo trabalhoso, demorado e de pouca eficiência, por se obter baixas concentrações de RNA. Além disso, os experimentos com RNA são muito sensíveis e sujeitos à contaminação. Portanto, na sala de RNA (Figura 4), a maior preocupação deve ser com a possível contaminação por

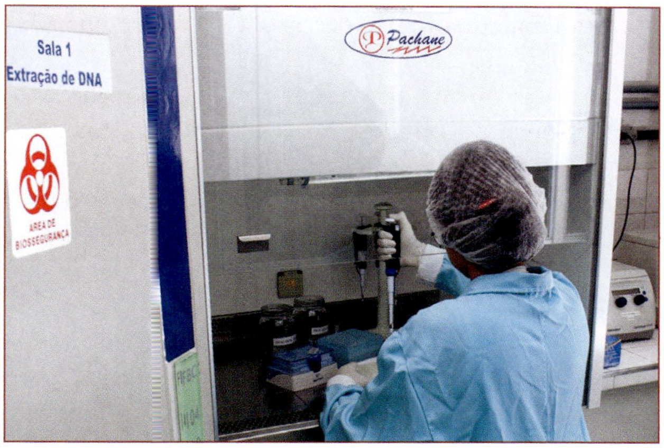

Figura 3. Sala de DNA. Identificação da sala e dos equipamentos, e uso de EPI com a cor azul.

Figura 4. Sala de RNA. Identificação da sala e dos equipamentos, e uso de EPI com a cor verde.

RNAses exógenas, tanto do material utilizado quanto das amostras e dos experimentos realizados, pois podem degradar o RNA e, consequentemente, prejudicar os experimentos. Isso se deve ao fato de as RNAses serem enzimas robustas e potentes, enquanto a molécula de RNA é instável e sensível a interferentes. Portanto, todas as medidas de segurança adotadas nesse ambiente são voltadas à contenção das RNAses.

Os reagentes para a preparação de tampões e soluções devem ser estocados em armários próprios dentro dessa sala e, na preparação das soluções, devem-se utilizar espátulas descartáveis. As vidrarias para o armazenamento dessas soluções devem ser previamente tratadas com reagentes inativadores de RNAse ou por esterilização em forno a 300°C por quatro horas. Deve-se sempre fazer alíquotas pequenas de soluções e tampões, que serão descartados após o uso.

A limpeza das bancadas, das pipetas e de todos os equipamentos deve ser feita sempre com inibidores de RNAse e as ponteiras utilizadas, com filtro e livres de nucleases. Os equipamentos devem ser para uso exclusivo na sala, sendo limitados para materiais externos.

O tratamento da água purificada com DEPC, já definido anteriormente, é considerado essencial para todo trabalho envolvendo RNA. A água tratada com DEPC é utilizada na preparação de soluções livres de RNAses, diminuindo, assim, o risco de contaminação por essas enzimas que degradam o RNA. Cabe lembrar que o DEPC tem meia-vida de, aproximadamente, 30 minutos em água, pois sofre hidrólise rapidamente para CO_2 e etanol. Tem duração de cerca de 20 minutos em solução de fosfato tamponada, pH 6,0 e 10 minutos em pH 7,0. Não se recomenda utilizar DEPC em soluções-tampão que contêm aminas e Tris, pois a hidrólise do DEPC é altamente acelerada por esses tampões que são consumidos durante a hidrólise[40]. A água purificada tratada com DEPC deve ser preparada em quantidade necessária para o uso e, após o tratamento, deve ser autoclavada. O DEPC residual é facilmente eliminado por autoclavação, a qual mantém a água esterilizada.

O DEPC é um composto considerado altamente tóxico, podendo ser cancerígeno e, por isso, requer cuidados específicos no que se refere à preparação, ao manuseio e ao descarte[40]. Em razão de sua volatilidade e toxicidade, deve ser preparado e manuseado dentro da cabine de segurança química, utilizando-se sempre EPI apropriados. Em decorrência de sua toxicidade, somente deve ser utilizado em experimentos que envolvem RNA.

Na sala de RNA, lidamos com substâncias potencialmente tóxicas, que podem apresentar efeitos nocivos à saúde, como guanidina, fenol, ficoll, isopropanol, entre outros. Para isolamento de RNA, são utilizados alguns desnaturantes fortes, como guanidina, que rompem as células, solubilizam seus componentes e desnaturam RNAses endógenas simultaneamente[40]. Soluções de tiocianato de guanidina e cloridrato de guanidina são comumente utilizadas e podem provocar lesões por inalação, ingestão ou absorção pela pele. O cloridrato de guanidina provoca irritação das mucosas, trato respiratório superior, pele e olhos. Para seu manuseio, devem ser utilizados óculos de proteção ou máscara facial, luvas de borracha ou vinil e avental.

O fenol (C_6H_5OH), que foi muito utilizado para a extração de RNA, é um ácido carbólico caracterizado por um anel aromático com uma ou mais hidroxilas ligadas a ele, que pode se apresentar tanto na forma sólida quanto em solução. É cristalino, porém, quando em contato com o ar ou exposto à radiação, torna-se vermelho e tem odor característico. Ao ser inalado, ingerido ou absorvido pela pele, o fenol é bastante tóxico, podendo afetar de forma grave o sistema nervoso central, o fígado e os rins, levando à morte. Além disso, sua combustão pode provocar a formação de gases irritantes, corrosivos e/ou tóxicos. Procedimentos de descarte incluem separação em recipientes identificados e incineração.

O ficoll é um polímero altamente ramificado, obtido pela copolimerização de sucrose e epicloridrina, podendo ser encontrado em soluções comerciais. Ele é aplicado para a separação de leucócitos presentes no sangue total, devendo ser utilizado com o ácido etilenodiamino tetra-acético (EDTA), pois pode ocorrer coagulação do sangue, dificultando o processamento.

O álcool isopropílico (isopropanol) é utilizado para a precipitação de ácidos nucleicos (DNA e RNA) e a estabilização da molécula nos procedimentos de extração. É um composto altamente inflamável, que deve ser armazenado de forma adequada, pois, em condições que haja evaporação e em áreas fechadas, corre o risco de explosão, se houver ignição. Apresenta efeitos altamente tóxicos ao ser inalado, ingerido ou absorvido pela pele. Os principais riscos são os efeitos narcóticos (como sonolência e vertigem), risco de pneumonite química e edema pulmonar, irritação da pele e da conjuntiva. Por apresentar alta toxicidade, deve ser manuseado com luvas de borracha de nitrila, avental e em cabine de segurança química. Não pode ser descartado diretamente no esgoto, devendo ser incinerado ou aterrado de acordo com a legislação local vigente. Embalagens não devem ser reutilizadas, e sim totalmente descontaminadas e enviadas para incineração.

Sala da pré-PCR

A sala da pré-PCR (Figura 5), utilizada para o preparo dos reagentes para PCR convencional e PCR quantitativa em tempo real (qPCR), constitui um dos ambientes mais sensíveis a interferentes provenientes de outras áreas do LBM. Eles podem prejudicar a execução dos experimentos e causar erros difíceis de serem identificados, levando à necessidade de repetição dos procedimentos. Por causa da sensibilidade da PCR e da qPCR, quantidades mínimas de DNA provenientes de fontes exógenas podem gerar resultados falso-positivos, levando a diagnósticos incorretos[41]. Os amplicons representam a maior e mais provável fonte de contaminação[42]. Portanto, devem ser adotadas medidas específicas de segurança de modo a diminuir os riscos de contaminação dessa sala e, consequentemente, de todos os experimentos nela realizados. Uma medida indispensável é a separação de todo material, reagente e equipamentos utilizados.

Nessa sala são realizadas preparações dos reagentes para ambos os métodos, como: reconstituição e diluição de iniciadores (*primers*), diluição de desoxirribonucleotídios fosfatados (dNTP), diluição de ensaios para qPCR, preparação de mistura de reagentes, entre outros. Os reagentes utilizados para esses experimentos devem estar pré-aliquotados para manter sua integridade. A pipetagem de reagentes e amostras deve ser feita

Figura 5. Sala de pré-PCR. Identificação da sala e dos equipamentos, e uso de EPI com a cor rosa.

com ponteiras livres de DNAses, RNAses e pirogênios, com filtro hidrofóbico que serve como barreira de contenção, evitando-se a contaminação por aerossol.

Além disso, métodos químicos que impedem a contaminação da PCR, como a utilização da enzima UNG, podem ser utilizados. Alguns *kits* comerciais já possuem essa enzima em seus reagentes, dando maior segurança na realização dos experimentos. Ressalta-se também a importância do uso do controle negativo, que constitui um dos meios mais eficientes de assegurar a qualidade da PCR.

Deve-se ter especial atenção aos reagentes utilizados na qPCR, pois apresentam custo elevado e muitas vezes precisam ser importados, o que pode acarretar atrasos nos trabalhos. Nas preparações de soluções de qPCR para trabalho com RNA, deve-se fazer uso de água tratada com DEPC, por seu poder de inativação de RNAses[40].

Dando-se continuidade à prevenção do risco de contaminação desses procedimentos, a introdução de materiais ou equipamentos não pertencentes à sala da pré-PCR deve ser limitado. Essa sala deve conter equipamentos, como CSB classe II; centrífugas para microtubos; congeladores para armazenamento de reagentes; jogo de micropipetas manuais e, quando possível, eletrônicas, por terem maior precisão, controle eletrônico da aspiração e liberação de líquidos, e causar menor cansaço ao operador; luvas sem talco, pois as partículas podem interferir na emissão de fluorescência e, consequentemente, nos resultados da qPCR; avental com punho fechado; gorro e máscara.

Quanto à limpeza da sala da pré-PCR, utiliza-se álcool 70% em superfícies metálicas e hipoclorito de sódio a 0,1% (1.000 ppm) nas demais superfícies, seguido por exposição à radiação UV pré e pós-utilização. Soluções de hipoclorito, se armazenadas em recipientes plásticos opacos, após 1 mês podem perder de 40 a 50% do nível de cloro livre disponível; portanto, caso queira após 1 mês uma solução de hipoclorito a 0,05% (500 ppm), deve-se preparar inicialmente uma solução de 0,1% (1.000 ppm) de concentração[7].

Cabe lembrar que é estritamente proibido o trabalho com DNA, RNA e produtos da PCR já amplificados na sala de pré-PCR, devendo ser inseridos na reação em suas respectivas salas.

Os resíduos provenientes da sala de pré-PCR não requerem cuidados específicos quanto à descontaminação, com exceção dos resíduos contendo DEPC[40] e SYBR Green, fluoróforo que detecta DNA de cadeia dupla, que devem ser tratados; perfurocortantes, que devem ser dispostos em caixas rígidas próprias e descartados como resíduos de serviços de saúde (RSS); e placas utilizadas para qPCR, que devem ser acondicionadas em sacos resistentes à autoclavação e descartadas como RSS.

Sala de equipamentos da PCR

A sala reservada para os equipamentos de PCR convencional e PCR quantitativa em tempo real (Figura 6) deve ser um local com temperatura ambiente controlada. Em virtude da necessidade de uso de *nobreaks* de alta potência para a manutenção dos equipamentos de PCR, esse ambiente é, por vezes, um local onde não se tem uma temperatura ambiente agradável para o trabalho e aceitável para as máquinas. O controle da temperatura é, portanto, muito importante para que não ocorra sobrecarga das máquinas, tanto as de manutenção quanto as de execução das ciclagens, bem como para adequar o local em condições satisfatórias de trabalho.

Nesse ambiente, poderão ser mantidos equipamentos tanto para PCR convencional (para ensaio da PCR de ponto final), como para PCR em tempo real (ensaios da qPCR). Essa sala deverá conter, também, uma centrífuga de placas e, quando possível, um refrigerador –20°C pequeno, onde poderão ser armazenados os calibradores das máquinas, bem como algum armazenamento temporário de placa de corrida. A sala deverá ter espaço suficiente para a colocação de equipamentos da PCR convencional, da qPCR, *nobreaks* e centrífuga de placas, além dos computadores necessários para execução dos programas da PCR em tempo real.

Uma das tecnologias mais utilizadas em laboratórios de biologia molecular é a PCR, que consiste na amplificação exponencial de uma sequência-alvo, duplicando o número de moléculas a cada ciclo de amplificação, sendo necessária a realização de 30 a 40 ciclos de aquecimento[43].

Para que ocorra o processo da PCR, são necessários três elementos principais: desnaturação do DNA por aquecimento, hibridização dos iniciadores oligonucleotídicos na sequência-alvo de cadeia simples, e a extensão da cadeia complementar pela enzima termoestável Taq DNA polimerase. A desnaturação ocorre à temperatura de 94 a 95°C. A temperatura de hibridização dos iniciadores deve ser 3 a 5°C abaixo da temperatura de *melting* (Tm, temperatura de dissociação dos iniciadores) do *primer* com menor Tm (temperatura de dissociação da forma hibridizada entre o iniciador e a sequência-alvo complementar). Para otimizar a temperatura de hibridização, recomenda-se utilizar temperaturas que variem de 2 a 10°C abaixo da Tm calculada para os dois iniciadores. A temperatura da fase de extensão pode variar entre 72 e 78°C[40].

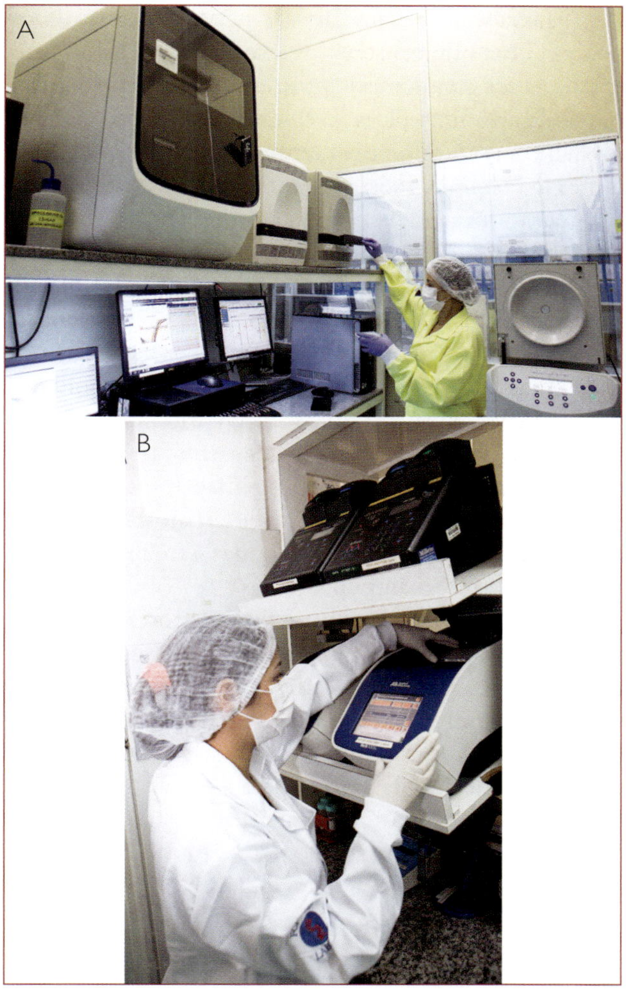

Figura 6. Sala de equipamentos de PCR quantitativa em tempo real (A) e PCR convencional (B). Identificação da sala e dos equipamentos, e uso de EPI com as cores amarela e branca.

Para a realização dos ciclos de temperatura requeridos em uma PCR, são necessários equipamentos que tenham condições de aquecimento e resfriamento contínuos. Os termocicladores são equipamentos desenvolvidos para alcançar temperaturas variando de 0 a 99°C em curto espaço de tempo, com tampa aquecida a 105°C, evitando-se a condensação de água na tampa do tubo e o consequente aumento de concentração da reação.

Os termocicladores são basicamente constituídos por um bloco de resistência elétrica que distribui uma temperatura por tempos programáveis de forma homogênea por uma placa, e em geral possuem a função gradiente, com diferentes temperaturas nas diferentes partes do bloco[44]. Existem vários modelos e marcas de termocicladores, devendo ser adquiridos os que possuem a rampa de aquecimento mais estável possível.

Tanto a PCR convencional quanto a qPCR utilizam o mesmo princípio descrito anteriormente, porém na qPCR a quantidade de DNA é medida a cada ciclo da PCR por meio da fluorescência emitida pelos corantes ligados à fita. O sinal fluorescente é diretamente proporcional ao número de moléculas geradas de produto da PCR e os dados são obtidos na fase exponencial da reação. Os corantes utilizados incluem moléculas de corantes ligadas a iniciadores ou sondas, que hibridizam o produto durante a amplificação.

Para medir a alteração na fluorescência durante a reação, é necessário um instrumento que combine ciclos térmicos com capacidade de digitação da fluorescência do corante. O equipamento da qPCR gera uma curva de amplificação que representa a acumulação de produtos ao longo da reação; para isso, ele traça a fluorescência contra o número de ciclos[45]. Atualmente são disponibilizados no mercado vários modelos de várias marcas de termocicladores para PCR em tempo real.

Sala da pós-PCR

A sala de pós-PCR (Figura 7) é o local onde se manuseiam amplicons, produtos da amplificação da PCR. Nela são realizadas as eletroforeses em gel, para separação, identificação e purificação de fragmentos de DNA[34]. Esse ambiente deve possuir fontes e cubas para eletroforese, transiluminador para revelação e captura de imagem, micro-ondas (opcional para solubilização do gel de agarose), pia de cuba funda, entre outros equipamentos.

É um ambiente reservado basicamente à técnica de eletroforese porque, apesar de ser uma técnica bastante simples, de realização rápida e com capacidade de separação de fragmentos de DNA com bastante eficiência[34], utiliza produtos de amplificação para sua realização, o que pode acarretar contaminação de outras áreas, devendo ser limitada ao máximo a exposição dos produtos aqui manuseados em outros ambientes. Além disso, a técnica de eletroforese muitas vezes pode gerar resíduos nocivos à saúde, como é o caso da acrilamida não polimerizada ou polimerizada não completamente, bisacrilamida, sais de prata, formaldeído, hidróxido de sódio, ácido acético, entre outros. Alguns resíduos de corantes de detecção, como brometo de etídeo, GelRed® em dimetilsulfóxido (DMSO), SYBR Green

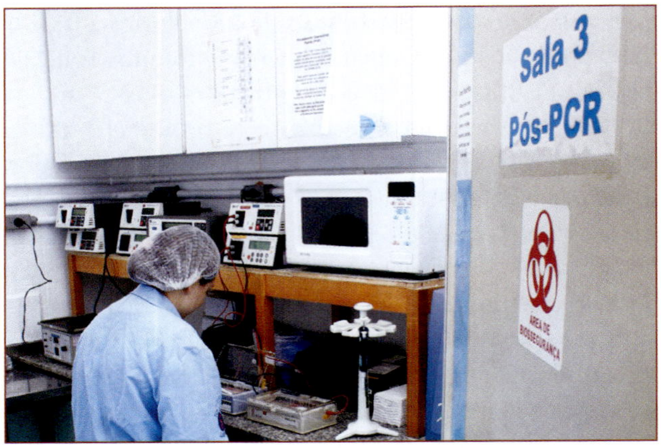

Figura 7. Sala de pós-PCR. Identificação da sala e dos equipamentos, e uso de EPI com a cor azul-clara.

e SYBR Gold ou os corantes de carregamento, como xileno cianol e azul de bromofenol, também são nela manuseados e requerem cuidados especiais quanto ao manejo e descarte.

É indispensável a utilização de EPI adequados às condições de trabalho nessa sala e especial atenção aos resíduos gerados, bem como o cuidado com a contaminação de materiais e ambiente. Cabe lembrar que avental, máscaras e luvas, apesar de serem equipamentos de proteção, podem servir como veículos de contaminação, caso não sejam reservados aos ambientes adequados ou tenham sido retirados de forma incorreta.

No LBM, a eletroforese em gel de agarose e de acrilamida é utilizada rotineiramente para separar moléculas de ácidos nucleicos[46]. Embora a agarose – um polímero derivado de algas – não apresente riscos à saúde humana, a acrilamida não polimerizada é uma neurotoxina potente, absorvida imediatamente pela pele, podendo afetar o sistema nervoso central, periférico e o sistema reprodutor. Essa substância deve ser manuseada com cuidados especiais tanto na preparação quanto na pós-polimerização, pois, mesmo na forma polimerizada, pode conter quantidades pequenas de poliacrilamida não polimerizada. Dessa maneira, é necessário o uso de EPI, como luvas impermeáveis do tipo nitrila de espessura de 0,11 mm, avental, máscara facial[47] e de EPC, como a cabine de segurança química para o manuseio da acrilamida.

Ao armazenar a acrilamida, deve-se tomar cuidados especiais, pois ela é incompatível com agentes oxidantes fortes, bases fortes, agentes redutores fortes, ácidos fortes, catalisadores de polimerização e aceleradores, cobre, latão, bronze, ferro e alumínio[48].

Outra substância muito utilizada nessa sala é o brometo de etídio ($C_{21}H_{20}BrN_3$), derivado da fenantridina que se intercala entre os pares de bases de DNA, formando complexos que, ao serem expostos à radiação

UV nos comprimentos de onda 302 nm e 366 nm, emitem fluorescência, possibilitando, assim, sua visualização[40,45]. Apesar de ser um composto fluorescente útil na área de biologia molecular, apresenta propriedades altamente mutagênicas e carcinogênicas, expondo os profissionais dessa área a riscos significativos. Estudos sugerem que o brometo de etídio possui potencial mutagênico aproximadamente cinco vezes maior que o benzo(a)pireno e dez vezes maior que o N-metil-N'-nitro-N-guanidina (NTG), substâncias mutagênicas utilizadas na área de genética[13]. Por esse motivo, tornou-se indispensável o uso de EPI e EPC apropriados para a o trabalho com essa substância.

O nitrato de prata ($AgNO_3$), utilizado para a coloração de géis de poliacrilamida, também é bastante utilizado nesse ambiente. Por ser um metal pesado, deve ser manuseado com cuidado, pois apresenta toxicidade aguda, sendo lesivo por inalação, ingestão ou por absorção pela pele provocando queimaduras[7]. Também pode provocar descoloração da córnea. Por isso, devem-se utilizar todos os EPI adequados e recomendados para o manuseio dessa substância.

Um outro exemplo de substância nociva utilizada nessa sala é o SYBR Green, um composto químico, não simétrico, utilizado para a detecção de DNA em géis de agarose e acrilamida, cuja afinidade para DNA dupla fita é, aproximadamente, cem vezes maior que a do brometo de etídio[49].

Características próprias do SYBR Green, como propriedades fotofísicas favoráveis, estabilidade de temperatura, seletividade para DNA dupla fita e alta sensibilidade, faz com que esse composto tenha sido aplicado em uma grande variedade de técnicas moleculares[50]. Graças a sua alta sensibilidade, tornou-se possível a detecção de quantidades bastante pequenas de DNA (20 pg) nos géis de agarose[40].

Entre os métodos que podem utilizar o SYBR Green, encontram-se detecção de ácidos nucleicos, determinação de atividade de DNAse ou telomerase, citometria de fluxo e PCR em tempo real.

O complexo formado com DNA possui absorção máxima em 485 nm. Além da toxicidade apresentada pelo SYBR Green, foi sugerido que o potencial mutagênico da radiação UV seja aumentado de forma significativa por ele. O SYBR Green representa um desafio significativo, já que a utilização dessa técnica se baseia em sua ligação com DNA e na consequente exposição à radiação UV. Dessa forma, cabe a todo profissional lembrar que devem ser adotadas todas as medidas de segurança ao se manusear essa substância.

Além da exposição dos profissionais aos agentes químicos nesse ambiente, eles também estão sujeitos a riscos físicos, como choque elétrico, que pode ser definido como o efeito patofisiológico que resulta da passagem de uma corrente elétrica – a denominada corrente de choque – através do corpo de uma pessoa ou animal[51]. Esse tipo de risco é proveniente do uso de fontes de eletroforese, equipamentos de fotodocumentação de géis de agarose e acrilamida, aparelho de micro-ondas, agitadores, entre outros.

O profissional também está sujeito à radiação UV, que pode acarretar problemas de queimaduras e oftalmológicos. Cabe lembrar que a maior parte da radiação UV significativa se encontra na região situada entre 200 nm e 400 nm, e que os efeitos biológicos adversos ocorrem em todas as faixas dessa região. Para tanto, ao ser exposto à radiação, o profissional deve utilizar protetores faciais ou óculos específicos que protejam a região do rosto e dos olhos, além de outros tipos de EPI que protejam todas as partes do corpo expostas à radiação.

Existem muitas outras substâncias perigosas manuseadas na sala de pós-PCR, para as quais é necessário o conhecimento da ficha de segurança química das substâncias (FISPQ), bem como a prática das BPL e das normas de biossegurança.

ARMAZENAMENTO DE AMOSTRAS E REAGENTES QUÍMICOS

O armazenamento correto das amostras e dos reagentes utilizados no LBM é essencial para que seja mantida a integridade dos experimentos e para que se possa garantir a segurança dos profissionais que nele trabalham. Para tanto, cabe lembrar que toda amostra deve ser tratada como potencialmente infecciosa e que muitos dos reagentes pertencentes ao cotidiano do laboratório oferecem um leque de agressões à saúde humana[42,52]. Devem ser sempre levadas em consideração as recomendações específicas de armazenamento de cada tipo de amostra. Em geral, essas recomendações dizem respeito a temperaturas e ao tempo de armazenamento, além do tipo de tubos e tampões em que essas amostras devem ser mantidas.

A identificação correta da amostra é de suma importância, pois protege a privacidade do paciente, além de auxiliar na organização do laboratório. Cada laboratório deve estabelecer normas em relação à identificação das amostras biológicas. No entanto, essa identificação deve conter, pelo menos, os seguintes itens: um número de identificação, data e hora da coleta e tipo de amostra (sangue, tecido, fezes, urina, entre outros)[53].

Refrigeradores de 4 a 8°C, congeladores a –20°C e –70°C e tambores de nitrogênio líquido devem estar disponíveis para uso do pessoal do LBM. Os refrigeradores e congeladores a –20°C não devem ser do tipo *frost-free*, pois estes apresentam variações de temperatura que podem provocar degradação dos ácidos nucleicos[53].

No Quadro 2, são apresentados alguns tipos de amostras biológicas mais frequentemente utilizadas nos métodos moleculares e as condições em que devem ser armazenadas.

Em relação ao armazenamento dos reagentes químicos, é de extrema importância que se adotem medidas de organização, pois a desorganização é totalmente incompatível com as atividades exercidas no laboratório[11]. Uma medida que exemplifica essa organização é a atenção devida à informação dada sobre cada reagente pelo próprio fabricante. Essa informação deve contemplar: identificação, prazo de validade e instruções específicas sobre armazenamento.

No que se refere às alíquotas de reagentes, estas devem ser retiradas da embalagem original, transferidas para recipientes adequados, devidamente rotulados e armazenados por um determinado tempo[54].

Substâncias que apresentam alto nível de periculosidade não devem ser armazenadas em locais altos em relação ao piso, evitando assim acidentes de trabalho. Ao estocar os produtos químicos, deve ser respeitada a composição de cada um, pois pode motivar problemas de incompatibilidade, combustão ou explosão, colocando em risco o profissional, o espaço físico e o meio ambiente. Além disso, não se deve estocar reagentes em grandes quantidades no laboratório, pois o lugar não dispõe de estrutura física para esse tipo de armazenamento.

TRATAMENTO E DESCARTE DE RESÍDUOS BIOLÓGICOS E QUÍMICOS

No LBM, são gerados vários tipos de resíduos, podendo ser biológicos (grupo A), químicos (grupo B), radioativos (grupo C), comuns (grupo D) e perfurocortantes (grupo E)[32]. Com isso, há necessidade de se conhecer os resíduos gerados em cada laboratório, especificamente diante da linha de pesquisa adotada, para que possa ser empregado o melhor método para o gerenciamento desses resíduos.

Quadro 2. Armazenamento de amostras biológicas no laboratório de biologia molecular

Tipo de amostra	Armazenamento
DNA	■ Armazenado em tampão TE (Tris-EDTA). Temperatura ambiente por até 26 semanas. ■ Temperaturas de 2 a 8°C, até um ano (quando não há DNAses contaminantes). ■ Temperaturas de –20°C, até sete anos (amostras com baixa pureza devem ser sempre armazenadas nessas condições). ■ Temperaturas de –70°C, pelo menos sete anos.
RNA	■ Armazenado como amostra precipitada em etanol, utilizando tubos previamente tratados com DEPC. ■ Temperaturas abaixo de –70°C, pois RNAses continuam degradando RNA em temperaturas de –20°C.
Sangue total	Sangue destinado à extração de DNA pode ser armazenado a 2 a 8°C por 72 horas antes do procedimento.
Soro	Armazenado a –20°C.
Plasma	Estável por até 5 dias a 2 a 8°C ou por mais tempo, se armazenado a –20°C ou –70°C.
Tecido humano	■ Amostras destinadas à extração de DNA devem ser armazenadas por até 24 horas a 2 a 8°C, durante pelo menos duas semanas a –20°C, e um ano a –70°C ou temperaturas mais baixas. ■ Pode ser feito um congelamento rápido da amostra, tanto no local da coleta quanto no laboratório, em nitrogênio líquido. ■ Amostras destinadas à extração de RNA devem passar por congelamento rápido em nitrogênio líquido.
Células periféricas mononucleares	Criopreservação: temperaturas muito baixas como a do nitrogênio líquido (–196°C).
Urina	■ Deve ser evitado armazenamento em temperaturas ambiente, pois pode ocorrer degradação dos ácidos nucleicos por pH baixo e concentrações elevadas de ureia. ■ Após processamento, a amostra deve ser armazenada a 2 a 8°C.
Fezes	Temperaturas de 2 a 8°C.
Sêmen	Temperaturas de 2 a 8°C até que seja feita a extração de DNA.
Escarro	■ Amostras não testadas imediatamente devem ser refrigeradas a 2 a 8°C. ■ Armazenamento por pelo menos um ano em temperaturas de –70°C ou mais baixas.

Fonte: Clinical and Laboratory Standards Institute/NCCLS (2005)[53].

Ter uma sala separada apenas para o gerenciamento de resíduos provindos do LBM seria algo bem interessante, pois seria possível assegurar um correto manejo desses resíduos, bem como um armazenamento temporário adequado até a destinação final. Nessa sala, seria necessário haver equipamentos como: cabines de segurança química, balanças, vidrarias para processamentos de reagentes passíveis de recuperação ou minimização do potencial de risco, bancadas resistentes a produtos químicos, equipamento de esterilização tipo autoclave e local apropriado para armazenamento temporário dos resíduos.

No LBM, a maioria dos resíduos gerados está inserida nos grupos A, B e E. Podem ser: resíduos líquidos ou sólidos contendo sangue e derivados, culturas e meios de cultura; resíduos químicos provenientes do processamento de material biológico, como ácidos, bases, metais pesados, substâncias de elevada periculosidade (acrilamida, bis acrilamida, Temed, DMSO, brometo de etídeo, SYBR Gold, SYBR Green, dudecilsulfato de sódio (SDS), nitrato de prata, tiocianato ou cloridrato de guanidina, fenol, entre muitos outros), oleosos e solventes, clorados ou não; objetos capazes de cortar ou perfurar, como agulhas, vidrarias quebradas, objetos com protuberância rígida e aguda, entre outros.

Alguns exemplos de tratamento são: esterilização, filtração, neutralização e recuperação. A seguir, são descritas algumas substâncias que poderiam ser tratadas, caso se tenha um local apropriado, com equipamentos adequados para o tratamento de resíduos.

Brometo de etídeo

Substância altamente perigosa, como já descrito no item relativo à sala da pós-PCR. Tanto o contato com a pele quanto a inalação desse produto devem ser evitados. A fim de se tentar minimizar o potencial de risco dessa substância, foram desenvolvidas técnicas de descontaminação e descarte específicas para esse composto. Uma das técnicas mais utilizadas na pesquisa é o tratamento com hipoclorito de sódio, que consiste na conversão do brometo de etídio em 2-carboxibenzofenona[55]. No entanto, esse método apresenta desvantagens importantes, pois, após a inativação, 20% do produto ainda apresenta mutagenicidade[56]. Uma alternativa simples, porém de alto custo, é a incineração, na qual soluções contendo brometo de etídio são destruídas em temperaturas acima de 1.600°C. Podem ser empregados outros métodos químicos para a destruição do brometo, como inativação por permanganato de potássio, ácido clorídrico, ácido hipofosforoso e nitrato de sódio, ou pela absorção por carvão ativado ou resinas específicas. Cabe lembrar que a toxicidade de um composto depende das concentrações utilizadas e do tempo de exposição a ele. Soluções de brometo de etídio para géis de agarose e acrilamida são consideradas tóxicas em concentrações superiores a 4,72 mg/L/1h[57].

Nitrato de prata

O descarte da prata não deve ser feito na rede de esgoto, pois pode provocar danos extensos a organismos aquáticos, por ser altamente bioacumulável. Sendo assim, a prata deve passar por uma etapa prévia de redução ao seu estado metálico, adicionando um volume de solução de formaldeído a 0,28% e NaOH a 3% para cada volume de solução de $AgNO_3$ a 0,17%[58]. Depois de precipitado, deve-se filtrar e incinerar o resíduo sólido.

Acrilamida ou bisacrilamida

Os resíduos sólidos contendo estes produtos devem ser acondicionados em embalagens de materiais compatíveis com a substância, de forma a evitar reação química entre os componentes do resíduo e da embalagem, que deverá ser impermeável[39] (deve-se ocupar, no máximo, 2/3 do recipiente), devidamente identificados e armazenados temporariamente nesta sala, pelo tempo máximo de um mês, até a destinação final.

Os resíduos líquidos devem ser acondicionados em recipientes de material compatível com o líquido armazenado, resistentes, rígidos e estanques, com tampa rosqueada e vedante[39], ocupando no máximo 2/3 do recipiente, bem identificados e armazenados temporariamente até o descarte final. O mesmo procedimento poderá ser feito no caso de resíduos contendo fenol ou tiocianato de guanidina. Os resíduos dessas substâncias devem ser encaminhados para incineração (destinação final).

Procurar métodos alternativos com o objetivo de substituir substâncias perigosas ou mesmo diminuir seu uso, minimizando os resíduos gerados durante os trabalhos executados, deve ser uma constante preocupação do profissional desta área. Deve-se ter atenção especial a todo resíduo proveniente do LBM, bem como planejar os trabalhos considerando a quantidade e o volume das substâncias a serem utilizadas, para que não sejam gerados resíduos perigosos desnecessariamente.

CONSIDERAÇÕES FINAIS

Esperamos, modestamente, que este capítulo possa contribuir e ser útil na orientação de questões referentes à biossegurança inerente às atividades realizadas em laboratórios de biologia molecular. Com isso, acreditamos que a execução do trabalho possa ser realizada de forma mais adequada e cuidadosa, garantindo a segurança dos trabalhadores e do meio ambiente, além da qualidade dos resultados obtidos.

REFERÊNCIAS BIBLIOGRÁFICAS

1. Orrego M. Organizing a laboratory for PCR work. Londres: Academic Press; 1990. Disponível em: <https://books.google.com.br/books?id=UdpqAAAAMAAJ>. Acesso em: 12 nov. 2015.
2. Brasil. Ministério da Saúde (MS). Portaria n. 485, de 11 de novembro de 2005. Aprova a Norma Regulamentadora n. 32 (Segurança e Saúde no Trabalho em Estabelecimentos de Saúde). Brasília: MS; 2005. Disponível em: <http://sbbq.iq.usp.br/arquivos/seguranca/portaria485.pdf>. Acesso em: 03 mar. 2016.
3. Brasil. Agência Nacional de Vigilância Sanitária (Anvisa). Segurança e controle de qualidade no laboratório de microbiologia clínica. Brasília: Anvisa; 2004. Disponível em: <http://www.anvisa.gov.br/servicosaude/manuais/microbiologia/mod_2_2004.pdf>. Acesso em: 15 nov. 2015.
4. Brasil. Agência Nacional de Vigilância Sanitária (Anvisa). Guia de qualidade para sistemas de purificação de água para uso farmacêutico. Brasília: Anvisa; 2013. Disponível em: <http://portal.anvisa.gov.br/wps/wcm/connect/d5d225804f8ca88b81baf59a71dcc661/qualidade_do_ar_final.pdf?MOD=AJPERES>. Acesso em: 15 nov. 2015.
5. Mendes ME, Fagundes CC, Porto CC, Bento LC, Costa TGR, Santos RA, et al. A importância da qualidade da água reagente no laboratório clínico. J Bras Patol Med Lab. 2011;47(3):217-23. Disponível em: <http://dx.doi.org/10.1590/S1676-24442011000300004>. Acesso em: 28 abr. 2016.
6. Furr AK. CRC handbook of laboratory safety. 4. ed. Boca Raton: CRC Press; 1995. Disponível em: <https://du1ux2871uqvu.cloudfront.net/sites/default/files/biohazardous-materials-request-for-use-306biohazardapprovals.pdf>. Acesso em: 15 nov. 2015.
7. Rutala WA, Weber DJ, Control CFD. Guideline for disinfection and sterilization in healthcare facilities, 2008. Centers for Disease Control (U.S.), 2008. Disponível em: <http://www.cdc.gov/hicpac/pdf/guidelines/Disinfection_Nov_2008.pdf>. Acesso em: 28 abr. 2016.
8. Dion M, Parker W. Steam sterilization principles. Pharmaceutical Engineering. 2013;33(6):1-8. Disponível em: <https://www.ispe.gr.jp/ISPE/07_public/pdf/201504_en.pdf>. Acesso em: 13 nov. 2015.
9. Gefrides LA, Powell MC, Donley MA, Kahn R. UV irradiation and autoclave treatment for elimination of contaminating DNA from laboratory consumables. Forensic Sci Int Genet. 2010;4(2):89-94. Disponível em: <http://www.ncbi.nlm.nih.gov/pubmed/20129466>.
10. Cone RW, Fairfax MR. Protocol for ultraviolet irradiation of surfaces to reduce PCR contamination. Genome Res. 1993;3:S15-S17. Disponível em: <http://genome.cshlp.org/content/3/3/S15.full.pdf>. Acesso em: 28 abr. 2016.
11. Champlot S, Berthelot C, Pruvost M, Bennett EA, Grange T, Geigl EM. An efficient multistrategy DNA decontamination procedure of PCR reagents for hypersensitive PCR applications. PLoS One. 2010;5(9). Disponível em: <http://www.ncbi.nlm.nih.gov/pubmed/20927390>.
12. Vesley D, Lauer JL. Decontamination, sterilization, disinfection, and antisepsis. Washington: American Society for Microbiology Press; 1995. p.219-37. Disponível em: <http://www.abebooks.com/servlet/BookDetailsPL?bi=14783234137&searchurl=isbn%3D9781555810474%26sortby%3D17>. Acesso em: 15 nov. 2015.
13. Linquist V, Stoddart CA, McCune JM. UV irradiation of polystyrene pipets releases PCR inhibitors. Biotechniques. 1998;24(1):50-2. Disponível em: <http://www.ncbi.nlm.nih.gov/pubmed/9454951>.
14. Tamariz J, Voynarovska K, Prinz M, Caragine T. The application of ultraviolet irradiation to exogenous sources of DNA in plasticware and water for the amplification of low copy number DNA. J Forensic Sci. 2006;51(4):790-4. Disponível em: <http://www.ncbi.nlm.nih.gov/pubmed/16882220>. Acesso em: 28 abr. 2016.
15. Padua RA, Parrado A, Larghero J, Chomienne C. UV and clean air result in contamination-free PCR. Leukemia. 1999;13(11):1898-9. Disponível em: <http://www.ncbi.nlm.nih.gov/pubmed/10557070>. Acesso em: 15 nov. 2015.
16. Brasil. Agência Nacional de Vigilância Sanitária (Anvisa). O que são desinfetantes. Portal Anvisa, 2005-2009. Disponível em: <http://portal.anvisa.gov.br/wps/content/Anvisa+Portal/Anvisa/Inicio/Saneantes/Assunto+de+Interesse/Tipos+de+Produto/Desinfetantes>. Acesso em: 02 maio 2016.
17. Dos Santos AAM Verotti MP, Sanmartin JA, Mesiano ERAB. Importância do álcool no controle de infecções em serviços de saúde. Portal Anvisa. Disponível em: <http://www.anvisa.gov.br/servicosaude/controle/controle_alcool.pdf>. Acesso em: 02 maio 2016.
18. Brasil. Agência Nacional de Vigilância Sanitária (Anvisa). RDC n. 55, de 14 de novembro de 2012. Dispõe sobre os detergentes enzimáticos de uso restrito em estabelecimentos de assistência à saúde com indicação para limpeza de dispositivos médicos e dá outras providências. Diário Oficial da União, Seção 1, 2012. Disponível em: <http://www.abih.net.br/wp-content/uploads/RDC-55-DE-14-11-2012-DETERGENTES-ENZIM%C3%81TICOS.pdf>. Acesso em: 02 maio 2016.
19. Largura A. Desenvolvimento e avaliação de um sistema automatizado biosseguro para o tratamento, reciclagem e descarte de resíduo de microbiologia clínica. São Paulo. Tese [Doutorado] – Universidade de São Paulo; 2007. p.159.
20. Graziano MU, Graziano KU, Pinto FMG, Bruna CQM, Souza RQ, Lascala CA. Effectiveness of disinfection with alcohol 70% (w/v) of contaminated surfaces not previously cleaned. Rev Lat Am Enfermagem. 2013;21(2):618-23. Disponível em: <http://www.ncbi.nlm.nih.gov/pubmed/23797557>. Acesso em: 15 nov. 2015.
21. Pruvost M, Grange T, Geigl EM. Minimizing DNA contamination by using UNG-coupled quantitative real-time PCR on degraded DNA samples: application to ancient DNA studies. Biotechniques. 2005;38(4):569-75. Disponível em: <http://www.ncbi.nlm.nih.gov/pubmed/15884675>. Acesso em: 28 abr. 2016.
22. Longo MC, Berninger MS, Hartley JL. Use of uracil DNA glycosylase to control carry-over contamination

in polymerase chain reactions. Gene. 1990;93(1):125-8. Disponível em: <http://www.ncbi.nlm.nih.gov/pubmed/2227421>. Acesso em: 15 nov. 2016.

23. Brasil. Ministério da Saúde. Secretaria de Ciência, Tecnologia e Insumos Estratégicos. Diretrizes gerais para o trabalho em contenção com agentes biológicos. Brasília: Esplanada dos Ministérios; 2010. p.64. Disponível em: <http://www.fiocruz.br/biosseguranca/Bis/manuais/contencaocomagentesbiologicos.pdf>. Acesso em: 23 dez. 2015.

24. Brasil. Secretaria de Inspeção do Trabalho. Portaria n. 25, de 15 de outubro de 2001. Altera a Norma Regulamentadora que trata de Equipamento de Proteção Individual - NR 6 e dá outras providências. Brasília: Ministério do Trabalho. 2001. Disponível em: <http://www.mtps.gov.br/images/Documentos/SST/NR/NR6.pdf>. Acesso em: 28 abr. 2016.

25. Brasil. Agência Nacional de Vigilância Sanitária (Anvisa). Cartilha de proteção respiratória contra agentes biológicos para trabalhadores de saúde. 2009. Disponível em: <http://portal.anvisa.gov.br/wps/wcm/connect/48b0da0047458893924 0d63fbc4c6735/tecnovigilanca_cartilha_protecao_respiratoria.pdf?MOD=AJPERES>. Acesso em: 04 fev. 2016.

26. The Wyss Institute. Biosafety manual. Cambridge: Environmental Health & Engineering; 2013. p.65. Disponível em: <http://wyss.harvard.edu/staticfiles/resources/Wyss%20Biosafety%20Manual%20August%202013.pdf>. Acesso em: 04 maio 2016.

27. Bahia. Secretaria da Saúde. Superintendência de Vigilância e Proteção da Saúde. Diretoria de Vigilância e Controle Sanitário/Universidade Federal da Bahia. Instituto de Ciências da Saúde. Manual de biossegurança. Parte III - Laboratórios. Salvador: Diretoria de Vigilância e Controle Sanitário (Divisa); 2001. p.55. Disponível em: <http://www.ccs.saude.gov.br/visa/publicacoes/arquivos/p1_introdu%C3%A7%C3%A3o.pdf>. Acesso em: 03 fev. 2016.

28. Brasil. Agência Nacional de Vigilância Sanitária (Anvisa). Manual de microbiologia clínica para o controle de infecção relacionada à assistência à saúde. Brasília: Anvisa; 2013.

29. Organização Mundial da Saúde (OMS). Manual de segurança biológica em laboratório. 3. Genebra: OMS; 2004. p.4-9. Disponível em: <http://www.iec.pa.gov.br/cibio/arquivos/Manualsegbiol%C3%B3gicalab.pdf>. Acesso em 05 fev. 2016.

30. National Research Council (US) Committee on Prudent Practices in the Laboratory. Prudent practices in the laboratory: handling and management of chemical hazards: updated version. Washington: National Academy of Sciences 2011. p.360. Disponível em: <http://www.ncbi.nlm.nih.gov/books/NBK55878/>. Acesso em: 05 fev. 2016.

31. National Research Council (US) Committee on Hazardous Biological Substances in the Laboratory. Biosafety in the laboratory: prudent practices for the handling and disposal of infectious materials. Washington: National Academies Press (US); 1989. Disponível em: <http://www.ncbi.nlm.nih.gov/books/NBK218639/>. Acesso em: 05 fev. 2016.

32. Brasil. Agência Nacional de Vigilância Sanitária (Anvisa). Gerenciamento dos resíduos de serviços de saúde. Brasília: Anvisa; 2006. Disponível em: <http://www.anvisa.gov.br/servicosaude/manuais/manual_gerenciamento_residuos.pdf>. Acesso em: 28 abr. 2016.

33. Carvalho CMRS, Madeira MZA, Tapety FI, Alves ELM, Martins MCC, Brito JNPO. Aspectos de biossegurança relacionados ao uso do jaleco pelos profissionais de saúde: uma revisão da literatura. Texto Contexto-Enferm. 2009;18(2):355-60. Disponível em: <http://www.scielo.br/scielo.php?script=sci_arttext&pid=S0104-07072009000200020>. Acesso em: 15 nov. 2015.

34. Miller JM, Astles R, Baszler T, Chapin K, Carey R, Garcia L, et al.; Biosafety Blue Ribbon Panel; Centers for Disease Control and Prevention (CDC). Guidelines for safe work practices in human and animal medical diagnostic laboratories. Recommendations of a CDC-convened, Biosafety Blue Ribbon Panel. MMWR Suppl. 2012;61(1-102). Disponível em: <http://www.ncbi.nlm.nih.gov/pubmed/22217667>. Acesso em: 05 fev. 2016.

35. Martinho MAV. Eficácia dos integradores químicos x indicadores biológicos no monitoramento dos ciclos de esterilização a vapor: revisão sistemática da literatura. São Paulo. Dissertação [Mestrado em Enfermagem] – Escola de Enfermagem da Universidade de São Paulo; 2007.

36. Centers for Disease Control and Prevention (CDC). Division of Oral Health National Center for Chronic Disease Prevention and Health Promotion. Infection control. Atlanta: CDC; 2013. Disponível em: <http://www.cdc.gov/oralhealth/infectioncontrol/faq/sterilization_monitoring.htm>. Acesso em: 29 mar. 2016.

37. Neto JL, Kern R, Santos EBD. Controle da esterilização em autoclave por meio de métodos químicos e biológicos. Publ UEPG Cienc Biol Saúde. 2004;10(3/4):43-8. Disponível em: <http://www.revistas2.uepg.br/index.php/biologica/article/viewFile/392/398>. Acesso em: 12 jul. 2016.

38. Nieheus RC. Autoclaves verticais: uma proposta de sistema para garantia do processo de esterilização. Florianópolis. Dissertação [Mestrado em Engenharia Elétrica] – Universidade Federal de Santa Catarina; 2004.

39. Brasil. Agência Nacional de Vigilância Sanitária (Anvisa). Resolução RDC n. 306, de 07 de dezembro de 2004. Dispõe sobre o Regulamento Técnico para o gerenciamento de resíduos de serviços de saúde, constante do anexo desta Resolução. Brasília: Anvisa; 2004. Disponível em: <http://portal.anvisa.gov.br/wps/wcm/connect/10d6dd00474597439fb6df3fbc4c6735/RDC+N%C2%BA+306,+DE+7+DE+DEZEMBRO+DE+2004.pdf?MOD=AJPERES>. Acesso em: 16 nov. 2015.

40. Sambrook J, Russell DW. Molecular cloning: a laboratory manual. New York CSHL Press; 2001. Disponível em: <https://books.google.com.br/books?id=Bosc5JVxNpkC>. Acesso em: 15 nov. 2015.

41. Abravaya K, Hu HY, Khahil O. Strategies to avoid amplicon contamination. In: Lee HH, Morse SA, Olsvik O, editores. Nucleic acid amplification technologies: application to disease dignosis. Cambridge, MA: Birkhäuser Boston; 1997. p.125-30 Disponível em: <https://books.

google.com.br/books?id=IBRqLKexKtcC>. Acesso em: 28 abr. 2016.

42. Bruns DE, Ashwood ER, Burtis CA. Fundamentals of molecular diagnostics. St Louis: Saunders Elsevier; 2007. Disponível em: <https://books.google.com.br/books?id=gselc81U5W8C>. Acesso em: 15 nov. 2015.
43. Life Technologies. Real-time PCR handbook. Life Technologies Corporation; 2012. Disponível em: <http://www.gene-quantification.com/real-time-pcr-handbook-life-technologies-update-flr.pdf>. Acesso em: 28 abr. 2016.
44. Nova Instruments. NI 1396 - Termociclador. Disponível em: <http://www.novainstruments.com.br/produtos_detalhes.aspx?ProdutoID=3968&CategoriaID=348>. Acesso em: 27 abr. 2016.
45. Oliveira MW, Hilsdorf AWS, Silva AFS, Oliveira AF. Estudo da adsorção de brometo de etídio em resina XAD-7. Química Nova. 2009;32(5):1134-8. Disponível em: <http://dx.doi.org/10.1590/S0100-40422009000500010>. Acesso em: 15 nov. 2015.
46. Reiniger LRS, Anthonisen D, Choer E, Sepel LMN. Reciclagem de agarose em laboratórios de biologia molecular. Ciência Rural. 2004;34(5):1603-5. Disponível em: <http://dx.doi.org/10.1590/S0103-84782004000500043>. Acesso em: 28 abr. 2016.
47. Merck Group. Ficha de Informações de Segurança de Produtos Químicos - FISPQ. 2004. Disponível em: <http://cloud.cnpgc.embrapa.br/wp-content/igu/fispq/laboratorios/Acrilamida.pdf>. Acesso em: 27 abr. 2016.
48. Carvalho PR. Boas práticas químicas em biossegurança. Rio de Janeiro: Interciência; 1999. Disponível em: <https://books.google.com.br/books/about/Boas_pr%C3%A1ticas_qu%C3%ADmicas_em_biosseguran.html?hl=pt-BR&id=hKnUAQAACAAJ>. Acesso em: 28 abr. 2016.
49. Ohta T, Tokishita S, Yamagata H. Ethidium bromide and SYBR Green I enhance the genotoxicity of UV-irradiation and chemical mutagens in E. coli. Mutat Res. 2001;492(1-2):91-7. Disponível em: <http://www.ncbi.nlm.nih.gov/pubmed/11377248>. Acesso em: 28 abr. 2016.
50. Zipper H, Brunner H, Bernhagen J, Vitzthum F. Investigations on DNA intercalation and surface binding by SYBR Green I, its structure determination and methodological implications. Nucleic Acids Res. 2004;32(12):e103. Disponível em: <http://www.ncbi.nlm.nih.gov/pubmed/15249599>. Acesso em: 28 abr. 2016.
51. Torreira RP. Manual de segurança industrial. São Paulo: MCT Produções Gráficas, 1999.
52. Da Costa MAF. Manual para profissionais das áreas médicas e biomédicas. São Paulo: Livraria Santos; 1996. p.99. Disponível em: <http://bases.bireme.br/cgi-bin/wxislind.exe/iah/online/?IsisScript=iah/iah.xis&src=google&base=LILACS=p&nextAction=lnk&exprSearch=189562&indexSearch=ID>. Acesso em: 04 maio 2016.
53. Rainen L. Collection, transport, preparation, and storage of speciments for molecular methods; approved guideline. Clinical & Laboratory Standards Institute; 2005. p.51. Disponível em: <https://books.google.com.br/books?id=k9FXAAAACAAJ>.
54. Serviço Nacional de Aprendizagem Industrial (Senai)/Instituto Nacional de Metrologia (Inmetro). Princípios das boas práticas de laboratórios. Brasília: Senai/Inmetro; 1995. p.47. Disponível em: <https://books.google.com.br/books?id=dkfEZwEACAAJ>. Acesso em: 04 maio 2016.
55. Armour MA. Hazardous laboratory chemicals disposal guide. 2. ed. Boca Raton: Lewis; 1995. p.698. Disponível em: <https://books.google.com.br/books?id=bLV55kunjA4C&printsec=frontcover&dq=ISBN+0-203-00978-9&hl=en&sa=X&redir_esc=y#v=onepage&q&f=false>. Acesso em: 04 maio 2016.
56. Quillardet P, Hofnung M. Ethidium bromide and safety--readers suggest alternative solutions. Trends Genet. 1988;4(4):89-90. Disponível em: <http://www.ncbi.nlm.nih.gov/pubmed/3238760>. Acesso em: 15 nov. 2015.
57. ScienceLab. Material safety data sheet – ethidium bromide solution. 2007. Disponível em: <https://fscimage.fishersci.com/msds/45442.htm>. Acesso em: 04 maio 2016.
58. Zancanaro OJ Manual de biossegurança. São Paulo: Faculdade de Ciências Farmacêuticas, 2000.

capítulo 22

Biossegurança em nanotecnologia

Vladi Olga Consiglieri

INTRODUÇÃO

As nanopartículas podem ser definidas, de modo geral, como material ultrafino, com tamanho de 1 a 100 nm. Entretanto, partículas maiores, de até cerca de 200 nm e diversos tipos de sistemas como nanotubos, nanoesferas e nanocápsulas também são consideradas nanopartículas. A nanotecnologia, por sua vez, abrange a integração dessas estruturas nanoestruturadas como componentes de materiais ou de sistemas preexistentes com o objetivo de obter materiais novos e mais eficientes ou com novas funcionalidades[1].

Nas últimas décadas, as nanopartículas têm sido crescente objeto de estudo pelos pesquisadores em diversos campos tradicionais de conhecimento, destacando-se física, química, ciência dos materiais, ciências da vida e engenharia elétrica. Por conseguinte, a nanotecnolgia encontra aplicação em diversos setores industriais, como têxtil, aeroespacial, automotivo, energético, ambiental, farmacêutico e cosmético, nas tecnologias da informação e da comunicação, entre outros[1,2].

As nanopartículas de óxido de titânio, por exemplo, por serem ótimas absorventes de energia UV, são utilizadas como componentes em revestimentos e cosméticos; as de óxido de zinco são amplamente usadas como diluentes em polímeros e absorventes de luz UV e, quando incorporadas em revestimentos (tintas), tecidos ou plásticos, têm efeito antibacteriano e antifúngico. Nanopartículas de cádmio têm aplicação como semicondutoras em estruturas metalocristalinas[3]. Outros exemplos incluem, ainda, nanopartículas de materiais magnéticos para motores elétricos e geradores, nanomateriais altamente transmissores de energia elétrica como componentes para baterias e monitores, partículas para revestimento de fibras de tecidos a prova de manchas, tintas autolimpantes, entre tantos outros[4].

Os investimentos em pesquisa e desenvolvimento para a produção de materiais nanoparticulados nas diversas aplicações teve um crescimento extraordinário na última década. Só nos EUA, a demanda para pesquisa e desenvolvimento na área de ciência, engenharia e tecnologia de nanoescala foi de US$ 1,76 bilhões em 2011. Entretanto, as agências regulatórias e a comunidade científica ainda têm muitos questionamentos sobre os riscos desses materiais à saúde e ao meio ambiente[5-7].

Em 2004, Donaldson et al.[8] sugeriram a criação da disciplina de Nanotoxicologia para enfrentar os novos potenciais riscos derivados do uso disseminado de nanopartículas e para apoiar o crescimento de uma indústria de nanotecnologia segura e sustentável[7].

Neste capítulo, são abordados os principais desafios da toxicologia direcionada aos sistemas nanoestruturados em geral, considerando, sobretudo, a escala de tamanho dessas partículas, bem como o quanto se conseguiu avançar no mapeamento dos efeitos deletérios à saúde e ao ambiente, em virtude do reduzido tamanho desses materiais.

DEFINIÇÕES

Segundo a Academia Europeia Graue Reihe (Europaische Akademie Graue Reihe), a nanotecnologia é o emprego de sistemas funcionais baseados no uso de subunidades com propriedades específicas que dependem de seu reduzido tamanho individual ou do tamanho de seu sistema.

A nanociência é definida pela Academia Real de Engenharia (Raeuk) como o estudo dos fenômenos e a manipulação de materiais nas escalas atômica, molecular e macromolecular, nas quais as propriedades diferem significativamente daquelas em maior escala, enquanto a nanotecnologia representa o planejamento, a caracterização, a produção e a aplicação de estruturas, dispositivos e sistemas, controlando a forma e o tamanho em escala nanométrica[4].

Os produtos nanotecnológicos podem ser divididos em três segmentos principais: materiais, ferramentas e dispositivos. Como material, entende-se o componente que tem ao menos uma dimensão entre 1 e 100 nm e inclui nanopartículas, nanofibras e nanotubos, materiais compostos e superfícies nanoestruturadas. Na categoria das nanoferramentas podem ser incluídas ferramentas e técnicas para a síntese de nanomateriais, para a manipulação de átomos e para medir e caracterizar materiais e dispositivos em nanoescala. Os dispositivos envolvem as áreas de microeletrônica e biotecnologia – desta última depende a produção de aparelhos que simulam sistemas biológicos como motores celulares[4].

HISTÓRICO

O primeiro conceito do termo nanotecnologia foi apresentado em 1974, por Taniguchi, nos trabalhos da Conferência Internacional em Engenharia de Produção, realizado pela Sociedade Japonesa de Engenharia de Precisão, em Tóquio. Entretanto, essa área veio a se desenvolver de fato com os avanços nas ciências dos materiais e o desenvolvimento de imagens em alta resolução e das técnicas analíticas, como difração de raios X e microscopia de transmissão eletrônica. Por meio dessas técnicas foi possível começar a elucidar a estrutura dos materiais em escala atômica e, principalmente, como essas estruturas influenciam a funcionalidade dos materiais. Com os avanços tecnológicos, muito interesse foi direcionado para a manipulação dessas estruturas e, assim, na área das ciências dos materiais foram iniciadas investigações sobre pequenas alterações estruturais, em nível atômico ou molecular, que poderiam alterar o desempenho e as propriedades das partículas em macroescala[7].

O auge do entusiasmo com os materiais nanoestruturados se deu com a síntese dos nanotubos de carbono* e a demonstração da manipulação de um só átomo com o emprego da microscopia de varredura usando sonda mecânica (*scanning probe microscopy*)[9].

Segundo o pensamento da época, o emprego de materiais em escala nanométrica ofereceria novas oportunidades para aprimorar sua estrutura e funcionalidade em inúmeros campos de aplicação. Ainda, no final dos anos de 1990, considerando as potencialidades dos materiais nanoestruturados, os governos das nações desenvolvidas começaram a incentivar estudos na área de nanotecnologia. Foi instituída, nos Estados Unidos, a fundação U. S. National Nanotechnology Initiative (NNI), que definiu o ritmo de investigação nacional e internacional e o desenvolvimento na ciência e na engenharia de nanoescala, levando o mundo a gerar e usar os novos conhecimentos no campo da nanotecnologia[7].

Até a década de 1990, estudos na área de epidemiologia ambiental apontavam para a relação entre a exposição a aerossóis e maior mortalidade e morbidade. Foram demonstradas relações entre o tamanho de partícula, natureza química e efeitos tóxicos, sendo observadas reações mais pronunciadas, nos pulmões e coração, em decorrência da exposição a partículas de menor tamanho. Porém, apenas nos anos de 1990, surgiram evidências de que as partículas ambientais menores que 2,5 mm poderiam causar efeitos deletérios à saúde como consequência de seu reduzido tamanho[7].

Dois artigos científicos, de Oberdörster et al.[10] e Ferin et al.[11], publicados em 1990, no *Journal of Aerosol Science*, apresentaram questionamentos sobre a resposta pulmonar tóxica a partículas nanométricas de TiO_2 e de Al_2O_3, responsáveis por respostas inflamatórias exacerbadas em pulmão de ratos em comparação com partículas de escala normal dos mesmos materiais. Os autores comprovaram que partículas de diâmetro entre 0,02 e 0,03 mm penetraram muito mais facilmente nas vias aéreas que as maiores (0,2 a 0,5 mm). Ainda, concluíram que as partículas nanométricas, geralmente, formam agregados cujo desempenho aerodinâmico determina sua deposição nas vias aéreas e que, após a deposição, essas partículas tendem a se desaglomerar. Assim, os pesquisadores constataram que a desaglomeração promoveu exposição de área superficial muito maior nos alvéolos dos animais, o que pode ter afetado a translocação (migração da partícula para outro local) mais facilmente do que agregados compostos de partículas maiores. Esses resultados apontaram para dois aspectos toxicológicos importantes dos nanomateriais: o tamanho de partícula e o desempenho dinâmico[7,8,10,11].

Em estudo posterior, Oberdörster et al.[12], usando amostras de TiO_2 de dois tamanhos de partícula, mostraram que a resposta inflamatória em pulmões

* Nanotubo de carbono é um alótropo de carbono. Alótropos são formas diferentes de um mesmo elemento químico, em função de diferentes arranjos de ligação, que resultam em propriedades diferentes. São exemplos de alótropos o grafite, o diamante e os nanotubos: materiais constituídos de carbono, porém com distintos arranjos entre seus átomos, o que acarreta diferentes propriedades físico-químicas.

de ratos seguiu função dose-resposta linear quando se considerou como parâmetro de dose a área superficial do material. Outro trabalho com conclusão semelhante foi conduzido por Maynard e Kuempel[13], que usaram a área superficial como parâmetro de dose em vez da tradicional concentração em massa. Nesses experimentos, direcionados à exposição ocupacional de aerossóis, foram utilizados ratos expostos a uma gama de materiais insolúveis, como poeiras ultrafinas e fumos metálicos, entre outros. Contudo, para materiais mais quimicamente ativos, como quartzo cristalino, os autores demonstraram resultado marcadamente diferente na relação dose-resposta e comprovaram que os efeitos tóxicos devidos às nanopartículas não são previsíveis, podendo gerar efeitos biológicos não reconhecidos[12-14].

Nos anos 2000, os estudos e as aplicações das nanopartículas foram se avolumando e, na mesma medida, aumentavam as inquietações sobre as implicações ambientais e de saúde, especialmente as ocupacionais, decorrentes da exposição dos trabalhadores a produtos nanoestruturados. Várias empresas, pesquisadores e associações manifestaram suas preocupações, entre as quais a Sociedade Real de Engenharia (RSEUK) e a Raeuk, ambas do Reino Unido. Essas entidades alegaram que a exposição a produtos nanoestruturados de funcionalidade exclusiva (materiais cuja propriedade decorre do tamanho em nanoescala) pode ter vias de acesso inesperadas e alcançar compartimentos biológicos imprevistos ou, ainda, apresentar comportamento biológico não convencional[6]. Em particular, a preocupação foi expressa sobre o manuseio de material intencionalmente projetado para ter estrutura em nanoescala e nanomateriais, partículas e fibras, uma vez que poderiam oferecer grande potencial de desenvolver novos perigos e riscos.

O termo nanotoxicologia foi utilizado inicialmente de modo informal, até que Donaldson et al.[8] sugeriram sua formalização em um editorial na revista *Occupational and Envirommental Medicine*. A partir de então, esse termo foi utilizado para descrever, com mais especificidade, os efeitos deletérios causados pelos nanomateriais à saúde humana, animal e ao meio ambiente. A nova área de conhecimento foi consolidada em 2005, por Oberdörster et al.[15] que lançaram a revista *Nanotoxicology*.

Em 2005, os investimentos das agências federais na pesquisa e no desenvolvimento para proteção ambiental e práticas seguras na área de nanotecnologia foram de US$ 34,8 milhões e, em 2011, recursos de cerca de US$ 117 milhões foram estimados para esta finalidade[7]. O montante de recursos aplicados acarretou o sensível crescimento das pesquisas e publicações sobre o impacto da nanotecnologia na saúde e no ambiente, como pode ser observado na Figura 1.

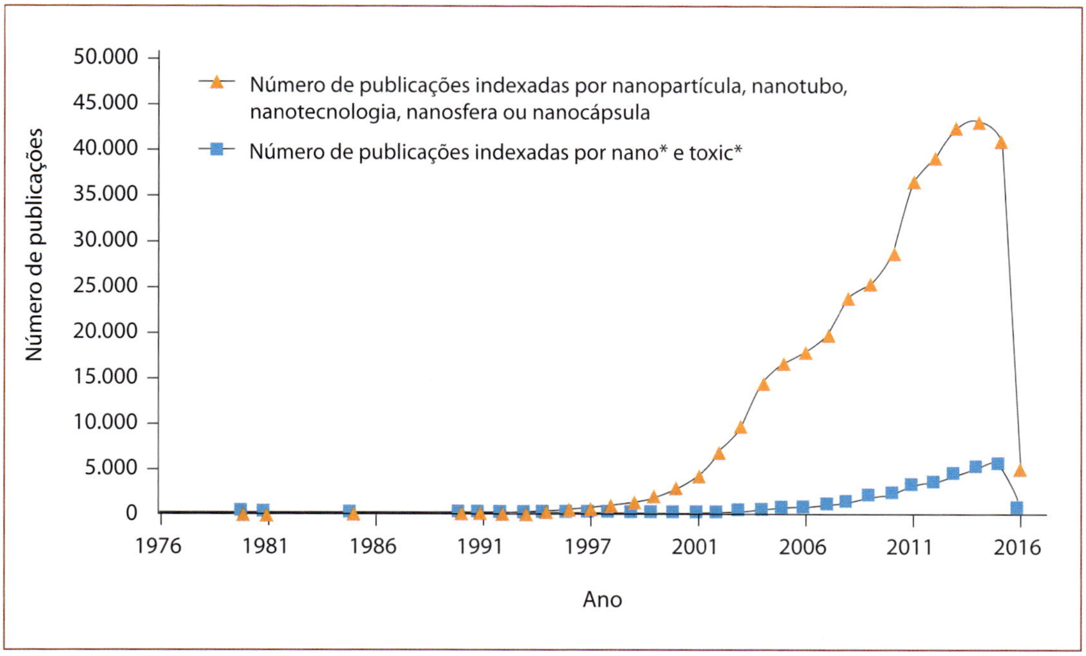

Figura 1. Evolução das publicações sobre materiais nanoestruturados, pesquisados por palavras-chave (nanopartícula ou nanotecnologia ou nanocápsula ou nanotubo or nanosfera) e nano* e tóxico*. As palavras foram pesquisadas no título, no resumo e nas palavras-chave, na base de dados Scopus, de janeiro de 1980 a fevereiro de 2016.

Segundo os especialistas Donaldson e Oberdörster, para aplicar a nanotoxicologia de modo adequado é preciso, em primeiro lugar, definir a nanoescala, uma vez que o termo "nano" foi muito vulgarizado em virtude do sucesso e dos incentivos financeiros aos estudos com esse tipo de material e, por isso, vem sendo aplicado para um intervalo bem maior de diâmetro de partícula que aquele que define os nanomateriais (a rigor, de diâmetro de 1 a 100 nm). Em segundo lugar, os efeitos tóxicos devem decorrer unicamente do tamanho de partícula e não exclusivamente das propriedades químicas do material. Ainda, esses efeitos tóxicos devem ser inesperados ou inusitados ou desconhecidos[16,17].

PRINCIPAIS TIPOS DE NANOPARTÍCULAS E SEUS EFEITOS BIOLÓGICOS E AMBIENTAIS

As nanopartículas definem grande extrato de materiais com diferentes propriedades físicas, químicas e toxicológicas. Portanto, não constituem um grupo homogêneo e são geralmente definidas pelo tipo de núcleo que pode ser orgânico, como os fulerenos (derivados de carbono), nanotubos de carbono (de camada simples ou múltipla) ou inorgânicos, que podem ser divididos em óxidos metálicos (de ferro, zinco, titânio, cério etc.), metais (principalmente ouro e prata) e pontos quânticos (*quantum dots*), como selenito de cádmio (Figura 2). Há outras classificações na literatura para referência a grupos específicos de nanomateriais, como nanocristais, e para designar diferentes morfologias, por exemplo, esferas, pirâmides e cubos. Algumas nanopartículas podem ter suas superfícies manipuladas com a finalidade de introduzir funcionalidades específicas para novas aplicações. Assim, com aditivos na superfície, como revestimentos, tensoativos ou cossolventes, há modificação em sua composição química e abre-se um vasto número de possibilidades para materiais com propriedades diferentes e, portanto, inúmeras interações com organismos e ambiente[1].

Fulerenos

Os fulerenos são moléculas com 60 a 80 átomos de carbono (C_{60}, C_{70}, C_{76} e C_{80}), de estrutura molecular esférica na qual os átomos de carbono estão posicionados nos vértices de uma estrutura icosaédrica. Há mais de 20 anos essas estruturas são estudadas quanto a possíveis aplicações na área biológica, entretanto, um grave problema é a baixa solubilidade. Com o objetivo de melhorá-la, várias tentativas foram realizadas, como o encapsulamento com polímeros solúveis ou moléculas hospedeiras e modificações químicas com a introdução de grupos hidrofílicos. Dunsch e Yang[18] sugeriram que a incorporação dos furelenos a grupos como aminoácidos, peptídeos ou anticorpos poderia resultar em novas aplicações desses materiais no campo da medicina.

Gelderman et al.[19] demonstraram que derivados de fulerenos [fulerenol $C_{60}(OH)_{24}$] têm efeito pro-inflamatório e pró-apoptótico em cultura de células endoteliais de veias umbilicais humanas. Os furelenos não modificados são muito insolúveis em água e, por isso, foram misturados a cossolventes, originando agregados desses materiais de cerca de 100 nm, cujos relatos indicam que foram capazes de causar toxicidade em bactérias, peixes e invertebrados. Por outro lado, não se conhecem os mecanismos dessa toxicidade[1,20].

Nanotubos de carbono

Há dois tipos principais de nanotubos: os de camada simples e aqueles com multicamadas. O primeiro apresenta aspecto cilíndrico de cerca de 1 nm de diâmetro e apenas uma camada de átomos de carbono. O segundo tipo é muito semelhante ao anterior, mas tem duas ou mais lamelas concêntricas de carbono, de comprimento e diâmetro variáveis. Ambos exibem importantes propriedades mecânicas, térmicas, fotoquímicas e elétricas, o que evidencia o interesse industrial por tais estruturas. São materiais robustos e rígidos, mas flexíveis, e encon-

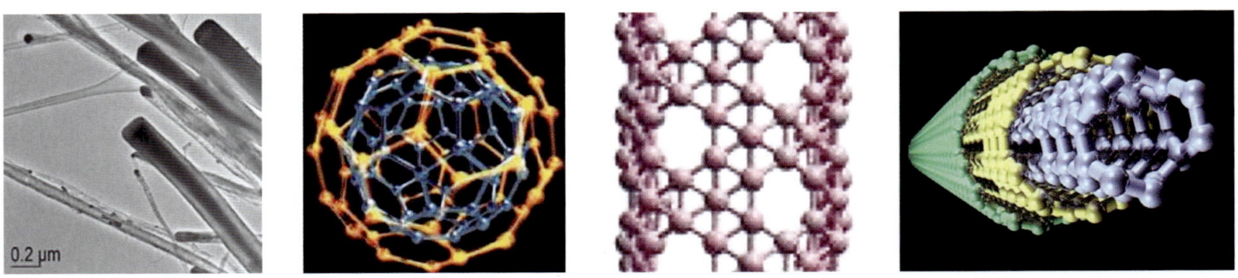

Nanofibra | Fulereno | Nanotubo | Nanotubo multicamada

Figura 2. Tipos de nanopartículas.

tram aplicação na construção de espaçonaves, músculos artificiais, veículos aquáticos e terrestres, por exemplo. São ótimos condutores de eletricidade (duas vezes mais que o cobre) e, portanto, também são usados em baterias recarregáveis e semicondutores[1,21]. Na área da saúde, tem potencial para aplicação nos dispositivos para coleta, processamento e armazenamento de derivados de sangue para transfusão, biossensores para diagnósticos (dispositivos carreadores de enzimas, células ou anticorpos para detecção de determinada substância) e sistemas de liberação de fármacos[22].

No organismo humano, atuam como fibras (asbestos) e pouco se conhece sobre as possíveis vias de exposição. No ambiente aquático, há relatos de injúria oxidativa em trutas arco-íris (*Oncorhynchus mykiss*) expostas aos nanotubos, atuando como agente tóxico respiratório. Outro aspecto importante a ser considerado é a pureza desses materiais, que podem carrear metais e solventes utilizados em sua fabricação e que influem significativamente em sua toxicidade[1].

Yang et al.[23] estudaram os efeitos farmacológicos e toxicológicos de nanotubos de camada simples como carreadores de acetilcolina no tratamento por via oral da doença de Alzheimer. Em doses controladas, verificaram que as nanopartículas liberaram de forma eficiente e moderadamente segura o fármaco no cérebro de ratos, atingindo os lisossomos (organelas-alvo). Entretanto, em altas doses, além dos lisossomos, as mitocôndrias passaram a ser o alvo, havendo produção de espécies reativas de oxigênio intraorganela, o que resultou no colapso das membranas mitocondriais e, portanto, alta toxicidade celular.

Como contribuição à Food and Drug Administration (FDA), agência reguladora americana, na avaliação dos riscos dessas partículas na confecção de dispositivos para a saúde humana, Simak et al.[22] estão estudando o efeito dessas nanoestruturas no sangue e em vasos e células sanguíneas.

Nanopartículas de óxidos metálicos

Nanopartículas de óxidos metálicos são muito empregados nas indústrias de alimentos, materiais e química. Os óxidos de ferro, zinco, titânio, alumínio e silício são amplamente usados há muito tempo nesses segmentos e, há alguns anos, começaram a ser introduzidos na forma de nanopartículas, por exemplo, em cosméticos e protetores solares (TiO_2, Fe_2O_3 e ZnO), dentifrícios (SiO_2), em catálise (TiO_2) e como aditivo em combustíveis (CeO_2).

O emprego comercial das nanopartículas de óxido de ferro inclui aplicações biológicas e pigmentos industriais. Entretanto, para tornar essas partículas mais solúveis, foram usados revestimentos constituídos de w-dicarboxi-poli(etilenoglicol), o que permitiu a nova aplicação como agente de imagem para ressonância magnética no diagnóstico do câncer. Apesar de sua alta utilização, é improvável que esses materiais originem problemas ambientais significativos; ao contrário, compostos de ferro estimulam o crescimento de algas marinhas, as quais, por sua vez, consomem CO_2 atmosférico[1].

O óxido de zinco é um semicondutor com propriedades luminescentes que funciona como bloqueador de radiações UV-A e UV-B, o que lhe confere grande aplicação na indústria cosmética e farmacêutica. Como protetor solar, é considerado grande contaminante ambiental de águas em função do uso humano. Nanopartículas de ZnO parecem não apresentar toxicidade e parecem ser biosseguras e biocompatíveis. O mesmo não pode ser afirmado para os compostos solúveis que contêm esse óxido metálico, cuja toxicidade ao fitoplâncton marinho parece ser diretamente proporcional à solubilidade[24]. As partículas inorgânicas de TiO_2, SiO_2 e ZnO têm efeito bactericida e a presença de luz parece incrementar essa toxicidade[25]. Adicionalmente, como recomendação geral, a toxicidade de íons livres metálicos precisa ser considerada para todas as nanopartículas inorgânicas[1].

O óxido de titânio é considerado ótimo semicondutor. É amplamente usado em protetores solares, em geral associado ao ZnO, por suas propriedades fotoativas. Há grande interesse na produção de nanofibras, nanotubos e nanofios para uso na conversão de energia solar, fotocatálise e dispositivos fotovoltaicos[1].

As partículas de CeO_2 são usadas como sensores de oxigênio e como aditivo de combustíveis, aumentando sua eficiência. Os estudos realizados não indicaram toxicidade em ensaios de irritação dérmica, de citotoxicidade ou mutagenicidade em bactérias[26].

Nanopartículas de metais

Os sistemas metálicos são temas de pesquisas para desenvolvimento de novos agentes terapêuticos e tecnologias para sensores diagnósticos. Os mais estudados são a prata e o ouro. A prata apresenta atividades antibacterianas que são exacerbadas quando o metal se apresenta na forma de nanopartículas, em função da elevada superfície de contato. As nanopartículas de prata têm aplicação cosmética e medicinal. São usadas como constituintes de resinas dentárias e no revestimento de equipamentos médicos, como cateteres e sistemas de infusão. O ouro tem propriedades interessantes, como estabilidade, ser inerte e possuir propriedades ópticas, magnéticas e eletrônicas. Embora ambos os metais tenham toxicidade inerente, a produção de nanopartículas pode aumentar essa propriedade com o incremento da superfície de contato do metal ou diminuir a toxicidade com o uso de revestimentos[1].

Seth et al.[27] relataram que nanopartículas de prata recobertas por albumina sérica bovina atuaram como potente agente contra a tuberculose e foram mais estáveis e biocompatíveis que outras nanopartículas não revestidas ou com outros revestimentos, como PVP, por exemplo.

ASPECTOS TOXICOLÓGICOS E DE BIOSSEGURANCA DOS MATERIAIS NANOPARTICULADOS

O grande desafio da nanotoxicologia é entender e prevenir o risco do uso e/ou exposição a materiais nanoparticulados que podem causar efeitos tóxicos por mecanismos ainda pouco conhecidos ou que não sejam explicados pela toxicologia tradicional, com a aplicação do conceito dose-resposta.

Desde 2005, o Comitê Científico da Comissão Europeia em Riscos Emergentes e Recentemente Identificados à Saúde (*European Comission Scientific Committee on Emerging and Newly Identified Health Risks* – SCENIHR) publica relatórios e revisões a respeito dos impactos de nanopartículas na saúde. As principais dúvidas do SCENIHR são se os métodos existentes são apropriados para elucidar os riscos associados aos materiais nanoparticulados ou como os métodos atuais poderiam ser adaptados para tal e, ainda, quais seriam as principais informações necessárias para conhecer os riscos relacionados a esses materiais.

Desde a sua criação, o SCENIHR enfoca os estudos com materiais nanoparticulados que fisicamente são capazes de entrar no organismo humano via inalação, ingestão e absorção dérmica e identificou três principais parâmetros de toxicidade: tamanho, formato e composição química da partícula. Adicionalmente, explorou como essas características potencialmente afetam a biodisponibilidade e as biointerações e como influenciam na exposição e na dose. Mecanismos específicos de conhecida toxicidade incluem lesão do tecido epitelial, inflamação, estresse oxidativo e alergia. Uma das conclusões é que os dados disponíveis são insuficientes para identificar e generalizar regras para nortear a toxicologia e a ecotoxicologia de nanoparticulados. Além disso, outros aspectos são importantes na previsão e prevenção dos riscos: entendimento dos mecanismos e da cinética de liberação do nanomaterial; informações sobre a extrapolação de dados toxicológicos de material não nanoparticulado para os nanomateriais; quantificação dos intervalos da possível exposição; geração de dados toxicocinéticos relacionados às vias de entrada no organismo e orientação e prevenção da saúde dos operadores[7].

Embora o primeiro relatório do SCENIHR tenha sido elaborado em 2005, pouco se avançou na elucidação dos questionamentos e no conhecimento dos riscos e toxicologia de nanomateriais. Na tentativa de esclarecer os mecanismos de toxicidade dos nanomateriais, Oberdörster[17] realizou intensa revisão e cruzamento de dados na literatura sobre o impacto dos efeitos biológicos e/ou toxicológicos relatados no manuseio e exposição a nanomateriais, por meio da via respiratória, como aerossóis e contaminantes ambientais. Nesse trabalho, o autor comparou partículas de diâmetro menor que 100 nm àquelas com mais de 500 nm e identificou 22 aspectos que considerou potencialmente importantes na influência dos efeitos biológicos relacionados ao tamanho dos materiais. Assim, desenvolveu uma base de dados para conhecimento dos efeitos biológicos de materiais quimicamente semelhantes e diferentes fisicamente, prestando grande contribuição ao desenvolver abordagem toxicológica diferencial entre partículas nanométricas e de escala normal (Quadro 1). Entretanto, ao ignorar partículas de tamanho entre 100 e 500 nm, o autor reconheceu a transição difusa entre partículas grandes e pequenas que nem sempre é regida por limites de tamanho bem definido e abruptas mudanças de comportamento toxicológico.

A partir desse estudo, foram destacados três aspectos dos materiais nanoparticulados que, embora não sejam os únicos, contribuem para a avaliação toxicológica desses materiais: dose, propriedades físico-químicas e biocinética[7,17].

Dose das nanopartículas

A toxicologia de materiais convencionais se fundamenta na observação de Paracelso de que "a dose faz o veneno". Entretanto, em relação aos nanomateriais, ainda há incertezas sobre quais parâmetros representam a dose. O comportamento biológico desses materiais não está relacionado apenas com a sua quantidade em massa. O tamanho e o número de partículas também são parâmetros importantes para estabelecer a relação dose-efeito toxicológico. Por exemplo, 1 mg de partículas carbonáceas esféricas de 10 mm de diâmetro conteria 10^{13} partículas, sendo que a mesma massa de partículas com 10 nm de diâmetro teria 10^{22} partículas[7,17].

A área superficial também é um parâmetro importante nesse contexto. Para partículas esféricas com uma massa determinada, a área superficial varia inversamente ao diâmetro das partículas. Assim, enquanto 1 mg de partículas esféricas de carvão com 10 mm de diâmetro tem uma superfície de aproximadamente 270 m^2, a mesma massa de partículas, porém com 10 nm de diâmetro, tem uma superfície de 270.000 m^2.[7,17]

Quadro 1. Comparação entre características, parâmetros biocinéticos e efeitos de nanopartículas e macropartículas inaladas

Parâmetros	Nanopartículas (< 100 nm)	Partículas maiores (> 500 nm)
	Características gerais	
Número de partículas /superfície por volume	Alto	Baixo
Aglomeração no ar e em líquidos	Provável	Menos provável
Deposição no trato respiratório	Difusão ao longo do trato respiratório	Sedimentação, impactação e interceptação ao longo do trato respiratório
	Translocação para órgãos-alvo secundários	
Depuração	Sim	Em geral, não
Mucociliaridade	Provavelmente sim	Eficiente
Macrófagos alveolares	Poucos	Eficiente
Circulação sanguínea	Sim	Sob sobrecarga
Circulação linfática	Sim	Sob sobrecarga
Captação pelas células	Sim (difusão, endocitose)	Células fagocíticas primárias
Mitocôndria	Sim	Não
Núcleo	Sim (< 40 nm)	Não
Efeitos diretos (devidos à natureza química e que demonstraram dose-dependência)		
Em órgãos secundários	Sim	Não
No sítio de entrada (trato respiratório)	Sim	Sim
Inflamação	Sim	Sim
Estresse oxidativo	Sim	Sim
Genotoxicidade primária	Alguma	Não
Carcinogenicidade	Sim	Sim

Fonte: adaptado de Oberdörster[17].

A área superficial das partículas tem sido sugerida como uma métrica relevante para avaliação dos efeitos tóxicos devidos às partículas pequenas e insolúveis inaladas. No entanto, segundo Oberdöster[20] a área superficial não pode ser considerada como uma regra geral para ampla gama de materiais e vias de exposição. Mesmo com materiais bem estudados como TiO_2, não está comprovado que esse parâmetro por si só seja um bom indicador de resposta biológica à exposição. Na Tabela 1, está ilustrada a relação entre diâmetro, número de partículas e área superficial.

Tabela 1. Diâmetro, número e área superficial de partículas na atmosfera para partículas com densidade de 10 pg cm^{-3}

Diâmetro (nm)	Número de partículas (N cm^{-3})	Área superficial (μm^2 cm^{-3})
5	153.000.000	12.000
20	2.400.000	3.016
250	1.200	240
5.000	0,15	12

Fonte: adaptada de Oberdöster[17].

Propriedades físico-químicas das nanopartículas

A forma física e a composição química dos materiais produzem respostas toxicológicas que podem ser associadas a vários parâmetros físico-químicos, os quais são afetados por alterações dinâmicas nos materiais, em função do tempo ou lote a lote. O grande desafio é conhecer e estabelecer relações entre as propriedades físico-químicas, as interações biológicas e os riscos dos nanoparticulados[7,17].

Os pesquisadores têm se esforçado em identificar e relacionar as características físico-químicas de importância na avaliação dos riscos de material nanoparticulado. No Quadro 2 são apresentadas as propriedades físico-químicas de relevância toxicológica e que podem variar de acordo com o método de preparo e o armazenamento das partículas e sua via de introdução em outro sistema e no organismo.

A agregação e a aglomeração das partículas apresentam desafios específicos em estudos toxicológicos. O processo de união das partículas para formar aglomerados (ligações fracas) ou agregados (ligações fortes) altera sensivelmente o tamanho, a dinâmica e as proprie-

Quadro 2. Propriedades físico-químicas de nanopartículas de importância toxicológica

Propriedades gerais	Tamanho médio e distribuição do tamanho
	Forma
	Aglomeração/agregação
	Solubilidade: aquosa, lipídica e nos líquidos biológicos
Propriedades de superfície	Área superficial – porosidade
	Carga
	Reatividade
	Características químicas: revestimentos, contaminantes
	Defeitos

Fonte: adaptado de Oberdöster[17].

dades dos sistemas resultantes. No ar, as mudanças no tamanho das partículas pela aglomeração influenciam o transporte, a deposição, a translocação do material inalado, no interior do trato respiratório, e sua eliminação do organismo. Da mesma forma, a aglomeração e a agregação de líquidos afetam o modo como o material é transportado, como se distribui e de que forma interage com o ambiente e com o organismo[17].

A estrutura cristalina das nanopartículas também pode ter influência na sua toxicidade. Foi demonstrado que o polimorfo anastase do dióxido de titânio apresentou capacidade mais acentuada de gerar espécies reativas de oxigênio (ERO) que a forma rutilo do mesmo material. Adicionalmente, foi constatado que houve relação direta entre o tamanho das partículas e a capacidade de geração de ERO. No entanto, em materiais de tamanhos muito reduzidos como os nanométricos, a estrutura da superfície pode mudar consideravelmente, assim, não está claro se essa diferença de comportamento químico se deve a diferenças de superfície ou no dimensionamento das partículas. Os autores especulam que a densidade de defeitos na superfície das partículas possa ser outro parâmetro físico-químico de potencial interesse para a compreensão da toxicidade dos nanomateriais[7].

Biocinética das nanopartículas

O transporte, a deposição, a transformação e a depuração dos nanomateriais no organismo estão intimamente associados à forma física e à composição química. A compreensão da biocinética dos nanomateriais fornece informações sobre doses que alcançam órgãos secundários e é essencial para a concepção e interpretação de estudos *in vitro*.

Estudos de inalação com nanopartículas de irídio de diâmetro entre 15 e 80 nm demonstraram a translocação das partículas inaladas para os órgãos extrapulmonares. Também comprovaram que nanopartículas podem atravessar a barreira hematoencefálica e, nesse caso, interagir com células nervosas do sistema nervoso central, bem como são capazes de atravessar a placenta, sugerindo a possibilidade de efeitos teratogênicos[7].

Xie et al.[28] estudaram a farmacocinética de partículas de TiO_2, de cerca de 20 nm de diâmetro, em ratos e camundongos, após administração intravenosa de doses de 10 mg/kg de peso. As partículas se acumularam sobretudo no fígado e no baço e ficaram retidas por mais de trinta dias por causa da fagocitose por macrófagos. A excreção foi principalmente por via renal.

PRINCIPAIS MÉTODOS PARA O ESTUDO DOS ASPECTOS TOXICOLÓGICOS MAIS RELEVANTES DAS NANOPARTÍCULAS

Os aspectos dos nanomateriais mais estudados nos estudos toxicológicos incluem a distribuição de tamanho das partículas, área superficial e reatividade (química e carga), forma, composição química, pureza, estado de agregação, estrutura cristalina e porosidade[29].

O tamanho, a forma e o estado de agregação são estudados principalmente por microscopia eletrônica. A microscopia eletrônica de varredura (MEV) é utilizada com menos frequência enquanto a microscopia eletrônica de transmissão (MET) é a mais adequada uma vez que sua resolução é de 0,5 a 3 nm e a da MEV, de 5 nm. Tanto MEV como MET só podem ser aplicadas em amostras sólidas e as medidas são dadas em apenas duas dimensões. Para informações em três dimensões pode ser aplicada a microscopia de varredura por sonda (MVS) que pode fornecer imagens da superfície dos nanomateriais. Na Figura 3, pode ser observada

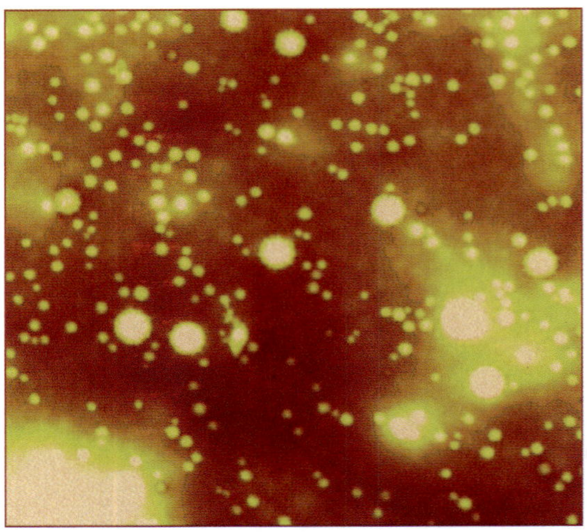

Figura 3. Nanopartículas de poli (n-butil cianoacrilato), contendo aciclovir. Fotomicrografia obtida por meio de microscopia de força atômica. Autor: Guilherme Diniz Tavares.

fotomicrografia de nanopartículas contendo aciclovir e desenvolvidas para fins terapêuticos, obtida pela técnica de microscopia de força atômica (AFM – *atomic force microscopy*), uma das modalidades da MVS. Porém, nem todos os laboratórios de pesquisa em nanomateriais estão capacitados para essa técnica. A composição química é geralmente analisada por técnicas espectroscópicas complementares que incluem espectrometria de plasma indutivamente acoplado (*inductively coupled plasma* – ICP), difração de raios X, ressonância magnética nuclear, espectrofotometria UV-visível e espectrofluorimetria[30,31].

A ICP é geralmente usada para obter maiores detalhes da composição química, enquanto a difração de raios X oferece informações sobre a estrutura atômica da superfície, como cristalinidade e carga. A espectroscopia fotônica de raios X analisa a superfície química e detalha revestimentos, carga, composição química e superfície. Os nanomateriais também podem ser avaliados no ambiente em tempo real, por analisadores de tamanho e número de partículas (*particle sizers and particle counters*). Com esses equipamentos é possível classificar aerossóis quanto a tamanho, número e mobilidade das partículas. Dependendo do tipo de amostradores, também podem ser acessadas informações relativas às propriedades aerodinâmicas, como estado de agregação em diferentes meios[29].

Por outro lado, não há métodos ou técnicas padronizadas, tampouco regulamentação para avaliação dos riscos biológicos e ambientais devidos aos nanomateriais. Por exemplo, não existe padronização sobre a avaliação do grau de agregação das nanopartículas e quanto aos meios empregados para essa determinação, entretanto, essa é uma característica que causa grande impacto na saúde humana e no meio ambiente. Assim, é muito difícil predizer o grau de risco de determinado material com as técnicas e métodos disponíveis[29].

Como os estudos toxicológicos *in vivo* convencionais não se aplicam às nanopartículas, o desenvolvimento de métodos que empregam modelo animal constituem, portanto, novos desafios analíticos uma vez que é difícil prever os efeitos da interação desses materiais com os sistemas biológicos. Após administração, há acúmulo desses materiais em determinadas áreas dos organismos vivos, o que depende do tamanho, da forma e da funcionalidade da nanopartícula, do modelo animal, da dose administrada entre outros fatores. Novos ensaios toxicológicos precisam ser padronizados para obter resultados toxicológicos precisos. Nos últimos anos, houve notável avanço nos estudos de nanotoxicologia *in silico*. Essa nova metodologia integra a tecnologia da informação e modelos computacionais à biologia molecular para predizer a toxicologia dos nanomateriais. Um exemplo dessa aplicação foi uma simulação molecular dinâmica para sondar a interação entre nanopartículas catiônicas e aniônicas de ouro e bicamadas eletronegativas e neutras. As partículas catiônicas resultaram ter maior toxicidade, pois podem atravessar a membrana celular, entrar no citoplasma e causar perturbações que diminuem a habilidade da membrana de controlar a entrada e a saída de íons e de macromoléculas[32].

A expansão da toxicologia *in silico* pode conduzir ao desenvolvimento de ensaios com alto desempenho na triagem toxicológica dos nanomateriais e de modelos estatísticos informatizados de relação quantitativa entre estrutura e atividade (QSAR) e dessa forma auxiliar na predição da atividade biológica de nanopartículas[32].

CONSIDERAÇÕES FINAIS

Uma vez que as nanopartículas têm maior potencial de se deslocar pelo organismo que os materiais constituídos de partículas maiores, os pesquisadores alertam sobre a possibilidade de inúmeras interações com fluidos biológicos, células e tecidos. Adicionalmente, no sítio-alvo, os nanomateriais têm potencial para desencadear mediadores que podem ativar respostas inflamatórias e imunológicas. Em decorrência do seu potencial invasivo, podem afetar as funções cardíaca e cerebral, portanto, é recomendável o mapeamento dessas vias para cada novo material.

Os cientistas, as organizações internacionais e as agências regulatórias estão trabalhando ativamente para desenvolver ferramentas para a avaliação dos riscos devidos às nanopartículas sobre os indivíduos. De modo geral, ainda não é possível completar essa avaliação em decorrência de muitas incertezas e lacunas de conhecimento sobre os novos aspectos do processo de avaliação[6].

Entre outros desafios, há falta de dados quantitativos sobre a exposição e perigo tanto para humanos como para espécies ambientais para muitas nanopartículas. Foram levantadas muitas preocupações de aspecto metodológico, incluindo a incerteza na caracterização das nanopartículas com a aplicação de métodos desenvolvidos e padronizados para avaliação de produtos químicos, por exemplo, para quantificar os riscos, incluindo o preparo das amostras para os estudos de toxicidade, caracterização das nanopartículas por técnicas em estudo, dosimetria, entre outros. Adicionalmente, há dificuldades na detecção e quantificação de nanopartículas em matrizes mais complexas.

Grieger et al.[6] sugerem que, enquanto as questões relativas à segurança das nanopartículas estão sendo encaminhadas, faz-se necessário o desenvolvimento de uma vigilância de saúde e do ambiente para atuar como uma rede de segurança e como um sistema preliminar de alerta.

REFERÊNCIAS BIBLIOGRÁFICAS

1. Ju-nam Y, Lead JR. Manufactured nanoparticles: an overview of their chemistry, interactions and potential environmental implications. Sci Total Environ. 2008;400:396-414.
2. Huang C, Notten A, Rasters N. Nanoscience and technology publications and patents: a review of social science studies and search strategies. J Technol Transf. 2011;36:145-72.
3. Pujalté I, Passagne I, Brouillaud B, Tréguer M, Durand E, Ohayon-Courtès C, et al. Cytotoxicity and oxidative stress induced by different metallic nanoparticles on human kidney cells. Part Fibre Toxicol. 2011;8:1-16.
4. Borm PJA, Robbins D, Haubold S, Kuhlbusch T, Donaldson K, Schins R, et al. The potential risks of nanomaterials: a review carried out for ECETOC. Part Fibre Toxicol. 2006;3(11):1-35.
5. Roco MC. National nanotechnology investment in the FY 2011 budget. AAAS Report on U.S. R&D in FY 2011 Washington, D.C. http://www.nist.gov/tpo/upload/NNI-Budget.pdf (Acesso em 12.02.2016).
6. Grieger KD, Baun A, Owen R. Redefining risk research priorities for nanomaterials. J Nanopart Res. 2010;12:383-92.
7. Maynard AD, Warheit DB, Philbert MA. The new toxicology of sophisticated materials: nanotoxicology and beyond. Toxicol Sci. 2011;120(S1):S109-29.
8. Donaldson K, Stone V, Tran CL, Kreyling W, Borm PJA. Nanotoxicology. Occup Environ Med. 2004;61:727-8.
9. Ijima S. Helical microtubules of graphitic carbon. Nature. 1991;354:56-8.
10. Oberdörster G, Ferin J, Finkelstein G, Wade P, Corson N. Increased pulmonary toxicity of ultrafine particles. Lung lavage studies. J Aerosol Sci. 1990;21:384-7.
11. Ferin J, Oberdörster G, Penney DP, Soderholm SC, Gelein R, Piper HC. Increased pulmonary toxicity of ultrafine particles? I. Particle clearance, translocation, morphology. J Aerosol Sci. 1990;21:381-4.
12. Oberdörster G, Finkelstein JN, Johnston C, Gelein R, Cox C, Baggs R, et al. Acute pulmonary effects of ultrafine particles in rats and mice. Res Rep Health Eff Inst. 2000;(96):5-74; disc. 75-86.
13. Maynard AD, Kuempel ED. Airborne nanostructured particles and occupational health. J Nanopart Res. 2005;7:587-614.
14. Maynard D, Coull BA, Gryparis A, Schwartz J. Mortality risk associated with short-term exposure to traffic particles and sulfates. Environ Health Perspect. 2007;115(5):751-5.
15. Oberdörster G, Oberdörster E, Oberdörster J. Nanotoxicology: an emerging discipline evolving from studies of ultrafine particles. Environ Health Perspect. 2005;113:823-39.
16. Donaldson K, Poland CA, Schins RP. Possible genotoxic mechanisms of nanoparticles: criteria for improved test strategies. Nanotoxicology. 2010;4:414-20.
17. Oberdörster G. Safety assessment for nanotechnology and nanomedicine: Concepts of nanotoxicology. J Intern Med. 2010;267:89-105.
18. Dunsch L, Shangfeng S. Metal nitride cluster fullerenes: their current state and future prospects. Small. 2007;3(8):1298-320.
19. Gelderman MP, Simakova O, Clogston JD, Patri AK, Siddiqui FS, Vostal AC, et al. Adverse effects of fullerenes on endothelial cells: Fullerenol C60(OH)24 induced tissue factor and ICAM-1 membrane expression and apoptosis in vitro. Int J Nanomedicine. 2008;3(1):59-68.
20. Oberdörster E. Manufactured nanomaterials (fullerenes, C60) induce oxidative stress in the brain of juvenile largemouth bass. Environ Health Perspect. 2004;112(10):1058-62.
21. Braun T, Schubert A, Zsindely S. Nanoscience and nanotechnology on the balance. Scientometrics. 1997;38(2):321-5.
22. Simak J. Investigation of potential toxic effects of engineered nanoparticles and biologic microparticles in blood and their biomarker applications. Food and Drug Administration U.S. Department of Health and Human Services. Science and Research – Biologic Research Projects. Disponível em: http://www.fda.gov/BiologicsBloodVaccines/ScienceResearch/BiologicsResearchAreas/ucm127045.htm. Acesso em: 12/12/2015.
23. Yang Z, Zhang Y, Yang Y, Sun L, Han D, Li H, et al. Pharmacological and toxicological target organelles and safe use of single-walled carbon nanotubes as drug carriers in treating Alzheimer disease. Nanomedicine. 2010;6:427-41.
24. Miao AJ, Zhang XY, Luo Z, Chen CS, Chin WC, Santschi PH, et al. Zinc oxide-engineered nanoparticles: dissolution and toxicity to marine phytoplankton. Environ Toxicol Chem. 2010;29(12):2814-22.
25. Nowack B, Bucheli TD. Occurrence, behavior and effects of nanoparticles in the environment. Environ Pollut. 2007;150:5-22.
26. Prospect, Global Nanomaterials Safety. Toxicological review of nano cerium oxide. Disponível em http://www.nanotechia-prospect.org/managed_assets/files/prospect_nano-ceo2_literature_review.pdf. Acesso em: 22/08/2011.
27. Seth D, Choudhury SR, Pradhan S, Gupta S, Palit D, Das S, et al. Nature-inspired novel drug design paradigm using nanosilver: efficacy on multi-drug-resistant clinical isolates of tuberculosis. Curr Microbiol. 2011;62:715-26.
28. Xie G, Wanga C, Suna J, Zhongb G. Tissue distribution and excretion of intravenously administered titanium dioxide nanoparticles. Toxicol Lett. 2011;205(1):55-61.
29. Gwinn MR, Tran L. Risk management of nanomaterials. Wiley Interdiscip Rev Nanomed Nanotechnol. 2010;2(2):130-7.
30. Neves BRA, Vilela JMC, Andrade MS. Microscopia de varredura por sonda mecânica: uma introdução. Cerâmica. 1998;44(290):212-9.
31. Maynard AD. Nanotechnology: the next big thing, or much a do about nothing? Ann Occup Hyg. 2007;51:1-12.
32. Azhdarzadeh M, Saei AA, Sharifi S, Hajipour MJ, Alkilany AM, Sharifzadeh M, et al. Nanotoxicology: advances and pitfalls in research methodology. Nanomedicine (Lond.). 2015;10(18):2931-52.

capítulo 23

Laboratórios de biossegurança níveis 1 e 2

Fernando Rogério Pavan
Camila Maríngolo Ribeiro
Joás Lucas da Silva
Débora Leite Campos

INTRODUÇÃO

Os microrganismos são classificados em quatro grupos de risco biológico, de acordo com os seguintes critérios: patogenicidade, virulência, modo de transmissão, existência ou não de terapêutica eficaz e disseminação no meio ambiente. Nesse sentido, para contenção desses microrganismos, existem quatro diferentes níveis de biossegurança laboratorial. Neste capítulo, serão abordadas as especificações e características dos laboratórios de biossegurança níveis 1 e 2.

NÍVEIS DE BIOSSEGURANÇA LABORATORIAL

A designação dos níveis de biossegurança é baseada nas características de desenho laboratorial, construção, disposições laboratoriais, equipamentos, práticas e procedimentos operacionais necessários para o trabalho com os agentes de diferentes grupos de risco. No Quadro 1, são relacionados os grupos de risco biológico, os níveis de biossegurança e as principais características e procedimentos laboratoriais.

Na Figura 1, é apresentado um esquema com a progressão dos níveis de biossegurança laboratorial. Quanto maior o nível de biossegurança exigido, maior é o risco biológico do microrganismo e mais cuidados são necessários durante os procedimentos laboratoriais[1,2].

LABORATÓRIO DE BIOSSEGURANÇA NÍVEL 1

Laboratórios em que são manuseados microrganismos com baixa ou nenhuma capacidade de provocar danos ao indivíduo e à comunidade são classificados como laboratórios de biossegurança nível 1 (NB-1)[3].

Quadro 1. Relação dos grupos de risco biológico, níveis de biossegurança, práticas e equipamentos

Grupo de risco	Nível de biossegurança	Tipo de laboratório	Práticas laboratoriais	Equipamentos de proteção coletiva
1	Básico – NB-1	Ensino básico e pesquisa	Boas práticas laboratoriais	Bancada de trabalho aberta
2	Básico – NB-2	Serviços primários de saúde, serviços de diagnóstico e pesquisa	Boas práticas laboratoriais acrescidas de vestimentas de proteção e sinalização de risco	Bancada de trabalho aberta acrescida de CSB classe II para evitar potenciais aerossóis
3	Contenção – NB-3	Serviços de diagnósticos especializados e pesquisa	Idem NB-2 acrescido de vestimentas especiais e controle de acesso e fluxo de ar direcional	CSB classe II B2 e autoclave de porta dupla
4	Contenção máxima – NB-4	Manuseio de patógenos de alto risco	Idem NB-3 acrescido de contenção do ar e vestimentas especiais	Idem ao grupo 3 com CSB classe III

CSB: cabine de segurança biológica; NB: nível de biossegurança.

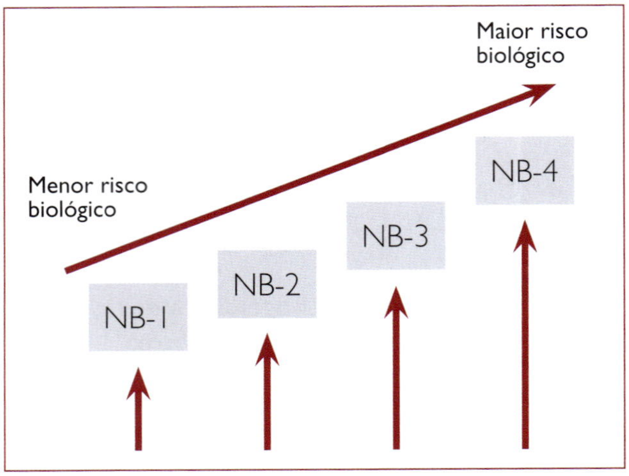

Figura 1. Níveis de biossegurança laboratorial. A complexidade estrutural e de exigências de equipamentos de proteção individual (EPI) e equipamentos de proteção coletiva (EPC) aumenta de acordo com os grupos de risco. Para melhor compreensão: os laboratórios com nível de biossegurança superior deverão conter todos os requisitos dos níveis de biossegurança inferior com as respectivas adequações.

Como exemplos de laboratórios da categoria NB-1 estão os laboratórios didáticos em instituições de ensino e laboratórios de pesquisa. No Quadro 2, são listados exemplos de microrganismos que podem ser manuseados em laboratórios NB-1.

Acesso ao laboratório NB-1

Embora com baixo risco de contaminação, o acesso de pessoas deve ser controlado, visto que os profissionais devem receber treinamento técnico para a execução dos procedimentos laboratoriais. Além disso, é proibida a entrada de crianças e animais nesse ambiente, recomendando-se o uso de placas de acesso restrito.

Capacitação para o trabalho no laboratório NB-1

O supervisor responsável pelo laboratório NB-1 deve se certificar dos potenciais riscos no ambiente de trabalho e, então, fornecer treinamento específico de acordo com as atividades laboratoriais[3].

O treinamento deve ser realizado periodicamente para garantir a segurança dos profissionais, com o objetivo de reduzir o número de acidentes que possam provocar infecção ou contaminação ambiental. Em geral, os acidentes podem acontecer por erro humano e falhas técnicas, que podem ser prevenidos por meio de treinamento e manutenção preventiva dos equipamentos laboratoriais.

Segundo a Organização Mundial da Saúde (OMS)[4], as pessoas que trabalham nos laboratórios NB-1 e NB-2 devem receber treinamento sobre:

- Risco de inalação de aerossóis ao utilizarem alça para semear microrganismos em placas de meio sólido, ao abrir placas de cultura e ao manusear amostras hematológicas.
- Risco de ingestão ao manusear amostras, esfregaços e culturas.
- Risco de contaminação ao manusear objetos perfurocortantes.
- Risco de contaminação por mordidas e arranhões de animais.
- Risco ao manusear amostras biológicas potencialmente contaminadas.
- Descontaminação e descarte de material de risco biológico.

Equipamentos de proteção para trabalho no NB-1

Para o trabalho no laboratório NB-1, é recomendado o uso de equipamentos de proteção individual (EPI), como jalecos; óculos para a realização de procedimentos que geram gotículas e aerossóis; protetor facial específico para procedimentos que utilizem radiação ultravioleta; luvas de procedimento para o manuseio de materiais que ofereçam risco de toxicidade ou contaminação. Não é permitido o uso de EPI fora do ambiente laboratorial, como em salas de estudo, bibliotecas e cantinas, para evitar a dispersão de microrganismos em locais públicos.

Em geral, não são requeridos equipamentos de proteção coletiva (EPC), como cabines de segurança biológica (CSB). Entretanto, o laboratório NB-1 deve possuir equipamentos de segurança do tipo lava-olhos e

Quadro 2. Exemplos de microrganismos manipuláveis em laboratórios NB-1

Bactérias	Fungos	Vírus	Protozoários
Lactobacillus sp	*Saccharomyces cerevisiae*	Vírus da hepatite infecciosa canina (CAV-1)	*Naegleria gruberi*
Bacillus subtilis	*Saccharomyces boulardii*		*Entamoeba coli*
Escherichia coli	*Penicillium notatum*		*Endolimax nana*
Stretomyces griseus não patogênica	*Pichia pastoris*		*Hyimenolepis diminuta*
Bacillus cereus			*Meloidogyne* sp

chuveiro, que devem estar localizados em área próxima e de fácil acesso para os casos de acidentes[1].

Em âmbito federal, na Consolidação das Leis do Trabalho (CLT), um capítulo foi destinado à regulamentação da segurança e medicina do trabalho e trata sobre a obrigatoriedade do uso de EPI (ver Capítulo 10), que devem ser fornecidos gratuitamente pelo empregador a todos os trabalhadores e estar devidamente certificados pelo Ministério do Trabalho e Previdência Social. Além disso, todos os trabalhadores devem ser orientados quanto ao uso correto desses equipamentos para a garantia de sua segurança no ambiente de trabalho.

Infraestrutura do NB-1

O laboratório NB-1 deve possuir um mapa de classificação de risco. O laboratório NB-1 não precisa estar isolado dos ambientes comuns e o trabalho pode ser executado em bancadas abertas (Figura 2), respeitando-se as boas práticas laboratoriais (BPL). Deve existir espaço suficiente entre as bancadas e os móveis, facilitando a limpeza e a circulação de pessoas de forma segura[4,5].

Recomenda-se que as bancadas sejam impermeáveis e resistentes a calor, ácidos, bases, solventes orgânicos e outros produtos químicos. Além disso, não devem apresentar rugosidades e precisam ser de fácil higienização.

No laboratório NB-1, é imprescindível ter uma pia para higienização das mãos, antes e depois de qualquer procedimento laboratorial[1]. A fonte de água deve ser segura e deve haver um tratamento do esgoto efluente do laboratório. Próximo à pia, deve haver um guia com o procedimento correto para a higienização das mãos.

Figura 2. Bancada de trabalho aberta de laboratório NB-1. Fonte: Laboratório de Micobacteriologia, FCFAr – Unesp.

Os pisos, paredes e teto devem ser impermeáveis, fáceis de limpar e apresentar resistência aos produtos de limpeza normalmente utilizados. O piso deve ser antiderrapante. A iluminação deve ser adequada às atividades realizadas.

Armários são necessários para a organização e o armazenamento dos materiais permanentes e de consumo. Devem estar alocados de maneira apropriada, e alguns devem estar próximos às bancadas para fácil acesso aos materiais que serão rapidamente utilizados, enquanto outros devem apenas servir para o armazenamento de materiais para uso em longo prazo, como um estoque, e assim devem possuir espaço suficiente para que não ocorra o acúmulo de itens sobre bancadas. Recomenda-se que todos sejam identificados sobre seu conteúdo, em especial quando contiverem produtos perigosos, como solventes tóxicos e/ou voláteis.

Limpeza e desinfecção do NB-1

Além da limpeza, que consiste em remover sujidades das superfícies, recomenda-se a desinfecção para redução da carga microbiana de bancadas, pisos, estufas e pias, por exemplo.

A limpeza e a desinfecção devem ser feitas sempre que for necessário, antes e após o manuseio de material biológico, e regularmente em um plano de desinfecção periódica, com o intuito de prevenir a contaminação dos materiais e do operador. Os agentes químicos desinfetantes mais utilizados são o álcool 70% e o hipoclorito de sódio 2%[2,6].

LABORATÓRIO DE BIOSSEGURANÇA NÍVEL 2

O risco à comunidade do trabalho em NB-2 é baixo em decorrência do baixo risco de propagação; para o indivíduo é considerado moderado com existência de tratamento e/ou profilaxia. No Quadro 3, são apresentados exemplos de microrganismos manuseados em laboratórios NB-2, as doenças que causam e seus tratamentos.

Acesso ao laboratório NB-2

No laboratório NB-2, o acesso de pessoas deve ser mais restritivo e controlado que o do NB-1. O responsável pelo laboratório NB-2 é quem autoriza o acesso de pessoas ao ambiente laboratorial, pois, nesse nível, os microrganismos oferecem risco moderado ao operador[4].

Quadro 3. **Exemplos de microrganismos manuseados em laboratórios NB-2**

Microrganismo	Doença	Tratamento
Bactérias		
Actinobacillus actinomycetemcomitans[7]	Gengivite e periodontite	Tetraciclina, doxiciclina ou minociclina e procedimentos periodontais mecânicos
Actinomadura madurae[8]	Actinomicetoma	Cotrimoxazol, amicacina, rifampicina, dapsona
Aeromonas hydrophila[9]	Gastroenterite	Hidratação e reposição de eletrólitos e uso de antimicrobianos em casos de septicemia
Arcanobacterium hamolyticum[10]	Faringoamidalite e sinusite	Penicilina, gentamicina ou cloranfenicol
Bacillus cereus (cepas diarreiogênicas e enterotoxigênicas)[11]	Diarreia e intoxicação alimentar	Tratamento dos sintomas e reposição hidroeletrolítica em casos mais graves
Borrelia burgdorferi[12]	Doença de Lyme	Doxiciclina, ceftriaxona, amoxicilina, eritromicina
Campylobacter coli[13]	Diarreia	Antibióticos apenas em casos graves
Chlamydia trachomatis[14]	Uretrite, cervicite, conjuntivite e tracoma	Azitromicina, clindamicina, doxiciclina, rifampicina, sulfametoxazol, eritromicina
Clostridium tetani[15]	Tétano	Metronidazol e benzodiazepínicos para controle da contração e como relaxante muscular
Helicobacter pylori[16]	Infecções gástricas, úlceras gastrointestinais	Inibidores de bomba de prótons + claritromicina e amoxicilina ou furasolidona e claritromicina
Klebsiella pneumoniae[17]	Infecções oportunistas graves de origem hospitalar	Carbapenens (imipenem, meropenem)
Legionella pneumophila[18]	Legionelose	Amoxicilina
Leptospira interrogans[19]	Leptospirose	A partir dos sintomas apresentados são realizadas medidas de controle
Mycobacterium asiaticum, M. avium, M. bovis cepa BCG vacinal, *M. chelonae, M. fortuitum, M. kansasii, M. leprae, M. malmoense, M. marinum, M. paratuberculosis, M. scrofulaceum, M. simiae, M. szulgai, M. xenopi*[20]	Infecções pulmonares, linfonodais, de pele e tecidos moles, ossos e articulações	Claritromicina + etambutol ou aminoglicosídeos para casos de resistência; isoniazida, rifampicina e etambutol; quinolonas, sulfonamidas
Mycoplasma pneumoniae[21]	Infecções respiratórias e pneumonia	Macrolídeos
Neisseria gonorrhoeae[22]	Gonorreia	Ceftriaxona, cefixima, ciprofloxacina ou ofloxacina
Neisseria meningitidis[23]	Meningite	Ceftriaxona
Pasteurella multocida[24]	Infecções de pele e tecidos no local da inoculação (através de mordida)	Amoxicilina + ácido clavulânico e pomada de fibrinolisina, sulfato de gentamicina e desoxirribonuclease para uso tópico
Plesiomonas shigelloides[25]	Intoxicações alimentares	Reposição hidroeletrolítica e antibioticoterapia somente em casos graves
Rhodococcus equi[26]	Oportunista; pneumonia	Sulfametoxazol-trimetoprim
Salmonella spp[27]	Salmonelose (diarreia); febre tifoide	Reposição hidroeletrolítica; cloranfenicol
Shigella boydii, S. flexneri, S. sonnei, Shigella spp exceto *Shigella dysenteriae* tipo I classificada como de risco 3[28]	Shiguelose (diarreia, dores abdominais e cólicas)	Reposição hidroeletrolítica e antibioticoterapia somente em casos graves
Treponema pallidum[22]	Sífilis	Penicilina
Fungos		
Aspergillus flavus[29]	Produção de aflatoxinas e aspergilose	Anfotericina B, itraconazol, voriconazol, posaconazol e caspofungina
Blastomyces dermatitidis[30]	Blastomicose	Anfotericina B e itraconazol
Candida albicans, C. glabrata[22]	Candidíase oral e genital	Antifúngicos azólicos, poliênicos e equinocandinas

(continua)

Quadro 3. Exemplos de microrganismos manuseados em laboratórios NB-2 ***(continuação)***

Microrganismo	Doença	Tratamento
Fonsecaea pedrosoi[31]	Cromoblastomicose	Terbenafina, itraconazol
Hortaea werneckii[32]	Tinea nigra	Antifúngicos imidazólicos
Scopulariopsis brevicaulis[33]	Onicomicose e lesões de pele	Anfotericina B, terbinafina e antifúngicos azólicos
Vírus		
Vírus da hepatite E[34]	Hepatite E	Não há tratamento medicamentoso, mas recomenda-se abstenção de bebidas alcoólicas, repouso e limitado consumo de gorduras. Internação apenas em casos graves e gestantes.
HIV[22]	Síndrome da imunodeficiência adquirida (Aids)	Terapia antirretroviral de alta eficiência (HAART)
Papilomavírus (HPV)[22]	Verrugas genitais e câncer	Vacinação. Não há tratamento específico para o vírus.
Rubivírus[35]	Rubéola	Não há tratamento específico, mas a prevenção deve ser feita pela vacinação. No Brasil, a vacina contra rubéola é a tríplice viral (rubéola, sarampo e caxumba).
Protozoários		
Balantidium coli[36]	Balantidíase	Oxitetraciclina e metronidazol
Entamoeba histolytica[36]	Amebíase	Teclosan, etofamida, metronidazol, tinidazol, secnidazol
Leishmania amazonensis, L. brasiliensis, L. chagasi, L. donovani, L. major, L. peruvania[36]	Leishmaniose tegumentar e leishmaniose visceral	Antimoniais (antimoniato de meglumina e estibogluconato de sódio), anfotericina B e pentamidinas
Plasmodium falciparum, P. malariae, P. ovale, P. vivax[36]	Malária	Cloroquina, amodiaquina, primaquina, mefloquina
Toxoplasma gondii[36]	Toxoplasmose	Pirimetamina, sulfadiadina, espiramicina, clindamicina
Trypanosoma brucei[36]	Doença do sono	Suramin, isotionato de pentamidina e melarsoprol
Trypanosoma cruzi[36]	Doença de Chagas	Nifurtimox e benznidazol
Helmintos		
Ancylostoma duodenalis[36]	Ancilostomíase	Pamoato de pirantel, mebendazol e albendazol
Angiostrongylus costaricensis[36, 37]	Angiostrongilose abdominal	Cirurgia quando necessário; não há tratamento medicamentoso recomendado
Ascaris lumbricoides[36]	Ascaridíase	Piperazina, tetramisol, pamoato de pirantel, mebendazol
Echinococcus granulosus[36]	Equinococose e hidatidose	Cirurgia e albendazol
Enterobius vermicularis[36]	Enterobíase	Mebendazol, albendazol e pamoato de pirvínio
Fasciola hepatica[36]	Fasciolíase	Triclabendazol, bitionol, emetina
Hymenolepis nana[36]	Himinolepíase	Praziquantel e niclosamida
Necator americanus[36]	Ancilostomíase	Pamoato de pirantel, mebendazol e albendazol
Schistosoma mansoni[36]	Esquistossomose	Oxamniquina e praziquantel
Strongyloides stercoralis, S. fuellerborni[36]	Estrongiloidíase	Tiabendazol, cambendazol, iodeto de ditiazanina
Taenia saginata, T. solium[36]	Teníase	Niclosamida, praziquantel e mebendazol
Taenia solium[36]	Cisticercose	Praziquantel e albendazol
Toxocara canis[36]	Toxocaríase (síndrome da larva migrans visceral)	Dietilcarbamazina e tiobendazol
Wuchereria bancrofti[36]	Filariose	Suramina, dietilcarbamazina, invermectina e mebendazol

Capacitação para trabalho no laboratório NB-2

Antes de executar atividades no laboratório NB-2, o operador deve ter recebido treinamento antes de proceder a qualquer tipo de experimento. O treinamento deve ser periódico e levar em consideração os potenciais riscos existentes no manuseio laboratorial. O supervisor é o responsável pela capacitação técnica e de práticas de segurança.

Equipamentos de proteção para trabalho no NB-2

EPI, como jaleco e luvas de procedimento, como descrito no laboratório NB-1, são de uso obrigatório no laboratório NB-2. Óculos e protetor facial devem ser utilizados quando necessário, pois todo manuseio de microrganismos deve ser realizado dentro de uma CSB, que é considerada um EPC[2].

Infraestrutura do laboratório NB-2

Todas as recomendações descritas no tópico sobre infraestrutura no laboratório NB-1 devem ser atendidas para o NB-2. Entretanto, pelo maior grau de virulência dos microrganismos manuseados nesse tipo de laboratório, são necessários requisitos adicionais de infraestrutura que visam manter a segurança do operador e do meio ambiente.

A principal diferença estrutural observada no nível 2 de biossegurança é a necessidade de uma CSB, uma barreira de contenção para aerossóis, que protege tanto o operador quanto o ambiente e as amostras manuseadas, com o intuito de não serem contaminados.

O trabalho que não envolve o manuseio direto de microrganismos, como o preparo de meios de cultura, pesagem e solubilização de compostos, pode ser executado nas bancadas, como no laboratório NB-1.

As características estruturais e de superfície, como bancadas, pisos, janelas e paredes, devem seguir as mesmas recomendações do laboratório NB-1[2].

Janelas não são recomendadas em laboratórios NB-2; no entanto, quando presentes, devem possuir telas de proteção para evitar a entrada de animais, insetos e sujeira de modo geral.

Na entrada de laboratórios NB-2 deve estar disponível o mapa de risco[38] que detalha os perigos relacionados aos agentes químicos, físicos, biológicos, ergonômicos e mecânicos, com o objetivo de minimizar ou eliminar acidentes. O mapa de risco deve ser elaborado pela Comissão Interna de Prevenção de Acidentes (CIPA), seguindo-se a legislação vigente (ver Capítulos 2 e 10). O mapa deve apresentar o grau de risco por meio de círculos de diferentes tamanhos e cores, conforme o Quadro 4[39].

A OMS recomenda a presença de uma placa de identificação nas portas de acesso aos laboratórios NB-2, com a descrição de: microrganismo(s), nível de biossegurança, pesquisador responsável e telefone de contato (Figura 3). Além disso, recomenda-se que as portas permaneçam fechadas e possuam dispositivos autofechantes, como molas aéreas para portas. Sugere-se a utilização de portas duplas.

Quadro 4. Tipos de risco ambiental: cores e risco relacionado

Risco	Cor	Exemplos
Químico	Vermelho	Poeira, vapores, gases e outros
Físico	Verde	Ruído, frio, calor, umidade e outros
Biológico	Marrom	Vírus, bactérias, fungos, parasitas e outros
Ergonômico	Amarelo	Jornadas prolongadas, treinamento inadequado, desconforto ou monotonia e outros
Acidente	Azul	Iluminação deficiente, incêndio, equipamento inadequado ou defeituoso e outros

Risco biológico: ____________________

Organismo(s): ____________________

Classe de risco: ____________________

Responsável: ____________________

Telefone de contato: ____________________

PROIBIDA A ENTRADA DE PESSOAS NÃO AUTORIZADAS

Figura 3. Modelo de placa de aviso de risco biológico[5].

Cabine de segurança biológica

A CSB requerida no laboratório NB-2 é de fluxo vertical de classe II. Nesse modelo, o ar é purificado por filtros de ar particulado de alta eficiência (HEPA, do inglês *high efficiency particulate air*), em que uma parte do ar é recirculada e a outra sofre renovação[5].

Na Figura 4, é apresentado um exemplo de CSB de classe II A1, no qual a entrada de ar ambiental se dá pela grade inferior da parte frontal da CSB. O ar circulará verticalmente, sendo filtrado por filtros do tipo HEPA e por pressão positiva é insuflado na área de trabalho da CSB. A saída de ar potencialmente contaminado da área de trabalho ocorre na grade interna, na parte posterior da CSB. O ar é direcionado para o filtro HEPA; uma parte do ar filtrado retorna para a

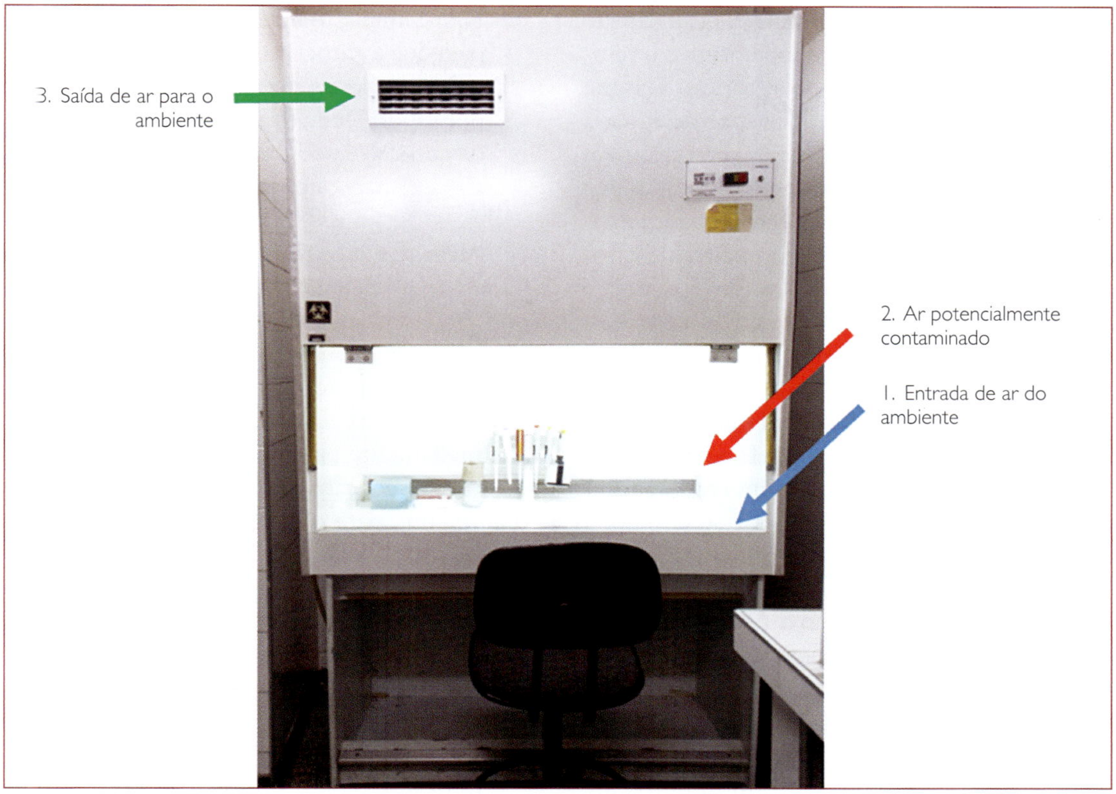

Figura 4. Cabine de segurança biológica (CSB) classe II A1. Fonte: Laboratório de Micobacteriologia, Faculdade de Ciências Farmacêuticas – Araraquara (FCFAr-Unesp).

área de trabalho e outra parte segue para a saída para o ambiente, pela grade superior na parte frontal da CSB.

Limpeza e desinfecção no laboratório NB-2

A limpeza das bancadas de trabalho em laboratórios NB-2 deve ser feita da mesma forma como a descrita para NB-1, utilizando soluções sanitizantes de hipoclorito de sódio 2% ou álcool etílico 70%. Além da estrutura comum que os dois tipos de laboratórios possuem, o laboratório NB-2 possui a CSB, onde de fato os microrganismos são manuseados; logo, esse equipamento requer uma desinfecção mais eficiente. Essa desinfecção, além do uso do uso de hipoclorito de sódio 2% ou álcool etílico 70%, é feita por ação de radiação ultravioleta (UV).

A radiação UV presente na CSB tem comprimento de onda entre 230 e 270 nm, com ação germicida máxima no comprimento de onda de 253,7 nm. Sua ação germicida deve-se à indução da formação de dímeros de timinas, que leva a um dano nos ácidos nucleicos, tanto DNA quanto RNA, podendo interromper a transcrição e a replicação dos microrganismos e levando-os à morte. Deve-se ligar a lâmpada UV 15 minutos antes de qualquer procedimento na CSB e também ao final de um procedimento ou de um dia de trabalho.

É preciso ressaltar que a radiação UV tem efeitos nocivos sobre os seres humanos, podendo causar queimaduras, além de seu efeito carcinogênico pela ação no material genético das células; logo, o operador não pode trabalhar na CSB com a lâmpada UV ligada.

TRATAMENTO QUÍMICO E FÍSICO DE RESÍDUOS

Tratamento químico de resíduos biológicos

Para os resíduos de material biológico dos laboratórios NB-1 e NB-2, os descartes devem ser realizados somente após descontaminação, conforme os procedimentos operacionais padrão (POP) descritos no laboratório.

Os métodos químicos de descontaminação incluem o emprego de soluções de hipoclorito de sódio 2%, glutaraldeído 20%, peróxido de hidrogênio e sais de amônio quaternário, entre outras. Os detalhes desses métodos são encontrados no Capítulo 4.

Tratamento físico de resíduos biológicos

Um dos métodos físicos utilizados para a descontaminação de materiais de risco biológico é o calor úmido sob pressão, em autoclave[6]. Na autoclavação, quatro parâmetros são importantes e explicam sua capacidade microbicida: o vapor, a pressão, a temperatura e o tempo. O vapor ideal é saturado, ou seja, todo o volume da autoclave deve ser preenchido por vapor de água, a pressão auxilia na obtenção de altas temperaturas para eliminar todos os microrganismos, que são mortos por desnaturação e coagulação de suas enzimas e proteínas e da desestabilização da membrana plasmática.

A autoclavação é um método esterilizante, pois é capaz de eliminar todas as formas vegetativas e esporos. As temperaturas mais comuns de autoclavação são 121°C e 134°C, as quais devem ser mantidas continuamente por períodos de tempo mínimos para a esterilização, podendo variar dependendo do material e do tipo de equipamento. As combinações de tempo e temperatura mais comuns são 30 minutos a 121°C ou 4 minutos a 134°C.

Para materiais pouco contaminados, como meios de cultura, vidrarias limpas, tubos, alças, ponteiras, entre outros, 15 minutos de autoclavação a 121°C em 1 atm de pressão relativa podem ser suficientes. Para materiais que entraram em contato com microrganismos e cultivos a serem descontaminados para o posterior descarte, deve-se autoclavar por um período maior ou igual a 45 minutos a 121°C, podendo chegar a 60 minutos, de acordo com a carga microbiana dos objetos e o risco que o agente etiológico pode oferecer.

Para monitorar a eficiência da autoclavação e a segurança dos resíduos a serem eliminados, podem ser utilizados métodos químicos, físicos e biológicos. O método biológico consiste em utilizar um microrganismo de referência, que deve ser o mais resistente de todos os outros potenciais patógenos. O mais utilizado é o *Geobacillus stearothermophillus* (ATCC 7953 ou CIP 52.81), visto que essa espécie produz esporos altamente resistentes ao estresse térmico e que deverão ser totalmente destruídos pela autoclavação, se esta for executada corretamente. O método químico inclui tubos de Browne – frascos contendo um corante vermelho que, após atingir temperaturas elevadas por um tempo específico, torna-se verde, indicando a eficácia do processo. Também podem ser utilizadas as fitas de autoclave, que sofrem mudança de coloração após a autoclavação. O método físico inclui o controle automático da temperatura, pelo uso de termopares, que são sensores simples de temperatura, e gráficos de temperatura que monitoram as variações durante o tempo.

Os seguintes erros podem levar à falha no procedimento de esterilização:

- Sobrecarga da autoclave: muitos objetos próximos, sobrepostos e encostados às paredes da autoclave. Dessa forma, não é possível que ocorra uma circulação homogênea do vapor e que ele atinja todo o conteúdo da autoclave, permitindo assim a sobrevivência de microrganismos.
- Não eliminação total do ar do interior da autoclave: para que a autoclavação ocorra da maneira correta, a autoclave deve ser completamente preenchida apenas por vapor. Dessa forma, esse ar frio na parte superior da autoclave pode permitir que alguns microrganismos permaneçam viáveis após o término do processo.

Além desses erros, é necessário que se respeite os parâmetros já citados: temperatura, tempo e pressão, pois são essenciais para um procedimento eficaz de esterilização que, na maioria das vezes, é controlado por um operador (com exceção das autoclaves automatizadas).

É imprescindível que o operador seja treinado adequadamente para executar esse procedimento, visto que a execução de forma imperita é um risco para o ambiente, para o operador e para as demais pessoas que circulam nesse ambiente, além daqueles que farão a incineração, que é o procedimento final da eliminação de resíduos biológicos.

ACONDICIONAMENTO E DESCARTE DE RESÍDUOS

O descarte de resíduos é de responsabilidade do laboratório ou da instituição de pesquisa ou de ensino. Os resíduos são classificados segundo a RDC n. 306 de 2004 da Anvisa, conforme apresentado no Quadro 5[2,40].

Para os resíduos que apresentam risco biológico, ou seja, são infectantes, com exceção dos perfurocortantes, o descarte deve ser feito em sacos de lixo branco e com o símbolo de material infectante, indicando a capacidade máxima de cada saco. Dessa forma, os lixos infectantes, como o hospitalar e o de laboratório de diagnóstico, pesquisa e ensino, são facilmente identificados, evidenciando o risco que representam. Assim, são destinados à incineração[4].

Todos os materiais perfurocortantes e infectantes pertencentes ao grupo E, como agulhas, lâminas de vidro e seringas, devem ser descartados em uma caixa coletora especial resistente à perfuração e que identifica o risco que eles representam.

Em geral, recomenda-se a utilização de lixo branco para o descarte de amostras com risco biológico, e todas essas amostras devem ser inativadas anteriormente, por exemplo, por autoclave. Quando houver descarte de resíduos líquidos em grande escala, deve ser feito o tratamento de efluentes.

CONSIDERAÇÕES FINAIS

Com base nas informações descritas neste capítulo, é possível que se obtenha o conhecimento básico necessário para o desenvolvimento de trabalhos em laboratórios de níveis de biossegurança 1 e 2. As precauções citadas

Quadro 5. Classificação dos tipos de resíduo e seus respectivos símbolos

Grupo	Tipos de resíduo	Símbolo
Grupo A	Resíduos com agentes biológicos que podem apresentar risco de infecção devem ser descartados em sacos de lixo brancos	
Grupo B	Resíduos químicos que podem apresentar risco à saúde pública ou ao meio ambiente	
Grupo C	Resíduos radioativos	
Grupo D	Resíduos que não apresentam risco biológico, químico ou radioativo*	
Grupo E	Materiais perfurocortantes ou escarificantes	

*Os resíduos do grupo D destinados à reciclagem ou reutilização são identificados com símbolos e cores do tipo de material reciclável. Os resíduos não recicláveis são acondicionados em recipientes de cor cinza ou preta[40].

são necessárias para a manutenção da saúde do indivíduo e do ambiente, além de serem uma maneira de garantir a confiabilidade nos resultados obtidos em análises realizadas em locais devidamente equipados e seguros.

REFERÊNCIAS BIBLIOGRÁFICAS

1. Brasil. Ministério da Saúde. Secretaria de Ciência, Tecnologia e Insumos Estratégicos. Diretrizes gerais para o trabalho em contenção com agentes biológicos/Ministério da Saúde. Secretaria de Ciência, Tecnologia e Insumos Estratégicos. 3. ed. Brasília: Ministério da Saúde; 2010.
2. Brasil. Agência Nacional de Vigilância Sanitária (Anvisa). Manual de microbiologia clínica para o controle de infecção relacionada à assistência à saúde. Disponível em: <http://portal.anvisa.gov.br/wps/wcm/connect/4f7d47004e257011b060b3c09d49251b/M%C3%B3dulo+1+%E2%80%93+Biosseguran%C3%A7a+e+manuten%C3%A7%C3%A3o+de+equipamentos+em+laborat%C3%B3rio+de+microbiologia+cl%C3%ADnicapdf?MOD=AJPERES>. Acesso em: 29 nov. 2015.
3. Brasil. Ministério da Saúde. Secretaria de Ciência, Tecnologia e Insumos Estratégicos. Departamento do Complexo Industrial e Inovação em Saúde. Classificação de risco dos agentes biológicos/Ministério da Saúde, Secretaria de Ciência, Tecnologia e Insumos Estratégicos, Departamento do Complexo Industrial e Inovação em Saúde. 2.ed. Brasília: Editora do Ministério da Saúde; 2010.
4. Centers for Disease Control and Prevention (CDC). Biosafety in microbiological and biomedical laboratories. 5. ed. U.S. Department of Health and Human Services. Public Health Service. National Institutes of Health; 2009
5. Fundação Nacional de Saúde (Funasa). Biossegurança em laboratórios biomédicos e de microbiologia. Vigilância epidemiológica. Brasília: Ministério da Saúde; 2001
6. Rutala WA, Weber DJ; Centers for Disease Control and Prevention (CDC). Healthcare Infection Control Practices Advisory Committee (HICPAC). Guideline for disinfection and sterilization in health care facilities. 2008. 158p.
7. Gasparetto A, Arana-Chavez VE, Avila-Campos MJ. Aderência de Actinobacillus actinomycetemcomitans às células epiteliais bucais: estabilidade e aspectos ultra-estruturais. Pesquisa Odontológica Brasileira. 2000;14(4):311-8.
8. Jerez R, Schafer F, Fich F, García P, León P, González S. Micetoma actinomicótico por Actinomadura madurae. Rev Chil Infectol. 2012;9(4):459-63.
9. Centro de Vigilância Epidemiológica (CVE). Informe – NET DTA. Manual das doenças transmitidas por alimentos: Aeromonas hydrophyla e outras spp. São Paulo:

Secretaria de Estado da Saúde de São Paulo. Divisão de Doenças de Transmissão Hídrica e Alimentar; 2003.
10. Brodskyn F, Munhoz MSL. As infecções do trato respiratório por Arcanobacterium haemolyticum no Brasil. Int Arch Otorhinolaryngol. 2003;7(3).
11. Brasil. Agência Nacional de Vigilância Sanitária (Anvisa). Bacillus cereus. Disponível em: <http://www.anvisa.gov.br/servicosaude/controle/rede_rm/cursos/atm_racional/modulo3/gastrintestinal3.htm>. Acesso em: 29 nov. 2015.
12. Santos M, Haddad Jr V, Ribeiro-Rodrigues R, Talhari S. Borreliose de Lyme. An Bras Dermatol. 2010;85(6):930-8.
13. Feistel JC, Rezende CSM, Oliveira JJ, Oliveira AP, Moreira NM. Mecanismos de patogenicidade de Campylobacter spp. isoladas em alimentos. Enciclopédia Biosfera. 2013;9(17):1861.
14. Passos MRL, Varella RQ, Bravo RS. Em foco – diagnóstico laboratorial: Chlamydia trachomatis, tratamento, controle de cura e manejo do parceiro sexual. 4.ed. São Paulo: Phoenix Produções Editoriais; 2003.
15. Lisboa T, Ho YL, Henriques Filho GT, Brauner JS, Valiatti JLS, Verdeal JC, et al. Diretrizes para o manejo do tétano acidental em pacientes adultos. Rev Bras Ter Intensiva. 2011;23(4):394-409.
16. Coelho LGV, Zaterka S. Representantes indicados pela Federação Brasileira de Gastroenterologia e Núcleo Brasileiro para o Estudo do Helicobacter. II Consenso Brasileiro sobre Helicobacter pylori. Arq Gastroenterol. 2005;42(2):128-32.
17. Lima MRS, Soares NS, Mascarenhas MDM, Amaral EJLS. Intervenção em surto de Klebsiella pneumoniae produtora de betalactamase de espectro expandido (ESBL) em unidade de terapia intensiva neonatal em Teresina, Piauí, 2010-2011. Epidemiol Serv Saúde. 2014;23(1):177-82.
18. Etto HY, Razzolini MTP. Detecção de bactérias do gênero Legionella em amostras de água de sistemas de ar condicionado. Epidemiol Serv Saúde. 2011;20(4):557-64.
19. Marinho M. Leptospirose: fatores epidemiológicos, fisiopatológicos e imunopatogênicos. Vet Zootec. 2008;15(3):428-34.
20. Secretaria Estadual de Saúde, Coordenadoria de Controle de Doenças. Centro de Vigilância Epidemiológica "Prof. Alexandre Vranjac" – Divisão de Tuberculose. Instituto Adolfo Lutz – Setor de Micobactérias e Micobacterioses: recomendações para o diagnóstico e tratamento; 2005.
21. Souza EL, Galvão NA. Infecções respiratórias por Mycoplasma pneumoniae em crianças. Pulmão RJ. 2013;22(3):31-6.
22. Brasil. Ministério da Saúde. Secretaria de Vigilância em Saúde. Programa Nacional de DST e Aids. Manual de controle das doenças sexualmente transmissíveis. 4.ed. Série Manuais n. 68, 2005. 140p.
23. Barroso DE. Doença meningocócica: epidemiologia e controle dos casos secundários. Rev Saúde Pública. 1998;32(1):89-97.
24. Krewer CC, Maboni F, Witt NM, Alves SH, Vargas APC. Transmissão de Pasteurella multocida para humano através de mordida de gato – relato de caso. Vet Not. 2008;14(1):77-80.
25. Pereira CS, Possas CA, Viana CM, Rodrigues DP. Aeromonas spp e Plesiomonas shigelloide sisoladas a partir de mexilhões (perna perna) in natura e pré-cozidos no Rio de Janeiro, RJ. Cienc Tecnol Aliment. 2004;24(4):562-6.
26. Porto ACRC, Fernandes WR, Barreira MCR. Rhodococcus equi. Parte 1 – epidemiologia, manifestações clínicas, diagnóstico e tratamento. Cienc Rural. 2011;41(12):2143-50.
27. Souza CO, Ramos FLP, Mota CM, Santos LVS, Lopes ML. Resistência antimicrobiana de Salmonella typhi identificadas no Estado do Pará, Brasil. Revista Pan-Amaz Saúde. 2010;1(2):61-5.
28. Centro de Vigilância Epidemiológica (CVE). Informe – NET DTA. Doenças transmitidas por água e alimentos: Shigella spp/Shigeloses. Coordenadoria de Controle de Doenças. Secretaria de Estado da Saúde de São Paulo. Centro de Vigilância Epidemiológica "Prof Alexandre Vranjac". Divisão de doenças de transmissão hídrica e alimentar; 2013.
29. Hedayati MT, Pasqualotto AC, Warn PA, Bowyer P, Denning DW. Aspergillus flavus: human pathogen, allergen and mycotoxin producer. Microbiology. 2007;153:1677-92.
30. Murray PR, Rosenthal KS, Pfaller MA. Microbiologia médica. 6.ed. Rio de Janeiro: Elsevier; 2010.
31. Calvo E, Pastor FJ, Mayayo E, Hernández P, Guarro J. Antifungal therapy in an athymic murine model of chromoblastomycosis by Fonsecaea pedrosoi. Antimicrob Agents Chemother. 2011;55(8):3709-13.
32. Nogueira NQ, Nahn-Júnior EP. Tinea nigra na cidade de Campos dos Goytacazes, Rio de Janeiro. Revista Científica da Faculdade de Medicina de Campos. 2012;7(2):20-4.
33. Salmon A, Debourgogne A, Vasbien M, Clément L, Collomb J, Plénat F, et al. Disseminated Scopulariopsis brevicaulis infection in an allogeneic stem cell recipient: case report and review of the literature. Clin Microbiol Infect Dis. 2010;16(5):508-12.
34. Brasil. Departamento de DST, Aids e Hepatites Virais. Hepatite E. Disponível em: <http://www.aids.gov.br/pagina/hepatite-e>. Acesso em: 29 nov. 2015.
35. Instituto Fiocruz. Rubéola: sintomas, transmissão e prevenção. Disponível em: <https://www.bio.fiocruz.br/index.php/rubeola-sintomas-transmissao-e-prevencao>. Acesso em: 29 nov. 2015.
36. Cimerman B, Cimerman S. Parasitologia humana e seus fundamentos gerais. 2.ed. São Paulo: Atheneu; 2011.
37. Medeiros F, Crepaldi N, Tognoli L, Neves MF. Angiostrongylus costaricensis. Rev Cient Eletr Med Vet. 2009;12.
38. Brasil. Ministério da Ciência, Tecnologia e Inovação. Instrução Normativa CTNBio n. 7, de 06 de junho de 1997. Dispõe sobre as normas para o trabalho em contenção com organismos geneticamente modificados – OGMs. Disponível em: <http://www.ctnbio.gov.br/index.php?action=/content/view&cod_objeto=135>. Acesso em: 29 nov. 2015.
39. Sangioni LA, Pereira DIB, Vogel FSF, Botton SA. Princípios de biossegurança aplicados aos laboratórios de ensino universitário de microbiologia e parasitologia. Cienc Rural. 2013;43(1):91-9.
40. Cores da reciclagem. Cultura Mix. Disponível em: <http://meioambiente.culturamix.com/lixo/cores-da-reciclagem>. Acesso em: 26 fev. 2016.

capítulo 24

Laboratório de biossegurança nível 3 para pesquisa bacteriológica

Joás Lucas da Silva
Cristina Moreno Fajardo
Eduardo Pinheiro Amaral
Fernando Rogério Pavan

INTRODUÇÃO

Laboratórios com nível de biossegurança 3 (NB-3) são destinados ao manejo de agentes de risco biológico da classe 3, os quais apresentam risco moderado para a comunidade e alto para o indivíduo. Embora existam tratamentos e medidas de controle disponíveis, esses agentes podem causar doenças graves e fatais após transmissão por via respiratória. Agentes biológicos classificados como de risco 2, quando em altas concentrações e volumes, também devem ser manuseados em laboratórios NB-3[1,2]. No Brasil, o agente etiológico da tuberculose, *Mycobacterium tuberculosis*[3], é um clássico exemplo de agente de risco biológico 3. Entretanto, outros agentes, como o fungo *Histoplasma capsulatum*, são de elevada importância para o Brasil[4].

O Brasil dispõe de uma rede nacional de laboratórios NB-3 associados ao Sistema Único de Saúde (SUS). Implantado a partir de 2004, esse conjunto de laboratórios tem como objetivo atender às demandas de pesquisa e diagnóstico de doenças causadas por agentes que pertencem à classe de risco biológico 3. Esses laboratórios, localizados em diferentes regiões do Brasil, com alta capacidade tecnológica, têm contribuído para o desenvolvimento científico e tecnológico.

Neste capítulo, abordamos a importância da estruturação de laboratórios que proporcionem segurança aos profissionais que manipulam agentes biológicos de classe de risco 3, assim como o constante aperfeiçoamento profissional e o manejo de resíduos infectantes.

O LABORATÓRIO DE BIOSSEGURANÇA NÍVEL 3

Laboratórios NB-3 devem funcionar como um ambiente independente e inacessível ao trânsito de pessoas e profissionais não qualificados para trabalhar nesses ambientes de contenção. Portanto, é necessária a instalação de barreiras físicas entre o ambiente externo e o laboratório. Como exemplo, tais barreiras podem ser formadas por corredores exclusivos ou laboratórios NB-2, sempre seguidos de antessalas com portas duplas providas de fechamento automático e travamento interno. As antessalas servem como barreiras físicas e ambientes para a troca de vestimentas e banho, antes da entrada ou saída do laboratório NB-3[5].

Objetos difíceis de serem higienizados, que favorecem o acúmulo de resíduos e o crescimento de microrganismos, devem ser evitados. Logo, superfícies de laboratórios NB-3 como paredes, pisos e bancadas devem ser lisos, de bordas arredondadas e resistentes a produtos corrosivos (p. ex., reagentes e produtos de limpeza). Sistemas elétricos, iluminação e qualquer entrada de condutores em paredes ou pisos devem ser selados. Tomadas devem possuir janelas autorretráteis para prevenir o acúmulo de poeira, facilitar a limpeza e garantir o isolamento ambiental. Superfícies de bancadas devem ser impermeáveis e nunca estar com excesso de equipamentos ou outros materiais que dificultem a higienização e manutenção. O ambiente deve ser projetado de maneira a permitir ampla circulação dos profissionais durante o exercício de suas atividades laboratoriais[5,6].

No caso de o laboratório possuir áreas envidraçadas ou janelas, estas devem ser hermeticamente fechadas, lacradas e resistentes a quebra; exceto laboratórios de nível de biossegurança animal 3 (NBA-3), que não devem possuir janelas[2].

O isolamento do ambiente requer a incorporação de sistemas de áudio e vídeo, a fim de facilitar o contato com o ambiente externo. Além de prover comunicação com o ambiente externo, esses sistemas auxiliam na supervisão e no aperfeiçoamento dos procedimentos de biossegurança. Laboratórios NB-3 ou de contenção apresentam sistema de insuflamento e exaustão de ar independente, controlado de maneira que o fluxo se mantenha unidirecional, ou seja, da área menos contaminada para a mais contaminada, e apresentando pressão negativa em relação ao NB-2 ou antessalas e com capacidade de aproximadamente dez renovações do ar ambiente por hora[1,2,6].

Uma vez dentro do ambiente de contenção, o ar deve ser expulso apenas pelo sistema de exaustão devidamente filtrado em filtros de alta eficiência: HEPA (do inglês *high efficiency particulate arrestance*) ou ULPA (do inglês *ultra low particulate air filter*). A entrada de ar no ambiente também pode ser passada em pré-filtros, seguida por filtragem em filtros do tipo HEPA. Dessa forma, preserva-se um ambiente interno limpo e livre de microrganismos contaminantes.

O sistema central de ar-condicionado, de dedicação exclusiva, deve ser dimensionado para suprir temperatura, vazão e umidade do ar. Todo sistema de controle de ar deve ser monitorado constantemente, testado e certificado semestralmente[2] por profissional especializado. Atualmente, estão disponíveis sistemas automáticos de insuflamento, exaustão, controle de temperatura, umidade e pressão, com alarmes sonoros e visuais que permitem detecção rápida de falhas no sistema. Todo profissional habilitado a utilizar o laboratório NB-3 deve ser capaz de identificar possíveis danos ou falhas no sistema, devendo estar em alerta durante todo o trabalho realizado, bem como durante os procedimentos de entrada e saída do laboratório[5].

Caixas tipo *bag-in/bag-out* comportam o elemento filtrante de maneira que, no momento da substituição, os filtros sejam removidos embalados, prontos para o descarte. Dessa forma, é reduzido o risco de contaminação com o material contaminado presente no filtro. Os espaços de biocontenção devem ser selados e resistentes a processos de descontaminação gasosa, os quais garantem esterilização ou desinfecção de locais de difícil acesso, como frestas de armários, dutos de ar e esgoto, e qualquer região de difícil acesso a outros métodos de descontaminação[6]. O dióxido de cloro e o peróxido de hidrogênio são os principais gases atualmente utilizados em descontaminação de ambientes[7,8]. São altamente tóxicos e devem ser utilizados exclusivamente por profissionais devidamente treinados[2].

O trabalho em laboratórios NB-3 produz resíduos de alto risco para a saúde humana e o meio ambiente. Portanto, o correto manejo desses resíduos deve ser planejado e realizado por técnicos capacitados, do momento da geração ao destino final[9,10].

É importante a instalação de autoclave dupla-porta no interior do laboratório, de maneira que todo material contaminado a ser descartado ou reutilizado seja esterilizado por calor úmido a 121°C, 1 atm de pressão, por 1 hora antes da saída do laboratório.

Planejamento financeiro de longo prazo deve ser considerado e aplicado na manutenção regular dos equipamentos e instalações que compõem um laboratório NB-3 e no treinamento de pessoal. O registro de uso de equipamentos facilita significativamente as manutenções periódicas e reduz os riscos de reparos ou substituições de alto custo. Salientamos que, em laboratórios nos quais agentes biológicos de classe 3 são manipulados, a harmonia entre as barreiras de contenção primárias e secundárias, além de recursos humanos altamente qualificados, é crucial para a realização do trabalho com cuidado e biossegurança.

RECURSOS HUMANOS

Profissionais qualificados são fundamentais para a realização de trabalho com biossegurança. O supervisor do laboratório deve ser um profissional com destacada experiência teórica e prática em laboratórios, com profundo conhecimento nos diferentes níveis de biossegurança e alta capacidade de transmissão de conhecimento.

O trabalho em um laboratório NB-3 exige todos os procedimentos empregados no laboratório NB-2, somados a alguns procedimentos que serão descritos ao longo desta seção. Todos os funcionários que terão acesso à área de biossegurança nível 3 devem passar por treinamento teórico-prático, no qual serão ressaltadas as boas práticas laboratoriais, bem como as práticas exigidas para o trabalho em sala limpa e a qualidade do experimento. Durante a fase de treinamento, o profissional deverá ser avaliado de acordo com sua conduta de trabalho no laboratório NB-3, bem como no manejo de agentes patogênicos e potencialmente letais, devendo ser sistematicamente supervisionados por profissionais altamente capacitados e com significativa experiência no manejo desses agentes.

É função do responsável pelo laboratório promover programas regulares de treinamento[12,13] e atualização, considerando a variedade e os níveis de conhecimento dos profissionais com as necessidades e objetivos do laboratório. Como exemplo, salientamos que, em centros de pesquisa universitários, especial atenção deve ser dirigida aos alunos de graduação, os quais não devem ser autorizados a utilizar laboratórios NB-3 sem antes terem adquirido domínio pleno, teórico e prático, sobre a biossegurança em laboratórios NB-1 e NB-2. Essa recomendação também deve ser considerada para mestrandos, doutorandos e pessoal técnico.

Apesar de rigorosos protocolos de biossegurança, há risco de exposição aos agentes infecciosos em decorrência de acidentes ou do não comprometimento com os protocolos de biossegurança. O responsável pelo laboratório deve, portanto, ater-se à vacinação da equipe[13] de funcionários, considerando o risco de exposição aos agentes infecciosos manipulados no laboratório, solicitando periodicamente exames clínicos e laboratoriais específicos para identificação dos agentes manipulados.

PROCEDIMENTOS DE UTILIZAÇÃO DO LABORATÓRIO NB-3

Como previamente exposto, o laboratório NB-3 destina-se ao trabalho com agentes infecciosos capazes de causar doenças potencialmente letais, de elevado risco individual e resultado da exposição por inalação. Em razão dos riscos ao profissional, os laboratórios NB-3 possuem acesso restrito, sendo este permitido às pessoas que foram previamente treinadas e, portanto, aptas para o trabalho no ambiente laboratorial de nível 3. Na Figura 1, há um exemplo de laboratório NB-3, com a descrição das barreiras de segurança, bem como a ordem para o acesso em cada área do laboratório. A seguir, serão descritos os procedimentos operacionais padrão (POP) para o trabalho em ambiente de biossegurança de nível 3.

POP para entrada no laboratório NB-3

Antes de entrar no ambiente do laboratório NB-3, é aconselhável a verificação do funcionamento dos exaustores e insufladores, bem como se todo material a ser utilizado dentro do laboratório está disponível.

O operador deve retirar toda a vestimenta e acessórios, deixando todos os pertences pessoais em local previamente determinado para troca de roupas (Figura 1, itens 3 e 4). Os protocolos para entrada do NB-3 devem estar disponíveis nessa barreira de passagem.

Laboratórios NB-3 possuem área de banho para entrada e saída do laboratório (Figura 1, itens 5 e 11), necessária para a biossegurança e a higienização do operador. Uma vez higienizado, o operador deverá passar pela etapa de colocação dos equipamentos de proteção individual (EPI) (Figura 1, item 6), na ordem proposta a seguir:

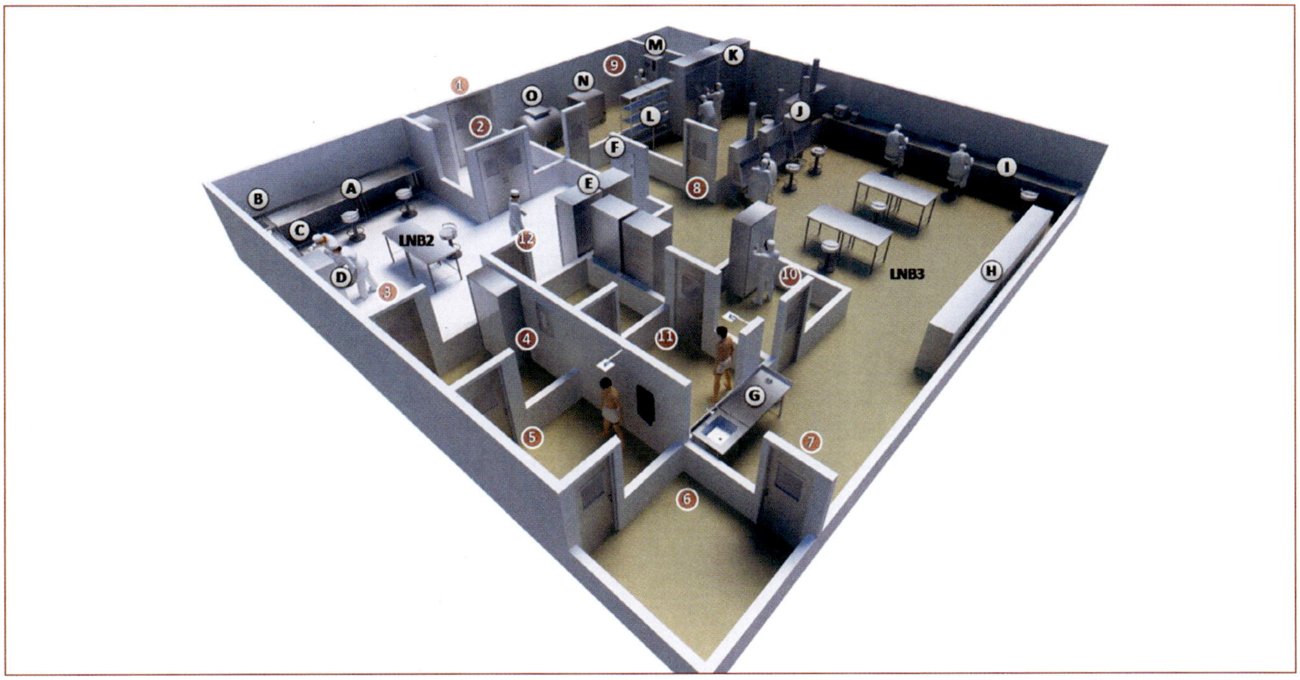

Figura 1. Esquema de laboratório de nível de biossegurança 3. 1 e 2: sistema de porta dupla com fechamento automático para entrada no laboratório NB-2; 3: entrada para antessala do laboratório NB-3; 4: janela de transferência de vestimenta pessoal; 5: local para banho; 6: sala para vestimentas especiais e outros EPI; 7: entrada do laboratório NB-3; 8: laboratório para experimentação animal; 9: sala de esterilização de materiais; 10: sala para retirada da vestimenta especial; 11: banho; 12: sala para vestimenta pessoal. A: bancadas; B: pia; C: cabine de segurança biológica classe II; D: autoclave para esterilização de materiais NB-2; E: geladeira e congelador –20°C; F: janela de transferência; G: pia; H: armários; I: bancadas; J: cabines de segurança biológica classe II B2 ou similar; K: estante ventilada para gaiolas; L: estante; M: autoclave de porta dupla do NB-3; N: incinerador; O: sistema de tratamento de esgoto. Equipamentos de pressão negativa e dutos de ar não representados nesta figura. Desenho: Jonatas Lucas da Silva.

- Vestir o macacão de segurança impermeável.
- Calçar as botas.
- Colocar touca e máscara facial N95 ou N100.
- Vestir um avental impermeável por cima do macacão de segurança.
- Calçar o primeiro par de luvas de látex ou nitrílica (que funcionará como segunda pele).
- Fixar as luvas ao avental com fita adesiva.
- Calçar os propés.
- Colocar os óculos de segurança.
- Colocar o capuz de proteção.

Somente após certificar-se de que todos os EPI foram devidamente colocados, o operador poderá entrar no laboratório NB-3. Uma vez dentro do laboratório, é necessário calçar um segundo par de luvas, que funcionará como terceira pele.

Há laboratórios NB-3 que utilizam um traje especial (tipo Tyvek® suits), contendo um capacete do tipo PAPR (do inglês, *powered air purifying respirator*) conectado a um respirador, que é responsável pela purificação do ar injetado na vestimenta especial. Esse EPI dispensa o uso de máscara N95 e reduz o estresse do profissional. Entretanto, esses respiradores limitam o tempo de permanência dentro do laboratório NB-3, que é determinado pela capacidade de armazenamento de carga da bateria.

POP para o trabalho no laboratório NB-3

Este tópico abordará os procedimentos que devem ser adotados para o trabalho dentro na unidade NB-3.

- Ligar a cabine de segurança biológica (CSB) classe II B2 e deixar a lâmpada UV ligada por 20 minutos antes de iniciar os procedimentos de limpeza[14].
- Antes do trabalho, é necessária a limpeza rigorosa e total da CSB classe II B2, com a ação de um agente químico (álcool 70%), aplicando-o em toda superfície interna da cabine, e ação mecânica (esfregar gaze ou papel embebidos), com movimentos contínuos, horizontais e descendentes.
- Após a limpeza da CSB, os equipamentos e materiais devem ser limpos minuciosamente com gaze embebida em álcool 70%.
- Todo objeto a ser inserido na CSB deverá ser limpo antes em toda sua área externa com álcool 70%, e novamente antes de sua retirada do interior da CSB.
- A CSB deve ser forrada com papel absorvente para delimitar a área de trabalho. Pode ser utilizada uma bandeja de alumínio ou aço inoxidável para essa finalidade.
- Uma vez contaminado, o recipiente utilizado para delimitar a área de trabalho deve ser acondicionado em saco de autoclave, identificado e levado para descontaminação.
- É aconselhável utilizar um recipiente resistente a autoclavação contendo uma solução de hipoclorito de sódio 4%[5,6] (preenchendo 20% da capacidade interna do recipiente) dentro da CSB para descarte de líquidos. Ao atingir 75% de sua capacidade, o recipiente deve ser fechado e descontaminado por calor úmido, em autoclave, no próprio laboratório NB-3[5,6].
- Utilizar um saco de autoclave dentro da CSB para descarte dos resíduos gerados durante os procedimentos experimentais.
- As luvas de procedimento utilizadas dentro da CSB devem ser retiradas pelo avesso; cada uma deve ser retirada sem encostar na segunda luva, e descartadas dentro do recipiente apropriado situado no interior da cabine, antes da retirada das mãos. Calçar um novo par de luvas apenas na parte externa da CSB.
- Evitar o uso de formas agressivas de homogeneização das amostras, como a utilização de agitador de tubos tipo *vortex*. Caso seja escolhida a forma de homogeneização drástica das amostras, é requerido um tempo de descanso para que o tubo contendo a amostra seja aberto. Esse tempo é necessário para decantação das partículas de aerossol formadas dentro do tubo.
- Abrir todas as amostras biológicas presentes no laboratório NB-3 exclusivamente dentro da CSB.
- Uso de centrífugas: o processo de centrifugação é um potencial gerador de aerossóis. Todas as amostras contaminadas e que necessitam de centrifugação devem ser acondicionadas dentro da cabine de segurança em caçapas do rotor com tampa rosqueada para proteção contra aerossol. Esse procedimento protege o operador e o ambiente laboratorial de possíveis acidentes, visto que as amostras são mantidas sob duas camadas de proteção. Após a centrifugação, as caçapas devem ser levadas para a cabine de segurança e somente abertas em seu interior.
- Uso de sonicadores: esse procedimento também é um potencial gerador de aerossóis. Os sonicadores de haste devem ser operados dentro das cabines de segurança, sendo a área cercada por papel umedecido com hipoclorito de sódio 4% (evitando o contato do hipoclorito com o equipamento). É aconselhável o uso de sonicadores de banho, visto que, com esse método de sonicação, a amostra se mantém acondicionada em tubos devidamente vedados, evitando, assim, a exposição ao aerossol. Após a sonicação, as amostras devem ser mantidas em descanso por 5 a 10 minutos para precipitação das partículas dos aerossóis.
- Após o término do trabalho, limpar toda a área externa dos materiais e equipamentos a serem retirados da cabine de segurança com a aplicação de

álcool 70%. Deixá-los próximos à abertura da cabine para posterior recolhimento.

- Para a retirada dos resíduos biológicos (líquidos ou sólidos) de dentro da CSB, eles devem ser colocados em sacos fechados fortemente com o auxílio de fita adesiva e acondicionados em outro saco de autoclave. A seguir, o saco deve ser borrifado com o álcool 70%, e deixado próximo à abertura da cabine, para posterior recolhimento.
- Retirar o saco de resíduos e autoclavar por calor úmido a 121 °C e pressão de 1 atm por 1 hora.
- Os resíduos sólidos gerados no ambiente do NB-3 também devem ser acondicionados em sacos de autoclave e levados para descontaminação por calor úmido a 121 °C e pressão de 1 atm por 1 hora.
- Ligar a lâmpada UV da CSB por 20 minutos.

POP para saída do laboratório NB-3

Para a saída do laboratório NB-3, o operador deve verificar se o laboratório está organizado. Esse ponto é fundamental para o seu bom funcionamento e biossegurança, além de seguir as normas de boas práticas de laboratório.

A seguir, são descritos os procedimentos que devem ser adotados para a saída do laboratório NB-3.

- O operador deverá sair do laboratório pela antecâmara do NB-3 (Figura 1, item 10). Nessa área, deverá retirar o macacão de segurança pelo avesso e os demais EPI, nesta ordem: capuz, óculos, touca, máscara e luvas, e acondicioná-los em sacos plásticos autoclaváveis. O último operador a deixar o ambiente deverá encaminhar todos os EPI utilizados para esterilização por autoclavação (Figura 1, item M).
- O operador deverá seguir para a área de banho, onde passará por descontaminação com o uso de solução antisséptica e água.
- Após o banho, o usuário deverá vestir a roupa pessoal e sair do complexo de salas do laboratório NB-3 (Figura 1, item 12).
- Registrar devidamente a entrada e saída do laboratório NB-3, especificando data de entrada, horário de entrada e saída, nome completo, procedimento realizado e quantidade de resíduo (sacos de lixo) gerado.
- Informar imediatamente ao chefe do laboratório ou do departamento e encaminhar o boletim de ocorrência ao Comitê Interno de Biossegurança (CIBio) quaisquer incidentes ocorridos dentro da área de experimentação NB-3.

DESCARTE DOS RESÍDUOS

Descarte dos resíduos biológicos líquidos e sólidos

Todo material e/ou resíduos gerados dentro do laboratório NB-3 deve ser descontaminado por calor úmido em autoclave de barreira para posterior descarte, de acordo com a RDC n. 306/2004 da Agência Nacional de Vigilância Sanitária (Anvisa)[15]. Alguns cuidados que devem ser tomados para garantir a eficácia da descontaminação em autoclave por vapor úmido estão descritos no Quadro 1.

Após o processo de descontaminação do material, os sacos que contêm os resíduos devem ser devidamente identificados (informando-se data da descontaminação, tipo de material, usuário e laboratório) e posteriormente descartados como resíduos de serviços de saúde[9].

Descarte de perfurocortantes

Agulhas, alça bacteriológica de metal, vidro quebrado, materiais cirúrgicos, entre outros artigos perfurocortantes, devem ser descartados em recipiente rígido e resistente, identificado com símbolo de material infectante e perfurante, e posteriormente descontaminados por autoclavação a 121 °C, pressão de 1 atm por 1 hora. Uma vez descontaminado, o recipiente com os materiais perfurocortantes deve ser vedado e descartado como resíduo de serviços de saúde.

Quadro 1. Parâmetros para garantir a eficácia da descontaminação por vapor úmido.

Parâmetro	Procedimento
Qualidade do recipiente	Com base na NBR 9.191/2000 da ABNT, o saco plástico deve ser constituído de material resistente à temperatura e impermeável
Volume do recipiente	Respeitar os limites de capacidade do saco plástico (peso e volume). Não se deve extrapolar 75% da área interna com resíduos.
Carga da autoclave	Não utilizar a capacidade interna total da autoclave. A carga não deve ultrapassar 70% do espaço interno do equipamento.
Controle da descontaminação	De acordo com o manual da Anvisa, o controle da esterilização pode ser feito por meio do uso de indicadores químicos, como fita de autoclave (fita adesiva contendo tinta termoquímica) e indicadores biológicos (ampolas contendo *Bacillus stearothermophilus*)[7,8,11]

SAÍDA DE AMOSTRAS EXPERIMENTAIS OU EQUIPAMENTOS DO NB-3

Amostras experimentais devem ser filtradas em filtro de 0,22 µm, em caso de líquidos, e/ou fixados com paraformaldeído 4% por 1 hora para amostras celulares. Órgãos infectados devem ser fixados com solução de paraformaldeído a 10% tamponado por 24 horas.

Todo material ou equipamento utilizado dentro do laboratório NB-3 que não puder ser descontaminado por calor úmido deverá passar por ciclos de descontaminação química (com uso de hipoclorito 4% e posterior uso de álcool 70%) e ação mecânica. Posteriormente, deve ser retirado pela janela de transferência (Figura 1, item F), após ser exposto à radiação UV por 20 minutos. Os equipamentos que não puderem ser descontaminados com hipoclorito 4% devem ser desinfetados com álcool 70%.

CONSIDERAÇÕES FINAIS

Como descrito neste capítulo, procedimentos que garantem a segurança para o operador e para o ambiente devem estar sempre em pauta em discussões científicas, e devem ser colocados em prática. O trabalho adequado exige cuidados que devem partir, primariamente, da conscientização do operador consigo e com os outros que trabalham no ambiente NB-3, bem como do administrador/coordenador do laboratório. É de suma importância a realização anual de cursos de reciclagem para os usuários do laboratório de biossegurança, reforçando-se que a proteção deve estar sempre em primeiro lugar. Além disso, é fundamental para um bom trabalho que a manutenção dos equipamentos e instalações do laboratório NB-3 seja feita de forma regular e preventiva. Uma vez que os pontos abordados neste capítulo sejam executados categoricamente, os usuários e o ambiente estarão protegidos de quaisquer eventualidades.

REFERÊNCIAS BIBLIOGRÁFICAS

1. Brasil. Agência Nacional de Vigilância Sanitária (Anvisa). Manual de microbiologia clínica para o controle de infecção relacionada à assistência à saúde. Módulo 1: biossegurança e manutenção de equipamentos em laboratório de microbiologia clínica. Brasília: Anvisa; 2013. Disponível em: <http://portal.anvisa.gov.br/>. Acesso em: 19 fev. 2016.
2. Brasil. Ministério da Saúde. Secretaria de Vigilância em Saúde. Departamento de Vigilância das Doenças Transmissíveis. Biocontenção: o gerenciamento do risco em ambientes de alta contenção biológica NB-3 e NBA-3 [recurso eletrônico]. Brasília: Editora do Ministério da Saúde; 2015. 134p. Disponível em: <http://www.saude.gov.br/bvs>. Acesso em: 23 jan. 2016.
3. Oliveira GP, Torrens AW, Bartholomay P, Barreira D. Tuberculosis in Brazil: last ten years analysis – 2001-2010. Braz J Infect Dis. 2013;17(2):218-33.
4. Carreto-Binaghi LE, Damasceno LS, Pitangui NS, Fusco-Almeida AM, Mendes-Giannini MJ, Zancopé-Oliveira RM, et al. Could *Histoplasma capsulatum* be related to healthcare-associated infections? Biomed Res Int. 2015; 2015:982429.
5. Centers for Disease Control and Prevention (CDC). National Center for Infectious Diseases. Standard Operating Procedures for BSL-3 Laboratory., Atlanta, Georgia, comunicação pessoal, 01/2000.
6. U.S. Department of Health and Human Services Public Health Service. Centers for Disease Control and Prevention. National Institutes of Health. Biosafety in Microbiological and Biomedical Laboratories. HHS. 5. ed. 2009. 438p. Disponível em: <http://www.cdc.gov/biosafety/publications/bmbl5/BMBL.pdf>. Acesso em: 05 fev. 2016.
7. Lowe JJ, Gibbs SG, Iwen PC, Smith PW, Hewlett AL. Decontamination of a hospital room using gaseous chlorine dioxide: *Bacilllus anthracis*, *Francisella tularensis*, and *Yersinia pestis*. J Occup Environ Hyg. 2013;10(10):533-9.
8. Horn K, Otter JA. Hydrogen peroxide vapor room disinfection and hand hygiene improvements reduce *Clostridium difficile* infection, methicillin-resistant, *Staphylococcus aureus*, vancomycin-resistant enterococci, and extended-spectrum β-lactamase. Am J Infect Control. 2015;43:1354-6.
9. Brasil. Ministério da Saúde. Diretrizes gerais para o trabalho em contenção com agentes biológicos. 3. ed. Brasília: Ministério da Saúde, 2010. 1 CD ROM. (Série A. Normas e Manuais Técnicos). Disponível em: <http://www.portal.anvisa.gov.br>. Acesso em: 14 jan. 2016.
10. World Health Organization (WHO). Tuberculosis laboratory biosafety manual. 2012. 60p. Disponível em: <http://apps.who.int/iris/bitstream/10665/77949/1/9789241504638_eng.pdf>. Acesso em: 12 jan. 2016.
11. Brasil. Agência Nacional de Vigilância Sanitária (Anvisa). Manual do usuário: autoclave. Disponível em: <http://www4.anvisa.gov.br/base/visadoc/REL/REL[8835-2-1].PDF>. Acesso em: 22 dez. 2015.
12. SSengooba W, Gelderbloem SJ, Mboowa G, Wajja A, Namaganda C, Musoke P, et al. Feasibility of stablishing a biosafety level 3 tuberculosis culture laboratory of acceptable quality standards in a resource-limited setting: and experience from Uganda. Health Res Policy Syst. 2015;13(4). Disponível em: <http://health-policy-systems.biomedcentral.com/articles/10.1186/1478-4505-13-4>. Acesso em: 10 fev. 2016.
13. World Health Organization (WHO). Laboratory biosafety manual. 3. ed. Geneva: WHO; 2004. Disponível em: <http://www.who.int/csr/resources/publications/biosaety/en/Biosafety7.pdf>. Acesso em: 01 jan. 2016.
14. Sambol AR, Iwen PC. Biological monitoring of ultraviolet germicidal irradiation in a biosafety level 3 laboratory. Applied Biosafety. 2006;11(2):81-7.
15. Brasil. Agência Nacional de Vigilância Sanitária (Anvisa). Resolução da Diretoria Colegiada (RDC) n. 306, de 07 de dezembro de 2004. Disponível em: <http://portal.anvisa.gov.br/wps/wcm/connect/10d6dd00474597439fb6df3fbc4c6735/RDC+N%C2%BA+306,+DE+7+DE+DEZEMBRO+DE+2004.pdf?MOD=AJPERES>. Acesso em: 21 fev. 2016.

capítulo 25

Trabalho em contenção de microrganismos geneticamente modificados

Gisele Medeiros Bastos

INTRODUÇÃO

A década de 1970 foi marcada por uma revolução na biologia experimental, pelo desenvolvimento de métodos como a tecnologia do DNA recombinante ou de engenharia genética, baseando-se essencialmente no processo de clonagem gênica. A aplicação dessas tecnologias deu origem à biotecnologia moderna, na qual genes são expressos em diferentes tipos de hospedeiros para a produção de proteínas e de outros compostos necessários à medicina e aos processos industriais. O uso da expressão biossegurança é decorrente do avanço da biotecnologia, que, em seu sentido mais amplo, compreende, entre outras coisas, o manuseio de organismos, visando à obtenção de processos e produtos de interesses diversos. A preocupação com a saúde humana e ambiental em exposição a esses produtos e serviços da engenharia genética é decorrente de seu poder de modificar ou reprogramar os seres vivos[1,2].

De acordo com a Lei de Biossegurança (n. 11.105, de 24 de março de 2005), todo pesquisador que desejar trabalhar com organismos geneticamente modificados (OGM) deverá receber autorização, previamente ao início do trabalho, da Comissão Interna de Biossegurança (CIBio) e/ou da Comissão Técnica Nacional de Biossegurança (CTNBio), por meio da emissão do Certificado de Qualidade em Biossegurança (CQB). Uma vez de posse do CQB, o pesquisador principal deve assegurar-se de que todas as pessoas envolvidas no trabalho com OGM sejam conscientizadas dos riscos envolvidos e que sejam devidamente treinadas para o cumprimento das normas de biossegurança. Portanto, todas as atividades e projetos que utilizem OGM e seus derivados devem ser realizados em regime de contenção, planejados e executados conforme o disposto nas legislações vigentes, reunidos nas Resoluções e Instruções Normativas da CTNBio, com base na Lei de Biossegurança supracitada, de modo a evitar acidentes ou liberação acidental para o ambiente[3,4].

O art. 16 da Lei de Biossegurança estabelece que órgãos e entidades de registro e fiscalização do Ministério da Saúde são responsáveis por fiscalizar as atividades de pesquisa de OGM relacionadas à saúde humana. Entretanto, somente em meados de 2013, a Agência Nacional de Vigilância Sanitária (Anvisa), em uma ação conjunta com a CTNBio, iniciou as atividades de fiscalização de instituições detentoras de CQB ativo, com foco em biossegurança e nas exigências legais relacionadas à pesquisa de OGM. A inspeção não avalia e/ou questiona a pesquisa em si, mas é direcionada para a análise de documentação/registros e infraestrutura compatíveis com o CQB, e necessários para a manipulação de quaisquer produtos que envolvam riscos e que são obtidos por engenharia genética, incluindo os microrganismos geneticamente modificados (MGM). Com base nisso e no disposto nas resoluções e instruções normativas da CTNBio, este capítulo fornece de forma simples e resumida as principais orientações regulamentadoras para a manipulação e o descarte de MGM, que atendam aos requisitos exigidos para a realização de um trabalho em contenção, garantindo a segurança do pesquisador e do ambiente.

CONCEITO E APLICAÇÃO DE MGM

Microrganismo geneticamente modificado (MGM) é o microrganismo cujo material genético (DNA/RNA) tenha sido modificado por qualquer técnica de engenharia genética, ao passo que derivado de MGM é o produto obtido, que não possui capacidade autônoma de replicação ou que não contém forma viável de MGM[5].

A aplicação do uso de MGM é bastante ampla, indo desde estudos de localização, estrutura, expressão e função de genes, protocolos de inativação de fatores de virulência de microrganismos, entre outros, até a produção de medicamentos recombinantes, como insulina recombinante (Figura 1), hormônio de crescimento humano, fator VIII e vacinas[1].

CLASSIFICAÇÃO DE RISCO DE MGM

A CTNBio, por meio da Resolução Normativa n. 2 (RN 2), definiu risco como a possibilidade de promoção de evento negativo para a saúde humana e animal, os vegetais, outros organismos e o meio ambiente, decorrente de processos ou situações envolvendo OGM e/ou animais geneticamente modificados (AnGM) e seus derivados[6].

Ainda, segundo a RN 2, os OGM são classificados em quatro classes de risco, adotando-se como critérios: o potencial patogênico dos organismos doador e receptor; a(s) sequência(s) nucleotídica(s) transferida(s), a expressão desta(s) no organismo receptor, o OGM resultante e seus efeitos adversos à saúde humana e animal, aos vegetais e ao meio ambiente[6].

Para a classificação de risco do MGM, são adotados os mesmos critérios de classes de risco de OGM, e para a determinação da patogenicidade do organismo receptor são utilizados os critérios da classificação de risco dos agentes biológicos do Ministério da Saúde[7]. Dessa forma, o MGM é dividido em quatro classes de risco, descritas no Quadro 1.

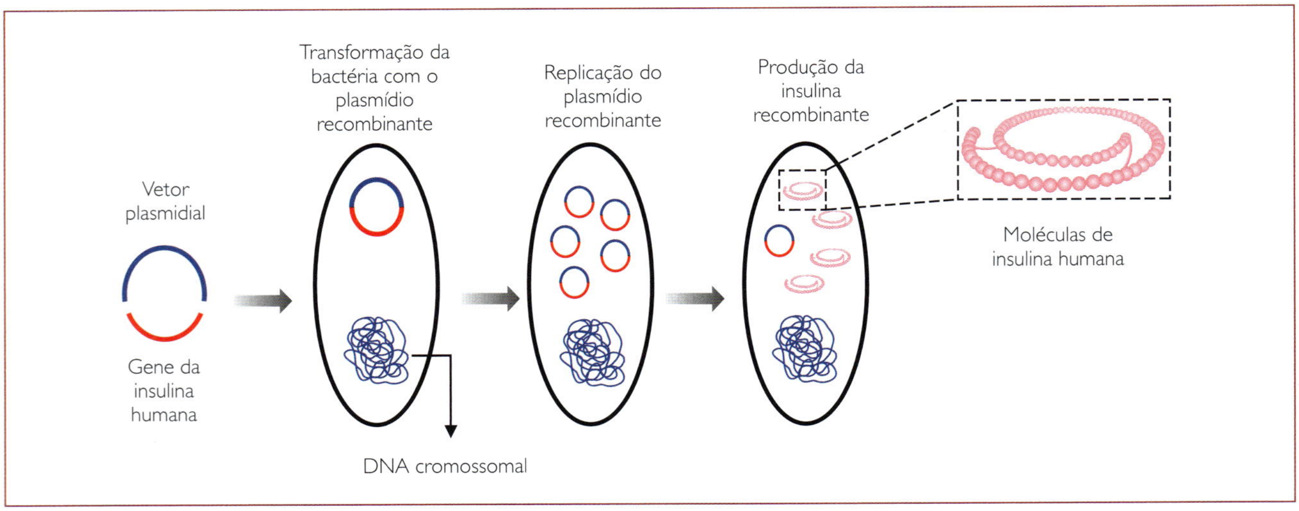

Figura 1. Esquema de produção de insulina recombinante utilizando um MGM.

Quadro 1. Classificação de risco dos microrganismos geneticamente modificados (MGM)

Classe	Nível de risco	Descrição
MGM-1	Baixo risco individual e baixo risco para a comunidade	Contém sequências de DNA/RNA de organismos doador e receptor que não causem agravos à saúde humana e animal e efeitos adversos aos vegetais e ao meio ambiente
MGM-2	Risco individual moderado e risco limitado para a comunidade	Contém sequências de DNA/RNA de organismo doador ou receptor, com moderado risco de agravo à saúde humana e animal, que tenha baixo risco de disseminação e de causar efeitos adversos aos vegetais e ao meio ambiente
MGM-3	Elevado risco individual e risco limitado para a comunidade	Contém sequências de DNA/RNA de organismo doador ou receptor, com alto risco de agravo à saúde humana e animal, mas geralmente existem medidas de tratamento e de prevenção. Baixo ou moderado risco de disseminação e de causar efeitos adversos aos vegetais e ao meio ambiente.
MGM-4	Alto risco individual e alto risco para a comunidade	Contém sequências de DNA/RNA de organismo doador ou receptor com alto risco de agravo à saúde humana e animal, que tenha elevado risco de disseminação e de causar efeitos adversos aos vegetais e ao meio ambiente

As atividades e os projetos que envolvem MGM e seus derivados devem ser precedidos de uma análise detalhada e criteriosa de todas as condições experimentais, devendo-se utilizar o nível de biossegurança adequado à classe de risco do MGM manipulado. Para cada uma das quatro classes de risco devem ser atendidos os requisitos de segurança descritos na RN 2 e na Instrução Normativa n. 7 (IN 7) da CTNBio[6,8]. No Quadro 2, estão indicados os agentes etiológicos de doenças humanas e animais classificados pelo nível de risco biológico[7].

NÍVEIS DE BIOSSEGURANÇA E PROCEDIMENTOS PARA O TRABALHO EM CONTENÇÃO DE MGM

De acordo com a IN7 da CTNBio, existem quatro níveis de biossegurança (NB): NB-1, NB-2, NB-3 e NB-4, crescentes no maior grau de contenção e complexidade do nível de proteção. O nível de biossegurança de um experimento será determinado segundo o microrganismo de maior classe de risco[8].

Todas as atividades com MGM em contenção devem ser planejadas e executadas de acordo com o disposto na IN 7. No entanto, para cada laboratório deve ser preparado um manual de biossegurança e um plano de contingência, de acordo com as especificidades das atividades realizadas, e todo o pessoal deve ser orientado sobre os possíveis riscos e para a necessidade de seguir as especificações de cada rotina de trabalho, procedimentos de biossegurança e práticas estabelecidas no manual. A seguir, serão descritos alguns dos principais procedimentos exigidos pela CNTBio para trabalho em contenção de MGM.

Antes do trabalho com MGM

Acesso ao laboratório

O acesso ao laboratório onde ocorre a manipulação de MGM deve ser limitado ou restrito em todos os níveis de biossegurança, sempre controlado pelo pesquisador responsável, e a lista com o nome do pessoal autorizado deve estar na posse do presidente da CIBio. Porém, quanto maior a classe de risco do MGM, maior o nível de exigências para o acesso, para garantir a segurança do trabalhador e do ambiente. Devem ser exigidos requisitos especiais para a entrada de pessoal no laboratório, como vacinação e treinamento em biossegurança, periódico e sistemático, para o trabalho em cada um dos quatro níveis. Todas essas exigências devem ser devidamente registradas[8].

Na porta de entrada de todo laboratório, deve ser colocado um aviso com sinalização da classe de risco, identificação do nível de biossegurança, MGM manipulado e nome do pesquisador principal, assim como seu endereço completo e outras possibilidades para sua localização ou de outra pessoa responsável (Figura 2). No aviso, também devem estar assinalados todos os requisitos necessários para a entrada no laboratório, como os equipamentos de proteção individual (EPI) que devem ser utilizados (Figura 2)[8].

No caso do NB-3 e do NB-4, o laboratório deverá estar localizado em área claramente demarcada, isolada do edifício e em prédio separado, respectivamente. É exigido um sistema de dupla porta como requisito básico para entrada no laboratório a partir de corredores de acesso ou para outras áreas contíguas, com sala para troca de roupas, chuveiros, bloqueio de ar e outros dispositivos, para acesso em duas etapas[8].

Por questão de segurança, para trabalhos com organismos MGM-3 e MGM-4, o acesso ao laboratório deve ser bloqueado por portas hermeticamente fechadas e possuir fechamento automático, e a entrada e a saída de pessoal do laboratório devem ocorrer somente após uso de chuveiro e troca de roupa[8].

Equipamentos de proteção individual

Para o trabalho com MGM, devem ser usados uniformes completos específicos para cada nível de biosse-

Figura 2. Porta de entrada de um laboratório NB-2 com identificação do MGM, classe de risco, nível de biossegurança, EPI necessários, restrição de acesso e informações do pesquisador principal e/ou de outra pessoa responsável.

Quadro 2. Classificação de agentes etiológicos humanos e animais com base no risco apresentado[7]

Classe de risco 1	
A classe de risco 1 é representada por agentes biológicos não incluídos nas classes de risco 2, 3 e 4 e para os quais não se verifica a capacidade de causar doença em humanos adultos e sadios. A ausência de um determinado agente biológico nas classes de risco 2, 3 e 4 não implica sua inclusão automática na classe de risco 1. Para isso deverá ser conduzida uma avaliação de risco, baseada nas variáveis qualitativas referidas na metodologia desta publicação[7].	
Classe de risco 2	
Bactérias, incluindo clamídias e riquétsias	*Acinetobacter baumannii, A. calcoaceticus, Acinetobacter* spp *Actinobacillus actinomycetemcomitans, A. hominis, Actinobacillus* spp *Actinomadura madurae, A. pelletieri* *Actinomyces gerencseriae, A. israelii, A. pyogenes* [nomenclatura anterior: *Corynebacterium pyogenes*], *Actinomyces* spp *Aeromonas hydrophila, Aeromonas* spp *Amycolata autotrophica* [nomenclatura anterior: *Nocardia autotrophica, Pseudonocardia autotrophica, Streptomyces autotrophicus*] *Arcanobacterium haemolyticum* [nomenclatura anterior: *Corynebacterium haemolyticum*], *A. pyogenes* [nomenclatura anterior: *Corynebacterium pyogenes*], *Arcanobacterium* spp *Bacillus cereus* cepas diarreiogênicas e enterotoxigênicas *Bacteroides fragilis, Bacteroides* spp *Bartonella henselae, B. quintana, B. vinsonii, Bartonella* spp *Bordetella bronchiseptica, B. parapertussis, B. pertussis, Bordetella* spp *Borrelia burgdorferi, B. duttoni, B. recurrentis, Borrelia* spp *Burkholderia cepacia* [nomenclatura anterior: *Pseudomonas cepacia*], *Burkholderia* spp, exceto aquelas classificadas como de risco 3 *Campylobacter coli, C. fetus, C. jejuni, C. septicum, Campylobacter* spp *Cardiobacterium hominis, C. valvarum* *Chlamydia pneumoniae, C. trachomatis* *Clostridium chauvoei, C. haemolyticum, C. histolyticum, C. novyi, C. perfringens, C. septicum, C. tetani, Clostridium* spp, exceto *Clostridium botulinum*. classificado como de risco 3 *Corynebacterium diphtheriae, C. minutissimum, C. pseudotuberculosis, C. renale, Corynebacterium* spp *Dermatophilus chelonae, D. congolensis* *Edwardsiella tarda, Edwardsiella* spp *Ehrlichia chaffeensis, E. sennetsu, Ehrlichia* spp *Eikenella corrodens* *Enterobacter aerogenes* [nomenclatura anterior: *Klebsiella mobilis*], *E. cloacae, Enterobacter* spp *Enterococcus* spp *Erysipelothrix rhusiopathiae* *Escherichia coli* (todas as detentoras de antígeno K1 e cepas diarreiogênicas, exceto *E. coli* êntero-hemorrágica, classificada como de risco 3) *Haemophilus ducreyi, H. influenzae, Haemophilus* spp *Helicobacter pylori, Helicobacter* spp *Klebsiella oxytoca, K. pneumoniae, Klebsiella* spp *Legionella pneumophila, Legionella* spp *Leptospira interrogans* (todos os sorotipos), *Leptospira* spp *Listeria* spp *Moraxella* spp *Morganella morganii*, subespécies *morganii, psychrotolerans* e *sibonii* *Mycobacterium asiaticum, M. avium, M. bovis* cepa BCG vacinal, *M. chelonae, M. fortuitum, M. kansasii, M. leprae, M. malmoense, M. marinum, M. paratuberculosis, M. scrofulaceum, M. simiae, M. szulgai, M. xenopi, Mycobacterium* spp *Mycoplasma caviae, M. hominis, M. pneumoniae, Mycoplasma* spp *Neisseria gonorrhoeae, N. meningitidis, Neisseria* spp *Nocardia asteroides, N. brasiliensis, N. farcinica, N. nova, N. otitidiscaviarum, N. transvalensis, Nocardia* spp *Pasteurella multocida, Pasteurella* spp *Peptostreptococcus anaerobius, Peptostreptococcus* spp *Plesiomonas shigelloides* *Porphyromonas* spp *Prevotella* spp *Proteus hauseri, P. mirabilis, P. penneri, P. shigelloides, P. vulgaris* *Providencia alcalifaciens, P. rettgeri, P. rustigiannii, P. stuartii* *Rhodococcus equi* [nomenclatura anterior: *Corynebacterium equi*], *R. gordoniae* *Salmonella* spp (todos os sorotipos) *Serpulina* spp

(continua)

Quadro 2. Classificação de agentes etiológicos humanos e animais com base no risco apresentado[7] *(continuação)*

Classe de risco 2	
Bactérias, incluindo clamídias e riquétsias	*Shigella boydii, S. flexneri, S. sonnei, Shigella* spp, exceto *Shigella dysenteriae* tipo 1, classificada como de risco 3 *Sphaerophorus necrophorus* [nomenclatura anterior: *Fusobacterium necrophorum*] *Staphylococcus aureus* subespécies *aureus* e *anaerobius, S. caprae, S. filis, S. haemolyticus* *Streptobacillus moniliformis* *Streptococcus pneumoniae, S. pyogenes, S. suis, Streptococcus* spp *Treponema carateum, T. pallidum, T. pertenue, Treponema* spp *Vibrio cholerae* (01 e 0139), *V. parahaemolyticus, V. vulnificus, Vibrio* spp *Yersinia enterocolitica, Y. pseudotuberculosis*
Parasitas – helmintos	*Acanthocheilonema dracunculoides* [nomenclatura anterior: *Dipetalonema dracunculoides*] *Acanthoparyphium tyosenense* *Ancylostoma braziliense, A. caninum, A. ceylanicum, A. duodenale* *Angiostrongylus cantonensis, A. costaricensis* *Anisakis simplex, Anisakis* spp *Appophalus donicus* *Artyfechinostomum oraoni* *Ascaris lumbricoides, A. suum* *Ascocotyle (Phagicola) longa* [nomenclatura anterior: *Phagicola longa*], *Ascocotyle* spp *Baylisascaris procyoni* *Brachylaima cribbi* *Brugia malayi, B. pahangi, B. timori* *Capillaria aerophila, C. hepatica, C. philippinensis* *Cathaemacia cabrerai* *Centrocestus armatus, C. caninum, C. cuspidatus, C. formosanus, C. kurokawai, C. longus* *Clonorchis sinensis* *Contracaecum osculatum, Contracaecum* spp *Cotylurus japonicus* *Cryptocotyle língua* *Dicrocoelium dendriticum* *Diphyllobothrium alascence, D. cameroni, D. cordatum, D. dalliae, D. dendriticum, D. ditremum, D. hians, D. klebanovski, D. lanceolatum, D. latum, D. nihonkaiense, D. orcini, D. pacificum, D. scoticum, D. stemmacephalum, D. ursi, D. yonagoensis* *Diplogonoporus balaenopterae* *Dipylidium caninum* *Dirofilaria immitis, D. repens, D. tenuis* *Dracunculus medinensis* *Echinocasmus fujianensis, E. japonicus, E. liliputanus, E. perfoliatus* *Echinococcus granulosus* (cisto hidático-larva), *E. multilocularis* (cisto hidático alveolar), *E. oliganthus, E. vogeli* (hidátide policística) *Echinostoma angustitestis, E. cinetorchis, E. echinatum, E. hortense, E. revolutum, Echinostoma* spp *Enterobius vermicularis* *Episthmium caninum* *Fasciola gigantica, F. hepática* Fasciolopsis buski *Fibricola cratera, F. seolensis* [nomenclatura anterior: *Neodiplostomum seolensis*] *Fischoederius elongatus* *Gastrodiscoides hominis* *Gnathostoma binucleatum, G. doloresi, G. hispidum, G. malaysiae, G. nipponicum, G. spinigerum* *Gymnophaloides seoi* *Haplorchis pleurolophocerca, H. pumilio, H. taichui, H. vanissimus, H. yokogawai* *Heterophyes dispar, H. heterophyes, H. nocens* *Heterophyopsis continua* *Hymenolepis diminuta, H. nana* *Lagochilascaris minor* *Loa loa* *Macracanthorhynchus hirudinaceus* *Mansonella ozzardi, M. perstans* [nomeclatura anterior: *Dipetalonema perstans*], *M. streptocerca* *Metagonimus minutus, M. miyatai, M. takahashii, M. yokogawai* *Metorchis conjunctus* *Moniliformis moniliformis* *Nanophyetus salminicola*

(continua)

Quadro 2. Classificação de agentes etiológicos humanos e animais com base no risco apresentado[7] *(continuação)*	
	Classe de risco 2
Parasitas – helmintos	*Necator americanus* *Onchocerca volvulus* *Opisthorchis noverca, O. tenuicollis* [nomenclatura anterior: *O. felineus*], *O. viverrini* *Paragonimus africanus, P. kellicotti, P. skrjabini, P. uterobilateralis, P. westermani* *Phaneropsolus bonnie, P. spinicirrus* *Plagiorchis harinasutai, P. javensis, P. murinus, P. philippinensis* *Procerovum calderoni, P. varium* *Prosthodendrium molenkampi* *Pseudoterranova decipiens* *Pygidiopsis summa, Pygidiopsis* spp *Schistosoma haematobium, S. intercalatum, S. japonicum, S. mansoni, S. mekongi* *Spelotrema brevicaeca* *Stellantchasmus falcatus* *Stictodora fuscata, S. lari* *Strongyloides füllerborni, S. stercoralis* *Taenia brauni* (larva *Coenurus brauni*), *T. crassiceps* (*Cysticercus longicollis*), *T. hydatigena* (cisticerco), *T. multiceps* (*Coenurus cerebralis*), *T. saginata* (*Cisticercus bovis*), *T. serialis* (*Coenurus serialis*), *T. solium* (*Cysticercus cellulosae, C. racemosus*), *T. taeniformis* (estrobilocerco) *Toxocara canis, T. cati* *Trichinella spiralis* *Trichostrongylus orientalis, Trichostrongylus* spp *Trichuris trichiura* *Uncinaria stenocephala* *Watsonius watsonius* *Wuchereria bancrofti*
Parasitas – protozoários	*Acanthamoeba castellani* *Babesia divergens, B. microti* *Balantidium coli* *Cryptosporidium hominis, Cryptoporidium* spp, *Entamoeba histolytica* *Enterocytozoon bieneusi* *Giardia lamblia* *Isospera belli* *Leishmania amazonensis, L. brasiliensis, L. chagasi, L. donovani, L. major, L. peruvania* *Naegleria fowleri* *Plasmodium falciparum, P. malariae, P. ovale, P. vivax* *Sarcocystis* spp *Toxoplasma gondii* *Trypanosoma brucei brucei, T. brucei gambiense, T. brucei rhodesiense, T. cruzi*
Fungos	*Acremonium alabamensis, A. falciforme* [nomenclatura anterior: *Cephalosporium falciforme*], *A. kiliense* [nomenclatura anterior: *Cephalosporium kiliense*], *A. potronii, A. recifei* [nomenclatura anterior: *Cephalosporium recifei*], *A. strictum* [nomenclatura anterior: Cephalosporium acremonium] *Aphanoascus fulvescens* *Apophysomyces elegans* *Arthrographis kalrae* (teleomorfo: *Eremomyces langeronii*) *Aspergillus alliaceus* (teleomorfo: *Petromyces alliaceus*), *A. amstelodami* (teleomorfo: *Eurotium amstelodami*), *A. candidus, A. flavus* (teleomorfo: *Petromyces flavus*), *A. fumigates* (teleomorfo: *Neosartorya fumigata*), *A. glaucus* (teleomorfo: *Eurotium herbariorum*), *A. nidulans* (teleomorfo: *Emericella nidulans*), *A. niger, A. oryzae, A. terreus, A. ustus, A. versicolor* *Basidiobolus ranarum* *Bipolaris* spp (teleomorfo: *Cochliobolus* spp) *Blastomyces dermatitidis* (teleomorfo: *Ajellomyces dermatididis*) *Botryomyces caespitosus* *Candida albicans* [nomenclatura anterior: *Candida genitalis, C. langeroni, C. nouvelii, C. stellatoidea, Monilia albicans*], *C. dubliniensis, C. glabrata* [nomenclatura anterior: *Torulopsis glabrata*], *C. guilliermondii* (teleomorfo: *Pichia guilliermondii*), *C. krusei* (teleomorfo: *Issatchenkia orientalis*), *C. lusitaniae* (teleomorfo: *Clavispora lusitaniae*), *C. parapsilosis, C. pelliculosa* (teleomorfo: *Pichia anomala*), *C. tropicalis* *Cladophialophora bantiana* [nomenclatura anterior: *Clasdoporium bantianum, C. trichoides, Xylohypha bantiana*], *C. carrionii* [nomenclatura anterior: *Clasdosporium carrionii*] *Colletotrichum gloeosporioides* *Conidiobolus coronatus* [nomenclatura anterior: *Entomophthora coronata*], *C. incongruus*

(continua)

Quadro 2 Classificação de agentes etiológicos humanos e animais com base no risco apresentado[7] *(continuação)*

Classe de risco 2	
Fungos	*Cryptococcus gattii* (teleomorfo: *Filobasidiella bacillispora*), *C. neoformans* (teleomorfo: *Filobasidiella neoformans*) *Cunninghamella bertholletiae* *Emmonsia crescens* (teleomorfo: *Ajellomyces crescens*) *Epidermophyton floccosum* [nomenclatura anterior: *Epidermophyton inguinale, Trichophyton cruris, T. floccosum, T. inguinale*] *Exophiala dermatitidis* [nomenclatura anterior: *Fonsecaea dermatitidis, Hormodendrum dermatitidis, Phialophora dermatitidis, Wangiella dermatitidis*], *E. jeanselmei* [nomenclatura anterior: *Phialophora jeanselmei*], *E. spinifera* [nomenclatura anterior: *Phialophora spinifera, Rhinocladiella spinifera*] *Fonsecaea compacta, F. monophora, F. pedrosoi* [nomenclatura anterior: *Hormodendrum pedrosoi, Phialophora pedrosoi, Rhinocladiella pedrosoi*] *Fusarium oxysporum, F. solani* (teleomorfo: *Nectria haematococca*), *F. verticillioides* [nomenclatura anterior: *Fusarium moniliforme*] *Geotrichum candidum* [nomenclatura anterior: *Oidium pulmoneum*] (teleomorfo: *Galactomyces geotrichum*), *G. capitatum* (teleomorfo: *Dipodascus capitatum*), *G. clavatum* *Gymnoascus dankaliensis* *Hortaea werneckii* [nomenclatura anterior: *Cladosporium werneckii, Exophiala werneckii, Phaeoannellomyces werneckii*] *Lacazia loboi* [nomenclatura anterior: *Loboa loboi*] *Madurella grisae, M. mycetomatis* *Malassezia dermatis, M. furfur* [nomenclatura anterior: *Pityrosporum ovale*], *M. globosa, M. japonica, M. obtusa, M. pachydermatis* [nomenclatura anterior: *Pityrosporum pachydermatis*], *M. restricta, M. slooffiae, M. sympodialis* *Microsporum audouinii, M. canis* [nomenclatura anterior: *Microsporum lanosum, M. sapporoense*] (teleomorfo: *Arthroderma otae* – nomenclatura anterior: *Nannizia otae*), *M. ferrugineum, M. fulvum* (teleomorfo: *Arthroderma fulvum* – nomenclatura anterior: *Nannizia fulva*), *M. gypseum* (teleomorfos: *Arthroderma gypseum* – nomenclatura anterior: *Nannizia gypsea, Arthroderma incurvatum* – nomenclatura anterior: *Nannizia incurvata*) *Mucor amphibiorum, M. circinelloides* [nomenclatura anterior: *Mucor griseo-roseus, M. javanicus, M. lusitanicus*], *M. indicus* [nomenclatura anterior: *Mucor rouxii*], *M. ramosissimus* *Mycocladus corymbiferus* [nomenclatura anterior: *Abisidia corymbifera, A. ramosa, Mucor corymbifer*] *Nattrassia mangiferae* [nomenclatura anterior: *Hendersonula toruloidea*]) (anamorfo artroconidial: *Scytalidium dimidiatum*) *Neotestudina rosatii* *Paecilomyces lilacinus, P. variotii* *Paracoccidioides brasiliensis* [nomenclatura anterior: *Blastomyces brasiliensis*]. Restrição para manipulação da fase micelial esporulada (conídios) – recomenda-se aumentar o nível de contenção e o uso de equipamentos de proteção individual *Penicillium marneffei* *Phaeoacremonium parasiticum* [nomenclatura anterior: *Phialophora parasitica*] *Phialophora americana* (teleomorfo: *Capronia semiimmersa*), *P. europaea, P. richardisiae, P. verrucosa* *Phoma cruris-hominis, P. dennisii* var. *oculo-hominis* *Pneumocystis carinii* (*P. jirovecii*) *Pyrenochaeta romeroi* *Rhinocladiella aquaspersa, R. atrovirens* *Rhinosporidium seeberi* *Rhizopus azygosporus, R. microsporus, R. oryzae, R. schipperae, R. stolonifer* *Scedosporium apiospermum* [nomenclatura anterior: *Monosporium apiospermum*] (teleomorfo: *Pseudoallescheria boydii* – nomenclatura anterior: *Allescheria boydii; Petriellidium boydii*), *S. aurantiacum, S. prolificans* [nomenclatura anterior: *Scedosporium inflatum*] *Schizophyllum commune* *Scopulariopsis acremonium, S. asperula, S. brevicaulis, S. brumptii, S. flava, S. fusca, S. koningii* *Sporothrix schenckii* *Stachybotrys chartarum* [nomenclatura anterior: *Stachybotrys alternans, S. atra*] *Trichophyton concentricum* (teleomorfo: *Arthroderma* sp), *T. interdigitale* (teleomorfo: *Arthroderma* sp), *T. mentagrophytes* [nomenclatura anterior: *Trichophyton asteroides, T. erinacei, T. granulosum, T. gypseum, T. niveum, T. pedis, T. proliferans, T. quinckeanum, T. radiolatum*] (teleomorfo: *Arthroderma benhamiae, A. vanbreuseghemii*), *T. rubrum* (teleomorfo: *Arthroderma* sp), *T. schoenleinii* (teleomorfo: *Arthroderma* sp), *T. soudanense* (teleomorfo: *Arthroderma* sp), *T. tonsurans* (teleomorfo: *Arthroderma* sp), *T. verrucosum* (teleomorfo: *Arthroderma* sp), *T. violaceum* (teleomorfo: *Arthroderma* sp) *Trichosporon asahii* [nomenclatura anterior: *Trichosporon coremiformis, T. cutaneum* var. *peneaus, T. figueiae*], *T. asteroides, T. cutaneum* [nomenclatura anterior: *Trichosporum beigelii*], *T. inkin* [nomenclatura anterior: *Sarcinomyces inkin*], *T. mucoides, T. ovoides* [nomenclatura anterior: *Geotrichum amycelicum*]

(continua)

Quadro 2. **Classificação de agentes etiológicos humanos e animais com base no risco apresentado**[7] ***(continuação)***

Classe de risco 2	
Vírus e príons	Adenovírus – 47 adenovírus infectam o homem e são divididos em 6 subgêneros A-F com diversos sorotipos: A (12, 18, 31), B (3, 7, 11, 14, 16, 21, 34, 35), C (1, 2, 5, 6), D (8-10, 13, 15, 17, 19, 20, 22-30, 32, 33, 36-39, 42-47), E (4), F (40-41). Alphavírus – Aurá, Babanki, Barmah Forest, Bebaru, Cabassou, Fort Morgan, Getah, Highlands J, Kyzylagach, Mayaro, Middelburg, Ndumu, O'Nyong-Nyong, Pixuna, Ross River, Sagiyama, Sindbis, Trocara, Una, Whataroa Arenavírus – Amapari, Cupuxi, Ippy, Latino, Oliveros, Paraná, Pichinde, Tacaribe, Tamiami Astrovírus – todos os tipos Calicivírus – norovírus, sapovírus Coronavírus – todos os tipos, com exceção de SARS-CoV Flavivírus – Alfuy, Apoi, Aroa, Bagaza, Banzi, Bouboui, Bussuquara, Cacipacore, Cowbone Ridge, Dakar Bat, vírus da dengue 1, 2, 3, e 4, Edge Hill, Entebbe Bat, Gadgets Gully, Iguape, Jugra, Jutiapa, Kadam, Kamiti River, Karshi, Kedougou, Kokobera, Kunjin, Langat, Meaban, Modoc, Montana Myotis Leukemia, Naranjal, Ntaya, Phnom-Penh Bat, Rio Bravo, Royal Farm, Saboya, Sal Vieja, San Perlita, Saumarez Reef, Sepik, Sokoluk, Spondweni, Stratford, Tembusu, Tyuleniy, Uganda S, Usutu, Yaounde, *Yellow fever vaccine strain* (febre amarela vacinal), Zika Flebovírus – todos, com exceção do Rift Valley *fever*, classificado como de risco 3 Hepacivírus – vírus da hepatite C Hepevírus – vírus da hepatite E Herpes-vírus humanos – todas as oito espécies conhecidas *Lyssavirus* – Adelaide River, Berrimah, Charleville, Coastal Plains, Duvenhage, Kimberley, Kolongo, Kotonkan, Lagos Bat, Malakal, Nasoule, Ngaingan, Puchong, Rochambeau, Sandjimba, Tibrogargan Nairovírus – Abu Hammad, Avalon, Clo Mor, Dera Ghazi Khan, Hazara, Hughes, Kao Shuan, Khasan, Omo, Paramushir, Pathum Thani, Punta Salinas, Qalyub, Sakhalin, Soldado, Taggert, Zirqa *Orthobunyavirus* – Abras, Acara, Aino, Ananindeua, Anhembi, *Anopheles* A, *Anopheles* B, Apeu, Arumateua, Babahoyo, Bahig, Bakau, Batai, Batama, Benevides, Benfica, Beritoga, Bimitti, Birao, Bobia, Boraceia, Botambi, Bozo, Bunyamwera, Bushbush, Buttonwillow, Bwamba, Cache Valley, California Encephalitis, Calovo, Cananeia, Capim, Caraipe, Caraparu, Catu, Dhori, Estero Real, Fort Sherman, Gamboa, Guajara, Guama, Guaratuba, Guaroa, Gumbo Limbo, Iaco, Ilesha, Ingwavuma, Inini, Inkoo, Itaqui, Itimirim, Jamestown Canyon, Jatobal, Jerry Slough, Juan Diaz, Kaeng Khoi, Kaikalur, Kairi, Ketapang, Keystone, Koongol, La Crosse, Las Maloyas, Lednice, Lokern, Lukuni, Macaua, Madrid, Maguari, Mahogany Hammock, Main Drain, Manzanilla, Marituba, Matruh, Mboke, Melao, Mermet, Minatitlan, Mirim, Moju, Mojui dos Campos, Moriche, Morro Bay, M'Poko, Murutucu, Nepuyo, Nola, Northway, Nyando, Olifantsvlei, Oriboca, Ossa, Oubi, Pahayokee, Palestina, Para, Patois, Peaton, Playas, Pongola, Potosi, Pueblo Viejo, Restan, Sabo, San Angelo, San Juan, Santa Rosa, Sathuperi, Serra do Navio, Shamonda, Shark River, Shokwe, Shuni, Simbu, Snowshoe Hare, Sororoca, Tacaiuma, Tahyna, Tanjong Rabok, Tensaw, Tete, Thimiri, Timboteua, Tinaroo, Tlacotalpan, Trivittatus, Trombetas, Tsuruse, Tucurui, Turlock, Umbre, Utinga, Vinces, Virgin River, Wongal, Zegla *Orthohepadnavirus* – vírus da hepatite B Ortomixovírus – vírus da influenza A, B e C, e os tipos transmitidos por carrapatos, vírus Dhori e Thogoto, exceto as amostras aviárias asiáticas de influenza A, como H5N1, classificadas como de risco 3 Papilomavírus Paramixovírus – excetuando-se os vírus Hendra e Nipah, classificados como de risco 3 Parvovírus – parvovirus humano B-19 Picornavírus Poliomavírus Poxvírus – *Buffalopox, Cotia, Cowpox, Molluscum contagiosum, Myxoma,* vírus *Orf, Parapoxvirus,* poxvírus de caprinos, suínos e aves, *Vaccinia* e amostras relacionadas, *Yatapox Tana* Reovírus Retrovírus – classificados na classe de risco 2 apenas para sorologia; para as demais operações de manejo em laboratório, estes vírus são classificados como de risco 3 Rubivírus – vírus da rubéola Vesiculovírus – Boteke, Calchaqui, Carajás, Chandipura, Cocal, Farmington, Gray Lodge, Isfahan, Jurona, Klamath, Kwatta, La Joya, Maraba, Mount Elgon Bat, Perinet, Radi, Vesicular Stomatitis-Alagoas, Vesicular Stomatitis-Indiana, Vesicular Stomatitis-New Jersey, Yug Bogdanovac Príons, incluindo agentes de encefalopatias espongiformes transmissíveis: encefalopatia espongiforme bovina (BSE), Scrapie e outras doenças animais relacionadas, doença de Creutzfeldt-Jakob (CJD), insônia familiar fatal, síndrome de Gerstmann-Straussler-Scheinker e Kuru

(continua)

Quadro 2. **Classificação de agentes etiológicos humanos e animais com base no risco apresentado[7]** ***(continuação)***

	Classe de risco 3
Bactérias, incluindo clamídias e riquétsias	*Bacillus anthracis* *Bartonella bacilliformis* *Brucella* spp (todas as espécies) *Burkholderia mallei* [nomenclatura anterior: *Pseudomonas mallei*], *B. pseudomallei* [nomenclatura anterior: *Pseudomonas pseudomallei*] *Chlamydia psittaci* cepas aviárias *Clostridium botulinum* *Coxiella burnetii* *Escherichia coli* êntero-hemorrágica *Francisella tularensis* tipos A e B *Mycobacterium africanum, M. bovis* exceto a cepa BCG, *M. canetti, M. microti, M .tuberculosis, M. ulcerans* *Pasteurella multocida* tipo B amostra buffalo e outras cepas virulentas *Rickettsia akari, R. australis, R. canada, R. conorii, R. montana, R. prowazekii, R. rickettsii, R. siberica, R. tsutsugamushi, R. typhi* (*R. mooseri*) *Shigella dysenteriae* tipo I *Taylorella equigenitalis* [nomenclatura anterior: *Haemophilus equigenitalis*] *Yersinia pestis*
Parasitas	Nenhum
Fungos	*Coccidioides immitis, C. posadasii* – em caso de manipulação de formas parasitárias teciduais (fase leveduriforme para *H. capsulatum* e esférula para espécies de *Coccidioides*), como no manejo de amostras clínicas suspeitas, em procedimentos que não gerem aerossóis, o risco potencial é reduzido e, portanto, podem ser manipulados em nível de biossegurança, 2 com o uso de equipamentos de proteção individual *Histoplasma capsulatum* (teleomorfo: *Ajellomyces capsulatus*) *Ramichloridium mackenziei*
Vírus e príons	Alphavírus – Chikungunya, Eastern Equine Encephalitis (encefalite equina do leste), Everglades, Mucambo, Semliki Forest, Tonate, Venezuelan Equine Encephalitis (encefalite equina venezuelana), Western Equine Encephalitis (encefalite equina do oeste) Arenavírus – Allpahuayo, Bear Canyon, Flexal, Mobala, Mopeia, Pirital, Whitewater Arroyo Bornaírus Coronavírus – SARS-CoV Flavivírus – Absettarov, Alkhumra, Deer Tick Vírus, Israel Turkey Meningitis, Japanese Encephalitis, Koutango, Louping Ill, Murray Valley Encephalitis, Negishi, Powassan, Rocio, St. Louis Encephalitis (encefalite de São Luis), Wesselsbron, West Nile (vírus do oeste do Nilo), Yellow Fever (febre amarela) Flebovírus – Rift Valley Fever Hantavírus - Anajatu, Andes, Araraquara, Bayou, Black Creek Canal, Cano Delgadito, Castelo dos Sonhos, Dobrava-Belgrade, El Moro Canyon, Isla Vista, Jaborá, Juquitiba-*like*, Khabarovsk, Laguna Negra, Muleshoe, New York, Prospect Hill, Puumala, Rio Mamoré, Rio Mearin, Rio Segundo, Saaremaa, Seoul, Sin Nombre, Thailand, Thottapalayam, Topografov, Tula Herpes-vírus – *Herpesvirus ateles, Herpesvirus saimiri* *Lyssavirus* – Bovine ephemeral fever, vírus da raiva (amostras de rua) Nairovírus – Dugbe, Nairobi sheep disease *Orthobunyavirus* – Douglas, Garissa, Germiston, Ngari, Oropouche, Xingu Ortomixovírus – amostras aviárias asiáticas de influenza A, como H5N1 Paramixovírus – vírus Hendra e Nipah Poxvírus – *Monkeypox* (varíola do macaco) Retrovírus – incluindo os vírus da imunodeficiência humana (HIV-1 e HIV-2), vírus linfotrópico da célula T humana (HTLV-1 e HTLV-2) e vírus da imunodeficiência de símios (SIV) para a multiplicação dos vírus Vesiculovírus – Piry
	Classe de risco 4
Bactérias	Nenhuma
Fungos	Nenhum
Parasitas	Nenhum
Vírus e príons	Arenavírus – Guanarito, Junin, Lassa, Machupo, Sabia Filovírus – incluindo vírus Marburg, Ebola e outros relacionados Flavivírus – Hanzalova, Hypr, Kumlinge, Kyasanur Forest Disease, Omsk hemorrhagic fever, russian spring-summer encephalitis, Tick-borne encephalitis (encefalite europeia do carrapato) Herpes-vírus – *Cercopithecine herpesvirus* 1 ou *Herpevirus simiae* ou B-vírus Nairovírus – Crimean Congo hemorrhagic fever vírus Poxvírus – vírus da varíola, *Camelpox* (varíola do camelo)

gurança, sendo proibido o uso fora do laboratório. Esses EPI incluem jalecos, gorros, máscaras, luvas e propés usados em laboratórios NB-1 e NB-2 (Figura 3A) e vestimenta completa para laboratório NB-3 (Figura 3B). Para o trabalho em laboratório NB-4, a roupa usual deve ser trocada por vestimenta protetora completa e descartável do tipo escafandro e respiradores[8].

Instalações

Todo laboratório deve ser desenhado de modo a permitir fácil limpeza e descontaminação, desde as superfícies das bancadas até as paredes internas, pisos e tetos. Os espaços entre as bancadas, cabines e equipamentos também devem a permitir acesso fácil para limpeza[8].

Em NB-3 e NB-4, toda a superfície deve ser selada e sem reentrâncias, para facilitar limpeza e descontaminação, e as janelas do laboratório devem ser fechadas ou lacradas. Paredes, tetos e pisos do laboratório devem ser construídos com sistema de vedação interna, para permitir maior eficiência da fumigação, e evitar o acesso de animais e insetos[8].

O sistema de ventilação (no ar insuflado e na exaustão) e os sistemas de esgoto dos laboratórios, especialmente NB-3 e NB-4, devem estar acoplados a filtros de ar de alta eficiência (HEPA, do inglês *high efficiency particulate air*). Laboratórios NB-3 e NB-4 devem ter um sistema de ar independente, com ventilação unidirecional, em que o fluxo de ar penetra no laboratório pela área de entrada, assegurando um diferencial de pressão que não permita a saída do agente de risco. Portanto, não deve existir exaustão do ar para outras áreas do prédio, e o ar não deve ser recirculado, devendo passar por filtro HEPA antes de ser eliminado para o exterior do laboratório. Deve haver verificação e registro constantes do fluxo de ar no laboratório, e em alguns casos, o sistema de ar deve estar acoplado a manômetros, com sistema de alarme que acuse qualquer alteração sofrida no nível de pressão exigido para as diferentes salas[8].

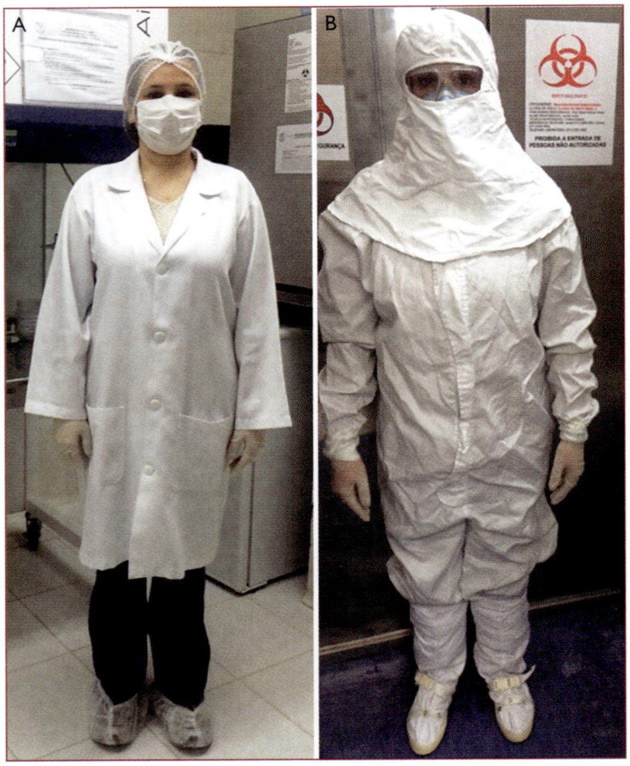

Figura 3. Equipamentos de proteção individual (EPI) utilizados para o trabalho com MGM, em laboratórios NB-2 (A) e NB-3 (B).

Durante o trabalho com MGM

Equipamentos de contenção exigidos

As cabines de segurança biológica (CSB) são equipamentos de proteção coletiva (EPC) e devem ser usadas sempre que sejam realizados procedimentos com elevado potencial de criação de aerossóis, como centrifugação, trituração, homogeneização, agitação vigorosa, ruptura por ultrassom, abertura de recipientes contendo material cuja pressão interna possa ser diferente da pressão ambiental, inoculação intranasal em animais e em cultura de tecidos infectados[8].

Dependendo da classe de risco do MGM, devem ser utilizadas CSB classe I, II ou III. Devem ser usadas em associação com roupas de proteção pessoal e deverão estar acopladas a filtros HEPA. O ar liberado pelas CSB classes I e II pode ser eliminado para dentro ou fora do ambiente do laboratório, desde que no sistema de exaustão estejam acoplados filtros HEPA. A exaustão de ar das CSB classe III deve ser realizada sem recirculação, usando-se sistema de dupla filtragem com filtros HEPA em série, por sistema de exaustão do laboratório[8]. Todas as CSB devem ser certificadas e validadas.

Registro de uso de equipamentos e procedimento operacional padrão

Todos os equipamentos utilizados nos laboratórios com manipulação de MGM devem conter um livro de registro de uso, manutenções preventivas e corretivas, e calibrações/verificações. Além disso, no próprio equipamento deve conter um selo que identifique quando foi realizada a última manutenção preventiva e quando será realizada a próxima, especialmente das CBS, estufas e fluxo de ar do laboratório. Da mesma forma, deve existir o registro de temperatura de geladeiras e congeladores, e de tempo de uso de lâmpada UV das CSB e das salas. O laboratório deve ter procedimento operacional padrão (POP) sobre o uso dos equipamentos, procedimentos experimentais realizados, EPI e EPC utilizados manuseio seguro de MGM e descarte dos resíduos gerados[8].

Na Figura 4, é ilustrada uma CBS e uma estufa bacteriológica para manuseio de MGM, com procedimentos de uso (tipo POP) afixados, assim como símbolo de risco, modelo e número de série dos equipamentos, controle e registro da última e da próxima manutenção, e o contato da empresa responsável.

Práticas laboratoriais seguras e equipamentos de segurança

Como todo laboratório, existem regras que devem ser obrigatórias, como o uso de dispositivo mecânico para pipetagem, proibição de comer, beber, fumar e aplicar cosméticos nas áreas de trabalho e a existência de lava-olhos no máximo a 500 m de distância e de um programa rotineiro de controle de insetos e roedores[8]. Mais detalhes sobre práticas seguras e equipamentos de segurança podem ser consultados nos Capítulos 2, 3 e 5.

Após o trabalho com MGM

Descontaminação

Antes, durante e após o trabalho, deve ser realizada a descontaminação das superfícies e de todo material ou equipamento que tiver entrado em contato com o MGM, bem como deve ser realizado o descarte correto de resíduos gerados (líquido ou sólido)[8].

Uma autoclave deve estar disponível no interior ou próximo a laboratórios NB-1 e NB-2 (Figura 5A), de modo a permitir a descontaminação de todo material previamente ao seu descarte. Quando não for possível ter a autoclave no interior do laboratório, esta deve ficar o mais próximo possível, e todo o processo de descontaminação deve seguir as instruções dispostas na IN 4. Em laboratórios NB-3 (Figura 5B) e NB-4, a descontaminação de material deve ser realizada por meio do sistema de autoclave de dupla porta com controle automático, para permitir a retirada de material pelo lado oposto.

Materiais e equipamentos que não possam ser descontaminados na autoclave devem passar por tanque de imersão com desinfetante ou câmara de fumigação. As autoclaves devem ter certificado de qualificação e o processo de esterilização deve ser validado. Os líquidos liberados de chuveiros ou de sanitários devem ser descontaminados com produtos químicos ou pelo calor. Todas as linhas de vácuo devem estar protegidas com filtro HEPA e coletores com líquido desinfetante. O sistema de drenagem do solo deve conter depósito com desinfetante químico eficaz para o agente em questão, conectado diretamente a um sistema coletor de descontaminação de líquidos. O líquido efluente, antes de ser liberado do laboratório, deve ser descontaminado com tratamento por calor[8].

Até o momento não existe uma RDC de biossegurança sobre o descarte de resíduos contendo MGM; portanto, as fases de segregação, acondicionamento, identificação e destinação final dos resíduos contendo MGM devem seguir as resoluções normativas e orientações da legislação federal, como a RDC n. 306/04

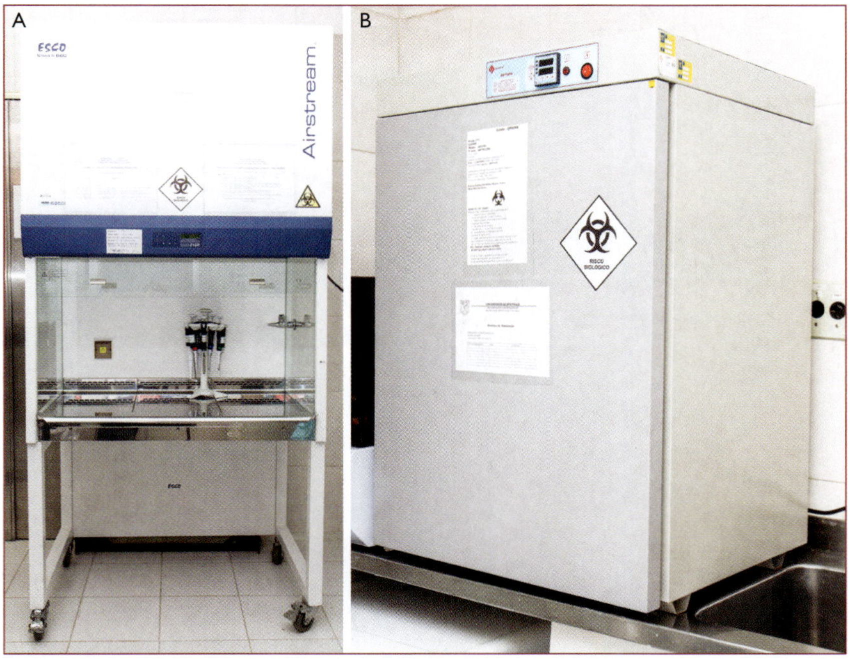

Figura 4. Identificação de equipamentos como cabine de segurança biológica (A) e estufa bacteriológica (B).

(Anvisa) e a Resolução Conama n. 358/05, de acordo com o disposto nos arts. 6º e 27º da Lei de Biossegurança. Essas etapas devem ser realizadas de acordo com a classificação de risco dos MGM e com a característica do resíduo gerado (resíduos líquidos, sólidos, perfurocortantes, entre outros)[3,9-11].

Inicialmente, os resíduos gerados devem ser acondicionados em recipientes adequados e devidamente identificados com o nome do pesquisador responsável e a data de geração do resíduo[11]. O tratamento inicial dos resíduos que contêm MGM (exceto para MGM-1) deve ser realizado, obrigatoriamente, dentro da unidade geradora do resíduo, e o principal sistema de tratamento utilizado é a esterilização por calor úmido. Todas as etapas de manejo, desde o registro do controle de uso de autoclave, até os documentos das empresas contratadas para a realização da disposição final, devem estar contempladas no Plano de Gerenciamento de Resíduos de Serviços de Saúde (PGRSS) de cada instituição. Esse plano serve para garantir que os resíduos não sejam descartados sem tratamento prévio, garantindo proteção à saúde pública e ao meio ambiente[9-11]. Todas as etapas devem estar registradas em um POP de fácil acesso para todos os trabalhadores.

Antes de sair do laboratório

Sempre que MGM são manipulados, deve-se lavar as mãos antes de deixar o laboratório. Para isso, próximo à porta de saída de cada laboratório deve haver pelo menos uma pia e, se possível, a torneira deve ter um sistema automático de acionamento ou sistema de pedais. Quando o trabalho ocorre em laboratórios NB-3 e NB-4, todo o pessoal deve tomar banho ao deixar essas áreas.

Antes de sair do laboratório para áreas externas, todos os EPI devem ser descontaminados para que depois sejam encaminhados à lavanderia ou para descarte. Em NB-3 e NB-4, antes de sair do laboratório para a área de banho, a roupa protetora deve ser deixada em área específica para descontaminação antes do descarte. O local para o pessoal vestir as roupas específicas deve ter pressão positiva e sistema de suporte de vida[8].

OCORRÊNCIA DE ACIDENTES E LIBERAÇÃO ACIDENTAL DE MGM

Todas as atividades e projetos com MGM e seus derivados em contenção devem ser planejados e executados de acordo com as resoluções normativas da CTNBio, de modo a evitar acidente ou liberação acidental[11]. Porém, quando ocorrem derramamentos ou acidentes que resultem em exposição de MGM, estes devem ser imediatamente notificados à CIBio e à CTNBio, anexando-se relatório das ações corretivas já tomadas e os nomes das pessoas e autoridades que tenham sido notificadas, com providências de avaliação médica, vigilância e tratamento, sendo mantido registro dos acidentes e das providências adotadas[8].

Para todo laboratório, seja qual for o nível de biossegurança, deve ser organizado um sistema de notificação de acidentes, exposição e absenteísmo do pessoal do laboratório, bem como um sistema de vigilância médica. Para trabalhos em laboratório NB-4, deve-se prever uma

Figura 5. Exemplos de autoclave para descontaminação de material que contém MGM em laboratórios NB-2 (A) e NB-3 (B).

unidade de quarentena, isolamento e cuidados médicos para o pessoal suspeito de contaminação[8].

TRANSPORTE DE MGM

A permissão para transporte depende da classificação do MGM e de seu destino. Para sua emissão, tanto a entidade remetente quanto aquela de destino, localizadas em território nacional, devem possuir o CQB. O pesquisador principal deverá notificar, anteriormente à remessa do material, as CIBio, tanto de sua instituição quanto da instituição de destino. Para algumas classes de risco, a CIBio submeterá a solicitação de autorização para o transporte à CTNBio[12].

O MGM deverá ser transportado contido em embalagens firmemente fechadas ou vedadas, para prevenir escape. Devem ser utilizados sempre dois recipientes, ambos claramente identificados: um interno (tubo de ensaio, placa de Petri, envelope com sementes), o qual conterá o MGM a ser transportado, dentro de um segundo recipiente inquebrável. A CIBio deverá ser informada sobre o conteúdo, o volume, o local e as condições de embalagem e a transportador deverá ser informado sobre os cuidados no transporte e os procedimentos de emergência no caso de escape ou acidente[12].

Para todos os casos, as embalagens devem ser claramente identificadas com o símbolo de biossegurança e de "frágil", com a seguinte mensagem: "Cuidado: abertura autorizada apenas no interior do laboratório por técnico especializado". A embalagem externa deverá conter nome, endereço completo e telefone, tanto do destinatário quanto do remetente[12].

CONSIDERAÇÕES FINAIS

Todo trabalho que envolve manipulação de microrganismos exige o cumprimento das normas de biossegurança. Entretanto, a exposição a produtos resultantes da engenharia genética, como os MGM, gera uma preocupação adicional e exige atenção especial, uma vez que alguns deles possuem a capacidade de modificar ou reprogramar outros seres vivos. Este capítulo apresentou de forma sucinta as principais exigências para um trabalho em contenção de MGM como produto final do processo de engenharia genética, enfatizando as exigências da fiscalização realizada pela Anvisa e CTNBio aos laboratórios de pesquisa, com base na Lei Federal n. 11.105, especialmente nos arts. 27 e 29. Para informações mais detalhadas sobre os procedimentos dos diferentes níveis de biossegurança, devem ser consultados os Capítulos 23 e 24, assim como a RN 2 e as instruções normativas da CTNBio citadas ao longo deste capítulo.

REFERÊNCIAS BIBLIOGRÁFICAS

1. Brown TA. Clonagem gênica e análise de DNA. 4.ed. Porto Alegre: Artmed; 2003.
2. Hirata MH, Hirata RDC, Mancini Filho J. Manual de biossegurança. 2.ed. Barueri: Manole; 2012.
3. Brasil. Lei n. 11.105, de 24 de março de 2005. Lei de Biossegurança. Diário Oficial da União. 2005. Disponível em: <http://www.planalto.gov.br/ccivil_03/_ato2004-2006/2005/lei/l11105.htm>. Acesso em: 04 nov. 2015.
4. Brasil. Decreto n. 5.591, de 22 de novembro de 2005. Regulamenta dispositivos da Lei n. 11.105, de 24 de março de 2005, que regulamenta os incisos II, IV e V do §1º do art. 225 da Constituição, e dá outras providências. Diário Oficial da União. 2005. Disponível em: <http://www.planalto.gov.br/ccivil_03/_ato2004-2006/2005/Decreto/D5591.htm>. Acesso em: 04 nov. 2015.
5. Comissão Técnica Nacional de Biossegurança (CTNBio). Resolução Normativa n. 7. Dispõe sobre as normas para a liberação planejada no meio ambiente de Microrganismos e Animais Geneticamente Modificados (MGM e AnGM) de classe de risco I e seus derivados. Diário Oficial da União. 2009. Disponível em: <http://www.ctnbio.gov.br/index.php/content/view/13516.html>. Acesso em: 04 nov. 2015.
6. Comissão Técnica Nacional de Biossegurança (CTNBio). Resolução Normativa n. 2. Dispõe sobre a classificação de riscos de Organismos Geneticamente Modificados (OGM) e seus níveis de biossegurança a serem aplicados nas atividades e projetos com OGM e seus derivados em contenção. Diário Oficial da União. 2006. Disponível em: <http://www.ctnbio.gov.br/index.php/content/view/3913.html. Acesso em: 04 nov. 2015.
7. Brasil. Ministério da Saúde. Portaria n. 1.914, de 09 de agosto de 2011. Aprova a Classificação de Risco dos Agentes Biológicos elaborada em 2010, pela Comissão de Biossegurança em Saúde (CBS), do Ministério da Saúde. Disponível em: <http://bvsms.saude.gov.br/bvs/saudelegis/gm/2011/prt1914_09_08_2011.html>. Acesso em: 16 nov. 2015.
8. Comissão Técnica Nacional de Biossegurança (CTNBio). Instrução Normativa. n. 7. Dispõe sobre as normas para o trabalho em contenção com organismos geneticamente modificados – OGMs. Diário Oficial da União. 1997. Disponível em: <http://www.ctnbio.gov.br/index.php/content/view/135.html>. Acesso em: 04 nov. 2015.
9. Brasil. Agência Nacional de Vigilância Sanitária (Anvisa). Resolução RDC n. 306, de 07 de dezembro de 2004. Dispõe sobre o Regulamento Técnico para o gerenciamento de resíduos de serviços de saúde. Disponível em: <http://bvsms.saude.gov.br/bvs/saudelegis/gm/2011/prt1914_09_08_2011.html>. Acesso em: 16 nov. 2015.
10. Conselho Nacional do Meio Ambiente (Conama). Resolução n. 358, de 29 de abril de 2005. Dispõe sobre o tratamento e a disposição final dos resíduos dos serviços de saúde e dá outras providências. Diário Oficial da União. 2005. Disponível em: <http://www.mma.gov.br/port/conama/legislacao/CONAMA_RES_CONS_2005_358.pdf>. Acesso em: 16 nov. 2015.

11. Fundação Hemocentro de Ribeirão Preto. Comissão Interna de Biossegurança. Orientações para manuseio, processamento e descarte de organismos geneticamente modificados (OGM)/Comissão Interna de Biossegurança. Ribeirão Preto: Fundação Hemocentro de Ribeirão Preto; 2015. Disponível em: <http://pegasus.fmrp.usp.br/projeto/cibio/manual.pdf>. Acesso em: 04 nov. 2015.

12. Comissão Técnica Nacional de Biossegurança (CTNBio). Instrução Normativa. n. 4. Dispõe sobre o transporte de Organismos Geneticamente Modificados. Diário Oficial da União. 1996. Disponível em: <http://www.ctnbio.gov.br/index.php/content/view/138.html>. Acesso em: 04 nov. 2015.

capítulo 26

Biossegurança em métodos alternativos ao uso de animais de experimentação

Silvia Cardoso Tratnik
Paula Comune Pennacchi
Silvya Stuchi Maria-Engler

INTRODUÇÃO

A utilização de espécies animais como modelos de observação e predição de fenômenos vem sendo descrita desde o início dos estudos fisiológicos. Há relatos de seu uso desde a Grécia antiga em experimentos médicos e estudos de anatomia[1]. No início do século XX, a expansão da indústria química sintética levou ao surgimento de muitas e novas possibilidades de medicamentos e produtos, incluindo maior pureza e concentração dos medicamentos, o que aumentava sua eficácia, mas também sua toxicidade em relação aos produtos naturais[2]. Nesse cenário, as plataformas de testes ainda eram ineficazes e ocorreram diversos acidentes de ordem toxicológica até que houvesse mais preocupação com as regulações legais de medicamentos e produtos, antes de sua comercialização, gerando assim maior investimento nos testes em animais e, inclusive, em humanos. No entanto, durante a Segunda Guerra Mundial, o emprego de seres humanos em testes de drogas pelos nazistas despertou a necessidade de normatização dos testes de segurança. Em 1947, foi criado o Código de Nuremberg, que buscava normatizar a experimentação para avaliação de segurança de drogas em humanos. Dez diretrizes foram propostas, a terceira determina que "o experimento deve ser baseado em resultados da experimentação animal e no conhecimento da evolução da doença ou outros problemas em estudo, e os resultados conhecidos previamente devem justificar a experimentação". Dessa forma, determinou-se que os testes deveriam se iniciar em animais menores e evoluir gradativamente para animais de maior porte até aqueles que geneticamente se aproximassem mais dos seres humanos, como os primatas não humanos[2]. Assim, a preocupação com a segurança dos medicamentos ou produtos químicos levou a uma utilização indiscriminada de animais em testes muitas vezes repetitivos, desnecessários e cruéis, sem qualquer preocupação ética.

Iniciou-se então um debate sobre como animais eram usados na ciência e, em 1954, a Universities Federation for Animal Welfare (UFAW) patrocinou pesquisas para desenvolvimento de práticas humanizadas de experimentação. William Russell e Rex Burch se integraram ao programa e passaram a estudar os princípios éticos das técnicas laboratoriais, seus estudos foram publicados no livro *The principles of humane experimental technique* (1959)[3], no qual foi citado o conceito dos "3Rs": redução, refinamento e substituição (do inglês *reduction, refinement and replacement*). O trabalho de Russell e Burch consistiu em nova abordagem para o desenvolvimento de pesquisa, com a finalidade de substituir parcial ou totalmente o uso de animais, melhorar a qualidade experimental e minimizar o número de requeridos, dando início ao desenvolvimento de métodos alternativos à experimentação animal[4]. Desde sua implementação, o conceito dos 3Rs se tornaram diretrizes fundamentais na condução de pesquisa, na implementação de controle e garantia da qualidade, na execução de avaliações clínicas e ambientais e na elaboração de leis pertinentes ao redor do mundo. O conceito dos 3Rs está descrito a seguir:

- Redução: diminuir a quantidade de animais experimentais para um número em que se obtenham dados suficientes para validar uma resposta e maximizar a informação obtida por animal.
- Refinamento: proporcionar qualidade de vida aos animais de experimentação, minimizar a dor e o estresse dos animais, com melhorias nos procedimentos e direcionar as metodologias para a investigação dos desfechos dos estudos de maior relevância em humanos.
- Substituição: desenvolver metodologias que substituam, de forma parcial ou total, seres dotados de consciência e capazes de sentir dor, por métodos alternativos, sempre que possível.

Uma questão de grande importância neste tema é a capacidade preditiva do modelo animal quando os dados são extrapolados para seres humanos. Segundo Blackburn[5], o termo "modelo" pode ser definido como uma "representação de um sistema por outro, usualmente mais familiar, cujo funcionamento se supõe ser análogo ao do primeiro", ou seja, mesmo o modelo mais próximo ao humano tem a oferecer apenas uma previsão aproximada do resultado. De acordo com Hau[6], "um modelo animal é um objeto animado de imitação da imagem humana (ou de outra espécie), utilizado na investigação de fenômenos biológicos e patobiológicos". Neste caso, ele deveria mimetizar ou predizer adequadamente a resposta humana. Porém, diversos indícios de baixa predição foram descritos, por exemplo, a variabilidade intra e interespécies. Este fato, somado aos aspectos éticos envolvidos na experimentação animal, torna interessante a busca pela substituição por métodos alternativos.

REGULAMENTAÇÃO E CENTROS DE VALIDAÇÃO DE MÉTODOS ALTERNATIVOS

Nos últimos 25 anos, foram criados centros de validação dos métodos alternativos em diversas regiões do mundo (Figura 1). Na Europa, a partir de 2009, testes *in vivo* para insumos e produtos finais cosméticos foram totalmente proibidos e, em 2013, foram proibidas a comercialização e a importação dos produtos que os utilizam, o que forçou o rápido desenvolvimento dos testes alternativos, como previsto na sétima emenda da Diretriz de Cosméticos, com isso, a substituiçao animal para testes de segurança de cosméticos e insumos, p. ex., foi satisfatoriamente implementada[7].

Em áreas como a farmacologia, a substituição ainda representa um desafio a ser vencido. Atualmente, existem diversos métodos alternativos à experimentação animal bem estabelecidos e de grande valor preditivo, como: as culturas celulares organotípicas; as ômicas, em especial a proteômica e a metabolômica e seu correspondente em toxicologia, a toximetabolômica, que tornam possível mapear quais proteínas e metabólitos são expressos diante de um desafio (p. ex., um toxicante) com base no uso de quantidades pequenas de células e tecidos humanos; os modelos de tecido em *chips* e as avaliações por relações estrutura-atividade quantitativas (QSAR, do inglês *quantitative structure activity relationships*).

Ao redor do mundo, diversos programas, em geral iniciativas mistas entre governo e indústria, estão em vigor, com o intuito de desenvolver, validar e popularizar métodos alternativos, descritos a seguir.

- *Safety Evaluation Ultimately Replacing Animal Testing* (SEURAT-1, Europa): colaboração entre academia, instituições de pesquisa e indústrias, é composta por cinco projetos interligados que contemplam áreas de estudo de métodos alternativos, como ensaios com células-tronco, sistemas microfluídicos com células hepáticas, detecção de biomarcadores, modelos *in silico* para avaliação de segurança de cosméticos e avaliação de efeitos da exposição crônica a substâncias. Utiliza modelos computacionais, culturas organotípicas e análises integradas de dados[8].
- *Registration, Evaluation, Authorisation and Restriction of Chemicals* (REACH, Europa): implantado

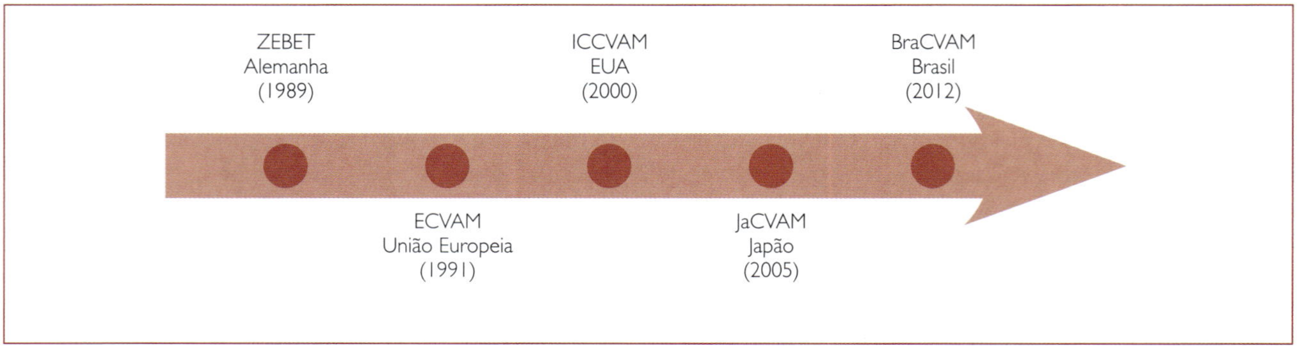

Figura 1. Linha temporal de implantação de centros de validação de métodos alternativos no mundo.

em 2007, o REACH (em português: registro, avaliação, autorização e restrição de químicos) tornou mandatória a avaliação de riscos de substâncias químicas ou misturas pelas empresas que os produzem ou importam, em quantidade igual ou superior a uma tonelada anual. As empresas são encorajadas a utilizar métodos alternativos e a dividir informações, para evitar repetição de testes[9].

- *Toxicology in the 21st Century* (Tox21, Estados Unidos): parte do programa CompTox, da Environmental Protection Agency (EPA), trata-se de uma colaboração entre diversas agências federais americanas. Seu foco é o uso de ferramentas robóticas e de triagem de alto desempenho para análise toxicológica de mais de 10 mil substâncias, com ordem de prioridade. Também desenvolve e valida métodos para a caracterização de rotas de toxicidade, além de construir uma base de dados que ficará disponível aos pesquisadores[10].
- *Toxicity ForeCaster* (ToxCast, Estados Unidos): também parte do CompTox, utiliza ferramentas de triagem de alto desempenho para expor células vivas ou proteínas isoladas a substâncias químicas e avalia as alterações indicativas de efeitos tóxicos ou adversos à saúde. Pretende priorizar a avaliação de disruptores endócrinos[11].

A implementação de métodos alternativos ao uso de animais representa um progresso da ciência, pois demanda melhor entendimento das patologias e patogenias e dos efeitos metabólicos gerados pela exposição a um agente. Dessa forma, proporciona resultados mais confiáveis e robustos, além de impulsionar o desenvolvimento de novos métodos de detecção. O desenvolvimento, a validação e a aceitação de métodos alternativos constituem um desafio atual, já que dependem de debates sobre a predição dos modelos, tanto tradicionais quanto alternativos, implantados ou em fase de desenvolvimento, de forma a promover confiança e aceitação de sua validade na indústria e entre os consumidores.

Em sistemas biológicos, espera-se que a predição de um modelo experimental indique a capacidade do método de fornecer respostas a um estímulo similares às de experimentos com seres humanos[12]. A predição de um modelo experimental alternativo pode ser avaliada utilizando-se uma "tabela de contingência" (Quadro 1) para calcular sensibilidade, especificidade e valor preditivo positivo e negativo, comparando-se os resultados com os do método em humanos ou de um teste padrão de referência estabelecido.

A sensibilidade de um teste é a probabilidade (p) entre 0 e 1 de um resultado positivo ser realmente positivo – logo, VP/(VP + FN). A especificidade é a probabilidade (0 a 1) de um resultado negativo ser realmente negativo – ou VN/(FP + VN). O valor preditivo positivo é a proporção de resultados positivos verdadeiros dentre todos os resultados positivos (TP/TP + FP) e, de forma similar, o valor preditivo negativo é a proporção de resultados negativos verdadeiros dentre todos os negativos (TN/TN + FN). Na grande maioria das áreas, admite-se um valor crítico de p menor ou igual a 0,05, ou seja, assume-se como margem de segurança 5% de chances de erro.

É importante avaliar a predição dos modelos experimentais, pois, quando são testados produtos de venda livre, como cosméticos (que muitas vezes têm absorção sistêmica), efeitos adversos graves podem advir do uso de uma substância erroneamente classificada como não tóxica liberada para comercialização. Porém, na prática, os modelos animais considerados padrão de referência em geral apresentam baixos índices de predição.

Além das diferenças fisiológicas entre espécies, as cobaias utilizadas são geralmente jovens, sem comorbidades e nascidas e criadas em ambiente controlado, não tendo sido expostas às mesmas condições ambientais que os seres humanos[13]. Em outros casos, muitas vezes, são as diferenças interespécies que tornam os testes *in vivo* pouco confiáveis, como o teste de Draize, ainda considerado referência para a avaliação do potencial de corrosão e irritação dérmica e ocular. Apesar de sua ampla aceitação, houve casos de classificação incorreta de substâncias químicas baseadas nesse teste. A razão para essas discrepâncias parece ocorrer pela maior reatividade da pele do coelho, tornando-o um modelo não ideal para a predição de respostas humanas[14]. Em testes de irritação/corrosão ocular, as diferenças anatômicas e fisiológicas entre as espécies novamente indicam que o teste de Draize não prediz corretamente os efeitos em humanos, porque os olhos do coelho são mais sensíveis a danos por substâncias químicas e a arquitetura fisiológica de seus olhos difere da dos olhos humanos[15], uma vez que possuem epitélio cerca de dez vezes mais

Quadro 1 Parâmetros da análise de predição de um método alternativo

	Método em humanos ou no teste padrão ouro	
Método alternativo	Resultados positivos	Resultados negativos
Resultados positivos	Verdadeiro-positivo (VP)	Falso-positivo (FP)
Resultados negativos	Falso-negativo (FN)	Verdadeiro-negativo (VN)

permeável a substâncias hidrofílicas que os olhos humanos, além de possuírem membrana de Bowman seis vezes mais fina e córnea de aproximadamente 0,37 mm de espessura, contra 0,51 mm em humanos[16]. Essas características somadas superestimam o dano.

Outro teste *in vivo* consagrado é o Teste da Toxicidade Aguda, desenvolvido em 1927 por J. W. Trevan, que também cunhou o termo DL_{50} (dose letal 50: a quantidade da substância capaz de matar pelo menos 50% dos indivíduos de uma população estudada), pelo qual o teste é conhecido. Em um primeiro momento, o teste foi desenvolvido para testar a toxicidade de produtos naturais e toxinas, tendo sido posteriormente adotado para a avaliação de substâncias químicas sintéticas, como fármacos, pesticidas e insumos[17]. Eram utilizados pelo menos trinta por teste e, já em 1943, foram publicadas análises que demonstravam que valores semelhantes de DL_{50} eram obtidos para 80% das substâncias testadas reduzindo-se o número de animais a seis[18].

Experimentos em animais muitas vezes não conseguem ser replicados se testados em ensaios clínicos com humanos, como descrito em uma revisão sistemática que avaliou 76 estudos feitos com animais, todos com alto índice de citações[19]. Essa revisão indicou que apenas 28 dos trabalhos (aproximadamente um terço) tiveram resultados concordantes com os ensaios clínicos randomizados). Outra revisão sistemática demonstrou a baixa concordância entre resultados de testes em animais e testes em humanos[20].

VALIDAÇÃO DE MÉTODOS ALTERNATIVOS AO USO DE ANIMAIS

Os métodos alternativos podem ser classificados como válidos ou validados. Para que um método alternativo possa ser adotado oficialmente, ele precisa passar por estudos colaborativos internacionais (validação) e ser publicado em compêndios oficiais (aceitação regulatória)[21]. O processo de validação garante que os métodos alternativos desenvolvidos por cientistas na academia ou na indústria sejam cientificamente válidos e, portanto, eventualmente aceitos pelas autoridades regulatórias para fins de classificação, rotulagem, aprovação ou testes de segurança de produtos. Para atingir a validação, um método deve provar sua confiabilidade e relevância[22].

Originado de uma parceria entre o Instituto Nacional de Controle de Qualidade em Saúde (INCQS/Fiocruz) e a Agência Nacional de Vigilância Sanitária (Anvisa), o Centro Brasileiro de Validação de Métodos Alternativos (BraCVAM) é o primeiro do tipo na América Latina, sendo responsável por validar e coordenar estudos sobre métodos alternativos, atuando em conjunto com a Rede Nacional de Métodos Alternativos (Renama) e o Conselho Nacional de Controle de Experimentação Animal (Concea) (Figura 2).

No Estado de São Paulo, em 2014, foi aprovada a Lei n. 15.316/2014, que trata do banimento total de testes com animais para cosméticos em âmbito estadual,

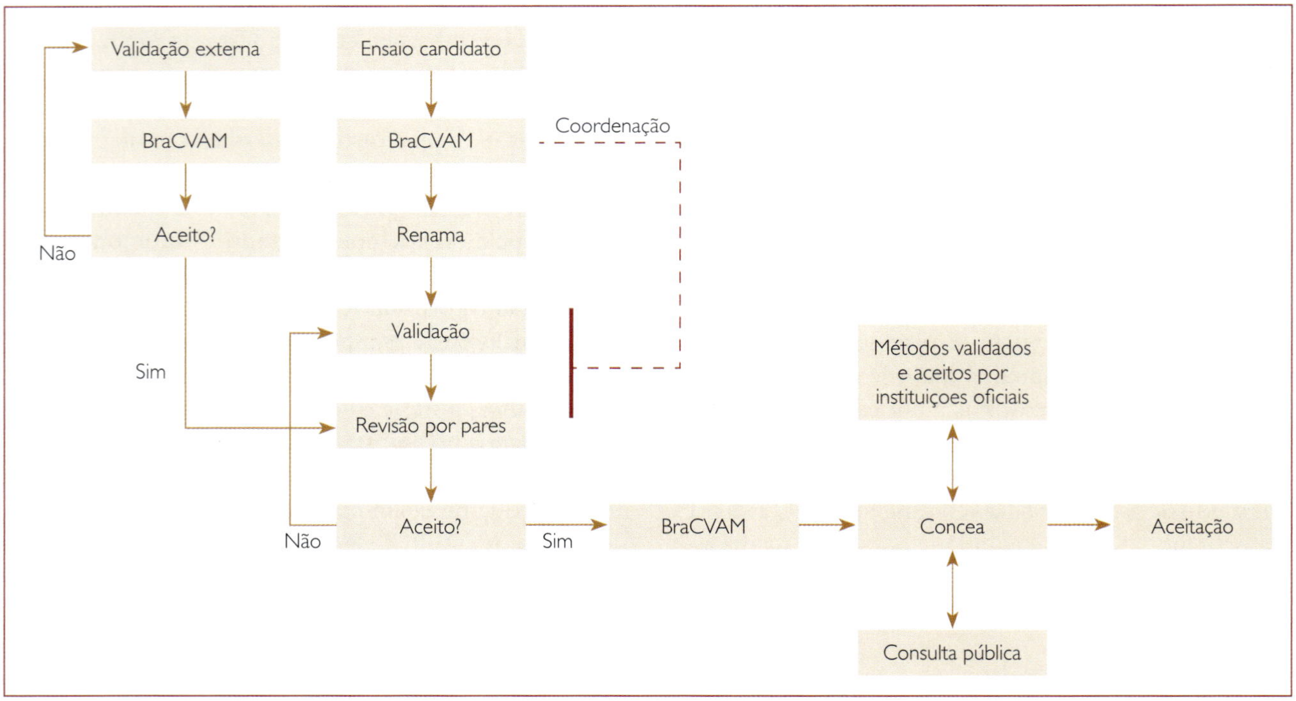

Figura 2. Processo legal de aceitação de um método alternativo no Brasil[23]. BraCVAM: Centro Brasileiro para Validação de Métodos Alternativos; Concea: Conselho Nacional de Controle de Experimentação Animal; Renama: Rede Nacional de Métodos Alternativos ao uso de animais.

de maneira semelhante ao ocorrido na Europa em 2013. É interessante ressaltar que essa proibição se aplica apenas aos testes de produtos acabados, ao contrário do ocorrido na União Europeia, onde o banimento vale também para os insumos.

Métodos alternativos validados

Os métodos alternativos validados apresentam relevância e confiabilidade estabelecidas para um propósito particular de acordo com critérios determinados pelos órgaos oficiais. Já os métodos considerados válidos não passaram necessariamente pelo processo completo de validação mas têm número suficiente de dados que comprovam sua relevância e confiabilidade[21]. Uma tabela de métodos alternativos aceitos e validados, na qual são descritas análises finais possíveis, métodos, tipo de teste e bases regulatórias, foi publicada por Tagliati e colaboradores[2].

Em 2014, o Concea publicou a resolução normativa n. 18/2014 que reconheceu o uso de 17 métodos alternativos ao uso de animais em atividades de pesquisa no Brasil, previamente validados e aceitos pela Organização para a Cooperação e Desenvolvimento Econômico (OCDE) Esses métodos abrangem testes que avaliam irritação/corrosão cutânea e ocular, absorção cutânea, potencial de sensibilização cutânea, toxicidade aguda e genotoxicidade. A resolução estabelece um prazo de cinco anos para a implementação dos testes, e após esse prazo (ou seja, no ano de 2019), seu uso será obrigatório em todo o território nacional. Em agosto de 2015, a Anvisa (RDC n. 35/2015) aprovou os 17 métodos previamente reconhecidos pelo Concea, que serão descritos a seguir.

Avaliação do potencial de irritação e corrosão da pele

A estratégia atual proposta pela OCDE prevê a classificação das substâncias em irritantes/não irritantes e corrosivos/não corrosivos à pele com base em métodos alternativos, como testes físico-químicos (pH e capacidade tamponante), relações estrutura-atividade (REA) e testes *in vitro*, sendo permitido o uso de animais apenas para reavaliar resultados negativos. A aplicação dessa estratégia, independentemente da escolha do modelo entre os testes *in vitro* disponíveis, resistência elétrica transcutânea (RET) ou epiderme humana reconstruída (EHR), resulta em confiabilidade suficiente para classificar uma substância[24].

- Método OCDE TG 430 – corrosão dérmica *in vitro* (teste de resistência elétrica transcutânea – RET). Este método apresenta como análise final a redução na resistência elétrica de uma membrana composta de discos de pele de rato, indicativa de perda da função de barreira. Indicado para a classificação de substâncias entre corrosivas e não corrosivas, porém sem subcategorização de potência. Pode ser utilizado para a classificação de sólidos, líquidos e emulsões[14]. Em avaliação realizada por Worth e colaboradores[24] testou-se a corrosividade de 60 substâncias pelo método RET e deste total, 34 foram consideradas substâncias como corrosivas, sendo 9 falsos positivos (92,6% de sensibilidade) e 26 substâncias classificadas como não corrosivas, sendo 2 falsos negativos (72,7% de especificidade), indicando alto grau de confiança para compostos considerados positivos para corrosão à pele.
- Método OCDE TG 431/439 – teste de corrosão/irritação dérmica *in vitro* (teste de epiderme humana reconstituída – EHR). Worth e colaboradores publicaram, em 1998[24], um estudo que avaliou o potencial corrosivo de 60 substâncias, utilizando o modelo comercial de EHR EpiSkin, da L'Oréal. Os pesquisadores encontraram 6 resultados falsos positivos para 29 substâncias conhecidamente não corrosivas à pele e 4 resultados falsos negativos para 31 substâncias conhecidamente corrosivas à pele. Com exceção de uma substância conhecidamente corrosiva que apresentou resultado falso negativo, a falha de classificação para outras três substâncias se deu pela ocorrência de reação entre a substância e o corante MTT. Outro estudo mais recente comparou resultados de dois modelos de EHR disponíveis comercialmente (EpiSkin e EpiDerm) e do modelo de Draize com resultados obtidos com humanos (utilizando o método do *patch* dérmico em voluntários expostos por 4 horas), e os resultados demonstraram que o modelo animal superestimou o potencial de irritação das substâncias, pois, das 16 classificadas como irritantes no coelho, apenas 5 causaram irritação significativa em humanos. A concordância do teste de Draize com o humano foi de apenas 56%, enquanto dos modelos de EHR foi de 76% (EpiDerm) e 70% (EpiSkin)[25]. Estes resultados confirmam a supersensibilidade da pele do coelho, fazendo dele um modelo inadequado para comparação com o homem. Mostraram também que os modelos de epiderme reconstituída, por serem originados da espécie humana, apresentam melhor caráter preditivo.
- Método OCDE TG 435 – teste de barreira de membrana *in vitro*. Estudos de validação da membrana Corrositex®, citados pelo ECVAM[26] e pelo ICCVAM[27] mostraram resultados de exatidão na capacidade de prever corrosividade cutânea da ordem de 79%, sensibilidade de 85% e especificidade de 70%, em um banco de dados de 163 substâncias e misturas[27].

Avaliação do potencial de irritação e corrosão ocular

- Método OCDE TG 437 – teste de permeabilidade e opacidade de córnea bovina. Entre os métodos alternativos atualmente validados para avaliação de toxicidade ocular no Brasil, este método apresenta ótima capacidade de detecção de substâncias corrosivas e altamente irritantes, porém sua sensibilidade é baixa na detecção de agentes moderados a fracos e não irritantes[28], geralmente, em razão da qualidade do opacitômetro empregado (luz branca policromática – OP-KIT), que avalia com precisão o centro da córnea, mas subestima manchas que podem existir na periferia. Um estudo que substituiu o OP-KIT, instável e de difícil calibração, por um protótipo de opacitômetro de transmissão de luz a *laser* (PLLBO), capaz de avaliar a córnea como um todo, demonstrou maior capacidade de diferenciação entre substâncias pouco irritantes[29].
- Método OCDE TG 438 – teste de olho isolado de galinha (OIG). O teste OIG foi avaliado pela Association Internationale de La Savonnerie, de La Détergence et dês Produits d'Entretien (AISE), utilizando produtos de limpeza de diferentes pHs, tendo como desfecho adicional a classificação histopatológica. Foi demonstrado que apresenta baixas taxas (6%, 2 em 34) de falsos positivos e boa concordância (77%, 39 em 48), quando utilizado para avaliar químicos que induzem a danos oculares graves (pH menor que 2 ou superior a 11,5) e alto valor preditivo quando utilizado para identificar químicos que não requerem classificação[30]. Quanto a produtos cujo pH esteja entre 2 e 11,5, a concordância com os testes *in vivo* foi de 73% (22/30) e a especificidade, de 100%. No entanto, a maioria das formulações apontadas como de baixo poder corrosivo (2 < pH < 11,5) pelo teste OIG foi classificada como corrosiva no teste *in vivo* (categoria 1 do Sistema Global Harmonizado, adotado pela UE em 2008), baseado na persistência de efeitos tissulares após 21 dias[31].
- Método OCDE TG 460 – teste de permeação de fluoresceína (TPF). Detecta substâncias pouco ou moderadamente corrosivas[32]. Dentre os quatro processos de irritação ocular, a saber, lise de membrana, coagulação, saponificação e reatividade química, o TPF foi capaz de prever as duas últimas. O teste também se mostrou capaz de medir a reversibilidade, os efeitos retardados e a recuperação, uma característica única deste teste *in vitro*. Porém, o TPF não é adequado para avaliar substâncias viscosas ou positivamente carregadas, pois elas tendem a aderir à superfície da membrana e dificultar a remoção[33].

Avaliação do potencial de fototoxicidade

- Método OCDE TG 432 – teste de fototoxicidade *in vitro* 3T3 NRU (3T3 NRU). O teste 3T3 NRU avalia a fototoxicidade de compostos diante da radiação UVA. Durante sua pré-validação, este foi o único teste *in vitro* capaz de identificar corretamente todos os 20 compostos (11 fototóxicos, 9 não fototóxicos). Posteriormente, em seu estudo de validação, 30 substâncias foram testadas em 11 laboratórios diferentes, em um ensaio cego; os resultados foram reproduzíveis, e a correlação *in vitro-in vivo* foi adequada[34]. Apesar da alta sensibilidade deste método, sua especificidade é baixa, com altos índices de falsos positivos, indicando a necessidade de testes complementares, como o teste da epiderme humana reconstruída (que também faz parte da lista de métodos reconhecidos no Brasil pelo Concea). Também foi detectada sua inadequação para testar substâncias pouco solúveis[35].

Avaliação da absorção cutânea

A rota de exposição dérmica é a mais comum em exposição ocupacional a pesticidas e substâncias químicas, além de ser a via de aplicação de cosméticos.

- Método OCDE TG 428 – absorção cutânea por método *in vitro*. Este método tem como princípio a aplicação da substância a ser testada na superfície de uma amostra de pele *ex vivo*, que pode ser obtida de cadáveres animais ou humanos, separando-se dois compartimentos de uma célula de difusão. A substância permanece sobre a pele por um período, e o fluido receptor na parte inferior é analisado quanto à presença da substância ou de metabólitos. Segundo o guia da OCDE, este teste, assim como seu correspondente *in vivo*, apresenta grande variabilidade de resultados em virtude da variabilidade bioquímica e estrutural entre espécies, entre indivíduos e entre o sítio anatômico do qual foi extraída a amostra de pele. Sabe-se, por exemplo, que a pele do prepúcio ou da testa é mais fina se comparada com a pele do braço ou da perna. Se possível, é importante padronizar o local do qual será retirada a amostra, de forma a se correlacionar com o local em que é esperada a exposição. Outra limitação desse teste é que ele tende a superestimar o grau de absorção. Sabendo disso também, é importante avaliar resultados de toxicidade oral e inalatória. Desta forma, indica-se a realização de etapas preliminares de análise da substância, para uma estimativa mais preditiva da absorção cutânea, com o uso de QSAR, determinação do coeficiente de permeabilidade (Kp) e outros modelos matemáticos[36].

Avaliação do potencial de sensibilização cutânea

Por sua complexidade, é improvável que apenas um ensaio seja capaz de predizer o potencial de sensibilização cutânea. Portanto, recomenda-se uma estratégia integrada de testes alternativos, em que a combinação de dois ou mais testes aumentaria a preditividade, eliminando a necessidade do uso de animais[37]. No Brasil, foi aprovado o método *in vivo*: ensaio do linfonodo local (ELL), que utiliza um corante radioativo e suas versões não radioativas, e tem como base o teste ELISA (do inglês *enzyme-linked immunosorbent assay*) ou ensaio de imunoabsorção enzimática. O ELL é uma técnica que reduz e refina o uso de animais – no caso, camundongos.

- Método OCDE TG 429 – sensibilização cutânea (ensaio do linfonodo local – ELL). Este método usa a incorporação de H^3-timidina pelo DNA de linfonodo de camundongo após contato com uma substância aplicada topicamente, como forma de medir o potencial de sensibilização cutânea. Além de propiciar redução no número e refinamento na conduta em relação aos animais, também propicia medição quantitativa, dados de dose-resposta e permite predizer a potência da sensibilização[38]. Porém, este teste é incapaz de estabeleça a diferença entre irritação e sensibilização, o que sugere evidências de superestimação do potencial de sensibilização de algumas classes de substâncias, como surfactantes e similares de ácidos graxos[39], levando a um alto número de falsos positivos.
- Método OCDE TG 442A e 442B – versões não radioativas do ELL. Foram desenvolvidas e validadas duas modificações do ELL que utilizam análises finais não radioativas. São eles o ELL-DA (442A) e o ELL-BrdU-ELISA (442B). A não necessidade do uso de um marcador radioativo elimina o potencial de exposição ocupacional radioativa ao manipulador e problemas com descarte de resíduos. Ambos apresentam grau de predição semelhante ao do ELL radioativo, porém não conseguem predizer o grau de potência de sensibilização, visto que os limiares de detecção destes testes são mais baixos e ainda não foram estabelecidos. Uma desvantagem adicional do método ELL-DA diz respeito à sua inadequação para avaliar substâncias que afetem os níveis de ATP[38].

Avaliação da toxicidade aguda

Em 2002, o teste de DL_{50} convencional foi retirado das diretrizes da OCDE, tornando obrigatório o uso de métodos alternativos. Os três métodos alternativos aprovados para uso no Brasil, apesar de utilizarem animais vivos, apresentam significativo refinamento da técnica e redução do número de animais.

- Método OCDE TG 420 – toxicidade aguda oral, procedimento de doses fixas (PDF). Proposto em 1984 pela British Toxicology Society, o PDF foi adotado pela OCDE em 1992, e revisado em 2002. O teste se baseia em sinais óbvios de toxicidade, observados após um número fixo de doses, aplicáveis para classificação no sistema europeu de toxicidade aguda oral. Um estudo que comparou o método *up and down* e o PDF com o teste convencional de DL_{50} mostrou consistência na classificação obtida desses dois métodos em comparação com os resultados do teste convencional. Adicionalmente, ao contrário do método *up and down*, não se presta a estimar a DL_{50} da substância[40]. Em seu estudo de validação, o método foi testado em comparação ao teste convencional, e sua concordância na classificação de 20 substâncias comerciais foi de 80,2%, e classificou em nível mais tóxico que o teste convencional 3,5% e em nível menos tóxico, 16,3%[41].
- Método OCDE TG 423 – toxicidade aguda oral, classe tóxica aguda. Este método segue procedimentos em etapas, com o uso de doses/concentrações fixas iniciais, três animais por etapa e máximo de seis animais por dose/concentração. O número de animais mortos ou moribundos é o que determina se mais testes são necessários ou não[42], reduzindo o número total de animais necessários em comparação com o teste tradicional de DL_{50}, que utilizava no mínimo trinta animais.
- Método OCDE TG 425 – toxicidade aguda oral, procedimento *up and down*. O método faz uso de doses sequenciadas e métodos computacionais durante as fases de execução e cálculo de resultados, com o objetivo final de determinar a dose letal média de uma substância. O método avalia a exposição do animal a uma determinada dose da substância; se esta causar a morte, a próxima dose será menor e, se não forem observados efeitos, a próxima dose será maior, e assim sucessivamente, até se chegar a um valor de DL_{50} por aproximação. Tal estratégia aumenta a eficiência do método. Os protocolos que utilizam cinco animais em doseamentos sequenciados ou fixos apresentam preditividade levemente inferior aos que utilizam dez animais, e o número médio de animais usados por teste varia entre três e cinco. Recomenda-se ter uma estimativa dos valores de dose-limite inferior e superior antes do início do teste. Outra limitação é a impossibilidade de se determinar a inclinação da curva de DL_{50}[43].
- Método OCDE TG 129 – estimativa de dose inicial para teste de toxicidade aguda oral sistêmica.

Estimar a dose inicial em testes de toxicidade aguda por métodos *in vitro* é uma estratégia de redução do número de animais e provê melhor direção sobre quais doses testar. Simulações mostraram que tal estratégia pode diminuir o número de animais de 25 a 40%. O teste validado utiliza fibroblastos murinos (linhagem celular 3T3) e queratinócitos humanos normais, e a toxicidade é avaliada por meio da captação do corante vital Neutral Red[44].

Avaliação de genotoxicidade

Pela natureza diversa dos mecanismos envolvidos na genotoxicidade, sabe-se que não existe um teste único capaz de detectar todas as classes e exemplos de substâncias genotóxicas. Dessa forma, as diretrizes internacionais de avaliação do potencial genotóxico de substâncias químicas recomendam uma bateria de testes de mutagenicidade para detectar mutações em nível de gene, cromossomo ou genoma[45].

a) Método OCDE TG 487 – teste do micronúcleo em células de mamífero *in vitro* (MCM). O MCM *in vitro* é capaz de detectar clastogenicidade ("quebra" de cromossomos) e aneugenicidade (aberração em número de cromossomos)[46]. Um estudo avaliou quatro testes-padrão *in vitro*, utilizando como comparação valores obtidos em roedores. Os valores encontrados de sensibilidade e especificidade para o teste MCM foram, respectivamente: 78,7 e 30,8%. Além disso, o teste Ames teve a sensibilidade aumentada de 58,8 para 85,3% ao ser combinado com o teste MCM, porém com perda de especificidade[47]. Os baixos valores de especificidade indicam que a probabilidade de falsos positivos é grande, e a solução seria investir em testes *in vivo* para melhor classificar os resultados positivos ou simplesmente descartar tais substâncias e, assim, perder ingredientes possivelmente seguros[45].

Quadro 2. Métodos convencionais e testes alternativos recomendados pela OCDE e impacto 3Rs

Modelo	Tipo de teste	Diretriz da OCDE	Última revisão	3Rs
Corrosão e irritação cutânea				
Convencional	*In vivo*	Teste 404 – irritação/corrosão aguda da pele (teste de Draize)	Julho de 2015	Até três animais
Alternativos	*Ex vivo*	Teste 430 – resistência elétrica transcutânea (corrosão)	Julho de 2015	Redução (a pele total de um animal pode testar até cinco químicos) Refinamento (o animal está morto)
	In vitro	Teste 431 – epiderme humana reconstituída (corrosão)	Julho de 2015	Substituição (na UE), redução (nos EUA), substâncias identificadas como corrosivas não serão testadas em animais
	In vitro	Teste 435 – barreira de membrana *in vitro* (corrosão)	Julho de 2015	Substituição (para teste de ácidos e bases), redução (substâncias identificadas como corrosivas não serão testadas em animais)
	In vitro	Teste 439 – epiderme humana reconstituída (irritação)	Julho de 2015	Substituição, redução (parte de uma estratégia de vários testes que diminui o número de animais)
Corrosão e irritação ocular				
Convencional	*In vivo*	Teste 405 – corrosão e irritação ocular (teste de Draize)	Outubro de 2012	Até três animais
Alternativos	*Ex vivo*	Teste 437 – teste de permeabilidade e opacidade da córnea bovina	Julho de 2013	Redução (substâncias identificadas como irritantes/corrosivas não serão testadas em animais)
	Ex vivo	Teste 438 – olho isolado de galinha	Julho de 2013	Redução (substâncias identificadas como irritantes/corrosivas não serão testadas em animais)

(continua)

Quadro 2 Métodos convencionais e testes alternativos recomendados pela OCDE e impacto 3Rs *(continuação)*

Modelo	Tipo de teste	Diretriz da OCDE	Última revisão	3 Rs
	In vitro	Teste 460 – permeação de fluoresceína	Outubro de 2012	Redução (substâncias identificadas como irritantes/corrosivas não serão testadas em animais)
Fototoxicidade				
Convencional	*In vivo*	Ensaio clínico de fototoxicidade	1999 (FDA) 2010 (COLIPA/JCIA/CTFA_SA)*	Máximo de 25**
Alternativo	*In vitro*	Teste 432 – fototoxicidade *in vitro* 3T3 NRU	Abril de 2004	Substituição
Absorção cutânea				
Convencional	*In vivo*	Teste 427 – Absorção cutânea: método *in vivo*	Abril de 2004	12 ou mais
Alternativo	*Ex vivo*	Teste 428 – Absorção cutânea: método *in vitro*	Maio de 2012	Substituição (quando é utilizada a pele humana), refinamento/redução (quando é utilizada a pele de animais humanamente eutanasiados)
Potencial de sensibilização cutânea				
Convencional	*In vivo*	Teste 406 – teste da maximização com porquinho-da-índia; teste de Buehler	Julho de 1992	Pelo menos 30 (recomendação)
Alternativos	*In vivo*	Teste 429 – sensibilização cutânea: ensaio do linfonodo local	Julho de 2010	Redução (20+ animais) refinamento
	In vivo	Teste 442A – versão não radioativa do ensaio do linfonodo local	Julho de 2010	Redução (20+ animais) (testes negativos não irão para o teste completo ELL , diminuindo o número de animais), refinamento
	In vivo	Teste 442B – ensaio do linfonodo local – BrdU ELISA	Julho de 2010	Redução (20+ animais) (testes negativos não irão para o teste completo ELL, diminuindo o número de animais), refinamento
Toxicidade aguda				
Convencional	*In vivo*	Teste 401 – toxicidade aguda oral (DL_{50})	Retirado das diretrizes em 2002	25+
Alternativos	*In vivo*	Teste 420 – método da dose fixa	Fevereiro de 2002	Redução (5-9 animais), refinamento (morte não é mais um desfecho)
	In vivo	Teste 423 – classe tóxica aguda	Fevereiro de 2002	Redução (5-9 animais)
	In vivo	Teste 425 – procedimento *up and down*	Outubro de 2008	Redução (5-9 animais)
	In vitro	OCDETG 129 – estimativa de dose inicial para teste de toxicidade aguda oral sistêmica	Julho de 2010	Redução (substitui o uso de animais para determinação de dose inicial)
Genotoxicidade				
Convencional		Não há teste específico		
Alternativo	*In vitro*	Teste 487 – micronúcleo em célula de mamífero	Maio de 2012	Redução (parte de uma estratégia de vários testes que diminui o número de animais)

Fonte: adaptada de Tagliani et al., 2014[2]. *Segundo a RDC n. 30/2012 da Anvisa. **Tanto para a metodologia adotada pelo FDA como pela Colipa.

No Quadro 2, são apresentadas as informações sobre os testes alternativos aceitos em 2015 pela Anvisa, suas diretrizes da OCDE e o impacto na redução do uso de animais (3Rs).

Os dados encontrados na avaliação da predição dos 17 métodos alternativos aprovados no Brasil atualmente mostram que apenas o método para teste de fototoxicidade *in vitro* 3T3 NRU apresenta valor de sensibilidade maior que 95%. A maioria dos outros métodos apresenta valores de sensibilidade entre 70 e 90%, o que é aceitável para análises de sistemas biológicos. Um problema frequentemente encontrado é a alta taxa de resultados falsos positivos. Porém, do ponto de vista da toxicologia regulatória, falsos positivos são melhores que falsos negativos. No caso do teste de genotoxicidade, o único método aprovado avalia apenas um dos aspectos que compõem o conceito de genotoxicidade. Existem atualmente outros oito métodos aprovados, que poderiam compor uma estratégia em etapas, aumentando assim a robustez do resultado.

Um modelo de equivalente epidérmico, que pode ser compatível com os equivalentes validados pelas diretrizes 431 e 439 da OCDE, foi recentemente desenvolvido pelo Laboratório de Citopatologia da Faculdade de Ciências Farmacêuticas da Universidade de São Paulo (FCF/USP)[48-50]. Os equivalentes de epiderme são reconstruídos utilizando células de pele humana obtidas de doadores, submetidos a cirurgias plásticas reparadoras. Essas células são cultivadas em um modelo tridimensional de cultura organotípica (pele reconstruída) (Figura 3)[51]. Ao contrário dos modelos em monocamada, o modelo tridimensional mimetiza adequadamente a arquitetura fisiológica da pele, trazendo importantes implicações na área de testes toxicológicos[48]. Atualmente, este modelo nacional está em fase de validação e, uma vez validado, poderá sanar a necessidade do mercado brasileiro, dependente da importação de materiais sujeitos às burocracias alfandegárias[50].

BOAS PRÁTICAS DE LABORATÓRIO

As boas práticas de laboratório (BPL) constituem um sistema de qualidade aplicável a estudos não clínicos realizados em laboratório ou em campo, abrangendo estudos de produtos químicos, biológicos ou biotecnológicos, como produtos farmacêuticos, veterinários, agrotóxicos, cosméticos, saneantes, aditivos de alimentos e rações e produtos químicos industriais[2]. No Brasil, o Instituto Nacional de Metrologia, qualidade e Tecnologia (Inmetro), por meio da Coordenação Geral de Acreditação (CGCRE), vem, desde 1995, reconhecendo a conformidade aos princípios de BPL dos laboratórios no país.

Apesar de, em geral, o risco da manipulação de culturas celulares estabelecidas em laboratório ser considerado baixo, ao se trabalhar com culturas celulares obtidas de doadores humanos, outros primatas e mamíferos em geral, esse risco pode aumentar significantemente. Um risco ao manipular células primárias, tecidos e fluidos corporais, humanos ou de outros mamíferos, é a possibilidade da infecção por patógenos transmissíveis por via sanguínea. Existem, por exemplo, relatos de infecção do manipulador durante experimentos utilizando células primárias obtidas de rim de macaco *rhesus*[52].

A Occupational Safety and Health Administration (OSHA) desenvolveu uma lista-padrão de patógenos que devem ser rastreados em todos os procedimentos de laboratório que envolvam sangue humano, tecidos, fluidos corporais e células primárias[53]. Procedimentos de manipulação também foram padronizados e publicados como forma de reduzir as contaminações das culturas celulares por microrganismos[54,55].

Potenciais perigos laboratoriais associados às culturas de células humanas incluem os patógenos transmissíveis pelo sangue contaminado, como: vírus da hepatite B (HBV) e C (HCV), vírus da imunodeficiência humana (HIV), vírus T-linfotrópico humano (HTLV),

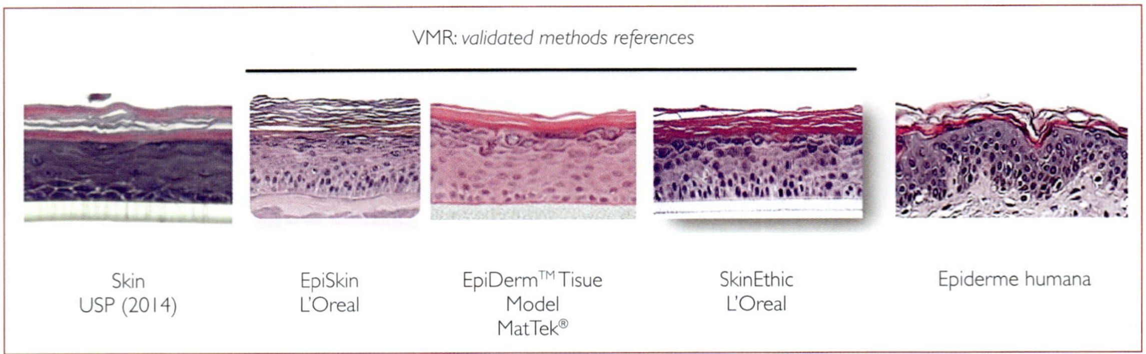

Figura 3. Comparação entre o modelo desenvolvido na Faculdade de Ciências Farmacêuticas da Universidade de São Paulo (FCF-USP) com os métodos validados[51].

vírus Epstein-Barr (EBV), vírus do papiloma humano (HPV) e citomegalovírus (CMV), bem como *Mycobacterium tuberculosis*, que pode estar presente no tecido pulmonar. Outras células e tecidos de primatas também podem representar riscos aos manipuladores[56].

Além das culturas primárias, células imortalizadas contendo agentes virais, como vírus vacuolante símio 40 (SV-40), EBV, adenovírus ou HPV, podem representar perigos potenciais aos manipuladores. Células tumorais humanas também representam perigos no caso de possível autoinoculação[57], como reportado por Gugel e Sanders[58]. Sendo assim, recomenda-se que os pesquisadores sempre considerem células autólogas ou tecidos não humanos ou primatas, sangue, tecidos linfoide e neural como potencialmente perigosos[52].

Cada instituição deve adotar condutas de controle do risco baseadas na origem das células e/ou dos tecidos manipulados, considerando a espécie da qual a célula ou o tipo tecidual foram obtidos e se a fonte do isolamento é recente ou já bem estabelecida e caracterizada. Células humanas e de outros primatas devem ser manipuladas conforme as práticas de manipulação e contenção descritas no nível de biossegurança 2 (NB-2), e todo o material deve ser descontaminado por autoclavação antes de ser descartado[54,56,59,60]. As recomendações do NB-2 para equipamentos de proteção individual, incluindo o uso de jaleco, luvas e óculos de proteção, devem ser rigorosamente seguidas. Todo o pessoal que trabalha com células e tecidos humanos deve ser treinado por algum programa de prevenção de medicina do trabalho específico para manuseio de patógenos e deve obedecer às políticas e diretrizes estabelecidas pelo plano de controle de exposição da instituição[53]. Os pesquisadores ainda devem realizar exames de sangue periódicos e serem imunizados contra hepatite B, além de contar com o apoio de profissionais de saúde caso ocorra qualquer incidente de exposição.

CONSIDERAÇÕES FINAIS

O abandono de métodos *in vivo* para testes de toxicidade é uma tendência mundial que vem crescendo desde o fim dos anos 1980, especialmente nas regiões mais desenvolvidas. Antes da adoção de um método alternativo à utilização animal, este deve ser validado e aceito pelas principais agências reguladoras. Para ser validado, o método deverá ser submetido a testes que atestem sua robustez e reprodutibilidade, entre outros parâmetros. Com essa tendência crescente da utilização de modelos cada vez mais espécie-específicos, muitas vezes considerando o uso de cultura de células humanas ou de outros mamíferos, deve-se investir na implementação de práticas que garantam a segurança do manipulador, bem como a confiabilidade dos resultados. Sendo assim, o desenvolvimento dos métodos alternativos à experimentação animal para avaliação de eficácia e segurança de compostos é uma realidade mundial, em fase de implementação e, em um futuro próximo, possibilitará a geração de resultados fidedignos de forma mais ética e segura.

REFERÊNCIAS BIBLIOGRÁFICAS

1. Hajar R. Animal testing and medicine. Heart Views. 2011;12(1):42.
2. Tagliati CA, Granjeiro JM, Balottin LB, Santos ER. Toxicologia in vitro – métodos alternativos ao uso de animais. In: Oga S, Camargo MMA, Batistuzzo JAO. Fundamentos de toxicologia. 4. ed. São Paulo: Atheneu; 2014. p.45-57.
3. Russell WMS, Burch RL, Hume CW. The principles of humane experimental technique. Londres: Methuen; 1959.
4. Daneshian M, Leist M, Hartung T. The center for alternatives to animal testing–Europe (CAAT-EU): a transatlantic bridge for the paradigm shift in toxicology. ALTEX. 2010;27(1):63-9.
5. Blackburn S. Dicionário Oxford de filosofia. Tradução de Desidério Murcho et al. Rio de Janeiro: Jorge Zahar; 1997.
6. Hau J. Animal models. In: Hau J, van Hoosier GK Jr, editors Handbook of laboratory animal science animal models. Volume II. 2. ed. Boca Raton: CRC Press; 2003. p.2-8.
7. União Europeia. Directive 2003/15/EEC. Amending Council Amending Council Directive 76/768/EEC on the approximation of the law of Directive 76/768/EEC on the approximation of the law of the Member States relating to cosmetic products. Bruxelas; 2003.
8. Safety Evaluation Ultimately Replacing Animal Testing (SEURAT-1). Disponível em: <http://www.seurat-1.eu/>. Acesso em: 05 set. 2015.
9. European Chemicals Agency. The use of alternatives to testing on animals for the REACH Regulation. Disponível em: <http://echa.europa.eu/documents/10162/13639/alternatives_test_animals_2011_en.pdf>. Acesso em: 05 set. 2015.
10. Environmental Protection Agency (EPA). Toxicology testing in the 21st century (Tox21). Disponível em: <http://www.epa.gov/comptox/Tox21/>. Acesso em: 05 set. 2015.
11. Environmental Protection Agency (EPA). Toxicity forecast. Disponível em: <http://www.epa.gov/chemical--research/toxicity-forecasting>. Acesso em: 05 set. 2015.
12. Shanks N, Greek R, Greek J. Are animal models predictive for humans? Philos Ethics Humanit Med. 2009;4:2.
13. Hackam DG. Translating animal research into clinical benefit. BMJ. 2007;334(7586):163-4.
14. Macfarlane M. A tiered approach to the use of alternatives to animal testing for the safety assessment of cosmetics: skin irritation. Regul Toxicol Pharmacol. 2009;54(2):188-96.
15. Wilhelmus KR. The Draize eye test. Surv Ophthalmol. 2001;45(6):493-515.
16. Kaufman SR. Problems with the Draize test. Perspectives on animal testing. Disponível em: <http://www.

curedisease.net/reports/Perspectives/vol_1_1989/Problems%20with%20the%20Draize.html>. Acesso em: 05 maio 2016.
17. Schlede E, Genschow E, Spielmann H, Stropp G, Kayser D. Oral acute toxic class method: a successful alternative to the oral LD50 test. Regul Toxicol Pharmacology. 2005;42(1):15-23.
18. Deichmann WB, LeBlanc TJ. Determination of the approximate lethal dose with about six animals. J Indust Hyg Toxicol. 1943;25:415-7.
19. Hackam DG, Redelmeier DA. Translation of research evidence from animals to humans. JAMA. 2006;296:1731-2.
20. Perel P, Roberts I, Sena E, Wheble P, Briscoe C. Comparison of treatment effects between animal experiments and clinical trials: systematic review. BMJ. 2007;334:197.
21. Pauwels M, Rogiers V. Considerations in the safety assessment of cosmetics. Business Briefing: Global Cosmetics Manufacturing. 2004;16-7.
22. Kandárová H, Letasiová S. Alternative methods in toxicology: pre-validated and validated methods. Interdiscipl Toxicol. 2011;4(3):107-13.
23. Granjeiro JM. National Council for Animal Experimentation and Alternative Methods: how and when? Disponível em: <http://www.fapesp.br/9310>. Acesso em: 02 set. 2015.
24. Worth AP, Fentem JH, Balls M, Botham PA, Curren RD, Earl LK, et al. An evaluation of the proposed OECD Testing Strategy for skin corrosion. Altern Lab Anim. 1998;26(5):709-20.
25. Jírová D, Basketter D, Liebsch M, Bendová H, Kejlová K, Marriott M, et al. Comparison of human skin irritation patch test data with in vitro skin irritation assays and animal data. Contact Dermatitis. 2010;62(2):109-16.
26. Fentem JH, Archer GE, Balls M, Botham PA, Curren RD, Earl LK. The ECVAM international validation study on in vitro tests for skin corrosivity. 2. Results and evaluation by the Management Team. Toxicol In Vitro. 1998;12(4):483-524.
27. Scala R, Chen J, Derelanko MJ, Fentem J, Green S, Harbell J, et al. Corrositex®: an in vitro test method for assessing dermal corrosivity potential of chemicals, National Toxicology Program. NIH Publication. 1999;99:4495.
28. Verstraelen S. Improvement of the Bovine Corneal Opacity and Permeability (BCOP) assay as an in vitro alternative to the Draize rabbit eye irritation test. Toxicol In Vitro. 2013;27(4):1298-311.
29. Van Goethem F, Hansen E, Sysmans M, De Smedt A, Vanparys P, Van Gompel J. Development of a new opacitometer for the bovine corneal opacity and permeability (BCOP) assay. Toxicol In Vitro. 2010;24(6):1854-61.
30. Schutte K, Prinsen MK, McNamee PM, Roggeband R. The isolated chicken eye test as a suitable in vitro method for determining the eye irritation potential of household cleaning products. Regul Toxicol Pharmacol. 2009;54:272-81.
31. Cazelle E. Suitability of histopathology as an additional endpoint to the Isolated Chicken Eye Test for classification of non-extreme pH detergent and cleaning products. Toxicol In Vitro. 2014;28(4):657-66.
32. Tchao R. Trans-epithelial permeability of fluorescein in vitro as an assay to determine eye irritants. In: Goldberg AM, editor. Alternative methods in toxicology. Volume 6. New York: Mary Ann Liebert; 1988. p.271-83.
33. Gartlon J, Clothier R. Fluorescein leakage assay background review document as an alternative method for eye irritation testing. Disponível em: < https://eurl-ecvam.jrc.ec.europa.eu/validation-regulatory-acceptance/docs-eye-irritation/doc-05_FL_BRD_Report_Jan08%20cleaned.pdf >. Acesso em: 05 maio 2016.
34. Liebsch M, Spielmann H. Currently available in vitro methods used in the regulatory toxicology. Toxicol Lett. 2002;127(1):127-34.
35. Ceridono M. The 3T3 neutral red uptake phototoxicity test: practical experience and implications for phototoxicity testing–The report of an ECVAM–EFPIA workshop. Regul Toxicol Pharmacol. 2012;63(3):480-8.
36. Organização para a Cooperação e Desenvolvimento Econômico (OCDE). Guidance notes on dermal absorption. OECD Environmental Health and Safety Publications Series on Testing and Assessment n. 156. Paris: OECD Publishing; 2011.
37. Bauch C. Putting the parts together: combining in vitro methods to test for skin sensitizing potentials. Regul Toxicol Pharmacol. 2012;63(3):489-504.
38. Anderson SE, Siegel PD, Meade BJ. The LLNA: a brief review of recent advances and limitations. J Allergy (Cairo). 2011;2011:424203.
39. Strauss V, Kolle SN, Honarvar N, Dammann M, Groeters S, Faulhammer F, et al. Immunophenotyping does not improve predictivity of the local lymph node assay in mice. J Appl Toxicol. 2015;35(4):434-45.
40. Lipnick RL, Cotruvo JA, Hill RN, Bruce RD, Stitzel KA, Walker AP, et al. Comparison of conventional LD50, toxicity the up-and-down, and fixed-dose acute procedures. Food Chem Toxicol. 1995;3(3):223-31.
41. Van Den Heuvel MJ. The international validation of a fixed-dose procedure as an alternative to the classical LD 50 test. Food Chem Toxicol. 1990;8(7):469-82.
42. Diener W, Schlede E. Acute toxic class methods: alternatives to LD/LC50 tests. ALTEX. 1998;6(3):129-34.
43. Rispin A, Farrar D, Margosches E, Gupta K, Stitzel K, Carr G, et al. Alternative methods for the median lethal dose (LD(50)) test: The up-and-down procedure for acute oral toxicity. ILAR J. 2002;43(4):233-43.
44. Organização para a Cooperação e Desenvolvimento Econômico (OCDE). Test n. 129: Guidance Document on Using Cytotoxicity Tests to Estimate Starting Doses for Acute Oral Systematic Toxicity Tests. Section 4. Paris: OECD Publishing; 2010.
45. Pfuhler S, Kirst A, Aardema M, Banduhn N, Goebel C, Araki D, et al. A tiered approach to the use of alternatives to animal testing for the safety assessment of cosmetics: genotoxicity. A COLIPA analysis. Regul Toxicol Pharmacol. 2010;57(2):315-24.
46. Organização para a Cooperação e Desenvolvimento Econômico (OCDE). Test n. 487: In Vitro Mammalian Cell Micronucleus Test, OECD Guidelines for the Testing of Chemicals, Section 4. Paris: OECD Publishing; 2014.

47. Kirkland D, Aardema M, Henderson L, Müller L. Evaluation of the ability of a battery of three in vitro genotoxicity tests to discriminate rodent carcinogens and non-carcinogens: I. Sensitivity, specificity and relative predictivity. Mutat Res. 2005;584(1):1-256.
48. Brohem CA, Massaro RR, Tiago M, Marinho CE, Jasiulionis MG, de Almeida RL, et al. Artificial skin in perspective: concepts and applications. Pigment Cell Melanoma Res. 2011;24(1):35-50.
49. Brohem CA, Massaro RR, Tiago M, Marinho CE, Jasiulionis MG, de Almeida RL, et al. Proteasome inhibition and ROS generation by 4-nerolidylcatechol induces melanoma cell death. Pigment Cell Melanoma Res. 2012;25(3):354-69.
50. Ereno D. Pele recriada: modelo artificial testa eficácia de novos compostos para fármacos e cosméticos. Revista Pesquisa Fapesp. Disponível em: <http://revistapesquisa.fapesp.br/wp-content/uploads/2009/12/064-067-166.pdf>. Acesso em: 12 ago. 2015.
51. Pedrosa T. Desenvolvimento de epiderme humana reconstruída (rhe) como plataforma de testes in vitro para irritação, sensibilização, dermatite atópica e fotoimunossupressão. Tese de Doutorado a ser defendida em dezembro de 2016. São Paulo: Faculdade de Ciências Farmacêuticas, Universidade de São Paulo, 2017.
52. [Tese de Doutorado em fase de conclusão]. São Paulo: Faculdade de Ciências Farmacêuticas, Universidade de São Paulo; 2015.
53. Doblhoff-Dier O, Stacey G. Cell lines: applications and biosafety. In: Fleming D, Hunt D, editors. Biological safety: principles and practices. ASM Press; 2000. p.221-39.
54. Occupational Safety & Health Administration (OSHA) Occupational exposure to bloodborne pathogens. Final Rule. Standard interpretations: applicability of 1910.1030 to established human cell lines, 29 C.F.R. Sect. 1910.1030. 1991.
55. McGarrity GJ, Coriell LL. Procedures to reduce contamination of cell cultures. In Vitro. 1971;6:257-65.
56. McGarrity GJ. Spread and control of mycoplasmal infection of cell culture. In Vitro. 1976;12:643-8.
57. Caputo JL. Biosafety procedures in cell culture. J Tissue Cult Meth. 1988;11:233-7.
58. Weiss RA. Why cell biologists should be aware of genetically transmitted viruses. Natl Cancer Inst Monogr. 1978:48:183-9.
59. Gugel EA, Sanders ME. Needle-stick transmission of human colonic adenocarcinoma (letter). N Engl J Med. 1986;315:1487.
60. Barkley WE. Safety considerations in the cell culture laboratory. Methods Enzymol. 1979;58:36-43.
61. Grizzle WE, Polt S. Guidelines to avoid personnel contamination by infective agents in research laboratories that use human tissues. J Tissue Cult Meth. 1988;11:191-9.

capítulo 27

Biossegurança na era genômica

Helena Strelow Thurow
Jéssica Bassani Borges

INTRODUÇÃO

Gregor Mendel, Friedrich Miescher, Phoebus Levene, James Watson, Francis Crick, Maurice Wilkings, Rosalind Franklin e Frederick Sanger. Estes nomes, com tantos outros cientistas do passado, construíram o conhecimento da biologia molecular ao fazerem descobertas importantes, como as primeiras propostas sobre a hereditariedade, a nucleína, os componentes do DNA e do RNA e os primeiros métodos de sequenciamento de ácidos nucleicos. Este conhecimento serviu de base para o desenvolvimento, na atualidade, de uma nova geração de tecnologias de sequenciamento.

A tecnologia de sequenciamento de ácidos nucleicos, desde a primeira geração até a mais recente, trouxe desenvolvimento e progresso não somente para os estudos em biologia molecular, mas também em áreas como biotecnologia, farmácia, medicina e outras. No sequenciamento, são utilizados vários reagentes químicos no processamento de amostras biológicas, que devem ser manuseados de forma cuidadosa, obedecendo às características específicas de cada um. Da mesma forma, é preciso atenção no manuseio das amostras a serem sequenciadas, mantendo sua preservação, bem como a integridade do pesquisador. Assim, o conhecimento e a avaliação dos riscos químicos e biológicos durante todo o processo de sequenciamento dos ácidos nucleicos são essenciais para o sucesso dos resultados a serem obtidos.

No presente capítulo, serão abordadas as principais descobertas históricas relacionadas aos ácidos nucleicos, chegando até as mais modernas tecnologias de sequenciamento e os acontecimentos que ocorreram no decorrer da história e que culminaram com a importância da biossegurança na ciência atual. A seguir, serão apresentados os principais riscos do processamento das amostras e da realização do sequenciamento, bem como os cuidados que o pesquisador deve ter consigo mesmo e com reagentes e amostras biológicas durante todo o processo.

DE MENDEL AO SEQUENCIAMENTO DE ÁCIDOS NUCLEICOS

Ao lembrar a história da genômica, é imprescindível lembrar também a história da genética. Mas, por serem áreas amplamente estudadas, há uma importante diferença entre seus conceitos. A Organização Mundial da Saúde estabeleceu que a genética é o estudo da hereditariedade e a genômica é definida como o estudo dos genes, suas funções e técnicas relacionadas[1]. Com o avanço da ciência ao longo do tempo, foi identificada a necessidade de proteção do pesquisador e de seu estudo. Assim, o termo "biossegurança" surgiu abrangendo, de acordo com a definição disponível no glossário deste livro, o "conjunto de ações voltadas para a prevenção, a minimização, o controle ou a eliminação de riscos inerentes às atividades de pesquisa, produção, ensino, desenvolvimento tecnológico e prestação de serviços, riscos que podem comprometer a saúde do homem, dos animais, do meio ambiente ou a qualidade dos trabalhos desenvolvidos". Há uma forte inter-relação entre a genética e a genômica e é indispensável que a biossegurança também acompanhe ambas as áreas, garantindo a qualidade das pesquisas e a segurança dos pesquisadores. Assim, no estudo da história entrelaçada da genética e da genômica, são lembrados também alguns pontos marcantes referentes à biossegurança.

A questão conceitual da genética de que a hereditariedade é transmitida foi proposta no experimento com ervilhas de Gregor Mendel, publicado em 1865. Poucos anos depois, em 1869, um suíço chamado Friedrich Miescher, analisando a composição dos leucócitos com base no pus obtido de feridos na Guerra da Crimeia, identificou uma substância com propriedades inesperadas, rica em fósforo e derivada do núcleo, razão pela qual, em 1871, ele a chamou de *nuclein* (ou nucleína, nome posteriormente modificado para *nucleic acid* ou ácido nucleico e hoje conhecido como DNA). Após sua morte por tuberculose em 1895, o trabalho de Miescher foi continuado por colegas como Albrecht Kossel e Richard Altmann. O bioquímico Kossel identificou que o núcleo celular continha uma parte de natureza proteica e a outra parte conhecida por nucleína, a partir da qual ele obteve as bases nitrogenadas: adenina, guanina, citosina, timina e, mais tarde, uracila. Kossel ganhou o prêmio Nobel na área de fisiologia ou medicina no ano de 1910 em reconhecimento por seu trabalho na química de proteínas e ácidos nucleicos[2]. No mesmo período, Walther Flemming descrevia as primeiras ideias sobre mitose, cromatina e filamentos nucleares, sendo estes denominados cromossomos logo a seguir, por Heinrich Wilhelm Waldeyer[3]. Poucos anos depois, em 1889, o patologista Altmann conseguiu isolar o DNA e, acreditando se tratar de um novo componente da nucleína similar a um ácido, o denominou *Nucleïnsäure* (*nucleic acid* ou ácido nucleico)[2].

A palavra genética foi introduzida na língua inglesa nos anos 1830. Posteriormente, Mendel recebeu um prêmio pelas suas contribuições à "biologia genética". No entanto, somente em 1905, William Bateson cunhou a palavra genética (do grego *genno*, γεννω, "dar à luz ou fazer nascer"), com o significado que conhecemos hoje[4]. Em 1909, surgiam os termos "gene", "genótipo" e "fenótipo", usados pela primeira vez por Wilhelm Johannsen[5]. Naquele período, Phoebus Levene identificou os açúcares presentes no ácido nucleico como ribose no ácido ribonucleico (RNA) e desoxirribose no ácido desoxirribonucleico (DNA), reconheceu que os nucleotídeos são as partes que compõem os ácidos nucleicos, assim como que os nucleotídeos são ligados uns aos outros por ligações fosfodiéster e propôs que o DNA era um polinucleotídeo com ligações C_5-C_3 entre os nucleotídeos[6].

Hermann Steudel e Phoebus Levene propuseram a primeira teoria sobre a estrutura do DNA, o qual era composto por unidades idênticas de tetranucleotídeos (contendo uma das quatro bases em cada um)[2]. Em 1938, William Astbury e Florence Bell produziram um dos primeiros modelos hipotéticos da estrutura do DNA por meio de imagens de raios X[7]. Alguns anos depois, em 1941, Beadle e Tatum, em um experimento que induzia a mutações em *Neurospora*, observaram que em uma das cepas mutantes estabelecidas a capacidade de síntese de vitamina B_6 havia sido perdida ou diminuída, sendo isto diferenciado por um único gene. Assim neste estudo surgiu a ideia de que um gene seria responsável por uma enzima[8]. Em 1944, Oswald Avery, Colin Macleod e Maclyn McCarty propuseram que o ácido nucleico do tipo desoxirribose (DNA), não as proteínas, era responsável pela transformação genética de tipos específicos de *Pneumococcus*. Com este trabalho foi sugerido pela primeira vez que o DNA era o portador da informação genética[9]. Na época, os estudos do austríaco Erwin Chargaff derrubaram a primeira teoria sobre a estrutura do DNA e propuseram que, no DNA, a quantidade de adenina é igual à de timina e a quantidade de guanina é igual à de citosina. Esta teoria, conhecida até hoje como a regra de Chargaff, foi importante posteriormente na definição da estrutura do DNA[10].

Em 1951, Friederich Sanger avançou no conhecimento científico ao determinar a primeira sequência de aminoácidos da cadeia B da molécula de insulina. Por seu trabalho na estrutura de proteínas, especialmente a insulina, Sanger ganhou o prêmio Nobel em Química em 1958. No final de 1952, Linus Pauling e Robert Corey propuseram a estrutura do DNA baseada em um modelo cilíndrico contendo três cadeias enroladas umas sobre as outras[11]. Este modelo foi considerado insatisfatório e, no ano seguinte, a revista *Nature* publicou sequencialmente os artigos de Watson e Crick, Maurice Wilkins e Rosalind Franklin sobre a estrutura do DNA. Watson e Crick, com o auxílio da regra de Chargaff e as descobertas de Maurice Wilkins e Rosalind Franklin, descreveram que o DNA era uma estrutura com dupla hélice enrolada em torno do mesmo eixo e voltada para o lado direito, com as hélices em direções opostas[12]. No mesmo volume da revista *Nature*, foi publicado o trabalho de Maurice Wilkins, que, por imagens de difração de raios X, demonstrou evidências de que o DNA tinha uma forma helicoidal e existia nesta forma em sistemas biológicos[13]. O artigo seguinte, de Rosalind Franklin, mostrou, também por imagens de raio X, o formato helicoidal do DNA e que, nesta molécula, os grupos fosfato estavam dispostos no lado externo da estrutura[14]. Rosalind Franklin, que estava estudando o DNA nas formas A e B, foi a responsável pela produção da famosa "fotografia 51", que mostrava o DNA em sua forma B e foi essencial para a descrição da estrutura do DNA. No ano de 1962, James Watson, Francis Crick e Maurice Wilkins ganharam o prêmio Nobel em Fisiologia ou

Medicina pelo descobrimento da estrutura molecular dos ácidos nucleicos e sua importância na transmissão da informação genética. Rosalind Franklin faleceu alguns anos antes, no ano de 1958, com 37 anos de idade, por câncer de ovário. Talvez sua exposição à radiação possa ter contribuído de alguma forma para a evolução da doença[15] Anos antes, Marie Curie faleceu por anemia aplástica em 1934, com 66 anos, provavelmente também relacionada à sua exposição excessiva à radiação. Marie Curie foi uma das ganhadoras do prêmio Nobel de Física em 1903 pelo trabalho com a radioatividade e ganhadora do Nobel em Química em 1911, pelo seu trabalho com os elementos químicos rádio e polônio[16].

Em 1956, Joe Hin Tjio e Albert Levan descobriram o número de cromossomos do ser humano: 46[17]. Em 1958, Francis Crick propôs a Hipótese da Sequência, que afirma que a especificidade do ácido nucleico está na sequência de seus pares de bases e que esta é o código para a sequência de aminoácidos de uma proteína. No mesmo estudo, o Dogma Central de Crick estabelece que a informação é passada a partir de ácido nucleico para ácido nucleico ou de ácido nucleico para proteína, sem possibilidade de ocorrer o contrário[18]. Nessa época, Arthur Kornberg descobriu a DNA polimerase I e demonstrou sua capacidade de replicação do DNA. Estes feitos lhe conferiram o prêmio Nobel em Fisiologia ou Medicina em 1959[19]. Em 1961, dois trabalhos importantes foram publicados: Brenner, Jacob e Meselson descreveram o RNA mensageiro e sua função na síntese proteica, e Francis Crick, L. Barnett, Sydney Brenner e R. J. Watts-Tobin publicaram que três bases correspondem a um aminoácido, propondo o código genético. O código genético completo foi anunciado por Crick em 1966[20-22]. Em 1978, Werner Arber, Daniel Nathans e Hamilton Smith ganharam o prêmio Nobel em Fisiologia ou Medicina pelos seus trabalhos publicados no início da década de 1970 descrevendo o descobrimento das enzimas de restrição e suas aplicações. Na década de 1970, também houve a descrição da transcriptase reversa, por Baltimore e Temin[23,24], o descobrimento do primeiro oncogene[25] e a formação das primeiras empresas de biotecnologia.

Ao mesmo tempo que Richard J. Roberts e Phillip A. Sharp[26,27] descobriram a presença dos íntrons entre os éxons, os primeiros métodos de sequenciamento foram descritos. Wu e Taylor realizaram o primeiro sequenciamento completo dos nucleotídeos das extremidades coesivas do DNA do bacteriófago λ, contendo 12 bases[28]. No ano seguinte, Wu e colaboradores sugeriram a utilização de oligonucleotídeos iniciadores (*primers*) para o sequenciamento de DNA[29].

Em 1975, Sanger e Coulson descreveram um método de sequenciamento (também conhecido como *plus and minus*) baseado na síntese do DNA utilizando DNA polimerase, um iniciador e deoxinucleotídeos trifosfatados (dNTPs), sendo um marcado com fósforo ^{32}P. O produto desta reação foi dividido em oito alíquotas e utilizado outro iniciador para uma segunda reação da DNA polimerase. Nesta reação, a síntese era terminada de uma maneira específica fornecendo três dos quatro dNTPs (*minus*) ou somente um dos quatro dNTPs (*plus*). A eletroforese dos produtos das oito reações era realizada em gel de poliacrilamida e ureia como desnaturante e posteriormente o gel era colocado em contato com raios X. Após a revelação, a sequência podia ser lida pela diferença de tamanho dos produtos gerados (bandas no gel)[30]. Este método foi utilizado para a determinação da sequência completa do DNA do bacteriófago Φ X174, com 5.375 nucleotídeos[31].

Em 1975, também foram desenvolvidos outros métodos de sequenciamento por Maxam e Gilbert e, posteriormente, Sanger. O método de Maxam e Gilbert era similar ao método de Sanger e Coulson; no entanto, após a marcação de uma das extremidades do DNA fita dupla com fósforo ^{32}P, ocorria a fragmentação do DNA por reações químicas: clivagem de purinas; clivagem de pirimidinas; clivagem preferencialmente de adenina; clivagem de citosinas. Este método produzia fragmentos de tamanhos diferentes para cada posição da sequência. No final do mesmo ano, Sanger descreveu um novo método denominado *chain-terminating inhibitors* (terminadores de cadeia, método dideoxi ou ainda método de Sanger). Neste método, foram utilizados nucleotídeos terminadores de cadeia, dideoxinucleotídeos (ddNTPs), que são análogos aos dNTPs, mas não possuem o grupamento hidroxila na posição 3, causando interrupção da síntese do DNA ao ser incorporado. Neste método, cada reação de sequenciamento era realizada na presença de todos os dNTPS (sendo um deles marcado com fósforo ^{32}P) e um dos ddNTPs. Os produtos de sequenciamento contendo cada um dos ddNTPs eram separados por eletroforese em gel de poliacrilamida, em condições desnaturantes, e, após a autorradiografia, a sequência era lida pelo tamanho dos produtos dideoxi[30]. Walter Gilbert e Frederick Sanger ganharam o prêmio Nobel em Química em 1980 por seus trabalhos de desenvolvimento de métodos para sequenciamento de bases dos ácidos nucleicos.

Em meados de 1983, Kary Mullis desenvolveu o método da reação em cadeia da polimerase (*polymerase chain reaction* – PCR), a qual consistia em amplificar uma região do DNA, determinada por iniciadores, de forma exponencial. Os autores descreveram o método em 1985 na revista *Science*, em 1987 receberam a patente e, em 1993, Kary Mullis ganhou o prêmio Nobel em Química pela sua descoberta[32]. Esta técnica revolucionou os métodos de sequenciamento, que são utilizados até hoje.

Os primeiros sequenciadores automáticos de DNA começaram a ser desenvolvidos em 1986 por Leroy Hood, em colaboração com a Applied Biosystems (ABI). O primeiro método automatizado de sequenciamento utilizava o método de Sanger, mas cada ddNTP podia ser marcado com um tipo de fluoróforo diferente. Desta forma, os produtos das quatro reações de sequenciamento dideoxi poderiam ser analisados ao mesmo tempo por eletroforese em gel de poliacrilamida. À medida que os produtos de DNA migravam no gel, passavam pelo *laser* que ativava os fluoróforos, os quais emitiam uma fluorescência que era detectada pelo sequenciador e sua intensidade era gravada em um computador[30].

O surgimento de sequenciadores automáticos de DNA possibilitou o aprimoramento desta tecnologia, a ampliação do sequenciamento de DNA de diferentes espécies, a determinação de sequências mais complexas e a ampla expansão na publicação de artigos científicos. A era genômica foi marcada pelo sequenciamento do genoma de várias espécies no mundo inteiro, sendo um dos principais deles o do genoma humano. Este genoma revolucionou as tecnologias de sequenciamento, as metodologias de análise e as possibilidades de aplicação da informação gerada. Até hoje o método de Sanger é considerado padrão de referência no sequenciamento de DNA.

NOVAS GERAÇÕES DE SEQUENCIAMENTO (NGS)

Embora a primeira geração de sequenciadores tenha sido aprimorada ao longo dos anos, ela continuava sendo uma tecnologia com algumas limitações – o tamanho pequeno de fragmento de DNA que podia ser sequenciado, o período de tempo longo e o alto custo –, que resultavam em baixa capacidade de sequenciamento. Assim, buscando superar estas limitações, a partir de 2005, surgiram as novas gerações de sequenciadores de alto rendimento, sendo o Sistema 454 (Roche), o Solexa (Illumina), o SOLiD (Applied Biosystems) e o Ion Torrent (Thermo Fisher Scientific) os mais utilizados[33,34].

O sequenciador 454 (Roche) foi o primeiro sequenciador de segunda geração lançado no mercado em 2005. No sequenciamento por esta tecnologia, obtêm-se fragmentos de DNA ligados a adaptadores específicos (biblioteca de DNA), os fragmentos são desnaturados em fita simples, marcados e capturados em esferas, seguindo então para a amplificação por PCR em sistema de emulsão. O sequenciamento ocorre utilizando a tecnologia de pirossequenciamento, que se baseia na detecção do pirofosfato liberado durante a incorporação dos nucleotídeos[34].

O sequenciador SOLiD (*sequencing by oligo ligation detection*), descrito primeiramente em 2005 e adquirido pela Applied Biosystems em 2006, também utiliza a biblioteca de DNA e a captura dos fragmentos utilizando esferas e a amplificação por PCR em sistema de emulsão; entretanto, a DNA ligase é utilizada para sequenciar os fragmentos amplificados. No sequenciamento, um iniciador se hibridiza aos adaptadores nas esferas e pequenos oligonucleotídeos marcados com fluoróforos são adicionados na célula de fluxo. Quando a sequência da sonda corresponde à sequência da fita-molde, os oligonucleotídeos marcados (sondas) são ligados no iniciador. Após a ligação, os oligonucleotídeos que não foram incorporados são lavados e uma câmera CCD captura a fluorescência específica dos dois primeiros nucleotídeos da sonda. Após a captura das imagens, a sonda é removida e novos oligonucleotídeos marcados são adicionados na célula de fluxo de forma consecutiva para a continuidade do sequenciamento[35].

O sequenciador Solexa, lançado em 2006 pela Genome Analyzer e adquirido em 2007 pela Illumina, adota o sequenciamento por síntese. A biblioteca de DNA é ligada a adaptadores, em uma célula de fluxo (*flowcell*), e os fragmentos de DNA ligados são desnaturados em fita simples. A amplificação dos fragmentos de DNA ocorre em ponte (*bridge amplification*) para formar os agrupamentos que contêm os fragmentos de DNA amplificados. Após a geração dos agrupamentos, estes produtos são linearizados em fita simples e um iniciador hibridiza a sequência universal que flanqueia a região a ser sequenciada. Cada ciclo de sequenciamento consiste na extensão de uma única base por uma DNA polimerase modificada e uma mistura de quatro nucleotídeos modificados, cada um contendo um marcador fluorescente e um grupamento hidroxila que pode ser clivado em sua posição 3´-terminal (ddATP, ddGTP, ddCTP, ddTTP). Após a extensão de uma base e aquisição de imagens nos quatro canais, a clivagem do grupamento hidroxila e do marcador fluorescente determina o próximo ciclo[34,36].

Em 2010, entrou no mercado a plataforma Ion Torrent (adquirido pela Thermo Fisher Scientific), a qual utiliza tecnologia de semicondutor. Neste sistema, um próton (H^+) é liberado cada vez que um nucleotídeo é incorporado na cadeia pela DNA polimerase. A liberação deste próton altera o pH. Esta alteração de pH é detectada e o *chip* semicondutor reconhece as bases adicionadas. Se duas bases são adicionadas, a voltagem é dupla. A possibilidade de o Ion Torrent não utilizar luz, câmeras ou *scanner* permite que seja uma plataforma de menor tamanho e com baixo custo. Essas características tornaram o Ion Torrent um sistema de sequenciamento mais popular[34,37].

A segunda geração de sequenciadores revolucionou a maneira de sequenciar ácidos nucleicos e, desde seu surgimento, as plataformas de segunda geração continuaram a se aperfeiçoar e modernizar. Mesmo assim, a terceira geração de sequenciadores surgiu com duas características inovadoras principais: a amplificação por PCR não é necessária antes do sequenciamento (em razão de sua capacidade de sequenciar uma molécula única de DNA) e o sinal é capturado em tempo real durante a adição dos nucleotídeos. Por estas características, tais tecnologias apresentam as vantagens de aumentar o rendimento dos sequenciamentos e o tamanho dos fragmentos sequenciados, diminuindo o tempo e o custo. As plataformas de terceira geração mais utilizadas são a PacBio (Pacific Biosciences) e a Nanopore (Oxford Nanopore Technologies)[33,34].

TECNOLOGIAS DE SEQUENCIAMENTO E A BIOSSEGURANÇA

Nas décadas de 1940 e 1950, alguns estudos já apresentavam avaliações sobre o risco de infecções em laboratórios. A partir de então, a preocupação com o risco presente em atividades laboratoriais cresceu e na década de 1970 foram propostas as primeiras classificações de risco e realizadas as primeiras conferências (como a Conferência de Asilomar) para a discussão do assunto e a elaboração de diretrizes relacionadas a experimentos em laboratórios. No Brasil, a primeira lei de biossegurança foi a Lei n. 8.974/95, posteriormente revogada pela Lei n. 11.105/2005. Para mais detalhes, ver Capítulo 19 – "Memórias de biossegurança e bioproteção: de Asilomar à biologia sintética".

Apesar da grande evolução tecnológica, o risco intrínseco da execução de procedimentos de sequenciamento de DNA sempre está presente, incluindo aqueles que podem causar algum dano à saúde. Alguns dos cientistas responsáveis pelas descobertas atuais sofreram pela falta de conhecimento dos riscos a que estavam expostos durante o desenvolvimento de seus trabalhos. Desde a década de 1970, intensificou-se a preocupação com a segurança ocupacional em laboratórios; no entanto, acidentes continuam acontecendo, muitas vezes pela falta de cuidado do próprio pesquisador. Um exemplo histórico ocorreu em 1986, quando um acidente contaminou uma região quilométrica com uma quantidade letal de material radioativo em razão do descumprimento de regras de segurança para realização de testes com um reator na usina nuclear de Chernobyl[38].

As tecnologias de sequenciamento de ácidos nucleicos também podem expor o pesquisador/analista a riscos ocupacionais. O conhecimento desses riscos é imprescindível para se garantir segurança pessoal e ambiental e se obter resultados experimentais mais confiáveis.

Nos métodos de extração, análise, amplificação e sequenciamento de ácidos nucleicos, são utilizados reagentes e amostras biológicas que podem causar risco químico e biológico aos pesquisadores. Os principais métodos utilizados no manuseio de ácidos nucleicos e os riscos potenciais são descritos a seguir.

Extração de ácidos nucleicos

Os métodos de extração de ácidos nucleicos têm por objetivo isolar e purificar tanto DNA como RNA provenientes de amostras biológicas diversas, como sangue periférico, fluidos corporais, tecido, medula, cultura de células, microrganismos, entre outros. Esses métodos incluem as seguintes etapas gerais: lise celular e solubilização do ácido nucleico; remoção de proteínas contaminantes e macromoléculas; isolamento do ácido nucleico[39].

Os protocolos de extração podem ser automatizados ou manuais, utilizando ou não reagentes do próprio laboratório. Os produtos comerciais facilitam o processo por conterem todos os reagentes necessários em um único produto e terem protocolos mais simplificados. Além disso, apresentam maiores reprodutibilidade e confiabilidade por passarem por rigoroso controle de qualidade. O uso de extratores automatizados (Figura 1) reduz a variabilidade de resultados e o tempo e aumenta a capacidade de extração, em comparação com o processo manual.

É importante ressaltar que, durante o protocolo de extração, principalmente nas primeiras etapas, o operador está em contato direto com amostras biológicas. Nestas amostras, podem estar presentes agentes de risco biológicos, e esta informação nem sempre é de conhecimento do manipulador. Por isso, é de suma importância a utilização de equipamentos de proteção individual (EPI) adequados, incluindo luvas resistentes, de baixa permeabilidade e boa flexibilidade, como as cirúrgicas, aventais impermeáveis de manga longa com punhos, óculos de segurança e máscaras para evitar contato com aerossóis provenientes da manipulação da amostra.

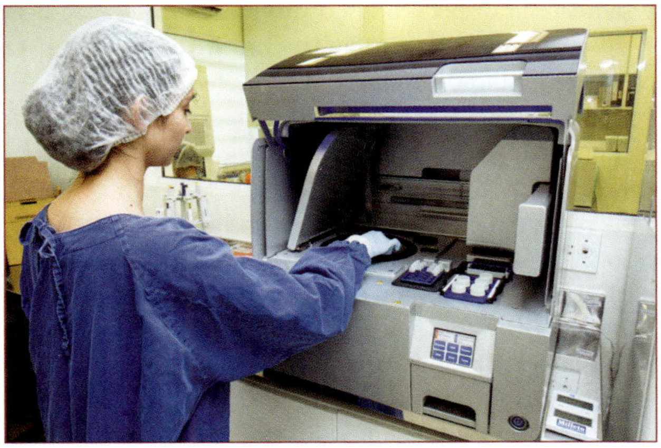

Figura 1. Extrator automático de DNA.

Quadro 1. Descrição dos principais reagentes químicos utilizados nos métodos de extração de ácidos nucleicos

Nome	Utilização[40]	Incompatibilidade
2-Mercaptoetanol	Componente de soluções de desnaturação	Agentes oxidantes, metais, ácidos e bases
Acetato de amônio	Precipitação	Nitratos, ácidos fortes e hidróxidos alcalinos fortes
Acetato de sódio/acetato de potássio	Lise celular/neutralização	NC
Ácido acético glacial	Neutralização	Ácidos ou bases fortes, materiais oxidantes, nitrato de amônia, 2-aminoetanol e trifluoreto de cloro
Álcool etílico	Precipitação	Oxidantes fortes, como peróxidos, cloratos, ácido crômico, ácido nítrico, ácido perclórico, cloreto de acetila, hipoclorito de cálcio, nitrato de prata, nitrato de mercúrio, peróxido de hidrogênio, pentafluoreto de bromo
Citrato de sódio	Componente de soluções de desnaturação	Agentes oxidantes
Clorofórmio	Separador de fases	Metais alcalinos, metais em forma de pó, flúor e alcolatos
Fenol	Separador de fases	Aldeídos, nitratos e nitritos
Formamida	Solvente ionizante	Bases, oxidantes, peróxido de hidrogênio, iodo, piridina e óxidos de enxofre
Hidrocloreto de guanidina	Lise celular	Agentes oxidantes fortes, ácidos fortes e ácido fluorídrico
Isopropanol	Precipitação	Metais alcalinos, alumínio oxidante de ácido sulfúrico
Proteinase K	Degradação proteica	Agentes oxidantes fortes
SDS	Soluções de lise	NC
Tiocianato de amônio	Separador de fases	Agentes oxidantes fortes, ácidos fortes e nitrato de chumbo
Tiocianato de guanidina	Separador de fases	Ácidos fortes, oxidantes fortes e cianetos
Tris	Tampão	Reagentes oxidantes e bases

Diagrama de Hommel: riscos à saúde, riscos de incêndio e reatividade, respectivamente. Informações retiradas da ficha de segurança dos fabricantes dos reagentes. EPI: equipamentos de proteção individual; GHS: sistema globalmente harmonizado de classificação e rotulagem de produtos químicos; NC: não consta. * O nível de segurança exigido poderá variar, dependendo do volume de reagente utilizado.

Quando se conhece o risco biológico ao qual se está exposto, é importante atentar-se a EPI específicos para cada agente biológico.

Para evitar contaminação de amostras biológicas ou reagentes de extração de ácidos nucleicos, é necessária a descontaminação do ambiente de trabalho antes e após cada procedimento realizado, como descrito no Capítulo 21, "Biossegurança em laboratórios de biologia molecular". Em caso de contato direto do indivíduo com a amostra biológica, ele deve informar ao seu responsável imediatamente e ser encaminhado a um local especializado, se possível com uma amostra do contaminante, para que sejam realizados testes para doenças transmissíveis em ambos.

Os reagentes utilizados no processo de extração também oferecem risco ao operador. No Quadro 1, são apresentados os principais reagentes utilizados na extração de ácidos nucleicos, os riscos químicos associados e os EPI utilizados em seu manuseio.

A extração envolve a utilização de equipamentos como homogeneizadores de amostras biológicas, centrífugas, agitadores automáticos, banhos com água ou a seco e extratores automatizados. Esses equipamentos podem expor o operador a riscos físicos e de acidentes. De modo geral, o cuidado com a eletricidade é importante em todos esses equipamentos. No caso dos homogeneizadores, o manuseio deve ser cuidadoso para evitar acidentes relacionados à sua rotação, como cortes

EPI*	Classificação de acordo com o GHS	Diagrama de Hommel
Luvas de borracha butílica (contato total) ou natural látex/cloropreno (contato com salpicos), óculos e máscara para vapores ou cabine de segurança química	Irritante para olhos e pele. Perigoso se inalado. Inflamável. Toxicidade aguda oral, inalatória e dérmica. Tóxico para o fígado e o coração. A exposição intensa pode levar ao óbito	3/2/1
Luvas de borracha de nitrilo, óculos e máscara semifacial	Irritante para olhos e pele. Perigoso se inalado	2/1/0
Luvas de borracha de nitrilo, óculos e máscara contra pós	Irritante para olhos e pele. Perigoso se inalado	2/1/0
Luvas de borracha butílica, óculos e máscara para vapores químicos ou cabine de segurança química	Irritante para olhos e pele. Perigoso se inalado. Corrosivo	3/2/0
Luvas, óculos e máscara semifacial para vapores ou cabine de segurança química	Irritante para olhos e pele. Perigoso se inalado. Inflamável	2/3/0
Luvas de borracha de nitrilo, óculos e máscara semifacial	Irritante para olhos e pele. Perigoso se inalado	1/0/0
Luvas de borracha butílica, óculos e máscara para solventes orgânicos ou cabine de segurança química	Irritante para olhos e pele. Perigoso se inalado. Tóxico	2/0/0
Luvas de borracha de nitrilo, óculos e máscara semifacial ou cabine de segurança química	Irritante para olhos e pele. Perigoso se inalado. Corrosivo, tóxico	3/2/0
Luvas de borracha de nitrilo, óculos e máscara para vapores ou cabine de segurança química	Irritante para olhos e pele. Perigoso se inalado. Carcionogênico. Toxicidade reprodutiva	2/1/0
Luvas de borracha de nitrilo, óculos e máscara semifacial	Toxicidade aguda oral e inalatória. Irritante para olhos e pele	2/1/0
Luvas de borracha butílica, óculos e máscara para vapores ou cabine de segurança química	Irritante para olhos e pele. Inflamável	1/3/0
Luvas de borracha de nitrilo, óculos e máscara semifacial	Irritante para olhos e pele. Toxicidade para o sistema respiratório	NC
Luvas de borracha de nitrilo, óculos e máscara para pós	Sólidos inflamáveis, toxicidade aguda oral e inalatória, irritação cutânea, lesões oculares graves, toxicidade para o sistema respiratório	1/0/0
Luvas de borracha de nitrilo, óculos e máscara semifacial	Irritante para olhos e pele. Perigoso se inalado. Tóxico	2/0/0
Luvas de borracha de nitrilo, óculos e máscara semifacial	Irritante para olhos e pele. Perigoso se inalado	2/1/0
Luvas de borracha de nitrilo, óculos e máscara para pós	Não é uma substância perigosa	1/1/0

na pele. As centrífugas (Figura 2) são equipamentos que envolvem alta rotação e geração de ruídos. Portanto, é importante atentar-se para a verificação do encaixe adequado dos rotores, a utilização de tampas que impeçam o deslocamento dos tubos e a liberação de aerossóis, o manejo dos tubos somente após a parada completa da centrífuga e a manutenção adequada do equipamento, como calibração, para evitar danos e ruídos exacerbados. Os agitadores automáticos expõem o operador principalmente a vibrações. O banho com água ou a seco é normalmente utilizado com temperaturas elevadas, sendo, portanto, necessária a utilização de luvas adequadas, evitando risco de queimaduras. As partes internas dos extratores automáticos não funcionam se a porta estiver aberta, para evitar maiores riscos de ferimentos. No entanto, estes extratores possuem partes com encaixes que podem causar acidentes graves se não forem operados com cuidado.

Quantificação de ácidos nucleicos

Os ácidos nucleicos podem ser quantificados por métodos espectrofotométricos, fluorimétricos e eletroforéticos. A espectrofotometria por UV é a mais utilizada para quantificação de ácidos nucleicos, por ser mais simples e econômica; entretanto, a presença de contaminantes que absorvem na região do UV pode afetar o resultado. Na fluorimetria, são utilizados ligantes (inter-

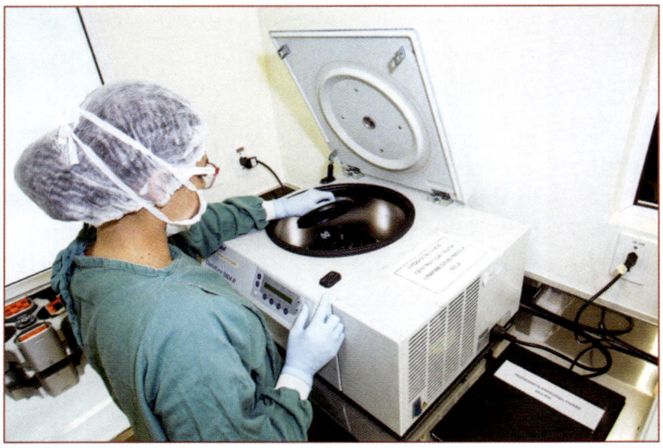

Figura 2. Centrífuga e fechamento do rotor com tampa para prevenir a exposição a aerossóis.

calantes) de ácidos nucleicos, que emitem fluorescência, cuja intensidade é proporcional ao teor de ácido nucleico presente na amostra. É mais específico que o método de espectrofotometria por UV. O sistema eletroforético possibilita quantificar um fragmento de acido nucleico com tamanho específico em uma mistura e a quantificação pode ser feita por densitometria no visível ou UV.

Nos procedimentos de quantificação que utilizam a radiação UV (risco físico), são essenciais o emprego de óculos de segurança com proteção UV e a utilização adequada dos equipamentos, atentando-se para a barreira física que impeça a exposição do indivíduo à radiação. Pode haver risco de acidente durante o procedimento de eletroforese, pois ele envolve a condução de eletricidade.

No Quadro 2, são descritos os riscos químicos associados com os procedimentos de eletroforese e fluorimetria. Com a finalidade de reduzir a exposição aos agentes químicos, foram desenvolvidos novos tipos de intercalantes de ácidos nucleicos, como o GelRed e o GelGreen, que têm baixa citotoxicidade ou mutagenicidade em concentrações superiores às de trabalho, pois são impenetráveis em luvas de látex e na membrana celular de células vivas e sua metabolização gera compostos que não interagem com o DNA. O Tris, componente principal de tampões de eletroforese, está citado no Quadro 1. Na espectrofotometria de UV não são utilizados reagentes químicos.

Amplificação de ácidos nucleicos pela PCR

A PCR consiste em uma tecnologia com a finalidade de multiplicar o número de cópias de uma sequência específica de ácido nucleico[41]. É composta de três etapas principais: desnaturação do DNA por aquecimento; hibridização dos iniciadores/*primers* à sequência-alvo; e extensão dos iniciadores por uma DNA polimerase termoestável[40]. Estas três etapas são realizadas em um termociclador, equipamento que possui um termobloco capaz de ser resfriado e aquecido em cada ciclo da PCR (Figura 3). As temperaturas podem variar entre 4 e 95°C.

Com o passar dos anos, a tecnologia foi sendo aprimorada e adaptada às necessidades dos estudos. Atualmente, uma das variações mais utilizadas é a PCR em tempo real (*Real-Time PCR*), que consiste na PCR com a inclusão de fluoróforos em equipamentos capazes de detectar diferenças de fluorescência durante a reação, permitindo o acompanhamento da amplificação e sua quantificação quando necessário[42].

A PCR tem diversas aplicabilidades, como: detecção e quantificação de patógenos; teste de identificação humana (p. ex., testes de determinação de paternidade); determinação de sexo; detecção de mutações e polimorfismos genéticos; estudos de genética evolutiva; quantificação da expressão gênica; etapas preliminares de muitas tecnologias, como clonagem e sequenciamento.

Em razão da variação de temperatura do termociclador, durante seu manuseio, deve-se ter atenção à temperatura em que o equipamento se encontra, evitando

Quadro 2. Descrição dos principais reagentes químicos utilizados na quantificação de ácidos nucleicos

Nome	Utilização	Incompatibilidade	EPI*	Classificação de acordo com o GHS	Diagrama de Hommel
Brometo de etídio	Corante de ácidos nucleicos	Oxidantes fortes	Luvas de borracha de nitrilo, óculos e máscara semifacial	Toxicidade oral e inalatória aguda e mutagenicidade	1/1/0
SYBR Green	Corante de ácidos nucleicos	NC	Luvas	Não é uma substância perigosa	NC
DMSO	Diluente	Óxido de carbono e enxofre, cloretos ácidos, haletos de fósforo, ácidos fortes, oxidantes fortes e redutores fortes	Luvas de borracha de nitrilo, óculos e máscara para vapores orgânicos ou cabine de segurança química	Líquidos inflamáveis	1/2/0

Diagrama de Hommel: riscos à saúde, riscos de incêndio e reatividade, respectivamente. Informações retiradas da ficha de segurança dos fabricantes dos reagentes. EPI: equipamentos de proteção individual; GHS: sistema globalmente harmonizado de classificação e rotulagem de produtos químicos; NC: não consta. * O nível de segurança exigido poderá variar, dependendo do volume de reagente utilizado.

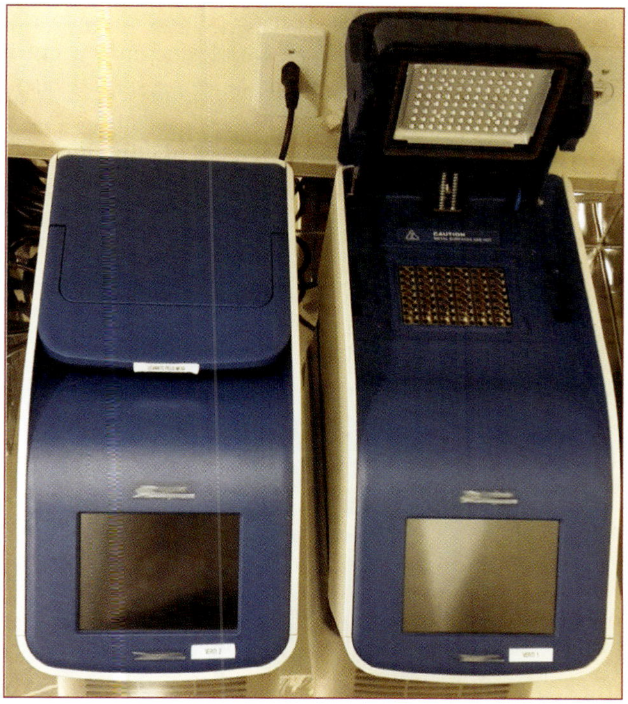

Figura 3. Termociclador utilizado para amplificação de ácidos nucleicos pela PCR.

queimaduras. Além disso, podem ocorrer contaminações entre amostras, reagentes, equipamentos e até do próprio operador e seu ambiente de trabalho, ocasionadas pelas amostras de DNA ou pelos produtos da PCR. Estes tipos de contaminações podem comprometer a credibilidade dos resultados do estudo. Para evitá-las, podem ser indicadas algumas medidas simples, como: separação das áreas de preparação de reagentes, preparação da amostra, amplificação e detecção; presença dos equipamentos necessários em cada área de trabalho; limpeza das áreas com hipoclorito de sódio e etanol; esterilização dos materiais; descontaminação dos ambientes pré-PCR com luz UV[43]. Estas ações são detalhadas no Capítulo 21.

A PCR pode ser realizada com muitas amostras de DNA em uma mesma reação. Por esse motivo, assim como nas demais tecnologias, é importante manter uma postura adequada durante a pipetagem e, quando possível, utilizar pipetas eletrônicas ou multicanais, diminuindo também a repetição excessiva de movimentos e evitando riscos ergonômicos.

Alguns dos reagentes clássicos utilizados na PCR, como cloreto de magnésio, oligonucleotídeos e dNTP, em sua maioria, não apresentam riscos à saúde. No entanto, apresentações comerciais podem conter outros reagentes que apresentam riscos químicos e estão listados no Quadro 3. O reagente químico Tris é citado no Quadro 1, e os reagentes DMSO e SYBR são mencionados no Quadro 2.

Sequenciamento de ácidos nucleicos

As tecnologias de sequenciamento de ácidos nucleicos se aperfeiçoaram muito nos últimos anos, conforme a descrição no início deste capítulo. Atualmente, diferentes métodos são utilizados em sequenciamento de genomas, ressequenciamento de regiões-alvo, sequenciamento *de novo*, sequenciamento de RNA e microRNA, análise de metilação e outros. Mesmo assim, os riscos biológicos, físicos, químicos, ergonômicos e de acidentes continuam presentes.

Para o preparo das amostras de ácido nucleico durante a construção das bibliotecas de sequenciamento, são utilizados constantemente agitadores automáticos, centrífugas e termociclador, cujos riscos foram abordados nas tecnologias de extração de ácidos nucleicos e de PCR. Os ácidos nucleicos extraídos de amostras biológicas são a matéria-prima do sequenciamento e devem ser manipuladas com os cuidados necessários para garantir a segurança do trabalho e a fidelidade dos resultados obtidos.

Os sequenciadores de alto rendimento (Figura 4) têm a capacidade de gerar grande quantidade de dados em curto período de tempo. O desafio dessas tecnologias está na grande quantidade de dados que exige a utilização de computadores de alta capacidade de processamento, *softwares* específicos e muito potencial humano.

O alto tempo despendido com análises bioinformáticas faz com que o profissional permaneça por tempo prolongado sentado em frente à tela de um computa-

Quadro 3. Descrição dos principais reagentes químicos utilizados na PCR

Nome	Utilização	Incompatibilidade	EPI*	Classificação GHS	Diagrama de Hommel
Azida sódica	Conservante encontrado em apresentações comerciais	Metais	Luvas, óculos e máscara semifacial	Tóxico	3/1/3
DTT	Tampão	NC	Luvas e óculos	Irritante para olhos e pele	2/0/0
Sorbitol	Umectante encontrado em apresentações comerciais	NC	Luvas, óculos e máscara semifacial	Irritante para olhos, pele. Perigoso se inalado	2/1/0

Diagrama de Hommel: riscos à saúde, riscos de incêndio e reatividade, respectivamente. Informações retiradas da ficha de segurança dos fabricantes dos reagentes. EPI: equipamentos de proteção individual; GHS: sistema globalmente harmonizado de classificação e rotulagem de produtos químicos; NC: não consta. * O nível de segurança exigido poderá variar, dependendo do volume de reagente utilizado.

dor, expondo-o a riscos ergonômicos como: ritmo de trabalho excessivo e prolongado, postura inadequada, monotonia e repetitividade de movimentos (Figura 5). Um ambiente de trabalho com bancadas, mesas e cadeiras em alturas adequadas e ajustáveis é indispensável para diminuir os danos causados por essas atividades. Além disso, cabe ao manipulador realizar pausas, alongamentos e exercícios sempre que possível, ajudando assim a diminuir a fadiga dos músculos, nervos e tendões exigidos nessas atividades.

Em relação aos riscos químicos, a maioria das tecnologias de sequenciamento utiliza reagentes químicos

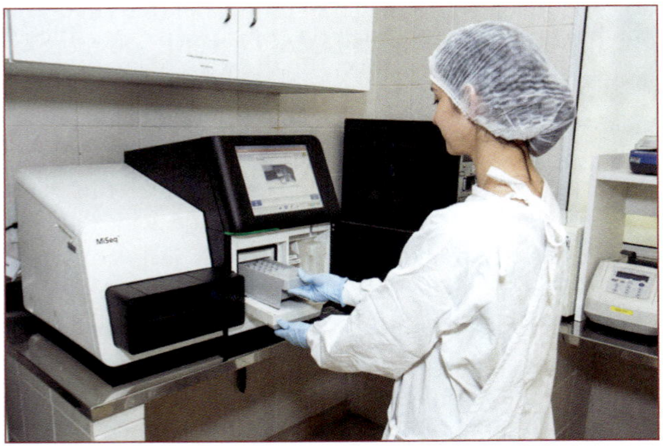

Figura 4. Manuseio de sequenciador de alto rendimento.

Figura 5. Área de análise de dados *in silico* e exposição aos riscos ergonômicos.

Quadro 4. Descrição dos principais reagentes químicos utilizados no sequenciamento de ácidos nucleicos

Nome	Utilização	Incompatibilidade	EPI*	Classificação segundo o GHS	Diagrama de Hommel
Ácido clorídrico	Acidificante de tampão	Metais, bases fortes, agentes oxidantes, carbonetos, sulfuretos e hipoclorito	Luvas de borracha de nitrilo, óculos e máscara de vapores inorgânicos ou cabine de segurança química	Corrosivo, lesões oculares graves e toxicidade para o sistema respiratório	3/0/0
Acrilamida	Componente de gel de eletroforese	Ácidos oxidantes, ferro e sais de ferro, cobre, latão, iniciadores de radicais livres	Luvas de borracha de nitrilo, óculos e máscara para vapores ou para partículas do tipo N100 ou cabine de segurança química	Irritante para olhos e pele. Perigoso se inalado. Toxicidade aguda oral, inalatória e dérmica. Tóxico para o sistema nervoso periférico. Mutagenicidade em células germinativas. Carcinogênico. Toxicidade reprodutiva. A exposição intensa pode levar ao óbito	3/2/2
Bissulfito	Conversão de citosinas não metiladas em uracilas	Oxidantes, tiamina, álcool e bases fortes	Luvas, óculos e máscara semifacial	Irritante para olhos e pele. Perigoso se inalado. Corrosivo	3/0/0
DL-DTT	Componente de apresentações comerciais de transcrição de cDNA	Agentes oxidantes, agentes redutores e bases	Luvas, óculos e máscara semifacial	Irritante para olhos e pele. Perigoso se inalado	2/1/0
Hidróxido de sódio	Soluções de transferência e desnaturação	Ácidos orgânicos e compostos halogenados	Luvas, óculos e máscara para vapores químicos ou cabine de segurança química	Corrosivo, lesões oculares graves	3/1/0

Diagrama de Hommel: riscos à saúde, riscos de incêndio e reatividade, respectivamente. Informações retiradas da ficha de segurança dos fabricantes dos reagentes. EPI: equipamentos de proteção individual; GHS: sistema globalmente harmonizado de classificação e rotulagem de produtos químicos; NC: não consta. * O nível de segurança exigido poderá variar, dependendo do volume de reagente utilizado.

em apresentações comerciais. Os reagentes utilizados e citados nos quadros anteriores são etanol, formamida, hidrocloreto de guanidina, acetato de sódio e Tris (Quadro 1); brometo de etídio (Quadro 2); ácido clorídrico e hidróxido de sódio; azida de sódio e DTT (Quadro 3). Os demais reagentes empregados no sequenciamento estão descritos no Quadro 4.

CONSIDERAÇÕES FINAIS

Os avanços da genômica e da biossegurança nas últimas décadas e principalmente nos últimos anos vêm auxiliando na expansão dos estudos em áreas como medicina, farmácia, biologia e outras. Com certeza, as tecnologias avançarão ainda mais ao longo dos próximos anos. E essa evolução, apesar de necessária, será acompanhada pelo surgimento de agentes biológicos, reagentes químicos, equipamentos e maior carga de trabalho que poderão ser riscos ocupacionais importantes.

É imprescindível que a evolução tecnológica seja acompanhada do uso de equipamentos de proteção adequados para que a pesquisa científica avance, buscando seus melhores resultados com ética e responsabilidade, lembrando sempre que a integridade do pesquisador deve ser prioridade.

REFERÊNCIAS BIBLIOGRÁFICAS

1. World Health Organization (WHO). Human Genetics programme. WHO definitions of genetics and genomics. Disponível em: <http://www.who.int/genomics/geneticsVSgenomics/en/>. Acesso em: 19 out. 2015.
2. Dahm R. Discovering DNA: Friedrich Miescher and the early years of nucleic acid research. Hum Genet. 2008;122(6):565-81.
3. Paweletz N. Walther Flemming: pioneer of mitosis research. Nat Rev Mol Cell Biol. 2001;2(1):72-5.
4. Dunwell JM. 100 years on: a century of genetics. Nat Rev Genet. 2007;8(3):231-5.
5. Roll-Hansen N. The holist tradition in twentieth century genetics. Wilhelm Johannsen's genotype concept. J Physiol. 2014;592(Pt 11):2431-8.
6. Hunter GK. Phoebus levene and the tetranucleotide structure of nucleic acids. Ambix. 1999;46(2):73-103.
7. Ferry G. Of DNA and broken dreams. Nature. 2014;510:32-3.
8. Beadle GW, Tatum EL. Genetic control of biochemical reactions in neurospora. Proc Natl Acad Sci USA. 1941;27(11):499-506.
9. Avery OT, Macleod CM, McCarty M. Studies on the chemical nature of the substance inducing transformation of pneumococcal types: induction of transformation by a desoxyribonucleic acid fraction isolated from pneumococcus type III. J Exp Med. 1944;79(2):137-58.
10. Portin P. The birth and development of the DNA theory of inheritance: sixty years since the discovery of the structure of DNA. J Genet. 2014;93(1):293-302.
11. Pauling L, Corey RB. A proposed structure for the nucleic acids. Proc Natl Acad Sci USA. 1952;39:84-97.
12. Watson JD, Crick FH. Molecular structure of nucleic acids; a structure for deoxyribose nucleic acid. Nature. 1953;171(4356):737-8.
13. Wilkins MH, Stokes AR, Wilson HR. Molecular structure of deoxypentose nucleic acids. Nature. 1953;171(4356):738-40.
14. Franklin RE, Gosling RG. Molecular configuration in sodium thymonucleate. Nature. 1953;171(4356):740-1.
15. Rosalind Franklin University of Medicine and Science [homepage na internet]. Rosalind Franklin. Disponível em: <http://www.rosalindfranklin.edu/RosalindFranklin.aspx>. Acesso em: 13 nov. 2015.
16. Greer EM, Tolmachova M. Marie Curie: pioneering discoveries and humanitarianism. Helv Chi Acta. 2011;94:1893-907.
17. Tjio JH, Levan A. The chromosome number of man. Hereditas. 2010;42:1-6.
18. Crick FH. On protein synthesis. Symp Soc Exp Biol. 1958;12:138-63.
19. Friedberg EC. The eureka enzyme: the discovery of DNA polymerase. Nat Rev Mol Cell Biol. 2006;7(2):143-7.
20. Brenner S, Jacob F, Meselson M. An unstable intermediate carrying information from genes to ribosomes for protein synthesis. Nature. 1961;190:576-81.
21. Crick FH, Barnett L, Brenner S, Watts-Tobin RJ. General nature of the genetic code for proteins. Nature. 1961;192:1227-32.
22. Crick FH. The genetic code: yesterday, today, and tomorrow. Cold Spring Harb Symp Quant Biol. 1966;31:1-9.
23. Baltimore D. Viral-RNA dependent DNA polymerase. Nature 1970;226:1209-11.
24. Temin HM, Mizutani S. RNA-dependent DNA polymerase in virions of Rous sarcoma virus. Nature. 1970;226(5252):1211-3.
25. Duesberg PH, Vogt PK. Differences between the ribonucleic acids of transforming and nontransforming avian tumor viruses. Proc Natl Acad Sci USA. 1970;67(4):1673-80.
26. Chow LT, Gelinas RE, Broker TR, Roberts RJ. An amazing sequence arrangement at the 5' ends of adenovirus 2 messenger RNA. Cell. 1977;12(1):1-8.
27. Berget SM, Moore C, Sharp PA. Spliced segments at the 5' terminus of adenovirus 2 late mRNA. Proc Natl Acad Sci USA. 1977;74(8):3171-5.
28. Wu R, Taylor E. Nucleotide sequence analysis of DNA. II. Complete nucleotide sequence of the cohesive ends of bacteriophage lambda DNA. J Mol Biol. 1971;57(3):491-511.
29. Padmanabhan R, Wu R. Nucleotide sequence analysis of DNA. IX. Use of oligonucleotides of defined sequence as primers in DNA sequence analysis. Biochem Biophys Res Commun. 1972;48(5):1295-302.
30. Hutchison CA 3rd. DNA sequencing: bench to bedside and beyond. Nucleic Acids Res. 2007;35(18):6227-37.
31. Sanger F, Air GM, Barrell BG, Brown NL, Coulson AR, Fiddes CA, et al. Nucleotide sequence of bacteriophage phi X174 DNA. Nature. 1977;265(5596):687-95.
32. Bartlett JMS, Stirling D. A short history of the polymerase chain reaction. In: Bartlett JMS, Stirling D, editores.

PCR protocols. (Methods in Molecular Biology, v. 226). 2. ed. Totowa: Humana Press; 2003. p.3-6.
33. Schadt EE, Turner S, Kasarskis A. A window into third-generation sequencing. Hum Mol Genet. 2010;19(R2):R227-40.
34. Liu L, Li Y, Li S, Hu N, He Y, Pong R, et al. Comparison of next-generation sequencing systems. J Biomed Biotechnol. 2012;2012:251364.
35. Shendure JA, Porreca GJ, Church GM, Gardner AF, Hendrickson CL, Kieleczawa J, et al. Overview of DNA sequencing strategies. Curr Protoc Mol Biol. 2011;capítulo 7, unidade 7.1.
36. Shendure J, Ji H. Next-generation DNA sequencing. Nat Biotechnol. 2008;26(10):1135-45.
37. Hodkinson BP, Grice EA. Next-generation sequencing: a review of technologies and tools for wound microbiome research. Adv Wound Care (New Rochelle). 2015;4(1):50-8.
38. Instituto de Radioproteção e Dosimetria (IRD). O que ocasionou o acidente de Chernobyl. Disponível em: <http://www.ird.gov.br/>. Acesso em: 13 nov. 2015.
39. Hirata MH, Hirata RDC, Hirata TDC, Wang HT-L, Silva JL, Germano JF. Métodos de biologia molecular aplicados à cardiologia. In: Souza AGMR (editora), Hirata MH (coordenador). Biologia molecular. São Paulo: Atheneu; 2013. p.106-67.
40. Sambrook J, Russel DW. Molecular cloning: a laboratory manual. 3. ed. New York: Cold Spring Harbor Laboratory Press; 2001.
41. Mullis KB. The unusual origin of the polymerase chain reaction. Sci Am. 1990;262(4):56-61,64-5.
42. Kubista M, Andrade JM, Bengtsson M, Forootan A, Jonák J, Lind K, et al. The real-time polymerase chain reaction. Mol Aspects Med. 2006;27(2-3):95-125.
43. Aslanzadeh J. Preventing PCR amplification carryover contamination in a clinical laboratory. Ann Clin Lab Sci. 2004;34(4):389-96.

capítulo 28

Biossegurança na atuação da enfermagem

Kazuko Uchikawa Graziano
Caroline Lopes Ciofi-Silva
Alda Graciele Claudio dos Santos Almeida

INTRODUÇÃO

O cuidado consiste na essência da profissão de enfermagem e pertence a duas esferas distintas: uma objetiva, que se refere ao desenvolvimento de técnicas e procedimentos, e outra subjetiva, que se baseia em sensibilidade, criatividade e intuição para cuidar de outro ser. A forma, o jeito de cuidar, o "fazer com", a cooperação, a disponibilidade, a participação, o amor, a interação, a cientificidade, a autenticidade, o envolvimento, o vínculo compartilhado, a espontaneidade, o respeito, a presença, a empatia, o comprometimento, a compreensão, a confiança mútua, o estabelecimento de limites, a valorização das potencialidades, a visão do outro como único, a percepção da existência do outro, o toque delicado, o respeito ao silêncio, a receptividade, a observação, a comunicação, o calor humano e o sorriso são os elementos essenciais que fazem a diferença no cuidado[1].

Adicionalmente, a enfermagem, na pessoa do profissional enfermeiro, faz a gestão desse cuidado humanizado e das dinâmicas que envolvem o cuidar, administrando como gestora do ambiente onde o cuidado acontece. Como não poderia deixar de lado, a pesquisa, o ensino e o envolvimento com as tecnologias também fazem parte da responsabilidade profissional do enfermeiro. O processo de trabalho em saúde envolve a aplicação de tecnologias que, segundo a concepção de Merhy[2], são classificadas em:

- Leves: relações construídas entre trabalhador e usuário.
- Leves-duras: saberes estruturados das diversas disciplinas.
- Duras: equipamentos e materiais utilizados nas intervenções.

No contexto das práticas da enfermagem, o domínio dos pressupostos teóricos e práticos da biossegurança é fundamental, entendida no sentido amplo como

> [...] o conjunto de ações voltadas para a prevenção, minimização ou eliminação de riscos inerentes às atividades de prestação de serviços, pesquisa, produção, ensino, desenvolvimento tecnológico – riscos que podem comprometer a saúde global do homem, dos animais, do meio ambiente ou a qualidade dos trabalhos desenvolvidos[3].

O presente capítulo se propõe a discorrer sobre biossegurança envolvendo as práticas de enfermagem direcionadas tanto para o sujeito que é cuidado – o paciente – quanto para o profissional que executa a ação do cuidar – a equipe de enfermagem.

BIOSSEGURANÇA NAS PRÁTICAS DE ENFERMAGEM DIRECIONADAS AO PACIENTE

Embora se reconheça o reducionismo, a abordagem da biossegurança nesse momento será direcionada mais especificamente aos riscos biológicos, sem negar os riscos relacionados à esfera psicossocial.

As práticas de saúde acontecem em vários cenários, extra e intra-hospitalares. Indubitavelmente, a biossegurança do paciente está mais ameaçada no intra-hospitalar; no entanto, neste ambiente, as diretrizes para sua biossegurança estão bem mais estruturadas por meio de protocolos estabelecidos pelas Comissões e Serviços de Controle de Infecção Hospitalar (SCIH) e Serviços de Gestão da Qualidade.

Admitindo a premissa de que a convivência do homem com a vida microbiana seja inevitável, faz-se imprescindível definir quando e onde sua presença se caracteriza como um risco para o paciente. No contexto geral, o foco é evitar que microrganismos exógenos, potencialmente patogênicos, sejam carreados até o paciente em um tamanho de inóculo que vença as resistências locais e sistêmicas do hospedeiro, na compreensão de que se trata de um processo interativo[4].

Três abordagens são essenciais na biossegurança relacionada a riscos biológicos nas práticas de enfermagem direcionadas ao paciente: higiene das mãos, descontaminação de dispositivos utilizados na assistência e técnica asséptica e antissepsia no preparo de pele e mucosa antecedendo os procedimentos invasivos.

Higiene das mãos

A higiene das mãos (HM) dos profissionais que prestam cuidados aos pacientes e das mãos do próprio paciente e de seus visitantes é considerada a medida mais eficiente para evitar que microrganismos exógenos, potencialmente patogênicos, sejam carreados até a porta de entrada do paciente, evitando a disseminação deles em todos os contextos de cuidados em saúde[5]. Atualmente, preconiza-se o uso de produto alcoólico – álcool 70% (p/v) como preferencial em relação à lavagem com água e sabão, pois apresenta maior eficácia germicida, maior rapidez na ação, menor ressecamento da pele – uma vez que as formulações atualmente disponíveis adicionam emolientes e até cicatrizantes de pele – e acessibilidade facilitada. A HM deve ser praticada em cinco momentos:

1. Antes de tocar o paciente.
2. Antes de realizar procedimentos assépticos.
3. Após o risco de exposição das mãos a sangue e outros líquidos corporais.
4. Após tocar o paciente.
5. Após tocar o ambiente em torno do paciente[6].

Frequentemente, durante a prática dos cuidados diretos ao mesmo paciente, há necessidade de adotar a HM em dois ou mais desses momentos preconizados; por exemplo, as mãos devem ser higienizadas se o profissional de saúde necessita checar o gotejamento do soro após desprezar urina do paciente na mesma situação de atendimento (Figura 1).

A dúvida quanto à ineficácia da HM com álcool 70% (p/v), quando da presença de matéria orgânica, foi refutada por uma pesquisa sobre HM com três formulações alcoólicas, na qual havia sangue nas mãos como matéria orgânica. Nessas condições, o álcool demonstrou redução microbiana do microrganismo-teste, *Serratia marcescens*, pelo menos de 99,9 até 99,99999% (redução de 3 a 7 logaritmos)[7].

A despeito da grande dificuldade de adesão da HM nos cinco momentos do cuidado direto, o racional teórico demonstra que é o meio mais efetivo para interromper o ciclo de transmissão de microrganismos exógenos

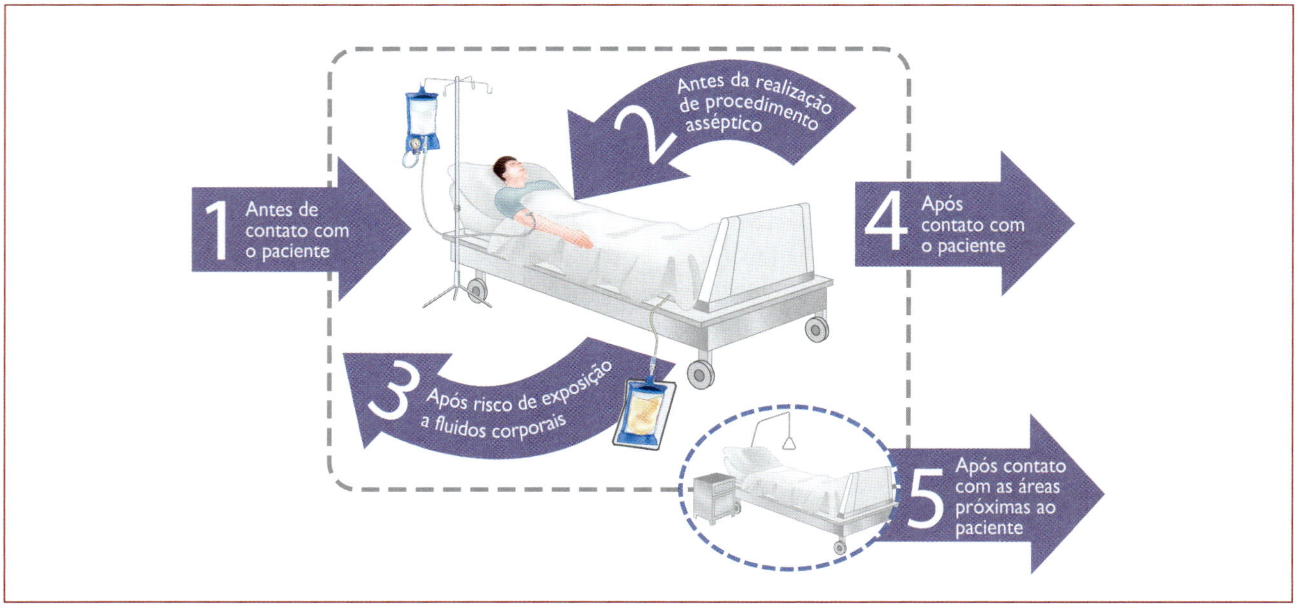

Figura 1. Os cinco momentos para higienização das mãos. Fonte: Organização Mundial de Saúde[6].

do ambiente até a porta de entrada do hospedeiro vulnerável, motivo pelo qual a luta pela adesão deve ser constante e incansável.

Luvas de procedimento, entendidas como luvas limpas não necessariamente esterilizadas, são importantes equipamentos de proteção individual (EPI) utilizados pelos profissionais da saúde, mas que também protegem o paciente. No entanto, se a troca das luvas não ocorrer após os cinco momentos de cuidado direto indicados pela Organização Mundial da Saúde (OMS) para HM, esse EPI pode configurar-se como séria ameaça à biossegurança do paciente.

Descontaminação de dispositivos utilizados na assistência

Assim como as mãos dos profissionais que prestam assistência direta, os diversos dispositivos utilizados na prestação dos cuidados – atualmente denominados produtos para a saúde (PPS)[8] – podem disseminar microrganismos potencialmente causadores de infecção cruzada se não houver a devida descontaminação entre os pacientes ou no próprio paciente entre um uso e outro. Quando o atendimento à saúde acontece no contexto hospitalar, o procedimento operacional padrão (POP) de todo material reutilizável é definido pelo responsável técnico do serviço especializado, denominado centro de material e esterilização (CME). O atendimento no contexto extra-hospitalar exige do enfermeiro responsável a definição de locais certificados para o processamento do material; quando esse for de responsabilidade da equipe de enfermagem; por exemplo, nos serviços de *home care*, o enfermeiro responsável deve definir e validar os POP.

Os PPS (materiais e equipamentos) são classificados, segundo Spaulding[8], em críticos, semicríticos e não críticos, de acordo com o seu potencial de contaminação. Ilustrações de alguns PPS estão apresentadas na Figura 2.

Materiais críticos são aqueles que entram em contato com tecidos do corpo humano não colonizados por microrganismos (portanto, estéreis), cujo requisito necessário para seu processamento é a esterilização após limpeza cuidadosa. Como exemplo mais ilustrativo, tem-se o instrumental cirúrgico esterilizado por meio da autoclavação. Já os materiais críticos termossensíveis terão de ser submetidos à esterilização por meio do gás óxido de etileno, vapor a baixa temperatura e formaldeído ou vapor de peróxido de hidrogênio[9]. Esses materiais devem ser processados sob a responsabilidade do CME dos serviços de saúde ou por empresas de processamento terceirizadas, seguindo as diretrizes de boas práticas ditadas pela Resolução da Diretoria Colegiada (RDC) Anvisa n. 15/2012, da Anvisa[10].

Materiais semicríticos, em quantidade bem numerosa no contexto da assistência à saúde, são aqueles que entram em contato com mucosas íntegras colonizadas, direta ou indiretamente, e exigem, minimamente, a desinfecção de nível intermediário, sempre após rigorosa limpeza. São exemplos os materiais de inaloterapia e de assistência ventilatória. Estes devem ser preferencialmente desinfetados por método automatizado em termodesinfetadoras. Já os endoscópios flexíveis, também um exemplo de PPS semicrítico, devem ser estritamente desinfetados com formulações químicas germicidas de alto nível (esporocida, micobactericida, fungicida, virucida e bactericida vegetativo) – glutaraldeído, ortoftaldeído, ácido peracético e peróxido de hidrogênio que atendam à RDC n. 35/2010, da Anvisa[11], seguindo rigorosamente as instruções de uso do fabricante.

Materiais não críticos são aqueles que não entram em contato direto com o paciente ou, quando o fazem, é somente com a pele íntegra. Eles exigem, como processamento mínimo, a limpeza entre um uso e outro, entendendo-se por limpeza a remoção total da sujidade[10]. Não há evidências de aquisição de infecções no adulto – portador de matriz córnea impermeável a microrganismos – através da pele íntegra; no entanto, nota-se, na

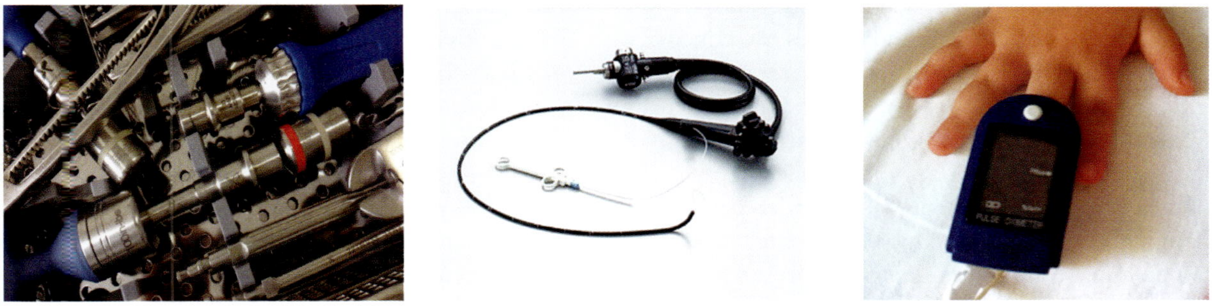

Figura 2. Produtos para a saúde. Materiais críticos complexos (instrumental para cirurgia ortopédica), semicrítico (endoscópio digestivo) e não crítico (oxímetro de pulso). Fonte: acervo dos autores.

prática, uma tendência dos SCIH recomendarem desinfecção de nível intermediário (micobactericida, fungicida, virucida e bactericida vegetativo) ou de baixo nível (virucida e bactericida vegetativo) consecutiva à limpeza com desinfetantes químicos, na qual se inclui álcool 70% (p/v) e hipoclorito de sódio na concentração de 0,5 a 1%. Como exemplo dessa categoria de materiais podem-se citar comadre, papagaio, termômetro axilar, manguito do esfigmomanômetro, sensor do oxímetro de pulso, garrotes para punção venosa de uso coletivo, dentre muitos.

A limpeza é o passo fundamental no processamento dos PPS. Ela é a primeira e a mais importante etapa para a eficácia dos procedimentos consecutivos, tanto de desinfecção como de esterilização dos PPS.

Técnica asséptica e antissepsia no preparo de pele e mucosa prévios aos procedimentos invasivos

A técnica asséptica pode ser entendida como um conjunto de medidas comportamentais dos profissionais de saúde visando à prevenção de contaminação cruzada entre o limpo e o sujo, o não esterilizado e o esterilizado, incluindo a realização da antissepsia de pele e mucosa para que, no momento da quebra da integridade dessas estruturas, não ocorra a contaminação dos PPS pela microbiota da pele do próprio paciente com a consequente introdução deles em estruturas estéreis do corpo[12].

Na atuação da enfermagem, os procedimentos considerados invasivos críticos, como administração de medicamentos via parenteral e sondagem vesical, entre outros, requerem cumprimento rigoroso da técnica asséptica. Em outros procedimentos, como a administração de dieta gastroenteral, há que se seguir a técnica limpa, pois se trata de um procedimento menos crítico do ponto de vista da biossegurança. Em outros procedimentos não críticos, como verificação dos sinais vitais, atendimento às necessidades de higiene e conforto no leito e troca das roupas de cama, os princípios de boas práticas de controle de infecção estão definidos e devem ser seguidos, como as já citadas: HM e descontaminação segura de todos os PPS entre um paciente e outro, mesmo aqueles não críticos. A enfermagem não deve achar natural não fazer nada com o esfigmomanômetro entre um uso e outro. Há riscos reais de transmissão de microrganismos multirresistentes por contato que podem colonizar o novo paciente.

Entre vários procedimentos executados pela enfermagem junto a pacientes, indubitavelmente, a administração de soluções e medicamentos via parenteral é uma das mais críticas quanto ao risco ao paciente e que exige atenção redobrada. As infecções relacionadas aos cateteres venosos podem ocorrer pela migração de microrganismos da pele para as estruturas estéreis; contaminação do cateter ou *hub*; raramente, a infusão de fluidos contaminados; e menos comumente, via corrente sanguínea[13], sendo as três primeiras situações evitáveis por meio de práticas seguras. Todos os princípios técnicos de assepsia devem ser adotados para evitar essa contaminação.

Para o preparo da pele, realiza-se a antissepsia, que consiste em procedimento capaz de ação letal ou inibitória da reprodução microbiana, de baixa causticidade e hipoalergênico, destinado à aplicação em pele e mucosa íntegras. O antisséptico, com o processo de limpeza, remove a microbiota transitória e diminui significativamente a microbiota residente, além de evitar ou retardar a multiplicação microbiana[14].

A aplicação de antissépticos está indicada prioritariamente para pele e mucosa íntegras antes de procedimentos invasivos no paciente e não para tratamento de feridas. *A priori*, contraindica-se a aplicação de antissépticos em feridas por sua citotoxicidade também para células em granulação da ferida do paciente. Dentro do ritual de paramentação cirúrgica no centro cirúrgico, o uso de antisséptico em mãos e antebraços da equipe é mandatória. Outra indicação de uso dos antissépticos é para HM em situações especiais, como surtos infecciosos, ou em unidades críticas, como neonatologia e lactário.

O antisséptico degermante é o que tem o princípio ativo (antisséptico) associado a um detergente, cuja ação prioritária é limpar o local com ação antisséptica complementar. O antisséptico tópico tem veículo aquoso (formulação) e é utilizado para aplicação em mucosas, por exemplo, antes da sondagem vesical. O tipo tintura tem veículo alcoólico e tem aplicação em pele íntegra, por exemplo, antes da passagem de cateter venoso central de inserção periférica. Os princípios ativos antissépticos mais utilizados no Brasil são a polivinilpirrolidona iodo 1% (PVPI-I), o gluconato de clorexidina e o álcool etílico 70% p/v. Cada formulação tem vantagens e desvantagens, assim como contraindicações e cuidados a serem observados em sua escolha e utilização[15].

Assim como há graduações no risco de infecções dependendo das vias de acesso ao corpo humano, também é reconhecida a diferença do risco de infecção na administração de medicações parenterais conforme o tipo de invasão dos dispositivos no corpo humano. Por exemplo, a antissepsia da pele antecedendo uma punção venosa para a finalidade de administração de um medicamento intravenoso (IV) ou para a instalação de um soro em um paciente pode ser realizada por meio da fricção local com álcool 70% p/v por 30". Já a antissepsia da pele para inserção de um cateter venoso central de inserção periférica, procedimento executado pelo enfermeiro, requer uma antissepsia mais rigorosa do local da punção, lavando inicialmente com degermante antisséptico seguido da aplicação de um antisséptico em tintura, preferencialmente à base de gluconato de clorexidina 2,0%[13]. Este rigor no preparo da pele está justificado pelo risco da ocorrência de infecção de corrente sanguínea relacionada a cateter. Adicionalmente, recomenda-se a utilização de campo cirúrgico fenestrado e avental esterilizados, além de gorro, máscara e óculos de proteção na instalação de cateter venoso central de inserção periférica. Neste tipo de procedimento, a resistência da luva esterilizada protegendo a integridade é de especial importância para minimizar, ao máximo, a ocorrência de microfuros não perceptíveis durante a passagem do cateter. Há indicação da degermação cirúrgica prévia das mãos e dos antebraços antes de calçar as luvas esterilizadas. Atualmente, há evidências científicas de que a degermação cirúrgica pode ser substituída pela utilização de preparações especiais, já disponíveis no mercado nacional, com equivalência comprovada à ação de degermação cirúrgica tradicional realizada em lavabos[16].

Para evitar a contaminação do cateter ou *hub*, deve-se aderir a técnica asséptica durante a inserção e manipulação do cateter venoso, além de realizar a desinfecção do *hub* no momento da administração de medicamentos. Sobre a contaminação do líquido a ser injetado no paciente, desde o momento do preparo até sua administração, destacam-se as práticas apresentadas no Quadro 1.

Quadro 1. Práticas recomendadas para evitar a contaminação do líquido a ser infundido no paciente

Etapas	Práticas
Preparo	Desinfetar com álcool 70% p/v por 30" (e aguardar secagem) os locais de penetração das agulhas nos dispositivos de infusão venosa e nos diafragmas de vedação de frascos multidoses[13].
	Utilizar dispositivos estéreis para perfurar o diafragma de vedação dos frascos multidoses, evitando tocar nos dispositivos antes da penetração[13].
	Não manter agulhas perfuradas no diafragma, para evitar contaminação pelo ar ambiente[17].
	Desprezar o frasco multidoses se houver suspeita de comprometimento da esterilidade[13].
	Respeitar o prazo de validade dos frascos multidoses, estabelecidos conforme orientações do fabricante e protocolo institucional[17].
Administração	Não utilizar frascos de soluções ou sistemas de infusão por via IV e respectivos acessórios para mais de um paciente[17].
Após uso	Se recomendado pelo fabricante, refrigerar os frascos multidoses após abertos[17].
	Frascos de medicamentos multidoses, como heparina e insulina, contêm, em sua formulação, produtos químicos preservativos com a finalidade de manter a esterilidade do produto durante as reutilizações seguindo a recomendação do fabricante[18-20]. Entretanto, os conservantes não são capazes de evitar o crescimento de todos os tipos de microrganismos[20]. Nunca se deve juntar sobras de frascos multidoses para compor ou suplementar uma dose[17].
	Os frascos de uso único são livres de conservantes e podem representar risco se forem perfurados várias vezes[13].

Quanto à biossegurança no preparo e na administração de medicações não injetáveis, considerando que o sistema digestório é resistente à invasão de microrganismos exógenos carreados pelos medicamentos em indivíduos imunologicamente competentes, essa via de administração requer técnica limpa para seu preparo e administração. Em outras palavras, exige-se, por exemplo, uso de recipientes e artefatos limpos para a maceração de medicamentos administrados por sonda, sem necessidade de submetê-los à desinfecção e muito menos à esterilização; o mesmo vale para recipientes que transportem os medicamentos sólidos ou líquidos orais acrescidos do cuidado de manuseio com mãos limpas, tanto do profissional da saúde quanto do paciente que poderá manusear o medicamento[21].

Os PPS utilizados para a administração de medicamentos de absorção por via respiratória – por exemplo, os broncodilatadores – não são de uso único, o que exige descontaminação segura de um uso a outro por meio de desinfecção após limpeza. Este procedimento é definido como "... o processo de destruição de microrganismos na forma vegetativa, presentes em superfícies inertes, mediante a aplicação de agentes químicos e físicos"[8], já discutido no tópico anterior.

BIOSSEGURANÇA NAS PRÁTICAS DE ENFERMAGEM DIRECIONADAS AO PROFISSIONAL

A abordagem da biossegurança direcionada ao profissional de enfermagem será didaticamente dividida entre as relacionadas aos riscos biológicos e as relacionadas aos riscos físicos, mecânicos, químicos, fisiológicos e psíquicos (Quadro 2).

Biossegurança relativa aos riscos biológicos

Os riscos ocupacionais e a exposição a fluidos corporais, principalmente a sangue, os acidentes e as precauções de segurança constituem um importante problema de saúde pública[23]. As estatísticas mostram que um hospital é um dos lugares mais perigosos para se trabalhar, visto que a taxa de lesões e doenças relacionadas ao trabalho é quase o dobro da taxa para a indústria privada, incluindo construção civil e manufaturas, que tradicionalmente são pensadas como lugares relativamente mais perigosos. Em 2011, os hospitais dos

Quadro 2. Exemplos de riscos de acordo com sua natureza

Riscos biológicos	Riscos físicos	Riscos mecânicos	Riscos químicos	Riscos fisiológicos	Riscos psíquicos
Bactérias, vírus, fungos, protozoários, presentes nos fluidos corpóreos ou no ambiente	Ruídos, temperaturas extremas, vibração, radiação, pressão anormal, umidade (em setores como CME e imagenologia)	Mobiliários e equipamentos inadequados e sem manutenção, piso escorregadio, iluminação inadequada, posturas antiergonômicas na assistência ao paciente	Desinfetantes e detergentes (para os trabalhadores de CME), medicamentos, gases anestésicos (para os atuantes em salas operatórias), poeira	Sobrecarga de atividades, jornada dupla ou tripla de trabalho, jornada de trabalho longa, cobranças de superiores	Contato com sofrimento e morte, condições inapropriadas de trabalho, insatisfação salarial, assédio moral

CME: centro de material e esterilização. Fonte: adaptada da NR n. 09/2014[22].

Estados Unidos registraram 253.700 lesões e doenças relacionadas ao trabalho, o que representa uma taxa de 6,8 lesões e doenças para cada 100 empregados em tempo integral[24].

Trabalhadores de enfermagem em hospitais enfrentam riscos exclusivos, incomuns em outros locais, em particular: a necessidade de elevar, reposicionar e transferir os pacientes com dificuldade de locomoção e a proximidade com pacientes potencialmente infectados com doenças contagiosas e perfurocortantes contaminados com patógenos, entre outros. Além disso, a cultura única dos cuidados de saúde contribui para o desafio da biossegurança, visto que os profissionais de enfermagem sentem o dever ético de "não fazer mal" aos pacientes e muitas vezes se sentem compelidos a colocar a segurança do paciente acima de tudo. Nessa perspectiva, alguns colocam sua própria segurança e saúde em risco, ao não utilizarem proteção adequada[24].

Agentes biológicos, como bactérias, vírus, fungos e protozoários, podem penetrar no organismo humano por meio das vias respiratória, cutânea e digestória; entretanto, para causar infecção, dependem de fatores como número suficiente e virulência dos microrganismos e da suscetibilidade do hospedeiro. A transmissão ocupacional desses agentes microbianos geralmente ocorre por meio de fluidos. São considerados fluidos biológicos de risco: sangue e líquido orgânico contendo sangue; líquidos orgânicos potencialmente infectantes, como sêmen, secreção vaginal, liquor e líquidos sinovial, peritoneal, pericárdico e amniótico. E são considerados líquidos biológicos sem risco de transmissão ocupacional do vírus da imunodeficiência humana (HIV): suor, lágrimas, fezes, urina e saliva[25].

A transmissão de patógenos, a exemplo dos vírus da hepatite B (HBV), da hepatite C (HBC) e do HIV, de pacientes para os profissionais de enfermagem é um risco ocupacional importante. O risco de transmissão sanguínea de agentes patogênicos após exposição ocupacional depende de uma variedade de fatores que incluem: fatores de origem do paciente, como o título de vírus no sangue e fluido corporal do paciente; o tipo de lesão e a quantidade de sangue/fluido corporal transferido para o profissional de saúde durante a exposição; e o estado imunológico do profissional[26].

O maior risco de transmissão desses patógenos é pela exposição percutânea ao sangue infectado. Entretanto, tem sido relatada a transmissão de HBV, HCV e HIV depois de exposição ao sangue em membrana mucosa ou pele com solução de continuidade. O risco de transmissão desses agentes patogênicos pela exposição mucocutânea é considerado menor que o risco associado com uma exposição percutânea. Estima-se que 385 mil acidentes percutâneos (p. ex., punctura de agulha, cortes, perfurações e outros danos com objetos cortantes) ocorram em hospitais norte-americanos a cada ano[26].

A prevenção dos riscos ocupacionais por transmissão de patógenos requer uma abordagem diversificada para reduzir o contato com sangue e ferimentos, incluindo: melhores controles de engenharia, a exemplo dos PPS mais seguros; as práticas de trabalho, como alterações técnicas para reduzir a manipulação de objetos cortantes e a utilização de EPI como precauções de barreira. Outras estratégias para prevenir infecção incluem a vacinação contra HBV e a profilaxia pós-exposição a HIV e HBV. Os serviços de saúde não são obrigados a recolher dados para os riscos que envolvem a pele íntegra ou a exposição a fluidos corporais que não implicam risco de transmissão de patógenos transmitidos pelo sangue (p. ex., fezes, secreções nasais, saliva, escarro, suor, lágrimas, urina e vômito), a menos que estejam visivelmente contaminados com sangue[26].

A maior ocorrência de acidentes de trabalho, principalmente com materiais biológicos, é evidenciada entre os profissionais de enfermagem. Eles representam um grupo particularmente vulnerável a riscos biológicos pela característica específica de suas atividades de trabalho na prestação da assistência direta e contínua aos pacientes. Entre as principais recomendações para a prevenção de acidentes, destacam-se: máxima atenção enquanto o procedimento estiver sendo executado; não utilizar o dedo como tampão para hemostasia; não reencapar agulhas, a não ser que o reencape seja feito utilizando apenas uma das mãos; colocar os materiais perfurocortantes em recipientes adequados para seu descarte e utilização de EPI[23].

Diante do número de casos de acidentes de trabalho com exposição a material biológico, o Ministério da Saúde, por meio da Portaria n. 1.271, de 06 de junho de 2014[27], incluiu esta categoria de acidentes na lista nacional de notificação compulsória de doenças, agravos e eventos de saúde pública nos serviços de saúde públicos e privados em todo o território nacional.

Biossegurança relativa aos riscos físicos

De acordo com o Programa de Prevenção de Riscos Ambientais, estabelecido pela Norma Regulamentadora (NR) n. 9, de 08 de junho de 1978[22], atualizada em 2014, do Ministério do Trabalho e Emprego, as diversas formas de energia a que os trabalhadores podem estar expostos são consideradas agentes físicos, como ruídos, temperaturas extremas, vibrações, pressões anormais, radiações ionizantes e não ionizantes e o ultrassom, presentes em setores nos quais os profissionais de enfermagem atuam.

Poucos são os estudos que abordam a exposição aos riscos físicos pelos profissionais de enfermagem. Um deles identificou o reconhecimento deficiente do agente físico como possível causador de agravos pela equipe de enfermagem, composta por enfermeiros, técnicos e auxiliares de enfermagem, o que dificulta ainda mais sua prevenção[28].

Recomendam-se, para a redução dos riscos físicos no ambiente de trabalho, iluminação adequada e ajustada à faixa etária, redução dos ruídos e proteção contra eles por meio de EPI, controle e proteção adequada na exposição a radiações e climatização artificial que promova o conforto térmico e de umidade para os profissionais de saúde, evitando extremos de temperatura.

Biossegurança relativa aos riscos mecânicos

Os danos dos riscos mecânicos ficam evidentes no corpo dos trabalhadores de enfermagem, principalmente naqueles que atuam há mais tempo. Diariamente, os trabalhadores de enfermagem são requisitados, durante seus turnos de trabalho, a realizar atividades como movimentação e transporte de pacientes e transporte de materiais e aparelhos, e ainda se deparam com mobiliários inadequados e más condições de instalação e manutenção de equipamentos (como camas, macas e cadeiras de rodas). Essas atividades exigem esforço físico, e frequentemente os profissionais adotam posturas antiergonômicas, levando a doenças ocupacionais[29]. Existem ainda riscos de acidentes em decorrência da disposição dos móveis, pisos molhados e escorregadios, iluminação inadequada etc.

Os distúrbios osteomusculares relacionados ao trabalho (DORT) são afecções ocasionadas por esforços repetitivos, que acometem principalmente os membros superiores, a região escapular em torno do ombro e a região cervical e podem causar incapacidades laborais temporárias ou permanentes. Sua etiologia é multifatorial e decorre da utilização excessiva do aparelho musculoesquelético e da falta de tempo para sua recuperação. Entre os fatores de risco para os DORT, destacam-se: postos de trabalho (que exigem que o trabalhador adote posturas inadequadas); posturas extremas e que modificam a geometria musculoesquelética; excessiva carga mecânica exigida sobre os tecidos musculoesqueléticos (como força, invariabilidade da tarefa, duração da carga, exigência cognitiva que gera tensão muscular generalizada) e falta de pausa para descanso no trabalho[30]. O tratamento desses distúrbios é difícil, de alto custo e prolongado, o que justifica a importância do posicionamento ativo dos gestores dos serviços de saúde, implementando medidas de prevenção, além de vigilância e intervenção nos casos detectados.

A adoção de práticas preventivas, além de promover a melhora da saúde do trabalhador, proporciona aumento da produtividade e redução de custos, pela redução do absenteísmo. Após revisão integrativa de literatura[31], foram identificadas as estratégias de intervenções para os DORT, conforme apresentado no Quadro 3.

Biossegurança relativa aos riscos químicos

Os agentes químicos são substâncias, compostos ou produtos que podem penetrar no organismo pela via respiratória, nas formas de poeira, fumo, névoas, neblinas, gases ou vapores, ou que, pela natureza da atividade de exposição, podem ter contato ou serem absorvidos pelo organismo através da pele ou por ingestão. Esta definição para os agentes químicos é concebida pela NR n. 9/1978[22], atualizada em 2014, do Ministério do Trabalho e Emprego, que estabelece o Programa de Prevenção de Riscos Ambientais (PPRA).

Embora exista uma variedade de produtos químicos presentes nos ambientes de atuação dos profissionais de enfermagem, a exemplo das luvas de látex, gases anestésicos, álcool e outros desinfetantes químicos, detergentes, entre outros, a identificação dos riscos foi basicamente atribuída ao contato com medicamentos e desinfetantes, no estudo conduzido por Sulzbacher e Fontana[28].

A relação entre adoecimento e exposição a produtos químicos foi verificada em estudo de coorte realizado com profissionais de enfermagem, baseado nos dados do inquérito europeu. Neste estudo, identificaram-se riscos relativos elevados para o desenvolvimento de asma entre

Quadro 3. **Estratégias de intervenção para prevenir DORT**
Melhora nas condições de trabalho (como no posto de enfermagem); mobiliários adequados e equipamentos ergonomicamente idealizados.
Promoção e incentivo das ações de autocuidado dos trabalhadores, além de estratégias de enfrentamento dos DORT.
Incentivo à realização de exercícios físicos (na própria instituição ou fora da jornada de trabalho) e grupos de apoio institucionais que proporcionem a verbalização de dificuldades enfrentadas.
Realização de treinamentos específicos.
Melhora da organização da distribuição das tarefas de trabalho, evitando repetição de tarefas (como lavagem de PPS e para diagnóstico).
Evitar longas jornadas de trabalho.
Envolvimento de supervisores e trabalhadores nas propostas de promoção à saúde.
Adoção e adesão a novas tecnologias que facilitem as atividades laborais, como dispositivos de mobilização do paciente.

profissionais de enfermagem que atuam no processamento de PPS utilizando produtos como amônia e derivados clorados. O uso de luva de látex com pó também foi associado ao aparecimento de asma nesses profissionais[32].

A utilização de EPI é essencial na prevenção dos riscos químicos, principalmente no processo de manipulação de produtos químicos, como desinfetantes, detergentes, medicações (especialmente os quimioterápicos) e outros. A NR n. 32/2005[33], que dispõe sobre a segurança e saúde no trabalho em serviços de saúde quanto aos riscos químicos, faz as seguintes recomendações:

- Deve ser mantida a rotulagem do fabricante na embalagem original dos produtos químicos utilizados em serviços de saúde.
- Todo produto químico manipulado ou fracionado deve ser identificado, de forma legível, por etiqueta com o nome do produto, composição química, sua concentração, data de envase e de validade e nome do responsável pela manipulação ou fracionamento.
- É vedado o procedimento de reutilização das embalagens. No PPRA dos serviços de saúde, deve constar inventário de todos os produtos químicos, inclusive intermediários e resíduos, com indicação dos que impliquem riscos à segurança e à saúde do trabalhador.

Ainda de acordo com a NR n. 32/2005[33], os produtos químicos, inclusive intermediários e resíduos que impliquem riscos à segurança e à saúde do trabalhador, devem ter uma ficha descritiva que precisa ter uma cópia mantida nos locais em que o produto é utilizado e conter, no mínimo, as seguintes informações:

- As características e as formas de utilização do produto.
- Os riscos à segurança e à saúde do trabalhador e ao meio ambiente, considerando as formas de utilização.
- As medidas de proteção coletiva, individual e o controle médico da saúde dos trabalhadores.
- As condições e o local de estocagem.
- Os procedimentos em situações de emergência.

Biossegurança relativa aos riscos fisiológicos

A exposição a esse tipo de risco divide-se entre mecânica e psíquica. Reconhecidamente, o trabalho de enfermagem é considerado desgastante do ponto de vista físico e psíquico em razão de fatores como exposição a riscos mecânicos, como relatado anteriormente, associados a esforços físicos e visuais (permanência por tempo prolongado de pé, manipulação de peso excessivo); sobrecarga de atividades, ou seja, demandas maiores que as que o trabalhador pode suportar; jornadas prolongadas de trabalho, duplicidade ou triplicidade de jornada, associação entre trabalho e busca por formação educacional; realização de horas extras; necessidade de constante atualização em razão da competitividade no mercado de trabalho; cobrança e responsabilidade por alto desempenho no trabalho, já que, durante a assistência ao paciente, um erro pode ter consequências irreversíveis[29].

A duplicidade ou triplicidade de empregos vem sendo relatada como fator de risco de estresse entre os trabalhadores de enfermagem. Esse fato foi historicamente estabelecido, fortemente associado à baixa remuneração, fazendo com que os profissionais busquem novas fontes de renda. Ao possuir dois ou três vínculos de trabalho, o trabalhador de enfermagem dispõe de menos tempo livre para a convivência familiar, autocuidado, aperfeiçoamento técnico e acesso aos meios de lazer e cultura[34]. Observa-se o movimento reivindicatório entre a classe por regulamentação legislativa que garanta a redução da jornada de trabalho. No entanto, essa redução não deve ser uma ação isolada, pois não garante a resolução do problema de acúmulo de vínculos de trabalho.

A manutenção do equilíbrio entre vida pessoal e ocupacional também é um aspecto que interfere no desempenho das atividades, pois, exercendo a duplicidade de emprego ou não, os trabalhadores necessitam conciliar as responsabilidades domiciliares com as ocupacionais. Na enfermagem, principalmente considerando o contexto hospitalar, essa demanda é influenciada pelos turnos de trabalho (noturnos e nos fins de semana), que podem afetar as atividades sociais. Cabe aos gestores e aos responsáveis pelas equipes valorizar as necessidades pessoais dos trabalhadores de sua equipe e auxiliar no desenvolvimento de habilidades de enfrentamento do estresse.

Biossegurança relativa aos riscos psíquicos

O profissional de enfermagem vivencia, em seu cotidiano de trabalho, experiências que interferem em sua vida particular, social e na qualidade de seu desempenho laboral. São dificuldades como: inadequações na estrutura física; falta de materiais ou existência de equipamentos que não atendem às necessidades ergonômicas; precariedade de contingente de recursos humanos, levando à sobrecarga de trabalho; contato direto com o sofrimento e a morte; falta de apoio e distanciamento dos supervisores. Tais problemas, somados à insatisfação salarial, podem provocar desgastes físicos e psíquicos[35].

A amplitude do conceito de biossegurança está atrelada às variadas dimensões de vulnerabilidades dos seres humanos. Essa complexidade implica abordagens interdisciplinares para resolução dos problemas, relacionados diretamente ao trabalho ou às suas consequências. O desgaste emocional entre os trabalhadores de enfermagem é notório. O convívio com a dor e a morte, o contato com sofrimento, angústia e dificuldades dos pacientes e familiares, associados à necessidade de lidar com situações imprevisíveis, como agravamento do quadro dos pacientes, estão muito presentes. Os riscos psíquicos são mais evidentes em setores críticos de pacientes com doenças agudas, como unidade de terapia intensiva e urgência/emergência, além da pediatria. Esse desgaste emocional é manifestado das mais variadas formas, como síndrome do pânico, sintomas depressivos, estresse, ansiedade e agressividade. No entanto, percebe-se que os danos à saúde do trabalhador, decorrentes de riscos psíquicos, ficam diluídos entre as preocupações com a assistência ao paciente, problemas do processo de trabalho e da própria instituição de saúde, seja de ordem estrutural, seja política[29]. Prioriza-se o cumprimento das tarefas em detrimento do custo emocional do trabalhador responsável por elas.

O sofrimento psíquico entre os trabalhadores de enfermagem está presente, independentemente de sua classe social. Os profissionais de nível médio (auxiliares e técnicos de enfermagem) lidam com problemas decorrentes dos múltiplos comandos de suas atividades no cotidiano laboral, pouco prestígio social e baixa remuneração, além dos problemas de ordem pessoal. Já os profissionais de nível superior, que, além da assistência direta ao paciente, ocupam cargos de supervisão e chefia, manifestam sintomas de ansiedade oriundos de sentimentos de autocobrança. Os gestores das equipes e das instituições de assistência e pesquisa devem reconhecer os riscos psíquicos em seu contexto de trabalho, aproximar-se dessa realidade e reivindicar medidas administrativas que visem a melhoria das condições de trabalho[29].

Atualmente, discutem-se os aspectos emocionais e psicológicos decorrentes de acidentes, doenças ocupacionais, licenças e outras questões associadas à organização, ao processo e às condições de trabalho. Entende-se que a assistência ao trabalhador de saúde não se restringe às condutas de quimioprofilaxia, após acidente com perfurocortante e exposição a material biológico, por exemplo. As repercussões emocionais e psíquicas na vida de um trabalhador que sofreu um acidente de trabalho não são apenas imediatas, mas podem perdurar por meses após o fato. Relatos como: medo das reações de parceiros, familiares e colegas de trabalho; sentimento de culpa pelo acidente; raiva dos serviços e do sistema de saúde; preocupações com os efeitos adversos dos medicamentos prescritos para quimioprofilaxia; ansiedade, depressão e medo da morte ou doença são comuns nas vítimas de acidentes ocupacionais. O estímulo é para a criação de um ambiente de cuidado integral ao trabalhador[36].

Na mídia e em processos trabalhistas, observam-se cada vez mais denúncias de assédio ou violência moral. Trata-se de exposição do trabalhador a situações humilhantes que se repetem ao longo de um longo período de tempo, envolvendo superior e subordinado, que constroem uma relação hierárquica autoritária e vertical, trabalhadores do mesmo nível hierárquico ou de um superior por um subordinado. Esse tipo de violência pode se configurar tanto com o objetivo de forçar o trabalhador a pedir demissão, como por imposição de metas abusivas ou de realização de horas extras, atitudes de constrangimento visando ao aumento da produtividade ou negativa de folgas. Deve-se aceitar que há certa banalização desse conceito e os trabalhadores não devem confundir assédio moral com situações comuns e isoladas no cotidiano de trabalho, como cobranças ou descontentamento em relação ao supervisor. Para ser configurado como assédio moral, o ato violento deve ser repetido ao longo do tempo. O medo do desemprego pode fazer com que os trabalhadores não assumam nenhuma atitude de defesa e permaneçam no cargo, mesmo sofrendo assédio moral. Os danos psíquicos decorrentes de assédio moral são manifestados mais frequentemente na forma de distúrbios mentais. Medidas eficazes de enfrentamento devem ser associadas à implementação de política institucional contra esse tipo de violência[37,38].

SENSIBILIZAÇÃO DA EQUIPE PARA ADESÃO ÀS PRÁTICAS DE BIOSSEGURANÇA

Salvo exceções em algumas realidades brasileiras, a indisponibilidade de EPI nos serviços de saúde ou laboratórios não é a principal causa para sua não utilização. Os trabalhadores de enfermagem, apesar de verbalizarem o conhecimento sobre a necessidade e a obrigatoriedade do uso de EPI, e da sensação de se sentirem protegidos, relatam também sentimentos negativos, como incômodo, desconforto, calor, limitação de movimentos, entre outros. Um dos exemplos é a resistência ao uso de luvas durante uma punção venosa, pela diminuição da sensibilidade. Muitas vezes, esse EPI só é valorizado quando há o conhecimento prévio de que o paciente é portador de doenças infecciosas de transmissão sanguínea[39,40].

Para trabalhadores do CME, principalmente durante a lavagem de PPS realizada na área da limpeza, o risco de acidentes de trabalho e doenças ocupacionais é maior que nos outros setores do ambiente. Os trabalhadores devem usar aventais impermeáveis, luvas grossas de borracha, gorro, óculos, máscara e sapatos fechados ou botas de borracha de cano longo (Figura 3), o que agrava o surgimento de sentimentos negativos, contribuindo para que esse seja um setor indesejado para atuação dos trabalhadores de enfermagem[39].

A adesão e o uso correto dos EPI respiratórios, de forma geral, são frágeis. Acredita-se que uma das razões seja a percepção deficiente do risco real de transmissão de doenças respiratórias, pois, diferentemente do material biológico, o contaminante não é visível a olho nu. Além disso, pouco se discute sobre a efetividade dos equipamentos e há incertezas nas recomendações, como pôde ser observado durante o surto de influenza, quando ora se recomendava o uso de máscara N95 (máscara que possui a capacidade de filtrar partículas < 3 µm, utilizada para a prevenção de doenças transmitidas por aerossóis), ora outras máscaras comuns (utilizadas para a prevenção de doenças transmitidas por gotículas > 5 µm). Indisponibilidade (principalmente da máscara N95, por ser de custo mais elevado); relato de desconforto, mais frequente nas ocasiões que requerem o uso por período prolongado; interferência na realização de atividades; dificuldade para a comunicação, em virtude da diminuição de acuidade visual, auditiva e vocal; umidade excessiva, calor e mau odor são outras dificuldades relatadas relacionadas ao uso de EPI respiratórios[41].

Com base nesses dados, defende-se que a adesão ao uso correto de EPI entre os trabalhadores de enfermagem, seja na assistência direta ao paciente, seja nos serviços de apoio ou na atuação em pesquisas laboratoriais, não deve ser concebida unicamente como uma obrigatoriedade segundo as normas regulamentadoras vigentes. Estratégias para sensibilizar os trabalhadores, não só da enfermagem (p. ex., de higiene e limpeza, e serviços de manutenção), podem ser planejadas e implementadas pelos gestores das instituições de saúde[41]. Algumas estratégias estão listadas no Quadro 4.

Quadro 4. **Estratégias para sensibilização dos trabalhadores para adesão aos equipamentos de proteção individual (EPI)**
Implementar cultura e política institucional de biossegurança.
Comunicar, de forma compreensível, as políticas e recomendações.
Realizar treinamentos específicos, com metodologias inovadoras.
Registrar e utilizar, no planejamento dos treinamentos, indicadores de doenças ocupacionais e acidentes de trabalho.
Realizar estudos de efetividade e testes de novas tecnologias.
Possibilitar a participação ativa dos trabalhadores, permitindo sugestões e críticas.

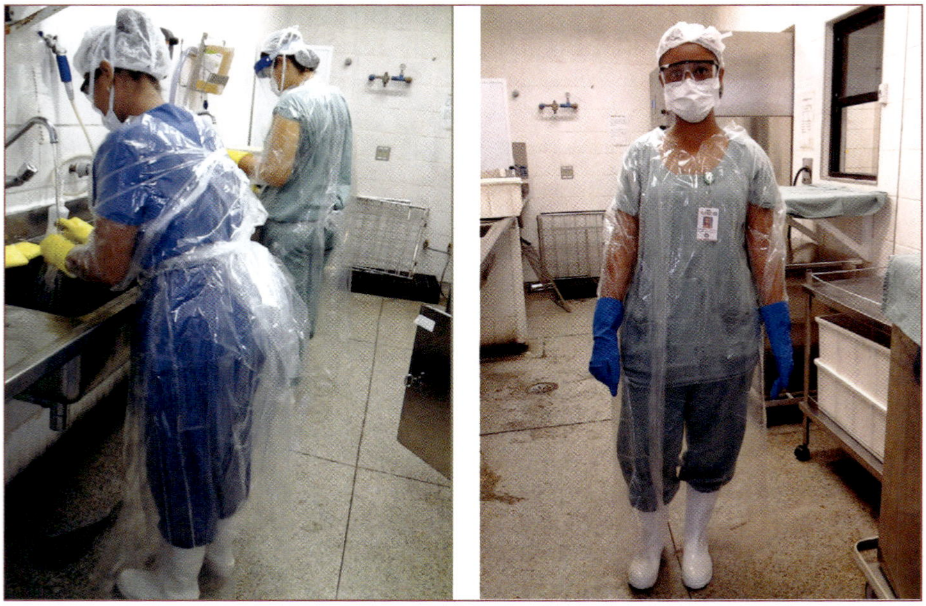

Figura 3. Uso de equipamentos de proteção individual (EPI) por trabalhadores do centro de material e esterilização (CME). Fonte: imagens gentilmente cedidas pela equipe do Centro de Material e Esterilização do Hospital Estadual Sumaré.

A criação e a adoção de uma política institucional de biossegurança implicam melhora da qualidade do trabalho, seja na assistência à saúde, seja em laboratórios, em virtude da compreensão de que os trabalhadores estão atuando em um ambiente seguro para si próprios e para os pacientes. O trabalhador, ao perceber e compreender que, no local onde atua, há preocupação institucional com a biossegurança, articulação entre gestores e subordinados, ações interdisciplinares e investimentos em melhoras nas condições de instalações de risco, pode estar mais propício a cumprir as recomendações de biossegurança[42].

A andragogia é uma ciência que busca subsídios para as estratégias de aprendizado de adultos. O adulto é um aluno diferenciado, que já vivenciou experiências, bem como adquiriu conhecimentos ao longo de sua vida, o que pode influenciar positiva ou negativamente o seu interesse por novos aprendizados. Por isso, acredita-se que treinamentos em instituições de saúde devem incorporar novas ferramentas tecnológicas que possibilitem e incentivem o "trabalhador-aluno" a exercer um papel mais ativo no processo de educação permanente. Ferramentas digitais, como ambiente virtual de aprendizagem, tele-enfermagem, *web-podcasting* e grupos virtuais de discussão, promovem intercâmbio de experiências e conhecimentos entre trabalhadores intra e interinstitucionais, facilitam o acesso a conteúdos disponibilizados e proporcionam dinamismo de ofertas de treinamentos[43].

Acredita-se que, para treinamentos específicos, uma técnica interessante é a simulação realística. Na área da saúde, é frequentemente utilizada para treinamentos de atendimento em situações clínicas, porém também pode ser incorporada para treinamentos de práticas de biossegurança em enfermagem, como na contenção de contaminação de ambiente com material biológico ou em medidas para evitar acidentes com perfurocortantes. Realizada no ambiente real de atuação dos trabalhadores, em ambiente simulado ou virtual, permite a imersão em uma realidade na qual aspectos substanciais do local de trabalho são replicados. Possibilita integrar o ensino teórico ao prático e o aprendizado sem o risco de condutas errôneas; identificar as fragilidades da estrutura física e/ou desempenho do trabalhador, bem como desenvolver habilidades cognitivas. Somada a todos esses aspectos, a devolutiva (*feedback*) da simulação realística contribui para maximizar o aprendizado, pois as situações podem ser gravadas com recursos audiovisuais e avaliadas posteriormente[44].

CONSIDERAÇÕES FINAIS

Manter a saúde, entendida segundo a OMS como "o completo estado de bem-estar físico, mental e social, e não simplesmente a ausência de enfermidade" no trabalho, no qual o profissional passa a maior parte do tempo de sua vida, é um desafio que não pode ser considerado utopia. Saber onde se quer chegar é o primeiro passo, e saber como caminhar desviando das ameaças constantes no trabalho é o segredo para se caminhar com saúde. Este capítulo buscou subsidiar o caminhar na profissão enfermagem com saúde, estendendo a abordagem também para a biossegurança nas práticas de enfermagem direcionadas ao paciente dentro do mais ético e lógico princípio ditado por Hipócrates, pai da medicina: primeiro, não façamos o mal.

REFERÊNCIAS BIBLIOGRÁFICAS

1. Figueiredo NMA de, Machado WCA, Porto IS. Dama de negro X dama de branco: o cuidado na fronteira vida/morte. Rev Enferm UERJ. 1995;3(2):139-49.
2. Merhy EE. Saúde: a cartografia do trabalho vivo. São Paulo: Hucitec; 2002.
3. Teixeira P, Valle S. Biossegurança: uma abordagem multidisciplinar. In: Oda LM, Rocha SS, Teixeira P, editores. Aids como doença ocupacional. Rio de Janeiro: Fiocruz; 1996. p.239-56.
4. Fernandes AT, Ribeiro-Filho N. Desequilíbrio ecológico na interação do homem com sua microbiota. In: Fernandes AT, editor. Infecção hospitalar e suas interfaces na área da saúde. São Paulo: Atheneu; 2000. p.163-214.
5. Kawagoe JY, Graziano KU. Higienização das mãos – introdução de conceitos atuais. In: Martin LGR, Segre CA, organizadoras. Manual básico de acessos vasculares. v. 1. São Paulo: Atheneu; 2010. p.67-73.
6. World Health Organization (WHO). WHO guidelines on hand hygiene in health care. Geneva: WHO; 2009. 263p.
7. Kawagoe JY, Graziano KU, Martino MDV, Siqueira I, Correa L. Bacterial reduction of alcohol-based liquid and gel products on hands soiled with blood. Am J Infect Control. 2011;39(9):785-7.
8. Spaulding EH. Chemical disinfection of medical and surgical materials. In: Lawrence CA, Block SS, editores. Disinfection, sterilization and preservation. Philadelphia: Lea & Febiger; 1968. p.517-31.
9. Graziano KU, Silva A, Psaltikidis EM. Enfermagem em centro de material e esterilização. Barueri: Manole; 2011.
10. Brasil. Ministério da Saúde. Agência Nacional de Vigilância Sanitária (Anvisa). RDC n. 15, de 15 de março de 2012. Dispõe sobre requisitos de boas práticas para o processamento de produtos para saúde. Brasília: Anvisa; 2012.
11. Brasil. Ministério da Saúde. Agência Nacional de Vigilância Sanitária (Anvisa). RDC n. 35, de 16 de agosto de 2010. Dispõe sobre o regulamento técnico para produtos com ação antimicrobiana utilizados em artigos críticos e semicríticos. Brasília: Anvisa; 2010.
12. Graziano KU, Silva A, Bianchi ERF. Limpeza, desinfecção, esterilização e anti-sepsia. In: Fernandes AT, editor. Infecção hospitalar e suas interfaces na área da saúde. São Paulo: Atheneu; 2000. p.266-308.
13. O'Grady NP, Alexander M, Burns LA, Dellinger EP, Garland J, Heard SO, et al. Guidelines for the prevention of intravascular catheter-related infections – Centers for Disease Control and Prevention. Am J Infect Control. 2011;39(4):S1-34.

14. Graziano KU. Anti-sepsia: degermação e preparo pré-operatório da pele. In: Lacerda RA, organizadora. Buscando compreender a infecção hospitalar no paciente cirúrgico. São Paulo: Atheneu; 1992. p.52-9.
15. Cardoso SR, Pereira LS, Souza ACS, Tipple AFV, Pereira MS, Junqueira ALN. Anti-sepsia para administração de medicamentos por via endovenosa e intramuscular. Rev Eletr Enf. [Internet] 2006;8(1):75-82. Disponível em: <http://www.fen.ufg.br/revista/revista8_1/original_10.htm>. Acesso em: 11 fev. 2016.
16. Goncalves KJ, Graziano KU, Kawagoe JY. A systematic review of surgical hand antisepsis utilizing an alcohol preparation compared to traditional products. Rev Esc Enferm USP. 2012;46(6):1484-93.
17. Dolan SA, Felizardo G, Barnes S, Cox TR, Patrick M, Ward KS, et al. APIC position paper: safe injection, infusion, and medication vial practices in health care. Am J Infect Control. 2010;38(3):167-72.
18. Mattner F, Gastmeier P. Bacterial contamination of multiple-dose vials: a prevalence study. Am J Infect Control. 2004;32(1):12-6.
19. Schaefer MK, Shehab N, Perz JF. Calling it 'multidose' doesn't make it so: inappropriate sharing and contamination of parenteral medication vials. Am J Infect Control. 2010;38(7):580-1.
20. Paparella S. Safe injection practices: keeping safety in and the "bugs" out. J Emerg Nurs. 2011;37(6):564-6.
21. Cassiani SHB. Administração de medicamentos por via oral. In: Cassiani SHB. Administração de medicamentos. São Paulo: EPU; 2000. p.37-42.
22. Brasil. Ministério do Trabalho e Emprego. Portaria GM n. 3.214, de 08 de junho de 1978. Atualizada pela Portaria MTE n. 1.471, de 24 de setembro de 2014. Aprova a Norma Regulamentadora n. 9 – Programa de Prevenção de Riscos Ambientais. Brasília: Ministério do Trabalho e Emprego; 2014. Disponível em: <http://www.mte.gov.br/images/Documentos/SST/NR/NR-09atualizada2014III.pdf>. Acesso em: 10 fev. 2016.
23. Khalil SS, Khalil ORK, Lopes-Júnior LC, Cabral DB, Bomfim Ede O, Landucci LF, et al. Occupational exposure to bloodborne pathogens in a specialized care service in Brazil. Am J Infect Control. 2015;43:e39-341.
24. Occupational Safety and Health Administration (Osha). Caring for our caregivers. Facts about hospital worker safety. Osha; 2013.
25. Marziale MHP, Rocha FLR, Robazzi MLCC, Cenzi CM, Santos HEC, Trovó MEM. Organizational influence on the occurrence of work accidents involving exposure to biological material. Rev Latino-Am Enfermagem. 2013;21(Spec):199-206.
26. Centers for Disease Control and Prevention (CDC). Blood/body fluid exposure option. Atlanta: CDC; 2013.
27. Brasil. Ministério da Saúde. Portaria n. 1.271, de 06 de junho de 2014. Define a Lista Nacional de Notificação Compulsória de doenças, agravos e eventos de saúde pública nos serviços de saúde públicos e privados em todo o território nacional, nos termos do anexo, e dá outras providências. Brasília: Ministério da Saúde; 2014.
28. Sulzbacher E, Fontana RT. Concepções da equipe de enfermagem sobre a exposição a riscos físicos e químicos no ambiente hospitalar. Rev Bras Enferm. 2013;66(1):25-30.
29. Secco IAO, Robazzi MLCC, Souza FEA, Shimizu DS. Cargas psíquicas de trabalho e desgaste dos trabalhadores de enfermagem de hospital de ensino do Paraná, Brasil. SMAD – Revista Eletrônica de Saúde Mental Álcool e Drogas. 2010;6(1):1-17.
30. Brasil. Ministério da Saúde. Lesões por esforços repetitivos (LER). Distúrbios osteomusculares relacionados ao trabalho (DORT). Dor relacionada ao trabalho. Protocolos de atenção integral à saúde do trabalhador de complexidade diferenciada. Brasília: Ministério da Saúde; 2006.
31. Lelis CM, Battaus MRB, Freitas FCT, Rocha FLR, Marziale MHP, Robazzi MLCC. Distúrbios osteomusculares relacionados ao trabalho em profissionais de enfermagem: revisão integrativa da literatura. Acta Paul Enferm. 2012;25(3):477-82.
32. Mirabelli MC, Zock JP, Plana E, Antó JA, Benke G, Blanc PD, et al. Occupational risk factors for asthma among nurses and related healthcare professionals in na international study. Occup Environ Med. 2007;64:474-9.
33. Brasil. Ministério do Trabalho e Emprego. Portaria n. 485, de 11 de novembro de 2005. Aprova a Norma Regulamentadora n. 32 – Segurança e saúde no trabalho em estabelecimentos de saúde. Disponível em: <http://www.mte.gov.br/legislacao/normas_regulamentadoras/nr_32.pdf>. Acesso em: 17 dez. 2015.
34. Lima MB, Silva LMS, Almeida FCM, Torres RAM, Dourado HHM. Agentes estressores em trabalhadores de enfermagem com dupla ou mais. R Pesq Cuid Fundam Online. 2013;5(1):3259-66.
35. Karino ME, Felli VEA, Sarquis LMM, Santana LL, Silva SR, Teixeira RC. Cargas de trabalho e desgastes dos trabalhadores de enfermagem de um hospital-escola. Cienc Cuid Saúde. 2015;14(2):1011-8.
36. Brandão-Junior PS. Dimensões subjetivas da biossegurança nas unidades de saúde. Bol Pneumol Sanit. 2001;9(2):57-63.
37. Fontes KB, Santana RG, Pelloso SM, Carvalho MDB. Fatores associados ao assédio moral no ambiente laboral do enfermeiro. Rev Latino-Am Enfermagem. 2013;21(3):758-64.
38. Scanfone L, Teodósio ASS. Assédio moral nas organizações: novas roupagens para uma antiga temática? E & G. 2004;4(7):71-80.
39. Ribeiro RP, Vianna LAC. Uso dos equipamentos de proteção individual entre trabalhadores das centrais de material e esterilização. Cienc Cuid Saúde. 2012;11(suplem.):199-203.
40. Secco IAO, Robazzi MLCC, Souza FEA, Shimizu DS. Cargas de trabalho de materialidade externa na equipe de enfermagem de hospital de ensino do Paraná, Brasil. Cienc Enferm. 2011;7(3):69-81.
41. Gosh ME. B95: a new respirator for health care personnel. Am J Infect Control. 2013;41(12):1224-30.
42. Brasil. Ministério da Saúde. Biossegurança em saúde: prioridades e estratégias de ação/Ministério da Saúde, Organização Pan-Americana da Saúde. Brasília: Ministério da Saúde; 2010.
43. Salvador PTCO, Martins CCF, Alves KYA, Pereira MS, Santos VEP, Tourinho FSV. Tecnologia no ensino de enfermagem. Rev Baiana de Enfermagem. 2015;29(1):33-41.
44. Gaba DM. The future vision of simulation in healthcare. Simul Healthc. 2007;2(2):126-35.

capítulo 29

Biossegurança na atuação da fisioterapia

Iracema Ioco Kikuchi Umeda
Luiz Fernando de Oliveira Moderno

INTRODUÇÃO

O fisioterapeuta deve respeitar os princípios bioéticos de autonomia, beneficência e não maleficência do paciente[1]. Deve buscar manter a integridade fisica do paciente e, antes de tudo, não causar dano a ele.

Muitas das precauções que visam à proteção do paciente e do fisioterapeuta são medidas universais, sendo as mais citadas: uso de equipamentos de proteção individual (EPI), como luvas, óculos de proteção, máscaras, avental ou roupa privativa nas unidades de terapia intensiva (Figura 1), lavagem das mãos e cuidado pessoal (asseio, unhas curtas, cabelos presos e restrição do uso de acessórios e adornos).

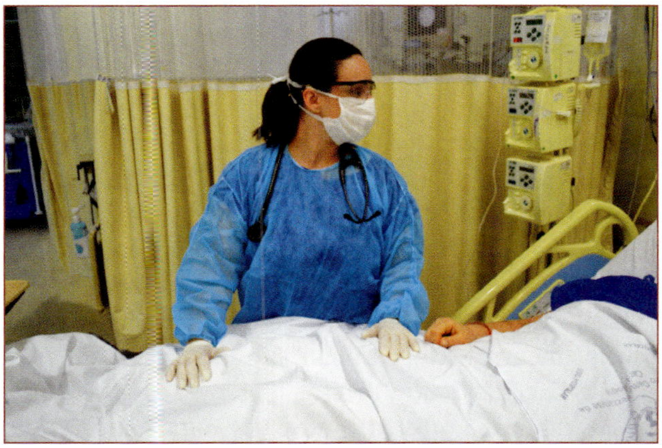

Figura 1. Equipamentos de proteção individual (EPI) em unidade de terapia intensiva.

O fisioterapeuta com atuação hospitalar sempre deve atuar de acordo com as recomendações da Comissão de Controle de Infecção Hospitalar (CCIH) e com o tipo de paciente/situação clínica, como: doenças infectocontagiosas, pacientes com imunossupressão e pacientes em isolamento. Técnicas adequadas relacionadas ao uso de EPI e à precaução de contato já foram detalhadas no Capítulo 3.

A equipe de fisioterapia, com a equipe multidisciplinar, deve receber treinamento periódico e se adequar às rotinas assistenciais e de controle de infecção hospitalar preestabelecidas pelas coordenações de serviços. Um exemplo é o protocolo de prevenção de pneumonia associada à ventilação mecânica (PAV), que inclui o monitoramento da cabeceira elevada (35 a 40°), o posicionamento adequado da sonda nasogástrica e a mensuração da pressão de balonete do tubo endotraqueal[2].

Nos procedimentos operacionais padrão (POP), as rotinas de cada setor devem ser facilmente identificadas, assegurando que mesmo um profissional recém-admitido possa realizar as atividades propostas com segurança e qualidade. Nos procedimentos de equipes multiprofissionais (p. ex., aspiração da cânula endotraqueal, higienização das mãos), são necessárias as interfaces com os profissionais envolvidos para a elaboração de um POP único em comum. Por outro lado, a adesão e o comprometimento de todos os profissionais envolvidos na assistência são essenciais nesse processo e se faz necessário um maior envolvimento dos gestores e dirigentes da instituição.

NORMAS REGULAMENTADORAS

O conhecimento das normas e das diretrizes que versam sobre a atuação segura nas diversas áreas de trabalho é de fundamental importância. Em geral, a área hospitalar, até por aparentemente oferecer mais riscos, é a que dispõe de legislação mais específica para os trabalhadores da área.

A Norma Regulamentadora n. 32 (NR-32), editada pelo Ministério do Trabalho e Emprego em 2005, trata sobre segurança e saúde no trabalho em serviços de saúde, estabelecendo as diretrizes básicas para a implementação de medidas de proteção visando à segurança e à saúde dos trabalhadores desses serviços, bem como daqueles que exercem atividades de promoção e assistência à saúde em geral. Trata-se de uma norma que apresenta disposições sobre riscos biológicos, químicos e de radiações ionizantes, entre outros. É importante ressaltar que a referida norma abrange todos os trabalhadores do setor de saúde, independentemente do tipo de vínculo com a instituição, seja pelas normas da Consolidação das Leis do Trabalho (CLT), seja por serviço autônomo ou qualquer outra forma de vinculação. A NR-32 se aplica a serviços de saúde com qualquer edificação destinada à prestação de assistência à saúde da população e todas as ações de promoção, recuperação, assistência, pesquisa e ensino em saúde em qualquer nível de complexidade[3].

A NR-32 também abrange a obrigatoriedade da vacinação do profissional de saúde (vacinas contra tétano, hepatite e outras), indicadas no Programa de Controle Médico de Saúde Ocupacional (PCMSO), previsto na Norma Regulamentadora n. 7 (NR-7), com reforços pertinentes, conforme recomendação do Ministério da Saúde, devidamente registrada em prontuário funcional com comprovante para o trabalhador. Determina ainda a obrigatoriedade de vestuário e vestiários, refeitórios, resíduos, capacitação contínua e permanente na área específica de atuação, entre outras não menos importantes.

A Norma Regulamentadora n. 9 (NR-9) trata do Programa de Prevenção de Riscos Ambientais (PPRA), que estabelece a obrigatoriedade da elaboração e implementação de um programa de prevenção de riscos por parte dos empregadores. O PPRA visa à preservação da saúde e à integridade física dos trabalhadores, por meio de antecipação, reconhecimento, avaliação e consequente controle da ocorrência de riscos ambientais existentes ou que venham a existir no ambiente de trabalho[4]. A NR-9 se aplica a todas as empresas regidas pela CLT (micro, pequenas, médias e grandes, seja do setor industrial, seja comercial ou de serviços), independentemente do tipo de atividade, risco ou número de funcionários.

Segundo a NR-9, não é possível existir um PCMSO bem estruturado sem a existência do PPRA atualizado, daí a importância das áreas de engenharia e medicina do trabalho atuarem em conjunto. Primeiro, é necessário identificar os riscos ambientais a que o trabalhador se encontra exposto para depois definir quais exames médicos seriam necessários e realizar o monitoramento biológico.

A NR-7 estabelece a obrigatoriedade de elaboração e implementação do PCMSO por parte de empregadores e instituições que admitam trabalhadores como empregados[5]. Tem por objetivo monitorar, individualmente, os trabalhadores expostos a agentes químicos, físicos e biológicos definidos pelo PPRA.

O PCMSO é parte do conjunto mais amplo da saúde dos trabalhadores, devendo estar articulado com as exigências das demais normas regulamentadoras, considerando as questões incidentes sobre o homem, como ênfase no instrumental clinicoepidemiológico, na abordagem da relação entre sua saúde e o trabalho, que deverá ter prioridade na prevenção, no rastreamento e no diagnóstico preventivo dos aspectos de saúde relacionados ao trabalho, inclusive de natureza subclínica, além da constatação da existência de doenças ocupacionais.

O empregador deverá providenciar exames ocupacionais de acordo com o que estabelece a NR-7, como: admissional; periódico; demissional; retorno ao trabalho e mudança de função. Os referidos exames devem ser realizados na sede da contratada ou em clínicas conveniadas. No ato da realização dos exames, será emitido o atestado de saúde ocupacional (ASO), em duas vias, e o prontuário clínico, que ficará arquivado em poder da empresa por um período de 20 anos. Os documentos-base e a avaliação clínica deverão ser elaborados segundo os ditames da NR-9 e em perfeita consonância com a NR-7, devendo estar adequados às exigências da Instrução Normativa n. 99 (IN-99), de 05 de dezembro de 2003, publicada pelo Instituto Nacional de Seguro Social (INSS)[6], ou seja, com informações para o correto preenchimento do perfil profissiográfico previdenciário (PPP).

O PPP constitui-se em um documento do histórico laboral do trabalhador, que reúne, entre outras informações, dados administrativos, registros ambientais e resultados de monitoração biológica durante todo o período em que ele exerceu atividades na respectiva empresa. Sua elaboração tornou-se obrigatória a partir de 01/01/2004, data fixada pela IN-99. O PPP tem por objetivo primordial fornecer informações para o trabalhador quanto às condições ambientais de trabalho, principalmente no requerimento de aposentadoria especial[6]. As finalidades do PPP estão descritas no Quadro 1.

A atualização do PPP deve ser feita sempre que houver alteração que implique mudança das informações contidas nas suas seções ou pelo menos uma vez ao ano, se suas informações permanecerem inalteradas.

Quadro 1. Finalidades do perfil profissiográfico previdenciário
Comprovar as condições para habilitação de benefícios e serviços previdenciários, em particular, o benefício de aposentadoria especial.
Prover o trabalhador de meios de prova produzidos pelo empregador perante a Previdência Social, a outros órgãos públicos e aos sindicatos, de forma a garantir todo direito decorrente da relação de trabalho, seja ele individual, difuso ou coletivo.
Prover a empresa de meios de prova produzidos em tempo real, de modo a organizar e a individualizar as informações contidas em seus diversos setores ao longo dos anos, possibilitando que a empresa evite ações judiciais indevidas relativas a seus trabalhadores.
Possibilitar aos administradores públicos e privados acesso a bases de informações fidedignas, como fonte primária de informação estatística, para desenvolvimento de vigilância sanitária e epidemiológica, bem como definição de políticas em saúde coletiva.

Fonte: adaptado de IN-99, 2003, do INSS[6].

PREVENÇÃO DE ACIDENTES DE TRABALHO

Acidente de trabalho é o que ocorre pelo exercício do trabalho a serviço de empresa ou de empregador doméstico ou pelo exercício do trabalho dos segurados previsto no inciso VII do art. 11 da Lei n. 8.213, de 24 de julho de 1991, com redação dada pela Lei Complementar n. 150, de 2015, provocando lesão corporal ou perturbação funcional que cause a morte, a perda ou a redução, permanente ou temporária, da capacidade para o trabalho[7].

A Comissão Interna de Prevenção de Acidentes (CIPA) visa à prevenção de acidentes e doenças decorrentes do trabalho, de modo a tornar o trabalho permanentemente compatível com a preservação da vida e a promoção da saúde do trabalhador. A CIPA é regulamentada pela CLT, nos arts. 162 a 165, e pela NR-5 e deve ser composta de representantes do empregador e dos empregados, de acordo com o dimensionamento previsto na própria NR-5, ressalvadas as alterações disciplinadas em atos normativos para setores econômicos específicos[8].

Os representantes dos empregadores, titulares e suplentes serão por eles designados. Os representantes dos empregados, titulares e suplentes serão eleitos em escrutínio secreto, do qual participam, independentemente de filiação sindical, exclusivamente os empregados interessados. O mandato dos membros eleitos da CIPA terá a duração de um ano, sendo permitida uma reeleição. É vedada a dispensa arbitrária ou sem justa causa do empregado eleito para cargo de direção de CIPA desde o registro de sua candidatura até um ano após o final de seu mandato. No Quadro 2, são indicadas as atribuições da CIPA definidas pela NR-5.

Quadro 2. Atribuições da Comissão Interna de Prevenção de Acidentes (CIPA)
Identificar os riscos do processo de trabalho e elaborar o mapa de riscos, com a participação do maior número de trabalhadores, com assessoria do SESMT, onde houver.
Elaborar plano de trabalho que possibilite a ação preventiva na solução de problemas de segurança e saúde no trabalho.
Participar da implementação e do controle da qualidade das medidas de prevenção necessárias, bem como da avaliação das prioridades de ação nos locais de trabalho.
Realizar, periodicamente, verificações nos ambientes e condições de trabalho, visando à identificação de situações que venham a trazer riscos para a segurança e a saúde dos trabalhadores.
Realizar, a cada reunião, avaliação do cumprimento das metas fixadas em seu plano de trabalho e discutir as situações de risco que foram identificadas.
Divulgar aos trabalhadores informações relativas à segurança e à saúde no trabalho.
Participar, com o SESMT, onde houver, das discussões promovidas pelo empregador, para avaliar os impactos de alterações no ambiente e processo de trabalho relacionados à segurança e à saúde dos trabalhadores.
Requerer ao SESMT, quando houver, ou ao empregador a paralisação de máquina ou setor no qual considere haver risco grave e iminente à segurança e à saúde dos trabalhadores.
Colaborar com o desenvolvimento e a implementação do PCMSO e PPRA e de outros programas relacionados à segurança e à saúde no trabalho.
Divulgar e promover o cumprimento das normas regulamentadoras, bem como cláusulas de acordos e convenções coletivas de trabalho, relativas à segurança e à saúde no trabalho.
Participar, em conjunto com o SESMT, onde houver, ou com o empregador, da análise das causas das doenças e acidentes de trabalho e propor medidas de solução dos problemas identificados.
Requisitar ao empregador e analisar as informações sobre questões que tenham interferido na segurança e na saúde dos trabalhadores.
Requisitar à empresa as cópias das CAT emitidas.
Promover, anualmente, em conjunto com o SESMT, onde houver, a Sipat.
Participar, anualmente, em conjunto com a empresa, de campanhas de prevenção da aids.

CAT: Comunicações de Acidente de Trabalho; PCMSO: Programa de Controle Médico de Saúde Ocupacional; PPRA: Programa de Prevenção de Riscos Ambientais; SESMT: Serviço Especializado em Engenharia de Segurança e em Medicina do Trabalho; Sipat: Semana Interna de Prevenção de Acidentes do Trabalho.

Uma das atribuições da Cipa é requisitar cópia da Comunicação de Acidente de Trabalho (CAT), que é um documento emitido para reconhecer tanto um acidente de trabalho ou de trajeto como uma doença ocupacional.

A empresa é obrigada a informar à Previdência Social todos os acidentes de trabalho ocorridos com seus empregados, mesmo que não haja afastamento das atividades, até o primeiro dia útil seguinte ao da ocorrência.

Se a empresa não fizer o registro da CAT, o próprio trabalhador, o dependente, a entidade sindical, o médico ou a autoridade pública (magistrados, membros do Ministério Público e dos serviços jurídicos da União e dos estados ou do Distrito Federal e comandantes de unidades do Exército, da Marinha, da Aeronáutica, do Corpo de Bombeiros e da Polícia Militar) poderão efetivar a qualquer tempo o registro desse instrumento junto à Previdência Social, o que não exclui a possibilidade da aplicação da multa à empresa.

O INSS disponibiliza um aplicativo que permite o registro da CAT de forma *on-line*, desde que sejam preenchidos todos os campos obrigatórios. Por meio desse aplicativo, também é possível gerar o formulário da CAT em branco para, em último caso, ser preenchido manualmente.

RESOLUÇÃO DA DIRETORIA COLEGIADA N. 7

Cabe ainda destacar a iniciativa da Agência Nacional de Vigilância Sanitária (Anvisa) na edição, em 2010, da Resolução da Diretoria Colegiada (RDC) n. 7, que tem o objetivo de estabelecer padrões mínimos para o funcionamento de UTI, visando à redução de riscos aos pacientes, aos visitantes, aos profissionais e ao meio ambiente[9].

Dentre as exigências, em relação à equipe multiprofissional e aos recursos humanos, torna-se obrigatório haver um responsável técnico médico, um fisioterapeuta e um enfermeiro coordenadores de suas respectivas equipes, sendo necessário que todos tenham especialização em terapia intensiva e podendo ser coordenadores de no máximo duas UTI.

As equipes multiprofissionais devem ser formadas por, no mínimo, um médico diarista a cada dez leitos, um enfermeiro a cada oito leitos, um fisioterapeuta a cada dez leitos e um técnico de enfermagem a cada dois leitos. Além disso, a equipe deve participar de um programa de educação continuada. Também passam a ser obrigatórios o monitoramento de indicadores de saúde e o gerenciamento de riscos inerentes às atividades praticadas nas UTI.

RISCOS ASSOCIADOS À ATUAÇÃO FISIOTERÁPICA

Risco é a chance de lesão, dano ou perda. A avaliação de risco é uma ação ou uma série de ações tomadas para reconhecer, identificar e mensurar o risco ou a probabilidade de que algo aconteça em decorrência do perigo. A avaliação de risco visa à proteção do trabalhador.

Dos tipos de riscos descritos, no Capítulo 1, alguns são mais frequentes na atuação do profissional fisioterapeuta. O conhecimento desses riscos e suas devidas precauções garantem a segurança necessária aos pacientes e ao serviço.

Risco físico

Em ambientes específicos, como as UTI, observam-se temperatura relativamente baixa, iluminação e ruídos contínuos de equipamentos de assistência e monitoração cardiocirculatória e/ou respiratória, que podem provocar agravos à saúde do trabalhador. Alguns equipamentos de fisioterapia mais comumente utilizados em clínicas oferecem risco físico e requerem atenção ao seu cuidado e manuseio (Quadro 3).

Quadro 3. Cuidados no manuseio de equipamentos de fisioterapia

Equipamento	Cuidados
Ultrassom	Utilização de material condutor (como gel ou água). Atenção à proteção do cabeçote quando o aparelho não estiver em uso, pois é muito frágil. Pacientes com prótese: não aplicar no local, pelo perigo de acúmulo de ondas eletromagnéticas.
Aparelhos de infravermelho	Orienta-se um teste prévio ao uso, pois esses aparelhos, assim como os outros, têm durabilidade limitada. Deve-se expor apenas o local a ser tratado, protegendo todas as demais áreas.
Micro-ondas	Os pacientes não devem utilizar acessórios de metal. As macas devem ser de madeira, para evitar a condução das ondas para regiões desnecessárias e/ou indesejadas.
Laserterapia	O uso de óculos de proteção é obrigatório, tanto para os pacientes como para os fisioterapeutas.
Aparelhos de alta e baixa frequência	Não devem ser usados juntos, pois podem provocar queimadura.

Risco químico

É o risco gerado pelo contato com substâncias químicas e está relacionado com a capacidade de a substância penetrar no organismo. As vias de contato são a dérmica, a digestória e a respiratória. Como exemplo, citam-se os cuidados no manuseio do óxido nítrico inalatório para pacientes com hipertensão pulmonar e a adequada forma de armazenamento dos torpedos de oxigênio (local bem ventilado, seco, temperatura ambiente, que não pode passar de 60°C, e protegido contra choques).

Risco biológico

Como a fisioterapia respiratória tem se tornado uma atividade essencial nos ambientes hospitalares, os fisioterapeutas também estão mais propensos a esse tipo de risco. A adoção das medidas de precaução de contato é a principal medida no controle desse risco.

O uso de sistema fechado de aspiração da secreção endotraqueal e do filtro umidificador, além da periodicidade nas trocas dos acessórios de ventilador mecânico, são exemplos de cuidados a serem tomados.

Risco ergonômico

É o risco causado por esforços intensos, tarefas extenuantes e repetitivas, causando danos fisicos ou emocionais. A lesão por esforço repetitivo (LER) e os distúrbios osteomusculares relacionados ao trabalho (DORT) são exemplos de riscos ergonômicos.

O Ministério da Saúde publicou protocolos de atenção integral à saúde do trabalhador[10], nos quais destaca a necessidade de anamnese ocupacional, além da física, na abordagem de profissionais acometidos por LER/DORT. Nessa avaliação, considera fundamental que as situações de sobrecarga do sistema musculoesquelético sejam identificadas. O relato do colaborador costuma ser rico em detalhes, propiciando a caracterização das condições de trabalho em boa parte dos casos. Os protocolos chamam atenção para as atividades que envolvam movimentos repetitivos, posturas inadequadas, exigência de força muscular, jornadas prolongadas, ritmo intenso de trabalho, ambiente estressante de cobranças de metas e falta de reconhecimento profissional. Destacam também a importância do papel dos fisioterapeutas no tratamento dos acometidos por LER/DORT.

A obediência à jornada de trabalho (120 horas mensais, 30 horas semanais, pisos salariais, adicional de insalubridade, entre outros) em concordância com a convenção coletiva de trabalho[11] também pode contribuir para que o trabalhador tenha um ambiente com menos riscos.

Risco de acidentes

Qualquer irregularidade que favoreça a ocorrência de danos à saúde dos profissionais deve ser evitada e/ou minimizada. São considerados agentes de acidentes todas as condições de construção, instalação e funcionamento do ambiente físico, tanto hospitalar como ambulatorial (clínicas, consultórios), assim como todos os materiais e equipamentos, adjuvantes das terapias.

Para tanto, o dimensionamento físico, a estrutura e o funcionamento dos estabelecimentos de saúde (hospitais, ambulatórios, clínicas e consultórios) devem estar de acordo com as normas exigidas pela Anvisa[12].

GERENCIAMENTO DE RISCO

O gerenciamento de risco é essencial para minimizar a ocorrência de eventos adversos e deve ser um processo contínuo no controle da qualidade de serviços. Fazem parte a identificação do risco, a avaliação e a análise do risco e um plano de ação corretiva, bem como uma análise crítica na condução desse risco. No Quadro 4, podem ser verificadas as etapas de gerenciamento de risco, podendo ser adaptadas ao cotidiano da fisioterapia.

Quadro 4. Etapas de gerenciamento de risco

Etapas	Itens a serem observados
Identificação do risco	Relacionado ao paciente ou ao profissional? Qual foi o risco ou evento indesejado?
Avaliação e análise do risco	Análise da probabilidade de ocorrer (baixa, média, alta, muito alta). Análise da gravidade (leve, média, grave, catastrófica). Análise da probabilidade da gravidade (tolerável, moderada, substancial, intolerável). Análise do tipo de risco (adquirido, inerente). Possíveis consequências.
Tratamento	Plano de ação (ação corretiva, ação imediata caso o evento ocorra). Ação preventiva (ação para eliminação do risco).
Monitoramento	Forma (relatórios, planos de ação, reuniões, indicadores, auditoria). Periodicidade (diário, semanal, quinzenal, mensal, semestral, anual).

Ressalta-se que a adequada limpeza, desinfecção, esterilização, armazenamento e manutenção preventiva dos materiais e equipamentos utilizados permite aos profissionais um ambiente seguro e de tranquilidade. Ao contrário, a reparação corretiva poderá proporcionar estresse e gerar gastos extras desnecessários.

No Capítulo 14, são destacados os cinco sensos do Programa Ambiental 5S: senso de utilização; senso de classificação; senso de ordenação/sistematização; senso de saúde/limpeza; e senso de autodisciplina/ética. Estes sensos são baseados na educação, no treinamento e na prática em grupo. Esta forma organizada pode auxiliar no funcionamento seguro e harmônico do serviço de fisioterapia.

As vistorias periódicas certificando o pleno funcionamento dos materiais e equipamentos fisioterápicos são medidas preventivas simples que também podem evitar o estresse desnecessário, principalmente em momentos de urgência, como em uma parada cardiorrespiratória.

A pronta comunicação aos seus superiores, encarregados ou chefia sobre qualquer mau funcionamento de algum material/equipamento deve fazer parte da rotina dos profissionais que estão na assistência. Por outro lado, o fluxo de encaminhamento para reparação de materiais também não pode ser moroso, assim como o monitoramento do retorno dos equipamentos.

O fisioterapeuta deve receber treinamento periódico para manuseio adequado desses equipamentos. A educação continuada é uma forma de garantir profissionais mais qualificados, satisfeitos e comprometidos com o serviço.

Muitas instituições hospitalares já podem contar com um setor de engenharia clínica ou bioengenharia, que, com a equipe de fisioterapia, podem assegurar uma rotina harmoniosa na manutenção, calibração, reparação e armazenamento desses materiais, inclusive na aquisição deles em processos de licitação junto ao setor de compras.

INDICADORES DE QUALIDADE EM SERVIÇOS DE SAÚDE

Indicador é uma medida quantitativa que serve como um guia para monitorar e avaliar a qualidade dos cuidados providos ao paciente e as atividades relacionadas aos serviços assistenciais. Podem mensurar atividades ligadas à estrutura, aos processos e aos resultados. Um indicador pode ser uma taxa ou coeficiente, um índice, um número absoluto ou um fato (como um evento adverso)[13].

Os indicadores, além de serem utilizados nos programas de qualidade, são importantes na condução de outros processos, como acreditação hospitalar, seis sigma e certificações pela ISO 9000[13].

Pela RDC n. 7 da Anvisa[9], o desempenho da UTI deverá ser avaliado por meio de indicadores, incluindo-se variáveis como a mortalidade esperada e observada, o tempo de permanência, a taxa de reinternação em 24 horas, as taxas de pneumonia associada à ventilação mecânica, corrente sanguínea e do trato urinário.

Pustiglione et al.[14] propuseram alguns indicadores na gestão dos acidentes de trabalho e de doenças relacionadas ao trabalho em serviços de saúde que podem ser adaptados pela equipe de fisioterapia, como apresentado no Quadro 5.

CONSIDERAÇÕES FINAIS

Biossegurança implica qualidade de atuação profissional e é essencial o envolvimento de toda a equipe, que deve estar motivada, treinada e comprometida, com uma gerência participativa. Fazem parte desse processo a educação continuada dos profissionais, a disseminação de conhecimento/informações e a delegação de competências. Ainda nesse contexto, destaca-se o gerenciamento de risco, por meio de identificação, ava-

Quadro 5. Indicadores relacionados a acidentes de trabalho

Indicador	Cálculo
Percentual de acidentes de trabalho	(Número de casos novos de acidentes de trabalho)/(número médio mensal de vínculos) × 100
Acidentes de trabalho por exposição acidental a agente biológico, físico ou químico	(Número de casos novos de acidentes de trabalho por exposição acidental a agente biológico, físico ou químico)/(número médio mensal de vínculos) × 100
Acidentes de trabalho por meio de material perfurocortante	(Número de casos novos de acidentes de trabalho por exposição acidental a agente biológico por intermédio de material perfurocortante)/(número médio mensal de vínculos) × 100
Acidentes de trabalho por meio de respingo	(Número de casos novos de acidentes de trabalho por exposição acidental a agente biológico por intermédio de respingo)/(número médio mensal de vínculos) × 100
Percentual de acidentes de trajeto	(Número de casos novos de acidentes de trajeto)/(número médio mensal de vínculos) × 100
Percentual de doenças profissionais	(Número de casos novos de doenças profissionais)/(número médio mensal de vínculos) × 100
Percentual de doenças do trabalho	(Número de casos novos de doenças do trabalho)/(número médio mensal de vínculos) × 100
Exposição ambiental a estresse físico	(Número de casos novos de exposição ambiental a estresse físico)/(número médio mensal de vínculos) × 100
Exposição ambiental a estresse mental	(Número de casos novos de exposição ambiental a estresse mental)/(número médio mensal de vínculos) × 100

Fonte: adaptado de Pustiglione et al., 2014[14].

liação e monitoramento periódico de eventos adversos/indicadores.

A padronização de condutas fisioterapêuticas, baseadas em consensos nacionais e internacionais e cientificamente fundamentadas, proporciona sistematização no atendimento e continuidade nos objetivos e tratamentos propostos.

A adoção de medidas que garantam maior segurança aos pacientes e aos serviços deve ser estimulada, como reuniões multiprofissionais setoriais, reuniões da CCIH e da comissão de prontuários.

A comunicação entre as equipes assistenciais, as chefias e o grupo de qualidade é primordial, e a direção/superintendência deve ser o pilar nessa hierarquia para a gestão da qualidade total.

REFERÊNCIAS BIBLIOGRÁFICAS

1. Conselho Regional de Fisioterapia e Terapia Ocupacional (Crefito). Resolução n. 424, de 08 de julho de 2013. Disponível em: <http://www.crefito.com.br/repository/legislacao/resolucao%20424.pdf>. Acesso em: 19 nov. 2015
2. Brasil. Agência Nacional de Vigilância Sanitária (Anvisa). Medidas de prevenção de infecção relacionada à assistência à saúde. 2013. Disponível em: <http://www20.anvisa.gov.br/segurancadopaciente/images/documentos/livros/Livro4-MedidasPrevencaoIRASaude.pdf>. Acesso em: 1[illegible] fev. 2016.
3. Brasil. Ministério do Trabalho e Emprego (MTE). Norma Regulamentadora n. 32. Segurança e saúde no trabalho em estabelecimentos de assistência à saúde. Disponível em: <http://www3.mte.gov.br/legislacao/normas_regulamentadoras/nr_32.pdf>. Acesso em: 26 nov. 2015.
4. Brasil. Ministério do Trabalho e Emprego (MTE). Norma Regulamentadora n. 9. Programas de Prevenção de Riscos Ambientais (PPRA). Disponível em: <http://www3.mte.gov.br/legislacao/normas_regulamentadoras/nr_09_at.pdf>. Acesso em: 26 nov. 2015.
5. Brasil. Ministério do Trabalho e Emprego (MTE). Norma Regulamentadora n. 7. Programa de Controle Médico de Saúde Ocupacional. Disponível em: <http://www3.mte.gov.br/legislacao/normas_regulamentadoras/nr_07_at.pdf>. Acesso em: 26 nov. 2015.
6. Brasil. Instituto Nacional de Previdência Social (INSS). Instrução Normativa INSS/DC n. 99, de 05 de dezembro de 2003. Disponível em: <http://www3.dataprev.gov.br/sislex/paginas/38/INSS-DC/2003/99.htm>. Acesso em: 26 nov. 2015.
7. Brasil. Presidência da República. Lei n. 8.213, de 24 de julho de 1991. Dispõe sobre os planos de benefícios da Previdência Social e dá outras providências. Disponível em: <http://www.planalto.gov.br/ccivil_03/LEIS/L8213cons.htm>. Acesso em: 26 nov. 2015.
8. Brasil. Ministério do Trabalho e Emprego (MTE). Norma Regulamentadora n. 5. Disponível em: <http://acesso.mte.gov.br/data/files/8A7C812D311909DC0131678641482340/nr_05.pdf>. Acesso em: 26 nov. 2015.
9. Brasil. Agência Nacional de Vigilância Sanitária (Anvisa). Resolução da Diretoria Colegiada n. 7, de 24 de fevereiro de 2010. Requisitos mínimos para funcionamento de unidades de terapia intensiva. Disponível em: <http://www20.anvisa.gov.br/segurancadopaciente/index.php/legislacao/item/rdc-7-de-24-de-fevereiro-de-2010?category_id=215>. Acesso em: 26 nov. 2015.
10. Brasil. Ministério da Saúde. Lesões por Esforços Repetitivos (LER). Distúrbios Osteomusculares Relacionados ao Trabalho (DORT). Dor relacionada ao trabalho. Protocolos de atenção integral à saúde do trabalhador de complexidade diferenciada. 2006. Disponível em: <http://bvsms.saude.gov.br/bvs/publicacoes/protocolo_ler_dort.pdf>. Acesso em: 19 nov. 2015.
11. Sindicato dos Fisioterapeutas e Terapeutas Ocupacionais no Estado de São Paulo (Sinfito-SP). Disponível em: <http://www.sinfitosp.org.br>. Acesso em: 30 nov. 2015.
12. Brasil. Agência Nacional de Vigilância Sanitária (Anvisa). Projetos de estabelecimentos assistenciais de saúde. Resolução RDC n. 50, de 21 de fevereiro de 2002. Regulamento Técnico para Planejamento, Programação, Elaboração e Avaliação de Projetos Físicos de Estabelecimentos Assistenciais de Saúde. Disponível em: <http://bvsms.saude.gov.br/bvs/saudelegis/anvisa/2002/anexo/anexo_prt0050_21_02_2002.pdf>. Acesso em: 30 nov. 2015.
13. Bittar OJNV. Indicadores de qualidade e quantidade em saúde. Rev Adm Saúde. 2001;3(12):21-8.
14. Pustiglione M, Sá EC, Osaki MM, Cerchiaro LC. Acidentes de trabalho em serviços de saúde: conceito, categorização e indicadores para gestão da segurança e da saúde do trabalhador. Rev Adm Saúde. 2014;16(62):23-32.

capítulo 30

Segurança do trabalho: da época das cavernas à produção industrial e as novas tecnologias

Cristina Northfleet de Albuquerque

INTRODUÇÃO

Neste capítulo, aborda-se a evolução histórica das necessidades de segurança em diferentes épocas, mentalidades e descobertas do homem. São mostrados também fatos e acontecimentos que fizeram surgir as normas e regras de segurança para os trabalhadores e a importância delas no contexto da produção industrial e da própria evolução da humanidade.

DA ERA DAS CAVERNAS À PRODUÇÃO ARTESANAL

Desde os primórdios, o homem teve de se proteger das condições adversas da natureza (vento, chuva, sol etc.). Com a descoberta do fogo, ele passou a tentar dominá-lo para suas necessidades e viu que existiam riscos em manuseá-lo. Tudo ao redor eram descobertas, perigos e medos que envolveram os primeiros estágios da vida humana. As eras se passaram, e as necessidades aumentaram. O aumento populacional fez com que surgissem acampamentos e neles foram criados métodos de defesa diante de outros grupos e dos fenômenos da natureza[1].

Vencia e se expandia quem era mais eficaz nas suas estratégias. Surgiram os chefes de tribos e os pajés, que detinham o poder do conhecimento e o controle da segurança das tribos. Nesse período, quem detinha algum conhecimento, mesmo que empírico, dominava os demais componentes do grupo. Esse poder também era disputado entre os grupos, e os mais fortes dominavam os mais fracos. Surgiram as disputas por regiões e terras, mas principalmente por meios de subsistência (água, terras férteis, madeira etc.). Assim foram se delineando as regiões, as linguagens e, posteriormente, os territórios[1].

Estes territórios sempre foram dominados por soberanos que, em troca de proteção, em tempos de disputas com outros povos, eram abastecidos com produtos agrícolas pelos cidadãos que habitavam o campo. Normalmente, esses soberanos moravam em castelos fortificados e quase nada produziam, sendo dependentes do campo. Esta situação gerava muitos conflitos entre os soberanos e seus súditos, expressando-se por ações tirânicas em momentos de crise. Muitos reinos se uniram formando países em consonância com as culturas, línguas, hábitos e outros aspectos, fazendo com que esses locais se desenvolvessem e formassem uma identidade regional. Cada país guardou suas características específicas, entre elas, as necessidades de segurança, segundo seu histórico de formação[1].

Cada região manteve suas características pela produção de objetos ou utensílios do seu dia a dia. Cada artesão criava seus objetos conforme suas habilidades produzindo-os para os demais cidadãos. Surgiram os ferreiros, os construtores, os padeiros, os tecelões etc. Cada artesão tinha sua maneira única de produzir, e essa produção era em pequeno número. Com o crescimento da população, houve a necessidade de ampliar a produção e surgiram os aprendizes, geralmente jovens com pouco conhecimento, mas com a possibilidade de aprender um ofício. Esses aprendizes passaram a desenvolver seus conhecimentos adquiridos e muitos seguiram o ofício escolhido, ampliando suas técnicas e se destacando. Assim surgiram diferentes profissões[1].

Desde o período greco-romano, o trabalho já era visto como um fator gerador e modificador das condições de vida, de doença e de morte[2].

A concepção de saúde e doença e as causas desta última têm variado ao longo dos tempos e nos diferentes tipos de cultura e sociedade. A doença, considerada um processo biológico, vincula-se à própria vida. Na Antiguidade, era a magia ou mesmo os miasmas. De qualquer modo, muitos vinculavam o ambiente e o modo de vida aos fatores importantes na gênese do processo de doença, como Hipócrates e Galeno, que enfocavam o modo de trabalho dos homens, principalmente nas minas. Tanto Hipócrates como Galeno chamavam a atenção para a importância do ambiente, da sazonalidade, do tipo de trabalho e da posição social como fatores determinantes no surgimento de doenças. A obra *De Re Metallica*, de Georg Pawer (Georgius Agricola), de 1556, faz referência a doenças pulmonares em mineiros, com descrição interessante de sintomas que hoje são atribuídos à silicose e que Agricola denominou asma dos mineiros. Já Paracelso, em l567, também descreveu doenças de mineiros da região da Boêmia e a intoxicação pelo mercúrio[3].

Durante o período de disseminação do pensamento cristão até o fim da Antiguidade e, posteriormente, por todo o período medieval, as causas de doenças eram atribuídas especialmente à variabilidade dos humores corporais, muitas vezes com explicações no domínio do mito, da magia ou do sectarismo ou fanatismo religioso. Posteriormente, veio o racionalismo, com um resgate dos conhecimentos mais importantes da medicina greco-árabe, coincidindo com o desenvolvimento do comércio e a instalação das universidades nas principais cidades europeias. Com as descobertas de Pasteur e Koch, a teoria unicausal se tornou dominante e expressou o período da medicina científica que até hoje domina grande parte da produção de conhecimento em medicina e prática clínica. No início do século XVIII, a epidemiologia se estruturou como disciplina e se prestou a estudos de nexo causal, fundamentados pela pesquisa de fatos, sempre à luz de fatos e números[1].

O NASCIMENTO DA MEDICINA DO TRABALHO E A REVOLUÇÃO INDUSTRIAL

Em 1700, surgiu a extraordinária obra de Bernard Ramazzini, médico que atuava na região de Modena, na Itália. Com uma visão clínica impressionante para aquela época, em que não existiam recursos propedêuticos maiores, descreveu doenças que ocorriam em mais de cinquenta profissões. Em seu livro *De Morbis Artificum Diatriba*, pode-se encontrar, além da precisão das observações, uma sutil crítica de costumes. Em função da importância de seu trabalho, recebeu o título de Pai da Medicina do Trabalho. Ramazzini, antecipando alguns conceitos básicos da medicina social, enfatizou a importância do estudo das relações entre o estado de saúde de uma determinada população e suas condições de vida, que estavam, segundo ele, na dependência da situação social. E, na verdade, no panorama político-social da Europa de então, a visão de Ramazzini era aceita por muitos. Suas ideias de que a vida social e tudo que a ela se referisse, inclusive condições de trabalho e de saúde, deveriam estar a serviço do Estado configuram-se um dos elementos doutrinários de um sistema, que foi chamado mais tarde de mercantilismo[1].

Percival Pott, em 1776, fez as primeiras e minuciosas referências ao câncer escrotal em limpadores de chaminés, o que se constituiu, na verdade, como marco inicial dos estudos de relação entre câncer e trabalho[4].

Em 1780, a máquina a vapor foi aperfeiçoada pelo engenheiro inglês James Watt. Na ocasião, ocorreu a primeira grande onda de desempregos na Inglaterra. Todo aquele que tinha apenas a força física para vender nada tinha que valesse a pena comprar, sob o ponto de vista operacional[4].

O século XVIII foi marcado por profundas mudanças, quando oficinas artesanais deram lugar a fábricas, em decorrência da industrialização. A força motriz humana ou animal foi gradativamente substituída pelas máquinas a vapor, posteriormente pela eletricidade e combustão. As ferramentas perderam espaço para as máquinas modernas, graças ao avanço técnico-científico, tendo como principais invenções desse período o tear mecânico, o telefone, o telégrafo e a lâmpada elétrica, além da máquina a vapor, criada por James Watt, usada como forma de energia[1].

Com essas mudanças, novos empregos foram gerados, mas a industrialização provocou uma grande transformação na vida dos trabalhadores: a "robotização do trabalhador", um aspecto gerado pela Revolução Industrial. A partir dela, os trabalhadores que executavam diversas atividades passaram a realizar apenas uma etapa do processo de produção, de maneira repetitiva e monótona, deixando de conhecer o processo como um todo. Por exemplo, em vez de serem capazes de produzir um sapato inteiro, como os antigos artesãos, os trabalhadores passaram a apenas operar uma máquina que fazia uma determinada parte do sapato[5].

Nas fábricas, os trabalhadores foram obrigados a seguir a cadência das máquinas. A luz do dia já não marcava mais o limite da jornada de trabalho. Todo o trabalho nas indústrias era vigiado e controlado por funcionários encarregados de supervisionar as tarefas. A disciplina era rígida, e a jornada diária durava de 14 a 16 horas. Muitos morriam por causa do excesso de trabalho e da insalubridade do ambiente. Para muitos trabalhadores, as fábricas eram verdadeiras prisões[5].

Além de salários muito baixos, as precárias condições de segurança e higiene e a falta de equipamento de segurança, como os de proteção individual (EPI) e coletiva, geraram uma mudança social drástica à medida que transformaram a vida dos homens, implicando elevados custos sociais e ambientais. A poluição tomou conta do cenário, principalmente nas regiões próximas às fábricas, e o barulho era outro fator preocupante nesse período. A falta de saneamento básico, iluminação e serviços públicos, como saúde e educação, caracterizava a vida do trabalhador nas proximidades das fábricas[5].

Em meio a esse cenário, o trabalhador estava exposto a inúmeros riscos de acidentes de trabalho, em razão da monotonia de suas atividades e da falta de higiene no ambiente em que trabalhava e de equipamentos de proteção. Muitas vezes, utilizam algum EPI improvisados, criados por eles mesmos, mas isto era muito raro na época, pela falta de conhecimento de boa parte desses trabalhadores, já que não frequentaram escolas quando crianças[5].

Esses fatores deram origem a uma revolução na classe operária que provocou uma sucessão de lutas, diretas e indiretas contra a propriedade e o capital, representados pelo empregador. Nesse período, ocorreram formas violentas de protestos, como inundação de minas, queima de colheitas e destruição de máquinas por trabalhadores das regiões urbanas e rurais. O processo de resistência dos operários às máquinas não representou algo irrefletido ou cego, mas sim um ato contra o avanço tecnológico que os oprimia e uma iniciativa contra o desemprego e o modo de trabalho empregado nas fábricas. A destruição do maquinário constituía o último recurso na defesa de um estilo de vida mais flexível e autônomo[5].

A segurança no trabalho nesse período era precária e em muitos casos nem existia um plano de segurança para os operários, muitos dos quais tinham problemas de saúde gravíssimos por trabalharem em condições extremamente desumanas[4].

Toda a complexa rede industrial e comercial que se vê hoje no mundo, atrelada ao também complexo sistema financeiro (bancos, bolsas de valores etc.) é fruto desse processo de ascensão do sistema capitalista, que começou no século XIV[5].

VACINAS E SUA RELAÇÃO COM A SAÚDE DO TRABALHADOR

Um fato interessante relacionado à saúde e à segurança da população é o desenvolvimento das vacinas. Em 1796, Edward Jenner criou a primeira vacina contra a varíola. Comum em vacas, a doença era contraída de forma mais branda nas operárias responsáveis pela ordenha. O líquido retirado das feridas nas vacas passou a ser testado em outras pessoas. Isto demonstrou minimização de sintomas e cura de algumas doenças. O desenvolvimento das vacinas se tornou bastante disseminado a partir dos trabalhos de Jenner. Em 1885, surgiram os trabalhos de Louis Pasteur sobre a vacina contra a raiva, por comunicação à Academia de Ciências sobre a cura de um menino de 9 anos mordido por um cão raivoso. Em 1888, Émile Roux e Alexander Yersin descobriram que o bacilo da difteria produzia uma poderosa toxina que era responsável pelos sintomas da doença. Já em 1891, Emil Behring estudava antitoxinas que eram capazes de proteger contra doenças e imunizar outros animais. Em 1897, Paul Erhlich estudou métodos de padronização das toxinas e, em 1904, Loewestein e Glenny provaram que a manutenção das toxinas em formol poderia manter seu potencial imunizante, mas inativar sua capacidade infectante. Surgiram assim os primeiros toxoides: o diftérico e o tetânico. A coqueluche foi descrita pela primeira vez em 1578, mas o bacilo *Bordetella pertussis* só foi isolado em 1907, por Jules Bordet e Octave Gengou, e a vacina, desenvolvida em 1926. Em 1942, Kendrick descobriu que sua vacina funcionava melhor na presença dos toxoides diftérico e tetânico, assim, foi criada a tríplice bacteriana (DPT), a primeira vacina com a combinação de três microrganismos diferentes[6].

No Brasil, ocorreu um fato inusitado com relação às vacinas. Foi a chamada Revolta da Vacina, que consistiu em uma revolta popular ocorrida em novembro de 1904, na cidade do Rio de Janeiro. O início do período republicano, no Brasil, foi marcado por vários conflitos e revoltas populares. Em novembro de 1904, o Rio de Janeiro vivia momentos de ebulição social em decorrência da reforma urbanística do centro da cidade, promovida pelo prefeito Pereira Passos, com total apoio do presidente Rodrigues Alves. O clima era propício a movimentos que manifestavam o desagrado em relação a medidas como a derrubada de habitações populares, sem que o governo providenciasse o assentamento de seus moradores em outros locais. A cidade sofria com a falta de saneamento básico, o que resultava em epidemias devastadoras, como a febre amarela, a peste bubônica e a varíola. Isto levou as autoridades sanitárias a determinar, entre outras medidas, a obrigatoriedade da vacinação contra a varíola. Para erradicar a varíola, o sanitarista Oswaldo Cruz convenceu o Congresso a aprovar a Lei da Vacina Obrigatória, em 31 de outubro de 1904, que permitia que brigadas sanitárias, acompanhadas por policiais, entrassem nas casas para aplicar a vacina à força[7]. A medida, que se destinava a proteger a população, foi conduzida de forma autoritária e sem os esclarecimentos necessários, provocando uma reação contrária[7].

A população estava confusa e descontente, e a cidade parecia um campo de batalha, onde muitos perderam suas casas e outros tantos tiveram seus lares invadidos pelas brigadas sanitárias, chamadas de mata-mosquitos, que agiam acompanhadas por policiais. Jornais da oposição criticavam a ação do governo e falavam de supostos perigos causados pela vacina. Além disso, o boato de que a vacina teria de ser aplicada nas "partes íntimas" do corpo (as mulheres teriam de se despir diante dos vacinadores) agravou a ira da população, que se rebelou[7].

A aprovação da Lei da Vacina foi o estopim da revolta: no dia 5 de novembro, a oposição criou a Liga contra a Vacina Obrigatória e, nos dias 10 a 16 de novembro, a cidade se tornou um campo de guerra. A população exaltada depredou lojas, virou e incendiou bondes, fez barricadas, arrancou trilhos, quebrou postes e enfrentou as forças da polícia com pedras, paus e pedaços de ferro. No dia 14, os alunos da Escola Militar da Praia Vermelha também se sublevaram contra as medidas baixadas pelo Governo Federal[7]. A reação popular levou o governo a suspender a obrigatoriedade da vacina e a declarar estado de sítio na cidade no dia 16 de novembro. A rebelião foi contida, deixando 30 mortos e 110 feridos. Centenas de pessoas foram presas e muitas delas, enviadas para a prisão. Quando o controle da situação foi reassumido, o processo de vacinação se reiniciou, e a varíola foi erradicada da capital em pouco tempo[7].

A necessidade do emprego de vacinas para doenças tropicais sempre foi imensa, pois elas acometiam grande parte da população local e de viajantes. Em 1936, Max Theiler e Henry Smith estudaram cepas atenuadas em cérebro de ratos e criaram uma vacina contra a febre amarela que foi enviada ao Brasil em 1937. Em 1940, foi realizado um estudo de campo no sul de Minas Gerais, onde mais cinco mil pessoas foram imunizadas. Hoje, o Brasil é o maior produtor mundial dessa vacina[8].

Uma das vacinas mais importantes para a popularização de seu uso é a da poliomielite. Em 1949, Jonas Salk desenvolveu uma vacina a partir de vírus inativados (mortos), que foi testada em 45 mil crianças nos Estados Unidos, em 1954. No mesmo ano, Albert Sabin desenvolveu a vacina atenuada contra a pólio, a primeira a ser aplicada por via oral. Por mimetizar o mecanismo de infecção do vírus selvagem, com a excreção do microrganismo atenuado no ambiente, a vacina Sabin facilita a obtenção de altos níveis de imunidade coletiva[8].

O desenvolvimento da tecnologia do DNA recombinante abriu caminho para uma nova geração de imunizantes. O primeiro a ser comercializado foi a vacina contra a hepatite B. O primeiro passo é a seleção de um pedaço do genoma do vírus, capaz de estimular o sistema de defesa do organismo, mas não de infectar e causar a doença. Utilizando ferramentas da engenharia genética, essa sequência é inserida em um microrganismo não patogênico para o homem (p. ex., a bactéria *Escherichia coli* e a levedura *Saccharomyces cerevisae*). Assim, o microrganismo hospedeiro passa a expressar (produzir) uma proteína do vírus da hepatite B, que, após aplicada na forma de vacina, induz à formação de anticorpos[9].

Atualmente, a imunização dos profissionais da área de saúde e dos profissionais que atuam em serviços de saúde (p. ex., hospitais) ou manuseiam animais ou produtos de risco biológico (p. ex., laboratórios clínicos ou de pesquisa) tem por objetivo a proteção contra doenças, às quais os trabalhadores estão mais expostos em decorrência de sua área de atuação. Além disso, o trabalhador, de acordo com sua atividade e a forma de transmissão das doenças, pode ser o veículo de transmissão dos agentes infecciosos[10].

A Norma Regulamentadora n. 32 (NR-32), do Ministério do Trabalho e Emprego (MTE), determina a obrigatoriedade de o empregador disponibilizar todas as vacinas registradas no país que possam, segundo critérios de exposição a riscos, ser indicadas para o trabalhador e estabelecidas no Programa de Controle Médico de Saúde Ocupacional (PCMSO).

O calendário de vacinação do adulto e do idoso do Programa Nacional de Imunizações (PNI) prevê que todo adulto deverá ser imunizado contra tétano e difteria (dT), sarampo, caxumba e rubéola (tríplice viral) e febre amarela (quando viajar ou residir em área endêmica). Os maiores de 60 anos, além dessas vacinas (com exceção da tríplice viral), devem receber a vacina contra a gripe e a vacina pneumocócica 23-valente. Para os profissionais da saúde, o Ministério da Saúde, por meio dos Centros de Referência em Imunobiológicos Especiais (Cries), oferece as seguintes vacinas: hepatite B, varicela e influenza (gripe)[9].

SÉCULOS XIX E XX E A SAÚDE OCUPACIONAL

As grandes mudanças no cenário político, econômico e social ocorridas em todo o planeta na segunda metade do século XX determinaram uma verdadeira crise de paradigmas. O processo saúde-trabalho passou a ser analisado não só como um simples indicador do impacto do trabalho sobre os trabalhadores, mas também como consequência da relação de produção, determinada socialmente pela dialética entre capital e trabalho. Hoje, condições de ambiente, saúde e segurança no trabalho passam a ser compreendidas como garantias essenciais para a qualidade de vida dos homens e direito de cidadania[5].

Após a Segunda Guerra Mundial, o surgimento de novas tecnologias, o desenvolvimento das ciências sociais e da informática e o aumento das doenças crônico-degenerativas determinaram a fragilidade do modelo unicausal e criou-se outro paradigma: o da multicausalidade, constituindo-se como um método útil para medir os problemas de saúde pública, ao procurar determinar uma rede de relações causais entre os fatores de risco e as doenças submetidas ao método epidemiológico[11].

A teoria da determinação social da doença voltou a vigorar a partir dos anos 1960, a reboque das grandes transformações sociais pelas quais o mundo passava, utilizando, além das ciências naturais, as ciências sociais, não se contrapondo ao aspecto biológico, uma vez que este contém em si o histórico e o social. Por este conceito, entende-se a relação saúde-doença como um processo social, resultante da forma de vida, isto é, das relações do homem consigo mesmo e dos homens entre si, com a sociedade e com a natureza. Todas essas interações passam, de algum modo, pela forma como o homem produz seu trabalho, construindo e transformando a sociedade. O desgaste físico e psíquico do operário, a cada jornada, depende das condições objetivas em que o processo de trabalho se desenvolve. Da interação homem-trabalho, ou seja, é pelas condições de vida e de trabalho que se determina a divisão da sociedade em classes, que apresentam características comuns de viver, adoecer e morrer. O reconhecimento da determinação social da doença contribuiu para que problemas complexos de saúde do trabalhador, relacionados com o processo de produção, fossem mais bem entendidos[3].

O modelo da determinação social da doença também enriqueceu a teoria epidemiológica e foi importante para a comprovação social do processo saúde-doença não só dos trabalhadores, mas também de outros grupos. E ainda, ao considerar o histórico do processo saúde-doença, abre novas perspectivas para o conhecimento dos agravos à saúde e para o planejamento, a execução e a avaliação das ações de saúde e formulação de políticas para o setor[5].

A saúde ocupacional dá uma resposta racional e científica para problemas de saúde determinados pelos processos e ambientes de trabalho e, por meio da toxicologia e dos parâmetros instituídos como limites de tolerância, quantifica a resposta ou resistência do trabalhador aos fatores de risco ocupacionais. Ainda hoje, nos principais países industrializados, o modelo da saúde ocupacional é hegemônico, porquanto uma efetiva legislação de proteção ao trabalhador e ao meio ambiente se alia à ação igualmente eficiente dos órgãos fiscalizadores. Mas mesmo aí, por força dos movimentos sociais da década de 1960, que discutiam desde o modelo de sociedade até o próprio significado intrínseco do trabalho, sentia-se a necessidade da maior participação dos trabalhadores e da sociedade na discussão das grandes questões atinentes à área. Já na Europa, onde fervilhavam movimentos renovadores, irrompeu na Itália, na década de 1970, um movimento de trabalhadores exigindo maior participação nas questões de saúde e segurança, o que resultou em mudanças na legislação, como a participação das entidades sindicais na fiscalização dos ambientes de trabalho, o direito à informação (riscos, comprometimento ambiental, mudanças tecnológicas) e, finalmente, melhora significativa nas condições e relações de trabalho[11].

As mudanças na legislação de saúde e segurança dos trabalhadores continuaram acontecendo em vários países e o movimento chegou à América Latina, onde a turbulência político-social e a sede de mudanças fez com que germinasse, tendo como base a reforma sanitária e as lutas democratizantes que praticamente todos os países da América do Sul e Central travaram. É nesse contexto de profundas mudanças nos processos de trabalho que se iniciaram na década de 1970 que a área temática saúde do trabalhador se configurou e estruturou, tendo como característica marcante a transnacionalização das economias, em que indústrias se transferiram para os países subdesenvolvidos, principalmente as que causavam danos para a saúde ou para o ambiente, como as de agrotóxicos, amianto e chumbo[3].

A automação, a informatização e a terceirização também determinaram marcantes transformações na organização e processo de trabalho, bem como impactaram os trabalhadores e sua saúde. A saúde do trabalhador também surgiu como um novo enfoque de proteção de homens e mulheres, à luz da pressão do capital[5].

Observa-se que a saúde do trabalhador se consolida na América Latina rediscutindo seu modelo próprio, que chega aos anos 1990 mais pragmático e menos ideológico, questionando alguns referenciais paradigmáticos que delinearam sua prática mais intensa, no início dos anos 1980[4].

Na Figura 1, são indicadas as diferentes épocas da história mundial, com a situação do homem e os aspectos de segurança para sua atividade no trabalho.

SITUAÇÃO DA SEGURANÇA DO TRABALHO NO BRASIL

Na curta história do Brasil, de somente cinco séculos, a maneira com que o país se estruturou social e economicamente também determinou o modelo de relação com o trabalho. O extrativismo mineral, que motivou o conhecimento e a posterior ocupação do interior brasileiro; o modelo agrário feudal, dos latifúndios, dos senhores de engenho e posteriormente dos coronéis; a exploração do indígena nativo, por vezes também escravizado, e os anos de escravidão negra determinaram que o trabalho braçal fosse destituído de atributo de valor, bem como quaisquer processos mórbidos que o envol-

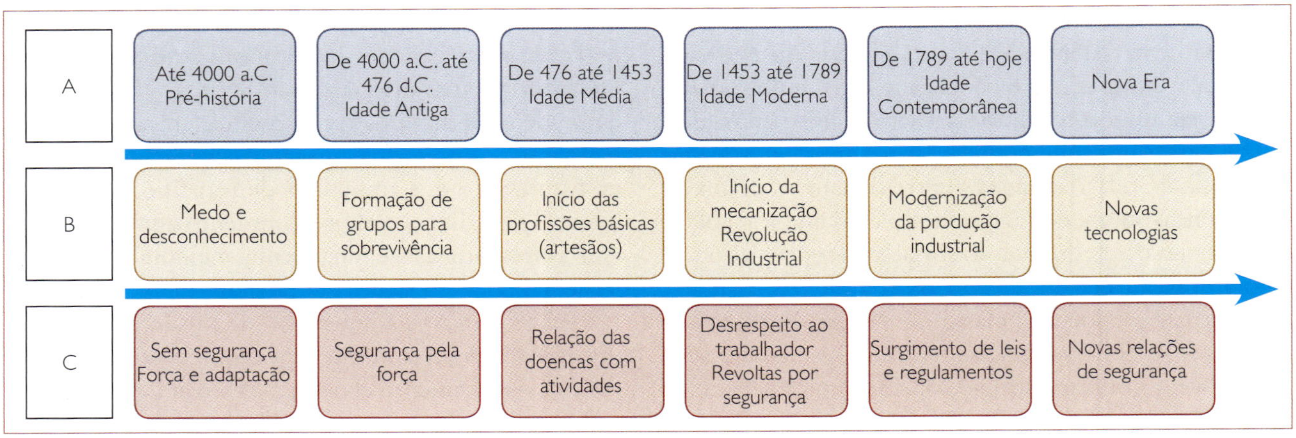

Figura 1. Linha do tempo com as épocas, os fatos históricos e a situação de segurança no trabalho no mundo. A: época da história; B: situação do homem; C: situação de segurança.

vessem, como doenças e acidentes do trabalho, todos banalizados pela pouca importância concedida à mão de obra destituída de quaisquer direitos de cidadania[11].

Com a abolição da escravatura no fim do século XIX e a vinda dos imigrantes europeus no início do século XX, o Brasil deu início ao seu primeiro grande surto industrial com quase cem anos de atraso. As grandes invenções do fim do século XIX, a Revolução Industrial da máquina a vapor e da indústria têxtil, além das transformações políticas, sociais e econômicas do mundo, impactaram sobre o Brasil República. A medicina de então evidenciava preocupação natural com as grandes epidemias, bem como, reproduzindo o modelo de medicina social francês, um cuidado especial com cemitérios, matadouros, hospitais, presídios e fábricas[5].

Pode-se indicar que a preocupação prevencionista teve início com a lei que tratava da proteção ao trabalho dos menores, em 23 de janeiro de 1891, e somente em 1919 foi criada a primeira lei brasileira sobre acidentes de trabalho (Lei n. 3724, de 15/01/19), contendo 30 artigos e dispondo sobre o conceito de acidente do trabalho, a declaração de acidentes e a ação judicial, além de outras disposições gerais sobre a atividade laboral[5].

No início do século XX, houve profundas modificações na relação capital-trabalho no país e em todo o modelo de organização e sistematização do processo de trabalho, ressaltando-se os movimentos liberalizantes de organização dos operários, como os sindicatos, de base socialista[5].

Em 1939, foi oficializada a criação da Comissão Especial de Prevenção de Acidentes (CEPA) da Light, uma das empresas precursoras em segurança do trabalho, que deu origem ao que se conhece hoje como Comissão Interna de Prevenção de Acidentes (CIPA). No mesmo ano, foram confeccionados milhares de cartões com diferentes frases alusivas à prevenção de acidentes. Eram impressos em envelopes de pagamentos e continham ilustrações com frases educativas. Tinham como filosofia que o acidente era "uma força negativa, a qual se pode opor resistência sistemática e organizada". A Cepa concluiu que as principais causas de acidente de trabalho eram o fator humano, o ato inseguro e imprudente do empregado e o fator mecânico, relativos às condições dos equipamentos no ambiente de trabalho[5]. Em 21 de abril de 1941, empresários fundaram no Rio de Janeiro a Associação Brasileira para Prevenção de Acidentes (ABPA).

A partir de manifestos e reivindicações de médicos, no início da república, e tendo como principal influência a medicina norte-americana e das escolas de Saúde Pública, o ensino de higiene do trabalho passou a ser incluído nos cursos de sanitaristas e posteriormente nos cursos de medicina em todo o Brasil. Foi no governo de Getulio Vargas denominado Estado Novo que surgiu a Consolidação das Leis Trabalhistas (CLT) (Decreto-lei n. 5.452, de 01/05/43), que agrupava e sistematizava as leis trabalhistas, representando notável avanço do ponto de vista jurídico. Foi seguida pelo Decreto-lei n. 7.036, de 10 de novembro de 1944, que promoveu a "reforma da Lei de Acidentes de Trabalho" (um desdobramento que constava no Capítulo V do Título II da CLT), objetivando dar maior entendimento à matéria e agilizar a implementação dos dispositivos da CLT referentes a segurança e higiene do trabalho, além de garantir a "assistência médica, hospitalar e farmacêutica" aos acidentados e indenizações por danos pessoais por acidentes. Este Decreto-lei, em seu art. 82, criou a CIPA[12].

Esse também foi um período marcado pelo crescimento e pela afirmação do movimento sindical no Brasil. Atualizações da Lei de Acidentes do Trabalho também surgiram nesse período. A década de 1950 teve o segundo grande surto industrial do Brasil. O desenvolvimento técnico-científico da medicina do trabalho, principalmente no Rio de Janeiro e em São Paulo, passou pela criação de entidades como o Serviço Especial de Saúde Pública (SESP) e o Serviço Social da Indústria (SESI). As escolas de medicina preventiva, de influência americana, fizeram incorporar a multiprofissionalidade e a interdisciplinaridade ao modelo original de medicina do trabalho, que passou, também no Brasil, a contextualizar uma área mais abrangente, a saúde ocupacional. Também na formação médica, disciplinas como medicina do trabalho foram incluídas na maioria dos currículos das escolas médicas do país. Foi criada a Associação Brasileira de Medicina do Trabalho (ABMT), com sede no Rio de Janeiro. Proliferavam os serviços médicos de empresas, afirmando-se também como um mercado de trabalho interessante para médicos do país, principalmente aqueles com formação em saúde pública (sanitaristas) ou em medicina preventiva[13].

Em 1953, foi criado o Decreto-lei n. 34.715, de 27 de novembro de 1953, que instituiu a Semana Interna de Prevenção de Acidentes do Trabalho (SIPAT), a ser realizada na quarta semana de novembro de cada ano. Também em 1953, a Portaria n. 155 regulamentou e organizou as Cipas e estabeleceu normas para seu funcionamento, mesmo que ainda de uma forma muito simples.

No ano de 1955, foi criada a Portaria n. 157, de 16 de novembro de 1955, para coordenar e uniformizar as atividades das SIPAT, constando a realização do congresso anual das CIPA durante a SIPAT. Em 1961, o congresso passou a se chamar Congresso Nacional de Prevenção de Acidentes do Trabalho (CONPAT). O cancelamento do CONPAT fez com que houvesse a proliferação de congressos e outros eventos. Em 1960, foi criada a Portaria n. 319, de 30 de dezembro de 1960, regulamentando o uso de equipamentos de proteção individual (EPI).

A década de 1960 encontrou o Brasil em nova crise política, que culminou com o golpe militar de 31 de março de 1964. O Brasil passou a viver um período de restrição das liberdades democráticas, ao mesmo tempo em que o governo tentava disciplinar a questão do trabalho, aplicando leis e reformas. A Previdência Social unificou os institutos de categorias, não só para organizar a política de benefícios sociais, mas também para enfraquecer o movimento sindical. O Ministério do Trabalho também consolidou suas ações, intervindo decisivamente na segurança e saúde do trabalhador. De modo geral, foram acatadas as recomendações técnicas da Organização Internacional do Trabalho (OIT) e posteriormente do Comitê Misto OIT-OMS, que foram adaptadas à legislação[14].

Em 1968, o mundo vivia uma verdadeira revolução de valores, tendo como pano de fundo o dualismo ideológico e político entre o capitalismo e o socialismo. A tensão da Guerra Fria, a ameaça do holocausto atômico, o fracasso das guerras como a do Vietnã, além de uma verdadeira revolução de costumes (movimentos pacifistas e ecológicos etc.) tiveram em 1968 seu apogeu, e movimentos libertários e democratizantes se disseminaram por toda a Europa. O Brasil, naquele período um país de população marcadamente jovem, sofreu influência de tais movimentos e teve sua própria história de sofrimento e revolta contra a ditadura militar, determinando, nos anos seguintes, um período conhecido como anos de chumbo ou de terror. A década de 1970 veio encontrar o país às voltas com tais conflitos, com a instabilidade política própria dos períodos de exceção[14].

No setor acadêmico, a Escola de Saúde Pública da Universidade de São Paulo (USP) criava o Departamento de Saúde Ambiental, que abrigava uma área de saúde ocupacional. Por essa época, vários cursos de medicina também tinham essa área em seus currículos. Para preparar técnicos especializados em número necessário, o governo criou a Fundação Jorge Duprat Figueiredo de Segurança e Medicina do Trabalho (Fundacentro), conforme a Lei n. 5.161, de 21 de outubro de 1966, órgão do Ministério do Trabalho também afeto à pesquisa. A criação da Fundacentro sem dúvida foi um dos grandes feitos na história da segurança do trabalho e, partir de ações da entidade, a segurança do trabalho pôde avançar de forma significativa[15]. Cursos de pós-graduação em medicina do trabalho e engenharia de segurança disseminaram-se de norte a sul do país, geralmente em convênio com universidades[15]. Em 1967, foi criada a Lei n. 5.316, de 14 de setembro de 1967, que integrou o seguro de acidentes de trabalho na Previdência Social[14].

No início dos anos 1970, diante dos altos índices de ocorrência de acidentes, a alternativa para a redução de acidentes de trabalho encontrada pelo regime militar foi a imposição legal às empresas para que contratassem profissionais especializados (médicos do trabalho, auxiliares de enfermagem ou enfermeiros do trabalho, engenheiros e técnicos de segurança), criando assim os Serviços Especializados em Engenharia de Segurança e em Medicina do Trabalho (SESMT), dimensionados de acordo com o grau de risco e o número de trabalhadores das empresas[14].

Em 1972, foi criado o Decreto n. 7.086, de 25 de julho de 1972, que estabeleceu a prioridade da Política do Programa Nacional de Valorização do Trabalhador (PNVT) e selecionou dez prioridades, entre elas segurança, higiene e medicina do trabalho. No mesmo ano, a Portaria n. 3.237 do MTE (27/07/72) criou os serviços de segurança, higiene e medicina do trabalho nas empresas. Foi um marco muito importante entre a fase do profissional espontâneo e o legalmente constituído, dando mais força aos profissionais da área de segurança no trabalho. Essa portaria criou os cursos de preparação dos profissionais da área. Mas apenas em 1974 foram iniciados os cursos para a formação dos profissionais de segurança, higiene e medicina do trabalho[14].

Em 1976, surgiu a sexta lei de acidentes de trabalho, que identificou a doença profissional e a doença do trabalho como sinônimos e as equiparou com o acidente de trabalho[14].

Em 1977, foi criada a Lei n. 6.514, de 22 de dezembro de 1977, que modificou o Capítulo V do Título II da CLT. Convém ressaltar que essa modificação deu novo conceito à Cipa, estabelecendo sua obrigatoriedade e a estabilidade de seus membros, entre outros avanços, dando maior significância as ações da comissão[14].

Em 1978, foram criadas as Normas Regulamentadoras (NR), aprovadas pela Portaria n. 3.214, de 08 de junho de 1978 do MTE, aproveitando e ampliando as portarias existentes e os Atos Normativos adotados até a construção da hidrelétrica de Itaipu. Na ocasião, foram criadas 28 NR. Essa portaria representou um dos principais impulsos dados à área de segurança e medicina do trabalho nos últimos anos.

Em virtude da carência de profissionais de segurança e medicina do trabalho, no ano de 1979, para compor o SESMT, a Resolução n. 262 regulamentou a criação de cursos em caráter prioritário para esses profissionais.

Os programas de saúde do trabalhador, que começaram a ser criados em vários estados brasileiros a partir do início da década de 1980, tiveram seu verdadeiro momento de criação ideológica com a VIII Conferência Nacional de Saúde, em 1986, evento que marcou os princípios filosóficos do Sistema Único de Saúde (SUS), tanto é que foi convocada, para aquele mesmo ano, a I Conferência Nacional de Saúde do Trabalhador, que, ao congregar de modo inédito sindicalistas, técnicos da área de saúde e de outras áreas afins, universidades e comunidade em geral, lançou com êxito as bases para uma nova visão para a saúde do trabalhor.

Em 1983, a Portaria n. 33, de 27 de outubro de 1983 do Ministério do Trabalho, alterou a NR-5 introduzindo nela os riscos ambientais e em 1985 criou a Lei n. 7.410, de 27 de novembro de 1985, que oficializou a especialização em engenharia de segurança do trabalho e criou a categoria profissional de técnico em segurança do trabalho, até então os únicos profissionais prevencionistas não reconhecidos legalmente. A lei dava prazo de 120 dias para o Ministério da Educação e Cultura (MEC) reconhecer os currículos básicos do curso de especialização em técnico de segurança do trabalho. Mas somente em 1987, com o Parecer 632/87 do MEC, foi estabelecido o curso de formação de técnico de segurança do trabalho em vigor. Em 1986, foi criada a Lei n. 9.235, de 09 de abril de 1986, que regulamentou a categoria de técnico de segurança do trabalho, que, na década de 1950, era denominada "inspetor de segurança"[13].

A reforma constitucional de 1988, definindo saúde e trabalho como direitos de cidadania, marcou um avanço, já na Nova República, um momento político de transição democrática, ao confirmar o papel do Estado como responsável por condições dignas de saúde para os trabalhadores e o povo em geral[13].

Em 1990, o Brasil promulgou a Lei n. 8.080, a Lei Orgânica de Saúde, que serviu como a referência ao SUS e na verdade veio não como uma iniciativa governamental, mas como o reflexo das lutas por uma reforma sanitária, que tiveram como marcos a VIII Conferência Nacional de Saúde e a I Conferência Nacional de Saúde do Trabalhador e enumera diversas ações relacionadas à assistência e à prevenção de riscos para o trabalhador.

Também em 1990, o quadro de profissionais do SESMT (NR-4) foi atualizado, sendo, a partir de então, formado por: engenheiro de segurança do trabalho; médico do trabalho; enfermeiro do trabalho; auxiliar de enfermagem do trabalho e técnico em segurança do trabalho.

Em 1991, foi criada a Lei n. 8.213/91, que estabeleceu o conceito legal de acidente de trabalho e de trajeto e, nos arts. 19 a 21 e no art. 22, também estabeleceu a obrigação da empresa em comunicar os acidentes de trabalho às autoridades competentes. A lei foi posteriormente alterada pelo Decreto n. 611, de 21 de julho de 1992.

Em 1991, o Ministério da Saúde, por meio de sua Divisão de Proteção à Saúde do Trabalhador (DIPSAT), área nova criada a partir da Secretaria Nacional de Vigilância em Saúde, promoveu o I Seminário Nacional de Saúde do Trabalhador, reunindo todos os Estados da Federação, representados na maioria por coordenadores ou gerentes de Programas de Saúde do Trabalhador. Uma conquista importante, na primeira metade dos anos 1990, foi a constituição da Comissão Interministerial de Saúde do Trabalhador, cujo relatório de novembro de 1993 continha princípios de atuação conjunta de órgãos do governo em prol da saúde do trabalhador.

Em dezembro de 1994, o Ministério de Saúde, com o objetivo de fomentar as ações de saúde do trabalhador em estados e municípios e encaminhar as deliberações da II Conferência Nacional de Saúde do Trabalhador, apresentou a Norma Operacional de Saúde do Trabalhador no SUS (NOST). Aspectos como sistema de informações em saúde do trabalhador, preparo de recursos humanos, financiamento e vários outros foram abordados nesse documento, que se propôs a ser uma diretriz para que em todas as regiões do país a prática da atenção integral à saúde dos trabalhadores se realizasse com a qualidade desejada.

No mesmo período, o Ministério do Trabalho modificou várias normas regulamentadoras que vigoravam praticamente intactas desde a Portaria n. 3.214, de 08 de junho de 1978. Como aspectos de relevância, a nova versão da NR-7 instituiu a obrigatoriedade das empresas elaborarem o PCMSO, e a NR-9 estabeleceu a criação do Programa de Prevenção de Riscos Ambientais (PPRA).

O PCMSO consiste em uma série de diretrizes que devem ser seguidas pela empresa, como parte integrante no conjunto de medidas no campo da preservação da saúde dos trabalhadores. Esse programa tem caráter de prevenção, rastreamento e diagnóstico precoce dos agravos à saúde relacionados ao trabalho, além da constatação da existência de casos de doenças profissionais ou danos à saúde dos trabalhadores.

Além da elaboração do programa propriamente dito, outras medidas também devem ser realizadas para garantir a integridade física e mental dos trabalhadores, como: realização de exames médicos (admissional, demissional, periódico, de retorno ao trabalho e de mudança de função); realização de exames complementares treinamento de primeiros socorros; material necessário à prestação de primeiros socorros; avaliação dos resultados obtidos com os exames médicos e planejamento para o próximo ano.

Vários outros fatores também justificam a implantação do programa em pauta, como: melhorar o ambiente de trabalho mediante a detecção e o auxílio na redução, neutralização ou até mesmo eliminação do agente (físico, químico ou biológico) responsável pela doença ocupacional; reduzir os acidentes trabalhistas decorrentes de doenças ocupacionais em locais de trabalho nocivos ao ser humano; reduzir o absenteísmo ao tornar os trabalhadores mais saudáveis, garantindo, assim, elevados níveis de produtividade; detectar doenças, ocupacionais ou não, durante a fase de contratação de um empregado; minimizar os riscos legais, tanto para a organização como para seus gestores, originados pelas ações judiciais; dar segurança ao capital da empresa ao reduzir passivos trabalhistas e cíveis ocasionados pelas doenças ocupacionais; melhorar a imagem da empresa perante o mercado altamente competitivo e a comunidade, facilitando o acesso a mercados externos de elevada conscientização em segurança e saúde no trabalho.

O PPRA tem como objetivo a preservação da saúde e a integridade física dos trabalhadores, por meio do desenvolvimento das etapas de antecipação, reconhecimento, avaliação e, consequentemente, controle da ocorrência dos riscos ambientais existentes ou que venham a existir nos locais de trabalho, levando-se sempre em consideração a proteção do meio ambiente e dos recursos naturais.

A NR-17, que aborda a questão da ergonomia nos postos de trabalho de maneira mais racional, e a NR-18, que instituiu o Programa de Controle e Meio Ambiente de Trabalho (PCMAT), direcionado para a construção civil, representaram grande avanço no campo prevencionista.

Em 2001, entrou em vigor a Portaria n. 458, de 04 de outubro de 2001, que proibiu, a partir de então, o trabalho infantil no Brasil. Um avanço em uma situação bastante grave e muitas vezes escondida da população.

Em 2009, o termo "ato inseguro" foi retirado do item 1.7 da NR-1, o que foi motivo de comemoração para muitos prevencionistas que reclamavam que muitas vezes o termo retirava a responsabilidade do empregador, dando margem à culpa pelo acidente ser exclusiva do trabalhador. Muitas foram as situações nas quais o acidente era rotulado somente como "ato inseguro", e isso dificultava encontrar sua verdadeira causa.

Em 2012, foi instituído, pela Lei n. 12.645, de 16 de maio de 2012, o dia 10 de outubro como o Dia Nacional de Segurança e de Saúde nas Escolas.

Na atualidade, as normas regulamentadoras são reformuladas por comissões tripartites, envolvendo trabalhadores, técnicos e empresários. Doenças ocupacionais são mais bem identificadas, e ações indenizatórias se acumulam nos tribunais. Já se discute amplamente a saúde do trabalhador nos contratos coletivos de trabalho. Seguradoras se interessam pela privatização do seguro de acidentes do trabalho.

Na Figura 2, são apresentados alguns dos principais fatos da história do Brasil, sua relação com a situação do homem e o tipo de mecanismo ou condição de segurança.

SÉCULO XXI E AS NOVAS TECNOLOGIAS

Na era da internet e de todas as descorbertas oriundas de avanços da tecnologia digital, surgem a cada dia riscos que podem causar acidentes no trabalho e mesmo em ambientes educacionais.

A biossegurança surgiu nos anos 1090, inicialmente voltada às práticas laboratoriais em processos biológicos; posteriormente esses cuidados foram voltados a estudos e trabalhos desenvolvidos com DNA recombinante. Nos anos 2000, o termo biossegurança passou a ser difundido pela criação da Lei de Biossegurança (Lei n. 11.105, de 25/03/2005), voltada ao desenvolvimento de tecnologias envolvendo organismos geneticamente modificados (OGM) e questões relativas às células-tronco embrionárias que estavam sendo desenvolvidas com muita rapidez. O foco principal da lei são os riscos relacionados às técnicas de manipulação de OGM; no entanto, o termo biossegurança, em diversas literaturas, é indicado com algo muito mais amplo, devendo ser empregado nas relações entre a tecnologia, o risco, o homem e o meio ambiente, não só no que concerne aos riscos biológicos e genéticos, mas em todos os demais

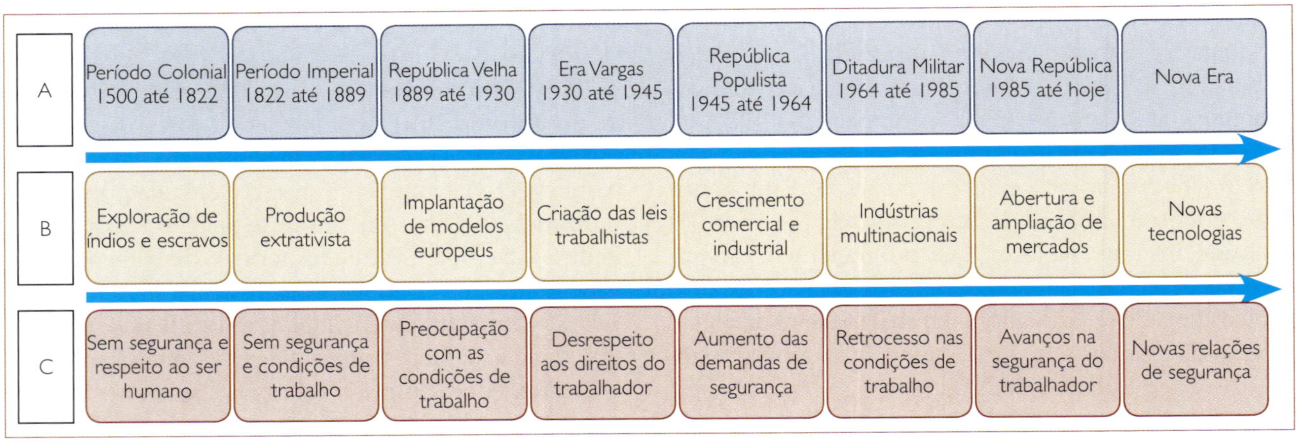

Figura 2. Linha do tempo relacionando época, fato histórico e condições de segurança no Brasil. A: época da história; B: situação do homem; C: situação de segurança.

riscos possíveis em um ambiente de pesquisa, ensino e trabalho[14].

Novos desafios surgem a cada ideia e a cada experimentação, necessitando não só de atenção ao objeto do estudo, mas a seus impactos no homem e no planeta. A nanotecnologia, hoje não mais um objeto de estudo, mas uma realidade mercadológica, empregada em diversos produtos utilizados no dia a dia, é objeto de interesse em estudos de segurança ambiental e também para o trabalhador que a manipula, bem como o usuário. Ainda se sabe muito pouco sobre os efeitos a longo prazo, pois poucas são as metodologias capazes de detectar as nanopartículas e as substâncias por elas veiculadas, em virtude da sensibilidade necessária[14].

CONSIDERAÇÕES FINAIS

Dentro da grande gama de atividades laboratoriais, tanto de ensino quanto de pesquisa e produção, a cada dia surgem novos desafios para se manter a qualidade dos experimentos, dos produtos e dos serviços e a integridade dos trabalhadores. Criam-se novos materiais e tecnologias, que podem auxiliar na proteção desses trabalhadores, fazendo com que o desconforto, inicialmente indicado como um dos motivos da falta de uso de EPI, seja aos poucos evitado. Observa-se a conscientização das pessoas, em todos os níveis de envolvimento em trabalhos de risco, mudando seu olhar com relação à segurança. Isso pode ser o início da criação de uma cultura de segurança, que se inicia em casa e se estende aos ambientes de trabalho. O homem passou por diversas necessidades durante sua evolução, teve de lutar por seus direitos em todos os campos de atividade, mas o maior dos direitos ainda é o conhecimento do que o cerca e dos riscos aos quais está exposto, podendo assim tomar decisões e agir positivamente em prol de sua saúde, de seus semelhantes e do planeta.

REFERÊNCIAS BIBLIOGRÁFICAS

1. Durant W. Breve história da civilização: as origens do nosso mundo. Lisboa: Clube do Autor; 2014. 301p.
2. Rosen G. Uma história da saúde pública. São Paulo: Unesp; 1994. 423p.
3. Iyda M. Cem anos de saúde pública. A cidadania negada. São Paulo: Unesp; 1993. 148p.
4. Antunes R. O caracol e sua concha: ensaios sobre a morfologia do trabalho. São Paulo: Boitempo; 2005.
5. Peduzzi M. Mudanças tecnológicas e seu impacto no processo de trabalho em saúde. Trabalho, Educação e Saúde. 2002;1(1):75-91.
6. Ujvari SC. A história da humanidade contada pelos vírus. São Paulo: Contexto; 2008. 308p.
7. 1904 – Revolta da Vacina. A maior batalha do Rio. Prefeitura da cidade do Rio de Janeiro: Secretaria Especial de Comunicação Social; 2006. 120p.
8. Porto A, Ponte CF. Vacinas e campanhas: imagens de uma história a ser contada. História, Ciências, Saúde. 2003; 10(2):725-42.
9. Migowski E. Vacinas: riscos e benefícios – um guia prático e rápido. São Paulo: BBS; 2007. 220p.
10. Gomes A, Ballalai I, Moura MM, Azevedo P, Kfouri RA, Angerami RN. Atualização em vacinação ocupacional. Associação Nacional de Medicina do Trabalho (ANAMT)/ Sociedade Brasileira de Imunização (SBMi); 2007.
11. Souza EM, Grundy E. Promoção da saúde, epidemiologia social e capital social: inter-relações e perspectivas para a saúde pública. Cad Saúde Pública. 2004;20(5):1354-60.
12. Saliba SCR, Saliba TM. Legislação de segurança, acidentes do trabalho e saúde do trabalhador. São Paulo: LTR; 2003. 156p.
13. Spinder MF. O regime regulatório brasileiro de segurança e saúde no trabalho e a gestão dos riscos ocupacionais: discussão sobre o panorama atual [dissertação]. São Paulo: Fundação Jorge Duprat e Figueiredo de Segurança e Medicina do Trabalho (Fundacentro); 2013.
14. Ferreira LS, Peixoto NH. Segurança do trabalho I. Santa Maria: Rede e-TecBrasil; 2012. 153p.
15. Fundação Jorge Duprat e Figueiredo (Fundacentro). Introdução à higiene ocupacional. São Paulo: Fundacentro; 2004. 84p.

Glossário

ABNT NBR ISO 14001(2004): norma voltada à gestão ambiental, envolvendo atividades, produtos e serviços.

ABNT NBR ISO 9001(2008): norma voltada à gestão e garantia da qualidade de produtos e serviços.

Ação corretiva: ação implementada para eliminar as causas de uma não conformidade, de um defeito ou de outra situação indesejável existente, a fim de prevenir sua repetição.

Ação preventiva: ação implementada para eliminar as causas de uma possível não conformidade, defeito ou outra situação indesejável, a fim de prevenir sua ocorrência.

Ácido desoxirribonucleico: material genético que contém informações determinantes dos caracteres hereditários transmissíveis à descendência.

Acondicionamento: ato de embalar os resíduos de serviços de saúde, em recipiente, para protegê-los de risco e facilitar o seu transporte.

Aerossol: sistema de partículas dispersadas em um gás, fumaça ou névoa.

Agente: substância ou entidade que causa uma reação ou resposta.

Agente corrosivo: agente que causa destruição visível no sítio de contato.

Agente etiológico: agente causador de uma doença.

Agente infeccioso: agente que pode invadir os tecidos do corpo e multiplicar-se, causando infecção.

Amostra: uma pequena parte que representa um todo ou um lote.

Amostra analítica: amostra preparada no laboratório da qual são retiradas porções analíticas.

Amostragem: procedimento normatizado de tomada de amostras.

Análise de perigos e pontos críticos de controle: sistema que identifica perigos químicos, biológicos ou físicos e determina medidas preventivas necessárias de monitoração do controle de qualidade.

Antisséptico: germicida químico formulado para ser usado na pele ou tecido.

Apassivação de resíduo: diminuição ou eliminação da periculosidade do material ou da possibilidade de ocorrência de reações perigosas.

Armazenamento: procedimentos para conservação adequada e segura de produtos e de insumos.

Armazenamento externo de resíduos: guarda temporária adequada, no aguardo da coleta externa.

Armazenamento interno de resíduos: guarda temporária dos recipientes, em instalações apropriadas, localizadas na própria unidade geradora, de onde devem ser encaminhados, através da coleta interna II, para o armazenamento externo.

Atividade de um material radioativo: número de transições radioativas que ocorrem numa amostra por unidade de tempo.

Atividade específica: evento mensurável por unidade de massa, por unidade de tempo.

Atuação responsável: melhoria continua das condições de segurança, proteção à saúde e ao meio ambiente em relação às atividades que envolvem as substâncias químicas perigosas.

Biodiversidade: o mesmo que diversidade biológica.

Biorreatores: são equipamentos nos quais ocorrem reações químicas catalisadas por biocatalisadores que podem ser enzimas ou células vivas (microbianas, animais ou vegetais). São, também, denominados de "reatores bioquímicos" ou "reatores biológicos" e podem operar a alta pressão, apesar de, em geral, trabalharem a baixas pressões, pois as únicas fontes de entrada de energia são, em geral, as dos agitadores e aeradores.

Biossegurança: conjunto de ações voltadas para a prevenção, a minimização, o controle ou a eliminação de riscos inerentes às atividades de pesquisa, produção, ensino, desenvolvimento tecnológico e prestação de serviços, riscos que podem comprometer a saúde do homem, dos animais, do meio ambiente ou a qualidade dos trabalhos desenvolvidos. Assegura o avanço tecnológico e protege a saúde humana e o meio ambiente.

Biosseguridade: estabelecimento de um nível de segurança de seres vivos por intermédio da diminuição do risco de ocorrência de enfermidades em uma determinada população pelo uso deliberado de um agente biológico.

Biotecnologia: conjunto de conhecimentos, técnicas e métodos, de base científica ou prática, que permite a utilização de seres vivos como parte integrante e ativa do processo de produção industrial de bens e serviços.

Boas práticas de fabricação: princípios gerais que abrangem etapas que vão da matéria-prima ao produto final, e ainda o envolvimento com os consumidores finais.

Boas práticas de laboratório: normas de conduta e de procedimentos que regem os trabalhos de laboratórios, de modo a garantir a segurança individual e coletiva, bem como a reprodutibilidade da metodologia e dos resultados obtidos.

Certificado: declaração escrita por um organismo certificador de que um produto, serviço ou laboratório clínico satisfaz certas especificações ou requisitos.

Centrifugação: é uma operação unitária que emprega energia sobre uma elevada concentração de microrganismos a fim de separá-los de urna solução com densidade diferente.

Coleta externa: operação de remoção e transporte de recipientes do abrigo de resíduo, através do veículo coletor, para o tratamento e/ou destino final.

Coleta interna I: operação de transferência dos recipientes do local de geração para a sala de resíduo.

Coleta interna II: operação de transferência dos resíduos da sala de resíduos para o abrigo de resíduos ou diretamente para tratamento.

Concentração bactericida mínima: concentração mais baixa de um agente antimicrobiano que mata 99,99% de células bacterianas expostas ao agente após um determinado tempo no teste de sensibilidade de diluição em caldo.

Concentração da atividade de um material radioativo: a atividade do radionuclídio contido no volume do material.

Concentração inibitória mínima: concentração mais baixa de um agente antimicrobiano, que previne o crescimento visível de um microrganismo em um teste de sensibilidade de diluição em caldo ou ágar.

Concentração letal mínima: concentração mais baixa de um agente antimicrobiano, que mata uma proporção definida de células bacterianas ou de fungos expostos ao agente após um determinado tempo fixo em um teste de sensibilidade de diluição em caldo.

Contaminante: microrganismo, material químico ou outro tipo de material, que torna alguma coisa impura por contato ou mistura.

Contêiner: equipamento fechado, de capacidade superior a 100 L, empregado no armazenamento de recipientes.

Contenção primária: consiste na provisão de barreiras físicas imediatas à liberação de compostos de risco que devem ser previstas no projeto de implantação do processo biotecnológico e cuja principal função é prevenir a liberação do conteúdo dos equipamentos e utensílios do processo.

Contenção secundária: é instalada para auxiliar no caso de falhas na contenção primária. Ela proporciona algum tipo de retenção física e, muitas vezes, é considerada uma otimização da contenção primária.

Contenção terciária: esse tipo de contenção descreve o uso de instalações que visam prevenir a contaminação do ambiente externo ao laboratório ou à área de produção.

Cromatografia líquida de alta resolução: método de exame para realizar separações cromatográficas de compostos orgânicos nos quais o eluente, ou transportador, é um líquido sob pressão.

Descontaminação: procedimento que elimina ou reduz agentes tóxicos ou microbianos a um nível seguro com respeito à transmissão de infecção ou outras doenças adversas.

Desinfecção: destruição de agentes infectantes na forma vegetativa situados fora do organismo, mediante a aplicação direta de meios físicos ou químicos.

Desinfetante: agente com o propósito de destruir ou inativar irreversivelmente todos os microrganismos, mas não necessariamente seus esporos, em superfícies inanimadas, como as superfícies de trabalho.

Desinfetante hospitalar: agente com eficácia demonstrada contra *Staphylococcus aureus*, *Salmonella choleraesuis* e *Pseudomonas aeruginosa*.

Detecção: determinação de um ou mais parâmetros biológicos, químicos ou físicos de um material, produto ou preparado, que são relevantes para a sua utilização.

Detector: dispositivo ou substância que indica a presença de um fenômeno, sem necessariamente fornecer um valor de uma grandeza associada.

Diluente: material utilizado para diminuir a concentração de um analito em uma determinada amostra.

Diluição: processo de acrescentar um material, geralmente um líquido ou gás, a outro material ou substância com o propósito de diminuir a sua concentração.

Diluição em série: a diluição progressiva de um material ou substância em proporções predeterminadas.

Disposição final: fase do manejo externo do resíduo que implica na deposição correta do resíduo no meio ambiente sem oferecer riscos aos entes naturais ou à saúde pública. Pode ser um aterro sanitário, uma vala séptica ou uma vala num aterro químico.

Diversidade biológica: variabilidade de organismos vivos de todas as origens, compreendendo, entre outros, os ecossistemas terrestres, marinhos e demais ecossistemas aquáticos, e os complexos ecológicos de que fazem parte; abrange também a variabilidade dentro de espécies, entre espécies e de ecossistemas.

DNA recombinante: qualquer tipo de manipulação de DNA fora das células vivas, mediante a modificação de segmentos de DNA natural ou sintético que possam multiplicar-se em uma célula viva, ou ainda, as moléculas de DNA resultantes dessa multiplicação. Consideram-se, ainda, os segmentos de DNA sintéticos equivalentes aos de DNA natural.

Diretriz: orientação para direcionamento de atividades, comportamentos e procedimentos gerais, visando alcançar objetivos.

Endêmico: exclusivo de determinada região ou área geográfica.

Engenharia genética: atividade de manipulação de moléculas de DNA recombinante.

Enzimas: são proteínas especializadas na catalisação de reações metabólicas.

Estabelecimento gerador de resíduo: instituição que, em razão de suas atividades, produz resíduos de serviços de saúde.

Esterilidade: completa ausência de microrganismos vivos.

Esterilização: destruição ou eliminação total de todos os microrganismo na forma vegetativa ou esporulada.

Esterilizador: agente, processo ou aparelho capaz de destruir todos os microrganismos.

Estrutura organizacional: responsabilidades, vinculações hierárquicas e relacionamentos, configurados segundo um modelo através do qual uma organização executa suas funções.

Ferramentas da qualidade: procedimentos úteis na manutenção e melhoria contínua da qualidade de produtos e serviços.

Filtração: é o processo de remoção física de materiais suspensos de um determinado volume de líquido ou gás, por pressionamento através de um material poroso (membrana filtrante) que retém a fração sólida e permite a passagem do fluido.

Flebotomia: punção de uma veia ou artéria para coletar sangue para propósitos terapêuticos ou diagnósticos.

Ficha de informações sobre a segurança do material: documento informacional descrevendo os perigos apresentados por um agente químico e que deve ser fornecido pelo fabricante.

Gene: unidade física e funcional da hereditariedade, que transmite a informação genética de uma geração para outra.

Geração de resíduo: transformação de material utilizável em resíduo.

Germicida: termo geral que indica um agente que mata microrganismos patogênicos em superfícies inanimadas.

HACCP: *Hazard Analysis Critical Control Point*, isto é, Análise de Perigos e Pontos Críticos de Controle. Sistema que identifica perigos químicos, biológicos ou físicos e determina medidas preventivas necessárias de controle.

Laboratório clínico: instalação destinada à realização de análises clínicas, com a finalidade de fornecer informações para o diagnóstico, a prevenção ou o tratamento de qualquer doença ou deficiência de seres humanos, ou para a avaliação da saúde dos mesmos.

Laboratório de ensino: laboratório que é utilizado para fins didáticos ou de treinamento.

Laboratório de pesquisa: instalação destinada à realização de pesquisas biológicas, químicas, físicas, biofísicas, patológicas e outras.

Laboratório institucional: laboratório que está subordinado administrativamente a uma instituição pública ou privada.

Limite de confiança: número ou par de números que definem um intervalo de confiança.

Limite de detecção: capacidade de identificar a presença de um analito em determinadas condições ou de determinar quantitativamente a sua quantidade dentro de limites definidos de precisão.

Limite de quantificação: a menor quantidade do analito em uma amostra que pode ser quantitativamente determinada com precisão aceitável conhecida e exatidão aceitável definida, sob condições experimentais conhecidas.

Limite de tolerância: limites especificados para erro permitido.

Limpeza e desinfecção simultânea: processo de remoção de sujidade e desinfecção, mediante uso de formulações associadas de um detergente com uma substância desinfetante.

Material biológico infeccioso: material que se sabe conter microrganismos viáveis ou outros agentes transmissíveis (exemplo: príons), conhecidos ou suspeitos de causar doenças no homem.

Material genético: todo material de origem vegetal, animal, microbiana ou outra, que contenha unidades funcionais de hereditariedade.

Material reciclável: qualquer material que, após receber tratamento ou beneficiamento, possa ser reutilizado para obtenção de novos produtos.

Método de solução de problemas: visa manter e melhorar a qualidade e tem como base o PDCA, que significa Planejamento (*Plan*), Execução (*Do*), Verificação (*Check*) e Ação (*Action*).

Microrganismo: organismo que é pequeno demais para ser visto a olho nu, tais como bactérias, vírus, fungos, protozoários e algas.

Operações unitárias: são operações necessárias para a condução de determinada reação ou transformação química, em escala industrial.

Organismo: toda entidade biológica capaz de reproduzir e/ou de transferir material genético, incluindo vírus, príons e outras classes que venham a ser conhecidas.

Organismo geneticamente modificado: organismo cujo material genético tenha sido modificado por qualquer técnica de engenharia genética.

Padrão: material de medida, instrumento de medição, material de referência ou sistema de medição destinado a definir, conservar ou reproduzir uma unidade ou mais valores de uma grandeza para servir como referência.

Pequeno gerador de resíduo: estabelecimento cuja produção semanal de resíduos de serviços de saúde não excede a 700 L e cuja produção diária não excede a 150 L.

Perfurocortantes: materiais resultantes dos serviços de saúde, capazes de ferir quem os manipula, oferecendo riscos de contaminações.

Plano de ação: planejamento de atividades e meios com vistas à implementação de uma estratégia ou a obtenção de um objetivo específico.

Processo analítico: conjunto de operações, descrito especificamente, usado na realização de exames de acordo com determinado método.

Produção de produtos biotecnológicos: conjunto de etapas de um processo biotecnológico que engloba a fermentação e as etapas anteriores a ela, com preparo de meio de cultivo, conservação e ativação do microrganismo, preparo do inóculo, esterilização de equipamentos de ar.

Programa 5S: é considerado como base para implantação da Qualidade Total, além de outros programas. Tem seu nome vinculado a cinco palavras japonesas iniciadas por S — *seiri*, *seiton*, *seisou*, *seiketsu* e *shitsuke*, interpretadas como sensos.

Purificação de produtos biotecnológicos: conjunto de etapas de um processo biotecnológico que engloba os processos de recuperação e purificação de bioprodutos, como centrifugação, rompimento celular, extração líquido-líquido, filtração, processos cromatográficos e acabamento final do bioproduto.

Qualidade: totalidade das características de uma entidade que pesam sobre a sua capacidade de satisfazer as necessidades declaradas e implícitas.

Qualidade total: expressa-se por princípios que proporcionam a uma organização a sobrevivência num ambiente altamente competitivo.

Radiomarcação: processo de incorporar um radionuclídeo ou covalentemente ligá-lo a uma molécula.

Radionuclfdeo: nuclídeo que é radioativo.

Reagente: substância empregada para produzir uma reação bioquímica, química, citoquímica, imunoquímica, histológica, imunológica ou similar, ou para converter uma substância em outra.

Recepção: conjunto de procedimentos necessários para garantir que os produtos, materiais e amostras recebidos tenham e mantenham as especificações originais.

Recipiente: objeto capaz de acondicionar resíduos sólidos e líquidos, tais como: saco plástico, galão e caixa.

Recipiente rígido: invólucro resistente e estanque, empregado no acondicionamento de resíduo perfurante e cortante.

Recursos biológicos: compreende recursos genéticos, organismos (ou partes desses), populações ou qualquer outro componente biótico de ecossistemas, de real ou potencial utilidade ou valor para a humanidade.

Recursos genéticos: material genético de valor real ou potencial.

Resíduo comum: resíduo de serviço de saúde que não apresenta risco adicional à saúde pública.

Resíduo: qualquer material para o qual não há mais uso futuro. Pode resultar de produtos ou materiais biológicos e químicos ou de atividades institucionais ou domésticas (exemplo: lixo)

Resíduo classe I: resíduos classificados como perigosos pela norma 10004 da ABNT, por apresentarem riscos à saúde pública e ao meio ambiente.

Resíduo classe II: resíduo composto por materiais classificados como perigosos, porém em concentrações (ou outra condição qualquer) que o coloque abaixo do limite de periculosidade estabelecido.

Resíduo do serviço de saúde: resíduos resultantes das atividades exercidas dentro de estabelecimentos dos serviços de saúde e que oferecem riscos de contaminações radioativas, químicas ou biológicas.

Resíduo especial: resíduo de serviço de saúde do tipo farmacêutico, químico perigoso e radioativo.

Resíduo farmacêutico: produto medicamentoso no todo ou em parte com prazo de validade vencido, contaminando, interditado ou não utilizado total ou parcialmente.

Resíduo biológico: resíduo que contém ou pode conter patógenos de virulência e quantidade suficientes, de modo que a exposição ao resíduo por um hospedeiro susceptível possa resultar em uma doença.

Resíduo infectante: resíduo de serviço de saúde que, por suas características de maior virulência, infectividade e concentração de patógenos, apresenta risco potencial adicional à saúde pública.

Resíduo químico perigoso: resíduo químico que, de acordo com os parâmetros da NBR 10004, possa provocar danos à saúde ou ao meio ambiente.

Resíduo radioativo: substância radioativa a níveis acima dos limites de segurança (mais do que 0,05 mCi).

Rejeito radioativo: material radioativo ou contaminado com radionuclídeos, proveniente de laboratório de pesquisa, de ensino, de serviços de medicina nuclear e de radioterapia (Resolução CNEN-NE 6.05).

Resolução: menor diferença entre indicações de um dispositivo mostrador que pode ser significantemente percebida.

Rótulo: identificação impressa, litografada, pintada, gravada a fogo, a pressão ou decalque, aplicada diretamente sobre recipientes, envoltórios ou qualquer outro protetor de embalagem interna ou externa, não podendo ser removida ou alterada facilmente com o uso do produto, durante o transporte ou armazenamento do mesmo.

Sala de resíduos: elemento destinado ao armazenamento interno.

Segregação: operação de separação dos resíduos no momento da geração, de acordo com a classificação adotada pela NBR 12808.

Segurança: estado no qual o risco de danos pessoais está limitado a um nível aceitável.

Segurança básica: proteção contra riscos físicos diretos, quando aparelhos laboratoriais são adequadamente usados sob condições normais ou razoavelmente previsíveis, relacionadas, como por exemplo, à força mecânica, biocompatibilidade e esterilidade.

Série ISO 14000: normas internacionais voltadas à gestão ambiental. A ISO 14004 determina as diretrizes gerais, enquanto a ISO 14001 fornece a especificação e as diretrizes para uso.

Série ISO 9000: normas internacionais que compreendem modelos para garantia da qualidade. Compõe-se das normas ISO 9000, 9001, 9002, 9003 e 9004.

Serviços de saúde: estabelecimento destinado à prestação de assistência sanitária à população.

Solução analítica: solução preparada por dissolução, com reação ou não, de uma porção analítica de um gás, líquido ou sólido.

Substância infecciosa: substância que contém um microrganismo viável ou suas toxinas, ou um ácido nucleico viral que reconhecidamente pode causar doenças.

Toxina: substância nociva ou venenosa produzida por um organismo, e caracterizada por peso molecular alto e antigenicidade em certos animais.

Unidade geradora: conjunto de elementos funcionalmente agrupados, onde são gerados, acondicionados e armazenados os resíduos de serviços de saúde.

Vala séptica: vala escavada no solo obedecendo critérios técnicos específicos que a torne adequada para receber resíduos dos serviços de saúde. Local para disposição final dos resíduos classe A.

Validação: comprovação, através do fornecimento de evidência objetiva, de que os requisitos para uma aplicação ou uso específicos pretendidos foram atendidos.

Veículo coletor: veículo utilizado para a coleta externa e o transporte de resíduos de serviços de saúde.

Venipuntura: punção de uma veia para propósitos terapêuticos ou cirúrgicos, ou para coletar espécimes de sangue para análise.

Índice remissivo